訓注　古月禅師四会語録

能仁　晃道

古月禅材禅師像（福聚寺蔵）

『古月禅師四会語録』全４冊（福聚寺蔵）

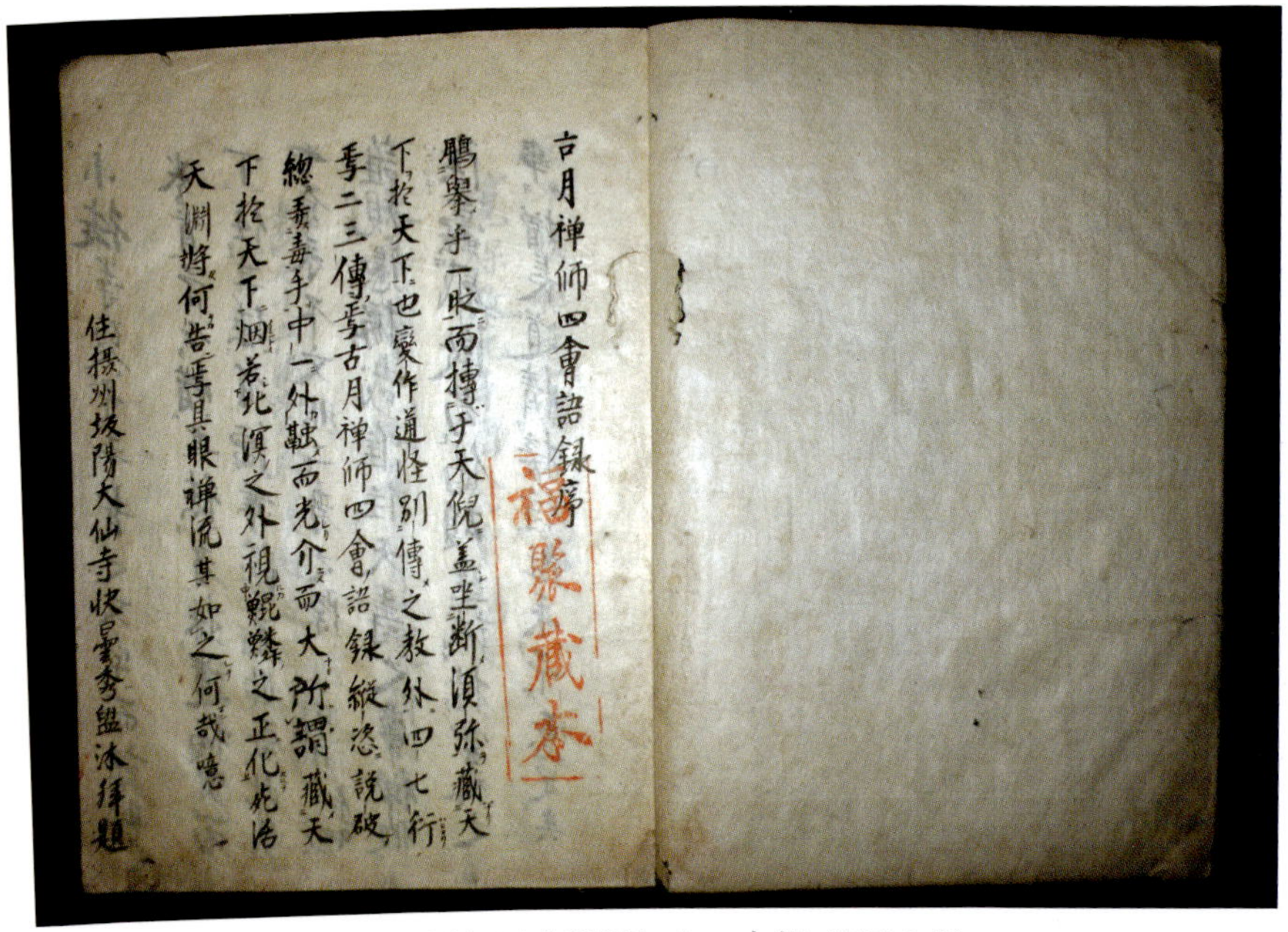

『古月禅師四会語録』上　内部（福聚寺蔵）

…には、この「原本」は…

また、『慈雲山福聚寺所蔵品目録』には、福聚寺五世の千山慧単（一七六…
になる「四会録拾遺雑集」なるものが記載されているが、今回の仕事では、膨大な福聚寺所蔵品の中から探し出すことは出来ず、今後の課題として残った。千山慧単は、『続禅林僧宝伝』第一輯・巻之中【二六〇】に立伝。

さて唐突だが、昭和二十七年、大徳寺塔頭興臨院の佐竹大鑑師が、この「原本」を写された（以下、「佐竹本」と言う）。その書写後記に「九州久留米福聚寺蔵」と明記されている。ところが、昭和三十七年発行の『新纂禅籍目録』（駒沢大学図書館）にも、昭和五十五年発行の『慈雲山福聚寺所蔵品目録』（久留米市教育委員会）にも、『古月四会録』の記載はない。

その理由を結論から先に言えば、『古月四会録』が、福聚寺先住の護法の念によって、福聚寺の土蔵（収蔵庫）の奥深くへしまい込まれ、山内でも所在不明となったためである。

よって小生を初め多くの学人達は、禅文化研究所に所蔵され、閲覧可能な「佐竹本」を読

凡例にかえて

本書は、古月禅材（一六六七～一七五一）の語録『古月禅師四会語録（以下、『古月四会録』と略す）』
を訓注したものである。底本には、古月禅師が開山された慈雲山福聚寺（福岡県久留米
写本（以下、「原本」と言う）を用いた。この写本には、後記等がなく、書写した
ない。ただ、第四冊の奥書に、「本書者京都水火興聖寺堂頭龍関大和
堂禅衲謹識」とあり、京都上京の興聖寺の龍関古鏡から、明
たものであることが分かる。龍関和尚が、どこから
、久留米の福聚寺に所蔵されるようになっ
出来る唯一の写本である。よって、

無用な言葉だ、削ってしまうがよい」という意
聚寺二世）下六世で、久留米の千徳寺に住
僧宝伝』第二輯・巻之中【四四九】
であるので、それ以前

『古月禅師四会語録』全４冊（福聚寺蔵）

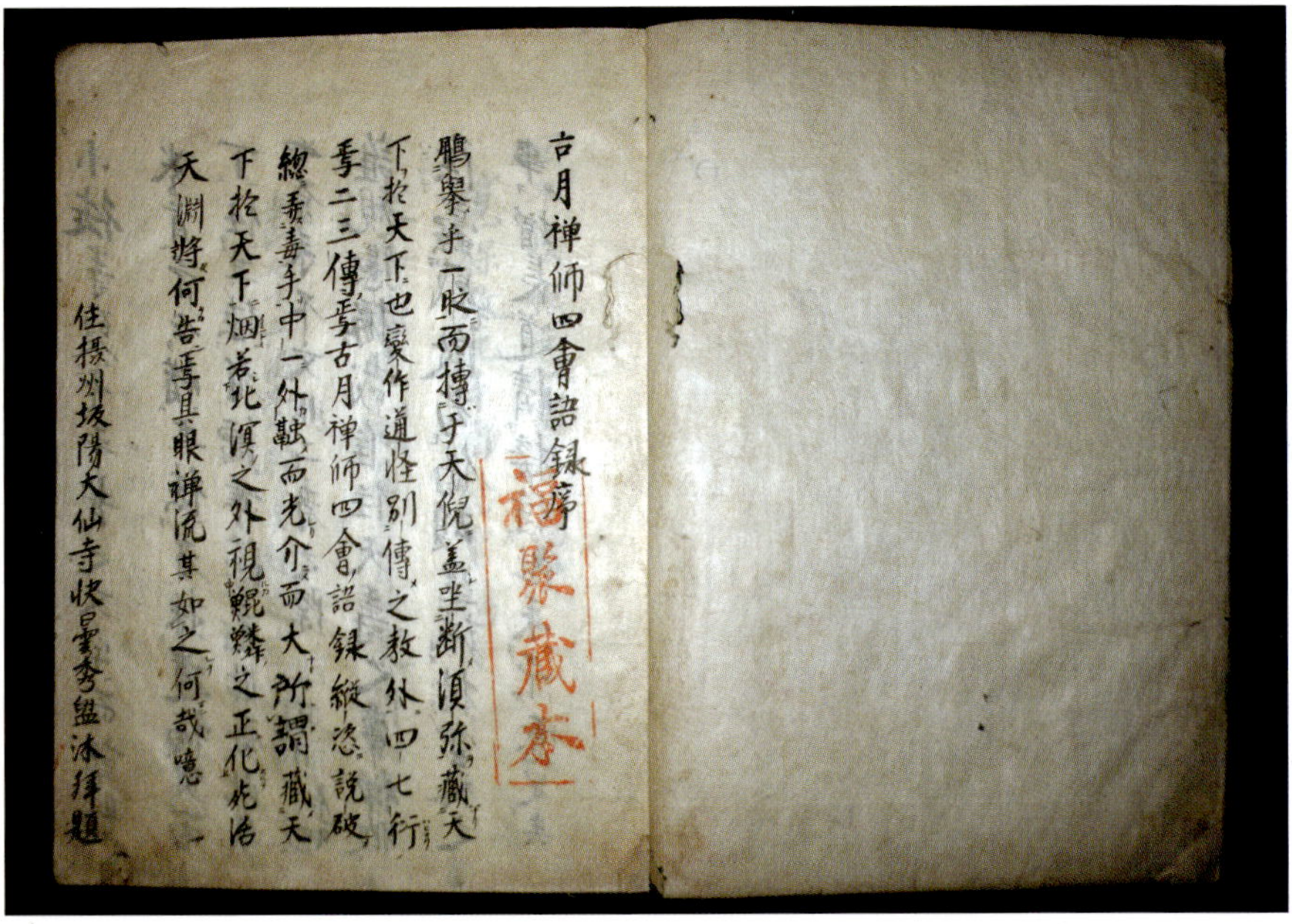

古月禅師四會語録序
鵰擧手一眨而搏于天倪蓋坐斷須弥藏天
下於天下也変作道怪別傳之教外四七行
季二三傳季古月禅師四會語録縦恣説破
總乗毒手中一外獣而光介而大所謂藏天
下於天下烟若北溟之外視鯤鱗之正化死活
天淵將何告季具眼禅流其如之何哉噫一
住摂州坂陽大仙寺攸量李盥沐拜題
福聚蔵本

『古月禅師四会語録』上　内部（福聚寺蔵）

凡例にかえて

本書は、古月禅材（一六六七～一七五一）の語録『古月禅師四会語録（以下、『古月四会録』と略す）』全四冊を訓注したものである。底本には、古月禅師が開山された慈雲山福聚寺（福岡県久留米市）が所蔵する写本（以下、「原本」と言う）を用いた。この写本には、後記等がなく、書写した人物や年月日等も分からない。ただ、第四冊の奥書に、「本書者京都水火興聖寺堂頭龍関大和尚所賜也／明治三庚午仲春相国僧堂禅訥謹識」とあり、京都上京の興聖寺の龍関古鏡から、明治三年（一八七〇）に相国僧堂に寄贈されたものであることが分かる。龍関和尚が、どこから入手したものか、また、相国僧堂からいつごろ流出し、久留米の福聚寺に所蔵されるようになったかなどの経緯は、今となっては知る由もないが、現在確認出来る唯一の写本である。よって、「原本」と呼ぶことにした。

なお、「原本」の注記の数箇所に「本書」という記述がある。例えば、【一三二】「賛尾州総見寺霖翁大和尚肖像」の終わりには、「此讃不載本書。疑記者之落筆乎」とある。「この讃は本書には載っていない。恐らく、記者が筆にまかせて書いたのであろう」という注記である。これで、『古月四会録』には、この「原本」とは別の「本書」というものが存在していたことが分かる。さらに、ここには、「良渓云、贅弁可削也」という書入れがある。「この注記こそ無用な言葉だ、削ってしまうがよい」という意味である。この良渓という人は、百朋上範（福聚寺二世）下六世で、久留米の千徳寺に住した良渓禅規（一八三八～一九〇八）である。『続禅林僧宝伝』第二輯・巻之中【四四九】に立伝。良渓和尚は、明治四十一年十二月十七日の示寂であるので、それ以前には、この「原本」は、久留米の地に移っていたことが分かる。

また、『慈雲山福聚寺所蔵品目録』には、福聚寺五世の千山慧単（一七六九～一八一三）の撰になる「四会録拾遺雑集」なるものが記載されているが、今回の仕事では、膨大な福聚寺所蔵品の中から探し出すことは出来ず、今後の課題として残った。千山慧単は、『続禅林僧宝伝』第一輯・巻之中【二六〇】に立伝。

さて唐突だが、昭和二十七年、大徳寺塔頭興臨院の佐竹大鑑師が、この「原本」を写された（以下、「佐竹本」と言う）。その書写後記に「九州久留米福聚寺蔵」と明記されている。ところが、昭和三十七年発行の『新纂禅籍目録』（駒沢大学図書館）にも、昭和五十五年発行の『慈雲山福聚寺所蔵品目録』（久留米市教育委員会）にも、『古月四会録』の記載はない。

その理由を結論から先に言えば、『古月四会録』が、福聚寺先住の護法の念によって、福聚寺の土蔵（収蔵庫）の奥深くへしまい込まれ、山内でも所在不明となったためである。

よって小生を初め多くの学人達は、禅文化研究所に所蔵され、閲覧可能な「佐竹本」を読んできたのである。当然、本書の執筆も「佐竹本」を底本に用いて行なってきた。原稿も完成に近づき、本年八月八日、「その『語録』は、かえりみられることもなく、原本の所在も定かではない」という広告を出してしまった。すると数日後、福聚寺の寺庭さんから、「古月禅師さまの四会録は発見されて、今、ここにあります」という電話連絡を受けた。小生はさっそく、久留米に向かった。

近年の甚大な風水害は、久留米の地も例外ではなく、本年四月、福聚寺土蔵の状態が調査され、久留米市文化財保護課・九州歴史資料館のスタッフによって、損傷いちじるしい土蔵内から、所蔵物が、安全な建物に移し出された。その過程で見出されたのが、『古月四会録』である。そこには、福聚寺先住の手によって「重要書物　持ち出し禁止」と書かれていたという。

福聚寺方丈は、こころよく「原本」をお貸し下さり、小生は、その「原本」を禅文化研究所に持ち帰って複本制作を依頼。それをもとに、もう一度、最初から読み直すこととなった。「この原本が出現しなければ、オレの仕事は、もうとっくに終わっていたのだ」と愚痴をこぼしながらの再読であったが、最後の最後になって、「佐竹本」の誤写による誤読・誤解も直すことが出来て有り難かった。長年、古月禅師を敬慕してきた小生に対する、禅師からの賜物のように思う。福聚寺蔵の「原本」が再発見されたことは、火裡の蓮に等しい希有なことである。これより、福聚寺の「原本」（複本）は、禅文化研究所にも所蔵され、誰もが自由に閲覧できる。古月禅師の研究が、いっそう進むことを望むものである。

ところで一般に、「四会録」と言えば、四道場での法語を集めた語録ということである。第四冊にも、「四会トハ／日向大光寺／備後鳳源寺／甲洲恵林寺／日向自得寺」と書いた切紙が挟んであり、この「四会」を四道場と見なしている。こう考えるのが一般的で、小生も、「四会」を四道場のことだと考えていた。ところが、『古月四会録』には、「大光寺語録」「鳳源寺語録」「恵林寺語録」の三会語録の名が見えるのみで、残る一会の「〇〇寺語録」の名は見えない。この切紙の如く、自得寺を四会に加えれば、古月禅師が、最晩年に開き、遷化された福聚寺が入らないことになる。かと言って自得寺を外すことも出来ない。そう考えながら、『古月四会録』を読み進めるうちに、この「四会」は、四道場のことではなく、「四衆」のことではないかと思うようになってきた。四会を四衆の義に用いる例は他にもある。この『古月四会録』という書名は、古月禅師が、比丘（出家の男）・比丘尼（出家の女）・優婆塞（在家信者の男）・優婆夷（在家信者の女）、広く衆生に説いた法語を集めた記録ということなのではあるまいか。「取って付けたような解釈」と一笑されるかも知れないが、『古月四会録』を読んでいただけると、あながち的外れな解釈でもないのである。

凡例にかえて

一、『古月四会録』の構成は、目次を参照。

一、底本翻刻（漢文部分）においては、現在言う所の旧漢字に統一し、俗字は正字に改めたが、古字・本字・同字などは極力活かし、写本の雰囲気を残した。帋（紙の同字）、皈（歸の同字）などである。訓読文では、通用字に直したが、いちいち注記はしない。

一、底本の誤字は、漢文部分の該当箇所に、正しい文字を〔　〕に入れて傍字し、訓読文では、正しい文字に直したが、これも、字義などについては、いちいち注記はしない。

一、漢文部分に付したカタカナは、底本の送仮名・振仮名であるが、全てではなく、訓注者が必要性を感じたもののみである。

一、訓読文・注記は、一部の固有名詞を除き、現在言う所の新漢字・通用字を用いた。

一、注記において、古月禅師の史料で、『伝記』と略したものは、「日向佐土原仏日山金地大光自国禅寺四十二世同所天寿山自得禅寺及筑後久留米慈雲山福聚禅寺開山古月和尚伝記」である。宝暦元年（一七五一）九月、禅師遷化の年、久留米梅林寺の滔天元鱗（?～一七六一）の撰になる。

一、同じく『行状』と略したものは、「古月禅師行状并塔銘」である。大阪大仙寺の曇秀智快（?～一七三七）の撰になり、自得寺が火災に罹った享保十四年（一七二九）、禅師六十三歳までが記されている。

一、注記において、「大光寺文書」と表記したものは、九州の寺社シリーズ16『日向佐土原　大光禅寺』

（平成十年三月・九州歴史資料館編集発行）に所収される文書である。

一、注記に用いた『続禅林僧宝伝』の数字は、拙著『訓読　近世禅林僧宝伝』（平成十四年・禅文化研究所）の通番号である。

一、注記に用いた『禅林句集』は、東陽英朝編・己十子註の『増補頭書　禅林句集』（貞享五年）である。

末筆になりましたが、福聚寺方丈並寺庭の御厚情、また、今回、多額の出版助成金を賜わりました両禅友に厚く御礼申し上げます。

令和元年十一月吉日

能仁晃道

目次

凡例にかえて

四會録　上

古月禪師四會語録序　曇秀智快……3
自序　古月禅材……5

佛日名山金地大光自國禪寺語録

【一】入院上堂……7
【二】結冬安居上堂……8
【二―一】登座……8
【二―二】索話……9

【二―三】提綱……10
【二―四】拈提……13
【三】冬夜小參……14
【三―一】釣語……15
【三―二】提綱……16
【三―三】拈提……17
【三―四】自敍……18
【三―五】謝詞……19
【四】正旦上堂……21
【四―一】登座……21
【四―二】釣語……22
【四―三】提綱……23
【四―四】拈提……25
【五】解制上堂……26
【五―一】登座……26
【五―二】釣語……26
【五―三】提綱……27

【五—四】拈提……28
【六】小佛事　普説……30
【六—一】當山中興大檀那前典廐照譽宗恕大居士一百年遠忌拈香……30
【六—二】慶讃請藏圓成普説……37
【六—三】山庵成寶居士十三回諱小拈香……46
【六—四】八正名山金剛禪寺大殿釋迦如來重加粧飾安座供養法語……49
【七】法語……52
【七—一】示宇禪人……52
【七—二】同……53
【七—三】示仁禪人……54
【七—四】示維那禪苗（霊源禪苗）……55
【七—五】示知禪人……56
【七—六】示與禪人……57
【七—七】示識禪人……58
【七—八】示周禪人……59
【七—九】示快禪人（曇秀智快）……60
【七—一〇】示鯨禪人……61

【七―一一】示海禪人……62
【七―一二】示寔禪人……64
【七―一三】示叔禪人……64
【七―一四】示聰禪人……65
【七―一五】示祖悟禪人……67
【七―一六】示止禪人……68
【七―一七】示磨禪人……68
【七―一八】示律禪人……69
【七―一九】示別禪人……70
【七―二〇】示利禪人……71
【七―二一】示了因禪人……73
【七―二二】示三首座……74
【七―二三】示泰禪人……75
【七―二四】示祖牛禪人……77
【七―二五】示轉禪人……78
【七―二六】示玄察禪人……78
【七―二七】示妙禪人……79

【七―二八】示閑禪人……81
【八】序記……82
【八―一】題遠州深奥山方廣寺開山無文和尚語録……82
【八―二】大坂大仙寺開山龍巖和尚語録序……84
【八―三】書寫大般若記……86
【八―四】本寺請藏記……91
【八―五】龍華院創建記……95
【八―六】跋龍松軒詩集……100
【八―七】石寫法華妙典塔銘……101
【九】炷香偈　眞讚　自讚……104
【九―一】佛涅槃（十首）……104
【九―二】佛初度（仏生誕・十二首）……114
【九―三】初祖諱（達磨忌・八首）……125
【九―四】佛成道（九首）……133
【九―五】開山和尚本師五山四住廣智國師三百五十年忌香語……142
【九―六】奉追挽三住妙心前黄龍梁巖大和尚……143
【九―七】重創多福塔安二祖師尊像……144

【九―八】頑禪人彫刻大日如來尊像請開光偈以示之……144
【九―九】贊初祖肖像并引……145
【九―一〇】開山嶽翁忌（六首）……147
【九―一一】贊臨濟和尚（四首）……152
【九―一二】贊渡口達磨……156
【九―一三】達磨見武帝像贊（二首）……157
【九―一四】贊達磨……159
【九―一五】本師一道和尚十七回拙語……160
【九―一六】同二十五回忌……161
【九―一七】法兄英山和尚七回忌……162
【九―一八】同十三回忌拙語……163
【九―一九】法祖父活眼老和尚廿五回……164
【九―二〇】豐干倚虎眠寒拾聚首圖贊……166
【九―二一】贊文殊大士……167
【九―二二】東禪傳寶西堂九十一之壽像……168
【九―二三】大宋國徑山大慧普覺禪師五百五十年……168
【九―二四】藥師如來後光蓮座莊飾成……169

【九―一二五】瑞光禪院地藏大士安座……170
【九―一二六】傳宗禪寺剏建堂宇安觀音大士香語……172
【九―一二七】傳大士開光……173
【九―一二八】括山和尚五十年忌……173
【九―一二九】贊觀音大士……174
【九―一三〇】龍華院落成傳大士安座……175
【九―一三一】出山像……176
【九―一三二】佛成道……177
【九―一三三】佛成道齋後有感結冬會……178
【九―一三四】佛成道諷經之次入牌祖堂炷香拙語……179
【九―一三五】佛成道（二首）……180
【九―一三六】初祖忌（二首）……182
【九―一三七】關山祖諱……184
【九―一三八】贊關山国師立亡杖笠之尊容……185
【九―一三九】趙州和尚行脚像贊……186
【九―一四〇】贊豐後多福四世大機和尚肖像……188
【九―一四一】贊多福五世延命中興愚門和上肖像……190

【九―四二】福壽第三世古嶺玄策禪師像贊……191
【九―四三】贊釋孔老同閲卷圖……192
【九―四四】開山岳翁忌（二首）……193
【九―四五】樺山氏室惠明禪尼縫不動尊及兩脇士寄附爲之作贊辭……195
【九―四六】華嚴院彌勒尊開光安座……196
【九―四七】彌勒尊佛佛廚蓮座新成供養炷香拙語……196
【九―四八】東禪寺觀自在大殿再興安座供養……197
【九―四九】石于支那國補陀山觀音大士之尊像一幅……198
【九―五〇】兒湯郡五智山國分寺大殿再創始事之日……199
【九―五一】大威德神入宋之典故者……200
【九―五二】自贊……203
【一〇】偈頌……203
【一〇―一】庚寅除夕……203
【一〇―二】壬辰除夜……204
【一〇―三】是歳藏經之函新成堂内有十禅客……205
【一〇―四】癸巳除夕……206
【一〇―五】大藏經圓成……208

【一〇六】乙未除夕（二首）……209
【一〇七】丙申除夜……211
【一〇八】丁酉除夕……212
【一〇九】戊戌除夕……213
【一一〇】己亥除夜……215
【一一一】庚寅除日……217
【一一二】辛卯歳首……218
【一一三】壬辰試筆（二首）……219
【一一四】癸巳歳首……221
【一一五】甲午歳首……221
【一一六】乙未試毫……222
【一一七】丙申試筆……223
【一一八】仝……224
【一一九】丁酉試觚……225
【一二〇】戊戌試毫……226
【一二一】己亥歳首……226
【一二二】仝……227

【一〇一二三】先師和尚手寫六物圖校讎頗詳也……228
【一〇一二四】客冬栽牡丹今茲著一花……229
【一〇一二五】對花……231
【一〇一二六】一日普請勞衆偈以開示……232
【一〇一二七】喜肥後龍田山上首嵩公禪衲至……233
【一〇一二八】創知又軒……234
【一〇一二九】澁氏久上英士……235
【一〇一三〇】訪廓然庵主……237
【一〇一三一】恭輓大安太嶺和尚……237
【一〇一三二】和田氏惠牡丹大本……（二首）……238
【一〇一三三】春雨之日遊澁氏久上老雅丈江亭……240
【一〇一三四】春雨之日遊澁谷氏江亭……241
【一〇一三五】臨濟録點檢了畢一偈以示徒……242
【一〇一三六】恭應嚴命同賦雅題二首（中秋月・蘆鴈）……243
【一〇一三七】即座（鸜鵒二首）……246
【一〇一三八】重修知又軒……249
【一〇一三九】解制之日贐諸位禪師……250

【一〇一四〇】矑備後察公首座……251
【一〇一四一】應檢本氏之招……252
【一〇一四二】果公禪人發閱藏之弘願……253
【一〇一四三】答斜木氏……254
【一〇一四四】恭奉嚴命賦雅題三首（中秋月・秋蘭・勤學）……256
【一〇一四五】悼心海士門知藏……259
【一〇一四六】謹奉和太守歲首試毫之嚴韵……260
【一〇一四七】喜同時接海桃一源兩老和尚……261
【一〇一四八】恭賀老母祖雪尼八十……262
【一〇一四九】蚊口浦道徹居士……263
【一〇一五〇】傳宗寺萬江西堂三十三回忌香語……264
【一〇一五一】羽州長松萬龜和尚……（二首）……265
【一〇一五二】春月……268
【一〇一五三】漢將軍紀信降楚燒殺圖贊并敍……269
【一〇一五四】次韵果禪衲歲首……270
【一〇一五五】次韵知又軒主可公板首試毫……271
【一〇一五六】送初公化主……272

【一〇五七】恭喜大檀君枉高駕……（二首）……273
【一〇五八】喜奥陸仙臺覺範寺量外和尚之至……275
【一〇五九】乙未十四夜城上高會……276
【一〇六〇】樵逕……277
【一〇六一】歩月……278
【一〇六二】送果禪人走本師喪……279
【一〇六三】辱賜藤黄門武林公題富士山手書之雅詩……280
【一〇六四】恭喜停高車於華嚴院……281
【一〇六五】恭和太守君試毫之嚴韵……282
【一〇六六】和可公板首試毫……283
【一〇六七】今茲閏月在春。高駕延東行之期一月餘……284
【一〇六八】中秋月……285
【一〇六九】秋蘭……286
【一〇七〇】龜……286
【一〇七一】茲逢五十之誕辰……287
【一〇七二】卒奉和青松寺遇中秋高韵呈壹璋庵机右……288
【一〇七三】訪訣公禪人於崇原寺……289

【一〇七四】直心祖教居士七回忌塔銘……290
【一〇七五】子規……291
【一〇七六】謝一溪禪師過訪兼贐行色……292
【一〇七七】送可公板首暫暇浴湯豫之松山……293
【一〇七八】敬堂恭座元禪師掩土……294
【一〇七九】冬至……296
【一〇八〇】聞碪……297
【一〇八一】聊賦即興奉謝光臨顧問之貺云……298
【一〇八二】右松之市清水氏一新老屋……299
【一〇八三】追薦傳宗義山西堂禪師七回忌……300
【一〇八四】昨夜夢老龍蟠池中……300
【一〇八五】冬至書懷寄三肝田地之四英士告閑暇枉駕……301
【一〇八六】喜四英丈至……303
【一〇八七】恭次韵三自牧英丈被謝茗會……303
【一〇八八】己亥中秋城上詩會……304
【一〇八九】拄杖。佛山迎高駕雅會……305
【一〇九〇】謝惠扇并敍……306

【一〇―一九―一】追輓前泰翁松嶽榮西堂十三回忌 ……… 307

【一〇―一九―二】賀衆寮落成兼謝諸兄弟土木勞 ……… 308

【一〇―一九―三】示衆 ……………………………………… 309

四會録　中

備後州比熊山鳳源禪寺雨安居語録

【二一】規箴 ……………………………………………… 313

【二二】半夏上堂法語 ………………………………… 316

【二二―一―一】登座 ……………………………………… 316

【二二―一―二】索話 ……………………………………… 317

【二二―一―三】提綱 ……………………………………… 318

【二二―一―四】拈提 ……………………………………… 320

【二二―一―五】自敍 ……………………………………… 321

【二二―一―六】謝詞 ……………………………………… 322

【二三】眞讚 ……………………………………………… 325

【二三―一】文殊 ………………………………………… 326

【一四―一四】示一清無盡居士……346
【一四―一五】示柴田氏……348
【一四―一六】示森氏……349
【一四―一七】示松村氏……350
【一四―一八】示荒木氏……352
【一四―一九】示粟屋村山田氏……353
【一四―二〇】示粟屋村山田氏治四郎……354
【一四―二一】示奥田盤庵醫生……355
【一五】再創僧堂記……356
【一六】跋書寫大般若經……358
【一七】十六羅漢眞讃（三次鳳源寺愚極義泰請・十六首）……361
【一八】十六羅漢眞讃（足利善德寺天慧禅雄請・十六首）……376
【一九】十六羅漢畫像辨疑　附十八羅漢……391
【二〇】雨安居録拾遺……395
【二〇―一】薦性水義梵知藏初七忌……395
【二〇―二】結夏以來各切于自己躬下之事……396
【二〇―三】比熊山設梵網會并開雨安居……397

【二〇一四】邂逅于海量和尚……399
【二〇一五】層雲楚石首座曾扣予茅宇問祖意……400
【二〇一六】欽和方丈和尚戒經講畢嚴韻伸恭喜示諸戒徒……401
【二〇一七】今茲秋九月十二日烏遇母難賤晨也……402
【二〇一八】實田號……403
【二〇一九】癡頑表石叟……404
【二〇一一〇】鳳源寺菩薩泉銘并引……405
【二〇一一一】菩薩泉後記……408

乾徳山慧林寺結冬語録

【二一一】僧堂規箴……410
【二一二】礞履忌（達磨忌）……413
【二一三】佛成道……414
【二一四】歳暮　口號……415
【二一五】歳首……417
【二一六】仝……418
【二一七】奉和方丈和尚除夕大偈嚴韻……418

【二八】奉和歳首大偈……420
【二九】次韻見謝東法大和尚眞讃大偈……421
【三〇】贊前妙心當山七世東法和尚肖像……422
【三一】前當山五世峻岩卓和尚五十年忌香語……423
【三二】辱預盛膳之請……424
【三三】恭領雲箋并川八一章潔指薫讀……425
【三四】永慶寺殿保山養公大居士十三回忌塔銘……427
【三五】應慧林方丈需……429
【三六】示惠林門下諸徒子……432

佛日録拾遺

【三七】法語……436
【三七―一】示絶禪人……436
【三七―二】示禪脉禪衲……437
【三七―三】示禪篤禪衲……439
【三七―四】示黠禪人……440
【三七―五】示智崙禪人……441

【三七―六】示玄流禪人……442
【三七―七】示祖春禪人……444
【三七―八】示森禪人……445
【三七―九】示嶽禪人……446
【三七―一〇】示的禪人……447
【三七―一一】示韶禪人……448
【三七―一二】示然禪人……450
【三七―一三】示脱禪人……451
【三七―一四】示活禪人……453
【三七―一五】示秕首座……454
【三七―一六】示椿禪人……455
【三七―一七】示隆禪人……456
【三七―一八】仝……457
【三七―一九】示北禪人……458
【三七―二〇】示本禪人……459
【三七―二一】示道禪人……460
【三七―二二】示改禪人……462

【三七―二三】示東禪人……463
【三七―二四】示末禪人……464
【三八】書簡……465
【三八―一】寄牧牛和尚（牧牛祖乳）……465
【三八―二】復願成仁叟和尚（仁叟宗恕）……467
【三八―三】復安國鏡宗和尚……470
【三八―四】復東光通同和尚……473
【三八―五】復孚公禪友……474
【三八―六】復法常可公禪師（大道文可）……477
【三八―七】復下總國光福寺定山和尚（定山寂而）……482
【三八―八】復備后鳳源愚極和尚（愚極義泰）……485
【三八―九】寄播州的方萬寶大龜和尚（大亀禅碩）……490
【三八―一〇】復二嚴寺方丈……494
【三八―一一】復多福西江和尚（西江祖勳）……496
【三八―一二】復延命萬崖和尚（万崖祖柏）……499
【三九】雜集……502
【三九―一】維享保三……妙心第一座海桃和尚之靈……502

【三九―二】追挽大仙曇秀快和尚四七日忌……504
【三九―三】龍松軒構高堂……505
【三九―四】園公道友來參一夏安居……507
【三九―五】次韻黒貫寺義海法印試毫……508
【三九―六】自贊……509
【三九―七】驢團禪人（鏡水慧団）……511
【三九―八】驢団公禪友起單……512
【三九―九】富士山雲龍圖……513
【三九―一〇】恭賀攝陽大仙退隱曇秀禪師錦旋之日講淨名經散筵……513
【三九―一一】山居偶作……515
【三九―一二】又……515
【三九―一三】早起……517
【三九―一四】恭奉和題清見寺嚴韻……517
【三九―一五】栽竹……518
【三九―一六】次韻肝氏老人退隱口號兼充賀辭寄曲肱亭……519
【三九―一七】次韻三嶋自牧雅丈退隱……521
【三九―一八】謝惠茶并引……523

【三九―一九】蒙恩賚移植之仙桃結果十餘顆托小詩記喜……525
【三九―二〇】森氏蒙官命皈故園……525
【三九―二一】遊山寺詠鷄冠花……526
【三九―二二】遊平等寺……527
【三九―二三】重陽……528
【三九―二四】贊觀音……529
【三九―二五】仝……530
【三九―二六】贊神農……531
【三九―二七】送全初首座（懶翁冉初）……532
【三九―二八】次韻華嚴院果禪人燈下唱酬……533
【三九―二九】喜瑞祥閑田和尚至……534
【三九―三〇】敕謚佛燈明覺禪師賢岩老和尚之手度胡山兀西堂者……535
【三九―三一】恭賡歲首嚴韻奉呈近侍右……537
【三九―三二】仝……538
【三九―三三】春雪戲作……540
【三九―三四】次韻黒貫寺隆觀法印歲首……541
【三九―三五】贊文殊大士……541

【三九―三六】又……542
【三九―三七】贊地藏大士……543
【三九―三八】付囑。自得寺殿受菩薩戒并法稱……544
【三九―三九】白瑛號（白瑛全明）……545
【三九―四〇】曹溪號（曹溪玄亭）……547
【三九―四一】喜肥後無相寺大天和尚至……548
【三九―四二】和答大天和尚見惠……549
【三九―四三】和答伊氏子亮見惠……550
【三九―四四】伊氏谷神軒惠一枝百蔕朱柿并雅詩……551

四會録　下

【四〇】西院和尚語録拔萃序……555
【四一】總門上棟文……557
【四二】澤水禪師畧傳序……559
【四三】大光二世有智山東禪寺中興日岩和尚四會録之草稿……561
【四四】喜瑞祥寺靈源和尚至……563

【四五】喜筑后徳雲寺虎堂和尚至……564
【四六】和虎堂和尚見恵……564
【四七】喜豫州大州大恩寺曉山和尚至……565
【四八】明良軒即興……566
【四九】又……567
【五〇】十四夜……568
【五一】中秋……569
【五二】賀生子……570
【五三】紅梅……571
【五四】恭奉賀惟久公六十之華誕辰……572
【五五】池田宗眞居士看讀書寫勝功……573
【五六】乙卯中秋……574
【五七】恭謝豫州雨井龍潭寺田翁和尚芳訊兼贐行色……575
【五八】登本蓮寺（二首）……577
【五九】謝金猊山大智方丈玉磵禪師芳訊……579
【六〇】送曇靈和尚……580
【六一】送悦禪人……581

【六二】中秋月……582
【六三】牧童……583
【六四】十四夜……583
【六五】十五夜……584
【六六】喜奉迎高駕……585
【六七】重遊明良軒……586
【六八】中秋……587
【六九】重遇提唱十刹録感喜不可言……589
【七〇】恭謝伊氏惠五月菊數本……590
【七一】戊午中秋……591
【七二】中秋月……592
【七三】池亭……593
【七四】送元敬首座轉籍於法山……594
【七五】普請示衆……595
【七六】中秋……596
【七七】恭謝光福玉洲和尚錦旋故園遠顧弊廬……597
【七八】中秋撾退鼓隱遁于骨清堂賞明月聊書懷……598

【七九】退隠口號……599
【八〇】閑似亭八景……600
【八〇―一】孤嶋夜雨……601
【八〇―二】田上夕照……602
【八〇―三】王子歸帆……602
【八〇―四】德渕晴嵐……603
【八〇―五】横濱落雁……604
【八〇―六】湊柱秋月……605
【八〇―七】久峯晚鐘……606
【八〇―八】新納暮雪……607
【八一】次韵晚生齊通純題明良軒……607
【八二】謹賀辛酉二月廿四日佐野原別墅落成兼奉謝賜雅遊……609
【八三】皆山亭（二首）……610
【八四】佐野原具瞻閣即興……613
【八五】謝豊之後州成大寺泰老衲過訪兼贐送行……614
【八六】豊后府内幸松氏圖先考觀譽貞念居士之道影……615
【八七】恭和北肥龍津紫石和尚被恵瑤韻（二首）……616

【八八】次韵重被惠……618
【八九】喜肥后泰勝不識和尚至……619
【九〇】而禪衲、野偈之韻、用前韻呈示……620
【九一】螢火……621
【九二】中秋……622
【九三】夜宴……623
【九四】恭賀淺水庵頭具壽翠岩六十誕辰……623
【九五】九月十二日登高城賜茶於水亭即興……625
【九六】次達磨忌嚴韻……625
【九七】卒賦蕪詩一章奉謝光臨呈近侍右……627
【九八】次韻省禪人送無心禪衲花偈兼簡省禪人……628
【九九】喜月窓和尚至賦野偈一章兼充謝辭……629
【一〇〇】信州梅子禪人呈偈席上次韻相酬……630
【一〇一】奉隨喜新刊金剛經恭呈鳳源愚極大和尚（二首）……630
【一〇二】贊威音大光居士寂照妙光大師同幅肖像……633
【一〇三】送勢州桑名東林明惠宣禪師……635
【一〇四】早秋遊樺山高亭……636

【一〇五】癸亥十四夜……637
【一〇六】中秋……637
【一〇七】恭祝佛日山造鐘工畢圓成供養……638
【一〇八】送濃州久久里東禪隱栖菊泉和尚……639
【一〇九】癸亥除夕……640
【一一〇】甲子試毫……641
【一一一】寛保四年甲子二月廿五日應久留米城主有馬氏賢侯堅請……642
【一一二】神谷道中……644
【一一三】宿神谷關……645
【一一四】寓江南山遇佛初度祝香野偈……646
【一一五】先師一道和尚五十年遠忌炷香拙語……647
【一一六】追挽法姪前泰翁密雲和尚……648
【一一七】恭讀嶮崖和尚禪餘客談賦贈嗣子毒龍禪師……649
【一一八】贊地藏大士……650
【一一九】大光中興雄山和尚一百年忌香語……651
【一二〇】遊閑似亭舟中即事……652
【一二一】實門宗孚首座掩土……653

【一二二】奉追薦自得寺殿龍渕道水大居士七回忌……655
【一二三】恭奉謝甘露寺中納言規長卿賜松月繪……656
【一二四】牛禪衲追薦阿母七回忌普齋雲堂……656
【一二五】義先禪人圖本師日東西堂禪師肖像丐讃辭……657
【一二六】甲子除夕口占……658
【一二七】乙丑試毫……660
【一二八】題豐干靠虎圖……661
【一二九】和答筑前承天徒壽因首座見寄……662
【一三〇】祝平原氏了圓老人八十八祝旦……663
【一三一】贊尾州總見寺霖翁大和尚肖像……664
【一三二】隨喜松岩禪寺涅槃像開光……665
【一三三】仁溪號……666
【一三四】贊濃州全源山興德寺三世一玄和尚道影……667
【一三五】石庭號（石庭慧柏）……669
【一三六】福昌實禪和尚像贊……670
【一三七】喜道樹良哉二和尚至（二首）……671
【一三八】前妙心大慈中興西院玄竺大和尚百五十年忌……674

【一三九】道樹號（道樹周砥）……674
【一四〇】良哉號（良哉元明）……675
【一四一】寶室號（宝室智鑑）……676
【一四二】紀南新宮道岳自得居士……677
【一四三】渡江達磨大師……679
【一四四】古海號（古海士坦）……680
【一四五】喜鞆津慈徳院梁堂和尚至……681
【一四六】賛鞆津小松寺古山和尚肖像……682
【一四七】賛高鍋萬松山龍雲寺鐵壇和尚肖像……683
【一四八】遊湘陰軒……684
【一四九】乙丑十四夜……685
【一五〇】同十五夜……686
【一五一】智勝開基大光普照禪師單傳大和尚像賛……686
【一五二】鎭州號……688
【一五三】玉翁號……689
【一五四】仙嶽……690
【一五五】北禪（北禅元貞）……691

【一五六】槐南……692
【一五七】鐵外……693
【一五八】追薦殺童子自殺之二靈魂……693
【一五九】千嶽號……694
【一六〇】規外……695
【一六一】贊蘭瑞和尚肖像……696
【一六二】岱州號……697
【一六三】天心號（天心法爾）……698
【一六四】拙叟號……699
【一六五】千巖號（千巖祖鈞）……700
【一六六】除夜……701
【一六七】試毫……702
【一六八】命京師裁縫製金襴九條衣……703
【一六九】送法徹禪人之北肥……705
【一七〇】送南紀頓禪人……706
【一七一】送了義禪衲……707
【一七二】辱別墅之雅請席上聊短述……708

【一七三】因州廣徳山龍峰寺常應大和尚像贊……709
【一七四】雲州富興山康國寺善瑞積座元像贊……710
【一七五】豐州稙田龍護院石寫法華塔銘……711

四會録　全

偈頌……715
【一七六】佛降誕（十二首）……715
【一七七】佛涅槃（十三首）……724
【一七八】達磨忌（十二首）……735
【一七九】佛成道（十四首）……745
【一八〇】試毫（三十首）……755
【一八一】歳暮（三十首）……779
雜集……812
【一八二】恭奉追輓法兄英山和尚十七回諱……812
【一八三】敕謚佛燈明覺禪師三十三回諱……813
【一八四】妙心二世敕謚神光寂照禪師三百五十年諱……814

【一八五】本師一道和尚三十三回諱……815
【一八六】薦士性徒子……816
【一八七】追挽前住江西敬堂和尚十三回忌辰……817
【一八八】恭奉次韵等軒瑞堂和尚……大光普照禪師預修百年遠忌大偈……818
【一八九】補陀山松巖禪寺雙王并十王點眼拙語……819
【一九〇】山中平土縛茅於方一間便于坐禪……821
【一九一】次韵肝氏存心齋賀骨清堂落成……822
【一九二】骨清堂即事四首……823
【一九三】次韵大光方丈除夜……826
【一九四】仝……827
【一九五】恭賀老母祖雪尼八十八誕辰……828
【一九六】仲秋……829
【一九七】仝……830
【一九八】中秋……831
【一九九】無題（中秋）……832
【二〇〇】祝老母……833
【二〇一】春雨……834

【二〇二】東光山飯山寺別移基址構茅宇……835
【二〇三】十四夜……836
【二〇四】無題（於江戸）……836
【二〇五】江府僑居石河氏過訪……837
【二〇六】船中偶作……838
【二〇七】龜城旅泊……839
【二〇八】肥後泰勝唯禪衲扣參呈偈……840
【二〇九】答江府長徳院東英禪師見恵兼充留別……841
【二一〇】僧堂落成観音大士安座供養拈香拙語……842
【二一一】倉岡郷郡山密寺鐘銘……845
【二一二】自得寺僧堂報鐘銘……847
【二一三】浴室規箴……848
【二一四】尾陽成瀬氏妹松仙院……850
【二一五】松仙院淨室壽清尼大師預修一回忌拈香拙語……851
【二一六】前柏樹寶山長鑑西堂禪師……854
【二一七】追薦誓譽宗順居士偈并引……855
【二一八】今茲寛保三癸亥宗順辭世實經十歳……857

【二一九】追薦古月宗用庵主三十三回忌……858
【二二〇】前福壽一溪和尚者四十年故舊也……（二首）……859
【二二一】前法泉同居裔和尚今茲壬子五月廿二日示寂……862
【二二二】前瑞光松櫺宗密首座者吾舅氏也……863
【二二三】前報恩龍室和尚者……864
【二二四】前住妙心大通智勝國師快川大和尚百五十年遠忌香語（二首）……866
【二二五】再住妙心三百五世瑞堂本大和尚訃至……868
【二二六】奉追挽法兄英山和尚二十五年嚴忌……869
【二二七】英山和尚三十三回忌香語……870
【二二八】茲丁前妙心一方大和尚十三回忌辰……871
【二二九】追挽日陽山蘭舟法印……872
【二三〇】追挽日陽山義海法印……873
【二三一】追挽西京妙心子院大法院林道大和尚……874
【二三二】追挽再住妙心住尾州伯林寺楞山和尚……875
【二三三】追挽前江西敬堂和尚十七回忌……876
【二三四】追挽東福寺第一座象海禪師……877
【二三五】大德開山興禪大燈……四百年忌（二首）……878

【二三六】追輓雲臺寺天寧和尚……880
【二三七】輓定山和尚……881
【二三八】昨夜夢三住妙心梁岩大和尚忌辰……882
【二三九】大光二世東禪中興日岩長慧大和尚三百五十年忌……883
【二四〇】追挽甲府能成中谷和尚……884
【二四一】大光三十九世崇原開山活眼和尚禪師五十年遠忌預修……886
【二四二】追挽閑田和尚……887
【二四三】心海士恭禪徒……一偈以薦……888
【二四四】哭乾外士屋藏司……889
【二四五】悼璞宗禪衲……890
【二四六】自讃（小徒士坦等請）……892
【二四七】仝……893
【二四八】仝。現大光法孫敬拙堂長老請……894
【二四九】賛初祖（六首）……896
【二五〇】賛盧能。成碓夫之圖（二首）……901
【二五一】百丈……903
【二五二】黄檗……904

【二二五三】臨濟（五首）…… 906
【二二五四】地藏大士開光…… 910
【二二五五】贊蚊浦龍興寺祖郁禪衲印施地藏大士…… 912
【二二五六】贊觀音…… 913
【二二五七】贊馬郎婦觀…… 914
【二二五八】贊藕絲裁縫千手觀音尊影…… 915
【二二五九】贊蛤蜊觀音…… 916
【二二六〇】贊准提觀音大士…… 917
【二二六一】贊裁縫六觀音并地藏尊同軸尊像…… 918
【二二六二】贊裁縫辯才尊天…… 920
【二二六三】賢岩大和尚圖臨濟惠照禪師肖像…… 921
【二二六四】贊楞伽達磨尊影…… 922
【二二六五】贊維摩（二首）…… 923
【二二六六】贊普化…… 826
【二二六七】蜆子…… 927
【二二六八】寒山…… 928
【二二六九】拾得…… 929

【二七〇】寒拾同軸之圖……929
【二七一】拾得持經卷圖……931
【二七二】南泉斬猫之圖……931
【二七三】懶瓚煨芋……932
【二七四】關山祖忌……933
【二七五】臘八……934
【二七六】東方朔……935
【二七七】贊渡宋天神尊像（五首）……936
【二七八】布袋……941
【二七九】奉薦松壽院殿量譽貞岩大姉……942
【二八〇】追悼節心院竹堂紹貞大姉……943
【二八一】奉追薦青蓮院殿一百年遠忌……944
【二八二】奉追挽自得寺殿……945
【二八三】自得寺殿預修盡七日諱拈香拙語……947
【二八四】自得寺殿預修一回諱辰炷香拙語……949
【二八五】自得寺殿三回忌炷香拙語……950
【二八六】奉追挽松壽院殿十三回忌……951

【二八七】挽了山淨曉居士……952
【二八八】薦玉心義回信士……953
【二八九】薦花岩慧香大姉……953
【二九〇】追挽肝付存心齋……954
【二九一】追挽涼樹宗蔭居士……955
【二九二】悼俊庵才色居士……956
【二九三】薦亡者看讀法華經……957
【二九四】武州禁首座薦拔先考善譽道休法師一周忌……958
【二九五】先考直心祖教居士三十三回忌塔銘……959
【二九六】預修好庭祖雪大姉二十五回塔銘……960
【二九七】看讀法華五百部供養塔銘……961
【二九八】追挽深信院專達祐意日相居士……962
【二九九】挽遍照院妙達壽榮日鮮大姉……963
【三〇〇】快龍號（快龍宗省）……964
【三〇一】默堂號（默堂崇陸）……965
【三〇二】湖道號……966
【三〇三】乾峰號（乾峰祖珍）……967

【三〇四】松嶺號 …… 968
【三〇五】徹叟號（徹叟祖髄）…… 969
【三〇六】俊嶺 …… 970
【三〇七】松洲號（北禅元貞）…… 971
【三〇八】圓應（円応慧満）…… 972
【三〇九】石翁 …… 973
【三一〇】玉泉號（玉泉慧崑）…… 974
【三一一】大林號（大林自成）…… 975
【三一二】高峰號 …… 976
【三一三】定岩號（定巌祖寂）…… 977
【三一四】玉洲號（玉洲祖億）…… 978
【三一五】光谷號 …… 979
【三一六】盤谷號 …… 980
【三一七】賢叟號 …… 981
【三一八】默庵號 …… 982
【三一九】鐵丸號（鉄丸無縫）…… 983
【三二〇】的宗號（的宗禅那）…… 984

【三二一】千拙（千拙祖璉）…… 985
【三二二】曇宗…… 986
【三二三】頑海號（頑海慈湛）…… 987
【三二四】虎堂號（虎堂宗主）…… 988
【三二五】定翁（定翁宜孟）…… 990
【三二六】亮室號…… 991
【三二七】贊龍雲鐵塔和尚壽像…… 992
【三二八】豐後福壽四代一溪和尚像贊…… 992
【三二九】贊前總持現福昌實禪和尚壽像…… 994
【三三〇】東福前板寶福象海禪師肖像…… 995
【三三一】獨秀大和尚……創建神護山崇福寺…… 997
【三三二】濃州大仙山興德寺中興東嶽和尚肖像…… 998
【三三三】肥後求麻瑞祥寺靈源和尚壽像…… 1000
【三三四】濃州常國寺龜峰和上像…… 1001
【三三五】春屋妙葩國師肖像…… 1002
【三三六】備後鞆津大雄山正法寺大獸和尚肖像…… 1003
【三三七】豫州如法寺逸山大和尚像贊…… 1004

【三三八】天榮和尚肖像……1006
【三三九】題書寫法華經之後……1006
【三四〇】藝州廣島興德開山陽門和尚肖像……1008
【三四一】奉賀甲州慧林大伽大和尚住正法山……1010
【三四二】禮遠州奥山無文和尚塔……1011
【三四三】和答富春叟老儒生（二首）……1012
【三四四】步鎌田氏詠寒梅韵礎……1014
【三四五】賀淵月老人九十之祝誕……1015
【三四六】恭奉和席上高詠之嚴韵……1015
【三四七】庚戌八月十四夜……1016
【三四八】同十五夜……1017
【三四九】賀豊後臼杵後藤氏六十……1018
【三五〇】光伴……1019
【三五一】得禪禪者……荷負十六羅漢畫像來丐贊辭……1020
【三五二】驢主公板首……1021
【三五三】奥州覺範徒師元禪人拜辭之序乞偈……1022
【三五四】湯宮看古梅……1023

【三五五】賛髑髏……1024
【三五六】今茲壬子雨安居……1025
【三五七】矑智了長老……1026
【三五八】肝心存心老人恵拄杖係以雅詩……1027
【三五九】加州桃雲令徒逸群禪衲需開示……1028
【三六〇】中秋月……1029
【三六一】賀架樓……1031
【三六二】奉恭喜賢太守税高駕於佛日山……1032
【三六三】仝……1033
【三六四】湛堂禪師者二十年來故舊也……（二首）……1034
【三六五】奉迎太守枉高駕聊伸昇懷……1036
【三六六】到東禪寺詠假山……1037
【三六七】十四夜……1038
【三六八】十五夜……1039
【三六九】次韵丹波法常寺大道和尚見恵……1040
【三七〇】重移地營骨清堂結締成……1041
【三七一】從高駕詣住吉社……1042

【三七二】春日骨清堂即事二首……1043

四會録　全　巻末付記

古月禪師行状并塔銘（割愛　拙著『清骨の人　古月禅材』〈平成十九年・禅文化研究所〉を参照）

天壽興建開基古月禪師塔銘（同右）

【付録】辭世……1045

語彙索引

四會録　上

【曇秀智快序】

古月禪師四會語録序。

鵬擧乎一時而搏于天倪、蓋坐斷須彌藏天下於天下也。變作通怪。別傳之教外、四七衍《ハビコリ》焉、二三傳焉。古月禪師四會語録、縱恣説破、總弄毒手。中一外融而光介而大。所謂、藏天下於天下、烟若《イントシテ》北溟之外、視鯤鱗之正化。死活天淵、將何告焉。具眼禪流、其如之何哉。噫。

住攝州坂陽大仙寺快曇秀盥沐拜題。

＊

古月禅師四会語録の序。

(1)一時に鵬挙《ほうきょ》して、天倪《てんげい》に搏《はう》つは、蓋《けだ》し須弥を坐断して、(2)天下を天下に蔵《かく》すなり。変作通怪。之れを教外に別伝して、四七衍《はびこ》り、二三伝う。古月禅師四会の語録、縦恣《ほしいまま》に説破して、総に毒手を弄す。(3)中《うち》一に外《ほか》融じて光れり、介にして大なり。所謂《いわゆ》る、天下を天下に蔵《かく》して、(4)烟《いん》として、(5)北溟の外に、鯤鱗《こんりん》の正に化するを視《み》るが若《ごと》し。死活(6)天淵、将《は》た何をか告げん。具眼の禅流《ぜんる》、其れ之れを如何《いかん》せん。(7)噫《い》。

摂州坂陽の大仙寺に住する(8)快曇秀、盥沐《かんもく》拝題。

＊

一時に鵬鳥が飛び上がり、天に羽ばたくということは、須弥山を尻に敷いて、天下を天下に隠すということであろう。変化《へんげ》に通達した奇怪不思議である。これを教外に別伝し、印度には二十八祖に広がり、中国には六祖に伝えられた。古月禅師の四会録、禅師は意のままに説破して、すべてに毒手を振るわれた。中の一が外に融合して光り、小さくしてしかも大きい。いわゆる天下を天下に隠して、きらきらとして、北海の彼方に、鯤魚がまさに鵬鳥に化すのを見るようである。天と地の間に生き死にしているような者には言うべきことはない。見識を具えた禅者よ、さあ、これをどうする。イーー。

＊

(1)鵬挙乎一時而摶于天倪＝「鵬挙」は、鵬《おおとり》の如く遠く高く飛び上がること。「天倪」は、天涯・天界。三国魏・曹植の「玄暢賦」に「鵬挙を希《もと》めて以て天に摶《はう》ち、青雲に蹶《おど》って羽を奮《ふる》う」と。／(2)蔵天下於天下＝「夫《そ》れ舟を壑《たに》に蔵《かく》し、山《やな》(魚を捕る梁)を沢《さわ》に蔵さば、之れを固《かた》しと謂わん。然り而して夜半に有力の者、之れを負いて走れば、昧《くら》き者知らざるなり。小大を蔵すに宜《よろ》しき有るも、猶お遯《のが》る所有り。若し夫れ天下を天下に蔵して遯る所を得ざるは、是れ恒物《こうぶつ》の大情なり」(『荘子』大宗師)。／(3)中一外融而光介而大＝底本のままだが、或いは、「中一外融、晦而光介而大」の誤写か。柳宗元の「賜謚大鑑禅師碑」(『六祖壇経』附録)に「中一外融、粋有って孔《はなは》だ昭《あき》らかなり」。『仏祖歴代通載』巻十五「是年河東柳子厚、製南嶽大明律師碑」段に「晦而光介而大(晦にして光り、介にして大なり)」。晦は暗、介は小の義。／(4)烟＝烟々《いんいん》。閃爍《せんしゃく》の義。ぴかぴか光る、きらきらする。／(5)北溟之外……＝「北冥に魚あり、其の名を鯤と為《な》す。鯤の大いなる、其の幾千里なるを知らず。化して鳥と為る。其の名を鵬と為す。鵬の背、其の幾千里なるを知らず。怒して飛べば、其の翼は垂天の雲の若《ごと》し」(『荘子』逍遥遊)。／(6)天淵＝高い空と低い淵。懸隔の甚だしい形容にも用いられる。／(7)噫＝歎きの声、恨みの声などの意があるが、近世日本の語録では、一転語のように「イーー」と読み、既に語義を離れている。／(8)快曇秀＝曇秀智快。日向の人で、大光寺にて出家。後に南金山大仙寺（大阪市中央区谷町）の第六代。享保元年（一七一六）八月、前堂転位。元文二年（一七三七）十二月十五日遷化。世寿不詳。『続禅林僧宝伝』第一輯・巻之上【一六九】に立伝。

【古月禅材自序】

小徒等裒予平昔之文字而請題巻首。予云、惜其徳者、採遺稿付丙丁、任其徳者、濡華藻充貽厥《アッ》。此集也原來不文、非二者之際。誰可閲供哂、誰規憑據《ノットッテ》哉。唯住天壽之輩、禪暇除蠹《ハラッテ》感激苟偈頌垂誨接雲衲之事、増長道情、接待往來、予意足矣。因不峻拒應需。是爲序。

寛保改元辛酉稔重陽日、天壽興建開基古月叟禪材、享齢七十五、泚毫於奚疑之南軒書。

*

小徒等、予が平昔の文字を裒《あつ》めて、巻首に題せんことを請う。予云く、「其の徳を惜しむ者は、遺稿を採って(1)丙丁《へいてい》に付し、其の徳に任たる者は、華藻を濡《うるお》して(2)貽厥《いけつ》に充《あ》つ。此の集や、原来、不文、二つの者の際《あいだ》に非ず。誰か閲《けみ》して哂《わらい》に供し、誰か規《のっと》って憑拠《ひょうこ》す可《べ》きや。唯だ(3)天寿に住するの輩、禅暇に蠹《と》を除《はら》って、苟《いやしく》も偈頌垂誨して雲衲を接するの事を感激し、道情を増長し、往来を接待せば、予が意、足りぬ」。因《よ》って峻拒せず、需《もと》めに応ず。是れを序と為《な》す。

(4)寛保改元辛《かのととり》酉の稔《とし》、重陽の日、天寿興建開基古月叟禅材、享齢七十五、(5)毫《ふで》を(6)奚疑《けいぎ》の南軒に泚《ひた》して書す。

弟子たちが、私のかつての言葉を集め、その巻首に序文を書くように求めた。私は言った、「その徳を惜しみ隠す者は、残っている自分の文章を集めて火中に投じようとし、その徳に当たろうとする者は、その残された原稿に文飾を施して、子孫に遺《のこ》そうとする。君たちが集めたものは、もとより拙い文章で、燃やしてしまうほどの値打ちも、子孫に遺すほどの値打ちもない。誰がこれを読んで物笑いのたねとし、誰がこれを手本として拠り所としようか。ただ、自得寺におる者たちが、禅修行のいとま、私の遺稿の蠹魚《しみ》を払い、私が分不相応にも偈頌を作ったり垂誨したりして雲衲を導いて来たことを見て、心に感じて奮い立ち、おのれの道情を増長し、また、往来する人達をもてなしてくれれば、それで、私は満足である」と。そういうわけで峻拒せず、その求めに応じた。この一文を以て序に代えるものである。

＊

(1)付丙丁＝燃やしてしまう。「丙丁」は、火の譬喩語。丙《ひのえ》も丁《ひのと》も火に属する干位。／(2)貽厥＝子孫に遺す。「典有り則有り、厥《そ》の子孫に貽《のこ》す（貽厥子孫）」（『書経』五子之歌）。／(3)天寿＝天寿山自得寺。【一〇―三八】注(1)を参照。／(4)寛保改元辛酉稔重陽日＝一七四一年九月九日。／(5)泚毫＝泚筆、蘸筆とも。筆に墨を含ませること。／(6)奚疑＝古月の室号。「奚疑」は、奚《なん》ぞ疑わんや。何も疑うことはないの意。陶淵明の「帰去来辞」に見える言葉。

＊

佛日名山金地大光自國禪寺語録。

侍者士坦編。

【一】上平声十二文韻

入院上堂。

昨眠《キノフハ》熊野萬山雲、今入獅林一隊群、結伴携來條榔檁、麾回佛日此張軍。喝一喝。

＊

(1)入院上堂。

(2)昨《きのう》は熊野万山の雲に眠り、今《きょう》は獅林一隊の群に入る。(3)伴を結んで携え来たる条榔檁《じょうしつりつ》、仏日を麾回《きかい》して此《ここ》に軍を張る。喝一喝。

＊

(1)入院上堂＝宝永四年（一七〇七）十一月十六日に法兄の英山禅哲（大光寺四十一世）が示寂。古月は、大光寺の法席を嗣いだ。／(2)昨眠熊野万山雲、今入獅林一隊群＝〈昨日まで熊野の万山の雲の中に眠っていたが、今日、一隊の獅子が住する林に入る〉。古月は、宝永元年、英山禅哲の命を受けて大光寺に帰山するまで、紀州（和歌山市）禅林寺の大洞慧柏の会下にあった。下の句は、『証道歌』の「栴檀の林、雑樹無し、鬱密深沈として獅子のみ住す」を踏まえる。／(3)結伴携来条榔檁、麾回仏日此張軍＝〈行脚をともにして来たこの拄杖を取ってここに軍を張り、沈みかけている仏日を呼びもどす〉。この二句は、戦国の魯陽公が、韓と戦い、戦《いくさ》たけなわにして日が暮れかけた時、戈《ほこ》を取って日を麾《さしまね》き、沈みかけた日を呼び戻したという故事に基づく。「魯陽公、韓と難を構え、戦酣《たけなわ》にして日暮る。戈を援《ひ》いて之れを撝《さしまね》く。日は之れが為に反《かえ》ること三舎（三十度）」（『淮南子』覧冥訓」）。「条榔㮚」は、一本の拄杖。「榔㮚」は、榔栗とも書く。天台山の山中に茂る、拄杖に適した樹木。転じて拄杖の代名詞として用いられる。

【二】

結冬安居上堂。

【二―一】

登座。

不借須彌燈王、人人有此座子。坐斷千聖路頭、不見百怪蹤跡。

*

登座。(1)

須弥灯王を借りず、(2)人人《にんにん》、此の座子有り。(3)千聖の路頭を坐断して、百怪の蹤跡《しょうせき》を見ず。

*

(1)登座＝法堂の須弥壇に設けられた法座に就く時の法語。／(2)不借須弥灯王、人人有此座子＝〈須弥灯王如来の宝座など借りずとも、誰もがこの宝座を持っておる〉。「須弥灯王」は、維摩居士が、三万二千の師子座を借りた如来。「是《ここ》に於いて長者維摩詰、神通力を現ずれば、即時に彼《か》の仏、三万二千の師子座の高広厳浄なるを遣《つか》わして維摩詰の室に来入す」（『維摩経』不思議品）。／(3)坐断千聖路頭、不見百怪蹤跡＝〈諸仏諸祖が歩まれた路にしっかりと坐っておれば、千百の妖怪も姿を現わすことは出来ぬ〉。大慧宗杲が、応庵曇華の垂示を称歎した偈に「金輪の第一峰を坐断して、千妖百怪、尽《ことごと》く蹤《あと》を潜《ひそ》む」と（『五灯会元』巻二十・応庵曇華章）。

【二―二】

索話。

不承言不滞句、直下出來商量看。［問答不録］

＊

索話[1]。

言《こと》[2]を承《う》けず、句に滞《とどこお》らず、直下《じきげ》に出で来たって商量[3]せよ看ん。［問答不録］

＊

(1)索話＝釣語、垂語、索語とも言う。学人の問いを導き出すための語。／(2)不承言不滞句、直下出来商量看＝〈言句に引きずり回されず、ただちに出て来て問答せよ〉。『虚堂録』巻三・索話に「言を承けず、句に滞らざる底有ること莫《な》きや」と。これは、洞山守初の上堂語、「言を承くる者は喪《そう》し、句に滞る者は迷う」を受けるもの。「商量」は、あきんどの駆け引き。転じて問答の意に用いる。『祖庭事苑』巻一【商量】に「商賈《しょうこ》の量度《りょうたく》して、中平を失わずして、以て各おの其の意を得しむるが如し」と。句末の「看」は、……してみよの意だが、今は、底本の伝統的訓読に従った。

【二―三】

提綱。

乃云、今冬結制安居、風雲際會。山僧欠五縁疏二諦。濫受佛祖之依蔭、竊憑兄弟之扶翼。荒涼無物、依舊以沒滋味之海菜飯充供給。這箇一著、釋迦未出世、淨躶躶赤條條、達磨未西來、明皓皓白的的。唯爲信不及、牽得若干老凍膿弄神頭鬼面去。今日當澆末、根傫機劣、聞即心是佛之説生容易之念、上古人閑境作模作樣。總無實頭。吾這裡、棒打石人頭、曝曝論實事。你諸人、他時生愛惡、婬怒癡即是佛法。若如是歇得、不拘凡聖、到處風颯颯地不妨快惕。故曰、直截根源佛所印、摘葉尋枝吾不能。若添惡業之擔子、謂不妨行婬怒癡底者不足責。上來者、山僧罹此病痛、一回通身生汗、起來爲諸人説破。無秋毫相欺、亦不是爭人我。將此深心奉塵刹、國恩佛恩共報去。〔卓拄杖〕鴛鴦繡了任君見、不取金針度與人。

＊

(1)提綱。

乃《すなわ》ち云く、今冬結制安居、(2)風雲際会《さいかい》す。山僧、(3)五縁を欠き、(4)二諦に疏《うと》し。濫《みだ》りに仏祖の依《え》蔭《おん》を受け、窃《ひそ》かに兄弟《ひんでい》の扶翼《ふよく》するに憑《よ》る。荒涼として物無し、旧《ふる》きに依って、(5)没滋味《もつじみ》の海菜《かいさい》飯《はん》を以て供給《くきゅう》に充《あ》つ。(6)這箇《しゃこ》の一著《いちじゃく》、釈迦未だ出世せず、浄躶躶《じょうらら》赤条条、達磨未だ西来せず、明皓皓白的的。唯だ信不及《しんふぎゅう》なるが為に、若干の(7)老凍膿《ろうとうのう》を牽《ひ》き得て(8)神頭鬼面《しんずきめん》を弄し去らしむ。今日、(9)澆末《ぎょうまつ》に当たって、根傫《こんうす》く機劣《きおと》り、即心是仏の説を聞いて容易の念を生じ、(10)古人の閑境に上《のぼ》って模を作し様を作《な》す。(11)総に実頭なる無し。(12)吾が這裡《しやり》、棒、石人の頭《こうべ》を打って、嚗《はく》嚗《ばく》に実事を論ず。你《なんじ》諸人、他時、愛悪を生ずる、(13)婬怒痴《いんぬち》、即ち是れ仏法。若し是の如《かく》く歇得《けっとく》せば、凡聖に拘《かかわ》らず、到る処、風颯颯地《かぜさっさっち》にして快暢《かいよう》なることを妨げず。故に曰く、「(14)直《じき》に根源を截《き》るは仏の印する所、葉を摘《つ》み枝を尋ぬることは吾れ能《あた》わず」と。若し(15)悪業の担子を添えて、婬怒痴を行ずることを妨げずと謂う底は責むるに足らず。上来は、山僧、此の病痛に罹《かか》って、一回《ひとたび》、通身、汗を生じ、起き来たって諸人の為に説破す。(16)秋毫《しゅうごう》も相欺《あいあざむ》くこと無し、亦た是れ人我《にんが》を争うにあらず。(17)此の深心《じんしん》を将《もっ》て塵刹《じんせつ》に奉じ、国恩仏恩、共に報じ去らん。［拄杖を卓して］(18)鴛鴦《えんのう》を繍し了《お》わって君が見るに任す、金針を取って人に度与せず。

＊

(1)提綱＝底本にはないが、訓注者が補った。索話の後に学人との問答が行なわれ、問答が終わると、いよいよ仏法の大意を提唱する。これを「提綱」と言う。大綱を提起するという意。／(2)風雲際会＝時運にめぐり会うことを言う成句。『易』乾卦の「雲は龍に従い、風は虎に従う」に基づく。龍虎も風雲を得て始めてその能力を発揮するという趣意による。／(3)五縁＝住持となるのに不可欠な五種の縁。『禅林類聚』巻十一「住山」に「仰山、因みに裴質侍郎、住持を問う。師云く、『夫《そ》れ大教を伝持せんと欲すれば、須《すべか》らく二種の冥扶を得べし。一は潜《ひそ》かに理と通ずべし、二は須らく四輩檀越龍神の帰向を得べし。又た須らく五縁を具すべし。一に智有るべし、二に福有るべし、三に衆生と縁有るべし、四に土地と縁有るべし、五に土主と縁有るべし。有福有智なる者、是れ世間の有為有漏の福智なるに非ざるなり』」と。／(4)二諦＝真俗二諦。／(5)没滋味之海菜飯＝〈まずい昆布飯〉。我が法語を卑下して言うもの。「没滋味」は、思慮分別が及ばないということ。「滋味」は、うま味のことだが、「義味」の譬喩語として用いられる。【七—二二】注(7)を参照。／(6)這箇一著、釈迦未出世、浄躶躶赤条条、達磨未西来、明皓皓白的的＝〈この本来身は、仏教や禅宗が行なわれる以前から清浄で明々白々〉。「這箇一著」は、ここでは、自己本有の真性。「浄躶躶赤条条」は、まるはだかの意。ここでは、煩悩妄想の塵埃がないこと。／(7)老凍膿＝〈ハナタレじじい〉。褒め言葉にも用いるが、ここでは貶称。「凍膿」は、凍齈とも書き、寒い時に垂らす鼻水。／(8)神頭鬼面＝雑劇の一。これも褒め言葉にも用いるが、ここでは、老凍膿がやらかす説法の譬喩。／(9)澆末＝末世、風俗道義などの衰えた時代。／(10)上古人閑境作模作様＝〈古人のつまらない行ないに踊らされてしまう〉。『臨済録』示衆に「他の古人の閑機境に上る」「善知識、是れ境なることを弁ぜず、便ち他の境上に上って模を作し様を作す」と。古月の「古人閑境」は、古則公案のこと。「作模作様」は、模様を作す。あれこれと造作をすること。／(11)総無実頭＝〈すべて仏法において真実ではない〉。／(12)吾這裡、棒打石人頭、曝曝論実事＝〈我が古月会下では、石人形の頭を叩けばカンカンと音がするように、はっきりと仏法の真実を語ろうではないか〉。「棒打石人頭、曝曝論実事」は、『大慧録』巻三。「曝曝」を「剥剥」に作り、『虚堂録』巻四などにも見える。「曝曝」「剥剥」は、棒が石を打つ擬声語。／(13)婬怒痴＝貪瞋痴の旧訳。【二六五—一】注(1)を参照。／(14)直截根源仏所印、摘葉尋枝吾不能＝『証道歌』。「吾」を「我」に作る。／(15)悪業之担子＝悪業の荷物。『大慧書』「答曾侍郎」第四書に見える言葉。／(16)無秋毫相欺、亦不是争人我＝〈少しもあざむかず、我見を突っ張ってもいない〉。『大慧書』「答富枢密」第三書に見える言葉。「秋毫」は、秋に生えた獣の細毛。微細なものの譬喩。／(17)将此深心奉塵刹、国恩仏恩共報去＝阿難尊者が釈尊を賛嘆して言った言葉、「此の深心を将て塵刹に奉ぜん、是れ則ち名づけて仏恩に報ゆと為す」（『楞厳経』巻三）に基づく。「深心」は、大悲心をもって菩提を証し、衆生を度すという願心。「塵刹」は、塵塵刹刹、無辺の国土の意。／⒅鴛鴦繍了任君見、不取金針度与人＝「鴛鴦繍了従君看、莫把金針度与人」（『碧巌録』四十則本則下語）。おしどりを刺繍した巧みさは見せられるが、黄金の刺繍針、つまり、その秘訣は渡されないという意。

【二―四】

拈提。

復擧。王常侍訪臨濟同到僧堂内。常侍曰、這一堂僧、還看經否。臨濟曰、不看經。常侍曰、學禪否。臨濟曰、不學禪。常侍曰、經又不看、禪又不學、畢竟作甚麼。臨濟曰、總教伊成佛作祖去。侍曰、金屑雖貴、落眼成翳、又作麼生。臨濟曰、吾將謂、你是箇俗漢。曰、林際無端被一拶、便見氷消瓦解。山僧此間、問畢竟作甚麼、即道、有口堪喫飯。恐得知耻退後。喝一喝。

*

(1)拈提。

復《ま》た挙す。(2)王常侍、臨済を訪《おとな》い、同《とも》に僧堂内に到る。常侍曰く、「這《こ》の一堂の僧、還って看《かん》経《きん》するや否や」。臨済曰く、「看経せず」。常侍曰く、「禅を学ぶや否や」。臨済曰、「禅を学ばず」。常侍曰く、「経も又た看ず、禅も又た学ばず、畢竟《ひっきょう》、甚麼《なに》をか作《な》す」。臨済曰く、「総に伊《か》れをして成仏作祖《じょうぶつさそ》し去らしむ」。侍曰く、「『金屑《きんせつ》貴しと雖《いえど》も、眼に落ちて翳《えい》と成る』と、又た作麼《そも》生《さん》」。臨済曰く、「吾れ将《まさ》に謂《おも》えり、你《なんじ》は是れ箇の俗漢と」。曰く、林際、(3)端《はし》無く一揆《いっさつ》せられて、便ち見る、氷消瓦解することを。山僧が此間《すかん》、「畢竟《ひっきょう》、甚麼《なに》をか作《な》す」と問わば、即ち道《い》わん、「(4)口有って飯を喫するに堪えたり」と。(5)恐らくは耻《はじ》を知って退後することを得ん。喝一喝。

*

(1)拈提＝底本にはないが、訓注者が補った。古則公案を提起し、我が見解を学人に示す。これで、上堂が終了する。／(2)王常侍訪臨済……＝『臨済録』勘弁。／(3)無端＝いわれもなく、はからずもなどの意。／(4)有口堪喫飯＝「上堂。挙す、『古人、公案を一転して、大衆に布施す』。良久して曰く、『口は祇《た》だ飯を喫するに堪えたり』」（『五灯会元』巻十九・楊岐方会章）。／(5)恐得知耻退後＝〈王常侍も我が恥じを知って退いたであろう〉。

【三】

冬夜小參。

*

(1)冬夜小参。

*

(1)冬夜小参＝陰暦十一月冬至前夜の説法。「小参」は、非時の説法。上堂を大参と言うのに対して言う。

【三―一】

釣語。

徳山小參不答話、隨邪逐惡。趙州小參要答話、和麩賣麪。山僧小參不論答話不答話、買帽相頭。直下出來鞭逼看。［問答不録］

＊

(1)釣語《ちょうご》。

(2)徳山小参、答話せず、邪に随い悪を逐う。趙州小参、答話せんことを要す、麩《ふ》に和して麪《めん》を売る。山僧小参、答話不答話を論ぜず、(3)帽《ぼう》を買うに頭《ず》を相す。直下《じきげ》に出で来たって(4)鞭逼《べんぴつ》せよ看ん。

［問答不録］

＊

(1)釣語＝【二―二】の索話に同じ。学人の問いを導き出すための語。／(2)徳山小参不答話、随邪逐悪。趙州小参要答話、和麩売麪＝「徳山小参不答話」「趙州小参要答話」は、諸録に見える言葉。「小参、衆に示して曰く、『今夜、答話せず。問話の者は三十棒』」（『五灯会元』巻七・徳山宣鑑章）。「大衆、晩参す。師曰く、『今夜、答話し去らん。問いを解《よ》くする者有らば、出で来たれ』」（『五灯会元』巻四・趙州従諗章）。「随邪逐悪」「和麩売麪」は、それに対する古月の著語。「随邪逐悪」は、『碧巌録』十八則本則下語などに見え、「悪き者に伴えば悪くなるの心なり」（『句双葛藤鈔』【随邪逐悪】）。「和麩売麪」は、「和麩糶麪」で禅録頻出語。麪（むぎこ）に麩（むぎかす）を混ぜて売るという意。／(3)買帽相頭＝これも禅録頻出語で、帽子を買うのに一々頭の寸法を計るという意だが、ここでは、相手にふさわしく説法するということ。／(4)鞭逼＝本義は、鞭打つことだが、『五灯会元』巻十二・雲峰文悦章に「挨拶鞭逼」とあり、本篇でも、「挨拶」を強調して言ったもの。「挨拶」は、修行者が、師家に問答をいどむこと。

【三―二】

提綱。

節届書雲、陰極陽復。氷雪堆中、梅華破玉、四衢路頭、葭管飛灰。衲僧家、欲知佛性義理、得恁麼時節始好。東塗西抹、放開也在我、捏聚也在我。十方諸佛諸祖、各各赤窮性命、在我掌握中。聲色堆中、頭出頭沒、錯謂無事底者、如何知恁麼境界。各自著精彩報佛祖莫大之恩庇。［卓拄杖］一拳拳倒黄鶴樓、一踢踢翻鸚鵡洲。

＊

(1)提綱。

(2)節、書雲に届《いた》って、陰極まり陽復す。氷雪堆中、梅華、玉を破り、四衢《しく》路頭、(2)葭管《かかん》、灰を飛ばす。衲僧家、仏性の義理を知らんと欲せば、恁麼の時節を得て始めて好し。(3)東塗西抹《とうとせいまつ》することと、(4)放開も也《ま》た我れに在り、捏聚《ねつじゅ》も也た我れに在り。十方の諸仏諸祖、各各の(5)赤窮《せききゅう》性命《しょうみょう》、我が掌握中に在り。(6)声色堆中《しょうしきたいちゅう》、頭出頭没《ずしゅつずぼつ》、錯《あやま》って無事なりと謂う底は、如何《いかん》ぞ恁麼の境界を知らん。各自、(7)精彩《せいさい》を著《つ》けて仏祖莫大の恩庇に報ぜよ。［拄杖を卓して］(8)一拳に拳倒す黄鶴楼《こうかくろう》、一踢《いってき》に踢翻す鸚鵡洲《おうむしゅう》。

(1)提綱＝【二─三】注(1)を参照。／(2)節届書雲……葭管飛灰＝冬至に到ったことを詩的に言ったもの。「書雲」は、『春秋左氏伝』に「雲物を書す（書雲物）」とあり、春分・秋分・夏至・冬至に雲気を望んで吉凶を占い、これを策に書き記したことだが、後に冬至を指す言葉となった。「破玉」は、多く梅の開花の形容に用いられる。「玉」は、玉蕾（つぼみ）の意。「葭管飛灰」は、『虚堂録』巻九・冬至小参などに見える。「葭管」は、葭《あし》の灰を入れた管楽器。これで気候を測定していた。／(3)東塗西抹＝あちらこちらへ塗りつける。翰墨に従事する者が自謙する語。／(4)放開也在我、捏聚也在我＝〈与奪ともに我が手中にある〉。「放開」「捏聚」は、放行と把住。睦州陳尊宿の上堂に「裂開も也た我れに在り、捏聚も也た我れに在り」と（『五灯会元』巻四）。次注も参照。／(5)赤窮性命＝真意を定かにしない。天如惟則（中峰明本法嗣）の『語録』巻三「示昱蔵主」法語に「十方諸仏諸祖、各各赤窮性命、尽在你掌握之中。捏聚放開、你に由《よ》らずということ無し」と。「赤窮」は、一般的には赤貧に同じ。また、禅録に「窮性命」の語が頻出する。一例を挙げれば、『仏光録』巻七に「汝、若し打透一番すれば、老漢が窮性命、却って汝が手裏に在り」と。「窮性命」は、他の用例に照らしても、尽きんとする生命のこと。／(6)声色堆中、頭出頭没、錯謂無事底＝〈俗塵の中に溺れ込み、それを無事人の境界だと言っている愚か者〉。／(7)著精彩＝著力と同意。全力を尽くす、しっかり頑張ること。／(8)一拳拳倒黄鶴楼、一踢踢翻鸚鵡洲＝白雲守端の「臨済三頓棒」頌。

*

【三─三】

拈提。

復擧。僧問洞山、寒暑到來、如何廻避。山云、何不向無寒暑處去。僧云、如何是無寒暑處。山云、寒時寒殺闍黎、熱時熱殺闍黎。

山僧此間、又且不然。若問無寒暑處、直下行一拳、痛圖勦絶。喝一喝。

＊

拈提[1]。

復《ま》た挙す。僧[2]、洞山に問う、「寒暑到来《かんじょとうらい》、如何《いかん》が廻避せん」。山云く、「何ぞ無寒暑の処に向かって去らざる」。僧云く、「如何《いか》なるか是れ無寒暑の処」。山云く、「寒時は闍黎《じゃり》を寒殺し、熱時は闍黎を熱殺す」。

山僧が此間《すかん》、又た且つ然《しか》らず。若し「無寒暑の処」と問わば、直下《じきげ》に一拳を行じて、痛く勦《そう》[3]絶《ぜっ》を図《はか》らん。喝一喝。

＊

(1)拈提＝【二－四】と同じく底本にはないが、訓注者が補った。そこの注(1)を参照。／(2)僧問洞山……＝『碧巌録』四十三則「洞山無寒暑」。／(3)勦絶＝両字ともに断・尽の義。絶やすの意。

【三－四】


自敍。

幸遇天縦藏拙、多如性僻擔版。今領重任、敢希衆慈。

[1]自叙《じじょ》。

*

[2]幸いに天縦《ゆる》して拙を蔵《かく》すに遇う、多くは性僻にして版《いた》を担うが如し。今、重任を領す、敢えて希《ねが》わくは衆慈。

*

(1)自叙＝自序とも。「こうして説法をしていますが、その任ではありません」と、謙遜して述べる語。／(2)幸遇天縦蔵拙、多如性僻担版＝「天縦」は、天が縦《ゆる》してほしいままにさせること。「蔵拙」は、拙劣を隠すこと。自謙に用いる熟語。「担版」は、担板に同じ。肩に板を担ぐと片一方しか見えないことから、視野の狭い者、偏見者を言う。

*

【三—五】

謝詞。

小參之次、恭惟、一溪禪師、直翁禪師。不屑山川嶮巇、遙來支梧法門。佳節茲逼、禮讓可觀。溪山雖異、雲月此同。在計流通西祖直指禪者乎。

次惟、隆興和尚、錦江和尚。隨喜法會、發揮祥光。有意紹隆佛種開展錦心者也。

次惟、大慈二嚴兩專使。遠傳嚴命、有禮有信。儘蹈清規、逢縁得宗。嗚呼、耐稱使乎者也。

次惟、山門東西兩序、一會海衆、諸位禪師。揎扶《ウテマクリシ》宗手、具超師機、冷灰發焰、碓觜著華、光暉宗社也。

謝詞。(1)

小参の次《ついで》で、恭《うやうや》しく惟《おもんみ》れば、(2)一渓禅師、(3)直翁禅師。山川の嶮巇《けんき》を屑《もののかず》ともせず、遥かに来たって法門を(4)支梧す。佳節、茲《ここ》に逼《せま》って、礼譲《れいじょう》、観《み》る可《べ》し。(5)渓山、異なりと雖《いえど》も、雲月、此れ同じ。西祖直指の禅を流通《るづう》せんことを計るに在る者か。

次に惟れば、隆興和尚、錦江和尚。法会を随喜し、祥光を発揮す。仏種を紹隆し、錦心を開展するに意有る者なり。

次に惟れば、大慈二厳の両専使。遠く厳命を伝え、礼有り信有り。儘《まま》、清規を蹈み、縁に逢って宗を得《う》。嗚呼《ああ》、(6)使《つかい》なるかなと称するに耐《た》えたる者なり。

次に惟れば、(7)山門東西両序、一会《いちえ》の海衆《かいしゅ》、諸位禅師。扶宗の手を揎《うでまく》りし、超師の機を具《そな》え、(8)冷灰《れいかい》、焔《ほのお》を発し、碓觜《たいし》、華を著けて、宗社を光暉せん。

＊

(1)謝詞＝謝語とも言う。随喜の和尚に感謝を述べる。／(2)一渓禅師＝一渓□覚。諱、一字不詳。大分市松原町にある海岸山福寿寺（南禅寺派）の第四代。享保十七年（一七三二）十月四日示寂。世寿不詳。『続禅林僧宝伝』第一輯・巻之上【一六〇】に立伝。【二二〇】に、その六七日忌の追挽の二偈が載る。／(3)直翁禅師＝未詳。以下、未詳の人物については注を立てない。／(4)支梧＝支吾・枝梧とも書く。柱で支える意。／(5)渓山雖異、雲月此同＝〈谷から見るのと、山から見るのと、その眺めは異なるが、見ている雲月は同じ〉。禅語。／(6)使乎＝使いとして役目を果たした人に対する褒め言葉。「乎」は、詠嘆の辞。『論語』憲問第十四の「伯玉、人を孔子に使わす。

……使者出づ。子曰く、『使乎、使乎』と」に基づく。／(7)山門東西両序＝日本の禅林では、役位の僧を、東序（東班とも）と西序（西班）との両序（両班）に分け、東序は寺院経済を司る都寺《つうす》・監寺《かんす》・副寺《ふうす》・維那《いの》・典座《てんぞ》・直歳《しっすい》、西序は修行を司る首座《しゅそ》・書記《しょき》・知蔵《ちぞう》・知客《しか》・知浴《ちよく》・知殿《ちでん》から成り、この順位に従って座に着いた。／(8)冷灰発焔、碓觜著華＝〈冷え切った灰の中から炎が起こり、石碓《いしうす》の口に花が咲く〉。思慮分別の及ばない、開悟の消息。

【四】

正旦上堂。

【四―一】

登座。

一毫端現寶王刹、微塵裡轉大法輪。看看。豈啻《タ》、三萬二千哉。不論神通不神通、當頭坐斷。

＊

(1)登座。

(2)一毫端に宝王刹を現じ、微塵裡に大法輪を転ず。看よ看よ。豈《あ》に啻《ただ》に(3)三万二千のみならんや。神通不神通を論ぜず、(4)当頭に坐断す。

＊

(1)登座＝【二―二】注(1)に既述。／(2)一毫端現宝王刹、微塵裡転大法輪＝『楞厳経』巻四の言葉。「我れ妙明の不滅不生を以て如来蔵に合す。而も如来蔵は唯妙覚明にして法界を円照す。是の故に中に於いて一を無量と為し、無量を一と為す。小中に大を現じ、大中に小を現ず。道場を動ぜずして十方界に遍す。身、十方の無尽の虚空を含んで、一毛端に於いて宝王刹を現じ、微塵裏に坐して大法輪を転ず」と。／(3)三万二千＝【二―二】注(2)を参照。／(4)当頭坐断＝〈この座に正面切ってドン坐る〉。

【四―二】

釣語。

鶯囀梅塢、鶴唳松林。人天性命露祼祼。這裡領旨底出來商量看。

＊

(1)釣語《ちょうご》。

(2)鶯、梅塢《ばいお》に囀《さえず》り、鶴、松林に唳《な》る。人天の性命、露祼祼《ろらら》。這裡《しゃり》、旨を領する底、出で来たって(3)商量せよ看ん。

＊

(1)釣語＝【三―一】注(1)に既述。／(2)鶯囀梅塢、鶴唳松林。人天性命露祼祼＝〈鶯が梅の植わる土手で鳴き、鶴が松林で鳴いている。そこに、人天界の衆生の本性が露堂々としている〉。上の二句は、正旦の景色。「唳」の「なる」は、古訓。「人天性命」の「性命」は、万物がそれぞれ天から受けた本性。『易』乾卦を参照。『虚堂録犂耕』【人天性命之学】（禅文化研究所本四五六頁）に「今、儒家の名目を借りて、真性の随縁して物象と為《な》るを言う」と。「露裸裸」は、『碧巌録』六十九則頌評唱などに「露裸裸赤灑灑」と。／(3)商量看＝【二—二】注(2)を参照。

【四—三】上平声十一真韻

提綱。

乃云、春色行百花、能青能黄能紅能白也。漫認青白則觸、捨却青白則背。活鱍鱍轉轆轆。好箇時節、自肯證據。石女舞成長壽曲、木人唱起太平歌。一香祝讚、佛日增輝、國祚綿延。更有小伽陀、勞大衆嚴聽。

龜毛拂上擊開春、江北江南絶點塵。珍重喫茶滿堂衆、何疑和氣入林新。喝一喝。

＊

(1)提綱。

乃《すなわ》ち云く、(2)春色、百花に行き、能《よ》く青に、能く黄に、能く紅に、能く白なり。(3)漫《みだ》りに青白を認《と》めば則ち触れ、青白を捨却せば則ち背《そむ》く。(4)活鱍鱍転轆轆《かつぱつぱつてんろくろく》。好箇の時節、自《みずか》ら肯《うけが》って証拠せよ。(5)石女舞い成す長寿の曲、木人唱え起こす太平の歌。一香をもって祝讃す、仏日増輝、国祚綿延《こくそ》。更に(6)小伽陀《しょうかだ》有り、大衆の厳聴を労す。

(7)亀毛払上《きもうほつじょう》、春を撃開す、江北江南、点塵を絶す。(8)珍重《ちんちょう》、茶を喫せ、満堂の衆、何ぞ疑わん、和気の、林に入って新たなることを。喝一喝。

＊

(1)提綱＝底本にはないが、訓注者が補った。【二―三】注(1)を参照。／(2)春色行百花、能青能黄能紅能白也＝「春の、花木に行くが如し。此の性を具する者、時節因縁の到来すれば、各各、相知らざれども、其の根性に随って大小方円長短、或いは青、或いは黄、或いは紅、或いは緑、或いは臭、或いは香、同時に発作す。春の、能く大に能く小に、能く方に能く円に、能く長に能く短に、能く青に能く黄に、能く紅に能く緑に、能く臭に能く香ならしむるに非ず。此れ皆、本有の性、縁に遇って発するのみ。百丈云く、『仏性の義を識《し》らんと欲せば、当《まさ》に時節因縁を観ずべし。時節若し至れば、其の理自《おの》ずから彰《あら》わる』と」（『大慧書』「答汪状元」第二書）。／(3)漫認青白則触、捨却青白則背＝〈思慮もなくその花を青や白だと認めれば、その花を犯してしまうが、かと言って、その花を青や白ではないと言えば、それこそ、その花に背いてしまう〉。この言い回しは、「首山竹篦」の話頭を借りたもの。「首山和尚、竹篦を拈じて衆に示して云く、『汝等諸人、若し喚んで竹篦と作《な》さば則ち触る。喚んで竹篦と作さざれば則ち背く。汝諸人、且《しばら》く道《い》え、喚んで甚麼《なん》とか作さん』」（『無門関』四十三則）。ここの「触」は、触諱。古来、人の諱（本名）を呼ぶことはタブーとされて来た。晦堂の問いは、この習俗を借りた難問。／(4)活鱍鱍転轆轆＝〈魚がピチピチはね、車輪がゴロゴロところがるが如し〉。春色万物のすがた。／(5)女舞成長寿曲、木人唱起太平歌＝『普灯録』巻五・招提惟湛章。『宝鏡三昧』に「木人方《まさ》に歌い、石女起って舞う」と。／(6)小伽陀＝小偈。「伽陀」は、ガータの音訳。韻文で説かれた仏の教え。ここでは、単に偈頌の意。／(7)亀毛払上撃開春、江北江南絶点塵＝〈亀毛の払子が撃ち開いた春、江北江南、一点のちりほこりもない〉。「亀毛払」は、亀毛の払子。「亀毛」は、この世には存在せず、造化の功に因らず、陰陽の力を仮らざるもの。そこに撃開される春は、劫外の春。／(8)珍重喫茶満堂衆、何疑和気入林新＝〈満堂の大衆よ、疲れたであろう、お茶でも飲むがよい、新春の和気は、間違いなくこの叢林にもおとずれておる〉。下の句は、開悟の時節因縁が到来していることを疑うなという句意。

【四―四】

拈提。

復擧。息耕老師云、春風如刀、春雨似膏。衲僧門下、何用忉忉。此老師有放去手無收來意。山僧此間、要且不然。坐斷兩頭、始好快活。喝一喝。

*

拈提[1]。

復《ま》た挙す。[2]息耕老師云く、「[3]春風、刀の如く、春雨、膏《あぶら》に似たり。衲僧門下、何ぞ[4]忉忉《とうとう》たることを用いん」と。此の老師、[5]放去の手有って収来の意無し。山僧が此間《すかん》、要且《ようか》つ然《しか》らず。[6]両頭を坐断して、始めて好し、快活するに。喝一喝。

*

(1)拈提＝【二―四】と同じく底本にはないが、訓注者が補った。そこの注(1)を参照。／(2)息耕老師云……＝『虚堂録』巻一「報恩語録」上堂。「息耕」は、虚堂智愚の別号。／(3)春風如刀、春雨似膏＝もとは、楊岐方会の示衆語。「如刀」は、春寒の譬喩。「膏」は、百穀をうるおす膏雨。／(4)忉忉＝憂えるさま。／(5)有放去手無収来意＝「放去」は、放行。相手を肯定し、許すこと。「収来」は、把住。相手を否定し、押さえ込んでしまうこと。／(6)坐断両頭＝両面を否定すること。ここでの「両頭」は、「春風如刀」と「春雨似膏」。また、「放去手」と「収来意」。

【五】

解制上堂。

【五―一】

登座。

法空爲座底一邊、拈却更有一條活路子。看看。

＊

登座。[1]

法空を座と為《な》す底の一辺、拈却すれば更に一条の活路子有り。看よ看よ。[2]

＊

(1)登座＝【二―一】注(1)に既述。／(2)法空為座＝『法華経』法師品の偈文に「諸法の空を座と為し、此れに処して為に法を説け」と。

【五―二】

釣語。

魚躍竜門則拏雲攫霧去。時維春雨霶霈。直下無擎頭角來底乎。

＊

釣語《ちようご》(1)。

魚(2)、龍門に躍《おど》るときは、則ち雲を拏《ひこずら》い霧を攫《つか》み去る。時維《こ》れ春雨雱霈《ぼうはい》たり。直下《じきげ》に頭角《ずかく》を擎《ささ》げ来たる底無きや。

＊

(1)釣語＝【三―一】注(1)に既述。／(2)魚躍龍門則拏雲攫霧去＝「龍門」は、夏の禹王が、黄河の氾濫を防ぐために山を切り開いて造った三段の滝。『碧巌録』七則頌に「三級浪《なみ》高うして、魚、龍と化す」と歌われ、その評唱に「禹門三級の浪、孟津《もうしん》は即ち是れ龍門なり。禹帝、鑿《うが》って三級と為《な》す。今三月三、桃花開く時、天地の感ずる所、魚有って龍門を透得《とうとく》すれば、頭上に角《つの》を生じ、鬉鬣《そうりよう》の尾を昂《あ》げて、雲を拏《ひこずら》って去る。跳《おど》り得ざる者は、点額《てんがく》して回《かえ》る」と。

【五―三】

提綱。

乃云、檀門回春、佛日増暉。新裁錦襴衣、攢花簇錦、縛住太空、搭起半肩。若問傳金襴衣外傳箇甚麼劈口即喝。飲光慶喜、呼諾分明、猶是遲了也。衲僧家、會箇一著、氣宇如王。這箇眞消息、報佛恩檀信。喝。四海香風從此起。

＊

提綱(1)。

乃《すなわ》ち云く、檀門、春を回《めぐ》らし、仏日、暉《ひかり》を増す。新裁の錦襴衣《きんらんえ》、花を攢《あつ》め錦を簇《むら》がらせ、太空を縛住し、半肩に搭起《たっき》す。若し「(2)金襴衣を伝うる外《ほか》、箇の甚麼《なに》をか伝う」と問わば、(3)劈《ひっ》口《く》に即ち喝せん。(4)飲光慶喜《おんこうきょうき》、呼諾《こだく》分明なるも、猶お是れ遅了《ちりょう》なり。衲僧家、箇の一著を会せば、(5)気宇、王の如くならん。這箇《しゃこ》、真の消息、仏恩を檀信に報ぜん。喝。(6)四海の香風、此《ここ》より起こる。

＊

(1)提綱＝底本にはないが、訓注者が補った。【二—三】注(1)を参照。／(2)伝金襴衣外伝箇甚麼＝「迦葉刹竿《せっかん》」と呼ばれる話頭。「一日、(阿難)、迦葉に問うて曰く、『師兄《すひん》、世尊は金襴の袈裟を伝うる外、別に箇の甚麼《なに》をか伝う』。迦葉、『阿難』と召《よ》ぶ。阿難、応諾す。迦葉曰く、『門前の刹竿を倒却著《とうきゃくじゃく》せよ』」(『五灯会元』巻一・阿難章)。他に『無門関』二十二則など。／(3)劈口＝その口めがけて。／(4)飲光慶喜、呼諾分明、猶是遅了也＝〈摩訶迦葉と阿難とは、金襴衣について分明に問答をしたが、はや手遅れ(その金襴衣は私が掛けている)〉。「梵には迦葉波と云い、此《ここ》には飲光と云う」(『祖庭事苑』巻一【迦葉】)。「梵語には阿難陀、此には慶喜と云い、亦た歓喜《かんぎ》と云う。如来成道の夜に生まる、因《よ》って之れが名と為《な》す」(『五灯会元』巻一・阿難章)。「遅了」は、禅語の「遅了八刻」「遅八刻」。はや手遅れ、あとの祭りという意。釈尊の金襴衣(仏法)は、既にここ、引いては人人にあるということ。／(5)気宇如王＝禅録頻出語。／(6)四海香風従此起＝『虚堂録』巻二「達磨第二忌拈香」の語。

【五—四】

拈提。

復擧。善財童子、禮辭文殊。指往南方勝樂國妙高山參徳雲比丘。及到彼山、東西南北四維上下求覓。經于七日、乃見徳雲比丘却在別峰頂上徐歩經行。大小文殊、爲人不切也。吾這裡、一衆百五十餘員、一時禮辭。不用指陳、點春茶去。久立珍重。

*

拈提。(1)

復《ま》た挙す。(2)善財童子、文殊を礼辞《らいじ》す。指して南方勝楽国妙高山に往きて徳雲比丘に参ぜしむ。及んで彼《か》の山に到って、東西南北四維上下に求覓《ぐみやく》す。七日を経て、乃《すなわ》ち徳雲比丘の、却って別峰の頂上に在って徐歩経行《きんひん》することを見る。(3)大小の文殊、為人《いにん》、切ならず。吾が這裡《しやり》、一衆百五十余員、一時に礼辞す。指陳《しちん》することを用いず、春茶を点じて去らしめん。(4)久立珍重《きゆうりゆうちんちよう》。

*

(1)拈提＝【二―四】と同じく底本にはないが、訓注者が補った。そこの注(1)を参照。／(2)善財童子……＝『華厳経』入法界品に説く、善財童子と徳雲比丘との相見の場面で、「別峰相見」などと呼ばれる話頭だが、古月が引いたのは、『禅林類聚』巻十一「参学」。／(3)大小文殊、為人不切也＝〈文殊ともあろうものが、何とも不適切な指導だ〉。ここから、古月の見解。「大小」は、さすがの……も、……ともあろうものがの意。「大小大」とも言う。／(4)久立珍重＝〈長らく立たせておりましたな、お大事に〉。説法や上堂の終わりの挨拶語。

【六】

小佛事　普説

【六―一】下平声一先韻

當山中興大檀那前典廐照譽宗恕大居士一百年遠忌拈香。　［寶永六己丑四月九日修行。御代參向井久馬之助］

這香、托根象外、結果物先。
靈山拈來、飲光杜陀、流《ツタヘ》奇芳於笑裡、
少室分付、斷臂老子、揚續焔於機前。
無枯無變、非木非烟。
不限八百功、驀鼻穿過、誰應較量、
何唯四十里、薫氣發轉、下徹黄泉。
大虚空有消日、妙香雲無際邊。

薩訶世界南贍部州扶桑國日州路那賀郡佛日山金地大光自國禪寺、恭値當山中興大檀那前典廐照譽宗恕大居士一百年之嚴諱。嚴孫佐城主淡州牧惟久源公嚴命營辨齋筵。粵鳩《コ、ニヲイテ》末利之諸淨侶、設水陸會、提起舊公案、修諸般之白業。今丁散場諷誦白傘蓋無上神咒之次、焚這爛紫片、奉供養十方佛陀耶達磨耶僧伽耶、菩提薩埵摩訶薩埵、歴代祖師、大小神祇等、和大居士及諸人孃生之鼻孔穿過了。恭惟、當山中興大檀那前典廐照譽宗恕大居士。

兼備智勇、并修教禪。
未弱冠量欺終軍、罰弗共戴天讎於本域、
運軍策功齊諸葛、陥將既傾城兵於深淵。
先考之德、山高水長、配崇神廟剩創薩州心翁大安二禪刹、
孝兒之心、蘭馥梅清、中興佛日且修□□（二字脱か）大雲大池兩福田。
容《イル、ヤ》物也忘讎於肝氏、顧才也稱野無遺賢。
歩《カチヨリ》經山徑預湖禪師室内之度籌、脚蹈實地、
仕在洛京成貞大德蓮社之賢輩、氣衝青天。
觀有爲幻化、出無明蓋纏。
涅槃即生死、毛端容巨海、
生死即涅槃、火裡生紅蓮。
到這裡、
説什麼萬劫羈鎖、論什麼三途業縁。
了了了、玄玄玄。
上來之閑蔓詞者、大居□（士）一生之活三昧底也。因齋慶讃一番。即今嚴靈與諸賢聖携手乘妙香雲露出本地
風光覆蔭後昆去。不證據者看看。喝一喝。
雲仍猶帶馨香膞、郁郁德風滿九乾。

＊

当山中興大檀那、前《さき》の典廐《てんきゆう》(1)照誉宗恕大居士、一百年遠忌拈香。［宝永六己丑《つちのとうし》四月九日修行。
御代参、向井久馬之助］
這《こ》の香、根を(2)象外《しようげ》に托し、果を(3)物先《もつせん》に結ぶ。
(4)霊山《りようぜん》拈じ来たって、飲光《おんこう》杜陀《ずだ》、奇芳を笑裡に流《つた》え、
(5)少室分付して、断臂《だんぴ》老子、続焔《しよくえん》を機前に揚《あ》ぐ。
枯るること無く変わること無く、(6)木にも非ず烟《けむり》にも非ず。
(7)八百功に限らず、驀鼻《まくび》に穿過《せんか》す、誰か応《まさ》に較量《きようりよう》すべし、
何ぞ唯《た》だに(8)四十里のみならん、薫気発転す、下《しも》、黄泉に徹す。
大虚空は消する日有るも、妙香雲は際辺無し。
(9)薩訶世界南瞻部州《さつかせかいなんせんぶしゆう》扶桑国日州路那賀郡仏日山金地大光自国禅寺、恭《うやうや》しく当山中興大檀那、前《さき》の典廐《てんきゆう》照誉宗恕大居士一百年の厳諱に値《あ》う。厳孫佐城主淡州牧惟久《ただひさ》源公、厳命あって斎筵を営弁せしむ。粤《ここ》において末刹の諸浄侶を鳩《あつ》め、(10)水陸会を設け、旧公案を提起し、諸般の(11)白業《びやくごう》を修す。今、散場に丁《あ》たって、(12)白傘蓋無上神呪《びやくさんがいむじようじんしゆ》を諷誦するの次《つい》で、這《こ》の(13)爛紫片《らんしへん》を焚《た》き、十方の(14)仏陀耶達磨耶僧伽耶《ぶつだやだるまやそうがや》、菩提薩埵摩訶薩埵、歴代の祖師、大小の神祇《しんぎ》等に供養し奉り、(15)大居士、及び諸人嬢生《じようしよう》の鼻孔に和して穿過《せんか》し了《お》わる。
恭《うやうや》しく惟《おもん》みれば、当山中興大檀那、前《さき》の典廐《てんきゆう》照誉宗恕大居士。

智勇を兼ね備え、教禅を并《なら》べ修す。
[16]未だ弱冠ならざるに、量《はかりごと》、終軍を欺《あざむ》き、[17]共に天を戴《いただ》かざるの讎《あだ》を本域に罰し、
[18]軍策を運《めぐ》らすこと、功、諸葛に斉《ひと》しく、[19]将《まさ》に既に城を傾《かたむ》けんとするの兵を深淵に陥《おとしい》る。
先考の徳、山のごとくに高く水のごとくに長し、神廟に配崇し、剰《あまつさ》え薩州に[20]心翁[21]大安の二禅刹を創《はじ》め、
孝児の心、蘭のごとくに馥《かんば》しく梅のごとくに清し、仏日を中興し、且つ□□に[22]大雲[23]大池の両福田を修す。
[24]物を容《い》るるや、讎《あだ》を肝氏《きもし》に忘れ、[25]才を顧《かえり》みるや、野に遺賢《いけん》無しと称す。
[26]歩《かち》より山径を経て、[27]湖禅師室内の度籌《どちゅう》に預《あず》かり、脚《あし》、実地を蹈《ふ》み、
[28]仕《つか》えて洛京に在って、[29]貞大徳蓮社の賢輩と成り、気、青天を衝《つ》く。
有為の幻化を観じて、無明の蓋纏《がいてん》を出づ。
涅槃即生死、毛端に巨海を容《い》れ、
生死即涅槃、火裡に紅蓮を生ず。
這裡《しゃり》に到って、
什麼《なん》の万劫の羈鎖《きさ》とか説き、什麼《なん》の三途の業縁とか論ぜん。
[30]了了了、玄玄玄。
上来の[31]閑蔓詞《かんまんし》は、大居士一生の活三昧底なり。[32]斎《さい》に因《よ》って慶讃《けいさん》すること一番。即今、厳霊

と諸賢聖と、手を携えて妙香雲に乗り、本地の風光を露出し、後昆《こうこん》を覆蔭《ふいん》し去る。(33)証拠《しょうこ》せざる者は、看よ看よ。喝一喝。

(34)雲仍《うんじょう》、猶お馨香《けいこう》の朏《あつ》きを帯ぶ、郁郁《いくいく》たる徳風、九乾に満つ。

＊

(1)照誉宗恕大居士＝佐土原藩島津家初代当主、島津以久《ゆきひさ》（一五五〇～一六一〇）。慶長八年、大隅国垂水城主から、佐土原藩主となった。同十五年、丹波篠山の普請を受け京都に赴き、同年四月九日、伏見において卒す。年六十一。高月院照誉宗恕居士。右馬頭（典廐）、従五位下。京都の大雲院に葬られ、大光寺に分骨。なお本篇は、底本に改行はないが、対句を用いた四六駢儷文であるので、読み易く改行した。／(2)象外＝現象界の外。／(3)物先＝善慧大士の「有物先天地（物有り天地に先んず）」からの言葉。／(4)霊山拈来……＝霊山会上での釈尊から摩訶迦葉への拈華微笑の伝法。「飲光杜陀」は、頭陀第一と称された摩訶迦葉のこと。「梵には迦葉波と云い、此《ここ》には飲光と云う」（『祖庭事苑』巻一【迦葉】）。「杜陀」は、頭陀に同じ。／(5)少室分付……＝嵩山少室峰での達磨から慧可への伝法。慧可断臂。／(6)非木非烟＝『楞厳経』巻五に「我れ此の気（沈水香の香気）を観ずるに、木にも非ず、空にも非ず、煙にも非ず、火にも非ず。去るに著する所無く、来たるに従する所無し」とあるのによる。／(7)八百功＝八百功徳。眼・鼻・身の功徳の数。「爾《そ》の時、仏は常精進菩薩摩訶薩に告げたまう、『若し善男子、善女人、是の法華経を受持し、若しくは読み、若しくは誦し、若しくは解説し、若しくは書写せば、是《ここ》に人は当《まさ》に八百の眼の功徳、千二百の耳の功徳、八百の鼻の功徳、千二百の舌の功徳、八百の身の功徳、千二百の意の功徳を得べし。是の功徳を以て、六根を荘厳して、皆な清浄ならしめん』」（『法華経』法師功徳品）。／(8)四十里＝

梅檀の香気が及ぶ範囲。「阿難、汝、又た此の炉中の梅檀を爇《か》ぐ。此の香、若し復《ま》た一銖を然《た》けば、室羅筏城四十里の内に同時に気を聞く」（『楞厳経』巻三）。／⑼薩訶世界＝娑婆世界に同じ。「薩訶」は、索訶、娑羅とも書く。／⑽水陸会＝施食会のこと。／⑾白業＝善業。「白」は善の意。／⑿白傘蓋無上神呪＝「楞厳呪」の異称。白傘蓋仏頂尊の神呪であるからかく言う。／⒀爛紫片＝拈香法語に頻出する「爛柴片」の誤写とも思われるが改めない。「爛紫」は、今を盛りに深い紫色に染まっている樹木。／⒁仏陀耶達磨耶僧伽耶＝仏・法・僧の三宝。／⒂和大居士及諸人嬢生之鼻孔穿過了＝〈大居士はもとより、諸人の生まれつきの鼻の穴にこの香気を嗅がせ終わった（本来の面目を悟らせ終わった）〉。「嬢生（娘生）之鼻孔」は、本来の面目に譬える。【九―一五】注⑶を参照。「嬢生（娘生）」は、生まれつきの意。「嬢（娘）」は、母親のこと。／⒃未弱冠量欺終軍＝「弱冠」は、男子二十歳の称。「終軍」は、前漢済南の人、字《あざな》は子雲。少時より学問を好み、年十八歳で博士となったが、二十歳で死亡し、世に「終童」と称された。「終軍棄繻」（『蒙求』四〇二）の故事で知られる。／⒄罰弗共戴天讎於本域＝「弗共戴天讎」は、父の仇。「父の讎は、与《とも》に共に天を戴かず」（『礼記』曲礼上）。島津以久の父は、島津忠将。その仇は、大隅の戦国大名、肝付《きもつき》氏第十六代兼続《かねつぐ》。ここでは、第十九代兼護《かねもり》が島津氏に臣従し、以後、肝付氏が、島津氏の一家臣となり、大名としての肝付氏が滅亡したことを言うのであろう。／⒅運軍策功斉諸葛＝「諸葛」は、三国時代、蜀の丞相諸葛孔明。／⒆陥将既傾城兵於深淵＝天正六年（一五七八）、豊後の大友宗麟と薩摩の島津義久が戦った「耳川の戦い」を言うか。この戦いで以久は決定的な武功をあげ、島津軍を勝利に導いた。／⒇心翁＝心翁寺。曹洞宗。大分県杵築市山香町野原。／(21)大安＝大安寺。曹洞宗。宮崎県西都市大字鹿野田。／(22)大雲＝龍池山大雲院。浄土宗。京都市東山区。以久の墓所がある。／(23)大池＝大池山高月院。浄土宗。宮崎県宮崎市佐土原町上田島。二代忠興が建立。以来、藩主の菩提寺。／㉔容物也忘讎於肝氏＝「容物」は、広く万物を包容すること。「肝氏」は、注⒄に述べた肝付氏。以久が、その家名だけは存続させたことを言うか。／㉕顧才也称野無遺賢＝『書経』大禹謨《たいうぼ》に「嘉言《かげん》伏する攸罔《ところな》く、野に遺賢無し（野無遺賢）、万邦咸《み》な寧《やす》からん」と。『書経』の意味は、「よい言葉はすべて採用され、賢人はみな登用されて、野に隠れている者がいない」という意。／㉖歩経山径＝「山道を徒歩で過ぎる」という意味。／㉗湖禅師室内之度籌＝「湖禅師」は、大光寺三十六世の湖隠和尚。「度籌」は、四祖優波毱多尊者の故事による。「尊者、在世に化導せしとき、果を証すること最も多し。一人を度する毎《ごと》に、一籌を以て石室に置く。其の室、縦十八肘、広さ十二肘、其の間に充満せり」（『五灯会元』巻一）。「籌」は、数取りの棒。／㉘仕在洛京＝注⑴を参照。／㉙貞大徳蓮社之賢輩＝「貞大徳」は、京都大雲院の開山貞安《じょうあん》のこと。「蓮社」は、廬山東林寺に慧遠（三三四〜四一六）が開いた白蓮社に由来し、浄土宗の念仏結社のことを言い、また、浄土宗における法号の一つでもある。貞安は、敬蓮社と号す。「賢輩」は、白蓮社十八賢を踏まえた言葉。／㉚了了了、玄玄玄＝「奥深い処を悟っておられる」という意味か。『碧巌録』六十二則本則評唱に「識得する時は、是れ醍醐の上味、若し識不得ならば反って毒薬と為《な》らん。所以《ゆえ》に道《い》う、『了了了の時、了ず可《べ》き無く、玄玄玄の処、直《じき》に須《すべか》らく呵すべし』と」。『碧巌録種電鈔』に、「若し人、了得する則《とき》んば、山は是れ山、水は是れ水、更に了の字を着く可き無し。即ち是れ諸法実相なり。糸毫許《ばか》りも玄境を認《と》むれば、翻《ひるがえ》って毒乱の場と成る」と注す。「了了了時無可了、玄玄玄処直須呵」は、もと同安常察の「十玄談」（『伝灯録』巻二十九所収）の語。／㉛閑蔓詞＝未見の言葉だが、「閑葛藤」などと同意であろう。無駄言の意。抑下して言った言葉。／㉜因斎慶讃＝『碧巌録』七十四則本則に「金牛和尚、斎時に至る毎《ごと》に、自ら飯桶を将《もっ》て、僧堂前に於いて舞を作《な》し、呵呵大笑して云く、『菩薩《ぼさつ》子喫飯来《きつぱんらい》』と。……僧、長慶（慧稜）に問う、『古人、〈菩薩子喫飯来〉と道《い》う意旨如何《いかん》』。慶云く、『大いに斎に因って慶讃するに似たり（大似因斎慶讃）』」。長慶以後、禅録に頻出するが、本篇では、この一百年遠忌法要の譬喩に用いたのみ。／(33)不証拠者看看＝〈以上の様子が見えない者は、最後の一句を言うてやるから、よく見るがよい〉。『臨済録』上堂に「未証拠者看看」と。／(34)雲仍猶帯馨香腆、郁郁徳風満九乾＝「雲仍」は、遠い子孫。「馨香」は、具体的には、供え物の発する香気のことだが、徳化が遠くに及ぶ譬喩にも用いる。『周書』君陳に「至治《しち》の馨香は、神明を感ぜしむ。黍稷《しよしよく》は馨《かぐわ》しきに非ず、明徳惟《こ》れ馨し」と。『周書』の意味は、「神はお供えのキビをかんばしいとして喜ぶのではない、供える人の神に対する明徳をかんばしいとして喜び受けるのだ」の意。「腆」は、厚の義。「郁郁」は、香気のあるさま。「九乾」は、九天に同じ。全世界。

【六―二】

慶讃請藏圓成普説。

形聲未兆積岳堆山、言跡纔彰難尋影響。箇裡不犯鋒鋩、直下出來鞭逼看。〔問答畢〕

乃云、形聲未兆積岳堆山、言跡纔彰難尋影響。三世諸佛、歴代祖師、呑氣呑聲。問雲興答瓶瀉、無毫末之分。喝一喝云、得失是非一時放却、自然如竜得水似虎靠山。

復云、吾牟尼大覺世尊、夙駕上求菩提下化衆生弘願力、三祇百劫、修六度行、行菩薩道。値過去迦葉佛、自知作佛、終離人間、生率陀天。鑒衆生根熟、降靈於迦維、托大術胎中。大小之機、或見乘白象、或見諸天薩埵星宿如擁月降下。故有母胎華嚴等之説。善角〔覺〕長者毘藍園中無憂樹下右脅降誕。父王大城、四門遊觀。夜半令御神駒於車匿踰城入山。五人之隨從共捨離去。至三十齡、十二月八日、得弗沙星點破眼睛、便出雪山、將唱成道。群魔競起現威神力、降八千億魔衆。正覺山前敷吉祥艸端坐初唱成道。嘆曰、奇哉一切衆生具有如來智惠徳相。寧不説法、疾入涅槃。而亦思惟過去諸佛化導之事、起華嚴會赴鹿野苑。説四諦十二因縁六度等教。歴十二年、方等會上淘汰物機、三十説維摩楞伽般若等大乘經。時丁寶算七十二説法華經、通暢本懐、總歴八年也。穆王五十三年壬申歳、七十九齡。先往忉利天爲母説法、後純陀之供、須跋陀羅之度。了二月十五日中夜、復垂告誡。汝等比丘、於我滅後、當尊敬波羅提木叉。是汝等大師也。寂然右脇而入滅。四十九年三百餘會、大喩三千、小喩八百、遂有十二分教。畢鉢羅窟内外結集以來、已垂千歳教法衰廢。獨龍宮海藏全備足。龍樹尊者強記來、再回佛日中天。支那國後漢之明皇帝、感瑞夢遣使乾毒、請摩騰竺法梵僧、創翻譯場。自後、三藏法師翻錦機綿綿。蕭梁之朝、雙林樹下善慧大士、嘆不便群侶拜閲藏經、創輪藏設勝縁。或一轉兩轉、或一香一華之輩、咸齊拜閲之功徳。大士之深志、不堪感戴之至。李唐之時、定卷數得五千四十八。今續入又續、都至于六千七百七十一卷。扶桑國欽明之聖世、始信三寶。敬崇過支竺。唯欠藏板爲闕典。寛文年中、鐵眼禪師募檀信梓行。六六州拜請頗遍。吾日州未備。曾霑願心萌之胸次。時縁相遇、妙句尼倡之、諸譱男女和之、今日到圓成。予也生當像季、幸廁僧倫。蒙佛天依蔭成此盛擧。悲喜相交、幾至泣涙潸然者也。財法之二施、佛深讃之。財法二施名大施。行大施者證菩提、憑諸信男女之財施長行法施。故財施即法施也。證菩提明種智決矣。因憶。趙州因婆子贈淨財使轉大藏經。趙州下禪牀遶一匝傳語婆子云、轉了。婆子云、趙老將謂轉全藏、却轉半藏了。諸佛諸祖、一時出來、遶須彌山七匝、婆子面前、何堪稱全藏。

雖然、貧兒鬪富底者、非無婆子。材山僧、讃諸信男女之請藏不論全半。畢竟、趙州全藏即婆子半藏也。婆子半藏趙州全藏也。欲明箇裡事、向脚跟下參取去。拂一拂云、却見聞麼。唯此見聞非見聞。淨躶躶赤條條。詎蒙他人一毫毛之瞞。若佇思停機、未免守株待兎。且希、以如上殊勝之功徳、皇風祖風並振、佛恩國恩共報、諸大檀那信力彌堅、佛日増輝、國家安泰。喝一喝云、千峰勢向岳邊止、萬波聲歸海上消。

＊

(1)慶讃《けいさん》請蔵《しょうぞう》円成《えんじょう》普説《ふせつ》。

(2)形声《ぎょうせい》、未だ兆《きざ》さず、岳に積み山に堆《うずたか》し、言跡《ごんしゃく》、纔《わず》かに彰《あら》われて、影響《ようごう》を尋ね難し。箇の裡《うち》、(3)鋒鋩《ほうぼう》を犯さず、直下《じきげ》に出で来たって(4)鞭逼《べんひつ》せよ看《み》ん。［問答畢《おわ》る］

乃《すなわ》ち云く、形声、未だ兆さず、岳に積み山に堆し、言跡、纔かに彰われて、影響を尋ね難し。(5)三世の諸仏、歴代の祖師、気を呑み声を呑む。(6)問い雲のごとくに興《おこ》り、答え瓶のごとくに瀉《そそ》ぐも、毫末の分無し。喝一喝して云く、得失是非、一時に放却して、自然《じねん》に(7)龍の水を得るが如く、虎の山に靠《よ》るに似たり。

復《ま》た云く、(8)吾が牟尼大覚世尊、夙《つと》に上求菩提下化衆生の弘願力《ぐがんりき》に駕して、三祇百劫、(9)六度の行を修し、菩薩道を行ず。過去迦葉仏に値《あ》い、自ら作仏を知り、終《つい》に人間を離れて、率陀天に生ず。

衆生の根《こん》の熟するを鑑《み》て、霊を(10)迦維《かゆい》に降し、(11)大術《たいじゅつ》の胎中に托す。大小の機、或いは白象に乗るを見、或いは諸天薩埵の、星宿の、月を擁するが如くにして降下するを見る。故に母胎華厳等の説有り。(12)善覚長者の毘藍園中《びらんおんちゆう》無憂樹下《むうじゆげ》において、右脇《うきよう》にして降誕《ごうたん》す。父王の大城、四門遊観す。夜半、神駒を車匿《しやのく》に御せしめて、城を踰《こ》え山に入る。(13)五人の随従、共に捨離し去る。

三十齢に至り、十二月八日、(14)弗沙星《ふしやせい》の、眼睛《がんぜい》を点破することを得て、便《すなわ》ち雪山《せつせん》を出でて、将《まさ》に成道を唱えんとす。群魔、競い起《た》って威神力を現じて、八千億の魔衆を降す。正覚山前、吉祥草を敷いて、端坐して初めて成道を唱う。嘆じて曰く、「(15)奇なる哉、一切衆生、如来の智恵徳相を具有す」と。(16)寧《むし》ろ説法せずして、疾《すみ》やかに涅槃に入らんとす。而して亦た過去諸仏化導の事を思惟し、華厳会《けごんえ》を起《た》て、鹿野苑《ろくやおん》に赴く。四諦・十二因縁・六度等の教えを説く。十二年を歴《へ》て、方等会上《ほうとうえじよう》に物機《もつき》を淘汰し、三十（年）、維摩・楞伽・般若等の大乗経を説く。時に宝算七十二に丁《あ》たって法華経を説き、本懐を通暢《つうよう》して、総《すべ》て八年を歴《へ》たり。(17)穆王《ぼくおう》の五十三年 壬 申《みずのえさる》の歳、七十九齢。先ず(18)忉利天《とうりてん》に往《ゆ》きて母の為に説法し、後に(19)純陀《じゆんだ》の供《く》、(20)須跋陀羅《しゆばつだら》の度《ど》。了《お》わって、二月十五日の中夜、復《ま》た(21)告誡を垂れたまう。「汝等比丘《なんだちびく》、我が滅後に於いて、当《まさ》に波羅提木叉《はらだいもくしや》を尊敬《そんきよう》すべし。是れ汝等《なんだち》が大師なり」と。寂然《じやくねん》として右《う》脇《きよう》にして入滅したまう。

(22)四十九年三百余会、(23)大喩三千、小喩八百、遂に十二分教有り。畢鉢羅窟《ひつぱらくつ》内外結集《ないげけつじゆう》以来《このかた》、已《すで》に千歳に垂《なんな》んとして教法衰廃す。

[24]独《ひと》り龍宮海蔵、全《まった》く備足す。龍樹尊者、強記し来たり、再び仏日を中天に回《めぐ》らす。支那国後漢の明皇帝、瑞夢を感じて使《つかい》を[25]乾毒《けんどく》に遣《つか》わして、[26]摩騰・竺法の梵僧を請して、翻訳の場を創《はじ》む。

自後《これよりのち》、[27]三蔵法師、錦機を翻《ひるがえ》すこと綿綿たり。蕭梁《しょうりょう》の朝《ちょう》、[28]双林樹下善慧大士、群侶の、蔵経を拝閲するに便ならざることを嘆《なげ》き、輪蔵を創《はじ》めて、勝縁を設く。或いは一転両転し、或いは一香一華するの輩は、咸《み》な拝閲するの功徳に斉《ひと》し。大士の深志、感戴《かんたい》の至りに堪《た》えず。

李唐《りとう》の時、巻数を定むるに[29]五千四十八を得たり。今、続入又続《ぞくにゅうゆうぞく》、都《すべ》て[30]六千七百七十一巻に至る。

扶桑国欽明の聖世、始めて三宝を信ず。敬崇、支竺に過ぎたり。唯だ蔵板を欠いて闕典《けってん》と為《な》す。寛文年中、[31]鉄眼禅師、檀信を募《つの》って梓行《しこう》す。[32]六六州、拝請すること頗《すこぶ》る遍《あまね》し。吾が日州、未だ備わらず。曾て願心を霑《うるお》して之れを胸次《きょうじ》に萌《きざ》す。時縁相遇《あいあ》うて、[33]妙句尼、之れを倡《いざな》い、諸善男女、之れに和して、今日、円成に到る。予や、生まるること像季《ぞうき》に当たって、幸いに僧倫に廁《まじ》わる。仏天の依蔭《えおん》を蒙《こうむ》って此の盛挙を成ず。悲喜相交《あいまじ》わって、幾《いく》たびか泣涙《きゅうるい》潸然《さんぜん》たるに至る者なり。

財法の二施、仏、深く之れを讃したまう。財法の二施を大施と名づく。大施を行ずる者は菩提を証し、諸信男女の財施に憑《よ》って長く法施を行ず。故に財施即法施なり。菩提を証し種智を明らむること決せり。

因《よ》って憶《おも》う。(34)趙州、因みに婆子、浄財を贈って大蔵経を転ぜしむ。趙州、禅牀を下り、遶《めぐ》ること一匝《いっそう》して、婆子に伝語して云く、「転じ了《お》われり」と。婆子云く、「趙老、将《まさ》に謂《おも》えり、全蔵を転ずと、却って半蔵を転じ了われり」と。諸仏諸祖、一時に出で来たって、須弥山を遶《めぐ》ること七匝するも、婆子面前、何ぞ全蔵と称するに堪《た》えん。然《しか》りと雖《いえど》も、(35)貧児、富《とみ》を闘《たたか》わしむる底は、婆子無きに非ず。(36)材山僧、諸信男女の請蔵《しょうぞう》を讃するに全半を論ぜず。畢竟《ひっきょう》、趙州の全蔵即婆子の半蔵なり。婆子の半蔵、趙州の全蔵なり。箇の裡《うち》の事を明らめんと欲せば、脚跟下《きゃっこんか》に向かって参取し去れ。

払一払《ほっいっぽつ》して云く、却って見聞《けんもん》すや。(37)唯だ此の見聞は見聞に非ず。(38)浄《じょう》裸《ら》裸《ら》赤《しゃく》条《じょう》条《じょう》。詎《なん》ぞ他人の一毫毛の瞞《まん》を蒙《こうむ》らん。若し(39)佇思停機《ちょしていき》せば、未だ免《まぬが》れず、(40)株《くいぜ》を守って兎《と》を待つことを。

且つ希《ねが》わくは、如上の殊勝の功徳を以て、皇風祖風、並びに振い、仏恩国恩、共に報じ、諸大檀那の信力、弥《いよ》いよ堅《かた》く、仏日増輝、国家安泰ならんことを。喝一喝して云く、(41)千峰の勢いは岳辺に向かって止《とど》まり、万波の声は海上に帰して消ゆ。

＊

(1)慶讃請蔵円成普説＝請《もと》めていた大蔵経が、大光寺に整備されたことを慶《よろこ》び讃《たた》える説法。【八―四】の「本寺請蔵記」も参照。訓読は、適宜改行した。／(2)形声未兆積岳堆山、言跡纔彰難尋影響＝『虚堂録』巻一「報恩語録」。本篇に照らして極端に簡約すると、「言挙《ことあ》げした途端に、その実相からは離れてしまう」という意。／(3)不犯鋒鋩

＝禅録頻出語。本篇では、「切った張ったのという荒っぽいことはなしに」という意。「鋒鋩」は、きっさき。また、鋭い議論の譬喩にも用いる。／(4)鞭逼＝【三―一】注(4)に既述。／(5)三世諸仏、歴代祖師、呑気呑声＝〈言挙《ことあ》げした途端に、その実相からは離れてしまうから）三世の諸仏も、歴代の祖師も、何も言わなかったのである〉。／(6)問雲興答瓶瀉、無毫末之分＝〈幾多の問答をしてみたところで、本分には兎《う》の毛ほども当たらない〉。／(7)如龍得水、似虎靠山＝『碧巌録』八則垂示など、禅録頻出語。本領を発揮することの譬喩。『円悟録』巻十七などに「龍の水を得る時意気を添え、虎の山に逢い勢い威獰を長ず」と。／(8)吾牟尼大覚世尊……＝以下、釈迦八相、及び五時八教を概説する。／(9)六度＝六波羅蜜。布施・持戒・忍辱《にんにく》・精進・静慮（禅定）・智慧。／(10)迦維＝迦維羅衛《かゆいらえ》の略。城の名前。迦毘羅衛のこと。悉多太子の生処。／(11)大術＝摩訶摩耶（摩耶夫人）のこと。「摩訶摩耶、唐には大術と言う」（『大唐西域記』巻六）。／(12)善覚長者毘藍園中無憂樹下右脇降誕＝「善覚長者」は、摩耶夫人の父の名前。「毘藍園」は、釈尊降誕の地、藍毘尼園《らんびにおん》の略。「無憂樹」は、釈尊はこの樹のもとに生誕したと言うが、『修行本起経』巻上・菩薩降身品第二に「大王の夫人、娠《はら》むこと有り。……十月已《すで》に満つ。太子、身成ず。四月七日に到って、夫人、出遊す。流民の樹下を過ぎ、衆花、開化す。明星の出づる時、夫人、樹枝に攀《よ》ず。便《すなわ》ち右脇より生まれて地に堕《お》つ。行くこと七歩、手を挙《あ》げて言う、『天上天下、唯我為尊（唯だ我れのみ尊為《た》り）。三界は皆な苦なり、吾れ当《まさ》に之れを安んずべし』と。時に応じて天地大動す」と言う樹か。／(13)五人之随従＝六年間、釈尊と苦行を共にした、阿若憍陳如《あにゃきょうじんにょ》、阿湿婆恃《あしばし》、跋提《ばつだい》、摩訶男《まかだん》、婆沙波《ばさは》の五人の比丘。／(14)弗沙星＝星の名前。鬼宿星と意訳する。本篇では、暁天の明星。／(15)奇哉一切衆生具有如来智恵徳相＝『大慧普説』巻五下「傅経幹請普説」などに見えるもので、「但《た》だ妄想執著を以て証得せず」と続く。これは、八十巻『華厳経』巻五十一・如来出現品に「復《ま》た次に仏子。如来の智慧、処として至らずということ無し。何を以ての故に。一衆生として如来の智慧を具有せざる無し。但《た》だ妄想顛倒執著を以て証得せず。若し妄想を離ぬれば、一切智・自然智・無礙智、則ち現前することを得る」とあるのによる。／⒃寧不説法、疾入涅槃＝『法華経』方便品の「我寧不説法、疾入於涅槃」に基づく。／⒄穆王五十三年壬申歳、七十九齢＝およそ前九五〇年。「穆王五十二年壬申歳」「八十」などの説もある。／⒅往忉利天為母説法＝釈尊の生母摩耶夫人は、釈尊誕生後七日で亡くなり、死後、忉利天に生まれ、釈尊は成道後の一夏九十日、忉利天に昇り、母のために説法したと言う。この時の経説が、『摩訶摩耶経』。一名、『仏昇忉利天為母説法経』。／⒆純陀之供＝純陀は、釈尊晩年の帰依者。貧しい職人の子であったが、釈尊は入滅に際し、最後の供養を彼から受けられた。『涅槃経』寿命品を参照。／⒇須跋陀羅之度＝「釈迦牟尼仏、初めに法輪を転じて、阿若憍陳如《あにゃきょうじんにょ》を度し、最後の説法に須跋陀羅《しゅばつだら》を度したまう。度す応《べ》き所の者は、皆な已《すで》に度し訖《お》わって、娑羅双樹の間に於いて、将《まさ》に涅槃に入りたまわんとす」（『遺教経』）。／(21)告誡＝『遺教経』の所説。「汝等比丘《なんだちびく》、我が滅後に於いて、当《まさ》に波羅提木叉を尊重し珍敬すべし。闇に明に遇い、貧人の宝を得るが如し。当《まさ》に知るべし、此れは則ち是れ汝等《なんだち》が大師なり」。「波羅提木叉」は、世尊が残した戒律。／(22)四十九年三百余会＝禅家が言う、釈尊一代の説会。「釈迦老子、四十九年の住世、三百六十会、頓漸権実を開談す。之れを一代時教と謂う」（『碧巌録』十四則本則評唱）。／(23)大喩三千、小喩八百＝諸録に見えるが、『大慧法語』「示真如道人」に「仏説一大蔵教。大喩三千、小喩八百」と。「喩」は、世尊の説法は、すべて対機説法に於ける譬喩であるということ。「三千」「八百」は、「朝打三千、暮打八百」の如く、大数を言うのみで実数ではない。／(24)独龍宮海蔵全備足。龍樹尊者強記来、再回仏日中天＝仏滅後、龍宮に鎮蔵されていた大乗経典を、龍樹尊者が得て、仏教を天竺に伝えたこと。『龍樹菩薩伝』

に「(大龍菩薩が龍樹を導いて海に入り) 宮殿の中に於いて七宝の蔵を開き、七宝の華函を発《ひら》き、諸もろの方等深奥の経典、無量の妙法を以て之れに授く」と。／(25)乾毒＝身毒に同じ。インドの旧名。／(26)摩騰竺法＝中国に初めて仏教を伝来した迦葉摩騰と竺法蘭のこと。後漢の永平十年（六七）、洛陽に赴き、明帝が建てた白馬寺に居し、『四十二章経』を訳した。／(27)三蔵法師翻錦機綿綿＝三蔵玄奘法師（六〇二～六六四）以後の翻訳事業を言う。「錦機」は、正しくは錦綺。美しいきぬもの。他の禅録でも、しばしば誤って錦機に作るが、錦機は、錦を織る機械。『宋高僧伝』巻三・満月（西域翻訳僧）の伝に「翻すなりとは、錦綺を翻すが如く背面倶《とも》に花なり、但だ其の花に左右同じからざる有るのみ。是れに由《よ》って翻訳二名行なわるるなり」と。玄奘以後の翻訳を新訳、それ以前の翻訳を旧訳と言う。／(28)双林樹下善慧大士＝詳名、双林樹下当来解脱善慧大士（四九七～五六九）。その姓により傅大士とも呼ばれる。『心王銘』の作者として知られる居士で、大蔵経閲覧の便を計り、一柱八面の輪蔵（回転式経典書架）を創案した。そのため輪蔵には、傅大士と、その二子、普建・普成の像を安置する。／(29)五千四十八＝唐の玄宗開元十八年（七三〇）、沙門智昇が著わした『開元釈教録』の収録経典の数。以後、大蔵経の定数となった。／(30)六千七百七十一巻＝明版大蔵経の収録巻数。これを元にしたのが、鉄眼黄檗版一切経。／(31)鉄眼禅師＝鉄眼道光（一六三〇～一六八二）。黄檗宗。木庵性瑫の法嗣。肥後の人。十三歳、郡の海雲法師に就いて出家。二十六歳、隠元に参じ、木庵に師事。寛文八年（一六六八）、大蔵経開版の志願を述べ、観音寺妙宇尼から銀一千両の喜捨を受けた。翌年、黄檗山に上り、隠元に相見し、隠元所持の明版大蔵経を贈られた。以後、各所に講筵を開いて法財を募る一方、黄檗山内に宝蔵院を建てて版木の貯蔵所とし、京都に印房を開いた。新刻大蔵経が完成したのは、延宝六年（一六七八）。／(32)六六州＝六十六州。往古の令制国の総数。日本全国の意。／(33)妙句尼＝【八―四】

「本寺請蔵記」を参照。／(34)趙州因婆子……却転半蔵了＝『五灯会元』巻四の趙州章などに見える「趙州転蔵経畢」と呼ばれる話頭に基づく。／(35)貧児闘富＝「乞児闘富」（『虚堂録』巻一）に同意。「貧乏人の宝くらべで、たかが知れているが」という意。／(36)材山僧＝古月禅材の自称。／(37)唯此見聞非見聞＝【六―四】注(6)を参照。／(38)浄躶躶赤条条＝「浄躶躶」「赤条条」は、同意。一点の塵埃もとどめない天真なさま。【七―五】注(2)を参照。／(39)佇思停機＝禅録頻出語。ああだろうか、こうだろうかと、うじうじすること。／(40)守株待兎＝禅録頻出語。一度兎がぶつかって死んだ木の切株を大事に守り、再びそのことがあるのを待ったという宋人の故事（『韓非子』五蠹）。旧風を固守して融通性のない喩え。また『禅林句集』などは、「剣去って舟《ふなばた》を刻み、株を守って兎を待つ」と載せ、愚か者の意に用いる。／(41)千峰勢向岳辺止、万波声帰海上消＝白雲守端の語（『広録』巻二）。但し、「向」を「到」に、「波」を「派」に作る。『大灯録』などでは、大灯の答語への、僧の謝語として見え、「すべての疑問が解消いたしました」の意で用いられている。本篇でも、「これで、すべての疑問が解消したであろう」という意。

【六―三】

山庵成寶居士十三回諱小拈香。　〔施主備前上坂氏、結冬會納白銀五貫目〕

這一橛、
非木非煙、脱皮脱膚。
庭梅繙玉、岸柳搖金。
鷲嶺托根、當機吐奇芬、脱體現成不遮藏、横拈倒用。

少林長苗、直下傳臭風、驀忽呈露無包裹、左之右之。
山庵成寶居士。
酙海見底、點塵成山。
修學漸漸、悉當成佛、遊戯塵塵、誓願度生。
喝。
輕輕乘來香雲上、覆蔭兒孫續眞風。

*

(1)山庵成宝居士十三回諱小拈香。［施主、備前の上坂氏、結冬会、白銀五貫目を納む］
這《こ》の一橛《いつけつ》、
(2)木にも非ず烟《けむり》にも非ず、(3)皮を脱し膚を脱す。
(4)庭梅、玉を播《ひろ》げ、岸柳、金を揺らす。
鷲嶺《じゆりよう》に根を托し、当機に奇芬《きふん》を吐き、脱体に現成して遮蔵《しやぞう》せず、(5)横拈倒用《おうねんとうよう》。
少林に苗を長じ、直下《じきげ》に臭風を伝え、驀忽《まつこつ》に呈露して包裹《ほうか》無し、(6)左之右之《さしうし》。
山庵成宝居士。
(7)海を酙《く》んで底を見、(8)塵を点じて山と成す。
(9)修学漸漸《しゆがくぜんぜん》、悉《ことごと》く当《まさ》に成仏すべし、(10)遊戯塵塵《ゆげじんじん》、誓って度生《どしよう》を願う。
喝。

軽軽に乗り来たる香雲の上、児孫を覆蔭《ふいん》して真風を続《つ》がしむ。

＊

(1)山庵成宝居士＝『伝記』享保四年（一七一九）の条に「冬安居を結ぶ。百五十余衆なり。偶《たま》たま備前国の仁者、上坂半兵衛［道近居士と号す］、亡父山庵成宝居士の為に、白銀五貫目を喜捨し、庫下豊饒《ほうじょう》、甚《はなは》だ分に過ぎ、延《ひ》いて一道の二十五年斎会を修す」と。「一道」は、古月の本師、一道禅棟のこと。【九―一五】注(1)を参照。なお、読み易く改行した。／(2)非木非煙＝【六―一】注(6)に既述。／(3)脱皮脱膚＝北本『涅槃経』巻三十九（南本は巻三十五）に「世尊よ、大村の外に娑羅林有って、中に一樹有り。林に先だちて生じ、一百年に足る。是の時、林主、之れに灌《そそ》ぐに水を以てし、時に随って修治す。其の樹、陳朽し、皮膚枝葉、悉《ことごと》く皆な脱落して、唯だ貞実のみ在るが如し。如来も亦た爾《しか》り。所有の陳故、悉《ことごと》く已《すで》に除尽して、唯だ一切真実の法有る在り」と。／(4)庭梅繙玉、岸柳揺金＝〈庭の梅は花を開き、岸の柳は枝を揺らしている〉。「玉」は、玉英（美しい花）の略。「金」は、金線（柳の枝）の略。／(5)横拈倒用＝自由自在の義。『碧巌録』二則本則評唱に「所以《ゆえ》に横拈倒用、逆行順行、大自在を得たり」と。／(6)左之右之＝左も右も、どこもかしこもの意。／(7)酙海見底＝〈大海の水を斟み尽《く》くして底を見る〉。成語の「海枯れて終《つい》に底を見る（海枯終見底）」（杜荀鶴「感寓」詩）に基づく。／(8)点塵成山＝『大智度論』巻九十四に「譬えば微塵を積んで山と成せば、移動を得可きこと難きが如し」と。／(9)修学漸漸、悉当成仏＝『法華経』薬草喩品に「汝等の行ずる所は、是れ菩薩道なり。漸漸修学、悉当成仏」と。自利利他の自利の面。／(10)遊戯塵塵、誓願度生＝〈一切処に遊戯して、一切衆生を済度することを誓う〉。特別な典拠はない。自利利他の利他の面。

【六―四】上平声七陽韻

八正名山金剛禪寺大殿釋迦如來重加粧飾安座供養法語。

金剛座上法中王、烜赫白毫轉現光。瞻仰鴻慈齊影響、寺門民戸福無量。

乃云、諸仁者還會麼。諸佛與衆生本來同體。只因迷悟凡聖有差殊。故曰、迷之則生死始、悟之則輪廻息。恁麼會得、黄面老子、當諸仁者睫毛端了。以至、山河大地、蠢動含靈、悉發揮本地風光。直下是莫轉著頭好。即此見聞非見聞。以此、爲國家則風雨時若災弭《シタカヒヤミ》福重、爲自己則業障霜消智華著沾。豈不慶快哉。于茲日州路宮崎郡瓜生野莊八正名山金剛禪寺、廢替五十年。惟有大殿。同門觀音寺主祖眞首座、壽樂庵塔司比丘祖元首座、并英檀衆等、悲傷本師如來損粧、喜捨淨財、莊嚴復古。涓取寶永八辛卯孟春吉辰安座供養。大光嗣祖比丘禪材、拉同門諸侶諷經一上、且打陳爛葛藤。何異畫蛇添足。更與黄面老子携手際會、蒙福體道一句、如何指陳。

一點梅華蘂、三千世界香。

＊

(1)八正名山金剛禅寺大殿釈迦如来、重ねて粧飾を加えて安座供養する法語。

金剛座上、法中の王、烜赫《けんかく》たる白毫《びやくごう》、転《うた》た光りを現ず。(2)瞻仰《せんごう》す、鴻慈《こうじ》の、影響《ようごう》に斉《ひと》しきことを、寺門民戸、福無量。

乃《すなわ》ち云く、諸仁者、還って会すや。諸仏と衆生と本来同体。只だ迷悟に因《よ》って、凡聖、差殊有り。故に曰く、「(3)之れに迷うときは則ち生死始まり、之れを悟るときは則ち輪廻《りんねや》息む」と。

恁麽《いんも》に会得せば、(4)黄面老子《おうめんろうし》、諸仁者の睫毛端《しょうもうたん》に当たり了《お》われり。以至《ないし》、山河大地、(5)蠢動含《しゅんどうがん》霊《れい》、悉《ことごと》く本地の風光を発揮す。直下《じきげ》に是れ頭《こうべ》を転著すること莫《な》くんば好《よ》し。(6)此の見聞《けんもん》に即して見聞に非ず。此《ここ》を以て、国家の為にするときは則ち(7)風雨、時《とき》に若《した》がい、災弭《や》み福重なり、自己の為にするときは則ち業障《ごっしょう》、霜《しも》のごとくに消え、智華、沾《うるお》いを著く。(8)豈《あ》に慶快《けいかい》ならざらんや。

茲《ここ》に日州路宮崎郡瓜生野荘八正名山金剛禅寺、廃替《はいたい》五十年。惟《た》だ大殿のみ有り。同門(9)観音寺主祖真首座、(10)寿楽庵塔司《たっす》比丘祖元首座、并《なら》びに英檀衆等、本師如来の、粧《よそおい》を損することを悲傷し、浄財を喜捨して、荘厳《しょうごん》、古《いにしえ》に復す。(11)宝永八辛卯《かのとう》孟春の吉辰を(12)涓取《けんしゅ》して安座供養す。大光嗣祖比丘禅材、同門の諸侶を拉《ひき》れて諷経《ふぎん》一上し、且つ(13)陳爛葛藤《ちんらんかっとう》を打す。何ぞ蛇を画《えが》いて足を添うるに異ならん。更に黄面老子と手を携えて際会《さいかい》し、福を蒙《こうむ》って道を体《たい》するの一句、如何《いかん》が指陳《しちん》せん。

(14)一点梅華の蘂、三千世界香《かんば》し。

*

(1)八正名山金剛禅寺＝八正山金剛寺。宮崎郡瓜生野村（現、宮崎市大瀬町）。大光寺末寺。「大光開山岳翁和尚之法弟天沢和尚開基／建武二乙亥年（一三三五）草創至于今五百二十四年也」（大光寺文書「安政五年大光寺末寺抄録差上」）。／(2)瞻仰鴻慈斉影響＝ここの「影響」は、感応道交、衆生の信心と、釈迦如来の鴻慈とが相通じる譬喩。／(3)迷之則生死始、悟之則輪廻息＝『宗鏡録』巻百に「故に円覚と曰う。其の実は皆な一心なり。之れに背《そむ》くときは則ち凡、之れに順《したが》うときは則ち聖。迷之則生死始、悟之則輪廻息」とある。／(4)黄面老子＝釈尊のこと。『祖庭事苑』巻三【黄頭】に「梵に迦毘羅と云い、此《ここ》に黄頭と言う。仏、迦毘羅国に生まるるを以て、生処に就《つ》いて仏を称して黄頭大士と為《な》すなり」と。釈尊の生誕地、迦毘羅衛城の迦毘羅は、黄色を訳意とすることから、釈尊を黄面老子、黄面瞿曇、あるいは略して黄頭、黄老と親称する。／(5)蠢動含霊＝一切の生物を総称して言う。「大地草木、蠕動《なんどう》含霊、本元《もと》より真如なり。即ち是れ如来成仏の真体なり仏体真実なり」(『楞厳経』巻八)。「此の心、是れ本源清浄仏なり。人皆な之れ有り。蠢動含霊と諸仏菩薩と、一体にして異ならず。祇《た》だ妄想分別の為に、種種の業果を造るのみ」(『伝心法要』)。／(6)即此見聞非見聞＝三平義忠の偈句。「即此見聞非見聞、余の声色《しょうしき》の君に呈す可《べ》き無し。箇中若し了ぜば全く無事、体用《たいゆう》何ぞ妨げん分と不分と」(『五灯会元』巻五)。実相無相、諸相に執することがなければ、見たり聞いたりするそのままが、見たことでもなければ聞いたことでもないという句意。／(7)風雨時若＝気候が調和することを言う成語に近い言葉。典拠は、『書経』洪範。「若」は、順の義。／(8)豈不慶快哉＝禅録頻出語だが、特に『無門関』一則の無門評に出て有名。／(9)観音寺＝潮音山。大光寺末寺。宮崎郡瓜生野村(現廃寺)。「開基之僧及草創之年月日不詳／何レ五百年来之旧跡也」(大光寺文書「安政五年大光寺末寺抄録差上」)。／(10)寿楽庵＝不詳。／(11)宝永八辛卯孟春＝宝永八年(一七一一)正月。／(12)涓取＝日を涓《えら》ぶこと。／(13)陳爛葛藤＝この法語を抑下して言う。「陳爛」は、古臭くて役に立たないこと。「葛藤」は、文字言句の譬喩。／(14)一点梅華蘂、三千世界香＝『禅林句集』にも採られて有名な禅語だが、もとの作者は不詳。「一点は一心法を指す。言うこころは、心花、大千世界に満ちて香しきなり」(『禅林句集』釈語)。

【七】

法語[1]。

(1)法語＝宗師家の言葉はすべて法語ではあるが、特定の人に対して仏法の道理を示した語を特に法語と呼ぶ。「示〔某人〕」の形を取ることが一般的。多くは、法諱の意義に即して説諭される。

*

【七―一】

示宇禪人。

趙州露刃劍、寒霜光焰焰。宇上座、如何握把柄。海底火光湧峯頭、浪華浮一大藏中。有如是說耶。切忌錯擧著。

*

宇禅人に示す。

「[1]趙州の露刃剣《ろじんけん》、寒霜《かんそう》、光り焔焔」と。宇上座、如何《いかん》が把柄《はへい》を握らん。[2]海底の火光、峰頭に湧《わ》き、浪華《ろうか》、一大蔵中に浮かぶ。是《かく》の如き説有りや。[3]切に忌む、錯《あやま》って挙著《こじゃく》することを。

*

(1)趙州露刃剣、寒霜光焔焔＝五祖法演の「趙州無字」の頌。『五祖録』巻下「偈頌」。「更に如何《いかん》と問わんと擬すれば、身を分かちて両段と作《な》る」と続く。「趙州無字」は、「趙州和尚、因みに僧問う、『狗子《くし》に還って仏性有りや也《ま》た無しや』。州云く、『無』」（『無門関』一則）の公案。／(2)海底火光湧峰頭、浪華浮一大蔵中＝〈海底の火が峰の頂きに燃え、大蔵経の中に波しぶきが上がっている〉。「趙州無字」に対する、古月の言詮不及の機語。「浪華」は、波しぶき。／(3)切忌錯挙著＝〈「趙州無字」について、軽々しく言説してはならぬぞ〉。

【七―二】

同。

一念皈向處、道光現在前。勿隨他脚跟。唯此一念、無前無後、當機無住也。故云、無明實性即佛性、幻化空身即法身。錯謂不妨作諸惡、閻老面前喫鐵棒業縁也。

＊

一念帰向の処、道光、現在前す。他の脚跟《きやっこん》に随うこと勿《な》かれ。(1)唯だ此の一念、無前無後、当機無住なり。故に云く、「(2)無明の実性、即仏性、幻化の空身、即法身」と。(3)錯《あやま》って諸悪を作《な》すことを妨げずと謂《おも》わば、閻老面前、鉄棒を喫する業縁なり。

＊

(1)唯此一念、無前無後、当機無住也＝〈この一念は、過去でも未来でもない、この即今なのだ〉。／(2)無明実性即仏性、幻化空身即法身＝『証道歌』。／(3)錯謂不妨作諸悪、閻老面前喫鉄棒業縁也＝〈『証道歌』の句を誤解して）諸悪を行なってもよいのだ思えば、閻魔の面前で鉄棒を食らわされる悪業の因縁を作ることになるぞ〉。

【七―三】

示仁禪人。

生死事大、無常迅速。徒過《タヽニ》一日、消一日好事了。颯然至白髮、悔之無益。佛法無深祕。現今潔律制、不涉迂曲、直參祖意、有何難。無別求殊勝。欲行即行、欲住即住。專要諦信。

＊

仁禅人に示す。

(1)生死事大、無常迅速。徒《ただ》に一日を過ごせば、一日の好事を消し了《お》わる。(2)颯然《さつぜん》として白髪に至る、之れを悔ゆとも益無し。仏法に深秘《じんぴ》無し。現今、律制を潔《けつ》して、迂曲に渉《わた》らず、直《じき》に祖意に参ぜよ、何の難きことか有らん。別に殊勝を求むること無し。行かんと欲すれば即ち行き、住せんと欲すれば即ち住す。専《もっぱ》ら諦信を要す。

＊

(1)生死事大、無常迅速。徒過一日、消一日好事了＝『大慧書』「答黄知県」に「無常迅速、生死事大。過了一日、則銷了一日好事。可畏可畏」と。「生死事大、無常迅速」は、禅録頻出語だが、六祖を訪ねた一宿覚こと永嘉玄覚の語として知られる。「覚曰く、『生死事大、無常迅速』。師（六祖）曰く、『何ぞ無生を体取し、無速を了ぜざるや』。曰く、『体すれば即ち無生、了ずれば本《も》と無速なり』。師曰く、『如是、如是』」（『六祖壇経』機縁第七）。「徒過一日、消一日好事了」は、「空しく一日を過ごせば、一日の善事をせずに終わる」という意味。／(2)颯然＝あっと言う間。風の吹く音を形容する言葉だが、転じて迅疾の意に用いる。

【七—四】

示維那禪苗。

喚得幾箇佛祖、喝幾許經首來、以至、僧堂寮舍告普請《シン》報會茶。一一天眞獨朗也。何須外覓。從上來列祖一一控汝於此、有麻三斤乾屎橛等話。澆季之人無由透脫。十箇五雙入計較去。

＊

維那(1)禅苗に示す。
(2)幾箇の仏祖を喚び得、幾許《いくばく》の経首を喝し来たり、以至《ないし》、僧堂寮舎に普請《ふしん》を告げ会茶を報ず。一一天真独朗なり。何ぞ外に覓《もと》むることを須《もち》いん。従上来の列祖、一一、汝を此《ここ》に控《ひ》くに、(3)麻三斤《まさんぎん》(4)乾屎橛《かんしけつ》等の話有り。(5)澆季《ぎようき》の人、透脱するに由《よし》無し。(6)十箇に五双、(7)計較《けきよう》に入り去る。

＊

(1)禅苗＝後に鳳翔山瑞祥寺（熊本県人吉市）の第九世となる霊源禅苗。同寺第八世、閑田祚安の法嗣として、享保七年（一七二二）四月十三日、前堂転位。／(2)喚得幾箇仏祖……報会茶＝維那の職務。／(3)麻三斤＝洞山守初の麻糸三斤。「洞山和尚、因みに僧問う、『如何《いか》なるか是れ仏』。山云く、『麻三斤』」（『無門関』十八則）。／(4)乾屎橛＝雲門文偃の糞かきべら。「雲門、因みに僧問う、『如何《いか》なるか是れ仏』。門云く、『乾屎橛』」（『同』二十一則）。／(5)澆季＝末世に同意。人情うすく世の乱れた末の世。／(6)十箇五双＝十人中十人。誰も彼もの意。「五双」は、五×双（二）で十。／(7)計較＝思慮分別すること。

【七―五】

示知禪人。

古人云、知見無時無亦無。淨倮倮、赤洒洒、沒可把。添一物汚染了。故控汝以金圏栗篷〔蓬〕。痛觀生死事大著精彩。徒過一日、消一日好事。何暇管他事哉。

*

知禅人に示す。

古人云く、「(1)知見無き時、無も亦た無し」と。(2)浄倮倮《じょうらら》、赤洒洒《しゃくしゃしゃ》、没可把《もっかは》。一物を添うれば汚染《おぜん》し了《お》わる。故に汝を控《ひ》くに(3)金圏栗蓬《こんけんりつぼう》を以てす。痛く生死事大を観じ(4)精彩《せいさい》を著《つ》けよ。(5)徒《ただ》に一日を過ごせば、一日の好事を消す。何の暇《いとま》にか他事を管せんや。

*

(1)知見無時無亦無＝北山紹隆の「血書楞厳」偈の承句。『江湖風月集』巻上に所収。『楞厳経』巻五に「知見に知を立すれば、即ち無明の本《もと》なり。知見に見無ければ、斯れ即ち涅槃無漏の真浄なり。云何《いかん》が是の中に更に他物を容《い》れん」と。「知見」は、思慮分別による見解。／(2)浄倮倮、赤洒洒、没可把＝禅録頻出語。きれいさっぱり何もなく、とらまえるところもない。無一物に徹したところ。「浄倮倮」は、体に一糸も纏わぬ素裸のこと。煩悩妄想の塵埃が全くなくなって身心脱落した天真爛漫な姿を言う。「赤洒洒」の「赤」は、一物もとどめぬこと。「洒」は、洒落、けがれのないこと。「没可把」は、把《とら》う可《べ》き没《な》し。「凡聖の路頭も亦た断じ、計較思量も亦た断じ、得失是非も亦た断じ、当人の脚跟下、浄倮倮、赤灑灑、没可把。豈《あ》に快ならずや、豈に暢ならずや」（『大慧書』「答曾侍郎」第二書）。／(3)金圏栗蓬＝金剛圏栗棘蓬の略。「金剛圏」は、容易に出ることの出来ない囲い。「栗棘蓬」は、栗のいが。呑みくだしえないもの。楊岐方会の語として知られる。「室中、僧に問う、『栗棘蓬、你《なんじ》、作麼生《そもさん》か呑む。金剛圏、你、作麼生か透る』」（『五灯会元』巻十九）。本篇では、難透難解の公案の譬喩。／(4)著精彩＝著力と同意。全力を尽くす、しっかり頑張ること。／(5)徒過一日、消一日好事＝【七―三】注(1)を参照。

【七―六】

示與禪人。

從上祖師、有與奪之機。因學人勝劣器也。我王庫裡無如是刀。李花白桃花紅。頭頭上明、物物上顯。勿爲禪領去、勿颺在無事甲裡。縱横皈手裡、初好慶快。

＊

与禅人に示す。

従上の祖師、与奪《よだつ》の機有り。学人の勝劣の器に因《よ》ればなり。(1)我が王庫の裡《うち》、是《かく》の如き刀無し。(2)李花は白く、桃花は紅なり。(3)頭頭上《ずずじょう》に明らかに、(3)物物上《もつもつじょう》に顕《あら》わる。(4)禅と為《な》して領し去ること勿《な》かれ、無事甲裡に颺在《ようざい》すること勿《な》かれ。縦横、手裡に帰して、初めて好し、慶快するに。

＊

(1)我王庫裡無如是刀＝〈祖師がたの与奪の禅機などは〉私の道場にはない〉。語句は、『禅林句集』にも採られる頻出語。『涅槃経』巻八に見える故事に基づくが、引用は割愛する。／(2)李花白桃花紅＝【三七―八】注(3)を参照。

／(3)頭頭上・物物上＝どこにでもの意。／(4)勿為禅領去、勿颺在無事甲裡＝〈(白に咲く李花や、紅に咲く桃花を見て) これがそのまま禅機なのだと合点してはいけないが、かと言って、禅機などではないと見捨ててしまってもいけない〉。「無事甲」は、常用しない物を収めて置く棚などのこと。

【七－七】

示識禪人。

祖宗門下一大事因縁、敢非容易。直向百尺竿頭上行一歩放身命時、始好證據去。若認門頭戸口、不得自在受用。或一回省發、或語句上得些消息、一時岐路也。靈雲禪師見桃悟道。玄沙曰、諦當甚諦當、敢保老兄未徹在。作麼生是玄沙意。龍袖拂開全體現。教外別傳、初非授受之間。一任識禪人證據去。

＊

識禅人に示す。

祖宗門下、一大事因縁、(1)敢えて容易なるに非ず。(2)直《じき》に百尺竿頭上に向かって一歩を行じて放身命《ほうしんみょう》の時、始めて好《よ》し、証拠《しょうこ》し去るに。若し(3)門頭戸口《もんとうここう》を認《と》むれば、自在受用を得ず。或いは一回《ひとたび》の省発《せいほつ》、或いは語句上に些《いささ》かの消息を得る、一時の岐路なり。(4)霊雲禅師見桃悟道。玄沙曰く、「諦当《たいとう》なることは甚《はなは》だ諦当なるも、敢えて保す、老兄《ろうひん》の未徹在なることを」と。作麼《そも》生《さん》か是れ玄沙の意。(5)龍袖払開《りゅうしゅうほっかい》して全体現わる。教外別伝、初めより授受の間に非ず。識禅人が証拠し去るに一任す。

*

(1)敢非容易＝〈決して容易《たやす》いことではない〉。「敢」は、否定詞をともなって、決して……ではないの意。／(2)直向百尺竿頭上行一歩放身命時＝〈百尺の竿のてっぺんから、必死の覚悟で飛び降りる時〉。「百尺竿頭」は、中国雑技用の長竿の先端。「石霜（楚円）和尚云く、『百尺竿頭、如何《いかん》が歩を進めん』。又た古徳（長沙景岑）云く、『百尺竿頭に坐する底の人、然《しか》も得入すと雖《いえど》も未だ真と為《な》さず。百尺竿頭に須《すべか》らく歩を進めて、十方世界に全身を現ずべし』」（『無門関』四十六則「竿頭一歩」）。／(3)門頭戸口＝門や出入口。堂奥ではない浅近の処。／(4)霊雲禅師……敢保老兄未徹在＝「霊雲桃華」などと呼ばれる話頭。『五灯会元』巻四・霊雲志勤章を参照。／(5)龍袖払開全体現＝〈龍が雲霧を払い開いて、龍の全体が露現する〉。首山省念の語。『五灯会元』巻十一・汾陽善昭章を参照。

【七－八】

示周禪人。

古人有周遍法界之語。是何道理。你求開示底是也。勿轉回頭腦也。風吹柳絮毛毬走、雨打梨花蛺蝶飛。吾這裡無隻字爲你。

*

周禅人に示す。

古人に「(1)周遍法界」の語有り。是れ何の道理ぞ。你《なんじ》が開示を求むる底、是れなり。(2)頭脳を転回すること勿《な》かれ。(3)風、柳絮《りゆうじよ》を吹いて毛毬《もうきゆう》走り、雨、梨花《りか》を打って蛺蝶《きようちよう》飛ぶ。吾が這《しや》裡《り》、隻字《せきじ》の、你が為にするもの無し。

(1)周遍法界＝法身の功徳が、無辺の法界（一切万有）に及ぶこと。／(2)頭脳＝単に頭のこと。／(3)風吹柳絮毛毬走、雨打梨花蛺蝶飛＝〈柳絮が乱れ飛ぶさまは、毛まりが走るようであり、梨花が雨に打たれて落ちるさまは、蝶々が飛ぶようである〉。「柳絮」は、柳の実が熟して、暮春の頃、綿のように乱れ飛ぶもの。「梨花」は、四月頃、純白色の花を着ける。夾山善会が、「如何《いか》なるか是れ相似《そうじ》の句」の問いに答えた句。『五灯会元』巻五・夾山章を参照。

＊

【七―九】

示快禪人。

出家者慶快平生者、在于透脱生死。痛勵信心、第一潔戒器。夫生死之垢染、無量劫來之結習也。無搏虎拏龍之志氣、如何得超出哉。更誓讀誦法華、勿數墨尋行喪光陰。看取祖師轉法華之話。

＊

(1)快禅人に示す。

出家者、平生を慶快にするは、生死を透脱するに在り。痛く信心を励まして、(2)第一に戒器を潔《けつ》せ。夫《そ》れ生死の垢染《くぜん》は、無量劫来の結習《けつじゅう》なり。虎を搏《う》ち龍を拏《つか》むの志気無くんば、如何《いかん》ぞ超出することを得んや。更に読誦法華《どくじゅほっけ》を誓って、(3)墨《ぼく》を数《かぞ》え行《ぎょう》を尋《たず》ねて光陰を喪《うしな》うこと勿《な》かれ。(4)祖師の転法華《てんほっけ》の話《わ》を看取せよ。

(1)快禅人＝後に大阪大仙寺の第六代となる曇秀智快。「古月禅師四会語録序」を書いた人。そこの注(8)を参照。／(2)第一潔戒器＝〈絶対に戒律を守れ〉。ここの「第一」は、強く命じる用法。「戒器」は、戒律を受けるに堪える器。つまり、この身体。／(3)数墨尋行＝尋行数墨とも。文字のみを見て、文義を悟らないこと。／(4)祖師転法華之話＝六祖慧能の「心迷えば法華に転ぜらる、心悟れば法華を転ず」（『六祖壇経』機縁第七）を言う。

＊

【七―一〇】

示鯨禪人。

鯨呑盡海水、露出珊瑚枝。作麼作麼。勿眼華。爲你諸人信不及、牽得若干般葛藤。直下勦絶、本參上橫參竪參、參底亦絶消息。錯勿隨他。聻。

＊

鯨禅人に示す。

「(1)鯨、海水を呑み尽くして、珊瑚の枝を露出す」と。(2)作麼《そも》作麼。(3)眼華《がんか》すること勿《な》かれ。(4)你諸人が信不及《しんふぎゅう》なるが為に、若干般《じゃっかんはん》の葛藤を牽《ひ》き得たり。(5)直下《じきげ》に勦絶《そうぜつ》して、(6)本参上に横参竪《おうさんじゅ》参《さん》し、参ずる底も亦た消息を絶す。錯《あやま》って他に随うこと勿《な》かれ。(7)聻《に》。

＊

(1)鯨呑尽海水、露出珊瑚枝＝上の句は、正しくは、「鯨呑海水尽」。『禅林句集』にも採られる有名な禅語。もとは、含曦「酬盧仝見訪不遇題壁」詩（『全唐詩』巻八二三）。／(2)作麼作麼＝〈どうだ、どうだ〉。／(3)勿眼華＝妄想を起こすな。分別心を起こすな。「眼華」は、空華とも言い、眼を患った者が空中に見る実在しない花。心の迷いによって作り出される架空の存在に喩える。『円覚経』文殊章に「云何《いかん》が無明ぞ。……譬えば彼《か》の病目の、空中の花、及び第二の月を見るがごとし。善男子。空には実に花無し。病者の妄執のみ」と説き、『首楞厳義疏注経』巻四之一に「亦た翳人《えいにん》の空中の華を見るが如し。翳病若し除かば、華は空に於いて滅せん」と。／(4)為你諸人信不及、牽得若干般葛藤＝〈君達にしっかりとした信念がないから、しばし『鯨呑尽海水、露出珊瑚枝。作麼作麼。勿眼華』と、少しばかり言葉を弄したまでである〉。かり言葉を弄したまでである〉。『臨済録』上堂にある「你が信不及なるが為に、所以《ゆえ》に今日葛藤す」ということ。

「葛藤」は、文字言句の譬喩。／(5)直下勦絶＝〈しかし、そんな言葉は、ただちに捨ててしまえ〉。「勦絶」は、両字ともに断・尽の義。絶やすの意。／(6)本参上横参竪参、参底亦絶消息＝〈本参の公案に一所懸命に参じて、息も絶えようとする、その時だ〉。「本参」は、幾多の公案に参究する中で、根本として提撕《ていぜい》する公案。「横参竪参」は、真歇清了（一〇八八～一一五一）の語に「横参竪参、仏祖も道不得の処に到る」と見える。／(7)聻＝疑問の語気を表わす「呢」に同じだが、近世日本の語録では、一転語のように「ニイーー」と読み、既に語義を離れている。

【七―一一】

示海禪人。

欲究此一段大事因緣、痛念無常世間無一可樂、直下一刀兩斷、更不起相續之念、於本參話頭上、驀忽證據去。勿認魚目爲明珠。擧世吸冷氣爲足者、所謂可憐愍者也。

海禅人に示す。

*

(1)此の一段の大事因縁を究めんと欲すれば、痛く無常世間、一として楽しむ可《べ》き無きことを念じて、直下《じきげ》に一刀両断して、更に相続の念を起こさず、本参の話頭上に於いて、驀忽《まつこつ》に証拠《しようこ》し去れ。(2)魚目《ぎよもく》を認《と》めて明珠《みようじゆ》と為《な》すこと勿《な》かれ。世を挙《こぞ》って(3)冷気を吸うて足れりと為《す》る者は、所謂《いわゆ》る(4)可憐愍者《かれんみんじや》なり。

*

(1)欲究此一段大事因縁……＝『大慧書』「答曾侍郎」第一書に「又能痛念無常世間種種虚幻無一可楽。専心欲究此一段大事因縁。……従脚下去一刀両段、更不起相続心足矣」とあるのによる。「無一可楽」は、『法華経』譬喩品に「今此の舎宅には、無一可楽」。八十巻『華厳経』巻四十七に「諸世間無一可楽と観じて大喜を生ず。一切法に於いて、心に自在を得」。／(2)認魚目為明珠＝〈つまらぬ白けた魚の目の玉を宝珠と誤認する〉。「為」を「作」に作って諸録に見える。／(3)吸冷気為足者＝〈経典や祖録を読んだだけで満足している者〉。『臨済録』示衆に「道《どう》流《る》、文字の中に向かって求むること莫《な》かれ。心動ずれば疲労し、冷気を吸うも益無し」と。「吸冷気」は、『臨済録』の諸鈔を総合すれば、「文字を諷誦すれば、冷気を吸って、体を冷やすだけだ」というような意味。／(4)可憐愍者＝憐愍す可《べ》き者。『円覚経』に「末世の衆生、病を説いて法と為す。是の故に名づけて可憐愍者と為す。勤めて精進すと雖《いえど》も諸病を増益す。是の故に清浄覚に入ること能《あた》わず」と。

【七―一二】

示寔禪人。

道人之日用貴朴實。失口不謂破戒之事。能如是則工夫易熟、根塵自脱、心華發明、如翻手。今時十中八九、錯會了稱無事唱了畢。不能透過話頭。

＊

寔禅人に示す。

道人の日用、朴実を貴ぶ。(1)失口《しっこう》にも破戒の事を謂《い》わざれ。能《よ》く是《かく》の如くなる則《とき》んば工夫《くふう》熟し易《やす》く、根塵自《おの》ずから脱し、心華《しんげ》発明《ほつみょう》せんこと、(2)手を翻《ひるがえ》すが如し。今時、十が中八九、錯《あやま》って会《え》し了《お》わり、無事と称し、了畢《りょうひつ》と唱す。話頭を透過すること能《あた》わず。

＊

(1)失口＝口がすべる。／(2)翻手＝ここでは、事の容易な譬喩。反手、反掌に同意。

【七―一三】

示叔禪人。

無上涅槃、圓明常寂照。不添一絲、不減一毫。脚下漫漫、頭上漫漫。悲哉、癡暗人、每每蹈過不曾知。或云死、或爲無作。祖宗家爲你諸人提掇了。看看。如何是佛。門云、乾屎橛。這裡疑破則始知大圓明。

＊

叔禅人に示す。

(1)無上涅槃、円明にして常に寂照す。一糸を添《そ》えず、一毫を減ぜず。脚下漫漫、頭上漫漫。悲しい哉《かな》、痴暗の人、毎毎蹈過《つねづねとうか》すれども曾《かつ》て知らず。或いは死と云い、或いは無作《むさ》と為《な》す。祖宗家、你《なんじ》諸人が為に(2)提掇《ていてつ》し了《お》わる。看よ看よ。「(3)如何《いか》なるか是れ仏。門云く、乾屎橛《かんしけつ》」。這裡《しゃり》に疑い破るれば、則《すなわ》ち始めて大に円明なることを知らん。

*

(1)無上涅槃、円明常寂照……＝慧能の偈に「無上大涅槃、円明常寂照。凡愚は之れを死と謂い、外道は執して断と為す。諸もろの二乗を求むる人は、目《な》づけて以て無作と為す」(『六祖檀経』機縁第七)。／(2)提掇＝提示する。／(3)如何是仏。門云、乾屎橛＝『大慧書』「答呂郎中」に「乾屎橛の上に疑い破るれば、則ち恒河沙数の疑い一時に破れん」と。「乾屎橛」は、【七―四】注(4)に既述。

【七―一四】

示聴禪人。

此事卓爾無著手脚處。多少參禪士、以聰明會去、口耳三寸之間成活計。你強健之士、勿向他背後合掌去。一一自胸襟流出將來可照天照地。耳語口授甚是毒害也。所參話頭、如咬生鐵。

*

聡禅人に示す。

此の事、(1)卓爾《たくじ》として手脚を著くる処無し。多少の参禅の士、聡明を以て会《え》し去り、(2)口耳三寸の間に活計を成す。(3)你《なんじ》強健の士、他の背後に向かって合掌し去ること勿《な》かれ。(4)一一、胸襟より流出《るしゅつ》し将《も》ち来たって、天を照らし地を照らす可《べ》し。(5)耳語《にご》口授は、甚《はなは》だ是れ毒害なり。

(6)参ずる所の話頭、生鉄《さんてつ》を咬むが如くせよ。

＊

(1)卓爾無著手脚処＝〈ひときわ飛び抜けて卓立し、すがりつく手がかりもない〉。「著手脚」の「手脚」は、方策、手立てなどの意。／(2)口耳三寸之間成活計＝〈浅薄な学問をして日を暮らしている〉。「口耳三寸」は、正しくは、「口耳四寸」。浅薄な学問の譬喩に用いる成句。『荀子』勧学篇の「小人の学は、耳より入って口より出づ。口耳の間は、則ち四寸なれば、曷《いずく》んぞ以て七尺の躯を美とするに足らんや」に基づく。「活計」は、くらしむき、なりわいの意。／(3)他＝聡明を以て会し去り、口耳三寸の間に活計を成すような参禅の士。／(4)一一自胸襟流出将来可照天照地＝雪に阻《はば》まれた鼇山（湖南省常徳県北）で、雪峰義存が、師兄の巌頭全奯の提撕《ていぜい》によって大悟した鼇山成道の故事に基づく。「（雪峰）初め巌頭と澧州の鼇山鎮に至り雪に阻まる。（中略）師、又た曰く、『後、徳山に問う、〈従上宗乗中の事、学人に還って分有りや也た無《いな》や〉と。徳山、打つこと一棒して曰く、〈甚麼《なん》と道《い》うぞ〉と。我れ、桶底の脱するが如くに相似たり』。頭、喝して曰く、『你、道うことを聞かずや、〈門より入る者は、是れ家珍にあらず〉と』。師曰く、『他後、如何《いか》にせば即ち是ならん』。頭曰く、『他後、若し大教を播揚せんと欲せば、一一、自己の胸襟より流出し将《も》ち来たって、我が与《ため》に蓋天蓋地し去れ』。師、言下に於いて大悟し、便ち礼を作《な》し、起《た》って連声に叫んで曰く、『師兄《すひん》、今日、始めて是れ鼇山成道』」（『五灯会元』巻七・雪峰義存章）。／(5)耳語＝耳打ち。／(6)所参話頭、如咬生鉄＝〈公案を義解するな〉。『大慧録』巻二十一「示呂機宜」法語に「狗子還有仏性也無。……如咬生鉄橛、没滋味の時（義解が窮まった時）、切に志を退くること莫《な》かれ」と。【七—一二】には、「一箇の無義味の話を提撕《ていぜい》せん、生鉄を咬むが如くせよ」とある。そこの注(7)を参照。

【七—一五】

示祖悟禪人。

妙不得悟徹則放百千種之光明去、總是孤負自己去。更有最要緊之處。爲你不覆藏。口未開時已說了、筆未點寫了、參未透時已悟了。愼勿墮窠窟。

＊

祖悟禅人に示す。

妙に悟徹を得ざる則《とき》んば、百千種の光明を放ち去るも、総《すべ》て是れ自己に(1)孤負《こふ》し去る。(2)更に最要緊《さいようきん》の処有り。你《なんじ》が為に覆蔵《ふぞう》せず。口未だ開かざる時、已《すで》に説き了《お》わり、筆未だ点ぜざるとき写し了わり、参未だ透ぜざる時、已《すで》に悟り了わる。慎《つつし》んで(3)窠窟《かくつ》に堕すること勿《な》かれ。

＊

(1)孤負＝辜負とも書き、違背する意。／(2)更有最要緊之処……＝『中峰広録』巻四之上「示伊吾顗月長老」法語に「更有一件是最要緊処、口未開時已説了也。筆未動時已写了也。参未透時已悟了也」とある。「最要緊」は、最重要の意。／(3)窠窟＝鳥の巣、ねぐらというのが本意。いつもの帰着するところ、執着の落し穴などの譬喩に用いられる。

【七―一六】

示止禪人。

止止不須説、我法妙難思。經中早有如是説。何事不立文字之禪。著衣喫飯妙難思。鶯啼柳上鶴唳松梢妙難思。落第二念不用力、正大得力去。

*

止禅人に示す。

「(1)止止不須説《ししふしゅせつ》、我法妙難思《がほうみょうなんし》」と。経中、早《すで》に是《かく》の如きの説有り。何ぞ不立文字の禅を事とせん。著衣喫飯、(2)妙難思。鶯、柳上に啼《な》き、鶴、松梢に唳《な》る、(2)妙難思。第二念に落ちて力を用いざれ、正に大に得力し去らん。

*

(1)止止不須説、我法妙難思＝『法華経』方便品の偈文。訓読すれば、「止《や》みなん、止みなん、説く須《べ》からず、我が法は妙にして思い難し」。／(2)妙難思＝ここでは、微妙法の義で用いられている。

【七―一七】

示磨禪人。

吾祖宗門下之事、非高難行事。又且不容易。唯發大信則無事不成就。所謂大信者、信汝脚下不涉他途。即此見聞非見聞。淨躶躶、赤洒洒。錯認戸口光明、謂無字會了、不生滅肯了。未免嘗他冷唾。

*

磨禅人に示す。

吾が祖宗門下の事、高くして行じ難き事に非ず。又た且つ容易ならず。唯だ大信を発する則《とき》んば、事として成就《じょうじゅ》せずということ無し。所謂《いわゆ》る大信とは、汝が脚下を信じ、他途に渉《わた》らざるなり。(1)此の見聞《けんもん》に即して見聞に非ず。(2)浄《じょう》裸裸《らら》、赤《しゃく》洒洒《しゃしゃ》。錯《あやま》って(3)戸口《ここう》の光明を認《と》めて、無字会《え》し了《お》わり、不生滅肯《うべな》い了わると謂う。(4)未だ他の冷唾《れいだ》を嘗《な》むることを免《まぬが》れず。

(1)即此見聞非見聞＝【六―四】注(6)、及び【一四―一】注(1)を参照。／(2)浄裸裸、赤洒洒＝【七―五】注(2)を参照。／(3)戸口光明＝〈軒先の明かり〉。「戸口」は、【七―七】注(3)を参照。／(4)未免嘗他冷唾＝〈人の言葉を鵜呑みにしているだけである〉。「冷唾」は、『正法念処経』巻六十四や、『法苑珠林』巻六十七の所説を総合すれば、虫が引き起こす、冷たい唾を多く吐く病。日本語の「虫酸《むしず》（虫唾）」。つまり、「人のゲロを嘗めているだけ」という意。

*

【七―一八】

示律禪人。

神光不昧、萬古徽猷。入此門來、莫存知解。古人有此榜樣。直下吐露心肝去。若問這語又如何、那語又如何、何日有了期。譬如神醫不須人蔘附子苞苴拈一枝艸起膏肓。

*

律禅人に示す。

「(1)神光不昧《しんこうふまい》、万古の徽猷《きゆう》。此の門に入り来たって、知解《ちげ》を存すること莫《な》かれ」と。古人に此の(2)榜様《ぼうよう》有り。直下《じきげ》に心肝を吐露し去る。若し這語《しゃご》又た如何《いかん》、那語《なご》又た如何《いかん》と問わば、何《いず》れの日にか了期《りょうご》有らん。譬《たと》えば神医の、人蔘附子《にんじんぶす》を須《もち》いず、(3)苞苴《ほうしょ》に一枝草を拈じて(4)膏肓《こうこう》を起《いや》すが如し。

＊

(1)神光不昧……莫存知解＝平田普岸（百丈懐海法嗣）の上堂語。「徽猷」は、立派な教え、大道。／(2)榜様＝模範、先例の義。／(3)苞苴＝ひとくくりに。／(4)起膏肓＝〈不治の病を癒《いや》す〉。「起」は、治癒するの義。「膏」は心臓の下部、「肓」は膈膜の上部のことで、その間に病が入ると平癒しないと言う。

【七―一九】

示別禪人。

痛觀破祖師初來底題目、何涉他途。直指人心、見性成佛。叔世儘墮情解。故祖宗家設關棙子。麻三斤乾屎橛、正好透過。

＊

別禅人に示す。

痛く(1)祖師初来底の題目を観破す、何ぞ他途に渉《わた》らん。(2)直指人心、見性成仏。(3)叔世《しゅくせい》、儘《まま》、情解《じょうげ》に堕す。故に祖宗家、(4)関棙子《かんれいす》を設く。(5)麻三斤《まさんぎん》・乾屎橛《かんしけつ》、正に好し、透過するに。

＊

(1)祖師初来底題目＝下文の「直指人心、見性成仏」を言う。／(2)直指人心、見性成仏＝達磨禅を象徴する言葉だが、灯史類の達磨の伝には載らず、永明延寿（九〇四～九七五）の『宗鏡録』巻十四に「夫《そ》れ釈迦文仏は、衆生の心を開き、仏知見を成ぜしめ、達磨初祖は、直指人心、見性成仏」と出、同じく延寿の『註心賦』巻一に「此土の初祖達磨大師云く、『以心伝心、不立文字』。又た云く、『直指人心、見性成仏』」と出て、これより達磨の語とされるようになったと、無著道忠は解す（『五家正宗賛助桀』第五【直指人心見性成仏】）。／(3)叔世＝【七—四】の「澆季」に同意。末の世。／(4)関棙子＝歯車やしかけで自在に動くカラクリ。緊要の処の意に用いる。／(5)麻三斤・乾屎橛＝【七—四】注(3)(4)に既述。

【七—二〇】

示利禪人。

方袍圓頂徒、勤修不切則儒門遊民之説、豈不宜哉。不奔知解路上、直向萬仭嶮崖上飜身去。如何是佛。門云、乾屎橛。纔著手脚如何翻身。多少至此退身成知解之宗徒稱參禪了畢。

＊

利禅人に示す。

(1)方袍円頂《ほうぼうえんちょう》の徒、勤修《ごんしゅ》切ならざる則《とき》んば、(2)儒門遊民の説、豈《あ》に宜《むべ》ならずや。(3)知解《ちげ》の路上に奔《はし》らず、直《じき》に万仞《ばんじん》の嶮崖上に向かって身を翻《ひるがえ》し去れ。「(4)如何《いか》なるか是れ仏。門云く、乾屎橛《かんしけつ》」。(5)纔《わず》かに手脚を著けば、如何《いかん》ぞ身を翻《ひるがえ》さん。(6)多少、此《ここ》に至って身を退《しりぞ》け、知解の宗徒と成って、参禅了畢《りょうひつ》と称す。

＊

(1)方袍円頂＝袈裟（方袍）を着け、剃髪（円頂）している僧侶。／(2)儒門遊民之説、豈不宜哉＝〈儒者から遊び人と言われても、もっともなことである〉。寛文（一六六一～）の初め頃に出された仮名草子『浮世物語』巻三「侍の善悪批判の事」に「……身を過ぐる手段《てだて》に事を欠き、飢に臨む事の物憂さに、髪を剃りて衣を著し、人の施物を受けて命を繫《つな》ぐ。これ誠の道心者にあらず。世に捨てられたる余者《あまりもの》なり。儒教には遊民の類《たぐい》と言へり」。／(3)不奔知解路上、直向万仞嶮崖上翻身去＝〈思慮分別に走らず、親獅子から万仞の谷へ蹴落とされた子獅子が、空中に身を翻して、崖上に飛び返るようであれ〉。「直向万仞嶮崖……」は、「獅子返擲」「翻身一擲」などと呼ばれる活機。／(4)如何是仏。門云、乾屎橛＝【七－一三】にもあった。そこの注(3)を参照。／(5)纔著手脚如何翻身＝〈「乾屎橛」の公案に、少しでも思慮分別を及ぼせば、どうして身をひるがえすことが出来ようか〉。「著手脚」の「手脚」は、方策、手立てなどの意。／(6)多少至此退身成知解之宗徒称参禅了畢＝〈多くの者が、この万仞嶮崖の処に到って身を退け、思慮分別で解釈し、それで、「参禅了畢」と称している〉。「知解之宗徒」は、仏法を思慮分別する者。六祖慧能が、荷沢神会を戒めた言葉に「汝に向かって道《い》う、無名無字と。汝、便ち喚んで本源仏性と作《な》す。汝、向去、把茆の、頭《こうべ》を蓋《おお》うこと有るとも（寺に住することがあろうとも）、也た只《ま》だ箇の知解の宗徒と成るのみ」と（『六祖壇経』頓漸第八）。【三七－一八】には、「祖宗門下の客、誓って知解の宗徒と作《な》ること勿《な》かれ」とある。

【七―二二】

示了因禪人。

滿眼滿耳之處、沒蹤沒由。沒蹤沒由之處、滿眼滿耳。此兩句、起你沈痾之針藥也。生亦如是、死亦如是。落在驢前馬後、如手中膠粘子。百千生不改舊面皮。痛著精彩。

＊

了因禅人に示す。

「(1)満眼満耳《まんげんまんに》の処、没蹤没由《もっしょうもつゆう》。没蹤没由の処、満眼満耳」と。此の両句、你《なんじ》が沈痾《ちんあ》を(2)起《いや》すの針薬なり。生も亦た是《かく》の如し、死も亦た是《かく》の如し。(3)驢前馬後《ろぜんばご》に落在すれば、手中の(4)膠粘子《こうねんす》の如し。(5)百千生、旧面皮《きゅうめんぴ》を改めず。(6)痛く精彩《せいさい》を著《つ》けよ。

＊

(1)満眼満耳之処……満眼満耳＝天如惟則（一二八六～一三五四）の『師子林天如和尚語録』巻三「示用庵照上人」法語に「古人此等語言」として見えるが、古人は不詳。／(2)起＝【七―一八】にもあったが、治癒するの義。／(3)驢前馬後＝禅録頻出語。主人の驢馬や馬の前後に随従すること。転じて真の主人公になれていないことを言い、「驢前馬後の漢」と、罵って言うこともある。／(4)膠粘子＝「膠粘」は、ニカワで張りつけること。ここでは、名詞化している。／(5)百千生不改旧面皮＝〈永遠に開悟しない〉。「旧面皮」は、昔の容貌。／(6)痛著精彩＝「著精彩」を更に強く言ったもの。「著精彩」は、著力と同意。全力を尽くす、しっかり頑張ること。

【七―二二】

示三首座。［豊後月桂之徒］

老衲識上座日久矣。初剃染得度之場、爲同學侶。今日逢著、白髪千莖、如須菩提。已供款扣己躬下事。吾何惜眉毛哉。更無一法可説。蕭洒洒然、事無一向。提撕一箇無義味話、如咬生鐵。不管悟不悟、別不求入處、強勿成主宰。一旦心華發明、慶快平生。

＊

(1)三首座に示す。［豊後(2)月桂の徒］

老衲《ろうのう》、上座を識《し》ること日久し。(3)初め剃染《ていぜん》得度の場、同学侶と為《な》る。今日、逢著《ぶじゃく》すれば、白髪千茎、須菩提の如し。(4)已《すで》に款《かん》を供して、己躬下《こきゅうか》の事を扣《たた》く。吾れ何ぞ(5)眉毛《びもう》を惜しまんや。更に一法の説く可《べ》き無し。(6)蕭洒洒然《しょうしゃしゃぜん》たるも、事に一向無し。(7)一箇の無義味の話を提撕《ていぜい》せん、生鉄《さんてつ》を咬むが如くせよ。(8)悟不悟を管せず、別に入処《にっしょ》を求めず、強いて主宰と成ること勿《な》かれ。一旦、心華発明《しんげほつみょう》せば、平生を慶快にせん。

＊

(1)三首座＝人物不詳。「首座」は、妙心寺の法階。座元の下位。修行純熟し、その師の印記を得て（嗣法）、妙心寺開山塔において垂示式を勤めれば座元となり（前堂転位）、末寺寺院の住職資格を得る。首座と言えば、若者の印象があるが、座元の位を得ない限り、年齢にかかわらず首座である。／(2)月桂＝清光山月桂寺。大分県臼杵市二王座。／(3)初剃染得度＝古月が得度したのは、延宝四年（一六七六）十二月八日。時に十歳。／(4)已供款扣己躬下事＝〈「私はまだ己事究明が出来ておりません」と、私に教示を求めた〉。「供款」は、罪人が白状すること。「款」は、口供書のこと。「己躬下事」は、自己自身の一大事。／(5)惜眉毛＝言葉を惜しむという意。間違って法を説くと、眉毛が脱け落ちるという戒めがあったことから言う。「丹霞焼仏」と呼ばれる話頭（『五灯会元』巻五・丹霞天然章）を参照。／(6)蕭洒洒然、事無一向＝〈きれいさっぱりとしたものだが、物事は一すじ道だけでは片づくまい（少しく第二義門に下りて方便しよう）〉。「事無一向」は、禅録頻出語。語意は、意訳の通り。／(7)提撕一箇無義味話、如咬生鉄＝〈一則の公案を授けるが、義解に走るな〉。「提撕」は、師家からの提示、また、修行者の専心工夫、両意を持つが、ここでは前者。「無義味話」は、公案のこと。「義味」は、文章の意味と情趣。食事に依ってその味が分かるように（食味）、文章に依ってその意義が分かるので「義味」と喩える。「義は言義を謂い、味は即ち意趣なり」（『四分律行事鈔資持記』中二）。公案には、思慮分別で理解出来るような意義などないから「無義味」と言う。「如咬生鉄」は、【七―一四】注(6)を参照。／(8)不管悟不悟、別不求入処、強勿成主宰＝〈悟れるか悟れないかなどは気にするな、悟りの入り口なども求めるな、この公案をとりひしいてやろうなどと肩に力を入れぬな〉。「入処」は、悟りの入り口。悟りの初体験。「強勿成主宰」は、『龐居士語録』等に「強作主宰」と見えるが、ここでの語意は、意訳のようなこと。

【七―二三】

示泰禪人。

佛祖無上妙道、無窠臼、絶承當。喜時怒時、茶裡飯裡、勿生分別。錯勿認底是。大省力大得力。摘葉尋枝、何時有了期。奇言妙句、却毒害了。

＊

泰禅人に示す。

仏祖無上の妙道、(1)窠臼《かきゅう》無く、承当《じょうとう》を絶す。(2)喜時怒時、茶裡飯裡《さりはんり》、分別を生ずること勿《な》かれ。(3)錯《あやま》って認《と》むる底是《ぜ》なりとすること勿《な》かれ。(4)大に力を省《はぶ》かば、大に力を得ん。(5)葉を摘《つ》み枝を尋ねば、何《いず》れの時にか了期《りょうご》有らん。奇言妙句は、却って毒害し了《お》わらん。

＊

(1)無窠臼、絶承当＝『大慧普説』巻一「瑩上座請普説」に「浄躶躶絶承当、赤洒洒没窠臼」と。ここの「窠臼」は、おさだまり、紋切型の意。「承当」は、会得・領得すること。／(2)喜時怒時、茶裡飯裡＝いついかなる時もということ。大慧宗杲が「法語」に多用した言葉。／(3)錯勿認底是＝〈分別心によって誤り知ったことを、仏祖無上の妙道だなどと思うな〉。語法的には、「勿錯認底是」が正しいと思うが、訓読すれば同じになる和臭漢文。「錯認底」は、『円悟録』巻二に「師云、莫錯認。進云、如何是不錯認底」と見える。／(4)大省力大得力＝〈悟ろうなどと無駄な力を用いなければ自然と悟れる〉。『大慧書』「答黄知県」に「力を得る処、乃《すなわ》ち是れ力を省《はぶ》く処。力を省く処、乃ち是れ力を得る処」と。／(5)摘葉尋枝＝根源を究明しようとせず、枝葉末節に執らわれること。『証道歌』に「直《じき》に根源を截《き》るは仏の印する所、葉を摘《つ》み枝を尋ぬることは我れ能《あた》わず」と。

【七―二四】

示祖牛禪人。

吾這禪宗、從興起于拈花場、以一器傳一器、不牽涓滴。無涓滴處、白浪萬尋也。澆季之弊、以口授爲佛法。恁麼休去、竈婦販夫、悉佛法乎。古人吐露心肝底、却爲毒藥。思茲。

＊

祖牛禅人に示す。

吾が這《こ》の禅宗、(1)拈花場に興起してより、一器を以て一器に伝えて、(2)涓滴《けんてき》を牽《ひ》かず。無涓滴の処、白浪万尋なり。澆季《ぎようき》の弊《へい》、口授を以て仏法と為《な》す。恁麼《いんも》に休し去らば、(3)竈婦販夫《そうふはんぷ》も、悉《ことごと》く仏法ならん。(4)古人が心肝を吐露する底、却って毒薬と為《な》らん。(5)茲《こ》れを思え。

＊

(1)拈花場＝霊山会上での釈尊から摩訶迦葉への拈華微笑の伝法。【一二―二】注(4)を参照。／(2)不牽涓滴＝〈ひとしずくも残さない〉。「牽」は、留の義。『従容録』八十四則頌下語などにある「不留涓滴」に同意。／(3)竈婦販夫、悉仏法乎＝「竈婦販夫」は、女中さんや商人《あきんど》。『中峰広録』巻五之上「示海印居士」法語に「凡《およ》そ教禅律三宗の学者、既に古仏の説を宗として、自心是仏を知らざる者有ること靡《な》し。豈《あ》に特に仏説を宗とする者のみ然《しか》りと為《せ》んや。街童・市竪・販夫・竈婦の若《ごと》きに至るまで、亦た自心是仏と曰う。其の未だ悟って源底を見るに由《よ》らざるを以て、徒《いたずら》に此の知を具するのみ」と。／(4)古人吐露心肝底＝諸仏諸祖の教説や言葉。【七―一八】の本文を参照。／(5)思茲＝〈常に念頭から離すな〉。「思茲在茲（茲《こ》れを思うに茲《ここ》に在り）」の略。

【七―二五】

示轉禪人。

參禪學道、不得轉身之一路、萬言萬當、悉死語也。故古人痛責情解爲窠窟。茶裡飯裡、喜時怒時、勿生分別。所參話頭疑破則鶯吟燕語亦是活語也。

*

転禅人に示す。

参禅学道、(1)転身《てんじん》の一路を得ざれば、(2)万言万当、悉《ことごと》く死語なり。(3)故に古人、痛く情解《じょうげ》を責めて窠窟《かくつ》と為《な》す。茶裡飯裡《さりはんり》、喜時怒時、分別を生ずること勿《な》かれ。参ずる所の話頭、疑い破るれば、則《すなわ》ち鶯吟燕語《おうぎんえんご》も亦た是れ活語なり。

*

(1)転身之一路＝迷から悟へ身を転じる一路。／(2)万言万当＝すべてが道理にかなった言葉。黄山谷の「贈送張叔和」詩に「百戦百勝、不如一忍。万言万当、不如一黙」と。／(3)故古人痛責情解為窠窟＝〈だから古人は、知的な理解は、落し穴になるのだと痛責するのである〉。「本分の鉗鎚を提《ひっさ》げて、情解の窠窟を砕く」(『了庵録』巻一)。「窠窟」は、【七―一五】注(3)を参照。

【七―二六】

示玄察禪人。

此事非高難行。畢竟、執要謂之、以達磨之眼睛視之、以瞿曇耳根聴之。明皓皓白的的。無修無證、無古無今。何厭生死、何求菩提。悲哉、甘作凡夫、聲色堆裡、如膠粘有手中。佛祖不忍看、控汝弄金圈栗蓬。這裡蹈翻去、證無修的。

*

玄察禅人に示す。

此の事は、高くして行じ難きに非ず。畢竟《ひっきょう》、要を執《と》って之れを謂《い》えば、達磨の眼睛《がんぜい》を以て之れを視《み》、(1)瞿曇《くどん》の耳根《にこん》を以て之れを聴く。(2)明皓皓白的的。無修無証、無古無今。何ぞ生死を厭《いと》い、何ぞ菩提を求めん。悲しい哉《かな》、甘んじて凡夫と作《な》って、(3)声色堆裡《しょうしきたいり》、膠粘《こうねん》の、手中に有るが如し。仏祖、看《み》るに忍びず、汝を控《ひ》いて(4)金圈栗蓬《こんけんりつほう》を弄せしむ。這裡《しゃり》に蹈翻《とうほん》し去って、無修的を証せ。

(1)瞿曇＝釈迦族の姓で世尊を言う。／(2)明皓皓白的的＝〈本来清浄で明々白々〉。／(3)声色堆裡、如膠粘有手中＝〈俗塵の中に張りつけられている〉。「膠粘」は、【七—二二】注(4)を参照。／(4)金圏栗蓬＝【七—五】注(3)を参照。

*

【七—二七】

示妙禪人。

念念無常、如就屠舎羊。歩歩茲逼。徒甘聲色、不計出期。殊入空門、袈裟纏身、金錫在手。痛顧則何頼他指南。二時粥飯之外、不雑用身心、孜孜矻矻地、自然如雲開看月。

＊

妙禅人に示す。

(1)念念無常、屠舎《としや》に就《つ》く羊の如し。歩歩、茲《ここ》に逼《せま》る。徒《いたずら》に声色に甘んじて、出期《しゆつご》を許らず。殊に(2)空門に入り、袈裟、身に纏《まと》い、(3)金錫《こんしやく》、手に在り。痛く顧《かえり》みるときは、則ち何ぞ他の指南に頼らん。(4)二時粥飯《しゆくはん》の外《ほか》、雑に身心を用いず、(5)孜孜矻矻《ししこつこつち》地ならば、自然《じねん》に(6)雲開いて月を看《み》るが如くならん。

＊

(1)念念無常、如就屠舎羊＝〈いつも死に瀕していて、いつ死ぬか分からないことは、屠殺場に連れて行かれた羊のようなものだ〉。「念念無常」は、『少室六門』第五門悟性論に「此の業報の身は、念念無常にして、一定の法無し」。『臨済録』示衆に「光陰、惜しむ可《べ》し、念念無常なり」。下の語は、「屠所の羊」の譬喩。北本『涅槃経』巻三十八（南本は巻三十四）に「（寿命は）念念損減して、増長有ること無し。……牛羊を牽《ひ》いて屠所に詣《いた》るが如し」と。／(2)空門＝仏門。仏教は、空の教えを根本とするからかく言う。／(3)金錫＝錫杖の美称。／(4)二時粥飯之外、不雑用身心＝〈朝の粥と昼の飯の時以外は、雑念を用いない〉。趙州の上堂語に基づく。「老僧、行脚の時、二時の粥飯を除き、（二時の粥飯は）是れ雑に心力を用うる処なり、余外《よげ》、更に別に心を用うる処無かりき。若し此の如《かく》くならずんば、出家は大遠在《たいおんざい》ならん（遠くして遠し）」（『趙州録』巻上）。／(5)孜孜矻矻地＝勤勉不懈のさま。／(6)雲開看月＝ここでは、大悟する譬喩。「薬山笑声」と呼ばれる話頭を踏まえる。『五灯会元』巻五・薬山惟儼章を参照。

【七―二八】

示閑禪人。

剃髮染衣、不爲他事。己躬下之大事、須著精彩。朝來剛健人、晩間成一撮灰。臨命終時悔何及。剛健時可勤修。非啻今日迷倒。寒熱獄中、誰救你耶。若爲虚誕墮獄、法寶傳來、何及三千年。實謂無佛無衆生、爲汝以四支作床座供養了。唯勿自欺。

＊

閑禅人に示す。

剃髪染衣《ていはつぜんえ》は、他事の為ならず。己躬下《こきゅうか》の大事、須《すべか》らく精彩《せいさい》を著《つ》くべし。(1)朝来剛健の人、晩間には一撮《いっさつ》の灰と成る。臨命終《りんみょうじゅう》の時、悔ゆとも何ぞ及ばん。剛健の時、勤修《ごんしゅ》す可《べ》し。啻《ただ》に今日迷倒するのみに非ず。寒熱獄中、誰か你《なんじ》を救わんや。若し堕獄《だごく》を(2)虚誕《きょたん》と為《せ》ば、法宝伝来、何ぞ三千年に及ばん。(3)実に仏も無く衆生も無しと謂《おも》わば、汝が為に(4)四支を以て床座と作《な》って供養し了《お》わらん。唯《ただ》自《みずか》ら欺《あざむ》くこと勿《な》かれ。

＊

(1)朝来剛健人、晩間成一撮灰＝〈朝方まで剛健であった人が、夕刻には、ひとつまみの死灰になる〉。／(2)虚誕＝そらごと、でたらめ。／(3)実謂無仏無衆生＝〈仏と衆生とが一如だと真実さとれば〉。【一〇―九三】の本文と注記を参照。／(4)四支＝両手両足。

【八】

序記

【八―一】

題遠州深奥山方廣寺開山無文和尚語録。

享保丁未初夏、余自關東歩而回舊居。路經方廣禪寺、拜無文選和尚高蹤。及投宿於龍潭、和尚話及方廣事蹟、出示選和尚語録一弓。余力請雕板流通。方廣末流陽舜座元、喜余旁贊、需書一語。不顧闇短漫題云。

提無文字正印、坐斷深奥山。偈頌及法語、一文文一句句、不論心性、發揮正印。惜哉、全録罹兵燹。具眼禪流、嘗一臠知全鼎者乎。

＊

(1)遠州深奥山方広寺開山無文和尚語録に題す。

(2)享保丁未《ひのとひつじ》の初夏、余、関東より歩して旧居に回《かえ》る。路、方広禅寺を経て、無文選和尚の高《こう》蹤《しょう》を拝す。宿を(3)龍潭に投ずるに及び、和尚、話して方広の事蹟に及び、『選和尚語録』(4)一《いっ》弓《しゅう》を出だし示す。余、力《つと》めて板に雕《きざ》んで流通《るづう》せんことを請う。方広の末流(5)陽舜座元、余が(6)旁賛《ぼうさん》を喜び、一語を書すことを需《もと》む。(7)闇短《あんたん》を顧みず、漫《みだ》りに題すと云う。

(8)無文字の正印を提《ひっさ》げ、深奥山を坐断す。偈頌及び法語、一文文一句句、心性を論ぜず、正印を発揮す。惜しい哉《かな》、全録、兵燹《へいせん》に罹《かか》る。具眼の禅流《ぜんる》、[9]一臠《いちれん》を嘗《な》めて全鼎《ぜんてい》を知らん者か。

＊

(1)遠州深奥山方広寺開山無文和尚語録＝深奥山方広寺（静岡県浜松市北区引佐町奥山）の開山、無文元選の『語録』。その『語録』は、古月のこの序を得て、翌年の享保十三年に刊行された。／(2)享保丁未初夏……拝無文選和尚高蹤＝この時の礼塔の偈頌が、【三四二】に載る。／(3)龍潭＝万松山龍潭寺（妙心寺派。静岡県浜松市北区引佐町井伊谷）。当時の住持は、第九代の祖山法忍（一六七二～一七四〇）か、その法嗣の第十代独叟法達（一六九二～一七七六）。共に、『続禅林僧宝伝』第一輯・巻之上【一七二】。／(4)一弓＝一巻。「弓」は、巻の古字。／(5)陽舜座元＝陽舜祖秀。龍潭寺の祖山法忍の俗弟。愛知県新城市鳳来町にある天徳山淵龍寺（方広寺派）に出家し、正徳五年（一七一五）、その席を嗣ぐ。後、駿河の菩提樹院の頂門禅亜に参じ、白隠の同参となる。祖山の印可を得て、淵龍寺に法を開く。享保十八年（一七三三）、方広寺に視篆。寛保三年（一七四三）十二月二十七日示寂。世寿五十。白隠は、その頂相に賛した。『続禅林僧宝伝』第一輯・巻之中【一七七】。「方広、故と『開山無文録』有り。本山屢《しば》しば舞馬《ぶば》の変（火災）に罹《かか》り、逸失して伝わらず。且つ其の行状も亦た舛差《せんさ》頗《すこぶ》る多し。師、之れを憂うること久し。偶《たま》たま語録の秘冊を龍潭に獲《え》たり。更に行状を刪定《さんてい》して、江湖鉅匠の勘検を得、再鐫《さいせん》して世に行なう」（『続禅林僧宝伝』陽舜祖秀伝）。／(6)旁賛＝そばからほめる。／(7)闇短＝愚にして足らないこと。／(8)無文字正印＝無文印に同じ。文字のない印鑑。無相の心法の譬喩。「元初、達磨、一箇の無文の印子を将《もっ》て二祖に伝う。二祖、一糸毫も動ぜずして三祖に伝う」（『大慧普説』巻二「告香普説」）。／(9)嘗一臠知全鼎＝「一臠の肉を嘗めて、一鑊《いっかく》の味を知る」（『淮南子』説山訓）。一切れの肉を食べて、鍋全部の味を知る。一部分を以て全部を知る喩え。

【八―二】

大坂大仙寺開山龍嵓和尚語録序。

祖師初來之題目、稱不立文字。向上巴鼻、非教迹所詮也。然非文字則不能載道傳不朽也。故腰篾之師、長句金聲、短歌玉振。是文字而非文字。苟泥言句、滅胡種族者也。攝之浪華大仙開山龍嵓和尚語録有若干卷。六代的骨孫曇秀快公、芟繁爲一册。歸鄉之日、扣余弊廬、丐書卷端。快公者、有吾山落卯之因由。於是乎書。

＊

(1)大坂大仙寺開山龍巌和尚語録の序。

祖師初来の題目、不立文字と称す。(2)向上の巴鼻《はび》、(3)教迹《きょうじゃく》の詮する所に非ざるなり。(4)然《しか》れども、文字に非ざれば、則ち道《どう》を載《の》せて不朽《ふきゅう》に伝うること能《あた》わざるなり。故に(5)腰篾《ようべつ》の師、(6)長句金声、短歌玉振す。是れ文字にして文字に非ず。苟《いやしく》も言句に泥《なず》めば、(7)胡種族《こしゅぞく》を滅する者なり。摂の浪華大仙開山龍巌和尚の語録、若干巻有り。六代の(8)的骨孫《てきこつそん》(9)曇秀快公、繁《はん》を芟《のぞ》いて一冊と為《な》す。(10)帰郷の日、余が弊廬《へいろ》を扣《たた》き、(11)巻端《かんたん》に書せんことを丐《こ》う。快公は、(12)吾が山落卯《らくかん》の因由有り。(13)是《ここ》に於いてか書す。

＊

(1)大坂大仙寺開山龍巌和尚語録＝南金山大仙寺（大阪市中央区谷町）の開山、龍巌瑞顗の『語録』。その『語録』は、某書店に於いて発見された筆写本語録二巻を写真版とし、昭和三十九年、大仙寺より、『龍岩録』と題して刊行されているが、その筆写本には、古月の序は載せない。龍巌和尚は、永禄九年（一五六六）生。慶長十五年（一六一〇）、妙心寺に初住。寛永二年（一六二五）、再住（九十六世）。寛永十三年（一六三六）六月二十日示寂。世寿七十七、法臘六十三。大照智鑑禅師。生没年と世寿とが合わないが、その「略実」（『龍岩録』付）のままに記した。／(2)向上巴鼻＝〈一つ上を行く禅僧たちの為人手段〉。『碧巌録』普照序に「雪竇禅師……、衲僧向上の巴鼻を頌出す。銀山鉄壁、孰《たれ》か敢えて鑚研せん」。『偃渓広聞語録』巻下「示暉書記」法語に「師家に若し向上の巴鼻無くんば、何を以てか其の参学の邪を験せん」。「巴鼻」の意は定かにしないが、その義の一は、来由・根拠。大悟に基づくすぐれたはたらきということを、「巴鼻」の二字で表わしたものか。／(3)教迹＝仏が説いた教えのあと。ここでは、それを研究する教家のこと。／(4)然非文字則不能載道伝不朽也＝『碧巌録』十二則本則評唱に「言語は只だ是れ載道《さいどう》の器なり」とあり、これは言語を否定するものだが、ここは、「文は載道の所以《ゆえん》」（『通書』文辞章）の意で、道は文章を借りて後世に伝えられるという意。／(5)腰篾之師＝〈粗末な竹の皮を腰紐にしている禅僧〉。薬山惟儼の故事による。『五灯会元』巻五を参照。「篾」は、割いて柔らかくした紐状の竹皮。／(6)長句金声、短歌玉振＝「金声」「玉振」は、四字で熟し、すぐれた詩文を形容する成句。この成句は、もと孔子の集大成を讃美した語。「金」は鐘で、奏楽の始まりに鳴らし、「玉」は磬で、奏楽の終わりに鳴らす。始めと終わりとを全うし、智徳の全備している喩え。「孔子は集大成と謂うべし。集大成とは、金声して玉振することなり。金声とは条理を始むること、玉振とは条理を終うることにして、条理を始むるは智の事、条理を終うるは聖の事なり」（『孟子』万章章句下）。／(7)滅胡種族＝〈仏祖の法を滅ぼす〉。「若し一一情解《じょうげ》を作《な》さば、尽大地、是れ胡種族を滅する底の漢ならん」（『碧巌録』七則本則評唱）。『祖庭事苑』巻一【滅胡種】に「西竺を称して胡と為すこと、秦晋より沿襲し来たって卒《つい》に変革し難し。

故に仏を名づけて老胡と為し、経を胡語と為し、祖を碧眼胡と為し、其の後に裔する者を胡種と為すこと有り」と。／(8)的骨孫＝嫡骨孫とも書き、正的（正嫡）骨肉の子孫。すなわち、正統嫡流の子孫ということ。／(9)曇秀快公＝曇秀智快。日向の人で、大光寺で剃髪得度した。大仙寺の第六代。『続禅林僧宝伝』第一輯・巻之上【一六九】に立伝。そこに「師、博学宏辞、嘗《かつ》て大仙開山龍巌和尚の語録を修整して一冊と為《な》し、古月に請うて之れが序を譔《せん》せしむ」とある。／(10)帰郷之日＝大光寺の古月会下から去る日。／(11)巻端＝巻首、巻頭。／(12)吾山落丱＝〈大光寺で剃髪した〉。「丱」は、あげまき。／(13)於是乎書＝そのような次第で書き記したという意の成句。

【八－三】

書寫大般若記。

予曾遊紀南之日、寓牟婁郡海藏寺久矣。現住趙岩禪師、退隱桃源禪師、師資辱殊遇。因僑居秋津村光明寺。江湖之友富峰禪師、住同郡普大寺。禪暇策錫往來路熟。郡有慧空者、繕寫大般若經、閱二十寒暑、功已潰《トゲヌ》矣。有司等爭請所不已。鬮拈定之、井澗氏得之。就普大寺之北八（ヤカミ）上社、構般若臺安厝。有司等請予及同伴之寂禪人於普大寺校勘之。寶永元甲申雨安居之中、遂潰于其成。予於是諦信般若甚深之旨、不堪感喜之至、暗發書寫之願。散場之日、有司等設大會齋、儀軌濟濟焉。同年九月、應師兄英山之命歸山。以如上殊勝之事、普告同志之善信男女等。一日、田村氏宗然居士、相携海田氏甚右衛門曰、海田氏發書寫大般若願。丐管領給帋筆。予讃嘆諾之。以謂《ヲモヘラク》、夙志正成之秋《トキ》也。相尋田代快然菴主來拜曰、池田杢左衛門友隆立誓欲書寫大般若六百軸。予諦曰、一善男子同志戮力厥功尤速乎。有四句半行之助。亦可贊許也。共成大功。實法門之盛事也。即拜貸照本於宮崎郡伊満福寺。二子歡喜就權輿。實寶永七寅八月二日也。然六百軸之帋料、不耐衣盂之餘力。平原氏了圓居士、捨淨財爲帋料。且見聞隨喜給若干軸之料。參徒但馬州絲井莊光福寺天瑞座元徒、手裁經帋晨夜展力。而助筆之輩至三十人。筑之前州慧隆、奥州慧明等對閲校讎。壬辰之春、謄寫過半也。偶海衆一百餘員來同半檐。禪餘拜寫而擲筆於六百軸、各自校閲了。右松之市清水又兵衛、家之長大深五兵衛作經函藏經袠。同年七月二日、供伊蒲於海衆祝圓成。丹波州天寧寺徒妙果閲藏之次、讎于藏本重訂正。於戲、諸天推轂轉法輪者乎。此經所存如佛塔廟之言不誣者也。書寫受持之功難枚擧。仰冀、國家安泰、風雨順調、幹事之緇素與法界之群品、發無礙清淨惠、同登眞空無生之域。禪材不耻不文、記始末貽將來者也。

正徳三竜輯癸巳五月十六日記。

*

書写大般若記。

(1)予、曾て紀南に遊ぶの日、牟婁郡《むろぐん》(2)海蔵寺に寓すること久し。現住(3)趙岩禅師、退隠(4)桃源禅師、師資、殊遇を辱《かたじけ》のうす。因って秋津村の(5)光明寺に僑居《きょうきょ》す。江湖の友、(6)富峰禅師、同郡の普大寺に住す。禅暇、錫《しゃく》を策《つえつ》いて、往来、路《みち》熟す。郡に(7)慧空という者有り、大般若経を繕写し、二十寒暑を閲《けみ》し、功、已《すで》に潰《と》げぬ。有司等、(8)請所《うけしょ》を争って已《や》まず。(9)鬮拈《きゅうねん》して之れを定むれば、井澗氏《いたに》、之れを得たり。普大寺の北、八上《やかみ》の社に就《つ》いて、般若台を構えて安厝《あんそ》す。有司等、予、及び同伴の(10)寂禅人を普大寺に請して之れを校勘せしむ。宝永元甲申《きのえさる》（一七〇四）、雨安居の中、遂に其の成ることを濆《と》ぐ。予、是《ここ》に於いて般若甚深《じんじん》の旨を諦信し、感喜の至りに堪えず、暗に書写の願を発《おこ》す。散場の日、有司等、大会斎を設け、儀軌済済たり。同年九月、師[11]兄英山《すひん》の命に応じて山に帰る。如上の殊勝の事を以て、普《あまね》く同志の善信男女等に告ぐ。一日、田村氏宗然居士、海田氏甚右衛門を相携《あいたずさ》えて曰く、「海田氏、書写大般若の願を発《おこ》す。丐《こ》う、管領して紙筆を給え」と。予、讃嘆《さんだん》して之れを諾《うべな》う。以謂《おもえら》く、「夙志《しゆくし》、正に成るの秋《とき》なり」と。相尋《あいつ》いで田代快然庵主、来たり拝して曰く、「池田杢左衛門友隆、誓いを立て、大般若六百軸を書写せんと欲す」と。予、誶《つ》げて曰く、「二善男子、志を同じうし力を戮《あ》わせば、厥《そ》の功、尤《もっと》も速《すみ》やかならんか」と。[12]四句半行の助け有り。亦た賛許す可《べ》きなり。共に大功を成す。実に法門の盛事なり。即ち照本を宮崎郡[13]伊満福寺《いまふくじ》に拝貸す。二子、歓喜して[14]権輿《けんよ》に就く。実に宝永七寅《とら》（一七一〇）八月二日なり。然《しか》れども六百軸の紙料、[15]衣盂《えう》の余力に耐えず。平原氏了円居士、浄財を捨てて紙料と為《な》す。且つ見聞随喜して若干軸の料を給う。参徒の但馬州糸井荘[16]光福寺の[17]天瑞座元の徒、手ずから経紙を裁して、晨夜に力を展《つ》くす。而して助筆の輩、三十人に至る。筑の前州の慧隆、奥州の慧明等、対閲校讎す。壬辰《みずのえたつ》（正徳二年／一七一二）の春、謄写、半ばを過ぐ。偶《たま》たま海衆一百余員来たって半檐《はんえん》を同じうす。禅余に拝写して筆を六百軸に擲《なげう》ち、各自校閲し了《お》わる。右松之市《みぎまつのいち》の清水又兵衛、家の長の大深五兵衛、経函を作って経袠《きょうちつ》を蔵《おさ》む。同年七月二日、[18]伊蒲《いぶ》を海衆に供して円成を祝す。丹波州[19]天寧寺の徒妙果、閲蔵の次《つい》で、蔵本に讎《くらべただ》して重ねて訂正す。於戯《ああ》、諸天、[20]轂《こしき》を推《お》して法輪を転ずる者か。[21]此の経の存する所は仏塔廟《ぶつとうびょう》の如きの言、誣《し》いざる者なり。書写受持の功、枚挙し難し。仰ぎ冀《こいねが》わくは、国家安泰、風雨順調、幹事の緇素《しそ》と法界の群品《ぐんぽん》と、無礙《むげ》清浄《しょうじょう》の恵を発し、同じく真空無生の域に登らんことを。禅材、不文を耻じず、始末を記して将来に貽《のこ》す者なり。

正徳三龍輯《りょうしゅう》癸巳《みずのとみ》五月十六日、記す。

＊

(1)予曾遊紀南之日……＝元禄十六年（一七〇三）、古月、三十七歳のこと。「紀州禅林寺の柏大洞、『碧巌集』を評唱す。二月、師、千里を遠しとせず、往きて衆に入る。清衆七百余員。師、上首為《た》り。夏終《げ》わり、同州牟婁郡《むろぐん》の海蔵寺に寓し、偶《たま》たま、他の『大般若経』六百巻を書写し、功、既に潰《と》ぐるを見る。是《ここ》に於いて深く般若甚深《じんじん》の旨を諦信し、自ら書写の願を発《おこ》す」（『伝記』）。／(2)海蔵寺＝慈航山。和歌山県田辺市南新町。慶長十年（一六〇五）開創。天叔和尚が開基し、大秀宗智を勧請開山とする。／(3)趙岩禅師＝趙巌智弘。海蔵寺第五世。元禄二年（一六八九）四月、前堂転位。／(4)桃源禅師＝桃源長茂。海蔵寺第四世。寛文十二年（一六七二）八月、前堂転位。寛文七年（一六六七）、和歌山県西牟婁郡上富田町の龍雲山普大寺を中興。宝永六年（一七〇九）七月二十八日遷化。世寿七十四。／(5)光明寺＝玉宝山。西牟婁郡白浜町。／(6)富峰禅師＝富峰慧屋。普大寺の第二世。宝永八年（一七一一）三月、前堂転位。享保十一年（一七二六）九月二十八日遷化。世寿不詳。／(7)慧空＝筆岸慧空。上富田町朝来《あっそ》の農夫で、俗名は笠松宗右衛門。貞享元年（一六八四）から元禄十六年（一七〇三）にかけて、『大般若経』六百巻を書写した。正徳三年（一七一三）十月十四日死去。世寿七十一。この『大般若経』は、普大寺に現存。普大寺の歴史や、この大般若経書写の経緯などについては、普大寺発行『普大寺つれづれ』（平成二十七年）に詳しい。／(8)請所＝「うけどころ」とも読む。中世の荘園制度の用語だが、ここでは、書写し終わった『大般若経』の取扱責任者ほどの意味。／(9)鬮拈＝選択の判断が困難な時に、くじ引きで決すること。「鬮」は、くじ。／(10)寂禅人＝定山寂而。豊後大分郡の人。十三歳、同州吉祥寺の単堂に投じて出家。臼杵多福寺の大機祖全に依止。古月などと行脚を共にし、享保三年（一七一八）、大洞山光福寺（千葉県佐原市寺内）の源水是一から請われ、その法席を嗣いで入山。元文元年（一七三六）七月四日示寂。世寿六十一。法嗣の玉洲祖億が撰した編年体行状記「定山寂而禅師年譜」がある。『続禅林僧宝伝』第一輯・巻之上【一六七】に立伝。／(11)師兄英山＝英山禅哲。一道禅棟（古月の本師）の法嗣として元禄九年（一六九六）七月、前堂転位。大光寺第四十一世。宝永四年（一七〇七）十一月十六日示寂。世寿不詳。／(12)四句半行之助＝四句や半行を書写するいささかの手助け。／(13)伊満福寺＝池上山。真言宗智山派。宮崎市古城町門前。推古天皇の勅願により聖徳太子が開基、百済国日羅上人が開山。／(14)権輿＝物のはじめ。衡（はかり）を造るには権（おもり）から始め、車を造るには輿（こし）から始めるから言う。／(15)衣盂之余力＝古月が持っている個人的な金銭。ここでの「衣盂（衣鉢）」は、僧侶が持つ金銭等の隠語。／(16)光福寺＝法輪山。兵庫県朝来市和田山町。／(17)天瑞座元＝天瑞祖鑑。光福寺第三世。元禄七年（一六九四）六月、前堂転位。／(18)伊蒲＝伊蒲塞の略。伊蒲塞は、五戒を受けた優婆塞の転音であるが、三宝に親近することから清浄の意となり、清浄なる供え物の意に用いる。ここでは、精進料理のこと。／(19)天寧寺＝紫金山。京都府福知山市字大呂。創建は貞治四年（一三六五）、愚中周及を開山始祖とする。寛永十三年（一六三六）、妙心寺派の万休慧重が入寺し、以来、妙心寺派に属す。／(20)推轂＝轂《こしき》（車輪の軸受け部分）を推して車を進めること。転じて推挙や助成の意に用いる。／(21)此経所存如仏塔廟之言＝『仏説遍照般若波羅蜜経』に「彼人持経之処、如仏塔廟」と見える。

【八―四】

本寺請藏記。

佛之爲徳也、巍巍乎、蕩蕩乎、無能名者也矣。玉毫光撫群品、金口演宣四辨。鹿苑初唱、提河終談、窟内窟外、同集桹葉。法寶之光耀、重破三界之昏闇。千歳之後、流傳東漢、普欽無爲徳庇。扶桑國丁欽明之聖世、百濟國始貢獻三寶、王臣士庶歸崇亞《ツケリ》支竺。然求大藏於支那、恰似三藏師經身毒也。時哉、肥之後州沙門鐵眼禪師、普募檀信藏版就緒。懿勛不在玄奘義淨之下者乎。爾來、或一人請全藏、或衆人同志請六十餘州拜請頗遍矣。予曾觀光東都日、聞了應〔翁〕法印請二十一藏、安厝台密禪三宗之靈蹤。感激而謂、忝廁空門奉仕佛祖、身乏道貧、無請一藏之盂餘、痛恨夙業。況日州之域、天神地祇垂跡之濫觴、古佛列祖應化之靈場也。盛典儘《マヽ》多、獨闕此擧。夙夜挾懷京京焉。默祈竜天、暗告檀信。於是寶永七庚寅十一月廿九日、日高氏兵次郎、介于參徒但州頑禪人曰、老母妙句尼追薦亡夫行嚴祐徳居士、發請藏之弘願。故齎黄金四十四兩來。冀爲地乎。予歡抃驚嘆曰、償宿志時至。欽鳴謝。維徳不孤乎。平原氏了圓捨白金二百五十兩。相尋盲僧鏡學院籾木氏井上氏金丸氏等、隨喜都得黄金一百餘兩。或一卷二卷三四五卷、乃至、一十二十三四五十卷之施料數多也。各單録于左。穗北郷右松市清水氏又兵衞、聞件件殊勝之事、介于日高氏了清、丐作經函。所謂、見義勇爲者乎。募求椅桐函子六十箇不日成。飾以赤金、開闔備鑰子、謀除雨濕蠹魚之害。其志確實也。經函之功、相半於請藏者也。因緣會遇茲就緒。伏願、諸天擁護、萬靈同讚、天下昇平、歳時豐饒、大檀那、玉葉繁衍、福壽增長、山門鎮靜、法輪常轉、施一錢預一事隨喜見聞之輩、消除夙習、深發本眞、上報四恩、下資三有云。

正徳三癸巳五月十六日記。

＊

(1)本寺請蔵記。

仏の徳為《た》るや、(2)巍巍乎《ぎぎこ》たり、蕩蕩乎《とうとうこ》たり、能《よ》く名づくること無き者なり。玉毫、群品《ぐんぼん》を光撫し、金口、(3)四弁を演宣す。(4)鹿苑《ろくおん》の初唱、提河《だいが》の終談、窟内窟外、同じく根葉《ばいよう》に集む。法宝の光耀《こうよう》、重ねて三界の昏闇を破す。千歳の後、東漢に流伝《るでん》し、普《あまね》く無為の徳庇《とくひ》を欽む。扶桑国、欽明の聖世に丁《あ》たって、百済国、始めて三宝を貢献し、王臣士庶、帰崇《きそう》して支竺に亜《つ》げり。然《しか》れども大蔵を支那に求むること、恰《あた》か三蔵師の身毒（インド）を経るに似たり。時なる哉《かな》、肥の後州の沙門(5)鉄眼禅師、普《あまね》く檀信に募り、蔵版、緒に就《つ》く。(6)懿勲《いくん》、(7)玄奘(8)義浄の下に在らざる者か。爾来、或いは一人、全蔵を請し、或いは衆人、志を同じうして六十余州に請し、拝請、頗《すこぶ》る遍《あまね》し。(9)予、曾て東都に観光する日、(10)了翁法印の、二十一蔵を請し、台密禅三宗の霊蹤に安厝《あんそ》することを聞く。感激して謂《おも》えらく、「忝《かたじけ》なくも(11)空門に廁《まじ》わって仏祖に奉仕す、身乏しく道貧にして、一蔵を請するの(12)盂余《うよ》無く、痛く夙業《しゅくごう》を恨む。況《いわ》んや日州の域は、天神地祇、垂跡《すいじゃく》の濫觴《らんしょう》、古仏列祖、応化の霊場なり。盛典儘《まま》多し、独《た》だ此の挙を闕《か》く」と。夙夜、(13)懐に挟んで京京たり。黙して龍天に祈り、暗に檀信に告ぐ。是《ここ》に於いて宝永七庚寅《かのえとら》（一七一〇）十一月廿九日、日高氏兵次郎、参徒の但州の頑禅人に介して曰く、「老母妙句尼、亡夫行厳祐徳居士を追薦《ついせん》し、請蔵の弘願を発《おこ》す。故に黄金四十四両を齎《もたら》し来たる。(14)冀《こいねが》わくは、地と為《な》さんか」と。予、(15)歓抃《かんべん》驚嘆して曰く、「宿志を償《つぐな》うの時至れり」と。欽《つつし》んで鳴謝す。(16)維《こ》れ徳は孤《こ》ならざるか。平原氏了円、白金二百五十両を捨つ。相尋《あいつ》いで盲僧鏡学院・籾木氏・井上氏・金丸氏等、随喜して都《すべ》て黄金一百余両を得たり。或いは、一巻二巻三四五巻、乃至《ないし》、一十二十三四五十巻の施料、数多《あまた》なり。各単、左に録す。穂北郷右松市《みぎまつのいち》の清水氏又兵衛、件件殊勝の事を聞き、日高氏了清に介して、経函を作らんことを丐《こ》う。所謂《いわゆ》る、(17)義を見て為《な》すに勇《いさ》む者か。椅桐《いいぎり》を募り求め、函子六十箇、日ならずして成る。飾るに赤金を以てして、開《かい》闔《こう》に鑰子《やくし》（カギ）を備え、雨湿蠹魚《とぎょ》（シミ）の害を除くことを謀《はか》る。其の志、確実なり。経函の功、請蔵に相半《あいなか》ばする者なり。因縁会遇《えぐう》して茲《ここ》に緒に就《つ》く。伏して願わくは、諸天擁護、万霊同讃、天下昇平、歳時豊饒、大檀那、玉葉繁衍、福寿増長、山門鎮静、法輪常転、一銭を施し一事に預《あず》かる随喜見聞の輩、夙習を消除し、深く本真を発し、上《かみ》、四恩に報い、下《しも》、三有《さんぬ》を資《たす》けんことをと云う。

正徳三 癸巳《みずのとみ》（一七一三）五月十六日、記す。

*

(1)本寺請蔵記＝大光寺に大蔵経が整備されることになった経緯を記す。【六―二】の「慶讃請蔵円成普説」は、その円成を慶讃する説法。／(2)巍巍乎、蕩蕩乎、無能名者也矣＝〈高大で、広遠で、誰も名付けることの出来ないものである〉。『論語』泰伯第八の「大なる哉、堯の君為《きみた》るや。巍巍乎として、唯《た》だ天を大なりと為《な》す。唯だ堯、之れに則《のっと》る。蕩蕩乎として、民、能《よ》く名づくる無し」に基づく。／(3)四弁＝四無礙弁の略。仏菩薩が有する四無礙智から発せられる弁説。一切の名字に通達無礙な法無礙弁。一切の法の義理に通達無礙な義無礙弁。一切の言辞に通達無礙な辞無礙弁。説法に通達無礙な楽説無礙弁。「四弁八音」と熟し、如来の演説法を言う。／(4)鹿苑初唱、提河終談、窟内窟外、同集根葉＝〈一切の仏説が編集された〉。「鹿苑初唱」は、鹿野苑《ろくやおん》での初転法輪。「提河終談」は、跋提河《ばつだいが》で入滅される際の最後の説法。「窟内窟外」は、窟内結集と窟外結集。釈尊の入滅後、王舎城外の七葉窟の内部で行なわれた第一結集を窟内結集と言い、これにもれた大衆が、窟外に結集したのを窟外結集と言う。結集は、仏典編纂会議のこと。「根葉（貝葉）」は、貝多羅葉の略。多羅樹（ヤシ科の常緑樹）の葉のこと。この葉は、鉄筆などで書き記すことが可能で、保存にも適することから、インドでは経文を写すのに用いた。転じて、経典・経文のことを言う。／(5)鉄眼禅師＝【六―二】注(31)を参照。／(6)懿勲＝懿《うる》わしい勲《てがら》。／(7)玄奘＝【六―二】注(27)を参照。／(8)義浄＝中国唐代の入竺僧。俗姓張氏、字は文明、斉州の人。幼にして出家、インド求法を志し、咸亨二年（六七一）広州を出発、海路インドに入って那爛陀《ならんだ》僧院にて学び、各地の仏跡を巡礼。滞在二十余年、南海諸国を経て証聖元年（六九五）に帰国。帰国後、仏典翻訳に従事し、その数は二百三十巻にのぼる。先天二年（七一三）寂。世寿七十九。『宋高僧伝』巻一。／(9)予曾観光東都日＝元禄六年（一六九三）、古月、二十七歳の時のことか。『行状』に「癸酉《みずのととり》（元禄六年）の春、辞して江都に遊び、牛込の済松に止泊す」とある。／(10)了翁法印＝了翁道覚。黄檗宗。高泉性潡の法嗣。出羽の人。十二歳、岩井の曹洞宗龍泉寺で出家。十四歳、平泉に中尊寺を訪れ、その荒廃を嘆き、寺院修復、経典収集の大願を起こした。隠元に参じ、日々参究したが病となり、療養中に〈錦袋円〉という売薬を発明し、大蔵経購入の費用に充て、天台・真言・禅の三宗の寺院に一切経七蔵ずつ計二十一蔵を納めた。了翁のこの活動は、仏教各派から賞讃され、生ける菩薩として仰がれた。宝永四年（一七〇七）五月十二日示寂。世寿七十八。／⑾空門＝仏門。仏教は、空の教えを根本とするからかく言う。／⑿盂余＝【八—三】の「衣盂之余力」。そこの注⒂を参照。／⒀挟懐京京＝憂心京京。「京京」は、憂いが去らないさま。／⒁冀為地乎＝〈お布施にしてもらえませんか〉。「為地」は、禅語の「黄金為地（黄金を地と為す）」の「為地」であるが、ここでは、禅語の意を離れて、「黄金」に意味がある。釈尊に帰依した須達《しゅだつ》長者が、釈尊に精舎用地を布施するために、祇陀《ぎだ》太子所有の園林を買い求めようとしたところ、祇陀太子から、「園林全域に金を敷き詰めれば売ってやろう」と言われ、須達長者は、条件どおり、その土地に金を敷き詰めて買い取り、祇樹給《ぎじゅぎっ》孤独園《こどくおん》（祇園）と名づけて釈尊に布施したという「長者布金」の故事を踏まえたものであろう。／⒂歓抃＝手を打ってよろこびおどる歓喜抃舞の略。／⒃維徳不孤乎＝『論語』里仁第四の「徳は孤ならず、必ず隣り有り」に基づく。有徳者は決して孤立するものではなく、人に隣人があるように、これに共鳴する人が出るということ。／⒄見義勇為＝『論語』為政第二の「義を見て為《な》さざるは勇《ゆう》無きなり」に基づく成句。

【八—五】

龍華院創建記。

大法之流通在法寳傳世。藏梵文於臂肉、留魯典於壁中。良有以哉。嗚呼、金口之所宣説、誰不戴仰哉。然時運有否泰。今之創建者、可謂、時運維至矣。非吾輩力所致也。抑有説。曰、當山開創之日、廣智國師與開山檀那田嶋氏聖山至台川八之偈及華簡手澤粲乎。偈之起句云、福祐増長阿逸多、甫開梵刹建龍華。華簡云、及至于佛滅二千年而建精舎、其地盡是古佛光明所印也。玆憑日高氏兵次郎之發軔、大藏法輪全轉、予願輪既止之。日高氏勵精進力、彫刻善惠大士并二童子之肖像、莊飾相好纖悉具備。加旃《シカノミナラス》、告報經藏。予謂、本山之締構過分不便將來。依之拒不諾。日高氏曰、鳩萬年不朽材營之經之。懇請不已。於此託幹事於兵次郎。令弟同氏長右衞門施入瓦直。金丸氏休右衞門彦右衞、出貨充礎石等及工匠之費用。副司慧忠展力、百工一志營繕之美光輝林巒。正徳五乙未五月八日促工、丙申之四月八日功竣。左右架經函、中央奉安大士之像、且安釋迦文佛迦葉阿難、及天滿天神之像。遠泝淵源、永祈護法。夫善慧大士者、丁蕭梁之治世、與嵩杜陀誌公之輩同風化、自稱當來。正補處之大士、阿逸多之化身也。華林園龍華樹下三會度生具見下生經。國師之偈中阿逸多龍華之文讖今之創建乎。因扁曰、龍華院。古佛光明之所印、豈容狐疑哉。自請藏之始至營建之終、無海路之難、無傷痕之失。四衆歸嚮化風、海徒仔肩土木、悉出于龍天之護衞開祖之徳庇。迦文之三百會儼然未散、至于阿逸多之三會必矣。仰冀、佛日增輝、常轉法輪、永鎭國家。茲記顚末、以垂永久云。

旹正徳六丙申初夏佛降誕日、本寺四十二代嗣祖沙門古月叟禪材敬書。

＊

(1)龍華院創建記。

大法の流通《るづう》は、法宝の、世に伝わるに在り。(2)梵文《ぼんもん》を臂肉《ひにく》に蔵《おさ》め、(3)魯典《ろてん》を壁中に留む。良《まこと》に以《ゆえ》有る哉《かな》。嗚呼《ああ》、金口《こんく》の宣説したまう所、誰か戴仰《たいごう》せざらんや。然《しか》れども時運に(4)否泰《ひたい》有り。今の創建は、謂《い》っつ可《べ》し、時運、維《こ》れ至れりと。吾輩の力《つと》めて致す所に非ざるなり。抑《そも》そも説有り。曰く、当山開創の日、(5)広智国師の、開山檀那(6)田嶋氏聖山至台に与《あた》うる(7)川八の偈、及び[8]華箇の手沢、粲乎《さんこ》たり。偈の起句に云く、「福祐増長の[9]阿逸多《あいつた》、甫《はじ》め梵刹を開いて龍華を建つ」と。華箇に云く、「仏滅二千年に至るに及んで精舎を建つ、其の地、尽《ことごと》く是れ古仏光明の印する所なり」と。茲《ここ》に日高氏兵次郎の発軔《はつじん》に憑《よ》り、大蔵の法輪全く転じ、予が願輪、既に止《や》みぬ。日高氏、精進力を励まして、[10]善恵《ぜんね》大士、并《なら》びに二童子の肖像を彫刻し、荘飾相好[11]繊悉《せんしつ》具《つぶさ》に備わる。加旃《しかのみならず》、経蔵を刱《はじ》むることを告ぐ。予謂《おも》えらく、「[12]本山の締構《ていこう》、分に過ぎ、将来に便あらず」と。依って拒《こば》んで諾《うべな》わず。日高氏曰く、「万年不朽の材を鳩《あつ》めて、[13]之れを営《えい》し之れを経《けい》せん」と。懇請して已《や》まず。此《ここ》に於いて幹事を兵次郎に託す。令弟の同氏長右衛門、瓦の直《あたい》を施入す。金丸氏休右衛門彦右衛、貨を出だして、礎石等、及び工匠の費用に充《あ》つ。副司《ふうす》の慧忠、力を展《つ》くし、百工、志を一にして営繕の美、林巒《りんらん》に光輝す。正徳五乙《きのと》未《ひつじ》（一七一五）五月八日、工を促し、丙申《ひのえさる》（正徳六年）の四月八日、功竣《お》わる。左右に経函を架け、中央に大士の像を奉安し、且つ釈迦文仏・迦葉・阿難、及び[14]天満天神の像を安ず。遠く淵源に泝《さかのぼ》り、永く護法を祈る。夫《そ》れ善慧大士は、蕭梁《しょうりょう》の治世に丁《あ》たって、[15]嵩杜陀《すうずだ》[16]誌公の輩と風《ふう》化《け》を同じうし、自ら当来と称す。正に補処《ふしょ》の大士、阿逸多の化身なり。[17]華林園《けりんおん》龍華樹下《りゅうげじゅげ》三《さん》会度生《ねどしょう》、具《つぶさ》に[18]『下生経』に見えたり。国師の偈中、阿逸多・龍華の文、今の創建を讖《しん》するか。因《よ》って扁して、「龍華院」と曰う。古仏光明の印する所、豈《あ》に狐疑《こぎ》を容《い》れんや。請蔵の始めより営建の終わりに至るまで、海路の難無く、傷瘕《しょうか》の失無し。四衆、化風に帰嚮《ききょう》し、海徒、土木に[19]仔肩《しけん》するは、悉《ことごと》く龍天の護衛、開祖の徳庇に出づ。[20]迦文の三百会、儼然として未だ散ぜず、阿逸多の三会に至らんこと必せり。仰ぎ冀《こいねが》わくは、仏日、輝きを増し、常に法輪を転じ、永く国家を鎮せんことを。茲《ここ》に顛末を記し、以て永久に垂れんと云う。

時、正徳六丙申《ひのえさる》の初夏、仏降誕の日、本寺四十二代嗣祖《しそ》沙門古月叟禅材、敬《つつし》んで書す。

＊

(1)龍華院＝大光寺の経蔵の名。／(2)蔵梵文於臂肉＝故事未詳。／(3)留魯典於壁中＝「伏生壁蔵《ふくせいへきぞう》」の故事。秦の始皇帝が焚書を行なった時、伏生（伏勝とも）は、百篇の尚書を壁の中に蔵した。／(4)否泰＝盛衰・順逆。易の卦で、否は否塞（閉じ塞がる）、泰は通泰（開き通じる）。／(5)広智国師＝乾峰士曇。東福寺十七世・南禅寺二十世・建長寺三十三世・円覚寺二十五世。大光寺開山、岳翁長甫の本師。康安元年（一三六一）十二月十一日示寂。世寿七十七。『延宝伝灯録』巻十二等。／(6)田嶋氏聖山至台＝田島祐聡《すけさと》。田島氏四代。建武二年（一三三五）、岳翁を請して大光寺を開創した。法名、聖山長至。「台」は、敬称。／(7)川八之偈＝次注に引用した文書の初めにある七言八句詩のこと。「川八」の語は、五山文学作品の中に多く見られ、その用例から、七言八句詩のことであることは分かるが語源は未詳。／(8)華簡＝「広智国師与田島氏書〔本書在法衣箱〕。福祐増長阿逸多、甫開梵刹建龍華。巨田高島鎮邦国、傑閣隆楼聳海涯。不比賢子纔挿草、由来須達即檀家。有功徳也無功徳、喚取岳翁参決他。伏承、田島大居士、留心於内典、抗志於禅関。延接方来衲子、権輿古聖伽藍。其丹悃之所達、誠以可尚之者也。及至仏滅二千年而建精舎、其地尽是古仏光明之所印也。自非親受霊山付嘱焉為大檀越者耶。爰請岳翁甫蔵主、以当開山住持。豈非夙世之縁、互稔成斯基業之也哉。唯願不渉有無功徳、探過宗猷目撃千里外而已。前東福乾峰曇少雲叟書」（大光寺文書「大光寺由来綴」）。／(9)阿逸多＝異説もあるが、一般的には、弥勒菩薩の別名として用いられる。／

⑽善恵大士＝【六―二】注㉘を参照。／⑾纖悉＝細かいところ。また、微細なところまで行きとどくこと。／⑿本山之締構過分不便将来＝〈この寺に経蔵を建造することは分不相応で、将来、不都合を生じよう〉。「締構」は、締《むす》び構《かま》える。建造すること。／⒀営之経之＝成語としては「経之営之」が正しい。経営すること。ここの経営は、家屋を建築する時、土地を測り土台を据えること。『詩経』大雅・霊台の「霊台を経始し、経之営之」に基づく。／⒁天満天神＝【九―五一】の本文を参照。／⒂嵩杜陀＝善慧大士の伝に「年十六にして、劉氏の女、妙光と名づくるものを納《い》れて、普建・普成の二子を生ず。二十四にして、里人と稽亭浦に魚を漉《さら》う。獲《と》り已《お》わるや、籠を水中に沈め、祝して曰く、『去《ゆ》く者は適《ゆ》け、止《とど》まる者は留まれ』と。人、或いは之れを愚と謂《おも》えり。会《たま》たま天竺の僧、嵩頭陀なるもの有り。曰く、『我れ、汝と毘婆尸仏《びばしぶつ》の所にて誓いを発《おこ》し、今、兜率宮に衣鉢見在《げんざい》せり。何《いず》れの日にか、当《は》た還るや』。命《めい》に因《よ》って水に臨んで影を観《み》れば、円光宝蓋を見る。大士、笑って之れに謂《い》いて曰く、『鑪鞴《ろはい》の所に鈍鉄多く、良医の門に病人足《た》れり。生《しょう》を度するを急と為す。何ぞ彼《かしこ》の楽を思わんや』。嵩、松山の頂きを指さして曰く、『此《ここ》に棲む可《べ》し』と。大士、躬《みずか》ら耕して之れに居る」（『五灯会元』巻二・善慧大士章）。嵩頭陀は、善慧大士の伝に登場するのみで人物不詳。／⒃誌公＝「梁の武帝、傅大士（善慧大士）を請して、『金剛経』を講ぜしむ。大士、便《すなわ》ち座上に於いて案を揮《う》つこと一下して、便ち下座す。武帝、愕然《がくぜん》たり。誌公問う、『陛下、還って会《え》すや』。帝云く、『会せず』。誌公云く、『大士、講経し竟《お》わんぬ』」（『碧巌録』六十七則「傅大士講経」）。誌公は、金陵の宝誌のこと。『碧巌録』一則「達磨廓然無聖」に登場する僧で、よく不思議を顕《あら》わし、予言を行なった異僧。「宝誌禅師。初め金陵東陽の民、朱氏の婦、上巳の日、児《こ》の、鷹の巣の中に啼くを聞き、樹に梯《はしご》して之れを得て、挙《あ》げて以て子と為《な》す」（『五灯会元』巻二）。／⒄華林園龍華樹下三会度生＝弥勒菩薩は、五十六億七千万年の後、兜

率天よりこの土に下生し、釈尊の説法にもれた一切の人天を済度するために三番の法会を行なうとされる。／(18)下生経＝詳名『仏説弥勒下生経』。／(19)仔肩＝『詩経』周頌・敬之に出る言葉で、克や任の義。／(20)迦文之三百会＝釈尊一代の説会。【六―一二】注(22)を参照。

【八―六】

跋龍松軒詩集。［代］

二南之詩、親被文王之化以成徳。而人皆有以得其性情之正。然則詩者不外于政也。宜哉。澁谷氏久上雅丈、有風月富詩句成堆。名曰竜松軒詩集。介石先生弄韓柳之筆冠巻端。予同辱列位執事之任。吐握之暇出示之。且有贅巻末之責。余素《モトヨリ》不文、庸詎塞責哉。然舊交之命、不得止而書。

＊

(1)龍松軒詩集に跋す。［代］

「(2)二南の詩、親しく文王の化《け》を被《こうむ》って以て徳を成す。而して人皆な以て其の性情の正しきを得ること有り」と。然れば則ち詩は、政《まつりごと》に外《ほか》ならず。宜《むべ》なる哉《かな》。(3)渋谷氏久上雅丈、風月の富有って、詩句、堆を成す。名づけて、『龍松軒詩集』と曰う。(4)介石先生、(5)韓柳《かんりゅう》の筆を弄して巻端に冠す。予、同じく列位執事の任を辱《かたじけ》のうす。(6)吐握《とあく》の暇《いとま》、出だして之れを示す。且つ(7)巻末に贅《ぜい》するの責《せめ》有り。余、素《もと》より不文、詎《なに》を庸《もっ》てか責《せめ》を塞《ふさ》がんや。然《しか》れども旧交の命、止むことを得ずして書す。

*

(1)跋龍松軒詩集。［代］＝「跋」は、跋文。あとがき。「代」は、誰かに代わってということ。【三九―三】に関連詩があるので参照。／(2)二南之詩……其性情之正＝朱熹の「詩集伝序」（『文集』巻七十六）の文。朱熹の文は、「二南之詩」を「惟周南召南」に作るが、それ以下は同じ。「二南之詩」は、『詩経』国風の「周南」と「召南」。「聖人の化を得る者、之れを周南と謂い、賢人の化を得る者、之れを召南と謂う」（鄭玄『周南召南譜』）。周は、文王の時、都を豊に遷し、故地、岐周の地を分けて、周公旦・召公奭の采邑となし、周公は、政を国中になし、召公は、諸侯に号令した。／(3)渋谷氏久上雅丈＝渋谷久上。佐土原藩寄合衆三百石。「雅丈」は、男子を敬って言う語。雅は正、丈は尊称。／(4)介石先生＝不詳。／(5)韓柳之筆＝名文の譬喩。「韓柳」は、唐の韓愈と柳宗元との併称。／(6)吐握之暇出示之＝〈渋谷氏が、政務の余暇、『龍松軒詩集』を見せられた〉。「吐握」は、「吐哺《とほ》握髪《あくはつ》」の略。来客があれば、食事中でも口中の食を吐いてこれを迎え、髪を洗っている時でも髪を握って出迎えること。『韓詩外伝』巻三の「成王、伯禽を魯に封ぜんとす。周公、之れを誡めて曰く、『……吾れ天下に於いて亦た軽んぜず。然も一沐三たび髪を握り、一飯三たび哺を吐く。猶お天下の士を失うを恐るるなり』」が典拠で、賢人を求める譬喩に用いられることが多いが、政務にたずさわる者が、人の意見を重んじて施政に心を砕くことにも言う。ここでは後者。／(7)贅巻末＝跋文を書く。「贅」は、贅言・贅語などの贅。謙辞。

【八―七】下平声一先韻

石寫法華妙典墖銘。

法華於《ヲケル》衆典、星中皓月、味中醍醐也。得實相於諸法、論中諦於空假。嗚呼偉哉。其徳不可備也。粤豊後州宇目郷瑞寶山長昌禪寺良泰首座、欲報本師恩庇、石寫法華妙典全部。曾相《ミル》安厝之攸。日應靈夢、感得土地神。事見記文。即八幡太神宮、愛宕大權現、水玉神也。鎭護大法、以報四恩資三有、夙志之瑞兆也。悉出於良泰首座平昔確實。茲埋石寫於土地神社、創立一基石浮圖、兼祈鎭護。遠告予求銘辭。予謂、法華者、三諦一諦也、一諦三諦也。土地者、三神一神也、一神三神也。諦云《トイ》、神云《トイ》、論千萬亦爾也。何願不滿、何恩不答哉。感至誠不拒就銘。

弘願石堅、寫斯眞詮。筆論三分、功布大千。豈酬師徳、以解倒懸。神靈茲敬、依蔭人天。看看。兎毫未點、七軸炳然。

享保四己亥稔結冬日銘。

*

石写法華妙典塔の銘。

(1)法華の衆典に於ける、星中の皓月、味中の醍醐なり。(2)実相を諸法に得《え》、(3)中諦を空仮《くうげ》に論ず。嗚呼《ああ》、偉なる哉《かな》。其の徳、備《つぶさ》にす可《べ》からざるなり。粤《ここ》において豊後州宇目郷(4)瑞宝山長昌禅寺の(5)良泰首座、本師の恩庇に報いんと欲して、法華妙典全部を石写す。曾て安厝《あんそ》の攸《ところ》を相《み》る。日に霊夢を応じ、土地神を感得す。事は記文に見ゆ。即ち八幡太神宮、愛宕大権現、水玉神なり。大法を鎮護し、以て四恩に報い、三有《さんぬ》を資《たす》くるの夙志の瑞兆なり。悉《ことごと》く良泰首座が平昔の確実に出づ。茲《ここ》に石写を土地神社に埋め、一基の(6)石浮図《せきふと》を創立し、兼ねて鎮護を祈る。遠く予に告げて銘辞を求む。予、謂《おも》えらく、「(7)法華は、三諦一諦なり、一諦三諦なり。土地は、三神一神なり、一神三神なり。諦と云い、神と云い、千万を論ずるも亦た爾《しか》り。何《いず》れの願か満たず、何《いず》れの恩にか答《むく》いざるや」と。至誠を感じ、拒《こば》まずして銘を就《な》す。弘願《ぐがん》、石のごとくに堅く、斯《こ》の真詮を写す。(8)筆、三分を論じ、功、大千に布《し》く。(9)豈《あ》に師徳に酬《むく》ゆるのみならんや、以て倒懸《とうけん》を解く。神霊、茲《ここ》に敬《つつし》み、人天を依蔭《えおん》す。看よ看よ。(10)兎《と》毫《ごう》、未だ点ぜざるに、七軸、炳然《へいぜん》たり。

享保四 己亥《つちのとい》の稔《とし》（一七一九）、(11)結冬の日に銘す。

＊

(1)法華於衆典……＝『法華経』は、古来、諸経中の王と称される。『法華経』薬王菩薩本事品に「此の経も亦《ま》復た是《かく》の如し。一切の諸もろの経法の中に於いて最も為《こ》れ第一なり。仏は為《こ》れ諸法の王なるが如く、此の経も亦《ま》復た是《かく》の如し。諸経の中の王なるなり」と。「星中皓月」も王を譬喩するもの。北本『涅槃経』巻二十（南本は巻十八）に「譬えば満月は衆星中の王の如し」と。／(2)得実相於諸法＝『法華経』は、諸法実相を説く。例えば序品に「諸法実相の義、已《すで》に汝等の為に説けり」と。／(3)論中諦於空仮＝『法華経』を根本経典とする天台宗が立てる三諦。諸事象の本体が本来空寂であることを「空諦」と言い、因縁によって生じて現に存在する諸事象を「仮諦」と言い、その二が、不二一如なることを「中諦」と言う。つまり、諸法実相ということ。／(4)瑞宝山長昌禅寺＝大分県佐伯市宇目重岡。／(5)良泰首座＝長昌寺の第五代、節山良泰。ただし、前堂転位は果たしていない。／(6)石浮図＝石塔婆のこと。「浮図」は、『祖庭事苑』巻四【浮図】に「梵語は仏陀。或いは浮図と云い、或いは部多と云い、或いは母駄、或いは没陀。皆な五天の語なり。今、並べ訳して覚と為す」と言う如く、本来はブッダの音訳だが、仏寺・仏塔・卒塔婆を指す。／(7)法華者、三諦一諦也、一諦三諦也＝注(3)を参照。／(8)筆論三分＝書聖王羲之《おうぎし》が、神様を祭る祝文を版木に書き、それを職人が刻《ほ》ろうとすると、羲之の筆先の三分が、版木に入っていたという故事。「王羲之……、晋帝の時、北郊に祭る。祝版を更《か》え、工人、之れを削るに、筆、木に入ること三分」（『書断』）。「入木三分」で、筆力の強いことを言う。禅録では、「羲之が筆画、石に入ること三分、李杜（李白と杜甫）が文章、光焔万丈」（『松源録』巻上）などと、「木」が「石」になることが多い。／(9)豈酬師徳、以解倒懸＝〈本師の恩徳に報いるのみではない、衆生を地獄の苦しみから解き放つ〉。「豈」は、一字でも「豈唯」の意で読むことがある。「倒懸」は、さかさづり。地獄の苦しみ。／(10)兎毫未点、七軸炳然＝〈一筆も置かない以前に、『法華経』はありありとしている〉。「兎毫」は、筆の異名。「七軸」は、『法華経』の異名。鳩摩羅什が訳出した七巻二十七品の『法華経』。現在の八巻二十八品は、七巻二十七品に、「観音普門品偈」（闍那崛多訳）、「提婆達多品」（法献訳）など、後の訳出を加えたもの。／(11)結冬日＝冬安居結制の日。通常は、十月十五日。

【九】

炷香偈　眞讃　自讃。

【九―一】

佛涅槃。

【九—一—①】上平声十三元韻

金棺忽蓋玉毫彩、蠢動蜎飛別恨昏。満地梅花春寂寞、猶看桃李鎖桃源。

*

(1)金棺《こんかん》、忽《たちま》ち蓋《おお》う、玉毫《ぎょくごう》の彩《ひかり》、蠢動蜎飛《しゅんどうえんぴ》、別恨昏《べっこんくら》し。(2)満地の梅花、春、寂寞《せきばく》、猶お看る、桃李《とうり》の、桃源を鎖《とざ》すことを。

*

(1)金棺忽蓋玉毫彩、蠢動蜎飛別恨昏＝〈金棺がたちまちに玉毫の光をおおいかくし、うごめき飛ぶ虫でさえ別れの恨みにくれている〉。「金棺」は、棺の美称。「玉毫彩」は、②偈の「玉毫光」に同意。仏の眉間にある白毫から放たれる光明。「彩」は、光の義。「蠢動蜎飛」は、うごめき飛ぶ虫。「蜎飛とは謂《いわ》く、微細の飛虫なり。蠕動とは謂《いわ》く、微細の蛆虫なり。此《かく》の若《ごと》き者すら仏尚《な》お化度す。況んや人に於いてをや」（『龍舒増広浄土文』巻二・浄土総要二）。／(2)満地梅花春寂寞、猶看桃李鎖桃源＝〈梅花は散り落ちて地に満ち、春はひっそりとしてもの寂しい、桃や李《すもも》は、桃源郷の入り口を閉ざして、まだその中から出て来ないのであろう〉。咲く花のない、二月十五日、涅槃会の景色。ここの「猶看」は、そこにないものを思い見るというような趣き。「桃源」は、陶淵明の「桃花源記」の物語に基づく。これは、秦の時の乱を避けて俗世を逃れ、桃花林中に身を隠した賢者たちの故事。その隠所を桃源郷、あるいは武陵桃源と言い、仙境、別世界の意として用いられる。

【九―一―②】下平声七陽韻

分明寫出涅槃會、縁飾重成挂法堂◎。後五劣孫轉兢戰、此間《ス》猶射玉毫光◎。［涅槃像表具装褙成］

＊

(1)分明に写し出だす、涅槃の会《え》、縁飾《えんしょく》、重ね成して、法堂に挂く。(2)後五《ごご》の劣孫《れっそん》、転《うた》た兢戦《きょうせん》す、此間《すかん》、猶お射す、玉毫の光。［涅槃像、表具装褙《そうはい》成る］

＊

(1)分明写出涅槃会、縁飾重成挂法堂＝〈仏涅槃の一会をありありと写し出したこの像、再び装飾を施して法堂に掲げる〉。底本注記を参照。「縁飾」は、外面を飾ること。この涅槃像は、大光寺に現存する涅槃図（『大光禅寺』図版12）か。／(2)後五劣孫転兢戦、此間猶射玉毫光＝〈ここになお輝いている玉毫の光を見て、末世の比丘も恐れ謹んでいる〉。「後五」は、如来滅後、五期の五百年（五五百年）の第五の五百年。互いに自説に固執して、相争う闘諍堅固《とうじょうけんご》の時。「兢戦」は、恐れ謹む。「玉毫光」は、①偈の注(1)を参照。

【九―一―③】上平声十一真と十二文韻との通韻

如來元不隨〔墮〕諸數、一塢桃花錦樣新真。因憶洞山賤賣子、爲人貼秤麻三斤文。

＊

(1)如来は元《も》とより諸数に堕《だ》せず、一塢《いちお》の桃花、錦様、新たなり。(2)因《よ》って憶《おも》う、洞山の賤売子《せんまいす》、人の為に貼秤《ちょうしょう》す、麻三斤《まさんぎん》。

＊

(1)如来元不堕諸数、一塢桃花錦様新＝〈如来の為人には、これと決まった相《すがた》はない、小さな土手に桃花が綺麗に咲いている〉。「仏身は無為なり、諸数に堕せず」(『維摩経』弟子品)。「諸数」は、三界とか五蘊とかの、仏教上の諸もろの名数(法数)。下の句は、「如来元不堕諸数」の現成底。／(2)因憶洞山賤売子、為人貼秤麻三斤＝〈そこで思い出すのだ、洞山のこあきないが、人に対して、如来を「麻三斤」と少し高目に買ってやったことを〉。不堕諸数、値段が着けられない如来を、洞山が、「麻三斤」と値段を着けたことを抑下する。『碧巌録』十二則「洞山麻三斤」の「僧、洞山に問う、『如何《いか》なるか是れ仏』。山云く、『麻三斤』」の評唱にある五祖法演の頌、「賤売の担板漢、貼秤す麻三斤。千百年の滞貨、渾身を著くるに処無し」を踏まえたもの。「貼秤」は、秤《はかり》に少し上乗せすること。たとえば、正味一キロの金を、一・一キロの値段で買って上げること。

【九－一－④】下平声八庚韻

千古如來無變易《ヤク》、黃鸝枝上兩三聲◎。波旬慶喜錯悲喜、今日劣孫不黨情◎。

＊

(1)千古、如来、変易《へんやく》無し、黄鸝《こうり》枝上、両三声。(2)波旬《はじゅん》慶喜《きょうき》、錯《あやま》って悲喜す、今日、劣孫、情に党せず。

＊

(1)千古如来無変易、黄鸝枝上両三声＝〈如来は千古の昔から変化することはない、梅の枝にウグイスがふた声み声鳴いている〉。「一切の衆生は、悉《ことごと》く仏性有り。如来は常住にして、変易有ること無し」（北本『涅槃経』巻二十七）。下の句は、「千古如来無変易」の現成底。「黄鸝」は、朝鮮うぐいすのことだが、我が国では、単にうぐいす（黄鶯）の別称として用いる。「両三声」は、鳥の鳴き声を言う成句。／(2)波旬慶喜錯悲喜、今日劣孫不党情＝〈（「如来は常住にして、変易有ること無し」ということを悟らずに）悪魔は釈尊の死を喜び、阿難は悲しみにくれた、今日、末世の比丘ではあるが、そんな情には流されない〉。「波旬」は、常に仏を邪魔し誘惑しようとし、仏弟子の修行を妨げようとする悪魔。「慶喜」は、阿難のこと。【五―三】注(4)を参照。釈尊の最後の説法を聞く阿難の悲しみようは尋常ではなかった。それを慰め諭した阿那律の言葉が、有名な「今日有りと雖《いえど》も明旦は則ち無し」（『涅槃経後分』巻上）の語である。「不党情」は、『碧巌録』六十七則本則下語に「党理不党情（理に党して情に党せず）」と。道理に基づいて、情に流されないという意。

【九―一―⑤】下平声七陽韻

曩昔葛藤椿子倒、猶牽悪孽有餘殃。妙心那裡頼他付、又示雙趺瞞飲光。［時講佛祖三經］

(1)曩昔《そのかみ》、葛藤《かっとう》椿子《しょうす》倒るるに、猶お悪孽《あくげつ》を牽《ひ》いて余殃《よおう》有り。(2)妙心、那裡《なり》にか他の付するに頼らん、又た双趺《そうふ》を示して飲光《おんこう》を瞞ず。［時に(3)『仏祖三経』を講ず］

＊

(1)曩昔葛藤椿子倒、猶牽悪孽有余殃＝〈かつて葛藤の杭《くい》は倒れたはずだが、なお悪いひこばえを芽生えさせて、子孫に殃《わざわ》いを残している〉。上の句は、『大慧武庫』の以下の話頭を借りて、釈尊の入般涅槃を頌す。「雲居の舜老夫、常に天衣の懐禅師の葛藤禅を説くことを譏《そし》る。一日、懐の遷化を聞いて、法堂上に於いて合掌して云く、『且喜《しゃき》すらくは、葛藤椿子の倒れ了《お》わることを』と」。「葛藤」は、文字言句の譬喩。「椿子」は、くい。「悪孽」は、悪い孽《ひこばえ》。切り株から出た芽。ここでは、涅槃してもなお法を説く釈尊。「余殃」は、『易』坤卦に「積善の家には、必ず余慶有り。積不善の家には、必ず余殃有り」とあるように、祖先の悪事のために子孫にまで残るわざわい。／(2)妙心那裡頼他付、又示双趺瞞飲光＝〈涅槃妙心を悟るのに、どこに、人からの付嘱をたよるのだ、釈尊は、一度は拈花し、今度は二足の千輻輪相を現じて摩訶迦葉をあざむいた〉。上の句は、「世尊拈花」の故事を踏まえる。【二―二】注(4)を参照。下の句は、「世尊槨示双趺《かくじそうふ》」の故事。釈尊が拘尸那伽羅《くしながら》の地で涅槃に入られた時、摩訶迦葉（飲光）は、そこから五十由旬遠い耆闍崛山《ぎしゃくつせん》におり、七日を経て入滅の地に到った。迦葉が、槨（棺）を右に繞《めぐ》ること七周すると、世尊は二足の千輻輪相を現じ、槨外に出して迦葉に示された。その時、千輻輪より千の光明を放ち、十方一切世界を遍く照らしたと言う（『涅槃経後分』巻下）。「飲光」は、摩訶迦葉のこと。「梵には迦葉波と云い、此《ここ》には飲光と云う」（『祖庭事苑』巻一【迦葉】）。／(3)仏祖三経＝『四十二章経』『仏遺教経』『潙山警策』の総称。

【九―一―⑥】下平声一先韻

唯憑一片婆心切、亂鏊胡揮《ロンコウウ》七七年。◎鶴樹戢《ヲサム》光何處去、落花流水共潺潺。◎不是不是。貶〔眨〕上眉毛隔八千。◎

＊

(1)唯だ一片の婆心、切なるに憑《よ》って、乱《ろん》鏊《こう》胡《う》揮《き》すること七七年。(2)鶴樹、光を戢《おさ》む、何《いず》れの処にか去る、落花流水、共に潺潺《せんせん》。(3)不是不是。眉毛《びもう》を眨上《そうじょう》すれば八千を隔つ。

＊

(1)唯憑一片婆心切、乱鏊胡揮七七年＝〈ただただ切なる老婆心によって、釈尊は四十九年間、むやみやたらに説法された〉。「乱鏊胡揮」は、『普灯録』巻二十五・黄龍死心の小参に「胡揮乱鏊」と見え、「胡乱揮鏊」を分字したものだが、「鏊」字の義が未詳のため、はっきりとした語意は分からない。類語としては、「乱《ろん》揎《せん》胡《う》揮《き》」(『五家正宗賛』巻二・大慧杲禅師)、「胡《う》揮《き》乱《ろん》打《だ》」(『断橋妙倫語録』巻下「示小師舟侍者」法語)などがある。「胡乱」は、苟且《こうしょ》(なおざり、かりそめ、いい加減)の意。「七七年」は、四十九年。釈尊が説法された年数。／(2)鶴樹戢光何処去、落花流水共潺潺＝〈沙羅双樹は光沢を収め、どこへ行くのだ、落ちた花が水と共にさらさらと流れていく〉。「鶴樹」は、沙羅双樹の異名。釈尊が入滅された時、あたりの樹木が急に開き、白色に変わり、鶴が群がり舞うようであったので、その地を鶴林と異称するようになった。「其の樹、即《そ》の時、惨然として白に変じて猶お白鶴の如し。枝葉花果皮幹、悉《ことごと》く皆な爆裂して堕落す」(『涅槃経後分』巻上)。「流水」は、釈尊入滅の地、拘尸那伽羅《くしながら》を流れていた跋提河《ばつだいが》。／(3)不是不是。眨上眉毛隔八千＝〈そうではないぞ。目を開いて見ようとすれば、八千里も隔たってしまうぞ〉。三角総印(馬祖法嗣)の上堂に「若し此の事を論ぜば、眉毛を眨上するも、早已《すで》に蹉過《しゃか》す」と。

【九―一―⑦】下平声七陽韻

春風漸暖涅槃會、一塢晩梅動暗香◎。百萬人天機未瞥、仰瞻取足紫金相◎。

(1)春風、漸《よう》やく暖《あたた》かなり、涅槃の会、一塢《いちお》の晩梅、暗香を動ず。(2)百万の人天、機、未だ瞥《べっ》ならず、仰瞻《ごうせん》して足ることを取る、紫金相《しこんそう》。

＊

＊

(1)春風漸暖涅槃会、一塢晩梅動暗香＝〈春風もようやく暖かくなる涅槃会、土手の遅咲きの梅花が、ほのかに芳香を送っている〉。「暗香」は、林和靖の「山園小梅」詩の「疎影横斜、水清浅《みずせいせん》、暗香浮動、月黄昏《つきこうこん》」の句から梅の代称。／(2)百万人天機未瞥、仰瞻取足紫金相＝〈百万の人天は、はたらきを一瞬のうちにめぐらすようなことは出来まいが、紫金相を仰ぎ見て充分に取得せよ〉。この二句は、『五灯会元』巻一・釈迦牟尼仏章の「世尊、涅槃会上に於いて、手を以て胸を摩し、衆に告げて曰く、『汝等、善く吾が紫磨金色《しまごんじき》の身を観じて、瞻仰《せんごう》して足ることを取れ、後悔せしむること勿《な》かれ。若し吾れ滅度すと謂わば、吾が弟子に非ず。若し吾れ滅度せずと謂わば、亦た吾が弟子に非ず』と。時に百万億の衆、悉《ことごと》く皆な契悟《かいご》す」に基づく。「機未瞥」は、『中峰語録』「懐浄土」に「一十二時、機未瞥、百千万劫、苦、逃れ難し。然《しか》も身、同居の土に在りと雖《いえど》も、誰か肯《あ》えて頭《こうべ》を低《た》れて玉毫を礼せん」とある例を見るのみ。恐らく「一機瞥転」「全機瞥転」に「未」を挟んだものであろう。「取足」は、充分に取得すること。「紫金相」は、釈尊の容姿。「紫金」は、注記に引いた「紫磨金色」の略。紫磨金は、紫色をした最上の黄金で、釈尊の皮膚は、この色をしていたと言う。

【九―一―⑧】下平声十一尤韻

末梢爲分毫光去、叔世比丘奈耻羞。唯有波旬超物外、自縦抃舞反慈庥。

*

(1)末梢《まつしょう》、為に毫光を分かち去る、叔世《しゅくせい》の比丘、耻羞《ちしゅう》を奈《いかん》せん。(2)唯《た》だ波旬《はじゅん》のみ有って物外《もつげ》に超ゆ、自ら抃舞《べんぶ》を縦《ほしいまま》にして慈庥《じきゅう》に反《そむ》く。

*

(1)末梢為分毫光去、叔世比丘奈耻羞＝〈釈尊は、君たちの為に、最後の最後まで、仏法を現わしておられる、それを知らぬ末世の比丘よ、恥じを知れ〉。「末梢」は、末尾・最後の義。「毫光」は、白毫光の略で、仏の眉間にある白毫から放たれる光明。「叔世」は、【七―四】の「澆季」に同意。末の世。／(2)唯有波旬超物外、自縦抃舞反慈庥＝〈そんなことならば、世尊の死を喜んで、その慈蔭にそむいた波旬のほうがまだましだ〉。「波旬」は、仏の滅度を喜んだ悪魔。④偈の注(2)を参照。「超物外」は、世間の事物を超越した境界。馬祖が、南泉普願を評した「独超物外」の言葉で知られる。「抃舞」は、手を打って喜ぶさま。歓喜抃舞と熟す。

【九―一―⑨】上平声十二文韻

林間風轉鳥聲碎、遺敕木叉如有聞。欲便涓埃答恩庇、誦來頓制性遮文。

［于時講梵網古迹］

*

(1)林間、風転じて、鳥声砕《くだ》く、遺勅《ゆいちょく》の木叉《もくしゃ》、聞くこと有るが如し。(2)涓埃《けんあい》も恩庇に答《むく》ゆるに便

りせんと欲して、誦し来たる、頓制性遮《とんせいしょうしゃ》の文。［時に(3)『梵網古迹』を講ず］

*

(1)林間風転鳥声砕、遺勅木叉如有聞＝〈林間には風が吹き、鳥がさえずっている、まるで、遺勅木叉を聞いているかのようだ〉。「鳥声砕」は、鳥があちらこちらで鳴いているさま。杜荀鶴の「春宮」詩の頸聯に「風暖かくして鳥声砕け、日高うして花影重なる」と。「遺勅木叉」は、世尊が残した戒律。ここでは、底本注記の通り、時に講じている『梵網古迹（梵網経古迹記）』。／(2)欲便涓埃答恩庇、誦来頓制性遮文＝〈ほんのわずかでも世尊の恩庇に報いることになればと思い、頓制性遮の文を講じている〉。「涓埃」は、一滴の水と一点のちりほこり。微小をいう譬喩。杜甫の「望野」詩の頸聯に「唯だ遅暮を将《もっ》て多病に供するのみ、未だ涓埃も聖朝に答ゆること有らず」と。「頓制性遮文」は、底本注記にある『梵網経古迹記』。「頓制」は、円頓戒。「性遮」は、性戒と遮戒。／(3)梵網古迹＝『梵網経古迹記』。青丘沙門太賢集。『梵網経』を通釈したもの。『梵網経』は、大乗律第一の経典として重視される。

【九―一―⑩】上平声一東韻

一路涅槃須辨別、鐵船直駕太虚空。徒悲梅蘂委霖去、不識桃花咲洞中。

*

(1)一路涅槃、須《すべか》らく弁別すべし、鉄船、直《じき》に駕す、太虚空。(2)徒《いたずら》に梅蘂の、霖《りん》に委し去ることを悲しみ、識《し》らず、桃花の、洞中に咲くことを。

＊

(1)一路涅槃須弁別、鉄船直駕太虚空＝〈涅槃に入る一本道を見極めてみろ、ただちに鉄船が太虚空に走る〉。「一路涅槃」は、『楞厳経』巻五に「十方薄伽梵《じっぽうばぎゃぼん》、一路涅槃門」と。この語は、十方世界の諸仏が、等しく涅槃に入る同じ一つの道という意。下の句は、『五灯会元』巻六・神党禅師章に「問う、『如何《いか》なるか是れ仏法の大意』。師曰く、『虚空に鉄船を駕し、岳頂、浪滔天《なみとうてん》』」と。／(3)徒悲梅蘂委霖去、不識桃花咲洞中＝〈梅の花がなが雨にしおれることをいたずらに悲しむのみで、桃の花が仙境に咲いていることを知らない〉。下の句は、①偈の注(2)を参照。

【九―二】

(1)佛初度。

(1)仏初度＝仏生誕に同じ。「初度」は、誕生日。四月八日。

＊

【九―二―①】下平声八庚韻

分明黠智白拈賊、纔出孃胎禍既成。幸有韶陽全正令、兒曹不勵勇爲情。

(1)分明なり、黠智《かっち》の白拈賊《びゃくねんぞく》、纔《わず》かに孃胎を出でて禍《わざわ》い既に成す。(2)幸いに韶陽《しょうよう》有って正令を全《まった》うす、児曹《じそう》、為《な》すに勇むの情を励《はげ》まさず。

＊

＊

⑴分明黠智白拈賊、纔出嬢胎禍既成＝〈この子供が悪賢い昼盗人《ひるぬすっと》であることは明らかだ、母胎を出るやいなやわざわいをまねいた〉。「黠智」は、悪賢い智恵。「白拈賊」は、臨済の「無位真人」の話を聞いた雪峰が、「臨済、大いに白拈賊に似たり」と評したことから、臨済の活機用を象徴する語だが、ここでは、『碧巌録』五十九則本則下語に「賊は是れ小人、智、君子に過ぎたり。白拈賊」とある「白拈賊」。下の句は、以下の世尊の言行を言う。「（摩耶夫人の右脇から誕生したばかりの世尊は）足、七花を蹈《ふ》んで、行くこと七歩し已《お》わって、四方を遍観し、手指上下して、是《かく》の如きの語を作《な》す、『此れ即ち是れ我が最後の生身。天上天下、唯我独尊』と」（『毘奈耶雑事』巻二十）。「纔」は、……するやいなや、……した途端にの意。「嬢胎」は、母胎。嬢（娘）は、母親のこと。／⑵幸有韶陽全正令、児曹不励勇為情＝〈幸いに雲門がおって正しく裁いてくれたが、今日の仏弟子たちには、雲門のような気概がない〉。上の句は、雲門文偃が、この世尊の故事を挙して、「我れ当時《そのかみ》、若し見しかば、一棒に打殺して、狗子《くし》に与えて喫却せしめて、貴ぶらくは、天下太平を図《はか》りしに」（『雲門広録』巻中「室中語要」）と拈評したこと。この雲門の拈評は、諸師の降誕会偈頌に盛んに用いられる。「韶陽」は、雲門の異称。雲門山が韶陽（広東省）にあったことから言う。「児曹」は、子供等、児輩。「勇為」は、「見義勇為（義を見て為すに勇む）」の略。

【八―四】注⒄を参照。

【九―二―②】上平声十灰韻

纔論浄觸自瞞了、日日降生絶點埃。抛下杓頭看其奈、山河大地一華臺。

(1)纔《わず》かに浄触《じょうそく》を論ぜば自《みずか》ら瞞じ了《お》わる、日日降生《にちにちごうしょう》、点埃《てんあい》を絶す。(2)杓頭《しゃくとう》を抛下《ほうげ》して、看よ其奈《いかん》、山河大地、一華台《いちけだい》。

＊

(1)纔論浄触自瞞了、日日降生絶点埃＝〈甘露（甘茶）をそそいで、誕生仏が浄《きよ》められたか、そうではないかと論じた途端に、それは、みずからをだますことになる、如来は毎日、兜率天より降生されて、一点のちりほこりもないのだ〉。「浄触」は、浄と不浄。「触」は、汚の義。「自瞞」は、釈尊（仏法の端的）を自己の外に見ようとするあやまちを言う。／(2)抛下杓頭看其奈、山河大地一華台＝〈そんなヒシャクなど放り捨てて、その誕生仏を直下に見てみよ、山河大地が、仏の坐所ではないか〉。「杓頭」は、甘茶をそそぐヒシャク。「看其奈」の「其奈」は、如何の義。後に多出する「看如何」に同じ。「一華台」については、【一一四】注(3)を参照。

＊

【九―二―③】下平声七陽韻

林雨晴來雲片片、子規叫去月蒼蒼◎。韶陽一棒著何處、到處溪山放本光◎。

＊

(1)林雨、晴れ来たって、雲片片、子規、叫《な》き去って、月蒼蒼。(2)韶陽《しょうよう》の一棒、何《いず》れの処にか著けん、到る処の渓山、本光を放つ。

＊

(1)林雨晴来雲片片、子規叫去月蒼蒼＝〈なが雨も晴れて空には一二片の雲、ほととぎすが鳴いて月は青白い〉。「林雨」は、霖雨に同じ。なが雨。「子規」は、ほととぎす。夜に鳴く鳥として珍重され、夕影鳥、夜直鳥などの異名がある。／(2)韶陽一棒著何処、到処渓山放本光＝〈どこにもかしこにも如来は出現される、雲門は、どこに一棒を下すのだ〉。上の句は、①偈の注(2)を参照。下の句は、②偈の「山河大地一華台」と同じ趣旨。「本光」は、『法華経』序品の「妙光法師とは、今則ち我が身是れなり。我れ灯明仏を見るに、本の光瑞は此《か》の如し」の「本光」。

*

【九―二―④】上平声十灰韻

指開天地指頭上、露柱燈篭點首來。不可浴兮無可灌、人人各自絶纖埃。

(1)天地を指開す、指頭上、露柱灯籠、点首し来たる。(2)浴す可《べ》からず、灌《そそ》ぐ可き無し、人人《にんにん》各自、纖埃《せんあい》を絶す。

*

(1)指開天地指頭上、露柱灯籠点首来＝〈誕生仏の言行は、情識を絶した者だけが合点がゆく〉。上の句は、①偈の注(1)を参照。「露柱灯籠」は、無情物の代表。『宝鏡三昧』に「情識の到るに非ず、寧《むし》ろ思慮を容《い》れんや」と。／(2)不可浴兮無可灌、人人各自絶纖埃＝〈灌浴する必要はない、誰もが一点の埃もない〉。②偈と、その注記を参照。

【九―二―⑤】下平声一先韻

入睡華門茅戸裡、出經稚竹老松巓◎。出生入死閑閑地、躍冶眞金色轉《ヤニ》鮮◎。　［此日行脚歸山］

＊

(1)入りては華門茅戸《ひつもんぼうこ》の裡《うち》に睡《ねむ》り、出でては稚竹《ちちく》老松の巓《いただき》を経《ふ》。(2)出生入死、閑閑地、冶《や》に躍《おど》る真金、色転《うた》た鮮《あざ》やかなり。　［此の日、行脚より帰山す］

＊

(1)入睡華門茅戸裡、出経稚竹老松巓＝〈この者たちは、粗末な家を借りて眠り、若竹や老松が生える峰々を歩いたのであろう〉。底本注記にある「行脚」の様子。四月八日の降誕会が終われば、十五日は、夏安居結制である。「華門」は、イバラで作った門。貧者の住まいの譬喩。／(2)出生入死閑閑地、躍冶真金色転鮮＝〈各地で鍛え上げられたこの者たち、生死に大自在を得ておるわ〉。「出生入死」は、生まれて死ぬこと。もとは、『老子』貴生第五十に説く言葉で、「(万物は、道＝本体から) 出でて生き、(道に) 入りて死す」という意味だが、禅宗では、多く生死自在の意で用いられる。『大慧語録』巻二に「若し衲僧放身命の処を識得せば (大悟すれば)、則ち出生入死、大自在を得、生死を以て游戯の場と為し、生死に留礙せらるることを被らず」と。「閑閑地」は、無為無事の境地。「躍冶」は、『荘子』大宗師の「大冶 (立派な鍛冶師)、金《かね》を鋳るに、金、踊躍《ようやく》して曰く、『我れ且《まさ》に必ず鏌鋣《ばくや》 (名剣) と為《な》らん』」が典拠。諸国を行脚して、各地の師家の爐鞴《ろはい》 (修行道場) で鍛え上げられて帰山した雲衲達の姿を頌す。

【九―二―⑥】下平声八庚韻

韶石烏藤閑伎倆、藥山杓柄太憐生。解言天地唯吾獨、老樹白雲鵑一聲。

＊

(1)韶石《しょうせき》の烏藤《うとう》、閑伎倆《かんぎりょう》、薬山の杓柄《しゃくへい》、太憐生《たいれんせい》。(2)言うことを解《よ》くす、天地唯吾独《てんちゆいごどく》と、老樹白雲、鵑《けん》一声。

＊

(1)韶石烏藤閑伎倆、薬山杓柄太憐生＝〈雲門も薬山も、この誕生仏になすすべがない〉。この二句は、『大川普済語録』や『大応録』などの「浴仏上堂」にある「雲門は棒頭短く、薬山は杓柄長し」の語による。上の句は、①偈の注(2)に述べた雲門文偃の拈評を指す。「韶石」は、雲門の異称。雲門山の在る韶州の名は韶石山に因む。「烏藤」は、拄杖の別名。「閑伎倆」は、無用な小細工。下の句は、「薬山浴仏」と呼ばれる、以下の話頭を評したもの。「遵布《じゅんふ》衲《のう》、仏を浴す。師（薬山）曰く、『這箇《しゃこ》は、汝が浴するに従《まか》す。還って那箇《なこ》を浴し得てんや』。遵曰く、『那箇を把《と》り将《も》ち来たれ』。師、乃《すなわ》ち休す」（『五灯会元』巻五・薬山惟儼章）。「杓柄」は、浴仏するヒシャク。「太憐生」は、太《はなは》だ憐れだ。「生」は、語助。／(2)解言天地唯吾独、老樹白雲鵑一声＝〈よくぞ言った、「天上天下、唯吾独尊」と。白雲たなびく老樹の中で、ほととぎすが一声鳴いた〉。「天地唯吾独」は、「天上天下、唯吾独尊」を縮めたもの。①偈の注(1)を参照。「唯我独尊」を「唯吾独尊」に作る禅録は多い。「鵑」は、杜鵑《とけん》、ほととぎす。上の句の「解言」の主語は、この鵑。

【九―二―⑦】上平声十三元韻

正是太平姦賊子、一場口滑稱爲尊◎。韶陽幸有全雄略、千古清風動赤旛◎。

*

(1)正に是れ太平の姦賊子《かんぞくす》、一場の口滑《こうかつ》、為尊《いそん》と称す。(2)韶陽、幸いに雄略を全《まった》うする有り、千古の清風、赤旛《しやくばん》を動ず。

*

(1)正是太平姦賊子、一場口滑称為尊＝〈この誕生仏は、まさに太平の世にあらわれた悪党だ、「天上天下、唯我独尊」などと、ひとしきりしゃべりおった〉。「太平姦賊子」は、黄龍慧南の上堂（『五灯会元』巻十七）に「妙を説き玄を談ず、乃《すなわ》ち太平の姦賊。棒を行じ喝を行ず、乱世の英雄為《た》り。英雄姦賊、棒喝玄妙、皆な長物と為《な》す」と。「一場口滑」は、ひとしきりベラベラとしゃべること。雲門文偃の語に「一場の口滑を贏《か》ち得たるも、道を去ること転《うた》た遠し、甚麼《なん》の休歇《きゆうけつ》の時か有らん」と。「称為尊」は、「天上天下、唯我為尊」。【六―二】注⑿を参照。／(2)韶陽幸有全雄略、千古清風動赤旛＝〈しかし雲門が一棒に打殺してくれて、赤旛は千古の清風にたなびいている〉。上の句は、①偈の注(2)に述べた雲門の拈評を指す。「雄略」は、雄大な謀略。下の句は、『碧巌録』十三則頌の「提婆宗、提婆宗、赤旛の下《もと》に清風を起こす」に基づく。「赤旛」は、宗論の勝者が手に握る赤い旗。「西天には論議に勝つ者は、手に赤旛を執《と》り、負堕《ふだ》する者は袈裟を返披《へんぴ》して偏門より出入す」（『同』十三則本則評唱）。

【九―二―⑧】下平声八庚韻

吉祥瑞象騰今古、殊特光明滿法城。説盡五千四十八、要從藍苑一呱聲。［此日竜華院落成。經藏也］

＊

(1)吉祥の瑞象、今古に騰《のぼ》り、殊特の光明、法城に満つ。(2)説き尽くす五千四十八、要は藍苑《らんえん》の一呱声《いちこせい》よりす。［此の日、(3)龍華院、落成す。経蔵なり］

＊

(1)吉祥瑞象騰今古、殊特光明満法城＝底本注記にある通り、龍華院落成、慶讃の偈。／(2)説尽五千四十八、要従藍苑一呱声＝〈釈尊が説き尽くされた五千四十八巻は、ルンビニに生まれた釈尊のうぶ声から始まった〉。「五千四十八」は、大蔵経の定数。【六―二】注(29)に既述。「藍苑」は、釈尊降誕の地、藍毘尼園《らんびにおん》の略。「呱声」は、うぶ声。「天上天下、唯我独尊」。／(3)龍華院＝大光寺の経蔵。【八―五】の「龍華院創建記」を参照。

【九―二―⑨】上平声十灰韻

既出驢胎入馬腹、誰言七歩緩蓮臺。當頭雪屈奏流水、纔許韶陽分曲來。

＊

(1)既に驢胎《ろたい》を出でて馬腹《ばふく》に入る、誰か言う、七歩、蓮台に緩《ゆる》しと。(2)当頭に屈を雪《きよ》めて流水を奏す、纔《わず》かに許す、韶陽の、曲を分かち来たることを。

＊

(1)既出驢胎入馬腹、誰言七歩緩蓮台＝〈驢馬の腹を出るや馬の腹に入った、誰が言ったのだ、「釈尊は蓮華台の上を緩々《ゆるゆる》と七歩あるかれた」と〉。上の句は、畜生道を繰り返すことだが、ここでは、異類中行、畜生道に落ちて、その衆生を済度すること。「(南泉)上堂、『……今時の師僧、須《すべか》らく異類中に向かって行くべし』。帰宗曰く、『畜生の行を行ずと雖《いえど》も、畜生の報いを得ず』」(『五灯会元』巻三・南泉普願章)。下の句は、釈尊誕生の時、地から金蓮が開き、釈尊が、その上を歩かれたという説話に基づく。「聖子、乃《すなわ》ち其の右脇よりして誕す。神龍、水を澍《そそ》いで以て之れを澡《あら》い、地より金蓮を発して以て之れを承《う》く。聖子、乃ち四方各おの七歩を蹈み、手を以て上下之れを指さして曰く、『四維上下、唯我最尊』と」(『釈氏稽古略』巻一・昭王)。／(2)当頭雪屈奏流水、纔許韶陽分曲来＝〈即座に恥じをすすいで流水を奏でたが、わずかに雲門だけがその曲を聞き分けることが出来た〉。この二句は、許由と巣父との「洗耳」の故事と、伯牙と鍾子期との「知音」の故事を踏まえる。「洗耳」の故事は、許由は、堯が自分に天下を与えようとしているのを聞き、耳が汚れたと言って、潁水《えいすい》で耳を洗ったが、それを見た巣父は、そんな汚れた水は、牛にも飲ませられないと、川の上流に牛を引いて行って水を飲ませたというもの。「知音」の故事は、「伯牙、善く琴を鼓《ひ》く。鍾子期、善く聴く。伯牙、琴を鼓いて志し高山に登るに在れば、鍾子期曰く、『善哉、峨峨たること泰山の若《ごと》し』と。志し流水に在れば、鍾子期曰く、『善哉、洋洋たること江河の若《ごと》し』と。伯牙が念ずる所、鍾子期、必ず之れを得る」(『列子』湯問第五)。この故事より、心を知る真の友を「知音」と言う。

【九―二―⑩】下平声七陽韻

韶陽棒矣藥嶠杓、降誕至今屈一場。曲罷風前人不見、林間烟樹緑蒼蒼。

*

(1)韶陽の棒や薬嶠《やくきょう》の杓、降誕、今に至るまで、屈一場。(2)曲罷《や》んで、風前、人、見えず、林間の烟樹《えんじゅ》、緑蒼蒼《みどりそうそう》。

*

(1)韶陽棒矣薬嶠杓、降誕至今屈一場＝〈雲門の棒は短すぎて届かず、薬山のヒシャクは長すぎて届かず、やれやれ、降誕より今に至るまで、祖師たちは、釈尊から恥じをかかされているばかりだ〉。上の句は、⑥偈の注(1)を参照。「薬嶠」は、薬山。「嶠」は、山の義。正法山を法嶠と言うが如し。「屈一場」は、『碧巌録』二十則垂示にある「一場苦屈（一幕の恥さらし）」。／(2)曲罷風前人不見、林間烟樹緑蒼蒼＝〈曲の調べが終わって人は去り、林間の、霧に煙る緑の木々が風に吹かれている〉。この二句は、有名な禅語「曲終えて人見えず、江上数峰青し」に基づく。この禅語のもとは、銭起の「省試湘霊が鼓瑟《こしつ》」詩（『全唐詩』巻二三八）。本偈の「曲」は、⑨⑫偈にある「曲」。誕生仏の「天上天下、唯我独尊」という一曲。下の句は、その一曲の現成底。

【九―二―⑪】下平声五歌韻

生孩知是膽如斗、四瞻乾坤意氣多。著隻韶陽棒頭眼、太平猶看舊山河。

*

(1)生孩《しょうがい》、知んぬ、是れ胆《たん》、斗《と》の如くなることを、四《よも》に乾坤《けんこん》を瞻《み》て、意気多し。(2)隻《せき》を著けよ、韶陽棒頭の眼《まなこ》、太平、猶お看る、旧山河。

(1)生孩知是胆如斗、四瞻乾坤意気多＝〈この赤子の胆は斗のように大きいのであろうか、四方を見渡して、「天上天下、唯我独尊」と意気盛んである〉。「知」は、「知んぬ」と読み、不知の意。「胆如斗」は、胆大如斗とも。胆が斗升のように大きいこと。下の句は、①偈の注(1)を参照。／(2)著隻韶陽棒頭眼、太平猶看旧山河＝〈雲門の棒頭の一隻眼を著けてみよ、なおも天下太平の旧山河が見えるであろう〉。この二句は、①偈の注(2)に述べた雲門文偃の拈評に基づく。「著隻〇〇〇〇眼」の句は、他師の偈頌にも見える一種の倒置法。

＊

【九—二—⑫】下平声十二侵韻

無憂樹下没絃曲、流水高山趣更深。跛脚阿師親撃節、二千年遠得知音。

＊

(1)無憂樹下《むうじゅげ》、没絃《もつげん》の曲、流水高山、趣き更に深し。(2)跛脚《はきゃく》の阿師《あし》、親しく撃節す、二千年遠、知音《ちいん》を得たり。

＊

(1)無憂樹下没絃曲、流水高山趣更深＝〈無憂樹下で奏でられた没絃の曲、その流水高山の曲調はとても奥深い〉。「無憂樹下」は、釈尊が降誕したところ。【六—二】注(12)を参照。「没絃曲」は、絃のない琴で奏でられる曲。本分の音色。昭明太子蕭統が書いた陶淵明の伝（『箋註陶淵明集』巻十）に「淵明は音律を解せず、而れども無絃琴一張を蓄え、酒の適する毎《ごと》に（良い気分になると）、輒《すなわ》ち撫弄して以て其の意を寄す」とあるのに基づく。「流水高山」

は、没絃の曲調。伯牙と鍾子期との「知音」の故事を踏まえる。⑨偈の注(2)を参照。／(2)跛脚阿師親撃節、二千年遠得知音＝〈その没絃曲にびっこのお坊さんがよく拍子を取って、釈尊は二千年前の遠い昔に知音を得た〉。「跛脚阿師」は、雲門文偃のあだ名。雲門は初め睦州に参じたが、門から締め出され、そのおり一足が挟まって損なったことによる。「阿師」は、「お坊さん」ほどの意。「阿」は、親しみを込めて呼ぶ時に用いる接頭語。「撃節」は、音楽の拍子を取ること。「二千年遠」は、釈尊が降誕された二千年前の遠い昔。

*

【九―三】

(1)初祖諱。

(1)初祖諱＝達磨忌。十月五日。

*

【九―三―①】下平声八庚韻

眞前不愧伊蒲糲《キヲ》、一炷沈檀致此誠。無聖廓然須肯信、朝朝鵲噪又鴉鳴。

*

(1)真前、伊蒲《いぶ》の糲《くろ》きを愧《は》じず、一炷《いっしゅ》の沈檀《じんだん》、此の誠を致す。(2)無《む》聖《しょう》廓然《かくねん》、須《すべか》らく肯信すべし、朝朝、鵲《じゃく》噪《そう》又た鴉鳴《あめい》。

*

(1)真前不愧伊蒲糲、一炷沈檀致此誠＝〈真前の供え物が粗末なことを恥じもせずに、ひとくべの香を焚いてこの誠心をささげます〉。「伊蒲」は、伊蒲塞の略。供物。「糲」は、くろごめ。「沈檀」は、沈香と栴檀香との併称だが、広く香を言う。／(2)無聖廓然須肯信、朝朝鵲噪又鴉鳴＝〈「廓然無聖」ということを肯《うけが》い信じなければならぬ、毎朝、鵲《かささぎ》が騒ぎ、鴉《からす》が鳴いている〉。「無聖廓然」は、「梁の武帝、達磨大師に問う、『如何《いか》なるか是れ聖諦第一義』。磨云く、『廓然無聖』」（『碧巌録』一則本則）。「鵲噪又鴉鳴」は、「鵲噪鴉鳴」と四字で熟し、騒がしいことをいう成句だが、法華全挙（汾陽善昭法嗣）の上堂には、「鐘《しょう》鳴り鼓響《く》き、鵲噪鴉鳴、你諸人の為に般若を説き、涅槃を講じ了《お》われり。諸人、還って信得及《しんとくぎゅう》すや。観音菩薩、諸人の面前に向かって大神通を作《な》す」（『五灯会元』巻十二）とある。因みに達磨は、観音の化身と言われた。

*

【九―三―②】下平声十二侵韻

掃空陳弊指人心、偏局六宗争似林。腰雪堆中回暖氣、流通大法至于今。

*

(1)陳弊《ちんぺい》を掃空《そうくう》して人心を指す、偏局の六宗、争って林に似たり。(2)腰雪堆中、暖気を回《めぐ》らし、大法を流通《るづう》して今に至る。

*

(1)掃空陳弊指人心、偏局六宗争似林＝〈達磨が、古い仏教を除き去って、直指人心見性成仏を示したがために、かたよった六宗の者たちは大いに争いを起こした〉。「時に後魏の光統律師、菩提流支三蔵、師と論議し、師は相を斥《しりぞ》けて心を指す。而れども徧局《へんきょく》の量、自ら堪任せず、競うて害心を起こし、数《あまた》たび毒薬を加う。第六度に至って、化縁已《すで》に畢《お》わり、伝法、人を得たれば、遂に復《ま》た救わず、端居して逝く」（『碧巌録』一則本則評唱）。「掃空」は、掃蕩空尽の義。除き尽くすこと。「陳弊」は、陳旧敗壊の義。古くて壊れたもの。「指人心」は、【七―一九】注(2)を参照。「偏局」は、偏《かたよ》って心が狭いこと。『碧巌録』の「徧局」に同義。「六宗」は、達磨西来以前、同学の仏大勝多の下に派生した六師の宗旨。有相宗・無相宗・定慧宗・戒行宗・無得宗・寂静宗の六種邪見宗を言い、達磨はこれらの邪見を論破して、ことごとく帰依せしめたと伝える（『伝灯録』巻三・達磨伝が初見）。「似林（如林）」は、多の形容。／(2)腰雪堆中回暖気、流通大法至于今＝〈腰に達する積雪の中に暖気を送り、慧可に大法を付嘱して、その大法は今に至るまで流通している〉。上の句は、積雪、膝を過ぐる中で、慧可をして安心せしめた達磨の慈悲心を、雪をとかす暖気になぞらえたもの。

【九―三―③】上平声十灰韻

片言不挂唇皮上、坐斷少林舊莓苔。更莫奔波覓消息、清香撲鼻小春梅。

(1)片言、挂《か》けず、唇皮上《しんぴじょう》、坐断す、少林の旧莓苔《きゅうばいたい》。(2)更に奔波《ほんぱ》して消息を覓《もと》むること莫《な》かれ、清香、鼻を撲《う》つ、小春の梅。

＊

(1)片言不挂唇皮上、坐断少林旧莓苔＝〈達磨は一言もしゃべらずに、少林寺の旧莓苔《ふるこけ》の上に坐っている〉。達磨の少林九年面壁を頌す。「旧莓苔」は、『虚堂録』巻五「達磨見梁武帝」頌古に「満地の落華、春已《すで》に過ぐ、緑陰、空《むな》しく鎖《とざ》す、旧莓苔」とあるのによる。／(2)更莫奔波覓消息、清香撲鼻小春梅＝〈更に奔走して達磨の消息を尋ねるな、小春の梅が香っているではないか〉。「奔波」は、奔走に同意。「消息」は、達磨の消息。達磨の原義は「法」。下の句は、諸法実相を言うもの。「小春」は、日本語では、こはる。十月の異称。達磨忌は十月五日。『荊楚歳時記』巻三十七に『初学記』を引いて、「冬月の陽（十月）、……其の温暖なること春の如くなるを以ての故に之れを小春と謂う、亦た小陽春とも云う」と。「小春梅」は、欧陽脩の「漁家傲《ぎょかごう》（楽府の曲名）」詩の「十月小春梅蕊綻、紅炉画閣新装遍」が典拠と思われ、「十月梅」「小春梅」の語は、他師の諸偈にも見え、香の代名詞のように用いられている。

【九―三―④】下平声六麻韻

休言隻履西歸去、魏使當時著眼華◎。獨坐蕭然篆烟細、風吹霜葉滿林家◎。

＊

(1)言うことを休《や》めよ、隻履《せきり》、西に帰り去ると、魏使、当時《そのかみ》、眼華を著く。(2)独坐、蕭然《しょうぜん》として、篆烟《てんえん》細し、風、霜葉を吹いて、林家に満つ。

＊

(1)休言隻履西帰去、魏使当時著眼華＝〈「達磨は隻履を携えてインドに帰った」などと言ってはならぬ、魏国の使者は、その時、眼を患っていたのだ〉。「達磨隻履」の故事に基づく。達磨は、太和十九年（四九五）十月五日に遷化し、その年の十二月二十八日、熊耳山に葬られたが、その三年後、西域に使いした魏の宋雲が、葱嶺（パミール）で達磨と出逢った。達磨は、片一方だけの履《くつ》（隻履）を握っており、宋雲が、「どこへ行かれるか」と問うと、「西天へ帰る」と答えた。帰朝した宋雲が、これを帝に話すと、帝は墓を開かせた。すると中は空っぽで、もう片方の履のみが残っていたという。「魏使」は、注記中の宋雲のこと。「眼華」は、空華とも言い、眼を患った者が空中に見る実在しない花。心の迷いによって作り出される架空の存在に喩える。【七―一〇】注(3)を参照。／(2)独坐蕭然篆烟細、風吹霜葉満林家＝〈独りひっそりと香を焚いていると、風は霜を経た楓《かえで》の葉を吹いて、香を林中の家々に及ぼし満たしている〉。西天に帰り去っていない達磨(法)の消息。「蕭然」は、物寂しくひっそりとしているさま。「篆烟」は、篆字のように曲がって細く立つ香煙。

【九―三―⑤】上平声二冬韻

眞〔直〕指舌端駟不及、兒孫多少錯心宗。小春十月溪頭暖、手采蘋蘩慎上供。

*

(1)直指の舌端、駟《し》も及ばず、児孫、多少か、心宗を錯《あやま》る。(2)小春十月、渓頭暖《あたた》かなり、手ずから蘋蘩《ひんぱん》を采《と》って上供を慎む。

*

(1)直指舌端駟不及、児孫多少錯心宗＝〈達磨が、「直指人心、見性成仏」と、取り返しのつかない失言をしたおかげで、どれほどの児孫が、仏心宗を誤ってしまったことか〉。「直指」は、【七―一九】注(2)を参照。「駟不及」は、成句の「駟不及舌」の略。一度口に出した失言は、四頭立ての馬車で追いかけても取り戻せないという意。『論語』顔淵第十二が典拠。／(2)小春十月渓頭暖、手采蘋蘩慎上供＝〈小春《こはる》十月、谷川のほとりは暖かく、手ずから野草を摘み、慎んで供え物とする〉。「小春十月」は、③偈の注(2)を参照。「蘋蘩」は、浮き草と白よもぎ。共に草の微賤なもの。転じて、粗末な供物。『春秋左氏伝』隠公三年に「蘋蘩蘊藻《ひんぱんうんそう》の菜《さい》……、鬼神に薦《すす》む可《べ》く、王公に羞《すす》む可し」とあるのによる。

＊

【九―三―⑥】上平声十二文韻

隻履單己《ゴ》栖栖去、蹈斷葱峰萬疊雲。捏怪分明千歳後、兒孫多少眼生筋。

＊

(1)隻履単己《せきりたんご》、栖栖《せいせい》として去り、蹈断す、葱峰《そうほう》、万畳の雲。(2)捏怪《ねつかい》分明なり、千歳の後、児孫、多少か、眼に筋《きん》を生ず。

＊

(1)隻履単己栖栖去、蹈断葱峰万畳雲＝〈一人、隻履を携え、重なり合う葱嶺の雲を踏みしめて、忙わしくインドに帰り去った〉。「達磨隻履」の故事に基づく。故事は、④偈の注(1)の通りだが、『仏祖歴代通載』巻九「東魏元象元年戊午（五三八）」の記事に「西域に使いするもの有り。回《かえ》りに葱嶺に至り、達磨の隻履単己にして西に還るを見る。門徒、壙《はかあな》を啓《ひら》いて之れを礼すれば、唯だ隻履のみ存す」と。「単己」は、一人。「栖栖」は、忙わしいさま。般若多羅が達磨に与えた偈の「路行、水に跨《また》って復《ま》た羊に逢う、独り自ら栖栖として暗に江を渡らん」から採られた。

「葱峰」は、葱嶺（パミール）に同じ。／(2)捏怪分明千歳後、児孫多少眼生筋＝〈達磨が化物じみたことをしたのは明白なのに、千年にも及んで、どれほどの児孫が、眼光を凝らしておることか〉。「捏怪」は、造妖捏怪と熟すこともある。

【九―三―⑦】上平声十三元韻

祖師懸識視如掌、羞稱渠儂幾世孫。敢解末期分皮髓、不論斷臂衂《チヌル》刀元《ハジメ》。

*

(1)祖師の懸識《けんしん》、視《み》ること掌《たなごころ》の如し、渠儂《きよのう》は幾世の孫と称することを羞《は》ず。(2)敢《あ》えて末期に皮髄を分かつことを解《よ》くするも、断臂《だんぴ》、刀に衂《ちぬ》る元《はじめ》を論ぜず。

*

(1)祖師懸識視如掌、羞称渠儂幾世孫＝〈達磨は、「結果、自然に成る」と、明々白々に予言された、それを、彼は達磨から何世の法孫だなどと言うのは恥ずかしい〉。「祖師懸識」は、「吾れ本《も》と茲《こ》の土に来たることは、法を伝えて迷情を救わんとなり。一花、五葉を開き、結果、自然に成る」を言う。「視如掌」は、『楞厳経』巻二などにある「如観掌中庵摩羅果」の略。手中のマンゴーを見るようなものという意味で、明々白々ということ。「渠儂」は、彼の意。自己を我儂と言うのに対して、他人を渠儂と言う。「得法は自然に成るもので、達磨から伝授相続されるものではないから、得法した人を達磨から幾代の児孫と数えるのは恥ずかしいことだ」という句意。／(2)敢解末期分皮髄、不論断臂衂刀元＝〈達磨は末期にあえて我が身を皮肉骨髄に分断したが、それが、慧可断臂の血ぬられた刀に始まったことは論じるまでもない〉。「分皮髄」は、道副が皮を、尼総持が肉を、道育が骨を、慧可が髄を得た「達磨皮肉骨髄」。

【九―三―⑧】押韻しない

昭晰祖師心印篆、纔論點畫已訛文。西風驚得迷津多少客、梁江魏海鼓風波。［今看直指單傳旨、却爲兒孫作舊窠］。

＊

(1)昭晰《しょうせき》たり、祖師の心印篆《しんいんてん》、纔《わず》かに点画《てんかく》を論ぜば已《すで》に文を訛《あやま》る。(2)西風、迷津《めいしん》多少の客をか驚得す、梁江《りょうこう》魏海《ぎかい》、風波を鼓す。［(3)今看る、直指単伝の旨、却って児孫の為に旧窠《きゅうか》と作《な》る］。

＊

(1)昭晰祖師心印篆、纔論点画已訛文＝〈祖師の心印の篆文は明らかに捺《お》されている、それを、あの点は何だ、この画は何だと論じた途端に文の本義を見誤ってしまう〉。「祖師心印篆」は、釈尊から摩訶迦葉へと伝わって以来、歴代の祖師方が師資相承されて来られた仏心という印に刻された篆文。隆慶慶閑（黄龍慧南法嗣）の室中垂問（『続伝灯録』巻十五）に「祖師の心印篆、何の文をか作《な》す」と。／(2)西風驚得迷津多少客、梁江魏海鼓風波＝〈梁江魏海に吹いた秋風は、どれほどの迷いの岸にいる人たちの眠りを覚ましたことか〉。「西風」は、達磨忌十月五日に吹く秋風。「梁江魏海」は、達磨が武帝と問答した梁国と、達磨が江を渡って行った魏国。ここでは、広く世間を言う。／(3)今看直指単伝旨、却為児孫作旧窠＝〈今、直指単伝の宗旨を見ていると、かえってそれは、児孫を執著心という落とし穴に落とすものとなっている〉。この七字二句は、恐らく別考の起承句か転結句。本篇は押韻もされておらず転句は九字。この初祖諱偈は、推敲中のものをそのまま写したのであろう。「波」「窠」は、共に下平声五歌韻。「直指単伝」は、達磨禅を象徴する言葉。「達磨祖師、一乗の法を以て、直指単伝、面壁九年、不立文字」(『五灯会元』巻十四・浄慈慧暉章)。「旧窠」は、旧窠窟裡の略。「窠窟」は、【七―一五】注(3)を参照。

【九―四】

(1)佛成道。

*

(1)仏成道＝釈尊が、雪山山中で六年の苦行の後、十二月八日、暁の明星を見て悟った故事。しかし、この雪山悟道を言うのは禅宗のみのようで、釈尊が前世、雪山で修行したという話によるものであろう。実際は尼連禅河の畔で悟りを開いた。

【九―四―①】上平声十三元韻

蓬頭垢面入圖畫、氷雪和風檻褸翻◎。一點點開見星眼、光明照破盡乾坤◎。［此日畫像開光］

(1)蓬頭垢面《ほうとうくめん》、図画に入る、氷雪、風に和して、檻褸《らんる》翻《ひるがえ》る。(2)一点に点開す、見星《けんじょう》の眼、光明、照破す、尽乾坤《じんけんこん》。［此の日、画像(3)開光］

*

(1)蓬頭垢面入図画、氷雪和風襤褸翻＝〈蓬頭垢面が描かれ、氷や雪も、釈尊のボロ衣と一緒に風に舞っている〉。点眼をする画像を表現したもの。底本注記を参照。「蓬頭垢面」は、乱れた頭髪と垢《あか》の着いた顔。一般的な成句だが、出山仏の姿を形容して、よく仏成道の偈頌に用いられる。「襤褸」は、ぼろのきもの。／(2)一点点開見星眼、光明照破尽乾坤＝〈この筆墨一点をもって見星の眼を開く、その光明は全世界を照らす〉。／(3)開光＝仏像点眼（魂入れ）。

＊

【九―四―②】上平声十灰韻

誤将容易追高躅、髻裡鵲巢心總灰。星彩忽衝頂門眼、天關地軸打翻來。

(1)誤って容易を将《もっ》て高躅《こうちょく》を追わんとす、髻裡《けいり》の鵲巣《じゃくそう》、心、総《すべ》て灰す。(2)星彩《せいさい》、忽《たちま》ち衝く、頂門の眼、天関地軸、打翻《たほん》し来たる。

＊

(1)誤将容易追高躅、髻裡鵲巣心総灰＝〈誰もが間違って、安易な気持ちで、釈尊の雪山成道を追慕するが、釈尊は、鵲《かささぎ》が髪の毛に巣を作るほど、身心寂静の境地におられたのだ〉。「高躅」は、高尚な行為。芳躅に同意。釈尊の雪山修道を言う。「髻裡鵲巣」は、釈尊が長いこと身を動かさずに坐禅をしていたために、その頭上に鳥が巣を作ったという故事。「上堂。僧問う、『如何《いか》なるか是れ仏』。師云く、『悉達多太子』。学云く、『城を逾《こ》ゆる時は如何《いかん》』。師云く、『自ずから四天王の有る在り』。学云く、『雪山に到る時は如何』。師云く、『蘆芽、膝を穿《うが》ち、鵲、頂上に巣くう』」（『古尊宿語録』巻二十「五祖法演次住海会語録」）。この故事は、『伝灯録』巻二・第二十一祖婆修盤頭章に「賢衆《けんじゅ》、又た曰く、『汝が婦《め》、当《まさ》に二子を生むべし。一をば婆修盤頭と名づけん、則ち吾が尊ぶ所の者なり。二をば芻尼《しゅに》と名づけん〔此《ここ》には、野鵲子《やじゃくし》と云う〕。昔、如来、雪山に在《い》まして道を修せしとき、芻尼、頂上に巣くう。仏、既に成道のとき、芻尼、報いを受けて那提国の王と為《な》る』」とあるのに基づき、更には、『僧伽羅刹所集経』巻上、『大智度論』巻四などに基づく。「心総灰（心灰）」は、身心寂静の譬喩。『荘子』斉物論に「形は槁木（枯木）の如くならしむ可《べ》く、心は固《もと》より死灰の如くならしむ可きか」と。／(2)星彩忽衝頂門眼、天関地軸打翻来＝〈そして明星の光が頂門の眼を衝き開き、天地が引っ繰り返えるような悟りを得られたのだ〉。「星彩」は、星光。「頂門眼」は、摩醯首羅天《まけいしゅらてん》（大自在天）の頂門の一隻眼のことで、悟りの眼を言う。「天関地軸」は、天地の最も肝要なところ。「天関」は、北斗星。「地軸」は、大地の回転を支えていると考えられた心棒。

【九—四—③】上平声七虞韻

六載凍餒雙眼枯、暁天攬夢走塵衢。山中孤與風雲腐、又是沒量大丈夫。

＊

(1)六載の凍餒《とうだい》、双眼枯《か》る、暁天、夢を攬《か》いて、塵衢《じんく》に走る。(2)山中、孤《ひと》り、風雲と与《とも》に腐《く》ちれば、又た是れ没量《もつりょう》の大丈夫。

＊

(1)六載凍餒双眼枯、暁天攬夢走塵衢＝〈六年の苦行で両の目もつぶれ、明けの明星から夢をかき乱されて俗世に下りて来た〉。「凍餒」は、凍《こご》え餒《う》える。凍飢に同意。釈尊の六年雪山苦修を言う。「双眼枯（眼枯）」は、涙が枯れるという意味も有るが、ここでは、凡眼がつぶれて、慧眼が開いたこと。「塵衢」は、世塵の舞う道路。ちまた。／(2)山中孤与風雲腐、又是没量大丈夫＝〈もしも雪山の風雲とともに朽ち果てておれば、それこそ、比べ物もない大丈夫であったものを〉。この二句は、「三七日の中に於いて、是の如《かく》き事を思惟せり、『我が得し所の智慧は、微妙にして最第一なり。……衆生は苦に没在し、是の法を信ずること能《あた》わず。……我れは寧《むし》ろ法を説かずして、疾《すみや》かに涅槃に入らん』」と考えられた釈尊が、十方の諸仏から慰喩されて、その考えを捨て、説法を始められたこと（『法華経』方便品）を抑下托上するものだが、世に知られずに死ぬ喩えに用いる成句「草木倶腐」「草木倶朽」を踏まえたもの。「大丈夫」は、特にすぐれた男。一人前の男は、背丈が一丈であったから、丈夫と言い、その中でも特に傑出した男を大丈夫と言う。「富貴も淫すること能《あた》わず、貧賤も移すこと能わず、威武も屈すること能わず、此れ之れを大丈夫と謂う」（『孟子』滕文公下）。また、仏十号の一に、調御丈夫と。

【九―四―④】上平声十一真韻

斷髮毀形孤坐雪、一麻一麥喫艱辛。王宮貪戀目前去、曷得莊嚴尊特身。

(1)髪を断ち形を毀《こぼ》ちて孤《ひと》り雪に坐す、一《いち》麻《ま》一麦《いちばく》、艱辛《かんしん》を喫す。(2)王宮、目前に貪恋《どんれん》し去らば、曷《なん》ぞ荘厳尊特の身を得ん。

＊

＊

(1)断髪毀形孤坐雪、一麻一麦喫艱辛＝〈皇子の位を捨てて僧形となり、独り雪山に坐禅をされ、一日に一麻一麦の食で命をつなぎ、艱難辛苦に耐えられた〉。「断髪毀形」は、僧形になることを言う成句。「一麻一麦」は、一日に一麻一麦の食で命をつないだ釈尊の故事。「天神、食を進むるも受けず。天、左右をして自然に麻米を生ぜしむ。日に一麻一米を食し、以て精気を続《つ》ぎ、端坐すること六年」（『釈迦譜』釈迦降生釈種成仏縁譜第四）。禅録では、この「一米」が、次第に「一麦」に転訛してゆく。／(2)王宮貪恋目前去、曷得荘厳尊特身＝〈王宮で目さきのことに心を奪われておられたならば、どうして荘厳尊特の身を得られたであろうか〉。「荘厳尊特身」は、『金光明経文句記』巻五上に見える言葉。『金光明経科註』に「荘厳尊特身というは、報相好なり」と。

【九—四—⑤】下平声七陽韻

不遠伽耶坐軟艸、百千魔類倒鋒鋩◎。臘天梅蘂漏春去、人立風前認暗香◎。

*

(1)伽耶《がや》に遠からず、軟草《なんそう》に坐す、百千の魔類、鋒鋩《ほうぼう》を倒《さか》しまにす。(2)臘天《ろうてん》の梅蘂、春を漏らし去り、人は風前に立って暗香を認《と》む。

*

(1)不遠伽耶坐軟草、百千魔類倒鋒鋩＝〈釈尊は仏陀伽耶の吉祥草の座上で成道され、外道天魔もすべて改心した〉。「伽耶」は、釈尊成道の地、仏陀伽耶。「世尊よ。如来は太子為《た》りし時、釈の宮を出でて、伽耶城を去ること遠からず、道場に坐して、阿耨多羅三藐三菩提を成ずることを得たまえり」（『法華経』従地踊出品）。「軟草」は、吉祥草のこと。「釈提桓因《しやくだいかんいん》（帝釈）、化して凡人と為り浄軟の草を執る。菩薩、問うて言う、『汝は何等と名づく』。答う、『吉祥と名づく』。菩薩、之れを聞き、心、大いに歓喜す。『我れ不吉を破り、以て吉祥と成す』。菩薩、又た言う、『汝が手中の草、此れ得可《うべ》きや不《いな》や』。是《ここ》に於いて吉祥、即便《すなわ》ち草を授け、以て菩薩に与え、因って願を発して言う、『菩薩、道成《な》れば、願わくは先ず我れを度《すく》え』。菩薩、受け已《お》わり、敷いて以て座と為し、而して草上に結跏趺坐す、過去の仏の所坐の法の如し。而して自ら誓って言う、『正覚を成さざれば、此の座を起《た》じ』と」（『釈迦譜』釈迦降生釈種成仏縁譜第四之三）。「倒鋒鋩」は、倒戈に同意であろう。『大慧武庫』の序に「魔塁百万、風を望んで戈《ほこ》を倒《さか》しまにす」と。倒戈の原義は、敵が正義だと見て、武器を逆に向けて、味方を攻撃すること。／(2)臘天梅蘂漏春去、人立風前認暗香＝〈十二月に咲いた梅花が少しく春を告げ、風前に立つ人々は、ほのかなその香りをかいでいる〉。五山文学以来、雪中に開く梅花は、仏の成道の象徴として用いられる。「暗香」は、梅の代称でもある。【九─一─⑦】

注(1)を参照。

【九─四─⑥】上平声十一真韻

分明正覺山前事、凡聖不通鎖要津。背却脚跟當體是、寒梅枝上別尋春。

*

(1)分明なり、正覚山前《しょうがくさんぜん》の事、凡聖通ぜず、要津《ようしん》を鎖《とざ》す。(2)脚跟当体の是《ぜ》なるを背却《はいきゃく》して、寒梅枝上、別に春を尋ぬ。

*

(1)分明正覚山前事、凡聖不通鎖要津＝〈釈尊が悟られたものはありありとしているのだが、そこに到り着く渡し場は閉ざされていて、凡人も聖人も通れないでいる〉。「正覚山前事」は、釈尊の正覚の当体、引いては、人人の正覚の当体を言う。中巌円月（一三〇〇～一三七五）の『東海一漚集』巻二「覚山説」に「正覚山前の事、遠く他に求む可《べ》からず。只だ当人自《みずか》ら其の心を信ずるに在り、方寸の間を離れず」と。「正覚山」は、釈尊が摩竭陀国尼連禅河のほとりで成道する以前、正覚を得ようと赴いた山を鉢羅笈《はらぐ》菩提山と言い、その山を意訳して前正覚山と言う。その前正覚山に対して、正覚を得た地を正覚山と呼んだもので、正覚山という固有の山があるわけではない。下の句は、諸録に「鎖断（把断・坐断）要津、不通凡聖」とあり、宗師家の禅機を言うが、ここでは、釈尊の正覚の当体に到ることの困難さを言い、転結句につなげる。／(2)背却脚跟当体是、寒梅枝上別尋春＝〈自己足下が正に「正覚山」であるものを、そこに背を向けて、寒梅枝上に、自己とは別に春を求めている〉。前注に引いた「覚山説」の文章を参照。

【九―四―⑦】上平声十一真韻

可憐理路浪奔客、脚下徒喪了悟因。勿一鬼星作鏖子、如何刮膜爲諸人。

＊

(1)憐れむ可《べ》し、理路、浪奔《ろうほん》の客、脚下、徒《いたずら》に喪す、了悟の因。(2)一たび鬼星《きせい》の、鏖子《おうす》と作《な》ること勿《な》くんば、如何《いかん》ぞ膜《まく》を刮《けず》って諸人の為にせん。

＊

(1)可憐理路浪奔客、脚下徒喪了悟因＝〈憐れなことだ、理路に奔走して悟ろうとする者たちは、結局、足下にある開悟の因縁を失ってしまうのだ〉。「浪奔」は、【九―三―③】にあった「奔波」と同意であろう。奔走すること。／(2)勿一鬼星作鑿子、如何刮膜為諸人＝〈暁天の明星が、釈尊の迷いを断つ皆殺しの軍隊とならなかったならば、釈尊は、どうして、網膜をけずって（凡眼を転じて慧眼を開いて）、人を済度することが出来たであろうか〉。「鬼星」は、暁天の明星。【六―二】の「弗沙星《ふしやせい》」に同じ。「弗沙星」は、鬼宿星と意訳する。「鑿子」の「鑿」は、みなごろしの意。ここでは、「子」を付して、名詞化したもの。「刮膜」は、今で言う膈膜手術。『涅槃経』巻八に「仏言《いわ》く、『善男子よ、百盲の人の如し。目を治さんが為の故に良医に造詣す。是の時、良医、即ち金鉀を以て其の眼膜を決《さ》き、一指を以て示し問うて言く、『見ゆるや』と。盲人、答えて言く、『我れ猶お未だ見えざる』と。復《ま》た二指三指を以て之れに示す。乃《すなわ》ち言く、『少しく見ゆ』と。是れ大涅槃微妙の経典なり」と。

＊

【九―四―⑧】上平声十四寒韻

六年凍餒通身痩、捲雪風雲徹骨寒◎。榾蘖生芽二千歳、閧堂夢槁破蒲團◎。

(1)六年の凍餒《とうだい》、通身痩せたり、雪を捲く風雲、徹骨寒し。(2)榾蘖《かげつ》、芽を生ず、二千歳、閧堂《こうどう》、槁《か》るるを夢む、破蒲団《はふとん》。

＊

(1)六年凍餒通身痩、捲雪風雲徹骨寒＝〈雪を巻き降らせる風雲の寒さは骨にまで徹し、六年、凍《こご》え餒《う》えて、全身、痩せ細っている〉。「凍餒」は、③偈にもあった。／(2)禍蘖生芽二千歳、闔堂夢槁破蒲団＝〈禍《わざわ》いの蘖《ひこばえ》は、二千年このかた芽を出し続け、満堂の学人は、破れ蒲団の上で、その芽が枯れることを夢みている〉。「禍蘖」は、成道を遂げて、今なお法を説く釈尊。釈尊さえ成道しなければ、苦しい臘八摂心などせずにすむものをという句意だが、もちろん抑下で、満堂の学人は、よく臘八摂心に励んでいるということ。

【九―四―⑨】上平声十一真韻

實成久遠無量劫、多認六年論苦辛。衲被蒙頭總休罷、東溟日日湧紅輪。

＊

(1)実成《じつじょう》久遠《くおん》無量劫《むりょうごう》、多くは六年を認《と》めて苦辛を論ず。(2)衲被蒙頭《のうひもうとう》、総《すべ》て休罷《きゅうは》す、東溟《とうめい》、日日《にちにち》、紅輪を湧《のぼ》す。

＊

(1)実成久遠無量劫、多認六年論苦辛＝〈釈尊は久遠の過去世から成仏されておられたが、多くの者は、雪山山中での六年の苦行を論じるばかりだ〉。上の句は、釈尊の正覚は、今世の修行によるものではなく、無量劫の久遠の過去世から成仏されていたということ。「一切世間の天・人、及び阿修羅は、皆、今の釈迦牟尼仏は、釈氏の宮を出でて、伽耶城を去ること遠からず、道場に坐して、阿耨多羅三藐三菩提を得たりと謂《おも》えり。然《しか》るに善男子よ、我れは実に成仏してより已来《このかた》、無量無辺百千万億那由他劫なり」（『法華経』如来寿量品）。／(2)衲被蒙頭総休罷、東溟日日湧紅輪＝〈頭から袈裟をかぶって一切の思量をやめてみよ、東の海には、毎朝、太陽が昇っておる〉。上の句は、『碧巌録』八十則本則評唱に「古人（石頭和尚草庵歌）道《いわ》く、『衲被蒙頭、万事休す、此の時、山僧、都《すべ》て会《え》せず』と。若し能《よ》く此《かく》の如くならば、方《まさ》に少分の相応有らん」と。

【九―五】下平声一先韻

開山和尚本師五山四住廣智國師三百五十年忌香語。　［寳永七庚寅十二月十一日］

五山四住大禪佛、智廣道高滿九天◎。分付嶽翁餘懿德、綿綿三百五十年◎。

＊

開山和尚本師[1]、五山四住広智国師三百五十年忌の香語。［宝永七 庚寅《かのえとら》（一七一〇）十二月十一日］

五山四住の大禅仏、智広く道高うして九天に満つ。岳翁に分付して懿徳《いとく》を余《のこ》して、綿綿たり三百五十年。

＊

(1)開山和尚本師……＝大光寺開山岳翁長甫の本師、乾峰士曇の三百五十年忌の香語。乾峰士曇は、【八―五】注(5)を参照。開山の岳翁長甫は、初め山城の安養寺に住し、建武二年（一三三五）、日向郡主田島祐聡《すけさと》が大光寺を開創し、開山に請せられ、同地に興聖寺・大乗寺など六ケ寺を開いた。康安二年（一三六二）八月二日示寂。世寿不詳。『延宝伝灯録』巻十三に立伝。

【九—六】下平声五歌韻

奉追挽三住妙心前黄龍梁巖大和尚。

黄龍窟裡浴洪波、毒氣使人愁轉多。手澤猶新衛宗語、幾回拜讀涙滂沱。［尊簡有望公於衛宗語］

＊

(1)三住妙心前黄龍梁巌大和尚を追挽し奉る。

＊

(2)黄龍窟裡、洪波に浴す、毒気、人をして、愁い転《うた》た多からしむ。(3)手沢《しゅたく》、猶お新たなり、衛宗《えいしゅう》の語、幾回《いくたび》か拝読して、涙滂沱《ぼうだ》たり。［尊簡に「公に衛宗を望む」の語有り］

(1)三住妙心前黄龍梁巌大和尚＝梁巌志湛。黄龍山慈光寺（徳島市福島町）の第七世。前住南山祖団の法嗣として、延宝五年（一六七七）九月、前堂転位。妙心寺第二六九世。古月が、二十三歳の時に参じた師。「元禄二年己巳《つちのとみ》（一六八九）。師、二十三歳。阿州慈光寺の湛梁巌の炉鞴《ろはい》、最も熾《さか》んなるを聞き、径《ただ》ちに往きて陶鋳《とうちゅう》を受く」（『伝記』）。／(2)黄龍窟裡浴洪波、毒気使人愁転多＝〈黄龍山で大和尚のご指導を受けましたが、私は殺されてしまうのではないかと、心配でなりませんでした〉。／(3)手沢猶新衛宗語、幾回拝読涙滂沱＝〈いま書かれたが如き、大和尚の「公に衛宗を望む」のお言葉、いくたびか、涙を流しながら拝読したことでしょうか〉。「手沢猶新」は、『書経』の序に「手沢尚新」と見える。「手沢」の原義は、手垢・手汗。転じて、先人の遺墨や遺品を言う。ここでは、底本注記の通り、梁巌和尚からの書簡。「衛宗」は、衛宗弘法などと熟す。「涙滂沱」は、涙がとめどもなく流れるさま。『詩経』国風・陳風・沢陂に「寤寐《ごび》にも為《な》す無く、涕泗《ていし》滂沱たり（覚めても寝ても泣くばかり）」と。

【九―七】上平声一東韻

重創多福塔安二祖師尊像。［辛卯二月朔日］

磉盤掇轉洪基固、千歳猶看祝祖風。普福群霊《サイワヒシテ》多懿勳、法雨施來灑堯穹。

＊

重ねて(1)多福塔を創《はじ》め、二祖師の尊像を安ず。［辛卯《かのとう》の二月朔日］

(2)磉盤《そうばん》、掇転《てつてん》して、洪基《こうき》固《かた》し、千歳、猶お看る、祖風を祝すことを。(3)普《あまね》く群霊に福《さいわ》いして懿勳《いせき》多し、法雨、施し来たって、堯穹《ぎょうきゅう》に灑《そそ》ぐ。

＊

(1)重創多福塔安二祖師尊像＝『伝記』宝永八年辛卯（一七一一）の条に「大光寺の開山堂〈多福塔と曰い、乾峰・岳翁の木真を安置す〉を再興す」と。宝永八年は、四月二十五日に正徳に改元。／(2)磉盤掇転洪基固、千歳猶看祝祖風＝〈礎石も交換されて土台も堅固である、千年の後もなお祖風を祝しておろう〉。「磉盤」は、柱の下の礎石。「掇転」は、取り換えること。「洪基」は、大きな事業の土台。／(3)普福群霊多懿勳、法雨施来灑堯穹＝〈普く多くの人々の魂を助けて善美ないさおは多く、法雨を高い天にそそいでいる〉。「懿勳」は、懿績に同意。うるわしいいさお。「堯穹」は、高天。

【九―八】下平声七陽韻

頑禪人彫刻大日如來尊像請開光偈以示之。

光明寂照十方界、情識空來是道場。能所禮瞻體無二、茅檐雨霽樹蒼蒼。

＊

(1)頑禅人、大日如来の尊像を彫刻して(2)開光を請《こ》う、偈を以て之れに示す。

(3)光明寂照十方界《こうみようじやくしようじつぽうかい》、情識、空じ来たる、是れ道場。(4)能所礼瞻《らいせん》体無二、茅檐《ぼうえん》、雨霽《は》れて、樹蒼蒼。

＊

(1)頑禅人＝人物不詳なるも、【八―四】の「本寺請蔵記」に「参徒の但州の頑禅人」と出る人物。／(2)開光＝仏像点眼（魂入れ）。／(3)光明寂照十方界、情識空来是道場＝〈光明は寂《しず》かに十方界を照らしている、思慮分別を空尽したはたらきこそが仏道にかなっている〉。上の句は、諸経、特に『法華経』薬王菩薩本事品の「光明照十方」を七字句にしたもの。「容顔甚《はなは》だ奇妙にして、光明、十方を照らしたまう。我れ適曾《むかし》供養し、今復還《ま》た親しく観《まみ》ゆ」。この『法華経』の偈文は、「讃仏偈」として唱えられる。／(4)能所礼瞻体無二、茅檐雨霽樹蒼蒼＝〈頂礼瞻仰するものとされるものとは一体無二、茅葺きの檐《のき》は雨も晴れ、洗われた木々が青々としている〉。「能所」は、能（主観）と所（客観）。

【九―九】入声十三職韻

贊初祖肖像并引。

祖師西來、直指人心。無煩惱可除、無菩提可求。箇箇圓成、間不容髪。自徳宗然居士、圖祖師肖像丐贊辭。你發一念心、欲圖肖像的是何也。際斷前後、直點開一隻眼。信男即祖師、祖師即信男、無二無別也。何贅贊辭。然事無一向。呼毫書。

廓然無聖、還云不識。不識尤親、動靜語默。

＊

初祖の肖像に賛す、并《なら》びに引《いん》(1)。

祖師西来、直指人心。煩悩の除く可《べ》き無く(2)、菩提の求む可き無し。箇箇円成《こここえんじょう》(3)、間《かん》(4)に髪《はつ》を容《い》れず。自徳宗然居士(5)、祖師の肖像を図《えが》いて賛辞を丐《こ》う。你《なんじ》、一念心を発《おこ》して、肖像を図《えが》かんと欲する的、是れ何ぞ。前後を際断して(6)、直《じき》に一隻眼《いっせきげん》(7)を点開せよ。信男即祖師、祖師即信男、無二無別なり。何ぞ賛辞を贅《ぜい》せん。然《しか》れども事に一向無し(8)。毫《ごう》(9)を呼んで書す。

廓然無聖《かくねんむしょう》(10)、還《ま》た云う、不識と。識《し》らざる(11)、尤《もっと》も親し、動静語黙。

＊

(1)引＝文体の名。序文に似たもの。／(2)無煩悩可除、無菩提可求＝『人天眼目』巻二に「仏と衆生と同一体性。本《も》と修証無く、本と得失無し。無煩悩可断、無菩提可求」と。／(3)箇箇円成＝誰もが仏性を欠けることなく、円《まど》かに具えているということ。「所以《ゆえ》に道《い》う、『乾坤の内、宇宙の間、中に一宝有って、形山に秘在す』と。大意、人人具足箇箇円成なることを明かす」(『碧巌録』六十二則本則評唱)。／(4)間不容髪＝〈髪の毛一本も入る透き間がない〉。後文にある「信男即祖師、祖師即信男」ということ。／(5)自徳宗然居士＝【八―三】の「書写大般若記」に「田村氏宗然居士」と出る人物。「上中小路町田村氏惣兵衛法名自徳宗然居士」(大光寺文書「大般若経第一巻末の奥書」)。／(6)際断前後＝前際(過去)と後際(未来)とを截断し、絶対の今に生きるということ。開悟の当処を言う言葉に用いられる。「師、言下に於いて、忽然として前後際断す」（『五灯会元』巻十九・大慧宗杲章）。／(7)一隻眼＝摩醯首羅天《まけいしゅらてん》（大自在天）の頂門の一隻眼。悟りの眼を言う。／(8)事無一向＝禅録頻出語で、既に【七―一二】に用いられている。物事は一すじ道だけでは片づかないという意。／(9)呼毫＝筆を執ることを言う詩的な表現。／(10)廓然無聖、還云不識＝「梁の武帝、達磨大師に問う、『如何《いか》なるか是れ聖諦第一義』。磨云く、『廓然無聖』。帝曰く、『朕に対する者は誰そ』。磨云く、『不識』。帝、契《かな》わず。達磨、遂に江を渡って魏に至る」（『碧巌録』一則本則）。／(11)不識尤親、動静語黙＝「不識尤親」は、禅語の「不知最親切（不知こそ最も仏道にかなっている）」に同意。『禅林句集』（『大慧録』巻十）に「達磨は禅を会《え》せず、夫子は字を知らず」と。動静語黙、一切時中、禅のど真ん中におれば、いわゆる禅などは知らないということ。

【九―一〇―①】下平声十一尤韻

開山嶽翁忌三百五十年。［正徳元年辛卯］

蹈著乾峰活路頭。一條主丈立徽猷。凜然風采貫今古、錦葉飽霜八月秋。

＊

(1)開山岳翁忌三百五十年。［正徳元年 辛卯《かのとう》（一七一一）］

(2)乾峰の活路頭を蹈著《とうじやく》して、一条の主丈《しゆじよう》、徽猷《きゆう》を立す。(3)凜然《りんぜん》たる風采、今古を貫く、錦葉、霜に飽《あ》く、八月の秋。

＊

(1)開山岳翁……＝大光寺開山、岳翁長甫。康安二年（一三六二）八月二日示寂。【九―五】注(1)を参照。次偈以下には題がないが、毎歳の岳翁忌の法語と思われる。後出【九―四四】にも二偈を収めている。／(2)蹈著乾峰活路頭、一条主丈立徽猷＝〈乾峰の活路頭を踏み歩き、その一本の拄杖は大道を立てた〉。「乾峰」は、岳翁の本師、乾峰士曇。【八―五】注(5)を参照。「主丈」は、拄杖に同じ。「徽猷」は、立派な教え、大道。／(3)凜然風采貫今古、錦葉飽霜八月秋＝〈その凜々《りり》しい風采は今古を貫き、八月中秋、楓《かえで》の葉は霜を経て美しく染まっている〉。「貫今古」は、古今常住ということ。下の句は、その消息。

*

【九―一〇―②】上平声八斉韻

不須禹力逞功業、一派龍淵流向西。灵骨而今何處覓、連天白浪更淒淒。

*

(1)禹力《うりき》の、功業を逞《たくま》しうすることを須《もち》いず、一派の龍淵、流れて西に向かう。(2)霊骨、而今《いま》、何《いず》れの処にか覓《もと》めん、連天の白浪、更に淒淒《せいせい》。

*

(1)不須禹力逞功業、一派龍淵流向西＝〈禹王の治水事業などは必要ない、龍淵から流れ出た一派は西に向かうのだ〉。「禹力逞功業」は、夏の禹王が治水を行ない、九州四海を治めたこと。『書経』禹貢の序に「禹は土を敷《し》き山を随《こぼ》ち木を刊《き》り、高山大川を奠《さだ》む」と。「一派龍淵」は、無準師範下の一派ということ。「龍淵」は、中国径山万寿寺の方丈、龍淵室のことで、ここでは、万寿寺で禅風を振るった無準師範を指す。無準師範―東福円爾―南山士雲

―乾峰士曇―岳翁長甫の法系。この二句全体は、諸録に見える「禹力到らざる処、河声流れて西に向かう」の句に基づく。禹王が治水した河川は、以後すべて東に流れたが、その力が及ばなかった河川は、依前として西に流れているという句意。この二句は、もと、周朴の「董嶺水」詩（『全唐詩』巻六七三）。／(2)霊骨而今何処覓、連天白浪更凄凄＝〈今、開山の霊骨をどこに求めようか、天に連なる白浪がいよいよすさまじい〉。開山の遺偈を踏まえたもの。遺偈は、⑥偈の注(2)に引いた。

【九―一〇―③】上平声十一真韻

迅雷鳴道印梁上、自國金文掲又新。大寂光中絶來去、無爲徳庇幾秋春。［此日揚自國寶殿之額］

＊

(1)迅雷《じんらい》、道を鳴らして、梁上に印す、自国の金文、掲げて又た新たなり。(2)大寂光中、来去を絶す、無為の徳庇、幾秋春ぞ。［此の日、自国宝殿の額を揚ぐ］

＊

(1)迅雷鳴道印梁上、自国金文掲又新＝〈激しい雷鳴が開山の道徳を鳴らして梁《はり》の上に映るなか、この日かかげる自国宝殿の額字はいっそう新しい〉。「自国金文」は、「自国宝殿」（現存）の額字。乾峰士曇の書と伝わる。自国宝殿は、大光寺の堂宇の一で、天文十一年（一五四二）ごろの建築遺構と推定されている。内部正面には、現在、開山岳翁長甫像が安置されているが、かつては、雲に乗って中国五台山に渡海する騎獅文殊菩薩像と四体の脇侍像が安置されており、そのために、「文殊堂」とも呼ばれている。その額の裏面陰刻銘に「正徳四甲午天（一七一四）

／八月二日／四十二代古月揭之」とある。／(2)大寂光中絶来去、無為徳庇幾秋春＝〈大寂光中は不生不滅、いく年月も無為の徳庇をこうむるであろう〉。「大寂光」は、ここでは、乾峰士曇や岳翁長甫の大寂定（大涅槃）から発せられる智慧の光明。「来去」は、生滅去来。

*

【九―一〇―④】上平声十五刪韻

透出竜門三級浪、拏雲攫霧動禪關。忌辰今日存餘烈、秋雨滂沱洗萬山。

(1)龍門三級の浪を透出して、雲を拏《ひこずら》い霧を攫《つか》んで禅関に動ず。(2)忌辰今日、余烈《よれつ》を存す、秋雨、滂沱《ぼうだ》として、万山を洗う。

*

(1)透出龍門三級浪、拏雲攫霧動禅関＝〈龍門三級の浪を透出し、雲霧をつかむ龍となって禅林に躍動した〉。この二句は、【五―二】注(2)を参照。／(2)忌辰今日存余烈、秋雨滂沱洗万山＝〈忌辰の今日、開山の遺徳はそこにあり、秋雨が激しく降って山々を洗っている〉。「余烈」の「烈」は、功績・功業の義であるが、「はげしい」の意を活かして、次に「滂沱」と用いた。「秋雨」は、岳翁和尚の忌日八月二日に降る中秋の雨。「滂沱」は、雨が激しく降るさまでもあるが、涙がとめどもなく流れるさまでもある。【九―六】注(3)を参照。

【九一一〇―⑤】下平声一先韻

慧日分輝傳佛日、群昏爍破九州天。劣孫強效魯陽術、法戰一場建彩旃。

*

(1)慧日、輝きを分かちて、仏日に伝う、群昏、爍破《しやくは》す、九州の天。(2)劣孫、強《し》いて効《なら》う、魯陽の術、法戦一場、彩旃《さいせん》を建つ。

*

(1)慧日分輝伝仏日、群昏爍破九州天＝〈慧日はその輝きを仏日に分け伝え、仏日は九州の天に爍《かがや》き、衆生の闇夜は照らされた〉。上の句は、乾峰士曇の法が、開山に伝わったこと。「慧日」は、東福寺の山号。「仏日」は、大光寺の山号。「群昏」は、昏然無知の衆生。／(2)劣孫強効魯陽術、法戦一場建彩旃＝〈劣孫は強いて魯陽の術を真似して、法戦一場、美しい旗を立てた〉。「劣孫」は、ここでは、古月の自称。「魯陽術」は、戦国の魯陽が、沈みかけた日を呼び戻したという「魯陽の戈《ほこ》」と呼ばれる故事。故事は、【一】注(3)に引いた。開山の已墜の宗風を再興せんとすることを、仏日に掛けて、魯陽の故事を用いたもの。「彩旃」は、彩《いろど》った旃《はた》。法要等の時、門前に掲げる旗を戦旗に見立て、かつ美しく言ったものであろう。

*

【九一一〇―⑥】上平声十四寒韻

點著竜淵涓滴水、青天接海鼓波瀾。威音前句流通去、雲霧爲誰擁翠巒。

*

(1)龍淵涓滴《けんてき》の水を点著して、青天、海に接して、波瀾を鼓す。(2)威音前の句、流通《るづう》し去る、雲霧、誰が為にか、翠巒《すいらん》を擁す。

＊

(1)点著龍淵涓滴水、青天接海鼓波瀾＝〈無準師範から的々相承された法を得て、日向灘に面する大光寺で勝れた説法をされた〉。「龍淵」は、②偈の注(1)を参照。「涓滴水」は、一滴水。六祖慧能から的々相承された法を「曹源一滴水」と言うのに同じ。「青天接海」は、空と海との見さかいがつかないということ。次注に引いた開山の遺偈に照らせば、天地開闢以前という意になる。「波瀾」は、詩や文章の勢いがきわだっている譬喩に用いる。／(2)威音前句流通去、雲霧為誰擁翠巒＝〈「威音已前」の句は敷衍している、雲や霧は誰のために青々とした山を抱き抱えているのだ〉。「威音前句」は、開山の遺偈を言う。「康安二年八月二日、疾《やまい》を示し、衆を集めて垂誡し、偈を書して曰く、『虚空、地に落ち、大海、天に連なる。月、西岳に帰る、威音已前』と。筆を置いて趺坐して化す。諸徒、塔を樹《た》てて多福と曰う」(『延宝伝灯録』巻十三)。「威音前」は、天地開闢以前。「虚空、地に落ち、大海、天に連なる」世界。「威音」は、『法華経』常不軽菩薩品に見える過去久遠劫最初出現の仏。

＊

【九―一二】

賛臨濟和尚。

臨済和尚に賛す。

＊

【九―一一―①】上声二十七感韻

知黄檗老婆心、驢鞍橋作下頷。瞋拳熱喝瞞人、鐵面皮斗肝膽。

＊

黄檗[1]の老婆心を知り、驢鞍橋《ろあんきょう》を下頷《あがん》と作《な》す。瞋拳熱喝《しんけんねっかつ》[2]、人を瞞ず、鉄面皮《てつめんぴ》、斗肝胆《とかんたん》。

＊

(1)知黄檗老婆心、驢鞍橋作下頷＝大愚のもとで、「元来、黄檗の仏法多子無し」と悟った臨済を抑下托上するもの。上の句は、『臨済録』行録の初めを参照。下の句は、諸録に見える「驢鞍橋を認《と》めて阿爺《あや》の下頷と作《な》す」の略。戦場の焼けた驢馬の鞍橋《くらぼね》を、戦死した父親の顎《あご》の骨と間違えること。とんでもない取り違え。【七―一一】にあった「認魚目為明珠」と同意の譬喩だが、ここでは、親爺の骨も、驢馬の鞍ほどにしか見ていないという、臨済の大機大用を言うもの。／(2)瞋拳熱喝＝臨済の機用を表わす語で、臨済の肖像は、多くこの形相で描かれる。余談になるが、臨済の肖像が、目をみはり、拳を堅く握っている姿で描かれるのは、宋の大慧宗杲の時に始まると言う。『雲臥紀談』巻上に、雪竇の持（象田卿公の法嗣）が、径山の大慧を訪ね、大慧と雪竇と「相与《あいとも》に画工が臨済の像を図《えが》くを観る次《おり》、持、且つ其の本《モデル》を伝えんと欲す。大慧、為に肘を揎《かか》げ拳を竪《つ》くの勢《すがた》を作《な》さしむ。……其の後、諸方に頂相を画くこと有れば、顰《ひそみ》に效《なら》って、肘を露《あら》わし拳を握るの状を作《な》す」と。この臨済像もそのような形相なのであろう。／(3)鉄面皮斗肝胆＝「鉄面皮」は、『五家正宗賛』序に「鉄面皮を翻《ひるがえ》せば、爺《や》も也《ま》た識《し》らず」と。親のあることも知らないような不敵な面魂を言う。「斗肝胆」は、一斗ますのように大きなきもだま。「斗肝」と「斗胆」とを合わせた、古月の造語。

【九―一一―②】下平声一先韻

大法當初滅却了、瞎驢隊隊錯其傳。一喝機前怒雷走、春回八百五十年。

正徳六丙申孟陬十日、丁八百五十年之遠忌、劣孫三十七世古月禪材焚香拜贊。［大光什具］

＊

(1)大法、当初《そのかみ》、滅却し了《お》わる、瞎驢《かつろ》隊隊、其の伝を錯《あやま》る。(2)一喝機前、怒雷《どらい》走る、春は回《めぐ》る八百五十年。
正徳六丙申孟陬《ひのえさるもうすう》（正月）十日、八百五十年の遠忌に丁《あ》たり、劣孫三十七世古月禅材、香を焚いて拝賛す。［(3)大光の什具］

＊

(1)大法当初滅却了、瞎驢隊隊錯其伝＝〈臨済の大法は、あの時、滅《ほろ》んだはずだが、瞎驢の群隊が、誤って伝えている〉。臨済の児孫（瞎驢隊）が、よくその法を伝えていることを抑下托上したもの。「師、遷化に臨む時、拠坐《こざ》して云く、『吾が滅後、吾が正法眼蔵を滅却することを得ざれ』。三聖、出でて云く、『争《いか》でか敢えて和尚の正法眼蔵を滅却せん』。師云く、『已後《いご》、人有って你《なんじ》に問わば、他に向かって什麼《なん》とか道《い》わん』。三聖、便ち喝す。師云く、『誰か知らん、吾が正法眼蔵、這《こ》の瞎驢辺に向《お》いて滅却することを』。言い訖《お》わって、端然として示寂す」（『臨済録』行録）。／(2)一喝機前怒雷走、春回八百五十年＝〈一喝すら吐かない前に激しい雷鳴がとどろき、八百五十年目の春がめぐり来た〉。「一喝機前」は、不動の画像であるがゆえの表現。／(3)大光什具＝この臨済像は、大光寺に現存（『大光禅寺』図版15）。絵は、狩野法橋永諄。

【九―一一―③】上声二十五有韻

迅雷掣電機何遄、擬覓蹤由剣去久。◎畫不就兮描不成、可憐末裔作窠臼。◎

＊

(1)迅雷掣電《じんらいせいでん》、機、何ぞ遄《すみ》やかなる、蹤由《しょうゆう》を覓《もと》めんと擬せば、剣去って久し。(2)画《えが》けども就《な》らず、描《えが》けども成《な》らず、憐れむ可《べ》し、末裔の、窠臼《かきゅう》を作《な》すことを。

＊

(1)迅雷掣電機何遄、擬覓蹤由剣去久＝〈稲妻が走るが如き迅速な禅機、あとかたを尋ねようとしても早や手遅れ〉。「遄」は、速の義。「剣去久」は、禅録頻出語の「剣去って舟《ふなばた》を刻む」。『呂氏春秋』巻十五の八「察今」に載る故事で、舟の上から、川の中に剣を落としたからと、舷《ふなばた》にしるしを刻み、落とした場所の目印として、その間に舟が動くことも知らずに剣を求めた愚か者の話。【六―二】にある「株《くいぜ》を守って兎《と》を待つ」と対で用いられることもある。／(2)画不就兮描不成、可憐末裔作窠臼＝〈どうしても描けないものだから、可愛そうに、末裔たちは、おさだまりの臨済像を描くしかない〉。上の句は、『無門関』二十三則頌に「描不成兮画不就」と。ここの「窠臼」は、紋切型の意。この像も、瞋拳熱喝の姿なのであろう。①賛の注(2)を参照。

【九―一一―④】下平声一先韻

瞋拳驚走佛祖、熱喝雷霆旱天。◎咄白拈之渠魁、贓證及八百年。◎

＊

(1)瞋拳《しんけん》、仏祖を驚走せしめ、熱喝《ねつかつ》、旱天《かんてん》に雷霆《らいてい》す。(2)咄《とつ》、白拈《びやくねん》の渠魁《きよかい》、贓証《ぞうしよう》、八百年に及ぶ。

＊

(1)瞋拳驚走仏祖、熱喝雷霆旱天＝〈その瞋拳は仏祖でさえ恐れて逃げ去り、その熱喝は旱《ひでり》の空に雷鳴をとどろかせる〉。「瞋拳」「熱喝」は、①賛の注(2)を参照。／(2)咄白拈之渠魁、贓証及八百年＝〈コラッ、昼盗人《ひるぬすつと》のおやだま、盗みの証拠が上がってから八百年だ〉。「咄」は、叱咤の声。「白拈」は、白拈賊の略。【九─一一─①】注(1)を参照。

【九─一二】上平声十一真韻

賛渡江達磨。

支竺州得他憎、一葦航梁魏濱。忽朝被神光瞞、漫呼爲得髓人。

＊

(1)渡江達磨に賛す。

(2)支竺州《しじくしゆう》、他の憎みを得て、一葦《いちい》もて梁魏《りようぎ》の浜に航《わた》る。(3)忽朝《こつちよう》、神光に瞞ぜられて、漫《みだ》りに呼んで得髄の人と為《な》す。

＊

(1)渡江達磨＝梁の武帝と機縁かなわず、揚子江に蘆葉を浮かべて魏に渡る達磨。「蘆葉達磨」とも言うが、この伝説は、五灯類には載せない。『五家正宗賛』巻一・達磨伝に「遂に蘆を折って江を渡り少林に至る」とあるが、『仏祖統紀』巻三十八・大通元年に「師遂渡江入魏〔円悟云く、後人伝えて、折蘆渡江と。未だ所出を詳《つまび》らかにせず〕」

とあるように、根拠は分からない。一葦で河を渡るという表現は、『詩経』国風・衛風・河広に「誰か謂《い》わん、河《か》（黄河）は広しと、一葦もて杭《わた》らん（誰謂河広、一葦杭之）」とあり、「蘆葉達磨」の伝説は、この詩句から創作されたもののようにも思えるが、もちろん訓注者の愚考である。『詩経』の「一葦」は、一束の葦。葦舟《あしぶね》のこと。ここから、「一葦」は、小舟の譬喩に用いられる。／(2)支竺州得他憎、一葦航梁魏浜＝〈天竺でも支那でも人から嫌われ、いてもたってもおられず、蘆葉を浮かべて梁から魏に渡った〉。「得他憎」は、「得人憎」で、禅録に頻出する。人から嫌われること。インドで六宗を論破したことや（【九―三―②】注(1)を参照）、梁の武帝と機縁がかなわなかったこと（【九―九】注(10)を参照）などを抑下して言う。下の句は、前注を参照。／(3)忽朝被神光瞞、漫呼為得髄人＝〈するとたちまち、神光に目をくらまされて、深い思慮もないまま、得髄の人などと呼んでしまった〉。嵩山で慧可を得たことを抑下して言う。「忽朝」は、たちまち、突然にの意。「被神光瞞」の「神光」は、達磨に参じる前の慧可の旧名だが、単に「慧可からだまされた」ではなく、「神光という光に目をくらまされた」という表現。「得髄」は、慧可が達磨の髄を得た「達磨皮肉骨髄」。「（達磨）越《ここ》において九年、天竺に返らんと欲す。門人に命じて曰く、『時、将《まさ》に至らんとす。汝等、盍《なん》ぞ各おの所得を言わざる』。（道副、尼総持、道育がそれぞれ答え）最後に慧可、礼拝して、位に依って立つ。祖曰く、『汝は吾が髄を得たり』」（『五灯会元』巻一・菩提達磨章）。

【九―一三】

達磨見武帝像賛。

＊

(1)達磨、武帝に見《まみ》ゆる像の賛。

(1)達磨見武帝＝【九―九】注⑽を参照。

＊

【九―一三―①】上平声六魚韻

可憐武帝問頭親、大小老胡答處疎。叵耐《シ》湖山烟霞外、一輪桂月滿清虚。

(1)憐れむ可《べ》し、武帝、問頭の親《しん》なることを、大小の老胡、答処《たつしょ》、疎《そ》なり。(2)叵耐《たえがた》し、湖山烟霞の外、一輪の桂月、清虚《せいきょ》に満つ。

＊

(1)可憐武帝問頭親、大小老胡答処疎＝〈可愛そうに、武帝は、「如何《いか》なるか是れ聖諦第一義」と、仏法そのものを問うたのに、達磨ともあろうものが、「廓然無聖」などと、的はずれな答えしか言えなかった〉。「親」「疎」は、仏法に近い（親）、遠い（疎）。「大小」は、さすがの……も、……ともあろうものがの意。「大小大」とも言う。「老胡」は、世尊を言うこともあるが、ここでは、達磨。【八―二】注⑺を参照。／(2)叵耐湖山烟霞外、一輪桂月満清虚＝〈湖山烟霞の外、清虚に満つる一輪の桂月を見ていると、不毛に終わった、達磨と武帝との相見が、何ともうらめしい〉。「叵耐」は、叵耐とも書き、「ほない」と読むが、今は、底本送り仮名の「シ」に従った。意味は、訓読の通り。「湖山烟霞外」以下は、この達磨見武帝像の図柄によるもの。

【九―一三―②】入声十三職韻

不識與廓然、彫文却喪德。梁王全大機、駆逐支那國。

＊

(1)不識《ふしき》と廓然《かくねん》と、文を彫《え》って却って徳を喪す。(2)梁王、大機を全《まつた》うせば、支那国を駆逐せん。

＊

(1)不識与廓然、彫文却喪徳＝〈達磨は「不識」とか「廓然無聖」とか言って、武帝本具の仏性を迷わせてしまった〉。下の句は、諸録に見える「玉本無瑕、雕文喪徳」「皓玉無瑕、彫文喪徳」の略。もともとキズのない玉に彫刻を施すと、却ってその本来の美しさを損ねてしまうという意。宋代の俗諺か、典拠を明らかに出来ない。／(2)梁王全大機、駆逐支那国＝〈梁の武帝が大機を発揮しておれば、達磨を中国から追い払えたものを〉。

【九―一四】下平声九青韻

賛達磨。

一葦輕航梁魏海、白雲萬頃眼初青。惜哉雪裡著家賊、斷臂血紅汚半庭。

＊

達磨に賛す。

(1)一葦《いちい》、軽く梁魏《りようぎ》の海に航して、白雲万頃《ばんけい》、眼、初めて青し。(2)惜しい哉《かな》、雪裡、家賊に著し、断臂、血紅《ちくれない》にして、半庭を汚す。

＊

(1)一葦軽航梁魏海、白雲万頃眼初青＝〈蘆葉を浮かべて梁から魏に渡り、遠い白雲を越えて、目はやっとやわらいだ〉。上の句は、【九―一二】の注(1)を参照。「眼初青（青眼）」は、白眼に対する語で、親愛の目付き。／(2)惜哉雪裡著家賊、断臂血紅汚半庭＝〈しかし惜しいことに雪の中で慧可という賊人に出逢い、その断臂の紅の血で、庭のなかばは汚されてしまった〉。慧可立雪断臂を頌す。「家賊」は、家庭内部の賊人。禅では自己内心の煩悩妄想に譬えることもあるが、ここでは、慧可を抑下して言うもの。

【九―一五】下平声一先韻

本師一道和尚十七回拙語。

篭箄無端徒屈我、冤雠入骨哭蒼天。拈來一箇崑崙耳、穿却孃生鼻半邊。

＊

(1)本師一道和尚十七回の拙語。

(2)籠箄《ろうとう》、端《はし》無く、徒《いたずら》に我れを屈す、冤雠《えんしゅう》、骨に入って、蒼天《そうてん》と哭す。(3)拈じ来たる、一箇の崑《こん》崙《ろん》耳《に》、穿却《せんきゃく》す、嬢生《じょうしょう》の鼻半辺。

＊

(1)本師一道和尚十七回＝古月の本師、一道禅棟。元禄八年（一六九五）七月四日示寂。松巌寺第四世、後に大光寺第四十世。十七回忌は、正徳元年（一七一一）に当たる。／(2)篭箄無端徒屈我、冤雠入骨哭蒼天＝〈魚を捕る

カゴで、いわれもなく私をとらえ引き留めた、そのうらみは骨身に徹し、天を仰いで泣き悲しんだのだ〉。一道に出家得度させてもらい、今、その遠諱を修行する有り難さを、怨みの言葉で表現する。「籠箄」は、「籠罩」に同じ。魚を捕るカゴ。身心を束縛されて自由を得ないことに喩える。「無端」は、いわれもなく、はからずもなどの意。「冤讎」は、あだ、うらみ。【九―一九】注(4)を参照。「哭蒼天」は、「蒼天蒼天」と叫ぶこと。『諸録俗語解』【蒼天蒼天】に「『かなしや、かなしや』と訳す。『南無天道さま』と云う意なり。告ぐるところなきゆえ、天に向かって歎くなり」と。／(3)拈来一箇崑崙耳、穿却孃生鼻半辺＝〈今、一片の香を焚き、あなたの本来の面目に届けます〉。「崑崙耳」は、香木の名であるが、ここでは、香の代名詞。「大甲香の崑崙耳の如くなる者を取って、酒をもって煮、蜜をもって熬《い》って、諸香等に入れて用ゆ」（『四時纂要』）。黄山谷の「江南の帳中香を恵む者有り、戯《たわむ》れに六言を答う二首」詩の第二詩に「螺甲《らこう》は崑崙耳を割《さ》き、香材は鷓鴣斑《しやこはん》を屑《けず》る」と。「孃生鼻半辺」は、【六―一】の「孃生之鼻孔」と同意で、本来の面目の譬喩。五山文学の龍山徳見の「徳山」賛（『黄龍十世録』）に「紙灯忽《たちま》ち滅して全体を喪す、救い得たり、孃生の鼻半辺」と。この賛辞は、龍潭崇信に紙燭を吹き消されて忽然大悟した徳山宣鑑を頌すもの。

【九―一六】下平声七陽韻

同二十五回忌。　［是年結冬百五十人餘］

一器由來傳一器、不牽涓滴沒商量。傾翻湖海張恩澤、自識派分流亦長。

＊

(1)同二十五回忌。　［是の年、結冬、百五十人余］

(2)一器、由来、一器に伝う、涓滴《けんてき》を牽《ひ》かず、没商量《もつしようりよう》。(3)湖海を傾翻《けいほん》して恩沢を張らす、自《おの》ずから識《しん》す、派分かれ、流れ亦た長きことを。

＊

(1)同二十五回忌。〔是年結冬百五十人余〕＝享保四年（一七一九）に当たる。【六―三】注(1)を参照。／(2)一器由来伝一器、不牽涓滴没商量＝〈本師和尚が、一滴も残さずに釈尊の法を受け継いでおられることは論ずるまでもない〉。【七―二四】に「一器を以て一器に伝えて、涓滴《けんてき》を牽《ひ》かず」とあった。そこの諸注を参照。ここの「没商量」は、論議の余地がないということ。／(3)傾翻湖海張恩沢、自識派分流亦長＝〈湖海は引っ繰り返って恩沢をみなぎらせている、そこに一道和尚の法脈が永遠に続くことが予言されている〉。

【九―一七】下平声七陽韻

法兄英山和尚七回忌。

兄没弟孤労重任、風霜幾痛歯寒傷◎。情睦不羞不腆祭、尚亨盃茗与爐香◎。

＊

(1)法兄英山和尚の七回忌。

(2)兄没《もつ》し、弟孤《こ》にして、重任に労し、風霜、幾《いく》たびか歯寒《しかん》の傷を痛む。(3)情、睦《むつま》じうして、羞《は》じず、不腆《ふてん》の祭、尚《こいねが》わくは、盃茗《はいめい》と炉香とを亨《う》けよ。

＊

(1)法兄英山和尚七回忌＝英山禅哲。【八―三】注(11)を参照。宝永四年（一七〇七）十一月十六日示寂。七回忌は、正徳三年（一七一三）に当たる。／(2)兄没弟孤労重任、風霜幾痛歯寒傷＝〈あなたは遷化され、私は独りで大光寺住持という重任に骨折って来ました、私は幾年月、あなたを失ったことを痛み悲しんで来たことでしょう〉。「風霜」は、年月の義。「歯寒」は、「脣亡歯寒（脣《くちびる》亡びて歯寒し）」の略。脣がなくなると、歯が露われて寒くなる。二者相依り相助け合う間柄の一方が亡びると、他の一方も従って亡びる喩え。／(3)情睦不羞不腆祭、尚亨盃茗与炉香＝〈あなたと私との間柄、粗末な供物も恥じません、どうぞ一椀の茶と一炉の香をお受け下さい〉。「不腆」の「腆」は、厚・善の意。「尚亨」は、尚饗とも書き、死者に対して、供養の品を受けたまえと願う言葉。祭文では、多く音読する。「盃茗」は、一椀の茶。「茗」は、茶の別名。

【九―一八】下平声一先韻

同十三回忌拙語。

師兄吹著笛無孔、劣弟撃成拍版氈。戮力一齊鳴此道、音容接見十三年。

＊

同十三回忌の拙語。(1)

師兄《すひん》(2)、笛無孔《てきむく》を吹著《すいじやく》し、劣弟《れつてい》、拍版氈《はくばんせん》を撃成《げきじよう》す。力を戮《あ》わせて(3)一斉に此道《しどう》を鳴らし、音容、接し見る、十三年。

＊

(1)同十三回忌＝享保四年（一七一九）に当たる。／(2)師兄吹著笛無孔、劣弟撃成拍版氈＝〈兄と弟で、穴のない笛と、毛氈で作ったびんざさらとを合奏しました〉。「笛無孔」は、「無孔笛」の倒置。孔《あな》のない笛。無孔笛は、少林無孔笛の略。達磨正伝の禅の譬喩。「拍版氈」は、「氈拍版（氈拍板）」の倒置。毛氈で作ったびんざさら。「拍板」は、小さな板を四五枚つないで鳴らすカスタネットのような楽器。大慧宗杲が、「睦州掠虚頭漢」（『碧巌録』十則本則を参照）を挙して、「然《しか》も無孔笛、氈拍板に撞著《どうじゃく》すと雖《いえど》も、直《じき》に是れ五音調唱六律諧和。子細に検点し将《も》ち来たれば、未だ傍観者の哂《わら》いを免《まぬが》れず。且《しばら》く道《い》え、誰か是れ傍観者。良久して云く、動著することを得ず、動著すれば你の驢腰を打折せん」（『禅林類聚』巻六、『大慧録』巻五）と。『碧巌録』八十二則の本則下語・頌下語・頌評唱の三箇所には、単独で「無孔笛子撞著氈拍板」とある。／(3)戮力一斉鳴此道、音容接見十三年＝〈二人、力を合わせて此道の那一曲を鳴らして来ました、その声と姿を、十三回忌の今、まの当たりにしております〉。

【九―一九】上平声十一真韻

法祖父活眼老和尚廿五回。［吾驅烏之年識住此山］

識言不食《ハマ》續宗系、項上鐵枷三百鈞。吐却渾崙一枚去、寃讎聊報廿餘春。

＊

法祖父活眼老和尚廿五回。(1)［吾《(2)》が駆烏《くう》の年、此の山に住すと識《しん》す］

(3)讖言《しんげん》食《は》まず、宗系を続《つ》ぐ、項上《こうじょう》の鉄枷、三百鈞。(4)渾崙《こんろん》一枚を吐却《ときゃく》し去って、寃讎《えんしゅう》、聊《いささ》か報ゆ、廿余春。

＊

(1)法祖父活眼老和尚廿五回＝活眼祖晴。「梅北氏下那珂冨蔵（大光寺末寺）剃度」（大光寺文書「大光寺由来綴」）。大光寺第三十九世。元禄三年（一六九〇）一月六日示寂。二十五回は、正徳四年（一七一四）に当たる。／(2)吾駆烏之年讖住此山＝『伝記』宝永四年（一七〇七）の条に「十一月、英山、示寂す。十二月、師、島津惟久公の命を承け、大光の席を紹董《じょうとう》し、棟一道に嗣法す。師、駆烏の年、法祖父の晴活眼、『他時、必ず此の山に住せん』と讖《しん》す。今、果たして此の讖に当たれり」と。「駆烏」は、駆烏沙弥の略。七歳から十三歳までの小僧。僧侶の食事を妨げ奪おうとする烏を追い払う仕事に携わったので言うが、ここでは、単に沙弥の譬喩。「讖」は、予言。／(3)讖言不食続宗系、項上鉄枷三百鈞＝〈活眼和尚の予言にいつわりはなく、私は大光寺の法を相続したが、三百鈞の首枷《くびかせ》をはめられることになった〉。「讖言」は、前注を参照。「讖言不食」は、「不食言（食言せず）」を並べ変えて用いたもの。「食言」は、一度口から出した言葉を、また口に入れる意。「爾《なんじ》、信ぜざる無かれ、朕は不食言」（『書経』湯誓）。／(4)吐却渾崙一枚去、冤讎聊報廿余春＝〈一片の崑崙耳を吐き出して、二十五回忌の春、そのうらみをいささかなりとも晴らします〉。上の句は、一片の香を焚くことを、わざと汚く言ったもの。「渾崙」は、香木の名。【九－一五】にあった「崑崙耳」に同じ。そこの注(3)を参照。「冤讎聊報」は、法祖父の恩に少しは報いたということ。「冤讎」は、あだ、うらみ。洞山良价が、「祖教仏教は、生怨家《さんおんけ》（仇敵）に似て、始めて学ぶ分有り」（『伝灯録』巻十七・龍牙居遁章）と言うが如く、仇に立ち向かうような覚悟で弁道するので、このような表現となる。

【九―二〇】上平声七虞韻

豐干倚虎眠、寒拾聚首圖贊。

韜光鏟彩去、聚首倚於菟◎。若謂彌文普、千金徒案圖◎。

＊

豊干《ぶかん》(1)、虎に倚《よ》って眠り、寒拾《かんじつ》、首《こうべ》を聚《あつ》むる図の賛。

(2)光を韜《つつ》み彩を鏟《けず》り去り、首《こうべ》を聚《あつ》めて於菟《おと》に倚《よ》る。(3)若し弥文普《みもんふ》と謂《おも》わば、千金、徒《いたずら》に図を案ず。

＊

(1)豊干倚虎眠、寒拾聚首図賛＝天台山国清寺にいた豊干禅師と、その近くに隠棲していた寒山と拾得。「国清の三隠」と併称され、その詩集を『三隠詩』と言う。豊干に虎は、豊干の伝に「虎に乗って松門に入る、衆僧、驚畏す」（『伝灯録』巻二十七）などとあるのによる。寒山は経巻を持ち、拾得はほうきを持つ図柄が一般的。／(2)韜光鏟彩去、聚首倚虎於菟＝〈その光彩を隠し、世をのがれ去って、虎に寄り添っている〉。「韜光鏟彩」は、光彩（徳）を隠し、世をのがれて生きること。「於菟」は、楚の地方の方言で虎のこと。『春秋左氏伝』宣公四年に「楚人、乳を穀《こう》と謂い、虎を於菟と謂う」と。／(3)若謂弥文普、千金徒案図＝〈もしも豊干たちを、阿弥陀の化身だ、文殊の化身だ、普賢の化身だと（自己とは別物と）思えば、千金もはたいて、無駄にこの図を置いただけのことになる〉。閭《りょ》丘胤《きゅういん》なる人物が撰述した『寒山子詩集序』に「寒山は文殊にして、国清に遯迹《とんせき》し、拾得は普賢なり。状《かたち》は貧子の如く、又た風狂に似たり」と述べる如く、寒山は文殊菩薩の、拾得は普賢菩薩の化身と信じられていた。また『仏祖統紀』巻五十三「聖賢出化」に「豊干は弥陀の化現。寒山は文殊の化現。拾得は普賢の化現」とある。

【九―二二】去声二宋韻

贊文殊大士。

玉如意金獅子、穩坐地活受用。摩訶大吉祥、曩劫曾稱竜種。

(1)文殊大士に賛す。

＊

(2)玉如意、金獅子、(3)穏坐地、活受用。(4)摩訶大吉祥、曩劫《のうごう》、曾て龍種と称す。

＊

(1)文殊大士＝「大士」は、梵語の摩訶薩の意訳。菩薩の別称。文殊菩薩は、仏徳の智・慧・証をつかさどり、しばしば大乗諸経に登場して、釈尊に代わって説法する菩薩として知られる。／(2)玉如意金獅子＝文殊菩薩のみすがた。如意宝珠を手に持ち、金獅子に騎《の》る。文殊菩薩が獅子に乗ることを記した文献は、唐代に訳出された『熾盛光仏頂儀軌』や『文殊八字儀軌』に見られるが、その意義については明確に示していない。『阿娑縛抄』第九十九「五字文殊菩薩像」に先徳の説を引いて、「師子に坐するとは、智慧は是れ諸法の最なり。師子は是れ諸獣の中の最なり。況んや智慧は是れ諸法の中に於いて、畏《おそ》るる所無きの義か」と。／(3)穏坐地活受用＝〈安心の境地におられて、活きたはたらきをしておられる〉。「穏坐地」の意は、拙訳の通りだが、ここでは、不動の画像であるがゆえの表現。／(4)摩訶大吉祥、曩劫曾称龍種＝上の句を訳すと「大大なる吉祥」。「吉祥」は、文殊菩薩の訳語。「曩劫」は、久しい昔。「龍種」は、文殊菩薩の本地、龍種尊王。『華厳経疏』巻十三に「文殊。……道、先劫に成じて、已《すで》に龍種尊王と称し、現に菩提を証す」と。

【九―二二】上平声十四寒韻

東禪傳室西堂九十一之壽像。

九十一顏如渥《カンバセ》丹、高標多作趙州看。錯錯。有智山前風月寒。

＊

東禅[(1)]の伝室西堂、九十一の寿像。

九十一[(2)]の顔《かんばせ》、渥丹《あくたん》の如し、高標《こうひょう》、多く趙州の看を作《な》す。錯錯《しゃくしゃく》[(3)]。有智山前、風月寒し。

＊

(1)東禅伝室西堂＝人物不詳。「東禅」は、那珂郡田島村にあった有智山東禅寺（現廃寺）。「崇峻天皇己酉年（五八九）日羅上人〔百済国〕開基」（大光寺文書「安政五年大光寺末寺抄録差上」）。元中五年（一三八八）、大光寺二世の日岩長慧によって再興され、江戸期には大光寺の末寺になっていた。／(2)九十一顏如渥丹、高標多作趙州看＝〈九十一歳にしてなお色つやがよく、西堂和尚の高尚な人格を、みな、趙州和尚の如くに見なしている〉。「顔如渥丹」は、顔色が赤くて艶やかなことを言う成句。『詩経』国風・秦風・終南の「顔如渥丹、其れ君也哉《きみなるかな》」による。趙州従諗は、百二十歳の長寿。棒や喝を用いず、的確な言葉で指導し、古来、「口唇皮上に光を放つ」と口伝されている。／(3)錯錯＝〈しかし、西堂和尚の真相を、この寿像に見るのは、大間違いだ〉。その真相を示したのが次の結句。

【九―二三】下平声一先韻

大宋國徑山大惠普覺禪師五百五十年。　〔時講大惠書〕

明月堂前埋幻影、忌辰五百五十年。點過平昔罵天罪、阿鼻焰中添毒烟。

＊

大宋国径山《きんざん》(1)大恵普覚禅師五百五十年。〔時に『大恵書』を講ず〕

(2)明月堂前、幻影を埋《うず》む、忌辰五百五十年。(3)平昔《へいせき》の罵天《ばてん》の罪を点過し、阿鼻焰中《あびえんちゅう》、毒烟を添う。

＊

(1)大恵普覚禅師五百五十年……＝径山万寿寺に住し、公案禅を大成した大慧宗杲（一〇八九～一一六三）。五百五十年は、正徳二年（一七一二）に当たる。『大慧書』は、大慧が、門下の居士や官吏などの質問に答えて、禅を修得するための要点、心構えなどを懇切に教えた手紙文六十二通を集めたもの。我が国の禅林でも、五山版以来、広く読み継がれている。／(2)明月堂前埋幻影＝「門弟子、全身を明月堂の側に塔す。寿七十有五、夏五十有八。詔《みことのり》あって、明月堂を以て妙喜庵と為《な》す。諡《おくりな》して普覚と曰い、塔を宝光と名づく」（『五灯会元』巻十九・大慧宗杲章）。「明月堂」は、万寿寺にあった堂宇の一。／(3)点過平昔罵天罪、阿鼻焰中添毒烟＝〈かつて犯した罵天の罪を調べ上げて無間地獄に堕とし、気毒《けどく》の煙火をいっそう燃え上がらせてやる〉。「罵天」は、杲罵天、大慧の号。天を罵《ののし》る。「阿鼻」は、無間地獄のことで、八熱地獄の一。五逆罪や謗法などの重罪を犯したものが堕ちるとされる極苦最悪の大地獄。「毒烟」は、『観音経』に「気毒煙火燃」と。

【九—二四】上平声十一真韻

薬師如來後光蓮座莊飾成。〔結冬之日、祈海衆除病惱。今答慈恩〕

親見悉除衆病力、高僧一百健心身◎。盆中添得瑠璃彩、照破山河萬朶新◎。

＊

薬師如来の後光と蓮座、荘飾成る。［結冬の日、海衆の病悩を除くことを祈る。今、慈恩に答《むく》ゆ］

(1)親しく見る、悉除衆病《しつじよしゆびよう》の力、高僧一百、心身を健《すこ》やかにす。(2)盆中《はつちゆう》、添え得たり、瑠璃の彩、山河万朶《せんがばんだ》を照破して新たなり。

＊

(1)親見悉除衆病力、高僧一百健心身＝〈悉《ことごと》く衆《もろ》もろの病いを除く力が、まの当たりに見えている、百人の高僧は、心身共に健やかである〉。「悉除衆病」は、願文の一か。日本の文献に一、二例見える。六十巻『華厳経』巻五十等の「衆病を滅除すること、良薬王の如し」、『薬師如来本願経』の「此の人、若し我が名号を聞くことを得ば、衆患、悉《ことごと》く除いて、諸《もろ》もろの痛悩無からん」などの経説に基づくものであろう。「高僧一百」は、冬安居に参加した衆僧を尊んで言ったもの。／(2)盆中添得瑠璃彩、照破山河万朶新＝〈修復も終わり、薬師如来がお持ちの瑠璃鉢の輝きはいっそう増して、新たに山河万朶を照らしている〉。郁山主の投機の偈に「我れに神珠一顆《しんじゆいつか》有り、久しく塵労《じんろう》に関鎖《かんさ》せらる。今朝塵《ちり》尽きて光《ひかり》生じ、山河万朶を照破す」（『五灯会元』巻六）と。

【九―二五】上平声十一真韻

瑞光禅院地蔵大士安座。

茅堂賀落慈容現、奉敕天中瑞氣新◎。村邑長鎮轉災《ヘニ》變、徳風從是到無垠◎。

*

(1)瑞光禅院、(2)地蔵大士安座。
(3)茅堂《ぼうどう》、落を賀して、慈容現ず、勅《ちょく》を天中に奉じて瑞気新たなり。(4)村邑《そんゆう》、長鎮《とこしえ》に災変を転ず、徳風、是れより、無垠《むぎん》に到る。

*

(1)瑞光禅院＝杖林山。大光寺の末寺。佐賀利村にあった（現廃寺）。「菊隠和尚開基年月日不詳」（大光寺文書「安政五年大光寺末寺抄録差上」）。古月は七歳の時、おじに当たる宗密から、この寺で、書の素読を習った。宗密については、【二一二】の注(1)を参照。／(2)地蔵大士＝「大士」は、梵語の摩訶薩の意訳。菩薩の別称。地蔵菩薩は、釈尊入滅より次の弥勒仏の出世まで、天界及び六道衆生のために身を諸々の世界に遊化し、あらゆる災禍を除いて福利を得しめる菩薩。／(3)茅堂賀落慈容現、奉勅天中瑞気新＝〈茅葺きの御堂が落成して慈容を現わされた、仏勅を天中に奉り、吉祥の雲気も新しい〉。「奉勅天中」は、地蔵菩薩が、忉利天宮におられた釈尊より、衆生済度の遺嘱を受けたこと。『地蔵菩薩本願経』巻上・分身集会品第二に「汝（地蔵菩薩）、当《まさ》に憶念すべし、吾れ（釈尊）忉利天宮に在りて、殷勤《おんごん》に付嘱せしことを。娑婆世界をして、弥勒の出世に至るまで已来の衆生をして悉《ことごと》く解脱し、永く諸苦を離れ、仏の授記に遇わしめよ」と。／(4)村邑長鎮転災変、徳風従是到無垠＝〈佐賀利村は永久に天災地変から救われ、今より地蔵の徳風は、限りなく吹きわたる〉。「災変」は、自然災害。「無垠」は、辺際がないこと。

【九―二六】下平声十一尤韻

傳宗禪寺剏建堂宇、安觀音大士香語。

深深願海艤慈舟、幾許尋聲救苦流。邑里弭災福基固、須知群類仰瞻秋。

＊

(1)伝宗禅寺、堂宇を剏建《そうけん》し、観音大士を安ずる香語。

(2)深深たる願海、慈舟を艤《ふなよそお》いして、幾許《いくばく》か声を尋ねて苦流を救う。(3)邑里《ゆうり》、災いを弭《ほろぼ》して福基固《かた》し、須《すべか》らく知るべし、群類、仰瞻《ごうせん》の秋《とき》なることを。

＊

(1)伝宗禅寺＝慈眼山。大光寺の末寺。日向国児湯郡徳ケ淵村にあった（現廃寺）。「東禅寺二世芳林和尚開基年月日不詳」（大光寺文書「安政五年大光寺末寺抄録差上」）。／(2)深深願海艤慈舟、幾許尋声救苦流＝〈観世音は、深い深い誓願の海に慈悲の舟を整え、どれほどか衆生の声を尋ねてその苦悩を救って下さったことか〉。「願海」は、誓願の広くて深いことを海に譬えるもので、「慈舟」「苦流」は、その海に掛けた言葉。「尋声」の「声」は、衆生の「南無観世音」と念じる声。越漢翁傑の「血書観音経報親」偈（『江湖風月集』巻下）の起句に「酷《はなは》だ愛す、声を尋ねて苦流を救うことを」と。／(3)邑里弭災福基固、須知群類仰瞻秋＝〈観世音の安座によって徳ケ淵村は災害を消除して幸福の基《もとい》を堅固にする、一切の衆生よ、今こそ仰ぎ瞻《み》る絶好の機会である〉。

【九—二七】上平声十灰韻

傅大士開光。〔別有普説。正徳四甲午十月八日〕
忘却率陀宮裡樂、雙林樹下坐高臺。匪唯古佛襲身影、無數竜天擁護來。

＊

(1)傅大士《ふだいし》開光。〔別に(2)普説有り。正徳四甲午《きのえうま》（一七一四）十月八日〕
(3)率陀宮裡の楽を忘却して、双林樹下、高台に坐す。(4)唯だ古仏の、身影に襲《つ》くのみに匪《あら》ず、無数の龍天、擁護し来たる。

＊

(1)傅大士＝善慧大士のこと。【六—二】注(28)を参照。この傅大士像は木造で、普建・普成の二子像と共に大光寺に現存（『大光禅寺』図版9）。／(2)普説＝【六—二】の「慶讃請蔵円成普説」。／(3)忘却率陀宮裡楽、双林樹下坐高台＝この二句は、傅大士が、弥勒の応身と言われることによるもの。【八—五】注(15)を参照。／(4)匪唯古仏襲身影、無数龍天擁護来＝〈古仏が、大士の身体に光を及ぼされただけではない、無数の龍天がお守りになられた〉。上の句は、傅大士の伝（『五灯会元』巻二）に「日《ひる》は常に営作し、夜は則ち行道す。釈迦・金粟・定光の三如来、光を放って其の体に襲《つ》くを見る。大士、乃《すなわ》ち曰く、『我れ首楞厳定を得たり』と」あるのによる。「襲」は、及の義。

【九—二八】上平声一東韻

括山和尚五十年忌。〔於東禪寺設會齋。正徳四午十一月十四日〕

圓珠鏤額逞容貌、氣宇亦齊麁行翁。塔様巍然雲霧外、五十年遠見威風。

*

(1)括山和尚五十年忌。［(2)東禅寺に於いて会斎を設く。正徳四午《うま》十一月十四日］

(3)円珠、額に鏤《ちりば》めて、容貌を逞《たくま》しうす、気宇《きう》も亦た麁行翁《そぎょうおう》に斉《ひと》し。(4)塔様、巍然《ぎぜん》たり、雲霧の外、五十年遠、威風を見る。

*

(1)括山和尚＝括山崇樹。大光寺第三十八世。寛文五年（一六六五）十一月十四日示寂。／(2)東禅寺＝【九―一二】注(1)を参照。／(3)円珠鏤額逞容貌、気宇亦斉麁行翁＝黄檗禅師の如き面相と精神という句意。「麁行翁」は、麁行沙門、荒っぽい坊主、黄檗希運のこと。黄檗には、額間に肉珠の如き隆起があった。『碧巌録』十一則「黄檗噇酒糟漢」の本則、及び頌の評唱を参照。／(4)塔様巍然雲霧外、五十年遠見威風＝有智山（東禅寺の山号）そのものが、括山和尚の墓塔なのであるという句意。「括山」は、山を括《つつ》むという字義。「巍然」は、山の高く大きなさま。

【九―二九】上平声十一真韻

賛観音大士。［備后鞆津猫屋信士請］

千葉蓮臺應化身、慈悲同一刹塵塵。何疑皈命禮瞻者、福海壽山億萬春。

*

観音大士に賛す。［備后鞆津《ともつ》の(1)猫屋信士請う］

(2)千葉蓮台の応化身、慈悲同一、刹塵塵《せつじんじん》。(3)何をか疑う、帰命礼瞻《きみようらいせん》の者、福海寿山、億万春。

*

(1)猫屋信士＝人物不詳。／(2)千葉蓮台応化身、慈悲同一刹塵塵＝〈八重に咲く蓮華上におられる応化身、その慈悲行は、世界中、平等に施される〉。上の句は、『楞厳経』巻一に「時に世尊、頂より百宝無畏の光明を放って、光中に千葉の宝蓮を出生す。仏の化身有って、結跏趺坐して、神呪を宣説す」とあるのによる。「刹塵塵」は、刹塵塵、塵塵刹刹、世界中という意。／(3)何疑帰命礼瞻者、福海寿山億万春＝〈何を疑うのだ、観音大士に一心に帰依する者は、福は海の如く、寿は山の如く、とこしえの春を得るのだ〉。「福海寿山（多くは「寿山福海」と熟す）」は、人の寿福を祝う言葉。劉基「寿山福海図歌」の「吾れ聞く、軒轅《けんえん》の国は、乃《すなわ》ち大海の中央に在り。其の寿《ひさ》しからざる者でさえ八百歳、寿しき者は乃ち天地と久長を同じうす」に基づく。因みに、『観音経』の「福聚海無量」を「福寿海無量」に置き換えるのは、日本独自のもの。

【九－三〇】下平声六麻韻

龍華院落成、傅大士安座。

光明所印茲開創、勝徳延洪鎮國家。舌本瀾瀾三百會、儼然未散及龍華。

(1)龍華院落成、(2)傅大士《ふだいし》安座。

*

(3)光明、印する所、茲《ここ》に開創す、勝徳、延洪《えんこう》にして、国家を鎮す。(4)舌本、瀾《なみ》を灑《そそ》ぐ三百会、儼然として未だ散ぜず龍華に及ぶ。

＊

(1)龍華院＝大光寺の経蔵。【八―五】の「龍華院創建記」を参照。／(2)傅大士＝【九―二七】注(1)を参照。／(3)光明所印茲開創、勝徳延洪鎮国家＝〈古仏光明の印する所に龍華院を開創する、傅大士のすぐれた徳は大いに広がり、国家を安泰にしよう〉。広智国師（乾峰士曇。大光寺開山、岳翁長甫の本師）が開山檀那田島氏に与えた華簡に「其の地、尽《ことごと》く是れ古仏光明の印する所なり」と。【八―五】注(8)を参照。／(4)舌本灑瀾三百会、儼然未散及龍華＝〈釈尊一代、三百余の説会は、儼然として未だ散会せず、この龍華院で行なわれている〉。「舌本灑瀾」は、立板に水の如き、釈尊の応機説法の譬喩。「三百会」は、禅家が言う、釈尊一代の説会。「釈迦老子、四十九年の住世、三百六十会、頓漸権実を開談す。之れを一代時教と謂う」（『碧巌録』十四則本則評唱）。「龍華」は、弥勒龍華三会と龍華院とを掛ける。弥勒龍華三会は、【八―五】注(17)を参照。

【九―三二】上平声四支韻

出山像。［豊後一渓長老請］

嬢生正眼眩星兒、波辨鼓來濺漏巵。韶老收頭不收尾、黒藤好打出山時。

＊

(1)出山像。［豊後の(2)一渓長老請う］

(3)嬢生《じょうしょう》の正眼、星児に眩《くら》み、波弁《はべん》、鼓し来たって、漏巵《ろうし》に濺《そそ》ぐ。(4)韶老、頭を収めて尾を収めず、黒藤、好し、出山の時に打つに。

*

(1)出山像＝六年の苦行の後、十二月八日、暁の明星を見て悟り、雪山（ヒマラヤ）を下りる釈迦。但し、雪山悟道を言うのは禅宗のみのようで、釈尊が前世、雪山で修行したという話によるものであろう。実際は尼連禅河の畔。その画像は、肋骨が浮き出た痩身に描かれる。／(2)一渓長老＝一渓□覚。【三―五】注(2)に既述。／(3)孃生正眼眩星児、波弁鼓来濺漏卮＝〈生まれつきの正眼は、ちっぽけな暁の明星の光りに眩《くら》んでいながら、ザルに水をそそぐような弁舌をふるっている〉。「孃生（娘生）」は、生まれつきの意。「孃（娘）」は、母親のこと。「星児」は、暁の明星。本義は、一星児、至少の意。「児」は、助字。下の句は、具体的には、成道した釈尊が、「奇なる哉、一切衆生、如来の智慧徳相を具有す」と言ったこと。【六―二】注⒂を参照。「波弁」は、大波のような弁舌。諸録に見えるが、班固の「答賓戯」（『文選』巻四十五）の「弁を馳すること濤波の如し（馳弁如濤波）」による。「漏卮」は、水漏れのする杯。『淮南子』氾論訓に「江河も漏卮を実《み》たすこと能《あた》わず」と。／(4)韶老収頭不収尾、黒藤好打出山時＝〈雲門は、誕生仏の狼藉には収拾を着けたが、出山仏の狼藉には収拾を着けていない、その棒は、出山のこの時にこそ打つべきだったのだ〉。雲門文偃の誕生仏拈評に基づく二句。【九―二―①】注(2)を参照。「黒藤」は、烏藤に同じ。拄杖の別名。

【九―三二】上平声七虞韻

佛成道。

襤褸短長飄素雪、寒岩兀坐與梅癯◎。誰言成道流風盡、一百餘員各丈夫◎。

(1)襤褸《らんる》短長、素雪に飄《ひるがえ》し、寒岩に兀坐《ごつざ》して梅と与《とも》に癯《や》す。(2)誰か言う、成道、流風《りゆうふう》尽くと、一百余員、各おの丈夫。

*

(1)襤褸短長飄素雪、寒岩兀坐与梅癯＝〈短長とものわないぼろ袈裟を白雪にひるがえし、寒々しい岩上に端坐して梅とともに痩せ細っている〉。「襤褸」は、ぼろのきもの。「素雪」は、白雪に同じ。「与梅癯」は、梅の別称を癯仙《くせん》と言うことからの語。五山文学以来、雪中に開く梅花は、仏の成道の象徴として用いられる。／(2)誰言成道流風尽、一百余員各丈夫＝〈誰が言うのだ、仏成道の美風は尽きてしまったと、ここの一百余人は、みんな大丈夫だ〉。「流風」は、先人が残した美風。「一百余員」は、雪安居に参加している僧。「丈夫」は、【九―四―③】注(2)を参照。

*

【九―三三】上平声四支韻

佛成道齊〔齋〕後有感。結冬會。

大法弊頻已下衰◎、斯晨追遠涙雙垂◎。雲客儘到無心地、多欠鬼星衡眼時◎。

仏成道、(1)斎後、感有り。結冬会。

(2)大法、弊《へい》、頻《しき》りにして、已《すで》に下衰す、斯《こ》の晨《あさ》、遠きを追って、涙《なみだ》、双《なら》び垂る。(3)雲客《うんかく》、儘《まま》に無心の地に到るも、多くは鬼星《きせい》の、眼を衝《つ》く時を欠く。

＊

(1)斎後＝半斎後。半斎は、朝粥と午斎との間の時刻という意味だが、臨済宗では、その時刻に行なわれる法要そのものを言う。／(2)大法弊頻已下衰、斯晨追遠涙双垂＝〈大法は頻りに損なわれて既に衰えようとしている、この朝、成道された釈尊を祭り、両の目から涙が流れる〉。「追遠」は、親や先祖の祭典に誠を尽くすこと。『論語』学而第一に「終わりを慎《つつし》み遠きを追う（慎終追遠）」と。「涙双垂」は、杜甫の詩などに見える言葉で、両の目から涙が流れること。／(3)雲客儘到無心地、多欠鬼星衝眼時＝〈修行者は、時折、無心の地に到ることがあるが、多くの者は、暁天の明星から眼を突き刺される時がない〉。「雲客」は、水雲客。ここでは、冬安居に参加している僧のこと。ここの「儘」は、間々。下の句は、多くの者は、真の成道が出来ていないということ。【九―四―⑦】

注(2)を参照。

【九―三四】下平声十一尤韻

佛成道。諷經之[次]、入牌祖堂炷香拙語。

業繫受身幾許秋、眠雲臥月沒蹤由。一穿鼻孔自供款、頭角森森五字牛。

＊

仏成道。(1)諷経《ふぎん》するの次《つい》で、(2)入牌《にっぱい》祖堂、炷香《しゅこう》の拙語。

(3)業繫受身《ごうけじゅしん》、幾許《いくばく》の秋《とき》ぞ、雲に眠り、月に臥して、蹤由《しょうゆう》没《な》し。(4)鼻孔を一穿《いっせん》して、自《みずか》ら款《かん》を供す、頭角《ずかく》森森たり、五字の牛。

＊

(1)諷経之次＝底本は、「諷経之」。これでは読めないので、「次」を補った。／(2)入牌祖堂＝祖師の真牌を祖堂に奉安すること。略して、入祖堂とも言うが、誰の真牌かは分からない。恐らく「牛」の一字を法名に持つ人。／(3)業繫受身幾許秋、眠雲臥月没蹤由＝〈前業に繫がれて生を受け、幾年月、山中にあとかたをくらまして来たのだ〉。「業繫受身」は、前業の繫縛によって、何等かの姿や形を持って生まれること。『潙山警策』に「夫《そ》れ業繫受身は、未だ形累《ぎょうるい》を免《まぬが》れず」と。／(4)一穿鼻孔自供款、頭角森森五字牛＝〈一炷の香を嗅いで自ら白状した、五字の牛の角が高くそびえている〉。「供款」は、罪人が白状すること。「款」は、口供書のこと。白状したのは、この祖師。没蹤由であったこの祖師が、一炷の香を嗅いで、蹤由を現わしたということ。「頭角森森」は、牛の角が高くそびえているさま。『仏光録』巻八「題牛」偈頌などに見える。「五字牛」は、以下の潙山霊祐の上堂語に基づく。「老僧、百年の後、山下に向《お》いて一頭の水牯牛《すいこぎゅう》と作《な》って、左脇下に五字を書いて曰わん、『潙山僧某甲』と。恁麼《いんも》の時に当たって、喚《よ》んで潙山僧と作さば、又た是れ水牯牛。喚んで水牯牛と作さば、又た是れ潙山僧。畢竟《ひっきょう》して喚んで甚麼《なん》と作してか即ち得《え》てん」（『五灯会元』巻九）。

【九―三五】

佛成道。

【九―三五―①】下平声六麻韻

石牀徹暁夢魂槁、破衲辞洞霞。請看些些見星的、誰牽春信付梅華。

(1)石牀、暁《あかつき》に徹して、夢魂槁《か》る、破衲《はのう》、洞霞を辞す。(2)請う看よ、些些《しゃしゃ》の見星的、誰か春信を牽《ひ》いて梅華に付す。

＊

(1)石牀徹暁夢魂槁、破衲辞洞霞＝〈石の床に夜どおし坐していたが夢中の魂までも枯れ果て、ボロをまとって雪山の洞窟を出て来た〉。下の句は、「破衲」の前に「二字恐脱」の底本書入れがある。／(2)請看些些見星的、誰牽春信付梅華＝〈このいささかの見星底を見るがよい、誰が春の消息を引き寄せて梅花に授けたのだ〉。恐らくこの偈頌は、梅花図への賛であって、そこには成道仏は描かれていない。「些些」は、少ないさま。「見星的」は、暁の明星を見て成道した釈尊。「的」は、「底」に同じ。この梅花図を見て、仏成道を思えという句意であろう。五山文学以来、雪中に開く梅花は、仏の成道の象徴として用いられる。

＊

【九―三五―②】下平声一先韻

眉間忽射弗沙影、破衲捲雲下雪巓。遮莫波旬牽隊伍、金剛座上独安禅。

(1)眉間、忽《たちま》ち射る、弗沙《ふしゃ》の影、破衲《はのう》、雲を捲いて、雪巓《せってん》を下る。(2)遮莫《さもあらばあれ》、波旬《はじゅん》の、隊伍を牽《ひ》くことを、金剛座上、独《ひと》り安禅す。

＊

(1)眉間忽射弗沙影、破衲捲雲下雪巓＝〈暁天の明星から眉間を射抜かれ、ボロ衣に雲を巻き上げながら雪山を下った〉。「弗沙」は、【六―二】に「十二月八日、弗沙星《ふしゃせい》の、眼睛《がんぜい》を点破することを得て」とあった「弗沙星」。星の名前。鬼宿星と意訳する。本篇では、暁天の明星。／(2)遮莫波旬牽隊伍、金剛座上独安禅＝〈悪魔よ、隊伍をひきつれてやって来るならやって来るがよい、金剛座上で独り安らかに坐っておられる釈尊をどうにも出来まい〉。「金剛座」は、釈尊が菩提樹下で悟りを開いて仏陀となった座所。転じて諸仏諸菩薩の本座を言う。『大唐西域記』巻八・摩掲陀国上に「金剛座上の菩提樹は、即ち畢鉢羅《ひっぱら》の樹なり。昔、仏在世には高さ数百尺なり。屢《しば》しば残伐《ざんばつ》を経るも、猶お高さ四五丈あり。仏、其の下に坐して等正覚を成ぜり。因《よ》って之れを菩提樹と謂うなり」と。

【九―三六】

初祖忌(1)。

(1)初祖忌＝達磨忌。十月五日。

＊

【九―三六―①】下平声七陽韻

此土西天一夢場◎、青山白水路程長◎。初來題目親評唱、火裡蓮花朶朶香◎。

此土西天、一夢場、青山白水、路程長し。初来の題目、親しく評唱す、火裡の蓮花、朶朶香《だだかんば》し。[1][2]

＊

(1)此土西天一夢場、青山白水路程長＝〈中国の人も印度の人も夢（迷い）の中にいる、それを覚まそうと青山白水の長い道のりをやって来られた〉。達磨が慧可に示した伝法偈に「吾れ本《もと》と茲《こ》の土に来たることは、法を伝えて迷情を救わんとなり。一花、五葉を開き、結果、自然に成る」と。／(2)初来題目親評唱、火裡蓮花朶朶香＝〈祖師初来の題目を親しく評唱しよう、火焔の中に咲く蓮華が一輪一輪香るであろう〉。「初来題目」は、【七―一九】に「祖師初来底題目」、【八―二】に「祖師初来之題目」とある。ここの題目は、前注に引いた伝法偈。下の句は、開悟の譬喩。草堂善清の「正中来」頌（『人天眼目』巻三）に「火裏の蓮花、朶朶開く、根苗豈《あ》に是れ尋常の物ならんや」と。この上の句は、『句双葛藤鈔』に採られ、「厳しい接処で大悟発明するを云うぞ」と釈している。「火裡蓮花」は、真の解脱に喩える。「譬えば水中に蓮花を生ずるが如きは希有《けう》と為《な》すに非ず。火中に生ずる者、是れ乃《すなわ》ち希有なり。人有って之れを見れば便ち歓喜を生ず。真に解脱する者は、亦《ま》復た是《かく》の如し。其れ見る者有れば心に歓喜を生ず。彼《か》の希有とは真の解脱に喩う」（『涅槃経』巻五）。

＊

【九―三六―②】上平声十二文韻

髫年親有辨珠智、老至髓皮讓自分。滿面慙惶瘞無地、栖栖潛影故山雲。

(1)髫年《ちょうねん》、親しく珠《たま》を弁ずる智有り、老い至って、髄皮、謾《まん》に自《みずか》ら分かつ。(2)満面の慙惶《ざんこう》、瘞《うず》むるに地無し、栖栖《せいせい》として影を潜《ひそ》む故山の雲。

＊

(1)髫年親有弁珠智、老至髄皮謾自分＝〈幼い時は、宝珠を弁別する智慧を持っていたが、年老いて、皮肉骨髄と、みだりに自ら分けてしまった〉。上の句は、二十七祖般若多羅尊者が、南天竺国の香至王から施された宝珠を以て、三王子に、「此の珠、円明なり。能《よ》く及ぶもの有りや否や」と問うと、第一第二の王子は、「此の珠は、七宝中の尊なり、固《もと》より踰《こ》ゆるもの無し……」と答えたが、第三の菩提多羅王子、後の達磨は、「此れは是れ世宝なり、未だ上と為《な》すに足らず。諸宝の中に於いて、法宝を上と為す……」と、法宝・心宝の尊さについて語った故事。詳しくは、『五灯会元』巻一・般若多羅尊者章を参照。「髫年」は、たれがみをしたいとけない年。下の句は、【九―一二】注(3)を参照。「謾自分」は、弟子の得法に、皮肉骨髄と、達磨自らが浅深の区別をつけてしまったということ。／(2)満面慙惶瘞無地、栖栖潜影故山雲＝〈顔一面の恥ずかしさは埋めるところもなく、忙わしく故郷の山雲に身を隠した〉。この二句は、「達磨隻履」の故事を揶揄しながら、達磨（法）が普遍していることを頌す。故事は、【九―三―④】注(1)を参照。「満面慙惶」は、「謾自分」に対する、顔一面の恥ずかしさ。「瘞無地」は、熊耳山の墓にもおることが出来なかったということ。「瘞」は、埋と墓の両義を持つ。「栖栖」は、【九―三―⑥】注(1)を参照。

【九―三七】上平声十四寒韻

闕山祖諱。

龍寶山頭逢毒手、全身喪盡不欺瞞。漫言吾會無生死、水底輝騰赤焔寒。

*

[1]関山祖諱。

[2]龍宝山頭、毒手に逢い、全身喪尽して欺瞞《ぎまん》せず。[3]漫《みだ》りに言う、吾が会《え》に生死無しと、水底輝騰して、赤焔寒《せきえんすさま》じ。

*

(1)関山祖諱＝延文五年（一三六〇）十二月十二日に示寂された、妙心寺開山、関山慧玄の毎歳諱。／(2)龍宝山頭逢毒手、全身喪尽不欺瞞＝〈龍宝山で悪辣な接化を受け、全身を滅ぼし尽くしても自己を欺瞞しなかった〉。「龍宝山」は、大徳寺の山号。大灯国師宗峰妙超を指す。／(3)漫言吾会無生死、水底輝騰赤焔寒＝上の句は、関山国師の以下の故事を言う。「或る時、僧の来参するを見て呵斥す。僧曰く、『某《それがし》、特に生死事大無常迅速なるが為にして来たる』。師、罵って曰く、『慧玄が会裏に生死無し』といって便《すなわ》ち打って趁《お》い出だす」（『正法山六祖伝』妙心関山玄禅師）。下の句は、風水泉頭で遷化された関山国師に因む機語。次段の注(1)を参照。偈句は、『中峰広録』巻一之下「開炉示衆」の「水底に赤焔を輝騰し、冷灰堆裏に火種を撥出す」に基づく。

【九―三八】入声七曷韻

贊關山國師立亡杖笠之尊容。

杖笠自携、全身忽脱。一時獅吼、千歳烏鉢。風霜可掬《シッ》、音容猶活。如彼諸葛、走却仲達。

＊

(1)関山国師立亡杖笠《りゅうぼうじょうりゅう》の尊容に賛す。

杖笠自《みずか》ら携《たずさ》えて、全身忽《たちま》ち脱す。(2)一時の獅吼《しく》、千歳の烏鉢《うはつ》。風霜掬《きく》しつ可《べ》し、音容猶お活す。彼《か》の諸葛《しょかつ》が、仲達《ちゅうたつ》を走却せしむるが如し。

＊

(1)関山国師立亡杖笠＝「師、一日、束装頂笠して、『弼上人来也』と召す。相携《あいたずさ》えて風水泉頭に到り、大樹の下に倚って、立ちながら出世の始末を談じ了《お》わって、泊然として化し去る（風水泉は井の名なり。今、妙心の庫司の前に在り。其の樹、近年尚お存すと云う）」（『正法山六祖伝』妙心関山玄禅師）。伝中の「弼上人」は、授翁宗弼のこと。

(2)一時獅吼……＝関山国師の為人説法が、今に至るまで滅していないことを頌す。「獅吼」は、獅子吼（師子吼）。「千歳烏鉢」は、三千年に一度出現すると言う烏曇婆羅華（優曇鉢華）。「烏鉢」は、それを略したもの。「如彼諸葛、走却仲達」は、諸録に見える「死せる諸葛、生ける仲達を走らしむ」の故事。魏軍の将、司馬仲達が蜀軍を追撃した時、蜀の将、諸葛孔明は既に死んでいたが、仲達は、諸葛がまだ生きていると思い、逃走したというもの。

【九―三九】下平声十一尤韻

趙州和尚行脚像賛。

杖兒兼笠子、知叵耐肩頭◎。行脚八旬上、古今一趙州◎。八十趙州敢未休◎、風標瀟洒立宗猷◎。笠檐包裏三千界、杖子支撐四百州◎。

*

趙州和尚行脚像の賛。(1)

杖児と笠子と、(2)知んぬ、肩頭《けんとう》に叵耐《ほない》なることを。行脚八旬上、(3)古今一趙州。八十の趙州、敢えて未だ休せず、風標、(4)瀟洒《しょうしゃ》として、宗猷《しゅうゆう》を立す。笠檐包裹《りゅうえんほうか》す、(5)三千界、杖子支撐《しとう》す、四百州。

*

(1)趙州和尚行脚像賛＝五言四句と七言四句からなる古詩体。／(2)杖児兼笠子、知叵耐肩頭＝〈趙州は、杖や笠が、肩に重すぎて耐え難いことなど知りもしない〉。「児」「子」「頭」は、共に接尾語。「兼」は、与の義で、「……と……と」と読む。「知」は、「知んぬ」と読み、不知の意。「叵耐」は、【九―一三―①】注(2)を参照。／(3)行脚八旬上、古今一趙州＝〈八十歳を過ぎてから行脚に出たのは、昔も今も、趙州和尚ひとりだけだ〉。趙州が、師の南泉の喪を終わり、再び行脚に出た年齢は、六十歳、八十歳などと、古来、定説はないが、古月は、『虚堂録』巻三の「趙州八十行脚」によっている。『趙州録』行状によれば、趙州八十は、行脚を終えて、趙州観音院に住した歳であるが、そんなことは、どうでもよいことである。／(4)風標瀟洒立宗猷＝棒や喝を用いず、例えば「喫茶去」など、日常的な言葉で的確に宗旨を示した趙州の風標（ありさま）は、古来、「口唇皮上に光を放つ」と口伝されている。「瀟洒」は、さっぱりとして俗ばなれしていること。／(5)笠檐包裹三千界、杖子支撐四百州＝〈この世界は、趙州のその笠に包まれ、その杖に支えられている〉。「笠檐」は、笠のひさし。「四百州」は、大唐四百余州、唐国全土の意。ここでは、世界に同意。

【九―四〇】下平声一先韻の四六文

贊豐後多福四世大機和尚肖像。［柏翁長老請］

性㕢骨鯁剛正之賦、風烈雷輷、筆交造化斡旋之功、才優文鮮。正覺山前親坐艸座、楞嚴講臺辯似懸川。掘起佛智丕〔昭〕照之門、澤濡群衆、□〔流〕通佛燈明覺之脈、法及無邊。竜興山頂烟雲暖、烏鉢香飄界三千。

＊

豊後多福四世(1)大機和尚の肖像に賛す。［(2)柏翁長老請う］

(3)性、骨鯁剛正《こっこうごうせい》の賦《ふ》を㕢《お》うて、風烈《はげ》しく雷輷《とどろ》き、(4)筆、造化斡旋《ぞうかあっせん》の功を交《まじ》えて、才優《すぐ》れ文鮮《あざ》やかなり。(5)正覚山前、親しく草座に坐し、(6)楞厳講台、弁、懸川に似たり。(7)仏智丕昭の門を掘起して、沢、群衆に濡《うるお》い、(8)仏灯明覚の脈を流通して、法、無辺に及ぶ。(9)龍興山頂、烟雲暖《あたた》かなり、烏鉢《うはつ》、香、飄《ひるがえ》る界三千。

＊

(1)大機和尚＝大機祖全。大分県臼杵市二王座にある正覚山多福寺の第四世。古月が参禅した賢巌禅悦の法嗣。元禄十二年（一六九九）閏九月二十二日示寂。世寿五十三。『続禅林僧宝伝』第一輯・巻之上【一三八】に立伝。／(2)柏翁長老＝柏翁祖棟。大機祖全の法嗣。豊後国大分郡鶴崎にあった瑞雲山龍興寺（現在は大分市小中島に移転）の世代。また、法正山地蔵寺（大分市佐賀関）の第九世。宝永二年（一七〇五）八月十四日、前堂転位。／(3)性㕢骨鯁剛正之賦＝〈生まれつき、その性格は、強く正しいものであった〉。「㕢」は、字形による訛伝なのか、古来、

「負」と同意に用いられる。本義は、力を出して努めるさま。因みに「贔屓」は「贔負」とも書かれる。「骨鯁剛正」は、『大慧武庫』に「延平の陳了翁。……朝《ちょう》に立って、骨鯁剛正にして、古人の風烈有り」と。「骨鯁」の「鯁」は、魚骨のことであるが、骾や硬に通じ、人を憚らない直言を「鯁言」などと言う。「賦」は、天から賦《う》ける。／(4)筆交造化斡旋之功＝〈その筆には、造化の神が天地をめぐらせるような功《たくみ》さがあった〉。注(6)を参照。「造化斡旋」は、「斡旋造化」と書くのが一般的。／(5)正覚山前親坐草座＝「正覚山」は、大機和尚が住した多福寺の山号。釈尊が正覚を得た正覚山に掛けている。釈尊の正覚山については、【九―四―⑥】注(1)を参照。／(6)楞厳講台弁似懸川＝「明年壬戌（天和二年／一六八二）、妙心第一座に陞る。是れより遠邇《えんじ》の毳客《ぜいかく》、川奔《せんぽん》して化に向かう。師（大機）、門風嶮峻、規縄厳密。時の人、称して曰く、『賢厳と一模に脱出す』と云う。秋八月、『首楞厳経』を講ず。懸弁無礙。四来の龍象の筵に赴く者、二千余指あり。師、文字を事とせず。然れども筆を落とせば章を成す」(『続禅林僧宝伝』)。／(7)仏智丕昭＝多福寺の第二世、雪窓宗崔の禅師号。賢厳禅悦の本師。妙心寺第一五六世。愚堂東寔や大愚宗築らと同行の間柄。長崎のキリシタン改宗に貢献した。慶安二年（一六四九）三月二十五日示寂。世寿六十一。伝は、「多福寺略行由」（多福寺蔵稿本）。研究書に、大桑斉編著『史料研究　雪窓宗崔』（昭和五十九年。同朋舎出版）がある。／(8)流通仏灯明覚之脈＝「流通」は、底本、「通」の一字のみ。「掘起仏智丕昭之門」の対句であるから、一字脱しているのは明らかなので、仮に「流」字を補った。「仏灯明覚」は、賢厳禅悦の禅師号。／(9)龍興山頂烟雲暖、烏鉢香飄界三千＝「龍興山」は、柏翁長老が住している瑞雲山龍興寺。「烏鉢」は、三千年に一度出現すると言う烏曇婆羅華（優曇鉢華）。【九―三八】にもあった。「三千」は、三千世界と三千年を掛けている。

【九―四二】去声七遇韻

贊多福五世延命中興愚門和上肖像。　［萬崖長老請］

風江月湖、雨竹烟樹。眉目茲開兮燦然、音容曩曾兮觸忤。兒孫多少勞擧揚、萬仞嶮崖那一句。

＊

多福五世延命中興(1)愚門和上の肖像に賛す。［(2)万崖長老請う］

風江月湖、雨竹烟樹。(3)眉目、茲《ここ》に開いて燦然《さんぜん》たり、音容、曩曾《むかしかつ》て触忤《そくご》す。(4)児孫、多少か、挙揚《こよう》するに労す、万仞嶮崖の那一句。

＊

(1)愚門和上＝愚門宗深。豊後州上野の人。延宝五年（一六七七）、百華山延命寺（大分市細）の直道宗鷹に依って祝髪。天和元年（一六八一）、多福寺の賢巌禅悦を礼して受具。ついで、賢巌の法嗣、大機祖禅に参じた。諸国行脚に出たが、元禄三年（一六九〇）回錫、賢巌に事えた。同八年、延命寺に嗣住し、寺宇を中興。同十二年八月、大機に嗣法。大機が遷化するや、同門に推されてその継嗣となり、延命寺を万崖祖柏に委ね、多福寺に移った。住持すること八年、宝永四年（一七〇七）、病によって退院、末寺の真如院に閑居した。同七年（一七一〇）四月十二日示寂。世寿四十八。『続禅林僧宝伝』第一輯・巻之上【一四六】に立伝。／(2)万崖長老＝万崖祖柏。愚門の法嗣として、宝永三年（一七〇六）三月、前堂転位。延命寺に嗣住した。／(3)眉目茲開兮燦然、音容曩曾兮触忤＝〈眉目は燦然とここに開いています、あなたには、私も曾て不埒なまねをしました〉。「茲開」の「茲」は、この肖像。「触忤」は、さからう、たてつく。不躾なことや、不埒なことをすること。古月は、賢巌下にあった時、愚門と宗旨を戦わせたのであろう。／(4)児孫多少労挙揚、万仞嶮崖那一句＝〈多くの児孫達は、愚門和尚の万仞嶮崖の那一句を挙揚することに苦労している〉。下の句は、【七―二〇】注(3)を参照。

【九―四二】下平声七陽韻

福壽第三世古嶺玄策禪師像贊。

古策風高衝翠嶺、[其]□頽乎髪冷如霜。再興福壽徳茲溢、一脈曹溪接大洋。

＊

福寿第三世古嶺玄策禅師像の賛。(1)

古策、(2)風高うして、翠嶺を衝《つ》く、其れ頽《くず》れんか、髪、霜よりも冷たし。福寿を再興して、(3)徳、茲《ここ》に溢《あふ》る、一脈の曹渓、大洋に接す。

＊

(1)福寿第三世古嶺玄策禅師＝「福寿」は、大分市松原町にある海岸山福寿寺（南禅寺派）。第三世とあるから、【三―五】に出た一渓□覚の先住であるが、人物未詳。／(2)古策風高衝翠嶺、其頽乎髪冷如霜＝〈古聖の錫杖は、翠《みどり》の嶺《みね》をついて、環《かん》の音は高く鳴り響いているが、遷化されたか、髪の毛は霜よりも冷たい〉。行脚姿の画像か。「古策風高」は、『碧巌録』三十一則頌の「古策風高十二門」を踏まえるが、古嶺玄策の道号法諱を歌い込む。下の句は、底本六字。一字脱しており、以下の典拠によって「其」字を補った。「其頽乎」は、『礼記』檀弓上に載る孔子の言葉、「泰山其れ頽れんか（泰山其頽乎）」に基づく。『礼記』の言葉は、聖賢哲人の死を言う譬喩。泰山は、山東省にある名山で、堅固不動の譬喩に用いられる。「如」は、比較の意を表わす。／(3)再興福寿徳茲溢、一脈曹渓接大洋＝〈福寿寺を再興されて、その徳はここに溢れ、曹渓山から流れ出た一脈は大洋にそそぎこんでいる〉。「茲」は、この肖像でもあり、海岸山福寿寺でもある。「一脈曹渓」は、曹渓山に住した六祖慧能の法脈のことだが、ここでは、福寿寺の次住、一渓□覚の道号に掛けられ、「接大洋」は、山号の海岸山に掛けられている。

【九―四三】上平声十灰韻

贊釋孔老同閲巻圖。［直翁長老請］

聚頭三箇論何事、敢保烏焉成馬來◎。清風一枕夢回後、何處痛吹阿鷃堆◎。

＊

(1)釈孔老、同じく巻を閲する図に賛す。［(2)直翁長老請う］

(3)頭《こうべ》を聚《あつ》むる三箇、何事を論ず、敢えて保す、烏焉《うえん》、馬と成り来たることを。(4)清風一枕、夢回《めぐ》りし後、何《いず》れの処にか、痛く阿鷃堆《あああんたい》を吹く。

＊

(1)釈孔老同閲巻図＝三教聖人図の一種であろう。釈迦・孔子・老子の三聖を一幅に描き、以て仏教・儒教・道教の三教一致を示すもの。／(2)直翁長老＝【三―五】に直翁禅師と出るが未詳。／(3)聚頭三箇論何事、敢保烏焉成馬来＝〈三教の聖人が寄り合って何を論じているかは知らないが、似て非なるものとなることは受け合いだ〉。「敢保」の用例は、【七―七】にあった玄沙の言葉を参照。「烏焉成馬」は、普通は、似た字に誤写することを言う。

中国の古い諺に「字は三写を経て、烏焉、馬と成る」と。／(4)清風一枕夢回後、何処痛吹阿鷴堆＝〈枕もとに吹く清風に夢から覚めると、どこかで、痛切に阿濫堆《あらんたい》を吹いている音が聞こえる〉。眠りから覚めても、三教の聖人は、まだピーチクパーチクしゃべっているという句意だが、図像であるから、その議論が終わる時はない。「阿鷴堆」は、唐の玄宗が作った笛曲の名「阿濫堆」のこと。阿濫堆は、もと小鳥の名で、その鳴き声を笛曲にしたもの。阿濫堆の別名を鷴濫堆とも言い、また、阿鷴子とも言う。

【九―四四】

(1)開山岳翁忌。

＊

(1)開山岳翁忌＝大光寺開山、岳翁長甫の忌日法語。康安二年（一三六二）八月二日示寂。【九―五】注(1)を参照。【九―一〇】に「三百五十年忌」を初めとして六詩が収められている。

＊

【九―四四―①】上平声十一真韻

維嶽降靈生甫申、宗風鼓蕩海西濱。末期圓活連天句、威氣逼人今古新。

(1)維《こ》れ岳、霊を降《くだ》し、甫《ほ》と申《しん》とを生み、宗風、鼓蕩《くとう》す、海西の浜。(2)末期円活なり、連天の句、威気、人に逼《せま》って、今古新たなり。

*

(1)維岳降霊生甫申、宗風鼓蕩海西浜＝〈彼《か》の岳は神霊を降して甫と申とを生み、甫と申とは、宗風に羽ばたいて、海西の浜に波を激しく揚げている〉。上のは、『詩経』大雅・蕩之什・崧高《すうこう》にある「崧高なる維《こ》れ岳、駿《たか》きこと天に極《いた》る。維れ岳、神を降し、甫及び申を生む。維れ申及び甫は、維れ周の翰《まもり》、四国に蕃《まがき》たり、四方に宣《ついがき》たり」に基づく。下の句は、『碧巌録』八十九則頌の「翅《つばさ》を展《の》べて鵬騰《ほうとう》す六合《りくごう》の雲、風に摶《はう》って鼓蕩す四溟の水」を踏まえる。『詩経』の解説は割愛するが、要は開山岳翁和尚の児孫達（甫と申）が、日向の地で、和尚の宗風を挙揚しているという句意。／(3)末期円活連天句、威気逼人今古新＝〈末期、円活に書かれた「大海、天に連なる」の一句、その威気は、今も変わらずに、人にせまって来る〉。「連天句」は、開山の遺偈を言う。【九―一〇―⑥】注(2)を参照。

【九―四四―②】下平声五歌韻

叢竹疊青多福塔、莖莖斜曲看如何。◎現成公案無人會、千古唯從風雨磨。◎

*

(1)叢竹、青を畳む、多福塔、茎茎斜曲、看よ如何《いかん》。(2)現成公案、人の会《え》する無し、千古、唯だ風雨の磨するに従《まか》すのみ。

*

(1)叢竹畳青多福塔、茎茎斜曲看如何＝〈多福塔の青々とした叢竹、一茎は斜めに、一茎は曲がっている、さて、どう見るか〉。開山の塔名「多福」に因み、「多福一叢竹」と呼ばれる話頭を持ち出したもの。「杭州の多福和尚（趙州法嗣)。僧問う、『如何《いか》なるか是れ多福の一叢竹』。師曰く、『一茎両茎は斜めなり』。曰く、『学人、会《え》せず』。師曰く、『三茎四茎は曲がれり』」(『五灯会元』巻四)。／(2)現成公案無人会、千古唯従風雨磨＝〈この現成公案を悟る者はおらず、この塔は、いたずらに風雨にすりへらされていくのであろう〉。「現成公案」は、起承句で頌した景色が、そのまま開山の法身相ということ。ここの「千古」は、遠い後世という意。

【九—四五】下平声八庚韻

樺山氏室惠明禪尼、縫不動尊及兩脇士寄附。爲之作贊辭。

列焔常三昧、無明是即明。國家頼鎭護、法運保昇平。

＊

(1)樺山氏の室、恵明禅尼、(2)不動尊、及び両脇士を縫って寄附す。之れが為に賛辞を作《な》す。

列焔、常に三昧、無明是れ即ち明。国家、鎮護に頼み、法運、昇平を保つ。

＊

(1)樺山氏室恵明禅尼＝人物不詳。樺山氏は、佐土原藩の身分制度で、寄合衆と呼ばれた七家の一。一千石。この七家から家老が任命された。／(2)不動尊及両脇士＝不動三尊像、また不動明王二童子像と呼ばれるもの。不動明王は、怒りの姿に偉大な力を示す諸明王の中心尊。大日如来に代わって修行者を守る。不動明王の眷属である八大童子のうち、矜羯羅童子《こんがらどうじ》と制吒迦童子《せいたかどうじ》との二大童子を両脇に従える三尊形式。

【九―四六】上平声二冬韻

華嚴院彌勒尊佛開光安座。　［海桃和尚彫刻之］

豈與俗工同日語、老成手熟麗慈容。頂門正眼不須點、都率清風匝老松。

＊

[1]華厳院弥勒尊仏開光安座。　［[2]海桃和尚、之れを彫刻す］

[3]豈《あ》に俗工と日を同じうして語らんや、老成、手熟して、慈容を麗《うるわ》しうす。[4]頂門の正眼、点ずることを須《もち》いず、[5]都率の清風、老松を匝《めぐ》る。

＊

(1)華厳院＝未詳。／(2)海桃和尚＝海桃智東。日向国児湯郡高鍋にあった龍雲寺（現廃寺）の世代。隠渓智脱（雲居希膺下二世）の法嗣として、天和三年（一六八三）五月、前堂転位。【三九―一】に、享保三年（一七一八）閏十月十四日の古月の祭文がある。／(3)豈与俗工同日語、老成手熟麗慈容＝〈この老成円熟した海桃和尚の巧みさは俗工とは比較にならず、弥勒尊仏の慈容は何ともうるわしい〉。「同日語」は、成句の「不可同日而語」の略。／(4)頂門正眼不須点、都率清風匝老松＝〈点眼（開光）をする必要などはない、兜率天の清風が、華厳院の老松に吹いている〉。「都率（兜率天）」は、弥勒の浄土。

【九―四七】下平声七陽韻

彌勒尊佛佛廚蓮座新成供養炷香拙語。

背後光明満十方、巍巍坐斷紫金牀。何期五十億年約、直下禮瞻知足場。

＊

弥勒尊仏、(1)仏厨《ぶつず》蓮座《れんざ》、新たに成る供養、炷香《しゅこう》拙語。

背後の光明、十方に満つ、巍巍として坐断す、紫金牀《しこんしょう》。(2)何ぞ期せん、五十億年の約、直下《じきげ》に知足場《ちそくじょう》に礼瞻《らいせん》せんとは。

＊

(1)仏厨蓮座＝弥勒尊仏が坐す、蓮華座の厨子。／(2)何期五十億年約、直下礼瞻知足場＝〈弥勒龍華の三会に、この場であずかれるとは、思いもしなかった〉。【八―五】注(17)を参照。「知足」は、知足天。兜率天に同じ。

【九―四八】下平声七陽韻

東禪寺觀自在大殿再興安座供養。

松老雲閑古道場、重修梵宇仰慈光。普門宏闢無方所、山映湖心一様蒼。

＊

(1)東禅寺観自在大殿再興安座供養。

(2)松老《まつお》い雲閑《くもしず》かなり古道場、重ねて梵宇を修して慈光を仰ぐ。(3)普門、宏《おお》いに闢《ひら》いて方所無し、山、湖心に映じて、一様に蒼《あお》し。

＊

(1)東禅寺＝【九―二二】注(1)を参照。／(2)松老雲閑古道場、重修梵宇仰慈光＝〈松は老い、閑《しず》かに雲が流れる古刹、観世音の大殿が再興されて、その慈悲の光明を仰ぎ見る〉。「松老雲閑」は、『臨済録』馬防の序に「松老雲閑、曠然として自適す」と。「古道場」は、東禅寺が、崇峻天皇己酉年（五八九）の開基と伝わることによる。／(3)普門宏闢無方所、山映湖心一様蒼＝〈観世音が衆生を開悟せしめる法門は四方八方に普く開かれ、山と、湖面に映る山とは、一様に青々としている〉。「方所」は、方角や範囲。下の句は、仏心と衆生心とが不二であるということ。

【九―四九】上平声十灰韻

石于《スル》支那國補陀山觀音大士之尊像一幅、肥之前州崎陽之人附之。茲講觀音經三昧儀之日、裝褙以奉請云。

金容垂跡補陀岸、一幅溪藤彩畫來◎。慈眼點開懺摩會、看看直下絶纖埃◎。

＊

(1)支那国補陀山《ふださん》に(2)石する観音大士の尊像一幅、(3)肥の前州崎陽の人、之れを附す。茲《ここ》に(4)『観音経三昧儀』を講ずるの日、装褙《そうはい》して以て請し奉ると云う。

(5)金容《こんよう》、跡を垂る、補陀の岸、一幅の渓藤《けいとう》、彩画し来たる。(6)慈眼、点開す、懺摩《せんま》の会《え》、看よ看よ、直下《じきげ》に繊埃《せんあい》を絶す。

＊

(1)支那国補陀山＝中国浙江省舟山群島の普陀山。補陀山（補陀落迦山）は、南インドにあると信じられている観音菩薩の住処。チベットのラサと、中国の普陀山がこれに擬せられている。／(2)石……尊像一幅＝石刻観音像の拓本か模写であろう。／(3)肥之前州崎陽＝肥前長崎。「陽」は、山の南、川の北の義で、地名に付される。洛陽（洛水の北という意）がその好例。／(4)観音経三昧儀＝『請観世音菩薩消伏毒害陀羅尼三昧儀』。宋の遵式撰。観音懺法の行儀を記述したもの。／(5)金容垂跡補陀岸、一幅渓藤彩画来＝〈補陀山の岸に垂迹された観世音を、一幅の紙に彩り描いた〉。「渓藤」は、紙の一種。剡渓藤《せんけいとう》、剡藤《せんとう》とも言う。本来は、浙江省剡渓から産する藤を原料として作った紙。／(6)慈眼点開懺摩会、看看直下絶纖埃＝〈懺摩会中、その慈眼を点じ開いた、見るがよい、もうどこにもいささかの塵埃もない〉。「慈眼」は、『観音経』に「慈眼視衆生」と。「点開」は、点眼開光。「懺摩会」は、観音懺摩会。『法華経』を読誦し、観音菩薩の広大な霊感を請い、祈祷、報恩、追悼などのために行なう法要。

【九―五〇】上平声十一真韻

兒湯郡五智山國分寺大殿再創始事之日、設大會齋使余炷香、偈云。　［享保二丁酉九月廿一日］

敕寺千年跡已陳、何圖弘願又重新。山僧聊著些些力、推上扶桑大日輪。

＊

(1)児湯郡《こゆぐん》五智山国分寺大殿再創、事を始むるの日、大会斎を設け、余をして炷香せしむ、偈に云く。　［享保二丁酉《ひのととり》（一七一七）九月廿一日］

(2)勅寺千年、跡、已《すで》に陳す、何ぞ図《はか》らん、弘願《ぐがん》の又た重ねて新たならんとは。(3)山僧、聊《いささ》か些《しゃ》些《しゃ》の力を著けて、推《お》し上《のぼ》す、扶桑の大日輪。

＊

(1)児湯郡五智山国分寺＝児湯郡は、日向国の国府が置かれた地。五智山国分寺は、現在廃寺。宮崎県西都市に遺跡が残る。天平勝宝八年（七五六）に建立。木喰上人行道が、天明八年（一七八八）に住持し、五体の如来像を残したことで知られる。／(2)勅寺千年跡已陳、何図弘願又重新＝〈この千年前の勅寺は、寺跡もだいぶ古いが、思いがけないことに弘大なる誓願によって大殿が再創された〉。「勅寺」は、国分寺のこと。国分寺は、天平十三年（七四一）、聖武天皇が仏教による国家鎮護のため、日本全州に建立を命じた寺院。／(3)山僧聊著些些力、推上扶桑大日輪＝〈山僧、微力ではあるが、扶桑の大日輪を昇らせよう〉。「扶桑」は、東海のかなたにあると言われた樹木。太陽は暘谷を出て咸地で沐浴し、扶桑の野を過ぎてから天に登り始めると言う（『淮南子』天文訓）。また「扶桑」は、多く日本を言う。「大日輪」は、太陽。五智如来の中心尊、大日如来に掛ける。

＊

【九―五二】上平声四支韻

大威徳神入宋之典故者、薩州福昌禪刹創闢之日、得古記以來昭昭乎。予仰神庇、于茲有年矣。先得前當山熙春和尚贊神像之一軸平昔尊重。曾請竜藏之日、祈神海陸無魔嬈。因安嚴位於龍華院、晨香夕燈供配善慧大士。粤海桃老和尚、爲予垂護念至矣。深憐件件事、手彫鐫神像、粧飾壯麗、威儀纖悉。頂拜者無不驚嘆。剰并大偈贊之。今奉安龍華院、諷經一上之次、恭和嚴韵獻神前、兼充謝詞云。

雅愛曾鍾松與梅、名芳徳邵鳳毛姿。元來薩埵應眞器、護法比肩善恵師。

(1)大威徳神、入宋の典故は、(2)薩州福昌禅刹創闢《そうびゃく》の日、(3)古記を得てより以来《このかた》昭昭たり。予、神庇を仰ぐこと、茲《ここ》に年有り。先に(4)前当山煕春和尚が神像に賛するの一軸を得て、平昔《へいせき》尊重す。(5)曾て龍蔵を請するの日、神に海陸に魔嬈《まにょう》無きことを祈る。因《よ》って(6)厳位を龍華院に安じて、晨香夕灯《しんこうせきとう》の供、(7)善慧大士に配す。粤《ここ》に(8)海桃老和尚、予が為に護念を垂ること至れり。深く件件の事を憐れみ、手ずから神像を彫鐫《ちょうせん》し、粧飾壮麗、威儀繊悉《せんしつ》す。頂拝する者、驚嘆せずということ無し。剰《あまつさ》え(9)大偈を并《なら》べて之れを賛す。今、龍華院に奉安して、諷経《ふぎん》一上するの次《つい》で、恭しく(9)厳韻を和して神前に献じ、兼ねて謝詞に充《あ》つと云う。

(10)雅愛、曾て松と梅とを鍾《あつ》む、名芳《かんば》しく徳卲《たか》し鳳毛の姿。(11)元来、薩埵応真《さったおうしん》の器、護法、肩を善恵師に比《なら》ぶ。

＊

(1)大威徳神入宋之典故＝渡宋天神（渡唐天神とも）の伝承。室町時代の禅僧の間で生まれたもので、仁治二年（一二四一）、太宰府の崇福寺にいた円爾弁円（聖一国師）のもとに天神（菅原道真）が現われ、弟子入りを所望し、円爾が師匠の無準師範（仏鑑禅師）を紹介したところ、天神は宋に渡り、径山万寿寺にいた無準から法衣を授かったというもの。『両聖記』『菅神入宋授衣記』（共に『群書類従』巻十九）などが古い史料。中国風に道冠道服を身につけ、梅の枝を手にして立つ画像で知られる。「大威徳神」は、菅原道真の神号の一、日本太政威徳天。／(2)薩州福昌禅刹＝玉龍山福昌寺。鹿児島市に存在した曹洞宗の寺院。開創は応永元年（一三九四）。開山は石屋真梁（一三四五～一四二三）。開基は島津家七代元久。代々、島津家の菩提寺であったが、明治二年の廃仏毀釈で廃寺となった。／(3)古記＝横川景三（一四二九〜一四九三）の「書北禅和尚（瑞渓周鳳）天神賛后」（『五山文学新集』巻一）や、彦龍周興（一四五八〜一四九二）の「入唐天神記」（『同』巻四）などに見える。「……北禅曰く、『……偶《たま》たま天神受衣の記を得たり。其の理、昭然たり。記するに乃《すなわ》ち、薩州福昌寺剏基の日、巌石の罅《かげき》隙に於いて之れを得たり」（「書北禅和尚天神賛后」）。「薩の福昌禅刹剏闢の日、巌石の間に古記を得たり。題して、筑前州太宰府大威徳天神参大宋径山仏鑑禅師受衣記と曰う」（「入唐天神記」）。因みに島津家五代貞久は、京都北野天神の分霊を鹿児島川上村に勧請している（川上天満宮）。／(4)前当山熙春和尚＝熙春龍喜。大光寺十六世。東福寺二一四世。文禄三年（一五九四）正月三日示寂。世寿八十四。／(5)曾請龍蔵之日＝「本寺請蔵記」（【八―四】）、「龍華院創建記」（【八―五】）を参照。「龍蔵」は、大乗経典のこと。『龍樹菩薩伝』に「（大龍菩薩が龍樹を導いて海に入り）宮殿の中に於いて七宝の蔵を開き、七宝の華函を発《ひら》き、諸もろの方等深奥の経典、無量の妙法を以て之れに授く」と。／(6)安厳位於龍華院＝「龍華院創建記」に「中央に大士（善慧大士）の像を奉安し、且つ釈迦文仏・迦葉・阿難、及び天満天神の像を安ず」とある。／(7)善慧大士＝【六―一二】注(28)を参照。／(8)海桃老和尚＝海桃智東。【九―四六】注(2)を参照。／(9)大偈・厳韵＝海桃和尚の偈頌を尊んで言う。／(10)雅愛曾鍾松与梅、名芳徳卲鳳毛姿＝〈天神は昔から常に松と梅とを愛され、名芳しく徳高きすぐれた風采〉。「雅愛」は、雅に愛す。「鍾《つね》」は、聚・叢の義。「松与梅」は、菅原道真（天神）が愛した三木の二。他の一は、桜。「鳳毛」は、すぐれた風采の譬喩。／(11)元来薩埵応真器、護法比肩善恵師＝〈天神はもとより菩薩阿羅漢の器量、その護法力は、善慧大士と肩を並べている〉。「薩埵」は、菩薩。「応真」は、阿羅漢。

【九―五二】上平声二冬韻

自贊。

於戲汝徒子、錯來認老容。吸乾大海水、撞倒須彌峰。

＊

於《あ》戲《あ》、汝ら徒子、錯《あやま》り来たって老容を認《と》む。(1)大海水を吸乾し、須弥峰を撞倒す。

(1)吸乾大海水、撞倒須弥峰＝〈大海の水を飲み乾し、須弥の峰を突き倒す〉。徒弟等は、古月の真相を見誤って、このようにも力強い像を描いたのであろう。

＊

【一〇】

偈頌。

【一〇―一】上平声四支韻

庚寅除夕。

世上多夭折、幸過四十春。衣成阿母手、飯爨老農脂。何更掩明鏡、不須鑷雪髭。親參己躬下、挑燭苦思《ロニ》惟。

＊

(1)庚寅《かのえとら》の除夕《じょせき》。
(2)世上、夭折《ようせつ》多し、幸いに四十の春を過ぐ。(3)衣は阿母《あぼ》の手に成り、飯には老農の脂《あぶら》を爨《かし》ぐ。(4)何ぞ更に明鏡を掩《おお》わんや、須《もち》いず、雪髭《せっし》を鑷《ぬ》くことを。(5)親しく己躬下《こきゅうか》に参じて、燭を挑《かか》げて苦ろ《ねんご》に思惟す。

*

(1)庚寅除夕＝宝永七年（一七一〇）の大晦日。古月、四十四歳。／(2)世上多夭折、幸過四十春＝〈世間では早死にも多いが、幸いなことに四十歳を超えることが出来た〉。／(3)衣成阿母手、飯爨老農脂＝〈衣は老母の手をわずらわし、飯は老農が手塩に掛けた米を食べている〉。「阿母」は、母。古月の母（祖雪尼）は、享保八年（一七二三）、享年八十九で没しているので、この年、七十六歳。下の句は、鳳源寺の「規箴」（【一一】）に「二時の粥飯は、檀信の脂膏《しこう》、農僕の血汗なり」とある。／(4)何更掩明鏡、不須鑷雪髭＝〈鏡をおおい隠すこともしなければ、白いヒゲを抜くこともしない〉。「何更」は、強い否定を表わす言葉で、二句に掛かる。／(5)親参己躬下、挑燭苦思惟＝〈灯火をかかげ、この鏡に映る我が身をよく見て、こいつはいったい誰なのかと、深く突き詰める〉。

*

【一〇―三】下平声十三覃韻

壬辰除夜。

功成有巻満琅函◎、家乏無粱貯一甔◎。堂裡不容十《ンハ》禪客、爭堪寂寞與枯淡◎。

*

(1)壬辰《みずのえたつ》の除夜。

(2)功成って、巻の、琅凾《ろうかん》に満つる有り、家乏しうして、粱《あわ》の、一甔《いったん》に貯《たくわ》うる無し。(3)堂裡、十禅客を容《い》れずんば、争《いか》でか寂寞《せきばく》と枯淡《こたん》とに堪《た》えん。

＊

(1)壬辰除夜＝正徳二年（一七一二）の除夜。古月、四十六歳。次偈の題を参照。／(2)功成有巻満琅凾、家乏無粱貯一甔＝〈書写の功が成って、経巻は美しい箱に満ちているが、寺は貧乏で、ひとかめに貯える粟もない〉。この年の七月二日、大般若経六百軸の書写が終わった。「書写大般若記」（【八—三】）を参照。「琅凾」は、書箱（ここでは経函）の美称。／(3)堂裡不容十禅客、争堪寂寞与枯淡＝〈堂内に十人の禅客がいてくれたおかげで、この寂寞と枯淡とに堪えらた〉。

【一〇—三】上平声十一真韻

是歳藏經之函新成、堂内有十禅客。

歳亦莫《クレ》兮人亦老、痩肩難荷法千鈞。任他榾火易寒冷、兄弟氣和話引春。

＊

是の歳、蔵経の函、新たに成る、堂内に十禅客有り。

(1)歳も亦た莫《く》れ、人も亦た老ゆ、痩肩、荷《にな》い難し、法千鈞。(2)任他《さもあらばあれ》、榾火《こつか》の寒冷になり易《やす》きことを、兄弟《ひんでい》、気和して、話、春を引く。

(1)歳亦莫兮人亦老、痩肩難荷法千鈞＝〈こんな年寄りの細腕に、千鈞の大法などになえるものではない〉。「歳亦莫」は、『詩経』小雅・鹿鳴之什・采薇にある言葉。「莫」は、暮の古字。／(2)任他榾火易寒冷、兄弟気和話引春＝〈ほたびはすぐに消えて冷たくなるが、兄弟たちは和気あいあいと語って春を引き寄せている〉。「榾火」は、諸録に出る「榾柮火《こつとつか》」の略。榾柮火は、木っ端を燃した火。特に「北禅烹牛」の話頭で有名。「歳夜の小参に曰く、『年窮まり歳尽く、諸人と分歳《ぶんすい》（除夜の宴）す可《べ》き無し。老僧、一頭の露地の白牛を烹《に》、黍米の飯《しょべい》を炊き、野菜の羹《あつもの》を煮、榾柮《こつとつ》の火を焼《た》き、大家喫し了《お》わり、村田楽《そんでんがく》を唱う。何が故ぞ。他の門戸に倚り、他の墻《かき》に傍《そ》って、剛《し》いて時の人に喚ばれて郎と作《な》さるることを見ることを免《まぬが》る』。便ち下座して、方丈に帰る」（『五灯会元』巻十五・北禅智賢章）。

＊

【一〇―四】上平声一東韻

癸巳除夕。

人事怱忙年若日、唯歡徒子唱宗風。野梅凝白驚春近、宿麥抽青卜稼豐。壽算數來桒字顯、話頭撥轉芥針通。從今應不嘆貧乏、法寶準看都率宮。

(1)癸巳《みずのとみ》の除夕《じよせき》。

＊

(2)人事怱忙《そうぼう》として、年、日の若《ごと》し、唯だ歓《よろこ》ぶ、徒子の、宗風を唱うることを。(3)野梅、白を凝《こ》らして、春の近きに驚き、宿麦《しゆくばく》、青を抽《ぬきい》でて、稼《みのり》の豊かなることを卜す。(4)寿算《じゆさん》、数え来たれば桒字《そうじ》顕《あら》われ、話頭、撥転《はってん》すれば芥針《けしん》通ず。(5)今より応《まさ》に貧乏を嘆《なげ》かざるべし、法宝、準じ看る、都率宮。

＊

(1)癸巳除夕＝正徳三年（一七一三）の大晦日。古月、四十七歳。／(2)人事忽忙年若日、唯歓徒子唱宗風＝〈あれやこれやと忙しく、一年が一日のように過ぎるが、ただただ弟子達が宗風を唱えていることが嬉しい〉。「人事」は、人間社会の事柄。ここでは、大光寺住持としての務め。／(3)野梅凝白鷺春近、宿麦抽青卜稼豊＝〈白い蕾を結んでいる野の梅を見て、春が近いのに驚き、青葉を伸ばしている麦を見て、実りの豊かなることを思う〉。「宿麦」は、単に麦のこと。麦は秋に蒔いて、次の年に実るので「宿」と言う。「宿」は、隔年の意。／(4)寿算数来桒字顕、話頭撥転芥針通＝〈いくつになったかと数えてみれば桒の字が表われ、公案を与えると我が意にピタリと当たる〉。「桒字」は、四十八。「桒（桑の同字）」を分字すれば、十が四箇、八が一箇で、四十八となる。古月、年が明けると四十八歳である。下の句は、弟子達を言うものであろう。「撥転」は、転がすこと。「芥針通」は、「針芥相投《しんけあいとう》ず」。地上に立てた針に、天上より落とした芥子が命中する。『涅槃経』巻二の「芥子を針鋒に投ず、仏の出づること是れよりも難し」に基づき、希有な契合などの譬喩に用いるが、ここでは、意訳の通り。首聯に「唯だ歓《よろこ》ぶ、徒子の宗風を唱うることを」とある。／(5)従今応不嘆貧乏、法宝準看都率宮＝〈今からは貧乏を嘆くまい、この法宝は、まるで兜率宮を見るかのようだ〉。「法宝」は、この前年に書写が終わった大般若経を指す。「書写大般若記」（【八―三】）を参照。「準看」の「準」は、均・等の義で、ひとしいの意。「都率宮（兜率宮）」は、兜率天の内宮。弥勒が現に説法しているところで、ここに一切経が収蔵されているという説がある。

【一〇―五】上平声一東二冬通韻

大藏經圓成。因及于末句。

禪河染指幾多歳、禿髮星明《ノ如ニ》感老躬《東》。富貴自天須順受、死生翻底悉圓融《東》。雨蒸梅藹香彌遠、春泛紺芽緑未濃《冬》。徒衆交參三十箇、菜蔬沒齒不爲忡《東》。

＊

(1)大蔵経円成す。因《よ》って末句に及ぶ。

(2)禅河、指を染む、幾多《いくばく》の歳ぞ、禿髪《とくはつ》、星のごとくに明らかにして老躬《ろうきゅう》を感ず。(3)富貴、天よりす、須《すべか》らく順受《じゅんじゅ》すべし、死生、底を翻《ひるがえ》して、悉《ことごと》く円融《えんにゅう》す。(4)雨、梅藹《ばいい》を蒸して香り弥《いよ》いよ遠く、春、紺芽《こんが》に泛《うか》んで緑《みどり》未だ濃《こま》やかならず。(5)徒衆、交参す、三十箇、菜蔬《さいそ》、歯《よわい》を没《お》うるまで忡《うれい》と為《せ》ず。

＊

(1)大蔵経円成＝正徳四年（一七一四）のこと。／(2)禅河染指幾多歳、禿髪星明感老躬＝〈禅門に入って、もう何年になろうか、はげ頭に残る白髪は星明かりのようにまばらで、つくづく老いの身を感じる〉。「禅河」は、禅河教海などと熟す。「染指」の本義は、指を入れて嘗め、味を見ること。転じて、物事に着手すること。「禿髪星明」は、星髪。星のようにまばらにある白髪。／(3)富貴自天須順受、死生翻底悉円融＝〈人の富貴はすべて天命であるから素直に受け入れねばならぬが、死んだ者も、生きている者も、転読大般若の威神力によって円満である〉。「富貴自天」は、『論語』顔淵第十二に「死生、命有り、富貴、天に在り」と。人の死生や富貴は、すべて天命であるという意。「順受」は、順《すなお》に受け入れること。『孟子』尽心章句上に「命に非ざるは莫《な》きなり。其の正を順受すべし」

と。「翻底」は、前年より再開された転読大般若を言うか。【一〇―一四】を参照。／(4)雨蒸梅蘤香弥遠、春泛紺芽緑未濃＝〈雨は梅花を蒸し上げて香りはいよいよ遠くにまで及び、春は青色をした芽にまで来ているがまだ色濃くはない〉。／(5)徒衆交参三十箇、菜蔬没歯不為忡＝〈三十人の弟子達が交わり参じている、これからは一生涯、粗末な食事を嘆くまい〉。下の句は、詩題に照らせば、「大蔵経円成は檀信の喜捨によるもの、これからは一生涯、粗末な食事を嘆くまい」という句意。「菜蔬」は、野菜ばかりの食事。「没歯」は、一生涯、死ぬまでの意。「歯」は、齢（よわい）の義。『論語』憲問第十四に「疏食《そし》を飯《くら》い、歯《よわい》を没《お》うるまで、怨言《えんげん》無かりき」と。

＊

【一〇―六】

乙未除夕。

(1)乙未《きのとひつじ》の除夕《じょせき》。

＊

(1)乙未除夕＝正徳五年（一七一五）の大晦日。古月、四十九歳。底本の改行に従って二偈としたが、脚韻も同じ一先で、①偈の三四句、②偈の一二句が対句になっており、他の除夜の偈の如く、恐らくは七言律の一偈。律詩は、頷聯（三四句）と頸聯（五六句）を対句で作るのが決まり。

【一〇―六―①】下平声一先韻

近來經歳如經旦《タヲ》、身衰志弛愧昔賢◎。多有艱辛憑丐食、更無大義爲開田◎。

＊

(1)近来《このごろ》、歳《とし》を経ること旦《あした》を経るが如し、身《み》衰《おとろ》え、志《こころざし》弛《ゆる》んで、昔賢《せきけん》に愧《は》ず。(2)多くは艱辛《かんしん》の、憑《たよ》って食を丐《こ》わしむること有って、更に大義の、為に田を開かしむること無し。

＊

(1)近来経歳如経旦、身衰志弛愧昔賢＝〈このごろは一年が一日のように過ぎて行き、身は衰え、志は弛んで、昔の賢人に恥じ入るばかりだ〉。／(2)多有艱辛憑丐食、更無大義為開田＝〈衆僧に頼って乞食をさせて苦労をかけ、荒地を開墾させて説くような大義もなり〉。下の句は、「百丈開田」と呼ばれる話頭に基づく。「百丈山の涅槃和尚。一日、衆に謂いて曰く、『汝等、我が与《ため》に田を開け。我れ、汝らが与に大義を説かん』。衆、田を開き了《お》わり、帰って、大義を説かんことを請う。師、乃《すなわ》ち両手を展《の》ぶ。衆、措《お》くこと罔《な》し」（『五灯会元』巻四・百丈涅槃章）。

【一〇―六―②】下平声一先韻

風霜半百入頭白、帋襖幾重擁膝眠◎。空使玄徒忍凍餒、嗟吾福慧兩凄然◎。

＊

(1)風霜半百、頭《こうべ》に入って白し、紙襖《しおう》幾重ぞ、膝を擁して眠る。(2)空《むな》しく玄徒をして凍餒《とうだい》を忍ばしむ、嗟す、吾が福慧の両《ふた》つながら凄然たることを。

(1)風霜半百入頭白、紙襖幾重擁膝眠＝〈年が明ければ五十の白髪老人、紙ごろもで幾重《いくえ》も膝をおおって眠るのみ〉。「風霜」は、年月の義。霜髪（白髪）に掛けている。原文の「帋」は、紙に同じ。／(2)空使玄徒忍凍餒、嗟吾福慧両凄然＝〈いたずらに参玄の弟子達を凍えさせ餓えさせている、ああ何と、福徳も智慧もない私であろうか〉。「凍餒」は、凍えと餓え。衣食の乏しいこと。

＊

【一〇─七】下平声七陽韻

丙申除夜。

似忘告老皈休計、長靠痩藤漫主張。糲飯麁衣經五十、坐禪作務是尋常。勸懲侍子倦繙卷、裁斷廚僧訴纔糧。歳月因循只麼暮、青燈期曉古繩床。

＊

(1)丙申《ひのえさる》の除夜。

(2)告老帰休《こくろうききゅう》の計を忘るるに似て、長《とこし》えに痩藤《そうとう》を靠《よせか》けて漫《みだ》りに主張す。(3)糲飯麁衣《れいはんそえ》、五十を経《へ》、坐禅作務、是れ尋常。(4)侍子の、巻を繙《ひもと》くに倦《う》むを勧懲《かんちょう》し、厨僧《ちゅうそう》の、糧《かて》の纔《わず》かなるを訴《うった》うるを裁断す。(5)歳月、因循《いんじゅん》として只麼《しも》に暮る、青灯、暁《あかつき》を期す、古縄床《こじょうしょう》。

＊

(1)丙申除夜＝享保元年（一七一六）の除夜。古月、五十歳。／(2)似忘告老帰休計、長靠痩藤漫主張＝〈隠居する

時期を外して、ずっと住持をやっている〉。「告老」「帰休」は、共に隠居の意。「靠痩藤」の「痩藤」は、細い拄杖。ここでは、年老いて痩せた我が身に比す。拄杖を靠《よせか》けるとは、その寺に留まることを言う。「主張」は、主宰の義。／(3)糲飯麄衣経五十、坐禅作務是尋常＝〈粗末な飯と衣とで五十年、坐禅や作務は当たり前にやって来た〉。「糲飯」は、玄米の飯。転じて粗食。／(4)勧懲侍子倦繙巻、裁断厨僧訴纔糧＝〈若い僧が看経を嫌がれば、それをさとし、典座の僧が食糧不足を訴えれば、きりもりする〉。「侍子」は、侍僧・侍者のことだが、ここでは、入門したばかりの僧のことであろう。妙心寺の僧階で言う、首座に昇る前の侍者職。／(5)歳月因循只麼暮、青灯期暁古縄床＝〈歳月はとやかくしているうちにただ暮れ行き、古い縄床のそばには灯明が青く光り、明け方を迎えようとしている〉。

【一〇一八】上平声十五刪韻

丁酉除夕。

乾坤幸納我癡頑、十歳因循董佛山。澆季争堪祖師誡、空門却似女兒姦。數莖白髮易催老、萬兩黄金難買間。謹報參玄諸衲子、不成道業又何顔。

＊

(1)丁酉《ひのととり》の除夕《じよせき》。

(2)乾坤、幸いに我が痴頑《ちがん》を納《い》る、十歳、因循《いんじゆん》として仏山を董《ただ》す。(3)澆季《ぎようき》、争《いか》でか祖師の誡に堪えんや、空門、却って女児の姦《かん》に似たり。(4)数茎の白髪、老を催《もよお》し易《やす》く、万両の黄金、間《かん》を買い難し。(5)謹んで参玄の諸衲子に報ず、道業を成ぜずんば、又た何の顔《かんばせ》ぞ。

＊

(1)丁酉除夕＝享保二年（一七一七）の大晦日。古月、五十一歳。／(2)乾坤幸納我痴頑、十歳因循董仏山＝〈天地は幸いなことに私のような大馬鹿者も受け入れてくれて、十年間、とやかく仏日山の法席を董して来た〉。古月が、仏日山大光寺に入院したのは、宝永四年（一七〇七）のこと。／(3)澆季争堪祖師誡、空門却似女児姦＝〈末世の比丘がどうして祖師の誡めに堪えられようか、空を説くはずの仏門が却って女三人寄れば姦《かしま》しいという如きありさまだ〉。「澆季」は、末世に同意。人情うすく世の乱れた末の世。「女児姦」の意訳には自信がないが、まさか女犯ではあるまい。／(4)数茎白髪易催老、万両黄金難買間＝〈数本残った白髪、人はあっという間に老い、一万両の黄金でも、閑居の地を得るのは難しい〉。下の句は、宏智正覚の「喜葉先生致政」偈（『貞和集』巻四）に「人は知る、百計、官を図《はか》らんと欲することを、誰か信ぜん、千金、閑を買い難きことを」と。本篇の「間」は、閑に同意。『遺教経』にある「独処に閑居すべし」「空閑に独処す」の「閑」。／(5)謹報参玄諸衲子、不成道業又何顔＝〈謹んで参玄の修行者達に申しておく、道業を成就しなければ、何の面目があるのだ〉。上の句は、石頭希遷の『参同契』に「謹んで参玄の人に白《もう》す、光陰虚《むな》しく度《わた》ること莫《な》かれ」と。

【一〇—九】下平声一先韻

戊戌除夕。

幽嶂未容埋《サ》影地、小叢林下鼓吾禪。雪融石澗柳金動、春接臘天梅暦鮮。半百歳華過特老、重輕制戒尚希全。唯羞開席乏供給、已矣此生如是然。

*

(1)戊戌《つちのえいぬ》の除夕《じょせき》。

(2)幽嶂《ゆうしょう》、未だ影を埋むる地を容《ゆる》さず、小叢林下、吾が禅を鼓す。(3)雪、石澗に融けて柳金《りゅうきん》動き、春、臘天に接して梅暦《ばいれき》鮮《あざ》やかなり。(4)半百の歳華、過ぎて特に老い、重軽の制戒、尚お全《まった》からんことを希《ねが》う。(5)唯だ羞《は》ずらくは、席を開いて供給《くきゅう》に乏しきことを、已矣《やんぬるかな》、此の生、是の如《かく》く然《しか》り。

*

(1)戊戌除夕＝享保三年（一七一八）の大晦日。古月、五十二歳。／(2)幽嶂未容埋影地、小叢林下鼓吾禅＝〈いまだに深山に隠居することも許されず、小叢林で祖師禅を唱えている〉。「幽嶂」は、奥深く高くそばだつ峰。「埋影」は、隠居の譬喩。「小叢林」は、本山などの大叢林に対して、地方の小寺院を言う。ここでは、大光寺。／(3)雪融石澗柳金動、春接臘天梅暦鮮＝〈雪は石の谷川に融けて柳の枝は揺れ、春は大晦日に近づいて梅花も鮮やかである〉。「柳金」は、柳金糸の略。柳の枝の美称。「梅暦」は、梅花のこと。日本語では、「うめごよみ」と読む。梅の開花を見て春の訪れを知るので言う。／(4)半百歳華過特老、重軽制戒尚希全＝〈五十歳を過ぎて特に老いを感じるが、大乗戒だけは守ろうと思っている〉。「歳華」は、年月の義だが、春景色の譬喩にも用いる。「重軽制戒」は、十重四十八軽戒の大乗戒。／(5)唯羞開席乏供給、已矣此生如是然＝〈法席を開いておきながら、修行僧に与える衣食に乏しいことを恥じているが、やんぬるかな、僧侶の一生は、そんなものだ〉。

【一〇―一〇】上平声七虞韻

己亥除夜。　［結制衆僧百五十人餘］

一柯鉏斧終將爛、仙舍星霜滿白鬚。筧水氷融應禪鼓、梅花雪散布眞珠。頂門戳瞎摩醯眼、肘後不懸奪命符。何免法中罪人稱、幾年使衆費工夫。

＊

(1)己亥《つちのとい》の除夜。　［結制、衆僧百五十人余］

＊

(2)一柯《いっか》の鉏斧《とつぷ》、終《つい》に将《まさ》に爛《ただ》れんとす、仙舎の星霜、白鬚《はくしゅ》に満つ。(3)筧水《けんすい》、氷融《と》けて禅鼓《ぜんく》に応じ、梅花、雪のごとくに散じて真珠を布《し》く。(4)頂門、戳瞎《たくかつ》す、摩醯《まけい》が眼《まなこ》、肘後《ちゅうご》、懸けず、奪命《だつみょう》の符。(5)何ぞ免《まぬが》れん、法中罪人の称、幾年か衆をして工夫を費《つい》やしむ。

＊

(1)己亥除夜＝享保四年（一七一九）の除夜。古月、五十三歳。／(2)一柯鉏斧終将爛、仙舎星霜満白鬚＝〈大光寺に住してから幾年月が過ぎたか、斧《おの》の柄《え》も、とうとう腐りかけ、白い鬚《ひげ》は、星や霜のようだ〉。「王質爛柯」などと呼ばれる故事による。晋の王質という者が、木を伐《き》りに山へ入ると、山中で数人の童子（仙人）が碁を打っているのを見た。童子の一人が、なつめの実のようなものをくれたので、これを食べていると一向に腹が空かない。一局の碁が終わらないうちに、何年たっていたのやら、持っていた柯（斧の柄）は爛《くさ》っていたという話（『水経注』巻四十）。この故事は、一般的には、碁や音楽などに心を奪われて、時の移るのを知らない喩えに用いられる。「鉏斧」は、住山の者が木を切るのに用いる鈍刀、小さな斧のことであるが、青原行思と、その法嗣石頭希遷との因縁により、住山・住持の譬喩として用いられる。「師（青原）、希遷をして書を持って南岳の譲和尚に与えしむるに曰く、『汝、書を達し了《お》われば、速《すみ》やかに回《かえ》れ。吾れに箇の鈯斧子《とっぷす》有り、汝に与えて住山せしめん』」（『伝灯録』巻五・青原行思章）。「仙舎」は、大光寺を、「王質爛柯」の故事に掛けて言ったもの。「星霜」は、年月の義。星髪（白髪）、霜鬢（白鬢）などに掛けている。／(3)筧水氷融応禅鼓、梅花雪散布真珠＝〈融けた筧《かけい》の水が、日々の暮らしをまかなってくれるし、雪のように散る梅花が、破れた屋壁から吹き込んで、真珠を敷いたかのようだ〉。大光寺の枯淡な暮らしを頌す。上の句は、二霊知和庵主の偈（『五灯会元』巻十八）に「竹筧二三升の野水、松窓七五片の閑雲。道人の活計は祇《た》だ此《かく》の如し、人間に留与して見聞を作《な》さしむ」と。「禅鼓」は、未見の語だが、粥や斎、茶礼などを知らせる太鼓のことであろう。融けた筧の水が、それらの水をまかなってくれるという句意。下の句は、楊岐方会の以下の故事に基づく。「初め楊岐に住す。老屋敗椽、僅《わず》かに風雨を蔽《ふせ》ぐ。適《たま》たま冬暮に臨み、雪霰、床に満つ。居、処《お》るに遑《いとま》あらず。衲子、誠を投じ、修造に充《あ》たらんと願う。師翁（楊岐）、之れを却《しりぞ》けて曰く、『我が仏、言えること有り。時、減劫に当たって、高岸深谷、遷変、常ならず。安《いずく》んぞ円満如意にして自ら称《かな》い足ることを求むることを得んや。汝等、出家学道、手脚を做《な》すこと未だ穏やかならず。已《すで》に是れ四五十歳、詎《なん》ぞ閑工夫の豊屋を事とすること有らんや』と。竟《つい》に従わず。翌日、上堂して曰く、『楊岐が乍住《さじゅう》、屋壁疎なり、満床、尽《ことごと》く雪の珍珠を撒《さっ》す。項《うなじ》を縮却して暗に嗟吁《さう》す、翻《ひるがえ》って憶《おも》う、古人が樹下の居を』」（『禅林宝訓』巻二）。「雪珍珠」を「雪真珠」に作る禅籍も多い。／(4)頂門戳瞎摩醯眼、肘後不懸奪命符＝〈摩醯首羅天《まけいしゅらてん》の頂門の一隻眼をつぶし、身には奪命の符を着けない〉。大慧宗杲が、懶庵鼎需を印可した「頂門、竪亜《じゅあ》す摩醯の眼、肘後、斜めに懸く奪命の符」の句を踏まえて、住持として、修行僧に何等の利益も与えていないという謙譲。「戳瞎」は、刺してめしいにすること。「摩醯眼」は、摩醯首羅天〈大自在天〉の頂門の一隻眼のことで、悟りの眼を言う。「奪命符」は、能く人命を奪うという神呪符。／(5)何免法中罪人称、幾年使衆費工夫＝〈仏法中の罪人と呼ばれることは免れない、幾年か大衆にいらぬ苦労をさせて来たことか〉。『虚堂録』巻四「立僧納牌普説」に「老僧は是れ仏法中の罪人なり。一堂の兄弟、人の一転語を下し得て切当なる無し。法門の興衰、亦た知んぬ可《べ》し」と。「費工夫」は、苦労をするという意だが、禅録ではしばしば、「枉《ま》げて工夫を費やす」「徒《いたずら》に工夫を費やす」などと、否定的に使われる。

【一〇一一】上平声十三元韻

庚寅除日。雪。

海國今年尚覺暄、不思曉雪滿林園。雛僧十二三齡輩、表裏蜀山犬吠暾。

＊

(1)庚寅《かのえとら》の除日。雪。

(2)海国、今年、尚お暄《あたた》かきことを覚ゆ、思わざりき、暁雪の、林園に満つることを。(3)雛僧《すうそう》、十二三齢の輩、蜀山《しょくざん》の犬の、暾《とん》に吠ゆるに表裏す。

＊

(1)庚寅除日＝宝永七年（一七一〇）の大晦日。古月、四十四歳。／(2)海国今年尚覚暄、不思暁雪満林園＝〈日向の国は、今年の冬はまだ暖かく感じられていて、暁の雪が林園に満ちようとは思ってもいなかった〉。「海国」は、海に面した国。／(3)雛僧十二三齢輩、表裏蜀山犬吠暾＝〈十二三歳の小僧達は雪を見て驚き騒ぎ、まるで蜀山の犬が太陽を見て吼えかけているかのようだ〉。「雛僧」は、出家して間もない僧。「ひなそう」とも読む。「表裏」は、表裏一致の意に解した。「蜀山犬吠暾」は、「蜀犬怪日」「蜀犬吠日」と呼ばれるもの。蜀の地は霧が多く、日を見ることが少ないために、日が出るたびに犬が疑い怪しんで吠えること。転じて見識の狭い者が他の卓絶した言行に対して疑い怪しんで非難攻撃する喩え。「暾」は、朝日。

【一〇―一二】上平声十三元韻

辛卯歳首。［春來有請龍藏之擧。故末句及于此］
春日熙熙松竹門、笑談聚頭暖猶繁。殊嘆衛護人天德、轉大法輪答《ムクフ》佛恩。

＊

(1)辛卯《かのとう》の歳首。［春来、(2)龍蔵を請するの挙有り。故に末句、此《ここ》に及ぶ］
(3)春日、熙熙《きき》たり、松竹の門、笑談、頭《こうべ》を聚《あつ》めて、暖猶お繁《しげ》し。(4)殊に嘆ず、衛護人天の徳、大法輪を転じて仏恩に答《むく》う。

＊

(1)辛卯歳首＝宝永八年（一七一一。四月二十五日、正徳に改元）。古月、四十五歳。／(2)請龍蔵＝「本寺請蔵記」（【八―四】）、「龍華院創建記」（【八―五】）を参照。「龍蔵」は、大乗経典のこと。【九―五一】注(5)に既述。／(3)春日熙熙松竹門、笑談聚頭暖猶繁＝〈春の日も和らぐ松竹の門、その暖かさにみな寄り合って、さかんに談笑している〉。／(4)殊嘆衛護人天徳、転大法輪答仏恩＝〈人天界を衛護される仏の恩徳をたたえ、大法輪を転じてむくいます〉。

【一〇―一三】

壬辰試筆。二首。

(1)壬辰《みずのえたつ》の試筆《しひつ》。二首。

＊

(1)壬辰試筆＝正徳二年（一七一二）の歳旦の偈。「試筆」は、書き初めの意。始筆、試毫とも言う。古月、四十六歳。

＊

【一〇―一三―①】上平声十灰韻

東帝震威動涌來〔暁天地震〕、各呼萬歳點扃開。想看造化應時節、維徳昭昭大矣哉。

＊

(1)東帝、威を震るって動涌し来たる〔暁天地震〕、各おの万歳と呼んで扃《かんぬき》を点じ開く。(2)想い看る、造化の、時節に応ずることを、維《こ》れ徳、昭昭として大いなる哉《かな》。

＊

(1)東帝震威動涌来〔暁天地震〕、各呼万歳点扃開＝〈春の神様が威力をふるって大地を揺るがした、みんな万歳三呼して山門のかんぬきを開く〉。「東帝」は、春神。暁天の地震を、『法華経』序品に説かれる六瑞の中の地動瑞と感じての作。「万歳」は、【一〇―一六】注(2)を参照。／(2)想看造化応時節、維徳昭昭大矣哉＝〈そこで思い見るのだ、造化の神が時節を間違えないことを、その徳はありありとして、何と大きいものであろうか〉。

【一〇―一三―②】下平声十三覃韻

兄弟攀條云《ニ》賀正、靄然和氣滿東南◎。藏經拜請半千軸、般若寫成三百函◎。霞罩庭梅連緑玉、風催黄鳥占玄談◎。新年佛法又何謂、確定脚跟好荷擔◎。

＊

(1)兄弟《ひんでい》、条に攀《よ》じて云《ここ》に賀正す、靄然《あいぜん》たる和気、東南に満つ。(2)蔵経、拝請す、半千の軸、般若、写し成す、三百の函。(3)霞、庭梅を罩《こ》めて緑玉を連ね、風、黄鳥を催して玄談を占す。(4)新年の仏法、又た何をか謂わん、脚跟を確定して、好し、荷担するに。

＊

(1)兄弟攀条云賀正、靄然和気満東南＝〈兄弟達は決まり通りに新年を祝い、かすみがたなびくような和気が四方に満ちている〉。「攀条」は、『碧巌録』八十五則頌下語などに「有条攀条、無条攀例」と。条目があれば条目に従い、条目がなければ先例に従うということ。ここの「云」は、句中の助辞。「靄然」は、かすみがたなびくさま。また、和気の穏やかなさま。「和気」は、のどかな気候。／(2)蔵経拝請半千軸、般若写成三百函＝〈五百軸の蔵経を拝請し、三百函の大般若経を写した〉。／(3)霞罩庭梅連緑玉、風催黄鳥占玄談＝〈春霞は庭の梅をおおって竹を連ね、春風はうぐいすを急き立てて鳴き声で満たそうとしている〉。「緑玉」は、竹の異称。禅語（『人天眼目』巻四）に「古松、般若を談じ、幽鳥、真如を弄す」と。／(4)新年仏法又何謂、確定脚跟好荷担＝〈新年の仏法とて、特に言うことはない、足もとを固めて、それぞれが仏法を荷担するがよい〉。「確定脚跟」は、暁天の地震に因む。「確定」は、固定・堅定の義。「荷担」は、荷《にな》い担《かつ》ぐ。

【一〇―一四】上平声一東韻

癸巳歳首。［當山闕轉讀大般若之盛典百年。茲寫成看閲。故末句及于此］
乍住七逢斗柄東、斬新日月耀堯穹。祝筵翻轉大般若、振起百年已墜風。

*

(1)癸《みずのと》巳《み》の歳首。［当山、転読大般若の盛典を闕《か》くこと百年。茲《ここ》に写し成して看閲す。故に末句、此《ここ》に及ぶ］
(2)乍住《さじゅう》、七たび斗柄《とへい》の東するに逢う、斬新の日月、堯穹《ぎょうきゅう》に耀《かがや》く。(3)祝筵《しゅくえん》、大般若を翻転《ほんてん》し、百年已墜《いつい》の風を振起す。

*

(1)癸巳歳首＝正徳三年（一七一三）。古月、四十七歳。／(2)乍住七逢斗柄東、斬新日月耀堯穹＝〈大光寺に住持して七度目の春を迎えた、新春の日月が高い天に輝いている〉。「乍住」は、初めて住持になること。「斗柄東」は、『鶡冠子』環流に「斗柄、東を指して、天下皆な春」と。柄杓形の北斗七星の柄の部分が東を指す。立春の節を言う。古月が、大光寺に入院したのは、宝永四年（一七〇七）のこと。「堯穹」は、高天。／(3)祝筵翻転大般若、振起百年已墜風＝〈新春を祝う法筵では大般若が転読され、百年途絶えていた宗風を振るい起こしている〉。禅林では元旦から三日、或いは五日、転読大般若の法会を修行し、国家安全などを祈祷する。これを修正会と言う。

【一〇―一五】下平声十三覃韻

甲午歳首。

肩起千鈞大法擔。漫成主宰自堪慚。祝延國祚茲知兆、龍藏山堆《ノ如ニ》六百函。

＊

(1)甲午《きのえうま》の歳首。

(2)千鈞大法の担《たん》を肩起して、漫《みだ》りに主宰《しゆさい》と成って自ら慚《は》じに堪う。(3)国祚《こくそ》を祝延《しゆくえん》して茲《ここ》に兆《きざし》を知る、龍蔵、山のごとくに堆《うずたか》し、六百函。

＊

(1)甲午歳首＝正徳四年（一七一四）。古月、四十八歳。／(2)肩起千鈞大法担、漫成主宰自堪慚＝〈分不相応にも千鈞の大法を肩に担い、みだりに住持となって、その恥じに堪えている〉。「主宰」は、住持の意。／(3)祝延国祚茲知兆、龍蔵山堆六百函＝〈大般若経六百巻を転読して国の栄えを祈り、ここにその兆しを知る〉。「龍蔵」は、大乗経典のこと。【九―五一】注(5)に既述。

【一〇―一六】下平声八庚韻

乙未試毫。

舊歳已臻元朔盡、嵩呼堂上祝新正。當陽顯示祖師印、仙鶴喋松足喜聲。

＊

(1)乙未《きのとひつじ》の試毫《しごう》。

(2)旧歳、已《すで》に元朔《げんさく》に臻《いた》って尽き、嵩呼《すうこ》、堂上、新正を祝う。(3)当陽に顕示す、祖師の印、仙鶴、松に唳《な》いて喜声足る。

＊

(1)乙未試毫＝正徳五年（一七一五）の歳旦の偈。「試毫」は、書き初めの意。始筆、試筆とも言う。古月、四十九歳。／(2)旧歳已臻元朔尽、嵩呼堂上祝新正＝〈古い年も元旦を迎えて終わり、堂内では万歳三呼して新年を祝っている〉。「元朔」は、元《はじめ》の朔《ついたち》。「嵩呼」は、「嵩呼万歳」。禅語に「山は呼ぶ万歳の声」とあるが、この語は、漢の武帝が嵩岳で親しく山を祭った時、臣民一同が万歳を三呼したという故事から出た語。／(3)当陽顕示祖師印、仙鶴唳松足喜声＝〈まの当たりに表われている祖師の仏心印、鶴が松の中で、めでたい声でよう鳴いておる〉。「当陽」は、正位・中央の義。転じて真正面の意。下の句は、姚合の「新春」詩（『三体詩』巻三）の尾聯、「最も好し、林間の鶴、今朝、喜声足る」を踏まえる。「仙鶴」は、鶴のこと。「鶴は千年」と言われることからこう呼ぶ。

【一〇―一七】上平声十一真韻

丙申試筆。

深心一片奉天眞、領得龍華樹下春。紅靄映來堂宇秀、東風吹轉法輪新。

＊

(1)丙申《ひのえさる》の試筆。

(2)深心《じんしん》一片、天真に奉り、領得す、龍華樹下《りゅうげじゅげ》の春。(3)紅靄《こうあい》、映じ来たって、堂宇秀《ひい》で、東風、吹き転じて、法輪新たなり。

＊

(1)丙申試筆＝正徳六年（一七一六。六月二十二日、享保に改元）の歳旦の偈。古月、五十歳。／(2)深心一片奉天真、領得龍華樹下春＝〈心を込めた一片の香を天真仏に奉り、龍華樹下の春を我がものとしている〉。「天真」は、天真仏の略。この春景色が、そのままに法身仏であるということ。「龍華樹下」は、弥勒龍華三会。【八―五】注(17)を参照。／(3)紅靄映来堂宇秀、東風吹転法輪新＝〈はるがすみは、龍華院に映《は》えて美しく、はるかぜは、経典をひるがえしてすがすがしい〉。上の句は、新造ならんとする龍華院を、下の句は、清衆によって書写し終わった般若経を用いた修正法会を頌す。

【一〇―一八】上平声五微韻

仝。

氤氳淑氣擁禪扉、風暖梅花薫衲衣。今日自慚蘧伯玉、濫巾叢社不知非。

＊

(1)氤氳《いんうん》たる淑気《しゅくき》、禅扉《ぜんぴ》を擁し、風暖《あたた》かにして、梅花、衲衣《のうえ》に薫ず。(2)今日、自ら慚《は》ず、蘧伯玉《きょはくぎょく》、叢社に濫巾《らんきん》して非を知らず。

＊

(1)氤氳淑気擁禅扉、風暖梅花薫衲衣＝〈春のなごやかな気は、禅房をおおいつつみ、暖かい風に乗って、梅花の香りが衣にしみ入ってくる〉。／(2)今日自慚蘧伯玉、濫巾叢社不知非＝〈今朝五十歳、「五十にして四十九年の非を知る」と言った蘧伯玉に恥じ入り、あやまちも知らずに、比丘の真似事をしている〉。「蘧伯玉」は、「五十にして四十九年の非を知る」と言った衛の賢大夫。「濫巾」は、濫《みだ》りに頭巾をかぶるという意で、隠者を真似ること。「巾」は、隠者がかぶる頭巾。

【一〇—一九】下平声十二侵韻

丁酉試觚。

禿髪一縦霜雪侵、龜毛拂上動春心。朝來點發興雲志、猶思法霖帀苑林。

(1)丁酉《ひのとり》の試觚《しこ》。

(2)禿髪《とくはつ》、一《ひと》えに霜雪の侵《おか》すに縦《まか》す、亀毛払上《きもうほつじょう》、春心を動ず。(3)朝来、興雲の志を点発して、猶お思う、法霖《ほうりん》の、苑林に帀《めぐ》ることを。

＊

(1)丁酉試觚＝享保二年（一七一七）の歳旦の偈。古月、五十一歳。「試觚」は、試毫・試筆に同意。「觚」は、古、文字を記すのに用いた木札。／(2)禿髪一縦霜雪侵、亀毛払上動春心＝〈年を取るがままに、髪の毛はハゲ上がったが、長い毛の払子を見ていると、若かりし日の志がよみがえる〉。「霜雪」は、年月を言う星霜・風霜と同義。「亀毛払」には、深い意味があるが、ここでは、単に払子のこと。禅林では、正月に、拄杖に払子を掛けて祭る儀式がある。／(3)朝来点発興雲志、猶思法霖帀苑林＝〈朝がたから興雲の志が起こり、禅苑に法雨をめぐらそうと思う〉。

【一〇―二〇】下平声六麻韻

戊戌試毫。

堂上嵩呼祝國家◎、斂衣各自喫盃茶◎。祖風猶帯春風去、般若叢林著覺華◎。

[1]戊戌《つちのえいぬ》の試毫《しごう》。

[2]堂上、嵩呼《すうこ》して国家を祝し、衣《え》を斂《おさ》めて各自に盃茶を喫す。[3]祖風、猶お春風を帯び去り、般若の叢林、覚華《かくげ》を著く。

＊

(1)戊戌試毫＝享保三年（一七一八）の歳旦の偈。古月、五十二歳。／(2)堂上嵩呼祝国家、斂衣各自喫盃茶＝〈堂内では万歳三呼して国家安穏を祝し終わり、袈裟を収めて、各自、一杯の茶をいただく〉。新春の祝聖《しゅくしん》が終わり、茶礼。上の句は、【一〇―一六】注(2)を参照。／(3)祖風猶帯春風去、般若叢林著覚華＝〈祖風は春風のように暖かく、般若の叢林には覚華が開いている〉。覚華を成長させる祖風を、草木を成長させる春風に比するもの。「覚華」は、真実の覚りを華に譬える言葉。

＊

【一〇―二一】上平声一東韻

己亥歳首。

朝來自應新陽氣、宿雨乍晴旭日紅◎。激發梵音轉般若、祝延佛運與皇風◎。

［1］己亥《つちのとい》の歳首。

［2］朝来、自《おの》ずから新陽の気に応じ、宿雨、乍《たちま》ち晴れて、旭日紅《きょくじつくれない》なり。［3］梵音を激発して般若を転じ、仏運と皇風とを祝延《しゅくえん》す。

＊

(1)己亥歳首＝享保四年（一七一九）。古月、五十三歳。／(2)朝来自応新陽気、宿雨乍晴旭日紅＝〈朝がたは新春の天気に応じて、昨夜からの雨もたちまち晴れて旭日が紅に輝いている〉。「新陽」は、新春・新年の意。／(3)激発梵音転般若、祝延仏運与皇風＝〈梵音を大声で唱えて大般若経を転読し、仏運常興と皇風永扇とを祈っている〉。転読大般若では、各巻毎に「大般若波羅蜜多経巻〇〇」と大声で挙す。

＊

【一〇—二二】下平声十三覃韻

仝。

竹篾腰來十有三、醜名漫得衆交參。新春更有始終計、頓結戒相付口談。

＊

［1］竹篾《ちくべつ》、腰にし来たる十有三、醜名《しゅうめい》、漫《みだ》りに衆の交参することを得たり。［2］新春、更に始終の計有り、頓結《とんけつ》の戒相、口談に付す。

＊

(1)竹篾腰来十有三、醜名漫得衆交参＝〈大光寺に入院してから十三年、汚名たかい私が、みだりに大衆の交参を得ている〉。「竹篾」は、竹の皮で作った帯。住山の縁語。馬祖が、薬山惟儼に「三条の篾を将《もっ》て、肚皮《ずひ》を束取して、処に随って住山し去れ」と言った故事による。／(2)新春更有始終計、頓結戒相付口談＝〈新春、更に平生の計画を新たにする、それは、大乗戒を口づたえに授けることだ〉。「始終」は、一生、平生の意。「頓結」は、梵網菩薩戒、十重四十八軽戒の大乗戒のこと。東大寺の学僧、凝然（一二四〇～一三二一）の『梵網戒本疏日珠鈔』に説かれる。

【一〇―二三】上平声十四寒韻

先師和尚手寫六物圖校讎頗詳也。今續嚴志爲二三子講演一遍。散筵之日作之示志云。

答恩續《ヒ》志光《テラス》遺教、仰看天宮滔《ヒタヽフ》辯瀾◎。自欠受持論句讀、依俙齆鼻説梅檀◎。

［天宮院者、崇福寺内子院也。元照大智律師居此出圖。鼻塞曰齆。天台之語也］

＊

(1)先師和尚、手ずから(2)六物図を写して、校讎、頗る詳《つまび》らかなり。今、厳志を続《つ》いで、二三子の為に講演一遍す。散筵の日、之れを作って志を示すと云う。

(3)恩に答《むく》い、志を続《つ》いで、遺教を光《て》らす、仰ぎ看る、天宮に弁瀾を滔《ひた》うことを。(4)自ら受持を欠いて句読《くとう》を論ぜば、齆鼻《おうび》の、梅檀を説くに依俙《いき》たり。

［天宮院は、(5)崇福寺内の子院なり。元照大智律師、此《ここ》に居して図を出だす。(6)鼻の塞がるを齆《おう》と曰う。天台の語なり］

*

(1)先師和尚＝一道禅棟。元禄八年（一六九五）七月四日示寂。「先師」は、遷化した本師のこと。／(2)六物図＝『仏制比丘六物図』の略名。一巻。宋の元照撰。六物は、比丘が常に所持すべき、僧伽梨大衣・欝多羅僧七条・安陀会五条・鉢多羅（応量器）・尼師壇（坐具）・漉水嚢《ろくすいのう》の六種。／(3)答恩続志光遺教、仰看天宮滔弁瀾＝〈先師の恩に報いるため、その志を継いで、遺教に光を当てる、仰ぎ見れば、天宮院に弁瀾を満たしている〉。「遺教」は、先師和尚が書写した『六物図』を指す。「天宮」は、『六物図』の撰者、元照が住した院。底本注記を参照。「滔」の「ヒタ、フ（ひたたう）」は、たたえる、いっぱいに満たす意。「弁瀾」は、説法の譬喩。／(4)自欠受持論句読、依俙齆鼻説梅檀＝〈この仏制を受持しないで読み方ばかりを論じるのは、鼻づまりの者が、梅檀の香を説くのも同じことだ〉。「依俙」は、依稀が正しいが、よくある誤字。あたかも……のようだの意。「齆鼻」は、鼻茸、鼻づまり。天台智者大師の『法華文句』巻八下・釈持品に「齆鼻の人の梅檀を説くが如し、自ら既に香無し、亦た自ら聞かず。天・人・龍・神・鳩盤荼《くばんだ》、終《つい》に無戒の人を供養せず」とある。／(5)崇福寺＝浙江省杭州。別名、霊芝寺。『六物図』の撰者、元照、字は湛然、大智律師は、ここに三十年住した。政和六年（一一一六）遷化。世寿六十九。／(6)鼻塞曰齆。天台之語也＝注(4)を参照。

【一〇―二四】下平声六麻韻

客冬栽牡丹今茲著一花。拉二三徒輩相賞以薄茶。因作。

移植曾惶不著花、帯春新發一籬笆。須明王老指頭眼、休慣李唐鍾愛加。

*

客冬《かくとう》、牡丹を栽《う》え、今茲《ことし》、一花を著く。二三の徒輩を拉《ひきつ》れて相賞《あいしょう》するに薄茶を以てす。因《よ》って作《な》す。

(1)移し植えて、曾て花を著けざらんかと惶《おそ》る、春を帯びて、新たに発《ひら》く、一籬笆《いちりは》。(2)須《すべか》らく王老が指頭の眼《まなこ》を明らむるべし、李唐鍾愛《しょうあい》の加わるに慣《なら》うことを休《や》めよ。

*

(1)移植曾惶不著花、帯春新発一籬笆＝〈去年の冬、牡丹を移植して、花が着かないのではないかとずっと心配していたが、春の陽気を帯びて、竹垣の中に一輪咲いた〉。「籬笆」は、竹垣。／(2)須明王老指頭眼、休慣李唐鍾愛加＝〈南泉和尚が何を示されようとされたのかを明らめ、唐人のように牡丹に浮かれていてはいけない〉。上の句は、「南泉牡丹」の話頭を踏まえる。「陸大夫、師（南泉）に向かって道《い》う、『肇法師、也《ま》た甚《はなは》だ奇怪なり。道うことを解《よ》くす、〈天地と我れと同根、万物と我れと一体なり〉と』。師、庭前の牡丹花を指さして曰く、『大夫、時の人、此の一株の花を見ること、夢の如くに相似たり』。陸、測ること罔《な》し」（『五灯会元』巻三・南泉普願章）。「王老」は、南泉のこと。俗姓の王氏による。下の句は、唐の世人が、はなはだ牡丹を愛したことによる。「李唐」は、唐朝のこと。その始祖の姓が李であったから言う。周茂叔の「愛蓮説」に「水陸草木の花、愛す可《べ》き者、甚《はなは》だ蕃《おお》し。晋の陶淵明、独《ひと》り菊を愛す。李唐より来《このかた》、世人、甚だ牡丹を愛す」と。詩題にある「薄茶」は、うす茶か、或いは、粗末な茶。唐詩などを見ると、牡丹の観賞には、飲酒がつきものであったようである。そんな風俗とは違う、禅林での牡丹観賞を示す二句。

【一〇―二五】下平声十二侵韻

對花。

解言看色即看心、三月雨餘花滿林。黄面杜陀眞相識、春風携手好閑吟。

＊

花に対す。

(1)言うことを解《よ》くす、色を看れば即ち心を看ると、三月雨余、花、林に満つ。(2)黄面《おうめん》と杜陀《ずだ》と、真の相識《そうしき》、春風に手を携えて、好し、閑吟するに。

＊

(1)解言看色即看心、三月雨余花満林＝〈「色を看れば即ち心を看る」とはよく言ったものだ、三月の雨上がり、花が林に満ちている〉。「看色即看心」は、「見色便見心」の語で諸録に取り上げられる。もとは、馬祖の以下の示衆語か。「凡《およ》そ見る所の色は、皆な是れ心を見るなり。心は自ら心ならず、色に因るが故に有るなり」。「色」は、対境のこと。／(2)黄面杜陀真相識、春風携手好閑吟＝〈釈尊と摩訶迦葉とは真の知り合い、春風の中、手を携えて、静かに吟じ合うがよい〉。この二句は、世尊と摩訶迦葉との拈花微笑の故事を踏まえ、起句の「看色即看心」も、そのことを言ったもの。故事は、【一二―二】注(4)を参照。「黄面」は、黄面老子、釈尊のこと。【六―四】注(4)を参照。「杜陀」は、頭陀に同じ。頭陀第一と称された摩訶迦葉のこと。〈釈尊と摩訶迦葉とは、私の真の知り合い、春風の中、二人と手を携えて、静かに吟じ合おう〉と読んでも面白いか。

【一〇—二六】下平声六麻韻

一日普請労衆偈以開示。

生涯恰好称貧道、唯有烟霞賑我家。不似檗嶠展開手、犒労一夜煮春茶。

*

一日、普請《ふしん》[1]して衆を労す、偈を以て開示す。

生涯[2]、恰好《かつこう》に貧道と称す、唯だ烟霞《えんか》のみ有って我が家を賑わす。檗嶠《ばくきょう》[3]、手を展開するに似ず、犒労《こうろう》の一夜、春茶を煮る。

*

(1)普請＝普《あまね》く請《こ》う。一山総出の作務。／(2)生涯恰好称貧道、唯有烟霞賑我家＝〈この生涯を貧道とはよく言ったものだ、ただ山中のもやかすみだけが我が家を豊かにしてくれている〉。「生涯」は、多義を含む語だが、ここでは、禅僧としての暮らし向き。二霊知和庵主の偈（『五灯会元』巻十八）に「竹筧二三升の野水、松窓七五片の閑雲。道人の活計は祇《た》だ此《かく》の如し」の「活計」に同意。「恰好」は、恰《あたか》も好《よ》し。「貧道」は、修道が貧しいという意味で僧侶の自称（謙称）として用いられるが、ここでは、それを借りて、「貧」を強調する。下の句は、二霊庵主の偈に同趣。／(3)不似檗嶠展開手、犒労一夜煮春茶＝〈私の普請開示は、黄檗や百丈の接化とは違う、労をねぎらう一夜、春茶を煮立てよう〉。「檗嶠」は、黄檗山。ここでは、「黄檗随衆作務」と呼ばれる話頭を言う。「黄檗運禅師、百丈に在って田を開いて帰る。丈問う、『運闍黎、田を開くこと易からず』。師云く、『衆に随って作務す』。丈云く、『道用を煩わす有り』。師云く、『争《いか》でか敢えて労するを辞せん』。丈云く、『多少の田をか開き得たるや』。師、鋤を将《もっ》て地を築《つ》くこと三下す。丈、便ち喝す。師、耳を掩って去る」（『禅林類聚』巻十九「田地」）。「展開手」は、「百丈開田」の話頭。【一〇―六―①】注(2)を参照。「犒労」は、労を犒《ねぎら》う。「春茶」は、春に採制する茶。この作務は茶摘みであったか。

【一〇―二七】上平声五微韻

喜肥後竜田山上首嵩公禪衲至、短述慰旅情。
萬丈龍門接翠微、雲沾雨暖福田肥。定知人境齊風化、還我祖宗第一機。

＊

(1)肥後龍田山上首の(2)嵩公禅衲が至るを喜び、(3)短述をもって旅情を慰む。
(4)万丈の龍門、翠微《すいび》に接す、雲沾《うるお》い、雨暖《あたた》かにして、福田肥《こ》ゆ。(5)定んで知る、人境、風化を斉《ひと》しくすることを、我れに還《かえ》す、祖宗の第一機。

＊

(1)肥後龍田山＝泰勝寺（現廃寺）。もとは南禅寺派だったが、古月の時代には、既に妙心寺派に改派していた。往時は、熊本藩主細川家の菩提寺であり、塔頭四箇宇、肥後豊後両国に末寺十三箇寺を有した。／(2)嵩公禅衲＝底本書入れに「後号中岩」とあり、泰勝寺から妙心寺二七九世に出世した性天禅旭の法嗣、中巌玄嵩のことと分かる。宝永七年（一七一〇）十一月、前堂転位。性天禅旭は、古月が師事した賢巌禅悦が、延宝五年（一六七七）、伊予の正眼寺で『修正了義経』を講じた時に、その化を助けた。／(3)短述＝この七言絶句。／(4)万丈龍門接翠微、雲沾雨暖福田肥＝〈嵩公禅衲は、将来、龍田山泰勝寺に出世して、仏法を弘めるであろう〉という祝意。【五―二】注(2)を参照。「翠微」は、山の中腹、頂上から少し下ったところ。また、山気でうすはなだ色に見えることから山を言う。／(5)定知人境斉風化、還我祖宗第一機＝〈人がらも土地がらも、ひとしく善い導きを受けたればこそ、こうなったのであろう、祖宗の第一機はもう君にまかせよう〉。「人境」は、主観（人）と客観（境）。「還」は、しかるべき人、しかるべき所に戻すという意。ここの「我」は、二人称で、嵩公禅衲を指す。

【一〇―二八】下平声三肴韻

創知又軒、携園禪友［翠岩故名］榜竹門之次攄志云。

幻出松林一把茅、他時投老絶喧呶。古人有語扁門去、不許客來爲月敲。

*

(1)知又軒《ちゆうけん》を創《はじ》め、(2)園禅友［翠岩の故名］を携えて(3)竹門に榜するの次《つい》で、志を攄《の》ぶと云う。

(4)幻出す、松林の一把茅《いちはぼう》、他時、老を投じて喧呶《けんど》を絶《た》たん。(5)古人に語有って、門に扁し去る、許さず、客の来たって、月の為に敲《たた》くことを。

*

(1)知又軒＝古月が、宝永五年（一七〇八）に結んだ茅庵。『伝記』同年条に「南に大光寺を去ること五町計《ばかり》に、新たに茅庵を結び、知又軒と号す。窃《ひそ》かに終焉の地と為《な》さんと計る」と。享保十二年（一七二七）、天寿山自得寺となる。【一〇―三八】注(1)を参照。／(2)園禅友［翠岩故名］＝古月の法嗣、翠巌従真。浅水と号す。摂津（大阪府）

の人。近江（滋賀県）地福寺に出家。豊後多福寺の大岑禅猊の会下で阪首となり、のち古月に参じて印可を受けた。古月の法嗣として、享保三年（一七一八）三月、前堂転位。同五年、大光寺に住す（四十三世）。明和九年（一七七二）二月（五月とも）九日示寂。世寿九十。『遺録』一巻があると言うが未見。『続禅林僧宝伝』第一輯・巻之中【二〇四】に立伝。／(3)榜竹門＝〈竹門に「知又軒」の額を掛けた〉。「榜」は、かけふだ。／(4)幻出松林一把茅、他時投老結べば草の庵にて解くれば元の野原なりけり」ということ。「一把茅」は、茅葺きの小庵。粗末な庵の譬喩。「喧呶」は、絶喧呶＝〈松林の中に粗末な庵が結ばれた、将来、ここに隠居して、喧騒を避けよう〉。「幻出」は、「引き寄せてかまびすしいこと。／(5)古人有語扁門去、不許客来為月敲＝〈古人は、幽居の門に、「僧は敲《たた》く、月下の門」と書き付けたが、この知又軒は、観月のためであろうが（どんなに脱俗風流なことであろうが）、客が訪れることは許さない〉。この二句は、賈島の「李疑が幽居に題す」詩（『三体詩』巻三）の第四句、「僧は敲く、月下の門」を踏まえたもの。

*

【一〇－二九】上平声十一真韻

澁氏久上英士、爲家祖桂昌芳林大姉登本山齋衆僧、且恵雅詩一章。次韵呈梧右云。

禪林得度宰官身、猶看靈山遺囑新。嬾(懶)桂昌昌多覆蔭、家門風穩不揚塵。

(1)渋氏久上英士、(2)家祖の桂昌芳林大姉が為に(3)本山に登って衆僧に斎し、且つ雅詩一章を恵む。(4)韵《いん》を次いで(5)梧右に呈すと云う。

禅林(6)に得度す、宰官身《さいかんしん》、猶お看る、霊山遺嘱《りょうぜんいしょく》の新たなることを。嫩桂(7)《どんけい》、昌昌として、覆蔭《ふいん》多し、家門、風穏やかにして、塵を揚《あ》げず。

*

(1)渋氏久上英士＝渋谷久上。佐土原藩寄合衆三百石。【八―六】に既出。「英士」は、尊称。すぐれて賢い人。／(2)家祖桂昌芳林大姉＝佐土原藩島津家初代当主、島津以久の女《むすめ》。慶長九年（一六〇四）十二月二十日生、元和九年（一六二三）七月二十六日、江戸にて死去。享年二十。HP「戦国島津女系図」による。HPが典拠とする『諸氏系図』は未検。／(3)本山＝当山に同じ。大光寺のこと。／(4)次韵＝次韻に同じ。本韻と同字同順の和韻。／(5)梧右＝梧《きり》の机の側という意。机下などに同じ。／(6)禅林得度宰官身、猶看霊山遺嘱新＝〈渋谷氏は大光寺で得度され、今もなお仏法護持につとめておられる〉。まず、渋谷久上を頌す。上の句は、『観音経』の「応以宰官身得度者、即現宰官身而為説法」に基づく。下の句の「霊山遺嘱」は、「世尊拈花」における釈尊から摩訶迦葉への仏法付嘱ではなく、釈尊が入滅に際し、国王・大臣・有力の檀越に仏法外護を付嘱されたことを言う。特に霊鷲山上で行なわれた『仁王般若経』受持品に「仏、波斯匿王《はしのくおう》に告げたまう、『我れ当《まさ》に滅度の後、法の滅尽せんと欲する時、諸もろの国王等、皆な応《まさ》に是の般若波羅蜜を受持して、大いに仏事を作《な》すべし。一切の国土安立し、万姓快楽なることは、皆な此の般若波羅蜜に由《よ》る。……是の故に諸もろの国王に付嘱して、比丘・比丘尼・清信男・清信女には付嘱せず。何を以ての故ぞ。王の威力無きが故に、故に付嘱せず」と。／(7)嫩桂昌昌多覆蔭、家門風穏不揚塵＝〈嫩《わか》い桂樹は盛んに茂って広い木陰を作り、家門は風も穏やかで塵も立たない〉。桂昌芳林の法号を頌す二句。上の句は、般若多羅が達磨に与えた予言、「二株の嫩桂、久しく昌昌」を踏まえる。【二四九―六】の注(3)を参照。

【一〇―三〇】上平声十五刪韻

訪廓然菴主。　［阿部松氏］

幽蹊相接一青山、竹杖幾回往又還。𴁸得殘生退閑夢、滿窓松韵不人間。

＊

(1)廓然庵主を訪《おとな》う。　［阿部松氏］

(2)幽蹊《ゆうけい》相接す、一青山、竹杖、幾回《いくたび》か往きて又た還る。(3)𴁸《か》ち得たり、残生、退閑の夢、満窓の松韵、人間ならず。

＊

(1)廓然庵主＝不詳。／(2)幽蹊相接一青山、竹杖幾回往又還＝〈青山に接している奥深い山道、竹の杖をついていくたび往復したことか〉。／(3)𴁸得残生退閑夢、満窓松韵不人間＝〈既に長くもない命だが、やっと隠居して静かに夢みることを得た、廓然庵の窓に満ちる松風の響きは、俗世間のものではない〉。「𴁸得」は、こんな結果になったということを、自嘲的に言う言葉であるが、逆説的に、これだけは得たという積極的な意味合いにもなる。「𴁸」の原意は、利得。「退閑」は、退職閑居。世俗を離れて静かに生活すること。

【一〇―三一】下平声一先韻

恭輓大安太嶺和尚。

歸根葉落更無口、物色傷人九月天。穿破孃生鼻尖子、拈來爲炷一爐栴。

＊

恭《うやうや》しく[1]大安の太嶺和尚を輓す。

＊

[2]根に帰し、葉落ちて、更に口無し、物色、人を傷《いた》む、九月の天。[3]孃生《じょうしょう》の鼻尖子《びせんす》を穿破《せんぱ》して、拈じ来たって為に炷《た》く一炉の梅。

(1)大安太嶺和尚＝不詳。／(2)帰根葉落更無口、物色傷人九月天＝〈葉は落ちて根に帰り何も語らない、晩秋九月の景色は人を愁えさせる〉。上の句は、遷化を前にして、故郷の新州に帰ろうとする六祖慧能が言った、「葉落ちて根に帰す、来時、口無し」（『六祖壇経』付嘱第十）を踏まえる。／(3)穿破孃生鼻尖子、拈来為炷一炉梅＝〈梅檀香を手に取って一炉に焚き、あなたの本来の面目に届けます〉。「孃生鼻尖子」は、生まれつきの鼻。孃生鼻孔に同意。本来の面目に譬える。「孃生（娘生）」は、生まれつきの意。「孃（娘）」は、母親のこと。

＊

【一〇─三二】

和田氏惠牡丹大本、且係《カクルニ》以和歌。短述以謝之。其一以歌之冠字爲韻。

＊

[1]和田氏、牡丹の大本を恵み、且つ係《か》くるに和歌を以てす。短述を以て之れに謝す。其の一は歌の冠字を以て韻と為《な》す。

(1)和田氏恵牡丹大本……＝〈和田氏が、牡丹の大きな苗木を恵まれ、そこに和歌が結ばれていた。感謝の意を込めて二詩を返す。その一詩は、和田氏の和歌の第一字を韻字として作ったものである〉。和田氏は、不詳。想像するに、和田氏の和歌は、「緋の牡丹……」「緋牡丹の……」とでも始まっていたか。「緋」は、紅色。韻は、①詩に同じ上平声五微韻。

【一〇―三二―①】上平声五微韻

從來和氏福田肥、園植牡丹塵事稀。今賑寒林移大本、花時相訪扣山扉。

*

(1)従来、和氏、福田肥《こ》えたり、園に牡丹を植えて塵事稀《まれ》なり。(2)今、寒林を賑わして、大本を移す、花の時、相訪れて、山扉を扣《たた》け。

(1)従来和氏福田肥、園植牡丹塵事稀＝〈もとより和田氏の福田は肥沃で、園に牡丹を植えて俗事とも遠ざかっている〉。／(2)今賑寒林移大本、花時相訪扣山扉＝〈牡丹を移植して、殺風景な大光寺に花をそえようとされる、花が咲く時分には、どうか、お越しください〉。

*

【一〇―三二―②】上平声十灰韻

寒庭殷賑爲移栽、料識帶春花正開。不慣李唐耽富貴、又看致問太夫來。

＊

(1)寒庭、殷賑《いんしん》として、為に移し栽《う》う、料り識る、春を帯びて、花、正に開かんことを。(2)李唐の、富貴に耽《ふけ》るに慣《なら》わず、又た看ん、問いを致して、太夫の来たらんことを。

＊

(1)寒庭殷賑為移栽、計識帯春花正開＝〈殺風景な大光寺の庭に、にぎにぎしく牡丹を移し植えた、春になれば、きっと花が開くであろう〉。／(2)不慣李唐耽富貴、又看致問太夫来＝〈しかし、唐人のように牡丹に浮かれているばかりではない、和田氏は、「南泉牡丹」の問話を持ってここに来るであろう〉。この二句については、【一〇―二四】の偈と、そこの注(2)を参照。「富貴」は、牡丹の別称。周茂叔の「愛蓮説」の「菊は花の隠逸なる者なり、牡丹は花の富貴なる者なり、蓮は花の君子なる者なり」による。

＊

【一〇―三三】下平声十一尤韻

春雨之日、遊澁氏久上老雅丈江亭。伊久美英士恵佳菓一盤唐風一章。恭次韻奉酬。

傍流巧有架松樓、偶作輞川積雨遊。榮贈詩篇賙雅席、今憑摩詰卒相酬。

春雨の日、(1)渋氏久上老雅丈の江亭に遊ぶ。(2)伊久美英士、佳菓一盤、(3)唐風一章を恵む。恭《うやうや》しく韵を次いで酬い奉る。

(4)流れに傍《そ》うて巧《たくみ》に松に架かる楼有り、偶《たま》たま輞川積雨《もうせんせきう》の遊びを作《な》す。(5)詩篇を栄贈して雅席を賙《にぎ》わす、今、摩詰《まきつ》に憑《よ》って卒に相酬《あいむく》ゆ。

＊

(1)渋氏久上老雅丈＝渋谷久上。佐土原藩寄合衆三百石。【八—六】【一〇—二九】に既出。「雅丈」は、男子を敬って言う語。雅は正、丈は尊称。／(2)伊久美英士＝不詳。「英士」は、すぐれて賢い人。／(3)唐風＝唐人の風格を具えた詩。つまり漢詩。／(4)傍流巧有架松楼、偶作輞川積雨遊＝〈川の流れに沿って、うまく松にかかるように建てられた高殿、折しも春雨、輞川積雨の遊びをした〉。上の句は、渋谷久上の江亭を頌す。江亭は、川のほとりにあるあずまや。「輞川積雨遊」は、王維の七言律詩の詩題「輞川の積雨」（『三体詩』巻二）を借りて、作詩の遊びを言ったもの。「輞川」は、長安の東南、藍田県を流れる川。王維の別荘があった。「積雨」は、ながあめ。／(5)栄贈詩篇賙雅席、今憑摩詰卒相酬＝〈ほまれあることに詩篇を贈られて、雅席を賑わせておられる、そこで摩詰をたよって草卒に和韻をした〉。「摩詰」は、「輞川積雨」詩の作者、王維の字《あざな》。

【一〇—三四】上平声十一真韻

春雨之日、遊澁谷氏江亭、和被恵雅什嚴韻。

春雨話清貧、爲成方外親。何嫌泥濘滑、偏愛物光新。山媚興無俗《イヤシキコト》、川明詩入神。想看五湖境、名遂不奔塵。

＊

春雨の日、渋谷氏の江亭に遊び、恵まるる(1)雅什の厳韻に和す。

(2)春雨、清貧を話《かた》る、為に方外の親しみを成す。(3)何ぞ泥濘《でいねい》の滑《なめ》らかなるを嫌わん、偏《ひと》えに物光の新たなるを愛す。(4)山媚《こ》びて、興《きよう》、俗《いや》しきこと無く、川明らかにして、詩、神に入る。(5)想い看る、五湖の境、名遂げて塵に奔《はし》らざることを。

＊

(1)雅什＝他人の詩文の美称。「什」は、詩篇の意。／(2)春雨話清貧、為成方外親＝〈春雨の日、清貧を語り合い、そのために方外の交わりが出来た〉。「方外親」は、世俗を超越した親交。また、出家・在家の域を超えた親交。／(3)何嫌泥濘滑、偏愛物光新＝〈滑りやすい泥道をどうして嫌おうか、新しくなった景色をひたすらに愛でるのだ〉。「物光」は、【一〇―三二】の「物色」に同意。／(4)山媚興無俗、川明詩入神＝〈山は美しく、その興趣には俗気がなく、川は明るく流れ、詩句は神の域に入る〉。「山媚」「川明」は、山川明媚と熟すこともある。「媚」は、美・好の義。／(5)想看五湖境、名遂不奔塵＝〈功成り名遂げたあとは五湖に隠れ、再び俗世間に出なかった范蠡《はんれい》の境界が思い出された〉。この二句は、越王句践《こうせん》を助けて呉を亡ぼしたのち、五湖（太湖）に舟を浮かべて消息を断った范蠡の故事を踏まえたもの。「奔塵」は、奔走塵埃の義。

＊

【一〇―三五】上平声十灰韻

臨濟録點檢了畢。一偈以示徒。

分明捉得白拈賊、贓物從頭點檢來。末後猶言滅正眼、不知金屑惹塵埃。

臨済録、点検了畢《りょうひつ》す。一偈を以て徒に示す。

(1)分明に捉得す、白拈賊《びゃくねんぞく》、贓物《ぞうもつ》、従頭に点検し来たる。(2)末後、猶お言う、正眼を滅すと、知らず、金屑《きんせつ》の、塵埃《じんない》を惹《ひ》くことを。

＊

(1)分明捉得白拈賊、贓物従頭点検来＝〈間違いなくこの昼盗人《ひるぬすっと》を捕まえて、盗みの品々も全て調べあげた〉。「白拈賊」は、臨済の「無位真人」の話を聞いた雪峰が、「臨済、大いに白拈賊に似たり」と評したことから、臨済の活機用を象徴する語。「贓物」は、その臨済が盗んだ物品。「従頭」は、最初から、片っ端からの意。／(2)末後猶言滅正眼、不知金屑惹塵埃＝〈いざ死罪となって、まだ、「吾が正法眼蔵を滅却す」などと言っておる、知らんのか、貴い金屑を塵埃にして、児孫の眼をつぶしてしまったのは、お前ではないか〉。上の句は、【九―一一―②】注(1)を参照。下の句は、【二―一四】の本文を参照。

【一〇―三六】

恭應嚴命、同賦雅題二首。　［城中雅會］

＊

恭《うやうや》しく(1)厳命に応じ、同じく雅題二首を賦す。　［城中雅会］

＊

(1)厳命＝藩主島津惟久公の命令。

【一〇―三六―①】下平声十一尤韻

中秋月。

西風萬里暮雲收、雅會濫陪庾公樓。不似林家幽邃興、瓊筵堪賞十分秋。

＊

中秋の月。

(1)西風万里、暮雲収まる、雅会、濫《みだ》りに陪す、庾公《ゆこう》が楼。(2)林家幽邃《ゆうすい》の興《きょう》に似ず、瓊筵《けいえん》、賞するに堪《た》えたり、十分の秋。

＊

(1)西風万里暮雲収、雅会濫陪庾公楼＝〈秋風が万里に吹いて暮雲も消え、みだりに城中の雅会に陪席している〉。「西風」は、秋風。西は、四時では秋に配す。「庾公楼」は、庾楼とも言う。晋の庾亮《ゆりょう》（庾公）が、江州の鎮であった時に建てた楼。李白の「陪宋中丞武昌夜飲懐古」詩に「庾公、秋月を愛し、興に乗じて胡牀に坐す」。杜甫の「秋日寄題鄭監湖上亭三首」詩に「月は浄《きよ》し、庾公楼」などとあって有名。月見の雅会が催されている城中の一楼を形容したもの。／(2)不似林家幽邃興、瓊筵堪賞十分秋＝〈この城中での月見は、山ぶかい大光寺での興趣とは違うが、よい月には変わりない〉。「瓊筵」は、玉のように美しい宴席。天子の宴席を言う。「堪賞」は、観賞するにあたいするという意。

【一〇—三六—②】上平声七虞韻

蘆鴈。

渚雲聲濕幾相呼、蘆葦蕭蕭秋滿湖。水闊天低斜照外、詩人望入恵崇圖。

*

(1)蘆雁《ろがん》。

(2)渚雲《しょううん》、声湿《うるお》って幾《いく》たびか相呼《あいよ》ぶ、蘆葦《ろい》、蕭蕭《しょうしょう》として、秋、湖に満つ。(3)水闊《ひろ》く、天低《た》る、斜照の外《ほか》、詩人の望みは、恵崇《けいすう》が図に入る。

*

(1)蘆雁＝アシの洲に下りているカリ。城中雅会の席に蘆雁図が掛けられていたのであろう。多くの禅僧の偈頌と同じく、古月の偈頌も古人の幾篇もの詩語を踏まえている。／(2)渚雲声湿幾相呼、蘆葦蕭蕭秋満湖＝〈岸辺に垂れ込める雲の中、なみだ声で幾たびも呼び合っている独り身のカリ、既にアシも枯れて寂しくなり、湖は秋に満たされている〉。「渚雲」は、崔塗の「孤雁」詩（『三体詩』巻三）にある「渚雲」を踏まえるので、このカリは、群から外れた孤雁であろう。「声湿」は、杜甫の「兵車行」詩（『古文真宝前集』巻九）の末句、「天陰《くも》り雨湿《うるお》えば声啾啾たり」を踏まえる。下の句は、月庭正忠の「百雁図」偈（『江湖風月集』巻下）の「蕭蕭たる蘆葦、斜暉《しゃき》に乱る」を踏まえる。／(3)水闊天低斜照外、詩人望入恵崇図＝〈詩人は、目前の秋景色をよそに、この蘆雁図ばかりを見ている〉。上の句は、秋の景色を頌す。「水闊天低」は、欧陽脩の「雁」詩（『外集』巻七）の「水闊《ひろ》く天低《た》れて雲暗澹《あんたん》、朔風吹き起こして自ずから行を成す」を踏まえる。「斜照」は、前注に引いた「斜暉」に同意。夕陽のこと。「詩人」は、この城中雅会に集っている人達のことか。「恵崇図」は、この蘆雁図を形容したもの。恵崇は、蘆雁を得意とした北宋の画僧。『禅林句集』（希叟紹曇の「雪竇寺語録」に見える）に「雲門の胡餅、趙州の茶、恵崇が蘆雁、趙昌が花」と。因みに「趙昌」は、花を描くのに巧みだった宋の人。『句双葛藤鈔』（出典不詳）に「趙昌が花を画《えが》くが如く、真に逼《せま》るも真花にあらず」の句を載せ、「趙昌は蝶の飛移るほど画をよくかいた也。あれ共、実の花ではない、有相を抑えた」と釈しているが、本偈理解の一助になるか。

*

【一〇―三七】

即座。

*

即座[(1)]。

(1)即座＝城中雅会のその場で作った偈頌。「即座」は、即席に同じ。

*

【一〇―三七―①】上平声十二文韻

鸚鵡。

雪衣帯得御爐熏、猶想嶺南舊栖群。綉戸朱樓能巧舌、不如展翰入烟雲。

(1)鸚鵡。
(2)雪衣、帯び得たり、御炉の熏、猶お想う、嶺南旧栖の群。(3)綉《しゅう》戸《こ》朱楼《しゅろう》、巧舌を能《よ》くするも、如《し》かず、翰《つばさ》を展《ひろ》げて烟雲に入らんには。

*

(1)鸚鵡＝起句に「雪衣」とあるから白鸚鵡の画。／(2)雪衣帯得御炉熏、猶想嶺南旧栖群＝〈白色の鸚鵡は、天子の寵愛を受けたが、嶺南の古巣にいる仲間を慕い続けている〉。この二句は、玄宗皇帝に献上された白鸚鵡の故事に基づく。「『明皇雑録』に曰く、開元中、嶺南、白鸚鵡を献ず。之れを宮中に養うこと歳久し。頗《すこぶ》る聡慧《そうけい》にして、言詞を洞暁《どうぎょう》す。上《しょう》及び貴妃、皆な雪衣女《せついじょ》と呼ぶ」（『太平御覧』巻九二四）。これより、「雪衣」は、白鸚鵡の異称に用いられる。「御炉」は、天子の香炉。玄宗皇帝に愛されたことを、「雪衣」の「衣」に掛けて、「帯び得たり、御炉の熏」と言った。／(3)綉戸朱楼能巧舌、不如展翰入烟雲＝〈美しい楼閣の部屋で、じょうずに人の声色を真似ているが、翼を広げて、煙雲の中を飛んでいくにこしたことはない〉。絵に描かれた鸚鵡ゆえに、もう羽を広げて飛ぶことは出来ない。そのことを逆説的に頌したもの。「綉戸」の「綉」は、繍に同じ。美しく飾った部屋。「朱楼」は、朱塗りの楼閣。下の句は、『淮南子』主術訓に「飛鳥の帰すること煙雲の若《ごと》し」と。

又。

【一〇―三七―②】下平声八庚韻

黄冠丹首自聰慧、更愍飛鳴《スレハ》天下平◎。學語錦篭能巧舌、刷翎綉戸託嘉生◎。愛殊拝賀顯張燕、賦就雅筵稱禰衡。休逐隴西風物好、雲煙萬里嶺峥嵘。

＊

(1)又《ま》た。
(2)黄冠丹首《おうかんたんしゅ》、自《おの》ずから聡慧《そうけい》、更に愍《あわ》れむ、飛鳴すれば、天下平らかならんことを。(3)語を錦籠《きんろう》に学んで巧舌を能《よ》くし、翎《はね》を綉戸《しゅうこ》に刷《ととの》えて嘉生《かせい》を託す。(4)愛殊《こと》なり、拝賀、張燕《ちょうえん》を顕《あら》わし、賦《ふ》就《な》って、雅筵、禰衡《でいこう》を称す。(5)隴西《ろうせい》の風物の好きを逐うことを休《や》めよ、雲煙万里、嶺峥嵘《みねそうこう》。

＊

(1)又＝五色鸚鵡の画。注(4)を参照。／(2)黄冠丹首自聡慧、更愍飛鳴天下平＝〈黄色いトサカと赤いクビをしたこの鸚鵡はもともと賢いが、飛鳴して去っておれば、唐国の天下も泰平であったものを、何と痛ましいことか〉。「黄冠丹首」は、五色鸚鵡の描写。「聡慧」は、前偈の注(2)を参照。下の句は、玄宗皇帝と楊貴妃とが、鸚鵡などにうつつを抜かして国政をかえりみなかったがために、安禄山の乱が起こり、唐国を危うくしたという意で解釈した。／(3)学語錦籠能巧舌、刷翎綉戸託嘉生＝〈美しい鳥籠の中で言葉を学んでよく人語をあやつり、美しい部屋の中で羽繕いをして立派なものに生まれ変わろうとしている〉。「錦籠」は、美しい鳥籠。「託嘉生」の「嘉生」は、善物・嘉穀・衆瑞などの意であるが、『淮南子』墬形訓《ちけいくん》の「羽嘉は飛龍を生じ、飛龍は鳳皇を生ず（羽嘉生飛龍、飛龍生鳳皇」の「嘉生」の二字が念頭にあるか。『淮南子』の意は、飛ぶ物の先祖（羽嘉）は、羽のある龍（飛龍）を生み、飛龍は、鳳凰を生んだということ。〈この鸚鵡は、羽繕いをして飛龍や鳳凰に生まれ変わろうとしている〉という句意になる。／(4)愛殊拝賀顕張燕、賦就雅筵称禰衡＝〈寵愛は殊に深く、拝賀しては、張燕として表われ、詩が出来て、雅筵では、禰衡《でいこう》と称している〉。「張燕」は、張燕公、唐の張説のこと。作に「時楽鳥篇」（『全唐詩』巻八十六）がある。時楽鳥は、唐の玄宗が飼っていた五色の鸚鵡の名。「玄宗の時、五色の鸚鵡有って能《よ》く言《ものい》う。上、左右をして試みに帝衣を牽かしむ。鳥、輒《すなわ》ち目を瞋らせて叱咤す。……張燕公、表賀有って、称して時楽鳥と為《な》す」（『酉陽雑俎前集』巻十六「羽篇」）。「禰衡」は、字は正平。後漢末の人。作に「鸚鵡賦」（『文選』巻十三）があり、その賦に「（鸚鵡を）閉ずるに雕籠《ちょうろう》を以てし、其の翅羽《しう》を翦《き》る」とある。／(5)休逐隴西風物好、雲煙万里嶺崢嶸＝〈隴西は良い土地なのだろうが、追い求めることはもうやめておけ、雲煙は万里を隔て、山は高く険しい〉。「隴西」は、甘粛省東南部。鸚鵡の産地で、禅録でも「隴西鸚鵡」の語はしばしば出る。下の句は、鸚鵡図の背景画に因むのであろう。「雲煙万里」は、遠く地を隔てるさま。

【一〇―三八】上平声十五刪韻

重修知又軒、時有一百餘員海衆、同慶落成之次、偈以示云。
時人知又否、松徑遶禪關。茅屋三間窄、神光萬境閑。朝暾晴浴浪、烟靄暮纏山。何管非和是、偶諧自解顏。

*

(1)重ねて知又軒《ちゆうけん》を修す、時に一百余員の海衆有り、同じく落成を慶するの次《つい》で、偈を以て示すと云う。
時の人、知るや又た否や、松径、禅関を遶《めぐ》る。(2)茅屋《ぼうおく》、三間窄《すぼ》く、神光、万境閑《しず》かなり。(3)朝《ちよう》暾《とん》晴れて浪に浴し、烟靄《えんあい》暮れて山を纏《まと》う。(4)何ぞ管せん、非と是と、偶諧《ぐうかい》して自ら顔を解《と》く。

*

(1)重修知又軒……＝『伝記』享保十二年（一七二七）の条に「偶《たま》たま惟久公の命有って、重修して知又軒を拡む。十一月、既に成る。時に一百余員の海衆有って、同じく落成を慶する次で、偈を以て示すと云う。『（同偈）』。軒を寺と為《な》し、新たに僧堂を建つ。其の余の殿堂廊廡、稍《よう》く備わる。天寿山自得寺、是れなり。師を以て開山と為す。夏冬の安居、叢規に循《したが》う。偏《ひと》えに大檀越の外護に依るなり」と。「知又軒」は、古月が、宝永五年（一七〇八）に結んだ茅庵。【一〇—二八】注(1)を参照。／(2)茅屋三間窄、神光万境閑＝龍山和尚（馬祖法嗣）の偈に「三間の茅屋、従来住す、一道の神光、万境閑かなり」と。「茅屋」は、かやぶきの家。質素を表わす語。『春秋左氏伝』桓公二年に「清廟は茅屋」と。杜預の注に「茅を以て屋を飾るは、倹を著わすなり」と。／(3)朝暾晴浴浪、烟靄暮纏山＝〈朝日は晴れて波間から昇り、暮れには烟靄が山をまとう〉。／(4)何管非和是、偶諧自解顔＝石頭希遷から「日用の事作麼生《そもさん》」と問われた龐居士が答えた偈に「日用の事は別無し、唯だ吾れ自ら偶諧するのみ。（中略）。神通并びに妙用、水を運び与《ま》た柴を搬ぶ」と。「偶諧」は、おのずと事がうまく運ぶこと。「解顔」は、歓笑するさま。

【一〇—三九】押韻しない

解制之日、矚諸位禪師。

曾無一法可傳授、千指衲僧勞去來。渺渺西江秋月好、不令隻眼惹纖塵。

*

(1)解制の日、諸位禅師に贐《はなむけ》す。(2)曾て一法の伝授す可《べ》き無し、千指の衲僧、去来に労す。(3)渺渺《びょうびょう》たる西江、秋月好し、(4)隻眼をして繊塵を惹《ひ》かしむることなかれ。

*

(1)解制之日＝夏安居が解かれる日。通常は七月十五日。この日、雲水は行脚に発つ。／(2)曾無一法可伝授、千指衲僧労去来＝〈もとより伝授すべき一法とてないのに、百人の衲僧は、あっちに行ったり、こっちに来たりして、骨おっている〉。／(3)渺渺西江秋月好、不令隻眼惹繊塵＝〈広くて果てしない西江は秋月が美しい、せっかく具えている智慧の眼に塵や埃を着けるなよ〉。ここの「西江」は、月を言う枕詞のようなもので具体的な場所を言うものではない。「隻眼」は、摩醯首羅天《まけいしゅらてん》（大自在天）の頂門の一隻眼のことで、悟りの眼を言う。

【一〇—四〇】上平声一東韻

贐備後察公首座。［後住弘宗寺］

聰明更察秋毫末、赤水求珠功畢空。一箇蒲團好坐破、滿林桃李自春風。

*

備後の察公首座に贐《はなむけ》す。［後に(1)弘宗寺に住す］

(2)聡明、更に秋毫《しゅうごう》の末《すえ》を察するも、赤水《せきすい》に珠を求めて、功、畢《つい》に空《むな》し。(3)一箇の蒲団、好し、坐破するに、満林の桃李《とうり》、自《おの》ずから春風。

＊

(1)弘宗寺＝曹渓山。広島県福山市桜馬場町。歴代住持の中に、法諱に「察」字を有する者を見ない。／(2)聡明更察秋毫末、赤水求珠功畢空＝〈聡明で秋毛の末端さえ見たが、赤水に沈んだ珠はついに見つけられなかった〉。『碧巌録』八十八則頌評唱に載る以下の故事に基づく。「離婁《りろう》は黄帝の時の人なり。百歩の外、能《よ》く秋毫の末を見る。其の目、甚《はなは》だ明らかなり。黄帝、赤水に遊んで珠を沈む。離朱《りしゅ》をして之れを尋ねしむるに見えず、契詬《かいこう》をして之れを尋ねしむるに亦た得ず。後に象罔《しょうもう》をして之れを尋ねしめて方《まさ》に之れを獲たり」。「秋毫」は、秋に生えた獣の細毛。微細な譬喩。『碧巌録』の「離婁」は、名を朱と言い、非常に視力が良かった人。「契詬」は、喫詬と同じで、巧みな言葉を擬人化したもの。「象罔」は、無心の状態を擬人化したもの。心珠は、いくら目が良くても、いくら言葉が巧みでも得られず、無心でこそ得られるということ。なおこの故事は、もと『荘子』天地に載る。／(3)一箇蒲団好坐破、満林桃李自春風＝〈一箇の蒲団を坐破すればそれでよい、満林の桃李は、春風が吹けばおのずから花開くのだ〉。上の句は、雪峰義存の法嗣、長慶慧稜が、二十年の修行で七箇の蒲団を坐破した故事に基づく。「師〈長慶〉、是《かく》の如く雪峰と玄沙とに往来すること二十年の間、七箇の蒲団を坐破すれども、此の事を明らめず」（『五灯会元』巻七・長慶慧稜章）。下の句は、白居易の「長恨歌」に「春風桃李、花開く夜、秋雨梧桐、葉落つる時」と。

【一〇―四二】上平声一東韻

應檢本氏之招。展待殊腆。且作詩。見雅情次韻謝云。

枯笻支到竹林中、竟日馴賢見禮崇。玉笋供廚晩餮馥、剩聽調律唱唐風。

(1)検本氏の招きに応ず。(2)展待《てんたい》、殊に腆《あつ》し。且つ詩を作る。雅情を見て、韵を次いで謝すと云う。(3)枯笻《こきょう》、支《ささ》え到る、竹林の中、竟日《ひねもす》、賢《けん》に馴《な》れて、礼崇《らいすう》を見る。(4)玉筍《ぎょくじゅん》、厨《くりや》に供して、晩餐馥《ばんさんかんば》し、剰《あまつさ》え聴く、律を調えて唐風を唱うることを。

＊

(1)検本氏＝不詳。／(2)展待＝食事などを施して供養すること。／(3)枯笻支到竹林中、竟日馴賢見礼崇＝〈枯れ竹の杖をついて竹林の中をやって来れば、終日、昔の賢人がそうしたように、鄭重にもてなして下さった〉。「笻」は、杖を作るのに適した竹の一種。転じて杖を言う。「礼崇」は、崇礼に同意。礼儀をたっとび重んじること。／(4)玉筍供厨晩餐馥、剰聴調律唱唐風＝〈竹の子の晩餐はかんばしく、その上、調律をととのえて漢詩を歌われた〉。「玉筍」は、竹の子の美称。ここの「調律」は、平仄をきちんと調え、韻を踏むこと。「唐風」は、唐人の風格を具えた詩。つまり漢詩。

＊

【一〇—四二】下平声七陽韻

果公禪人［号曹溪、住奥州資福］、發閲藏之弘願。偈以示之。

瞎却衲僧一隻眼、閲來赤軸五千強。不論半藏和全藏、觸目文文悉放光。

＊

(1)果公禅人［曹渓と号す、奥州の資福に住す］、(2)閲蔵の弘願を発《おこ》す。偈を以て之れに示す。

(3)衲僧の一隻眼を瞎却《かつきやく》して、閲し来たる、赤軸《しやくじく》五千強。(4)半蔵と全蔵とを論ぜず、触目《そくもく》の文文、悉《ことごと》く光を放つ。

＊

(1)果公禅人［号曹渓、住奥州資福］＝曹渓玄亨。慈雲山資福寺（宮城県仙台市）の歴住。享保十年（一七二五）九月、前堂転位。生没年不詳。『続禅林僧宝伝』第一輯・巻之下【三五一】に立伝。「果公（□果）」は、旧諱か。／(2)閲蔵＝ここでは、大蔵経を全読すること。／(3)瞎却衲僧一隻眼、閲来赤軸五千強＝〈五千を超える大蔵経を読むと言うが、そんなことをすれば、せっかく具えている智慧の眼をつぶしてしまうことになるぞ〉。上の句は、【一〇—三九】注(3)を参照。「赤軸」は、黄巻赤軸と熟して、仏典の総称に用いる。黄色の紙に書写し、赤色の軸を用いたから言う。また、後漢の永平十四年（七一）、道教と仏教と、どちらが正しいかを比較するために、両教の教典を焼いたところ、道教のものは焼けたが、仏教のものは、紙は黄色になり、軸は赤くなったものの焼け残ったなどという説もあるが、真偽のほどは疑わしい。「五千強」は、五千四十八。大蔵経の定数。【六—二】注(29)を参照。／(4)不論半蔵和全蔵、触目文文悉放光＝〈大蔵経を半分読んだの全部読んだのと論じなくても、目に触れる一文一文が、智慧光を放っているではないか〉。上の句は、「趙州転蔵経畢」と呼ばれる話頭を踏まえる。【六—二】の本文を参照。下の句は、触目菩提を言うもの。

【一〇—四三】下平声十二侵韻

答斜木氏。日之先、辱恵春茶一帖川八一律。聊次高韵、兼謝芳志云。

苦雨入梅思不禁、恵來佳貺洗煩襟。淪甌春茗悶愁盡、糊壁瑤篇行坐吟。把翫多過七碗數、雅風可上五弦琴。莫言方外欠歡晤、山色溪聲佛祖心。

＊

(1)斜木氏に答う。日の先、春茶一帖(2)川八一律を恵まるることを辱《かたじけ》なうす。聊《いささ》か高韵を次ぎ、兼《か》ねて芳志に謝すと云う。

＊

(3)苦雨《くう》、梅に入り、思い禁ぜず、恵み来たる佳貺《かきょう》、煩襟《はんきん》を洗う。(4)甌《かめ》に淪《に》る春茗《しゅんめい》、悶愁《もんしゅう》尽き、壁に糊《は》る瑤篇《ようへん》、行坐に吟ず。(5)把翫《はがん》、多くは七碗の数を過ぎ、雅風、五弦の琴に上《のぼ》す可《べ》し。(6)言うこと莫《な》かれ、方外、歓晤《かんご》を欠くと、山色渓声、仏祖の心。

(1)斜木氏＝不詳。／(2)川八一律＝「川八」は、五山文学作品の中に多く見られ、その用例から、七言八句詩（七言律詩）のこととは分かるが語源は未詳。／(3)苦雨入梅思不禁、恵来佳貺洗煩襟＝〈梅雨に入って雨が続き、堪えられない思いがするが、斜木氏が恵まれた春茶と七言律詩とが、心中のもだえを洗いそそいでくれる〉。「苦雨」は、生物を苦しめる長雨。黄山谷の「黔南に謫居す十首」詩の第八詩に「苦雨初めて梅に入る、瘴雲稍《ようや》く毒を含む」と。「佳貺」は、佳《よ》い貺《たまもの》。／(4)淪甌春茗悶愁尽、糊壁瑤篇行坐吟＝〈甌に煮られた春茶で、悶え愁える気分も消え去り、壁に貼られた良詩を、常に吟じている〉。「春茗」は、春茶に同じ。「茗」は、茶の別名。「瑤篇」は、詩文の美称。「瑤」は、美しい玉。「行坐」は、行住坐臥。ここでは、常にの意。／(5)把翫多過七碗数、雅風可上五弦琴＝〈恵まれた春茶を手にすれば、その効用は、盧仝の七碗の茶を超え、その律詩の素晴らしさは、舜が作った五絃の琴で歌わねばならない〉。「把翫」は、把玩、把弄に同じで、手にとってもてあそぶこと。「七碗」は、盧仝の「茶歌」（『古文真宝前集』巻八）に言う、茶にある七つの効用。「一椀にして喉吻潤い、二椀にして孤悶を破る。三碗にして枯腸を捜《さぐ》るに、唯だ文字五千巻有るのみ。四碗にして軽汗発し、平生不平の事、尽《ことごと》く毛孔に向かって散ず。五椀にして肌骨清く、六椀にして仙霊に通ず。七椀にして喫するを得ず、唯だ覚ゆ、両腋習習として清風の生ずるを」。なおこの「茶歌」は、盧仝の『玉川子詩集』では、「筆を走らせて孟諫議が新茶を寄するを謝す」に作る。「雅風」は、詩文のすぐれた様子。「五弦琴」は、太古、舜が作った琴。『礼記』楽記に「昔者《むかし》、舜、五絃の琴を作りて以て南風を歌う」と。／(6)莫言方外欠歓晤、山色渓声仏祖心＝〈方外に歓《よろこ》び晤《うちと》け る言葉がないなどとは言わないで下さい、山色や渓声が仏祖の心を表わしています〉。ここの「方外」は、古月の自称。或いは、世俗を離れた幽邃の大光寺。「方外」は、身分制度の外に生きる人のことで、僧侶や医師などに用いるが、在家が、出家に対して、我が身を「方外」と言うこともある。下の句は、蘇東坡の開悟の偈、「渓声便ち是れ広長舌、山色豈《あ》に清浄身に非ざらんや」に基づく。

【一〇―四四】

恭奉厳命賦雅題三首。　［癸巳中秋］

恭《うやうや》しく(1)厳命を奉って雅題三首を賦す。　［(2)癸巳《みずのとみ》の中秋］

＊

＊

(1)厳命＝藩主島津惟久公の命令。／(2)癸巳中秋＝正徳三年（一七一三）八月。古月、四十七歳。

【一〇―四四―①】下平声七陽韻

中秋月。

雲晴桂月一天香、唐句倭歌賑玉堂。吾輩被知賢太守、幾秋雅席賞清光。

＊

[1]雲晴れて、桂月、一天香《かんば》し、唐句倭歌《わか》、玉堂を賑わす。吾輩、賢太守に知られて、幾秋か、雅席に清光を賞す。

＊

(1)雲晴桂月一天香、唐句倭歌賑玉堂＝〈雲が晴れて月が空に輝き、美しい殿堂では、漢詩や和歌が盛んによまれている〉。上の句は、中秋の名月を詩的に表現した一句。「桂月」は、月の異称。月中に桂樹が茂っているという伝説に基づく。『酉陽雑俎前集』巻一「天咫《てんし》」に「旧《も》と言う、月中に桂有り、蟾蜍《ひきがえる》有りと」。「香」は、「桂」に掛かる。「玉堂」は、月見の雅会が催されている城中の一殿。

【一〇―四四―②】下平声七陽韻

秋蘭。

數莖凝露一庭商、清操比看君子常。不似春叢鬪奇色、西風獨自吐幽香。

＊

[1]秋蘭。

(2)数茎、露を凝《こ》らす、一庭商《いちていしょう》、清操、比べ看る、君子の常《じょう》。(3)春叢《しゅんそう》に奇色を闘《たたか》わしむるに似ず、西風、独り自ら幽香を吐く。

＊

(1)秋蘭＝『楚辞』に多く出て有名。秋に花咲く菊科の植物。和名、ふじばかま。／(2)数茎凝露一庭商、清操比看君子常＝〈西方の庭に露を結ぶ数茎の秋蘭、この花の清操に君子の常道を見る〉。「庭商」は、西方の庭を言う「商庭」を、七陽韻の都合上、倒置したもの。「商」は、四時では秋、方位では西に属する。下の句は、古来、蘭が君子に比されることによる。黄山谷の「次韻答張文潜恵寄」詩に「南山に君子有り、蘭を握って令姿を懐く」と。「君子常」は、『荀子』栄辱篇の「君子は其の常を道《い》い、小人は其の怪を道う」の「君子道其常」を略したもの。君子は常道を語り、怪奇を語らないということ。転句につながる。／(3)不似春叢闘奇色、西風独自吐幽香＝〈珍しい色を競い合うような春先の花々とは違い、この花は独り秋風に奥深い香りを放っている〉。

【一〇―四四―③】下平声十二侵韻

勤學。

託身學術惜分陰。竹帛汗牛論古今。從是不須記文字、溪山風月洗胸襟。

学に勤む。

＊

(1)身を学術に託して分陰を惜しむ、竹帛《ちくはく》、牛に汗《あせ》して、古今を論ず。(2)是れより須《もち》いず、文字を記することを、渓山風月、胸襟を洗う。

＊

(1)託身学術惜分陰、竹帛汗牛論古今＝〈身を学術に寄せ、時間を惜しんで、多くの古今の書物を読む〉。「惜分陰」は、時間を惜しむこと。『小学』善行第六に載る陶侃《とうかん》（陶淵明の曾祖父）の言葉に「大禹（夏の禹王）は聖人なるに、乃《すなわ》ち寸陰を惜しめり。衆人に至たりては、当《まさ》に分陰を惜しむべし。豈《あ》に逸遊荒酔す可《べ》けんや。生きて時に益無く、死して後に聞こゆる無きは、是れ自ら棄《す》つるなり」と。「竹帛」は、竹簡と絵ぎぬ。書物を言う。「汗牛」は、成句「汗牛充棟」の略。車で牽かせると牛が汗をかき、積み上げると棟木に届くほどの書物という意。蔵書の多い喩え。柳宗元の「陸文通墓表」に「其の書為《た》るや、処《お》けば則ち棟宇に充ち、出だせば則ち牛馬に汗しむ」と。／

(2)従是不須記文字、渓山風月洗胸襟＝「絶学無為の閑道人、妄想を除かず真を求めず」（『証道歌』）。「学を絶《た》てば憂い無し（絶学無憂）」（『老子』異俗第二十）。「人生、字を識《し》るは憂患の始め、姓名粗記せば以て休《や》む可《べ》し（名前が書ければ、それでたくさん）」（蘇東坡「石蒼舒が酔墨堂」詩）。これらの言葉が想起される。

【一〇—四五】上平声十灰韻

悼心海士門知藏。　［正徳三癸巳十二月六日］

門門有路一通達、擺手寒雲歸去來◎。智慧愚癡元是彼、朔風香度雪中梅◎。

＊

(1)心海の士門知蔵を悼《いた》む。　［(2)正徳三 癸巳《みずのとみ》十二月六日］

(3)門門、路有り、一《ひと》えに通達す、手を寒雲に擺《ふ》って帰去来《かえりなんいざ》。(4)智慧愚痴、元と是れ彼《ひ》、朔風《さくふう》香り度《わた》る、雪中の梅。

*

(1)心海士門知蔵＝不詳。【二四三】に、享保十九年（一七三四）、江戸の正灯寺に掛錫中に死去した心海士恭という禅徒を資薦した偈頌があり、恐らくこの「心海」は、道号ではなく、寺院名と思われるが、明らかに出来ない。「知蔵」は、蔵主と同じ。妙心寺の僧階で、侍者職のこと。その後、首座→座元と昇って行き、座元で末寺の住職資格を得て、道号で呼ばれる。／(2)正徳三癸巳＝正徳三年（一七一三）。古月、四十七歳。／(3)門門有路一通達、擺手寒雲帰去来＝〈さあ、道は開けている、寒雲に手を振って涅槃へと帰ろう〉。上の句は、『楞厳経』巻五に「十《じっ》方薄伽梵《ぽうばぎゃぼん》、一路涅槃門」と。この語は、十方世界の諸仏が、等しく涅槃に入る同じ一つの道という意。「帰去来」は、帰り去ることをうながす語。陶淵明の「帰去来辞」に「帰去来兮《かえりなんいざ》。田園、将《まさ》に蕪《ぶ》せんとす。胡《なん》ぞ帰らざる」と。／(4)智慧愚痴元是彼、朔風香度雪中梅＝〈悟ろうが迷おうが元より彼岸、秋風の中、雪中の梅が香っている〉。この二句は、開悟しないままに他界した知蔵に対して仏法の真理を説き、涅槃へと転身せしめるもの。『円覚経』に「智慧愚痴、通じて般若と為す」と。「元是彼」の「彼」は、彼岸の略と解した。下の句は、知蔵が帰り着く彼岸の景色。「雪中梅」は、仏法の端的。五山文学以来、雪中に開く梅花は、仏の成道の象徴として用いられる。

【一〇—四六】上平声四支韻

謹奉和太守歳首試毫之嚴韻。

三元新賀太平時、松竹交枝映瑞曦。豈啻庶民歸徳化、恭爲恐則有威儀。

＊

謹んで太守が歳首試毫の厳韻に和し奉る。

(1)三元、新たに賀す、太平の時、松竹、枝を交《まじ》えて、瑞曦《ずいぎ》に映ず。(2)豈《あ》に啻《ただ》に庶民の、徳化に帰するのみならんや、恭《うやうや》しく恐則を為《な》すに威儀有り。

＊

(1)三元新賀太平時、松竹交枝映瑞曦＝〈元旦、新たに祝う、太平の時節、松竹は枝を交えてめでたい日光に映えている〉。「三元」は、元旦の異称。歳の元《はじめ》、月の元、日の元、三つの始めという意。「瑞曦」は、めでたい日光。／(2)豈啻庶民帰徳化、恭為恐則有威儀＝〈庶民が太守の徳政に帰順しているばかりではない、恭しくかしこみ推し量るに、威儀をそなえておられる〉。「恐則」は、未見の語だが、「則」は「測」に通じるので、意訳の如くに解した。他人のことを推量するに言う敬語「恐察」と同意であろう。

【一〇—四七】上平声四支韻

喜同時接海桃一源兩老和尚。偈以攄卑懷。

再世拜看從諗師、同時策錫立風規。天文莫怪徳星現、相接吾門老白眉。

＊

時を同じうして(1)海桃(2)一源の両老和尚を接することを喜ぶ。偈を以て卑懐《ひかい》を攄《の》ぶ。

(3)再世、拝し看る、従諗師《じゅうしんし》、時を同じうして錫《しゃく》を策《つ》いて風規を立す。(4)天文、怪しむこと莫《な》かれ、徳星の現ずることを、相接《あいせつ》す、吾門の老白眉。

＊

(1)海桃＝海桃智東。【九―四六】注(2)を参照。／(2)一源＝【一〇―八四】に「安国一源和尚」と出るが不詳。／(3)再世拝看従諗師、同時策錫立風規＝〈趙州和尚の再来を拝み見るかのようだ、両老和尚が、時を同じうして錫杖をつき、この地にお姿を表わされた〉。「再世」は、二世・二代の意もあるが、禅録では、多く再来の意に用いる。「従諗」は、八十歳で再び行脚に出て、百二十歳を生きたという趙州のこと。【九―三九】注(3)を参照。「風規」は、風度品格。／(4)天文莫怪徳星現、相接吾門老白眉＝〈天文よ、予期せぬ徳星の出現を怪しまないでくれ、我が宗門の老白眉と出会っているのだ〉。「天文」は、日月星辰などの天空の現象。ここでは、擬人化している。「徳星」は、瑞星。「老白眉」の「白」に掛けて、太白星（金星）を言い、両老和尚を指す。「白眉」は、老人の形容にも用いるが、「馬良白眉」（『蒙求』五六九）の故事より、衆人の中で最も傑出している者を言う。

【一〇―四八】上平声四支韻

恭賀老母祖雪尼八十。　［正徳四午八月朔日］

老母健剛年八十、誕辰相祝接脩眉。◎團圝兄弟獻杯茗、戯謂遐齢可譲誰。◎

＊

恭しく(1)老母祖雪尼の八十を賀す。　［(2)正徳四午《うま》八月朔日］

(3)老母、健剛、年八十、誕辰《たんしん》、相祝《あいいわ》い、脩眉《しゅうび》に接す。(4)団圝《だんらん》として、兄弟、杯茗《はいめい》を献ず、戯《たわむ》れに謂《い》う、遐齢《かれい》、誰にか譲る可《べ》しと。

＊

(1)老母祖雪尼＝古月の生母。瀬川氏。享保八年（一七二三）没、世寿八十九。因みに父の姓は金丸。名は源蔵、後に彦兵衛。宝永七年（一七一〇）十一月十八日没、直心祖教居士。／(2)正徳四午八月朔日＝正徳四年甲午（一七一四）八月一日。古月、四十八歳。／(3)老母健剛年八十、誕辰相祝接修眉＝〈老母は壮健で八十歳を迎え、誕生日、子供達が集まって、長い眉毛に接している〉。「相祝」は、意訳の通り。古月は、男四、女一の三男。「脩眉」は、脩《なが》い眉毛。特に婦人の美しい眉毛を言う。／(4)団圝兄弟献杯茗、戯謂遐齢可譲誰＝〈家族団欒、子供達は一杯の茶を献じ、老母は、「この長寿、誰に譲ったものであろう」などと戯《じゃ》れごとを言っている〉。「遐齢」は、遐《なが》い齢《よわい》。長寿。

【一〇―四九】上平声十一真韻

蚊口浦《カグチウラ》道徹居士、幹請藏之事不半而逝。偈以追輓云。
慕藺雙林樹下人、天宮寶藏既觀新。不追常寂不生地、回首歸來轉《セヨ》願輪。

＊

(1)蚊口浦《かぐちうら》の道徹居士、(2)請蔵の事を幹して半ばならずして逝く。偈を以て追輓《ついばん》すと云う。
(3)双林樹下の人を慕藺《ぼりん》して、天宮宝蔵、既に新たなるを観《み》る。(4)常寂不生の地を追わず、首《こうべ》を回《めぐ》らして帰り来たり、願輪を転ぜよ。

＊

(1)蚊口浦道徹居士＝不詳。「蚊口浦」は、宮崎県児湯郡高鍋町にある地名。／(2)請蔵事＝【八―四】の「本寺請蔵記」を参照。／(3)慕藺双林樹下人、天宮宝蔵既観新＝〈善慧大士を敬慕して、経蔵がやがて新しくなることを見ようとしていた〉。「慕藺」は、賢者を敬慕すること。司馬相如（前漢の文学者）が、藺相如（戦国時代の趙の名臣）を敬慕したことから言う。「双林樹下人」は、双林樹下当来解脱善慧大士。【六―二】注(28)を参照。「天宮宝蔵」は、経蔵の異名。兜率天の内院、弥勒菩薩の処に一切経を収蔵しているという説による。／(5)不追常寂不生地、回首帰来転願輪＝〈法身仏の浄土を追わずに、こちらに振り向いて帰って来て願輪を転ぜよ〉。この二句は、善慧大士の本地身を踏まえたもの。【八―五】注(15)を参照。「常寂不生地」は、法身仏の住する浄土。

＊

【一〇―五〇】上平声四支韻

傳宗寺萬江西堂三十三回忌香語。

歳月悠悠順世時、憶曾童稚對厖《タリシトキ》眉。黄金鎖骨不埋沒、露白菊花節後枝。

＊

(1)伝宗寺万江西堂三十三回忌の香語。

(2)歳月、悠悠たり、順世の時、憶《おも》う曾て、童稚《どうち》たりしとき、厖眉《ぼうび》に対せしことを。(3)黄金の鎖骨、埋没せず、露は白し、菊花、節後の枝。

＊

(1)伝宗寺万江西堂＝人物不詳。伝宗寺は、大光寺の末寺。【九―二六】注(1)に既述。／(2)歳月悠悠順世時、憶曾童稚対厖眉＝〈万江西堂が遷化された時から歳月は悠々として流れた、むかし幼かったころ、老人に対したことを思い出す〉。「順世」は、遷化のこと。世法に随順して死を示すという意。「厖眉」は、白毛まじりの眉。転じて老人を言い、ここでは、万江西堂を指す。／(3)黄金鎖骨不埋没、露白菊花節後枝＝〈黄金の鎖骨は埋没することはなく、霜の降りる中、九月九日の節句を過ぎた菊花が咲いている〉。上の句は、『碧巌録』五十五則頌の「黄金の霊骨、今猶お在り」ということ。「黄金鎖骨」は、万江西堂の不生不滅の法身の譬喩。「鎖骨」は、鎖子骨とも言い、鎖状をした骨。菩薩は、この骨を持つと言う。下の句は、万江西堂の法身相。

【一〇―五一】

羽州長松萬龜和尚、追高蹤於趙州、腰包扣諸禪刹。可謂、古人之體裁。光顧弊室、商略宗旨。特示貫華二章。恭依嚴韵云。

＊

(1)羽州長松の万亀和尚、(2)高蹤《こうしょう》を趙州に追い、腰包《ようほう》して諸禅刹を扣《たた》く。謂《い》っつ可《べ》し、古人の体裁なりと。弊室を光顧して、宗旨を商略《しょうりゃく》す。特に(3)貫華《かんげ》二章を示さる。恭しく厳韵に依ると云う。

＊

(1)羽州長松万亀和尚＝白鶴山長松寺（秋田市）の第七代、万亀師仙。元禄十四年（一七〇一）二月、前堂転位。

／(2)追高蹤於趙州……＝〈八十歳で再び行脚に出た趙州のすぐれた行ないを見習って……〉。【九―三九】注(3)を参照。／(3)貫華＝経典の散文を散華と言い、その偈頌を貫華と言う。ここでは、単に偈頌の意。

【一〇―五一―①】上平声四支韻

鈴鈴金錫落林底、邂逅接來老阿師。斟酌曹源涓滴水、波瀾一夜溢雙眉。

＊

(1)鈴鈴《れいれい》たる金錫《こんしやく》、林底に落つ、邂逅《かいこう》、接し来たる、老阿師。(2)曹源の涓滴水《けんてきすい》を斟酌《しんしやく》して、波瀾、一夜、双眉に溢《あふ》る。

＊

(1)鈴鈴金錫落林底、邂逅接来老阿師＝〈錫杖の音が山林に鳴り響く中、思いがけず老僧とお出会いして寺にご案内した〉。上の句は、万亀和尚が、山を登って来られる姿。「鈴鈴」は、杖の音の象声詞。孫興公の「天台山に遊ぶの賦」（『文選』巻十一）に「毛褐《もうかつ》の森森たるを被《き》、金策の鈴鈴たるを振る」と。「金錫」は、錫杖の美称。「老阿師」の「阿」は、親しみを込めて呼ぶ時に用いる接頭語。／(2)斟酌曹源涓滴水、波瀾一夜溢双眉＝〈曹源の一滴水を酌み交わし、この夜、万亀和尚の顔には波瀾が満ち溢れた〉。詩題にある「宗旨を商略す」ということ。「斟酌」は、酒などを酌み交わすこと。「曹源涓滴水」の「水」に掛かる。「曹源涓滴水」は、曹源一滴水に同義。「涓滴」は、しずく。曹渓山六祖慧能から的々相承されて来た一法のこと。「波瀾」は、詩や文章の勢いがきわだっている譬喩。「貫華二章」を言ったもの。「双眉」は、万亀和尚の顔面。

【一〇―五一―②】下平声十一尤韻

瀟洒丰標出一頭、比看趙老富春秋。逢場竿木任遊戯、路滑東關萬里州。

＊

(1)瀟洒《しょうしゃ》たる丰標《ふうひょう》、一頭を出《い》づ、比べ看る、趙老の、春秋に富むことを。(2)場に逢って、竿木《かんぼく》、遊戯《ゆげ》するに任す、路滑《みちなめ》らかなり、東関万里州。

＊

(1)瀟洒丰標出一頭、比看趙老富春秋＝〈俗ばなれしたその風采は人並み以上にすぐれておられ、いつまでも年若かった趙州をまの当たりにしているかのようだ〉。「丰標」の「丰」は、風に通じ、風標・風采に同意。おもむき、ありさま。「出一頭」は、頭ひとつ抜け出ていること。衆人から一段と高くすぐれ出ること。「富春秋」は、残りの春秋（歳月）が豊かであること。年の若いことを言う。／(2)逢場竿木任遊戯、路滑東関万里州＝〈諸国を行脚して、見解をお示しになるのもよろしいが、秋田への帰路は、気をつけて下さい〉。鄧隠峰の「竿木随身、逢場作戯」に基づく二句。「鄧隠峰、師（馬祖）を辞す。師曰く、『甚麼《いずれ》の処にか去る』。曰く、『石頭に去る』。師曰く、『石頭の路は滑《なめ》らかなり』。曰く、『竿木、身に随い、場に逢って戯《げ》を作《な》さん』」（『五灯会元』巻三・馬祖道一章）。「竿木随身、逢場作戯」は、軽業師が竿木を持ち歩き、頼まれた所で芸を見せること。「東関万里州」は、秋田までの遠い道のり。特芳禅傑（龍安寺西源院開祖）の「送字渓首座帰関東」偈（『語録』巻二）に「東関万里、路行き難し」と。

【一〇―五二】下平声七陽韻

春月。〔高鍋内藤氏、集五十首和歌唐詩。随一〕

風色悦人詩興長、刻金何得易論量。満庭桃李横斜朶、移上欄干影亦香。

＊

春月。〔(1)高鍋の内藤氏、五十首の和歌唐詩を集む。(2)随一〕

(3)風色、人を悦《よろこ》ばしめて、詩興長し、刻金、何ぞ論量し易《やす》きことを得ん。(4)満庭の桃李、横斜の朶《だ》、移して欄干に上《のぼ》せて、影も亦た香《かんば》し。

＊

(1)高鍋内藤氏＝不詳。「高鍋」は、日向国児湯郡内の地名。／(2)随一＝多くのものの内の第一位。／(3)風色悦人詩興長、刻金何得易論量＝〈春夜の月景色は人を喜ばせて詩興は尽きない、一刻千金、あの月がよい、この花はよくないなどと、かるがるしく評論することなど出来ようか〉。「刻金」は、一刻千金の略。蘇東坡の「春夜」詩に「春宵一刻、直《あたい》千金、花に清香有り、月に陰有り」と。「何得」は、反語。「論量」は、評論に同意。良し悪しを計り較べること。／(4)満庭桃李横斜朶、移上欄干影亦香＝〈庭に満ちる桃李横斜の枝々は月に照らされ、欄干に映るその影までもがかぐわしい〉。この二句は、『五家正宗賛』巻二・真浄克文章の讃語、「妙処、言わんと欲して、言い及ばず、月、花影を移して、欄干に上す（月移花影上欄干）」や、王安石の「夜直」詩（『臨川先生文集』巻三十一）の結句、「春色、人を悩まして眠り得ず、月、花影を移して、欄干に上す」に基づく。この「月移」というのは、月が高く昇るにつれて、その光に照らされる物影も場所を移すということ。

【一〇―五三】上平声十一真韻

漢將軍紀信降楚燒殺圖賛并敍。

將軍紀信降楚燒殺之因由者、依張良説齊景公、遁林田夫重義之事、挑諸將勸諭之也。今謁此圖者、如紀信忠誠、亦不可知。嗚呼、有意哉設圖乎。

爲漢衮龍服身、罵楚沐猴非人。一堆積《ツミキ》連天焔、灰盡骨義未泯。

＊

(1)漢の将軍紀信、楚に降して焼殺せらるる図の賛、并《なら》びに叙。

将軍紀信、楚に降して焼殺せらるるの因由は、(2)張良が斉の景公に、林に遁《かく》るる田夫も義を重んずるの事を説いて、諸将を挑《いど》んで勧諭するに依ってなり。(3)今、此の図に謁する者、紀信が忠誠の如くなるも、亦た知る可《べ》からず。嗚呼《ああ》、意有る哉《かな》、図を設くることや。

(4)漢の衮龍《こんりょう》の為に身に服す、楚を罵る、沐猴《もくこう》にして人に非ずと。一堆の積《つみき》、連天の焔、骨を灰尽するも、義、未だ泯《ほろ》びず。

＊

(1)漢将軍紀信降楚焼殺＝漢の高祖の忠臣、紀信将軍は、高祖が楚の項羽に囲まれた時、高祖の身代わりとなり、楚をいつわって高祖を逃れしめ、自身は焼殺された。『蒙求』三九〇「紀信詐帝」を参照。主君の身代わりとなる献身の忠節は、武士道の最高とされ、この「紀信詐帝」の故事は、軍記物語に盛んに引用された。／(2)張良説斉景公……＝故事未詳。「張良」は、高祖の軍師。「斉景公」は、春秋、斉の君。／(3)今謁此図者、如紀信忠誠、亦不可知。嗚呼、有意哉設図乎＝〈今、この絵に調《まみ》えている者も、紀信の如き忠誠者であるが、この故事は知るまい。ああ、この絵を置くことには意義がある〉。／(4)為漢袞龍服身、罵楚沐猴非人＝「袞龍」は、天子の礼服。転じて天子を言う。「服身」は、袞龍に掛けてあり、袞龍の服を身に着けて、高祖の身代わりとなったということ。「沐猴」は、猿の一種。楚の項羽の躁暴を罵る言葉に「楚人は沐猴にして冠する耳《のみ》」（『史記』項羽本記）と。

【一〇―五四】下平声八庚韻

次韻果禪衲［曹溪和尚］歳首。

幽谷籠霞黄鳥鳴。課經閱罷適閑情。松堂甘寂豈徒爾、骨肉約來幾許生。

果禅衲(1)［曹渓和尚］の歳首に次韵す。

＊

幽谷(2)、霞を籠《こ》めて、黄鳥鳴く、課経、閲《けみ》し罷《や》んで、閑情に適《かな》う。松堂(3)、寂を甘《あま》なう、豈《あ》に徒爾《とじ》ならんや、骨肉、約し来たる、幾許生《いくばくせい》ぞ。

＊

(1)果禅衲［曹渓和尚］＝曹渓□果。【一〇―四二】注(1)に既述。／(2)幽谷籠霞黄鳥鳴、課経閲罷適閑情＝〈奥深い谷には春霞が籠もり、そこから出たうぐいすの鳴き声、歳旦の読経を終えた静かな心に何とも良い〉。上の句は、春、低い谷間から出て、高い木に移って鳴くうぐいす、いわゆる「出谷の黄鶯」を歌うもの。『詩経』小雅・伐木《ばつぼく》に「木を伐《き》ること丁丁《とうとう》たり、鳥鳴くこと嚶嚶《おうおう》たり、幽谷より出でて、喬木に遷る」と。／(3)松堂甘寂豈徒爾、骨肉約来幾許生＝〈松林の庵の中、閑寂を良しとしているのは、いたずらなことではない、この梅と肉親以上の五生六生の契りを結んでいるからだ〉。下の句は、丁直卿の「雪後に窓を開いて梅を看る」詩（『錦繍段』）の結句、「三生の骨肉、是れ梅華」に基づく。【一八六】注(4)を参照。

【一〇―五五】上平声十五刪韻

次韵知又軒主可公板首［大道和尚］試毫。

茅堂突兀出人寰、蒲座負暄甘退閑。大人境界天然別、眼底松風耳底山。

＊

(1)知又軒主(2)可公板首［大道和尚］の試毫に次韵す。

(3)茅堂《ぼうどう》、突兀《とっこつ》として人寰《じんかん》を出づ、蒲座《ふざ》、暄《けん》を負《お》って、退閑を甘《あま》なう。(4)大人の境界、天然《てんねん》別なり、眼底の松風、耳底の山。

＊

(1)知又軒＝古月が、宝永五年（一七〇八）に結んだ茅庵で、享保十二年（一七二七）、拡張されて天寿山自得寺となった。【一〇―二八】注(1)、【一〇―三八】注(1)を参照。／(2)可公板首［大道和尚］＝大道文可。武蔵の人。十九歳で出家した後、盤珪永琢の法嗣である武蔵光林寺の節外祖貞や、その法嗣霊源周蔭に従い、後、駿河の陽春主諾に参じ、陽春と共に豊後多福寺に至る。それより、古月、伊予如法寺の逸山祖仁等に参じた。四十一歳、丹波大梅山法常寺の太翁文元の法嗣となり、のちに第六世として住した。宝暦二年（一七五二）四月五日示寂。世寿

七十三、法臘五十六。同九年、実相無相禅師。「大梅山大道可禅師行状」がある。『続禅林僧宝伝』第一輯・巻之中【一八五】に立伝。／(3)茅堂突兀出人寰、蒲座負暄甘退閑＝〈この知又軒は、人間世から高く突出し、その主人は、座布団に坐って日なたぼこりをして静かに暮らしている〉。「負暄」は、日なたぼこり。『列子』楊朱第七に載る、世の中に暖かい部屋や衣服があることを知らない宋の農夫が言った、「日の暄《あたた》かなるを負うは（負日之暄）、人の知る者無し。以て吾が君に献ぜん」が語源。『虚堂録犂耕』【負暄】（禅文化研究所本九八八頁）に「無功用、了事の衲僧なり」と。／(4)大人境界天然別、眼底松風耳底山＝〈大人の境界は生まれつき並みのものではなく、眼で松風を聴き、耳で山を見ている〉。「大人」は、大丈夫、また、仏菩薩。ここでは、大道文可を言う。下の句は、悟りの上の自由なはたらき。洞山良价の偈に「若し耳を将《もっ》て聴けば終《つい》に会し難し。眼処に声を聞いて方《まさ》に知る可《べ》し」。

【一〇―五六】上平声十灰韻

送初公化主。［後住遠州平田號懶翁］

檀門托鉢化縁大、枯木堂中著濕來。直下下成般若種、花開不可假栽培。

*

(1)初公化主《けしゅ》を送る。［後、遠州の平田に住し、懶翁と号す］

(2)檀門、鉢を托して、化縁《けえん》大なり、枯木堂中、湿《うるお》いを著け来たる。(3)直下《じきげ》に下し成す、般若の種、花の開くことは、栽培を仮らざる可《べ》し。

*

(1)送初公化主＝勧進に出る初禅人を見送った際の偈頌。「初公」は、底本注記の如く、後に吸江山平田寺（静岡県牧之原市）の第十一代に住した嬾翁冉初のこと。享保十九年（一七三四）十一月、前堂転位。「化主」は、勧化主任のこと。寺院維持のために信者に金銭などを勧募して回る職。／(2)檀門托鉢化縁大、枯木堂中著湿来＝〈檀信徒の門を托鉢して大いに財施をつのり、我が僧堂をうるおしてくれよう〉。「枯木堂」は、石霜楚円の以下の故事から、僧堂の別称として用いられる。「師、石霜山に止まること二十年間。学衆の、長坐して臥せず、屹として株の若《ごと》くなる有り。天下、之れを枯木衆と謂う」（『伝灯録』巻十五）。因みに中国五山第四浄慈寺の僧堂を「枯木堂」と言う。「著湿来」の「湿」は、「枯木」に掛けるもの。／(3)直下下成般若種、花開不可仮栽培＝〈財法二施の功徳はただちに般若の種を下ろし、花は栽培の力を借らずとも、春が来ればおのずから開く〉。下の句は、禅語（『大応録』崇福録）に「花の開くことは栽培の力を仮らず、自ずから春風の伊《かれ》を管待する有り」と。

【一〇―五七】

恭喜大檀君枉高駕。短述以備高矚云。

＊

恭《うやうや》しく[1]大檀君の、高駕を枉《ま》げらるるを喜ぶ。短述を以て高矚《こうしょく》に備《そな》うと云う。

＊

(1)恭喜大檀君枉高駕。短述以備高矚云＝〈喜ばしいことに、大檀君が、大光寺にお立ち寄りになられた。作詩してご高覧に供するものである〉。「大檀君」は、藩主島津惟久公。「枉高駕（枉駕）」は、来訪を言う敬語。「枉」は、尊を屈し、貴を卑しくすること。「短述」は、以下の二詩。「高矚」の「矚」は、見るの義。高覧・高瞻に同意。

＊

【一〇―五七―①】下平声八庚韻

秋霖掃暑一堂清、文旆飄然渉兎逕。正識霊山餘付囑、茅門屢顧振芳聲。

(1)秋霖《しゅうりん》、暑を掃《はら》って、一堂清し、文旆《ぶんぱい》、飄然《ひょうぜん》として、兎逕《とこう》を渉《わた》る。(2)正に識《し》る、霊山《りょうぜん》、付嘱を余すことを、茅門、屢《しば》しば顧みて、芳声を振るう。

(1)秋霖掃暑一堂清、文旆飄然渉兎逕＝〈秋雨《あきさめ》が暑気を払って大光寺は清々《すがすが》しい、美しい旗が風にひるがえって小路を渡って来る〉。「文旆」は、文采《あやかざり》のある旆《はた》。古の天子の儀仗（儀式用の武器）。ここでは、藩主の行列。「兎逕」は、うさぎみち。兎径に同意。小路の譬喩。／(2)正識霊山余付嘱、茅門屢顧振芳声＝〈釈尊が霊鷲山で仏法を国王に付嘱された遺躅がここに残っている、大光寺をしばしば訪ねられて芳声を振るわれる〉。上の句は、【一〇―二九】注(6)を参照。「芳声」は、美しい誉れ。大檀君のすぐれた大光寺護持を譬喩したものであろう。

＊

【一〇―五七―②】上平声五微韻

沛然時雨稻粱肥、撃壌歌聲賑竹扉。僧院特蒙恩顧腆、安禪占寂著畦衣。

＊

(1)沛然《はいぜん》たる時雨《じう》、稲粱《とうりょう》肥《こ》えたり、撃壌《げきじょう》の歌声《かせい》、竹扉《ちくひ》を賑《にぎ》わす。(2)僧院、特に恩顧の賟《あつ》きを蒙って、安禅、寂を占《し》めて、畦衣《けいえ》を著く。

＊

(1)沛然時雨稲粱肥、撃壌歌声賑竹扉＝〈程よい雨で、稲《いね》も粱《あわ》も豊かに実り、百姓の喜び歌う声が、家々に聞こえる〉。「沛然」は、雨が盛んに降るさまだが、「沛然の恩」と言えば、恩沢の厚いさまを言う。「時雨」は、程よい時に降る雨のことだが、これも「時雨の化」と言えば、恩沢があまねく行きわたることを言う。惟久公の徳をたたえるもの。「撃壌歌声」は、豊作を喜ぶ百姓の歌声の譬喩。「撃壌歌」は、楽府、雑謡歌辞の一。堯帝の代、太平を謳歌した歌。「帝王世紀に曰く、帝堯の世、天下太和、百姓無事。八九十の老人有って、撃壌して歌う、『日出でて作（耕作）し、日入って息（休息）し、井を鑿《うが》って飲み、田を耕やして食らう。帝に何ぞ我れに於いて力あらんや（帝など、わしにはなんらの力にもならん）』」（『楽府詩集』巻八十三「雑歌謡辞」歌辞「撃壌歌」）。「撃壌」は中国古代の遊戯。また一説に地面をたたくことと言う。／(2)僧院特蒙恩顧賟、安禅占寂著畦衣＝〈大光寺は特別に厚い恩顧を受け、静寂の中、袈裟を着けて坐禅が出来ておる〉。「畦衣」の「畦」は、あぜ・うね。田衣に同意。【一六八】注(2)を参照。

＊

【一〇―五八】上平声十一真韻

喜奥陸仙臺覺範寺量外和尚之至。

怪來烏鵲喜聲頻、金錫振空沒量人。唯此宗門貴行脚、諸方鞭逼俊機新。

奥陸仙台[1]覚範寺の量外和尚の至るを喜ぶ。

[2]怪しみ来たる、烏鵲《うじやく》、喜声の頻《しき》りなることを、金錫《こんしやく》、空に振るう、没量《もつりよう》の人。[3]唯だ此の宗門、行脚を貴ぶ、諸方鞭逼《べんひつ》し、俊機《しゆんき》新たなり。

＊

(1)覚範寺量外和尚＝量外禅寿。宮城県仙台市の遠山覚範寺、慈雲山資福寺の歴住。宝永六年（一七〇九）五月、前堂転位。／(2)怪来烏鵲喜声頻、金錫振空没量人＝〈さっきから烏《からす》や鵲《かささぎ》が嬉しそうにしきりと鳴いておる、どうしたことかといぶかっておると、錫杖の音が空に響いて、大力量の人がやって来られた〉。「没量人」は、「量外」の道号に掛ける。／(3)唯此宗門貴行脚、諸方鞭逼俊機新＝〈我が宗門は、古来、行脚を最も貴ぶ、諸禅師に鞭うち逼《せま》り、その俊機は、ますます若々しい〉。上の句は、趙州八十歳行脚を言う。【九―三九】注(3)を参照。この量外和尚も、【一〇―四七】に出た海桃和尚や一源和尚のように、かなりの高齢なのであろう。「鞭逼」は、『禅関策進』の序文などに見える言葉。

【一〇―五九】上平声九佳韻

乙未十四夜城上高會。

驟雨洗天月滿階、賞秋寄我懶生涯。為容雅《ユルスカ》席恣吟意、明夜陰晴不預懷。

＊

[1]乙未《きのとひつじ》、十四夜、城上の高会。

[2]驟雨《しゅうう》、天を洗って、月、階《きざはし》に満つ、秋を賞して、我が懶生涯《らんしょうがい》を寄す。[3]雅席に吟意を恣《ほしいまま》にすることを容《ゆる》すが為に、明夜の陰晴、懐《こころ》に預《あず》からず。

*

(1)乙未十四夜城上高会＝正徳五年（一七一五）八月十四夜、城中での待宵の観月会。／(2)驟雨洗天月満階、賞秋寄我懶生涯＝〈夕立が空を洗い流して月影は石段に満ちている、この秋景色を歌うことに、ものぐさな我が生活をゆだねている〉。「懶生涯」は、働きもしない僧侶の生活を自嘲的に言ったものであろうが、【三九―三】【三九―四】にある「懶涯」の語を読めば、僧侶の生き方を象徴する語に思える。／(3)為容雅席恣吟意、明夜陰晴不預懐＝〈雅席で我が意のままに吟じさせてもらえるので、曇れば曇った十五夜を吟じ、晴れれば晴れた十五夜を吟じるのみで、明日の夜が曇ろうが晴れようが、与《あずか》り知ったことではない〉。「明夜陰晴」は、孫明復の「八月十四夜」詩（『錦繍段』）の結句に「明夜の陰晴、未だ知る可《べ》からず」と。

【一〇―六〇】上平声八斉韻

樵逕。

丹崖翠竇鎖幽渓。驚怪石苔印虎蹄。未見人過買臣迹、芊芊異艸緑高低。

[1]樵逕《しょうけい》。

*

[2]丹崖翠竇《たんがいすいとう》、幽渓《ゆうけい》を鎖《とざ》す、驚怪《きょうかい》す、石苔《せきたい》、虎蹄《こてい》の印することを。[3]未だ人の、買臣《ばいしん》が迹を過ぐ

るを見ず、芊芊《せんせん》たる異草、緑《みどり》高低。

＊

(1)樵逕＝樵径に同じ。樵《きこり》が通う小路。伝統的は詩題。／(2)丹崖翠竇鎖幽渓、驚怪石苔印虎蹄＝〈赤色の崖と青色の洞穴とが奥深い谷川を閉ざしている、石苔《いじごけ》の上に虎の足跡が残っているのはなぜだろう（そうか、誰もこの径《みち》を通った者はいないのだ）〉。「丹崖翠竇」は、石屋清珙の「山居詩」（『語録』巻下）に「翠竇丹崖列四傍」と。「驚怪」は、意外に思う、不思議に思うこと。「石苔印虎蹄」は、石屋清珙の「七言絶句」詩（『語録』巻下）に「深秋時節雨霏霏、蘚葉層層印虎蹄」と。／(3)未見人過買臣迹、芊芊異草緑高低＝〈まだ誰も買臣が通った径《みち》を越えた者はいないので、（踏まれもせずに）珍しい草々が高く低く生い茂っている〉。「買臣」は、漢の朱買臣のこと。字は翁子。家が貧しく、木こりをして自給し、後に出世した人。「芊芊」は、草の茂って盛んなさま。

【一〇―六二】下平声十二侵韻

歩月。

晴來兎影到天心、寂寞茅檐對翠岑。憶著寒山秋月句、又呼痩杖入新吟。

＊

(1)歩月。

(2)晴れ来たって、兎影《とえい》、天心に到る、寂寞《せきばく》たる茅檐《ぼうえん》、翠岑《すいしん》に対す。(3)憶著《おくじゃく》す、寒山が秋月の句、又た痩杖《そうじょう》を呼んで、新吟《しんぎん》に入らん。

(1)歩月＝月影を踏んで歩く。伝統的は詩題。／(2)晴来兎影到天心、寂寞茅檐対翠岑＝〈空も晴れて、月は真上に昇り、ひっそりとした茅葺きの軒の下で、みどりの峰に向かい合っている〉。「兎影」は、月の異称。月にはウサギが棲むという伝説による。「天心」は、天の中央。邵康節の「清夜吟」（『古文真宝前集』巻二）に「月、天心に到る処、風、水面に来たる時。一般の清意の味わい、料《はか》り得たり、人の知ること少《まれ》なることを」と。／(3)憶著寒山秋月句、又呼痩杖入新吟＝〈こうしていると、寒山の秋月の句が思い出される、私もまた細い杖を携えて月夜を歩き、新しい詩でも吟じよう〉。「寒山秋月句」は、寒山の「吾が心は秋の月の、碧潭に清くして皎潔たるに似たり」。「痩杖」は、細い杖。詩人の持つ杖を吟杖と言うのに掛ける。詩人はこの杖を携えて詩を練る。「入新吟」は、用例の少ない言葉だが、「入吟」は、ある景色・状況が、詩となって吟じられること。

＊

【一〇―六二】下平声七陽韻

送果禪人［曹溪和上］走本師之喪。

千山得得走師喪、深孝全憑竪脊梁。枯淡喫來如汝少、唯祈願志鑄金剛。

＊

(1)果禅人［曹渓和上］が本師の喪に走るを送る。

(2)千山、得得として、師の喪に走る、深孝は、全く脊梁《せきりよう》を竪《た》つるに憑《よ》る。(3)枯淡、喫し来たって、汝が如きは少《まれ》なり、唯だ祈る、願志、金剛を鋳《い》ることを。

*

(1)果禅人［曹渓和上］……＝曹渓□果。慈雲山資福寺（宮城県仙台市）の歴住。【一〇―四二】注(1)に既述。曹渓の本師（受業師）は分からないが、前堂転位での師（法を嗣いだ師）は、【一〇―五八】に出た量外禅寿。そこの注(1)を参照。／(2)千山得得走師喪、深孝全憑竪脊梁＝〈師の喪のために遠い仙台まで帰るが、その恩義に報いるには、背骨をまっすぐに立てて坐禅をするほかはない〉。「得得」は、特地（わざわざ）の意もあるが、ここでは、長い道のりを歩く足音の象声詞。唐の貫休の「陳情献蜀皇帝」詩に「千水千山得得来」と。「竪脊梁」は、背骨をまっすぐに立てた坐禅の姿。坐禅をして開悟する以外、師の恩に酬いる道はない。／(3)枯淡喫来如汝少、唯祈願志鋳金剛＝〈そなたのように枯淡に甘んじて来た者は少ない、その願志が、金剛のように堅くあることを、ひたすらに祈っておる〉。

【一〇―六三】上平声一東韻

辱賜藤黄門武林公題富士山手書之雅詩。装褙以挂壁上聊備高矚之次、奉攀瑤韵兼充謝辞云。

蓮開八葉嶺西東、◎雪映緑波遥海中。◎彩筆題成武林老、鏗然詩韵有誰同。◎

*

(1)藤黄門武林公が富士山に題する手書の雅詩を賜うことを辱《かたじけ》なうす。装褙《そうはい》して以て壁上に挂《か》け、聊《いささ》か(2)高矚《こうしょく》に備《そな》うるの次《つい》で、(3)瑤韵《よういん》を攀《よ》じ奉《たてまつ》り、兼ねて謝辞に充《あ》つと云う。

(4)蓮、八葉を開いて、嶺《みね》西東、雪、緑波に映ず、遥海の中。(5)彩筆《さいひつ》、題し成す、武林老、鏗然《こうぜん》たる詩韻、誰有ってか同じからん。

＊

(1)藤黄門武林公＝人物不詳。「黄門」は、中納言の異称。／(2)高矚＝ご高覧。／(3)瑤韵＝武林公の立派な詩。／(4)蓮開八葉嶺西東、雪映緑波遥海中＝〈富士の峰は東西に広がり、白雪は遠い海の青々とした波に映っている〉。まず、富士山図を頌す。「蓮開八葉」は、富士山を詩的に表現したもの。「八葉」は富士山頂にある八つの峰の総称。八神峰とも言われ、信仰の対象。「八葉蓮華（仏菩薩の座所）」から由来した称。／(5)彩筆題成武林老、鏗然詩韵有誰同＝〈美しい筆で詩を書かれた武林老、その響きは高く大きく、誰も匹敵する者はいない〉。「彩筆」は、筆の美称。洪淹《こうえん》（梁の詩人）は、少時、五色の筆を授かる夢を見てから作詩が上達したが、晩年、郭璞《かくはく》（晋の文学者）にその筆を返す夢を見てから、佳詩が出来なくなったと言う。この故事から、筆の美称に用いる。

【一〇─六四】下平声十三覃韻

恭喜停高車於華嚴院。

茅堂新創華嚴院、且喜高車倚翠嵐。了了最初圓頓旨、熾然尚有古松談。

＊

恭《うやうや》しく高車を(1)華厳院に停《とど》めらるることを喜ぶ。

(2)茅堂《ぼうどう》、新たに創《はじ》む、華厳院、且喜《しやき》すらくは、高車の、翠嵐《すいらん》に倚《よ》ることを。(3)了了たり、最初、円頓《えんどん》の旨、熾然《しねん》として、尚《な》お古松の談ずる有り。

(1)華厳院＝【九―四六】にも出るが未詳。／(2)茅堂新創華厳院、且喜高車倚翠嵐＝〈茅葺きの堂ではあるが華厳院を開創した、喜ばしいことに、こんな山奥まで殿がお立ち寄りになられた〉。「翠嵐」は、山間に生じるみどり色のもや。／(3)了了最初円頓旨、熾然尚有古松談＝〈世尊が最初に説かれた円頓一乗の法はありありとしている、古い松に吹く風が、盛んに説法をしている〉。「了了」は、明らかなさま。「最初」は、『華厳経』の譬喩。『華厳経』は、如来成道の後、最初に説かれた経と言われている。「古松談」は、禅語（『人天眼目』巻四）に「古松、般若を談じ、幽鳥、真如を弄す」と。

＊

【一〇―六五】上平声四支韻

恭和太守君試毫之嚴韵。

無能野叟浴清時、一領衲衣任運披。此日民具可鑽仰、春光徳色自熙熙。

＊

恭《うやうや》しく(1)太守君が試毫の厳韵に和す。

(2)無能の野叟《やそう》、清時に浴す、一領の衲衣《のうえ》、任運《にんぬん》に披す。(3)此の日、民、具《つぶさ》に鑽仰《さんぎょう》す可《べ》し、春光徳色、自《おの》ずから熙熙《きき》たり。

＊

(1)太守君試毫之厳韵＝藩主島津惟久公の書き初めの漢詩。「厳韵」の「厳」は、尊の義。／(2)無能野叟浴清時、一領衲衣任運披＝〈役立たずのこの田舎おやじも太平の世に浴し、我が心のままに一枚の袈裟を着けている〉。この二句は、杜牧の「将《まさ》に呉興に赴かんとして楽遊原に登る」詩（『三体詩』巻一）の起句、「清時、味わい有るは、是れ無能」を踏まえる。詩の「味わい有る（有味）」は、世に用いられることもなく、暇で味わいのある生活をしている者という意味。「一領」の「領」は、衣服などを数える量詞。「衲衣」は、破布をつなぎ合わせ、洗って作った袈裟のことだが、ここでは、単に袈裟のこと。／(3)此日民具可鑽仰、春光徳色自熙熙＝〈この日、万民よ、その徳を仰ぎみるがよい、新春の景色は、自然にやわらいでいる〉。「春光徳色」は、万物を生育させる春の恩徳と、太守君の恩徳とを合わせて言ったもの。

【一〇―六六】下平声八庚韻

和可公板首［大道和上］試毫。
幸有園林惬道情、満窓松吹夢魂清。頎然鶴共丰姿痩、人謂亮公更復生。

＊

(1)可公板首［大道和上］の試毫に和す。
(2)幸いに、園林の、道情に惬《かな》う有り、満窓の松吹《しょうすい》、夢魂清し。(3)頎然《きぜん》として、鶴と共に丰姿《ふうしゃ》痩せたり、人は謂う、亮公《りょうこう》、更に復生すと。

＊

(1)可公板首［大道和上］＝大道文可。【一〇―五五】注(2)を参照。／(2)幸有園林惬道情、満窓松吹夢魂清＝〈幸い

に道情にかなった園林がある、窓に満ちる松風は夢魂まで清くしてくれる〉。「道情」は、仏道上の心情。／(3)頎然鶴共丰姿痩、人謂亮公更復生＝〈可公板首のみめよい姿は鶴のように長く痩せ、人は「亮座主がよみがえったのだ」と言っている〉。「頎然」は、長いさま。「丰姿」は、みめよい姿。「亮公」は、馬祖の法を得て、洪州の西山に隠れ、消息をたった亮座主のこと。『五灯会元』巻三等を参照。

【一〇―六七】上平声十四寒韻

今茲閏月在春。高駕延東行之期一月餘。短述記喜、兼充今日展待之芹曝云。

中春逢閏此堪歡、一月留君憩玉鞍。蘚徑風暄幽洞寺、山櫻開遍白雲端。

＊

(1)今茲《ことし》、閏月、春に在り。(2)高駕、東行の期を延ぶること一月余。短述して喜びを記し、兼ねて今日(3)展待《てんたい》の(4)芹曝《きんばく》に充《あ》つと云う。

中春、閏《うるう》に逢い、此《ここ》に歓《よろこ》ぶに堪《た》えたり、一月、君を留めて、玉鞍を憩《いこ》わしむ。蘚径《せんけい》、風暄《かぜあたた》かなり、幽洞の寺、山桜、開遍す、白雲の端。

＊

(1)今茲閏月在春＝正徳六年（享保元年／一七一六）のこと。中春二月に閏月があった。／(2)高駕延東行之期一月余＝〈藩主の参勤交代が一ケ月延ばされた〉。／(3)展待＝食事などを施して供養すること。／(4)芹曝＝物を人に贈る謙辞。献芹と献曝とを合わせた熟語。献芹は、粗末なセリを贈ります。献曝は、宋人が、背中を日に曝《さら》して、そのぬくもりを君に献じようとした故事に基づき、献喧《けんけん》とも言う。故事は、【一〇―五五】注(3)を参照。

【一〇―六八】下平声八庚韻

中秋月。
半百秋臻桂月晴、皤然禿髪轉羞明。結交方外詩盟睦、瀹影煮茶三四更。

*

中秋の月。(1)
半百、秋臻《いた》って、桂月晴る、皤然《はぜん》たる禿髪《とくはつ》、転《うた》た明に羞《は》ず。(2)
交わりを方外に結んで詩盟睦《むつ》まじ、影を瀹《ひた》して茶を煮る、三四更。(3)

*

(1)中秋月＝以下の「秋蘭」「亀」と共に、城中での雅題であろう。【一〇―三六】【一〇―四四】を参照。／(2)半百秋臻桂月晴、皤然禿髪転羞明＝〈五十歳の秋、月は晴れた、禿げた白髪頭の老人は、その月明かりにますます恥じ入る〉。「半百秋」は、古月、五十歳の秋。享保元年（一七一六）。「桂月」は、月の異称。「皤然」は、老人の髪の白いさま。「羞明」には、まぶしいという意味もある。／(3)結交方外詩盟睦、瀹影煮茶三四更＝〈世俗の外に結んだ詩の交わりは睦まじく、真夜中、月影の映った湯で茶を煮だしている〉。「瀹」は、湯につけるという意。

【一〇―六九】上平声八斉韻

秋蘭。

曾期晩節更萋萋、緑葉紫茎帯露低。自一援琴操雅曲、香風千歳満荒蹊。

＊

[1]秋蘭。

[2]曾て晩節を期して更に萋萋《せいせい》、緑葉紫茎《りよくようしけい》、露を帯びて低《た》る。[3]一たび琴を援《と》って雅曲を操してより、香風、千歳、荒蹊《こうけい》に満つ。

＊

(1)秋蘭＝【一〇―四四―②】注(1)に既述。／(2)曾期晩節更萋萋、緑葉紫茎帯露低＝〈昔、その晩節を期待したが、今、盛んに生い茂り、緑の葉や紫の茎が、秋露を帯びて垂れている〉。【一〇―四四―②】の「秋蘭」詩は、正徳三年、本年の享保元年より三年前。その時は、まだ「数茎」であった。「晩節」は、この花が、秋に咲くから言う。「緑葉紫茎」は、『楚辞』九歌に「秋蘭は青青たり、緑葉と紫茎と」。／(3)自一援琴操雅曲、香風千歳満荒蹊＝〈ひとたび琴を取って雅曲を奏でてから、その香風は、千年、荒れた小路に満ちている〉。上の句は、宋玉（戦国時代の楚の人）の「諷賦」（『古文苑』巻二）の「臣、琴を援《と》って之れを鼓し、幽蘭白雪の曲を為《な》す」に基づく。

【一〇―七〇】上平声七虞韻

龜。

赤文朱字瑞祥兪◎、又為靈名患剖刳◎。於爾獨甘莊叟語、不如曳尾走泥塗◎。

*

(1)赤文朱字、瑞祥《ずいしょう》兪《しか》り、又た霊名の為に剖刳《ほうこ》を患《うれ》う。(3)爾《なんじ》に於いて独《ひと》り甘し、荘叟《そうそう》の語、尾を曳いて泥塗《でいと》に走らんには如《し》かじと。

*

(1)赤文朱字瑞祥兪、又為霊名患剖刳＝〈亀の瑞祥は、赤文朱字の故事のとおりだが、その霊名のために、腹を剖《さ》き刳《えぐ》られるというわざわいは避けられない〉。「赤文朱字」は、『太平御覧』巻九三一「亀」に「『尚書』中候に曰く、『堯（唐堯）、璧《たま》を洛（洛水）に沈《おと》す、玄亀、書を負って出づ。背中の赤文朱字を壇場に止む』」と。「兪」は、然の義。下の句は、占いのために亀が殺されること。『荘子』外物に「（亀は）知能《よ》く七十二鑽《うらな》って遺筴《いさく》（外れ）無けれども、刳腸《こちょう》の患いを避くること能《あた》わず」と。／(3)於爾独甘荘叟語、不如曳尾走泥塗＝〈そなた（亀）に対して、荘子だけがうまいことを言っている、「尾を引きずって、泥の中に隠れるに越したことはなかろう」と〉。『荘子』秋水に載る故事に基づく。楚の国には、死んで三千年にもなる神亀（占いに用いる亀）があって、王は大切に宗廟に安置していた。そこで荘子が言った、「此の亀なる者、寧《むし》ろ其れ死して骨を留めて貴ばれんか、寧ろ其れ生きて尾を塗中に曳かんか」と。荘子の心は、死んで貴ばれるよりは、泥の中で長生きしたほうがましだということ。

【一〇―七二】下平声一先韻

茲逢五十之誕辰、請海衆招文士開壽筵之次、賦小詩一章自祝云。

鬢髪皤皤星彩連◎、羞看初度菊花天◎。天猶見我衛宗兆、従是又加半《ヘヨ》百年◎。

*

(1)茲《ここ》に五十の誕辰に逢い、海衆を請し、文士を招いて、寿筵を開くの次《つい》で、小詩一章を賦して自ら祝すと云う。

*

(2)鬢髪《しゅはつ》、皤皤《はは》として、星彩連《せいさいつら》なり、羞《は》じ看る、初度、菊花の天。(3)天、猶お我が衛宗《えいしゅう》の兆《きざし》を見ば、是れより又た半百年を加えよ。

(1)茲逢五十之誕辰＝享保元年（一七一六）九月十二日。／(2)鬢髪皤皤星彩連、羞看初度菊花天＝〈白くなった鬚《ひげ》や髪は、か弱い星の光を並べたかのようで、九月の天に輝く月を恥じつつ見ている〉。【一〇―六八】の起承句と、そこの注(2)を参照。「初度」は、誕生日。／(3)天猶見我衛宗兆、従是又加半百年＝〈天よ、「こいつには、まだ宗旨を守ろうというきざしがある」とご覧になったならば、私をあと五十年、生かして下さい〉。「衛宗」は、衛宗弘法、衛宗護教の義。

【一〇―七二】上平声一東韻

卒奉和青松寺遇中秋高韵呈壹璋庵几右。

松樹青青擎月宮◎、紺園添耀満金風◎。験知造次克存養、詩熟賓筵展待中◎。

*

(1)卒に「青松寺に中秋に遇う」の高韵に和し奉り、一璋庵の几右に呈す。

(2)松樹、青青として、月宮を擎《ささ》ぐ、紺園《こんえん》、耀《かがや》きを添えて、金風に満つ。(3)験《あき》らかに知る、造次《ぞうじ》にも存養を克《よ》くすることを、詩熟す、賓筵《ひんえん》、展待《てんたい》の中。

＊

(1)卒奉和青松寺……＝固有名詞はすべて不詳。／(2)松樹青青擎月宮、紺園添耀満金風＝〈青々とした松樹の枝は月をささげ、青松寺はますます輝き、秋風に満ちている〉。「紺園」は、寺院の異称。ここでは、青松寺を指す。「紺」は、青に赤を含んだ間色で、寺院が一切の人を含み入れ、功徳の種をまき育てるから言う。また、樹葉が鬱蒼として紺碧な園。「金風」は、秋風のこと。木火土金水の五行説で、金は秋に当たる。／(3)験知造次克存養、詩熟賓筵展待中＝〈一璋庵主が、常に精神を修養しておられることは明らかに分かります、おもてなしの中、あなたの詩は円熟しておられます〉。「造次」は、『論語』里仁第四に「造次にも必ず是《ここ》（仁）に於いてし、顛沛《てんぱい》にも必ず是に於いてす」と。「造次」は、急ぎの場合。「顛沛」は、危急の場合。本詩では、どんな時でも、片時もの意。

【一〇—七三】下平声十二侵韻

訪諛公禪人於崇原寺、登祖翁活眼老師茅庵之舊跡。　［丙申九月］

孤影伴雲靠翠岑、生前沒後瘞松林。携笻偶歷荒榛路、似對哀容與妙音。

＊

(1)諛公《ゆこう》禅人を(2)崇原寺に訪《おとな》い、(3)祖翁活眼老師の茅庵の旧跡に登る。［(4)丙申《ひのえさる》九月］

(5)孤影、雲に伴して翠岑《すいしん》に靠《よ》る、生前没後、松林に瘞《う》まる。(6)筇《つえ》を携《たずさ》えて偶《たま》たま荒榛《こうしん》の路を歴《へ》たり、衰容と妙音とに対するに似たり。

＊

(1)諛公禅人＝未詳。／(2)崇原寺＝高松山。日向国児湯郡富田村にあった大光寺の末寺（現廃寺）。「元禄年中大光三十九世活眼和尚開基」（大光寺文書「安政五年大光寺末寺抄録差上」）。／(3)祖翁活眼老師＝活眼祖晴。【九一九】注(1)を参照。／(4)丙申＝享保元年（一七一六）。／(5)孤影伴雲靠翠岑、生前没後瘞松林＝〈独りぼっちの影法師が、雲にともなって緑色の峰にもたれている、生前も没後も、こんな松林にうずもれていよう〉。「孤影」は、古月の孤影。下の句は、「死して岩根に在らば、骨も亦た清からん」の句が想起される。【七九】を参照。／(6)携筇偶歴荒榛路、似対衰容与妙音＝〈杖をついて歩いていると、偶然にも荒れ果てた林の路に入った、衰えた姿と妙音とに対しているかのようだ〉。「荒榛路」は、活眼老師の茅庵への路。「衰容与妙音」は、活眼老師の衰容と妙音。

【一〇一七四】上平声十四寒韻

直心祖教居士七回忌塔銘。　［享保元丙申十一月］

撐著乾坤那墖子、拈來直下與人看。◎梅華枝上横斜月、清影夜深爲孰寒。◎

(1)直心祖教居士七回忌の塔銘。　［享保元丙《ひのえさる》申十一月］

(2)乾坤《けんこん》を撐著《とうじゃく》す那塔子《なとうす》、拈じ来たって、直下《じきげ》に人に与えて看《み》せしむ。(3)梅華枝上、横斜の月、清影、

＊

夜深《ふ》けて、孰《た》が為にか寒し。

(1)直心祖教居士……＝古月の父。【一〇―四八】注(1)を参照。宝永七年（一七一〇）十一月十八日の没。／(2)撐著乾坤那塔子、拈来直下与人看＝〈天地を捧げているこの一塔、持ち出して、そのままズバリ、君たちに見せよう〉。「那塔子」の「那」は、あれ、あのの意であるが、那一句、那一著などと同じで、強調詞に近い。「子」は、接尾語。／(3)梅華枝上横斜月、清影夜深為孰寒＝〈梅華の枝は月に照らされて、あるいは横に、あるいは斜めに影を落としている、この清らかな景色、夜もふけて、誰のためにこんなにも寒いのか〉。上の句は、直心祖教居士の那塔子の消息。林和靖の「山園小梅」詩に「疎影横斜、水清浅《みずせいせん》、暗香浮動、月黄昏《つきこうこん》」と。

＊

【一〇―七五】下平声七陽韻

子規。

巴水蜀山旅況長。為君幾許結愁腸。近來不管血啼恨、故苑從容侍老孃。

＊

(1)子規。

(2)巴水蜀山《はすいしよくざん》、旅況《りよきよう》長し、君が為に幾許《いくばく》か愁腸《しゆうちよう》を結ぶ。(3)近来《このごろ》管せず、血に啼くの恨み、故苑、従容《しようよう》として老孃に侍す。

＊

(1)子規＝ほととぎす。／(2)巴水蜀山旅況長、為君幾許結愁腸＝〈巴水蜀山、旅途の景況は長い、君のおかげで、どれほどの憂愁を抱いたことか〉。上の句は、李遠の「人の蜀に入るを送る」詩（『三体詩』巻三）を踏まえる。今はその首聯と頸聯とを引いておく。「蜀客、本《も》と愁い多し、今、君は是れ勝遊なり」「杜宇、名を呼んで語り、巴江、字を学んで流る」。詩中の「杜宇」は、ほととぎすのこと。「巴水蜀山」は、巴蜀地方（四川省）の川や山。この二句は、古月が、我が行脚修行時代を歌ったものであろう。「子規」（杜鵑・杜宇）は、蜀の望帝の亡魂が化した鳥と伝えられ、蜀を懐かしんで、「不如帰去（帰り去るに如《し》かず）」と鳴くと言われる。「為君」は、不如帰去、禅語で言えば、帰家穏坐底の境界を得るためにということ。「愁腸」は、胸中の憂愁。／(3)近来不管血啼恨、故苑従容侍老嬢＝〈このごろは、血反吐を吐くような恨みごとなどどうでもよくなり、故郷の園で、老いた母にゆったりと寄り添っている〉。「血啼（啼血）」は、痛切に鳴くほととぎすなどの鳴き声を形容するのに用いる語。「老嬢」は、老いた母。祖雪尼のこと。【一〇―四八】注(1)を参照。この二句は、帰り去った心境、帰家穏坐底を頌す。

【一〇―七六】上平声十灰韻

謝一溪禪師過訪兼贐行色。

渭樹江雲青眼舊、相逢一笑鬱襟開。驢唇難上送行句、付囑崑崙生犢來。

＊

一溪禅師の過訪を謝し(1)、兼ねて行色《こうしょく》に贐《はなむけ》す(2)。

渭樹江雲《いじゅこううん》(3)、青眼の旧《きゅう》、相逢うて一笑し、鬱襟《うつきん》開く。驢唇《ろしん》(4)、上《のぼ》せ難し、送行の句、崑崙《こんろん》の、觜《くちばし》を生じ来たるに付嘱す。

＊

(1)一渓禅師＝一渓□覚。【三―五】注(2)に既述。／(2)行色＝旅立ち、門出。／(3)渭樹江雲青眼旧、相逢一笑鬱襟開＝〈遠く離れた旧友が訪ねて来られた、迎えて一笑すると鬱々とした心も晴れた〉。「渭樹江雲」は、杜甫の「春日、李白を憶う」詩の「渭北、春天の樹、江東、日暮の雲。何《いず》れの時か一樽の酒もて、重ねて与《とも》に細やかに文を論ぜん」の句に基づき、遠く相隔たっている友人同士の相思の情を言う成句。「青眼旧」は、黄山谷の「次韻奉答文少激紀贈」詩に「今日相看る青眼の旧、他年肯《あ》えて白頭の新を作《な》さんや」と。「青眼」は、白眼に対する語で、親愛の目付き。／(4)驢唇難上送行句、付嘱崑崙生觜来＝〈驢馬のような私の口では餞別の一句も言えません、崑崙が口を開くのにゆだねましょう〉。「驢唇」は、驢唇馬舌・驢唇馬觜などと熟し、大口をたたく者を罵って言う言葉だが、ここでは謙辞。下の句意はつかめないが、五山文学の中に「崑崙挿尖觜」「黒漆崑崙三箇觜」などの語が見える。「崑崙」は、昆侖・渾淪とも書き、音は同じだが、意味には異なる四つがある。一に崑崙は山の名。二に昆侖は人種の名。三に渾淪、また渾圇・鶻淪等は、渾淆無分の義。四に頭を崑崙と言う。前三者は禅録で混用され、文字も一定ではない。

【一〇―七七】上平声十二文韻

送可公板首［大道和上］暫暇浴湯豫之松山。

鏖戰法場張我軍、孜孜獨自耐辛勤。而今分手江村晩、意逐四洲一島雲。

＊

可公板首(1)［大道和上］の、暫暇《ざんか》して予の松山に浴湯するを送る。

法場(2)に鏖戦《おうせん》して我軍を張り、孜孜《しし》として独《ひと》り自ら辛勤《しんごん》に耐《た》えたり。而今《いま》(3)、手を分かつ江村の晩《く》れ、意は四洲一島の雲を逐う。

＊

(1)可公板首［大道和上］＝大道文可。【一〇―五五】注(2)を参照。／(2)鏖戦法場張我軍、孜孜独自耐辛勤＝〈首座の勤めをよく果たした、一身に苦労をかけたな（伊予松山の温泉でゆっくりと湯治をするがよい）〉。上の句は、首座（板首）は住持に代わって払子を秉《と》って説法問答商量するが、その法戦場中の大道を頌したもの。「鏖戦」は、力を尽くして戦うこと。「鏖」は、皆殺し。「孜孜」は、つとめ励むさま。／(3)而今分手江村晩、意逐四洲一島雲＝〈いま別れる川べりの村は暮れようとしているが、もう心は、雲のかなたの四国に行っているのであろう〉。

【一〇―七八】下平声一先韻

敬堂恭座元禪師掩土。［住勢州深溝江西寺。腰包行脚於太平菴示寂］

奮志委身逾海水、纔懸金錫占安禪◎。溪山風月未談盡、梅雨聲中長打眠◎。

上來之伽陀者、禪師生前活受用三昧也。諸人却會禪師行履之處哉。山僧信手著一鞭◎看。

阿鼻無間焰亘天◎。喝一喝。

＊

(1)敬堂恭座元禅師の掩土《えんど》。［勢州深溝の江西寺に住す。腰包行脚して(2)太平庵に示寂す］

(3)志を奮《ふる》い、身を委《い》して、海水を逾《こ》ゆ、纔《わず》かに金錫《こんしゃく》を懸《か》くるや安禅を占《し》む。(4)渓山風月、未だ談じ尽くさず、梅雨声中、長《とこしな》えに打眠《たみん》す。上来の(5)伽陀《かだ》は、禅師生前の活受用三昧なり。諸人、却って禅師が行履《あんり》の処を会《え》すや。山僧、手に信《まか》せて(6)一鞭を著けん、看よ。(7)阿鼻無間《あびむげん》、焔《ほのお》、天に亘《わた》る。喝一喝。

＊

(1)敬堂恭座元禅師掩土＝敬堂慧恭。金剛山江西寺（三重県鈴鹿市深溝町）の第三世。宝永二年（一七〇五）二月の前堂転位。「掩土」は、土葬。この一篇は、短文ではあるが、頌・散文（漫句）・落句（脚句）の形式を取った引導法語。／(2)太平庵＝大光寺の塔頭。／(3)奮志委身逾海水、纔懸金錫占安禅＝〈志を奮い起こし、身を捨てて、海を越えてここまで来られ、錫杖を寄せかけられるやいなや、坐禅に専念された〉。「纔」は、……するやいなや、……した途端の意。「金錫」は、錫杖の美称。／(4)渓山風月未談尽、梅雨声中長打眠＝〈伊勢や、渡って来られた景色の話も語り尽くさないまま、梅雨音の中、ぐっすりと眠ってしまわれた〉。上の句は、『碧巌録』五十三則頌の「話《かた》り尽くす、山雲海月の情」を踏まえる。「長打眠」は、永眠。／(5)伽陀＝ガータの音訳。韻文で説かれた仏の教え。ここでは、単に偈頌の意。／(6)著一鞭＝諸録に見える語だが、ここでは、死んだ敬堂座元に一鞭《ひとむち》入れて、もう一度、走らせてやるという意。そして、走った敬堂座元の消息が落句。／(7)阿鼻無間焔亘天＝〈無間地獄の中で説法をしておられる〉。この一句は、義天玄詔（一三九三～一四六二）が、師の日峰宗舜の忌日に唱えた偈の起句を借りている。『延宝伝灯録』巻二十八を参照。「阿鼻無間」は、八熱地獄の一。五逆罪や謗法などの重罪を犯した者が堕ちるとされる極苦最悪の大地獄。「焔亘天」は、『円悟録』巻十九に「烈焔亘天は、仏、法を説く、亘天烈焔は、法、仏を説く」と。

【一〇―七九】上平声六魚韻

冬至。兼題。城上雅會。

陽氣復來如起予、尋梅問柳出茅廬。更憐童子苦《ロニ》相報、一線日長宜讀書。

＊

冬至。兼題《けんだい》(1)。城上の雅会。

(2)陽気復来、予を起こすが如し、梅を尋ね、柳を問うて、茅廬《ぼうろ》を出づ。(3)更に憐れむ、童子の苦《ねんご》ろに相報《あいほう》ずることを、一線、日長うして、書を読むに宜《よろ》し。

＊

(1)兼題＝兼日題とも。あらかじめ出しておく題。／(2)陽気復来如起予、尋梅問柳出茅廬＝〈陽気が戻って、私を立たせようとしているようだ、梅や柳を見に、茅葺きの庵を出よう〉。「陽気復来」は、冬至を言う一陽来復。十一月に陰気が極まり、十一月の冬至になって一陽が初めて生ずること。「起予」は、『論語』八佾《はちいつ》第三に「子曰く、『予を起こす者（起予者）は商（子夏の名）なり。始めて与《とも》に詩を言う可《べ》きのみ』」と。『論語』の「起予」は、啓発・発明の意。「尋梅問柳」は、春の景色を楽しむこと。「尋花問柳」「問柳尋花」で成語。／(3)更憐童子苦相報、一線日長宜読書＝〈互いに親しく、「冬至だ」「一陽来復」だと告げ合っている（将来のある）子供たちを見ていると、（年老いた私は）いっそう感慨がつのる、これから日も長くなり、書物を読むのにふさわしい〉。上の句は、銭起の「石門の春暮」詩（『三体詩』巻二）の尾聯、「更に憐れむ、童子の春服に宜しきを、花裏に師を尋ねて、杏壇に到る」を踏まえる。「一線日長」は、冬至以後、日毎に昼が長くなること。紅線で冬至の日影を計ったという説（『荊楚歳時記』）や、針仕事を冬至の日より一線ごと増したという説（『五雑組』巻二・天部二）がある。「日長宜読書」は、「日長し宜しく書を読むべし」の句読もあるが、今は底本の句読に従った。黄山谷の「姪相随知命舟行」詩に「燕子日長宜読書」とあり、「日長宜読書」「宜読書」は、五山文学でも盛んに用いられている。

【一〇—八〇】上平声一東韻

聞碪。

聲聲帶恨訴簾櫳、寒月一輪滿碧空。深閤終宵奈辭力、正知斷續賴西風。

＊

(1)碪《きぬた》を聞く。

(2)声声、恨みを帯びて、簾櫳《れんろう》に訴《うった》う、寒月一輪、碧空に満つ。(3)深閤《しんこう》、終宵《よもすがら》、奈《なん》ぞ力を辞せん、正に知る、断続は西風に頼《よ》ることを。

＊

(1)聞碪＝砧が打たれる音を聞く。伝統的な詩題。「碪」は、砧に同じ。砧は、槌で布を打ちやわらげ、つやを出すために用いる木や石の台。それを打つことは、女の秋冬の夜なべ仕事とされた。／(2)声声帯恨訴簾櫳、寒月一輪満碧空＝〈寒々しい一輪の月が碧空に輝く夜中、砧を打つ音が、何かを恨むかのように、簾《すだれ》のかかった連子窓に訴えて来る〉。／(3)深閤終宵奈辞力、正知断続頼西風＝〈奥のねやでは夜通し力を抜かずに砧を打っておるはずだが、その音が聞こえたり聞こえなくなったりするのは、西風の風向きによるのだろう〉。

【一〇―八二】下平声十二侵韻

聊賦即興奉謝光臨顧問之貺云。

隔斷紅塵禪寂地、竹輿軌軌此登臨。一蹊桃李春風緩、萬塢松筠烟靄深。鳥語簾前弄和氣、水圖鏡様寫青岑。箇中總是天眞境、且喜逍遙賑雅吟。

＊

聊《いささ》か即興を賦し、光臨顧問の貺《あつ》きに謝し奉ると云う。

(1)紅塵《こうじん》を隔断《かくだん》す、禅寂の地、竹輿《ちくよ》、軌軌《きき》として、此《ここ》に登臨す。(2)一蹊の桃李、春風緩《ゆる》く、万塢《まんお》の松筠《しょういん》、烟靄《えんあい》深し。(3)鳥、簾前に語って和気を弄し、水、鏡様を図《かたど》って青岑《せいしん》を写す。箇の中、総《すべ》て是れ天真の境、且喜《しゃき》すらくは、逍遥として、雅吟を賑わすことを。

＊

(1)隔断紅塵禅寂地、竹輿軌軌此登臨＝「隔断紅塵」は、人里離れたところ。程顥の「秋月」詩（『千家詩』巻三）に「隔断紅塵三十里、白雲紅葉、両《ふた》つながら悠悠」と。「紅塵」は、往来のちりほこり。転じて広く俗世界を言う。

「竹輿」は、竹製の輿車（小車）。肩にかつぐ輿《こし》ではない。「軌軏」は、その車輪の軌跡が長く続くさま。／(2)一蹊桃李春風緩、万塢松筠烟靄深＝〈桃李が香り咲く小路には春風が穏やかに吹き、松竹が茂る土手には烟靄が立ち籠めている〉。上の句は、有名な「桃李不言下自成蹊」を踏まえる。／(3)鳥語簾前弄和気、水図鏡様写青岑＝〈簾前の鳥は和《のど》かな天気に鳴き遊び、川面《かわも》は鏡のように青い峰々を映している〉。

*

【一〇―八二】下平声一先韻

右松之市清水氏、一新老屋、拝請苾蒭轉讀大般若經。予受導師之請。皈程駕舟。因作。

自維般若大乘船、六百金文稇載還。別有光風稱禪觀、白雲青嶂雨餘天。

*

(1)右松之市《みぎまつのいち》の清水氏、老屋を一新して、(2)苾蒭《びっしゅ》を拝請して大般若経を転読せしむ。予、導師の請を受く。帰程、舟に駕す。因《よ》って作《な》す。

(3)自《も》とより維《こ》れ、般若、大乗の船、六百の金文《こんもん》、稇載《きんさい》して還《かえ》る。(4)別に光風の、禅観に称《かな》う有り、白雲青嶂、雨余の天。

*

(1)右松之市清水氏＝「書写大般若記」(【八―三】)、「本寺請蔵記」(【八―四】)に出る清水又兵衛のこと。「右松之市」は、児湯郡穂北郷内の地名。現在の宮崎県西都市に当たる。／(2)苾蒭＝比丘に同じ。／(3)自維般若大乗船、六百金文稇載還＝〈もとよりこの船は、衆生を悟りの彼岸へと渡す大乗の船、大般若経六百巻の金文を満載して帰る〉。「稇載」は、満載の意。「梱」は、縄で荷物を縛ること。／(4)別有光風称禅観、白雲青嶂雨余天＝〈雨上がりの空に見える白雲青嶂は、なんとも格別な景色ではないか〉。ここの「禅観」は、古月の目。坐禅観法の意ではない。

*

【一〇―八三】下平声一先韻

追薦傳宗義山西堂禪師七回忌。
宗旨傳來節義堅。東西分職轄吾禪。周年數七正當日、翻喜兒孫開法筵。

(1)伝宗の義山西堂禅師の七回忌を追薦《ついせん》す。
宗旨、伝え来たって、節義堅《かた》し、(2)東西分職、吾が禅を轄《かっ》す。周年、七を数う、正当の日、翻《ひるがえ》って喜ぶ、児孫の、法筵を開くことを。

(1)伝宗義山西堂＝人物不詳。伝宗寺は、大光寺の末寺。【九―二六】注(1)に既述。／(2)東西分職轄吾禅＝「東西分職」は、東序西序に役職を分けること。【三―五】注(7)を参照。「轄」は、くさび。くさびをさすことから、とりしまる、しめくくるの意。

*

【一〇―八四】上平声十四寒韻

昨夜夢老龍蟠池中。早起卜爲接大賓之兆。果得安國一源和尚之至、聊記喜。

夢中感得老龍蟠。金錫凌雲清響寒。十歳相逢轉堪喜、稀齢面上渥如丹。

＊

[1]昨夜、老龍の、池中に蟠《わだかま》るを夢む。早《つと》に起きて卜すれば、大賓を接するの兆《きざし》と為《な》す。果たして安国の[2]一源和尚の至るを得て、聊《いささ》か喜びを記《しる》す。

＊

夢中に感得す、老龍の蟠《わだかま》ることを、金錫《こんしやく》、雲を凌《しの》いで、清響寒し。[3]十歳、相逢《あいあ》うて、転《うた》た喜びに堪《た》えたり、稀齢《きれい》の面上、渥《あく》して丹《たん》の如し。

(1)昨夜夢老龍蟠池中。早起卜為接大賓之兆＝〈昨夜、老龍が池中に蟠っている夢を見た。朝早くに起きて夢占いをすると、貴い賓客を接する兆しと出た〉。／(2)一源和尚＝【一〇─四七】にも出ているが不詳。／(3)十歳相逢転堪喜、稀齢面上渥如丹＝〈十年ぶりにお逢いして、ひとしおの喜び、七十になられたというのに、何と若々しいことか〉。「稀齢」は、古稀、七十歳。「渥如丹」は、顔如渥丹の略。顔色が若々しくて美しいこと。【九─一二一】注(2)を参照。

【一〇─八五】上平声四支韻

冬至書懐寄三肝田地之四英士告閑暇枉駕。

塵外杵音遠、園林雲靄垂。寒梅將綻蘂、霜葉半辭枝。曾禁寛心酒、來哦遣《セヨ》興詩。蒲筵應占暖、況又復陽時。

*

(1)冬至、懐《おも》いを書して、三・肝・田・地の四英士に寄せて、閑暇に駕を枉《ま》げらるるに告ぐ。

(2)塵外、杵音《しょおん》遠く、園林、雲靄《うんあい》垂る。(3)寒梅、将《まさ》に蘂《はな》を綻《ほころ》ばせんとし、霜葉、半《なか》ば枝を辞《さ》る。(4)曾て心を寛《ゆる》くするの酒を禁ず、来《このかた》は興《きょう》を遣《や》るの詩を哦せよ。(5)蒲筵《ほえん》、応《まさ》に暖を占《し》むべし、況んや又た復陽の時なるをや。

*

(1)冬至書懐……＝〈冬至の日、官職を退かれた、三・肝・田・地の四人の賢人が、大光寺に来訪された。そこで私は、我が心情を偈頌にして示した〉。「三肝田地」は、四人の姓の一字。「英士」は、すぐれて賢い人。【三九―一六】に「肝氏老人」、【三九―一七】に「三嶋自牧雅丈」の名が見え、それぞれの退隠の詩に和韻している。「枉駕」は、来訪を言う敬語。「枉」は、尊を屈し、貴を卑しくすること。／(2)塵外杵音遠、園林雲靄垂＝〈世俗の外にある大光寺は砧《きぬた》を打つ杵《きね》の音も遠く、園林には雲や靄が垂れ込めている〉。「杵音」は、【一〇―八〇】の注(1)を参照。／(3)寒梅将綻蘂、霜葉半辞枝＝〈寒梅がそろそろ花咲くころで、紅葉《もみじ》は半ば散ってしまっている〉。首聯と頷聯は、冬至の大光寺の景色を頌したもの。／(4)曾禁寛心酒、来哦遣興詩＝〈曾て憂さを晴らす酒を禁じた、これからは詩を歌って楽しむがよい〉。この二句は、杜甫の「可惜」詩の「心を寛《ゆる》くするは応《まさ》に是れ酒なるべし、興《きょう》を遣《や》るは詩に過ぐる莫《な》し（寛心応是酒、遣興莫過詩）」に基づく。「寛心」は、心の愁悶を解き除くこと。「遣興」は、楽しむこと。／(5)蒲筵応占暖、況又復陽時＝〈蒲《がま》の筵《むしろ》に坐って日なたぼこりをしよう、ましてや今日は、一陽来復の冬至ではないか〉。「復陽時」は、冬至。【一〇―七九】注(2)を参照。

【一〇―八六】上平声十三元韻

喜四英丈至。
竹輿驢馬尚嫌煩◎、自引痩筇扣蓽門◎。茗飲莫辞小僧役、斯文攄志可評論◎。

四英丈[(1)]の至るを喜ぶ。
竹輿《ちくよ》[(2)]驢馬、尚《な》お煩《はん》を嫌って、自《みずか》ら痩筇《そうきょう》を引いて蓽門《ひつもん》を扣く。茗飲《めいいん》[(3)]は小僧の役を辞すること莫《な》かれ、斯《こ》の文、志を攄《の》べて、評論す可《べ》し。

＊

(1)四英丈＝前篇に出た三・肝・田・地の四氏。「英丈」は、英《すぐ》れた丈《おとこ》。／(2)竹輿驢馬尚嫌煩、自引痩筇扣蓽門＝〈竹の小車や驢馬の車を引かせるのも嫌い、みずから細い杖をついて、この粗末な庵にやって来られた〉。「竹輿」は、竹製の輿車（小車）。肩にかつぐ輿《こし》ではない。「痩筇」は、細い杖。「筇」は、杖を作るのに適した竹の一種。転じて杖を言う。「蓽門」は、蓽（イバラ）で作った門。貧者の住まいの譬喩。／(3)茗飲莫辞小僧役、斯文攄志可評論＝〈お茶は小僧を煩わせることなくそれぞれで煎じて飲み、聖人の道とは何か、それぞれ志を述べて、論じ合いましょう〉。「斯文」は、『論語』子罕第九などに出て、聖人の道を言う。「攄」は、叙・申の義。

【一〇―八七】上平声一東韻

恭次韵三自牧英丈被謝茗會。

三東枯柴品字紅。一甌苦茗啜松風。送君歸坐青燈下、詩句稱存陶謝功。

＊

恭《うやうや》しく(1)三自牧英丈の茗会を謝せらるるに次韻す。

(2)三束の枯柴《こさい》、品字《ひんじ》紅《くれない》なり、一甌《いちおう》の苦茗《くめい》、松風を啜《すす》る。(3)君を送って帰坐す青灯の下《もと》、詩句、陶謝《とうしゃ》の功《たくみ》を存すと称す。

＊

(1)三自牧英丈＝【一〇一八五】注(1)に引いた「三嶋自牧雅丈」のことだが人物不詳。「自牧」は、号であろう。「英丈」は、英《すぐ》れた丈《おとこ》。／(2)三束枯柴品字紅、一甌苦茗啜松風＝〈三束の枯柴《かれしば》が品の字のように燃え、一甌《ひとかめ》の苦茶《にがちゃ》を煮だして飲んだ〉。茗会の様子。上の句は、「住山すること多年、何の旨趣か有る」と問われた石頭懐志庵主（真浄克文法嗣）の言葉に「山中の住、独り柴門を掩《おお》って別の趣《おもむき》無し。三箇の柴頭、品字に煨《や》く、毫《ふで》を援《と》って文彩の露《あら》わるることを用いず」と。「苦茗」は、質の悪い茶。「松風」は、茶を煮出す音の形容。／(3)送君帰坐青灯下、詩句称存陶謝功＝〈君を送り終えて坐に帰り、青灯のもとでその詩を読み返すと、陶淵明や謝霊運の詩功があるとたたえねばならなかった〉。「詩句」は、英丈の「謝茗会」の詩句。「陶謝」は、東晋末から南朝宋の詩人、陶淵明と謝霊運との併称。

【一〇一八八】下平声八庚韻

己亥中秋、城上詩會。

月照池心鳥耻明、風盈艸底露磨瓊。一庭秋色雅筵賑、漏箭催來五夜聲。

＊

(1)己亥《つちのとい》の中秋、城上詩会。

(2)月、池心を照らして、鳥、明に耻《は》じ、風、草底に盈《み》ちて、露、瓊《たま》を磨す。(3)一庭の秋色、雅《が》筵《えん》賑わし、漏箭《ろうせん》、催《もよお》し来たる、五夜の声。

＊

(1)己亥＝享保四年（一七一九）。古月、五十三歳。／(2)月照池心鳥耻明、風盈草底露磨瓊＝〈月は池を照らし、水鳥はその明るさにテレているし、風は草むらに吹き渡り、玉を磨いたかのような露を結んでいる〉。／(3)一庭秋色雅筵賑、漏箭催来五夜声＝〈一庭の秋景色で雅筵は賑わったが、水時計が五更を告げて、もうそろそろお帰りなさいと急き立てている〉。「漏箭」は、水時計。「五夜」は、午前四時。

【一〇―八九】上平声十五刪韻

拄杖。佛山迎高駕雅會。

經歷千山與萬山、掲雲支月自相攀。而今贏得方方室、黒面皺皴眠壁間。

＊

(1)拄杖。仏山に高駕を迎えて雅会す。

(2)千山と万山とを経歴して、雲を掲《かか》げ月を支えて自ら相攀《あいよ》づ。(3)而今《いま》、贏《か》ち得たり、方方の室、黒面、粼皴《りんしゅん》として、壁間に眠る。

＊

⑴拄杖。仏山迎高駕雅会＝大光寺に藩主島津惟久公をお迎えし、詩文を作る会を催した際、「拄杖」をテーマとして作った一偈。「仏山」は、仏日山大光寺。／⑵経歴千山与万山、掲雲支月自相攀＝〈千山万山を越え、雲の日も月の夜も、こいつと行脚修行を共にして来た〉。／⑶而今贏得方方室、黒面粼皴眠壁間＝〈今この方丈を得て、こいつは、壁に寄せ掛けられている〉。「贏得」は、【一〇—三〇】注⑶を参照。「方方室」は、方丈のこと。維摩の室が四方一丈であったことによる。「唐の時、王玄策、西域に使して其（維摩）の居を過《よ》ぎる。遂に手板を以て縦横其の室を量《はか》るに十笏を得たり。因《よ》って方丈と名づく」（『碧巌録』八十四則頌評唱）。「黒面粼皴」は、拄杖の形容。「粼皴」は、真っ黒なこと。「眠壁間」、拄杖を壁に寄せ掛けるとは、行脚をやめて寺に住持する譬喩。

【一〇—九〇】上平声一東二冬通韻

謝恵扇并敍。

此日辱蒙手恵唐製扇。且探得此題。有感。因托卑情於句中。

手親相恵雅情濃〔冬〕、此物本従赤縣工〔東〕。非啻清涼歸掌握、山門永鎮扇仁風〔東〕。

＊

⑴扇を恵まるるを謝す、并《なら》びに叙。

此の日、手ずから唐製の扇を恵むことを蒙ることを辱《かたじけ》なうす。且《しばら》く探って此の題を得たり。

感ずること有り。因《よ》って(2)卑情を句中に托す。(3)手親《てずか》ら相恵《あいめぐ》む、雅情濃《こま》やかなり、此の物、本《も》と赤県《せきけん》の工《たくみ》よりす。(4)啻《ただ》に清涼の、掌握に帰するのみに非ず、山門、永く鎮して、仁風を扇《あお》がん。

＊

(1)恵扇＝恐らく藩主からの贈物。／(2)卑情＝我が心情を謙遜して言う。／(3)手親相恵雅情濃、此物本従赤県工＝〈御殿みずから扇を下された、なんともこまやな御こころづかいである、これは、支那の職人の手によるものだ〉。「雅情」は、御厚情、御親切。「赤県」は、中国の別称。神州赤県と熟す。／(4)非啻清涼帰掌握、山門永鎮扇仁風＝〈わたし一人が涼しさを得るばかりではなく、大光寺に永遠にとどめおかれて、仁風を吹かせましょう〉。「仁風」は、仁徳の風化。また、扇の異名でもある。晋の袁宏が、謝安から扇を贈られた際、「輒《すなわ》ち当《まさ》に仁風を奉揚して、彼《か》の黎庶《れいしょ》（諸民）を慰《なぐさ》むべし」と応じた故事による。

【一〇―九二】上平声十一真韻

追輓前泰翁松嶽榮西堂十三回忌。

昔年唱起無生曲、寒月窓前愁殺人。萬嶽蒼髯風瀝瀝、十三徽外妙音新。

＊

(1)前《さき》の泰翁の松岳栄西堂の十三回忌に追輓す。

(2)昔年、唱え起こす、無生の曲、寒月窓前、人を愁殺《しゅうさつ》す。(3)万岳蒼髯《そうぜん》、風瀝瀝《れきれき》、十三徽外《じゅうさんきがい》、妙音新たなり。

＊

(1)前泰翁松岳栄西堂＝人物不詳。「泰翁」は、遊仙山泰翁寺。日向国那珂郡広原村（宮崎市島之内）にある大光寺の末寺。「開基之僧及草創之年月日不詳。島津勝久公之御法名ヲ寺号に仕ソロ」（大光寺文書「安政五年大光寺末寺抄録差上」）。／(2)昔年唱起無生曲、寒月窓前愁殺人＝〈生前に唱え起こされた無生の曲が、寒月が照らす窓前に聞こえて人を愁えさせています〉。「無生曲」は、生滅の相を離れた曲調。「無生の曲、一曲両曲、人の会する無し」（『人天眼目』巻六「十無問答」）。「愁殺」の「殺」は、意味を強める助辞。／(3)万岳蒼髯風瀝瀝、十三徽外妙音新＝〈万岳の松に吹く風はレキレキと響き、琴の調べを超えた妙音は今もなお新しい〉。寒月の窓前に聞こえる、松岳西堂の無生の曲の現成公案。「蒼髯」は、松を擬人化して言う蒼髯叟の略。「瀝瀝」は、風音の象声詞。「十三徽」は、琴の絃上の音節の基準を示す十三の標識。転じて琴の音調を言う。偃渓広聞の「琴僧を送る」偈（『江湖風月集』巻上）に「十三徽外に全功を見る、却って尋常の調《しらべ》と同じからず」と。ここでは、十三回忌に因んでのもの。

【一〇―九二】上平声九佳韻

賀衆寮落成、兼謝諸兄弟土木労。偈以示云。　［己亥九月］

不日功成茅屋現、正看展力委襟懐。◎由來匱乏待無物、唯恐賺人買草鞋。◎

＊

(1)衆寮《しゅりょう》の落成を賀し、兼ねて諸兄弟《しょひんでい》の土木の労を謝す。偈を以て示すと云う。［(2)己《つちのと》亥《い》の九月］

(3)日ならずして功成って茅屋《ぼうおく》現ず、正に看る、力を展《の》べて、襟懐を委《い》することを。(4)由来、匱《き》乏《ぼう》にして待するに物無し、唯だ恐らくは、人を賺《すか》して草鞋を買わしむることを。

＊

(1)衆寮＝修行僧がいる寮舎。僧堂とは別に読書や喫茶などに用いる。／己亥＝享保四年（一七一九）。古月、五十三歳。／(3)不日功成茅屋現、正看展力委襟懐＝〈幾日もかからずに衆寮が完成した、大衆が力を尽くして、（衆寮完成に）思いを寄せたことが見える〉。／(4)由来匱乏待無物、唯恐賺人買草鞋＝〈もともと貧乏で、もてなす物とてないので、恐らくは、人をだまして高値《たかね》で草鞋を買わせることになるだけだ〉。直訳すればこうなるが、「私には、為人接化の力もないので、（せっかく落成した寮舎も使われずに）雲水はすぐにここを出て行き、再び行脚に向かうことになるだろう」という句意。上の句は、大珠慧海（馬祖道一法嗣）が言う、「貧道、未だ曾て一法の人を度すること有らず」という旨で解した。「匱乏」は、衣食が足りないこと。貧乏。「匱」も、乏の義。下の「賺」は、だまして高く売りつけること。「買草鞋」の「買」に掛かる。「買草鞋」は、禅録頻出語の「更買草鞋行脚（更に草鞋を買って行脚す）」の略。

【一〇―九三】下平声八庚九青通韻

示衆。

衆生是佛、佛是衆生。庚　生佛如如、酒醒山青。青

＊

示衆《じしゅ》。

[1]衆生、是れ仏、仏、是れ衆生。[2]生仏《しょうぶつ》如如、酒醒《さ》めて山青し。

＊

(1)衆生是仏、仏是衆生＝「自性平等なれば、衆生是仏。自心邪険なれば、仏是衆生」（『六祖壇経』付嘱第十）。／

(2)生仏如如、酒醒山青＝〈衆生と仏とは一如、酒の酔いが醒めて山は青い〉。「凡夫即ち仏、煩悩即ち菩提、前念迷えば即ち凡夫、後念悟れば即ち仏、前念、境に著すれば即ち煩悩、後念、境を離るれば即ち菩提」（『同』般若第二）。六十巻『華厳経』巻十・夜摩天宮菩薩説偈品の偈文に「心仏及衆生、是三無差別」と。仏と言い衆生と言うも、心の現われ方の相違で、心は因果に通じ、因果不二・能所一如であるから、是三無差別と言う。また、平等の理体から見れば、心も仏も衆生も共に唯一真如で、差別がないから言う。

佛日録終。

四會録　中

備後州比熊山鳳源禪寺雨安居語録。[1]

侍者[2]士性編。

(1)備後州比熊山鳳源禅寺雨安居語録＝享保十一年（一七二六）、比熊山鳳源寺（広島県三次市）における雨安居の語録。『伝記』同年の条に「備後の鳳源寺の請に応ず。（中略）夏制、泰愚極をして『梵網戒経』を講ぜしめ、師は唯だ参禅を主《つかさ》どるのみ。清衆凡《およ》そ三百員なり」と。鳳源寺については、【一二一―六】注(3)、【三八―八】の本文を参照。伝中の泰愚極は、当時の鳳源寺方丈で第四世の愚極義泰。先住一方智信の法嗣として、享保三年（一七一八）三月、前堂転位。／(2)士性＝享保十三年（一七二八）十月十三日、甲斐の恵林寺にて死去。【一八六】を参照。

＊

【一】

規箴。

一、參禪爲第一、斯須不可忘。以悟爲則。認他言説、甘自解會、勿死獦狚地休去決〔歇〕去。自己躬下之事、從來湛寂活鱍鱍地。然一回不撞發、則無契當分。故或設無義味話頭毒攻毒、或直下點發心傳心。同是控汝輩於此者也。叔世澆漓、參禪多病、須開自己口説自己事。錯勿墮窠窟。

一、幸預千佛大戒之講席。微細著意、可改猥弊。古人云、非戒非禪。

一、不許各衆越門閾。系無據事故、則宜白知事順教令。

一、不許隣單打哄隣寮往來因循過日。生死事大、無常迅速、時不待人。

一、二時粥飯、檀信脂膏、農僕血汗也。可顧五観。且勿煩費常住。常加保養、苟勿疎懶。
右、依方丈和尚之需、輿議建五條。互循守扶翼法門、可答四恩。
享保十一丙午稔四月朔日、奚疑軒古月敬書。

*

規箴《きしん》。

一、参禅を第一と為《な》し、斯須《しばらく》も忘る可《べ》からず。(1)悟りを以て則《のり》と為《せ》よ。他の言説を認《と》めて、自らの解会《げえ》を甘《あまな》って、(2)死獦狚地《しかつだつじ》に休し去り歇《けっ》し去ること勿《な》かれ。(3)自己躬下《じこきゅうか》の事《じ》は、従来湛寂《たんじゃく》にして活鱍鱍地《かつぱつぱつち》なり。然《しか》れども一回《ひとたび》(4)撞発《どうほつ》せざるときは、則ち契当《かいとう》の分無し。故に或いは(5)無義味の話頭を設けて毒をもって毒を攻め、或いは直下《じきげ》に点発して心をもって心に伝う。同じく是れ、汝が輩を此《ここ》に控《ひ》く者なり。(6)叔世澆漓《しゅくせいぎょうり》、参禅多病、須《すべか》らく自己の口を開いて自己の事を説くべし。錯《あやま》って(7)窠窟《かくつ》に堕すること勿《な》かれ。

一、幸いに(8)千仏大戒の講席に預かる。微細《みさい》に意を著けて、猥弊《わいへい》を改む可《べ》し。(9)古人云く、「戒に非ざれば禅に非ず」と。

一、各衆、門閾《もんよく》を越ゆることを許さず。拠《よ》んどころ無き事故に系《かか》るときは、則ち宜《よろ》しく知事に白《もう》して教令に順ずべし。

一、隣単に打哄《たこう》し、隣寮に往来し、因循《いんじゅん》として日を過ごすことを許さず。(10)生死事大、無常迅速、時、人を待たず。

一、二時の粥飯《しゆくはん》は、檀信の脂膏《しこう》、農僕の血汗《けつかん》なり。(11)五観を顧みる可《べ》し。且つ煩《わずら》わしく(12)常住を費《ついや》すこと勿《な》かれ。常に保養を加え、苟《いやし》くも疎懶《そらん》なること勿かれ。

右、方丈和尚の需《もと》めに依って、輿議《よぎ》して五条を建つ。互いに循守して、法門を扶翼《ふよく》し、四恩に答《むく》ゆ可し。

享保十一丙午《ひのえうま》の稔《とし》四月朔日、(13)奚疑軒《けいぎけん》古月、敬《つつし》んで書す。

＊

(1)以悟為則＝〈悟るということを、すべての行ないの軌範とせよ〉。『大慧書』などの諸録に見える言葉。／(2)死獦狚地休去歇去＝〈死人のようになってしまう〉。『大慧書』「答曾侍郎」第三書に見える言葉。「死獦狚地」は、「死」の一字の義、獦狚は形容語なり。故に『死んだように』と解して可なり。強いて字義に拘わるにおよばず」（『諸録俗語解』【死獦狚地】）。「休去歇去」は、大安心を得る譬喩にも用いるが、ここでは、これでよいと、参禅修行をやめてしまうこと。／(3)自己躬下事＝自己自身の一大事。／(4)撞発＝つき開く。／(5)無義味話頭＝公案のこと。【七―二二】注(7)を参照。／(6)叔世澆漓＝人情うすく世の乱れた末の世。／(7)窠窟＝鳥の巣、ねぐらというのが本義。いつもの帰着するところ、執着の落し穴などの譬喩に用いられるが、上文のつながりからすれば、ここの「窠窟」は、【七―二三】にある「窠臼」の意に近い。「窠臼」は、おさだまり、紋切型の意。ここでは、禅林に膾炙される古人の言葉。／(8)千仏大戒之講席＝『梵網戒経』の講席。「鳳源寺語録」の巻頭注(1)を参照。「千仏大戒」は、『梵網経』心地戒品第十巻下に見える言葉。『梵網経』は、大乗律第一の経典として重視される。／(9)古人云、非戒非禅＝「古人」は、恵林寺の「僧堂規箴」（【二一】）には、「天台大師云」とあるが未詳。永嘉玄覚の『禅宗永嘉集』

に「非戒不禅、非禅不慧」と見える。／⑽生死事大、無常迅速、時不待人＝「生死事大、無常迅速」は、【七―三】注⑴を参照。「時不待人」は、雲峰文悦の語に「光陰可惜、時不待人」と。／⑾五観＝五観偈。その第一に「功の多少を許《はか》り彼《か》の来処を量《はか》る」と。／⑿常住＝常住物。禅院に備えてある公共物。／⒀奚疑軒＝古月の室号。「奚疑」は、奚《なん》ぞ疑わんや。何も疑うことはないの意。陶淵明の「帰去来辞」に見える言葉。

【一二】

半夏上堂法語。

＊

半夏上堂⑴の法語。

＊

⑴半夏上堂＝陰暦六月一日、一夏九十日の中日の説法。

【一二―一】

登座。

蓮華臺上、爲我分與半座。大衆却看也。一條活路、清風匝地。

＊

登座⑴。

(2)蓮華台上、我が為に半座を分与す。大衆、却《かえ》って看るや。(3)一条の活路、清風匝地《そうち》。

(1)登座＝【二一一】注(1)に既述。／(2)蓮華台上、為我分与半座＝〈仏は、私のために、須弥壇の半分を分け与えられた〉。／(3)一条活路、清風匝地＝〈開悟への一本道、そこには、清風が吹き渡っている〉。『碧巌録』一則頌に「清風匝地、何の極まりか有らん」と。

＊

【二一二】

索話。

此日法筵枉順人情。未免獅子皮野干鳴之謗。雖然靈嶽拈華少室分髓、無憑様底麼。［問答不録］

(1)索話。

(2)此の日の法筵、枉《ま》げて人情に順《したが》う。未だ(3)獅子皮野干鳴《ししひやかんみよう》の謗《そし》りを免《まぬが》れず。然《しか》りと雖《いえど》も(4)霊岳拈華(5)少室分髄、(6)様《よう》に憑《よ》る底《てい》無しや。［問答不録］

＊

(1)索話＝【二一二】注(1)に既述。／(2)此日法筵枉順人情＝「山僧今日、事已《じや》むことを獲ず、曲順人情、方《まさ》に此の座に登る」(『臨済録』上堂)。／(3)獅子皮野干鳴＝『臨済録』示衆に「他の獅子皮を披《き》て、却って野干鳴を作《な》す」と。『臨済録』の句意は、「せっかく獅子の皮を着ていながら、どうして野ギツネの鳴き声をするのだ」という意。／(4)霊岳拈華＝「世尊、昔、霊山会上《りょうぜんえじょう》に在って、花を拈じて衆に示す。是の時、衆皆な黙然《もくねん》たり。惟《た》だ迦葉《かしょう》尊者のみあって、破顔微笑す。世尊云く、『吾れに正法眼蔵、涅槃妙心、実相無相、微妙の法門有り。不立文字、教外別伝、摩訶迦葉に付嘱す』」（『無門関』六則）。／(5)少室分髄＝「（達磨）越《ここ》において九年、天竺に返らんと欲す。門人に命じて曰く、『時、将《まさ》に至らんとす。汝等、盍《なん》ぞ各おの所得を言わざる』。（道副、尼総持、道育がそれぞれ答え）最後に慧可、礼拝して、位に依って立つ。祖曰く、『汝は吾が髄を得たり』」（『五灯会元』巻一・菩提達磨章）。／(6)無憑様底麽＝〈（霊岳拈華や少室分髄の）真似事をする者はいないか（おれば出て来て商量せよ）〉。「憑様」は、普通は「依様」と書く。「様」は、手本。

【一二―三】

提綱。

各各金剛壽命、遙超五百塵點劫。須彌聚筆、大海量墨、無由記取。曾無有生相、無有滅相。一念萬年、萬年一念。至此、扶起法門則魔類潛跡、祝讚國家則鳳鳥來至。現前一會、不罹魔嬈、儘《ママ》有祥瑞。全憑據法主之堅誠、且出于各衆之確實。一一明了、一一無差。正當恁麼時、如何提持去。〔擧拂子云〕還見麼。〔又擊卓子云〕還聞。聞見分明。喝一喝。

＊

(1)提綱《ていこう》。

各各、金剛の寿命、遥かに(2)五百塵点劫を超ゆ。(3)須弥聚の筆、大海量の墨、記取するに由《よし》無し。曾て生相有ること無く、滅相有ること無し。(4)一念万年、万年一念。此《ここ》に至って、法門を扶起する則《とき》んば魔類も跡《あと》を潜《ひそ》め、国家を祝讃する則《とき》んば鳳鳥来たり至る。現前の一会、魔嬈《まにょう》に罹《かか》らず、儘《ま》ま祥瑞有り。全く(5)法主の堅誠に憑拠《ひょうこ》し、且つ各衆の(6)確実より出づ。(7)一一明了、一一無差。正当恁麽の時、如何《いかん》が提持し去らん。(8)［払子を挙して云く］還って見るや。［又た卓子を撃《う》って云く］還って聞くや。聞見分明。喝一喝。

＊

(1)提綱＝【二―三】注(1)に既述。／(2)五百塵点劫＝無量劫、はかることの出来ない、極めて長い時間。『法華経』如来寿量品に説く「五百千万億那由他阿僧祇」を略した言葉で、釈尊が久遠の過去から成仏されていたことを示す言葉。／(3)須弥聚筆、大海量墨＝「人有って、大海量の墨と、須弥聚の筆とを以て、此の普眼の法門の、一品の中の一門、一門の中の一法、一法の中の一義、一義の中の一句を書写せんも、少分をも得ず。何《いか》に況んや能《よ》く尽くさんや」（八十巻『華厳経』巻六十二）。／(4)一念万年、万年一念＝同意繰り返しで、時間の長短多少の相対差別を離れることを示した語。『信心銘』に「宗は促延に非ず、一念万年、在と不在と無く、十方も目前。極小は大に同じ、境界を忘絶す、極大は小に同じ、辺表を見ず」と。／(5)法主＝仏のことを言うが、ここでは、鳳源寺方丈、愚極義泰を指すか。／(6)確実＝堅い実《まこと》、強い実《まこと》。前文の「堅誠」に同意。／(7)一一明了、一一無差＝法主の堅誠と、各衆の確実とが、「一一明了、一一無差」ということ。語は、『大慧録』巻六などに見える。「無差」は、無差別。／(8)［挙払子云］還見麽。［又撃卓子云］還聞麽。聞見分明＝『大慧録』巻六に「乃挙払子云、還見麽。又撃禅床云、還聞麽。聞見分明」と。

【一二―四】

拈提。

復舉。圓悟禪師住天寧之日上堂。舉雲門水上行話云、若天寧不然。諸佛出身處。薫風自南來、殿閣生微涼。大慧禪師忽然打破漆桶。雖然與麼、如雲門意、圓悟父子未夢見在。良久、洎錯欲下注脚。各自珍重去。

＊

(1)拈提《ねんてい》。

復《ま》た挙す。(2)円悟禅師、天寧に住するの日、上堂す。雲門水上行の話を挙して云く、「若し天寧ならば然《しか》らず。(3)諸仏出身の処。(4)薫風、南より来たり、殿閣、微涼を生ず」と。大慧禅師、忽然《こつねん》として(5)漆桶《しっつう》を打破す。(6)然《しか》も与麼なりと雖《いえど》も、(7)雲門の意の如きんば、円悟父子、未だ夢にだも見ざること在り。(8)良久して、(9)洎《ほとん》ど錯《あやま》って注脚を下さんと欲す。(10)各自、珍重し去れ。

＊

(1)拈提＝底本にはないが、訓注者が補った。【一二―四】注(1)を参照。／(2)円悟禅師……打破漆桶＝「師（大慧）、天寧に至る。一日、（円）悟の陞堂して、『僧、雲門に問う、〈如何《いか》なるか是れ諸仏出身の処〉。門曰く、〈東山水上行《とうざんすいじょうこう》〉』というを挙し、『若し是れ天寧ならば即ち然らず。忽《も》し人有って、〈如何なるか是れ諸仏出身の処〉と問わば、只だ他に向かって道《い》わん、〈薫風自南来、殿閣生微涼〉』というを聞く。師、言下に於いて、忽然として前後際断す」（『五灯会元』巻十九）。／(3)諸仏出身処＝諸仏が解脱された境地。／(4)薫風自南来、殿閣生微涼＝禅語として有名だが、もとは、唐の柳公権の句。「文宗、夏日、学士と聯句す。帝曰く、『人は皆な炎熱に苦しむも、我れは夏日の長きを愛す』。公権、続けて曰く、『薫風自南来、殿閣生微涼』」（『旧唐書』柳公権伝）。／(5)打破漆桶＝禅録頻出語。うるし桶の底をぶち抜くこと。『虚堂録犂耕』【打破漆桶】（禅文化研究所本三五四頁）に「漆桶は無分暁、之れを打破するは大悟を謂うなり」と。／(6)雖然与麼……＝ここからが古月の見解。／(7)如雲門意、円悟父子未夢見在＝〈雲門の真意は、円悟・大慧の親子ともども夢にさえ見たことがない〉。「未夢見在」は、禅録頻出語。句末の「在」は、強い断定の語気を表わす。／(8)良久＝良久云、良久曰。〈やや間をおいて言った〉。／(9)洎錯欲下注脚＝〈(「如雲門意、円悟父子未夢見在」などと言って) 危うく言説に走るところであった〉。「洎」は、すんでのところで、危うくなどの意。「下注脚」は、言語で説明すること。／⑽各自珍重去＝〈各自、挨拶して下がり（自分でとりくめ）〉。

【一二—五】

自敍。

機變以元五斗、生涯比岐單丁。不成一事、不長一智。愧赧不少。

*

(1)自叙《じじょ》。

機変、(2)元五斗《げんごと》を以てし、生涯、(3)岐単丁《ぎたんてい》に比す。(4)一事を成さず、一智を長ぜず。(5)愧赧《きたん》、少なからず。

＊

⑴自叙＝【三―四】注⑴に既述。／⑵元五斗＝口下手で、答話するのに、五斗の米が炊き上がる時間を要したという徹庵道元（円悟法嗣）のあだ名。『大慧武庫』を参照。／⑶岐単丁＝『五家正宗賛』巻二・楊岐方会章の讃語に「単丁の院に住し、満床、氷雪の珠を撒《さつ》す」と。これは、破庵の楊岐に初住した方会が、その修造も許さず、ひたすらに修行に徹し、「楊岐が乍住《さじゅう》、屋壁疎なり、満床尽《ことごと》く雪の珍珠を撒す。項《うなじ》を縮却して暗に嗟吁《さう》す、翻って憶う、古人が樹下の居を」（『禅林宝訓』巻一）と上堂した故事に因む。「単丁」は、孤単零丁の略。独住して自ら丁役する者。／⑷不成一事、不長一智＝〈何ひとつ成し遂げたものもなく、智慧もありません〉。「不成一事」は、白居易の「商山の廟」詩に「若し精霊有らば、応《まさ》に我れを笑うべし、不成一事、江州に謫《たく》せらる」と。「不長一智」は、諸録に「不因一事、不長一智」「不経一事、不長一智」と。これらの語意は、経験を積まなければ賢くはならないという意。／⑸愧赧＝愧《は》じて顔が赧《あか》むこと。

【一二―六】

謝詞。

伏惟、本寺丈方和尚。感英檀恩遇、賑祖先園林。律身禪心、捨我憐物。剩顧老漢如師親。偶丁耳順之母難晨、使闔山清衆看讀大般若經。何膺徳庇。三生宿契、偶爾可見。不堪戰栗之至。

伏惟、現海藏休山和尚。一到家山即便休。不屑海藏經文、再歴叢林勘過了《ツン》。可比趙州高標者乎。

伏惟、現圓福澧州和尚。如一州郡縣貢珍品、且似澧水流派含清濁。高才足容人、堪稱鳳皐之勤舊者也。

伏惟、現龍福桃水和尚。自一躍桃花浪頭角森然。堪扶起水庵之源流。

伏惟、現寶勝別峰和尚。遙下妙峰孤頂、別處垂爲人手。堪施模範者也。

次惟、一會海衆、諸位禪師。各各呈松竹之操、箇箇露璠璵之質。任重致遠、他時扶宗有頼者也。

＊

[1]謝詞。

伏して惟《おもんみ》れば、[2]本寺丈方和尚。[3]英檀の恩遇を感じて、祖先の園林を賑わす。[4]身を律にし、心を禅にし、我を捨て、物を憐れむ。剰《あまつさ》え老漢を顧みること師親の如し。偶《たま》たま[5]耳順《じじゅん》の母難の晨に丁《あ》たって、闔山《かつさん》の清衆をして、大般若経を看読せしむ。[6]何ぞ徳庇を膺《う》けん。[7]三生《さんしょう》の宿契《しゅくけい》、偶爾《ぐうじ》として見つん可《べ》し。戦栗《せんりつ》の至りに堪《た》えず。

伏して惟れば、[8]現海蔵の休山和尚。[9]一たび家山に到って即便《すなわ》ち休す。[10]海蔵の経文を屑《もののかず》ともせず、再び叢林を歴《へ》て勘過《かんか》し了《お》わる。[11]趙州の高標に比す可《べ》き者か。

伏して惟れば、[12]現円福の澧州和尚。[13]一州郡県の、珍品を貢するが如く、且つ[14]澧水《れいすい》の流派、清濁を含むに似たり。高才、人を容《い》るるに足る、[15]鳳阜《ほうふ》の勤旧《ごんきゅう》と称するに堪うる者なり。

伏して惟れば、[16]現龍福の桃水和尚。[17]一たび桃花の浪に躍《おど》ってより頭角《ずかく》森然たり。[18]水庵の源流を扶起するに堪えたり。

伏して惟れば、[19]現宝勝の別峰和尚。[20]遥かに妙峰孤頂《みょうぶこちょう》を下り、別処に為人《いにん》の手を垂る。模範を施すに堪うる者なり。

次に惟れば、一会《いちえ》の海衆《かいしゅ》、諸位禅師。各各、松竹の操《みさお》を呈し、箇箇、(21)璠璵《はんよ》の質を露《あら》わす。(22)重きに任《た》えて遠きに致して、他時、宗を扶《たす》くるに頼り有る者なり。

＊

(1)謝詞＝底本にはないが、訓注者が補った。【三―五】注(1)を参照。／(2)本寺丈方和尚＝鳳源寺方丈、愚極義泰。「丈方」は、丈方室の略。／(3)英檀＝鳳源寺開基、三次藩藩主の浅野家を言う。鳳源寺は、初代藩主長治（一六一四～一六七五）の開基だが、三次藩は、五代長寔《ながさね》（一七一三～一七二〇）の夭逝によって廃絶。古月が、鳳源寺で法会を開いた享保十一年（一七二六）、三次藩は既に広島藩の郡代官支配となっていたが、その寺禄は保たれた。【三八―八】の本文を参照。／(4)律身禅心＝〈身は戒律をたもち、心は禅定にある〉。【三九―一】にも出る言葉。／(5)偶丁耳順之母難晨……＝【二〇―七】の序文を参照。／(6)何膺徳庇＝〈どうしてそのような御陰を受けたのであろうか〉。「膺」は、受の義。／(7)三生宿契、偶爾可見＝〈三世の約束があって、たまさか、このようなことを見たのであろう〉。「宿契」は、前世からの契《ちぎ》り。／(8)現海蔵休山和尚＝寺名人名共に不詳。／(9)一到家山即便休＝『碧巌録』六十四則「趙州頭戴草鞋」頌に「帰って家山に到って即便《すなわ》ち休す」と。「家山」は、本来の家郷、本分底を言う。／(10)海蔵経文＝一切経のこと。【六―二】注(24)を参照。／(11)趙州高標＝趙州八十行脚を言う。【九―三九】注(3)を参照。／(12)現円福澧州和尚＝旭照山円福寺（広島県庄原市）の中興、澧州智浄。鳳源寺の愚極義泰とは兄弟弟子。／(13)一州郡県貢珍品＝典拠不詳。／(14)澧水流派含清濁＝清濁併せ呑む。澧州和尚の度量の大きさを譬喩した句。「澧水」は、中国の川の名前だが、「澧州」に掛かるのみ。／(15)鳳皐之勤旧＝「鳳皐」は、鳳源寺のこと。「皐」は、山の義。瑞龍山南禅寺を「龍皐」と呼ぶが如し。「勤旧」は、叢林にあって旧《ひさ》しく役職等を勤めた僧。／⒃現龍福桃水和尚＝如意山龍福寺（広島県庄原市）の中興、桃水梵利（寺伝では禅利）。鳳源寺の愚極義泰とは兄弟弟子。／⒄自一躍桃花浪頭角森然＝登龍門の故事に因む。【五―二】注⑵を参照。／⒅水庵＝愚極・澧州・桃水から五代さかのぼる水庵宗掬。妙心寺七十三世。心華霊明禅師。／⒆現宝勝別峰和尚＝「宝勝」は、備後国神石郡小畑村にあった宝勝寺（現廃寺）か。「別峰和尚」は、鳳源寺旧末寺浄雲山正中院（広島県庄原市）の寺伝法系に「開山第一世定海恵舟―第二世中興開山慈眼常光（鳳源寺開山万室方授の禅師号）―第三世大淵孚厚―第四世聞禅道可―第五世別峰伝髄……」とある別峰伝髄か。但しこの法系は、妙心寺の宗派図に載らないので確認出来ない。／⒇遥下妙峰孤頂、別処垂為人手＝「別峰相見」と呼ばれる話頭に基づく。『碧巌録』二十三則本則評唱に「教中に説く、『妙峰孤頂の徳雲比丘、従来、山を下らず。善財、去って参ず。七日逢わず。一日、却って別峰に在って相見す。見《まみ》え了《お》わるに及んで、却って他の与《ため》に一念三世、一切諸仏、智慧光明、普見の法門を説く』と。徳雲、既に山を下らず、什麼《なん》に因《よ》ってか、却って別峰に在って相見す。若し他、山を下ると道《い》わば、教中に道う、『徳雲比丘、従来、曾て山を下らず、常に妙峰孤頂に在り』と。這裏に到って、徳雲と善財と、的的、那裏にか在る」と。もと、『華厳経』入法界品の所説。／㉑璠璵＝魯国の宝玉の名。／㉒任重致遠＝『易』繋辞下伝の「牛を服し馬に乗り、重きを引きて遠きに致し、以て天下を利す」に基づく成句。

【一三】

眞讃。

【一三―一】上平声十一真韻

文殊。

過去龍種尊王、金獅背現童身。手開示貝多葉、字句義不上唇。

*

(1)過去龍種尊王、金獅の背に童身を現ず。(2)手に貝多葉《ばいたよう》を開示す、(3)字句の義、唇に上《のぼ》せず。

*

(1)過去龍種尊王、金獅背現童身＝〈過去龍種尊王が、金毛の獅子の背に童身を現わされた〉。この文殊像は、禅門で用いられる「草衣文殊」「童子文殊」と呼ばれる像。髪を長く垂れ、蒲《がま》の袈裟を掛け、童子の容姿で描かれる。その由来は、『叢林盛事』巻上に見える。少し長いが全文を引いておく。「五台の草衣の文殊像は、本朝元豊の間（一〇七八～一〇八五）、大尉呂慧卿《りよけいけん》、辺を戍《まも》るに因《よ》って台山に遊び、其の貌《かたち》を見しより始まる。厳たる童子、体黒うして髪を被《こうむ》り、蒲を以て足より纏《まと》うて肩に至り、右膊《うはく》を袒《かたぬ》ぎ、手に梵夾《ぼんきよう》（経典）を執《と》り、呂と華厳の大旨を論ず。而して呂は其の大士なるを知らず。呂を呵して、『凡情を以て聖意を測る』というに洎《およ》び、呂、方《まさ》に寤《さと》って下拝す。而して童子、乃《すなわ》ち文殊の形と化し、金毛に跨り、隠隠として雲中に入る。呂、是れより悔恨し、家に帰り、月を逾《こ》えて鬱鬱として楽しまず。後、家人告ぐるに、『至誠、懇惻なれば、聖容、必ず現ぜん』というを以てす。呂、其の言の如く、乃ち誠を竭《つ》くして過《あやま》ちを悔い、必現を期して後《のち》已《や》む。一日、早起す。乃ち是れ大士、香几の間に現じ、呵して云く、『胡為《なんすれ》ぞ、住相貪著の甚だしきや』。呂曰く、『正に世人咸《み》な大士示化の真容を見んことを欲するのみ』と。急に画工に命じて之れを図《えが》かしむ。頃刻《けいこく》に見えず。其の像、遂に京洛《けいらく》の間に伝わり、今は在処に或いは之れを見る。

余、一本を蓄《たくわ》う。乃ち呉の僧梵隆の筆。終身、以て之れを奉ぜんと期す。嘗《かつ》て記す、典牛和尚の一賛、最も佳なり。其の詞に曰く、『潦倒《ろうとう》たる南泉、道理を識《し》らず、大小の曼殊室利《まんじゅしり》（文殊師利）、鉄囲山底《てっちせんてい》に貶向《へんこう》す。今に至るまで、頭《こうべ》も又た梳《くしけず》らず、面《おもて》も又た洗わず、一箇の渾身、草裡に坐在す。鈍根の呂公、猶お瞥地《べっち》ならず、金毛を指出して、当下に己《おのれ》に迷う。靠倒了也《こうとうりょうや》、蘇盧悉唎《そろしつり》』」。この典牛和尚は、泐潭文準の法嗣、隆興府雲巌寺の典牛天遊であろう。『五灯会元』巻十八などに伝がある。「龍種尊王」は、文殊菩薩の本地。【九―一二】注⑷を参照。／⑵手開示貝多葉、字句義不上唇＝〈手には経典を開示しているが、字句の義は説かない〉。「貝多葉」は、貝多羅葉の略。経典のこと。【八―四】注⑷を参照。下の句は、絵に描かれた文殊は、しゃべることが出来ないというユーモア。

*

【一三―二】

⑴觀音。

⑴観音＝①は、三十三観音の一、持蓮観音。蓮葉に乗り、両手に蓮花を持つ。②は、三十三観音の一、水月観音。

*

【一三―二―①】上平声十二文韻

化風捲大慈雲、十方刹應見聞。拈出一枝菡萏、千古普傳香薫。

⑴化風、大慈雲を捲く、十方刹、応《まさ》に見聞すべし。⑵一枝の菡萏《かんたん》を拈出す、千古、普《あまね》く香薫を伝う。

(1)化風捲大慈雲、十方刹応見聞＝〈その化風は大慈雲を巻き上げ、十方世界に見聞きするであろう〉。「大慈雲」は、『観音経』に「慈《いつく》しみの意《こころ》は妙えなる大雲のごとし」と。／(2)拈出一枝菡萏、千古普伝香薫＝〈手に持つ一枝の蓮の花は、これからもずっと普く芳香を伝えるであろう〉。「菡萏」は、蓮の花の異称。ここの「千古」は、遠い後世という意。

＊

【一三―二―②】下平声八庚韻

紅蓮臺上観音聲、刹刹塵塵度有情。萬里長天月清夜、影臨衆水更分明。

＊

(1)紅蓮台上、音声《おんじょう》を観じ、刹刹塵塵、有情を度す。(2)万里の長天、月、清き夜、影、衆水に臨んで、更に分明。

＊

(1)紅蓮台上観音声、刹刹塵塵度有情＝〈紅蓮の台座におられて「南無観世音」の声を観察し、世界中の衆生を済度される〉。／(2)万里長天月清夜、影臨衆水更分明＝〈見渡す限り続く空には清夜の月が輝き、月光はいたるところの水面に映っていっそう明るい〉。

【一三―三】下平声五歌韻

達磨。

咄這老胡妖怪多、葱峯赤脚蹈雲過。若呼観自在薩埵、當面欺瞞辜負他。

(1)咄《とつ》、這《こ》の老胡、妖怪多し、葱峰《そうほう》、赤脚《しやつきやく》にして雲を蹈んで過ぐ。(2)若し観自在薩埵と呼べば、当面に欺瞞《ぎまん》して、他に辜負《こふ》す。

＊

(1)咄這老胡妖怪多、葱峰赤脚蹈雲過＝〈コラッ、この達磨、葱嶺（パミール）の雲を裸足で踏み越えて行くなど、奇怪な真似が過ぎるぞ〉。「咄」は、叱咤の声。「老胡」は、世尊を言うこともあるが、ここでは、達磨。【八―二注(7)を参照。「妖怪」は、怪奇な行ない。下の句は、【九―三―④⑥】各注(1)を参照。／(2)若呼観自在薩埵、当面欺瞞辜負他＝〈もし、この老胡を観音菩薩と呼べば、対面しているこの老胡をコケにするばかりか、老胡の本来相に背くことになるぞ〉。上の句は、宝誌和尚が、梁の武帝に答えた、「此れ（達磨）は是れ観音大士、仏心印を伝う」の語（『碧巌録』一則本則）に基づく。

【一三―四】上平声四支韻

仝。

香至國苗裔、般若多羅親枝。片岡接聖皇子、道香繁衍四維。

(1)香至国の苗裔《みようえい》、般若多羅の親枝《しんし》。(2)片岡に聖皇子に接し、道香、四維《しい》に繁衍《はんえん》す。

＊

＊

(1)香至国苗裔、般若多羅親枝＝〈香至国の後孫、般若多羅の近親〉。「親枝」は、親支と同義で、同族中の近親の意であるが、達磨と般若多羅とが同族であったという史料はなく、達磨の初名菩提多羅と般若多羅との多羅を結びつけて言ったものか。二人の初見の様子は、【九―三六―②】注(1)を参照。／(2)片岡接聖皇子、道香繁衍四維＝〈片岡山で聖徳太子に交わり、その道香は日本の隅々にまで盛んに香っている〉。達磨片岡山伝説。その一つは、達磨が奈良の片岡山で聖徳太子に出逢い、和歌を交わしたというもの。太子の歌は、「しなてるや　かたをか山に　いひにうへて　ふせるたび人　あはれおやなし」。達磨の歌は、「いかるかや　とみのを川の　たえばこそ　わがおほ君の　みなはわすれめ」。もう一つは、片岡山で達磨に出会った聖徳太子は、自らの衣を脱いで達磨に与えたが、達磨は間もなく亡くなった。太子は、塚を築いたが、数日後に墓穴を開いたところ、太子が賜わった衣が遺るのみであったというもの。達磨日本渡来については、藤田琢司著『日本にのこる達磨伝説』（禅文化研究所）に詳しい。

【一四】

法語。

【一四―一】

示圓修禪人。

法不離見聞覺知。若行見聞覺知、是見聞覺知非法也。故云、無量劫來生死本、癡人呼作本來人。今時多少之人、不離此窠窟。痛點検自己、可著精彩也。雲門因示衆云、人人悉有光明在。自代云、廚庫山門。又云、好事不如無。前箭猶輕後箭深。

*

円修禅人に示す。

(1)法は見聞覚知を離れず。若し見聞覚知を行ぜば、是れ見聞覚知にして法に非ざるなり。故に云う、「(2)無量劫来、生死の本、痴人は呼んで本来人と作《な》す」と。(3)今時、多少の人、此の窠《か》窟《くつ》を離れず。痛く自己を点検して、(4)精彩を著《つ》く可《べ》し。(5)雲門、因《ちな》みに衆に示して云く、「人人《にんにん》悉《ことごと》く光明の有る在り」。自ら代わって云く、「厨《ず》庫《く》山門」。又た云く、「好事も無きには如《し》かず」と。(6)前箭《ぜんせん》は猶お軽く後箭は深し。

*

(1)法不離見聞覚知。若行見聞覚知、是見聞覚知非法也＝「南陽慧忠国師語」(『伝灯録』巻二十八)に「若し見聞覚知を以て是れ仏性とせば、浄名は応《まさ》に『法は見聞覚知を離る(法離見聞覚知)、若し見聞覚知を行ぜば、是れ則ち見聞覚知にして、法を求むるに非ざるなり』と云うべからず」と。国師の「浄名云々」は、『維摩経』不思議品の「法は見聞覚知す可《べ》からず。(以下同文)」を言う。しかし、古月法語の冒頭語「法不離見聞覚知」は、「国師語」の「法離見聞覚知」の誤写ではない。古月は、【六―四】【七―一七】に「此の見聞に即して見聞に非ず(即此見聞非見聞)」と言う如く、法というものは、見聞覚知を離れてあるものではないが、見聞覚知に執著すれば、法の真相を見あやまるという一貫した立場である。少し長いが、黄檗の『伝心法要』を引いておく。「学道の人、唯だ見聞覚知を認《と》めて施為動作するも、見聞覚知を空却せば、即ち心路絶して入処無し。但だ見聞覚知の処に於いてのみ本心を認めよ。然《しか》れども本心は見聞覚知に属せず。亦た見聞覚知を離れず。但だ見聞覚知の上に於いて見解を起こすこと莫《な》かれ。亦た見聞覚知の上に於いて念を動ずること莫かれ。亦た見聞覚知を離れて心を覓《もと》むること莫かれ。亦た見聞覚知を捨てて法を取ること莫かれ。不即不離、不住不著なれば、縦横自在にして、道場に非ざること無し」と。／(2)無量劫来生死本、痴人呼作本来人＝『無門関』十二則の頌として有名だが、もとは、長沙景岑（南泉普願法嗣）の偈。「学道の人、真を識《し》らざるは、祇《た》だ従来、識神を認《と》むるが為なり。無始劫来生死本、痴人喚作本来人」（『五灯会元』巻四）。偈中の「識神」は、精神作用、つまり、「見聞覚知」のこと。／(3)今時多少之人、不離此窠窟＝〈今時の多くの修行者は、（法は見聞覚知を離れてあるという）あなぐらから抜け出せずにいる〉。「窠窟」は、鳥の巣、ねぐらというのが本義。いつもの帰着するところ、執着の落し穴などの譬喩に用いられる。／(4)著精彩＝著力と同意。全力を尽くす、しっかり頑張ること。／(5)雲門因示衆云……＝「雲門、垂語して云く、『人人尽《ことごと》く光明の有る在り。看る時、見えず、暗昏昏。作麼生《そもさん》か是れ諸人の光明』。自ら代わって云く、『厨庫三門』。又た云く、『好事も無きには如《し》かず』」（『碧巌録』八十六則本則）。／(6)前箭猶軽後箭深＝『碧巌録』九十三則頌に「前箭猶軽後箭深百発百中。（什麼《いずれ》の処に向かってか回避せん）」と。前箭は、雲門の「厨庫三門」。後箭は、「好事不如無」。

【一四—二】

示智則禪人。

當機開點、千聖不傳。擡眸便蹉過。不是心不是物不是禪不是道。四七二三説不得。若直下會得去、如龍得水、似虎靠山。陽春白雪、時人難會。

＊

智則禅人に示す。

(1)当機開点す、千聖不伝。(2)眸《ひとみ》を擡《もた》ぐれば便《すなわ》ち蹉過《しゃか》す。(3)不是心、不是物、不是禅、不是道。四七二三も説き得ず。(4)若し直下《じきげ》に会得し去らば、龍の水を得るが如く、虎の山に靠《よ》るに似ん。(5)陽春白雪、時の人、会し難し。

＊

(1)当機開点、千聖不伝＝〈まの当たりに向上の一路が開けているが、それは、いにしえの仏祖でさえ伝えられなかったものだ〉。「千聖不伝」は、「向上一路、千聖不伝」と熟す、禅録頻出語。／(2)擡眸便蹉過＝〈しかし、ことさらに見ようとすれば、たちどころに見間違ってしまう〉。／(3)不是心不是物不是禅不是道。四七二三説不得＝〈それは、インドの四七が二十八祖も、中国の二三が六祖も、不是心不是物……という否定的表現でしか説くことが出来なかったものだ〉。／(4)若直下会得去、如龍得水、似虎靠山＝〈もし、そこのところをズバリと会得すれば、智則禅人よ、そなたの全力が発揮されることになる〉。「如龍得水、似虎靠山」は、【六—二】注(7)に既述。／(5)陽春白雪、時人難会＝〈しかし、そこのところを会得する者は滅多にいないのだ〉。「陽春白雪」は、古楽府の調べの高い曲の名。宋玉の「楚王の問いに対《こた》う」(『文選』巻四十五)に「其の陽春白雪を為《な》す、国中の属して和する者、数十人に過ぎず」と。

【一四―三】

示祖毫禪人。

古則因縁、會了頌了、氣如王、却退身三歩去、點檢自己看如何。吾王庫裡無如是刀。尋常確實做爲去、從自己胸襟流出蓋天蓋地。至屬。

＊

祖毫禅人に示す。

古則因縁、会《え》し了《お》わり頌《じゅ》し了わり、気[1]、王の如きとき、却って退身三歩し去って、自己を点検して、如何《いかん》と看《み》よ。吾が王庫の裡《うち》[2]、是《かく》の如きの刀無し。尋常《よのつね》、確実に做《な》し為《な》し去って、自己の胸襟より流出して蓋天蓋地せよ[3]。至属《しぞく》[4]。

＊

(1)気如王＝王の如き気概。気宇如王とも。／(2)吾王庫裡無如是刀＝〈わたしのところには、「古則因縁、会了頌了」などということはない〉。語句は、『禅林句集』にも採られる頻出語。『涅槃経』巻八に見える故事に基づくが、引用は割愛する。／(3)従自己胸襟流出蓋天蓋地＝【七―一四】注(4)を参照。／(4)至属＝心から頼む。「属」は、属望の義。至嘱とも書く。

【一四―四】

示北鵬禪人。

自東去西、自西奔東。看脚下。左之右之、何事不足耶。青山鶴唳、白水鴈啼。達磨不來東土、二祖不往西天。

＊

北鵬禅人に示す。

東より西に去り、西より東に奔《はし》る。脚下を看よ。左之右之《さしうし》(1)、何事か不足なりや。青山、鶴唳《つるな》き、白水、雁啼《かりな》く。達磨は東土に来たらず、(2)二祖は西天に往かず。

＊

(1)左之右之＝左も右も、どこもかしこもの意。／(2)達磨不来東土、二祖不往西天＝玄沙師備の言葉（『語録』巻上）。「一日、諸方に遍歴して知識に参尋せんと欲す。嚢を携えて嶺を出づ。脚指を築著して血を流して痛楚す。歎じて曰く、『是の身、有に非ず、痛、何《いず》れよりか来たる』と。便ち雪峰に回《かえ》る。異日、雪峰、召して曰く、『備頭陀、何ぞ遍参し去らざる』。師曰く、『達摩は東土に来たらず、二祖は西天に往かず』。峰、之れを然りとす」。

【一四―五】

示東橘禪人。

西天四七、東土二三、曾無別路、直下欲撞發自己躬下之事。或著佛求、或著祖求、皆是依艸附木之類也。早起洗面、午夜打眠、爲佛法乎、爲世法乎。不回頭腦、直下證據。古人云、法本法無法、無法法亦法也。唯貴直截根源。若耳口三寸之際論量、招無量劫之餘殃。

東橘禅人に示す。

＊

西天四七、東土二三、曾て別路無し、直下《じきげ》に自己《じこ》躬下《きゅうか》の事を撞発《どうほつ》せんと欲す。或いは仏に著いて求め、或いは祖に著いて求む、皆な是れ(1)依草附木《えそうふぼく》の類なり。早起洗面、午夜打眠、仏法と為《せ》んか、世法と為んか。(2)頭脳を回《めぐ》らさず、直下に証拠《しょうこ》せよ。古人云く、「(3)法の本法は無法なり、無法の法も亦た法なり」と。唯だ貴ぶらくは、(4)直《じき》に根源を截《き》ることを。若し(5)耳口《じこう》三寸の際《あいだ》に論量せば、無量劫の余殃《よおう》を招かん。

＊

(1)依草附木＝人の死後、来世の生縁が決まらない中有の間、その霊魂は草木に宿っていると信じられていた。転じて、他に追随するものを依草附木の精霊と言う。／(2)頭脳＝単に頭のこと。／(3)法本法無法、無法法亦法＝釈尊が摩訶迦葉に与えた伝法偈。「法本法無法、無法法亦法。今無法を付する時、法法何ぞ曾て法ならん」。／(4)直截根源＝『証道歌』に「直《じき》に根源を截《き》るは仏の印する所、葉を摘《つ》み枝を尋ぬることは我れ能《あた》わず」と。／(5)耳口三寸之際論量＝浅薄な議論。【七－一四】注(2)を参照。

【一四－六】

示唯是禪人。

追薦先妣法室妙珊信尼禮三千佛。其志可嘉尚也。丁蘭刻木、王祥臥氷、何可企及耶。今出離迷衢者、可合論目連尊者之事。故一聲一禮、心心念念、無二無二分、無別無斷。故實三世諸佛倶携手乘香雲遊戯自在也。却證據哉。若故《コトサラニ》起念尋覓去劍去久矣。雨散雲收後、崔嵬千萬峰。

＊

唯是禅人に示す。

先妣《せんぴ》法室妙珊信尼を追薦《ついせん》して⑴三千仏を礼す。其の志、嘉尚《かしよう》す可《べ》きなり。⑵丁蘭刻木《ていらんこくぼく》、⑶王祥《おうしよう》臥氷《がひよう》、⑷何ぞ企《くわだ》て及ぶ可けんや。今、迷衢《めいく》を出離する者は、合《まさ》に⑸目連尊者の事《こと》を論ず可し。故に実に三世の諸仏と倶《とも》に手を携えて香雲に乗って遊戯自在なり。却って証拠《しようこ》するや。若し故《ことさら》に念を起こして尋覓《じんみやく》し去らば、⑻剣去って久し。⑼雨散じ雲収まって後、崔嵬《さいかい》たる千万峰。

故に⑹一声一礼、心心念念、⑺無二無二分、無別無断なり。

＊

⑴三千仏＝過去一千仏、現在一千仏、未来一千仏の三世三千仏。／⑵丁蘭刻木＝『蒙求』四一五の標題。至孝の故事。「孝子伝にいう、丁蘭、母に事《つか》えて孝なり。母、亡ず。木を刻んで母と為《な》し之れに事う」。／⑶王祥臥氷＝これも、至孝の故事。「母、常に生魚を欲す。時、天寒、氷凍す。祥、衣を解《と》きて（氷の上に臥し）、将《まさ》に氷を剖《わ》って之れを求めんとす。氷、忽《たちま》ちに自ずから解け、双鯉、躍り出づ。之れを持って帰る」（『晋書』王祥伝）。／⑷何可企及耶＝〈（唯是禅人の孝行には、丁蘭も王祥も）とうてい及ばない〉。「企及」は、否定をともなって、とうてい及ばないの意。／⑸目連尊者＝仏十大弟子中、神通第一。餓鬼道に堕ちた母を救うために、自恣の日（七月十五日）に衆僧を供養したと伝え、それが、盂蘭盆会の起源と言われている。／⑹一声一礼＝三千仏の一仏の名号を唱え

る毎に一礼する。／(7)無二無三分、無別無断＝『大般若経』に散見される語で、不二一如を言う語。／(8)剣去久＝【九―一一―③】注(1)を参照。／(9)雨散雲収後、崔嵬千万峰＝大慧宗杲の「南泉心不是仏智不是道」の頌（『語録』巻十）に「雨散雲収後、崔嵬数十峰」と。「崔嵬」は、山の高くけわしいさま。

【一四―七】

示禪隆禪人。

人人有大丈夫志氣、何貪他途轍爲足哉。毎日起來見水見山、一點不相瞞也。古人云、無心有所希求、今此大寶自然而至。雖然、吾祖門下、自然而至者《ノスラ》、總不消得。單單著精彩看如何。若泛泛碌碌稱了契底、爭荷負千鈞大法。

＊

禅隆禅人に示す。

人人《にんにん》、(1)大丈夫の志気有り、何ぞ(2)他の途轍《とてつ》を貪《むさぼ》って足れりと為《せ》んや。(3)毎日、起き来たって水を見、山を見る、一点も相瞞《あいまん》ぜざるなり。古人云く、「(4)心に希求する所有ること無かりしに、今、此の大宝は自然《じねん》にして至れり」と。然《しか》りと雖《いえど》も、吾が祖門下は、自然にして至る者すら、総に(5)消得せず。単単に精彩を著けて如何《いかん》と看よ。(6)泛泛碌碌《はんぱんろくろく》として了契《りょうかい》と称するが若《ごと》き底は、争《いか》でか千鈞の大法を荷負せん。

＊

(1)大丈夫＝特にすぐれた男。【九―四―③】注(2)を参照。／(2)他途轍＝先人が歩いた道。「轍」は、車が通ったわだち。ここでは、仏祖が残された言行。／(3)毎日起来見水見山、一点不相瞞也＝〈毎日見ている川や山々の、どれ一つとして君をだましてはいない〉。諸法実相という仏法が明々歴々としているということ。／(4)無心有所希求、今此大宝自然而至＝『法華経』信解品の「我本無心有所希求、今此宝蔵自然而至」を言う。／(5)不消得＝用いない、必要としない。／(6)若泛泛碌碌称了契底＝〈軽々しく平々凡々として、「分かった、分かった」などと言うような者は〉。「了契」は、了得契証の義。

【一四―八】

示祖實禪人。

夫三學於法門、欠其一則法門茅塞。就中、戒以爲地、定以種植、慧以華之。三學全則何願不滿哉。旭鍊曛煆、身心堅固、應建立法幢。今丁紹隆佛種之日。欽勿懶慢。徒恣疎慵則法門罪人也。祖先千辛萬苦所創建殿堂、不患傾頽可哉。建法幢立宗旨、堪報佛祖莫大之鴻庇。

＊

祖実禅人に示す。

夫《そ》れ三学の法門に於ける、其の一を欠く則《とき》んば法門(1)茅塞《ぼうそく》す。中に就《つ》いて、戒を以て地と為《な》し、定を以て種植《しゆしよく》し、慧を以て之れを華《はなさ》かす。三学、全《まつた》き則《とき》んば何の願か満たざらんや。(2)旭錬《きよくれん》曛煆《くんか》、身心堅固、応《まさ》に法幢を建立すべし。今、仏種を紹隆するの日に丁《あ》たる。欽《つつし》んで懶慢《らんまん》なること勿《な》かれ。徒《いたずら》に疎慵《そよう》を恣《ほしいまま》にすれば、則ち法門の罪人なり。(3)祖先の千辛万苦して創建する所の殿堂、傾頽《けいたい》を患《うれ》えずして可ならんや。法幢を建て宗旨を立せば、仏祖莫大の鴻庇《こうひ》に報《むく》ゆるに堪《た》えん。

＊

(1)茅塞＝茅が繁茂して塞がること。／(2)旭錬曛煆＝旭《あした》に錬《きた》え曛《ゆうべ》に煆《きた》える。／(3)祖先千辛万苦所創建殿堂、不患傾頽可哉＝〈祖先が千辛万苦して創建した殿堂が、傾き頽《くず》れようが、そんなことに思い悩まぬがよい〉。楊岐方会は、その老屋を修造しようとした雲衲を『閑工夫』と退け【一〇―一〇】注(3)を参照〉、関山慧玄は、丈室の雨漏りを修繕しようとした居士に「這《こ》の俗漢、将《まさ》に謂《おも》えり、相看《しょうかん》と。慧玄が屋を管して甚什《なに》をか為《せ》んや」と叱責した（『正法山六祖伝』妙心関山玄禅師）。

【一四―九】

示慧林禪人。

學佛之徒、唯貴質直、愼勿虚僞。其心質直則無破戒犯罪。已無犯罪則日用無障礙。風前月下、修錬適意。道豈不成哉。佛祖妙道、要向即背。不擬欲、一一天眞、一一靈明也。唯辨肯心、必不相賺。多少人知故犯失宿志。袈裟下失人身、誰是救爾輩哉。如救頭然。至囑。

＊

慧林禅人に示す。

学仏の徒、唯だ質直《しつじき》を貴ぶ、慎《つつし》んで虚偽《こぎ》なること勿《な》かれ。其の心、質直なる則《とき》んば破戒の犯《ぼん》罪《ざい》無し。已《すで》に犯罪無き則《とき》んば日用に障礙無し。風前月下、修錬、意に適《かな》う。道《どう》、豈《あ》に成らざらんや。仏祖の妙道、向かわんと要すれば即ち背《そむ》く。擬欲せざれば、一一天真、一一霊明なり。(1)唯だ肯心を弁ぜよ、必ず相賺《あいあざむ》かざれ。多少の人、知って故《ことさら》に犯して宿志を失す。(2)袈裟下に人身を失せば、誰か是れ爾《なんじ》が輩を救わんや。(3)頭然《ずねん》を救うが如くせよ。至属《しぞく》。

＊

(1)唯弁肯心、必不相賺＝〈ひたすらに自らが許すまで取り組んで、決して自らをいつわるな〉。『坐禅儀』の一文。／(2)袈裟下失人身＝袈裟を着けておきながら、人としての命を失うこと。出家となりながら、大事を究明しない喩え。『禅門宝訓』巻上に「三途地獄に苦を受くるは未だ是れ苦ならず。袈裟下に向かって人身を失却する、実に苦と為す」と。／(3)救頭然＝頭の火を消す。緊急を要し専一に事に当たることの譬喩で、諸経典に説かれている。「救」は、消すの意。

【一四—一〇】

示忍氏。

吾門、不説有法可傳、令人人馳求、然後成佛。當人脚跟下、本來具足底、一貫古今昭昭靈靈也。前後際斷、一念不生的、是什麽。二六時中、勿就本追末。茶裡飯裡、勿雜用心。於事無心、於心無事、則虚而靈、空而妙也。咄。

＊

忍氏に示す。

吾門は、(1)法の伝う可《べ》き有り、人人《にんにん》をして馳求《ちぐ》せしめて、然《しか》る後に成仏すとは説かず。当人脚跟下、本来具足底、古今を一貫して(2)昭昭霊霊なり。(3)前後際断、一念不生的、是れ什麽《なん》ぞ。二六時中、(4)本《ほん》に就《つ》いて末《まつ》を追うこと勿《な》かれ。(5)茶裡飯裡《さりはんり》、雑用心《ぞうようじん》すること勿かれ。(6)事に於いて無心にして、心に於いて無事ならば、則ち虚にして霊、空にして妙ならん。(7)咄《とつ》。

＊

(1)不説有法可伝、令人人馳求、然後成仏＝大慧宗杲の「妙浄居士に示す」法語（『語録』巻二十一）に「且不説有法可伝、令汝向外馳求、然後成仏」とあるのに基づく。「馳求」は、追い求めること。／(2)昭昭霊霊＝【三七―一三】注(3)を参照。／(3)前後際断＝【九―九】注(6)を参照。／(4)勿就本追末＝本来は、「就本勿追末」と書くべきだが、訓読すれば同じになる和臭漢文。／(5)茶裡飯裡、勿雑用心＝〈茶を飲む時も、飯を食べる時も、いついかなる時も、余事に心を用いるな〉。趙州従諗の上堂語を踏まえる。「兄弟よ、久立すること莫かれ。事有《じ》れば商量し、事無ければ衣鉢下に向《お》いて坐して理を窮むれば好し。老僧、行脚の時、二時の粥飯を除き、（二時の粥飯は）是れ雑に心力を用うる処なり、余外、更に別に心を用うる処無かりき。若し此《かく》の如くならずんば、出家は大遠在《たいおんざい》ならん（遠くして遠い）」（『趙州録』巻上）。／(6)於事無心、於心無事、則虚而霊、空而妙也＝徳山宣鑑の上堂語。「汝但無事於心、無心於事、則虚而霊、空而妙」。／(7)咄＝叱咤の声。

【一四―一一】

示磯部氏。

大珠和尚、心逐物爲邪、物隨心爲正。六塵之境、千差萬別也。苟追之迷却、則心終不安也。唯當機直截差排、則萬物隨我無爲也。無爲即心之妙體也。直下信此心決定成佛。頓忘諸見、世間憂悲喜樂痛勿執取。

*

磯部氏に示す。

(1)大珠和尚いう、「(2)心の物を逐《お》うを邪と為《な》し、物の心に随うを正と為す」と。(3)六塵の境、千差万別なり。苟《いやしく》も之れを追って迷却すれば、則ち心終《つい》に安からず。(4)唯だ当機直截《とうきじきせつ》して差排《さはい》すれば、則ち万物、我れに随って無為なり。(5)無為は即ち心の妙体なり。直下《じきげ》に此の心を信ぜば、決定《けつじょう》して成仏せん。頓に諸見を忘じ、世間の憂悲喜楽、痛く執取すること勿《な》かれ。

*

(1)大珠和尚＝大珠慧海。馬祖道一の法嗣。／(2)心逐物為邪、物随心為正＝大珠和尚の語は、『楞厳経』巻二に「一切の衆生、無始より来《このかた》、己《おのれ》に迷って物と為《な》し、本心を失って物の為に転ぜらる。故に是の中に於いて大を観《み》、小を観る。若し能《よ》く物を転ずれば、則ち如来に同じ」とあるのに基づく。「物」は、外物、対境。次の「六塵之境」。／(3)六塵＝色声香味触法の六境。これが人身に入って、本来清浄な心を汚すから「六塵」と言う。／(4)唯当機直截差排、則万物随我無為也＝〈人身に入って来る千差万別の六境を手当たり次第にぶった切って取りさばけば（物の為に転ぜられなければ）、万物はその人と共に無為となる〉。ここの「無為」は、「如如」と同義で、あるがままにあるということ。／(5)無為即心之妙体也＝『維摩経』弟子品に「仏身は無為なり、諸数に堕せず」と。

【一四―一二】

示澁谷氏。

自己躬下一段之事、如珠走盤。故祖師云、心随萬境轉、轉處實能幽。但辨肯心、必不相賺。只恐信不及、於日用應縁處、被境界所奪。唯二六時中、不起妄心、不滅妄心、不加了知、不辨眞實、自然隨順覺性。

＊

渋谷氏に示す。

(1)自己躬下《じこきゅうか》一段の事《じ》、(2)珠《たま》の盤《ばん》に走るが如し。故に祖師云く、「(3)心は万境に随って転ず、転処、実に能《よ》く幽なり」と。(4)但だ肯心を弁ぜよ、必ず相賺《あいあざむ》かざれ。(5)只だ恐るらくは、信不及《しんふぎゅう》にして、日用応縁の処に於いて、境界の所奪を被《こうむ》ることを。(6)唯だ二六時中、妄心を起こさず、妄心を滅せず、了知を加えず、真実を弁ぜずんば、自然《じねん》に覚性に随順せん。

＊

(1)自己躬下一段之事＝〈自己自身の一大事〉。ここでは、自己の本来心。／(2)如珠走盤＝禅録頻出語。円転自在、無礙自由の意。／(3)心随万境転、転処実能幽＝西天二十二祖摩拏羅尊者の伝法偈。「心随万境転、転処実能幽。流れに随って性を認得すれば、喜も無く、亦た憂も無し」。／(4)但弁肯心、必不相賺＝【一四―九】注(1)を参照。／

(5)只恐信不及、於日用応縁処、被境界所奪＝〈あなたの信念が徹底していないために、普段、人や物に接する時に、その人や物に影響を受けて、本来心が奪われていないかが心配です〉。『大慧書』「答楼枢密」第一書に「日用応縁処、不被外境所奪否」と。／(6)唯二六時中、不起妄心、不滅妄心、不加了知、不弁真実、自然随順覚性＝〈二十四時間、妄心を起こさず、また、起こった妄心を消そうとせず、その妄心を思慮分別せず、真実とは何かと考えなければ、諸法は、自然に、あなたの本具の仏性と、あるがままにあるのです〉。『円覚経』に「一切の煩悩、畢竟《ひっきょう》解脱す。法界海慧《ほっかいかいえ》、諸相は猶お虚空の如しと照し了《お》わる。此れを如来随順覚性と名づく。善男子。但だ諸菩薩、及び末世の衆生、居一切時、不起妄念。於諸妄心、亦不息滅。住妄想境、不加了知。於無了知、不弁真実。彼《か》の諸衆生、是の法門を聞き、信解受持して、驚畏を生ぜず。是れを則ち名づけて随順覚性と為す」と。この『円覚経』の一文は、『大慧書』「答林判院」にも引かれている。「随順覚性」は、前段の「万物、我れに随って無為なり。無為は即ち心の妙体なり」ということ。

【一四―一三】

示宮田氏。

人人具足箇箇圓成的之心、與諸佛同軌也。日用應縁處不昧、則日月浸久、自然打成一片也。何物爲應縁處。喜時怒時、判斷公事、與賓客酬酢時、觸境遇縁一切時不昧去。漫勿生狐疑、唯信脚下。

＊

宮田氏に示す。

(1)人人具足箇箇円成的《にんにんぐそくここえんじょうてき》の心、諸仏と同軌なり。(2)日用応縁の処、不昧なれば、則ち(3)日月浸《おか》すこと久しくして、自然《じねん》に(4)打成一片《だじょういっぺん》ならん。何物をか応縁の処と為す。喜時怒時、公事を判断し、賓客と(5)酬酢《しゅうさく》する時、境に触れ縁に遇う一切の時、不昧にし去れ。(6)漫《みだ》りに狐疑《こぎ》を生ずること勿《な》かれ、唯だ脚下を信ぜよ。

＊

(1)人人具足箇箇円成＝「人人具足」と「箇箇円成」は同義。誰もが仏性を欠けることなく、円《まど》かに具えているということ。【九―九】注(3)を参照。／(2)日用応縁処不昧……触境遇縁一切時不昧去＝大慧宗杲の「鄂守熊祠部に示す」法語（『語録』巻二十一）に「但於日用応縁処不昧、則日月浸久、自然打成一片。何者為応縁処。喜時怒時、判断公事時、与賓客相酬酢時、与妻子聚会時、心思善悪時、触境遇縁時、皆是噴地一発時節。千万記取、千万記取」とあるのに基づく。「日用応縁処」は、日常生活の中という意。引用文中の「噴地一発」は、「囙地一声」などと同じで、大悟の瞬間を言う譬喩。【三七―八】注(5)を参照。／(3)日月浸久＝日月が長く経過する意。／(4)打成一片＝一つに溶け合って一体となること。ここでは、自心と諸仏心とが一枚になること。／(5)酬酢＝応対する意。／(6)漫勿生狐疑、唯信脚下＝「狐疑」は、まどい疑うこと。狐は疑い深い動物で、氷河を渡るのに、氷の下の水音を聞き確かめながら渡るから「狐疑」という説がある（『漢書』文帝紀注等）。「信脚下」は、この説を受けてのもの。

【一四―一四】

示一清無盡居士。

夙參祖門、深信己躬下一段大事因緣。實可尚矣。己躬下事、曾無窠臼。眼見耳聞、淨躶躶赤條條。直信見今、勿涉他途。若得六根染六塵、迷迷昏昏、六趣難免。二六時中、惺惺就己躬下參來參去、六趣何有凡聖。亦如電拂。世間即出世間、出世間即世間也。

＊

一清無尽居士に示す。

夙《つと》に祖門に参じ、深く己躬下《こきゅうか》一段の大事因縁を信ず。実に尚《とうと》ぶ可《べ》きかな。己躬下の事、曾て(1)窠臼《かきゅう》無し。眼に見、耳に聞く、(2)浄躶躶赤条条《じょうららしゃくじょうじょう》。(3)直《じき》に見今《げんこん》を信じて、他途に渉《わた》ること勿《な》かれ。(4)若し六根の、六塵に染まることを得れば、迷迷昏昏として、(5)六趣、免れ難し。二六時中、惺惺として己躬下に就《つ》いて参じ来たり参じ去らば、六趣、何ぞ凡聖か有らん。亦た(6)電《でん》払《ほっ》の如し。世間即出世間、出世間即世間なり。

＊

(1)窠臼＝こうと決まったかたち。／(2)浄躶躶赤条条＝一点の塵埃もとどめない天真なさま。【七―五】注(2)を参照。／(3)直信見今、勿渉他途＝「見今」は、現今に同じ。『臨済録』示衆に「你《なんじ》、但だ現今用うる底を信ぜよ、〈そのほかには〉一箇の事も也《ま》た無し」と。／(4)若得六根染六塵＝〈若しも眼耳鼻舌身意の六根が、色声香味触法の六塵から汚されれば〉。『少室六門』第二門破相論に「六根清浄にして六塵に染まらざるを以て、即ち是れ煩悩の河を度《わた》って、菩提の岸に到る」と。／(5)六趣＝地獄・餓鬼・畜生・阿修羅・人間・天上の六道。／(6)電払＝瞬時に消えてしまう稲妻。『証道歌』に「一切の聖賢も電払の如し」と。

【一四―一五】

示柴田氏。

受持五戒則五常同行矣。觀世之有爲虚幻、深信此道、自可歡喜。經云、王位珍寶及妻子臨命終時不隨者實然矣。如是體得去、則善惡總不迷本心如然也。治國則風順雨調、齊家則内和外順也。時時提起如然底、前念不去、後念不來、當念無住。箇中無凡聖迷悟相。

＊

柴田氏に示す。

(1)五戒を受持する則《とき》んば、五常同じく行なわる。(2)世の有為虚幻《ういこげん》を観じて、深く此道《しどう》を信ぜば、自《おの》ずから歓喜《かんぎ》す可《べ》し。(3)経に云く、「王位珍宝及び妻子、臨命終《りんみょうじゅう》の時、随わず」とは、実に然《しか》らんや。是《かく》の如く体得し去れば、則ち善悪、総《すべ》て迷わず、(4)本心如然なり。国を治《おさ》むる則《とき》んば風順雨調、家を斉《ととの》うる則《とき》んば内和外順ならん。時時に如然底を提起して、(5)前念不去、後念不来、当念無住なれば、箇の中、凡聖迷悟の相無し。

＊

(1)受持五戒則五常同行矣＝五戒を五常に配する思想。「五常」は、儒教が説く、人の常に行なうべき五種の正しい徳。仁（いつくしみ）・義（宜しきを得る）・礼（うやまう）・智（よく知る）・信（まこと）。『仁王護国般若経疏』巻二や、『摩訶止観』巻六上などに説かれ、『摩訶止観』は、不殺を仁、不盗を義、不飲酒を礼、不妄語を智、不邪淫を信に当てている。／(2)観世之有為虚幻＝『金剛経』応化非真分第三十二に「一切有為の法は、夢幻泡影《むげんほうよう》の如く、露《つゆ》の如く亦た電《いなずま》の如し、応《まさ》に是の如きの観《かく》を作《な》すべし」と。／(3)経云……＝『大方等大集経』巻十六に「妻子珍宝及王位、臨命終時無随者。唯だ戒と及び施と不放逸と、今世後世の伴侶為《た》り」と。／(4)本心如然＝あるがままにある本心。禅録頻出語の「本体如然」に同意。／(5)前念不去、後念不来、当念無住＝〈既に起こった一念はそのままにしておいて二念をつがない、まだ起こらない一念をわざわざ起こさない、今の一念に執著しない〉。

【一四―一六】

示森氏。

雨安居九旬、隨衆夜坐、孜孜不怠、可嘉尚《シツ》。已一念發起、直是成佛之基本也。不要放光動地、及現神通等之事。但信本心清淨、不預生滅去來、無前念無後念當念無住而聞雀噪鴉鳴、且鐘聲鼓聲、一時辨了。不生滅底自己可相驗。或欲念佛一心不亂唱名去。已是一心不亂則無佛無衆生。誰是唱底者。若撞著誰字、自肯承當、殊得大安樂、始會唯心淨土己心彌陀。

＊

森氏に示す。

雨安居九旬《うあんごくじゅん》、衆に随って夜坐し、孜孜《しし》として怠《おこた》らず、嘉尚《かしょう》しつ可《べ》し。(1)已《すで》に一念発起す、直《じき》に是れ成仏の基本なり。(2)放光動地、及び神通を現ずる等の事を要せず。但だ本心清浄を信じて、生滅去来に預《あず》からず、(3)前念無く、後念無く、当念無住にして、(4)雀噪鴉鳴《じゃくそうあめい》、且つ(4)鐘声鼓声を聞き、一時に弁じ了《お》わる。(5)不生滅底の自己、相験《あいけん》ず可し。或いは念仏せんと欲して一心不乱に唱名し去る。已《すで》に是れ一心不乱なる則《とき》んば、仏も無く衆生も無し。誰か是れ唱うる底の者ぞ。若し(6)誰字《すいじ》に撞著《どうじやく》し、自《みずか》ら肯《うべな》って承当《じようとう》すれば、殊に大安楽を得て、始めて(7)唯心浄土《ゆいしんじようど》、己心弥陀《こしんみだ》を会せん。

＊

(1)已一念発起、直是成仏之基本也＝有名な仏語（『華厳経』梵行品）に「初発心時便成正覚」と。／(2)不要放光動地、及現神通等之事＝「放光動地」は、『法華経』序品等に見える如来説法時の瑞兆であるが、そんな奇瑞はいらないということ。／(3)無前念無後念当念無住＝前段の注(5)を参照。／(4)雀噪鴉鳴・鐘声鼓声＝【九―三―①】注(2)を参照。／(5)不生滅底自己可相験＝〈チュンチュンと聞けばスズメ、カアカアと聞けばカラス、ゴーンゴーンと聞けば鐘、ドーンドーンと聞けば太鼓、そう聞き取れる。そこに不生不滅の本来の自己を見なければならない〉。／(6)誰字＝「已《すで》に是れ一心不乱なる則《とき》んば、仏も無く衆生も無し。誰か是れ唱うる底の者ぞ」の「誰」。／(7)唯心浄土己心弥陀＝浄土教に対する禅的見解を示した言葉。「己心弥陀」は、「己身弥陀」とも。『禅関策進』「師子峰天如則禅師普説」に「又た自ら念仏と参禅と同じからずと疑うもの有り。知らず、参禅は只だ心を識《し》り性を見んことを図《はか》り、念仏は自性弥陀、唯心浄土を悟るものなることを。豈《あ》に二理有らんや」と。雲居希膺の『往生要歌』に「十方は唯心浄土と聞くときは、衆生も勤めば己身弥陀仏」と。

【一四―一七】

示松村氏。

佛言、止止不須説、我法妙難思。世尊已嘆言妙難思。各各分上亦是妙難思也。早起洗面、焚香禮誦、或判斷公事、酬酢賓客。是受誰恩力、實是妙難思也。二六時中、切信妙難思底。無生滅無去來。要聞鐘鼓一時辨了、要見花月一齊見了、淨躶躶赤條條。若得閑暇、不擇晝夜靜坐、坐裡不起妄念。已起念以力不排遣。患覺遲、今夏九旬、隨衆夜坐。向後不忘了、實大因縁也。

*

松村氏に示す。

仏言《いわ》く、「(1)止止不須説《ししふしゆせつ》、我法妙難思《がほうみようなんし》」と。世尊、已《すで》に嘆じて「妙難思」と言う。各各分上も亦た是れ妙難思なり。早起洗面、焚香礼誦《ふんこうらいじゆ》、或いは公事を判断し、賓客と酬酢《しゆうさく》す。是れ誰《た》が恩力をか受くる、実に是れ妙難思なり。二六時中、切に妙難思底を信ぜよ。生滅無く去来無し。鐘鼓を聞かんと要すれば一時に弁じ了《お》わり、花月を見んと要すれば一斉に見了《お》わる、浄躶躶《じようらら》赤条条《しやくじようじよう》。若し閑暇を得ば、昼夜を択《えら》ばず静坐して、坐裡に妄念を起こさざれ。已起の念は、力を以て(2)排遣《はいけん》せざれ。覚りの遅きことを患《うれ》えて、今夏九旬、衆に随って夜坐す。向後、忘了せざれば、実に大因縁なり。

*

(1)止止不須説、我法妙難思＝『法華経』方便品の偈文。訓読すれば、「止《や》みなん、止みなん、説く須《べ》からず、我が法は妙にして思い難し」。／(2)排遣＝おしのける。

【一四―一八】

示荒木氏。

自己脚下一段之光明輝騰千古。在眼看時、如十日雙照、在耳聽時、如千溪應聲。直下領得信現今。疑佛疑祖、論是論非、何時有了期。

＊

荒木氏に示す。

(1)自己脚下、一段の光明、千古に輝騰《きとう》す。眼に在って看る時は、(2)十日《じゆうじつ》の双《なら》び照らすが如く、耳に在って聴く時は、(3)千渓の、声に応ずるが如し。直下《じきげ》に領得して(4)現今を信ぜよ。仏を疑い祖を疑い、是を論じ非を論ぜば、何《いず》れの時にか了期《りようご》有らん。

＊

(1)自己脚下一段之光明輝騰千古＝『碧巌録』八十六則本則評唱に「雲門、室中に垂語して人を接す。你等諸人の脚跟下に、各各一段の光明有り。今古に輝騰して、迥《はる》かに見知を絶す。然《しか》も光明なりと雖《いえど》も、恰《あた》か問著するに到って又た会せず。豈《あ》に是れ暗昏昏なるにあらずや」と。『碧巌録』の本則は、【一四―一】注(5)に引いた。／(2)十日双照＝十個の太陽が並んで照らす。『淮南子』墬形訓《ちけいくん》の「若木《じやくぼく》は建木《けんぼく》の西に在り、末《こずえ》に十日（十個の太陽）有り、其の華《ひかり》、下地（地上）を照らす」に基づく。『円悟録』巻十三に「須《すべか》らく自己分上に一段の事有ることを知るべし。今古に輝騰して、十日の並び照らすが如し」と。／(3)千渓応声＝千の谷が一斉にこだまを返すという意だが、ここでは、その千のこだまをいっぺんに聞き取るということ。／(4)信現今＝【一四―一四】注(3)を参照。

【一四―一九】

示粟屋村山田氏。

人生七十、是曰希齡。人之保壽、善根所成也。今得宿世之報、不貪而保壽。今日不植善種、則後果難得。或課誦唱佛可勿怠。已過七十、恰如日逼崦嵫、無常迅速也。我本來清淨心體、曾無生滅底、試證據。前念不去、後念不來、當念無住。溪聲山色、不涉起念、見聞分明。不對色聲時、見性聞性、宛然不滅。參。

＊

(1)粟屋村の山田氏に示す。

人生七十、是れを(2)希齢《きれい》と曰う。人の(3)寿を保つことは、善根の成す所なり。今、宿世の報いを得て、貪《ねが》わずして寿を保つ。今日、善種を植えざれば、則ち後果、得難し。或いは課誦唱仏、怠《おこた》ること勿《な》かる可《べ》し。已《すで》に七十を過ぐ、恰《あた》か日の(4)崦嵫《えんし》に逼《せま》るが如し、無常迅速なり。我が本来清浄の心体、曾て生滅無き底、試みに証拠《しょうこ》せよ。(5)前念不去、後念不来、当念無住。(6)渓声山色、起念に渉《わた》らざれば、見聞分明なり。(7)色声に対せざる時、見性聞性、宛然《えんねん》として滅せず。(8)参。

＊

(1)粟屋村＝広島藩領高田郡内の一村。現、広島県三次市粟屋町。／(2)希齢＝古稀。「人生七十、古来稀《まれ》なり」(杜甫「曲江」詩)。／(3)保寿＝寿命を保つ。長生きすること。／(4)崦嵫＝日が沈む所と信じられていた山の名。転じて年老いる譬喩に用いる。／(5)前念不去、後念不来、当念無住＝【一四―一五】注(5)に既述。／(6)渓声山色、不渉起念、見聞分明＝〈起こった念にかかわらなければ、渓声は明らかに聞こえ、山色は明らかに見える〉。／(7)不対色声時、見性聞性、宛然不滅＝〈また渓声山色に対していない時でも、その見聞の本性は、明瞭であって滅することはない〉。／(8)参＝〈さらに参じなさい〉。

【一四―二〇】

示粟屋村山田氏治四郎。

山村里世情少質直多矣。誠可樂哉。秋來禾穀豐登、鼓腹唱謳歌、似羲皇上世人。錯引世情事物虚僞、則失今日之樂、且招得來生之不安穩、可恐可愼也。情少質多則本心朗然。眼前山色、屋後松風、是什麼。

＊

粟屋村の山田氏治四郎に示す。

(1)山村の里、世情少なく、質直《しつじき》多し。誠に楽しむ可《べ》きかな。秋来たって禾穀《かこく》豊かに登《みの》り、(2)腹を鼓《つづみ》して謳歌を唱う、(3)羲皇上世《ぎこうじょうせい》の人に似たり。錯《あやま》って世情事物の虚偽《こぎ》を引かば、則ち今日の楽しみを失い、且つ来生の不安穏を招き得ん、恐る可《べ》き慎《つつし》む可きなり。(4)情少質多なる則《とき》んば、本心朗然《ろうねん》たり。眼前の山色、屋後の松風、是れ什麼《なん》ぞ。

＊

(1)山村里世情少質直多矣＝〈この山里には、俗世間のゴタゴタがなく、質朴正直で飾り気がない〉。／(2)鼓腹唱謳歌＝『虚堂録』巻一に見える語で、『禅林句集』にも採られる。／(3)羲皇上世人＝太古の民。陶淵明の「夏月虚閑、北窓の下に高臥し、清風颯として至らば、自ら謂《おも》わん、羲皇上の人と」（『蒙求』四八八「陶潜帰去」等）に基づく言葉で、世事を忘れて安逸に世を送る者の譬喩に用いる。「羲皇」は、中国古伝説にある三皇の一人、伏羲氏のこと。／(4)情少質多＝「世情少質直多」を略したもの。

【一四―二二】

示奥田盤庵醫生。

吾牟尼大覺仙、雪山深處探取一莖艸云、奇哉一切衆生具有如來智慧德相。今日見聞覺知、自然辨前境、是智慧德相也。錯認著却不是。這箇智慧德相之靈藥、服以相應湯、則八萬四千之病根、一時拔却去。二六時中、以此劑勿涉他術。何論業障罪障哉。

＊

奥田盤庵医生に示す。

吾が牟尼大覚仙、(1)雪山の深き処に一茎草を探取して云く、「(2)奇なる哉、一切衆生、如来の智慧徳相を具有す」と。今日、見聞覚知、自然《じねん》に前境を弁ず、是れ智慧徳相なり。錯《あやま》って認著せば、却って不是なり。這箇《しゃこ》の智慧徳相の霊薬、服するに(3)相応湯《そうおうとう》を以てせば、則ち(4)八万四千の病根、一時に抜却し去らん。二六時中、此の剤を以てして他術に渉《わた》ること勿《な》かれ。何ぞ業障罪障をか論ぜんや。

＊

(1)雪山深処採取一茎草＝雪山成道の譬喩。「仏は是れ大医王、善く衆の病を観ず。衆生信じて之れを服すれば、則ち病の療《い》えざること無し」（『虚堂録』巻四）。／(2)奇哉一切衆生具有如来智慧徳相＝【六―二】注⒂を参照。／(3)相応湯＝薬を飲み下す際に用いる、その薬の効果を最も引き出す薬湯。『大慧書』「答劉侍郎」第二書に「一念相応草湯」、『羅湖野録』巻下に「一念相応湯」とある。／(4)八万四千＝無数の意を表わす語。

【一五】

再創僧堂記。

園植梧桐、林貯竹實、則便引鳳兒也。有其備故所欲以易滿矣。本寺中興璘溪和尚、結一把茅於大殿之後、爲禪寂鄕。縱横十笏也。其境處高、其人靖閑、雅趣可慕蘭也。茲丁愚極和尚腰篋之日、雲水輻湊敢無虚日。相攸《ミテ》於今之地、改笏室爲四檐三間也。高燥地形、窓牖明亮。高志在植桐貯竹者乎。實享保八癸卯夏也。容膝於此堂之徒、篤實修練、究明己躬下事可爲念。但向無下手處承當、無所得處受用、便是直截徑要事也。互認實法傳授、良可悲痛也。或懶眠、或攻鬪是非、或故縱昏散者、不足責也。法科須要自愧自慚。若向道一片、歩歩普賢境界、箇箇是活文殊、何覓峨眉與五臺耶。

享保十一丙午七月穀旦、古月和南記。

＊

再創僧堂記。

園(1)に梧桐を植え、林に竹実を貯うるは、則ち鳳児を引《まね》くに便りするなり。其の備え有るが故に、欲する所、以て満ち易《やす》し。(2)本寺中興璘渓和尚、一把茅を大殿の後《しりえ》に結び、禅寂の郷と為《な》す。(3)縦横十笏《こつ》なり。其の境、高きに処《あ》り、其の人、靖閑にして、雅趣、(4)慕藺《ぼりん》す可《べ》きなり。茲《ここ》に(5)愚極和尚、(6)腰篾《ようべつ》の日に丁《あ》たり、雲水輻湊《ふくそう》し、敢えて虚日無し。攸《ところ》を今の地に相《み》て、笏室を改めて四檐三間と為す。高燥の地形、窓牖《そうゆう》明亮なり。高志は、桐を植え、竹を貯うるに在る者か。実に享保八 癸 卯《みずのとう》の夏なり。膝を此の堂に容《い》るるの徒、篤実に修練し、己躬下《こきゅうか》の事を究明することを念と為す可し。(7)但だ手を下す無き処に向かって承当《じょうとう》し、無所得の処に受用《じゅゆう》せば、便《すなわ》ち是れ直截径要《じきせつけいよう》の事ならん。(8)互いに実法を認《と》めて伝授せば、良《まこと》に悲痛す可きなり。或いは懶《らん》眠《みん》し、或いは是非を攻闘し、或いは故《ことさら》に(9)昏散《こんさん》を縦《ほしいまま》にする者は、責むるに足らず。(10)法科は須《すべか》らく自ら愧《は》じ自ら慚《は》ずることを要すべし。若し(11)向道一片ならば、歩歩普賢の境界、箇箇是れ活文殊ならん、何ぞ(12)峨眉と五台とに覓《もと》めんや。

享保十一丙午《ひのえうま》七月穀旦（吉日）、古月、(13)和南して記す。

＊

(1)園植梧桐、林貯竹実、則便引鳳児也＝『詩経』大雅・生民之什・巻阿に「鳳凰鳴く、彼の高岡に。梧桐生ず、彼の朝陽に」とあり、鄭玄の『毛詩箋』に「鳳凰の性、梧桐に非ざれば棲まず、竹実に非ざれば食らわず」と。／(2)本寺中興璘渓和尚＝璘渓片玉。鳳源寺の二世。開山万室方授の法嗣として、万治二年（一六五九）九月、前堂転位。／(3)縦横十笏＝四方一丈。【一〇―八九】注(3)を参照。／(4)慕藺＝賢者を敬慕すること。司馬相如（前漢の文学者）が、藺相如（戦国時代の趙の名臣）を敬慕したことから言う。／(5)愚極和尚＝鳳源寺方丈、愚極義泰。

／(6)腰篾＝竹皮の帯を腰にする。住山を言う。【一〇―二二】注(1)を参照。／(7)但向無下手処承当、無所得処受用、便是直截径要事也＝『虚堂録』巻四「無波の李新恩に示す」法語に「但向無下手処承当、無所得処受用、便是第一等直截簡径法門」とある。「直截径要」は、開悟を得るに、手っ取り早い近みち。／(8)互認実法伝授、良可悲痛也＝【一〇―三九】注(2)を参照。／(9)昏散＝昏沈散乱の略。「昏沈」は、心が過度に滅入ること。「散乱」は、心が定まらないこと。坐禅時における二病。／(10)法科＝戒律のこと。／(11)向道一片＝ただ向道心あるのみ。【三七―二】を参照。／(12)峨眉与五台＝峨眉山は、普賢菩薩の霊場。五台山は、文殊菩薩の霊場。／(13)和南＝vandana の音訳。稽首の意。

【一六】

跋書寫大般若經。

大般若經六百軸者、諸部般若之大全也。大法師玄奘之功、敢難讃嘆也。六歷流沙、熱沙喪身、丁第七度宿志滿矣。蹈遍五天、記西域方輿、荷負五十餘部梖多來。諸天推轂、帝臣葵仰。奉詔首于譯場。翻錦機之論、勝舊譯多焉。自匪權化大士之應作、奚能如是耶。支那國專貴新譯。就中大全般若者、更無重譯也。或祈年之豐登、或禳疫之流行、在在所所、以書寫、以募求。胳合乎經中之説者乎。茲備後州三吉郡上里郷鳳源禪寺者、大英檀淺野氏兼祈現當福樂道場也。現住持愚極和尚者、産于家臣津田氏之家。不罔《ナミセ》君臣義、原無爲報恩。因發軫願輪於謄寫六百軸。一會雲水、闔郷諸士、如風偃艸、其功不日潰矣。厥書寫之弘願、各人名簿者、愚極和尚自記每軸尾。所鳩功德、專祈、檀門永唱、佛運紹隆、各各覺樹著花、照十方刹。予寓於雨安居之日、應懇請不顧闇短謹跋。
享保十一稔星次丙午七月穀旦、古月老衲書。

*

書写大般若経に跋す。

[1]大般若経六百軸は、諸部般若の大全なり。大法師玄奘《げんじょう》の功、敢えて讃嘆し難し。[2]六たび流沙を歴《へ》、熱沙、身を喪し、第七度に丁《あ》たって宿志満せり。[3]五天を蹈遍して、[4]西域の方輿《ほうよ》を記《しる》し、[5]五十余部の梖多《ばいた》を荷負し来たる。諸天[6]推轂《すいこく》し、帝臣[7]葵仰《きぎょう》す。詔《みことのり》を奉じて訳場を首《はじ》む。[8]錦機《きんき》を翻《ひるがえ》すの論、旧訳に勝ること多し。[9]権化《ごんけ》大士の応作《おうさ》に匪《あら》ざる自《よ》りは、奚《なん》ぞ能《よ》く是《かく》の如くならんや。支那国、専《もっぱ》ら新訳を貴ぶ。中に就《つ》いて、[10]大全般若は、更に重訳無し。或いは年の豊登《ほうとう》を祈り、或いは疫の流行を禳《はら》い、在在所所、以て書写し、以て募《つの》り求む。経中の説に[11]脗合《ふんごう》する者か。茲《ここ》備後州三吉郡上里郷鳳源禅寺は、[12]大英檀浅野氏の、現当の福楽を祈るの道場を兼ぬるなり。現住持愚極和尚は、家臣津田氏の家に産す。[13]君臣の義を罔《な》みせず、[14]無為報恩を原《たず》ぬ。因《よ》って[15]願輪を謄写六百軸に発軫《はっしん》す。一会《いちえ》の雲水、闔郷《こうきょう》の諸士、[16]風の草を偃《ふ》すが如く、其の功、日ならずして潰《と》げぬ。厥《そ》の書写の弘願《ぐがん》、各人の名簿は、愚極和尚、自ら毎軸の尾《おわり》に記す。鳩《あつ》むる所の功徳は、専《もっぱ》ら祈る、檀門永唱、仏運紹隆、各各、覚樹、花を著け、十方刹を照らさんことを。予、雨安居に寓するの日、懇請に応じ、闇短《あんたん》を顧《かえり》みず、謹んで跋す。
享保十一稔、星、丙午《ひのえうま》に次《やど》る七月穀旦（吉日）、古月老衲書す。

＊

(1)大般若経六百軸者、諸部般若之大全也＝般若部の諸経は、『仁王般若経』などの一部を除き、玄奘訳『大般若経』六百巻の中に、すべて含まれている。例えば、『金剛般若経』は、『大般若経』巻五七七に当たる。／(2)六歴流沙、熱沙喪身、丁第七度宿志満矣＝玄奘三蔵が、仏典を求めてインドに渡った苦難を言うが、「六歴流沙」などは未見。／(3)五天＝古代、天竺（インド）の地を東西南北中の五地方に区画した称。全インドの意。／(4)西域方輿＝玄奘の『大唐西域記』。「方輿」は、大地の意。／(5)五十余部梖多＝玄奘が中国にもたらした六百五十七部の経典。「五十余部」は、誤記（誤写）か略。「梖多」は、梖多羅葉の略。【八―四】注(4)を参照。／(6)推轂＝轂（こしき）を推《お》して車を進めるように、人の事業を助成すること。／(7)葵仰＝葵（ひまわり）の花が日光に向かうように、人の徳を仰ぐこと。／(8)翻錦機之論、勝旧訳多焉＝【六―二】注(27)を参照。／(9)自匪権化大士之応作、奚能如是耶＝〈玄奘三蔵が菩薩の化身でなければ、どうしてこんな偉業が成し遂げられたであろうか〉。「自匪」は、「自非」とも書き、……でなければの意。／(10)大全般若＝玄奘訳『大般若経』六百巻。／(11)脗合＝脣の上下が相合うように、事のぴったり合うこと。／(12)大英檀浅野氏＝【一二―六】注(3)を参照。／(13)不罔君臣義＝〈君臣の義をないがしろにしない〉。「不罔（ナミセズ）」は、「無《な》みする」の否定形。／(14)無為報恩＝出家者としての真実の報恩。「流転三界中、恩愛不能断。棄恩入無為、真実報恩者」（「出家入道剃髪偈」）。／(15)発軫願輪於謄写六百軸＝〈大般若経六百軸の書写を始めた〉。「発軫」は、軫（くるま）を出発させること。「願輪」に掛けられている。／(16)如風偃草＝禅語の「風行草偃（風行けば草偃《ふ》す）」。もとは、『論語』顔淵第十二の「君子の徳は風なり。小人の徳は草なり。草、之れに風を尚《くわ》うれば必ず偃す」。

【一七】

附録十六羅漢眞讃。

享保十六辛亥七月、愚極和尚遣介使懇請。不得辭拜賛。格調效甘露滅蘇東坡等。

＊

附録(1)十六羅漢真讃。

享保十六辛亥《かのとい》七月、愚極和尚、(2)介使を遣《つか》わして懇請す。辞することを得ずして拝賛す。格調は(3)甘露滅(4)蘇東坡等に効《なら》う。

＊

(1)十六羅漢＝仏勅を受けて仏法を守護する十六人のすぐれた阿羅漢。『大阿羅漢難提蜜多羅所説法住記』に「是《かく》の如き十六の大阿羅漢、三明六通八解脱等の無量の功徳を一切皆具し、三界の染を離れ、三蔵を誦持し、外典に博通す。仏勅を承るが故に、神通力を以て自らの寿量を延ぶ」と。この羅漢図は、左幅に奇数の八尊者、右幅に偶数の八尊者を配したもの。原文に付したカタカナのルビは底本のもの。／(2)介使＝得禅禅者という人。【三五一】を参照。／(3)甘露滅＝覚範慧洪の号。慧洪には、「繡釈迦像并十八羅漢賛」(『石門文字禅』巻十八)があり、四字八句で作られている。／(4)蘇東坡＝蘇東坡にも、「羅漢賛十六首」(『蘇軾文集』)などがあり、同じく四字八句で作られている。

【一七―一】下平声七陽韻

左第一　賓度羅跋羅墮闍《ドラハラ》尊者。　［寶塔放光合掌恭敬］

巍巍寶墖、赫赫靈光。合爪瞻禮、歸命肅將。
應請施福、爲物示祥。懿哉令德、護法金湯。

＊

左第一　賓《ひん》度《ど》羅《ら》跋《ば》羅《ら》堕《だ》闍《じゃ》尊者。　［宝塔放光合掌恭敬］

巍《ぎ》巍《ぎ》たる宝塔、赫《かく》赫《かく》たる霊光あり。(1)合爪瞻礼《ごうそうせんらい》し、帰命《きみょう》して(2)粛将《しゅくしょう》す。

請に応じて福を施し、(3)物の為に祥を示す。(4)懿《い》なる哉《かな》、令徳、護法の(5)金湯《きんとう》なり。

(1)合爪＝合掌に同じ。／(2)粛将＝粛《つつし》んで将《おこ》なう。『尚書（書経）』泰誓上などに見える言葉。／(3)物＝衆生のこと。／(4)懿哉＝〈なんと素晴らしい〉。「懿」は、うるわしい、よいの意。／(5)金湯＝金城湯池の略。金城は極めて堅固な城。湯池は沸き立つ熱湯の堀。城池の極めて鞏《きょう》固《こ》なことの喩え。宗門では、仏教の外護者などに言う。

＊

【一七―二】上声二十五有韻

第二　迦諾迦跋《ダ》釐《ハリ》惰闍尊者。　［團扇岩座］

漆突之眼、匾擔之口。視尚如盲、説曾不苟。
拈小蒲扇、出一隻手。長垂依蔭、堪稱具壽。

＊

第二　迦《か》諾《な》迦《か》跋《ば》釐《り》惰《だ》闍《じゃ》尊者。　［(1)団扇岩座］

(2)漆突《しつとつ》の眼《まなこ》、匾担《へんたん》の口。視《み》ることは尚《な》お盲の如く、説くことは曾て苟《いやしく》もせず。
小蒲扇《しょうほせん》を拈じて、一隻手《いちせきしゅ》を出だす。(3)長く依蔭《えおん》を垂る、具寿《ぐじゅ》と称するに堪《た》えたり。

＊

(1)団扇＝柄の付いた扇子のことだが、ここでは、扇子状の払子、扇払を言う。／(2)漆突之眼、匾担之口＝〈真っ黒な眼、への字に結ばれた口〉。語彙は、『臨済録』示衆の「眼似漆突、口如匾担」から採られているが、ここでは、さげすむような意はない。／(3)長垂依蔭、堪称具寿＝「依蔭」は、頼りとなる木陰。「具寿」は、法寿を具有する者という意。仏弟子のこと。

【一七―三】下平声四豪韻

第三　諾矩羅尊者《ダグ》。［把針］

針鋒頭上、著隻最高。◎一機手親、六賊已鏖。◎
縫罅不露、深思耐熬。◎好離塵服、徳氣腥臊。◎

＊

第三　諾矩羅尊者《なくら》。［(1)把針《はしん》］

(2)針鋒頭上《しんぽうとうじょう》、隻《せき》を著くること最も高し。(3)一機、手親《てした》しく、六賊《ろくぞく》、已《すで》に鏖《みなごろ》しにす。
(4)縫罅《ほうか》、露《あら》われず、深思《じんし》、熬《おお》うに耐《た》えたり。(5)好離塵服《こうりじんぷく》、徳気腥臊《せいそう》たり。

＊

(1)把針＝縫い物をすること。尊者が、袈裟を繕っておられる図。賛詞を読むとそう取れる。／(2)針鋒頭上、著隻最高＝〈尊者が持つ針先には、最高の一隻眼が具わっている〉。「著隻」は、「著一隻眼」の略と解した。「一隻眼」は、摩醯首羅天《まけいしゅらてん》（大自在天）の頂門の一隻眼のことで、悟りの眼を言う。／(3)一機手親、六賊已鏖＝〈その把針の腕前はすぐれ、煩悩の賊を皆殺しにされた〉。注(5)を参照。「六賊」は、煩悩を生ぜしめるもととなる眼耳鼻舌身意の六根を賊に喩えた語。／(4)縫罅不露、深思耐熹＝〈その袈裟には、ほころびもなく、尊者の禅定身をおおってくれる〉。「縫罅」は、縫い目のほころび。「深思」は、ここでは、深思する尊者を指す。「熹」は、覆蓋の意。／(5)好離塵服、徳気腥臊＝「離塵服」は、袈裟の異称。『釈氏要覧』巻上「法衣」に「謂著此衣煩悩消痩故、又名離塵服」と。「腥臊」は、なまぐさい意だが、ここでは、尊者の徳気が、未だに香っているということ。

【一七―四】上平声五微韻

第四　迦理迦尊者。　［猛虎侍膝下］
膝下於菟、随你指揮。忘吾憐物、不獰伏威。
岩上風冷、峰頭雲圍。千古萬古、猶仰徳暉。

＊

第四　迦理迦《かりか》尊者。　［猛虎、膝下《しっか》に侍す］
膝下の(1)於菟《おと》、你《なんじ》が指揮に随う。吾れを忘れて物を憐れむ、獰《たけ》ざれども威《い》に伏す。
岩上、風冷やかに、峰頭、雲囲む。千古万古、猶お徳暉を仰ぐ。

(1)於菟＝虎のこと。「楚人、乳を穀と謂い、虎を於菟と謂う」（『春秋左氏伝』宣公四年）。

＊

【一七—五】上平声四支韻

第五　戍博《シュバ》迦尊者。［拈花坐童子倦書睡］

一枝異花、拈示阿誰。童子倦書、鼾睡不知。

縦使微笑、多落管窺。脱體現成、八字分眉。

＊

第五　戍《じゅ》博《ば》迦《か》尊者。［花を拈じて坐し、童子、書に倦《う》んで睡る］

一枝の異花、阿《あ》誰《た》にか拈示す。(1)童子、書に倦《う》んで、鼾睡《かんすい》して知らず。

(2)縦使《たと》い微笑《みしょう》すとも、多くは管窺《かんき》に落つ。(3)脱体現成《だったいげんじょう》、八字に眉を分かつ。

＊

(1)童子倦書、鼾睡不知＝〈童子は読書に飽き、鼾《いびき》をかいて何も知らずに眠っている〉。／(2)縦使微笑、多落管窺＝〈たとえ微笑しても、管の穴から見たに過ぎない〉。「微笑」は、尊者が手にする花を見て、「拈華微笑」の話頭を持ち出したもの。「管窺」は、管見に同じ。狭い見識の譬え。『了庵録』巻六「次仲謀法兄韻送肇侍者」偈頌に「世尊の三昧、迦葉知らず。破顔微笑、蠡《れい》測《そく》管窺」とある。／(3)脱体現成、八字分眉＝〈目の前に八字に分かれた眉が見えている〉。「八字分眉」は、禅録頻出語の「眉分八字（眉、八字に分かる）」を押韻の都合上、改めたもの。

『宗門方語』【眉分八字】に「相見分明」と釈す。「僧、趙州に問う、『承《うけたまわ》り聞く、和尚親しく南泉に見《まみ》ゆと、是なりや否や』〔千聞、一見に如《し》かず。摋《さつ》。眉分八字〕」（『碧巌録』三十則本則〔下語〕）。

【一七―六】下平声一先韻

第六　羅怙《ゴ》羅尊者。　〔右手指物羊傍侍〕

垂指南手、偏袒右肩。◎柔毛馴遊、長鬚相縁。◎
離三界染、延多劫年。◎檀越請福、應供無邊。◎

＊

第六　羅怙《らご》羅《ら》尊者。　〔右手、物を指さし、羊、傍に侍す〕

指南の手を垂れ、(1)偏袒右肩《へんだんうけん》。(2)柔毛《じゅうもう》、馴《な》れ遊び、長鬚《ちょうしゅ》、相縁《あいめぐ》る。(3)三界の染を離れ、多劫の年を延《の》ぶ。檀越、福を請すれば、(4)応供無辺《おうぐむへん》。

＊

(1)偏袒右肩＝右肩をはだぬぐ。搭袈裟の姿。／(2)柔毛馴遊、長鬚相縁＝〈羊は馴れ遊び、長い鬚《ひげ》が尊者にからまっている〉。「柔毛」は、羊の異名。「縁」は、まとう、めぐるの意。／(3)離三界染、延多劫年＝【一七】注(1)中の『法住記』を参照。／(4)応供無辺＝供に応ずること辺《かぎ》り無し。「応供」は、阿羅漢の異名でもある。一切の煩悩を断じ尽くして、人天の供養を受け、それに応ずるに足りる徳ある者という意。

【一七―七】下平声五歌韻

第七　因揭《キャ》多尊者。　［捧巻朗讀］

五納麁布、一巻根多。捧讀瀑響、威儀山峨。

天人擁護、龍鬼同和。願海浩曠、猶看餘波。

＊

第七　(1)因揭多《いんかつだ》尊者。　［(2)巻を捧じて朗読す］

(3)五納《ごのう》の麁布《そふ》、一巻の根多《ばいた》。捧読、瀑《たき》のごとくに響き、威儀、山のごとくに峨《たか》し。

天人擁護し、龍鬼同じく和す。(4)願海浩曠《こうこう》たり、猶お余波を看る。

＊

(1)因揭多＝普通は「因揭陀」と書く。／(2)捧巻朗読＝左手に経を持つ、因揭陀尊者の一般的な姿。／(3)五納麁布、一巻根多＝〈袈裟を掛け、一巻の経典を持つ〉。「五納麁布」は、五納衣（五衲衣とも）、袈裟のこと。袈裟は、種々の端切れで作るから、おのずから五色を有することになるので、この名がある。「麁布」は、粗布に同じ。「根多」は、根多羅葉の略。【八―四】注(4)を参照。／(4)願海浩曠、猶看余波＝「願海」は、誓願の広くて深いことを海に譬えるもので、「余波」は、その海に掛けた言葉。尊者の誓願が、ずっと続いているという句意。

【一七―八】下平声十二侵韻

第八　阿氏多尊者。　［岩上安香爐支枯藤］

金爐一柄、枯藤一尋◎。白髪疊雪、威氣衡嵤◎。
惡魔恐怖、諸天恭欽◎。千古隻影、在物爲霖◎。

＊

第八　阿氏多《あした》尊者。［岩上に香炉を安《お》き、(1)枯藤を支《ささ》う］
金炉一柄、枯藤一尋。白髪、雪を畳み、威気、嵤《やま》を衡《つ》く。
悪魔恐怖《くふ》し、諸天恭欽《くきん》す。千古の隻影《せきえい》、(2)物在れば霖《りん》と為《な》る。

(1)枯藤＝拄杖の異称。／(2)在物為霖＝〈衆生のために、日照りの雨となる〉。「霖」は、ながあめ。

＊

【一七―九】下平声十四塩韻

右第一　迦諾迦伐闍《バ》尊者。［眉毛雪垂拈麈尾］
犀顱竪伏、麈尾横拈◎。三尺眉毛、一堆霜髯◎。
堂堂威儀、人天具瞻◎。石上樹下、清而且廉◎。

＊

右第一　(1)迦諾迦伐闍《かなかばつさ》尊者。［眉毛、雪のごとくに垂れ、麈尾《しゆび》を拈ず］
(2)犀顱《さいろ》、竪《たて》に伏し、麈尾、横に拈ず。三尺の眉毛、一堆の霜髯《そうぜん》。
堂堂たる威儀、人天具《とも》に瞻《み》る。(3)石上樹下、清《せい》にして且つ廉《れん》たり。

(1)迦諾迦伐闍＝普通は「迦諾迦伐蹉」と書く。／(2)犀顱竪伏、麈尾横拈＝「犀顱」は、犀牛の如く突出した額骨。『普灯録』巻十一・仏果克勤章に「師犀顱月面、骨相不凡」と。「麈尾」は、麈《おおしか》の尾毛。払子の異称。『祖庭事苑』巻二【麈鹿】に「……鹿の大なる者を麈と曰う。群鹿、之れに従う。皆な麈の尾の転ずる所を視《み》て準《のり》と為す」と。／(3)石上樹下、清而且廉＝上の句は、樹下石上の倒置。樹下住は、十二頭陀の一であるが、これを樹下石上と熟すのは日本のみ。『高僧法顕伝』にある「仏於一大樹下石上東向坐食糜」から作られた熟語か。下の句は、清廉。李白の「題東渓公幽居」詩に「杜陵賢人清且廉」と。

＊

【一七―一〇】下平声六麻韻

第二　蘇頻陀尊者。　［拈如意對華瓶］

瀟洒石牀、瓶裡插花。提示如意、坐斷舛差。

福霑人天、氣捲雲霞。不證無餘、嚴奉《フ》釋迦。

＊

第二　蘇頻陀《そびんだ》尊者。　［如意を拈じ、華瓶に対す］

瀟洒たる石牀、瓶裡に花を挿《さしはさ》む。如意を提示し、(1)舛差《せんさ》を坐断す。

福、人天を霑《うるお》し、気、雲霞を捲く。(2)無余を証せず、釈迦に厳奉《ごんぷ》す。

＊

(1)坐断舛差＝「坐断」は、断ち切る。「舛差」は、差誤・差錯の義。禅録頻出語の「坐断千差」に同意。／(2)不証無余＝〈無余涅槃に証入しない〉。無余涅槃は、二種涅槃（有余・無余）の一。一切の煩悩を滅し、未来の生死の原因を滅したが、なお身体を残している場合を有余涅槃と言い、この五蘊所成の身体も滅して、所依がなくなった涅槃を無余涅槃と言う。『法華経』方便品に「自ら無上道を成じ、広く無数の衆を度し、無余涅槃に入らしむ」と。十六羅漢は、仏法を守護するために、自らの寿量を延ばす。【一七】注(1)中の『法住記』を参照。

【一七―一一】上平声七虞韻

第三　跋多羅尊者。　［肩如意倚曲彔坐艸座］

柔軟艸上、兀兀如愚。擔起如意、相倚槁梧。

英氣焉廋、妙手善圖。禮瞻可敬、福田膏腴。

＊

第三　(1)跋多羅《ばだら》尊者。　［如意を肩にし、曲彔《きよくろく》に倚《よ》り、草座に坐す］

(2)柔軟草上《にゆうなんそうじよう》、兀兀《ごつごつ》として愚《ぐ》の如し。如意を担起して、(3)槁梧《こうご》に相倚《あいよ》る。

(4)英気、焉《いず》んぞ廋《かく》さんや、妙手、善く図《えが》く。礼瞻《らいせん》、敬す可《べ》し、(5)福田膏腴《こうゆ》。

＊

(1)跋多羅＝普通は「跋陀羅」と書く。／(2)柔軟草上、兀兀如愚＝「柔軟草」は、尊者が坐す「草座」。これは、釈尊が草の座に坐した故事による。【九―四―⑤】注(1)を参照。「兀兀如愚」は、禅録頻出語だが、『従容録』二十三則頌には、「兀兀として愚の如くにして道貴《とうと》し」とある。「兀兀」は、不動のさま。／(3)相倚槁梧＝『荘子』徳充符に「槁梧に拠りて瞑す」とあり、「槁梧」は、脇息の類のようであるが、ここでは、「曲彔」。／(4)英気焉廋、妙手善図＝〈その英気は隠しようもなく、絵師から巧みに描かれた〉。「焉廋」は、『論語』為政第に「人焉廋哉」と。どうして隠せようかの意。／(5)福田膏腴＝肥沃な福田。

【一七—一二】上平声十二文韻

第四　伐闍羅弗多羅尊者。　［右手握竜角岩上置鉢］

龍角歸握、意氣逼雲。◎幹旋天地、驚動魔群。◎
天上得食、鉢盂餘薫。◎恭奉遺敕、不墜斯文。◎

＊

第四　(1)伐闍羅弗多羅尊者《ばじゃらほたら》。　［右手に龍角を握り、岩上に鉢を置く］

(2)龍角、握《あく》に帰し、意気、雲に逼《せま》る。(3)天地を斡旋《あっせん》し、魔群を驚動す。
(4)天上に食《じき》を得て、鉢盂《はつう》、薫《かお》りを余《あま》す。(5)恭《うやうや》しく遺勅《ゆいちょく》を奉じ、斯《こ》の文を墜《お》とさず。

＊

(1)龍角帰握、意気逼雲＝〈龍角を手に握り、その意気は雲天に迫る〉。「龍角」は、龍角状の物を言うが、具体的に尊者が何を持っておられるのかは不詳。／(2)斡旋天地、驚動魔群＝〈天地をめぐらせ、魔群を驚き騒がせる〉。「斡旋」は、運転の義。「驚動」は、怖がらせる意。／(3)天上得食、鉢盂余薫＝〈鉢盂に盛られた天食《てんじき》は、ゆたかな香りを今もなお放っている〉。／(4)恭奉遺勅、不墜斯文＝〈うやうやしく釈尊の遺勅を奉じて、仏道を地に落としめない〉。「遺勅」は、【一七】注(1)中の『法住記』を参照。「斯文」は、『論語』子罕第九などに出て、聖人の道を言う。

【一七―一三】上平声十灰韻

第五　半諾迦《ダ》尊者。　［岩上對香爐袒半肩］

穂煙細細、雲擁石臺。鼻觀一通、心境全灰。

慈也敷雨、黙也如雷。導自眷屬、長作渠魁。

*

第五　(1)半諾迦《はんたか》尊者。　［岩上、香炉に対し、(2)半肩を袒《はだぬ》ぐ］

(3)穂煙《すいえん》細細、雲、石台を擁す。(4)鼻観《びかん》一たび通じて、心境全く灰す。

慈や雨を敷き、(5)黙や雷の如し。(6)自らの眷属《けんぞく》を導いて、長《とこし》えに渠魁《きょかい》と作《な》る。

*

(1)半諾迦＝半託迦に同じ。／(2)袒半肩＝偏袒右肩に同じ。右肩をはだぬぐ。搭袈裟の姿。／(3)穂煙細細、雲擁石台＝〈香炉から軽やかに立ち登る煙りが、雲のように石台をいだいている〉。「穂煙」は、香炉から上がる煙りの形容。／(4)鼻観一通、心境全灰＝〈この香気をひとたび嗅げば、心境の対立はすべて消滅する〉。「心境」は、心（主観）と境（客観）。／(5)黙也如雷＝「維摩一黙語如雷」（『空谷集』十五則示衆）、「維摩一黙其声如雷」（『句双葛藤』）などからの句。／(6)導自眷属、長作渠魁＝半諾迦尊者の眷属は千三百と言う。「渠魁」は、おやだま。

【一七―一四】下平声八庚韻

第六　那伽犀那尊者。　［蒲扇拈持對香爐水遶石臺］

耳中山色、眼裡水聲。法法無礙、心心無生。

石爐煙斜、蒲扇風清。坐斷石崖、爲法權衡。

*

第六　那伽犀那《ながさいな》尊者。［蒲扇《ほせん》を拈持して香炉に対し、水、石台を遶《めぐ》る］

(1)耳中の山色、眼裡の水声。(2)法法無礙《むげ》、心心無生《むしょう》。

石炉、煙りは斜めに、蒲扇、風は清し。石崖に坐断して、(3)法の権衡《けんこう》と為《な》る。

*

(1)耳中山色、眼裡水声＝〈耳で山色を見て、眼で水声を聞く〉。洞山良价の偈に「若し耳を将《もっ》て聴けば終《つい》に会し難し。眼処に声を聞いて方《まさ》に知る可《べ》し」と。『寂室録』巻上「観音大士賛」に「耳裏山色、眼中水声」と。／(2)法法無礙、心心無生＝〈法そのものと、表われた法とは、一体不二、心そのものと、心のはたらきとは、本来空である〉。上の句は、華厳で説く「理事無礙」に同意。下の句は、『大智度論』巻八十六に「縁を断ずれば心心数《しんしんじゅ》（心自体と心のはたらき）生ぜず。是れを無生忍と名づく」と。／(3)為法権衡＝〈法の真偽を計るテンビンの役をしている〉。「権衡」は、秤《はかり》の権《おもり》と衡《さお》。物を量る道具。転じて法度・規則などの意に用いる。

【一七―一五】上平声一東韻

第七　伐《ハツ》那婆斯尊者。　［抱膝鼽嚏皃。詩經邶風願言則嚏］
無明糠脱、三界頓空。嚏非思想、氣以和融。
換骨得術、頤神絶功。金河顧命、歴劫歸崇。

＊

第七　伐《ば》那《な》婆《ば》斯《し》尊者。［膝を抱えて(1)鼽《きゆう》嚏《てい》する皃《すがた》。(2)『詩経』邶《はい》風《ふう》に「願《おも》いて言《ここ》に則ち嚏《てい》す」と］
(3)無《む》明《みよう》糠《こう》、脱し、三界、頓に空ず。(4)嚏《てい》するは思想に非ず、気以て和融す。
(5)換《かん》骨《こつ》、術を得たり、頤《い》神《しん》、功を絶す。(6)金《こん》河《が》の顧命、歴《りやっ》劫《こう》帰《き》崇《そう》す。

＊

(1)鼽嚏＝鼻かぜをひいてくしゃみをすること。／(2)詩経邶風願言則嚏＝『詩経』邶風・終風に「寤《さ》めて言《ここ》に寐《い》ねられず、願言則嚏」と。／(3)無明糠脱、三界頓空＝〈無明という薄皮を脱ぎ、にわかに三界から抜け出した〉。「無明糠」は、生死を生育する無明を、米種の糠皮（薄皮）に譬えたもの。「皆な羅漢は三義に翻す。一は不生。無明糠脱して後世の田中に更に生を受けざるが故に不生と言う」（『仁王護国般若経疏』巻一）。「三界」は、欲界・色界・無色界。生死輪廻する世界。／(4)嚏非思想、気以和融＝〈くしゃみをしておられるのは（『詩経』のように）何かを思ってのことではない、ただ気候と融合しておられるのだ〉。／(5)換骨得術、頤神絶功＝『碧巌録』参学普照の序に「至《し》聖《しょう》の命《みよう》脈《みやく》、列祖の大機。換骨の霊方、頤《い》神《しん》の妙術」と。「換骨」は、凡骨を仙骨に換える霊方。「頤神」は、精神を養う妙術。／(6)金河顧命、歴劫帰崇＝〈釈尊の遺嘱を受けておられる大阿羅漢、永遠に帰依し崇拝致します〉。

上の句は、【一七】注(1)に引いた『法住記』の文中にある「仏勅」を言う。讃詞は、終南山釈道宣の「法華経弘伝序」に見える言葉。「金河」は、釈尊入滅の地、拘尸那伽羅《くしながら》を流れていた跋提河《ばつだいが》の翻名。「顧命」は、遺言・遺嘱。

【一七－一六】上平声六魚韻

第八　注茶半諾迦《シュダダ》尊者。　［蒼鹿侍抱膝嘯坐］

抱膝嘯坐、鬱呑青虚。蒼鹿為伴、白雲作廬。

到処遊戯、徳澤溢餘。千歳聞名、炷拝勤渠。

＊

第八　(1)注茶半諾迦《ちゆうだはんたか》尊者。［蒼鹿《そうろく》侍し、膝を抱えて嘯《うそぶ》き坐す］

(2)膝を抱えて嘯《うそぶ》き坐し、鬱として青虚を呑む。(3)蒼鹿《そうろく》を伴《とも》と為《な》し、白雲を廬《いおり》と作《な》す。

到る処に遊戯《ゆげ》して、徳沢溢《あふ》れ余す。千歳、名を聞き、(4)炷拝勤渠《しゆはいごんきよ》す。

＊

(1)注茶半諾迦＝普通は「注茶半託迦」と書く。愚鈍で知られる周利槃特《しゆりはんどく》のこと。／(2)抱膝嘯坐、鬱呑青虚＝〈坐って膝を抱えてうそぶき、鬱々と天空の気を飲んでいる〉。画像の描写。上の句は、『蜀志』の諸葛亮孔明の伝注に「亮、晨夕毎《ごと》に、従容として膝を抱えて長嘯す（抱膝長嘯）」と。「青虚」は、青天・青空。／(3)蒼鹿＝『太平広記』巻四四三「蒼鹿」に『述異記』を引いて、「鹿千年為蒼鹿。又五百年為白鹿。又五百年化為玄鹿」とある。／(4)炷拝勤渠＝〈ねんごろに香を炷《た》いて拝む〉。「勤渠」は、殷勤に同意。

【一八】

應下野國足利善徳寺天慧和尚需拜贊。

享保十二丁未春於東都旅窓書。

＊

下野国足利[1]善徳寺の[2]天慧和尚の需《もと》めに応じて拝賛す。

享保十二丁未《ひのとひつじ》の春、[3]東都の旅窓に於いて書す。

＊

(1)善徳寺＝東光山。栃木県足利市大町。／(2)天慧和尚＝天慧禅雄。善徳寺第八世。十四歳、同寺の柱道闡礎に投じて出家。十八歳、遊方し、宇都宮の興禅寺関林精溥に侍すること三年。二十二歳、武蔵光林寺の霊源周蔭を礼し、多年参究、その印記を受け、次いで、大鳥山神鳳寺の快円律師（諱は慧空、高野山真別所円通寺第三世）を拝して菩薩戒を受けた。宝永四年（一七〇七）、三十二歳、善徳寺柱道の法席を嗣いだ。晩年は、京都に大応寺を興して住し、宝暦五年（一七五五）正月四日示寂。世寿八十、法臘六十七。海印発光禅師。『続禅林僧宝伝』第一輯・巻之中【一八八】。／(3)東都＝江戸。『伝記』同年条に「恵林寺の円覚経会終わって江府に赴き惟久公に謁す」と。

【一八－一】上平声十灰韻

第一　賓度羅跋羅墮闍尊者。

金河奉敕稱渠魁◎、作福田疇現瑞來◎。了得無生生更在、眉毛三尺掣難開◎。

＊

第一　賓度羅跋羅堕闍《ひんどらばらだじや》尊者。

(1)金河《こんが》に勅《ちよく》を奉じて渠魁《きよかい》と称す、福の田疇《でんちゆう》と作《な》って瑞を現わし来たる。(2)無生を了得して、生更《さら》に在り、眉毛三尺、掣すれども開き難し。

＊

(1)金河奉勅称渠魁、作福田疇現瑞来＝〈釈尊の遺勅を受けた十六羅漢のおやだま、福田地となって祥瑞を現わす〉。「金河奉勅」は、【一七－一五】注(6)を参照。「渠魁」は、おやだま。この羅漢が、第一尊者に数えられる故の言葉。「福田疇」は、福田地に同意。／(2)了得無生生更在、眉毛三尺掣難開＝〈羅漢は、無生身を得ていながら、あえて生身を表わしているが、その三尺の眉毛を押し開くことは難しい〉。画像であるが故の表現。

【一八－二】上平声二冬韻

第二　迦諾迦伐闍尊者。

皓首白眉嚴道容、石臺岑寂瑞雲封。休言常住彌羅國、孤月行空照幾峰。

＊

第二　(1)迦諾迦伐闍《かなかばつさ》尊者。

(2)皓首白眉、道容厳たり、石台、岑寂《しんせき》として、瑞雲封ず。(3)言うことを休《や》めよ、常に弥羅国《みらこく》に住すと、孤月、空に行きて、幾峰をか照らす。

＊

(1)迦諾迦伐闍＝普通は「迦諾迦伐蹉」と書く。／(2)皓首白眉厳道容、石台岑寂瑞雲封＝〈白髪の頭と白い眉、その道容は厳かで、坐る石台は、静かに高くそびえ、瑞雲が閉ざしている〉。画像の描写。／(3)休言常住弥羅国、孤月行空照幾峰＝〈常に弥羅国にとどまっておられるなどとは言うな、一輪の月が天に昇って、どれほどの峰々を照らしておることか〉。「弥羅国」は、この尊者の住処、北方迦湿弥羅国《かしゅみらこく》（『大阿羅漢難提蜜多羅所説法住記』）。下の句は、画像に描かれているのであろう一輪の月に因んで、尊者の遍界常住を歌うもの。

【一八―三】上平声十一真韻

第三　迦諾迦跋釐堕闍尊者。

掐《ツマグリ》槵搘藤脱世塵、拈將根葉梵文新。慇懃問著詮何義、自有泉聲説示人。

＊

第三　迦《か》諾《な》迦《か》跋《ば》釐《り》堕《だ》闍《じゃ》尊者。

(1)槵《かん》を掐《つまぐ》り藤《とう》を搘《ささ》えて世塵を脱す、根葉《ばいよう》を拈じ将《もっ》て梵文新たなり。(2)慇懃《いんぎん》に問著す、詮すること何の義ぞ、自《おの》ずから泉声の、人に説示すること有り。

＊

(1)掐槵搘藤脱世塵、拈将根葉梵文新＝〈杖をついて数珠を爪繰《つまぐ》り、世俗の塵埃から離れ、経典を手にしておられるが、その経文の何と新しいことか〉。画像の描写。「槵」は、木槵子。数珠の異称。【一八―一〇】注(1)を参照。「藤」は、枯藤。拄杖の異称。「根葉」は、根多羅葉の略。経文。【八―四】注(4)を参照。「新」は、新作の画像に因むが、不変という意。／(2)慇懃問著詮何義、自有泉声説示人＝〈「尊者がお持ちの経文には、どのようなことが明かされているのですか」と、うやうやしくお尋ねすると、泉の音が、聞こえた〉。下の句は、蘇東坡の開悟の偈に言う「渓声便ち是れ広長舌、山色豈《あ》に清浄身に非ざらんや」という趣旨。

【一八―四】上平声七虞韻

第四　蘇頻陀尊者。

毿毿篆烟生石爐、梵經猶著鈍工夫。儘教看破牛皮去、駿馬從來不按圖。

＊

第四　蘇頻陀《そびんだ》尊者。

(1)毿毿《すいすい》たる篆烟《てんえん》、石爐《せきろ》に生ず、梵経、猶お鈍工夫《どんくふう》を著《な》す。(2)儘教《さもあらばあれ》、牛皮を看破し去ることを、駿馬、従来、図を按ぜず。

＊

(1)毿毿篆烟生石爐、梵経猶著鈍工夫＝〈石炉から軽やかに立ち登る煙りの中、愚の如くに一途に経文を読んでおられる〉。「毿毿篆烟」は、【一七―一三】にあった「穂煙」に同じく、香炉から上がる煙りの形容。「毿毿」は、稲の穂が実って垂れ下がるさま。「篆烟」は、篆字のように曲がって細く立つ香煙。「石爐」は、石爐（石炉）に同じ。石で作った香炉。或いは、石台に置かれた香炉。「鈍工夫」は、馬鹿に成りきった修行。『大慧書』「答曾侍郎」問書に、円悟禅師の法語として、「……鈍工を下さしめて、常に自ら挙覚せば、久久にして必ず入処有らん」と。また『朱子語類』巻八「学」二に「大抵、学を為すは、聡明の資有りと雖《いえど》も、必ず須《すべか》らく遅鈍の工夫を做《な》して始めて得ん」と。／(2)儘教看破牛皮去、駿馬従来不按図＝〈一途に経文を読んでおられるこの人を、愚者と見るのは勝手だが、本当の尊者は、なかなか見えるものではない〉。成語の「按図索駿（図を按じて駿を索《もと》む）」「按図索馬」に基づく一句。絵に描かれた駿馬の知識だけで駿馬を捜す。本当の駿馬を知らないということ。

【一八―五】下平声十一尤韻

第五　諾矩羅尊者。

龜毛拂盡白雲頭。匝地風生閻部洲。日食萬金非分外、一瞻一禮見徽猷。

＊

第五　諾《な》矩《く》羅《ら》尊者。

(1)亀毛、払い尽くす、白雲頭、匝《そう》地《ち》、風生ず、閻《えん》部《ぶ》洲《しゅう》。(2)日に万金を食するも分外に非ず、一《いっ》瞻《せん》一《いち》礼《らい》、徽《き》猷《ゆう》を見る。

＊

(1)亀毛払尽白雲頭、匝地風生閻部洲＝〈払子で白雲を払い尽くすと、閻浮洲の大地に清風が吹いた〉。「亀毛」は、払子のこと。「白雲頭」の「頭」は、接尾語。「匝地」は、全大地。「閻部洲」は、閻浮洲に同じ。須弥山の南方に位置する人間世界のこと。諸仏は、この世界のみに出現すると言う。／(2)日食万金非分外、一瞻一礼見徽猷＝〈一日の食事に万金を費やしても分不相応ではない、拝むたびに大道を見る〉。「日食万金」は、成語の「日食万銭」に同意。非常に豪奢なことを言う。「分外」は、身分不相応、過分の意。「徽猷」は、立派な教え、大道。

【一八―六】下平声八庚九青通韻

第六　跋陀羅尊者。

三界見思脱屣輕[庚]、當陽開口説斯經[青]。更無一語挂唇齒、雲月谿山眼轉青[青]。

＊

第六　跋陀羅《ばだら》尊者。

(1)三界の見思《けんじ》、屣《し》を脱して軽し、当陽に口を開いて斯《こ》の経を説く。(2)更に一語の、唇歯《しんし》に挂くる無し、雲月谿山、眼《まなこ》、転《うた》た青し。

＊

(1)三界見思脱屣軽、当陽開口説斯経＝〈三界の迷いという草鞋を脱ぎ捨てて足下は軽く、真正面に口を開いてこの経典を説いている〉。「三界」は、欲界・色界・無色界。生死輪廻する世界。「見思」は、見惑（知的な理論上の迷い）と思惑（情意的な実践体験または習慣上の迷い）。「脱屣」は、屣《わらじ》を脱ぎ捨てる。事を軽視し、また惜し気もなく捨てる喩え。「当陽」は、正位・中央の義。転じて真正面の意。／(2)更無一語挂唇歯、雲月谿山眼転青＝〈ひとこともしゃべらずに、雲月渓山を親しげに見ておられる〉。上の句は、画像であるが故の沈黙。「眼転青」は、青眼。白眼に対する語で、親愛の目付き。

【一八―七】上平声十三元韻

第七　迦理迦尊者。

膝下黄金無變色、一笻高拄一乾坤。身心寂滅絶依頼、以此眞空答佛恩。

＊

第七　迦理《かりか》迦尊者。

(1)膝下《しっか》の黄金、変色無し、一笻《いっきょう》、高く拄《ささ》う、一乾坤。(2)身心寂滅して依頼を絶し、此の真空を以て仏恩に答《むく》ゆ。

＊

(1)膝下黄金無変色、一笻高拄一乾坤＝〈膝下にある黄金は変色することなく、一本の杖で高く天地を支えている〉。「膝下黄金」は、軽々しく膝を屈しない譬喩に用いる。雪竇化主省宗の言葉（『五灯会元』巻十二・興教坦禅師章）に「大丈夫、膝下に黄金有り。争《いか》でか肯《あ》えて無眼の長老を礼拝せん」と。「無変色」は、禅語（『雪竇録』巻三「拈古」）に「大冶《たいや》の精金、変色無し」と。「笻」は、杖を作るのに適した竹の一種。転じて杖を言う。／(2)身心寂滅絶依頼、以此真空答仏恩＝〈身心寂滅して一物にも頼らず、悟った真空を以て仏恩に報いる〉。「身心寂滅」は、『楞厳経』巻五に優波離の言として、「身心寂滅して阿羅漢と成る」とある。「絶依頼」は、諸録に見える「絶依倚」に同意。押韻の都合上、改めたもの。独尊ということ。依頼・依倚は、たより、たよるの意。「真空」は、有と空との相対を超えた真の空。また、一切皆空と観ずる般若の境界。

【一八―八】上平声十一真韻

第八　伐闍羅弗多羅尊者。

一片石牀空寂身、羅紈輕扇掃無塵。眼根聲矣耳根色、萬象擬然絶界畛。

＊

第八　伐闍羅弗多羅《ばじゃらほたら》尊者。

(1)一片の石牀、空寂の身、羅紈《らがん》の軽扇、掃《はら》うに塵無し。(2)眼根の声、耳根の色、万象擬然《しょうぜん》として界畛《かいしん》を絶す。

＊

(1)一片石牀空寂身、羅紈軽扇掃無塵＝〈一箇の石牀に坐す空寂の身、軽い扇払を持っておられるが、そこには払うべき一点の塵もない〉。「羅紈軽扇」は、うすぎぬ（羅）としろぎぬ（紈）で作られた軽い扇払。／(2)眼根声矣耳根色、万象擬然絶界畛＝〈眼で声を聞き、耳で色を見れば、森羅万象は羅列して、随処に実相を表わしている〉。上の句は、【一七―一四】にあった「耳中山色、眼裡水声」に同趣旨。そこの注(1)を参照。「擬然」は、諸録に見え、語意は、前後の文章によって微妙な差異があるが、今は、『諸録俗語解』【擬然】の「《大蔵院本：羅列の貌。『圜悟心要』に『順違得失、擬然として羅列す』。（後略）》」の解を採った。「界畛」は、両字共に界（さかい）の義。

【一八―九】押韻しない

第九　戌博迦尊者。

漆突眼兮匾擔口、聰明輸却彼癡呆。誰知眞説離文字、南嶽西峯點首來。

＊

第九　戍博《じゅば》迦《か》尊者。

(1)漆突《しっとつ》の眼《まなこ》、匾担《へんたん》の口、聡明、彼《か》の痴呆に輸却《ゆきゃく》す。(2)誰か知らん、真説は、文字を離るることを、南岳西峰、点首し来たる。

＊

(1)漆突眼兮匾担口、聡明輸却彼痴呆＝〈真っ黒な眼と、への字に結ばれた口、どんなに賢い人も、このあほうには負ける〉。上の句は、【一七―二】注(2)を参照。「輸却」は、負けること。「却」は、助辞。／(2)誰知真説離文字、南岳西峰点首来＝〈真実の説法は文字を離れていることを誰も知らない、ただ南の岳、西の峰が、尊者の真説を聞き取ってうなずいている〉。「点首」は、点頭、承諾してうなずくこと。

＊

【一八―一〇】上平声四支韻

第十　半託迦尊者。

手裡串珠一百八、提來晝夜只如斯。嗒然仰視空心境、不識風花觸雪眉。

＊

第十　半託《はんた》迦《か》尊者。

(1)手裡の串珠、一百八、提《ひっさ》げ来たること、昼夜、只だ斯《かく》の如し。(2)嗒然《とうねん》として仰視して心境を空ず、識《し》らず、風花の、雪眉に触るることを。

＊

(1)手裡串珠一百八、提来昼夜只如斯＝〈手の中の一百八顆の数珠、昼となく夜となく、ただこのように持っている〉。「串珠」は、念珠・数珠のこと。数珠の功徳は、『木槵子経』に、「木槵子一百八顆を貫いて数珠とし、これをつまぐりて三宝を念ずれば、百八の結業を退治して無上の勝果を得る（要約）」と説く。下の句は、『五灯会元』巻五・大顛宝通章に「韓文公（韓愈）、一日、相訪《あいおとな》うて師に問う、『春秋は多少ぞ（お歳は、おいくつか）』。師、数珠を提起して曰く、『会《え》すや』。公曰く、『会せず』。師曰く、『昼夜一百八』。公、暁《さと》らずして遂に回《かえ》る」と。／(2)嗒然仰視空心境、不識風花触雪眉＝〈我れを忘れて仰ぎ見て、心境の対立もなくなり、風花《かざはな》が白い眉毛に降りかかっているのも御存知ない〉。「心境」は、心（主観）と境（客観）。ここの「風花」は、倭語の「かざはな」。「雪眉」は、雪のように白くなった眉毛。

【一八—一一】上平声三江韻

第十一　羅怙羅尊者。

掌中一箇木如意、百萬群魔折慢幢。神力洞然誰得比、星中月影徹寒江。

＊

第十一　羅《ら》怙《ご》羅《ら》尊者。

(1)掌中、一箇の木如意、百万の群魔、慢幢《まんどう》を折る。(2)神力洞然《とうねん》として、誰か比することを得ん、星中の月影、寒江に徹す。

＊

(1)掌中一箇木如意、百万群魔折慢幢＝〈手に握った一本の木如意で、百万の群魔の慢幢を折る〉。「慢幢」は、慢心の高いことを幢《はた》に喩えたもの。／(2)神力洞然誰得比、星中月影徹寒江＝〈尊者の明らかな神力と比較出来る者は誰もいない、星中の月影が寒い川面に映っている〉。下の句は、画像に基づくものであろうが、北本『涅槃経』巻二十（南本は巻十八）に「譬えば満月は衆星中の王の如し」とある。

【一八－一二】上平声十一真韻

第十二　那迦犀那尊者。

寂滅身心龍定裡、茫茫九有絶纖塵。若言證得阿羅漢、曠劫何能除我人。

＊

第十二　那迦犀那《なが さいな》尊者。

(1)寂滅身心、龍定の裡《うち》、茫茫《ぼうぼう》たる九有、纖塵《せんじん》を絶す。(2)若し阿羅漢を証得すと言わば、曠劫《こうごう》、何ぞ能《よ》く我人を除かん。

＊

(1)寂滅身心龍定裡、茫茫九有絶纎塵＝〈尊者は、身心寂滅して那伽定中におられ、果てしなく生死輪廻する衆生の世界にいても一点の塵埃もこうむらない〉。「寂滅身心」は、『楞厳経』巻五に優波離の言として、「身心寂滅して阿羅漢と成る」と。「龍定」は、未見の語だが、那伽定の那伽を、訳語の龍に変えたものであろう。那伽定は、仏の禅定のこと。那伽は、梵語ナーガの音訳で龍の意。龍を仏に比して言う。「九有」は、衆生が生死輪廻する九有情居の世界。／(2)若言証得阿羅漢、曠劫何能除我人＝〈もし尊者が、「我れは身心寂滅して阿羅漢の悟りを得た」と言って（その位に留まっておられたならば）、どうして、無始劫来より、衆生の我執を取り除くことが出来たであろうか〉。上の句は、前注を参照。「曠劫」は、久遠劫に同意。始まりも分からないような大昔。「我人」は、『金剛経』に説く、我・人・衆生・寿者の、凡夫の四相を代表させたもの。この四相は、広い意味での我相。「此の人は我相無く、人相無く、衆生相無く、寿者相無し。所以《ゆえ》は何《いかん》となれば、我相は即ち是れ非相なり、人相・衆生相・寿者相は、即ち是れ非相なり。何を以ての故に。一切の諸相を離るるを、即ち諸仏と名づく」（離相寂滅分第十四）。また『円覚経』に「一切衆生、無始より来《このかた》、妄想して、我・人・衆生、及び寿命と有りと執し、四顚倒を認めて実我の体と為す」と。

*

【一八―一三】上平声十一真韻

第十三　因掲陀尊者。
掃除三毒夢中塵。雙足風雲起八垠。鬼府天宮遊戯去、歸來抱膝掐珠輪。

第十三　因掲陀《いんかだ》尊者。
(1)三毒夢中の塵を掃《はら》い除き、双足の風雲、八垠《はちぎん》に起こる。(2)鬼府天宮、遊戯《ゆげ》し去り、帰り来たって、膝を抱えて、珠輪を掐《つまぐ》る。

＊

(1)掃除三毒夢中塵、双足風雲起八垠＝〈夢幻の如き三毒の塵を払い除き、二本の足下から起こる風雲は八方の果てにまで及んでいる〉。上の句は、「長慶二種の語」と呼ばれる話頭を踏まえる。「一日、慶（長慶）、師（保福）に謂いて曰く、『寧《むし》ろ阿羅漢に三毒有りと説くとも、如来に二種の語有りと説く可《べ》からず。如来に語無しとは道《い》わず。祇《た》だ是れ二種の語無し』。師曰く、『作麽生《そもさん》か是れ如来の語』。慶曰く、『聾人、争《いか》でか聞くことを得ん』。師曰く、『情《まこと》に知んぬ、和尚が第二頭に向《お》いて道うことを』。慶曰く、『汝は又た作麽生』。師曰く、『喫茶去』」（『五灯会元』巻七・保福従展章）。「三毒」は、悟りの障礙となる、貪・瞋・痴の三つの煩悩。引用文中の「二種語」は、真実語と方便語。／(2)鬼府天宮遊戯去、帰来抱膝掐珠輪＝〈冥土と天宮とに遊戯していたが、ここに帰って来て、膝を抱えて数珠を爪繰《つまぐ》っている〉。「鬼府」は、用例の少ない言葉だが、冥府の意で解した。「鬼」は、死者の魂。「遊戯」は、ここでは、遊化の意。「帰来」は、この画像に帰って来てということ。「珠輪」は、ここでは、数珠のこと。普通は、輪珠と書くが、押韻の都合上、改めたもの。手に数珠を持つのは、因掲陀尊者の一般的な姿。

【一八―一四】上平声十一真韻

第十四　伐那波斯尊者。

頂髪皤然雪様新、方知法海老龍鱗。烏藤拈棄虚空背、笑看人間滾六塵。

＊

第十四　伐那波斯《ばなばし》尊者。

頂髪[1]、皤然《はぜん》として、雪様新たなり、方《まさ》に知る、法海の老龍鱗なることを。烏藤《うとう》[2]、拈じ靠《よ》す、虚空の背、笑って看る、人間に六塵を滾《こん》することを。

＊

(1)頂髪皤然雪様新、方知法海老龍鱗＝〈髪の毛は真っ白で雪景色のように新しい、そこで初めて、この尊者が法海の老龍鱗であることが分かった〉。想像するに、この尊者図は、臥龍形の老松が雪を頂いている図を背景にして描かれている。「皤然」は、老人の髪の白いさま。「新」は、【一八―三】注(1)を参照。「老龍鱗」は、松の老幹の譬喩。王維の「春日与裴迪……」詩の「松を種えて皆な老いて龍鱗と作《な》る（一作、種松皆作老龍鱗）」に基づく。「龍鱗」は、天子・英雄に譬えられる。／(2)烏藤拈靠虚空背、笑看人間滾六塵＝〈虚空の背中に拄杖を寄せかけて、人間世界に六塵が舞い立つのを笑って見ている〉。「烏藤」は、拄杖の別名。「六塵」は、色声香味触法の六境。これが人身に入って、本来清浄な心を汚すから「六塵」と言う。「滾六塵（滾塵）」は、塵埃が立つこと。

【一八―一五】上平声十一真十三元通韻

第十五　阿氏多尊者。

涅槃山頂寄全身[真]、擁膝終朝不討《ス》論[元]。法生法滅皆幻化、都盧大地示通津[真]。

＊

第十五　阿氏多《あした》尊者。

(1)涅槃山頂《ねはんせんちょう》に全身を寄せ、膝を擁して、終朝《ひねもす》、討論せず。(2)法生じ法滅す、皆な幻化、都盧《とろ》大地、通津《つうしん》を示す。

*

(1)涅槃山頂寄全身、擁膝終朝不討論＝〈涅槃山の頂に全身を寄せ、膝をかかえて一日中なにも語らない〉。「涅槃山」は、「生死河」に対して、涅槃を山に譬えて言う言葉。「終朝不討論」は、画像であるが故の表現。「終朝」は、ここでは、終日、一日中の意。「討論」は、現代語の「議論をたたかわす」の意ではない。／(2)法生法滅皆幻化、都盧大地示通津＝〈事物が生じたり滅したりするのは皆な幻化だから迷うな、尽大地に涅槃への渡し場を示しておられる〉。上の句は、『金剛経』応化非真分第三十二に「一切有為の法は、夢幻泡影《むげんほうよう》の如く、露《つゆ》の如く亦た電《いなずま》の如し、応《まさ》に是《かく》の如きの観を作《な》すべし」と。「都盧大地」は、尽大地。「都盧」は、すべて、一切残らず全部の意。「通津」は、四方へ通じる渡し場。ここでは、此岸から彼岸への渡し場。

【一八―一六】上平声八斉韻

第十六　注茶半諾迦尊者。

蒲團高倚白雲栖、眉目淵然氣宇凄。知是天華無著處、丹崖青壁艸萋萋。

*

第十六　(1)注《ちゅう》茶《だ》半《はん》諾《た》迦《か》尊者。

(2)蒲団、高く白雲に倚《よ》せて栖《す》み、眉目、淵然《えんぜん》として、気宇《きう》凄《すさ》まじ。(3)知んぬ是れ天華の著《つ》くる処無きことを、丹崖青壁《たんがいせいへき》、草萋萋《くさせいせい》。

＊

⑴注茶半諾迦＝普通は「注茶半託迦」と書く。愚鈍で知られる周利槃特《しゆりはんどく》のこと。／⑵蒲団高倚白雲栖、眉目淵然気宇凄＝〈白雲の高きにある蒲団にゆったりと坐り、その容貌は深くて静かだが、その心はすさまじい〉。／⑶知是天華無著処、丹崖青壁草萋萋＝〈天女が降らせた華が、どうして尊者の身からサラリと落ちたかなどは知らないが、高く険しく聳える赤色の崖と青色の岩壁には、草が盛んに生い茂っている〉。「知」は、「知んぬ」と読み、不知の意。「天華無著」は、『維摩経』観衆生品に「〈天女が天華を降らせ、天華が諸菩薩に至ると皆な堕落した。そこで天女が言う〉『諸もろの菩薩を観《み》るに、華の著かざることは、已《すで》に一切の分別の想いを断ずるが故なり』と」。「丹崖青壁」は、嵇叔夜の「琴賦」（『文選』巻十八）に「丹崖嶮巇《けんき》として、青壁万尋《ばんじん》たり」とあるのに基づく。

【一九】

十六羅漢畫像辨疑　附十八羅漢。

本朝之畫工僧雪舟、古法眼元信、東福之兆殿司等所圖十六眞人之眞影、氣韻生動不同、侍從持物亦各別也。畫軸各不記名號則難分位次。十六之稱號位次者、以慶友尊者法住記可證據也。明藏漆字之函可考。然記名號及住處、不記侍從持物等。故其位次難確定。考今圖畫、如其侍從持物、以畫工出新意之巧術異乎。或大半有相似者。如眉毛長垂者爲賓頭盧尊者、提如意對花瓶爲蘇頻陀是也。予創建僧堂、左右圖十六位。憑殿司所圖。元政師艸山集所記頗胳合焉。考蘇軾王世貞等十八羅漢圖贊之序曰、住處名號具出寶雲經第七卷。拜閲訂考、曾無羅漢説。彌勒下生經出四大羅漢之縁。迦葉賓頭盧羅云軍徒鉢漢〔歟〕也。然賓頭盧羅云、已十六之數也。有言十八者、即加迦葉軍徒也。王世貞等所贊位次爲當也。如洪覺範十八尊影讃辭之位次恐爲錯誤乎。第一賓度羅跋羅墮闍尊者、第十八賓頭盧尊者也。是分一號爲兩號乎。考請賓頭盧經曰、賓頭盧者字也。頗羅墮誓者姓也。姓字以連呼也。依新舊之異譯、梵音之楚夏、或稱賓度羅、又呼賓頭盧者乎。且第十七爲難提蜜多羅〔唐翻慶友〕。是法住記能説主也。佛涅槃後八百年中聖者也。不如加迦葉等審詳也。更俟識者之判斷耳。予享保十二丁未春寓居東都之日、蒙下野國足利天慧禪師之責、恭贊十六尊。毎軸記名號、便于贊辭。茲備后州三吉〔次〕鳳源愚極和尚、遠《ツヽミ》齋十六軸來丐贊辭。不記名號、難爲校定。具考洪覺範贊辭、及雪信兆三畫師之圖、折衷定位次者也。於戯、予忝廁空門、贊十六眞人二矣。況又如吾僧堂之尊影、晨昏炷拜檀越設齋則獻鉢竭誠耳。始蒙天慧禪師之責爲濫觴。好因縁流溢滿願海、齊十六眞人云。

*

十六羅漢画像弁疑　附十八羅漢。

本朝の画工僧(1)雪舟、古法眼(2)元信《もとのぶ》、東福の(3)兆殿司《ちようでんす》等の図《えが》く所の十六真人の真影、(4)気韻生《きいんせい》動《どう》、同じからず、侍従持物も亦た各おの別なり。画軸、各おの名号を記せざる則《とき》んば位次を分かち難し。十六の称号位次は、(5)慶友尊者の『法住記』を以て証拠とす可《べ》きなり。(6)明蔵《みんぞう》の漆字の函、考う可し。然《しか》れども名号及び住処のみを記して、侍従持物等を記せず。故に其の位次、確定し難し。今の図画を考うるに、其の侍従持物の如き、画工、新意を出だすの巧術く十六軸を齎《つつ》み来たって賛辞を丐《こ》う。[23]名号を記せず、校定を為し難し。具《つぶさ》に洪覚範の賛辞、く十六尊に賛す。[21]毎軸に名号を記し、賛辞に便りす。[22]茲《ここ》に備后州三次鳳源の愚極和尚、遠予、[20]享保十二丁未《ひのとひつじ》の春、東都に寓居するの日、下野国足利の天慧禅師の責めを蒙り、恭し更に識者の判断を俟《ま》つのみ。

『法住記』能説の主なり。仏涅槃後八百年中の聖者なり。迦葉等を加うるが審詳なるに如《し》かず。賓頭盧と呼ぶ者か。且つ[19]第十七を難提蜜多羅［唐には慶友と翻す］と為す。是れ（難提蜜多羅）は、姓字を以て連《つら》ね呼ぶなり。[17]新旧の異訳、[18]梵音の楚夏に依って、或いは賓度羅と称し、又たちて両号と為すか。[16]『請賓頭盧経』を考うるに曰く、「賓頭盧は字《あざな》なり。頗羅堕誓は姓なり」と。恐らくは錯誤為《な》らんか。[15]第一賓度羅跋羅堕闍尊者、第十八賓頭盧尊者なり。是れ一号を分か王世貞等の賛する所の位次は当たれりと為《な》すなり。[14]洪覚範の十八尊影讃辞の位次の如きは、賓頭盧と羅云とは、已《すで》に十六の数なり。十八と言う有るは、即ち迦葉と軍徒とを加うるなり。[13]『弥勒下生経』に、四大羅漢の縁を出だす。迦葉と賓頭盧と羅云と軍徒鉢歎となり。然るに号、具《つぶさ》に『宝雲経』第七の巻に出づ」と。（『宝雲経』を）拝閲訂考するに、曾て羅漢の説無し。に記する所と頗《すこぶ》る[10]脗合《ふんごう》せり。[11]蘇軾《そしょく》[12]王世貞《おうせいてい》等の十八羅漢図賛の序を考うるに曰く、「住処名[8]予、僧堂を創建し、左右に十六位を図《えが》く。殿司（兆殿司）の図《えが》く所に憑《よ》る。[9]元政師の『草山集』如意を提《ひっさ》げ花瓶に対するを蘇頻陀《そびんだ》と為《す》るが如き是れなり。を以て異なるか。或いは、大半、相似《あいに》たる者有り。眉毛の長く垂るる者を[7]賓頭盧《びんずる》尊者と為《な》し、及び雪（雪舟）・信（元信）・兆（兆殿司）の三画師の図を考えて、折衷して位次を定むる者なり。於戯《ああ》、予、忝《かたじけ》なくも空門に廁《まじ》わって、十六真人に賛すること二《ふた》たびす。況んや又た吾が僧堂の尊影の如き、晨昏炷拝、檀越設斎する則《とき》んば鉢を献じ誠を竭《つ》くすのみ。始め天慧禅師の責めを蒙るを(24)濫觴《らんしょう》と為す。好因縁、流溢《りゅういつ》して願海を満せんこと、(25)十六真人に斉《ひと》しからんと云う。

＊

(1)雪舟＝室町時代の画僧。／(2)元信＝狩野元信。室町時代の絵師。／(3)兆殿司＝吉山明兆。室町時代の画僧。東福寺で殿司の役にいたことによる呼称。／(4)気韻生動＝風格気品が生き生きと充ち溢れていること。画の六法の一。／(5)慶友尊者法住記＝【一七】注(1)に引いた『大阿羅漢難提蜜多羅所説法住記』。「慶友」は、難提蜜多羅の唐名。／(6)明蔵漆字之函＝『明版大蔵経』は、「千字文」の天字（第一）より石字（第六三六）に至る六百三十六函に収められており、その中の漆字（第四八五）の函ということだが、訓注者未見のため、経名を明らかに出来ない。／(7)賓頭盧尊者＝第一賓度羅跋羅堕闍尊者のこと。／(8)創建僧堂、左右図十六位＝享保十三年（一七二八）十二月のこと。【一八〇―一二一】の底本注記を参照。／(9)元政師草山集＝江戸前期の日蓮宗の学僧で漢詩人、諱は日政の詩文集二十巻だが、訓注者未見。／(10)脗合＝脣の上下が相合うように、事のぴったり合うこと。／(11)蘇軾＝蘇東坡。蘇東坡には、「十八大阿羅漢頌有跋」（『蘇軾文集』）があるが、『宝雲経』などの記述は見えない。／(12)王世貞＝明代の学者で政治家。「十八羅漢図賛之序」は、訓注者未見。／(13)弥勒下生経……＝『弥勒下生経』に載せるのは、大迦葉比丘・屠鉢歎比丘・賓頭盧比丘・羅云比丘の四大声聞であり、古月が典拠としているのは、『仏祖統紀』巻三十三・法門光顕志第十六「供羅漢」に載せる以下の記述であろう。「四大羅漢者、弥勒下生経云、迦葉・

賓頭盧・羅云・軍徒鉢歎。十六羅漢出宝雲経。然賓頭盧・羅云、已在十六之数。今有言十八者、即加迦葉・軍徒」。／⒁洪覚範＝覚範慧洪。慧洪には、「繍釈迦像并十八羅漢賛」（『石門文字禅』巻十八）がある。／⒂第一賓度羅跋羅堕闍尊者、第十八賓頭盧尊者也＝慧洪の十八羅漢賛の位次。／⒃請賓頭盧経＝正しくは、『請賓頭盧法』。／⒄新旧之異訳＝玄奘以後の翻訳を新訳、それ以前の翻訳を旧訳と言う。／⒅梵音之楚夏＝『従容録』四十八則頌評唱に「文殊師利と曼殊室利とは梵音の楚夏なり」と。「楚夏」は、南方と中夏のことで、地方による発音の相違を言う。／⒆第十七為難提蜜多羅＝覚範慧洪の十八羅漢賛の位次。／⒇享保十二丁未……＝【一八】を参照。／㉑毎軸記名号、便于賛辞＝〈軸ごとに十六羅漢の名前が書かれていて、賛辞を作るのに都合がよかった〉。／㉒茲備后州三次……＝【一七】を参照。／㉓不記名号、難為校定＝〈羅漢の名前が書かれておらず、どの画がどの尊者なのか正しく定め難かった〉。／㉔濫觴＝ことの初めの意。大河もその源は、さかずきにあふれるほどの小流であるという意。／㉕斉十六真人＝〈天慧禅師や愚極和尚の願心は、十六真人のそれと等しい〉という文意か。

【二〇】

雨安居録拾遺。

【二〇―一】上平声十一真韻

薦性水義梵知藏初七忌。

眞性空兮生滅是、一機頓發絶畦畛。秋隣山色涼如水、洒洒風光爲孰新。

＊

(1)性水義梵知蔵の初七忌を薦す。

(2)真性空、生滅是、一機、頓《とみ》に発して、畦畛《けいしん》を絶す。(3)秋隣《とな》りて、山色、水よりも涼し、洒洒たる風光、孰《た》が為にか新たなる。

＊

(1)性水義梵知蔵＝人物不詳。「知蔵」は、蔵主と同じ。妙心寺の僧階で、侍者職のこと。その後、首座→座元と昇り、座元で末寺の住職資格を得て、道号で呼ばれる。／(2)真性空兮生滅是、一機頓発絶畦畛＝〈諸法は消滅を繰り返すが実体などはない、頓にそのことを悟り、心は限りなく広い〉。上の句は、六十巻『華厳経』巻二十四の偈に「諸法の生滅を観ずれば、一切本来空なり」と。「一機頓発」は、末宗徳本の「蛙を聴く」偈（『江湖風月集』巻上）に「一機頓発、諸有を空ず、大雅の松風にも此の声無し」と。「畦畛」は、田地のさかい。『夢窓録』巻下「霊山和尚賛」に「胸に畦畛無く、眼は虚空を蓋《おお》う」と。／(3)秋隣山色涼如水、洒洒風光為孰新＝〈秋の近づく山の景色は水よりも涼しい、このサッパリとした景色は君のために毎年おとずれるのだ〉。「秋隣」は、倭語の「あきどなり」。秋の近づく晩夏。「涼如水」は、杜牧の「秋夕」詩などに見え、禅録でも盛んに用いられるが、伝統的に「涼しきこと水の如し」とは読まずに、「水よりも涼し」と読んでいる。

【二〇－二】 下平声一先韻

結夏以來各切于自己躬下之事、且激衛宗志、實可賞嘆。今臨別野偈以贐云。

曾期艸木共相腐、被業風吹首法筵。唯恐頂門撒塵土、枯腸傾盡祖師禪。

＊

結夏より以来《このかた》、各おの自己《じこ》躬下《きゅうか》の事に切なり、且つ衛宗《えいしゅう》の志を激す、実に賞嘆す可《べ》きなり。

(1)今、別れに臨み、野偈を以て贐《はなむけ》すと云う。

(2)曾て草木と共に相腐《あいくち》んことを期すも、業風《ごっぷう》に吹かれて法筵に首たり。(3)唯だ恐らくは、頂門に塵土を撒《さっ》することを、枯腸《こちょう》、傾け尽くす、祖師の禅。

＊

(1)今臨別＝鳳源寺の夏安居が解かれる日。／(2)曾期草木共相腐、被業風吹首法筵＝〈前まえから世に知られることなく一生を終わろうと考えておったが、業風に吹かれて、法筵をつかさどることになった〉。「草木共相腐」は、世に知られずに死ぬことの喩え。成句に「草木倶腐」「草木倶朽」。「被業風吹」は、禅録に頻出し、行きたくもない所へ行かされるという含みを持つ場合もあるが、ここでは、我が身を卑下して言ったもの。「業風」は、悪業の報いとして感じる猛風。／(3)唯恐頂門撒塵土、枯腸傾尽祖師禅＝〈ひからびたはらわたを絞り尽くして祖師の禅を説いたが、恐らくは、そなた達の悟りの眼に塵を撒き散らしただけであろう〉。「頂門」は、摩醯首羅天《まけいしゅらてん》（大自在天）の頂門の一隻眼のことで、悟りの眼を言う。

【二〇―三】上平声三江韻

比熊山設梵網會并開雨安居。方丈和尚大偈賞勞遠來。茲逢開講之晨、次嚴韻伸賀辭萬乙云。

講臺四衆澮如江。法運時臻魔外降。随喜澆風有依頼、千鈞大法一絲扛。

＊

(1)比熊山、梵網会を設け、并《あわ》せて雨安居を開く。方丈和尚、大偈をもって遠来を賞労す。茲《ここ》に開講の晨に逢い、厳韻を次いで賀辞の(2)万乙《まんいつ》を伸ぶと云う。

＊

(3)講台の四衆、澮《あつ》まって江《かわ》の如し、法運、時臻《ときいた》り、魔外降《まげ》す。(4)随喜す、澆風《ぎようふう》に依頼有ることを、千鈞の大法、一糸に扛《あ》ぐ。

(1)比熊山＝鳳源寺の山号。／(2)万乙＝万分の一。曼乙・万一・曼一とも書かれ、謝意を表わす際、謙遜して言う語。／(3)講台四衆澮如江、法運時臻魔外降＝〈『梵網経』を説く講台の前には、多くの四衆が、大海に流れ込む百川の如くに集まった、法運の時はここに至り、天魔外道も降参した〉。『梵網経』を講説したのは、鳳源寺方丈の愚極義泰。「四衆」は、比丘（出家の男）・比丘尼（出家の女）・優婆塞（在家信者の男）・優婆夷（在家信者の女）。「澮」は、聚会の義。／(4)随喜澆風有依頼、千鈞大法一糸扛＝〈この末世に一人の頼りとなる人がおられ、千鈞の大法を髪の毛一本で持ち上げておられるのを見て共に喜んだ〉。「澆風」は、澆世（末世）の風俗。ここの「依頼」は、頼りとなる人。愚極義泰を指す。ここの「一糸」は、一糸髪の略。極めて危険なことを言う「一髪引千鈞」の語を踏まえて、既に滅びんとしている仏法を……という含意。

【二〇―四】下平声一先韻

邂逅于海量和尚。大偈以見修舊盟。聊次嚴韻奉酬。

江雲注思幾多年、相遇低頭白雪纒。牽得百城烟水興、同床話盡祖師禪。

*

(1)海量和尚に邂逅《かいこう》す。大偈を以て旧盟を修せらる。聊《いささ》か厳韻を次いで酬い奉る。

(2)江雲、思いを注《そそ》ぐ、幾多《いくばく》の年ぞ、相遇《あいあ》うて低頭すれば、白雪纒《まと》う。(3)百城烟水の興を牽《ひ》き得て、同床、話《かた》り尽くす、祖師の禅。

*

(1)海量和尚＝広島市宝珠山金龍寺の六世、海量慈航か。慈航は、正徳元年（一七一一）の前堂転位であるので、時代的には一致する。／(2)江雲注思幾多年、相遇低頭白雪纒＝〈遠く離れ、いつ会えるかと、長年、思いを募らせていたが、思いがけずにお出会いし、頭を下げて挨拶すると白髪頭になっておられた〉。「江雲」は、【一〇―七六】にあった「渭樹江雲」の「江雲」。渭樹江雲は、遠く相隔たっている友人同士の相思の情を言う成句。そこの注(3)を参照。／(3)牽得百城烟水興、同床話尽祖師禅＝〈その頭を見ていると、共に行脚していたころの面白味が思い出され、寝床を共にして祖師の禅を語り合った〉。「百城烟水」は、禅録に頻出する言葉で、『華厳経』入法界品に説く、善財童子が南遊して百十城を経て五十三人の善知識に参じたことを言うものだが、多く諸方遍参の譬喩に用いる。

【二〇—五】下平声八庚韻

層雲楚石首座、曾扣予茅宇問祖意。客歳挂錫於當山。不幸遇二豎祟不起。茲丁一回忌辰、方丈和尚設齋、使予炷香。感顯冥之徳庇伸小偈。

心腸如鐵又如石、湘水楚雲磨道情。一路涅槃再携手、陰森夏木杜鵑鳴。

＊

(1)層雲楚石首座、曾て予の茅宇を扣《たた》いて祖意を問う。(2)客歳、(3)当山に挂錫《かしゃく》す。不幸にして(4)二豎《にじゅ》の祟りに遇って起たず。茲《ここ》に一回忌の辰に丁《あ》たり、方丈和尚、斎を設け、予をして炷《しゅ》香《こう》せしむ。(5)顕冥《けんみょう》の徳庇を感じて小偈を伸ぶ。

(6)心腸、鉄の如く、又た石の如し、湘水楚雲、道情を磨く。(7)一路涅槃、再び手を携《たずさ》う、陰森《いんしん》たる夏木、杜鵑《とけん》鳴く。

＊

(1)層雲楚石首座＝人物不詳。「首座」は、妙心寺の僧階で、座元の下位。前堂転位（垂示式）を果たしておらず、妙心寺の僧籍簿に載らない。／(2)客歳＝去年。享保十年（一七二五）。／(3)当山＝比熊山鳳源寺を指す。／(4)二豎＝病魔。春秋時代、晋の景公の夢に二豎子（二人の童子）があらわれ、膏肓の間に隠れ、治療することが出来なかったという故事による。／(5)顕冥＝顕界（生者の世界）と冥界（死者の世界）。／(6)心腸如鉄又如石、湘水楚雲磨道情＝〈鉄石の如く堅固な精神で、諸方を行脚して道情を磨いた〉。「湘水楚雲」は、許渾（或いは杜牧）の「秋思」詩（『三体詩』巻一）の承句、「楚雲湘水、同遊を憶う」によるが、ここでは、具体的な地名を言うものではない。

「道情」は、仏道上の心情。／(7)一路涅槃再携手、陰森夏木杜鵑鳴＝〈涅槃に入る一本道を、再び手を取り合って進もう、鬱蒼と茂った夏木の中で、ほととぎすが、「さあ、（涅槃へ）帰ろう」と鳴いている〉。「一路涅槃」は、『楞厳経』巻五に「十方《じっぽう》薄《ば》伽梵《ぎゃぼん》、一路涅槃門」と。この語は、十方世界の諸仏が、等しく涅槃に入る同じ一つの道という意。下の句は、『大慧武庫』に載せる張無尽の「兜率三関頌」其一の起句。「杜鵑」は、蜀の望帝の亡魂が化した鳥と伝えられ、蜀を懐かしんで、「不如帰去（帰り去るに如《し》かず）」と鳴くと言われる。

【二〇―六】下平声八庚韻

欽和方丈和尚戒經講畢嚴韻伸恭喜示諸戒徒。

沛然法雨霑心地、現出金身艸一莖◎。各自拈來可證據、山川萬朶接光清◎。

*

欽《つつし》んで方丈和尚の(1)戒経講畢《こうひつ》の厳韻に和して(2)恭喜《きょうき》を伸べ、諸戒徒に示す。

(3)沛然《はいぜん》たる法雨、心地を霑《うるお》し、金身を現出す、草一茎《くさいっきょう》。(4)各おの自ら拈じ来たって証拠す可《べ》し、

山川万朶、光りに接して清し。

*

(1)戒経講畢＝『梵網戒経』講了。／(2)恭喜＝祝賀の意。／(3)沛然法雨霑心地、現出金身草一茎＝〈盛んに降った法雨が心地をうるおし、一茎草から丈六の金身が現われた〉。鳳源寺方丈愚極義泰の『梵網経』講説を頌したもの。「金身」は、丈六の金身。釈尊のこと。『碧巌録』四則本則評唱に「有る時は一茎草を将《もっ》て丈六の金身と作《な》して用い、

有る時は丈六の金身を将て一茎草と作して用う」と。／(4)各自拈来可証拠、山川万朶接光清＝〈各自、その一茎草を手に取って、よく見定めよ、山川草木、金身の光りに照らされて清らかに輝いている〉。諸戒徒に示したもの。

【二〇―七】上平声十一真韻

今茲秋九月十二烏、遇母難賤晨也。曾圖命小徒等設祝筵。不想正丁六月朔旦、看讀大般若經、且使予上堂演法。茶果之鋪設祝延殷賑。各裁賀章示道情。茲自賀短述、兼充謝辭云。

欆材元匪類靈椿、幸遇六旬慶誕辰。不識以何膺徳庇、深心爲奉刹塵塵。

＊

(1)今茲《ことし》秋九月十二烏、母難の賤晨《せんしん》に遇う。曾て小徒等に命じて祝筵を設けしむることを図《はか》る。想わざりき、正に六月朔旦に丁《あ》たり、(2)大般若経を看読し、且つ予をして(3)上堂演法せしむることを。茶果の鋪設、祝延殷賑《いんしん》なり。各おの賀章を裁して道情を示す。茲《ここ》に自ら賀して短述し、兼ねて謝辞に充《あ》つと云う。

(4)欆材《ちよざい》は元と霊椿《れいちん》に類するに匪《あら》ず、幸いに六旬の慶誕の辰に遇う。(5)識《し》らず、何を以てか徳庇に膺《あ》たらん、深心《じんしん》、為に奉ず刹塵塵《せつじんじん》。

＊

(1)今茲秋九月十二烏、遇母難賤晨也＝享保十一年（一七二六）九月十二日、古月六十歳の誕生日。「烏」は、太陽の中に棲むと言う三本足の烏。転じて「日」の意に用いる。「母難」は、母が難儀をした日、誕生日のこと。「賤晨」は、賤辰に同じ。自己の誕生日の謙称。／(2)看読大般若経＝【一六】の「跋書写大般若経」を参照。／(3)上堂演法＝【一二】の「半夏上堂」のこと。／(4)樗材元匪類霊椿、幸遇六旬慶誕辰＝〈樗材はもとより霊椿と同類ではないが、幸いなことに六十の誕生日を迎えることが出来た〉。「樗材」は、用途のない材木。転じて自己の謙称。「霊椿」は、『荘子』逍遥遊に言う大椿。八千年を春とし、八千年を秋とし、三万二千年が人の一年に当たるという霊木。／(5)不識以何膺徳庇、深心為奉刹塵塵＝〈この徳庇に報いるすべを知らないが、大悲心をもって無辺国土の衆生につかえよう〉。下の句は、【一一三】注(17)を参照。

【二〇—八】上平声一東韻

實田號。

耕耘手熟無生莠、靉靆黄雲一頃中◎。祖父傳來不知價、秋成更覺引清風◎。

*

実田号[(1)]。

耕耘[(2)]、手《て》熟して、莠《はぐさ》を生ずる無し、靉靆《あいたい》たる黄雲、一頃《いっけい》の中。祖父伝来[(3)]、価《あたい》を知らず、秋《しゅう》成《せい》、更に覚ゆ、清風を引くことを。

*

(1)実田＝人物不詳。心田を形容した道号頌。／(2)耕耘手熟無生莠、靉靆黄雲一頃中＝〈耕耘作業は手なれたもので、雑草一本生えておらず、一頃の中、実った稲穂が、雲がたなびくように揺れている〉。「莠」は、水田に生えて稲を害する雑草。「靉靆」は、雲のたなびくさま。次の「黄雲」に掛かるが、ここの「黄雲」は、稲や麦等の田畑が一面に黄熟したさまの譬喩。「一頃」は、百畝。／(3)祖父伝来不知価、秋成更覚引清風＝〈この田は祖父伝来のものので、どれほどの値打ちがあるかは知らないが、秋の実りが、清風を引き寄せているのを殊更に感じる〉。下の句は、西巌了慧の「閑田」偈（『江湖風月集』巻上）の「年来、又た秋成の望み有り、三合の清風、半合の雲」を踏まえる。

【二〇―九】上平声一東韻

癡頑表石叟。

不如虎岫點頭去、佛祖從來立下風。眼裡塵沙耳裡土、白鬚吹雪晒青空。

*

(1)痴頑、石叟と表す。

(2)虎岫《こしゅう》に点頭し去るが如くならず、仏祖、従来、下風《かふう》に立つ。(3)眼裡《げんり》の塵沙《じんしゃ》、耳裡《にり》の土、白鬚《はくしゅ》、雪を吹いて、青空を晒《さら》す。

*

(1)痴頑表石叟＝人物不詳。「表」は、表字（あざな）の表。／(2)不如虎岫点頭去、仏祖従来立下風＝〈この男は、虎丘山《くきゅうざん》で石を点頭《うなず》かせたようなものではない、仏祖は、もとからその風下《かざしも》に立っている〉。石叟痴頑の名に因み、竺道生（?～四三四）が、石に説法して感動させたという「頑石点頭」の故事を持ち出した。道生は法顕訳の『大般涅槃経』を見て、闡提《せんだい》成仏（もともと成仏する素質のない闡提さえも成仏するという説）の義があると主張したが、誰にも信じられなかった。そこで、虎丘山で石に向かって説いたところ、石が点頭してその説を承認したという(『仏祖統紀』巻二十六・道生伝)。ここの「不如」については、【三九―四四】注(4)を参照。「下風」は、下位。雪竇重顕の『祖英集』「宗門三印」頌に「向上の一竅《いっきょう》を撥開すれば、千聖も斉《ひと》しく下風に立つ」と。／(3)眼裡塵沙耳裡土、白鬚吹雪晒青空＝〈目も耳も、ようはたらかない男だが、その白い鬚《ひげ》は雪を吹かせて、青空をさらしている〉。上の句は、『碧巌録』二十五則頌の起句。円悟の評唱に「眼裏塵沙耳裏土。……一切時中に於いて、痴の如く兀に似たり。見ずや、南泉道《い》わく、『学道の人、痴鈍の如くなる者也《ま》た得難し』と。禅月の詩に云く、『常に憶う南泉の好言語。斯《かく》の如く痴鈍なる者還《ま》た希《まれ》なり』と」。

【二〇―一〇】下平声一先韻

鳳源寺菩薩泉銘并引。

今茲丙午、本寺堂頭力生、激扶宗之志、結雨安居、衆將三千指。初講戒經、揮案之日、授菩薩大戒。其際四事供養、以滿以足矣。戒波羅蜜圓滿、故五度亦圓滿者乎。知事所患者、曾乏清泉、丁隆暑之日、淋汗澡浴之設可難辨乎。於是一衆展力、方丈西北隅穿井三丈餘。果得清泉。予名稱菩薩泉。古來支那扶桑、往往有靈泉。曰卓錫、曰虎跑、曰獨鈷。皆以靈異呼之。今之清泉亦然也。諸菩薩衆願力所加清泉湧出。雅稱不誣者也。係以銘辭。銘曰。

鳳阜西北、茲涌清泉。諸菩薩衆、願力所全。

桐樹盛矣、竹林蔭焉。豈避鴆鳥、三毒正蠲。

宜湘《ニテ》春茗、可洗懶眠。潺潺滾滾、徳澤無邊。

享保十一丙午五月十六日。

＊

鳳源寺菩薩泉の銘、并《なら》びに引《いん》。(1)

今茲丙午《ことしひのえうま》、(2)本寺堂頭力生《どうちょうりきしょう》、扶宗の志を激し、雨安居を結び、衆、将《まさ》に三千指ならんとす。初め戒経を講じ、(3)揮案《きあん》の日、(4)菩薩大戒を授く。其の際、(5)四事の供養、以て満し以て足れり。戒波羅蜜円満、故に(6)五度も亦た円満なる者か。(7)知事、患《うれ》う所は、曽て清泉に乏しく、隆暑の日に丁《あ》たって、淋汗澡浴の設け、弁じ難《かた》かる可《べ》きか。是《ここ》に於いて、一衆、力を展《の》べて、方丈西北の隅に井を穿《うが》つこと三丈余り。果たして清泉を得たり。予、名づけて菩薩泉と称す。古来、支那・扶桑、往往に霊泉有り。曰く(8)卓錫《たくしゃく》、曰く(9)虎跑《こほう》、曰く(10)独鈷《どっこ》。皆な霊異を以て之れを呼ぶ。今の清泉も亦た然《しか》り。(11)諸菩薩衆、願力の加わる所に清泉湧出す。雅称、誣《し》いざる者なり。(12)係《か》くるに銘辞を以てす。銘に曰く。

(13)鳳阜《ほうふ》の西北、茲《ここ》に清泉湧く。諸菩薩衆、願力、全うする所なり。
(14)桐樹盛んに、竹林蔭《おお》えり。(15)豈《あ》に鴆鳥《ちんちょう》を避くるのみならんや、三毒正に蠲《のぞ》く。
(16)宜《よろ》しく春茗《しゅんめい》を湘《に》て、懶眠《らんみん》を洗う可《べ》し。潺潺滾滾《せんせんこんこん》、徳沢無辺。

享保十一丙午《ひのえうま》五月十六日。

＊

(1)引＝文体の名。序文に似たもの。／(2)本寺堂頭力生＝鳳源寺住持愚極義泰。「力生」は、和尚の翻名。／(3)揮案之日＝『梵網戒経』講了の日。『碧巌録』六十七則「傅大士講経」の「大士、便ち座上に於いて案を揮《う》つこと一下して便ち下座す」による。／(4)菩薩大戒＝三聚浄戒・十重禁戒などの大乗戒のこと。／(5)四事供養＝飲食・衣服・臥具・医薬の四種供養。／(6)五度＝持戒波羅蜜の他の、布施・忍辱・精進・静慮・智慧の五波羅蜜。／(7)知事＝都寺・監寺などの寺院の役位。／(8)卓錫＝卓錫泉。六祖慧能が住した曹渓山（広東省）に湧く泉。蘇東坡の「卓錫泉銘并叙」に「六祖、初め曹渓に住す。錫を卓《た》つれば泉涌きて、清涼滑甘《かつかん》、大衆を贍足《せんそく》す。今に逮《およ》ぶまで数百年なり」と。同名の泉は、他にもある。／(9)虎跑＝虎跑泉。廬山東林寺（江西省）の後に湧く泉。『清一統志』に「晋の慧遠、蓮社の諸賢と上方の峰頂に遊ぶ。水の遠きを患《うれ》う。虎有って石を跑《け》れば泉を出だす。故に名づく」と。同名の泉は、他にもある。／(10)独鈷＝最澄や空海が独鈷（法具）を使って湧出させたという泉は各地に存在する。／(11)諸菩薩衆＝ここでは、雨安居に参加した三百人の大衆を言う。『碧巌録』七十四則「金牛飯桶」に「金牛和尚、……呵呵大笑して云く、『菩薩子喫飯来』と」。／(12)係＝繋の義。「引」につなげてということ。／(13)鳳阜＝鳳源寺のこと。「阜」は、山の義。瑞龍山南禅寺を「龍阜」と呼ぶが如し。／(14)桐樹盛矣、竹林蔭焉＝「桐樹」「竹林」は、鳳に因む言葉。【一五】注(1)を参照。「矣」「焉」は、共に助辞。／(15)豈避鴆鳥、三毒正斸＝「鴆鳥」は、「鴆鳥、水に入れば、魚皆な死す」（『禅林句集』）と言われる毒鳥。「三毒」は、悟りの障礙となる、貪・瞋・痴の三つの煩悩。「斸」は、除の義。／(16)宜湘春茗、可洗懶眠＝〈この菩薩泉の水で春茶を煮て、惰眠の目を覚ませ〉。「湘」は、煎・烹の義。「春茗」は、春茶に同じ。「茗」は、茶の別名。

【二〇―一一】下平声一先韻

菩薩泉後記。

佛光明所印之地、得人使住則境優而殊勝也。龍蛇避迹、虎狼潛影宜也。水木無情、亦示瑞告奇矣。予享保十一丙午稔、偶隨喜鳳源和尚雨安居并講梵網經會。滿衆乏水。各自展力、鑿井一所。泉脉混混、竪深丈餘。然至瀹茶調羹者、其味欠甘美。因充浴湯水。以系一會菩薩衆故、予作銘呼菩薩泉。粤丁元文四己未五月、庫下之井移地於且過寮之間。與菩薩泉相去十二三弓也。斯日也應海衆懇請、有授菩薩戒會。僕夫告曰、菩薩泉漸漸水減八尺許。而庫下之井泉、且美且甘、瀰滿一倍。一衆驚嘆不已。於戲、水木示瑞不誣然矣。遠命需書後記。以前因不慚不文銘。

泉脉示瑞兮甘美潺潺。移茲涌出兮理豈自然。

飲之驚愕兮聞之恭虔。重銘祝賀兮德澤萬年。

*

菩薩泉後記。

仏光明の印する所の地、人を得て住せしむる則《とき》んば境優《すぐ》れて殊勝なり。(1)龍蛇、迹《あと》を避け、虎狼、影を潜《ひそ》むるも宜《むべ》なり。水木、情無きも、亦た瑞を示し奇を告ぐ。予、享保十一丙午《ひのえうま》の稔《とし》(一七二六)、偶《たま》たま鳳源和尚の雨安居、并《なら》びに講梵網経会に随喜す。満衆、水に乏し。各自に力を展《の》べて、井一所を鑿《うが》つ。泉脈混混として、竪《たて》に深きこと丈余。然れども茶を瀹《に》、羹《あつもの》を調うるに至れば、其の味、甘美を欠く。因《よ》って浴湯の水に充《あ》つ。(2)一会の菩薩衆に系《かか》るを以ての故に、予、銘を作《な》して菩薩泉と呼ぶ。粤《ここ》に元文四 己 未《つちのとひつじ》（一七三九）五月に丁《あ》たり、(3)庫下《くか》の井、地を(4)旦過寮《たんがりよう》の間に移す。菩薩泉と相《あい》去ること十二三(5)弓《きゅう》なり。斯《こ》の日、也《ま》た海衆の懇請に応じて、授菩薩戒会有り。僕夫、告げて曰く、「菩薩泉は漸漸として水減ずること八尺許《ばか》り。而して庫下の井泉、且つ美、且つ甘うして、(6)瀰満《みまん》一倍す。一衆、驚嘆して已《や》まず」と。於戯《ああ》、水木の瑞を示す、誣《し》いずして然《しか》り。遠く命じて後記を書すことを需《もと》む。前因を以て不文を慚《は》じずして銘す。

(7)泉脈、瑞を示す、甘美にして潺潺《せんせん》たり。移って茲《ここ》に涌出す、理、豈《あ》に自然《じねん》ならんや。飲むもの驚愕《きょうがく》し、聞くもの恭虔《きょうけん》す。重ねて銘して祝賀す、徳沢万年ならん。

＊

鳳源録終。

(1)龍蛇避迹、虎狼潜影＝「避迹」は、逃れ去る。「潜影」は、隠れ去る。／(2)一会菩薩衆＝前篇の注⑾を参照。／(3)庫下＝庫院・庫裡。寺院の台所。／(4)旦過寮＝歴遊の行脚僧を宿泊させる寮舎。夕方に来て、旦（朝）に過ぎ去るので旦過と言う。／(5)弓＝長さの単位。一弓は、六尺・八尺の説がある。／(6)瀰満＝両字共に水の満ちる意。／(7)泉脈示瑞兮甘美潺潺。移茲涌出兮理豈自然＝〈方丈西北隅に湧いた菩薩泉の水脈が、旦過寮の地下に移って美味しい水が湧いている。自然のままにこうなったのだとどうして言えようか、これはまったく奇瑞なのである〉。

乾徳山慧林寺結冬語録。[1]

侍者士玉輯。

*

(1)乾徳山慧林寺結冬語録＝享保十一年（一七二六）、乾徳山恵林寺（山梨県塩山市小屋敷）における冬安居の語録。『伝記』同年の条に「夏《げ》（鳳源寺の夏安居）終わって恵林寺に赴き、冬制、『円覚経』を講ず。清衆四百余員」と。恵林寺（慧林寺とも）は、元徳二年（一三三〇）、二階堂出羽守の草創にかかり、夢窓疎石を開山とする。永禄七年（一五六四）、武田信玄が快川紹喜に帰依し、大伽藍を建立。しかし、天正十年（一五八二）、織田信長の兵火にかかって焼失。のち、徳川家康が寺領を寄付し、享保年中、柳沢吉保が中興した。

【一二】

僧堂規箴。

一、謹諗參玄之士。千佛萬祖、出興來爲法忘身、換身於鳩、救飢於虎、以至、三投九洞、坐破蒲團。不敢容易焉。今日、不遠千里、來同聚會、悉爲大法故也。以爲法之二字挂在胸間、則自然辨道可期也。已是爲法、何暇閑情私語談論交鬪是非過日去。唯放下一切、不墮窠窟、從自己胸襟流出、脱洒做將來。

一、朝暮禪誦、二時粥飯、可隨衆。勿縱私情懶墮去。但除重病。

一、不許禪餘漫經行、且越門閾。況入俗舍。除爲衆執役係公務等。

一、護持禁戒、斷酒色等不在言。四威儀奉律委身心。臨濟禪師始克毘尼。天台大師云、非戒非禪。

一、諸堂爲火燭留念。總守護常住如己有。各各蒙依怙辨道無魔嬈故。
右件事、方丈和尚并山門勤舊等、輿議建之。
享保十一年丙午結冬日。

＊

僧堂規箴《きしん》。

一、謹んで参玄の士に諗《つ》ぐ。千仏万祖、出興し来たって、(1)法の為に身を忘れ、(2)身を鳩に換え、(3)飢を虎に救い、以至《ないし》、(4)三投九洞、(5)坐破蒲団。敢えて容易ならず。今日、千里を遠しとせず、来たって同じく聚会《じゅえ》するは、悉《ことごと》く大法の為の故なり。「為法」の二字を以て胸間に挂在《かざい》すれば、則ち自然《じねん》に弁道、期す可《べ》し。已《すで》に是れ「為法」、何の(6)暇閑の情あってか、私語談論し、是非を交闘し、日を過ごし去る。唯だ一切を放下して、(7)窠窟《かくつ》に堕《お》ちず、(8)自己の胸襟《きょうきん》より流出《るしゅつ》して、脱洒《だつしゃ》に倣《な》し将《も》ち来たれ。

一、朝暮の禅誦《ぜんじゅ》、二時の粥飯《しゅくはん》は、衆に随う可し。私情を縦《ほしいまま》にして懶堕《らんだ》し去ること勿《な》かれ。但だ重病を除く。

一、禅余、漫《みだ》りに(9)経行《きんひん》し、且つ門閾《もんよく》を越ゆるを許さず。況んや俗舎に入るをや。衆の為に執役し、公務に係《かか》わる等を除く。

一、禁戒を護持し、酒色を断つ等は言に在らず。(10)四威儀、律を奉じて身心を委《ゆだ》ねよ。(11)臨済禅師、始め毘尼《びに》を克《よ》くす。(12)天台大師云く、「戒に非ざれば禅に非ず」と。

一、諸堂、火燭の為に念を留めよ。(13)総に常住を守護すること、己《おのれ》の有《もの》の如くせよ。各各、依《え》怙《こ》を蒙り、弁道に魔嬈《まにょう》無きが故なり。

右の件事、(14)方丈和尚、并びに山門の(15)勤旧《ごんきゅう》等、輿議《よぎ》して之れを建つ。

享保十一年丙午《ひのえうま》、結冬の日。

＊

(1)為法忘身＝諸録に見えるが、五祖弘忍が、碓坊で石を腰にして米を舂《つ》く六祖慧能を見て言った、「求道の人、法の為に躯を忘るる、当《まさ》に是《かく》の如くなるべきか」（『六祖壇経』行由第一）の語で知られる。／(2)換身於鳩＝「釈迦、鴿《はと》と作《な》って飢人を救う」故事（『大智度論』巻十一）。／(3)救飢於虎＝「身を投じて餓虎を飼う」故事（『大智度論』巻八十七）。／(4)三投九洞＝雪峰義存の「三到投子、九上洞山」。「師、諱は義存、泉州曾氏《そうし》の子なり。嶺《れい》を出でて首《はじ》め塩官に謁《えっ》す。三たび投子に到り、九たび洞山に上る。因縁、契《かな》わず。後、徳山に参じて遂に言下に悟る」（『五家正宗賛』巻一）。／(5)坐破蒲団＝長慶慧稜の「坐破七箇蒲団」。【一〇―四〇】注(3)を参照。／(6)暇閑情＝学道に要のない心。仏眼清遠の「三自省察」（『古尊宿語録』巻三十四）に「一、是の身の寿命は、白駒の隙《げき》を過ぐるが如し。何の暇閑の情あってか、妄《みだ》りに雑事を為す」と。／(7)窠窟＝【一一】注(10)を参照。／(8)従自己胸襟流出、脱洒做将来＝簡単に言うと、独立無依の自己になれということ。【七―一四】注(4)を参照。「脱洒」は、拘束されないこと。つまり、窠窟に堕ちないということ。／(9)経行＝ここでは、坐禅中の経行ではなく、歩行の意。そこらを歩き回ること。／(10)四威儀奉律委身心＝〈一切の行ないは、戒律に従え〉。「四威儀」は、行住坐臥。一切の行ない。／(11)臨済禅師始克毘尼＝「道流《どうる》、出家児は且《しばら》く学道を要せよ。祇《た》だ山僧の如きんば、往日曾て毘尼の中に向かって心を留め、亦た曾て経論に於いて尋討す」（『臨済録』示衆）。「毘尼」は、vinaya の音写。戒律のこと。／(12)天台大師云、非戒非禅＝【一一】注(9)を参照。／(13)総守護常住如己有＝〈すべて常住物は自分の持ち物のように大切にせよ〉。「常住」は、常住物。禅院に備えてある公共物。「如己有」は、『梵網経』などにある「如自己有」の略。「有」は、所有物。／(14)方丈和尚＝大伽道痴。甲州松尾郷の出身。荻原氏。恵林寺住山二十五年、寛保二年（一七四二）十一月二十六日示寂。世寿六十四。／(15)勤旧＝叢林にあって旧《ひさ》しく役職等を勤めた僧。

【二三】下平声一先韻

瘞履忌。
少林瘞影小春天、消息絶時消息傳。要識祖師心印篆、數行鴈叫白雲巓。

*

(1)瘞履忌《えいりき》。
(2)少林に影を瘞《うず》む、小春の天、消息絶する時、消息伝う。(3)祖師の心印篆《しんいんてん》を識《し》らんと要すや、数行の雁《かり》叫ぶ、白雲の巓《いただき》。

*

(1)瘞履忌＝達磨忌。古月の造語か他に例を見ない。「瘞履」は、履《はきもの》を瘞《うず》める。「達磨隻履」の故事に基づく言葉で、転じて禅僧の遷化を言う譬喩にも用いられる。故事は、【九―三―④】注(1)を参照。達磨忌は、十月五日。／(2)少林瘞影小春天、消息絶時消息伝＝〈少林寺にその影を埋めた、小春十月の時節、消息を絶った時に、真の消息を伝えた〉。「小春」は、【九―三―③】注⑵を参照。下の句は、菩提達磨という幻影を滅ぼして、諸法実相という真の達磨の姿を現わしたということ。達磨の第一義は、法という意味。／⑶要識祖師心印篆、数行雁叫白雲巓＝〈祖師の心印に刻まれた篆文に何が書かれているかを知りたいか（達磨禅の端的を知りたいか）、白雲の頂きに数行の列を作って飛ぶ雁が鳴いておる〉。「祖師心印篆」は、【九―三―⑧】注⑴を参照。

【二三】上平声十四寒韻

佛成道。

六年澹泞孤雲質、動静無心下翠巒。四百餘員枯木衆、不蒙一點鬼星瞞。

＊

(1)六年、澹泞《たんちょ》、孤雲の質《たち》、動静無心《どうじょう》、翠巒《すいらん》を下る。(2)四百余員の枯木衆、一点の鬼星《きせい》の瞞を蒙《こうむ》らず。

＊

⑴六年澹泞孤雲質、動静無心下翠巒＝〈六年間、釈尊は、澄んだ深い水のように、また孤雲のように、一切時中無心でおられて、青々とした山を下りられた〉。「澹泞」は、水の澄んで深いさま。「動静無心」は、「（六祖慧能が智隍《ちこう》に言う）『汝、但だ心、虚空の如くにして空見に著せずんば、応用無礙、動静無心にして、凡聖、情忘じ、能所、倶《とも》に泯じて、性相如如にして定ならざる時無し』と。隍、是《ここ》に於いて大悟す」（『六祖壇経』機縁第七）。「澹泞」「孤雲」は、この「動静無心」を譬喩するもの。／⑵四百余員枯木衆、不蒙一点鬼星瞞＝〈四百余人の枯木衆は、一点の明星から、眼をくらまされなかった〉。「四百余員」は、恵林寺の冬安居に参加した学人。「枯木衆」は、『五灯会

元』巻五・石霜慶諸章に「師、石霜山に居ること二十年の間、学衆、長坐不臥して、屹《きっ》として株杌《しゅごつ》の若《ごと》くなる有り。天下、之れを枯木衆と謂う」と。「枯木」は、枯木の如く無心に坐禅すること。万事を放下した禅。よく言われる立ち枯れ禅ではない。下の句は、「本源自性天真仏」（『証道歌』）であるからには、暁天の明星を見て成道するということも迷いであるという見解からのものか。或いは、誰も開悟しなかったという句意か。【九―三三】の仏成道の偈に「雲客《うんかく》、儘《まま》に無心の地に到るも、多くは鬼星《きせい》の、眼を衝《つ》く時を欠く」とある。そこの注(3)を参照。「鬼星」は、既に【九―四―⑦】【九―三三】の仏成道の偈に見え、暁天の明星を悪しざまに言うもの。

【二四】下平声七陽韻

歳暮　口號。

操守多年微有信、羞無善晦自忙忙。豈料重對士峯雪、且喜得登快祖堂。胸次掃除絲髪物、目前不管是非狂。慇懃寄語水雲客、痛惜光陰勿易喪。

＊

歳暮　(1)口号《こうごう》。

(2)操守《そうしゅ》、多年、微《すこ》しく信有り、羞《は》ずらくは、晦《まい》を善くすること無うして、自ら忙忙たることを。(3)豈《あ》に料《はか》らんや、重ねて士峰の雪に対せんとは、且喜《しゃき》すらくは、快祖の堂に登ることを得たることを。(4)胸次《きょうじ》、掃除す、糸髪《しはつ》の物、目前、管せず、是非の狂。(5)慇懃に語を寄す、水雲の客、痛く光陰を惜しんで、易《たやす》く喪《うしな》うこと勿《な》かれ。

＊

⑴口号＝詩題の一つで、文字に書かず、心に浮かぶままにすぐ吟詠するもの。／⑵操守多年微有信、羞無善晦自忙忙＝〈多年、仏の教えをかたく守り続けて、いささか信心というものが持てただけで、隠棲することもなく、こうして自ら忙しくしているのが恥ずかしい〉。この二句は、『円悟心要』巻下始「送雷公達教授」にある「(先哲の造詣する所は）殊に人に過ぎたる作略無し。但だ操守すること久しうして、微《すこ》しく信有るを以て、因《よ》って晦を善くせず、出でて人の為にす」に基づく。「操守」は、心にかたく守り持すること。「善晦」の「晦」は、晦迹・韜晦の「晦」。「自忙忙」は、鳳源寺の夏安居が終わったかと思えば恵林寺の冬安居ということ。／⑶豈料重対士峰雪、且喜得登快祖堂＝〈思いもよらず再び富士山の雪を眺め、喜ばしいことに快祖の堂に登ることが出来た〉。「重対」は、古月二十七歳（元禄六年／一六九三）の『行状』に「癸酉《みずのととり》の春、辞して江都に遊び、牛込の済松に止泊す。又た奥の松島に往きて観光以て遍し」とある。「快祖」は、武田信玄の帰依を受けて恵林寺の大伽藍を建立し、同寺の法祖となった快川紹喜。古月は、快川下八世の法孫。／⑷胸次掃除糸髪物、目前不管是非狂＝〈無心でおれ、是非を論じる狂騒にかかわるな〉。ここからは、参学人への言葉。「胸次」は、胸中に同意。むねのうち。「糸髪」は、糸と髪。細微の形容。「是非狂」は、是非を交闘する狂騒ということか。古月が制した恵林寺の「僧堂規箴」（【二一】）に「何の暇閑の情あってか、私語談論し、是非を交闘し、日を過ごし去る」と。／⑸慇懃寄語水雲客、痛惜光陰勿易喪＝〈君達参学者にねんごろに言っておく、「時間を惜しんで、たやすく初志を失ってはならぬぞ」〉。石頭希遷の『参同契』に「謹んで参玄の人に白《もう》す、光陰虚《むな》しく度《わた》ること莫《な》かれ」と。

【二五】上平声十灰韻

歳首。

鐘鳴鼓罷曉雲開、乾徳山頭淑氣回。前後三三同聚會、披衣得坐雜華臺。

＊

(1)歳首。

(2)鐘鳴り、鼓罷《や》んで、曉雲開き、乾徳山頭、淑気回《しゆくきめぐ》る。(3)前後三三、同じく聚会《じゆえ》す、衣を披して坐を得たり、雑華の台《ぞうけうてな》。

＊

(1)歳首＝歳が変わり、享保十二年（一七二七）の歳旦偈。／(2)鐘鳴鼓罷暁雲開、乾徳山頭淑気回＝〈百八声の梵鐘が鳴り、歳旦上堂を知らせる三通の鼓声が鳴り止み、暁の雲も消え、乾徳山には、春のなごやかな気がめぐっている〉。「鼓罷」は、ほとんど「三通鼓罷」と用いられる。三通の鼓声が鳴り止めば、大衆は、法堂に赴いて、住持の上堂を聞く。『百丈清規』法器章第九に「法鼓は凡《およ》そ住持、上堂、小参、普説、入室、並びに之れを撃つ。鼓を撃つの法、上堂の時は三通……」と。「乾徳山」は、恵林寺の山号。／(3)前後三三同聚会、披衣得坐雑華台＝〈大衆に雑じって上堂の席に集い、袈裟を着けて恵林寺の法座にあずかることが出来た〉。上の句は、『碧巌録』三十五則「文殊前三三」に基づく。「文殊、無著に問う、『近離、什麽《いずれ》の処ぞ』。無著云く、『南方』。殊云く、『南方の仏法、如何《いかん》が住持する』。著云く、『末法の比丘、少しく戒律を奉ず』。殊云く、『多少の衆ぞ』。著云く、『或いは三百、或いは五百』。無著、文殊に問う、『此間《すかん》は如何が住持する』。殊云く、『凡聖同居《ぼんしようどうご》、龍蛇混雑《りゆうだこんざつ》』。著云く、

『多少の衆ぞ』。殊云く、『前三三後三三』」。「雑華」は、【一八一―一五】に「雑華〔甲州慧林寺の総門額〕」とある。

【二六】下平声一先韻

仝。

遐壽六旬夢裡遷、舌頭叨鼓説吾禪。更無一事補叢社、愧赧重逢丁未年。

＊

(1)遐寿《かじゅ》六旬、夢裡に遷《うつ》る、舌頭、叨《みだ》りに鼓し、吾が禅を説く。(2)更に一事の、叢社を補する無し、愧赧《きたん》す、重ねて丁未の年に逢うことを。

＊

(1)遐寿六旬夢裡遷、舌頭叨鼓説吾禅＝〈夢のように過ぎた六十の長寿、分不相応にも祖師禅を唱えておる〉。「遐寿」は、長寿。この享保丁未十二年、古月は、還暦、六十一歳。／(2)更無一事補叢社、愧赧重逢丁未年＝〈まったく恵林寺を助けるようなことはしておらず、再び丁未の年を迎えたことに恥じ入っている〉。上の句は、恵林寺の大衆に真実の説法が出来ていないということ。「愧赧」は、愧《は》じて顔が赧《あから》むこと。「重逢丁未年」は、古月は、寛文七年丁未の生まれ。

【二七】上平声二冬韻

奉和方丈和尚除夕大偈嚴韻。席上賦之。

隻手抽來振祖宗。水雲輻湊賑高蹤。頻前蒲席論千古、幾擁石爐過一冬。梅秀寒岩標道骨、松彰雪後見嚴容。正當大盡三十日、爲憫懶生宿債慵。

＊

(1)方丈和尚の(2)除夕《じょせき》の大偈の厳韻に和し奉る。席上、之れを賦《ふ》す。

(3)隻手《せきしゅ》、抽《ぬ》き来たって、祖宗を振るい、水雲、輻湊《ふくそう》して、高蹤《こうしょう》を賑《にぎ》わす。(4)頻《しき》りに蒲席《ほせき》を前《すす》めて千古を論じ、幾《いく》たびか石炉を擁して一冬を過ぐ。(5)梅、寒岩に秀でて道骨を標《あら》わし、松、雪後に彰《あら》われて厳容を見る。(6)正当大尽三十日、為に憫《あわ》れむ、懶生《らんしょう》、宿債《しゅくさい》に慵《ものう》きことを。

＊

(1)方丈和尚＝大伽道痴。【二二】注⒁を参照。／(2)除夕＝大晦日。／(3)隻手抽来振祖宗、水雲輻湊賑高蹤＝〈方丈和尚は片手を抜き出して祖宗を振るい起こし、参学人が集まって恵林寺を賑わせている〉。「隻手抽来」は、宗風挙揚などの意に用いられる禅録頻出語「出一隻手」に同意。「各おの一隻手を出だして宗乗を扶竪す」（『無門関』四十八則無門評）。「高蹤」は、高尚な行迹。ここでは、恵林寺を指す。／(4)頻前蒲席論千古、幾擁石炉過一冬＝〈頻りに蒲席を進めて千古の叢林の在り方を論じ、幾たびか石作りの囲炉裏を囲んで一冬を過ごした〉。「前蒲席」の「前席（席を前《すす》む）」は、人と熱心に語って身を乗り出すさま。「蒲席」は、がまで作った席。「千古」は、「千古榜様」の意で解した。／(5)梅秀寒岩標道骨、松彰雪後見厳容＝〈梅は寒々しい岩上に咲いて道人の骨相を表わし、松は雪の降った後に表われて厳かな容貌を見せている〉。／(6)正当大尽三十日、為憫懶生宿債慵＝〈大晦日になったというのに、憐れなものだ、ものぐさな生活で借金を返すのも物憂い〉。この二句は、古月の自嘲。「大尽三十日」は、ここでは、大晦日。禅語に「大尽三十日、小尽二十九」と。大尽は、大の月の最終日、陰暦では三十日。小尽は、小の月の最終日、陰暦では二十九日。「懶生」は、懶生涯の略。【一〇—五九】注(2)を参照。「宿債」は、昔からの借金。仏教語としては、宿世の負債。過去世に犯した悪業の報い。

【二八】上平声十一真韻

奉和歳首大偈。

大法繁興遍刹塵、昭昭遺付屬金輪。祝看賜紫朝天日、徳色猶兼春色新。

*

(1)歳首の大偈に和し奉る。

(2)大法繁興《はんこう》して刹塵に遍《あまね》わり、昭昭として、遺付《いふ》、金輪《こんりん》に属《つら》なる。(3)祝い看らん、紫《し》を賜わって天に朝する日、徳色、猶お春色を兼ねて新たならんことを。

*

(1)歳首大偈＝大伽和尚の歳旦の偈。／(2)大法繁興遍刹塵、昭昭遺付属金輪＝〈大法は盛んに興って世界中に行き渡り、仏の遺嘱はありありと大地に連なっている〉。「刹塵」は、刹刹塵塵。世界中という意。「遺付」は、遺嘱に同意。「金輪」は、四輪の一で、この大地を支えている層。／(3)祝看賜紫朝天日、徳色猶兼春色新＝〈祝福して見るでしょう、紫衣を賜わって天子に拝謁される日、和尚の道徳の光色が、この春景色をなおも帯びて鮮やかなことを〉。大伽和尚は、この年、妙心寺初住を果たす。【三四一】に、その際の賀頌がある。初住は、妙心寺住持職を得ることで、紫衣を着することが許され、参内謝恩する。しかし、実際に妙心寺に住するわけではなく、再住で始めて一住一年し、歴代に数えられるが、大伽和尚は、再住には上っていない。

【二九】上平声十一真韻

次韻見謝東法大和尚眞讃大偈。
斤斗翻來邈得眞、惠林蕃衍續芳塵。吾今拜讃添蛇足、更愧曾無華藻新。

＊

(1)韻を東法大和尚の真讃を謝せらるる大偈に次ぐ。
(2)斤斗《きんと》、翻《ひるがえ》し来たって、真を邈《かたど》り得たり、恵林、蕃衍《はんえん》にして、芳塵《ほうじん》を続《つ》ぐ。(3)吾れ今、拝讃して蛇足を添《そ》う、更に愧《は》ずらくは、曾て華藻《かそう》の新たなる無きことを。

＊

(1)次韻見謝東法大和尚真讃大偈＝〈東法和尚の真讃（次篇）を感謝する大伽和尚の偈に和韻した〉。「東法大和尚」は、東法純季。大伽和尚の前住にして嗣法の師。享保七年（一七二二）五月二十六日示寂。世寿五十九。／(2)斤斗翻来邈得真、恵林蕃衍続芳塵＝〈とんぼ返りをして真実相を形どった、恵林は蕃《しげ》り衍《ひろ》がって芳跡を相続している〉。上の句は、「普化描真」と呼ばれる話頭を踏まえて、頂相が描かれたことを言う。「師（盤山宝積）、将《まさ》に順世せんとす。衆に告げて曰く、『人の、吾が真を邈《かたど》り得る有りや否や』。衆、写す所の真（絵姿）を将《もっ》て呈するも、皆な師の意に契《かな》わず。普化、出でて曰く、『某甲《それがし》、邈《かたど》り得《う》』。師曰く、『何ぞ老僧に呈似せざる』。化、乃《すなわ》ち筋斗を打して出づ」（『五灯会元』巻三）。「斤斗」は、とんぼ返り。筋斗とも書く。「芳塵」の「塵」は、跡の義。／(3)吾今拝讃添蛇足、更愧曾無華藻新＝〈私は今、拝讃して蛇足を加えたが、ますます恥じ入るのだ、この讃詞にまったく新しみがないことを〉。「華藻」は、文飾、文辞修飾。

【三〇】上平声一東韻

賛前妙心當山七世東法和尚肖像。

得荊皐玉、祕在掌中。智優才賑、臘高德豐。

兵灾銷盡、佛宇紹隆。榮賜甚服、長裹祖風。

＊

(1)前妙心当山七世東法和尚の肖像に賛す。

(2)荊皐《けいふ》の玉を得て、掌中に秘在す。智は優れ、才は賑《と》み、臘は高く、徳は豊か。

(3)兵災銷尽《しょうじん》、仏宇紹隆。(4)甚服《じんふく》を栄賜《えいし》して、長く祖風を裹《つつ》む。

＊

(1)前妙心＝法階。東法和尚も妙心寺に初住したのであろう。初住については、【二八】注(3)を参照。／(2)得荊皐玉、秘在掌中＝「荊皐玉」は、荊山の玉。荊玉・楚玉と呼ばれ、『蒙求』九四「卞和泣玉《べんかきゅうぎょく》」の故事で知られる宝玉。故事は、【二四五】注(4)を参照。東法和尚の師、荊山玄紹の名を踏まえたもので、東法和尚が、荊山和尚の法をよく嗣いだという句意。／(3)兵災銷尽、仏宇紹隆＝恵林寺は、天正十年（一五八二）、織田信長の兵火にかかって焼失。のち、徳川家康が寺領を寄付し、享保年中、柳沢吉保が中興した。／(4)栄賜甚服＝妙心寺初住の際に賜わった紫衣。「甚」は、椹に同じ。桑椹《そうじん》、桑の実のこと。諸録に「賜椹服」と見え、紫衣のことだと思われるが根拠未詳。桑椹が、紅紫色となることからの言葉か。

【三二】上平声五微韻

前當山五世峻岩卓和尚五十年忌香語。

不假《サ》色辭生鐵面、一拳痛與任他誹。忌辰半百看餘烈、卓爾寒岩白雪飛。

*

前当山五世峻岩卓和尚(1)五十年忌の香語。

(2)色辞《しきじ》を仮《か》さぬ生鉄面《さんてつめん》、一拳、痛く与えて、他の誹《そし》るに任す。(3)忌辰半百、余烈を看る、卓爾《たくじ》たる寒岩、白雪飛ぶ。

*

(1)峻岩卓和尚＝峻岩玄卓。延宝五年（一六七七）十二月十一日示寂。世寿六十八。峻岩玄卓―荊山玄紹―東法純季―大伽道痴の法系。／(2)不仮色辞生鉄面、一拳痛与任他誹＝〈どんな色《すがた》にも辞《ことば》にも表わすことを許さないその生鉄面に、手ひどくゲンコツを食らわせてやる、和尚が私を非難しようが知ったことか〉。「色辞」は、頂相と賛辞。「不仮色辞」の句の如く、峻岩和尚の頂相は描かれなかったのか、少なくとも恵林寺には現存しない。「生鉄面」は、あらがねのような面構え。「生鉄」は、まだ精錬されていない鉄。『句双葛藤鈔』【狼毒肝腸、生鉄面目】に「狼と腸とは心のふてきなを云うなり、生鉄面目とは忍著のないを云うぞ」と。ここでは、本来面目の譬喩。／(3)忌辰半百看余烈、卓爾寒岩白雪飛＝〈五十年忌の今、ひときわ高い冬の岩山に白雪が飛ぶ中、和尚が遺された功業が見える〉。「余烈」は、後世に残した善いいさお。「遺風余烈」などと熟す。「卓爾寒岩」で、峻岩玄卓の号諱を歌い込む。「卓爾」は、ひときわ飛び抜けて卓立しているさま。

【三二】下平声七陽韻

辱預盛膳之請、剰恵大偈、次韻奉酬。

山蔌野肴賙盛膳、又看華藻唾飛香◎。箇中無擇僧三等、聴雪終宵道話長◎。

＊

盛膳の請に預かることを辱《かたじけ》なうし、剰《あまつさ》え大偈を恵まる、韻を次いで酬い奉る。

(1)山蔌野肴《さんそうやこう》、盛膳に賙《しゅう》し、又た看る、華藻《かそう》の唾《つばき》の、香を飛ばすことを。(2)箇の中、僧の三等を択《えら》ぶこと無し、雪を聴いて、終宵《よもすがら》、道話長し。

＊

(1)山蔌野肴賙盛膳、又看華藻唾飛香＝〈山野の御馳走が並べられ、その上、すぐれた偈頌が歌われ、その飛び散る唾《つばき》は、まるで御馳走の香りのようだ〉。「山蔌野肴」は、山野の蔌肴。菜蔬を蔌と言い、魚肉を肴と言う。「賙」は、施し足す意。下の句は、大伽和尚の偈頌をたたえるもの。「華藻」は、文飾、文辞修飾。「唾飛香」は、末宗徳本の「馬郎婦」偈（『江湖風月集』巻上）に「蓮、齦齶《ぎんかく》に敷《ひら》けて、唾《つばき》、香を飛ばす」とあるのに基づく。／(3)箇中無択僧三等、聴雪終宵道話長＝〈ここでは、僧を上中下の三等に選《よ》り分けるようなことはしない、（皆な上等で）雪の音を聞きながら、夜通し、仏道を語り合っている〉。この二句は、以下の話頭を踏まえる。「師云く、『円通の秀禅師、雪の下《ふ》るに因《よ》って云く、〈雪の下《ふ》るに三種の僧有り。上等底は僧堂中に坐禅す。中等は墨を磨し筆を点じて雪の詩を作る。下等は炉を囲んで食を説く〉と。予、丁未の年の冬、虎丘に在り。親しく此の三等の僧を見て、覚えず失笑す。乃《すなわ》ち知る、前輩の語の虚《むな》しからざることを』」（『大慧武庫』）。

【三三】上平声四支韻

恭領雲箋并川八一章潔指薫讀。拜登鳴謝。聊和四韻、代柬奉呈猊右。
擬欲同於艸木腐、向陽州裡類齊夷。幸敲甲北諸禪刹、初拜慧山兩國師。期枉法輿頻屈指、得投大偈勞垂慈。寒風積雪應珍嗇、攀慕吾門老白眉。

*

(1)恭しく雲箋《うんせん》、并《なら》びに川八一章を領し、指を潔《きよ》うして薫読す。拝登鳴謝《はいとうめいしや》。聊《いささ》か四韻に和し、柬《かん》に代えて猊右《げいゆう》に奉呈す。

*

(2)草木と同《とも》に腐《く》ちんと擬欲することは、陽州の裡《うち》に向かう斉夷《せいい》に類す。(3)幸いに甲北の諸禅刹を敲《たた》いて、初めて慧山の両国師を拝す。(4)法輿《ほうよ》を枉《ま》げられんことを期して頻《しき》りに指を屈《かが》め、大偈を投じらるることを得て垂慈に労す。(5)寒風積雪、応《まさ》に珍嗇《ちんしょく》すべし、攀慕《はんぼ》す、吾門の老白眉。

(1)恭領雲箋……奉呈猊右＝本偈を奉呈した相手の和尚は不詳。偈の内容から相見していない。「雲箋」は、雲の模様のある紙。転じて手紙の美称。「川八」は、五山文学作品の中に多く見られ、その用例から、七言八句詩（七言律詩）のこととは分かるが語源は未詳。「拝登鳴謝」は、贈り物を受け取り、深く感謝致しますという意。「拝登」は、賜物を接受したことの敬称。「登」は、取の敬称。本山拝登などの「拝登」ではない。「四韻」は、四箇所に韻字を踏んだ詩。即ち律詩のこと。「東」は、手紙のこと。／(2)擬欲同於草木腐、向陽州裡類斉夷＝〈世に知られることなく一生を終わりたいと願う心は、首陽山に隠れた伯夷《はくい》と叔斉《しゅくせい》と同類です〉。上の句は、【二〇一二】注(2)を参照。下の句は、伯夷と叔斉の兄弟が、周の禄を食《は》むのを潔しとせず、首陽山に隠れ、ワラビやゼンマイを食っていて餓死した故事を踏まえる。「伯夷（長兄）と叔斉（末弟）は、孤竹君の二子なり。父、叔斉を立てんと欲す。父の卒するに及び、叔斉、伯夷に譲る。伯夷曰く、『父の命なり』。遂に逃れ去る。叔斉も亦た立つことを肯《うべな》わずして之れを逃ぐ。国人、其の中子を立つ。是《ここ》に於いて伯夷と叔斉、西伯昌（周の文王）の善く老《としより》を養うを聞く。『盍《なん》ぞ往きて帰せざるや』。至るに及び、西伯卒す。武王、木主《ぼくしゅ》（位牌）を載せ、号して文王と為し、東のかた紂《ちゅう》（殷の紂王）を伐たんとす。伯夷と叔斉、馬を叩いて諫《いさ》めて曰く、『父死して葬《ほうむ》らず、爰《ここ》に干戈に及ぶ。孝と謂っつ可きか。臣を以て君を弑《しい》す。仁と謂っつ可きか』。左右、之れを兵《ころ》さんと欲す。太公曰く、『此れ義の人なり』。扶《たす》けて之れを去らしむ。武王、已《すで》にして殷の乱を平らげ、天下、周を宗とす。而して伯夷と叔斉、之れを恥じ、義をもって周の粟を食《は》まず、首陽山に隠れ、薇《び》を采《と》って之れを食す。餓えて且《まさ》に死なんとするに及び、歌を作る。其の辞に曰く、『彼の西山に登り、其の薇を采る。暴《ぼう》を以て暴に易《か》え、其の非なるを知らず。神農、虞、夏、忽焉《こつえん》として没す、我れ安《いずく》にか適帰《てきき》（帰向）せん。于嗟徂《ああゆ》かん、命の衰えたるかな』。遂に首陽山に餓死す」（『史記』伯夷列伝）。

／(3)幸敲甲北諸禅刹、初拝慧山両国師＝〈幸いにも甲北の諸禅刹を巡歴し、初めて恵林寺の両国師を拝むことが出来ました〉。「慧山両国師」は、恵林寺の夢窓国師と大通智勝国師（快川紹喜）。／(4)期枉法輿頻屈指、得投大偈労垂慈＝〈こちらにお越しになる日を、指折り数えて待っておりましたが、立派な偈頌を頂きまして、御垂慈に感謝しております〉。「法輿」「大偈」は、尊称。／(5)寒風積雪応珍嗇、攀慕吾門老白眉＝〈寒風積雪の時節、どうか御法身を大切にして下さい、我が宗門の御長老、攀《たよ》りとし慕《した》っております〉。「珍嗇」は、珍惜に同義。保愛・保重の意。「白眉」は、老人の形容にも用いるが、「馬良白眉」（『蒙求』五六九）の故事より、衆人の中で最も傑出している者を言う。

【三四】上平声一東韻

永慶寺殿〔柳澤美濃守〕保山養公大居士十三回忌壔銘。

這無縫壔、包裹太空。雜華嚴飾、理事圓融。鏤春岩樹、鐫秋霜風。不渉造作、曾絶異同。育王奈望、公輸何工。福民興國、擧賢慕風。斐然顯徳、和育愛衆。看看、森羅萬象蔭涼中。

今茲丙午冬十一月初二蓂、恭値永慶寺殿保山養公大居士十三回忌辰。就于本寺莊嚴道場、先甲三日、修諸般佛事。偶遇結冬會、淨侶四千餘指、法筵濟濟乎。養公大居士、生前修善之功、自然粲乎。造立一基木制多、使野衲爲銘。如厥功勳、還上來銘辭矣。

＊

(1)永慶寺殿〔柳沢美濃守〕保山養公大居士十三回忌の塔銘。

(2)這《こ》の無縫塔《むほうとう》、太空を包裹《ほうか》す。(3)雑華《ぞうけ》厳飾《ごんしょく》、理事円融《えんにゆう》。(4)春を鏤《ちりば》むる岩樹、秋を鐫《え》る霜風。造作に渉《わた》らず、曾て異同を絶す。(5)育王《いくおう》も奈《なん》ぞ望み、公輸《こうしゆ》も何ぞ工《たく》まん。民を福《さいわ》いにし国を興《おこ》し、(6)賢を挙《あ》げて風を慕《した》う。(7)斐然《ひぜん》として徳を顕《あら》わし、和育して衆を愛す。看よ看よ、森羅万象、蔭涼の中。

今茲《ことし》丙午《ひのえうま》の冬十一月(8)初二蓂《めい》、恭しく永慶寺殿保山養公大居士十三回忌の辰に値《あ》う。(9)本寺に就《つ》いて道場を荘厳し、(10)甲に先だつこと三日、(11)諸般の仏事を修す。偶《たま》たま結冬会に遇《あ》い、浄侶四千余指、法筵、済済乎《せいせいこ》たり。養公大居士、生前修善の功、自然《じねん》に粲乎《さんこ》たり。一基の(12)木制《もくせい》多《た》を造立して、野衲をして銘を為《な》さしむ。厥《そ》の功勲の如きは、上来の銘辞に還《かえ》す。

＊

(1)永慶寺殿［柳沢美濃守］保山養公大居士十三回忌＝織田信長の兵火にかかって焼失した恵林寺を中興した柳沢吉保、法名、永慶寺保山元養の十三回忌。柳沢吉保は、正徳四年（一七一四）十一月二日の没。その十三回忌は、享保十一年（一七二六）。古月、恵林寺冬制中。／(2)這無縫塔、包裹太空＝〈この無縫塔は、太空を包みこむ〉。「無縫塔」は、南陽慧忠国師（六祖慧能法嗣）の以下の話頭に基づく。「粛宗《しゆくそう》皇帝、忠国師に問う、『百年（遷化）の後、須《もと》むる所は何物ぞ』。国師云く、『老僧が与《ため》に箇の無縫塔を作れ』。帝曰く、『請う師、塔様』。国師、良久して云く、『会《え》すや』。帝云く、『会せず』。国師云く、『吾れに付法の弟子耽源というもの有り、却《かえ》って此の事を諳《そら》んず。請う、詔《みことのり》して之れに問え』。国師遷化の後、帝、耽源に詔して此の意を問う。源云く、『湘《しよう》の南《みんなみ》、潭《たん》の北《きた》、中に黄金有って一国に充つ。無影樹下《むようじゆげ》の合同船、瑠璃殿上《るりでんじよう》に知識無し』」（『碧巌録』十八則本則）。／(3)雑華厳飾、理事円融＝〈色とりどりの華（雑華）によって厳飾され、理（ことわり）の世界と、事（あらわれ）の世界とが一体不二である〉。『雑華経（華厳経）』で説く理事無礙法界。「雑華」は、恵林寺の総門の名でもある。【一八一―一五】を参照。／(4)鏤春岩樹、鐫秋霜風。不渉造作、曾絶異同＝〈春景色がそのまま大居士の塔、秋景色がそのまま大居士の塔。この自然そのままが、大居士の法身相である〉。／(5)育王奈望、公輸何工＝〈この塔は、阿育王も望み見ることは出来ず、公輸班《こうしゆはん》も造れない〉。「育王」は、八万四千の舎利塔を建立した阿育王。「公輸」は、魯の哀公の時の工匠の公輸班。魯班とも言い、雲梯（城攻めの梯《はしご》）を造ったことで知られる。／(6)挙賢慕風＝〈賢者を取り立てて、その徳風を慕う〉。／(7)斐然＝明らかなさま。／(8)初二蓂＝二日。「蓂」は、日の意。蓂莢は、堯の時、生えたという瑞草で、月の一日から十五日まで日毎に一莢ずつ生え、十六日から晦日まで、毎日一莢ずつ落ち始めたので、これに依って暦を作ったと言う。／(9)本寺＝恵林寺。／(10)先甲三日＝諸師の語録にも見え、正当命日の三日前からということ。『易』蠱卦に「蠱《こ》は元《おお》いに亨《とお》る。大川を渉《わた》るに利あり。甲に先だつこと三日、甲に後《おく》るること三日」とあるのに拠る。／(11)修諸般仏事＝諸師の語録を見ると、大檀越の法要の場合、正当命日の三日前から、各種の法要を営むのが常であった。その法要は、衆僧による法華経写経、観音懺儀、水陸会（施餓鬼）、卒塔婆造立などである。そして、正当に、『楞厳呪』を諷誦して終わる。／(12)木制多＝「制多」は、本来、霊廟の意だが、ここでは、木塔婆のこと。

【三五】

應慧林方丈需。

觀世之澆漓、總無僧形可敬。湓至飲酒食辛圍碁歌舞畜小童。所謂、可憐憫者也。披袈裟成地獄之滓、非此輩誰哉。可悲痛也。今住兩國師之道場。不墜青雲之志、茲開圓覺講會、且設結冬會。苾蒭四千指、朝參暮錬。可謂、挽回已墜宗風者也。増以正知見、根脚堅牢養去、但盡凡情、別無聖解。圓悟禪師云、唯恐知有如是作略。知則禍事也。擧措施爲是什麼。不是心不是佛不是物。主山千松緑、案山百卉緋。荷擔大道、全在腕頭。纔生心承當、早是不本分了。同接快川國師之末流。法盟膠漆也。因就河頭賣水去。

材古月槃譚書。

＊

慧林方丈の需《もと》めに応ず。

世の(1)澆漓《ぎょうり》を観《み》るに、総《すべ》て僧形の敬《うやま》う可《べ》き無し。溢《あぶ》れて飲酒・食辛・囲碁・歌舞、小童を畜《たくわ》うるに至る。所謂《いわゆる》、(2)可憐憫者《かれんみんじゃ》なり。袈裟を披して(3)地獄の滓《かす》と成る、此の輩に非ずして誰ぞや。悲痛す可《べ》きなり。今、(4)両国師の道場に住す。青雲の志を墜《お》とさず、茲《ここ》に円覚講会を開き、且つ結冬会を設く。(5)苾蒭《びっしゅ》四千指、朝参暮錬す。謂《い》っつ可《べ》し、(6)已墜《いつい》の宗風を挽回する者なりと。(7)増《くわ》うるに正知見を以てし、根脚を堅牢《けんろう》に養い去って、(8)但《た》だ凡情を尽くすのみ、別に聖解《しょうげ》無し。(9)円悟禅師云く、「唯だ恐る、是の如き作略有ることを知らんことを。知れば則ち禍事なり」と。(10)挙措施為《こそせい》、是れ什麼《なん》ぞ。(11)不是心不是仏不是物。(12)主山は千松緑に、案山は百卉緋《ひゃくき》なり。(13)大道を荷担すること、全く腕頭に在り。纔《わず》かに心を生じて承当《じょうとう》せば、早《すで》に是れ不本分にし了《お》われり。同じく快川国師の末流に接す。法盟、(14)膠漆《こうしつ》なり。因《よ》って(15)河頭に就《つ》いて水を売り去る。

材古月、(16)槃譚《はんたん》して書す。

＊

⑴澆漓＝人情うすく世の乱れた末の世。／⑵可憐憫者＝憐憫す可《べ》き者。【七—一一】注⑷を参照。／⑶地獄之滓＝堕地獄の罪業を重ねる者。『禅家亀鑑』に「末法の比丘に多般の名字有り。或いは『烏鼠僧《うそそう》』、或いは『唖羊僧《あようそう》』、或いは『禿居士《とくこじ》』、或いは『地獄滓』、或いは『被袈裟賊』。……罪重遷《うつ》らざるを『地獄滓』と曰う」と。経論などの決まった典拠はない。／⑷両国師之道場＝恵林寺。「両国師」は、夢窓国師と大通智勝国師（快川紹喜）。／⑸苾蒭＝比丘に同じ。／⑹已墜宗風＝已《すで》に地に墜ちようとしている仏教。／⑺増以正知見、根脚堅牢養去＝正知見を加えて、脚根を堅牢に養う。／⑻但尽凡情、別無聖解＝「師（龍潭崇信）、当下に開解す。復《ま》た問う、『如何《いかん》が保任せん』。皇（天皇道悟）曰く、『性に任せて逍遥し、縁に随って放曠たれ。但尽凡心、別無聖解』」（『五灯会元』巻七・龍潭崇信章）。また、『円悟録』巻八に「祖師道《いわ》く、『但尽凡情、別無聖量』と。凡情尽くる処、聖量見前《げんぜん》す。直《じき》に須《すべか》らく頓に妄縁を歇《や》め、無念無為、虚静ならしむべし。千聖万聖、未だ此の門よりして得入せざる者有らず。只だ誠を存して堅固努力して向前するに在り。但だ肯心を弁ぜよ、必ず相賺《あいいつわ》らざれ。珍重」と。／⑼円悟禅師云……＝『円悟心要』巻下「巨済了然朝奉」の文。続いて、「若し機関語言弁慧知解を呈せば、正に是れ心田を染汚す」と。／⑽挙措施為＝日常の起居動作。章敬懐暉（馬祖法嗣）の上堂に「挙措施為も、実相を虧《か》かず」と。／⑾不是心不是仏不是物＝心でもなく仏でもなく衆生でもない。一般には南泉普願の語として知られている。「師、有る時云く、『江西の馬祖は、〈即心即仏〉と説くも、王老師（南泉）は恁麼《いんも》に道《い》わず、〈不是心不是仏不是物〉と。恁麼に道うは還って過《とが》有りや』。趙州、礼拝して出づ」（『伝灯録』巻八・南泉章）。しかし、『伝灯録』巻七・伏牛山自在章では、馬祖の語となっている。「不是物」の「物」は、衆生のこと。／⑿主山千松緑、案山百卉緋＝古月独自の語。宮殿

や寺院を造営する時、南方に配する低い山を「案山」と言い、北方に配する高い山を「主山」と言う。禅語に「主山は高く案山は低し」と。「百卉」は、百花。／⒀荷担大道、全在腕頭。纔生心承当、早是不本分了＝〈大道を担うことは、全てあなた（恵林寺方丈＝大伽道痴）の腕にかかっています。しかし、心を生じて引き受けようとすれば、もはや本分とはなりません〉。『円悟心要』巻上「示成修造」に「所謂《いわゆ》る、人人本分の事なり。纔生心動念承当担荷、早是不本分了也」と。「荷担」「承当」は、肩にになう、引き受けること。「纔」は、……するやいなや、……した途端の意。／⒁膠漆＝にかわとうるし。交情の堅い譬え。／⒂就河頭売水去＝「河頭売水」で、禅録頻出語。水辺で水を売る。無駄なことをする譬喩。ここでは、「釈迦に説法」の意。／⒃槃譚＝槃談に同じ。和南（vandana）の音訳。稽首の意。

【三六】

示恵林門下諸徒子。

各自嚴奉毘尼、可攀躋先哲之跡。不忘却爲法之二字、則諸般律儀可圓滿也《シツ》。全禁酒辛斷婬穢。衣貴質素、食喫枯淡。三十齢以上、專一修禪定、深究自己躬下一段大事因縁。不添一絲、不減一絲、透頂透底去。三十齢以下者、常誦佛祖言教、可究奥義。勿蹈襲世間。不明佛經祖録、則雖一旦省發、如唖羊二利全闕也。夫慧林者、七朝國師開闢之地而智勝國師演法之道場也。如予應請遠來、非爲名聞、非爲利養。唯欲拜智勝國師高躅、微扶翼法門也。一派面面、勸策本寺、本寺知事等、激勵一派。互警策則法門益可繁興。思茲思茲。

右恭諗各徒子。予九旬安居奨掖之勞難謝。叨以蕪言充芹晒。
一、開山正忌前夜、各衆坐禪四炷可爲常規。
一、毎歳臘八前三十許日、一派各衆掛搭佛殿可枯坐。不修禪定、則前路茫茫、無本可頼。深思茲。
一、雲峰慈雲樂音等之寺院、一代一回結制安居、隨分可集海衆。
古月禪材和南書。

＊

恵林門下の諸徒子に示す。

各自、厳に(1)毘尼《びに》を奉じ、先哲の跡を(2)攀躋《はんせい》す可《べ》し。(3)「為法」の二字を忘却せずんば、則ち諸般の律儀、円満しつ可し。全く酒辛を禁じ、(4)婬穢《いんわい》を断ず。衣は質素を貴び、食は枯淡を喫せよ。三十齢以上は、専一に禅定を修し、深く自己《じこ》躬下《きゅうか》一段の大事因縁を究めよ。(5)一糸も添《そ》えず、一糸も減ぜず、(6)透頂透底し去れ。三十齢以下の者は、常に仏祖の言教を誦《よ》み、奥義を究む可し。(7)世間に諂襲すること勿《な》かれ。仏経祖録を明らめずんば、則ち一旦省発すと雖《いえど》も、(8)唖羊《あよう》の如くにして、二利、全て闕《か》かん。夫《そ》れ慧林は、(9)七朝国師開闢《かいびゃく》の地にして(10)智勝国師演法の道場なり。予が如き、請に応じて遠来するは、名聞の為に非ず、利養の為に非ず。唯だ智勝国師の高躅《こうちょく》を拝し、微《すこ》しく法門を扶翼《ふよく》せんと欲すればなり。一派の面面、本寺を勧策し、本寺の知事等、一派を激励す。互いに警策すれば、則ち法門益《ます》ます繁興す可し。(11)茲《こ》れを思い、茲れを思え。

右、恭しく各徒子に諗《つ》ぐ。予、九旬安居、(12)奨掖《しょうえき》の労、謝し難し。叨《みだ》りに(13)蕪言《ぶげん》を以て芹晒《きんさい》に充《あ》つ。

一、(14)開山正忌の前夜、各衆、坐禅四炷、常規と為《な》す可し。

一、毎歳臘八前三十許日、一派の各衆、仏殿に掛搭して枯坐す可し。禅定を修せざれば、則ち(15)前路茫茫として、本《もと》の頼《よ》る可き無し。深く茲《こ》れを思え。

一、(16)雲峰・慈雲・楽音等の寺院、一代一回結制安居、分に随って海衆を集む可し。

古月禅材、和南して書す。

＊

(1)毘尼＝vinaya の音写。戒律のこと。／(2)攀躋＝攀《よ》じ躋《のぼ》る。／(3)為法之二字＝恵林寺の「僧堂規箴」(【二一】)に「『為法』の二字を以て胸間に挂在《かざい》すれば、則ち自然《じねん》に弁道、期す可《べ》し」と。／(4)婬穢＝婬《みだ》らで穢《けが》らわしい。一般的な語だが、『楞厳経』巻九に「(ある者は)持戒を謗《そし》って、名づけて小乗と為《な》す。菩薩は空を悟る、何の持犯か有らんという。其の人、常に信心の檀越に於いて、酒を飲み肉を噉《くら》い、広く婬穢を行なう。魔の力に因《よ》る」とある。／(5)不添一糸、不減一糸＝〈自己の本来心は、いささかも増えもしなければ減りもしない〉。「千仏出世亦不増一糸毫。六道輪廻也不減一糸毫」(『伝灯録』巻二十五・金陵報恩院玄則章)。「威音以前也与麼、不添一糸毫。威音以後也与麼、不減一糸毫」(『夢窓録』巻下「法海禅師忌請」陞座)。「有物先天地。無形包横竪。諸仏出興不添一糸毫。諸仏滅度不減一糸毫」(『普明語録』巻二)。／(6)透頂透底＝禅録頻出語。／(7)勿謟襲世間＝〈世間のことがらに拘わるな〉。『円悟心要』巻下「送雷公達教授」に「世間に謟襲せずして出世間の津梁を図《はか》る」と。ここの「謟襲」は、因循の義。

慧林録終。

／(8)如唖羊二利全闕也＝〈唖羊僧のように、自他二利ともに欠けたものになる〉。「唖羊」は、唖羊僧。『大智度論』巻三に「云何《いか》なるをか唖羊僧と名づく。戒を破らずと雖《いえど》も、鈍根にして慧《え》無うして、好醜を別たず、軽重を知らず、有罪無罪を知らず。若し僧事有って二人共に諍《あらそ》えば、断決すること能《あた》わず、黙然として言無し。譬えば白羊の乃《すなわ》ち人殺に至るに声を作《な》すこと能《あた》わざるが如し。是れを唖羊僧と名づく」と。／(9)七朝国師＝夢窓疎石のこと。後醍醐帝より夢窓、光明帝より正覚、光厳帝より心宗、後光厳帝より普済、後円融帝より玄猷、後花園帝より仏統、後土御門帝より大円、七朝の帝から国師号を賜わった夢窓を七朝帝師、また七朝国帝と尊称する。／(10)智勝国師＝大通智勝国師。快川紹喜のこと。天正九年（一五八一）九月六日、正親町帝から賜わった。／(11)思茲思茲＝〈常に念頭から離すな〉。／(12)奨掖＝二字共に「助」の義。／(13)以蕪言充芹晒＝「蕪言」は、粗末な言葉。自分の言辞を言う謙辞。「芹晒」は、未見の語だが、【一〇―六七】の「芹曝」と同じであろう。晒と曝とは同義。そこの注(4)を参照。／(14)開山正忌＝夢窓疎石の忌日、九月三十日。／(15)前路茫茫、無本可頼＝諸録に「業識茫茫、無本可拠」と。前世以来の無明煩悩は果てしなく、真の拠り所がないという意。「前路茫茫」は、前途が定まらないこと。『禅関策進』「筠州黄檗運禅師示衆」に「臘月三十日到来す。……前路茫茫として、胡鑽乱撞す。苦哉苦哉」。『大慧普説』「方敷文請普説」に「直《じき》に臘月三十日に待《いた》る。前路茫茫として、未だ何《いずこ》に往くかを知らず。那時、著忙すれども已《すで》に及ばず」。／(16)雲峰慈雲楽音＝共に恵林寺の末寺。

佛日録拾遺。

【三七】

法語[1]。

(1)法語＝底本にはないが補った。【七】注(1)を参照。

＊

【三七—一】

示絶禪人。

一片向道心、如鐵石、不墜影於世邊、單單提撕本參之話頭、勿生知解。淺根癡人、作穿鑿、尚引他人之錯。佛法若有傳授、古人何有喪考妣説。聲色者無生鴆毒也。痛可愼。一旦疑破則鴆毒成醍醐。嗚呼、百年光陰如風檣陣馬。何暇閑情勞他事。

＊

絶禅人に示す。

一片の向道心、鉄石の如く、[1]影を世辺に墜《お》とさず、[2]単単に本参の話頭を提撕《ていぜい》し、知解《ちげ》を生ずること勿《な》かれ。浅根の痴人は、穿鑿《せんさく》を作《な》して、尚お他人の錯《あやま》ちを引く。仏法に若し伝授有れば、古人に何ぞ[3]考妣《こうひ》を喪《うしな》うの説有らん。[4]声色は無生の鴆毒《ちんどく》なり。痛く慎む可し。一旦疑い破るれば、則ち鴆毒、醍醐(5)と成る。嗚呼《ああ》、百年の光陰は、風檣陣馬(6)《ふうしょうじんば》の如し。何の暇閑(7)の情あってか他事に労せん。

*

(1)不墜影於世辺＝〈世間に出るな〉という意であろう。世間に出れば、おのずから自分の影がそこに落ちることになる。／(2)単単提撕本参之話頭＝〈ただひたすらに本参の公案を工夫せよ〉。「本参」は、幾多の公案に参究する中で、根本として提撕する公案。／(3)喪考妣説＝〈父母を亡くしてその喪に服するように、寝食を忘れ、必死に一事を求めよという説〉。「考妣」は、亡き父（考）と母（妣）。玄沙師備の上堂（『五灯会元』巻七）に「若し是れ根機遅鈍ならば、直《じき》に須《すべか》らく勤苦して志に耐え、日夜、疲れを忘れ、眠ること無く、食を失《わす》れ、考妣を喪《うしな》うが如くに相似るべし」と。／(4)声色者無生鴆毒也＝〈一切の対境は、無生の法身を殺す猛毒〉。「声色」は、六境の二で、六境を代表させたもの。「鴆毒」は、猛毒の名。「鴆鳥、水に入れば、魚皆な死す」（『禅林句集』）。牛頭法融が、法嗣の鍾山曇璀に示した言葉（『五灯会元』巻二・鍾山章）に「色声は無生の鴆毒為《た》り、受想は是れ至人の坑穽《こうせい》なり。子《なんじ》、之れを知るや」と。／(5)醍醐＝牛乳を精製して作った最純最上のもので、諸病の妙薬とされる。牛乳を精製すれば、酪、生酥、熟酥、醍醐と次第し、この五段階のものを五味と言う。／(6)風檣陣馬＝風をはらんだ帆船と、陣頭に立つ戦馬。成句。ここでは、迅速の譬喩。／(7)暇閑情＝学道に要のない心。【二一】注(6)を参照。

【三七―二】

示禪脉禪衲。

一脉禪流、自少林流出來、支那扶桑、白浪滔天。辱預餘澤。空稱兒孫、執哂於傍觀。承事善知識、直向正路可著工夫。此事無傳授、唯貴自悟自證。若於分別影裡亂認著、何時有今日。岩頭和尚云、纔恁麼便不恁麼。是句亦剗、非句亦剗。

*

禅脈禅衲に示す。

一脈の禅流、少林より流出し来たって、支那扶桑、[1]白浪滔天《とうてん》。辱《かたじけ》なくも余沢に預かる。空《むな》しく児孫と称せば、[2]哂《わら》いを傍観に執《と》らん。[3]善知識に承事し、直に正路に向かって工夫を著《つ》く可《べ》し。此の事は伝授無し、唯だ自悟自証を貴ぶ。若し分別影裡《ようり》に於いて乱《みだ》りに認著すれば、何《いず》れの時か[4]今日《こんにち》有らん。[5]岩頭和尚云く、「纔《わず》かに恁麼なれば便ち不恁麼なり。是句《ぜく》も亦た剗《けず》り、非句《ひく》も亦た剗る」と。

*

(1)白浪滔天＝〈天までみなぎる白波〉。大活動を言う禅録頻出語。／(2)執哂於傍観＝〈傍で見ている者に笑われる〉。「取笑於傍観」とも。／(3)承事善知識＝「承事」は、よくつかえること。無憂徳神が、善財童子に説いた頌に「汝、清浄心を以て、仏菩提を尋求す。承事善知識、自ら身命を惜しまざれ」と（『華厳経』巻七十五）。／(4)今日＝開悟の時。／(5)岩頭和尚云……非句亦剗＝『大慧書』「答張舎人状元」に「巌頭云」として載るが、巌頭全豃の伝などには見えない。〈こうだと認著した途端に、もうそれはこうではない。肯定の句も除き、否定の句も除く〉。「是句」は、例えば「即心是仏」というような肯定的な句。「非句」は、例えば「非心非仏」というような否定的な句。

古林清茂の『語録』巻四に「是句も亦た剗り、非句も亦た剗る。者箇を喚《よ》んで無功用の大解脱門と作《な》す」と。また、『無門関』二十五則、仰山慧寂の語に「摩《ま》訶《か》衍《えん》の法（大乗法）は、四句を離れ百非を絶す」と。

【三七—三】

示禪篤禪衲。

唯此篤實底、直是成佛作祖之基本也。話頭上疑破、父母未生前一著如指掌。情上解得、口頭議去、吾門之罪人也。不逞虚頭、視聽言動、著著勿誤。道人之境界、内外玲瓏、可始得道易成。

*

禅篤禅衲に示す。

唯だ此の篤実底、直《じき》に是れ成仏作祖の基本なり。話頭上に疑い破るれば、(1)父母未生前の一著、(2)掌《たなごころ》を指《さ》すが如し。(3)情上に解得《げとく》し、口頭に議し去らば、吾門の罪人なり。(4)虚頭《ことう》を逞《たくま》しうせず、(5)視聴言動、著著、誤ること勿《な》かれ。道人の境界、(6)内外玲瓏《ないげれいろう》、始めて道の成り易《やす》きことを得《う》可《べ》し。

*

(1)父母未生前一著＝父母未生以前の本来の面目。／(2)指掌＝明々白々の意、また事の容易な比喩。典拠は、『論語』八佾第三の「子曰く、『……、其れ諸《こ》れを斯《ここ》に示すが如し』といって、其の掌を指す」。／(3)情上解得＝分別心による解釈。『碧巌録』九十則本則評唱に「如今《いま》の人、……情上に去って解を生ず」と。／(4)虚頭＝実頭の反対語で、見せかけ、無内容という意。「頭」は、接尾語。掠虚頭《りやっことう》とも言う。掠虚頭の漢と言えば、うわすべり者、から悟りの者を罵る語。「睦州《ぼくじゆう》、僧に問う、『近離《きんり》、甚《いず》れの処ぞ』。僧、便ち喝す。州云く、『老僧、汝に一喝せらる』。僧、又た喝す。州云く、『三喝四喝の後、作麼生《そもさん》』。僧、無語。州、便ち打して云く、『這《こ》の掠虚頭の漢』」（『碧巌録』十則本則）。／(5)視聴言動、著著勿誤＝〈一切の行ないを正しく行なえ〉。「視聴言動」は、人の慎むべき四つの道。『論語』顔淵第十二の「礼に非ざれば視ること勿かれ、礼に非ざれば聴くことこと勿かれ、礼に非ざれば言うこと勿かれ、礼に非ざれば動くこと勿かれ」に基づく成句。「著著」は、一つ一つ。／(6)内外玲瓏＝内も外も透き通っていて曇りがない。禅録頻出語。

【三七―四】

示黠禪人。

結冬九旬、各司碓坊、其勞不可言。却看碓觜生花耶。吾慧能祖師、看碓觜生花去墮腰石了。非內非外非中間。至此不行識前一步自肯重、何讓盧能。纔走解路上劍去久矣。

＊

黠禅人に示す。

結冬九旬、各おの(1)碓坊《たいぼう》を司《つかさど》り、其の労、言う可《べ》からず。却って(2)碓觜《たいし》に花を生ずるを看るや。(3)吾が慧能祖師、碓觜に花を生ずるを看去って腰石を墮《おろ》し了《お》わる。(4)内に非ず外に非ず中間《ちゆうげん》に非ず。此《ここ》に至って(5)識前の一歩を行ぜず、(6)自ら肯重せば、何ぞ(7)盧能に譲らん。纔《わず》かに解路《げろ》上《じよう》に走れば(8)剣去って久し。

*

(1)碓坊＝米つき小屋。／(2)碓觜生花＝石碓《いしうす》の口に花が咲く。思慮分別の及ばない、開悟の消息。／(3)吾慧能祖師、看碓觜生花去堕腰石了＝碓坊で石碓を踏んでいた六祖慧能が、五祖弘忍の法を得たことの譬喩。／(4)非内非外非中間＝諸録に見えるが、特に『涅槃経』の随所に「仏性非内非外」とある。浄慈楚明の上堂（『五灯会元』巻十六）に「祖師の心印は、長に非ず短に非ず、方に非ず円に非ず、内に非ず外に非ず、亦た中間《ちゅうげん》にも非ず。且《しばら》く大衆に問う、決定《けつじょう》して是れ何の形貌《ぎょうぼう》ぞ」と。／(5)識前一歩＝意識上の分別。『大慧書』「答李郎中」に「(士大夫は聡明で知見が多い）故に常に識前の一歩を行じて、脚跟下の快活自在底の消息を昧却す」と。／(6)自肯重＝「肯心自許」の義。／(7)盧能＝六祖慧能。その俗姓盧氏からこう呼ぶ。／(8)剣去久＝【九—一一—③】注(1)を参照。

*

【三七—五】

示智崙禪人。

黄鶯囀柳塢、胡蝶舞花園。發揮靈山二千年遠風規。你諸人、擧足下足透過、敢不知之。叨逞聰明、髑髏前認得去。又是癡狂外邊客也。呑吐不下底時節、驀忽蹈斷、有少分相應。錯墮今時之弊風、袈裟下失人身亦不知之。

*

智崙禅人に示す。

(1)黄鶯《こうおう》、柳塢《りゅうお》に囀《さえず》り、胡蝶《こちょう》、花園に舞う。(2)霊山《りょうぜん》二千年遠の風規を発揮す。(3)你《なんじ》諸人、挙足《こそく》下足《あそく》に透過すれども、敢えて之れを知らず。叨《みだ》りに聡明を逞《たくま》しうして、[4]髑髏前に認得し去る。又た是れ[5]痴狂外辺の客なり。[6]呑吐《どんと》不下底《ふげてい》の時節、驀忽《まっこつ》に蹈断せば、[7]少分の相応有らん。錯《あやま》って今時の弊風に堕せば、[8]袈裟下に人身を失するも亦た之れを知らざらん。

＊

(1)黄鶯囀柳塢、胡蝶舞花園＝「発揮霊山二千年遠風規」の現成公案。古月独自の句。「柳塢」は、柳樹が植わる土手。／(2)霊山二千年遠風規＝二千年前、霊鷲山で行なわれた釈尊から摩訶迦葉への伝法。【一二―一二】注(4)を参照。／(3)你諸人、挙足下足透過、敢不知之＝〈君たちは、日常普段にそこを通り過ぎているのに、少しもそれを知らない〉。「挙足下足」は、足の上げ下ろし。日常の起居動作を言う。ここの「敢不」は、少しも、一向に、全然の意。／(4)髑髏前認得去＝〈死人のような思慮分別を起こす〉。『大慧書』「答王教授」に「〈聡明霊利の人は、心意識を以て領会するも〉尽《ことごと》く是れ髑髏前情識辺の事なり、生死岸頭には定めて力を得ざるなり」と。／(5)痴狂外辺客＝〈(仏法の) 外回りにいる馬鹿者〉。「宝誌和尚十二時頌」(『伝灯録』巻二十九) に「縦《たと》い你多聞にして古今に達するも、也《ま》た是れ痴狂外辺に走る」と。／(6)呑吐不下底時節＝〈呑むことも吐くことも出来ない、万事窮した時〉。／(7)少分相応＝〈(一大事因縁に) いささか相当する〉。／(8)袈裟下失人身＝【一四―九】注(2)を参照。

【三七―六】

示玄流禪人。

吾大覺牟尼世尊、雪山深處端坐六白、得此靈藥、活他命根。以至、身毒四七、支那二三、用得有驗。

你諸人、直下試靈驗去。即此見聞非見聞。眼目定動、早是變藥性了。白鷺下田千點雪、黄鳥上樹一枝花。

＊

玄流禅人に示す。

吾が[1]大覚牟尼世尊、雪山の深き処に端坐すること[2]六白、此の霊薬を得て、他の命根を活す。以至《ないし》、[3]身毒の四七、支那の二三、用い得て験有り。你諸人《なんじ》、直下《じきげ》に霊験を試み去れ。[4]此の見聞《けんもん》に即して見聞に非ず。[5]眼目定動《げんもくじょうどう》、早《すで》に是れ薬性を変じ了《お》わる。[6]白鷺、田に下る千点の雪、黄鳥、樹に上る一枝の花。

＊

(1)大覚牟尼世尊……＝雪山成道の譬喩。【一四―二一】注(1)を参照。／(2)六白＝六年。「白」は、年の意。「印度、一年を以て一白と為す」(『伝灯録』巻二割注)。／(3)身毒四七、支那二三＝西天二十八祖、東土六祖。「身毒」は、インドの旧名。／(4)即此見聞非見聞＝【六―四】注(6)、及び【一四―一】注(1)を参照。／(5)眼目定動＝禅録頻出語。目の玉が定まったり動いたり、きょろきょろすること。／(6)白鷺下田千点雪、黄鳥上樹一枝花＝〈田に降りる白鷺は、雪にも見まがい、樹に上る黄鳥は、花かと疑われる〉。『五灯会元』巻十五・奉先深禅師（雲門文偃法嗣）章に、古人の語として見える。但し「黄鳥」を「黄鸝」に作るが、意味は同じ、うぐいすのこと。これは、奉先が、維那から「甚《なん》の奇特の因縁か有る」と問われた際の答語であるから、句意は、おのずから分明になる。

【三七―七】

示祖春禪人。

佛祖無上妙道、人人具足箇箇圓成、妄想執著、甘作迷妄衆生。若欲透脱生死著著自由、於本參話頭、横竪參詳、初有少分相應。悲哉、澆季、叨認門頭戸口、稱大事了畢。大如往東求西。勿隨弊風。

*

祖春禅人に示す。

(1)仏祖の無上の妙道は、(2)人人具足箇箇円成《にんにんぐそくここえんじょう》、妄想執著し、甘んじて迷妄の衆生と作《な》る。若し生死を透脱し、(3)著著自由ならんと欲せば、(4)本参の話頭に於いて、横に竪《たて》に参詳して、初めて(5)少分の相応有らん。悲しい哉《かな》、(6)澆季《ぎょうき》、叨《みだ》りに(7)門頭戸口《もんとうここう》を認《と》めて、大事了畢《だいじりょうひつ》と称す。大いに(8)東に往きて西を求むるが如し。弊風に随うこと勿《な》かれ。

*

(1)仏祖無上妙道＝仏祖の大道。菩提達磨の語（『五灯会元』巻一）に「諸仏の無上の妙道は、曠劫に精勤して、行じ難きを能《よ》く行じ、忍に非ざるを而《しか》も忍ぶ。豈《あ》に小徳小智、軽心慢心を以て、真乗を冀《こいねが》わんと欲するや」と。／(2)人人具足箇箇円成＝「人人具足」と「箇箇円成」は同義。誰もが仏性を欠けることなく、円《まど》かに具えているということ。【九―九】注(3)を参照。／(3)著著＝一つ一つ。／(4)本参話頭＝幾多の公案に参究する中で、根本として取り組む公案。／(5)少分相応＝一大事因縁にいささか契《かな》う。／(6)澆季＝末世に同意。人情うすく世の乱れた末の世。／(7)門頭戸口＝門や出入口。堂奥ではない浅近の処。『大慧書』「答李郎中」等に見える。／(8)往東求西＝未見の語だが、甚だしい見当違いを言う「指東作西」などと同意であろう。【三七—二二】には、「尋東往西」とある。

【三七—八】

示森禪人。

古人云、只此更無回避處、森森頭角畫不成。黄鳥遷喬、紫燕戀主。以至、李花白似綿、桃花紅如錦。勿轉頭腦。失口道得囮之字、乾屎橛、無字話、始好證據。

＊

森禅人に示す。

古人云く、「(1)只だ此れ更に回避する処無し、森森たる頭角《ずかく》、画《えが》けども成らず」と。(2)黄鳥、喬に遷《うつ》り、紫燕《しえん》、主を恋《こ》う。以至《ないし》、(3)李花、綿よりも白く、桃花、錦よりも紅なり。(4)頭脳を転ずること勿《な》かれ。(5)失口《しっこう》に囮《か》の字を道《い》い得ば、(6)乾屎橛《かんしけつ》、(7)無字の話、始めて好し、証拠するに。

＊

(1)只此更無回避処、森森頭角画不成＝『十牛図』見牛の頌。「画不成」を「画難成」に作る。／(2)黄鳥遷喬、紫燕恋主＝上の句は、いわゆる「出谷の黄鶯」。【一〇—五四】注(2)を参照。下の句は、家の主人を慕って、軒合で鳴くツバメ。「紫燕」は、越燕とも言う。軒の間に巣くい、小さくよく鳴く。頷下が紫色であるから紫燕と言う。「恋主」は、飼い主を慕うこと。『五灯会元続略』巻六・千巖元長章に「紫燕黄鸝、深く実相を談ず」と。／(3)李花白似綿、桃花紅如錦＝洞山梵言の上堂（『五灯会元』巻十七）に「山は青く水は緑に、桃華は紅に李華は白し。一塵一仏土、一葉一釈迦」と。「似」「如」は、句中にあって比較を表わす助辞。／(4)勿転頭脳＝〈振り返るな〉。「頭脳」は、単に頭のこと。／(5)失口道得囮之字＝〈思わず「カッ」と口をすべらせる〉。「失口」は、思わず口をすべらせること。「囮」は、大悟の時に思わず発する声のことで、アッでもオッでも何でもよい。『大慧書』「答張提刑」に「老居士の所作所為、冥《ふか》く道と合《かな》う。但だ未だ囮地一下することを得ること能《あた》わざるのみ」と。／(6)乾屎橛＝雲門文偃の糞かきべら。【七―四】注(4)を参照。／(7)無字話＝「趙州無字」の公案。「趙州和尚、因みに僧問う、『狗子《くし》に還って仏性有りや也《ま》た無しや』。州云く、『無』」(『無門関』一則)。

【三七―九】

示嶽禪人。

是法平等、無有高下。主山高案山低。直下不疑與祖佛不別。若除煩惱求菩提、恰同平嶽盈溪、續鳧截鶴。故云、直截根源佛所印、摘葉尋枝吾不能。

＊

岳禅人に示す。

(1)是の法は平等にして、高下有ること無し。(2)主山は高く案山は低し。直下《じきげ》に疑わざれば、祖仏と別ならず。若し煩悩を除いて菩提を求むれば、恰《あた》か(3)も岳を平らげて渓《たに》に盈《み》たし、鳧《かも》を続《つ》ぎ鶴を截《き》るに同じ。故に云く、「(4)直《じき》に根源を截《き》るは仏の印する所、葉を摘《つ》み枝を尋ぬることは吾れ能《あた》わず」と。

(1)是法平等、無有高下＝『金剛経』浄心行善分第二十三の言葉。「是法平等、無有高下。是れを阿耨多羅三藐三菩提と名づく」。／(2)主山高案山低＝【三五】注(12)を参照。／(3)平岳盈渓、続鳧截鶴＝『肇論』般若無知論等に「続鳧截鶴、岳を夷《たい》らげて壑《たに》に盈たす（夷岳盈壑）」と。「続鳧截鶴」は、『荘子』駢拇の「彼の至正なる者は、……長き者を余り有りと為さず、短き者を足らずと為さず。是の故に鳧の脛《すね》は短しと雖《いえど》も、之れを続《つ》がば則ち憂え、鶴の脛は長しと雖も、之れを断たば則ち悲しむ」に拠る。「夷岳盈壑」の典拠は不詳。／(4)直截根源仏所印、摘葉尋枝吾不能＝『証道歌』。「吾」を「我」に作る。

＊

【三七―一〇】

示的禪人。

造次顛沛、爲佛法中人受用去。處身於惡境、則如喫青蟲擧體青色。故古人擇居擇隣。居阿蘭若、心身寂滅、得道非遠。直扣祖關、四方八面絶遮欄、可活鱍鱍地。若謂制戒不犯、課誦不懈、正得安穩、伸兩脚眠去、是清淨凡夫也。參禪學道、專計見性耳。敢不容易也。思玆。

＊

的禅人に示す。

(1)造次顛沛《ぞうじてんぱい》、仏法中の人と為《な》って受用《じゆゆう》し去れ。身を悪境に処する則《とき》んば、(2)青を喫する虫の、挙体《きよたい》青色なるが如し。故に古人は、(3)居を択《えら》ぶに隣りを択ぶ。(4)阿蘭若《あらんにゃ》に居し、心身寂滅すれば、得道、遠きに非ず。直《じき》に祖関を扣《たた》き、(5)四方八面、遮欄《しやらん》を絶して、活鱍鱍地なる可《べ》し。若し制戒を犯さず、課誦を懈《おこた》らず、正に安穏を得て、両脚を伸ばして眠り去らんと謂《おも》えば、是れ(6)清浄の凡夫なり。参禅学道は、専《もっぱ》ら見性を計るのみ。(7)敢えて容易ならず。茲《こ》れを思え。

＊

(1)造次顛沛＝どんな時でも、片時もの意。【一〇—七二】注(3)を参照。／(2)喫青虫挙体青色＝〈青草を食べる虫は、からだ全体が青色になる〉という意であろうが、未見の譬喩。「朱に交われば赤くなる」の類か。／(3)択居択隣＝〈住居を定めるには環境を選ぶ〉。『明心宝鑑』省心篇第十一に「神宗皇帝御製」として「居は必ず隣りを択び、交わりは必ず友を択べ」と。／(4)阿蘭若＝無諍声・閑寂・遠離処などと意訳する。人里からほどよく離れた、比丘の住む閑静な所を言う。／(5)四方八面絶遮欄＝〈四方八面、遮《さえぎ》る物がない〉。『五灯会元』巻十八・仏心本才章に「四方八面絶遮欄、万象森羅、斉《ひと》しく漏泄す」と。／(6)清浄凡夫＝未見の語。戒律を守り、身を清浄に保っているだけの、開悟のない凡夫という意か。／(7)敢不容易＝〈決して容易《たやす》いことではない〉。「敢」は、否定詞をともなって、決して……ではないの意。

【三七—一二】

示韶禪人。

靈山大醫王、藥方有驗。迦葉微笑、神光安心。牽至扶桑國、治幾千種病根去。你祖韶禪人、喫吾所傳清涼散、一回生白汗底時節、靈驗可觀。老鶴唳《リ》青松、黃鶯囀綠楊。以至、趙州無字、雲門胡餅、和盤托出夜明珠。

韶禅人に示す。

＊

(1)霊山《りょうぜん》の大医王、薬方、験有り。(2)迦葉微笑《みしょう》、(3)神光安心《あんじん》。牽《ひ》いて扶桑国に至り、幾千種の病根をか治《いや》し去る。你《なんじ》祖韶禅人、吾が伝うる所の(4)清涼散を喫し、一回《ひとたび》白汗を生ずる底の時節、霊験、観《み》つ可《べ》し。(5)老鶴、青松に唳《な》り、黄鶯《こうおう》、緑楊に囀《さえず》る。以至《ないし》、(6)趙州の無字、(7)雲門の胡《こ》餅《びょう》、(8)盤に和して托出す夜明の珠。

＊

(1)霊山大医王、薬方有験＝〈釈尊が処方した仏法という霊薬〉。「仏は是れ大医王、善く衆の病を観ず。衆生信じて之れを服すれば、則ち病の療《い》えざること無し」（『虚堂録』巻四）。／(2)迦葉微笑＝【一二—二】注(4)を参照。／(3)神光安心＝「神光」は、二祖慧可の旧名。「達磨、面壁す。二祖、雪に立つ。臂を断って云く、『弟子、心未だ安からず、乞う師、安心せしめよ』。磨云く、『心を将《も》ち来たれ、汝が為に安んぜん』。祖云く、『心を覓《もと》むるに了《つい》に不可得なり』。磨云く、『汝が為に安心し竟《お》わんぬ』」（『無門関』四十一則）。／(4)清涼散＝口中を涼しく気持ちよくする薬。「劉子儀、三たび翰林に入るも、頗《すこぶ》る懌《よろこ》ばず、疾《やまい》と称して出でず。朝士、之れを候す。云く、『虚熱、上《のぼ》り攻む』と。石中立、滑稽して云く、『只だ一服の清涼散を消《もち》いよ』」（『侯鯖録』巻三）。／(5)老鶴唳青松、黄鶯囀緑楊＝古月独自の句。／(6)趙州無字＝【三七—八】注(7)を参照。／(7)雲門胡餅＝「僧、雲門に問う、『如何《いか》なるか是れ超仏越祖《ちょうぶつおっそ》の談』。門云く、『餬餅《こびょう》』」（『碧巌録』七十七則）。「胡餅」は、西域伝来の焼餅《シャオピン》。小麦粉をこねて醗酵させ、平たくして胡麻をまぶして焼いたもの。／(8)和盤托出夜明珠＝『禅林句集』に載るが典拠未詳。「和盤托出」は、まるごとさらけ出すこと。「夜明珠」は、「夜光珠」とも言い、晋王嘉の『拾遺記』夏禹（『太平広記』巻二九一）に、禹が龍関の山（龍門）を鑿《うが》ったときに得た珠と言う。暗夜にも光を発する名玉で、禅門では仏性の霊光不昧に喩える。ここでは、「趙州無字」や「雲門胡餅」などの公案も、すべて明らかになるということであろう。

【三七－一二】

示然禪人。

念念觀無常、如救頭燃。是安心初歩也。世間亂嗜酒色者、却以苦爲樂。妄情之厚重故也。專精潔戒器、不戲動不戲言、應要了大事。此事不敢容易。不思善不思惡、正當恁麼時、可不可、悟不悟、毛髮許不置胸懷。聻。

＊

然禅人に示す。

(1)念念、無常を観ずること、(2)頭燃《ずねん》を救うが如くせよ。是れ安心の初歩なり。世間の乱《みだ》りに酒色を嗜《たしな》む者は、却って苦を以て楽と為《な》す。妄情の厚重なるが故なり。専《もっぱ》ら(3)戒器を精潔にして、戯動せず戯言せず、応《まさ》に大事を了ぜんことを要すべし。此の事、敢えて容易ならず。(4)不思善不思悪、正当恁麼の時、可不可、悟不悟、毛髪許《ばか》りも胸懐に置かざれ。(5)聻《にい》。

＊

(1)念念観無常＝【七―二七】注(1)を参照。／(2)救頭燃＝頭の火を消す。緊急を要し専一に事に当たることの譬喩で、諸経典に説かれている。「救」は、消すの意。／(3)精潔戒器＝「戒律を守る」ということ。【七―九】注(2)を参照。／(4)不思善不思悪、正当恁麼時＝「(六祖)云く『不思善不思悪、正与麼の時、那箇か是れ明上座が本来の面目』(『無門関』二十三則)。／(5)聻＝疑問の語気を表わす「呢」に同じだが、近世日本の語録では、一転語のように「ニイーー」と読み、既に語義を離れている。

【三七―一三】

示脱禪人。

參學之士、話頭上疑破、則無明窟中爲解脱大海。拍盲貴無事、認昭昭靈靈、依然根境法中揑怪。古人一旦豁然易發明、因從前參詳之切。軟紅輕襪、十指不濕水、漫道無悟無證。閻老子如何信爾哉。二六時扣己勿欺瞞。

＊

(1)脱禅人に示す。

参学の士、話頭上に疑い破るれば、則ち無明窟中、解脱の大海と為《な》らん。(2)拍盲《はくもう》に無事を貴び、(3)昭昭霊霊を認《と》むれば、依然として(4)根境法中に揑怪《ねっかい》す。古人、一旦豁然《かつねん》として発明《ほつみょう》し易《やす》きは、従前の参詳の切なるに因《よ》ってなり。(5)軟紅軽襪《なんこうけいべつ》、(6)十指、水に湿《ぬ》らさず、漫《みだ》りに「無悟無証」と道《い》う。閻老子《えんろうし》、如何《いかん》ぞ爾《なんじ》を信ぜんや。二六時、己《おのれ》を扣《たた》いて欺瞞《ぎまん》すること勿《な》かれ。

＊

(1)脱禅人＝【一三二】に、追挽の偈を載せる楞山慧脱のことか。そこの注(1)を参照。／(2)拍盲＝盲人の意。『諸録俗語解』【拍盲】に「拍は『手のひらにて、物をうつ』ことなり。盲人は独行できぬゆえ、人の肩に手のひらを打ちかけて歩く故、『拍盲』と云う」と。ここでは、盲目的にの意。／(3)昭昭霊霊＝心の明白で霊妙なさま。臨済は、「且つ名句は自ら名句ならず、還って是れ你、目前昭昭霊霊として、鑑覚聞知し照燭する底、一切の名句を安ず」(『臨済録』示衆) と勝義に用い、玄沙はそれを批判して、「更に一般有って便ち説く、『昭昭霊霊たる霊台の智性は、能《よ》く見、能く聞き、五蘊の身田裏に向かって主宰と作《な》る』と。恁麼にして善知識と為《な》らば、大いに人を賺《すか》さん。知るや、我れ今、汝に問わん。汝、若し昭昭霊霊、是れ汝が真実と認むれば、什麼《なん》と為《し》てか瞌睡する時、又た昭昭霊霊と成らざる。若し瞌睡する時、是ならずんば、什麼と為てか昭昭の時有らん。汝、還って会すや。遮箇は喚んで賊を認めて子と為すと作す。是れ生死の根本にして妄想の縁気なり」(『伝灯録』巻十八・玄沙章)と説く。／(4)根境法中捏怪＝〈六根・六境・六識の中で、本来ありもしないものを幻出する〉。『証道歌』に「指を執して月と為し枉《ま》げて功を施す、根境法中に虚《むな》しく捏怪す」と。／(5)軟紅軽襪＝『五家正宗讃』の序に「聖人の門に遊ぶ者には言を為し難しと。此れ特に閨門の児女子、軟紅軽襪、地を踏んで痛みを怕るるの論なり」とあるのを踏まえる。「此特閨門児女子、軟紅軽襪、踏地怕痛」は、絹の足袋をはいたお姫様が、道を歩くと足が痛むのではないかと恐れるという意味。／(6)十指不湿水＝何事もなさない喩え。雲峰文悦の小参(『五灯会元』巻十二)に「今時の後生、纔《わず》かに衆に入り来たるや、便ち自ら端然として手を拱《こまぬ》き、……、柴、一束を搬《はこ》ばず、十指、水に沾《ぬ》らさず、百事、懐《ふところ》に干《あず》からず。一期、意を快にすると雖則《いえど》も、三塗に身を累《わずら》わすことを争奈《いかん》せん」と。

【三七―一四】

示活禪人。

吾這禪宗、初參活句不參死句。雖金圈栗蓬之話頭、纔落知解、早是死了。故云、一句合頭語、萬劫繋驢橛。況耳語口授、漫肯不生不滅、或徒行棒行喝、逞虛頭去。貴實履眞踐、不瞞自他、著著有出身路。思茲思茲。

＊

活禅人に示す。

吾が這《こ》の禅宗、初めより活句に参じて死句に参ぜず。(1)金圏栗蓬《こんけんりつほう》の話頭と雖《いえど》も、纔《わず》かに知解《ちげ》に落つれば、(2)早《すで》に是れ死し了《お》われり。故に云く、「(3)一句合頭の語、万劫の繋驢橛《けろけつ》」と。況んや(4)耳語《にご》口授し、漫《みだ》りに不生不滅を肯《うべな》い、或いは徒《いたずら》に行棒行喝し、(5)虚頭《ことう》を逞《たくま》しうし去るをや。貴ぶらくは、実履真践、自他を瞞ぜず、著著、出身の路有らんことを。茲《こ》れを思い、茲れを思え。

＊

(1)金圏栗蓬之話頭＝【七―五】注(3)を参照。／(2)早是死了＝〈はや死句となる〉。／(3)一句合頭語、万劫繋驢橛＝〈道理にかなった一語は、永遠に人を縛り付ける〉。「繋驢橛」は、驢馬をつなぐ杭。船子徳誠の語として知られるが、『碧巌録』四十二則頌評唱に「所以《ゆえ》に道《い》う、他、参活句不参死句。古人道《いわ》く、一句合頭語、万劫繋驢橛」と。／(4)耳語口授＝【七―一四】に「耳語口授は、甚《はなは》だ是れ毒害なり」と。「耳語」は。みみうち。／(5)虚頭＝【三七―三】注(4)を参照。

【三七―一五】

示秕首座。〔住筑後大聖寺、結制單頭也〕

苟不失宗乘之旨、向壁立萬仞之處解飜身哮吼去。錯墮澆季隊伍、計較分上説祖禪、非啻自錯、又瞎他人之眼也。從上來祖師餘榜樣。扣己商畧。臨濟喝得口破、德山棒得手穿。

＊

秕首座に示す。〔筑後の(1)大聖寺に住す、結制の(2)単頭なり〕

苟《いやしく》も宗乗の旨を失わず、(3)壁立万仞の処に向かって身を翻《ひるがえ》すことを解《よ》くして哮吼《こうく》し去れ。錯《あやま》って(4)澆季《ぎようき》の隊伍に堕《お》ち、(5)計較《けきよう》分上に祖禅を説かば、啻《ただ》に自ら錯るのみに非ず、又た他人の眼を瞎せん。従上来の祖師、(6)榜様《ぼうよう》を余《のこ》す。己《おのれ》を扣《たた》いて商略《しようりやく》せよ。(7)臨済喝し得て口破れ、徳山棒じ得て手穿《うが》つ。

＊

(1)大聖寺＝不詳。大生寺（五葉山。福岡県うきは市浮羽町）の初名、大聖寺（五台山）のことか。／(2)単頭＝僧堂内における首位。／(3)向壁立万仞之処……＝「獅子返擲」「翻身一擲」などと呼ばれる活機。【七―二〇】注(3)を参照。／(4)澆季＝末世に同意。人情うすく世の乱れた末の世。／(5)計較＝思慮分別すること。／(6)榜様＝模範、先例の義。／(7)臨済喝得口破、徳山棒得手穿＝『中峰広録』巻十二之中「信心銘闢義解」中に「禅禅禅、言詮を離る。釈迦老子、未だ一半を得ず。達磨大師、猶お八千を欠く。臨済喝得口破、徳山棒得手穿。一一、頭《はじめ》より点検すれば、殊に覚《おぼ》ゆ、地遠く天懸《はる》かなることを」とあるのに基づく。臨済が口が裂けるほど一喝しても、徳山が手に傷を負うほど棒打しても、禅の端的には遠く及ばない。己《おのれ》を扣《たた》いて商略《しょうりゃく》するしかないのだという主旨。

【三七―一六】

示椿禪人。

視你禪人稟資、朴直淳素也。禪定無眠、經行有規。得如斯質、不著精彩、十成之罪科也。不墜青雲志、扶翼宗社、慶快不可言。於本參話頭上、勿生計較、勿待悟。掉擧勿謂會了。覺華點發、何訊八千歳。

＊

椿禅人に示す。

你《なんじ》禅人の(1)稟資《ひんし》を視るに、朴直淳素なり。禅定、眠ること無く、(2)経行《きんひん》、規《のり》有り。斯《かく》の如き質を得て、(3)精彩を著けずんば、(4)十成の罪科なり。青雲の志を墜《お》とさず、宗社を扶翼《ふよく》すれば、慶快、言う可《べ》からず。本参の話頭上に於いて、計較《けきょう》を生ずること勿《な》かれ、悟りを待つこと勿かれ。(5)掉挙《じょうこ》して会し了《お》わると謂《おも》うこと勿かれ。覚華《かくげ》の点発すること、何ぞ(6)八千歳を訊《と》わん。

＊

(1)稟資＝天賦の資質。／(2)経行＝ここでは、坐禅中の経行ではなく、経行坐臥、常の行ないのこと。／(3)著精彩＝著力と同意。全力を尽くす、しっかり頑張ること。／(4)十成之罪科＝語意不詳。「十成」は、完全の義。／(5)掉挙＝心が落ち着かないこと。／(6)八千歳＝法諱の「椿」字に掛けたもの。「上古、大椿なる者有り。八千歳を以て春と為し、八千歳を秋と為す」（『荘子』逍遥遊）。

【三七―一七】

示隆禪人。

紹隆佛種者、在腕頭上。不向他尋覓。頭頭上點發、物物上顯露。燕吟鶯語、哩哩囉囉哩哩、桃花紅李花白。古人曰、山河大地悉衲僧一隻眼也。若立知見、頭上安頭、更作無事會、斬頭覓活。

＊

隆禅人に示す。

仏種を紹隆するは、腕頭上に在り。他に向かって尋覓《じんみゃく》せざれ。(1)頭頭上《ずずじょう》に点発し、(1)物物上《もつもつじょう》に顕露す。燕吟鶯語《えんぎんおうご》、(2)哩哩囉囉哩哩《りりららりり》、(3)桃花は紅、李花は白。(4)古人曰く、「山河大地、悉《ことごと》く衲僧の一隻眼《いっせきげん》なり」と。(5)若し知見を立せば、頭上《ずじょう》に頭《ず》を安じ、更に無事の会《え》を作《な》せば、頭《こうべ》を斬って活を覓《もと》むるがごとくならん。

＊

(1)頭頭上・物物上＝どこにでもの意。／(2)哩哩囉囉哩哩＝ピーヒャラ、ピーヒャラ。笛音の形容語だが、ここでは、燕鶯の鳴き声。／(3)桃花紅李花白＝【三七―八】注(3)を参照。／(4)古人曰……＝雪峰義存の垂語（『語録』巻上）に「尽大地、是れ沙門の一隻眼。汝等諸人、什麼《いずれ》の処に向かってか屙《あ》せん」と。「一隻眼」は、摩醯首羅天《まけいしゅらてん》（大自在天）の頂門の一隻眼のことで、悟りの眼を言う。／(5)若立知見……斬頭覓活＝〈もしも思慮分別を起こせば、それは、骨折り損の草臥れ儲け（頭上安頭）ということになり、無事是れ貴人と決め込んでしまえば、それは、とても出来ない相談（斬頭覓活）ということになる〉。「知見」は、思慮分別による見解。【七―五】注(1)を参照。「頭上安頭」

「斬頭覓活」は、よく対句で用いられる。「頭上安頭」は、演若達多の故事に基づく。【三七―二〇】注(1)を参照。

【三七―一八】

仝。

祖宗門下客、誓勿作知解宗徒。碓觜著花、冷灰豆爆、豈掠虚哉。黄梅會裡七百高僧不會如是事。孤有盧能得此消息爲六代祖。拍盲肯不生不滅、會多少爛葛藤、於己躬下無分。

*

祖宗門下の客、誓って(1)知解《ちげ》の宗徒と作《な》ること勿《な》かれ。(2)碓觜《たいし》に花を著け、冷灰《れいかい》に豆爆《まめは》ず、豈《あ》に掠虚《りやっこ》ならんや。(3)黄梅会裡の七百の高僧、是《かく》の如き事を会《え》せず。孤《ひと》り盧能《ろのう》のみ有って、此の消息を得て、六代の祖と為《な》る。(4)拍盲《はくもう》に不生不滅を肯《うべな》い、(5)多少の爛葛藤《らんかつとう》を会するも、己躬下《こきゅうか》に於いて分無けん。

*

(1)知解宗徒＝【七―二〇】注(5)を参照。／(2)碓觜著花、冷灰豆爆、豈掠虚哉＝〈石碓《いしうす》の口に花が咲き、冷え切った灰の中で豆がはじける、これはウソではないのだ〉。「碓觜著花、冷灰豆爆」は、思慮分別の及ばない、開悟の消息。「掠虚」は、【三七―三】注(4)を参照。／(3)黄梅会裡七百高僧……為六代祖＝「七百高僧」は、黄梅山の五祖弘忍下のお歴々。「盧能」は、六祖慧能。その俗姓盧氏からこう呼ぶ。「南泉、衆に示して云く、『黄梅七百の高僧、尽《ことごと》く是れ仏法を会《え》する底の人、他の衣鉢を得ず。唯だ盧行者のみ有って仏法を会せず、所以《ゆえ》に他の衣鉢を得たり』」（『碧巌録』六十一則本則評唱）。／(4)拍盲＝盲目的に。【三七―一三】注(2)を参照。／(5)多少爛葛藤＝多くの公案や経説。「爛葛藤」は、陳爛葛藤の略。「陳爛」は、古臭くて役に立たない意。「葛藤」は、文字言句の譬喩。

【三七―一九】

示北禪人。

已入此門來。脚跟立定、如喪考妣。恁麼實履眞踐去、豈無了畢期。縱使無了畢、念念在般若中受用、忽到大限、自然轉業去處自在。唯勿生第二念、或求入處、或患鈍滯。若如是百劫千生無了日。

*

北禅人に示す。

已《すで》に此の門に入り来たる。(1)脚跟を立定《りゅうじょう》して、(2)考妣《こうひ》を喪《うしな》うが如くせよ。恁麼《いんも》に実履真践にし去れば、豈《あ》に了畢《りょうひつ》の期《とき》無からんや。縦使《たと》い了畢無くとも、念念、般若中に在って受用《じゅゆう》し、忽《たちま》ちに(3)大限に到るも、自然《じねん》に業を転じて去処自在ならん。(4)唯だ第二念を生じ、或いは(5)入処《にっしょ》を求め、或いは鈍滞を患《うれ》うこと勿《な》かれ。若し是《かく》の如くならば、(6)百劫千生、了日無けん。

*

(1)脚跟立定＝〈足をしっかりと踏ん張る〉。中峰明本がやかましく言う「立定脚頭」に同意。ひたすらに参禅弁道する譬喩。／(2)如喪考妣＝【三七―一】注(3)を参照。／(3)大限＝死、臨終。／(4)唯勿生第二念＝〈初発心時の一念を貫き通して疑念を抱くな〉。これも、中峰和尚がやかましく言うところ。／(5)入処＝悟りの入り口。悟りの初体験。／(6)百劫千生無了日＝〈永遠に決着の時は来ない〉。

【三七―二〇】

示本禪人。

汝來求開示的即是開示的也。強尋覓恰似演若達多狂走不少。古人因僧問、如何是曹源一滴水。答云、是曹源一滴水。幸有如是榜樣。自脚下參詳、可得皈家穩坐。世間多少癡人、茫茫然昏夢未驚。可憐可悲。

＊

本禅人に示す。

汝来たって開示を求むる的、即ち是れ開示的なり。強いて尋覓《じんみやく》せば、恰《あた》か(1)演若達多《えんにやだつた》に似て、狂走、少なからじ。(2)古人、因みに僧問う、「如何《いか》なるか是れ曹源の一滴水」。答えて云く、「是れ曹源の一滴水」。幸いに是《かく》の如き(3)榜様《ぼうよう》有り。自ら脚下に参詳せば、(4)帰家穏坐《きかおんざ》を得《う》可《べ》し。世間多少の痴人、(5)茫茫然《ぼうぼうぜん》として昏夢《こんむ》未だ驚かず。憐れむ可し、悲しむ可し。

＊

(1)演若達多＝『臨済録』示衆に、古人云くとして、「演若達多、頭《こうべ》を失却す、求心歇《ぐしんや》む処、即ち無事」とある故事。これは、『楞厳経』巻四にあるもので、演若達多という美男が、毎朝、鏡に向かって我が顔を見ていたが、その鏡に写る顔そのものを見たいと思い、町中にそれを探し求めて狂走したという故事。／(2)古人因僧問……＝『五灯会元』巻十・天台徳韶（法眼文益法嗣）章に「一日、法眼、上堂す。僧問う、『如何なるか是れ曹源の一滴水』。

眼曰く、『是れ曹源の一滴水』。僧、惘然《もうぜん》として退く。師（徳韶）、坐の側に於いて、豁然として開悟し、平生の凝滞、渙《かん》として氷の釈《と》くるが若《ごと》し」と。「曹源一滴水」は、曹渓山六祖慧能から的々相承されて来た一法のこと。／(3)榜様＝模範、先例の義。／(4)帰家穏坐＝本分の家舎に帰って安穏に大坐すること。／(5)茫茫然昏夢未驚＝〈ぼんやりとして、夢からまだ覚めない〉。「茫茫然」は、明らかでないさま。

【三七―二二】

示道禪人。

吾沒版齒老胡、折蘆侵鯨波來者、爲斥相指心。苟稱兒孫者、却有相修行、如尋東往西乎。無功徳的不識的、如何著情解。沒商量時好商量。一把柳絲收不得、和風搭在玉欄干。

＊

道禅人に示す。

吾が(1)没版歯《もつぱんし》の老胡、(2)蘆を折って鯨波《げいは》を侵し来たるは、(3)相を斥《しりぞ》けて心を指すが為なり。苟《いやしく》も児孫と称する者、却って(4)有相に修行せば、東を尋ねて西に往くが如くならんか。(5)無功徳的不識的、如何《いかん》が情解《じょうげ》を著けん。(6)没商量の時、好商量。(7)一把の柳糸、収め得ず、風に和して搭在《たつざい》す玉欄干《ぎょくらんかん》。

＊

(1)没版歯老胡＝いわゆる、欠歯の達磨。「没版歯」は、没板歯と書くのが一般的。「傅大士、没板歯の老漢と一般に相逢う。達磨、初め金陵に到って武帝に見《まみ》ゆ」（『碧巌録』六十七則頌評唱）。「欠歯の老胡、十万里の海を航して特特として来たる。謂っつ可し、是れ風無きに浪を起こすと」（『無門関』四十一則「達磨安心」無門評）。達磨大師に歯がない理由は、『虚堂録犂耕』【撃歯】（禅文化研究所本一九六頁）に「叢林、古《いにしえ》より伝説すらく、達磨、教者と論義す。教師、怒って如意を擲《なげう》って、師の当門の双歯に中《あ》たって欠落すと。然れども僧史に載せず」。また、『碧巌録種電鈔』六十七則に「達磨、毒に中たって当面の歯を欠く」。いずれにしても伝説であるが、【九―三―②】注(1)を参照。／(2)折蘆侵鯨波来＝「折蘆」は、いわゆる、蘆葉達磨の伝説。これは、達磨が、梁の武帝と機縁かなわず、揚子江に蘆葉を浮かべて魏に渡るというもの。【九―一二】の注(1)を参照。「鯨波」は、鯨が立てる大波。転じて大海の意。ここでは、揚子江のこと。【九―一四】の達磨賛には、「一葦軽航、梁魏の海」とある。／(3)斥相指心＝〈有相を排斥し、直に心性を指す〉。【九―三―②】注(1)を参照。／(4)有相修行＝〈相（かたち）にとらわれて修行をする〉。黄檗希運の『伝心法要』に「外に向かって仏を求め、相に著して修行す（著相修行）。皆な是れ悪法にして、菩提の道に非ず」と。／(5)無功徳的不識的＝「達磨、初め武帝に見《まみ》ゆ。帝問う、『朕、寺を起《た》て僧を度す、何の功徳か有る』。磨云く、『無功徳』」（『碧巌録』一則本則評唱）。「梁の武帝、達磨大師に問う、『如何《いか》なるか是れ聖諦第一義』。磨云く、『廓然無聖』。帝曰く、『朕に対する者は誰そ』。磨云く、『不識』。帝、契《かな》わず。達磨、遂に江を渡って魏に至る」（『碧巌録』一則本則）。／(6)没商量時好商量＝五祖法演の上堂語に「永日、瀟然として坐す、澄心、万慮忘ず。言わんと欲して言い及ばず、林下の好商量」と（『古尊宿語録』巻二十二）。／(7)一把柳糸収不得、和風搭在玉欄干＝〈柳の枝が風とともに欄干に揺れている〉。黄山谷が、黄龍祖心を弔した偈の転結句。

【三七―二二】

示改禪人。

參禪學道無他奇術。制心於一處、如猫捕鼠、則忽爾撞發非遠。劣機之輩生第二念入處轉遠。若如生鐵鑄成、自然在般若中、縱使不撞發、闍家老子如你何。

＊

改禅人に示す。

参禅学道、他の(1)奇術無し。心を一処に制し、(2)猫の鼠を捕うるが如くならば、則ち忽爾《こつじ》として撞発《どうはつ》せんこと遠きに非じ。劣機の輩、(3)第二念を生ず、入処《にっしょ》、転《うた》た遠し。若し(4)生鉄鋳成《さんてついな》すが如くならば、自然《じねん》に般若中に在って、縦使《たと》い撞発せざるも、闍家老子、你《なんじ》を如何《いかん》せん。

＊

(1)奇術＝不思議な技術。てじなではない。／(2)如猫捕鼠＝『禅関策進』の「蒙山異禅師示衆」に「某《それがし》、年二十にして、此の事有ることを知る。……後、皖山長老に参ぜしに、無字を看しむ。『十二時中、惺惺なること、猫の鼠を捕うるが如く、鶏の卵を抱くが如く、間断《けんだん》せしむること無きを要す。……此の如く做《な》し去らば、定めて発明《ほつみょう》する時節有らん』と」。／(3)生第二念＝【三七―一九】注(4)を参照。／(4)生鉄鋳成＝粗金《あらがね》から鋳上げる。「生鉄」は、鉱山から掘り出したばかりのまだ精錬されていない鉄のこと。「生鉄鋳成」は、「生鉄鋳就」とも書き、『碧巌録』などに頻出し、堅牢な喩えに用いる。

【三七―二三】

示東禪人。

佛法東漸以來宗幢横竪。獨吾祖以直指單傳禪初不墮人情。年久月深、弊風茲盛。悉爲情解窠窟、少林眞風將墮地。你諸人、幸入此門。不走解路上、鐵橛子上撞破疑團、堪稱參禪之士。強生知見會公案、亂甘不生不滅、終無了日。

*

東禅人に示す。

(1)仏法東漸より以来《このかた》、宗幢、横竪《おうじゅ》す。独《ひと》り吾が祖のみ、(2)直指単伝の禅を以て、初めより(3)人情に堕《お》ちず。年久しく月深まって、弊風、茲《ここ》に盛んなり。悉《ことごと》く(4)情解《じょうげ》の窠窟《かくつ》を為《な》し、少林の真風、将《まさ》に地に堕ちんとす。你諸人、幸いに此の門に入る。解路上《げろじょう》に走らず、(5)鉄橛子上《てつけつしじょう》に疑団を撞破せば、参禅の士と称するに堪えん。強いて知見を生じて公案を会し、(6)乱りに不生不滅を甘なえば、終《つい》に了日無けん。

*

(1)仏法東漸以来宗幢横竪＝〈仏法がインドからシナに伝わって以来、各宗の法幢が、縦横に満ちている〉。／(2)直指単伝＝達磨禅を象徴する言葉。「達磨祖師、一乗の法を以て、直指単伝、面壁九年、不立文字」（『五灯会元』巻十四・浄慈慧暉章）。【七―一九】注(1)も参照。／(3)人情＝人の情けではなく、常識の意。ここでは、教宗を指す。／(4)情解窠窟＝〈知的な理解という巣穴〉。【七―二五】注(3)を参照。／(5)鉄橛子＝〈鉄のクサビの如き話頭〉。／

(6)乱甘不生不滅＝〈思慮もなく不生不滅と受け取る〉。【三七―一四】には、「漫《みだ》りに不生不滅を肯《うべな》う」とあった。

【三七―二四】

示末禪人。

世有正像末、道無今古。竪起脊梁骨、直下勦絶去。千佛萬祖赤窮性命皈掌握中。豈讓臨濟德山哉。若墮今時弊風、解路上狂走去、不可企及。況戒器不潔、漫稱出家兒、此衣線下墮獄難免。

*

末禅人に示す。

世に正像末有るも、道に今古無し。(1)脊梁骨《せきりようこつ》を竪起《じゆき》し、(2)直下《じきげ》に勦絶《そうぜつ》し去れ。千仏万祖の(3)赤《せき》窮《きゆう》の性命《しようみよう》、掌握中に帰す。豈《あ》に臨済徳山に譲らんや。若し今時の弊風に堕《お》ち、解路上に狂走し去れば、(4)企《くわだ》て及ぶ可《べ》からず。況んや(5)戒器を潔せず、漫《みだ》りに出家児と称すれば、此れ(6)衣線《えせん》下《か》に獄に堕《お》つること免《まぬが》れ難し。

*

(1)竪起脊梁骨＝背筋を真っ直ぐに立てる。坐禅の正しい姿勢。／(2)直下勦絶＝【七―一〇】注(5)を参照。／(3)赤窮性命＝【三―二】注(5)を参照。／(4)不可企及＝「企及」は、否定をともなって、とうてい及ばないの意。／(5)戒器不潔＝〈戒律を守らない〉。【七―九】注(2)を参照。／(6)衣線下堕獄＝〈僧の身でありながら地獄に堕ちる〉。「(洞山)、僧に問う、『世間に何物か最も苦なる』。曰く、『地獄、最も苦なり』。師曰く、『然らず。此の衣線下に在って大事を明らめざる、是れを最も苦なりと名づく』」（『五灯会元』巻十三・洞山良价章）。【一四―九】にあった「袈裟下失人身」に同意。

【三八】

書簡。

【三八―一】

寄牧牛和尚。　［出羽州新庄桂岳寺］

謹啓。青帝敷徳、千里齊慶。恭惟、法躯與時益隆、何容贅祝哉。雖未親接謦欬、道光遙照。至於其道義相合則霄壤以同。豈啻以眉毛廝結爲識面乎。如走看守弊院、與二三之徒子、分半檐挨排耳。白者、令徒補禪人逾海來、同甘枯淡日久矣。曾有小機縁。今也付法轉位於法嶠之分座職。先白和尚、爾後轉位、理之常也。以海山之遼敻致犯罪。這回補子禪之東行、意專在仰鴻慈。爲弟等恕先不告之罪惟荷。餘囑補子口陳。維時苦寒茲逼、爲法保嗇。臨書戰栗。

＊

(1)牧牛和尚に寄す。　［出羽州新庄の桂岳寺］

謹啓。(2)青帝、徳を敷き《し》、千里、斉《ひと》しく慶す。恭《うやうや》しく惟《おもん》みれば、法躯、時と与《とも》に益ます隆《さか》んなり、何ぞ(3)贅祝《ぜいしゅく》を容《い》れんや。未だ親しく謦欬《けいがい》に接せずと雖《いえど》も、道光、遥かに照らす。其の道義の相《あい》合《がっ》するに至る則《とき》んば、霄壌《しょうじょう》も以て同じからん。豈《あ》に啻《ただ》に眉毛厮《びもうあい》結ぶのみを以て識面と為《な》さんや。(4)走《わたくしめ》の如きは、弊院を看守し、二三の徒子と、半檐を分かちて(5)挨排《あいはん》するのみ。白《もう》す者《こと》は、(6)令徒補禅人、海を逾《こ》え来たって、同《とも》に枯淡を甘んずること日久し。曾て小機縁有り。今や法を付して位を(7)法嶠《ほうきょう》の分座職《ぶんぞしょく》に転ず。先に和尚に白《もう》す、「爾後、位を転ずるは、理の常なり」と。海山の(8)遼夐《りょうけい》なるを以て犯罪を致す。這回《このたび》、補子禅の東行、意は専《もっぱ》ら鴻慈《こうじ》を仰ぐに在り。(9)弟《てい》等《ら》の為に先の不告の罪を恕《ゆる》せば(10)惟荷《いか》なり。余は補子の口陳に嘱す。維《こ》れ時、苦寒、茲《ここ》に逼《せま》る、法の為に保嗇《ほしょく》せよ。書に臨んで戦栗《せんりつ》す。

*

謹啓。季節は春となりました。お聞きすれば、御尊体は、春のようにいよいよ御健勝とのこと。つまらない祝辞などは、やめておきましょう。まだ、お逢いしたことはありませんが、和尚の道光は、ここ日向にまで輝いております。私と和尚との道義は同じで、天と地との隔たりもありません。まゆ毛を触れ合わせることだけが、知り合いということではないでしょう。私めは大光寺の住持として、二三人の弟子たちと、禅単をならべております。申し上げます、和尚のお弟子の補禅人は、海を越えて来られ、私と二三の弟子達と共に、長いこと枯淡に辛抱しておられました。そんな中、少しばかり私と相通ずるものがありました。そこで今、私の嗣法として、妙心寺の首座職に転位させました。以前、和尚に補禅人について、「ここでの修行が成就すれば、当然、法階を進めますよ」と言っておりましたが、なにぶん、ここと御地出羽新庄とは遥かに遠いため、補禅人の首座職転位を御報告しないという罪を犯してしまいました。このたび、補禅人が御地に向かうのは、和尚の広大の法恩に報いるためです。補禅人のため、本師である和尚に無断で転位させた罪をお許し下されば幸いです。その他のことは、補禅人の口からお聞き下さい。春の厳しい残寒が迫る中、仏法護持のため御自愛下さい。御手紙を見て、恐れおののいております。

＊

(1)牧牛和尚＝山形県新庄市十日町、香雲山桂岳寺の中興開山、牧牛祖乳。延宝五年（一六七七）十月二日の前堂転位。／(2)青帝＝春をつかさどる神。／(3)贅祝＝余計な祝いの言葉。「贅」は、贅言・贅語などの贅。謙辞。／(4)走＝走り使いのことで、自己の卑称に用いる。「やっこ」という古訓もあるが、ここでは、仮に「わたくしめ」と振った。／(5)挨排＝按排に同意。／(6)令徒補禅人＝牧牛祖乳の弟子の「□補」という人であるが不詳。恐らく、座元職には昇っていない。／(7)法嶠之分座職＝妙心寺の首座職。妙心寺の法階で、座元職の下位。前堂転位（垂示式）を果たせば座元に昇り、末寺寺院の住職資格を得る。「法嶠」は、正法山。「嶠」は、山の義。／(8)遼敻＝遼《はる》かに敻《とお》い。／(9)弟等＝補禅人を指す。「等」は、親愛の気持ちを表わす。／(10)惟荷＝強いて訓読すれば、「惟《こ》れ荷なり」。「荷」は、恩恵をこうむるという意。書翰用語の「是荷」「為荷」に同意。幸甚の義。「為荷」の「為」も「是」の義。

【三八―二】

復願成仁叟和尚。

客春、伏承華箋。并恵貺二品、被賀徒翠巖轉籍。盥薫接之。法盟之腆、友誼之深、感戴不少。速欲布答字、因循歴周歳。懶罪難免、海涵宥之。高徒曦禪衲、挂錫於坐寺之日、先奉訊座下膺福欣慰無窮。走不患猺。結冬安居、一會海衆、各順清規、似存古風。茲丁解制、般般如麻。艸復并祝春祉。至扣。

追。自賀結冬會。菓儀拜納。謝聊奉微物表遠忱、叱留惟荷。

＊

(1)願成の仁叟和尚に復《かえ》す。

客春《かくしゅん》、伏して華箋《かせん》を承《うけたまわ》る。并《なら》びに貺《たまもの》二品を恵まれ、(2)徒の翠巌の転籍を賀せらる。(3)盥薫《かんくん》して之れに接す。法盟の腆《あつ》き、友誼の深き、感戴《かんたい》、少なからず。速やかに(4)答字を布《つら》ねんと欲して、因循《いんじゅん》として周歳を歴《へ》たり。懶罪《らんざい》、免《まぬが》れ難し、(5)海涵《かいかん》して之れを宥《ゆる》せ。高徒の曦禅衲、(6)坐《ざ》寺《じ》に挂錫《かしゃく》するの日、先ず座下の(7)膺福《ようふく》を訊《たず》ね奉り、欣慰《きんい》、窮《きわ》まり無し。(8)走《わたくしめ》は(9)猺《よう》を患《わずら》わず。結冬安居、一会《いちえ》の海衆《かいしゅ》、各おの清規《しんぎ》に順《したが》い、古風を存するに似たり。茲《ここ》に解制に丁《あ》たり、(10)般《はん》般《ぱん》、麻の如し。(11)草復して并《あわ》せて(12)春祉を祝す。(13)至扣《しこう》。

(14)追《おって》。自ら結冬会を賀す。菓儀、拝納す。謝するに聊《いささ》か微物を奉り(15)遠忱《えんしん》を表す。(16)叱留《しつりゅう》(17)惟《い》荷《か》。

＊

去年の春、お手紙を頂戴しました。その上、二品の贈り物をお恵み下され、我が徒弟の翠巌の前堂転位を祝ってもらいました。身を清め、香を焚いて、拝受いたしました。厚い法盟、深い友誼、有り難く押し頂きました。早速、返事を書こうと思ったのですが、ズルズルと一年が過ぎてしまいました。この私のものぐさ、どうぞ、広い御心をもってお許し下さい。お弟子の曦禅衲が、この大光寺に掛錫するに当たり、先に御貴殿の起居万福をお訪ねし、喜びは限りありませんでした。私めは、息災に暮らしております。結冬安居、一会《いちえ》の修行者達は、各おの清規《しんぎ》を守り、昔の趣きを留めておるようです。今、解制に当たり、みなみな、取り乱しております。慌ただしく返書を送り、合わせて春の幸いを祝します。頓首。

追伸。みずから結冬会を喜んでおります。菓儀、拝納いたしました。お礼に少しばかり粗品を贈り、遠方におられる御貴殿を思う心を表わします。お納め下されば幸甚です。

＊

⑴願成仁叟和尚＝「願成」の底本書入れに「豊后佐伯」。宝渚山願成寺（大分県佐伯市戸穴）の四世、仁叟宗恕。元禄十五年（一七〇二）四月十八日の前堂転位。／⑵徒翠巌転籍＝徒弟の翠巌従真の前堂転位。翠巌は、古月の法嗣として、享保三年（一七一八）三月、前堂転位。【一〇―二八】注⑵を参照。手紙の文面から、この結冬安居は、享保四年、大光寺でのものと分かる。「転籍」の本義は、僧籍を転移すること。ここでは、掛籍と同じで、前堂転位を果たして、妙心寺の僧籍簿（前堂耆旧牒）に名を列ねること。／⑶盥薫＝盥沐薫香、盥手焚香。身を清め、香を焚く。／⑷布答字＝返事を書く。文字を書き連ねることを「布字」と言う。／⑸海涵＝海が河水を容れるように広く人を包容すること。度量の大きいこと。／⑹矬寺＝大光寺を謙遜して言ったもの。「矬」は、短・低の義。／⑺膺福＝享福に同じ。享受幸福。生活が安楽であること。／⑻走＝前篇にも出たが、自己の卑称。そこの注⑷

を参照。／(9)猙＝獅子に似た悪獣の名で、恙に同じ。『神異経』に「北方の大荒中に獣有り。人を咋《か》めば則ち疾《やまい》す。名づけて猙と曰う。猙は、恙なり。常に人の室屋に入る。黄帝、之れを殺す。人、憂疾無し。之れを無恙と謂う」と。／(10)般般如麻＝〈みなみな、取り乱している〉。「般般」は、衆多のさま。「如麻」は、雑乱の形容。／(11)草復＝〈慌ただしく返書を送る〉。【三八―四】の「草卒復呈」の略。／(12)祝春祉＝〈春の幸いを祝す〉。書翰用語。「春祉」は、春日の福祉。／(13)至扣＝手紙の末尾に用いる敬語で、頓首・至祷に同義。／(14)追＝追而書。おってがき。追伸。／(15)遠忱＝遠方にある人の身上を思う誠心。／(16)叱留＝珍しい言葉だが、白隠の『荊叢毒蘂』巻六に「伏乞叱留」とあり、【三八―五】には、「叱納」とある。「お納め下さい」という意の謙譲語「笑留」の「笑」を「叱」に変えたものか。「こんな物をとお叱りでしょうが、どうか、お納め下さい」という意であろう。／(17)惟荷＝前篇の注(9)に既述。

【三八―三】上平声十一真韻

復安國鏡宗和尚。

令徒篤辨之二禪、挂錫於弊寺之次、齎華翰瑤篇并彤管二雙來。盥手接之。雖未接芝眉、道光遙射此間。拜登鳴謝。且稟。結冬百五十餘員、孜孜爾兀兀焉。令徒等執役九旬、規度無魔嬈圓成。慶快昭察之。附賡大韵呈猊右。幸正之外、奉微物引意。不備。

恭次韵鏡宗和尚見賀結冬會、呈法座右。

以玉可比如是人◎、文章機智兩鮮新◎。高徒温雅耐枯淡、想看平生效斲輪◎。

*

(1)安国の鏡宗和尚に復《かえ》す。

令徒、篤・弁の二禅、弊寺に挂錫《かしゃく》するの次《つい》で、(2)華翰瑤篇《かかんようへん》、并《なら》びに彤管《とうかん》二双を齎《もたら》し来たる。手を盥《すす》いで之れに接す。未だ(3)芝眉《しび》に接せずと雖《いえど》も、道光、遥かに此間《すかん》に射す。(4)拝登鳴謝《はいとうめいしゃ》。且つ稟《もう》す。(5)結冬の百五十余員、孜孜爾兀兀焉《ししじごつごつえん》。令徒等、執役《しつえき》すること九旬、規度、魔嬈《まにょう》無く円成す。慶快、之れを昭察せよ。附するに大韵《だいいん》を賡《つ》いで猊右《げいゆう》に呈す。(6)幸正の外、微物を奉って(7)意を引く。(8)不備。

恭しく韵を鏡宗和尚が結冬会を賀せらるるに次ぎ、法座の右に呈す。

(9)玉を以て比す可《べ》し、是《かく》の如き人、文章機智、両《ふた》つながら鮮新。(10)高徒、温雅にして、枯淡に耐《た》えたり、想い看る、平生、斲輪《たくりん》に効《なら》うことを。

*

お弟子の篤・弁の二禅人が、大光寺に掛錫したおり、御貴殿のお手紙と立派な偈頌、合わせて赤い軸の筆ふたそろいを持って参りました。手を清めて拝受いたしました。まだ御尊顔を拝しておりませんが、その道光は、遠いこの地にまで射しております。贈り物を受け取り、深く感謝いたします。更に申し上げます。結冬安居に参加した百五十余人は、一心不乱に参究に努めました。お弟子達は、役目に服すること九十日、規矩法度、悪魔に心を乱されることなく、円満に成就しました。その喜びをお察し下さい。この手紙に添え、御貴殿の偈頌に

和韻して座右に呈します。幸正の外に、粗品を贈って気持ちを表わします。不備。（以下、偈頌の意訳は注記を参照）

＊

(1)安国鏡宗和尚＝「安国」の底本書入れに「筑後久留米」。神代山安国寺（福岡県久留米市山川神代）。南禅寺派。人物未詳。／(2)華翰瑤篇＝「華翰」は、手紙の美称。「瑤篇」は詩文の美称。「瑤」は、美しい玉。／(3)芝眉＝紫芝眉宇《しびう》の略。立派な眉、人の顔容を言う敬称。紫芝は、唐の元徳秀の字《あざな》で、『唐書』の彼の伝に「房琯、毎《つね》に徳秀を見て、歎息して曰く、『紫芝が眉宇を見れば、人をして名利の心、都《すべ》て尽くさしむ』」とあるのによる。／(4)拝登鳴謝＝【三三】にも出たが、贈り物を受け取り、深く感謝致しますという意。そこの注(1)を参照。／(5)結冬＝享保四年（一七一九）、大光寺での冬安居。／(6)幸正＝不詳。／(7)引意＝気持ちをのべる。「引」は、陳述の義で解した。／(8)不備＝手紙文の結語。文意が不完全であるの意。不具、不一。／(9)以玉可比如是人、文章機智両鮮新＝〈玉にも比せられるこのような人物、文章も機智も共に新鮮〉。上の句は、有徳の人を言う譬喩で、鏡宗和尚を指す。『礼記』玉藻に「君子は玉に於いて徳に比す」と。／(10)高徒温雅耐枯淡、想看平生効斲輪＝〈すぐれたお弟子は温雅で、よく枯淡に堪えられた、平生から斲輪の故事を見習っておられるのでしょう〉。「斲輪」は、車輪を斲《けず》る名人の扁という男の故事で、『荘子』天道に載るが、古月が、その故事のどの部分を念頭に置いているのかは不明。訓注者が想像するに、「（斉の桓公に扁が言う）『臣《わたし》は以て臣の子に喩《おし》うること能《あた》わず。臣の子も亦た之れを臣より受くること能わず。是《ここ》を以て行年七十なるも老いて輪を斲《けず》る』」という箇所か。【三七―二】に「此の事は伝授無し、唯だ自悟自証を貴ぶ」と。

【三八—四】

復東光通同和尚。

自従丹波州之旅郵、托孚禪人所授之華箋、并方金之恵、潔指接之。不諼《ワスレ》交誼、毎毎垂遠念。喜慰不可言。野衲四儀剛健。結冬安居、始終圓成。係座下等因縁、一會多甲駿英衲也。如進止視古。祝祝。日逼散筵、艸卒復呈。春寒強半、爲法自嗇《ヲシメ》。

*

(1)東光の通同和尚に復《かえ》す。

丹波州の旅郵《りよゆう》より、孚禅人に托し授くる所の華箋《かせん》、并《なら》びに(2)方金の恵み、指を潔《きよ》うして之れに接す。交誼《こうぎ》を諼《わす》れず、毎毎《つねづね》、(3)遠念を垂る。喜慰《きい》、言う可《べ》からず。野衲、(4)四儀剛健なり。結冬安居、(5)始終円成す。座下等の因縁に係《かか》って、一会《いちえ》、多くは甲駿の英衲なり。進止、古《いにしえ》を視るが如し。(6)祝祝《しゆうしゆう》。日、散筵《さんえん》に逼《せま》り、草卒に復呈す。(7)春寒強半《きようはん》、法の為に自《みずか》ら嗇《おし》め。

*

丹波州の宿場から、孚禅人に託されたお手紙、ならびに金子のお恵み、手を清めて拝受いたしました。交誼をお忘れにならず、つねづね、遠方にいる私を気に掛けて下さいます。どれほど嬉しく、どれほど慰められるか、言葉になりません。わたしは、起き伏し、達者に暮らしております。結冬安居は、無事円成いたしました。御貴殿達の好因縁によって、一会《いちえ》に参加したのは、多く甲斐と駿河のすぐれた雲衲でした。その立居振舞は、昔の安居を見るようでした。どうか、お大事になさって下さい。安居会解制の日も迫り、慌ただしく返書を送ります。春も半ばだというのに寒さが去りません、仏法のために御自愛下さい。

＊

⑴東光通同和尚＝不詳。／⑵方金＝一朱金、二朱金などの方形の金貨。／⑶遠念＝遠方にある人の身上を思うこと。【三八―二】にあった「遠忱」に同意。／⑷四儀＝四威儀、行住坐臥。／⑸始終＝ここでは、畢竟・終究の義。／⑹祝祝＝手紙の末尾に用いる言葉で、至祷至祷、切に祈るということだが、意味は上文によって微妙な差異を持つ。ここでは、「お大事に」ほどの意味。／⑺春寒強半＝杜牧の「貴池県の亭子」詩（『三体詩』巻一）の結句に「強半の春寒、去って却って来たる」と。

【三八―五】

復孚公禪友。　［後住龍祥寺號湛堂］

客秋九月廿七蓂之華箋、薫禪人齎來。捧讀數四、因審履況増佳。兼領賀結冬會茶儀一封。爲謝不盡。弊寺一會百五十餘員、痛忍風霜、孜孜矻矻、九旬圓成。老衲被佛天之庇護、無半餉之間以病怠住持之任。前企此一會、自謂、得貴禪友駿之初丹之果等三英髦、世出世悉以圓滿。只恨悉爲失計。然諸兄弟執役百事終緒、慶喜炳亮。時祝解制、艸艸布字。如節自嗇。外呈微物充芹志。叱納幸幸。前得備后鳳源愚極座元之書。書中及公等之事。忍可禪師、出世丹之法常。隨喜惟同。右并聞。

＊

[1]孚公禅友に復《かえ》す。［後に龍祥寺に住して湛堂と号す］

客秋九月廿七[2]蓂《めい》の華《か》箋《せん》、薫禅人、齎《もたら》し来たる。捧げ読むこと数四、因《よ》って[3]履況《りきょう》、佳を増すことを審《つまび》らかにす。兼ねて結冬会を賀す茶儀一封を領す。[4]謝を為《な》すも尽きず。弊寺一会《いちえ》百五十余員、痛く風霜を忍び、孜孜矻矻《ししこつこつ》、九旬円成す。老衲、仏天の庇護を被《こうむ》り、[5]半餉《はんしょう》の間も病を以て住持の任を怠ること無し。前《さき》に此の一会を企《くわだ》て、自ら謂《おも》えらく、「貴禅友、[6]駿の初、丹の果等の三[7]英髦《えいぼう》を得て、世出世、悉《ことごと》く以て円満せん」と。只だ恨むらくは悉《ことごと》く[8]失計《しっけい》を為《な》すことを。然《しか》れども諸兄弟、百事に執役《しつえき》すること[9]終緒《しゅうちょ》す。慶喜、炳亮《へいりょう》せよ。時、解制を祝す、草草に字を布《つら》ぬ。如節自嗇《じしょく》。

外《ほか》に微物を呈して[10]芹志《きんし》に充つ。[11]叱納幸幸。前《さき》に[12]備后鳳源の愚極座元の書を得《う》。書中、公等の事に及ぶ。[13]忍可禅師、丹の法常に出世す。随喜、惟《こ》れ同じ。右、并《あわ》せ聞す。

＊

去年の秋九月二十七日のお手紙、薫禅人が、持って参りました。数回、捧げ読み、御身に佳事多きことを知りました。重ねて、結冬会を祝って下さる茶儀一封を拝受いたしました。感謝の言葉もありません。大光寺結冬会に参加した百五十余人は、風霜の寒さにも負けず、一心不乱に参究に努め、九旬安居は、円満に成就いたしました。私は、仏天の庇護をこうむり、ひとときも病気にかからず、住持の任をまっとう出来ました。この結冬会を企画する前、「あなたと、駿州の初禅人、丹州の果禅人の三英俊を得れば、世間のことも出世間のことも、すべて円満するであろう」と思っておりましたが、残念なことに、すべて当てが外れてしまいました。しかし、諸兄弟が、始めから終わりまで、多くの役目を担ってくれました。その喜びをお察し下さい。今、解制を祝い、取り急ぎ返事を書きます。時節柄、御自愛下さい。

粗品を添えて寸志といたします。お納め下されば幸甚です。先頃、備後鳳源寺の愚極座元の手紙を得ました。書中、あなたの事に及んでおりました。忍可禅師が丹波の法常寺に出世されるとのこと。喜びを共にしております。右、合わせて申し上げます。

＊

⑴孚公禅友。〔後住龍祥寺号湛堂〕＝人物不詳。「龍祥寺」は、古月の参徒、定山寂而や玉洲祖億が掛錫した、大分県由布市狭間町にある積翠山龍祥寺（建仁寺派）のことか。その当時の住持は、第三十四世の通玄□達。元文三年（一七三八）十二月二十七日示寂。龍祥寺は、応安三年（一三七〇）の開創。開山は、放牛光林（?～一三七三／南禅寺二十六世・天龍寺五世・建仁寺三十三世）。／⑵蓂＝日の意。【三四】注⑻を参照。／⑶履況＝履践（身の回り）の状況。／⑷為謝不尽＝他の文献に「称謝不尽」「言謝不尽」などの言葉がある。／⑸半餉＝飯を半分食べるほどの間。暫時の意。／⑹駿之初丹之果＝二人共に不詳。後出【三八―八】の書簡によると、この二人は、結冬会には来なかった。／⑺英髦＝英俊に同意。「髦」は、髪の中の太く長い毛。／⑻失計＝計り間違い。初・果が、結冬会に来なかったことを言う。／⑼終緒＝終始に同じ。「緒」は、始の義。／⑽芹志＝寸志に同意。「芹」は、物を人に贈る謙称に用いる。／⑾叱納＝【三八―二】注⒃を参照。／⑿備后鳳源愚極座元＝享保十一年

（一七二六）に、古月を夏制に請した比熊山鳳源寺（広島県三次市三次町）の第四世、愚極義泰のこと。／(13)忍可禅師＝大道文可のこと。【一〇―五五】注(2)を参照。「忍可」は、初めの法諱。

【三八―六】

復法常可公禪師。　［後號大道入内賜紫］

累年毎接便風、遠寄華箋慰老憊。謝謝。萍水悠悠無由裁答。敢非墮慢。殊接客秋在正法山小方丈之日所投鴈書盥誦數四。至出世丹之法常之事歡抃多時。想、八月轉位、今春三月視篆之盛擧始終焉。至祝至祷。承聞、法常蘭若者、水尾帝定額之靈地、扛大法於一絲之舊蹤也。且簾前賜紫者、事極不輕。實龍天推轂之時至矣。思茲思茲、償于弘願、發揮大梅之眞風。江湖於座下所仰望也。曾在吾山日、法話叨叨搔著痒處。多就座下背後合掌耳。恨當時驀面行一拳不勦絶。如何如何。今想之、恰如想梅之人口液津津。眷戀不少。弊寺應夙願結冬安居。一衆百五十餘員、孜孜終九旬、聊似有少分利益。中春欲退居知又軒、與艸木同腐耳。如願果之重告報。且憑座下出世、動丹陽禮文殊之念。飛錫翻然、縷縷屬于面晤。今丁諸衲子起單艸復。和春禧引賀。至扣至扣。

追白。恭具白金一封伸微忱。笑納維幸。外一會佳節之法語録呈几右。電矚付丙丁。悉憑法盟之渥不覺揚家醜。

＊

(1)法常の可公禅師に復《かえ》す。　［後に大道と号し、入内して紫を賜う］

累年、便風に接する毎《ごと》に、遠く華箋《かせん》を寄せ、老憊《ろうはい》を慰む。謝謝。萍水《へいすい》悠悠として裁答《さいとう》するに由《よし》無し。敢えて堕慢《だまん》するに非ず。殊に客秋、(2)正法山の小方丈に在るの日、投ずる所の(3)雁書《がんしょ》に接し、盥誦《かんじゅ》すること数四。丹の法常に出世するの事に至って、(4)歓抃《かんべん》すること多時。想うに、八月転位、今春三月、(5)視篆《してん》の盛挙、(6)始終せん。至祝至祷《ししゅくしとう》。承《うけたまわ》り聞く、(7)法常蘭若《らんにゃ》は、(8)水尾帝、定額の霊地にして、大法を一糸に扛《あ》ぐるの旧蹤なり。且つ(9)簾前賜紫《れんぜんしし》は、事、極めて軽からず。実に(10)龍天推轂《すいこく》の時、至れり。(11)茲《こ》れを思い、茲れを思い、弘願に償《むく》い、(12)大梅の真風を発揮せよ。江湖、座下に仰望する所なり。曾て吾が山に在りし日、法話(13)叨叨《とうとう》として(14)痒処《ようじょ》を掻著《そうじゃく》す。多く座下の背後に就《つ》いて合掌するのみ。恨むらくは、当時《そのかみ》、驀面《まくめん》に一拳を行じて勦絶《そうぜつ》せざらんことを。如何《いか》にせん、如何《いか》にせん。今、之れを想うに、(15)恰《あた》か梅を想うの人の、口液、津津《しんしん》たるが如し。眷恋《けんれん》、少なからず。弊寺、夙願《しゅくがん》に応じ、結冬安居す。一衆百五十余員、孜孜《しし》として九旬を終え、聊《いささ》か少分の利益有るが似《ごと》し。中春、(16)知又軒《ちゆうけん》に退居して、(17)草木と同《とも》に腐《く》ちんことを欲するのみ。(18)願いの如くに之れを果たさば、重ねて告報せん。且つ座下の出世に憑《よ》って、(19)丹陽に文殊を礼するの念を動ず。飛錫翻然《ひしゃくほんねん》として、縷縷《るる》、面晤《めんご》に属す。今、諸衲子の起単に丁《あ》たって草復す。春禧《しゅんき》に和して賀を引く。(20)至扣《しこう》至扣。

追白。恭しく白金一封を具し、微忱《びしん》を伸ぶ。笑納、維《こ》れ幸いなり。外《ほか》に一会佳節の法語、几右に録呈す。(21)電矚《でんしょく》、丙丁《へいてい》に付せ。悉《ことごと》く法盟の渥《あつ》きに憑《よ》って、覚えず(22)家醜《かしゅう》を揚《あ》ぐ。

＊

あなたは、折りあるごとに、遠くからお手紙を寄越され、このおいぼれを慰めて下さいます。感謝に堪えません。私は悠々と水に漂う浮き草のようにしておりまして、返事を書くようすがもありませんが、決して怠けているわけではありません。昨年の秋、妙心寺の小方丈から出されたあなたのお手紙を、私は手を清めて、幾度も読み返しました。丹波の法常寺に出世されることを知り、喜びに堪えません。無事に円成しますように、心からお祈りいたします。法常寺は、入寺の儀を挙げられるとのこと。八月に第一座に転位され、今春の三月、入寺の儀を挙げられるとのこと。また、帝《みかど》天皇が寺額を定められた霊地で、一糸文守禅師が大法を挙揚された旧跡とのこと。後水尾天皇が寺額を定められた霊地で、一糸文守禅師が大法を挙揚された旧跡とのこと。また、帝の御簾《みす》の前で紫衣を賜わるということは、軽々しいことではありません。まさに龍天があなたを天下に推し出す時が到来したのです。常にそのことを思い、弘大なる誓願に報い、大梅の真風を発揮して下さい。天下が、あなたに仰ぎ望むところです。あなたが我が大光寺におられた時、あなたのお話は、とても私の肝《きも》に落ちました。私は、あなたの背後から合掌するのみでした。あの時、まっこうから拳骨を喰らわせて、あなたの舌を根絶やしに出来なかったことが悔やまれますが、もうどうにもなりません。今、そのことを思うと、梅の実を思い浮かべた人の口の中に、唾《つばき》が溢れるようなもので、未練がましいことです。私の寺も、以前からの望みにこたえ、冬安居を結びました。百五十余人の雲水達が、一所懸命に勤め励み、九十日の結制を終え、少なからず得るところがあったようです。二月には、知又軒《ちゆうけん》に退き、草木とともに朽ち果てようと思っております。願い通りに果たすことが出来ましたならば、重ねてご報告します。あなたが丹波に出世されることを知り、丹後の文殊菩薩に参拝したい思いに駆られております。御地に飛び、直接お出会いし、こまごまとお話ししたいものです。ちょうど、雲水たちの起単に当たり、慌ただしく返事を書いております。春の吉祥とともにお祝い申し上げます。頓首。

追伸。ここに恭しく白金一封をお贈りし、わずかばかりの誠意を表します。ご笑納下されば幸甚です。そのほか、この冬安居に作った法語をお届けします。ご高覧ののちは、燃やして下さい。まったく、法盟の厚恩をたよって、恥をさらします。

＊

(1)法常可公禅師＝大道文可のこと。【一〇―五五】注(2)を参照。／(2)正法山小方丈＝妙心寺住持の住院。法常寺出世の件について上山していたのであろう。／(3)雁書＝手紙のこと。『漢書』蘇武伝に見える、雁の足に帛書（絹に書いた手紙）を結びつけて連絡を取った故事に基づく。／(4)歓抃＝手を打って喜び踊る歓喜抃舞の略。／(5)視篆＝新住持が寺印（篆）を視ること。転じて入院を言う。／(6)始終＝【三八―四】にある「始終円成」の「始終」と同じで、畢竟・終究の義。／(7)法常蘭若＝法常寺。「蘭若」は、阿蘭若の略。【三七―一〇】注(4)を参照。／(8)水尾帝定額之霊地、扛大法於一糸之旧蹤＝法常寺は、仏頂国師一糸文守（一六〇八～一六四六）の創建。一糸は寛永九年（一六三二）に洛西岡村の閑夢庵から、亀岡市畑野町千ケ畑に移り、桐江庵を結んだが、寛永十八年、後水尾上皇の外護により宮中の旧殿の寄進を受け、食堂・庫裡・唐門などを造営し、大梅山法常寺と改めた。延宝六年（一六七八）には敕願寺となり、明治にいたるまで、皇室・近衛家の崇敬を受けた。底本の「水尾」は、後水尾の誤り。／(9)簾前賜紫＝「勅を奉じて大梅に住す。開堂し香を翁公（太翁文元）に拈ず。乃《すなわ》ち紫方袍《しほうぼう》（紫衣）を賜わって、闕《けつ》（皇居）に詣して恩を謝す」（「大梅山大道可禅師行状」）。／(10)龍天推轂＝龍王や諸天が、その人の徳を讃えて推挙助成すること。多く、出世入院を賀するのに用いる。「龍天」は、龍神天神を代表する八部（天・龍・夜叉・乾闥婆・阿修羅・迦楼羅・緊那羅・摩睺羅伽）の護法善神。仏菩薩の説法の座に来臨し、説法を聴聞して賛嘆する神衆。「推轂」は、こしき（車輪の軸受け部分）を推して車を進めること。転じて推挙や助成を言う。／(11)思茲思茲＝常に念頭から離すなの意。／(12)大梅之真風＝一糸文守の真風。また、一糸が、その山寺号の典拠とした、馬祖下の大梅法常の真風。／(13)叨叨＝多言、饒舌のさま。／(14)掻著痒処＝かゆい所をかく、かゆい所に手が届くこと。心の思いにぴったりかなう喩え。言いたいことを言ってくれたなどの意に用いる。／(15)恰如想梅之人口液津津＝大道文可が視篆する大梅山法常寺に因んで、「梅林止渇」の故事を持ち出したもの。「魏の武帝、行きて道に失《まよ》う。三軍、皆な渇《かわ》けり。帝、令して曰く、『前《さき》に大梅林有り、子饒《みおお》くして甘酸なり。以て渇きを解《と》く可《べ》し』。士卒、之れを聞いて、口皆な水出づ」（『世説新語』仮譎第二十七）。／(16)知又軒＝古月が、宝永五年（一七〇八）に結んだ茅庵で、享保十二年（一七二七）、拡張されて天寿山自得寺となった。【一〇－二八】注(1)、【一〇－三八】注(1)を参照。大道文可が、軒主を勧めていた。【一〇－五五】を参照。／(17)与草木同腐＝【二〇－二】注(2)を参照。／(18)如願果之＝『伝記』享保五年（一七二〇）、古月五十四歳、結冬安居の翌年条に「二月、知又軒に退居して、女人の、門に入るを許さず」と。／(19)丹陽礼文殊＝この文殊は、恐らく、九世渡文殊。天橋山智恩寺（京都府宮津市文殊）の本尊であるが、その縁起は神代にまでさかのぼる。彦龍周興の『半陶文集』（『五山文学新集』巻四所収）の「九世戸智恩寺幹縁疏并序」に「丹州天橋山智恩禅寺は、乃《すなわ》ち文殊大聖降応の地にして日本の五台山なり。（以下略）」と、縁起を記している。／⒇至扣＝手紙の末尾に用いる敬語で、頓首・至祷に同義。／(21)電矚付丙丁＝〈ご高覧ののちは、燃やして下さい〉。「電矚」は、二字共に「見」の敬語。「丙丁」は、火の譬喩語。丙《ひのえ》も丁《ひのと》も火に属する干位。／(22)揚家醜＝〈家の恥じを外にさらす〉。禅録頻出語で、「家醜」は、仏法の奥義などを抑下して用いられることもあるが、ここでは、「多言を弄しました」ほどの意。

【三八―七】

復下總國光福寺定山和尚。

座下承洞山之命以來、無以隻字詢道禧。唯託敬於送語耳。似背交誼。專祈宥恕。茲審、新構僧堂、冬夏同接五十餘員之衆。宗門之盛事也。素知、座下興居戩穀、爲法諉身。今應宿志渥、龍天推奬之時也。今時學佛法者、多心思口議、或貴無事、或謂無修無證無迷無悟。悲哉。無妄想中眞妄想也。一回無因地一下、如何與本地相應、生死岸頭得自由去耶。當斯弊風、切齒於此、正未證爲證者。至祷至祷。野衲結冬安居、不罹魔嬈圓成。春來欲退居知又軒。勿煩垂念。令徒提禪人、亹亹有就質器《アテニ》。縷縷不罄。時丁餘寒、自爲保重。至扣至扣。

＊

(1)下総国光福寺の定山和尚に復《かえ》す。

座下、(2)洞山の命を承《う》けてより以来《このかた》、隻字《せきじ》を以て(3)道禧《どうき》を詢《と》うこと無し。唯だ敬《けい》を送語に託すのみ。交誼《こうぎ》に背《そむ》くに似たり。専《もっぱ》ら宥恕《ゆうじょ》を祈る。茲《ここ》に審《つまび》らかにす、新たに僧堂を構え、冬夏同じく五十余員の衆を接すと。宗門の盛事なり。素《もと》より知る、座下、興居《おきふし》(4)戩穀《せんこく》して、法の為に身を諉《わす》るることを。今、宿志の渥《あつ》きに応じ、(5)龍天推奨の時なり。今時、仏法を学ぶ者は、多く心思口議して、或るものは無事を貴び、或るものは無修無証無迷無悟と謂う。悲しい哉《かな》。(6)無妄想中の真の妄想なり。一回《ひとたび》、(7)囙地一下《かじいちげ》すること無うして、如何《いかん》ぞ本地と相応して、生死岸頭に自由を得去らんや。斯《こ》の弊風に当たり、歯を此《ここ》に切《くいしば》って、未証を証と為《な》す者を正せ。至祷《しとう》至祷。野衲、結冬安居、魔嬈《まにょう》に罹《かか》らず円成す。春来、知又軒《ちゆうけん》に退居せんと欲す。垂念《すいねん》を煩《わずら》わすこと勿《な》かれ。令徒の提禅人は、(8)亹亹《びび》として(9)質《あて》に就《な》る器有り。縷縷《るる》謦《つ》くさず。時、余寒に丁《あ》たる、自ら為に保重せよ。至扣《しこう》至扣。

＊

あなたが、光福寺に住山されて以来、御多幸をうかがう手紙も書いておりません。ただ、貴地におもむく人にことづてを頼むだけで、法友のよしみにそむくようですが、どうかお許し下さい。お手紙に、新しく僧堂を構え、冬夏の安居に五十余人の雲水を指導したとありましたが、宗門にとって、まことに立派な事です。私は、あなたが、常に善を尽くし、仏法のために我が身を忘れておられることを、もとより知っています。今、そのあなたの年来の志の厚きにこたえ、龍天が、あなたを天下に推し出す時が来たのです。今、仏法を学ぶ者は、多く心に思量し、口に議論し、ある者は、無事ということを後生大事に抱え込み、ある者は、「修行もなければ証悟もない、迷いもなければ悟りもない」などと言っています。実に悲しむべきことです。これは、本来妄想はないのだと言っている中の本当の妄想です。一度、大悟徹底することがなければ、どうして本来の心性と一枚に合致し、今まさに死のうとする時に、自在な悟境を得ることが出来ましょうか。この悪しき風潮に当面し、齒嚙みして、まだ本当の悟りを得てもいないのに、それを悟りだと言う者を正しく導いて下さい。そのこと、お願いします。私も、この結冬安居は、悪魔に心を乱されることもなく、無事円成しました。春が来れば、知又軒に退こうと思っています。しかし、心配しないで下さい。お弟子の提禅人は、勤勉で、物の土台となる器量を持っています。心情、書き尽くせません。まだまだ寒い折り、御自愛下さい。頓首。

＊

(1)下総国光福寺定山和尚＝定山寂而。【八―三】注(10)を参照。／(2)洞山之命＝大洞山光福寺入寺の命令。／(3)道禧＝【三八―一一】には「法禧」とあるが、どちらも未見の語。道身多幸・法身多幸という意であろう。「禧」は、福・吉の義。／(4)戩穀＝『詩経』小雅・鹿鳴之什・天保に出る言葉で、戩を福、穀を禄とする説（毛伝）や、戩を尽、穀を善とする説（朱熹）がある。底本は、「ミナヨク」と書入れているので、朱熹の説に近い。／(5)龍天推奨＝前篇の注(10)を参照。／(6)無妄想中真妄想也＝『大慧書』「答曾宗丞」に「而今《いま》の人、多くは是れ有所得の心を将《もっ》て道を学ぶ。此れは是れ無妄想中真妄想也」とある。／(7)囦地一下＝【三七―八】注(5)を参照。／(8)亹亹＝つとめて倦まないさま。勉勉に同意。／(9)質＝「アテ（あて）」は、基礎に置く台のこと。「質」を「あて」と訓むのは、『日本書紀』巻十四に例がある（岩波書店「日本古典文学大系」『日本書紀　上』四八九頁を参照）。

【三八―八】

復備后鳳源愚極和尚。

客秋八月廿三烏所發華箋、臘月十五蓂落掌。薫誦數回、一一委悉之。殊喜座下震艮佳勝膺福以同。老衲企結冬會、今得始終矣。想座下與陶弟聽此擧圓成、歡抃倍他。卑懷云云、難盡書中、縷陳如左。茲祈、如時自玉。至扣至扣。

一、遠垂道愛、投棉子之單衣。以足補垢衣之寒。謝謝。

一、英檀幼主早世。座下世出之庇護、且大且深。哀情茲察。然藝城大君倍寺産、續香火縁。悲中喜也。座下出隻手、紹隆佛種、覆蔭檀門。正此是時也。思茲。空受斯大施、法門之罪人也。何地容之耶。友誼之腆致斯責。恕之。初聽幼主之訃、爲座下寢食不穩。後審寺産之資倍、不覺抃舞。

一、熟白官廳、以安海衆。是報佛恩、酬檀信之勝計也。

一、告可道友。出世法常、曾得可公書、件事悉之喜慰以同。法常貢産收米八斛。想難給《ツギ》往來雲水之供乎。時時察之煩遠念。

一、承諭。果初二禪友等至否。曾催結冬會之日謂、得兩禪人至、正可支半檐。已爲失計。果禪孟夏中至亦不知之。初禪告爲鳳臺楞嚴會故不至。

一、令弟陶公、遠寄名産溪藤百板。謝之不別啓。煩代致意。

一、後來、吾雛徒等、於座下稱鳳栖。依賴爲垂誘掖之手。野衲欲丐檀命春夏之際退居知又軒。果之重報告。

一、奉微物充芹晒。叱留萬幸。

＊

(1)備后鳳源の愚極和尚に復《かえ》す。

客秋八月廿三(2)烏に発する所の華箋、臘月十五(2)蓂《めい》に落掌す。薫誦すること数回《あまたたび》、一一、委悉《いしつ》す。殊に喜ぶ、座下(3)震艮《しんこん》佳勝にして、(4)膺福《ようふく》、以て同じことを。老衲、結冬会を企《くわだ》て、今、(5)始終することを得たり。想うに、座下、(6)陶弟と与《とも》に此の挙の円成を聴き、(7)歓抃《かんべん》すること他に倍すと。卑懐云云《ひかいしかじか》、書中に尽くし難く、(8)縷陳《るちん》すること左の如し。茲《ここ》に祈る、(9)如時自玉。至扣至扣《しこう》。

一、遠く道愛を垂れ、棉子《めんす》の単衣《ひとえ》を投ず。以て垢衣《くえ》の寒を補うに足れり。謝謝。

一、(10)英檀の幼主、早世す。座下、世に出づるの庇護、且つ大に且つ深し。哀情、茲《ここ》に察す。然《しか》れども(11)芸城の大君、寺産を倍し、(12)香火の縁を続《つ》ぐと。悲中の喜なり。座下、(13)隻手を出だして、仏種を紹隆し、檀門を覆蔭《ふいん》せよ。正に此れ是の時なり。茲《こ》れを思え。空《むな》しく斯《こ》の大施を受くれば、法門の罪人なり。何《いず》れの地にか之れを容《い》れんや。友誼の肭《あつ》きをもって斯《こ》の責めを致す。之れを恕《ゆる》せ。初め幼主の訃を聴き、座下の為に寝食穏やかならず。後に寺産の(14)資倍を審《つまび》らかにして、覚えず抃舞《べんぶ》す。

一、(15)熟《つらつ》ら官庁に白《もう》して、以て海衆を安ぜよ。是れ仏恩を報じ、檀信に酬いるの勝計なり。

一、(16)可道友に告げよ。法常に出世すること、曾て可公の書を得て、件《くだん》の事、之れを悉《つまび》らかにして、喜慰《きい》以て同じうす。法常の貢産、米八斛を収むと。想うに、往来の雲水の供に給《つ》ぎ難きか。時時に之れを察して遠念を煩《わずら》わす。

一、諭《ゆ》を承《うけたまわ》る。[17]果・初の二禅友等、至るや否や。[18]曾て結冬会を催すの日、謂《おも》えらく、「両禅人の至るを得て、正に半檐を支う可《べ》し」と。已《すで》に失計を為《な》す。果禅は孟夏中に至らんも亦た之れを知らず。初禅告ぐ、「[19]鳳台の楞厳会の為の故に至らず」と。

一、令弟の陶公、遠く名産の[20]渓藤《けいとう》百板を寄す。之れを謝するに別に啓せず。代わって意を致すことを煩《わずら》わす。

一、後来、吾が雛徒《すうと》等《ら》、座下に[21]鳳栖《ほうせい》せんと称す。依頼せん、為に誘掖《ゆうえき》の手を垂れんことを。野衲、檀命を丐《こ》うて、春夏の際《あいだ》、知又軒《ちゆうけん》に退居せんと欲す。之れを果たさば、重ねて報告せん。

一、微物を奉《たてまつ》って[22]芹晒《きんさい》に充《あ》つ。[23]叱留《しつりゅう》万幸。

＊

去年の秋八月二十三日に発送されたお手紙、十二月十五日に受け取りました。香に薫じて幾度も読み返し、逐一つぶさに知りました。殊に喜ばしいことは、御貴殿がおきふし御健勝で、同じ幸福を共にしていることです。私は結冬会を企て、今、無事に円成しました。御貴殿も、お弟子の陶公とこの盛挙の円成を聞き、たいそう喜んでおられることと思います。私の気持ちは、一言では言い尽くせず、書中には書き切れませんので、左記の如く箇条書きにして、細かに申し述べます。時節柄、御自愛下さい。頓首。

一、遠くから道愛を及ぼされ、綿入れ一重を贈って下さいました。これで、垢染みた衣で寒さに震えていた私を充分に温めてくれます。感謝に堪えません。

一、鳳源寺の大檀那、浅野長寔《ながさね》公が若死にされたとのこと。御貴殿の出世において、大檀那の庇護は、大きく深いものです。その哀しみのお気持ち、ご察知いたします。しかし、浅野本家の安芸広島藩の大君は、鳳源寺の寺産を倍にし、浅野家の菩提寺として残されたとのこと。不幸中の幸いです。御貴殿は、片手を抜き出して、仏子の種を大いに成長させ、檀信徒をその木陰に休ませて下さい。今が正にその時です。常にそのことを思いなさい。むだにこの大施を受ければ、法門の罪人。地獄のほか、どこにも身を置くところはありません。厚い友誼によって、こんな憎まれ口をたたきます。どうぞ、お許し下さい。幼主長寔公の訃報を聴いた時は、御貴殿を思って、寝食もままなりませんでしたが、後に寺産が倍にされることを知り、思わず喜んでおります。

一、よくよく官庁に申請して、もめごとなく、大衆を安居させて下さい。これこそが、仏恩・檀信恩に酬いる勝計であります。

一、文可道友にお伝え下さい。「法常寺出世のことは、その手紙で知り、喜びを共にしておる。しかしながら、法常寺の年貢米は八百升とのこと。それでは往来する雲水をまかない切れないだろう。いつもそのことを思い、遠くから心配しておる」と。

一、お教え下さい。果と初との二禅友は、そちらに参ったでしょうか。曾て結冬会を開催した日、「この二人の禅友が来てくれて、大いに接化を助けてくれるであろう」と考えておりましたが、当てが外れてしまいました。果禅友は四月中に来るようですが分かりません。初禅友は、

「鳳台で楞厳会があったために来られなかった」と言っていました。

一、お弟子の陶公が、遠くより名産の渓藤紙百枚を贈ってくれました。特に礼状を書きませんでした。面倒をお掛けしますが、私に代わって感謝の気持ちをお伝え下さい。

一、この後、私の小僧達が、御貴殿のもとへ掛搭すると申しております。お頼みします、小僧達のために教え導いて下さい。私は、藩主島津公に願い出て、春夏の間、知又軒に退居したいと願っております。果たすことが出来ましたならば、重ねて報告いたします。

一、粗品をお送りし、寸志といたします。お納め下されば幸甚に存じます。

＊

⑴備后鳳源愚極和尚＝享保十一年（一七二六）に、古月を夏制に請した比熊山鳳源寺（広島県三次市三次町）の住持、愚極義泰のことだが、この書簡は、享保六年頃のもの。／⑵烏・萁＝共に「日」の意。「烏」は、太陽の中に棲むと言う三本足の烏。「萁」は、【三四】注⑻を参照。／⑶震艮＝いずれも八卦の語で、「震」は「動」、「艮」は「止」を表わし、「震艮」で「動止」というに同じ。動静、ご様子。／⑷膺福＝【三八—二】注⑺を参照。／⑸始終＝【三八—四】にある「始終円成」の「始終」と同じで、畢竟・終究の義。／⑹陶弟＝□陶という、かつて古月の会下に掛錫していたであろう愚極義泰の弟子。／⑺歓抃＝手を打って喜び踊る歓喜抃舞の略。／⑻縷陳＝細かに陳述すること。／⑼如時自玉＝〈時節柄、御自愛下さい〉。「自玉」は、自らを玉のように大事にすること。自愛、自重に同意。／⑽英檀幼主＝享保五年五月二十一日、八歳で没した、三次藩五代、浅野長寔《ながさね》のこと。三次藩は、長寔の死去によって廃絶。浅野本家の安芸広島藩の郡代官支配となった。／⑾芸城大君＝安芸広島城の君

子。当時の主君は、安芸広島浅野家五代、吉長（一六八一～一七五二）。／⑿香火＝香火寺・香火院。菩提寺のこと。／⒀出隻手＝【二七】注⑶を参照。／⒁資倍＝助け益す。／⒂熟白官庁＝江戸期の諸師の語録を読むに、多衆を集める結制安居は、役所に届け出る必要があったらしいが、そのことを言うか。／⒃可道友＝丹波の法常寺に出世した大道文可のこと。【一〇—五五】注⑵を参照。／⒄果初二禅友＝【三八—五】の書簡に「駿之初、丹之果」と見える人。／⒅曾催結冬会之日……已為失計＝【三八—五】の書簡本文を参照。／⒆鳳台＝不詳。初禅人は、駿河の人であるから、或いは、静岡市葵区沓谷にある鳳台山少林寺のことかも知れない。／⒇渓藤百板＝「渓藤」は、紙の一種。【九—四九】注⑸に既述。「板」は、板状で扁平なものを言うが、「枚」の誤写か。／㉑鳳栖＝依栖（掛搭の別称）を、鳳源寺の寺号に因んで美称したものか。／㉒芹晒＝【一〇—六七】注⑷を参照。／㉓叱留＝【三八—二】注⒃を参照。

【三八—九】下平声七陽韻

寄播州的方萬寶大龜和尚。

法山揖別之後、已過十稔。夢寐切于眷戀。茲接頑禪人至、審福履増佳爲慰。且承。近年以來新締構衆寮誘掖四來。吾門盛事、酬法恩之清規也。祝祝。走企結冬會九旬圓滿。縷縷付頑禪人半月上。欲修舊盟、艸卒布字。怖畏和南。外呈微物充芹志。叱留幸幸。

恭奉和大慈萬安大和尚賀結冬會尊韵。伏乞青矚。

祖席荒涼秋已晩、水雲道聚古禪床。雅篇磨玉徳光遠、嘉貺修忱鄰誼昌。臨濟大機齊閃電、趙州露刃握寒霜◎。可憐倚檻仳倠者、何克效顰稱法王◎。

＊

(1)播州的方《まとがた》の万宝の大亀和尚に寄す。

(2)法山揖別《いつべつ》の後、已《すで》に十稔を過ぐ。夢寐《むび》、眷恋《けんれん》に切なり。茲《ここ》に(3)頑禅人の至るに接し、(4)福履《ふくり》増佳《ぞうか》を審《つまび》らかにして(5)慰《なぐさ》みを為《な》す。且つ承《うけたまわ》る。近年以来《このかた》、(6)新たに衆寮《しゅりょう》を締構《ていこう》して四来を誘掖《ゆうえき》すと。吾門の盛事、法恩に酬いるの清規《しんぎ》なり。(7)祝祝《しゅうしゅう》。(8)走《わたくしめ》、結冬会を企《くわだ》てて九旬円満す。縷《る》縷《る》、頑禅人の、半月に上るに付す。旧盟を修せんと欲し、草卒に字を布《つら》ぬ。(9)怖畏《ふい》和南。外《ほか》に微物を呈して(10)芹志《きんし》に充つ。叱留《しつりゅう》幸幸。

恭しく(11)大慈の万安大和尚が結冬会を賀する尊韵に和し奉る。伏して(12)青矚《せいしょく》を乞う。

(13)祖席、荒涼として、秋已《すで》に晩《く》る、水雲道聚《どうじゅ》す古禅床。(14)雅篇、玉《ぎょく》を磨いて、徳光遠く、嘉貺《かきょう》、忱《まこと》を修《おさ》めて、隣誼《りんぎ》昌《あき》らかなり。(15)臨済の大機、閃電に斉《ひと》しく、趙州の露刃、寒霜を握る。(16)憐れむ可《べ》し、檻に倚る仳倠《ひき》の者、何ぞ克《よ》く顰《ひそみ》に効《なら》って法王と称せん。

＊

正法山妙心寺で拝別して以来、既に十年が過ぎました。寝ている間も心に思って忘れずにおりました。今、お弟子の頑禅人に出会い、御貴殿がますます御多幸であることを知り、安心いたしました。また、近年来、新たに衆寮を構えられて四来の雲衲を御指導されておられるとのこと。我が宗門にとって、まことに立派な事で、これこそが法恩に報いる法度なのです。

切にお願い申し上げます。私めは、結冬会を催して九旬円満いたしました。委細は、この月なかばに帰山する頑禅人からお聞き下さい。古くからの法盟に報いんと思い、慌ただしく手紙を書いております。恐惶頓首。ほかに粗品をお送りし、寸志といたします。お納め下されば幸甚に存じます。

大慈寺の万安和尚が、私の結冬会を祝って下され、その立派な偈頌に和韻いたしました。御高覧を賜われば幸甚です。（以下、偈頌の意訳は注記を参照）

＊

(1)播州的方万宝大亀和尚＝兵庫県姫路市的形町にある霊亀山万宝寺の第三世、大亀禅碩。先住鉄心洞徹の法嗣として、宝永元年（一七〇四）六月、本山妙心寺に掛籍。底本の「的方」は、的形の古称。円方とも書いた。／(2)法山揖別＝正法山妙心寺での拝別。古月は、宝永六年（一七〇九）、前堂転位のために上山。その九月に開山国師の三百五十年遠諱が厳修されて古月も参加したが、その法会に大亀和尚もいたのであろう。「揖別」は、拝揖別離の義。拝をして別れること。／(3)頑禅人＝大亀和尚の□頑という弟子。／(4)福履＝福禄に同意。さいわいの意。「履」は、禄の義。／(5)為慰＝安心しましたという意の書簡用語。今は、底本の返り点に従って訓んだ。／(6)新締構衆寮＝玉洲祖億（古月の参徒。【七七】注(1)を参照）の「行録」享保二年（一七一七）の条に「的形万宝寺の大亀和尚、新たに衆寮を開く。又た往って冬を過ごす」とある。／(7)祝祝＝手紙の末尾に用いる言葉で、至祷至祷、切に祈るということだが、意味は上文によって微妙な差異を持つ。ここでは、「めでたい、めでたい」の意かも知れない。／(8)走＝走り使いのことで、自己の卑称に用いる。【三八―一】注(4)を参照。／(9)怖畏和南＝未見の語だが、恐惶頓首に同意。「怖畏」は、両字共に恐れるの義。「和南」は、vandana の音訳。稽首の意。／⑽芹志＝寸志に同意。「芹」は、物を人に贈る謙称に用いる。／⑾大慈万安大和尚＝龍興山大慈寺（鹿児島県志布志市）の万安祖参。元禄九年（一六九六）十一月、拙庵玄逸の法嗣として本山妙心寺に掛籍。大慈寺は、寛政の「寺院本末帳」によれば、日向・薩摩・大隅三箇国に、塔頭十ケ寺、末寺二十八ケ寺を数えた。明治維新の際、廃寺となったが、明治十二年、柏州玄定（一八〇五～一八九二、妙心寺五二七世）によって再興された。／⑿青矚＝未見の言葉だが、閲覧を乞う書簡用語の「青覧」と同義であろう。「青」は、青眼。白眼に対する語で、親愛の目付き。「矚」は、視の義。／⒀祖席荒涼秋已晩、水雲道聚古禅床＝〈祖師の法席は荒涼として既に秋も暮れる中、雲水達は仏道修行のために古い禅床に集まった〉。上の句は、禅林が零落していることを言う。「水雲」は、雲水に同意。「道聚」は、修道のために参集すること。夢窓国師の『臨川家訓』「四時坐禅」の条に「道を以て頭を聚む（以道聚頭）」と。「古禅床」は、大光寺。／⒁雅篇磨玉徳光遠、嘉貺修忱隣誼昌＝〈雅びな偈頌は、温かくて光沢のある玉の如く、その徳光は遠くまで照らし、立派な賜物は、誠意がこめられ、隣りの誼《よしみ》が表われている〉。「雅篇」は、万安和尚の偈頌。「磨玉」は、『管子』水地第三十九に「夫《そ》れ玉の貴き所の者は、九徳、焉《こ》れに出づればなり。夫れ玉は温潤にして以て沢《たく》（光沢）たるは、仁なり。（以下、知・義・行・潔・勇・精・容・辞の八徳を述べ）是《ここ》を以て、人主、之れを貴び、蔵して以て宝と為《な》し、剖《さ》きて以て符瑞と為す。九徳、焉れに出づればなり」とあるのにより、万安和尚の徳をたたえる。「嘉貺」は、嘉《すぐ》れた貺《たまもの》。嘉況とも。／⒂臨済大機斉閃電、趙州露刃握寒霜＝〈臨済の一喝は、閃《ひらめ》く稲妻の如く迅速で、趙州の露刃剣は、冷たい霜を握ったかのようである〉。下の句は、【七―二】注⑴を参照。／⒃可憐倚檻仳倠者、何克効顰称法王＝〈憐れなものよ、宮殿の欄檻に寄り掛かる醜女《しこめ》の宮女のような私め如きが、どうして世尊の真似事など出来ようか〉。この二句は、結冬会を催した古月が、我が行ないを謙遜したもの。「仳倠」は、古の醜女の名。「効顰」は、美女西施《せいし》が胸の傷みで顔を顰《しか》め、醜婦がそれを真似ると、皆が驚いて逃げ去ったという故事に基づき、無闇に人の真似をする喩えに用いる。

【三八―一〇】

復二嚴寺方丈。

山川迢迢、關路嶮嶮。遙蒙勞高侍來賀、剩賜白金貳版。且寄徒翠岩雲箋、盥誦三復。法愛之深何至此耶。對使鳴謝不罄、設香飯於一堂、表祝誼之腆。海衆飽徳、不知所謝也。走近無疾病、一衆百五十員、孜孜兀坐。殆似挽回古風。幸憑佛天庇護。尚垂高庥、令始終《ヲシテ》圓成、是祈。茲裁小箋、肅奉復并候道禧。餘不贅、高侍悉之。怖畏敬白。

＊

(1)二厳寺方丈に復《かえ》す。

(2)山川迢迢《ちょうちょう》、関路嶮嶮《けんけん》。遥かに(3)高侍を労して来賀し、剰《あまつさ》え白金二版を賜うことを蒙《こうむ》る。且つ(4)徒の翠岩に寄する(5)雲箋、盥誦《かんじゅ》三復。法愛の深き、何ぞ此《ここ》に至るや。(6)使に対して鳴謝するも罄《つ》きず、(7)香飯を一堂に設けて、祝誼《しゅうぎ》の腆《あつ》きを表す。海衆、徳に飽きて、謝する所を知らざるなり。(8)走《わたくしめ》は、近ごろ疾病無く、一衆百五十員、孜孜《しし》として兀坐《ごつざ》す。殆《ほとん》ど古風を挽回するに似たり。幸いに仏天の庇護に憑《よ》る。尚お(9)高庥《こうきゅう》を垂れて、(10)始終をして円成せしめよ、是れ祈る。

兹《ここ》に小箋を裁し、粛《つつし》んで奉復し、并《あわ》せて道禧《どうき》を候す。余は贅《ぜい》せず、高侍、之れを悉《つまび》らかにす。
怖畏敬白。

*

山川は遠く隔たり、関路は高く嶮《けわ》しい。そんな中、遠くより御侍者をわずらわせて御来賀をこうむり、そればかりか、銀二枚を賜わりました。その上、徒弟の翠巌に贈られた御手紙、手を清めて、三度も読み返しました。どうしてここまで法愛がお深いのでしょう。御侍者にお礼を述べるだけでは私の感謝の心は尽きず、一堂の衆僧に食事を供して、御貴殿のお祝いのお気持ちがいかに厚いかを表わしました。衆僧は御貴殿の徳を充分にいただき、感謝するすべも知りません。私めは、近ごろ疾病もなく、一衆百五十人、一心不乱に坐禅をしております。まるで古風を挽回したかのようです。幸いに仏天の庇護によるものです。御貴殿もさらに御庇護を垂れられて、平生、御無事にお暮らし下さい。願っております。ここに短い手紙を書き、謹んでお返し申し上げ、合わせて御多幸をおうかがいいたします。くどくどとは書きません、委細は、御侍者からお聞き下さい。怖畏敬白。

*

(1)二厳寺方丈＝不詳。二厳寺は、日向国諸県郡庄内都之城にあった。現在廃寺。室町時代に領主北郷義久の次男、秋江和尚が創建した寺で、もとは、建仁寺派であったが、後に妙心寺派に転じ、明治の初めに廃寺となった。都城市の二厳寺橋にその名が残る。／(2)山川迢迢、関路嶮嶮＝互いの地が、遠く隔たっていることの形容だが、二巌寺は、前注の如く、大光寺と同じ日向にあるので、これは、二巌寺方丈が、遠地にいると解すべきである。次に「徒の翠岩に寄する雲箋」とある。翠巌は、大光寺結冬安居の前年、享保三年に前堂転位のために上洛しているので、二巌寺方丈は、本山妙心寺にいたとも考えられる。／(3)高侍＝相手の侍者への尊称。清規書などに見える「高侍禅師」の略。／(4)徒翠岩＝古月の法嗣の翠巌従真。【一〇―一八】注(2)を参照。／(5)雲箋＝雲の模様のある紙。転じて手紙の美称。／(6)使＝高侍を指す。／(7)香飯＝維摩居士が香積仏の世界よりもたらして衆僧に供したという香積飯の略。転じて僧院の食事。／(8)走＝走り使いのことで、自己の卑称に用いる。【三八―一】注(4)を参照。／(9)高庥＝庇護の敬語。「庥」は、蔭の義で、高蔭と言うに同じ。／(10)始終＝ここでは、一生、平生の意。

【三八―一一】

復多福西江和尚。

嚮差令徒鞭禪來、挂錫於結冬會之次、辱賜手教併方金之惠、盥誦拜收。感謝曷言。因審、座下震艮多祉、不倦誨衆。至祷。如諭今冬償素志、借《ス》半檐於四來。已及二千指。叨衣獅皮行辛辣之令、匡末證謂證者、且逞虛頭行棒喝之輩。希極今時之宗弊。敢不屑野干鳴之誚。是吾末梢之敗缺也。座下垂過讚、使老衲轉增汗顏。茲得錦江竜興二法兄枉法駕、山中增光輝。冗中展待、不如意爲恨。今逢皈山的便、艸復、并候法禧。怖畏和南。

＊

(1)多福の西江和尚に復《かえ》す。

嚮《さき》に令徒の鞭禅を差《さ》し来たして、錫を結冬会に挂くるの次《つい》で、辱《かたじけ》なく、[2]手教、併《なら》びに方金の恵みを賜わり、盥誦《かんじゅ》拝収す。感謝、曷《なに》をか言わん。因《よ》って審《つまび》らかにす、座下、[3]震艮多祉《しんこんたし》、誨衆に倦《う》まずと。至祷《しとう》。諭《ゆ》の如く、今冬、素志に償《むく》い、半檐を四来に借す。已《すで》に[4]二千指に及ぶ。[5]叨《みだ》りに獅皮を衣《き》て、辛辣の令を行じ、未証を証と謂う者、且つ[6]虚頭《ことう》を逞《たくま》しうして棒喝を行ずるの輩を匡す。希《ねが》わくは、今時の宗弊を極《ただ》さんことを。敢えて[7]野干鳴《やかんみょう》の誚《せめ》を屑《もののかず》ともせず。是れ吾が末梢《まっしょう》の敗欠《はいけつ》なり。座下、過讃を垂れ、老衲をして転《うた》た汗顔を増さしむ。茲《ここ》に[8]錦江[9]龍興の二法兄の、法駕を枉《ま》ぐるを得て、山中、光輝を増す。冗中展待《じょうちゅうてんたい》、意の如くならざるを恨みと為《な》す。今、[10]帰山の的便に逢い、草復、并びに法禧《ほうき》を候す。[11]怖畏《ふい》和南。

＊

お弟子の鞭禅人を当山の冬安居に掛錫させられるおり、お手紙に加え、金子まで頂戴し、手を清めて拝受いたしました。感謝の言葉もありません。お手紙によれば、御貴殿は、おきふし御多幸で、雲水の接化に勤めておられるとのこと。お祝い申し上げます。御言葉のとおり、この冬は、年来の志に報い、軒下を四来の雲水に貸し、その数は、既に二百人に及んでおります。分不相応にも獅子の皮を着て、手厳しい号令を下し、未証を証と言う者や、中身はない見掛け倒しで、棒を振るったり、一喝を吐いたりする連中を指導しております。今時の悪しき宗風を正すことになればと願ってのことです。ですから、虎の威をかりた狐の鳴き声だけの奴だと責められても構いません。これは、わたしの最後の恥じさらしです。御貴殿は、過分に褒めて下さいますが、このおいぼれは、ますます恥じ入るばかりです。この安居には、錦江山和尚と龍興山和尚の二人の法兄が、御随喜御加担下され、山中は光輝を増しております。しかし、なにぶん忙しく、おもてなしもままならず、そのことが残念でなりません。今、そちらに帰山する者がいますので、慌ただしく返事を書き、合わせて御貴殿のご多幸をおうかがいいたします。恐惶頓首。

＊

(1)多福西江和尚＝西江祖勲。大分県臼杵市二王座にある正覚山多福寺の第七世。雲臥と号す。臼杵の人。十二歳、同寺第四世の大機祖全【九―四〇】注(1)を参照）を礼して剃髪。侍すること七年。元禄十年（一六九七）、二十歳、諸方行脚に出る。大機の示寂に帰郷したが、再び行脚に出た。正徳元年（一七一一）冬、多福寺六世の大岑禅猊は病を得て、西江を請じた。西江は大岑の病室に侍し参励。その印記を受けた。同五年、多福寺に嗣住。翌年二月、本山妙心寺に掛籍。大岑の示寂後、享保九年（一七二四）、初めて碧巌会を設け、海衆二百余員。元文五年（一七四〇）三月、寺職を法嗣の大拙玄節に委ね、一粒軒に退休。宝暦五年（一七五五）十月二十八日示寂。世寿七十八。『続禅林僧宝伝』第一輯・巻之中【一八九】に立伝。／(2)手教＝手紙に対する敬称。／(3)震艮＝【三八―八】注(3)に既述。／(4)二千指＝二百人。次段にも「二千指」とある。享保四年（一七一九）の結冬会は、どの法語でも、「百五十余」と言っているので、この結冬会は、それとは違う年のものだと思われる。後文に「是れ吾が末梢の敗欠なり」と書いているので、晩年のものとも思われるが、『伝記』等に記録はない。／(5)叨衣獅皮＝『臨済録』示衆に「他の獅子皮を披《き》て、却って野干鳴を作《な》す」とあるのを借りたものだが、『臨済録』の場合は、せっかく獅子の皮を着ていながら、どうして野ギツネの鳴き声をするのだという意。／(6)虚頭＝【三七―三】注(4)を参照。／(7)野干鳴＝注(5)を参照。／(8)錦江＝錦江山潮聞寺（大分市山津町）の第二代、月窓宗古のことであろう。同寺中興第一代の超宗祖活の法嗣として、享保十九年（一七三四）四月、前堂転位。宝暦九年（一七五九）十二月二十日示寂。世寿不詳。『続禅林僧宝伝』第一輯・巻之中【一九二】に立伝。そこに「師、……法を古月に得て、潮聞に出世す」と。／(9)龍興＝龍興山大慈寺（鹿児島県志布志市）の万安祖参か。【三八―九】注(11)を参照。／(10)帰山的便＝鞭禅人が多福寺に帰山するのであろう。「的便」は、早くて確かな便り。また、都合のよい便り。ここでは、その便りを持って行く人。／(11)怖畏和南＝【三八―九】注(9)に既述。

【三八―一二】

復延命萬崖和尚。

令徒等至、獲領賀結冬會佳貼一封。就審。座下春夏之際患貴恙、期秋節漸得快暢。且邂逅于錦江和尚、十年舊話、霏霏傾枯腸。詢知座下之事、一一委悉、慰遠懷耳。老衲蒙佛天福庇、近無疾病、應雲水請、隨聖制安居、海衆及二千指、總無魔嬈。庫下供給不同平日枯淡。於予乎成豐饒思。嗚呼、鷦鷯之一枝、執笑於大鵬者也。惟恨這回與竜錦二和尚不促法駕。孤坐寂寥中、不思念疇昔與座下接眉論心等之事耶。重無由卜聚歡之日。希常加調養成雲水依怙。餘不贅、錦江侍者悉之。怖畏和南。

＊

(1)延命の万崖和尚に復《かえ》す。

『四会録』中「仏日録拾遺」【３８－１２】

令徒等至り、結冬会を賀する(2)佳貼《かじょう》一封を領することを獲たり。就《つ》いて審《つまび》らかにす。座下、春夏の際《あいだ》、(3)貴恙《きよう》を患《わずら》って、秋節を期して漸《よう》や(4)快惕《かいとう》を得たりと。且つ(5)錦江和尚に邂逅《かいこう》して、十年の旧話、(6)霏霏《ひひ》として枯腸《こちょう》を傾くと。座下の事を詢《と》い知り、一一委悉《いしつ》して、遠懐を慰《なぐさ》むるのみ。老衲、仏天の福庇を蒙《こうむ》り、近ごろ疾病無く、雲水の請《もとめ》に応じて、(7)聖制に随って安居し、海衆、二千指に及び、総《すべ》て魔嬈《まにょう》無し。庫下《くか》の供給《くきゅう》、平日の枯淡に同じからず。予に於いてか、豊饒の思いを成す。嗚呼《ああ》、(8)鶺鴒《しょうりょう》の一枝、笑いを大鵬に執《と》る者なり。惟《た》だ恨むらくは、這回《このたび》、(9)龍錦の二和尚と与《とも》に法駕を促《うなが》さざることを。孤坐寂寥《せきりょう》の中、疇昔《ちゅうせき》、座下と与《とも》に眉を接して(10)心を論ずる等の事を思念せざらんや。重ねて聚歓《じゅかん》の日を卜するに由《よし》無し。希《ねが》わくは、常に調養を加えて、雲水の依怙《えこ》と成らんことを。余は贅《ぜい》せず、(11)錦江侍者、之れを悉《つまび》らかにす。怖畏和南。

＊

お弟子達が来られて、結冬会を祝って下さる良いお手紙一封を頂戴いたしました。そのお手紙によって、御貴殿が、春夏の間、御病気で、秋になってようやく平癒されたことを知りました。また、思いがけず錦江和尚に出逢われ、十年来の積もる話を、はらわたがひからびるほど語り尽くされたとか。御貴殿の御様子を逐一つぶさに知り、遠くにいてお出逢い出来ない私の思いを慰めてくれました。このおいぼれは、仏天の福庇をこうむり、近ごろ疾病もなく、雲水の求めにこたえて、釈尊が定められた制規に従って安居を結び、海衆は二百人に及び、誰も悪魔に心を乱されることはありませんでした。台所への食糧供給は、普段の枯淡とは違います。私としては、多すぎる思いがします。ああでも、そんな私の思いは、みそさざいの一枝、おおとりの笑いをまねきましょう。ただ残念なことは、このたびの結冬会に、御貴殿が、龍興山・錦江山の二和尚と共に、一緒に御随喜御加担下されなかったことです。御貴殿のおられない寂しい座に坐り、昔、御貴殿と顔突き合わせて語り合ったことを思わずにはおられません。再び集まって喜び合う日を定める手立てもありません。普段から養生をして、雲水の頼みとなられるように。くどくどとは書きません、委細は、錦江侍者からお聞き下さい。恐惶頓首。

＊

⑴延命万崖和尚＝百華山延命寺（大分市細）の万崖祖柏。【九―四一】注⑴⑵を参照。／⑵佳貼＝良いお手紙。「貼」は、正しくは「帖」。／⑶貴猺＝貴恙に同じ。病気の敬語。「猺」は、【三八―二】注⑼を参照。／⑷快惕＝「惕」は、平の義。或いは、快暢の誤写か。／⑸錦江和尚＝月窓宗古のことであろう。前篇の注⑻を参照。月窓は、古月の結冬会に随喜するおり、万崖を誘おうと延命寺に立ち寄ったのであろうが、万崖は、同行しなかった。／⑹霏霏＝談話の連続する形容。／⑺聖制＝結制安居の別称でもある。／⑻鷦鷯之一枝＝『荘子』逍遥遊の「鷦鷯《みそさざい》、深林に巣くうも一枝に過ぎず。偃鼠《どぶねずみ》、河に飲むも満腹に過ぎず」に基づき、たかが知れているという意。／⑼龍錦二和尚＝前篇の「錦江龍興二法兄」。そこの注⑻⑼を参照。／⑽論心＝ここでは、心を傾けて語り合うこと。『寒山詩』豊干の詩に「論心話名月」とある「論心」。／⑾錦江侍者＝恐らく月窓宗古のこと。この結冬会の修行年が不

明だが、月窓の前堂転位は、享保十九年（一七三四）四月であるので、この時点では、まだ正式な和尚ではなかったのであろう。「侍者」は、妙心寺の僧階で、侍者職のこと。その後、首座→座元と昇って行き、座元で末寺の住職資格を得て、道号で呼ばれる。

【三九】

雜集。

【三九―一】下平声八庚韻

維享保三竜輯戊戌十月丙午朔十有四蓂、禪材謹布薄奠昭告妙心第一座海桃和尚之靈。

師稟性也、天賦篤誠。飽喫氷蘗、藉藉名聲。竺墳魯典、渉獵頗精。詩句雪潔、文辭吐英。律身禪心、至老不更。望不齊德、貧無干情。茅菴高臥、松溪茲清。旁能造像、以經以營。妙相惟肖、隨手如瓊。三十年來、如弟如兄。憐予不敏、軟〔歃〕血結盟。枉駕投宿、同席挑檠。曾聽示病、仰蒼惱生。訃至忽告、隻履翩行。法燭失輝、祖門欻傾。谷空風冷、猿怨鶴鳴。恭拜遺蹤、片香上呈。臨末一句、遍地錚錚。維靈何亡、於戯於戯、尚亨。

＊

(1)維《こ》れ享保三龍《りょうしゅう》輯《ぼ》戊戌《じゅつ》十月丙午朔《へいごさく》十有四蓂《めい》、禅材、謹んで(2)薄奠《はくてん》を布《し》き、(3)妙心第一座海桃和尚の霊に(4)昭告《しょうこく》す。

(5)師、性を稟《う》くるや、天、篤誠を賦す。(6)飽くまで氷蘗《ひょうばく》を喫し、藉藉《せきせき》たる名声あり。(7)竺墳《ちくふん》魯《ろ》典《てん》、渉猟《しょうりょう》、頗《すこぶ》る精《くわ》し。(8)詩句、雪のごとく潔《きよ》く、文辞、英《えい》を吐く。(9)身を律にし、心を禅にし、老に至るまで更《か》えず。(10)望みは徳に斉《ひと》しからず、貧しくとも情に干《かか》ること無し。茅庵《ぼうあん》に高臥して、松渓、茲《ここ》に清し。(11)旁《かたわ》らに造像を能《よ》くし、以て経し以て営す。(12)妙相、惟《こ》れ肖《に》たり、手に随って瓊《けい》の如し。三十年来、弟《てい》の如く兄《けい》の如し。(13)予の不敏を憐れんで、血を歃《すす》って盟を結ぶ。駕を枉《ま》げて宿に投じ、席を同じうして檠《ともしび》を挑《かか》ぐ。曾て病を示すことを聴き、(14)蒼《そう》を仰いで生を悩ます。訃至って忽《たちま》ち告ぐ、(15)隻履《せきり》翩《ひるがえ》り行くことを。法燭、輝きを失い、祖門、欻《たちま》ち傾く。谷空《むな》しく風冷たく、猿怨《うら》み鶴鳴く。恭しく遺蹤《いしょう》を拝し、片香を上呈す。臨末の一句、遍地錚錚《そうそう》たり。維《こ》れ霊、何ぞ亡《ほろ》びん、於戯於戯《ああああ》、(16)尚《こいねが》わくは亨《う》けたまえ。

＊

(1)維享保三龍輯戊戌十月丙午朔十有四蓂＝享保三年、龍《ほし》は戊戌《つちのえいぬ》に集《やど》る十月、朔《ついたちひのえうま》は丙午、その十四日。享保三年（一七一八）閏十月十四日。ただし、訓注者の手もとにある暦では、閏十月二日が丙午に当たる。「龍輯」は、龍集。歳次に同じ。「蓂」は、日の意。【三四】注(8)を参照。／(2)薄奠＝粗末な供物。／(3)妙心第一座海桃和尚＝海桃智東。仏像などの彫刻にすぐれていた。【九―四六】注(2)を参照。／(4)昭告＝明らかに告げる。／(5)師稟性也、天賦篤誠＝「稟性」も「天賦」も、生まれつきの意。／(6)飽喫氷蘗、藉藉名声＝上の句は、氷を嘗《な》め、黄蘗《きはだ》を嘗めること。転じて辛苦を味わうことを言う。白楽天の「三年為刺史二首」詩の第二首に「三年、刺史と為《な》る、氷を飲み復《ま》た蘗を食らう」と。下の句は、名声の盛大なさま。／(7)竺墳魯典、渉猟頗精＝上の句は、群書を言う成句。「竺墳」は、仏書。「魯典」は、外典。「魯」は、孔子が生まれた魯国。「渉猟」は、群書を読みあさること。／(8)詩句雪潔、文辞吐英＝詩文にすぐれていた形容。「吐英」は、花を開くこと。「英」は、華の義。／(9)律身禅心、至老不更＝〈身は戒律をたもち、心は禅定にあることを、終生変えなかった〉。上の句は、【一二―六】にも出る言葉。／(10)望不斉徳、貧無干情＝〈望みもその徳に比べては少なく、貧乏も気にしない〉。「斉徳」は、普通、某人と徳行を同じくすることを言うが、ここの「徳」は、海桃和尚の持ち前の徳。／(11)旁能造像、以経以営＝海桃和尚は、華厳院の弥勒像などを彫刻した。【九―四六】等を参照。下の句は、「経営」を四字にした成句で、単にいとなむの義。／(12)妙相惟肖、随手如瓊＝「惟肖」の「惟」は、発語の辞で、相似の義。「瓊」は、玉の義で、美しいものの譬喩に用いる。／(13)憐予不敏、歃血結盟＝〈私の愚かさを憐れんで、かたい誓いを結んで下された〉。「歃血」は、古、盟を結ぶ時に、いけにえを殺し、相互にその血をすすって、誓いを守る赤心を表わしたこと。底本の「軟血」は、よくある誤字で、「ススッテ」と振っている。／(14)仰蒼悩生＝〈天を仰ぐほど衆生を悩ませた〉。「蒼」は、蒼天。／(15)隻履翩行＝「達磨隻履」の故事に基づき、禅僧の遷化を言う。故事は、【九―三―④】注(1)を参照。／(16)尚亨＝しょうきょう。尚饗とも。祭文の結びに用いる言葉。

【三九―二】 上平声一東韻

追挽大仙曇秀快和尚四七日忌。

曇花開發威音外、不假春風化育功。捏住鼻尖通一氣、無毛鷂子翥《ツ》青空。

*

(1)大仙の曇秀快和尚の四七日忌に追挽す。

(2)曇花《どんげ》開発《かいほつ》す、威音の外《ほか》、春風化育《けいく》の功を仮《か》らず。(3)鼻尖《びせん》を捏住《ねつじゅう》して一気を通ず、無毛の鷂子《ようす》、青空に翥《はう》つ。

＊

(1)大仙曇秀快和尚＝曇秀智快。日向の人で、大光寺にて出家。後に南金山大仙寺（大阪市中央区谷町）の第六代。元文二年（一七三七）十二月十五日遷化。世寿不詳。『続禅林僧宝伝』第一輯・巻之上【一六九】に立伝。「古月禅師四会語録序」を書いた人。／(2)曇華開発威音外、不仮春風化育功＝〈威音劫外に誰の力も借りずに開いた優曇華〉。曇秀和尚の本来の面目の譬喩。「曇花（曇華）」は、優曇華の略。優曇華は、三千年に一度開花すると言われ、仏の出世に逢うことの難しい喩えに用いられたりする。曇秀の号に掛ける。「威音外」は、威音劫外の略。過去久遠劫、最初に出現した威音王仏が、まだ出現しない以前。本来の面目地に譬える。／(3)捏住鼻尖通一気、無毛鷂子翥青空＝〈鼻さきをひねると息を吹き返して、羽毛のない鷂子《はしたか》が空高く飛び上がった〉。下の句は、『虚堂録』巻三に「無毛の鷂子、天に貼じて飛ぶ」と。

【三九―三】 上平声四支韻

竜松軒［澁谷氏］構高堂。辱雅招。殊及閲所集之竜松軒詩集。情見于詩。

地接城門風月淨、老松隣徳歳寒枝。江山縮得一庭境、錦繍裁成百首詩。招我聊追方外樂、學儒且占幕中諮。更逢涼雨鑿殘暑、清話霏霏慰懶涯。

＊

(1)龍松軒［渋谷氏］、高堂を構う。雅招を辱《かたじけ》なうす。殊に集むる所の龍松軒詩集を閲《けみ》するに及ぶ。(2)情は詩に見えたり。

(3)地、城門に接して風月浄《きよ》し、老松、徳に隣《とな》る、歳寒の枝。(4)江山、縮め得たり、一庭の境、錦繍《きんしゅう》、裁し成す、百首の詩。(5)我れを招いて聊《いささ》か方外の楽しみを追い、儒を学んで且つ幕中の諮《はかりごと》を占《し》む。(6)更に涼雨に逢って残暑を鏖《みなごろ》しにし、清話霏霏《ひひ》として懶涯《らんがい》を慰《なぐさ》む。

＊

(1)龍松軒［渋谷氏］……＝【八―六】の「跋龍松軒詩集」を参照。／(2)情見于詩＝〈わたしの気持ちは（左の）詩に表われています〉。成句。／(3)地接城門風月浄、老松隣徳歳寒枝＝〈土地は城門に接して風月は清らかで、庭には老松が歳寒の枝をのばしている〉。下の句は、庭には松が植わっているということを詩的に表現したもの。「隣徳」は、『論語』里仁第四の「徳は孤ならず、必ず隣り有り」に基づく。『論語』の本義は、有徳者は決して孤立するものではなく、人に隣人があるように、これに共鳴する人が出るということ。「歳寒枝」は、松の枝の修飾語。これも『論語』子罕第九の「歳寒くして、然る後に松柏の彫《しぼ》むに後《おく》るるを知る」に基づく。「彫むに後る」とは、彫まないということ。／(4)江山縮得一庭境、錦繍裁成百首詩＝〈天下山川の錦繍をこの庭に集めて、百首の詩に仕立てた〉。「縮得」は、凝縮されていること。「錦繍」は、にしきとぬいとり。広く美しいものを言う言葉だが、詩文そのものの譬喩にも用いる。／(5)招我聊追方外楽、学儒且占幕中諮＝〈私を招いていささか方外の楽しみを求め、また儒教を学んで幕中のはかりごとをもっぱらにする〉。「方外楽」は、世俗外の楽しみ。／(6)更逢涼雨鏖残暑、清話霏霏慰懶涯＝〈涼しい雨が残暑を一掃してくれて、世俗を離れた話が続き、わたしの懶《ものぐ》さな生活を慰めてくれた〉。上の句は、黄庭堅の「又た斌老が病より起って独り東園に遊ぶに答うに和する二首」詩の第一詩首聯「西風（秋風）の、残暑を鏖《みなごろ》しにすることは、霍去病《かくきょへい》（漢の軍人）を用うるが如し」に基づく。「霏霏」は、談話の連続する形容でもあり、雨の降るさまでもある。「懶涯」は、【一〇―五九】にあった「懶生涯」の略。そこの注(2)を参照。

【三九―四】下平声六麻韻

園公道友［豊後松岡竜門和上法弟］來參一夏安居。禪誦不倦、衆務矻矻。聊有古人之風致。起單促長崎行。偈以贐行色。

鈴鈴金錫扣烟霞、喫盡枯淡足懶涯。窮釋今無送行句、話離聚首一爐茶。

＊

園公道友［(1)豊後松岡の龍門和上の法弟］来参して一夏安居《いちげあんご》す。禅誦《ぜんじゅ》、倦《う》まず、衆務、矻矻《こつこつ》たり。聊《いささ》か古人の風致有り。起単して長崎行を促す。偈を以て行色に贐《こうしょくはなむけ》す。

(2)鈴鈴《れいれい》たる金錫《こんしゃく》、烟霞《えんか》を扣《たた》き、枯淡を喫し尽くして懶涯足《らんがいた》る。(3)窮釈《ぐうしゃく》、今、送行の句無し、離《わか》れを話《かた》って首《こうべ》を聚《あつ》む、一炉の茶。

＊

(1)豊後松岡龍門和上＝松岡山長興寺（大分市松岡）の第三世、龍門義沢（妙心寺の宗派図では「祖忠」の法諱）。

／(2)鈴鈴金錫扣烟霞、喫尽枯淡足懶涯＝〈錫杖の輪環を山中に鳴り響かせる、枯淡を味わい尽くしたからには、もう禅坊主の生活に不自由はない〉。「鈴鈴金錫」は、【一〇―五一―①】注(1)を参照。「烟霞」は、山中のもややかすみ。「足懶涯」の「足」は、例えば、石屋清珙の『語録』巻下に「一钁足生涯、長年飽水柴」とあるように、生活に不自由しないという意。「懶涯」は、前篇にも出たが、【一〇―五九】にあった「懶生涯」の略。そこの注(2)を参照。／(3)窮釈今無送行句、話離聚首一炉茶＝〈貧僧には、今、餞別の言葉もありません、お茶がわきました、顔を見合わせながら、別れの悲しみを語りましょう〉。「窮釈」は、『証道歌』に「窮釈子、口に貧を称すれども、実に是れ身貧にして道貧ならず」と。ここでは、古月の自称。「離」は、離愁。

【三九―五】上平声十一真韻

次韻黒貫寺義海法印試毫。

古寺祝清晨、歳華七百春。竹林罩霞茂、松樹與雲勻。器汲阿伽淨、窓観淑氣新。長加咒宣力、家國絶烟塵。

＊

韻を(1)黒貫寺の義海法印の(2)試毫に次ぐ。

(3)古寺、清晨を祝す、歳華、七百春。(4)竹林、霞《かすみ》を罩《こ》めて茂し、松樹、雲と勻《ひと》し。(5)器には阿伽《あか》の浄《きよ》きを汲み、窓には淑気《しゆくき》の新たなるを観る。(6)長く呪宣の力を加え、家国、烟塵《えんじん》を絶す。

＊

(1)黒貫寺＝日陽山。宮崎県西都市都於郡町にある新義真言宗の寺院。／(2)試毫＝歳旦の偈。／(3)古寺祝清晨、歳華七百春＝〈古い寺は、清らかな元旦を祝い、七百年目の新春を迎えた〉。「歳華」は、年月。また、春景色を言う。／(4)竹林罩霞茂、松樹与雲勻＝〈竹林は霞をこめて盛んに茂り、松樹は雲にとどこうとする〉。「与雲勻」は、『寒山詩』等にある「与雲斉」の「斉」を、十一真韻の「勻」に改めたもの。／(5)器汲阿伽浄、窓観淑気新＝〈法器に阿伽の浄水を汲み、窓からは新しい春のなごやかな気が見える〉。「阿伽浄」は、仏に供える浄水。「阿伽」は、閼伽とも。阿伽を献ずるのは密教の重要儀式。／(6)長加呪宣力、家国絶烟塵＝〈その加持祈祷によって、国家に戦乱はない〉。

【三九―六】 下平声七陽韻

自贊。傳宗寺士範請。

衣磨栗色、拂掬寒霜。蒲團上事、當頭坐忘。六十年前、曾無此相。六十年后、亦無此相。中間底也《ヤ》、是夢幻相。喚作古月、胡盧一場。謂非古月、一《イト》何荒唐。不墮兩頭、如何承當。千章松老孤峯頂、終日雲閑古艸堂。

自賛。(1)伝宗寺の士範請う。

＊

(2)衣《え》は栗色《りつしょく》を磨し、払《ほつ》は寒霜《かんそう》を掬《きく》す。(3)蒲団上の事、当頭に坐忘す。六十年前、曾て此の相無し。六十年后、亦た此の相無し。中間底や、是れ夢幻の相。(4)喚《よ》んで古月と作《な》せば、胡盧《ころ》一場。(5)古月に非ずと謂《い》えば、一《いと》何ぞ荒唐なる。(6)両頭に堕《お》ちず、如何《いかん》が承当《じょうとう》せん。(7)千章、松老う、孤峰頂、終日《ひねもす》、雲閑《しず》か、古草堂。

＊

⑴伝宗寺士範＝古月の法嗣、百朋士範のことであろう。大光寺の子院栽松（現廃寺）に出家。宝暦三年（一七五三）四月、前堂転位。古月が、寛延二年（一七四九）、福岡県久留米市に開いた慈雲山福聚寺の第二世。宝暦十一年（一七六一）六月十二日示寂。世寿不詳。『続禅林僧宝伝』第一輯・巻之中【一九二】に立伝。伝宗寺（現廃寺）は、大光寺の末寺。【九―二六】注⑴を参照。／⑵衣磨栗色、払掬寒霜＝〈おちぐり色の袈裟を搭《か》け、剣の如き払子を握っている〉。上の句は、栗色伽黎・栗色衣を言う。黒色に紅色を帯びた色の袈裟。「栗色」は、倭語で言う「おちぐり色」。「磨」は、「栗」に掛けて言うのみで、実際に栗をすりつぶして作る染料ではない。下の句の「払」は、払子。「掬」は、すくうの意。下の「寒霜」に掛かる。「寒霜」は、五祖法演の「趙州無字」の頌に「趙州の露刃剣《ろじんけん》、寒霜《かんそう》、光り焔焔」と。仏鑑慧懃の「臨済四料揀」の偈（『人天眼目』巻一）に「堂堂たる意気は雷霆を走らしめ、凛凛たる威風は霜雪を掬す。将軍の令下って荊蛮を斬る、神剣一揮すれば千里血す」と。／⑶蒲団上事、当頭坐忘＝〈坐禅工夫など、坐禅をした途端に忘れている〉。「当頭」は、その場で、即座にの意。／⑷喚作古月、胡盧一場＝〈この頂相を古月と呼べば、一幕の喜劇〉。「胡盧」は、多義を含むが、ここでは、カラカラ、笑声の擬声語。／⑸謂非古月、一何荒唐＝〈しかし古月ではないと言えば、まったく荒唐無稽だ〉。「一何」は、為何（どうして）の意だが、このような場合には強調語となり、他に「一《いっ》に何ぞ」「一《ひとえ》に何ぞ」などとも訓む。／⑹不堕両頭、如何承当＝〈古月ではないと言っても不可、古月だと言っても不可、さあ、この頂相をどう見るか〉。／⑺千章松老孤峰頂、終日雲閑古草堂＝〈千本の松樹は孤峰頂上に老い、一日中、雲は静かに古い草堂の空に浮かんでいる〉。「松老」「雲

閑」は、『臨済録』馬防の序に「松老い雲閑《しず》かにして、曠然として自適す」と。

【三九―七】上平声十灰韻

贐團禪人。［後號鏡水、住駿河臨濟］

兩回越漠訪尋來、年老別情殊未灰。知又軒前坐禪石、重容《ユルス》你輩拂塵埃。

＊

(1)団禅人に贐《はなむけ》す。［後に鏡水と号して、駿河の臨済に住す］

(2)両回《ふたたび》、漠を越えて、訪尋し来たる、年老いて、別情、殊に未だ灰《かい》せず。(3)知又軒前《ちゆうけんぜん》の坐禅石、重ねて容《ゆる》す、你《なんじ》が輩《ともがら》が塵埃《じんない》を払うことを。

＊

(1)団禅人＝鏡水慧団。大龍山臨済寺（静岡市葵区大岩町）の第十三代。享保八年（一七二三）十月、前堂転位。寛保三年（一七四三）八月二十二日示寂。世寿不詳。『続禅林僧宝伝』第一輯・巻之中【一七六】に立伝。／(2)両回越漠訪尋来、年老別情殊未灰＝〈再び団禅人が遠地から訪ねてくれたが、年老いて別離の情がことに冷めない〉。「越漠」は、逾海越漠。遠地へ渡る譬喩。「未灰」は、熱が冷めきらないという意。／(3)知又軒前坐禅石、重容你輩払塵埃＝〈知又軒の坐禅石は、そなたらがもう一度帰って来て、坐ってくれることを待っている〉。「知又軒」は、古月が、宝永五年（一七〇八）に結んだ茅庵で、享保十二年（一七二七）、拡張されて天寿山自得寺となった。【一〇―二八】注(1)、【一〇―三八】注(1)を参照。

【三九―八】上平声七虞韻

贐因公禪友起單。［洞門之徒］

祖意曾無濟洞殊、主賓聚首話甎爐。而今歸去西江上、應笑烏藤脱落膚。

＊

因公禅友の起単に贐《はなむけ》す。［洞門の徒］

(1)祖意、曾て済洞の殊《こと》なり無し、主賓、首《こうべ》を聚《あつ》めて甎炉《せんろ》に話す。(2)而今《いま》、帰り去る、西江の上《ほとり》、応《まさ》に笑うべし、烏藤《うとう》の、膚《かわ》を脱落することを。

＊

(1)祖意曾無済洞殊、主賓聚首話甎炉＝〈祖意には決して臨済曹洞の異なりはない、住持も安居者も寄り合って炉端で語らっている〉。「甎炉」は、甎で作った炉。寒さを防ぐために僧堂内に炉を開くことを開炉と言うが、因公禅友も結冬会に参加していたのであろう。／(2)而今帰去西江上、応笑烏藤脱落膚＝〈今、西江のほとりに帰り行くが、着いたころには、烏藤の皮がはげ落ちているのを笑い見るであろう〉。下の句は、『寒山詩』の「皮膚脱落し尽くして、唯だ真実の有る在るのみ」に基づき、「唯だ真実の有る在るのみ」を導き出すためのもので、含意は、祖意には決して臨済曹洞の差異はなく、唯だ真実のみがあるのだということを知るであろうというもの。「烏藤」は、拄杖の別名だが、ここではやはり、山から伐り出したばかりの杖という意を持つ「烏藤」でなければ詩にならない。「皮膚脱落」については、【六―三】注(3)を参照。

【三九―九】下平声一先韻

富士山雲龍圖。

激起松江一派涓、通身不掩捲雲烟。忽凌絶頂好昇進、雨澤霶沱滿九天。

＊

(1)富士山雲龍図。

(2)松江《しょうこう》一派の涓《けん》を激起し、通身、掩《おお》わず、雲烟を捲く。(3)忽《たちま》ち絶頂を凌《しの》いで好し昇進するに、雨沢《うたく》、霶沱《ぼうだ》として、九天に満つ。

＊

(1)富士山雲龍図＝富岳登龍図などとも。龍が風雲を呼び起こし、海から富士山に登り上がる図柄で、江戸初期に始まった主題。／(2)激起松江一派涓、通身不掩捲雲烟＝〈田子の浦の小さい流れに激しく波風を起こし、全身を現わして雲煙を巻き上げた〉。「松江一派涓」は、北に富士山を仰ぎ、西に三保の松原を望む、田子の浦の流れ。「涓」は、小さい流れ。田子の浦は、小さく描かれているのであろう。／(3)忽凌絶頂好昇進、雨沢霶沱満九天＝〈たちまちに絶頂を乗り越えて天に昇るがよい、そして恵みの雨を全世界に降りそそいでくれ〉。「霶沱」は、雨が激しく降るさま。

【三九―一〇】上平声十灰韻

恭賀攝陽大仙退隱曇秀禪師錦旋之日講淨名經散筵。

難比世間披錦回◎、曇華秀發講經臺◎。更歡再預菴羅會、不識幾生植福來◎。

＊

恭しく[1]摂陽大仙退隠曇秀禅師錦旋の日、浄名経を講ず、散筵を賀す。

＊

世間の[2]、錦を披《き》て回《かえ》るに比し難し、曇華《どんげ》秀発す、講経台。更に[3]歓《よろこ》ぶ、再び菴羅会《あんらえ》に預《あず》かることを、識《し》らず、幾生《いくしよう》にか福を植え来たることを。

(1)恭賀摂陽大仙退隠曇秀禅師……＝曇秀智快。日向の人で、大光寺にて出家。後に南金山大仙寺（大阪市中央区谷町）の第六代。「古月禅師四会語録序」を書いた人。『続禅林僧宝伝』第一輯・巻之上【一六九】の本伝に「既に古月の印可を得て、大仙に嗣住して法を闡《ひら》く。晩年、寺職を上足の肇春樞（春樞智肇）に付して退き、始めて郷（日向）に還り、浄名経会を大光に設く。散筵の日、古月、偈を作して賀して曰く、『（本偈）』。元文二年（一七三七）臘月十五日化す」と。「錦旋」は、錦を着て故郷に帰る。帰郷の敬語。「浄名経」は、『維摩経』の別名。／(2)難比世間披錦回、曇華秀発講経台＝〈世間の衣錦還郷などは比較にならない、講経の台上には優曇華が美しく咲いている〉。「曇華秀発」は、曇秀の道号を歌い込む。「曇華」は、【三九―一二】注(2)を参照。／(3)更歓再預菴羅会、不識幾生植福来＝〈再び菴羅会に加わることが出来るとは、何と喜ばしいことだ、幾世の過去にこんな幸福の芽を植えたのであろうか〉。「再預」は、釈尊在世時の維摩経会に、今、再び加わっているということ。「菴羅会」は、維摩経会のこと。「菴羅」は、『維摩経』が説かれた菴羅樹園《あんらじゆおん》の略。「是《かく》の如く我れ聞けり。一時、仏、毘耶離《びやり》の菴羅樹園に在《ましま》して、大比丘衆八千人と倶《とも》なりき」（仏国品第一）。

【三九―一一】下平声八庚韻

山居偶作。
竹牕半夜雨初晴、杜宇血啼山月明。前境由來無好醜、時人錯引愛憎情。

＊

山居[1]偶作。
[2]竹窓、半夜、雨初めて晴る、杜宇《とう》血に啼き、山月明らかなり。[3]前境、由来、好醜無し、時の人、錯《あやま》って愛憎の情を引く。

＊

(1)偶作＝偶然の作。ふと思いがけなく出来た偈ということ。偶興なども言う。／(2)竹窓半夜雨初晴、杜宇血啼山月明＝〈夜中、窓辺にいると、雨はようやく降り止み、ほととぎすが鳴いて、山にかかる月は明るい〉。「竹窓」は、格子を竹で作った窓。或いは窓辺に竹を植えた窓のこと。「血啼（啼血）」は、痛切に鳴くほととぎすなどの鳴き声を形容するのに用いる語。／(3)前境由来無好醜、時人錯引愛憎情＝〈目前の景色にはもともと好醜はないのに、世の人が誤って好き嫌いの心を起こすのだ〉。

【三九―一二】下平声九青韻

又。
午過禪罷畢殘經、又策枯黎遶石庭。林下撫松非爲壽、後凋清操眼先青。

＊

(1)午過、禅罷《や》み、残経《ざんきょう》を畢《お》わる、又た枯黎《これい》を策《つ》いて石庭を遶《めぐ》る。(2)林下に松を撫《ぶ》することは寿の為に非ず、後凋《こうちょう》の清操、眼先《まなこま》ず青し。

＊

(1)午過禅罷畢残経、又策枯黎遶石庭＝〈昼過ぎ、坐禅もやめ、読み残した経も読み終えた、またも杖をついて石庭をめぐる〉。「枯黎」は、正しくは「枯藜」。枯れた藜《あかざ》で作った杖。多くは老人が用いる。ここでは、我が拄杖の譬喩でもあり、我が老身を譬喩するものでもある。／(2)林下撫松非為寿、後凋清操眼先青＝〈林の中で松を撫でるのは、松は千年と言われる長寿を願ってのことではない、歳寒にも緑を失わないこの松が、親しげなまなざしを見せているからだ〉。「撫松」は、陶淵明の「帰去来辞」にある「孤松を撫して盤桓《ばんかん》す」に基づく言葉で、松の貞操を賞して愛撫すること。「後凋情操」は、松を言うもの。『論語』子罕第九に「歳寒くして、然る後に松柏の彫《しぼ》むに後《おく》るるを知る」と。「彫むに後る」とは、彫まないということ。底本の「凋」は、彫の通字。「眼先青」は、黄山谷の「寄黄従善」詩に「雨に渇《かわ》く芭蕉、心展《の》びず、未だ春ならざる楊柳、眼先青」と。山谷詩の「眼」は、柳の新芽を言う柳眼に掛かるので、「まだ春でもないのにもう柳の芽は青い」という句意。これに従って、「歳寒にも凋まない松の葉はもう青い」とも読めるが、古月の「眼先青」は、親愛の目付きを言う「青眼」に断章取義したものであろう。その例は、『南院国師語録』「遊洞雲庵」偈頌に「相逢頭半白、未話眼先青」とある。蛇足を加えるならば、この松と友でありたいのだという含意。

【三九―一三】上平声十四寒韻

早起。

白雲如海捧青巒。喚起雛僧拍手看。令使郭熙振椽筆、須臾變態更難難。

＊

早起[1]。

白雲[2]、海の如くにして、青巒《せいらん》を捧ぐ、雛僧《すうそう》を喚起して手を拍して看《み》す。郭熙《かくき》[3]をして椽筆《てんぴつ》を振るわしむるも、須臾《しゅゆ》に態《すがた》を変えて、更に難難。

＊

(1)早起＝はやおき。唐詩にもある詩題。／(2)白雲如海捧青巒、喚起雛僧拍手看＝〈早朝の雲海の中に青々とした山が浮かんでいる、小僧達を呼び起こして、手を叩いて見せた〉。／(3)令使郭熙振椽筆、須臾変態更難難＝〈あの郭熙に大筆《おおふで》を振るわせても、この景色はすぐに姿を変えるので、描くのは難儀であろう〉。「郭熙」は、山水画を得意とした宋の画人。「椽筆」は、大筆を言う。『晋書』王珣伝の故事による。「珣、人の大筆の、椽《たるき》の如きを以て之れに与うるを夢む。既に覚めて人に語って曰く、『此れ当《まさ》に大手筆の事有るべし』」。

【三九―一四】上平声七虞韻

恭奉和題清見寺嚴韻。

勝絶難形海一隅、巨鼇背上一浮圖。壁間題詠鳴珠玉、因憶曾遊瘦杖孤。

＊

恭[1]しく清見寺に題する厳韻に和し奉る。

勝[2]絶、形《かたど》り難し、海の一隅、巨鼇《きょごう》背上の一浮図《ふと》。壁[3]間の題詠、珠玉を鳴らす、因《よ》って憶《おも》う、曾て遊びしとき、痩杖《そうじょう》の孤なることを。

＊

(1)恭奉和題清見寺厳韻＝清見寺は、静岡市清水区興津清見寺町にある巨鼇山清見寺。「題」は、〈(作偈を) 書き付ける意。本韻の作者は不詳。「厳韻」の「厳」は、尊の義。／(2)勝絶難形海一隅、巨鼇背上一浮図＝〈東海の一隅、その景色は甚だすぐれて形容しがたく、大きな海亀の背中に乗る一仏寺が浮かんでいる〉。清見寺は、駿河湾を望む風光明媚な高台にある。「巨鼇」は、東海の東にあると言う仙山、蓬萊山を載せている大きな海亀。「巨鼇、蓬萊山を負うて滄海の中に抃《ま》う」(『列仙伝』)。清見寺の山号に因む。「浮図」は、仏寺。【八―七】注(6)を参照。／(3)壁間題詠鳴珠玉、因憶曾遊痩杖孤＝〈壁に書き付けられた偈頌は、玉を鳴らすかのように素晴らしく、そこで思い出すのだ、昔、細い杖をついて、ひとりここに遊んだことを〉。「珠玉」は、人の詩文の美称。

＊

【三九―一五】上平声六魚韻

栽竹。

一叢修竹賑隣居◎、數本乞來栽荒墟◎。無意扶疎棲鳳鳥、爲憐堅實與清虚◎。

竹を栽《う》う。

(1)一叢《いっそう》の修竹《しゅうちく》、隣居《りんきょ》を賑《にぎ》わす、数本、乞《こ》い来たって、荒墟《こうきょ》に栽《う》う。(2)扶疎《ふそ》として鳳鳥を棲まわしむるに意無し、堅実と清虚《せいきょ》とを憐れむが為なり。

＊

(1)一叢修竹賑隣居、数本乞来栽荒墟＝〈お隣りに長い竹がよう茂っているので、数本もらって来て、この荒れ地に植えた〉。「修竹」は、長い竹。脩竹とも。「荒墟」は、荒れ果てた空地。／(2)無意扶疎棲鳳鳥、為憐堅実与清虚＝〈これは、枝葉を茂らせて鳳凰を棲まわせようと思ってのことではない、ただただ、その誠実さと無心さとを愛するがためのことだ〉。上の句は、鳳凰は、竹の実しか食べないという伝説によるもの。【一五】注(1)を参照。「扶疎」は、枝葉の茂ること。「憐」は、愛の義。「堅実」と「清虚」は、上下に節があり、中が空洞な竹に譬えて言う。『寂室録』巻上「竹隠」偈頌の起句に「為憐貞節与虚心」と。王貞白の「洗竹」七言律詩（『三体詩』巻二）の第三句に「実を結んで、双鳳を来たさんことを図《はか》らず」と。

【三九―一六】下平声一先韻・下平声十二侵韻

次韻肝氏老人退隠口號、兼充賀辭寄曲肱亭。

自惜分陰至暮年、尤看詩賦上徽絃。如今嬴(贏)得曲肱枕、殘月夢迷顔巷邊。

在《ナカラ》家謝事堪歸隱、閑計豈憑幽嶂深。已足足成是非足、此心心覺又何心。異花靈艸園中富、文侶詩徒月下尋。須念天縱學周易、竹窓宴坐勿難任。

*

(1)韻を肝氏老人の退隠の口号《こうごう》に次ぎ、兼ねて賀辞に充てて曲肱亭《きょくこうてい》に寄す。

(2)自ら分陰を惜しんで暮年に至る、尤《とりわ》け看る、詩賦の、徽絃《きげん》に上《のぼ》ることを。(3)如今《いま》、贏《か》ち得たり、曲肱《きょくこう》の枕、残月、夢に迷う、顔巷《がんこう》の辺《ほとり》。

(4)家に在りながら、事を謝して、帰隠するに堪《た》えたり、閑計、豈《あ》に幽嶂《ゆうしょう》の深きに憑《よ》らんや。(5)已《すで》に足りて足ること成るは、是れ足るに非ず、此の心、心に覚せば、又た何ぞ心ならん。(6)異花霊草、園中に富み、文侶詩徒、月下に尋ぬ。(7)須《すべか》らく念ずべし、天縦《ゆる》して周易を学ばしむることを、竹窓に宴坐して、任《た》え難しとすること勿《な》かれ。

*

(1)次韻肝氏老人退隠口号……＝「肝氏老人」は、【一〇—八五】に「三・肝・田・地の四英士」と出る中の一人だが、人物不詳。享保三年（一七一八）に官を辞している。肝氏については、【六—一】注(17)を参照。「口号」は、詩題の一つで、文字に書かず、心に浮かぶままにすぐ吟詠するもの。「曲肱」は、俗に言う腕枕のこと。『論語』述而第七に「疏食《そし》を飯《くら》い、水を飲み、肱《ひじ》を曲げて之れを枕とす」と。七言絶句と七言律詩の二詩。次篇も二詩で、底本の通りに排列したが、詩韻と詩情から、「三・肝・田・地の四英士」の詩に、それぞれ和韻したものとも思われる。／(2)自惜分陰至暮年、尤看詩賦上徽絃＝〈この老人は、年寄りになるまでずっと時間を惜しんで来られた、とりわけ琴の音に乗せて詩賦を吟じるのを見たものだ〉。「惜分陰」は、【一〇—四四—③】注(1)を参照。「徽絃」は、琴の徽（琴柱《ことじ》）と絃。／(3)如今贏得曲肱枕、残月夢迷顔巷辺＝〈今、曲肱亭で腕枕をして眠ることを得て、夜明けがた、顔巷に居る夢でも見ておるのであろう〉。「贏得」は、【一〇—三〇】注(3)を参照。「曲肱枕」は、注(1)を参照。「残月」は、夜明け前の月。「顔巷」は、顔回(孔子の弟子)が住んでいた陋巷(むさくるしい町)という意。『論語』雍也第六に「賢なるかな回や。一箪の食、一瓢の飲、陋巷に在り。人は其の憂いに堪えず。回や其の楽しみを改めず。賢なるかな回や」とあるのによる言葉。／(4)在家謝事堪帰隠、閑計豈憑幽嶂深＝〈家に居ながらもう充分に隠棲している、深山に身を寄せることなどはいらない〉。「謝事」と「帰隠」とは同意で、官職を辞して隠居すること。「堪」は、……するに足るの意。「閑計」は、閑居の計画か。／(5)已足足成是非足、此心心覚又何心＝〈既に足りてから足れりとするのは真の足るではない、悟って得るような心は真の心ではない〉。訓読は、底本の通り。下の句の意訳には、まったく自信がない。本有仏性、悉皆成仏を言うものか。／(6)異花霊草園中富、文侶詩徒月下尋＝〈美しい草花が園中に繁茂し、文人詩人が月明かりのもと訪ねて来る〉。「異花霊草」は、『虚堂録』巻七「立禅人平山」偈頌に「沢の広きも既に蔵《かく》し得ざることを知る、異華霊草、自《おの》ずから春を生ず」と。／(7)須念天縦学周易、竹窓宴坐勿難任＝〈天が縦《ゆる》して、あなたに『周易』を学ばさせていることを思いなさい、窓辺に安座して、それは、私の任ではありませんなどと言ってはいけません〉。「天縦」は、天が縦《ゆる》してほしいままにさせること。「学周易」は、『論語』述而第七の孔子の言葉、「我れに数年を加え、五十にして以て易を学ばしめば、以て大過無かる可《べ》し」に基づく。「竹窓」は、格子を竹で作った窓。或いは窓辺に竹を植えた窓のこと。

【三九—一七】下平声二蕭韻・上平声一東韻

次韻三嶋自牧雅丈退隠。

幾篇雅句溢詩瓢、一炷香煙塵慮消。豈識歓娯代無物、隔松僧磬引幽寥。
孤枕夢驚竹裡風、飽吟詩句據枯桐。皤然鬚髪不知老、養老優遊茅屋中。

＊

(1)韵を三嶋自牧雅丈の退隠に次ぐ。

(2)幾篇の雅句か詩瓢《しひょう》に溢《あふ》る、一炷《いっしゅ》の香煙、塵慮《じんりょ》消す。(3)豈《あ》に識《し》らんや、歓娯、代うるに物無きことを、松を隔つ僧磬《そうけい》、幽寥《ゆうりょう》を引く。

(4)孤枕《こちん》、夢驚く、竹裡の風、飽くまで詩句を吟じて枯桐《こどう》に拠《よ》る。(5)皤然《はぜん》たる鬚髪《しゅはつ》、老いを知らず、老いを養って優遊せしむ茅屋《ぼうおく》の中。

＊

(1)三嶋自牧雅丈＝享保三年（一七一八）、前篇の肝氏老人たちと共に官を辞した人。【一〇―八五】【一〇―八七】を参照。七言絶句の二詩だが、前篇の注(1)に示した拙考を参照。／(2)幾篇雅句溢詩瓢、一炷香煙塵慮消＝〈たくさんの良い詩を作られて、今、ひとくべの香煙の中、もう、世間のわずらわしい思いもありますまい〉。「溢詩瓢」は、たくさんの詩を作ったことの譬喩。「詩瓢」は、以下の故事から、詩稿を貯え容れておく具を言う。「唐末、蜀川に唐求（東球とも）というもの有り。放曠疎逸、方外の人なり。詩を吟じて得る所有れば、即ち稟を将《もっ》て撚《よ》り、丸と為《な》して大瓢の中に投ず。後、病に臥す。瓢を江に投じて曰く、『茲《こ》の瓢、苟《も》し沈没せずして之れを得れば、方《まさ》に吾が苦心を知らんのみ』と。瓢、新渠江に至る。識者有って曰く、『此れ唐山人の詩瓢なり』と」（『増修詩話総亀』巻四十四）。／(3)豈識歓娯代無物、隔松僧磬引幽寥＝〈あなたには、詩を吟じるに代わる楽しみはないのでしょう、松林を隔てて聞こえてくる磬子《けいす》の音が、いっそう、山の静けさをきわだたせています〉。「豈識」は、わたしには知るよしもありませんがということろ。「僧磬」は、広く寺院の鳴物を言う。／(4)孤枕夢驚竹裡風、飽吟詩句拗枯桐＝〈竹林から吹く風に独り寝の夢から覚めたが、それでもなお琴を持って詩句を吟じている〉。「枯桐」は、焦桐とも。漢の蔡邕《さいよう》の焦尾琴の故事から琴の別称に用いる。「蔡邕、字《あざな》は伯喈《はくかい》。妙に音律を操る。江海に亡命して、迹を呉会に遠ざく。呉人に桐を焼いて以て爨《かし》ぐ者有り。邕、火烈の声を聞き、其の良木なるを知る。因《よ》って請うて裁して琴と為す。果たして美音有り。而も其の尾、猶お焦ぐ。故に時の人、名づけて焦尾琴と曰う」(『後漢書』蔡邕伝)。なお底本は、「枯桐」に「曲象也」と書入れているが根拠不明。詩と琴とは雅人の風流。／(5)皤然鬢髪不知老、養老優遊茅屋中＝〈この白髪の老人は老いることを知らないが、そろそろ隠居屋でゆったりさせよう〉。「皤然」は、老人の髪の白いさま。「不知老」は、『論語』述而第七の孔子の言葉、「老いの将《まさ》に至らんとすることを知らず(不知老之将至)」に基づく。ものごとに励んで年の寄ることを知らないという意。「養老」は、老人をいたわって安楽に過ごさせること。

【三九―一八】下平声六麻韻

謝恵茶并引。

古論茶曰、茶貴白、故建安人鬪試曰、青白勝黄白。昨被恵春芽。青白味亦甘滑也。賞且鳴謝之餘托小詩云。

採摘手親焙嬾〔嫩〕芽、爲供寂寞賑僧家。瓦甌三沸俟湯老、數碗喫來罵建茶。

＊

茶を恵まるるを謝す、并《なら》びに引《いん》。[1]

古《いにしえ》[2]、茶を論じて曰く、「茶は白を貴ぶ、故に建安の人、闘試して、青白、黄白に勝れりと曰う」と。昨、春芽[3]を恵まる。青白にして味も亦た甘滑《かんかつ》なり。賞して且つ鳴謝するの余、小詩に托すと云う。

＊

採摘[4]して手親《てずか》ら嫩芽《どんが》を焙《ほう》じ、為に寂寞《せきばく》に供して僧家を賑《にぎ》わす。瓦甌三沸《がおうさんふつ》[5]、湯の老いるを俟《ま》ち、数碗、喫し来たって、建茶を罵《ののし》る。

(1)引＝文体の名。序文に似たもの。／(2)古論茶曰……＝宋の蔡襄の『茶録・茶論・色』に「茶の色は白を貴ぶ」「故に建安（福建省）の人、闘試して青を以て黄白に勝れりという」などの記事がある。「闘試」は、闘《くら》べ試みること。／(3)春芽＝春茶。「芽」は、茶の新芽。／(4)採摘手親焙嫩芽、為供寂寞賑僧家＝〈茶の新芽を摘んで自ら焙じ、私のために恵まれて寂寞たる仏寺にうるおいを与えて下さった〉。「嫩芽」は、嫩《わか》い芽。引にある「春芽」。／(5)瓦甌三沸俟湯老、数碗喫来罵建茶＝〈陶製の甌にグラグラ茶を煮立て、数碗飲んで、「この茶に比べれば、福建の茶も大したことはないわ」などと言っている〉。茶の飲み方も知らない田舎坊主が……という自嘲を含む。「三沸」は、茶湯の沸きかげんの三段階。「魚目の如くにして微《すこ》しく声《おと》有るを一沸と為す。縁辺に涌泉の如くに珠を連ぬるを二沸と為す。騰波鼓浪を三沸と為す。それ已上は水老いて食《の》む可《べ》からず」（『茶経』五之煮）。「湯老」は、『茶経』に「水老不可食也」と言う、煎沸時間の長すぎる茶湯。「建茶」は、福建省建渓一帯で生産される名茶。

【三九―一九】下平声十三覃韻

蒙恩賚移植之仙桃結果十餘顆托小詩記喜。

仙桃結果賑茅庵、九寸成圍符俗談。籃裡稇盛慕君切、來年此日獻芳甘。

＊

(1)恩賚《おんらい》を蒙《こうむ》って移し植うるの(2)仙桃、果を結ぶこと十余顆、小詩に托して喜びを記《しる》す。

＊

(2)仙桃、果を結んで、茅庵を賑わす、九寸を囲《まわり》と成すと、俗談に符《かな》う。(3)籃裡《らんり》に稇盛《こんせい》して君を慕うこと切なり、来年此の日、芳甘を献ぜん。

(1)恩賚＝「恩賜」に同意。「賚」は、たまもの。この桃樹は、島津惟久公から贈られたもの。【三九―三二】を参照。／(2)仙桃＝単に桃樹のこと。桃は、西王母の故事など、仙人に縁が深いのでこう呼ぶ。【二七六】注(2)を参照。／(2)仙桃結果賑茅庵、九寸成囲符俗談＝〈仙桃が実を結んで茅庵を賑わせてくれましたが、世間で、桃の木は九寸の太さにならなければ美味しい実はならないと言われている通り、美味しくありませんでした〉。／(3)籃裡稇盛慕君切、来年此日献芳甘＝〈かごに盛ってお届けしたいのはやまやまですが、来年のこの日こそは、よい香りの甘い桃の実を献じます〉。

【三九―二〇】下平声十一尤韻

森氏蒙官命皈故園。一夕約會茶不果、賦贈云。

官事委身故苑秋◎、茅門風月欠同遊◎。更休接淅《カシヨネ》貪途去、堂上慈親已白頭◎。

森氏(1)、官命を蒙って故園に帰る。一夕、茶に会せんと約すも果たさず、賦して贈ると云う。

*

官事(2)、身を委す、故苑の秋、茅門、風月、同遊を欠く。更に(3)淅《かしよね》を接《う》けて途《みち》を貪《むさぼ》り去ることを休《や》めよ、堂上の慈親、已《すで》に白頭。

*

(1)森氏＝【一四―一六】に「示森氏」法語がある。雨安居に参加した居士。／(2)官事委身故苑秋、茅門風月欠同遊＝〈あなたは官命によって故郷に帰られようとしておられ、寺には秋景色を共に遊ぶ人はいません〉。／(3)更休接淅貪途去、堂上慈親已白頭＝〈故郷では年老いた慈父母が待っておられましょうが、そんなに急いで帰らないで下さい〉。「接淅」は、急いで去ることを言う熟語。孔子が斉の国を去る時、炊ぐために水につけてあった米（淅）を手ですくい上げて（接）、米を炊ぐ時間も待たずに立ち去った故事に基づく。「孔子の斉を去るや、淅を接して行く」（『孟子』万章章句下）。なお、「カシヨネ（かしよね）」は、洗米の和語。「貪途」は、貪程に同義で、先を急ぐ、急いで行く意。下の句は、文明十七年（一四八五）の序を持つ『点鉄集』（収録語数最大の句集）に「郷書、寄することと莫《な》かれ、天南の雁《かり》、堂上慈親已白頭」とあるが出典未詳。

【三九―二二】上平声十四寒韻

遊山寺詠鶏冠花。

巧靚朱冠映石欄。風前如舞夥奇觀。幸無音響報皈計、遊賞猶臻斜日殘。

＊

山寺に遊んで(1)鶏冠花を詠ず。

(1)巧《たくみ》に朱冠を靚《よそお》って石欄に映《は》え、風前、舞うが如くにして奇観夥《おお》し。(3)幸いに音響《いんけい》の帰計を報ずる無し、遊賞して猶お斜日の残るに臻《いた》る。

(1)鶏冠花＝けいとう。／(2)巧靚朱冠映石欄、風前如舞夥奇観＝〈上手に鶏頭を装って石の欄干に映え、風前に揺らいで実に美しい〉。「如舞」は、鶏冠花の鶏に掛けるもの。／(3)幸無音響報帰計、遊賞猶臻斜日残＝〈山中ゆえに帰り支度をうながす時の音も聞こえず、日が傾くまでめでていた〉。

＊

【三九―二二】下平声七陽韻

遊平等寺。

山門松樹古、再創二金剛。寺起頼朝擧、法傳遍照光。梵鐘宮羽淨、雲氣紫黄颺。相拉伴緇白、逍遙嘯夕陽。

(1)平等寺に遊ぶ。

＊

(2)山門、松樹古《ふ》り、再び創す、二金剛。(3)寺は頼朝《よりとも》の挙に起こり、法は遍照の光を伝う。(4)梵鐘、宮《きゅう》羽《う》浄《きよ》く、雲気、紫《し》黄《こう》颺《あが》る。相《あい》拉《ひ》いて⑸緇《し》白《はく》を伴《ともな》い、逍遥して夕陽《せきよう》に嘯《うそぶ》く。

＊

⑴平等寺＝日照山平等寺。日向国那珂郡上那賀村（宮崎市佐土原町東上那珂）にあった真言宗の寺院。【三九―五】にあった黒貫寺の末寺。現在は、観音堂を残すのみ。「寺領十町歩余りの勢力をもった寺でしたが、今は境内に残る有頸五輪の塔と、観音堂の中の鎌倉後期の作といわれる三体の仏像や頼朝の位牌が当時の平等寺の面影を留めています」（『佐土原町の文化財』那珂地区の文化財・平等寺）。／⑵山門松樹古、再創二金剛＝〈山門には古松がそびえ、新たに作られた仁王が守護している〉。「二金剛」は、密迹金剛と那羅延金剛。この二像は、黒貫寺に現存。／⑶寺起頼朝挙、法伝遍照光＝〈この寺は源頼朝公が開基され、弘法大師遍照金剛の法を伝えている〉。平等寺の開創由来を言うものだが、詳しいことは分からない。／⑷梵鐘宮羽浄、雲気紫黄颺＝〈その梵鐘の音色は清く、瑞雲がたなびいている〉。「宮羽」は、五音の宮声と羽声。「紫黄」は、紫雲と黄雲。共にめでたい雲。この梵鐘は、底本書入にも「朝鮮製也」とあり、韓国の蔚山《ウルサン》から渡来したものと伝わり、現在は、破損して下半分だけを残すのみだが、大阪市天王寺区の正祐寺（高野山真言宗）に保存されている。／⑸相拉伴緇白、逍遥嘯夕陽＝〈僧俗と連れ立ち、そぞろ歩いて、夕陽の中、詩を吟じた〉。

【三九―二三】下平声八庚韻

重陽。

隠栖憑高養埜生、嚢萸不用勞幽情。可憐籬外欠黄蘂、明日亂傳殘菊名。

重陽。[1]

＊

隠棲[2]、高きに憑《よ》って、野生を養う、嚢萸《のうゆ》、幽情を労することを用いず。憐れむ[3]可《べ》し、籬外に黄蘂《こうずい》を欠くことを、明日、乱《みだ》りに伝えん、残菊の名。

＊

⑴重陽＝陽数九が重なる日、九月九日。菊の節句。／⑵隠栖憑高養野生、嚢萸不用労幽情＝〈山の高処に隠棲してこの身を養っている、重陽だからと、茱萸《しゆゆ》の袋などを持って、我が奥深い思いをわずらわせることはしない〉。「憑高」は、高処にいること。ここでは、山居を言う。「野生」は、男性自称の謙遜語。「嚢萸」は、袋に入れた茱萸《しゆゆ》（かわはじかみ）。重陽の日を登高会、菊節会、茱萸節などと言い、茱萸嚢《しゆゆのう》を臂に掛け、高山に登って菊酒を飲めば災厄が祓われると信じられた。「幽情」は、深く高雅な心情。／⑶可憐籬外欠黄蘂、明日乱伝残菊名＝〈可愛そうに垣根の菊花はしおれ、明日からはみだりに残菊などと呼ばれるのだ〉。「残菊」は、霜にそこなわれた菊。

【三九―二四】下平声七陽韻

賛観音。

悲願月穿水、慈心春入楊◎。圓通門戸大、應念福無量◎。

＊

観音に賛す。

[1]悲願、月、水を穿《うが》ち、慈心、春、楊《やなぎ》に入る。[2]円通、門戸、大なり、念に応じて福無量。

(1)悲願月穿水、慈心春入楊＝〈観世音の悲願は月が万水に映るが如く、観世音の慈心は春が柳を芽吹かせるが如し〉。この観音は、水月観音か、楊柳観音。／(2)円通門戸大、応念福無量＝〈観世音の耳根円通の法門は広大、衆生の「念彼観音力」の声に応じて、無量の福を与えて下さる〉。「慈眼視衆生、福聚海無量、是故応頂礼」（『観音経』）。

＊

【三九―二五】下平声十二侵韻

仝。

手裡白蓮何表相、一枝拈出本來心◎。慈雲普掩大千界、三十二身古尚今◎。

[1]手裡の白蓮、何の表相ぞ、一枝拈出す、本来心。[2]慈雲、普《あまね》く掩《おお》う、大千界、三十二身、古《いにしえ》は尚《な》お今のごとし。

(1)手裡白蓮何表相、一枝拈出本来心＝〈観世音が手に持っておられる清浄無垢な白蓮は、いったい、何を表わしておられるのか、一切衆生が本来具有している清浄なる仏性を示しておらるのだ〉。この観音像は、持蓮観音。／(2)慈雲普掩大千界、三十二身古尚今＝〈慈しみの雲は普く大千世界をおおい、三十二身は古も今も変わりがない〉。「慈雲」は、『観音経』に「慈《いつく》しみの意《こころ》は妙えなる大雲のごとし」と。「三十二身」は、観音菩薩の分身の数。『観音経』

＊

は三十三種の応身を説くが、『楞厳経』は三十二応身説を説く。「古尚今」は、「古猶今」と書くのが一般的で、古も今も変わりがないということ。『荘子』知北遊に「冉求《ぜんきゅう》（孔子の高弟）、仲尼《ちゅうじ》（孔子）に問うて曰く、『未だ天地有らざるときは知る可《べ》きか』。仲尼曰く、『可なり。古猶今也』」と。

【三九―二六】下平声七陽韻

贊神農。

偉哉神徳繼羲皇、百艸嘗來施活方。素朴高風可瞻仰、遍身綴葉當衣裳。

＊

(1)神農に賛す。

(2)偉なる哉《かな》、神徳、羲皇《ぎこう》を継ぐ、百草、嘗《な》め来たって、活方を施す。(3)素朴の高風、瞻仰《せんごう》す可《べ》し、遍身、葉を綴《つづ》って衣裳に当つ。

＊

(1)神農＝日に百草を嘗め、製薬の法を創めた上古の帝。みずから鋤や鍬を造り、人々に初めて耕作の方法を教えたのでこの名がある。「赭鞭《しやくべん》を以て草木を鞭《むち》ち、始めて百草を嘗めて、始めて医薬有り」（『史記』三皇本紀「神農氏」）。在位百四十年と言う。／(2)偉哉神徳継羲皇、百草嘗来施活方＝〈伏羲氏《ふくぎし》のあとを継いだ神農の徳は何と偉大であるか、百草を嘗めて医術を施した〉。「羲皇」は、中国古伝説にある三皇の一人、伏羲氏のこと。『易』繋辞下伝に「包羲氏（伏羲氏）没して、神農氏作《おこ》る。（中略）神農氏没して、黄帝・堯・舜氏作《おこ》る」と。／(3)素朴高風可瞻仰、遍身綴葉当衣裳＝〈その素朴で高尚な風格を仰ぎ見るがよい、全身、葉を綴って衣装に当てている〉。神農図は、葉を綴った衣装を身にまとった姿で描かれる。

【三九―二七】上平声九佳韻

送全初首座。［後住遠州平田寺號懶翁］

鐵錫一尋決懶涯、松關深處扣幽崖。猶聞茅屋占眞践、渭樹江雲不注懷。

＊

(1)全初首座を送る。［後、遠州の平田寺に住し、懶翁と号す］

(2)鉄錫一尋《てつしやくいちじん》、懶涯《らんがい》を決す、松関《しょうかん》深き処、幽崖《ゆうがい》を扣《たた》く。(3)猶お茅屋《ぼうおく》に真践《しんせん》を占《し》むることを聞かば、渭樹江雲《いじゅこううん》、懐《おも》いを注がざれ。

＊

(1)送全初首座。［後住遠州平田寺号懶翁］＝後に吸江山平田寺（静岡県牧之原市）の第十一代に住した懶翁冉初のこと。「全初」は、初名か、或いは同音による誤記か。享保十九年（一七三四）十一月、前堂転位。【一〇―五六】に、同人が勧進に出るのを見送った際の偈頌があるが、本篇は、行脚に出るのを送る偈頌。／(2)鉄錫一尋決懶涯、松関深処扣幽崖＝〈懶涯に決着を着けようと一本の拄杖を振るい、深い深い山中に分け入って隠棲の師を尋ねようとしている〉。「鉄錫一尋」は、『江湖風月集』「別本増入之頌」に載せる無名氏「泗州、錫を南禅に留む」頌に「鉄錫一尋、寒、天に倚る」とあり、本篇では、行脚の勇姿に譬えたもの。「鉄錫」は、実際に鉄製の錫杖ではなく、「一尋」は、八尺だが、一本の拄杖を言う常套語。「懶涯」は、古月が、僧侶の生き方を象徴的に表わした言葉。【一〇—五九】注(2)を参照。「松関」は、自然の松樹を門柱とした門のことで隠所を指す。「幽崖」は、奥深い崖。／(3)猶聞茅屋占真践、渭樹江雲不注懐＝〈真実の修行が行なわれている茅屋の名を聞けば、私との情など気にかけずにさっさと行け〉。「茅屋」は、茅葺きの家のことだが、ここでは、大寺に対する語。「真践」は、真践実履と熟す。【三七—一四】【三七—一九】を参照。「渭樹江雲」は、【一〇—七六】注(3)を参照。

【三九—二八】下平声十二侵韻

次韻華嚴院果禪人燈下唱酬。

星聚賑禪林、投絲巨海針。錬修喫氷蘗、詩篇注古今。才富於《リモ》千駟、生輕似《リモ》五禽。高山與流水、各自貴知音。

＊

(1)韻を華厳院の(2)果禅人が灯下に唱酬《しょうしゅう》するに次ぐ。

(3)星聚《ほしあつ》まって禅林を賑《にぎ》わす、糸を投ず、巨海の針。(4)錬修、氷蘗《ひょうばく》を喫し、詩篇、古今を注す。(5)才は千駟《せんし》よりも富み、生は五禽《ごきん》よりも軽し。(6)高山と流水と、各自、知音《ちいん》を貴ぶ。

＊

(1)華厳院＝【九—四六】などに出るが未詳。／(2)果禅人＝【一〇—四二】に出る「果公禅人」、曹渓□果のことか。そこの注(1)を参照。／(3)星聚賑禅林、投糸巨海針＝〈すぐれた禅人が集まって寺を賑わせている、大海の中にある針の穴に糸を通すが如く、まったく希有なことだ〉。「星聚」は、賢人が集まる譬喩。陳寔《ちんしょく》と荀淑《じゅんしゅく》という賢人と、その親族たちとが集まって討論した時、多くの徳星（瑞星）が聚《あつ》まった。それを観測していた天文官が、「五百里の内、賢人の聚まること有らん」と奏上したという故事に基づく。『蒙求』九九「荀陳徳星」の標題で知られる。下の句は、「針芥《しんけ》相投《あいとう》ず」の意で解した。【一〇―四】注(4)を参照。／(4)錬修喫氷蘖、詩篇注古今＝〈厳しい修行をしながら、古今の詩文をも学んでいる〉。「氷蘗」は、【三九―一】注(7)を参照。／(5)才富於千駟、生軽似五禽＝〈その才能は豊かで、生死をあきらめておられる〉。「於」「似」は、句中にあって比較を表わす助辞。「千駟」は、『論語』李氏第十六の「斉の景公、馬千駟有り」に基づく。「馬千駟」は、馬四千頭。「五禽」は、後漢の華佗という長生の術を心得ていた人が唱えた、虎・鹿・熊・猿・鳥の動きに似せて運動する健康法。『蒙求』二四八「華佗五禽」の標題で知られる。／(6)高山与流水、各自貴知音＝〈それぞれが知音同士であるなあ〉。伯牙と鍾子期との「知音」の故事を踏まえる。【九―二―⑨】注(2)を参照。

【三九―二九】下平声十三覃韻

喜瑞祥閑田和尚至。

二十年來青眼舊、飄然金錫扣茅庵。相看面面無商略、瓦鼎瀹《ヒタシテ》茶煮暮嵐。

＊

(1)瑞祥の閑田和尚の至るを喜ぶ。

(2)二十年来、青眼の旧、飄然《ひようぜん》として、金錫《こんしやく》、茅庵を扣《たた》く。(3)相看《あいみ》て、面面、商略《しようりやく》無し、瓦鼎《がてい》、茶を瀹《ひた》して暮嵐《ぼらん》に煮る。

*

(1)瑞祥閑田和尚＝閑田祚安。鳳翔山瑞祥寺（熊本県人吉市）の第八世。元禄十三年（一七〇〇）二月、前堂転位。【七―四】に、その法嗣、霊源禅苗に与えた法語がある。／(2)二十年来青眼旧、飄然金錫扣茅庵＝〈二十年来の旧友が、杖をつきつき、ぶらりと我が茅葺きの庵を訪ねて来られた〉。「青眼旧」は、黄庭堅の「次韻奉答文少激紀贈二首」詩の第一首に「今日、相看る、青眼の旧、他年、肯《あ》えて白頭の新を作《な》さんや」と。「青眼」は、白眼に対する語で、親愛の目付き。「金錫」は、錫杖の美称。／(3)相看面面無商略、瓦鼎瀹茶煮暮嵐＝〈互いに顔を見合わせても話すことなどはない、夕暮れのもやの中、土瓶で茶を煮るだけだ〉。「商略」は、問答商量のことを言うが、ここでは、それを踏まえての会話の意。「瓦鼎」は、陶製の茶鼎のことだが、有り体に言えば、土瓶であろう。「暮嵐」は、唐の王維や孟浩然の詩にある「夕嵐」と同意で、暮靄《ぼあい》のこと。

【三九―三〇】上平声二冬韻

敕謚佛燈明覺禪師賢岩老和尚之手度胡山兀西堂者、豐之後州三重縣之産也。偶杖錫観光本州寓吉祥院。今遷住法光禪寺。茲丁禪師二十五回之嚴忌、圖道影丐贊辭。予也曾有參禪師之因由。故不顧闇短、焚香就銘辭云。

正覺山上、成道示蹤。心禪身律、如虎似竜。曾扣籌丈、親接怒罵之佛事、已臨戢化、再仰遺教之威容。下覃竈婦欽令德、上達天聽光《ヲ》祖宗《イニス》。

[1]勅諡仏灯明覚禅師賢岩老和尚の[2]手度《しゅたく》胡山兀西堂は、[3]豊の後州三重県の産なり。偶《たま》たま錫《しゃく》を杖《つ》いて[4]本州を観光して[5]吉祥院に寓す。今、遷《うつ》って[6]法光禅寺に住す。茲《ここ》に[7]禅師の二十五回の厳忌に丁《あ》たって、[8]道影を図《えが》いて賛辞を丐《こ》う。予も也《ま》た曾て禅師に参ずるの因由有り。故に[9]闇短《あんたん》を顧みず、香を焚いて、銘辞を就《な》すと云う。

＊

正覚山上、道を成し蹤《あと》を示す。禅を心にし律を身にし、虎の如く龍に似たり。[10]曾て籌丈《ちゅうじょう》を扣き、親しく怒罵《どば》の仏事に接し、已《すで》に戢化《しゅうけ》に臨み、再び遺教《ゆいきょう》の威容を仰ぐ。[11]下《しも》、竈婦《そうふ》に覃《およ》んで令徳を欽《つつし》み、上《かみ》、天聴に達して祖宗を光《おお》いにす。

＊

(1)勅諡仏灯明覚禅師賢岩老和尚＝古月が参禅した賢巌禅悦。豊後（大分県）臼杵の人。寛永十一年（一六三四）、豊後の正覚山多福寺の雪窓宗崔に投じて出家。のち、伊予（愛媛県）の節巌道円に参侍して、その印可を受けた。承応二年（一六五三）、多福寺に住して、各地で法を講じた。延宝九年（一六八一）、臼杵福良の山中に鎮南山山庵寺を開いて退休。元禄九年（一六九六）十二月十六日示寂。世寿七十九。『明覚禅師語録』（稿本、多福寺蔵）、「明覚禅師略行由」（稿本、多福寺蔵）がある。『続禅林僧宝伝』第一輯・巻之上【一三六】に立伝。／(2)手度胡山兀西堂＝未詳。「手度」は、手ずから得度させた弟子。／(3)豊之後州三重県＝現、大分県豊後大野市三重町。／(4)観光本州＝日向州に遊学した。「観光」は、『易』観卦に「国の光を観る。用《もっ》て王に賓たるに利あり」というのが語源。／(5)吉祥院＝日向国那珂郡田島村にあった吉祥寺か。大光寺の末寺（現廃寺）。／(6)法光禅寺＝同じく、日向国那珂郡田島村にあった青雲山法光寺か。大光寺の末寺（現廃寺）。「永享年中霊源和尚開基」（大光寺文書「安政五年大光寺末寺抄録差上」）。／(7)禅師二十五回之厳忌＝享保五年（一七二〇）。古月、五十四歳。／(8)道影＝頂相。肖像画。／(9)闇短＝愚にして足らないこと。／(10)曾扣籌丈、親接怒罵之仏事、已臨戢化、再仰遺教之威容＝〈曾てその丈室を叩き、親しく叱咤の接化を受け、既に遷化の場に臨んだが、再び遺教の威容を仰いでいる〉。「籌丈」は、丈室のこと。【六一一】注(27)を参照。「怒罵之仏事」は、『人天宝鑑』法雲法秀の段に「嘗《つね》に怒罵を以て仏事を為《な》す」とある。「仏事」は、広く衆生済度を言う。「戢化」は、衆生化導を戢《おさ》める、僧侶の逝去を言う。「遺教之威容」は、この道影を指す。／(11)下覃竈婦欽念徳、上達天聴光祖宗＝〈その教化は、下は炊事の女中さんに及んで美徳を謹み、上は天子のお耳に達して祖宗を弘めている〉。仏灯明覚の禅師号は、宝永四年（一七〇七）四月二十日、東山帝から賜わった。その宝書は、『僧宝伝』の本伝に載せられ、「蓋《けだ》し黒衣の諡号、是れを始めと為《な》すか」と記している。

【三九―三二】上平声十一真韻

恭賡歳首嚴韻奉呈近侍右。

彷彿百花領得春、一城民物總歸仁。彤霞布瑞林園外、仙鶴聲聲喜氣新。

＊

恭しく(1)歳首の厳韻を賡《つ》いで近侍の右に奉呈す。

(2)百花の、春を領得するに彷彿《ほうふつ》として、一城の民物、総《すべ》て仁に帰す。(3)彤霞《とうか》、瑞を布《し》く、林園の外、仙鶴、声声、喜気新たなり。

(1)歳首厳韻＝藩主島津惟久公の歳旦詩。／(2)彷彿百花領得春、一城民物総帰仁＝〈百花が春を占領しているように、城下の人民万物はすべて藩主の仁徳になついている〉。／(3)彤霞布瑞林園外、仙鶴声声喜気新＝〈赤色の瑞雲は林園の外にまでたなびき、新春、鶴は楽しげに鳴いている〉。「仙鶴」は、鶴のこと。「鶴は千年」と言われることからこう呼ぶ。

＊

【三九―三二】下平声七陽韻

仝。

錦鞍乗霽興猶長。数尺遊絲浮石隍。新調須比杜工部、舊盧〔廬〕豈類葛南陽。緑重老樹齊呈壽、移植仙桃正吐香。聊償山廚乏供給、卑懷漫寫白雲章。

右川八之章、峕伸辱枉高駕之情。仙桃之句、客冬蒙榮賑植桃。故云。

＊

(1)錦鞍《きんあん》、霽《はれ》に乗じて、興猶《きよう》お長し、数尺の遊糸《ゆうし》、石隍《せきこう》に浮かぶ。(2)新調、須《すべか》らく杜工部《とこうぶ》に比すべし、旧盧、豈《あ》に葛南陽《かつなんよう》に類せんや。(3)緑《みどり》重なって、老樹、斉《ひと》しく寿を呈し、移し植えて、仙桃、正に香を吐く。(4)聊《いささ》か償《つぐな》う、山厨《さんちゆう》の、供給《くきゆう》に乏しきことを、卑懐《ひかい》、漫《みだ》りに写す、白雲の章。

右、(5)川八の章、峕《もつぱ》ら高駕を枉《ま》げらるるを辱《かたじけ》なうするの情を伸《の》ぶ。仙桃の句、客冬、栄賑を蒙《こうむ》って桃を植う。故に云う。

『四会録』中「仏日録拾遺」【３９－３２】

＊

⑴錦鞍乗霽興猶長、数尺遊糸浮石隍＝〈惟久公が晴れに乗じてお越し下された、面白味はいっそう尽きない、数尺の遊糸が石堀の水面に浮かんでいる〉。「錦鞍」は、錦で飾った鞍。惟久公の馬を修飾したものだが、公自身を指す。「遊糸」は、春になって蜘蛛などの虫が吐いた糸が空に漂うもの。陸亀蒙の「自ら遣る」詩（『三体詩』巻一）に「数尺の遊糸、碧空より堕《お》つ、年年、長《つね》に是れ春風を惹《ひ》く」と。「石隍」は、石造りの堀。ここでは、その水面。／⑵新調須比杜工部、旧廬豈類葛南陽＝〈公の歳旦詩は、杜甫の詩にも比すべきものだが、我が庵は、諸葛孔明の南陽の庵には及ばない〉。「新調」は、新作の曲調。ここでは、惟久公の歳旦詩。「杜工部」は、杜甫のこと。その官職、工部員外郎による。「旧廬」は、もとからの家。ここでは、大光寺を指す。「葛南陽」は、諸葛孔明のこと。劉禹錫の「陋室銘」（『古文真宝後集』巻五）に「南陽の諸葛が廬、西蜀の子雲が亭」と。「南陽」は、湖北省南陽。諸葛孔明が仕える以前に住んでいたところ。／⑶緑重老樹斉呈寿、移植仙桃正吐香＝〈緑を重ねる老松は一斉に長寿を表わし、移し植えた仙桃は良い香りを放っている〉。「松樹千年翠」と歌われるが、この時期の松は新緑の若葉が特に美しいと言われる。下の句は、【三九―一九】を参照。／⑷聊償山厨乏供給、卑懐漫写白雲章＝〈実った桃は、供給に乏しい山中の厨房をいささかあがなってくれており、その喜びの気持ちを表わしたくて、がらにもなく、古人のすぐれた白雲章を真似ている〉。「山厨」は、大光寺の厨房。「白雲章」は、具体的な文章を指すのではなく、隠士の詩を譬喩するもの。白雲篇とも言う。因みに、『翰林葫蘆集』巻八「雲岳号偈序」には、「因みに古人の白雲章を歌う。曰く、『雲尚《な》お無心にして能《よ》く岫《しゅう》を出で、君が更に雲よりも懶《ものう》きことに応ぜず』」とあるが、これは、北宋の王安石「招楊徳逢」詩の転結句。／⑸川八＝五山文学作品の中に多く見られ、その用例から、

七言八句詩（七言律詩）のこととは分かるが語源は未詳。

【三九―三三】上平声十灰韻

春雪戯作。［此地看雪少也。童僕如不知。故云］

忽怪春寒冒被來、推扉陰處雪皚皚。雛僧翫弄叫奇物、北客戯言天玉埃。

＊

春雪、戯《たわむ》れに作る。［(1)此の地、雪を看ること少《まれ》なり。童僕、知らざるが如し。故に云う］

(2)忽《たちま》ち怪しむ、春寒の、被《ひ》を冒《おか》し来たることを、扉を推《お》せば、陰処、雪皚皚《がいがい》。(3)雛僧《すうそう》、翫弄《がんろう》して、奇物と叫ぶ、北客《ほくかく》、戯《たわむ》れに言う、天の玉埃《ぎょくあい》なりと。

＊

(1)此地看雪少也……＝日向に雪が降るのは、ほんとうに珍しいのか、小僧たちは見たこともないのであろう。【一〇―一一】に類似の偈がある。／(2)忽怪春寒冒被来、推扉陰処雪皚皚＝〈どうもおかしい、名残の寒さが蒲団の中にまでしみ入って来る、扉を押し開いて外を見れば、日陰は、雪で真っ白ではないか〉。／(3)雛僧翫弄叫奇物、北客戯言天玉埃＝〈雪をもてあそんで、「これは何とも珍しい物だ」と騒ぐ小僧に、北国から来た旅人が、「これはなあ、天が降らせる花びらなのだ」とからかった〉。上の句は、詩題を参照。「玉埃」は、雪の異名である「玉塵」を、押韻の都合で言い換えたものだが、「玉塵」は、花弁の譬喩でもあり、北客は、その意を取って、からかったのである。

【三九―三四】 上平声十一真韻

次韵黒貫寺隆観法印歳首兼攄住山之賀。

璀璨覺華粧點春。古壇壇上祝嘉辰。豈唯叢社増祥瑞、法雨靄然福國民。

＊

(1)韵を黒貫寺の隆観法印の歳首に次ぎ、兼ねて住山の賀を攄《の》ぶ。

(2)璀璨《さいさん》たる覚華《かくげ》、春を粧点《しようてん》し、古壇の壇上、嘉辰を祝す。(3)豈《あ》に唯《た》だに叢社に祥瑞を増すのみならんや、法雨、靄然《あいぜん》として、国民を福す。

＊

(1)黒貫寺＝【三九―五】注(1)を参照。／(2)璀璨覚華粧点春、古壇壇上祝嘉辰＝〈美しい色どりの覚華が春を飾り立て、古寺の祭壇、この住山の良き日を祝っている〉。「璀璨覚華」の「璀璨」は、きらびやかで美しいさま。「覚華」は、真実の覚りを華に譬える言葉。住山の賀席における散華を表現したものであろう。／(3)豈唯叢社増祥瑞、法雨靄然福国民＝〈黒貫寺に祥瑞を増すばかりではない、法雨を降らせる雲がたなびいて、日向国の衆生に幸いをもたらす〉。

【三九―三五】 上平声四支韻

賛文殊大士。　［大士在雲中獅子仰尊容圖］

金獅逞奮迅之力、大聖神通何得窺。入我門來可折脛《ハキヲ》、如斯妖怪孰爲奇。

文殊大士に賛す。　［大士、雲中に在って、獅子、尊容を仰ぐの図］

(1)金獅、奮迅の力を逞《たくま》しうするも、大聖の神通、何ぞ窺《うかが》うことを得ん。(2)我が門に入り来たらば、脛《はぎ》を折《き》る可《べ》し、斯《かく》の如き妖怪、孰《たれ》か奇と為《せ》ん。

＊

(1)金獅逞奮迅之力、大聖神通何得窺＝〈金獅子が奮迅の力をたくましくしても、文殊菩薩の神通力は窺い知ることが出来ない〉。この二句は、画像によるもの。詩題の底本注記を参照。「金獅」は、文殊菩薩が乗る金獅子。【九―二二】注(2)を参照。「大聖」は、高位にある如来・菩薩・明王等に付けられる尊号。ここでは、大聖文殊師利菩薩。／(2)入我門来可折脛、如斯妖怪孰為奇＝〈我が門に入って来たらスネを切ってやろう、誰がこんなバケモノをありがたがるものか〉。この二句は、金獅子に向けられたもの。「折脛」は、截脛・断脛に同意。脛斬りの刑。「妖怪」は、ばけもの・もののけ。動物なら動物らしく文殊菩薩を乗せておればよいものを……と、菩薩を仰ぎ見ている金獅子を揶揄して言ったものであろう。「奇」は、素晴らしい・すぐれるの義。

＊

【三九―三六】　下平声五歌韻

又。　［手持經卷居師子背上］

破微塵出大經卷、穩坐金獅呈示他◎。敢問却知題目否、百花開遍盡山河◎。

又た。〔手に経巻を持ち、師子の背上に居す〕
(1)微塵《みじん》を破って大経巻を出だし、金獅に穏坐して、他に呈示す。(2)敢えて問う、却って題目を知るや否や、百花開いて尽山河に遍《あまね》し。

＊

(1)破微塵出大経巻、穏坐金獅呈示他＝〈一微塵を破って大経巻を取り出し、金獅子に乗って衆生に示している〉。画像を頌すもの。上の句は、六十巻『華厳経』巻三十五・宝王如来性起品に「彼《か》の三千大千世界等の経巻、一微塵の内に在り。一切微塵も亦復《ま》た是《かく》の如し。時に一人有って世に出興す。智慧聡達、清浄天眼を成就具足す。此の経巻の微塵内に在るを見て、是《かく》の如き念を作《な》す。云何《いかん》が此《かく》の如き広大なる経巻、微塵内に在って衆生を饒益《にょうやく》せざるや。我れ当《まさ》に勤めて方便を作《な》して、彼《か》の微塵を破って此の経巻を出だして、衆生を饒益すべし。爾《そ》の時、彼《か》の人、即ち方便を作《な》して微塵を破壊し、此の経巻を出だして衆生を饒益す」とある経説に基づく。この経説は諸録に引用され、『句双葛藤』に「破一微塵出大経巻」の句を載せる。「他」は、『華厳経』で言う「衆生」のこと。／(2)敢問却知題目否、百花開遍尽山河＝〈あえて尋ねる、文殊菩薩が手にしておられる経巻の題目を知っているか、「百花開いて尽山河に遍《あまね》し」という題目なのだ〉。「却知……否」は、疑問形の「還知……否」の和臭。

【三九―三七】上平声八斉韻

賛地蔵大士。〔印施。薩州活道請〕
奉敕於忉利、願心曾不睽《ソムカ》。鈴鈴金錫響、六趣悉提携。

地蔵大士に賛す。［(1)印施。(2)薩州の活道請う］

(3)勅《ちょく》を忉利《とうり》に奉《う》けて、願心、曾て睽《そむ》かず。(4)鈴鈴《れいれい》たる金錫《こんしゃく》の響き、六趣、悉《ことごと》く提携《ていけい》す。

(1)印施＝仏典や仏像を印刷して布施すること。／(2)薩州活道＝不詳。／(3)奉勅於忉利、願心曾不睽＝〈仏勅を忉利天に受け、その願心は仏勅に背いたことはない〉。【九―二五】注(2)(3)を参照。／(4)鈴鈴金錫響、六趣悉提携＝〈錫杖の輪環を鳴り響かせ、六道の衆生を導き助ける〉。「鈴鈴金錫」は、【一〇―五一―①】注(1)を参照。「六趣」は、地獄・餓鬼・畜生・阿修羅・人間・天上の六道。「提携」は、手を引いて助ける意。

＊

【三九―三八】上平声十一真韻

付囑。自得寺殿受菩薩戒并法稱。

昔日靈山餘付囑、今看大法荷擔人。◎當機一著吾無隱、雪裡梅花面目眞。◎

＊

(1)付嘱。(2)自得寺殿、菩薩戒、并《なら》びに法称を受く。

(3)昔日の霊山、付嘱を余す、今看る、大法荷担の人。(4)当機の一著、吾れ隠すこと無し、雪裡の梅花、面目真。

＊

(1)付嘱＝仏法外護の付嘱。【一〇—二九】注(6)を参照。／(2)自得寺殿＝佐土原藩島津家第五代当主、島津惟久のこと。自得寺殿前淡州刺史龍淵道水大居士。惟久公は、享保八年（一七二三）、三男忠雅に家督を譲って隠居しており、この法語は、その時のものかも知れない。／(3)昔日霊山余付嘱、今看大法荷担人＝〈釈尊が霊鷲山で仏法を国王に付嘱された遺躅がここに残っていた、今、仏法を外護してくれる、その人を見ている〉。「大法荷担人」は、惟久公を言う。／(4)当機一著吾無隠、雪裡梅花面目真＝〈私は何も隠さずにあなたに仏法の真髄を示そう、「雪裡の梅花、面目真」と〉。「吾無隠」は、「吾無隠乎爾」の略。「晦堂木犀」「山谷木犀」などと呼ばれる話頭に基づく。「（黄庭堅山谷）一日、堂（晦堂祖心）に侍して山行する次《つい》で、時に巌桂《がんけい》、盛んに放《ひら》く。堂曰く、『木樨《もくせい》の華の香を聞くや』。公曰く、『聞く』。堂曰く、『吾れは隠す無きのみ（吾無隠乎爾）』。公、釈然《しやくねん》たり」（『五灯会元』巻十七・黄庭堅章）。引用文中の「吾無隠乎爾」は、もと、『論語』述而第七に出る孔子の言葉。なお、「吾無隠乎爾」の訓読については、「吾れは爾《なんじ》に隠すこと無し」と「吾れは隠す無きのみ」との二説があり、現在は後者が主流だが、これは、句末の「乎爾」を語勢を強める助字と考えるもので、それを初めて主張したのは荻生徂徠（一六六六～一七二八）であると言う（吉川幸次郎説）。だが、時代的に鑑みて、古月は前者で読んでいると考えるべきで、意訳には「あなたに」と補足した。「雪裡梅花」は、仏法の端的。五山文学以来、雪中に開く梅花は、仏の成道の象徴として用いられる。「面目真」は、真面目。

【三九—三九】下平声七陽韻

白瑛號。［羽州山形大竜寺主。乙巳八月再參扣請］

従來不假琢磨手、一顆玲瓏凜似霜。四七二三滅光耀、暗昏昏地好商量。

＊

[1]白瑛号。［羽州山形の[2]大龍寺主。[3]乙巳《きのとみ》の八月、再び参扣して請う］

[4]従来、琢磨の手を仮らず、一顆玲瓏《いっかれいろう》、霜よりも凜たり。[5]四七二三、光耀《こうよう》を滅す、暗昏昏地、好商量。

＊

(1)白瑛＝白瑛全明。『妙心寺宗派図』では禅明。仙台の覚範寺の休巌義長に就いて出家。その法嗣として享保六年（一七二一）八月、前堂転位。千葉佐倉の浄居寺に住したが、佐倉堀田侯の帰依を受け、浄居寺を江戸日暮里に移し、浄居山青雲寺とし、その開山となった。また、享保五年、山形の大龍寺に住した。宝暦七年（一七五七）七月十三日示寂。世寿未詳。『続禅林僧宝伝』第一輯・巻之中【一九〇】に立伝。／(2)大龍寺＝宝雲山。山形市七日町。白瑛は、その第十代。／(3)乙巳＝享保十年（一七二五）。／(4)従来不仮琢磨手、一顆玲瓏凜似霜＝〈この一顆の白瑛は、磨きをかけなくても、もとより透き通って、霜よりも凜々しい〉。「白瑛」の「瑛」は、玉の光。また、透明な玉。／(5)四七二三滅光耀、暗昏昏地好商量＝〈西天の四七が二十八祖、東土の二三が六祖もその玉光のもとでは光りを失うが、その光りを消したところで良い商量をする〉。この二句は、雲門の以下の垂語に基づくか。「『人人尽《ことごと》く光明の有る在り。看る時、見えず、暗昏昏。作麼生《そもさん》か是れ諸人の光明』。自ら代わって云く、『厨庫三門』。又た云く、『好事も無きには如《し》かず』」（『碧巌録』八十六則本則）。

【三九―四〇】下平声一先韻

曹溪號。［奥州資福寺現住。再參年尚］

一派正宗至六傳、不牽涓滴浪滔天。兒孫特地起東陸、徳澤茲亭幾許年。

＊

曹渓号。(1)［奥州資福寺の現住。再参して年尚《ひさ》し］

(2)一派の正宗、六伝に至る、涓滴《けんてき》を牽《ひ》かず、浪滔天《なみとうてん》。(3)児孫、特地に東陸に起こらば、徳沢、茲《ここ》に亨《とお》る、幾許年《いくばくねん》ぞ。

＊

(1)曹渓＝曹渓玄亨。【一〇―四二】に「果公禅人［号曹渓、住奥州資福］」と出る人。そこの注(1)を参照。／(2)一派正宗至六伝、不牽涓滴浪滔天＝〈達磨の禅は、曹渓山の六祖慧能に的々相承され、曹渓の一滴水は、ひとしずく残らず、天までみなぎっている〉。曹渓の号に因むもの。「不牽涓滴」の「牽」は、留の義。『従容録』八十四則頌下語などにある「不留涓滴」に同意。「涓滴」は、しずく。曹源の一滴水。「浪滔天」は、大活動を言う禅録頻出語。／(3)児孫特地起東陸、徳沢茲亨幾許年＝〈その児孫が、慧能の浪を大いに奥州仙台の地に起こせば、その徳沢は、幾年も行なわれるであろう〉。「児孫」は、六祖慧能の児孫。曹渓禅者を指す。「東陸」は、奥州。資福寺がある宮城県仙台。「茲亨」は、法諱の玄亨に因む。

【三九―四一】上平声十灰韻

喜肥後無相寺大天和尚至。

無相來兮無相見、鐵山當面笑咍咍。一瓶苦茗暮嵐外、三徑菊殘落葉堆。

＊

肥後(1)無相寺の大天和尚の至るを喜ぶ。

(2)無相にして来たり、無相にして見《まみ》ゆ、鉄山当面、笑い咍咍《かいかい》。(3)一瓶の苦茗《くめい》、暮嵐《ぼらん》の外、三径、菊残り、落葉堆《うずたか》し。

＊

(1)無相寺大天和尚＝人物不詳。無相寺は、肥後国（熊本県）飽田郡龍田本村にあった（現廃寺）。／(2)無相来兮無相見、鉄山当面笑咍咍＝〈来られた和尚も無相、接する私も無相、まるで二鉄囲山が向かい合っているようですが、それでも笑みが浮かびます〉。「鉄山当面」は、『人天眼目』巻一「汾陽十智同真」の大慧の頌に「兎角亀毛、眼裏に栽え、鉄山当面、勢い崔嵬《さいかい》」に基づき、「兎角亀毛」は、元来無きもので、「無相」の対面を形容するが、有体に言えば、二人とも無愛想だが……という句意。「咍咍」は、喜び笑うさま。／(3)一瓶苦茗暮嵐外、三径菊残落葉堆＝〈一碗の茶を差し上げますが、外は夕暮れのもや、はや晩秋初冬の景色です〉。「苦茗」は、にがい茶。質の悪い茶。「暮嵐」は、唐の王維や孟浩然の詩にある「夕嵐」と同意で、暮靄《ぼあい》のこと。下の句は、陶淵明「帰去来辞」の「三径、荒に就く、松菊、猶お存す」の句を踏まえて、晩秋初冬の景色を歌う。

【三九―四二】 上平声四支韻

和答大天和尚見恵。

大道分明赤洒洒、無傳無授又無師◎。此門千古絶相識、笑破圭峰一字知◎。

＊

(1)大天和尚が恵まるるに和答す。

＊

(2)大道分明、赤洒洒《しやくしやしや》、無伝無授、又た無師。(3)此の門、千古、相識《そうしき》を絶す、笑破す、圭峰が一字の知。

(1)和答大天和尚見恵＝大天和尚の偈頌への和韻。「和答」は、人の詩に和韻して酬答すること。「見」は、受身の辞だが、日本語になると尊敬語になる。／(2)大道分明赤洒洒、無伝無授又無師＝〈大道は明らかに丸出しにされていて、師から伝授されるようなものではない〉。「赤洒洒」は、赤は一物もとどめないこと。洒は洒落、けがれのないこと。下の句は、『大慧録』巻十九「東峰居士に示す」法語に「正法無伝無授。唯だ我れ証し爾《なんじ》証すのみ。眼眼相対して、心を以て心に伝う」と。／(3)此門千古絶相識、笑破圭峰一字知＝〈禅門には、千古、何かを知るということはない、圭峰の一字の知などお笑いぐさだ〉。「圭峰一字知」は、華厳宗五祖、圭峰宗密（七八〇～八四一）が唱えた「知之一字、衆妙之門」（『禅源諸詮集都序』巻上）。宗密の「知」は、分別を超えた絶対知、霊知のことで、一切衆生に本来具わっている真心・真性を言うが、ここでは、それを抑下し、「笑破」は、大天和尚の無相寺の「無相」に掛けて、無相ならば何を知ると言うのだという含意。

【三九—四三】下平声十二侵韻

和答伊氏子亮見恵。

石徑跫然傳足音、相逢一笑豁靈襟。松嵐侵榻長吹浪、鴈陣報秋幾處岑。自匪論文憑徳卲、如何跋燭《モトマテニシテ》示情深。洞雲隔斷市朝事、重約訪來參祖心。

＊

(1)伊氏子亮が恵まるるに和答す。

(2)石径、跫然《きょうぜん》として足音《そくいん》を伝う、相逢《あいあ》うて一笑すれば、霊襟を豁《ひら》く。(3)松嵐《しょうらん》、榻《とう》を侵して長く浪《なみ》を吹き、雁陣《がんじん》、秋を報ず、幾処の岑《みね》。(4)文を論ずるに徳の卲《たか》きに憑《よ》るに匪《あら》ざる自《よ》りは、如何《いかん》ぞ燭《ともしび》を跋《もと》までにして情の深きを示さん。(5)洞雲、隔断す、市朝の事、重ねて約す、訪い来たって祖心に参ぜよ。

＊

(1)伊氏子亮＝不詳。／(2)石径跫然伝足音、相逢一笑豁霊襟＝〈石の小径《こみち》に人の足音が伝わって来る、互いに出逢って一笑すれば胸襟が開かれた〉。「跫然伝足音」は、「足音跫然」と熟し、足音の響くさま。転じて得難い来客のある譬喩に用いる。『荘子』徐無鬼の「其の空に踉位《りょうい》すれば、人の足音、跫然たるを聞きて喜ぶ」に基づく。「霊襟」は、胸懐に同意。／(3)松嵐侵榻長吹浪、雁陣報秋幾処岑＝〈松樹に吹く山風は、腰掛けに坐る二人を侵して浪を吹き上げ、列を作って飛ぶ雁《かり》は、あちらこちらの峰々に秋の訪れを報《しら》せている〉。「吹浪」は、風の吹く形容。／(4)自匪論文憑徳卲、如何跋燭示情深＝〈文章を論じるのに徳行高いこの人に頼らなければ、どうして灯火が燃え尽きんとするまで深情を語ることが出来ようか〉。「自匪」は、「自非」とも書き、……でなければの意。「徳卲」は、「年高徳卲」と熟し、年齢も徳行も高いこと。「卲」も高の義。「年弥《いよ》いよ高くして徳弥《いよ》いよ卲《たか》き者は、是れ孔子の徒か」（『法言』孝至）。ここでは、伊氏子亮を指す。「跋燭」の訓読とルビは底本に従った。「跋」は、灯火の根元。『礼記』曲礼上に「燭は跋《ばつ》を見《あら》わさず（燭不見跋）」とある。『礼記』の意は、客人は灯火が燃え尽きたら辞去しなければならないので、目上の客人には、早めに灯火を取り換えて、その根元を見せないということ。／(5)洞雲隔断市朝事、重約訪来参祖心＝〈大光寺は世俗のごたごたから遠く隔たっています、再度来訪されて仏祖の心に参じなさい〉。「洞雲」は、ほらあなの雲という意だが、「洞」は、道士、或いは仙人の住まいを比喩的に表現する言葉で、ここでは、大光寺を言ったもの。

【三九―四四】上平声十五刪韻

伊氏谷神軒恵一枝百蔕朱柹并雅詩。次嚴韵謝。

飽霜朱柹手親攀、殷賑山廚寂莫間。此物似珠應狎翫、不如世態媚紅顏《クナラ》。

＊

(1)伊氏谷神軒、(2)一枝百蔕の朱柹を恵み、雅詩を并《あわ》す。厳韵を次いで謝す。

(3)霜に飽《あ》く朱柹、手親《てずか》ら攀《よ》じ、山廚《さんちゆう》寂莫の間を殷賑《いんしん》す。(4)此の物、珠に似て、応《まさ》に狎《な》れ翫《もてあそ》ぶべし、世態の、紅顔を媚《こ》びるが如くならず。

＊

(1)伊氏谷神軒＝不詳。前篇の伊氏子亮と同一人か。／(2)一枝百蔕朱柿＝一本の枝に百箇の実をつけた赤く熟した柿。「蔕」は、果実が、枝と結びつくところ。／(3)飽霜朱柿手親攀、殷賑山厨寂莫間＝〈赤く実った柿をみずから摘んで恵んで下さり、貧しい大光寺の厨房も豊かになった〉。「飽霜朱柿」は、充分に霜を受けて赤くなった柿の実。「攀」は、摘取の意。／(4)此物似珠応狎翫、不如世態媚紅顔＝〈この朱柿は珠に似て、なれ親しむべきものだ、世間で紅顔を装っているようなものではないのだ〉。「此物」は、朱柿。「不如」は、一般には、「しかず」と読み、「……には及ばない」という意だが、ここは、「ごとくならず」と読む。この解釈については、明治書院「新釈漢文大系」『論語』六五頁「不如」注記を参照。「紅顔」は、美人を言うが、ここでは、朱柿の朱に架けて「朱顔」と対比させている。朱顔も美人の形容語で、この朱顔（朱柿）の美しさは天然無為のもので、作為的な世間の紅顔とは違うものなのだという句意。

四會録　下

【四〇】

西院和尚語録抜萃序。

吾西院和尚者、削髮于本州救仁院龍興山大慈寺、師事玄峰和尚、行脚遊方、拜謁甲之慧林快川國師、閱烏兎久矣。一旦、針芥相投、歸省董大慈嗣、後視篆妙心世出。過量之才、擧《ツテ》國仰之。時丁兵革、弘毅不屈、荷負大法。剩航《ル》于琉球。國王悦服通信於薩州源君之幕下、迨今納貢。風化可瞻仰也。付法安國〔飫肥鄕〕之慧定山〔滌篆妙心〕、慶長元年星舍丙申六月十五日戢化、塔于大慈之子院即心。今茲丁一百五十回遠諱、拜貸全録於大慈鈔寫、納佛日龍華藏。希苗裔之徒、不忘淵源、有感斯文云。

延享二年乙丑六月十五日、八世之劣孫、佛日四十二代、天壽興建古月叟材、泚筆於骨清堂之南軒書。

＊

(1)西院和尚語録抜萃の序。

吾が西院和尚は、髪を本州(2)救仁院《くにのいん》の龍興山大慈寺に削り、(3)玄峰和尚に師事し、行脚遊方して、甲の慧林快川国師に拝謁し、(4)烏兎《うと》を閲《けみ》すること久し。一旦、(5)針芥相投《しんけあいとう》じ、帰省して(6)大慈の嗣を董《ただ》し、後に(7)妙心に視篆《してん》して世に出づ。過量の才、国を挙《こぞ》って之れを仰ぐ。時に兵革に丁《あ》たり、(8)弘毅《こうき》不屈、大法を荷負す。剰《あまつさ》え(9)琉球に航《わた》る。国王、悦服して、信を薩州源君の幕下に通じ、今に迨《いた》るまで貢《みつぎ》を納む。風化、瞻仰《せんごう》す可《べ》きなり。法を(10)安国〔飫肥《おび》郷〕の(11)慧定山〔妙心に滌篆《できてん》す〕に付し、慶長元年（一五九六）、星は丙申《ひのえさる》に舎《やど》る六月十五日、戢化《しゅうけ》し、大慈の子院(12)即心に塔す。今茲《ことし》、一百五十回の遠諱に丁《あ》たり、全録を大慈に拝貸して鈔写《しょうしゃ》し、(13)仏日の龍華蔵に納む。希《ねが》わくは、⒁苗裔《びょうえい》の徒、淵源を忘れず、⒂斯《こ》の文に感有らんことをと云う。延享二年乙丑《きのとうし》（一七四五）六月十五日、⒃八世の劣孫、仏日四十二代、⒄天寿興建古月叟材、⒅筆を⒆骨清堂の南軒に泚《ひた》して書す。

＊

(1)西院和尚＝西院玄竺（諱は瑞竺とも）。甲斐恵林寺の快川紹喜の法嗣。龍興山大慈寺（鹿児島県志布志市。【三八―九】注⑾を参照）の中興。本序を超える伝はないが、横山住雄『武田信玄と快川和尚』第四章「快川和尚の法を嗣いだ人々　西院瑞竺」を参照。なお、その『語録』は、古月の鈔写も含めて散佚。／(2)救仁院＝日向国諸県郡内、鎌倉期から戦国期に見える院名だが、ここでは、志布志の別称として用いている。／(3)玄峰和尚＝不詳。／(4)閲烏兎＝歳月を経ること。「烏兎」は、金烏と玉兎。伝説で三本足の烏が棲むという太陽と、兎がいるという月のこと。／(5)針芥相投＝地上に立てた針に、天上より落とした芥子が命中する。『涅槃経』巻二の「芥子を針鋒に投ず、仏の出づること是れよりも難し」に基づき、希有な契合などの譬喩に用いる。ここでは、快川国師と師資契合したということ。／(6)董大慈嗣＝天正五年（一五七七）のこと（職状）。／(7)視篆妙心＝妙心寺初住。天正十八年（一五九〇）のこと（職状）。「視篆」は、新住持が寺印（篆）を視ること。転じて入院を言う。初住については、【二八】注(3)を参照。／(8)弘毅＝広い包容力と強い意志。『論語』泰伯第八に「士は以て弘毅ならざる可《べ》からず」と。／(9)航于琉球。……＝横山住雄『前掲書』二〇一頁を参照。／⑽安国［飫肥郷］＝安国寺（現廃寺）。日向国那珂郡飫肥にあった。／⑾慧定山［滌篆妙心］＝定山祖慧。伝不詳。「滌篆」は、視篆に同じ。／⑿即心＝即心院（現廃寺）。大慈寺の塔頭。／⒀仏日龍華蔵＝大光寺の経蔵。【八―五】の「龍華院創建記」を参照。／⒁

苗裔＝児孫。／⒂有感斯文＝〈この語録を読んで心を動かしてくれ〉。王逸少の「蘭亭記」（『古文真宝後集』巻四）に「後の覧《み》ん者も、亦た将《まさ》に斯の文に感有らんとす（有感於斯文）」と。／⒃八世之劣孫＝快川紹喜―①西院玄竺―②定山祖慧―③龍室祖隆―④雄山玄雄（大光寺中興三十七世）―⑤括山崇樹―⑥活眼祖晴―⑦一道禅棟―⑧古月禅材の法系。／⒄天寿＝天寿山自得寺。【一〇一二八】注⑴、【一〇一三八】注⑴を参照。／⒅泚筆＝蘸筆とも。筆に墨を含ませること。／⒆骨清堂＝享保十八年（一七三三）、天寿山内に結ばれた隠遁所。「衣鉢の余資を用いて、構うるに小室を天寿山内に以てす。十月、既に成り、扁して骨清堂と曰う。以て隠遁の所と為す」（『伝記』）。骨清堂は、初め享保五年、仏日山内に結ばれ（【一九〇】を参照）、同十八年、天寿山内に移された（【三七〇】を参照）。

【四二】上平声一東韻

總門上棟文。

予董大光明年寶永五戊子秋、縛茅於此地、呼知又軒。享保五庚子之春二月、搗退鼓憩影以來、累蒙故檀君惟久公恩顧。以故自《モトノ》得寺爲號、效小叢林之標致、且有創建山門之擧不果《シ玉ハ》。去年捐館之日、有遺囑、嗣君忠就公賜淨資良材、今茲元文四己未五月十一日事始、同六月廿四日工竣《ヲワル》。竭力於經營、一奉酬先君遺德、二奉仰嗣君孝德。圓成供養、伏祈、山門鎭靜、國家安泰、佛日光暉、民物康寧。山偈一章、聊充落慶云。

*

山門創建府城東、天護正宗壽國風。八字打開看也麽、溪聲松韵盡圓通。

[1]総門上棟文。

予、大光を董《ただ》すの明年、宝永五戊子《つちのえね》（一七〇八）の秋、茅を此の地に縛《むす》んで、[2]知又軒《ちゆうけん》と呼ぶ。享保五庚子《かのえね》（一七二〇）の春二月、[3]退鼓《たいく》を撾《う》って[4]影を憩うてより以来《このかた》、累《しき》りに[5]故《もと》の檀君惟久《ただひさ》公の恩顧を蒙る。故《もと》の自得寺を以て号と為《な》し、[6]小叢林の標致に効《なら》い、且つ山門を創建するの挙有るも果たしたまわず。去年[7]捐館《えんかん》の日、遺嘱有って、嗣君[8]忠就《ただなり》公、浄資良材を賜い、[9]力を経営に竭《つ》くし、一には先君の遺徳に酬い奉り、二には嗣君の孝徳を仰ぎ奉る。円成供養、伏して祈る、今茲《ことし》元文四己未《つちのとひつじ》（一七三九）五月十一日に事を始め、同六月廿四日に工を竣《お》わる。山門鎮静《ちんじょう》、国家安泰、仏日光暉、民物康寧《こうねい》ならんことを。山偈一章、聊《いささ》か落慶に充《あ》つと云う。[10]山門創建す、府城の東、天、正宗を護して国風を寿《ひさ》しくす。[11]八字に打開す、看るや、渓声松韻、尽《ことごと》く円通す。

＊

(1)総門＝『伝記』元文四年の条に「自得寺の山門を創建し、六月、既に成る。先君惟久公の遺嘱を承け、嗣君忠就公、浄資、及び良材を賜う」と。／(2)知又軒＝古月が、宝永五年に結んだ茅庵で、享保十二年（一七二七）、拡張されて天寿山自得寺となった。【一〇―二八】注(1)、【一〇―三八】注(1)を参照。／(3)退鼓＝住持の退院を知らせる太鼓。『百丈清規』住持章第五「退院」に「退く日に至って、上堂、叙謝、辞衆、下座。鼓を撾《う》つこと三下して退く」と。『伝記』享保五年、古月五十四歳の条に「二月、知又軒に退居して、女人の、門に入るを許さず」と。／(4)憩影＝帰隠閑居の義。息影に同意。／(5)故檀君惟久公＝佐土原藩島津家第五代当主、島津惟久のこと。惟久公は、享保八年（一七二三）、三男忠雅に家督を譲って隠居し、元文三年（一七三八）九月十九日、佐土原にて死去。／(6)小叢林之標致＝地方の小寺院の構え。／(7)捐館＝住んでいた館舎を捐《す》てる意。貴人の死を言う。／(8)忠就＝佐土原藩島津家第六代当主、島津忠雅の別名。享保八年（一七二三）襲封。宝暦三年（一七五三）致仕し、天明四年（一七八四）五月十五日、佐土原にて卒。年八十三。／(9)経営＝家屋を建築する時、土地を測り土台を据えること。『詩経』大雅・霊台の「霊台を経始し、経之営之（之れを営し之れを経す）」に基づく。／(10)山門創建府城東、天護正宗寿国風＝〈府城の東に山門が創建され、天は正伝の仏法を護持し、国風を長久ならしめる〉。／(11)八字打開看也麼、渓声松韵尽円通＝〈山門は八字に開かれている、見えるか、谷川の音、松風の響き、すべてが円通しておる〉。「渓声松韵」は、仏の説法音の譬喩。「渓声便ち是れ広長舌、山色豈《あ》に清浄身に非ざらんや」（蘇東坡開悟の偈）。「古松、般若を談じ、幽鳥、真如を弄す」（『人天眼目』巻四）。

【四二】

澤水禪師畧傳序。［初居甲之鹽山、后終江府本所之茅堂］

道者忘年之友、延壽之園也。親遊不深於斯而閲齢久者不《アラシ》也。夫澤水老師者、超然逍遙、如孤雲野鶴無所留礙。水邊林下參禪苦修、忘形如捨《タルカ》也。考弄璋以來所經歴之歳月凡享壽百八十許《バカリ》乎。時人以老師爲親遊深者宜也。元文庚申秋七月遷寂。參徒文廓、以國字集法語壽梓、且製畧傳、因請肥之前州大潮禪師加潤色詳審也。更請余一語冠卷端。初以年耄材謭不敢當。彌辭彌勤、不能弭書爲序。

寛保二壬戌五月穀旦。

＊

(1)沢水禅師略伝の序。［初め甲の塩山に居し、后、江府本所の茅堂に終わる］

(2)道は忘年の友、延寿の園なり。親遊、斯《ここ》に深からずして、齢《よわい》を閲《けみ》すること久しき者は不《あら》じ。夫《そ》れ沢水老師は、超然逍遥《しょうよう》として、(3)孤雲野鶴の、留礙《りゅうげ》する所無きが如し。水辺林下に参禅苦修し、(4)形を忘ること、捨てたるが如し。(5)弄璋以来《ろうしょうこのかた》、経歴する所の歳月を考うれば、凡《およ》そ享寿百八十許《ばか》りか。時の人、老師を以て親遊深き者と為《な》すこと宜《むべ》なり。元文庚申《かのえさる》（五年／一七四〇）秋七月遷寂す。(6)参徒文廓、国字を以て(7)法語を集めて梓《あずさ》に寿《きざ》み、且つ略伝を製して、因みに肥の前州(8)大潮禅師に請うて潤色を加えて詳審なり。更に余が一語を巻端に冠することを請う。初め(9)年耄材譾《ねんぼうざいせん》を以て敢えて当たらず。弥《いよ》いよ辞すれば弥いよ勤む、弭《や》むること能《あた》わず、書して序と為す。

寛保二壬戌《みずのえいぬ》（一七四二）五月穀旦（吉日）。

＊

(1)沢水禅師＝沢水長茂。世寿百歳を超えて甲斐の塩山向嶽寺に登り、江戸亀戸大住庵に住し、世寿百八十、あるいは百六十と言われる伝説的な人物。『続禅林僧宝伝』第一輯・巻之中【一七四】に立伝。／(2)道者忘年之友、延寿之園也。親遊不深於斯而閲齢久者不也＝〈道とは、年齢の長幼にかかわらずに交わる友であり、寿命を延ばす園である。この道に深く遊ばずして長生きする者はおるまい〉。／(3)孤雲野鶴＝離れ雲と野に棲む鶴。世俗を離れた隠者の譬喩に用いる成句。／(4)忘形＝物外に超然として、自己の形体を忘れること。／(5)弄璋＝男子の生まれること。男子が生まれると、璋（玉）の玩具を与えた故事による。「乃《も》し男子を生まば、……載《すなわ》ち璋を弄せしめん。……乃《も》し女子を生まば、……載《すなわ》ち瓦（糸巻き）を弄せしめん」（『詩経』小雅・鴻雁之什・斯干）。／(6)参徒文廓＝未詳。／(7)法語＝『続禅林僧宝伝』沢水伝は、古月のこの序文を受けてか、「参徒文廓、師の国字の法語を集め、且つ略伝を製し、肥の大潮に就いて潤色を加え、古月に請うて序を求め、梓《あずさ》に寿《きざ》み世に行なう。現今、多く伝わらず」と記す。現行の『沢水仮名法語』は、「元文五載庚申二月中浣近侍僧恵俊撰」とあり、古月の序も載せないので、これとは別本の『仮名法語』があったのであろう。／(8)大潮禅師＝大潮元皓（一六七八〜一七六八）。肥前龍津寺（黄檗宗）の僧。詩文に長じた。詳しくは、『黄檗文化人名辞典』を参照。／(9)年耄材譾＝年老いて浅はか。「譾」は、浅の意。

【四三】

大光二世有智山東禪寺中興日岩和尚四會録之艸稿、屬江府春桃院書庫尚矣。［有智山定州和尚、后住江府東禪寺。春桃院者定州和尚之徒弟也］。現春桃慶雲座元、曾寓大光、法盟以腆。偶探得艸稿、托吾法姪慧穩遠贈之。恭丐鎭原本於大光經庫比合浦之觀。辱承金諾。因寫一本呈進云。

寛保元年辛酉五月、材古月謹誌。

＊

(1)大光二世有智山東禅寺中興日岩和尚四会録の草稿、江府(2)春桃院の書庫に属すること尚《ひさ》し。［有智山の(3)定州和尚、后に江府の東禅寺に住す。(4)春桃院は、定州和尚の徒弟なり］。(5)現春桃慶雲座元、曾て大光に寓して、法盟、以て輒《あつ》し。偶《たま》たま草稿を探《さぐ》り得て、(6)吾が法姪《ほうてつ》慧穏に托して遠く之れを贈る。恭《うやうや》しく原本を大光の経庫に鎮して、(7)合浦《がっぽ》の観に比せんことを丐《こ》う。辱《かたじけ》なくも(8)金諾を承《う》く。因《よ》って一本を写して呈進すと云う。

寛保元年辛酉《かのととり》（一七四一）五月、材古月、謹んで誌《しる》す。

＊

(1)大光二世……＝日岩長慧。嘉慶二年（一三八八）二月十七日遷化。有智山東禅寺については、【九―一二】注(1)を参照。その「四会録」は、散佚。／(2)春桃院＝仙境山。東京都港区南麻布。／(3)定州和尚＝定州宗陶。仏日山東禅寺（東京都港区高輪）の二世。同寺開山嶺南崇六（一五八三～一六四三）の法嗣。妙心寺百八十世。真珠円応禅師。同寺は、日向国飫肥藩二代藩主伊東祐慶の開創。／(4)春桃院者定州和尚之徒弟也＝〈春桃院は定州和尚の徒弟院である〉。「徒弟」は、徒弟院の略。徒弟院は、度弟院と同意で、開山の法系に連なる者が、住持を独占する寺。春桃院の開山雲外祖連は、嶺南崇六の法嗣で、定州宗陶の兄弟。二代以降も雲外の法系が住している。／(5)現春桃慶雲座元＝第七世慶雲慧任。雲外祖連の法孫。／(6)吾法姪慧穏＝不詳。「法姪」は、自己の法兄弟の弟子を言うので、英山禅哲（【八―三】注(11)を参照）の弟子ということになる。／(7)合浦之観＝『虚堂録』巻一に「合浦、珠還《たまかえ》って、雲山、観《みもの》を改む」とあるのによる。これは、後漢の時代、前任の役人の悪政による乱獲を恐れて逃げていた合浦の真珠貝が、新任の孟嘗《もうしょう》の善政によって、再び合浦に還ったという故事。江戸（東禅寺）に流出していた「日岩和尚四会録」を、もとの日向（大光寺）に戻すということ。／(8)金諾＝堅い承諾、確かな約束。『史記』季布伝にある「黄金百斤を得るは、季布の一諾を得るに如《し》かず」に基づく言葉。

【四四】上平声一東韻

喜瑞祥寺靈源和尚至。［寅三月十九日。四月二日送行］

紫鳳啣花古梵宮、祥雲瑞靄引仁風。徳暉不意落《ヲモワ》幽寺、十歳夢魂一夜空。

＊

[1]瑞祥寺の霊源和尚の至るを喜ぶ。［[2]寅《とら》の三月十九日。四月二日、送行］

[3]紫鳳、花を啣《ふく》む古梵宮、祥雲瑞靄《しょううんずいあい》、仁風を引く。[4]徳暉、意《おも》わざりき、幽寺に落つるとは、十歳の夢魂、一夜に空ず。

＊

(1)瑞祥寺霊源和尚＝霊源禅苗。鳳翔山瑞祥寺（熊本県人吉市）の第九世。前住、閑田祚安の法嗣として、享保七年（一七二二）四月、前堂転位。曾て古月会下で維那を勤めていた。【七―四】を参照。／(2)寅＝享保十九年甲寅（一七三四）。古月、六十八歳。／(3)紫鳳啣花古梵宮、祥雲瑞靄引仁風＝〈紫の鳳凰が花をくわえて大光寺に降り立った、祥瑞の雲靄が、その仁徳の風を引き寄せたのであろう〉。「紫鳳」は、紫の鳳凰。鳳凰は聖天子が出ると現われるという瑞鳥。司空曙の「張芬が赦後に寄せらるるに酬ゆ」詩（『三体詩』巻二）に「紫鳳、朝《あした》に銜《ふく》む、五色の書」と。「啣花」は、古、詔書を木製の鳳凰の口にくわえさせた故事によるもの。／(4)徳暉不意落幽寺、十歳夢魂一夜空＝〈鳳凰が大光寺に飛来するなど思ってもおらなかったが、十年来、夢に見続けた思いが、一夜にしてかなった〉。「徳暉」は、賈誼の「屈原を弔うの賦」の「鳳凰は千仞に翔け、徳輝を覧て之れに下る」を踏まえるが、ここでは、徳輝を見て舞い降りる鳳凰を言う。下の句は、十年来の夢から覚めたということだが、古月の心は、意訳のとおり。

【四五】上平声十灰韻

喜筑后徳雲寺虎堂和尚至。　［三月廿五日］

昨夜乾坤震動來、鈴鈴金錫點雲開。何須別處要相見、躑躅滿溪映緑苔。　［昨夜大地大震。起句以設］

*

(1)筑后徳雲寺の虎堂和尚の至るを喜ぶ。　［三月廿五日］

(2)昨夜、乾坤《けんこん》、震動し来たる、鈴鈴《れいれい》たる金錫《こんしやく》、雲を点じ開く。(3)何ぞ須《もち》いん、別処に相見を要することを、躑躅《てきちよく》、渓《たに》に満ちて、緑苔《りよくたい》に映ず。　［昨夜、大地、大いに震う。起句、以て設く］

*

(1)筑后徳雲寺虎堂和尚＝虎堂宗主。円明山徳雲寺（福岡県久留米市）の七世再興。同寺六世、徹叟宗淳の法嗣として、享保十三年（一七二八）一月、前堂転位。【三二四】に古月が与えた道号頌がある。／(2)昨夜乾坤震動来、鈴鈴金錫点雲開＝〈昨夜は大地震であったが、雲を打ち開く錫杖を鳴り響かせてやって来られた〉。「鈴鈴金錫」は、【一〇―五一―①】注(1)を参照。／(3)何須別処要相見、躑躅満渓映緑苔＝〈大地震が起こったが、ここよりほかに相見の場を求める必要はない、谷川の躑躅《つつじ》が、緑の苔に映えて、実に美しいではないか〉。

【四六】上平声九佳十灰通韻

和虎堂和尚見恵。

千里雲山得得來、弊廬漫顧説高懷。許吾大法興隆事、愧赧老衰無所裁。

＊

虎堂和尚の恵まるるに和す。

*

[1]千里の雲山、得得として来たり、弊廬《へいろ》、漫《そぞ》ろに顧《かえり》みて高懐を説く。[2]吾れに許す、大法興隆の事、愧赧《きたん》す、老衰して裁《さい》する所無きことを。

＊

(1)千里雲山得得来、弊廬漫顧説高懐＝〈遠い道のりをよく歩いて来られ、そぞろに我が庵をかえりみて、大きな志を語られた〉。「得得」は、特地（わざわざ）の意もあるが、ここでは、長い道のりを歩く足音の象声詞。唐の貫休の「陳情献蜀皇帝」詩に「千水千山得得来」と。「弊廬」は、自己の住居の謙称。「高懐」は、高尚な胸懐。大志。／(2)許吾大法興隆事、愧赧老衰無所裁＝〈（そなたの大志を聞いた）大法興隆のことはそなたに任せる、恥ずかしいが、私は老衰して、もうそんなことは出来ないのだ〉。ここの「吾」は、二人称で、虎堂和尚を指し、古月の自称ではない。このような例は、【一〇─二七】にもあった。「愧赧」は、恥じて赤面すること。「裁」は、とりさばくこと。この時、古月は既に六十八歳である。

【四七】下平声十二侵韻

喜豫州大洲大恩寺曉山和尚至。〔三月廿六日。大雨〕

大恩教主此光臨、曉了分明話祖心。春雨爲留六鐶錫、菜羹蔬飯頼交深。

＊

[1]予州大洲大恩寺の暁山和尚の至るを喜ぶ。〔三月廿六日。大いに雨ふる〕
[2]大恩教主、此《ここ》に光臨す、暁了《ぎようりよう》、分明に祖心を話《かた》る。[3]春雨、為に留む、六鐶《ろつかん》の錫《しやく》、菜羹《さいこう》蔬飯《そはん》、交わりの深きに頼る。

*

(1)予州大洲大恩寺暁山和尚＝暁山恵豊。仏光山大恩寺（愛媛県大洲市）の第三世。享保十年（一七二五）十二月、前堂転位。明和三年（一七六六）正月二十二日示寂。世寿七十五。『続禅林僧宝伝』第一輯・巻之中【一九五】に立伝。／(2)大恩教主此光臨、暁了分明話祖心＝〈大恩寺の教主がここに光臨され、夜が明けるまで、分明に仏祖の心を語りあった〉。「大恩教主」は、大恩寺の教主ということで、暁山和尚を指すが、大恩教主釈迦牟尼仏に掛けている。下の句を、『僧宝伝』は、「暁了分明活祖心（暁《さと》り了《お》わって分明なり活祖の心）」に作るが、底本のままでよい。／(3)春雨為留六鐶錫、菜羹蔬飯頼交深＝〈春の大雨のために和尚を留め置きますが、野菜の汁や粗末な飯しかありませんが、深い交情にめんじて許して下さい〉。「春雨」は、三月二十六日に降った大雨。「六鐶錫」は、六つの輪環がある錫杖。ここでは、暁山和尚を指す。

*

【四八】上平声七虞韻

明良軒即興。〔天神邑椛山氏別業。甲寅六月題〕
巧架茅堂臨緑湖、逍遙終日坐團蒲。蒼溟爲紙雲爲筆、點點江山一畫圖。

*

明良軒即興。　［(1)天神邑《むら》の椛山《かばやま》氏の別業《べつぎょう》。甲寅《きのえとら》六月、題す］
(2)巧《たく》みに茅堂《ぼうどう》を架けて緑湖に臨む、逍遥《しょうよう》として終日《ひねもす》、団蒲《どんふ》に坐す。(3)蒼溟《そうめい》を紙と為《な》し、雲を筆と為す、点点たる江山、一画図。

＊

(1)天神邑椛山氏別業。甲寅六月題＝「天神邑（村）」は、宮崎市佐土原町上田島内の一村。現在、「古月禅師生誕の地」の記念碑が建つ地域。一ツ瀬川が流れ、日向灘が見通せる景勝の地。「椛山氏」は、佐土原藩の身分制度で、寄合衆と呼ばれた七家の一、樺山家（禄千石）であろう。この七家から家老が任命された。「別業」は、別宅・別荘。「甲寅」は、享保十九年（一七三四）。古月、六十八歳。／(2)巧架茅堂臨緑湖、逍遥終日坐団蒲＝〈巧みに建てられた茅葺きの堂は緑の湖水に臨み、悠々自適、一日中、蒲団に坐っている〉。／(3)蒼溟為紙雲為筆、点点江山一画図＝〈点々と見える河や山は、青海原を紙とし、雲を筆として描かれた一枚の絵のようだ〉。

【四九】下平声一先韻

又。

碧玉流清接檻前、蒲帆風穏遠相連。羨看英主富佳景、吟秋忘皈薄暮天。

＊

(1)又た。
(2)碧玉《へきぎょく》、流れ清うして、檻前に接し、蒲帆《ほはん》、風穏やかにして、遠く相連《あいつら》なる。(3)羨《うらや》み看る、英主の、佳景に富むことを、秋を吟じて、帰ることを忘る、薄暮の天。

＊

(1)又＝前篇の詩題に同じということだが、転結句に「英主」「吟秋」とあるので、本篇は、明良軒と同じ天神村にある藩主の別荘、閑似亭を歌ったものと思われる。【八〇】を参照。椛山氏を「英主」とは呼ぶまい。／(1)碧玉流清接檻前、蒲帆風穏遠相連＝〈碧玉の如き清流は欄干の前に接し、蒲《がま》の帆を張った舟々は、穏やかな風の中、遠くまで連なっている〉。「碧玉」は、清流などの形容。柳宗元の「曹侍御が象県に過《よ》ぎりて寄せらるるに酬ゆ」詩（『三体詩』巻一）に「破額山前、碧玉の流れ」と。「蒲帆」は、蒲《がま》で織った帆。／(2)羨看英主富佳景、吟秋忘帰薄暮天＝〈英明の君主が、こんなにも素晴らしい景色に恵まれておられることが何とも羨ましく、夕暮れの空に掛かる秋月を歌って、帰ることを忘れてしまった〉。

＊

【五〇】下平声八庚韻

十四夜。［迫三更陰、四更雲漸晴］

昏窓忽白夢魂驚、起捲疎簾氷鏡明。明夜相催庾樓會、秋風萬里約吹晴。

＊

(1)十四夜。［三更に迫《いた》るまで陰《くも》り、四更に雲漸《ようや》く晴る］

(2)紙窓《しそう》、忽《たちま》ち白《しら》け、夢魂《むこん》驚く、起《た》って疎簾《それん》を捲けば、氷鏡《ひょうきょう》明らかなり。(3)明夜、相催《あいもよお》す、庾楼《ゆろう》の会、秋風万里、晴《せい》を吹くことを約す。

＊

(1)十四夜＝八月十四夜。待宵。／(2)紙窓忽白夢魂驚、起捲疎簾氷鏡明＝〈紙窓がにわかに白けて夢心地から目覚め、起きて疎簾を巻き上げれば、月が輝いていた〉。「疎簾」は、まばらに編んだすだれ。「氷鏡」は、月の異称。／(3)明夜相催庾楼会、秋風万里約吹晴＝〈明日の夜、月見の会が催されるが、秋風は万里に吹いて雲を払い、晴れは約束された〉。「庾楼」は、月見の縁語。【一〇―三六―①】注(1)を参照。「吹晴」は、日本漢詩によく見られ、「晴《せい》を吹く」と読みならわすようだが、雲が風に吹かれて晴れるという意。

【五二】下平声七陽韻

中秋。［城中御會賜兼題］

桂華結子滿馨香、此夕賞遊上玉堂◎。清影秋凝畫簾外、仙班各捧大平章◎。

中秋。［城中の御会、(1)兼題《けんだい》を賜う］

(2)桂華、子《み》を結んで、馨香《けいこう》満つ、此の夕《ゆうべ》、賞遊して玉堂に上る。(3)清影、秋凝《こ》る、画簾の外、仙班《せんぱん》、各おの捧ぐ、大平の章。

＊

(1)兼題＝兼日題とも。あらかじめ出しておく題。／(2)桂華結子満馨香、此夕賞遊上玉堂＝〈木犀の花は実を結び、よい香りが満ちている、この中秋の夕、そぞろ見ながら、美しい殿堂にのぼる〉。「桂華」は、木犀の花だが、月中に生えるという桂樹に掛ける。【一〇—四四—①】注(1)を参照。「玉堂」は、月見の雅会が催されている城中の一殿。／(3)清影秋凝画簾外、仙班各捧大平章＝〈画簾の外は、清らかな月の光りが輝く秋景色、つどわれた人達は、それぞれに太平を歌う詩章をささげておられる〉。「画簾」は、絵で飾られたすだれ。「仙班」は、仙人の行列。朝班の譬喩語。ここでは、城中の御会に集った人達。

【五二】上平声十灰韻

賀生子。

天上麒麟産出來、醇乎仁徳自然開。民家殊遇秋成節、撃壌歌聲滿九垓。

＊

(1)賀生子《がせいし》。

(2)天上の麒麟、産出し来たる、醇乎《じゅんこ》たる仁徳、自然《じねん》に開かん。(3)民家、殊に秋成《しゅうせい》の節に遇《あ》い、撃壌《げきじょう》の歌声、九垓《きゅうがい》に満つ。

＊

(1)賀生子＝男子の出生を祝うという詩題。因みに女子のそれは「賀生女」と言う。ここまでの一連の詩が作られた享保十九年（一七三四）の六月二十一日、島津忠雅の三男久柄《ひさもと》（後の七代当主）が誕生しているが、それを祝うものか。／(2)天上麒麟産出来、醇乎仁徳自然開＝〈天上の麒麟が生まれた、その純粋な仁徳は、おのずから開花するであろう〉。「天上麒麟」は、人の子を褒めて言う成句。『南史』徐陵伝に「徐陵、字は孝穆。母臧氏、嘗《かつ》て夢むらく、五色の雲の、化して鳳と為《な》って左肩の上に集《と》まると。已《すで》にして陵を誕《う》む。年数歳、家人携《たずさ》えて、以て沙門釈宝誌を候《うかが》う。宝誌、其の頂を摩して曰く、『天上の石麒麟なり』と」とあるのによる。「醇乎」は、極めて純粋なこと。／(3)民家殊遇秋成節、撃壌歌声満九垓＝〈百姓は例年にない豊作にあい、太平を謳歌する声が天地の果てにまで満ちている〉。「撃壌歌声」は、豊作を喜ぶ百姓の歌声の譬喩。【一〇―五七―②】注(1)を参照。

【五三】下平声七陽韻

紅梅。

野梅落盡見清粧。得爲詩家續景光。何日仙丹換氷骨、娟然紅頬吐風香。

＊

紅梅。

(1)野梅、落ち尽くして、清粧を見《あら》わし、詩家の為に景光を続《つ》ぐことを得たり。(2)何《いず》れの日か、仙丹、氷骨《ひょうこつ》を換《か》え、娟然《けんぜん》たる紅頬《こうきょう》、風香を吐かん。

＊

(1)野梅落尽見清粧、得為詩家続景光＝〈野に咲く梅が散り尽くした後にこの紅梅は清らかな姿を見せ、詩家に引き続いて春景色を歌わせている〉。／(2)何日仙丹換氷骨、娟然紅頬吐風香＝〈いずれはこの紅梅も育ち、みめよい花からよい香りを送ってくれよう〉。詩句から察するに、この紅梅は、植えられたばかりの若木。「仙丹」は、仙人が練って作った薬。凡骨を仙骨に変えると言い、「金丹換骨」などと熟す。古月の詩句も、この伝説を踏まえたもの。「氷骨」は、氷肌玉骨の略、梅の異名。寒気の中に、白い花を咲かせるから言う。李益の「青梅」詩（『錦繍段』）に「香を収め白を蔵《かく》す処を勘破すれば、氷肌玉骨、是れ前身」と。

【五四】上平声十一真韻

恭奉賀惟久公六十之華誕辰。

華甲一周祝誕辰◎。群黎瞻仰浴寛仁◎。南山獻壽勢千尺、海屋添籌幾萬春◎。唐句和章歸隻手、周情孔思托全身◎。幽緇納賀更無物、丹悃唯祈福祿臻◎。

＊

恭《うやうや》しく(1)惟久《ただひさ》公の六十の華誕辰《かたんしん》を賀し奉る。

(2)華甲《かこう》一周して誕辰を祝い、群黎《ぐんれい》、瞻仰《せんごう》して寛仁に浴す。(3)南山、寿を献ず、勢い千尺、海屋、籌《ちゅう》を添う、幾万の春ぞ。(4)唐句和章、隻手に帰し、周情孔思《しゅうじょうこうし》、全身に托す。(5)幽緇《ゆうし》、賀を納《たてまつ》るに更に物無し、丹悃《たんこん》、唯だ祈る、福禄の臻《いた》ることを。

＊

(1)惟久公六十之華誕辰＝島津惟久公の満六十歳の誕生日。「華誕」は、人の誕生日の敬称。華旦とも。享保二十年（一七三五）三月晦日。／(2)華甲一周祝誕辰、群黎瞻仰浴寛仁＝〈六十歳の誕生日、万民はその寛大なる仁慈に恵まれて、公を仰ぎ見ています〉。「華甲一周」は、還暦。「華甲」は、数え年六十一歳を言う。華の字は十の字六箇と一の字とから成るから言う。「群黎」は、万民。「黎」は、衆の義。／(3)南山献寿勢千尺、海屋添籌幾万春＝〈更なる御長寿をお祈りいたします〉。「南山献寿」は、人の長寿を祝う言葉。「南山」は、終南山のこと。「勢千尺」は、終南山に生えているという松の高さ。「海屋添籌」も、人の長寿を祝う言葉。海上仙人の住所に、仙鶴が毎年一籌を啣《くわ》えて来るという伝説から言う。「籌」は、かずとりの棒。／(4)唐句和章帰隻手、周情孔思托全身＝〈政務の余暇には漢詩や和歌をたしなみ、周公や孔子の思想を貫いておられる〉。ここの「隻手」は、日本語の片手仕事・片手業の意に解した。「周情孔思」は、成句。古の聖人の考えや思い。／(5)幽緇納賀更無物、丹悃唯祈福禄臻＝〈私にはこれといったお祝いの品もありませんが、心より御多幸を祈っております〉。「幽緇」は、「絶俗幽緇」などと熟す。「緇」は、黒。黒衣を着る僧のこと。僧は塵俗を絶ち、身は幽寂に在るから言う。ここでは、古月の自称。「丹悃」は、まごころ。赤誠。

【五五】上平声一東韻

池田宗眞居士、看讀書寫勝功茲儹〔潰〕。造立一基之偸婆、拜請諸苾蒭伸供養。炷香之次、一偈以祝賛云。

［享保二十年乙卯六月七日］

若干妙典若干軸、拜讀熏書成勝功◎。高顯一基堅劫石、十方群類入眞空◎。

＊

(1)池田宗真居士、看読書写の勝功、茲《ここ》に潰《と》ぐ。一基の偸婆《とうば》を造立し、諸(2)苾蒭《びっしゅ》を拝請して供養を伸ぶ。炷香《しゅこう》の次《つい》で、一偈を以て祝賛すと云う。［享保二十年乙卯《きのとう》六月七日］

(3)若干の妙典、若干の軸、拝読熏書、勝功を成す。(4)高顕《こうけん》一基、劫石《こうしゃく》を堅《かた》うす、十方の群類、真空に入る。

*

(1)池田宗真居士＝【八―三】「書写大般若記」に「池田杢左衛門友隆、誓いを立て、『大般若』六百軸を書写せんと欲す」と出ている人。「池田杢左衛門法名実際宗真居士」（大光寺文書「大般若経第一巻末の奥書」）。／(2)苾蒭＝比丘に同じ。／(3)若干妙典若干軸、拝読熏書成勝功＝〈六百軸の大般若経を、拝読熏書してすぐれた功徳を成した〉。「若干」は、ここでは、少しの意ではなく、数えきれないほどの意。／(4)高顕一基堅劫石、十方群類入真空＝〈石塔婆一基を造立し、十方の衆生も真空の境地に入った〉。「高顕」は、塔の訳語。「梵語は塔婆。此《ここ》には高顕と云う。今、略して塔と称す」（『釈氏要覧』巻下）。「劫石」は、劫の長さを示す喩えに用いられる大盤石。その石は、四十里四方もあり、百年に一度天人が飛来して羅衣で払って、その石が磨滅するまでの時間を一劫と言う。居士が造立したのは、石塔婆なのであろう。「真空」は、有と空との相対を超えた真の空。また、一切皆空と観ずる般若の境界。

【五六】上平声十二文韻

乙卯中秋。［無月］

欲風欲雨轉氛氳、清話霏霏茶鼎薫。商略南泉超物外、不論桂影沒秋雲。

*

乙卯《きのとう》の中秋。［無月］

(1)風《かぜふ》かんと欲し、雨《あめふ》らんと欲して、転《うた》た氛氳《ふんうん》、清話霏霏《ひひ》として茶鼎《ちゃてい》薫《かお》る。(2)南泉の、物外に超ゆることを商略して、桂影の、秋雲に没することを論ぜず。

＊

(1)欲風欲雨転氛氳、清話霏霏茶鼎薫＝〈天の気は、盛んに風を吹かせようとし、雨を降らせようとしているが、土瓶の茶が香る中、世俗を離れた話を続けよう〉。「氛氳」は、気の盛んなさま。「霏霏」は、談話の連続する形容でもあり、雨の降るさまでもある。「茶鼎」は、茶を煎じる鼎《かなえ》。ここでは、【三九―二九】にあった「瓦鼎」と同じで、有り体に言えば、土瓶のこと。／(2)商略南泉超物外、不論桂影没秋雲＝〈南泉超物外の話頭を商量して、月影が秋雲に隠れていることなどは問題にしない〉。「南泉超物外」は、「馬祖翫月」と呼ばれる話頭。「一夕、西堂・百丈・南泉、随侍して月を翫《め》づる次《つい》で、師（馬祖）問う、『正恁麼の時は如何《いかん》』。堂曰く、『正に供養するに好し』。丈曰く、『正に修行するに好し』。泉、袖を払って便ち行く。師曰く、『経は蔵（西堂智蔵）に入り、禅は海（百丈懐海）に帰す。唯だ普願（南泉普願）のみ有って、独《ひと》り物外に超ゆ』」（『五灯会元』巻三・馬祖道一章）。「桂影」は、月影（月光）のこと。「桂」は、月の中に生えているという桂樹。

【五七】上平声一東韻

恭謝豫州雨井龍潭寺田翁和尚芳訊兼贐行色。
祖父田園親領得、生涯自足主人翁。龍潭震起雨聲大、潤色宗門乃祖風。

＊

(1)恭《うやうや》しく予州雨井《あまい》龍潭寺の田翁和尚の芳訊《ほうじん》を謝し、兼ねて行色《こうしょく》に贐《はなむけ》す。

祖父の田園、[2]親しく領得す、生涯、自ら足る、主人翁。龍潭、[3]震起して、雨声大なり、宗門を潤色す、乃祖《だいそ》の風。

*

(1)恭謝予州雨井龍潭寺田翁和尚芳訊兼驢行色＝田翁和尚は、東江山龍潭寺（愛媛県八幡浜市保内町川之石。雨井は、川之石内の地名）の第六代、田翁慧聡のこと。享保十三年（一七二八）三月、前堂転位。安永八年（一七七九）五月十七日示寂。世寿八十五。『続禅林僧宝伝』第一輯・巻之中【二〇九】に立伝。『僧宝伝』は、「嘗《かつ》て古月を省す。別れに臨んで、月、偈を賦して曰く、『祖父の田園、親しく領得す、平生、自ら足る、主人翁。龍潭の余沢、涯岸無し、震起す、宗門凋弊の風（祖父田園親領得、平生自足主人翁。龍潭余沢無涯岸、震起宗門凋弊風）』」（『古月録』と少し異なり）」と録している。「芳訊」は、一般に書簡の美称に用いるが、ここでは、「兼驢行色」とあるので、来訊（来訪）の美称。／(2)祖父田園親領得、生涯自足主人翁＝〈本来の面目を悟り、常に主人公として自足されておられる〉。「祖父田園」は、祖父（仏祖）から伝えられて来た田地。本分の田地を指す。「領得」は、我が所得とすること。「生涯」は、『僧宝伝』の「平生」に同意で、生まれて以来ということ。「主人翁」は、主人公に同じ。「瑞巌の彦和尚、毎日自ら『主人公』と喚び、復《ま》た自ら応諾し、乃《すなわ》ち云く、『惺惺著《せいせいじやく》。諾《だく》。他時異日、人の瞞《まん》を受くること莫《な》かれ。諾諾』」（『無門関』十二則）。／(3)龍潭震起雨声大、潤色宗門乃祖風＝〈龍潭の水が震い起こって大いに雨を降らせ、その風は、宗門に光彩を増し加えている〉。この二句は、龍潭寺の田翁和尚の力量を表現したもの。『易』乾卦の「雲は龍に従い、風は虎に従う」の疏に「龍は是れ水畜、雲は是れ水気、故に龍吟ずれば則ち景雲出づ。虎は是れ威猛の獣、風は是れ震動の気、故に虎嘯《うそぶ》けば則ち谷風生ず」と。『碧巌録』九十九則垂示に「龍吟ずれば霧起こり、虎嘯けば風生ず」と。同類相感応することだが、禅録では、大人の力量に譬えられる。「乃祖風」の「乃祖」は、乃《なんじ》の祖の義で、祖先、先祖の意。瑞巌師彦の如く、主人公（本来面目の真実人）として生きている田翁和尚の禅風。

【五八】

登本蓮寺。　［二月十日］

＊

本蓮寺[1]に登る。　［二月十日］

＊

(1)本蓮寺＝図子山。日蓮宗妙本寺派。宮崎県児湯郡新富町新田。長享二年（一四八八）以前の創建と伝わる。

【五八－一】下平声十一尤韻

十年閑夢歴林丘、今日風光似舊遊。満地落花僧院静、山川接属緑波洲。

＊

十年の閑夢[1]、林丘を歴《へ》る、今日の風光、旧遊に似たり。満地[2]の落花、僧院静か、山川、接属す、緑波の洲《しま》。

＊

(1)十年閑夢歴林丘、今日風光似旧遊＝〈十年の間、本蓮寺の山林の景色を夢みていたが、今日の景色は、十年前に遊山した時と同じだ〉。古月は十年前に本蓮寺を訪れたのであろう。／(2)満地落花僧院静、山川接属緑波洲＝〈地には落花が満ちて僧院は静かで、山川は緑色の波が寄せる中洲に連なっている〉。

【五八―二】下平声六麻韻

雲邊蘭若古、支杖涉途賖。一望圍千里、長流遶萬家。櫻花清似雪、松塢半籠霞。話茗老禪室、西牕烏脚斜。

＊

(1)雲辺、蘭若《らんにゃ》古《ふ》りたり、杖を支えて途賖《としょ》を渉《わた》る。(2)一望、千里を囲み、長流、万家を遶《めぐ》る。(3)桜花、雪よりも清く、松塢《しょうお》、半《なか》ば霞《かすみ》を籠《こ》む。(4)茗《めい》に話《かた》る老禅の室、西窓《せいそう》、烏脚《うきゃく》斜めなり。

＊

／(1)雲辺蘭若古、支杖涉途賖＝〈雲のたなびくあたりに建つ寺は古く、杖を頼りに遠い道をわたって行く〉。「蘭若」は、阿蘭若の略。【三七―一〇】注(4)を参照。ここでは、本蓮寺を言う。「賖」は、遠の義。／(2)一望囲千里、長流遶万家＝〈千里の果てまで一望すれば、長い川が万家をめぐり流れている〉。本蓮寺からの眺望。「長流」は、恐らく、一ツ瀬川のことであろう。／(3)桜花清似雪、松塢半籠霞＝〈桜花は雪の白さよりも清く、松の植わる土手は半ばかすみにおおわれている〉。「似」は、句中にあって比較を表わす助辞。／(4)話茗老禅室、西窓烏脚斜＝〈老住持の部屋で茶飲み話をしていると、西の窓には陽が沈みかけていた〉。「茗」は、茶の別名。「老禅」は、本蓮寺の住持人であろう。「烏脚斜」は、陽が沈む形容。「烏」は、太陽に棲むという三本足の烏。

【五九】下平声十一尤韻

謝金猊山大智方丈玉礀禪師芳訊。　［二月廿二日］

六環三渉向陽州、相揖寒温各唱酬。大智光明勿辞譲、金猊背上有來由。

＊

(1)金猊山大智方丈玉礀禅師の(2)芳訊《ほうじん》を謝す。　［二月廿二日］

(3)六環、三たび渉《わた》る、向陽州、相揖《あいいつ》して、寒温、各おの唱酬《しょうしゅう》す。(4)大智の光明、辞譲すること勿《な》かれ、金猊の背上、来由有り。

＊

(1)金猊山大智方丈玉礀禅師＝金猊山大智寺（大分市金池町。南禅寺派）。人物未詳。／(2)芳訊＝一般的には書簡の美称であるが、古月は、【五七】のように、来訊（来訪）の美称として用いる。／(3)六環三渉向陽州、相揖寒温各唱酬＝〈六環の錫杖が三たび日向に渡って来て、互いに時候の挨拶を交わした〉。「六環」は、六つの輪環がある錫杖。玉礀禅師を指す。「三渉」は、三度目の来訪ということか。「向陽州」は、他に例を見ないが、日向州の書き換えであろう。「相揖」は、互いに礼をすること。「寒温」は、時候の挨拶。／(4)大智光明勿辞譲、金猊背上有来由＝〈その大智の光明を謙遜することはない、あなたが金猊山に住しておられるのには、それだけの理由があるのだ〉。金猊山大智寺を二句に分けて、その住持である玉礀禅師を最大級にたたえるもの。「大智光明」は、勝れた智慧の光。『普曜経』に云く、『仏、初め利利王の家に生まれしとき、大智の光明を放ち、十方世界を照らす』」（『五灯会元』巻一・釈迦牟尼仏章）。「金猊」は、文殊菩薩が乗る金獅子。「有来由」は、しかるべき理由・根拠があるということ。

【六〇】上平声十一真韻

送曇靈和尚。　［濃州洞戸興徳寺現住也。夏于本山］

今時爲道烏曇鉢、吾嶂忽浮靈瑞新。◎身乏曾無炊別甑、秋蘭數朶吐芳唇。◎

＊

(1)曇霊和尚を送る。［濃州洞戸興徳寺の現住なり。(2)本山に夏《げ》す］

＊

(3)今時、道の為にすることは、烏曇鉢《うどんはつ》のごとし、吾が嶂《みね》、忽《たちま》ち霊瑞《れいずい》の新たなるを浮かぶ。(4)身、乏《とぼ》しうして、曾て別甑《べっそう》を炊《かし》ぐ無し、秋蘭数朶《しゅうらんすうだ》、芳唇《ほうしん》を吐く。

(1)曇霊和尚＝曇霊宗珪。大仙山興徳寺（岐阜県関市洞戸市場）の第四世。享保六年（一七二一）十月、前堂転位。明和四年（一七六七）五月十三日示寂。世寿七十七。『続禅林僧宝伝』第一輯・巻之中【一九八】に立伝。／(2)夏于本山＝大光寺、或いは自得寺で夏安居を修行したということ。／(3)今時為道烏曇鉢、吾嶂忽浮霊瑞新＝〈今時、仏道の為に修行する者は、烏曇鉢の如くまれだが、我が寺に、にわかに新しい霊瑞が浮かんだ〉。道号「曇霊」を二句に分けて、曇霊和尚の修道を頌す。「烏曇鉢」は、三千年に一度出現するという烏曇婆羅華（優曇鉢華）。「吾嶂」は、仏日山（大光寺）か天寿山（自得寺）。「霊瑞」は、優曇鉢華の開花。「浮」とあるから、寺の池に蓮花が咲いていたのであろう。／(4)身乏曾無炊別甑、秋蘭数朶吐芳唇＝〈私に徳がなくて、特別な送別の馳走も出来ないが、秋蘭の放つ芳香が馳走だ〉。「身乏」の「身」は、古月の自称。「炊別甑」は、特別に御馳走をあつらえること。禅録に頻出する「別甑炊香（別甑に香を炊く）」「別甑炊香飯」の略。「甑」は、こしき。「秋蘭」は、『楚辞』に多く出て有名。秋に花咲く菊科の植物。和名、ふじばかま。「吐芳唇」は、他に例を見ないが、秋蘭が花開く形容。「吐」は、秋蘭の香りに掛かり、「芳唇」は、花びらを言う花唇を、秋蘭にふさわしく言い換えたもの。

【六二】上平声五微韻

送悦禪人。　〔丹后智恩寺徒〕

再凌鯨海扣柴扉、商略禪觀與道機。秋入風聲促涼冷、六環鐵錫背鴻飛。

＊

悦禅人を送る。(1)　〔丹后智恩寺の徒〕

(2)再び鯨海《げいかい》を凌《しの》いで柴扉《さいひ》を扣《たた》き、商略す、禅観と道機と。(3)秋、風声に入って、涼冷を促《うなが》し、六環の鉄錫、鴻《おおとり》を背にして飛ぶ。

＊

(1)送悦禅人。〔丹后智恩寺徒〕＝悦禅人は、未詳。丹后智恩寺は、天橋山智恩寺（京都府宮津市文殊）。九世渡文殊で知られる。【三八―六】注(19)を参照。／(2)再凌鯨海扣柴扉、商略禅観与道機＝〈再び大海を越えて我が柴戸を叩き、坐禅と、それによって得られるはたらきについて商量したものだ〉。「鯨海」は、大海を言う譬喩語。／(3)秋入風声促涼冷、六環鉄錫背鴻飛＝〈秋の涼冷は、風音にも感じられ、そなたは、おおとりの翼を背中に着けて飛んでいくのか〉。悦禅人の送行を惜しむもの。「六環鉄錫」は、六つの輪環がある錫杖。ここでは、悦禅人を指す。「背鴻飛」の詩趣は、『詩経』国風・豳風《ひんぷう》・九罭《きゅうよく》の「鴻飛びて渚に遵《したが》う、公帰らば所無けんや、於女信処《ああなんじ》せよ

（ああ、せめてしばらくここに居れ）。鴻飛びて陸に遵《したが》う、公帰らば復《かえ》らざらんや、於女《ああなんじ》信宿せよ（ああ、せめてしばらくここに居れ）」が参考になるであろう。

【六二】下平声七陽韻

中秋月。［兼題。城中御會］

皓潔一天桂子香。高樓雅席坐清涼。玉池蘸影金風散、簾外遙傳曉漏長。

＊

中秋の月。［兼題(1)。城中の御会］

皓潔(2)たる一天、桂子香り、高楼の雅席、清涼に坐す。玉池(3)、影を蘸《ひた》して、金風散じ、簾外、遥かに暁漏《ぎょうろう》の長きを伝う。

＊

(1)兼題＝兼日題とも。あらかじめ出しておく題。／(2)皓潔一天桂子香、高楼雅席坐清涼＝〈清らかな空には木犀が香り、たかどのの清涼な雅席に坐している〉。上の句は、月中に生えるという桂樹に掛けて、月が清らかに輝いていることを詩的に表現したもの。／(3)玉池蘸影金風散、簾外遥伝暁漏長＝〈美しい池に映る月影を秋風が揺り動かし、すだれの外には、遠くから水時計の音が聞こえてくる〉。「蘸」は、ひたす、物を水中に入れる義。ここでは、玉池に月影が映っていること。「金風」は、秋風のこと。木火土金水の五行説で、金は秋に当たる。「暁漏」は、明け方の漏刻（水時計）。また、その音。「長」は、間遠いの意。遠くから水時計の音が聞こえるということ。

【六三】下平声十一尤韻

牧童。［右同］

鞭縄手熟幾多秋、蒻笠衝烟渉艸《ソ》丘。横笛聲中歡樂足、歸來臥月鼻齁齁。

＊

牧童。［右に同じ］

(1)鞭縄《べんじよう》、手熟《てじゆく》す、幾多《いくばく》の秋ぞ、蒻笠《じやくりゆう》、烟を衝《つ》いて、草丘《そうきゆう》を渉《わた》る。(2)横笛声中《おうてきせいちゆう》、歓楽足り、帰り来たり、月に臥して、鼻齁齁《はなこうこう》。

＊

(1)鞭縄手熟幾多秋、蒻笠衝烟渉草丘＝〈もう何年も牛飼いをして、鞭と手綱の扱いは手なれたもの、蒲《がま》で編んだ笠をかぶり、霞や靄の中、えさ場からえさ場へとわたり歩く〉。「蒻笠」は、蒻（若い蒲）で編んだ笠。「蓑衣《さい》蒻笠」と熟すことが多い。「草丘」は、牛が食べる草が生えている丘。／(2)横笛声中歓楽足、帰来臥月鼻齁齁＝〈牛の背に騎り、いい気持ちで牧笛を吹き、家に帰り着けば、月を枕に高いびき〉。帰家穏坐底の消息。「臥月」は、月明かりの中で眠ること。「齁齁」は、いびきの音。『句双葛藤鈔』に「飯に飽きて鼻齁齁」（典拠不詳）の語を採り、「よく悟得した境界では別に望み不足がないぞ、さるほどに飽飯鼻齁齁となり」と釈す。

【六四】下平声八庚韻

十四夜。［丙辰。小雨陰晴］

雨鼓金風秋有聲、雲弁《ヲヽフ》羅縠九分明。何須快霽期良夜、一息斷時隔一生。

＊

(1)十四夜。［丙辰《ひのえたつ》。小雨、陰晴《いんせい》］

＊

(2)雨、金風を鼓して、秋に声有り、雲、羅縠《らこく》を弁《おお》う、九分の明。(3)何ぞ須《もち》いん、快霽《かいせい》、良夜を期すことを、一息断《た》ゆる時、一生を隔《へだ》つ。

(1)十四夜。［丙辰。小雨陰晴］＝「十四夜」は、八月十四夜。待宵。「丙辰」は、元文元年（一七三六）。古月、七十歳。「陰晴」は、曇ったり晴れたり。／(2)雨鼓金風秋有声、雲弁羅縠九分明＝〈雨は秋風の中に降りそそいで音を立て、雲は薄絹のように十四夜の月をおおっている〉。「金風」は、秋風。【六二】注(3)を参照。「弁」は、蓋・覆の義。「羅縠」は、薄絹。「九分明」は、十分の九の明月。十四夜の月を言う。文明十七年（一四八五）の序を持つ『点鉄集』（収録語数最大の句集）に、『円機活法』巻一「十四夜月」詩を引いて（未見）、「只だ一夕の早きを争って、恰《あた》か九分の円を作《な》す」と。／(3)何須快霽期良夜、一息断時隔一生＝〈どうして良夜の快晴を待つのだ、一呼吸が止まれば、あの世に行くのだぞ〉。「隔一生」は、隔生・隔世。

【六五】下平声十一尤韻

十五夜。［大雨通夜］

正閲人間七十秋、桂魂可笑我閑遊。一盆熟芋一甌茗、孰《イツレ》若昔年庾亮樓。

*

十五夜。　［大雨通夜］

(1)正に閲《けみ》す、人間の七十秋、桂魂《けいこん》、我が閑遊を笑う可《べ》し。(2)一盆の熟芋《じゆくう》、一甌《いちおう》の茗《めい》、昔年の庾《ゆ》亮《りよう》が楼に孰若《いずれ》ぞ。

*

(1)正閲人間七十秋、桂魂可笑我閑遊＝〈もう七十歳だというのに、月はきっと、私のこのいたずらな遊びを笑うであろう〉。元文元年、古月、七十歳。「人間」は、人間世。「桂魂」は、未見の言葉だが、月光を言う「月魂」の「月」を、月桂の「桂」に換えたものであろう。更に「魂」字を用いて、月を擬人化している。月と桂に関しては、【一〇—四四—①】注(1)を参照。「閑遊」は、ここでは、観月。なぜ月が笑うかと言えば、雨で月も出ていないのに月見をしているから。／(2)一盆熟芋一甌茗、孰若昔年庾亮楼＝〈一盆の芋煮、一碗の茶、粗末な我が月見ではあるが、かつての庾亮楼の月見に劣るまい〉。「熟芋」は、十五夜に供えて食べる芋煮。「茗」は、茶の別名。「孰若」は、前者と後者とを比べてみてどうであるかの意。「庾亮楼」は、晋の庾亮（庾公）が、江州の鎮であった時に建てた楼。月見の縁語。【一〇—三六—①】注(1)を参照。

【六六】上平声一東韻

喜奉迎高駕。時梅花紅白開。聊賦小詩上近侍右。

千溪萬嶽一春風、數樹梅花競白紅。景物自供雅遊好、團蒲日暖竹窓中。

(1)高駕を迎え奉るを喜ぶ。時に梅花紅白開く。聊《いささ》か小詩を賦して近侍の右に上《たてまつ》る。

*

(2)千渓万岳、一春風、数樹の梅花、白紅を競う。(3)景物、自《おの》ずから雅遊の好きに供す、団蒲《どんふ》、日暖《ひあたた》かなり、竹窓の中。

*

(1)高駕＝島津惟久公、或いは忠雅公の御来駕。／(2)千渓万岳一春風、数樹梅花競白紅＝〈どこかしこの山川も春一色、我が山では、数樹の梅花が紅白に競い開いている〉。／(3)景物自供雅遊好、団蒲日暖竹窓中＝〈そんな景色が、喜ばしい雅遊をもてなし、竹窓の中、座布団も春の陽光に暖まっている〉。この「団蒲」は、島津公に用意したもの。宋人が、背中を日に曝《さら》して、そのぬくもりを君に献じようとした献暄《けんけん》の故事を踏まえたもの。故事は、【一〇一五五】注(3)を参照。献暄は、微々たる忠義を言う。

【六七】下平声八庚韻

重遊明良軒。［明良軒別構小亭。風物如畫、不堪默止、係小詩云］

天容靖退遂功名、江上茅亭養深情。縮得五湖千萬頃、一窓景致蔑人爭。

*

重ねて(1)明良軒に遊ぶ。［明良軒、別に小亭を構う。風物、画の如く、黙止するに堪《た》えず、小詩を(2)係《か》くと云う］

(3)天、靖退《せいたい》を容《ゆる》して功名を遂ぐ、江上の茅亭《ぼうてい》、深情を養う。(4)五湖千万頃《けい》を縮め得て、一窓の景致、人の争いを蔑《ないがし》ろにす。

＊

(1)明良軒＝天神村にある樺山家の別荘。【四八】を参照。／(2)係＝繋の義。小亭の風物を一幅の画として、その画の下に小詩をつなげるという詩的表現。／(3)天容靖退遂功名、江上茅亭養深情＝〈功名を遂げて隠居するのは、天がお許しになられたこと、河のほとりの茅亭で、深い心中を養われるがよい〉。ここの「天容」は、【三―四】などにある「天縦」に同意。天が縦《ゆる》してほしいままにさせること。「靖退」は、靖《つつし》み退《しりぞ》くこと。『老子』に「功成りて居《お》らず、夫《そ》れ唯だ居らず」「功成り名遂げて身退くは天の道なり」と。明良軒の主人は、別に構えた小亭に隠居するのであろう。／(4)縮得五湖千万頃、一窓景致蔑人争＝〈五湖の三万六千頃がここに凝縮され、一窓からの眺めは、人の世のゴタゴタをさげすんでいる〉。「五湖」は、太湖のこと。周囲三万六千頃と言われる。ここに「五湖」を用いるのは、越王句践《こうせん》を助けて呉を亡ぼしたのち、五湖に舟を浮かべて消息を断った范蠡《はんれい》の故事を踏まえたもので、明良軒の靖退をたたえると共に、下の「蔑人争」に掛かって行く。

【六八】下平声十一尤韻

中秋。［陰。此日大光主盟提唱虚堂録、一衆過三千指］

草砌蟲吟爽氣稠、竹欄獨賞月明秋。茅堂甘寂水雲客、指話幾多論祖猷。

＊

中秋。［陰《くもり》。此の日、(1)大光の主盟、『虚堂録』を提唱す、一衆、三千指を過ぐ］
(2)草砌《そうせい》、虫吟じて、爽気、稠《こま》やかなり、竹欄、独《ひと》り賞す、月明の秋。(3)茅堂《ぼうどう》、寂を甘なう、水雲の客、指話、幾多《いくばく》か祖猷《そゆう》を論ぜん。

＊

(1)大光主盟＝大光寺住持の翠巌従真。【一〇―二八】注(2)を参照。「主盟」は、住持人のこと。／(2)草砌虫吟爽気稠、竹欄独賞月明秋＝〈草の生えた石段には虫が鳴いて秋も深まり、私は菊を囲う竹垣に寄り添って、中秋の月をめでている〉。中秋の景色。古月は隠居しているので、このような表現になる。／(3)茅堂甘寂水雲客、指話幾多論祖猷＝〈大光寺の僧堂では、三百人の雲水が枯淡に堪え、この月に因んで、祖師の道を語り合っているのであろう〉。下の句は、翠巌が提唱している『虚堂録』巻二「中秋上堂」に「僧問霊山話月曹渓指月意旨如何」に始まる問答があることに因む。「霊山話月曹渓指月」は、玄沙師備の以下の説語による。「且《しばら》く、『吾れに正法眼蔵有り、大迦葉に付嘱す』と道《い》うが如きは、我れは道わん、猶お月を話《かた》るが如しと。曹渓が払子を竪《た》つるも、還《ま》た月を指さすが如し」（『五灯会元』巻七）。「霊山」は、霊山会上での釈尊と摩訶迦葉との拈花微笑を指す。「曹渓」は、曹渓山に住した六祖慧能のことだが、つぶさには、石頭希遷と青原行思との以下の問答を指す。「師（青原）、復た遷《ま》（石頭）に問う、『汝は、甚麼《いずれ》の処よりか来たる』。曰く、『曹谿』。師、乃《すなわ》ち払子を挙して曰く、『曹谿に還って這箇《しゃこ》有りや』。（石頭）曰く、『但だ曹谿のみに非ず、西天にも亦た無し』」（『五灯会元』巻五・青原行思章）。『汾陽無徳語録』巻上の上堂に「霊山話月、曹渓指月。月は什麼《いずれ》の処にか在る。我れに指出して看よ。直《じき》に禅和に報ず。天上に向かって覓《もと》むること莫《な》くんば好し」と。

【六九】下平声一先韻

重遇提唱十刹録、感喜不可言。維時春小月良蓂莢七敷。恭陪齋筵之次、打野偈以奉呈眞前。

當機一句骨毛穿、天澤恩波無際邊。濫稱兒孫頂絲白、爐熏深炷涙潸然。

＊

重ねて(1)『十刹録』を提唱するに遇い、感喜、言う可《べ》からず。維《こ》れ時、(2)春の小、月の良、蓂莢七敷《めいきょうしちふ》す。恭《うやうや》しく斎筵に陪するの次《つい》で、野偈を打し、以て真前に奉呈す。
(3)当機の一句、骨毛を穿《うが》つ、天沢の恩波、際辺無し。(4)濫《みだ》りに児孫と称して頂糸白《ちょうし》し、炉熏、深く炷《た》いて、涙潸然《なみだせんぜん》。

＊

(1)十刹録＝『虚堂録』の別称。興聖・報恩・顕孝・瑞巌・延福・宝林・育王・柏巌・浄慈・径山の十寺に住した虚堂智愚の『語録』。提唱したのは、翠巌従真。前篇の底本注記を参照。／(2)春小月良蓂莢七敷＝十月七日。咸淳五年（一二六九）十月七日に遷化した虚堂の忌日。この表記は、『虚堂録』巻九「達磨忌拈香」の「月良春小蓂莢五敷」に倣ったもの。「春小」「月良」は、十月の異名。「蓂莢」は、堯の時に生えたという瑞草で、月の一日から十五日まで日毎に一莢ずつ生え、十六日から晦日まで、毎日一莢ずつ落ち始めたので、これに依って暦を作ったと言う。「七敷」の「敷」は、開くの意。／(3)当機一句骨毛穿、天沢恩波無際辺＝〈この日、翠巌が唱えた一句は、虚堂和尚の身体を貫き通し、和尚の恩沢は限りなく行き渡った〉。「天沢恩波」は、天子の恩沢ということだが、ここでは、虚堂の恩沢。虚堂は、遷化の間際、朝廷の恩を感じて「天沢」という小庵を建てて墓塔を築き、死後、そこに埋葬された。／(4)濫称児孫頂糸白、炉熏深灶涙潸然＝〈みだりに児孫と称して頭は白くなった、一弁の香を炉中に焚き、さめざめと涙が流れる〉。

【七〇】下平声九青韻

恭謝伊氏恵五月菊數本。
玉蘂魁秋滿一庭、定知花伴屈平醒。數本恵來北牕下、香風自是制頽齡。

＊

恭《うやうや》しく(1)伊氏の(2)五月菊数本を恵むを謝す。
(3)玉蘂、秋に魁《さきが》けて、一庭に満つ、定んで知る、花の、屈平《くっぺい》が醒《せい》たるに伴《ともな》うことを。(4)数本、恵み来たる、北窓《ほくそう》の下《もと》、香風、自ずか是れ頽齢《たいれい》を制す。

＊

(1)伊氏＝【三九―四三】に伊氏子亮、【三九―四四】に伊氏谷神軒の名が出るが不詳。／(2)五月菊＝夏に咲く菊。詩題にも用いられる。夏菊とも。／(3)玉蘂魁秋滿一庭、定知花伴屈平醒＝〈玉のような花が、秋にさきがけて庭に満ちている、きっとこの花は、常に醒めていた屈原のともがらなのであろう〉。「屈平醒」は、常に醒めていた屈原。屈原、名は平。戦国時代の楚の政治家で詩人。政界から放逐され、楚の国運を嘆き、石を抱いて汨羅江《べきらこう》に入水自殺した。その「漁父の辞」に「衆人皆な酔いて、我れ独《ひと》り醒めたり」と。屈原は、「夕《ゆうべ》に秋菊の落英を餐《くら》う」（『楚辞』離騒）と歌い菊を愛した。／(4)数本恵来北窓下、香風自是制頽齢＝〈その数本を北の窓辺に恵んで下された、その香風は、寄る年波から来る衰えをよくとどめてくれる〉。詩趣から想像するに、この時、古月は老病に臥せっていたか。「北窓」は、よく「北窓に臥す」と歌われる。「制頽齢」は、黄山谷の「王郎を送る」詩に「酒は胸次の磊隗《らいかい》たるに澆《そそ》ぎ、菊は短世の頽齢を制す」。陶淵明の「九日閑居」詩に「酒は能《よ》く百《もも》の慮《うれ》いを祛《はら》い、菊は解《よ》く頽齢を制す」と。菊には年齢とともに来る衰えをとどめる力があると信じられた。

【七二】上平声十灰韻

戊午中秋。　［霖雨及十六七夜大雨洪水］

妬月暮雲促雨來、忽聽東海鼓風雷。一盆熟芋供茶話、不惹庾樓袁渚埃。

＊

(1)戊午《つちのえうま》の中秋。　［(2)霖雨《りんう》、十六七夜に及び、大雨洪水］

(3)月を妬《ねた》む暮雲、雨を促《うなが》し来たり、忽《たちま》ち聴く、東海に風雷を鼓することを。(4)一盆の熟芋《じゆくう》、茶《さ》話《わ》に供す、庾楼袁渚《ゆろうえんしよ》の埃《ちり》を惹《ひ》かず。

＊

(1)戊午＝元文三年（一七三八）。古月、七十二歳。／(2)霖雨＝ながあめ。／(3)妬月暮雲促雨来、忽聴東海鼓風雷＝〈月の美しさに嫉妬する暮雲が雨を急《せ》かせ、たちまちのうちに、東海は、風や雷の音を聴くことになった〉。／(4)一盆熟芋供茶話、不惹庾楼袁渚埃＝〈一盆の芋煮をともに茶飲み話をしている、今宵は霖雨で、庾亮や袁宏も来ないので、彼等が立てるチリやホコリにこの月は汚されることはない〉。「熟芋」は、十五夜に供えて食べる芋煮。「庾楼」は、晋の庾亮（庾公）が、江州の鎮であった時に建てた楼。月見の縁語。【一〇—三六—①】注(1)を参照。「袁渚」は、『蒙求』一一二一「袁宏泊渚《えんこうはくしょ》」の略。これも月見に関する故事。

【七二】上平声十四寒韻

中秋月。［城中兼題］

中秋蟾桂照、香氣滿林巒。不用梯雲術、豈追燕渚歡《タノシミ》。玉池侵席冷、氷鏡泛光寒。高會賞心別、何辭通夜看。

＊

中秋の月。［城中(1)兼題］

(2)中秋、蟾桂《せんけい》照れり、香気、林巒《りんらん》に満つ。(3)雲に梯《はしご》するの術を用いず、豈《あ》に渚《なぎさ》に燕《えん》するの歓《たの》しみを追わんや。(4)玉池、席を侵《おか》して冷たく、氷鏡、光を泛《うか》べて寒し。(5)高会、賞心別なり、何ぞ通夜《よもすが》ら看ることを辞せん。

＊

(1)兼題＝兼日題とも。あらかじめ出しておく題。／(2)中秋蟾桂照、香気満林巒＝〈中秋、月明かりが、林や山を照らしている〉。「蟾桂」は、月の異称。【一〇—四四—①】注(1)を参照。「香気」は、桂に掛けてのもの。／(3)不用梯雲術、豈追燕渚歓＝〈雲に梯子を架ける道術など不用、どうして歓びの酒盛りなどを求めようぞ〉。「梯雲術」は、唐の玄宗帝が、月に登って遊んだという故事。「羅公遠（道士）、天宝の初、玄宗に侍す。八月十五日の夜、宮中に月を翫《もてあそ》んで曰く、『陛下、能《よ》く臣に月中に従って游ぶや』。乃《すなわ》ち一枝の桂を取り、空に向かって之れを擲《なげう》ち、化《け》して一橋と為《な》す。其の色、銀の如し。上を請して同《とも》に登る。約《およ》そ行くこと十数里。遂に大城の闕《けつ》に至る。公遠曰く、『此《ここ》は月宮なり』。仙女数百有って、素練寛衣《それんかんい》、広庭に舞う。……」（『逸史』）。「燕渚歓」は、『詩経』大雅・生民之什・鳧鷖《ふえい》の「鳧鷖、渚に在り、公尸《こうし》、来《ここ》に燕し来《ここ》に処《やす》らう」に基づき、歓燕（歓宴・宴飲）を言うもの。／(4)玉池侵席冷、氷鏡泛光寒＝〈月の光りが美しい池に映り、城中観月の席はいよいよ秋冷〉。この二句は倒置されており、「氷鏡泛玉池、光寒侵席冷（氷鏡、玉池に泛《うか》び、光寒、席を侵して冷たし）」となるべきもの。／(5)高会賞心別、何辞通夜看＝〈高尚な御会、景色をめでる心も格別、どうして夜通しの月見を断ろうぞ〉。「高会」は、城中でのこの観月会。

【七三】下平声十一尤韻

池亭。

蓬瀛千萬頃、歳月幾多秋。松老浸龍影、艸芳遶鶴洲。牕前攀月坐、橋上躡虹浮。佳致供歓樂、清虚可職《モト》由《シル》。

＊

(1)池亭。

(2)蓬瀛《ほうえい》、千万頃《けい》、歳月、幾多《いくばく》の秋ぞ。(3)松、老いて龍影を浸《ひた》し、草、芳《かお》って鶴洲を遶《めぐ》る。(4)窓《そう》前《ぜん》、月を攀《よ》じて坐し、橋上、虹の浮かぶを躡《ふ》む。(5)佳致《かち》、歓楽を供す、清虚《せいきょ》、職《もと》とし由《よ》る可《べ》し。

＊

(1)池亭＝池のほとりの亭（あずまや）。／(2)蓬瀛千万頃、歳月幾多秋＝〈広々とした池には、蓬莱と瀛洲との二仙山が浮かんでいるが、幾歳月を経ているのであろうか〉。「蓬瀛」は、仙山の名。「海中に三神山有り、名づけて蓬莱、方丈、瀛洲と曰う、僊人、之れに居す」（『史記』秦始皇本紀）。／(3)松老浸龍影、草芳遶鶴洲＝〈龍の姿をした老いた松が池面に映り、草はよい香りを鶴の遊ぶ中洲にめぐらせている〉。「鶴洲」は、鶴のいる洲。梟渚《ふしょ》（かもの遊ぶ渚）と対で用いられる。／(4)窓前攀月坐、橋上躡虹浮＝〈窓辺に坐って月を楽しみ、虹の架かる橋を歩く〉。「攀月」は、前篇の注(3)を参照。ここでは、観月の譬喩。下の句は、虹のことを虹橋と言うことからの句。／(5)佳致供歓楽、清虚可職由＝〈良い景色が、尽きない歓びを与えてくれる、この池亭の清らかさは、しかるべき所から起こっているのだ〉。「職由《しょくゆう》」は、『詩経』小雅・節南山之什・十月之交の「職競由人（職《おも》に競に人《まこと》に由《ひと》る《よ》）」による言葉で、物事の起こり基づく所という意。「職」は、主の意で、古くは、底本の如く、「モト（もと）」と訓んだ。「職《もと》として汝《いまし》の由《ゆえ》なり」（『日本書紀』巻十九）。

【七四】下平声一先韻

送元敬首座轉籍於法山。

大法千鈞荷一肩、祖禪何在口唇邊。行行積雪消融日、微笑塔前花柳鮮。

＊

(1)元敬首座が(2)籍を法山に転ずるを送る。

[3]大法千鈞、一肩《いつけん》に荷う、祖禅、何ぞ口唇辺《くしんへん》に在らんや。[4]行け行け、積雪消融の日、微笑塔前、花柳鮮《あざや》かならん。

＊

(1)元敬首座＝拙堂元敬。友梅と号す。大光寺の四十四世。元文四年（一七三九）二月、翠巌従真の法嗣として前堂転位。明和三年（一七六六）の春、姫路の東光寺に応請したが、会中、病にかかり、二月九日（寺伝では十四日）示寂。『続禅林僧宝伝』第一輯・巻之中【一九六】に立伝。本篇は、元敬が、垂示式を行なうために妙心寺に上山した時の送別の偈。／(2)転籍於法山＝【三八—二】注(2)を参照。／(3)大法千鈞荷一肩、祖禅何在口唇辺＝〈これから千鈞の大法をその一肩に担うのだ、祖師禅は、言葉の上にはないぞ〉。「口唇辺」は、くちもと。垂示式では、宗要を挙揚するが、或いは、元敬は口べたであったか。下の句は、そんな元敬を励まし送る一句で、転句の「行け行け」に続くものと読みたい。／(4)行行積雪消融日、微笑塔前花柳鮮＝〈行くがよい、積雪も融けるこの日、微笑塔の前には花が咲き、柳も芽吹いておろう〉。「微笑塔」は、妙心寺開山堂。ここで垂示式を行なって座元となり、僧籍簿に加えられる。「花柳鮮」は、拈花微笑の故事に基づく。そこには、一言の言葉も発せられない。

＊

【七五】下平声六麻韻

普請示衆。

拽石且勞搬土外、更談佛法總爲邪◎。飢飡渴飲憩松下、多少風流屬自家◎。

(1)普請示衆《ふしんじしゅ》。

(2)拽石《えいせき》、且つ搬土《はんど》に労するの外《ほか》、更に仏法を談ずれば、総《すべ》て邪と為《な》る。(3)飢飡渇飲《きさんかついん》、松下に憩《いこ》う、多少の風流、自家に属す。

*

(1)普請示衆＝普請に因んでの示衆。「普請」は、普《あまね》く請《こ》う。一山総出の作務。／(2)拽石且労搬土外、更談仏法総為邪＝〈石を曳き、土を運ぶことのほかに、更に仏法などを論じれば、すべてそれは邪法となる〉。「拽石」「搬土」は、四字で拽石搬土《えいせきはんど》と熟す。土木作業のこと。／(3)飢飡渇飲憩松下、多少風流属自家＝〈腹が減れば食い、喉が渇けば飲み、松の下で休む、これほどの風流が、めいめい自分のものだ〉。「多少」は、許多の義。「風流」は、俗事を離れた高尚な遊び。「自家」は、自分。ここでは、各各自家。

【七六】上平声十一真韻

中秋。　［己未］

幾遇中秋月色新、終無佳句至驚人。今宵對雨愁衰老、難得重來快霽辰。

*

中秋。　［(1)己未《つちのとひつじ》］

(2)幾たびか中秋月色の新たなるに遇うも、終《つい》に佳句の、人を驚かすに至る無し。(3)今宵《こんしょう》、雨に対して衰老を愁《うれ》う、得難し、重ねて来たる、快霽《かいせい》の辰《とき》。

(1)己未＝元文四年（一七三九）。古月、七十三歳。／(2)幾遇中秋月色新、終無佳句至驚人＝〈幾たびも中秋の美しい明月を見て来たが、とうとう人を驚かせるような名句は作れなかった〉。立派な妙句や詩を、驚人句・驚人詩などと言う。／(3)今宵対雨愁衰老、難得重来快霽辰＝〈今宵《こよい》は雨で月も出ず、年老いて衰えた我が身を悲しんでいる、再び快晴の夜に逢えるのは難しかろう〉。

＊

【七七】下平声七陽韻

恭謝光福玉洲和尚錦旋故園遠顧弊廬。

董席福山徳以光、具瞻皈錦映家郷。不憑鄭重講交誼、金錫争經梓嶺長。

＊

恭《うやうや》しく(1)光福の玉洲和尚が(2)故園に錦旋《きんせん》され、遠く弊廬《へいろ》を顧みらるるを謝す。

(3)席を福山に董《ただ》して、徳以て光れり、具《とも》に瞻《み》る、帰錦《ききん》の、家郷に映ずることを。(4)鄭重に交誼《こうぎ》を講ずるに憑《よ》らずんば、金錫《こんしゃく》、争《いか》でか梓嶺《あずさみね》の長きを経ん。

＊

(1)光福玉洲和尚＝玉洲祖億。大洞山光福寺（千葉県香取市寺内）の十三世。豊後大野郡の人。元禄九年（一六九六）九歳にて臼杵の多福寺の大機祖全を拝して出家。大機示寂後は、後住の愚門祖深に師事。享保十五年（一七三〇）定山寂而（【八一三】注(10)を参照）に嗣法し、翌年、下総の光福寺に入り、最期は、後花園天皇陵のある京都大応寺を復興し、明和六年（一七六九）九月十五日、大応寺にて示寂。世寿八十二。天龍寺の桂洲道倫が撰した編年体行状記「大応禅師玉洲和尚行録」がある。『続禅林僧宝伝』第一輯・巻之中【二〇二】に立伝。その「玉洲和尚行録」元禄十五年の状に「多福の雪安居、日州の材首座〔古月和尚なり〕」、『江湖集』を講ず。師（玉洲）、之れを聴きて、些《いささ》かの覚知有り」と。／(2)錦旋故園遠顧弊廬＝元文四年（一七三九）のこと。「秋、海を豊後に渡り、俗兄の柏翁を訪う。日州に過《いた》って、古月和尚を訪う。冬を豊後の多福寺に過ごす」（「行録」）。「錦旋故園」は、錦を着て故郷に帰る。「弊廬」は、自己の住居の謙称。／(3)董席福山徳以光、具瞻帰錦映家郷＝〈光福寺の法席を董して徳光は輝き、故郷に輝く錦の衣を衆人が共に仰ぎ見ている〉。「具瞻」は、衆人が具《とも》に瞻《あおぎみ》るという意。「具」は、倶に通じる。『詩経』小雅・節南山之什・節南山の「節たる彼《か》の南山、維《こ》れ石巌巌たり。赫赫たる師尹《しいん》、民具《とも》に爾《なんじ》を瞻《み》る」に基づく言葉。／(4)不憑鄭重講交誼、金錫争経梓嶺長＝〈交情を大切に重んじて下さればこそ、梓嶺《あずさみね》を越えてわざわざ来て下されたのだ〉。「講」は、重んじるの意。現代中国語でも、友情を重んじることを講交情と言う。「金錫」は、錫杖の美称。「梓嶺」は、宮崎県旧北川町（延岡市）と大分県旧宇目町（佐伯市）との境にある山。標高五七九メートル。山頂が、日向と豊後との国境であった。

【七八】上平声十四寒韻

中秋撝退鼓隠遁于骨清堂。賞明月聊書懐。

時當中秋隱翠巒、松間明月夥奇觀。蟲聲唧唧荻花外、孤影伴笻興轉寛《ユルシ》。

*

[1]中秋、退鼓《たいく》を撾《う》って骨清堂に隠遁す。明月を賞して聊《いささ》か懐《おも》いを書す。

[2]時、中秋に当たり、翠巒《すいらん》に隠る、松間の明月、奇観夥《おお》し。[3]虫声、唧唧《そくそく》たり、荻花《てきか》の外、孤影、笻《つえ》を伴って、興、転《うた》た寛《ゆる》し。

*

(1)中秋撾退鼓……＝『伝記』享保十九年（一七三四）、古月六十八歳の条に「八月十五日、骨清堂に隠遁して、弟子禅興をして自得の席を董《ただ》さしむ。退隠の偈有り、『(次篇の偈)』」とある。「骨清堂」は、この前年、天寿山自得寺内に結ばれた隠遁所。【四〇】注⒆を参照。「退鼓」は、【四一】注(3)を参照。／(2)時当中秋隠翠巒、松間明月夥奇観＝〈時は中秋に当たり、青々とした山中に隠遁した、松の木の間にかかる明月は、すぐれた景観に富んでいる〉。／(3)虫声唧唧荻花外、孤影伴笻興転寛＝〈秋の虫は、荻《おぎ》の花の咲くあたりにそくそくと鳴き、独り月影に映る私は、杖を伴にして、のびやかに楽しんでいる〉。「唧唧」は、虫の鳴き声。「孤影」は、独り翠巒に隠れている古月の月影。「笻」は、杖を作るのに適した竹の一種。転じて杖を言う。

【七九】下平声八庚韻

退隠口號。

三十年來立化城、點過寶所接群情。累思寂室好言語、死在岩根骨亦清《カラン》。

*

[1]退隠の口号。

(2)三十年来、化城《けじょう》を立て、宝所《ほうじょ》を点過して群情を接す。(3)累《しき》りに思う、寂室の好言語、死して岩根に在らば、骨も亦た清からん。

*

(1)退隠口号＝前篇の注(1)を参照。「口号」は、詩題の一つで、文字に書かず、心に浮かぶままにすぐ吟詠するもの。／(2)三十年来立化城、点過宝所接群情＝〈三十年このかた方便の城を立て、どうすれば衆生を真の涅槃城に導くことが出来るかと子細に点検して来た〉。「化城」は、『法華経』化城喩品に説く、真の涅槃城に到るまでの途上に化作された城。「点過」は、子細に点検すること。「宝所」は、化城に対して真の涅槃城を言う。／(3)累思寂室好言語、死在岩根骨亦清＝〈寂室禅師の好言語をしきりに思い出す、「死して岩根に在らば、骨も亦た清からん」と〉。「寂室好言語」は、近江永源寺開山、寂室元光の「金蔵山の壁に書す二首（書金蔵山壁二首）」の第二首、「風、飛泉を攪《か》いて、冷声を送る、前峰、月上って、竹窓明らかなり。老来、殊に覚ゆ、山中の好きことを、死して巌根に在らば、骨も也た清からん（風攪飛泉送冷声、前峰月上竹窓明。老来殊覚山中好、死在巌根骨也清）」。

【八〇】

閑似亭八景。　［大守別荘、在于天神村］

*

(1)閑似亭八景。　［大守の別荘、(2)天神村に在り］

*

(1)閑似亭八景＝「閑似」は、閑《しず》かなること……に似たりという意。以下、八詩の詩題は、瀟湘八景の瀟湘夜雨・漁村夕照・遠浦帰帆・山市晴嵐・平沙落雁・洞庭秋月・煙寺晩鐘・江天暮雪になぞらえている。なお、瀟湘八景は、北宋時代に成立した画題。／(2)天神村＝【四八】注(1)を参照。

【八〇―一】上平声一東韻

狐篤夜雨。

怪禽叫去雨朦朧、人坐瀟湘烟雨中。數點船燈蘆葦外、蓬〔篷〕牕滴碎異郷忡。

＊

狐篤の夜雨。

(1)怪禽《かいきん》、叫《な》き去って、雨朦朧《もうろう》、人は瀟湘烟雨《しょうしょうえんう》の中に坐す。(2)数点の船灯、蘆葦《ろい》の外、篷窓《ほうそう》、滴《てき》砕《さい》す、異郷の忡《うれい》。

＊

(1)怪禽叫去雨朦朧、人坐瀟湘烟雨中＝〈不思議な小鳥が鳴き去って雨はおぼろに降り、閑似亭に集う人々は、瀟湘の霧雨《きりさめ》の中に居られる心持ち〉。「瀟湘」は、湖南省洞庭湖以南、零陵付近で瀟水と湘水との合する以北を言い、風景絶佳の地。詩題の注(1)を参照。／(2)数点船灯蘆葦外、篷窓滴砕異郷忡＝〈数点の船明かりがアシの茂るそとに灯り、篷《とま》をかけた船の窓を打つ雨は、異郷にいる憂愁をつのらせる〉。「異郷」は、承句の「瀟湘」を受ける。「異郷忡」の詩趣は、第五詩の転結句を参照。

【八〇―二】上平声五微韻

田上夕照。

爨烟處處映斜暉。竹戸松門緑打圍。指點西山烏脚痩、《タルヲ》牧童一隊引牛歸。

*

田上の夕照。

(1)爨烟《さんえん》、処処、斜暉《しやき》に映じ、竹戸松門、緑、打囲《だい》す。(2)西山に烏脚《うきやく》の痩せたるを指点して、牧童の一隊、牛を引いて帰る。

(1)爨烟処処映斜暉、竹戸松門緑打囲＝〈爨《かまど》から立ち上る煙りは、どこもかしこも夕陽に映え、竹や松の門戸は、緑に囲まれている〉。／(2)指点西山烏脚痩、牧童一隊引牛帰＝〈牧童の一隊は、西山に沈もうとする夕陽を指さし、牛を連れて家に帰って行く〉。「烏脚痩」は、陽が沈む形容。「烏」は、太陽に棲むという三本足の烏。

*

【八〇―三】下平声八庚韻

王子歸帆。

社鼓聲乾弄晩晴。碧雲萬里海波平。皈帆載月知多少、嶋外風烟畫不成。

*

王子の帰帆。

(1)社鼓《しゃこ》、声乾《おとかわ》いて、晩晴を弄し、碧雲万里、海波平らかなり。(2)帰帆、月を載す、知んぬ多少ぞ、嶋外の風烟、画《えが》けども成らず。

＊

(1)社鼓声乾弄晩晴、碧雲万里海波平＝〈祭りの太鼓はよく響きわたり、夕暮れの晴れを楽しみ、見渡す限りの海は穏やかで、みどりの雲がたなびいている〉。「社鼓」は、立春後、及び立秋後の第五の戊《つちのえ》の日に土地の神を祭るが、その際に鳴奏される鼓楽。「声乾」は、音や声が、清くてよく響く形容。／(2)帰帆載月知多少、嶋外風烟画不成＝〈たくさんの帆掛け船が、明月を乗せて帰って来るが、島外のこの景色は、絵にも描けない〉。「載月」は、船子徳誠の詩句、「夜静かに水寒うして魚食《は》まず、満船空《むな》しく月明を載せて帰る」に基づく禅録頻出語。「知多少」は、数知れないという意。「知」は、「知んぬ」と読み、不知の意。「風烟」は、景色。

【八〇―四】下平声十二侵韻

徳淵晴嵐。

江流吹霽氣蕭森、雲影斷虹蘸水心。相喚相呼舟子鬧、蒲帆影裡夕陽沈。

＊

徳淵の(1)晴嵐《せいらん》。

(2)江流、霽《せい》を吹いて、気、蕭森《しょうしん》、雲影断虹《うんえいだんこう》、水心に蘸《ひた》る。(3)相喚《あいよ》び相呼《あいよ》んで、舟子鬧《さわ》がし、蒲《ほ》帆影裡《はんようり》、夕陽《せきよう》沈む。

*

(1)晴嵐＝晴天の日に立ちのぼる山気。／(2)江流吹霽気蕭森、雲影断虹蘸水心＝〈雲も晴れて雨も上がり、天気はものさびしく、雲や虹が川面に映っている〉。「吹霽」は、【五〇】にあった「吹晴」に同意。雲が風に吹かれて晴れるという意。「蕭森」は、ものさびしいさま。「断虹」は、きれぎれの虹。「蘸」は、ひたす、物を水中に入れる義。ここでは、雲や虹が川の流れに映っていること。／(3)相喚相呼舟子閙、蒲帆影裡夕陽沈＝〈そんな中、船頭達は騒がしく声を掛け合い、蒲《がま》の帆影に夕陽が沈んでいくなか、急いで帰って行く〉。

【八〇―五】下平声八庚韻

横濱落雁。

一抹青松従海生、辭雲寒鴈幾聲聲。客船此夕奈愁恨、呼起故園萬里情。

横浜の(1)落雁《らくがん》。

(2)一抹の青松、海より生じ、雲を辞する寒雁《かんがん》、幾声声。(3)客船、此の夕《ゆうべ》、愁恨を奈《いかん》せん、呼び起こす、故園、万里の情。

*

(1)落雁＝降り立つ雁《かり》。／(2)一抹青松従海生、辞雲寒雁幾声声＝〈海辺には筆で一はきした如き青松が生え、たくさんの寒雁が、鳴きながら雲の上から降りて来る〉。「一抹」は、景物などに用いる詩的表現で、一条・一片の義。

*

「従海生」は、「横浜」に因んだもので、浜辺に生える松を浜松《ひんしょう》と言う。「寒雁」は、寒空を飛ぶ雁。／(3)客船此夕奈愁恨、呼起故園万里情＝〈夕方、客船の中で、この寒雁の鳴き声を聞いていると、遠く離れた故郷のことが思い出されて愁いにたえない〉。「呼起」は、雁が呼び起こすということ。

【八〇―六】上平声十四寒韻と下平声十二侵韻だが通韻の関係にはない

湊柱秋月。

山色秋光満古壇、寒 桂輪影落玉欄干。寒 夜閑更深感殊夥、神徳和光一片心。侵

(1)湊柱の秋月。

*

(2)山色秋光、古壇に満つ、桂輪、影《かげ》落つ、玉欄干。(3)夜閑《よるしず》かに、更《こう》深《ふ》けて、感、殊に夥《おお》し、神徳、光りを和らぐ、一片心。

*

(1)湊柱＝水門柱《みなとばしら》を二字で表記したもの。佐土原の明神山に鎮座する神社。祭神は、速秋津日乃神。／(2)山色秋光満古壇、桂輪影落玉欄干＝〈秋景色に満たされたこの古い祭壇、月影は美しい欄干を照らしている〉。「古壇」は、古い祭壇。ここでは、水門柱神社。／(3)夜閑更深感殊夥、神徳和光一片心＝〈夜は深々と更けていき感慨は無量、神の御心が、ここに表われている〉。「和光」は、和光同塵。『老子』の「其の光りを和らげ、其の塵を同じうす」からの言葉だが、ここでは、桂輪（月光）に掛けられている。「一片心」は、まごころ、真実心のこと。

【八〇―七】上平声十一真韻

久峯晩鐘。

大悲閣上晩鐘頻、穿霧透雲訴遠津。海月影生孤榻畔、聲聲百八絶聞塵。

*

(1)久峰の晩鐘。

(2)大悲閣上、晩鐘頻《しき》りなり、霧を穿《うが》ち雲を透《とお》って遠津《えんしん》に訴《うった》う。(3)海月、影《かげ》生ず、孤榻《ことう》の畔《ほとり》、声声百八、聞塵《もんじん》を絶す。

*

(1)久峰＝大悲山補陀落院久峰寺（宮崎市佐土原町）。真言宗黒貫寺（【三九―五】注(1)を参照）の末寺。そこに安置される聖観世音菩薩は、久峰《ひさみね》観音と呼ばれる。久峰寺は、東方に日向灘を望み、四方に展望の開けた景勝地。／(2)大悲閣上晩鐘頻、穿霧透雲訴遠津＝〈大悲閣からしきりに晩鐘が打たれ、その音は雲霧をとおりぬけ、何かを訴えるかのように遠い渡し場まで聞こえる〉。「大悲閣」は、久峰観音を祭った楼閣。／(3)海月影生孤榻畔、声声百八絶聞塵＝〈海上にかかる月は我が禅床にも輝き、百八声の晩鐘は耳の塵を払ってくれる〉。「孤榻」は、古月が孤《ひと》り坐る禅榻。禅榻は、坐禅をする牀台。「百八」は、晩鐘の打数。「大鐘、……凡《およ》そ三通、各おの三十六下、総に一百八下」（『百丈清規』法器章第九）。「聞塵」は、六塵の一、声塵のこと。耳に聞こえる音が、本来清浄な真性を害するから塵と言う。

【八〇―八】上平声一東韻

新納暮雪。

孕雪凍雲悪晩風、萬尋新嶺玉玲瓏。高鉤《カギシテ》疎箔吟魂冷、坐到《ガラ》白銀刹土中。

*

(1)新納《にいろ》の暮雪。

(2)雪を孕《はら》む凍雲、晩風悪《あ》しく、万尋の新嶺《しんれい》、玉玲瓏《たまれいろう》。(3)高く疎箔《そはく》を鉤《かぎ》して吟魂冷《ぎんこんひや》やかなり、坐《いなが》ら到る、白銀刹土の中。

*

(1)新納＝新納山。おすずやま（尾鈴山・男鈴山）とも言い、宮崎県都農町と木城町にまたがる、標高一四〇五、二メートルの山。／(2)孕雪凍雲悪晩風、万尋新嶺玉玲瓏＝〈晩風に猛《たけ》り狂った雲は雪を降らせ、万尋の新納山《にいろやま》は白く輝いている〉。「孕雪凍雲」は、雪雲《ゆきぐも》。「玉玲瓏」は、宝玉のようにさえて鮮やかなさま。／(3)高鉤疎箔吟魂冷、坐到白銀刹土中＝〈高くすだれを巻き上げてみても良い詩は浮かばない、だが、じっと坐ったままで新納山の雪景色の中に到ることが出来た〉。「鉤」は、鉤箔《こうはく》の鉤、箔《すだれ》を巻き上げること。「疎箔」は、目の疎《あら》い箔《すだれ》。「吟魂」は、詩情、詩を作る心。「白銀刹土」は、銀世界。

【八一】下平声十一尤韻

次韻晩生齊通純題明良軒。　［代］

艸茂小蹊幽、茅亭對石流。新詩粲珠玉、彩筆挑銀鉤。遣興一尊螘、狎閑雙睡鴎。唯慙乏供給、日落翠柳洲。

＊

[1]韵を晩生斉通純が[2]明良軒に題するに次ぐ。［[3]代］

[4]草茂って小蹊幽なり、茅亭《ぼうてい》、石流に対す。[5]新詩、珠玉粲《さん》たり、彩筆《さいひつ》、銀鉤《ぎんこう》を挑《かか》ぐ。[6]興《きよう》を遣《や》る一尊の螘《あり》、閑《かん》に狎《な》る双睡の鴎。[7]唯だ慙《は》ず、供給《くきゆう》に乏しきことを、日は落つ、翠柳《すいりゆう》の洲《しま》。

＊

(1)晩生斉通純＝不詳。／(2)明良軒＝天神村にある椛山氏の別荘。既に【四八】【六七】に出ている。／(3)代＝誰かに代わってということ。／(4)草茂小蹊幽、茅亭対石流＝〈草の茂る小径《こみち》は奥深く、茅葺きのあずまやは石山を流れる川に面している〉。／(5)新詩粲珠玉、彩筆挑銀鉤＝〈新作の詩は珠玉の如く輝き、五色に彩られた筆は銀の鉤《かぎ》をかかげている〉。通純の本韻を褒める二句。「珠玉」は、人の詩文を玉に比して褒める言葉。「彩筆」は、五色の彩色を施した筆。筆の美称。【一〇─六三】注(5)を参照。「銀鉤」は、巧みな書跡の形容に用いる。「鉤」は、筆画。／(6)遣興一尊螘、狎閑双睡鴎＝〈一尊の濁酒を楽しみながら、静かになれ遊んで眠るつがいの鴎を眺めている〉。「遣興」は、楽しむこと。「一尊螘」の「螘」は、蟻に同じ。一樽の浮蟻酒のこと。浮蟻酒は、濁酒。蟻のような酒滓が浮かぶから言う。「狎閑」は、静かになれ遊ぶ。狎鴎（なれ遊ぶ鴎）や閑鴎（静かに水に浮かぶ鴎）などの語による。／(7)唯慙乏供給、日落翠柳洲＝〈次韻の需《もと》めに応《こた》える力がないことが恥ずかしく、何とか詩を作ろうと試みているうちに、日は緑の柳が植わる中洲に落ちていく〉。我が次韻を謙遜したもの。「供給」は、需めに応じて物を与えること。古月が需められたのは次韻すること。

【八二】 下平声八庚韻

謹賀辛酉二月廿四日佐野原別墅落成、兼奉謝賜雅遊。
徳音民子到ノ如ニ、不日大園成。虎石嘯風踞、龍松篁靄榮。假山瞻望遠、傑閣畫圖明。恍惚遊仙窟、荷恩慰野生。

*

謹んで(1)辛酉《かのととり》二月廿四日、(2)佐野原別墅《さのばるべっしょ》の落成を賀し、兼ねて(3)雅遊を賜うを謝し奉る。
(4)徳音、民子のごとくに到り、日ならずして大園成る。(5)虎石、風に嘯《うそぶ》いて踞《うずくま》り、龍松、靄を篁《こ》めて栄ゆ。(6)仮山《かざん》、瞻望《せんぼう》遠く、傑閣《けっかく》、画図明らかなり。(7)恍惚《こうこつ》として仙窟に遊び、恩を荷《にな》って野生を慰む。

*

(1)辛酉＝寛保元年（一七四一）。古月、七十五歳。／(2)佐野原別墅＝佐野原は、地元では、佐野原聖地《さのばる》と呼ばれる。「鵜葺草葺不合尊《うがやふきあえずのみこと》の宮殿跡で、ここで神武天皇はじめ四柱の皇子がお生まれになった所と伝えられています。以下、佐野原聖地の略史を述べると、この聖地に伊東氏が佐野原神社を創建しお祭りしました。江戸時代になると慶長八年（一六〇三）島津以久が佐土原に封を受け神社を引き続き祭りました。六代藩主忠雅は神社のかたわらに具《ぐ》瞻閣《せんかく》というお茶屋（御休息所）を設けました」（佐土原町教育委員会社会教育課編『佐土原町の文化財』）。「別墅」

は、別荘。注記中の具瞻閣のこと。【八四】に「佐野原具瞻閣即興」がある。／(3)雅遊＝佐野原別墅での雅びな遊び。／(4)徳音民子到、不日大園成＝〈忠雅公の徳のあるお言葉に、庶民は、まるで子が親のところにおもむくように集まって、いく日もたたないうちに佐野原別墅は完成した〉。『詩経』大雅・文王之什・霊台の「霊台を経始し、之れを経し之れを経す。庶民、之れを攻《つく》る、日ならずして之れを成す（不日成之）。経始するに亟《いそ》がしむるに勿《あら》ざるも、庶民子来たる」を踏まえた二句。／(5)虎石嘯風踞、龍松笠靄栄＝〈虎の如き石は風に吼えてうずくまり、龍の如き松は靄をこめて栄えている〉。／(6)仮山瞻望遠、傑閣画図明＝〈遠くに築山《つきやま》が望み見られ、高殿とあいまって絵画のようだ〉。／(7)恍惚遊仙窟、荷恩慰野生＝〈まるで仙境に遊ぶようで、忠雅公の恩をこうむってこの身を慰めている〉。「恍惚」は、ここでは、彷彿・近似の意。「仙窟」は、仙人が住むところ。「野生」は、男性自称の謙遜語。

【八三】

構皆山亭、奉謝高駕光臨、聊賦蕪詩二章、呈高侍右。

*

(1)皆山亭を構えて、(2)高駕の光臨を謝し奉り、聊《いささ》か(3)蕪詩《ぶし》二章を賦し、高侍の右に呈す。

*

(1)皆山亭＝骨清堂内に構えた一亭。良哉元明の『良哉禅師略紀年録』の延享二年（一七四五）の条に「再び日州に赴き、古月和尚に骨清堂に謁《まみ》ゆ。夏中留錫して皆山亭に在り」。東嶺円慈の『達磨多羅禅経説通考疏』巻五に「古月禅材和尚、……大光に住すること僅《わず》かに十年、天寿山（自得寺）に退く。又た骨清堂を山中に結んで燕居し、皆山亭の牓を出だして、以て学者に示す」。骨清堂については、【四〇】注⑲を参照。／⑵高駕光臨＝藩主の御成。／⑶蕪詩＝自己の詩の謙称。「蕪」は、あれくさ。

【八三―一】上平声五微韻

方丈茅亭容遠景、揚揚文旆款荊扉。彤霞映日群巒聳、幽洞辞雲飛鳥皈。春艸展青如有待、風松傾蓋且成圍。萬般佳致供高詠、唯耻山僧生事微。

＊

⑴方丈の茅亭《ぼうてい》、遠景を容《い》る、揚揚たる文旆《ぶんぱい》、荊扉《けいひ》を款《たた》く。⑵彤霞《とうか》、日に映じて、群巒《ぐんらん》聳《そび》え、幽《ゆう》洞《どう》、雲を辞して、飛鳥帰る。⑶春草、青を展《の》べて待つこと有るが如く、風松、蓋《がい》を傾けて且つ囲《かこ》みと成る。⑷万般の佳致、高詠に供す、唯だ耻《は》ず、山僧、生事の微なることを。

＊

⑴方丈茅亭容遠景、揚揚文旆款荊扉＝〈一丈四方の茅葺きの粗末な亭から、藩主の行列の旗が、風にひるがえりながら向かって来るのが目に入る〉。「方丈」は、【一〇―八九】注⑶を参照。「揚揚」は、ここでは、旗が風にひるがえるさま。「文旆」は、文采《あやかざり》のある旆《はた》。古の天子の儀仗（儀式用の武器）。ここでは、藩主の行列。「款」は、扣の義。「荊扉」は、荊《いばら》の扉《とびら》。柴扉などと同じく貧しい住居の譬喩に用いる。／⑵彤霞映日群巒聳、幽洞辞雲飛鳥帰＝〈赤色の雲気は日に映えて山やまはそびえ、静かなほらあなにかかる雲の上から鳥たちが帰って来る〉。「彤霞」

は、赤色の雲気。「辞雲」は、雲の上から降りて来るという意。／(3)春草展青如有待、風松傾蓋且成囲＝〈春草は親しげな眼を広げて、まるで高駕の光臨を待っているそぶり、風松は枝葉の傘を傾けて、守りとなっているようだ〉。「展青」の「青」は、青眼。白眼に対する語で、親愛の目付き。「春草」の青に掛けたもの。「如有待」は、期待しているようだの意。杜甫の「後遊」詩に「江山如有待、花柳更無私」と。「傾蓋」は、車蓋を交えて話し合うことを言うが、ここでは、透き間なく茂る松の枝葉を譬えて言う松蓋に掛けたもの。「成囲」の「囲」は、囲護・囲守。／(4)万般佳致供高詠、唯恥山僧生事微＝〈多くの良い景色に詩情をそそられて、みなさん、立派な詩を作られるが、それにくらべて我が詩はなんと貧しいことか〉。「高詠」は、高らかに詩を吟詠するという意と、佳作の意とがある。「生事微」は、杜甫や蘇東坡などの詩に見えて、暮らし向きが苦しいこと、生活の糧が少ないこと。下の句は、〈藩主の来駕をもてなす物が少なくて恥ずかしい〉という意にも取れるが、ここはやはり、意訳の如くに解したほうがふさわしいであろう。【八一】には、我が次韻を謙遜して「乏供給」と表現している。隠棲している古月にとって、「生事（生計）」は、よい詩を作ること。そういう趣旨であろう。

【八三—二】下平声三肴韻

其二。

松鎖洞門一把茅、客來幾度勞推敲。此亭專在閑爲寶、唯駭風濤起樹梢。

＊

其の二。

(1)松、洞門を鎖《とざ》す、一把《いっぱ》の茅《ぼう》、客来たって幾度《いくたび》か推敲《すいこう》を労す。(2)此の亭、専《もっぱ》ら閑《かん》を宝と為《す》るに在り、唯だ風濤《ふうとう》の、樹梢《じゅしょう》に起こるに駭《おどろ》く。

＊

(1)松鎖洞門一把茅、客来幾度労推敲＝〈皆山亭の門は松が閉ざしているが、それでも客が来て、いくたびも詩作に骨を折っている〉。「洞門」は、狭義には洞穴の住まいの門だが、「洞」は、道士、或いは仙人の住まいを比喩的に表現する言葉で、ここでは、皆山亭の門。「一把茅」は、茅葺きの小庵。即ち皆山亭。「推敲」は、詩文を熟考すること。唐の賈島が、「李凝が幽居に題す」詩（『三体詩』巻三）を作った時、その第四句を、「僧推月下門（僧は推《お》す月下の門）」にしようか、「僧敲月下門（僧は敲《たた》く月下の門）」にしようかと思案していた際、韓愈から、「敲」が良かろうと教えられた故事に基づく。／(2)此亭専在閑為宝、唯駭風濤起樹梢＝〈この皆山亭は静かなことだけが宝だが、耳にとどく松の枝えだに吹き渡る風の音だけは別だ〉。「風濤」は、風と濤（大波）。松風の形容。松を吹く風の音を、波の音になぞらえて松濤と言う。この一詩を要約すれば、この皆山亭を歌えるのは、松風しかないということ。

【八四】下平声十蒸韻

佐野原具瞻閣即興。　［終日大雨、辛酉二月廿八日］

仙人舊館此中興、一簣功成山萬層。幽處雲沾春雨切、天慳晴景不縦《ユルサ》登。

＊

(1)佐野原《さのばる》具瞻閣《ぐせんかく》即興。［終日大雨、辛酉《かのととり》二月廿八日］

(2)仙人の旧館、此《ここ》に中興す、一簣《いっき》、功成って、山《やま》万層。(3)幽処、雲沾《うるお》って、春雨切なり、天、晴景を慳《お》しんで登ることを縦《ゆる》さず。

＊

(1)佐野原具瞻閣＝忠雅公が佐野原神社のかたわらに設けた別荘。【八二】注(2)を参照。「具瞻」は、衆人が具《とも》に瞻《あおぎみ》るという意。【七七】注(3)を参照。／(2)仙人旧館此中興、一簣功成山万層＝〈仙人の旧館がここに中興され、一簣の功績で万層の山が成った〉。「仙人旧館」は、佐野原神社。【八二】注(2)を参照。「一簣功」は、最後のひとモッコの骨折り。成語に「九仞の功を一簣に虧《か》く」と。最後のひとモッコの骨折りがなければ、高い山も出来上がらないという意。／(3)幽処雲沾春雨切、天慳晴景不縦登＝〈しかし天は、晴れさせるのをものおしんで、佐野原に春雨を降り続かせ、山に登ることを許してくれない〉。「慳晴」は、雨が降り続くことを言う慣用句。

【八五】上平声十灰韻

謝豊之後州成大寺泰老衲過訪兼贐送行。

唐芋満爐手自煨、各交白首帯青灰。臨行句子不弾舌、十里梓山雪一堆。

＊

(1)豊の後州成大寺の泰老衲の過訪を謝し、兼ねて送行《そうあん》に贐《はなむけ》す。

(2)唐芋《とうう》、炉に満ち、手自《てずか》ら煨《うずめや》き、各おの白首を交えて青灰《せいかい》を帯《お》ぶ。(3)行《こう》に臨む句子、舌を弾ぜず、十里の梓山《あずさやま》、雪一堆。

＊

(1)豊之後州成大寺泰老衲＝成大寺は、大分市上戸次にあった寺院で、現在廃寺。泰老衲も、不詳。／(2)唐芋満炉手自煨、各交白首帯青灰＝〈おのおの囲炉裏にさつまいもを埋め焼いているが、みんな、その灰をかぶったような白髪頭《しらがあたま》だ〉。「唐芋」は、からいも。さつまいもの別称。「白首」は、白髪頭。「青灰」は、黒ずんだ灰。ここでは、唐芋を埋め焼いた際の炉灰だが、趙州従諗の「十二時歌・鶏鳴丑」の「頭上の青灰、三五斗」の青灰も踏まえようから、頭はふけだらけ、お互いに歳を取ったという含意。／(3)臨行句子不弾舌、十里梓山雪一堆＝〈あなたは帰って行かれるが、はなむけの一句もない、十里の梓山《あずさやま》には雪が積もっておろうな〉。「不弾舌」は、詩句が口から出ないということ。「弾舌」は、口に唱え念じることを言う慣用句。「梓山」は、日向と豊後との国境にある山。【七七】注(4)を参照。

【八六】下平声一先韻

豊后府内幸松氏、圖先考觀譽貞念居士之道影、遠丐讃辭。感孝情不峻拒書。

業精家富竟天年、自託寶池上品蓮。猶看蘭兒能至孝、青絹幻出道容鮮。

＊

豊后府内の幸松氏(1)、先考観誉貞念居士の道影を図《えが》き、遠く讃辞を丐《こ》う。孝情に感じて峻拒せずして書す。

(2)業精《ぎようくわ》しく、家富んで、天年を竟《お》う、自ら託す、宝池の上品蓮《じようぼんれん》。(3)猶お看る、蘭児の、至孝を能《よ》くすることを、青絹《せいけん》、幻出して、道容鮮《あざや》かなり。

＊

(1)豊后府内幸松氏……＝人物不詳。「先考」は、亡くなった父。「道影」は、肖像画。／(2)業精家富竟天年、自託宝池上品蓮＝〈学業に精通し、家は豊かで、天寿を全うされ、自らを宝池の上品蓮に託された〉。「業精」は、韓退之「進学解」の「業は勤むるに精し《くわ》(業精于勤)」からの語。学業は勤めれば勤めるほど精通するという意。「天年」は、天寿に同じ。「宝池」は、浄土の八功徳池。「上品蓮」は、九品往生中の最上の蓮坐。弥陀の浄土に往生するのに、その業行の優劣によって、上品上生、上品中生、上品下生、中品上生、中品中生、中品下生、下品上生、下品中生、下品下生の九つの品位があり、それに応じて、坐る蓮の台座も異なり、これを九品蓮台と言う。／(3)猶看蘭児能至孝、青絹幻出道容鮮＝〈さらには御子孫がすぐれた孝行をなさり、青い絹地にこのような肖像画を描かれた〉。「蘭児」は、人の子孫の美称。桂子蘭孫などと熟す。「道容」は、道影に同じ。

＊

【八七】

恭和北肥龍津紫石和尚被恵瑤韻。

＊

恭《うやうや》しく(1)北肥《ほくひ》龍津の(2)紫石和尚が恵まるる(3)瑤韻《ようゐん》に和す。

＊

(1)北肥龍津＝肥前国蓮池（佐賀市蓮池町）の宝寿山龍津寺（黄檗宗）。現在の所在地は、佐賀市巨勢町東ノ巨勢。／(2)紫石和尚＝紫石浄介。化霖道龍（龍津寺開山）―鏡宗元湖―紫石浄介の法系。享保五年（一七二〇）九月に嗣法している。第一偈の注(1)を参照。／(3)瑤韻＝立派な漢詩。「瑤」は、美しい玉。

【八七―二】上平声一東韻

親侍化麟〔霖〕老祖翁。一肩擔起正宗風。何圖蹈雪容温訊、慚愧道貧身亦窮。

＊

(1)親しく化霖の老祖翁に侍し、一肩に担い起こす、正宗の風。(2)何ぞ図《はか》らん、雪を蹈んで、温訊を容《い》れらるることを、慚愧《ざんき》す、道貧にして、身も亦た窮することを。

＊

(1)親侍化霖老祖翁、一肩担起正宗風＝〈親しく化霖老祖翁に侍し、一肩に正宗の風を担い起こされた〉。「化麟」の「麟」は、底本にも「霖乎」の書入れがあり、「霖」が正しい。麟と霖は同音。化霖は、龍津寺の開山、化霖道龍（一六三四～一七二〇）のこと。化霖は、古月が師事した臼杵多福寺の賢巌禅悦に三年間参禅したと伝えられる。『黄檗文化人名辞典』を参照。／(2)何図蹈雪容温訊、慚愧道貧身亦窮＝〈思いもよらず、雪を踏んで来訪して下さったが、私は仏道修行も足りないまま年老いてしまったことが恥ずかしい〉。「蹈雪」の「雪」は、日向と豊後との国境にある梓山の雪。【八五】に「十里梓山雪一堆」と。「温訊」は、未見の語だが、来訊（来訪）を「雪」の冷たさと対照的に表現したものであろう。

【八七―二】下平声八庚韻

法門隨處作權衡、藉甚高名聵耳轟。老來爭問竜津境、定識光風霽月清。

＊

(1)法門、随処に権衡《けんこう》と作《な》す、藉甚《せきじん》たる高名、聵耳《かいじ》に轟《とどろ》く。(2)老来、争《いか》でか問わん、龍津の境、定んで識《し》る、光風霽月《こうふうせいげつ》の清きことを。

＊

(1)法門随処作権衡、藉甚高名聵耳轟＝〈法門ではどこでも和尚のことをお手本とし、その盛んな高名は私の耳にも轟いております〉。「権衡」は、秤の権《おもり》と衡《さお》。物を量る道具。転じて物事の釣り合い。ここでは、規準、お手本の意。「藉甚」は、籍甚とも。名誉や評判の盛んなこと。「聵耳」は、聾耳に同じ。古月が、我が耳を謙称したものであろう。／(2)老来争問龍津境、定識光風霽月清＝〈年老いて、龍津寺を訪れることなど出来ませんが、きっと雨上がりの清らかな月が輝いているのでしょうね〉。「光風霽月」は、成句。これは、『宋史』周茂叔（北宋の儒学者）の伝に、その人格を褒めて、「人品甚《はなは》だ高く、胸懐洒落なること、光風霽月の如し」とあるのによる言葉であるから、紫石和尚の人格に重ねて言うもの。

【八八】下平声十二侵韻

次韵重被惠。

松巒圍繞勢嵚崟、茅屋不堪嵐氣侵。寂寂竹牕山月白、寒更話盡祖師心。

[1]韵を重ねて恵まるるに次ぐ。

＊

[2]松巒《しょうらん》、囲繞《いにょう》して、勢い嶔崟《きんぎん》、茅屋《ぼうおく》、嵐気の侵《おか》すに堪えず。[3]寂寂たる竹窓、山月白し、寒《かん》更《こう》、話《かた》り尽くす、祖師の心。

＊

(1)次韵重被恵＝紫石和尚が贈られた詩への和韻。／(2)松巒囲繞勢嶔崟、茅屋不堪嵐気侵＝〈高くそびえる山は松が生い茂り、茅葺きの庵にはモヤやキリが容赦なく入ってくる〉。「松巒」は、松が生い茂る山。「嶔崟」は、嶔岑とも。山の高く聳えるさま。「茅屋」は、骨清堂か、その堂内の皆山亭。／(3)寂寂竹窓山月白、寒更話尽祖師心＝〈寂しく静かな竹窓には、山にかかる月が白く照らし、寒い夜更け、祖師の心を語り尽くした〉。

【八九】 上平声十灰韻

喜肥后泰勝不識和尚至。

曾懐再會正無媒、◎忽聞錫音恍爾猜。◎重酌半升鐺内茗、歡看躑躅滿溪開。◎

＊

[1]肥后泰勝の[2]不識和尚の至るを喜ぶ。

[3]曾て懐《おも》う、再会、正に媒《なかだち》無しと、忽《たちま》ち錫音《しゃくおん》を聞いて恍爾《こうじ》として猜《うたが》う。[4]重ねて半升《はんしょう》鐺内《しょうない》の茗《めい》を酌《く》んで、歓《よろこ》び看る、躑躅《てきちょく》の、渓《たに》に満ちて開くことを。

＊

(1)肥后泰勝＝熊本にあった龍田山泰勝寺。【一〇―二七】注(1)を参照。／(2)不識和尚＝泰勝寺が廃寺のため確証はないが、泰勝寺から妙心寺二七九世に出世した性天禅旭下三世の不識智準であろう。元文五年（一七四〇）十一月の前堂転位。性天禅旭は、古月が師事した賢巌禅悦が、延宝五年（一六七七）、伊予の正眼寺で『修正了義経』を講じた時に、その化を助けた人。／(3)曾懐再会正無媒、忽聞錫音恍爾猜＝〈再会したいにも取り持ってくれる者もおるまいとずっと思っていたが、にわかに錫杖の音が聞こえ、おぼろげながら、和尚ではあるまいかと疑った〉。／(4)重酌半升鐺内茗、歓看躑躅満渓開＝〈小鍋に煮た茶を再び酌み交わし、谷川に満ちる躑躅《つつじ》を楽しく見合った〉。「半升鐺」は、半升入りの鍋。有名な禅語（『五灯会元』巻八・呂巌洞賓真人章）に「一粒粟中《いちりゅうぞくちゅう》に世界を蔵し、半升鐺内に山川を煮る」と。「茗」は、茶の別名。

【九〇】上平声十灰韻

而禪衲、野偈之韻、用前韻呈示。

此道分明更絶媒、心頭放手勿疑猜。皆山亭上烟雲白、少室達磨眉目開。

＊

(1)而禅衲、野偈《やげ》の韻、前韻を用いて呈示す。

(2)此道《しどう》分明、更に媒《なかだち》を絶す、心頭、手を放って、疑猜《ぎさい》すること勿《な》かれ。(3)皆山亭上、烟雲白し、少室の達磨、眉目開く。

*

(1)而禅衲、野偈之韻、用前韻呈示＝「而禅衲」は、不詳。「野偈」は、自己の偈に用いる謙辞。「前韻」は、前篇の偈の韻字。この偈題は、意味が分かりづらいが、恐らく、而禅衲が、古月の偈に和韻して一偈を作り、更にその一偈に、古月が前篇の韻字を用いて作偈して呈示したということであろう。「而禅衲次野偈之韻、用前韻呈示（而禅衲、野偈の韻に次ぐ、前韻を用いて呈示す）」と「次」を補えば、いくぶんか分かりやすい。／(2)此道分明更絶媒、心頭放手勿疑猜＝〈仏道はありありと表われていて、誰かの取り持ちなど一切およばない、心の束縛を解いて、いろいろ疑うな〉。上の句は、【三九―四二】にあった、「大道分明、赤洒洒《しゃくしゃしゃ》、無伝無授、又た無師」ということ。「放手」は、ここでは、束縛を解く、懸念を除くなどの意。／(3)皆山亭上烟雲白、少室達磨眉目開＝〈皆山亭に浮かぶ白い煙靄や雲霧、そこに少室山の達磨が笑っている〉。どこもかしこも祖師意という句意であろう。或いは、皆山亭に達磨図が掛けてあったか。皆山亭は、骨清堂内に構えた一亭。【八三】注(1)を参照。「眉目開」は、笑うこと。

*

【九二】下平声七陽韻と同八庚韻だが通韻の関係にはない

螢火。

擊石火兮閃電光《陽》、叢間上下轉縱橫《庚》。當機照破自家底、多少風流畫不成《庚》。

*

(1)撃石火《げきせっか》、閃電光《せんでんこう》、叢間上下、転《うた》た縦横。(2)当機、自家底を照破す、多少の風流、画《えが》けども成らず。

(1)撃石火兮閃電光、叢間上下転縦横＝〈火打石の火の如く、閃《ひらめ》く稲妻の如く、くさむらを縦横無尽に飛び交うホタル〉。「撃石火」「閃電光」は、禅録頻出語で、極めて迅速な譬喩。「兮」は、句中に置く助字。／(2)当機照破自家底、多少風流画不成＝〈今の今、まの当たりに私の前を照らして飛んで行くが、こんな風流、どうやって表現するのだ〉。「自家底」は、自分。「底」は、接尾語。「多少風流」は、これほどの風流。「多少」は、許多の義。

【九二】　下平声十一尤韻

中秋。

年年歳歳人催老◎、歳歳年年月正秋◎。捜索《スルニ》枯腸無好句、難陪陶謝雅筵遊◎。

＊

(1)年年歳歳、人、老を催し、歳歳年年、月、正に秋なり。(2)枯腸《こちょう》を捜索するに好句無し、陪し難し、陶謝雅筵《とうしゃがえん》の遊。

＊

(1)年年歳歳人催老、歳歳年年月正秋＝〈毎年毎年、人は年老いていくが、毎年毎年、月は中秋の夜空に輝く〉。劉廷芝の「白頭を悲しむ翁に代わる」詩（『唐詩選』巻二）の「年年歳歳、花相《はなあい》似《に》たり、歳歳年年、人、同じからず」を踏まえる。／(2)捜索枯腸無好句、難陪陶謝雅筵遊＝〈ひからびたはらわたを絞るが良い句も浮かばず、陶淵明や謝霊運の如き人たちとは陪席も出来ない〉。「捜索枯腸」は、力を尽くして思索することを形容する成句。「陶謝雅筵」は、城中で催されている観月作詩会の譬喩。「陶謝」は、東晋末から南朝宋の詩人、陶淵明と謝霊運との併称。

【九三】 上平声十五刪韻

夜宴。

叢裡蟲聲雅樂閑。嫦娥粧影挂松間。釅茶一盞可幽趣、窓外終宵解老顔。

＊

(1)叢裡《そうり》の虫声、雅楽《ががく》閑《しず》かなり、嫦娥《じょうが》、影《かげ》を粧《よそお》って、松間に挂《か》かる。(2)釅茶一盞《げんちゃいっさん》、幽趣に可なり、窓外、終宵《よもすがら》、老顔を解く。

＊

(1)叢裡虫声雅楽閑、嫦娥粧影挂松間＝〈くさむらの虫の音が聞こえるほどに雅楽も静かになり、月が美しく松間の夜空にかかっている〉。「嫦娥」は、月中の仙女。月の譬喩。姮娥《こうが》とも言う。『淮南子』覧冥訓などに見える説話で、もと后羿《こうげい》（上古の君主）の妻であった嫦娥は、后羿が西王母に請うて得た不死の薬を盗んで飲み、仙人となって月に奔り、月の精になったと言う。「粧影」の「粧」は、嫦娥が女性であることに因み、「影」は、月影（月光）。／(2)釅茶一盞可幽趣、窓外終宵解老顔＝〈この奥深い趣きを賞するには、この一碗の濃い茶がふさわしく、窓外の月を見ながら夜通し笑っている〉。「可」は、適合・適宜の意。

【九四】 下平声一先韻

恭賀淺水菴頭具壽翠岩六十誕辰。

星回華甲倍安然。輕泛葉舟淺水邊。徒子遶牀恭慶誕、緝熙佛日幾多年。

＊

(1)恭《うやうや》しく浅水庵頭《せんすいあんちょう》の具寿《ぐじゅ》、翠岩の六十の誕辰を賀す。

(2)星、華甲《かこう》を回《めぐ》り、倍《ます》ます安然《あんねん》、軽く葉舟《ようしゅう》を泛《うか》ばす、浅水の辺《ほとり》。(3)徒子、牀を遶《めぐ》って恭しく慶誕す、

仏日を緝煕《しゅうき》す、幾多《いくばく》の年ぞ。

＊

(1)恭賀浅水庵頭具寿翠岩六十誕辰＝翠巌従真の満六十歳の誕生日を祝う偈。翠巌は、古月の法嗣で、大光寺を嗣いだ。【一〇一―一二八】注(2)を参照。「浅水庵」は、不詳だが、翠巌の別号を浅水と言う。「具寿」は、比丘の通称で、師から弟子を呼ぶもの。翠巌は、明和九年（一七七二）示寂、世寿九十と伝わるから、満六十歳は、寛保二年壬戌《みずのえいぬ》（一七四二）に当たる。／(2)星回華甲倍安然、軽泛葉舟浅水辺＝〈還暦を迎えてもますます健やか、百五十年を生きたという達磨の歳もかるがると超えるだろう〉。「星回華甲」は、翠巌の場合、壬戌に宿った星が六十一年で一周して、再び壬戌に還ったということ。つまり還暦。「華甲」は、数え年六十一歳を言う。華の字は十の字六箇と一の字とから成るから言う。下の句は、司空曙の「江村即事」詩（『三体詩』巻二）の「只だ蘆花浅水の辺に在らん」の句から、蘆葉の達磨を想起して意訳した。／(3)徒子遶牀恭慶誕、緝煕仏日幾多年＝〈大光寺の徒弟たちは、そなたの禅床をめぐって還暦を祝っている、彼等が幾多年も仏日を輝かせ続けるであろう〉。「緝煕」は、『詩経』大雅・文王之什・文王などに見え、原意は光明のことだが、その光明を引き続き輝かせる意に用いる。「仏日」は、大光寺の山号に掛ける。

【九五】下平声十一尤韻

九月十二日登高城賜茶於水亭即興。

榮賜春茶坐水樓、怪岩奇石賑官遊。想看來夜月明宴、粧點烟林九月秋。

*

(1)九月十二日、高城に登り、茶を水亭に賜わる即興。

(2)春茶を栄賜《えいし》して水楼に坐す、怪岩奇石、官遊を賑わす。(3)想い看る、来夜、月明の宴、烟林を粧点《しょうてん》す、九月の秋。

*

(1)九月十二日＝古月の誕生日でもあり、「後の月見」と言われる九月十三夜の前日でもある。転句に「想看来夜月明宴」とあるのは、そのことを言う。九月十三夜、月を鑑賞し、枝豆を食べる風俗があり、豆名月とも言う。／(2)栄賜春茶坐水楼、怪岩奇石賑官遊＝〈かたじけなくも春茶を賜わって水辺の高殿に陪席している、珍しくて素晴らしい岩や石が、この宴席を豊かにしている〉。／(3)想看来夜月明宴、粧点烟林九月秋＝〈今夜は煙っている空にも、明日は月が輝こう〉。上の句は、注(1)を参照。下の句は、【九三】注(1)を参照。

【九六】下平声七陽韻

次達磨忌嚴韻。〔代人〕

一顆寶珠親辨得、智光璀璨壓崑岡。維天不夜少林室《ラ》、多少横拈三尺霜。

＊

(1)達磨忌の厳韻に次ぐ。　［人に代わる］

(2)一顆の宝珠、親しく弁得し、智光、璀璨《さいさん》として崑岡《こんこう》を圧す。(3)維《こ》れ天、夜《くら》からず、少林の室、多少か、横に拈ず、三尺の霜。

＊

(1)次達磨忌厳韻＝「達磨忌」は、十月五日。「厳韻」の「厳」は、尊の義。本韻の作者は不詳だが、恐らく、大光寺を嗣いだ翠巌従真。／(2)一顆宝珠親弁得、智光璀璨圧崑岡＝〈心宝の尊さを自ら悟り、その智慧の光明は崑崙山の玉を圧倒する〉。上の句は、達磨が菩提多羅王子であった時、心宝の尊さについて語った故事を踏まえる。【九―三六―②】注(1)を参照。「璀璨」は、玉の光。「崑岡」は、玉を産出する山、即ち崑崙山。／(3)維天不夜少林室、多少横拈三尺霜＝〈その智光に照らされて夜も明るい少林寺、どれだけの者が断臂の剣を手にしているであろうか〉。この二句は、修行者に慧可断臂の如き求法を求めるもの。「其の年の十二月九日の夜、天、大いに雪を雨《あめふ》らす。光（神光＝慧可の初名）、堅く立って動ぜず。……光、祖（達磨）の誨励を聞き、潜《ひそ》かに利刀を取って、自ら左臂を断って、祖の前に置く」（『五灯会元』巻一・菩提達磨章）。「維天」の「維」は、発語の助辞。「三尺霜」は、剣を言う成句で、ここでは、慧可が臂を断った利刀の形容。唐の郭震の「古剣篇」詩に「龍泉（宝剣の名）の顔色、霜雪の如し、良工、咨嗟《しさ》して奇絶と歎ず」と。

【九七】下平声六麻韻

卒賦蕪詩一章奉謝光臨呈近侍右。　［癸亥二月廿六日。晴天］

古松棲老《アラス》野僧家、文旆帯春映洞霞。頼是《サイワイ》彼蒼假烟景、山山疊雪白櫻花。

*

卒に(1)蕪詩《ぶし》一章を賦し、(2)光臨を謝し奉り、近侍の右に呈す。　［(3)癸亥《みずのとい》二月廿六日。晴天］

(4)古松、棲《す》み老《あら》す、野僧の家、文旆《ぶんぱい》、春を帯びて洞霞《とうか》に映ず。(5)頼《さいわ》いに是れ彼蒼《ひそう》、烟景を仮《か》す、山山、雪を畳む、白桜花。

*

(1)蕪詩＝自己の詩の謙称。「蕪」は、あれくさ。／(2)光臨＝藩主の御成。／(3)癸亥＝寛保三年（一七四三）。古月、七十七歳。／(4)古松棲老野僧家、文旆帯春映洞霞＝〈野僧が老いを過ごす、古松が囲む住み家に、藩主様が、春がすみの中をやって来られる〉。上の句は、杜甫の「秋興八首」詩の第八詩の「碧梧、棲み老ゆ、鳳凰の枝（碧梧棲老鳳凰枝）」に基づいた倒装法で、戻せば、「野僧、棲み老ゆ、古松の家（野僧棲老古松家）」となる。なお底本の「アラス（あらす）」は、生き長らえておられるという意。「老」を「あらす」と訓読する例は、石川丈山の「富士山」詩の「神龍は栖みて老《あら》す洞中の淵に（神龍栖老洞中淵）」などがある。「文旆」は、文采《あやかざり》のある旆《はた》。古の天子の儀仗（儀式用の武器）。ここでは、藩主の行列。「洞霞」は、ほらあなの霞という意だが、「洞」は、道士、或いは仙人の住まいを比喩的に表現する言葉で、ここでは、古月が住する庵にたなびく霞。／(5)頼是彼蒼仮烟景、山山畳雪白桜花＝〈幸いなことに空は美しい春景色、山々には白桜の花びらが雪のように軽やかに舞っている〉。「彼蒼」は、そら。『詩経』国風・秦風・黄鳥の「彼《か》の蒼たる天（彼蒼者天）」から生じた言葉だが、『詩経』の本意は、天神、最高神のこと。「烟景」は、かすみがたなびく春の美しい景色。「畳雪」は、軽くて柔らかいことの形容。

【九八】下平声十三覃韻

次韻省禪人送無心禪衲花偈兼簡省禪人。

直下分明脚下事、何憑妙語與玄談。須知大法不容易、曾歴僧祇一二三。

＊

(1)省禅人が無心禅衲を送る花偈《けげ》に次韻し、兼ねて省禅人に簡す。

(2)直下《じきげ》分明なり、脚下の事、何ぞ妙語と玄談とに憑《よ》らん。(3)須《すべか》らく知るべし、大法の容易ならざることを、曾て僧祇《そうぎ》を歴《へ》る、一二三。

＊

(1)次韻省禅人……＝人物は、一切不詳。「花偈（華偈）」は、経典の偈文の部分を言うが、ここでは、単に偈頌の意。「簡」は、書簡のほかに、諫に通じて、いさめるの意もある。／(2)直下分明脚下事、何憑妙語与玄談＝〈悟りはそこにある、経論や祖録に頼ることはない〉。「直下分明」は、即今そのまま明らかということ。「脚下事」は、禅僧の脚もとにある一大事。／(3)須知大法不容易、曾歴僧祇一二三＝〈しかし、大法を得ることは容易ではないぞ、仏祖は長い修行を積んで、この大法を相続して来られたのだ〉。「僧祇」は、三阿僧祇劫の略で、菩薩が修行を続けて成仏する、気の遠くなるような長い時間。「一二三」は、初祖・二祖・三祖。また、一二三四五六……の意。

【九九】下平声七陽韻

喜月窓和尚至賦野偈一章兼充謝辭。　［亥三月十五日、廿三皈］

孤燈徹曉話家常、被被機機投痛腸。多少訪來成境會、雲林松樹百千章。

＊

[1]月窓和尚の至るを喜び、野偈一章を賦し、兼ねて謝辞に充つ。［亥《い》の三月十五日、廿三に帰る］

[2]孤灯、暁《あかつき》に徹して家常を話《かた》り、被被機機《ひひきき》、痛腸を投ず。[3]多少か訪《おとな》い来たって境の会《え》を成す、雲林の松樹、百千の章。

＊

(1)月窓和尚＝月窓宗古。錦江山潮聞寺（大分市山津町）の第二代。【三八―一二】注(8)を参照。／(2)孤灯徹暁話家常、被被機機投痛腸＝〈一つの灯火《ともしび》のもと、夜通し、日常茶飯事のことを語り、互いに意気投合してまごころを示し合った〉。「家常」は、日常茶飯事のこと。しかし、「仏祖の言句は、家常の茶飯の如し」と（『五灯会元』巻十四・芙蓉道楷章）。「被被機機」は、復巌克己の「別れを写す」偈（『江湖風月集』巻上）に「機機被被相投合」と。「痛腸」は、まごころ。『従容録』四十一則垂示に「涙は痛腸より出づ」と。／(3)多少訪来成境会、雲林松樹百千章＝〈いくたびか訪ね合ったが、あの頃は、あの松の木を、ただの外境と見ていたなあ〉。「境会」は、『趙州録』巻上の「時に僧有って問う、『如何《いか》なるか是れ祖師西来意』。師云く、『庭前の柏樹子』。学云く、『和尚、境を将《もっ》て人に示すこと莫《な》かれ』。師云く、『我れ境を将て人に示さず』。云く、『如何なるか是れ祖師西来の意』。師云く、『庭前の柏樹子』」を踏まえる。「百千章」は、百千年を経た大木。「章」は、大木のこと。

【一〇〇】下平声十一尤韻

信州梅子禪人呈偈席上次韻相酬。

演若達多失却頭、東州亂走又西州。苟知脚下無迷路、佛祖鴻恩始耐酬。

＊

信州の梅子禅人[(1)]が偈を呈する席上、韻を次いで相酬《あいむく》ゆ。

演若達多《えんにゃだった》[(2)]、頭《こうべ》を失却し、東州に乱走して又《ま》た西州。苟《いやしく》[(3)]も脚下に迷路無きことを知らば、仏祖の鴻恩《こうおん》、始めて酬《むく》ゆるに耐《た》えん。

＊

(1)梅子禅人＝不詳。／(2)演若達多失却頭、東州乱走又西州＝〈演若達多は顔を失ったと思い、それを探しに無暗に東州や西州に走り回った〉。演若達多という美男が、毎朝、鏡に向かって我が顔を見ていたが、その鏡に写る顔そのものを見たいと思い、町中にそれを探し求めて狂走したという故事。【三七―二〇】注(1)を参照。／(3)苟知脚下無迷路、仏祖鴻恩始耐酬＝〈若しも足下に迷路がないことを知れば、始めて仏祖の大恩に報いることが出来よう〉。「脚下無迷路」は、「十方薄伽梵《じっぽうばぎゃぼん》、一路涅槃門」（『楞厳経』巻五）ということ。この語は、十方世界の諸仏が、等しく涅槃に入る同じ一つの道という意。

【一〇一】

奉隨喜新刊金剛經、恭呈鳳源愚極大和尚。

新たに金剛経を刊するに随喜し奉り、恭《うやうや》しく鳳源の愚極大和尚に呈す。[1]

＊

(1)新刊金剛経……＝鳳源愚極大和尚は、享保十一年（一七二六）に、古月を夏制に請した比熊山鳳源寺（広島県三次市三次町）の第四世、愚極義泰。愚極和尚と『金剛経』とに関しては、菅近晋平氏の『「三次町国郡志」〈稲生物怪録〉の位置』（広島大学「論叢 国語教育学」十一号 2015.7.31／「広島大学学術情報リポジトリ」提供）という論文中に紹介されている「福山城為御請取御発向之事」の中に「天柱院様御代、鳳源寺四世愚極和尚大徳が、金剛経の訓点の誤りを改めた」という記事がある。「天柱院」は、三次藩三代、浅野長澄（一六七一～一七一八）の法名。

＊

【一〇一—二】下平声九青韻

壽梓金剛般若經、祇園葉葉動遺馨。喜師弘願茲成褫、分施諸方報顯冥。

[1]梓《あずさ》に金剛般若経を寿《きざ》む、祇園の葉葉、遺馨《いけい》を動ず。[2]喜ぶ、師の弘願《ぐがん》、茲《ここ》に成褫《じょうち》することを、諸方に分施して顕冥《けんみょう》に報ず。

＊

(1)寿梓金剛般若経、祇園葉葉動遺馨＝〈新たに金剛般若経が出版され、祇園精舎の林葉が芳香を送っている〉。「寿梓」

は、上梓に同意。文書を版木に彫り付けること。転じて、書物を出版すること。「祇園」は、『金剛経』が説かれた舎衛国の祇園精舎。「祇園葉葉」は、松巌永秀の「血書金剛経」偈（『江湖風月集』巻下）の「祇園、葉葉を染め得て紅なり（染得祇園葉葉紅）」を踏まえる。また、貝多羅葉の葉にかかり、経典の縁語。【八―四】注(4)を参照。「遺馨」は、遺徳。「葉葉」に掛けて用いた言葉。／(2)喜師弘願茲成褫、分施諸方報顕冥＝〈喜ばしいことに、愚極和尚の弘大なる誓願が成就し、その経本は諸方に分け施されて顕冥に報いている〉。「成褫」は、成持に同意で、事を成し遂げる意。「顕冥」は、顕界（生者の世界）と冥界（死者の世界）。

*

【一〇一―二】上平声十一真韻

空生請問祇園會、字字彫鐫文句新◎。拈得心香恭咒願、無爲福庇到無垠◎。

(1)空生《くうしょう》の請問、祇園の会《え》、字字、彫鐫《ちょうせん》して、文句、新たなり。(2)心香を拈得して、恭しく呪願《じゅがん》す、無為の福庇、無垠《むぎん》に到る。

*

(1)空生請問祇園会、字字彫鐫文句新＝〈須菩提の請問に対して答えられた祇園の法会、一字一字、梓に刻んで、文句も新しい〉。「空生」は、解空第一の須菩提の別称。『金剛経』は、須菩提のために説かれた経典。「我が釈迦本師、金剛経を説きたまうとき、舎衛国に在《あ》って、須菩提の、問いを起こすに因《よ》って、仏、大悲をもって為に説きたまう」（『金剛経川老注』序文）。「祇園」は、第一詩の注(1)を参照。「文句新」は、単に新刊ということか。或いは、詩題注記に記述した、愚極和尚が、『金剛経』の訓点の誤りを改めたということを踏まえるか。／(2)拈得心香恭呪願、無為福庇到無垠＝〈心を込めて香を焚き、うやうやしく祈願の言葉を唱えます、この無為の福庇は無辺に及びましょう〉。上の句は、「新刊金剛経」の施本を受けた古月の行為。「心香」は、仏に献香するが如き誠心を込めた香。「呪願」は、祈願の唱え言葉。「無為福庇」は、『金剛経』無為福勝分第十一の『川老注』に「無為福勝分第十一〈有為の福は限量窮《きわ》まり有り、無為の福は殊勝にして比《たぐ》い無し。故に之れを受くるに無為福勝分を以てす〉」と。「無垠」は、無際・無辺。

【一〇二】下平声七陽韻

贊威音大光居士寂照妙光大姉同幅肖像。

一柄繍扇、當機擧揚。曾無熱惱、更有清涼。翻癡迷域、成本有郷。會夢幻理、達罪福相。閑憑淨几、恭寫經王。不慕龍女、何事南方。直下是兮直下是、春蘭秋菊接光光。

＊

(1)威音大光居士・寂照妙光大姉、同幅の肖像に賛す。

(2)一柄《いちへい》の繍扇《しゆうせん》、当機に挙揚《こよう》す。(3)曾て熱悩無し、更に清涼有らんや。(4)痴迷の域を翻《ひるがえ》して、本有《ほんう》の郷と成す。(5)夢幻の理を会して、罪福の相に達す。(6)閑《しず》かに浄几《じようき》に憑《よ》り、恭しく経王を写す。(7)龍女を慕わず、何ぞ南方を事とせん。(8)直下《じきげ》に是《ぜ》なり、直下に是なり、春蘭秋菊、光光を接す。

＊

(1)威音大光居士寂照妙光大姉＝人物不詳。／(2)一柄繍扇、当機挙揚＝〈刺繍が施された一柄の扇子を、まの当たりに高く持ち上げている〉。肖像の図柄。／(3)曾無熱悩、更有清涼＝〈もともと熱悩がない、どうして清涼があろうか〉。ここの「更有」は、豈有の義。／(4)翻痴迷域、成本有郷＝〈痴迷の地域をひるがえして、本来の家郷とする〉。「本有郷」は、本有の家郷。本来の家郷に同意。／(5)会夢幻理、達罪福相＝〈夢幻の理法を会得し、罪福皆空の実相に達する〉。上の句は、『金剛経』応化非真分第三十二に「一切有為の法は、夢幻泡影《むげんほうよう》の如く、露《つゆ》の如く亦た電《いなずま》の如し、応《まさ》に是《かく》の如きの観を作《な》すべし」と。下の句は、『法華経』提婆達多品偈の「深達罪福相」の略。／(6)閑憑浄几、恭写経王＝〈静《きよ》かに浄らかな几《つくえ》に向かい、恭しく『法華経』を書写する〉。「経王」は、『法華経』。『法華経』薬王菩薩本事品に「此の経も亦復《ま》た是《かく》の如し。一切の諸もろの経法の中に於いて最も為《こ》れ第一なり。仏は為れ諸法の王なるが如く、此の経も亦復《ま》た是の如し。諸経の中の王なるなり」と。／(7)不慕龍女、何事南方＝〈龍女を慕わず、南方無垢世界を事ともしない〉。『法華経』提婆達多品の経説に基づく。「龍女」は、八大龍王の一である娑竭羅龍王の娘。年わずか八歳で智慧利根、諸仏の説くところの甚深の秘蔵をことごとく受持し、文殊菩薩の教化を受けて不退転を得、一つの宝珠を仏に献じ、忽然として男子に変じ、ただちに菩薩行を具して南方無垢世界に往き、宝蓮華に坐し、等正覚を成じ、三十二相八十種好を具足し、人天のために説法したという。この経説は、古来、『法華経』の功徳力の絶大であることの証とされる。／(8)直下是兮直下是、春蘭秋菊接光光＝〈ただそのまま、ただそのまま、二人への供養は長く絶えず、その名声は伝えられていく〉。上の句は、『虚堂録』巻三。「兮」は、句中に置く助字。「春蘭秋菊」は、春秋の祀りに欠かせない花。『楚辞』九歌・礼魂に「春蘭と秋菊と、長く絶ゆること無く終古ならん」。その「注」に「春祀は蘭を以てし、秋祀には菊を以てす」と。「光光」は、光り輝くさま。

【一〇三】上平声十一真韻

送勢州桑名東林明恵宣禪師。

直下宣明離浄觸、威音授記惹埃塵。艸鞋綟斷東西路、林苑風光依舊新。

(1)勢州桑名東林の明恵宣禅師を送る。

*

(2)直下《じきげ》宣明にして浄触《じょうそく》を離る、威音の授記、埃塵《あいじん》を惹《ひ》く。(3)草鞋、綟《ひも》断《き》る、東西の路、林苑の風光、旧《ふる》きに依って新たならん。

*

(1)勢州桑名東林明恵宣禅師＝人物不詳。東林は、日出山東林寺（三重県いなべ市北勢町川原）。／(2)直下宣明離浄触、威音授記惹埃塵＝〈仏性は、そのまま分明で、浄と不浄との差別を離れている、威音王仏以来の授記は、その仏性に塵や埃を着けるものなのだ〉。本有仏性、悉皆成仏の見解に立った二句で、この禅師には、ことさらに成仏を求める節が見え、それを戒めたものであろう。「宣明」は、二字共に明の義。「明恵宣」の名に掛ける。「浄触」は、浄と不浄。「触」は、汚の義。「威音」は、『法華経』常不軽菩薩品に見える過去久遠劫最初出現の仏。「授記」は、仏が、未来成仏の予言（記莂《きべつ》）を授けること。／(3)草鞋綟断東西路、林苑風光依旧新＝〈東西の路を行脚して草鞋《わらじ》のひもが切れた時、林苑の風光が常に新しいことを見るであろう〉。「綟」は、くつのひも。「林苑」は、明恵禅師が帰り着く東林寺。本来の家郷。「依旧新」は、常に新しい、何も変わらないということ。「依旧」は、もとのままの意。『十牛図』返本還源の偈に「草鞋、根断《ねき》るる、来時の路、百鳥啼《な》かず、花乱《みだ》りに紅なり」と。

【一〇四】下平声十一尤韻

早秋遊樺山高亭。

渠渠夏屋動新秋、風渉紫蘭供勝遊。山薮野肴晩飡馥、交歓終日話徽猷。

＊

(1)早秋、樺山の高亭に遊ぶ。

(2)渠渠《きよきよ》たる夏屋《かおく》、新秋を動ず、風、紫蘭《しらん》を渉《わた》って勝遊に供す。(3)山薮野肴《さんそうやこう》、晩飡馥《ばんさんかんば》し、交歓、終日《ひねもす》、徽猷《きゆう》を話《かた》る。

＊

(1)早秋遊樺山高亭＝「早秋」は、初秋七月。「樺山高亭」は、【四八】に出た、樺山氏（椛山氏）の別荘、明良軒か、そこに構えられた小亭。【六七】を参照。／(2)渠渠夏屋動新秋、風渉紫蘭供勝遊＝〈この立派な高いあずまやには、新秋の風が紫色の蘭に吹き渡って、勝遊に興をそえている〉。「渠渠夏屋」は、『詩経』国風・秦風・権輿に「我れに於《あた》えよ（於我乎）、夏屋、渠渠たり」と。「渠渠」は、広大なさまを形容する語で、「夏屋」の「夏」も、大の義だが、夏字を「新秋」に掛けている。「動新秋」は、次句の「風」に掛かる。新秋風・早秋風は、詩題でもある。／(3)山薮野肴晩飡馥、交歓終日話徽猷＝〈山野の御馳走が晩餐の席に香り、終日うちとけているが、話すことは仏道のことばかりだ〉。「山薮野肴」は、山野の薮肴。菜蔬を薮と言い、魚肉を肴と言う。「徽猷」は、立派な教え、大道。

【一〇五】下平声八庚韻

癸亥十四夜。　［十三日大風高鍋城下龍驤損民家］

昨朝風雨損萩英、今夜乍晴月欲盈。人世栄衰眼前事、孤筇立盡二三更。

＊

(1)癸亥《みずのとい》十四夜。　［十三日大風、(2)高鍋城下、龍驤《りようじよう》、民家を損《そこ》なう］

(3)昨朝、風雨、萩英《しゆうえい》を損ない、今夜、乍《たちま》ち晴れて、月、盈《み》ちんと欲す。(4)人世の栄衰、眼前の事、孤筇《こきよう》、立ち尽くす、二三更。

＊

(1)癸亥十四夜＝寛保三年（一七四三）の八月十四夜。待宵。古月、七十七歳。／(2)十三日大風高鍋城下龍驤損民家＝〈その前日、大風が高鍋城下を猛烈に襲い、民家に多大な被害を与えた〉。「高鍋城下」は、日向児湯郡高鍋藩の城下町。「龍驤」は、龍のように躍りのぼる。勢いの盛んな形容。／(3)昨朝風雨損萩英、今夜乍晴月欲盈＝〈昨日の朝は、風雨が激しくて萩の花を散らせたが、今日の夜は晴れ渡って、月は満月を迎えようとしている〉。／(4)人世栄衰眼前事、孤筇立尽二三更＝〈人間世の栄衰もこのとおりだなあと、一本の杖をつきながら夜更けの月を眺めている〉。

【一〇六】上平声一東韻

中秋。　［快晴及十七夜］

桂輪輾上海門東、灝氣爽然露滿空。庾亮樓高千里外、一窓閑足落梧風。

＊

中秋。　［快晴、十七夜[1]に及ぶ］

桂輪[2]、輾《ころ》がり上る、海門の東、灝気《こうき》、爽然として、露、空に満つ。庾亮楼《ゆりようろう》[3]、高きこと千里の外、一窓、閑《かん》足る、落梧の風。

＊

⑴十七夜＝立待月（たちまちのつき）。立ちながら待つうちに出て来る月という意。因みに十六夜は、十六夜月（いざよいのつき）。十八夜は、居待月（いまちのつき）。十九夜は、臥待月（ふしまちのつき）。二十夜は、更待月（ふけまちのつき）。日本人は風流なもので、出る時刻も次第に遅くなり、欠けていく月にこうして名をつけて愛でたのである。／⑵桂輪輾上海門東、灝気爽然露満空＝〈月が海の東から昇り、空には清らかで爽やかな涼しい気が満ちている〉。「輾上」の「輾」は、ころがる。「桂輪」の「輪」に掛ける。「灝気」は、天上の清らかな気。「露満空」の「露」は、露気。露を含んだ気。涼しい気の形容。灝気を重ねて言ったもの。／⑶庾亮楼高千里外、一窓閑足落梧風＝〈月が高く昇って、千里のかなたまで照らし、とても静かで、窓からは、秋風に落ちる桐葉の音が聞こえている〉。「庾亮楼」は、晋の庾亮（庾公）が、江州の鎮であった時に建てた楼。月見の縁語。【一〇—三六—①】注⑴を参照。

【一〇七】上平声二冬韻

恭祝佛日山造鐘工畢圓成供養。

釵釧餅盤爲一鐘、洪音協律答雙松。七千餘衆競葵仰、佛日増輝寶塔峯。

＊

恭《うやうや》しく[1]仏日山の造鐘の工畢《お》わり円成供養を祝す。

[2]釵釧餅盤《さいせんびんばん》、一鐘と為《な》り、洪音協律《こうおんきょうりつ》、双松に答う。[3]七千余衆、競って葵仰《きぎょう》す、仏日増輝す、宝塔の峰。

＊

(1)仏日山造鐘＝この鐘は、大光寺の山門（鐘楼門）の階上につるされている梵鐘のことか。／(2)釵釧餅盤為一鐘、洪音協律答双松＝〈釵（かんざし）や釧（うでわ）、餅（酒器）や盤（皿）を熔かして梵鐘を造った、その調べのよい大きな音は、双松の風音と響き合っている〉。上の句は、『五灯会元』巻二・圭峰宗密章に「餅盤釵釧を鎔かして一金と為し、酥酪醍醐を攪して一味と為す」と。「洪音協律」は、音律が調えられた大きな音。「双松」は、二本松。佐土原の地名かも知れない。／(3)七千余衆競葵仰、仏日増輝宝塔峰＝〈七千余人が競って仰ぎ見ている、仏日が輝きを増して峰は宝塔のようだ〉。「七千余衆」は、未詳。大光寺の檀信徒の数か。「葵仰」は、葵（ひまわり）の花が日光に向かうように、人の徳を仰ぐこと。

【一〇八】下平声七陽韻

送濃州久久里東禪隱栖菊泉和尚。

菊發幽溪泉亦香、彭仙八百壽看長。勘驗諸方事其奈、手中扇子足清涼。

＊

(1)濃州久久里、東禅の隠栖、菊泉和尚を送る。

(2)菊は幽渓に発《ひら》き、泉も亦た香《かんば》し、彭仙《ほうせん》八百、寿、長ずるを看る。(3)諸方を勘験す、事、其奈《いかん》、

手中の扇子、清涼足《た》る。

＊

(1)濃州久久里東禅隠栖菊泉和尚＝久昌山東禅寺（岐阜県可児市久々利）の第七代、菊泉祖涓。享保六年（一七二一）十一月の前堂転位。／(2)菊発幽渓泉亦香、彭仙八百寿看長＝〈菊は奥深い谷に開き、泉も香り高い、彭仙は八百年を生きました、あなたも長生きされるでしょう〉。菊泉和尚の長寿を祝う二句。上の句は、「菊水（菊仙）」の伝説に基づくもの。菊水は、河南省南陽県にある、飲めば長寿を得ると言う水の名。「予章記に云く、南陽に菊水有り。其の側《そば》に居する者、多寿。劉寛、月に三十斛を致す。水源の芳菊、崖を被《おお》う。故に以て名づく」（『荊楚歳時記』菊水）。「彭仙」は、古の長寿者、彭祖のこと。「上古、大椿《たいちん》なる者有り。八千歳を以て春と為《な》し、八千歳を秋と為す。而して彭祖は、乃今《いま》久しきを以て特り聞こゆ《ひと》。衆人、之れに匹せんとす。亦た悲しからずや」（『荘子』逍遥遊）。その寿は、七百歳とも八百歳とも言われる。／(3)勘験諸方事其奈、手中扇子足清涼＝〈諸方を見て回られたでしょうがどうでしたか、手にする扇子の涼しい風にまさるものはなかったでしょう〉。「其奈」は、如何の義。

【一〇九】上平声十一真韻

癸亥除夕。

僂指頽齢逼八旬、無分為法委全身。半頭白髪明如雪《ヨリモ》、一任兒童匿笑頻。

[1]癸《みずのと》亥《い》の除夕《じょせき》。

＊

[2]指を僂《たお》せば、頽齢《たいれい》、八旬に逼《せま》り、法の為に全身を委するに分無し。[3]半頭の白髪、雪よりも明らかなり、児童の、匿笑《とくしょう》の頻《しき》りなるに一任す。

＊

(1)癸亥除夕＝寛保三年（一七四三）の大晦日。古月、七十七歳。／(2)僂指頽齢逼八旬、無分為法委全身＝〈指折り数えれば、老いさらばえて、八十になろうとしている、全身を仏法にゆだねようと思うが、そんな力はもうない〉。／(3)半頭白髪明如雪、一任児童匿笑頻＝〈頭の半分は雪よりも白い、子供らが頻りと忍び笑いをするのもしようがあるまい〉。

【一一〇】下平声一先韻

甲子試毫。

松雲深鎖洞中天、高葦烏藤任懶眠。縱使春風吹夢去、蘧然只在百花邊。

＊

[1]甲子《きのえね》の試毫。

[2]松雲、深く鎖《とざ》す、洞中の天、高く烏藤《うとう》を靠《よせか》けて、懶眠《らんみん》するに任《まか》す。[3]縦《たと》使い春風、夢を吹き去るも、

蘧然《きょぜん》として只だ百花の辺《ほとり》に在らん。

＊

⑴甲子試毫＝寛保四年（一七四四）の歳旦の偈。「試毫」は、書き初めの意。始筆、試筆とも言う。古月、七十八歳。／⑵松雲深鎖洞中天、高靠烏藤任懶眠＝〈松雲が深く閉ざす洞中の空、高く拄杖を寄せ掛けて惰眠をむさぼる〉。「松雲」は、隠居の境地を譬える言葉。「洞中天」は、洞穴の中にある天。世塵を離れた別世界。仏鑑慧懃の「大龍堅固法身」頌（『禅林類聚』巻二）に「歩みに信《まか》せて白雲深き処に去る、須《すべか》らく知るべし、別に洞中の天有ることを」と。ここでは、我が隠居所の空。「高靠烏藤」は、正月の禅林で、拄杖に払子を掛けて祭る儀式。「烏藤」は、拄杖の別名。／⑶縦使春風吹夢去、蘧然只在百花辺＝〈たとえ春風が夢を吹き覚ましたとしても、我れに返った私は、夢中と変わりない百花のほとりにいるのだ〉。この二句は、『荘子』斉物論に説かれる胡蝶の夢の説話に基づく。「昔者《むかし》、荘周、夢に胡蝶と為《な》る。栩栩然《くくぜん》として胡蝶たり。自ら喩《たの》しみ志《こころ》に適するかな。周たるを知らざるなり。俄《にわか》にして覚《めざ》むれば、則ち蘧蘧然《きょきょぜん》として周なり。周の、夢に胡蝶と為りしか、胡蝶の、夢に周と為りしかを知らず。周と胡蝶とは、則ち必ず分有り。此れを之れ物化と謂う」。「蘧然」は、我に返って驚くさま。

【一一二】下平声六麻韻

寛保四甲子二月廿五日、應久留米城主有馬氏賢侯堅請、興建慈雲山福聚禪寺。拉大衆鎮洪基。一偈以賛云。

祇林繁衍慈雲濕、福聚無量鎭國家。插艸先看萬年兆、松間競發白桃華。

＊

(1)寛保四甲子《きのえね》二月廿五日、久留米城主有馬氏賢侯の堅請に応じ、慈雲山福聚禅寺を興建す。大衆を拉《ひきつ》れて洪基を鎮す。一偈を以て賛すと云う。

(2)祇林繁衍《ぎりんはんえん》して、慈雲湿《うるお》う、福聚無量、国家を鎮す。(3)挿草《そうそう》、先に看る、万年の兆《きざし》、松間、競い発《ひら》く、白桃華。

＊

(1)寛保四甲子二月廿五日……＝『伝記』同年の条に「二月廿五日、十三部（久留米の地名）に到って、土を相《み》、縄を引いて寺基を定め、山号寺号を改む。慈雲山福聚寺、是れなり。師、偈有り、『（本偈）』」。「有馬氏賢侯」は、久留米藩有馬家第七代当主の有馬頼徸《よりゆき》。正徳四年（一七一四）十一月二十五日生（『久留米人物誌』）。『寛政重修諸家譜』は同二年）。享保十四年（一七二九）七月、襲封。治世は歴代藩主の中で最も長い五十五年間で、学問教育を重んじた。天明三年（一七八三）十一月二十三日、久留米にて死去。墓は久留米の梅林寺にある。円山道通大慈院と号す。／(2)祇林繁衍慈雲湿、福聚無量鎮国家＝〈慈悲の雲は法雨をそそいで叢林を繁茂させ、福は海の如くに限りなく集まって国家を鎮護する〉。「祇林」は、祇陀林の略。祇園精舎があった園林。ここでは、福聚寺。「慈雲」「福聚無量」は、『観音経』の「慈意妙大雲」「福聚海無量」に基づいて山号寺号を詠み込む。／(3)挿草先看万年兆、松間競発白桃華＝〈寺を建てる前から万年相続の瑞兆は見えていた、松の間から盛んに白桃の花が開いている〉。「挿草」は、仏寺を草創する譬喩。「如来、昔、然灯仏《ねんとうぶつ》の時に於いて、髪《はっし》を布き泥《でい》を掩《おお》うて、以て彼《か》の仏を待す。然灯曰く、『此の処に、当《まさ》に梵刹《ぼんせつ》を建つべし』と。時に一《ひとり》の賢于《けんう》長者有って、遂に一茎草《いっきょうそう》を標して云く、『梵刹を建て竟《お》わんぬ』」（『碧巌録』六十則本則評唱）。この故事はもと、『五灯会元』巻一の釈迦牟尼仏章に出る。下の句は、万年の瑞兆を見せる福聚寺の春景色。松は、千年の翠を保ち、桃は、仙女西王母に因むもの。

【一一三】上平声十二文韻

神谷《カミヤ》道中。

竹輿軋軋渉渓水、櫻雪埋山取次薫◎。憶著壯年經此地、烏藤點破萬重雲◎。

*

神谷《かみや》(1)道中。

竹輿《ちくよ》(2)、軋軋《あつあつ》として、渓水を渉《わた》る、桜雪《おうせつ》、山を埋めて、取次《しゅじ》に薫る。憶著《おくじゃく》(3)す、壮年、此の地を経《へ》たることを、烏藤《うとう》、点破す、万重の雲。

*

(1)神谷＝紙屋の同音表記。現、宮崎県小林市野尻町紙屋。江戸時代、肥後街道に置かれた、薩摩藩九関所の一、紙屋関所があった。その旧跡は、現在、市指定史跡。／(2)竹輿軋軋渉渓水、桜雪埋山取次薫＝〈かつがれた駕籠はギーギーときしんで川を渡り、桜吹雪は山をおおって意のままに香っている〉。「軋軋」は、象声詞。「取次」は、多義を含むが、ここでは、随便・任意の義。／(3)憶著壮年経此地、烏藤点破万重雲＝〈そこで、壮年だった昔、この地を通ったことを思い起こした、その時は、拄杖一本で万重の雲を突き破って行ったものだ〉。「憶著」は、前述した状況が誘因となって思い出すという意。「烏藤」は、拄杖の別名。

【一一三】上平声十三元十四寒通韻

宿神谷關。

河漢西傾烟樹昏、元 山鶏一拍啓關門。元 豈圖神谷幽牕夢、被駭鳥聲旅況寛。寒

神谷関に宿す。

＊

(1)河漢《かかん》、西に傾いて、烟樹昏《くら》し、山鶏一拍、関門を啓《ひら》く。(2)豈《あ》に図《はか》らんや、神谷、幽窓の夢、鳥声に駭《おどろ》かされて、旅況《りょきょう》の寛《ひろ》きことを。

＊

(1)河漢西傾烟樹昏、山鶏一拍啓関門＝〈天の川は西に傾き、木々は夜霧に煙って暗いが、やまどりが羽ばたき鳴き、神谷関の門を開かせる〉。下の句は、鶏鳴とともに開き、日没とともに閉じることを法とした函谷関（秦の東の関）の故事を踏まえたもの。函谷関は、禅録にも多出する。また、「山鶏一拍」は、夜が明けることを言う禅録頻出語「金鶏一拍」を借りた言葉。金鶏は、天上に棲むという鳥。／(2)豈図神谷幽窓夢、被駭鳥声旅況寛＝〈神谷宿の静かな窓で見る夢は鳥の声で覚まされたが、こんなにも旅情が豊かだとは思ってもみなかった〉。「旅況」は、旅路での状況や心境。詩題の一つに「鳥声破夢」がある。

【一一四】下平声六麻韻

寓江南山遇佛初度祝香野偈。

一國降生一釋迦、慈光赫赫盡河沙。伽陀讃嘆微功徳、總以深心奉大家。

＊

江南山[1]に寓して仏初度[2]《ぶつしょど》に遇う、祝香の野偈。

一国に降生す一釈迦[3]、慈光、赫赫《かくかく》たり、尽河沙《じんがしゃ》。伽陀《かだ》讃嘆[4]の微功徳、総に深心を以て大家に奉る。

＊

(1)江南山＝梅林寺（福岡県久留米市京町）の山号。／(2)仏初度＝仏降誕会。四月八日。「初度」は、誕生日のこと。／(3)一国降生一釈迦、慈光赫赫尽河沙＝〈ガンジス河の砂の数ほどある国々の一国一国に釈迦仏は降誕されて、赫々たる慈光を放っておられる〉。上の句は、『梵網経』巻下の「一花百億国、一国一釈迦」の偈による。盧遮那仏の住む蓮華台蔵世界に千の蓮華があり、花びら一葉が一世界であり、一葉世界には百億の国があり、それぞれに釈迦がおられて、心地の法門を説いておられるという意。「尽河沙」は、経典に説かれる「無量恒河沙」と同意。恒河沙は、ガンジス河の砂のことで、限りなく多い数の喩え。／(4)伽陀讃嘆微功徳、総以深心奉大家＝〈一偈をもって讃嘆する少しばかりの功徳ですが、大悲心をもって無辺国土の衆生につかえます〉。「伽陀」は、ガータの音訳。韻文で説かれた仏の教え。ここでは、この祝香の野偈。「野」は、謙辞に用いる接頭語。「微功徳」は、諸経に見える「少功徳」の意に解した。下の句は、阿難尊者が釈尊を讃嘆して言った言葉、「此の深心を将《もっ》て塵刹に奉ぜん、是れ則ち名づけて仏恩に報ゆと為す」（『楞厳経』巻三）に基づく。【二―三】注⒄を参照。「大家」は、みなさんの意。ここでは、無辺国土の衆生。

【一一五】下平声一先韻

先師一道和尚五十年遠忌炷香拙語。　〔延享元甲子七月〕

佛日増輝照九天。壽山聳翠接層巓。心香一辨（瓣）酬嗣恩、風樹動秋五十年。

＊

(1)先師一道和尚五十年遠忌、炷香拙語。　〔延享元甲子《きのえね》七月〕

(2)仏日、輝きを増して、九天を照らし、寿山、翠《みどり》を聳《そび》やかして、層巓《そうてん》に接す。(3)心香一弁、嗣《し》恩《おん》に酬《むく》ゆ、風樹、秋を動ず、五十年。

＊

⑴先師一道和尚＝古月の本師、一道禅棟。元禄八年（一六九五）七月四日示寂。松巌寺第四世、後に大光寺第四十世。／⑵仏日増輝照九天、寿山聳翠接層巓＝〈仏日は輝きを増して九天を照らし、寿山は翠に聳えて山々に連なっている〉。「仏日」は、仏日山大光寺に掛かり、「寿山」は、天寿山自得寺に掛かる。「九天」は、中央と八方、全世界の意。或いは、九州の天か。【一一九】の結句を参照。「聳翠接層巓」は、王勃の「滕王閣序」の「層巒、翠を聳やかして、上、重霄に出づ」に基づく。「層巓」は、重なった山のいただき。／⑶心香一弁酬嗣恩、風樹動秋五十年＝〈心を込めて一弁の香を焚き、本師への恨みをはらしますが、五十年変わらずに木々を揺らす秋風が、

その香煙を吹き払ってくれましょう〉。「心香一弁」は、仏に献香するが如き誠心を込めた一弁の香。「嗣怨」は、天童山に住した雲外雲岫（一二四二～一三二四）の『語録』宗門嗣法論に「其の法を嗣《つ》ぐ者に三有り。上士は怨を嗣ぎ（嗣怨）、中士は恩を嗣ぎ（嗣恩）、下士は勢を嗣ぐ（嗣勢）。嗣怨の者は道に在り、嗣恩の者は人に在り、嗣勢の者は己に在る」と。これは、洞山良价が、「祖教仏教は、生怨家《さんおんけ》に似て、始めて学ぶ分有り」（『景徳伝灯録』巻十七・龍牙居遁章）と言うが如く、参禅弁道は、親の仇に立ち向かうが如き覚悟を要することを言う。

【一一六】上平声一東韻

追挽法姪前泰翁密雲和尚。　［甲子六月廿七日］

流傳法脉茲資始、雲靄密敷化育隆◎。豈識一齊沾法雨、山河大地百千叢◎。

*

(1)法姪《ほうてつ》の前《さき》の泰翁の密雲和尚を追挽《ついばん》す。　［甲子六月廿七日］

(2)流伝《るでん》の法脈、茲《ここ》に資《と》りて始む、雲靄《うんあい》、密に敷いて、化育、隆《さか》んなり。(3)豈《あ》に識《し》らんや、一斉に法雨に沾《うるお》うことを、山河大地、百千叢。

*

(1)法姪前泰翁密雲和尚＝遊仙山泰翁寺（宮崎市島之内）の密雲士参。古月の法兄英山禅哲の法嗣で、享保三年（一七一八）三月、前堂転位。泰翁寺は、旧時、大光寺の末寺。「開基之僧及草創之年月日不詳。島津勝久公之御法名ヲ寺号に仕ソロ」（大光寺文書「安政五年大光寺末寺抄録差上」）。「法姪」は、自己の法兄弟の弟子を言う。

／(2)流伝法脈茲資始、雲霈密敷化育隆＝〈大光寺に流伝された法脈である英山和尚の法を嗣いで、法の雲や霈を行き渡らせて、弟子や衆生をよく導かれた〉。「資始」は、『易』乾卦に「大いなるかな乾元《けんげん》。万物資《と》りて始む、乃《すなわ》ち天を統《す》ぶ」とあるのによる。「資」は、取るの意。万物は乾（天）の元気を受けて生ずるという意。／(3)豈識一斉沾法雨、山河大地百千叢＝〈その法雨が、山河大地の百千叢にまで平等に及んでいることをどうして知ろうか〉。

【一一七】上平声五微韻

恭讀嶮崖和尚禪餘客談賦贈嗣子毒龍禪師。

黄龍窟裡觸嚴威。萬仞崖頭轉一機。應接談論爲宗弊、江湖千載仰光輝。

＊

恭しく(1)嶮崖和尚が、禅余、客と談じて賦し、嗣子の毒龍禅師に贈るを読む。

(2)黄龍窟裡、厳威に触れ、万仞の崖頭、一機を転ず。(3)応接談論、宗弊と為《な》る、江湖、千載、光輝を仰ぐ。

＊

(1)嶮崖和尚＝東海派下独秀門派の人で、南山祖団―嶮崖志獅―毒龍祖活の法系。南山は、黄龍山慈光寺（徳島市福島町）の第六世。慈光寺は、【九―六】に出た梁巌志湛が嗣住。嶮崖・毒龍の住地等は不詳。／(2)黄龍窟裡触厳威、万仞崖頭転一機＝〈黄龍の窟中でその威厳に触れ、万仞の崖頭に禅機をはたらかせた〉。上の句は、黄龍山慈光寺で南山和尚の厳しい接化を受けたことを言う。下の句は、禅録に頻出する「万仞龍門」の語を踏まえたもので、嶮崖和尚の開悟を言う。【五―二】注(2)を参照。また、【七―二〇】注(3)を参照。／(3)応接談論為宗弊、江湖千載仰光輝＝〈「応接談論は宗門の弊害となる」と、江湖は千年の後まで、この言葉の光輝を仰ぎ見るであろう〉。上の句は、嶮崖和尚の本詩に示されていた言葉であろう。

＊

〇日州自得寺隠栖古月題于骨清堂南軒。［此事詩不見于本書脱落乎］

(1)〇日州自得寺隠栖古月、骨清堂の南軒に題す。［此の事、詩、本書に見えず、脱落か］

＊

(1)〇日州自得寺……＝底本の通り。

＊

【一一八】上平声四支韻

贊地藏大士。

寶珠聲杖、左之右之。天堂地獄、寂而照而。筆入神妙、威顯尊儀。千奇萬瑞、念念勿疑。

(1)地蔵大士に賛す。

(2)宝珠声杖《しょうじょう》、左之右之《さしうし》。(3)天堂地獄、寂而照而《じゃくじしょうじ》。(4)筆、神妙に入り、威、尊儀に顕《あら》わる。(5)千奇万瑞、念念、疑うこと勿《な》かれ。

(1)地蔵大士＝【九―二五】注(2)(3)を参照。／(2)宝珠声杖、左之右之＝〈どこもかしこも、地蔵菩薩の宝珠が輝き、錫杖の音が聞こえる〉。「宝珠声杖」は、地蔵菩薩の法具。「声杖」は、錫杖の別称。声《おと》を出して毒蛇害虫を驚かして追い払うから言う。「左之右之」は、左も右も、どこもかしこもの意。／(3)天堂地獄、寂而照而＝〈天堂地獄を、真理の智慧で照鑑されている〉。「寂而照而」は、寂而照と照而寂とを合わせて四字にして「寂照」を言うもの。／(4)筆入神妙、威顕尊儀＝〈神業をもって、威厳ある尊儀を出現させた〉。／(5)千奇万瑞、念念勿疑＝〈これより千万の奇瑞を現わされようが、少しも疑ってはならない〉。

＊

【一一九】下平声一先韻

大光中興雄山和尚一百年忌香語。　［延享元甲子五月十一日］

曾逢嚴忌五十稔、今日又迎一百年。兄弟濫吹無孔笛、遏雲靉靆九州天。

＊

(1)大光中興雄山和尚一百年忌の香語。　［延享元甲子《きのえね》五月十一日］

曾て厳忌に逢う五十稔、今日又た迎う一百年。(2)兄弟《ひんでい》、濫《みだ》りに吹く、無孔《むく》の笛、遏雲《あつうん》、靉靆《あいたい》たり、九州の天。

＊

(1)大光中興雄山和尚＝雄山玄雄。大光寺中興三十七世。もと東福寺派であった大光寺は、この中興より妙心寺派に転じた。正保二年（一六四五）五月十一日示寂。／(2)兄弟濫吹無孔笛、遏雲鑁鑁九州天＝〈雄山和尚の児孫達はみだりに無孔笛を吹き、そのすぐれた音曲は九州の天に響いている〉。「濫吹」は、濫竽《らんう》とも言い、『韓非子』内儲説上に見える以下の故事より、実力もないのに高位に立つことを言うが、ここでは、謙辞。「斉の宣王、人をして竽《ふえ》を吹かしむるに、必ず三百人をもってす。南郭処士、請うて王が為に（三百人に混じって）竽を吹く。宣王、之れを説《よろこ》び、廩食《ふちまい》数百人を以てす。宣王死に、湣王立つ。一一《ひとりひとり》之れを聴くを好む。（南郭）処士逃ぐ」。「無孔笛」は、少林無孔笛の略。達磨正伝の禅の譬喩。「遏雲」は、空行く雲をも遏《とど》めるほどの妙を得た音曲。歌声のすぐれたのを褒めて言う。「鑁鑁」は、雲のたなびくさま。「遏雲」の「雲」に掛かる。

【一二〇】上平声一東韻

遊閑似亭舟中即事。　［甲子九月七日、太守天神別墅］

輕泛樓船江水東、衣寒紅蓼白蘋風。風光滿目自家底、色色恰如示掌中。

＊

(1)閑似亭に遊ぶ、舟中の(2)即事。［甲子九月七日、太守の天神別墅《べつしょ》］

(3)軽く楼船を泛《うか》ばす、江水の東、衣は寒し、紅蓼白蘋《こうりょうはくひん》の風。(4)風光、目に満つ、自家底、色色、恰《あた》か掌中を示すが如し。

＊

(1)閑似亭＝【八〇】に「閑似亭八景」の偈頌があり、その底本注記に「大守別荘、在于天神村」とある。／(2)即事＝その場のことを即興的にうたった詩。／(3)軽泛楼船江水東、衣寒紅蓼白蘋風＝〈望楼をそなえた遊船を、東に流れる川に軽く浮かべる、晩秋九月は肌寒く、赤い蓼《たで》の花や、白い浮草の花が咲いている〉。「紅蓼白蘋」は、秋色を言う成句に近い言葉。／(4)風光満目自家底、色色恰如示掌中＝〈見渡す限りの景色が自分自身だ、それぞれが我が手の平に載っているかのようだ〉。「自家底」は、自分。「底」は、接尾語。「示掌中」は、『論語』八佾第三に「子曰く、『……、其れ諸《こ》れを斯《ここ》に示すが如し』といって、其の掌を指す」と。

【一二二】上平声一東韻

實門宗孚首座掩土。　［長州萩大照院徒］

委身行脚遊方去、水宿山行興已窮。初發心時成正覺、秋雨吹晴落葉風。孚上座孚上座、休認豎窮三際横亘十方。只從今日去不將父母所生鼻孔扭捏。喝。

＊

(1)実門宗孚首座掩土《えんど》。　［長州萩の大照院の徒］

(2)身を委して行脚遊方し去り、水宿山行、興《きょう》、已《すで》に窮《きわ》まる。(3)初発心時、正覚を成ず、秋雨、晴《せい》を吹く、落葉の風。

(4)孚上座《ふじょうざ》、孚上座、竪《たて》に三際を窮《きわ》め、横に十方に亘《わた》ると認《と》むることを休《や》めよ。只だ今日より去って父母所生の鼻孔《びくう》を将《もっ》て扭捏《ちゅうねつ》せざれ。喝。

＊

(1)実門宗孚首座掩土。［長州萩大照院徒］＝人物不詳。「掩土」は、土葬。行脚修行半ばでの逝去。大照院は、山号、霊椿山。山口県萩市椿青梅。南禅寺派。／(2)委身行脚遊方去、水宿山行興已窮＝〈身を捨てて行脚遊方し、水辺に宿り山を越えていたが、その興趣も尽きたか〉。「水宿山行」は、長途跋渉の形容。松坡宗憩の「題友人行巻」偈（『江湖風月集』巻下）に「山行水宿幾辛苦」と。「興」は、その水辺や山路の興趣。／(3)初発心時成正覚、秋雨吹晴落葉風＝〈「初発心の時、便《すなわ》ち正覚を成ず」と、葉を落とす風に吹かれて秋雨も晴れた〉。上の句は、『華厳経』梵行品の「初発心時便成正覚」を七字に略したもの。下の句は、掩土時の景色。実門首座が、正覚を成じている現成公案。「吹晴」は、日本漢詩によく見られ、「晴《せい》を吹く」と読みならわすようだが、雲が風に吹かれて晴れるという意。／(4)孚上座孚上座……＝これは、首座の名に因み、太原の孚上座（雪峰義存法嗣）の故事を用いて、首座に最後の転身を与えるもの。「太原の孚上座は、本《も》と講師為《た》り。一日、座に登って講ずる次《つい》で、法身を説いて云く、『竪に三際を窮め、横に十方に亘る』と。一禅客有り、座下に在って之れを聞いて失笑す。孚、座を下って云く、『某甲《それがし》、適来《せきらい》、甚《なん》の短処か有る。願わくは禅者、為に説いて看よ』。禅者云く、『座主、只だ法身量辺の事を講得して、法身を見ず』。孚云く、『畢竟《ひっきょう》如何《いか》にせば即ち是《ぜ》ならん』。禅者云く、『暫《しばら》く講を罷《や》めて、静室の中に於いて坐す可《べ》し。必ず自ら見ることを得ん』と。孚、其の言の如くす。一夜、静坐す。忽《たちま》ち五更の鐘を打つを聞いて、忽《こつ》然《ねん》として大悟す。遂に禅者の門を敲《たた》いて云く、『我れ会《え》せり』と。禅者云く、『你《なんじ》、試みに道《い》い看よ』。孚云く、『我れ今日より去って、更に父母所生の鼻孔を将て扭捏せじ』と」（『碧巌録』四十七則本則評唱）。「三際」は、過去を前際、現在を中際、未来を後際と言う。三世に同じ。「不将父母所生鼻孔扭捏」は、「父母が生んでくれた鼻をひねくりまわすな」。「父母所生鼻孔」は、本来の面目に譬えられる。「本来の面目のままで行け」ということ。

【一二二】下平声六麻韻

奉追薦自得寺殿龍淵道水大居士七回忌。　［延享元甲子九月］

節近小春迎忌景、吹悲風雪七梅花。慇懃酬徳報恩去、一片心香篆縷斜。

＊

(1)自得寺殿龍淵道水大居士の七回忌を追薦し奉る。　［延享元甲子九月］

(2)節、小春に近うして忌景を迎う、悲しみを吹く風雪、七梅花。(3)慇懃《いんぎん》に徳に酬い恩に報い去る、一片の心香、篆縷《てんる》、斜めなり。

＊

(1)自得寺殿龍淵道水大居士＝元文三年（一七三八）九月十九日に死去した島津惟久のこと。自得寺殿前淡州刺史龍淵道水大居士。／(2)節近小春迎忌景、吹悲風雪七梅花＝〈季節は小春に近づき、七回忌の辰を迎える、悲しみを吹く風雪が、七片の梅花を散らしている〉。「小春」は、十月。【九―三―③】注(2)を参照。「風雪七梅花」は、『禅林句集』（『白雲詩集』巻四）に「江湖両藤杖、風雪七梅花」とあり、「七梅花」は、七回忌の法語によく見られる。小春十月の梅についても、【九―三―③】注(2)を参照。／(3)慇懃酬徳報恩去、一片心香篆縷斜＝〈ねんごろに大居士の恩徳に報います、心を込めた一片の香から、糸すじのような煙りが揺れのぼっています〉。「一片心香」は、仏に献香するが如き誠心を込めた一片の香。「篆縷」は、篆字のように曲がって細く立つ香煙。「客来たって用いず、賓主を論ずることを、篆縷横斜、満屋の春」（『中峰広録』巻二十九「鄽居十首」第二首）。

【一二三】上平声十四寒韻

恭奉謝甘露寺中納言規長卿賜松月繪、賛以攄卑懐。

松間磨出玉團團、景致粲然老筆端。挂在壁間耐吟賞、猶和秋色映林巒。

＊

恭しく(1)甘露寺中納言規長《のりなが》卿が松月の絵を賜うを謝し奉り、賛して以て卑懐《ひかい》を攄《の》ぶ。

(2)松間、磨き出だす、玉団団、景致、粲然《さんぜん》たり、老筆端。(3)壁間に挂在して吟賞するに耐《た》えたり、猶お秋色に和して林巒《りんらん》に映ずるがごとし。

＊

(1)甘露寺中納言規長＝薩摩藩第五代島津継豊の正室、浄岸院（竹姫）が従姉に当たるという公卿。天明三年（一七八三）十二月二十二日薨去。七十一歳。最終官位は、従一位権大納言。／(2)松間磨出玉団団、景致粲然老筆端＝〈松間の空にかかる満月、清らかな景色が老熟した絵師によって描かれた〉。「玉団団」は、満月の譬喩。／(3)挂在壁間耐吟賞、猶和秋色映林巒＝〈壁に掛けて吟賞するに充分の値打ち、まるで本物の秋景色のようだ〉。

【一二四】下平声七陽韻

牛禪衲追薦阿母七回忌普齋雲堂。赴齋之次賦以呈示。

忌辰薦拔齋尊衆、更勸當機面老孃。蠢動含靈同鼻孔、寒風一陣送梅香。

＊

[1]牛禅衲、阿母の七回忌を追薦し、普《あまね》く雲堂に斎す。斎に赴くの次《つい》で、賦して以て呈示す。[2]忌辰、薦抜《せんばつ》して、尊衆に斎す、更に勧む、当機、老嬢に面せよ。[3]蠢動含霊《しゅんどうがんれい》、同鼻孔《どうびくう》、寒風一陣、梅香を送る。

＊

(1)牛禅衲追薦阿母七回忌普斎雲堂＝牛禅衲は、不詳。「阿母」の「阿」は、親しみを込めて呼ぶ時に用いる接頭語。「普斎雲堂」は、雲衲衆に施食したということ。「雲堂」は、雲の如く多く集まる所の意で、僧堂に同義。／(2)忌辰薦抜斎尊衆、更勧当機面老嬢＝〈母親の忌辰に当たり、その薦抜のために、尊衆に施斎した、さらに、まの当たりに老母に逢うがよかろう〉。「薦抜」は、悪道の苦を抜除して、善道に資薦すること。「斎尊衆」は、詩題を参照。余談だが、仏十大弟子中神通第一の目連尊者は、餓鬼道に堕ちた母を救うために、自恣の日（七月十五日）に衆僧を供養したと伝え、それが、盂蘭盆会の起源と言われている。「老嬢」は、老母。「嬢」は、母親のこと。／(3)蠢動含霊同鼻孔、寒風一陣送梅香＝〈一切衆生の同じ鼻穴に、一陣の寒風に吹き送られた梅香が香っている〉。この二句は、【六―四】にあった「蠢動含霊、悉《ことごと》く本地の風光を発揮す」ということ。そこの注(5)を参照。「鼻孔」は、【一一二】にあった「父母所生の鼻孔」。本来の面目。「梅香」については、【一一二】注(2)を参照。

【一二五】下平声十二侵韻

義先禪人圖本師日東西堂禪師肖像丐讚辭。呵凍筆塞需云。

日東昇矣月西沒、面目堂堂亘古今。直向機先好勘過、追尋蹤跡不知音。

(1)義先禅人、本師日東西堂禅師の肖像を図《えが》いて讃辞を丐《こ》う。(2)凍筆《とうひつ》を呵して需《もと》めを塞ぐと云う。

(3)日は東に昇り、月は西に没《しず》む、面目堂堂、古今に亘《わた》る。(4)直《じき》に機先に向かって勘過《かんか》するに好し、蹤跡《しょうせき》を追尋《ついじん》すれば知音《ちいん》にあらず。

＊

(1)義先禅人……＝義先禅人は、不詳。日東西堂禅師は、古月が参禅した賢巌禅悦の孫弟子に日東正恵の名が見え、大分市三佐の梵音山海潮寺の二世住持であるが、該当するかは分からない。因みにその日東は、延宝六年(一六七八)の前堂転位であるから、時代的には適合する。／(2)呵凍筆塞需＝〈寒さに凍《こお》った筆に、ハアハア息を吹きかけて、求めに応じた〉。「呵凍筆(呵凍・呵筆)」は、息を吹きかけて筆をあたためること。寒中に詩文を草するに言う。「塞需」は、求めの口をふさぐ。転じて応えるの意。／(3)日東昇矣月西没、面目堂堂亘古今＝〈東に昇る日に、西に沈む月に、日東禅師の本来面目はありありと古今を貫いている〉。ここの「矣」は、字数を整えるために置いた助辞。／(4)直向機先好勘過、追尋蹤跡不知音＝〈日東禅師が一はたらきされる以前に禅師の正体を見て取れ、禅師のあとかたを追っているようでは禅師の知音ではない〉。「機先」は、機前とも言い、一機未発以前の義。不動の肖像であるがゆえの言葉。「知音」は、【九—二—⑨】注(2)を参照。ここでは、真の弟子。

【一二六】上平声一東韻

甲子除夕口占。

疎愚羸〔贏〕得白頭翁◎、憩影松林養老躬◎。随水行兮看雲坐、騰騰任運興何窮◎。

*

(1)甲子《きのえね》除夕《じょせき》の口占《こうせん》。

(2)疎愚《そぐ》、羸《か》ち得たり、白頭翁、影を松林に憩うて老躬を養う。(3)水に随って行き、雲を看て坐す、騰騰任運《とうとうにんぬん》、興《きょう》、何ぞ窮《きわ》まらん。

*

(1)甲子除夕口占＝延享元年（一七四四）の大晦日の口ずさみ。「口占」は、草稿を作らずに思いのままに作詩すること。／(2)疎愚羸得白頭翁、憩影松林養老躬＝〈疎《うと》くて愚かなまま、白髪頭の爺《じじ》になってしまい、松林に隠居して老いの身を養っている〉。「羸得」は、こんな結果になったということを、自嘲的に言う言葉であるが、逆説的に、これだけは得たという積極的な意味合いにもなる。「憩影」は、帰隠閑居の義。息影に同意。／(3)随水行兮看雲坐、騰騰任運興何窮＝〈川の流れにそってそぞろ歩き、腰をおろして雲の動きを見る、何事も自然に任せて、興趣の尽きることはない〉。上の句は、『禅林句集』にも採られる王維の「終南の別業」詩（『三体詩』巻三）の「行きては到る水の窮まる処、坐しては看る雲の起こる時」を踏まえる。『禅林句集』頭書に「爰《ここ》に言うこころは、安閑無事無心底の作用」と。「騰騰任運」は、何事にもこだわらずに自然に任せること。黄檗和尚の語に「如今、但だ一切時中、行性坐臥、但だ無心を学んで、亦た分別無く、亦た依倚《えき》無く、亦た住著無く、終日任運騰騰として痴人の如くに相似《あいに》よ」と（『宛陵録』）。

【一二七】上平声十三元韻

乙丑試毫。

向曉祝香釋世尊、自羞徳涼稱兒孫。深恩猶與春風緩、終日負暄坐竹軒。

*

(1)乙丑《きのとうし》の試毫。

(2)暁《あかつき》に向《なん》なんとして祝香す釈世尊、自ら羞《は》ず、徳涼《うす》くして児孫と称することを。(3)深恩、猶お春風と与《とも》に緩《ゆる》く、終日《ひねもす》、暄《けん》を負《お》って、竹軒に坐す。

*

(1)乙丑試毫＝延享二年（一七四五）の歳旦の偈。「試毫」は、書き初めの意。始筆、試筆とも言う。古月、七十九歳。／(2)向暁祝香釈世尊、自羞徳涼称児孫＝〈夜明けがた、釈迦世尊に新年を祝う香を焚くが、徳の薄い私が、みだりに児孫と称しているのが恥ずかしい〉。「向暁」は、払暁に同意。夜明けがた。「徳涼（涼徳）」は、薄徳に同意。／(3)深恩猶与春風緩、終日負暄坐竹軒＝〈それでも釈尊の深い恩恵は、春風と共に緩く吹きわたり、一日中、竹造りの軒先で日なたぼこりをしている、こんな私にも等しく及んでくれる〉。釈尊の深恩を、差別なく万物を生育させる春恩に重ね合わせたもの。「負暄」は、日なたぼこり。【一〇─五五】注(3)を参照。「竹軒」は、竹林中の家、また竹造りの家、隠者の住居を言う。

【一二八】下平声五歌韻

題豐干靠虎圖。
吁你《ヲンノ》何饒舌、相由訏《アバク》自他。聊忘樂邦路、伴虎慰蹉跎。

*

豐干⑴が虎に靠《よ》る図に題す。
吁《おんの》⑵、你、何と饒舌なる、相由《あいよ》って自他を訏《あば》く。聊《いささ》⑶か楽邦の路を忘れて、虎を伴って蹉跎《さた》を慰《なぐさ》む。

*

⑴豊干靠虎＝【九―二〇】注⑴を参照。／⑵吁你何饒舌、相由訏自他＝〈ああ、そなたは、何とおしゃべりなんだ、閭丘胤《りょきゅういん》と二人して、自分の正体も寒山拾得の正体もあばいてしまった〉。上の句は、寒山拾得が言った「豊干饒舌」の言葉により、下の句は、豊干が、閭丘胤に「寒山は文殊にして、国清に遯迹《とんせき》し、拾得は普賢なり」と教えたこと。『寒山子詩集序』を参照。なお「吁」の底本のルビ「ヲンノ（おんの）」は、「吁」の旧訓で、驚きの気持ちや怪しむ気持ちを表わす言葉。／⑶聊忘楽邦路、伴虎慰蹉跎＝〈しばらく安楽邦土への帰り道を忘れてしまい、虎と遊んで、その失意を慰めている〉。「楽邦」は、安楽邦土。阿弥陀仏の浄土（極楽国）の別名。『仏祖統紀』巻五十三「聖賢出化」に「豊干は弥陀の化現。寒山は文殊の化現。拾得は普賢の化現」と。「慰蹉跎」は、唐詩にも見える言葉。「蹉跎」は、つまづくこと。引いて、志を得ないこと、時機を失うこと。

【一二九】上平声十四寒韻

和答筑前承天徒壽因首座見寄。

自甘勿作《ウケガッテ》等閑看、文彩已彰言語端。衲被蒙頭休罷了、夢驚推枕日三竿。

＊

筑前承天の徒(1)寿因首座(2)が寄せらるるに和答す。

(3)自ら甘《うけが》って等閑の看を作《な》すこと勿《な》かれ、文彩《もんさい》、已《すで》に彰《あら》わる、言語の端。(4)衲被蒙頭《のうひもうとう》、休罷《きゅうは》し了《お》わり、夢驚いて枕を推《お》せば、日三竿。

＊

(1)筑前承天＝万松山承天寺（福岡市博多区）。東福寺派。往時は末寺十六箇寺を有した十刹寺院。／(2)寿因首座＝不詳。／(3)自甘勿作等閑看、文彩已彰言語端＝〈仏道など何でもないことだと早合点をしてはならぬ、そなたの詩中のはしばしにそういう気持ちが見て取れる〉。「自甘」は、自ら肯定すること。「等閑看」は、『大慧録』巻二に「若し容易に得れば、便ち等閑の看を作す」と。「文彩已彰」は、禅録頻出語。「文彩」は、それと見て取れる痕跡。／(4)衲被蒙頭休罷了、夢驚推枕日三竿＝〈頭からすっぽり袈裟をかぶって眠り、夢から覚めて起き上がると、もう日は高く昇っていた〉。上の句は、『碧巌録』八十則本則評唱に「古人（石頭和尚草庵歌）道《いわ》く、『衲被蒙頭、万事休す、此の時、山僧、都《すべ》て会《え》せず』と。若し能《よ》く此の如《かく》くならば、方《まさ》に少分の相応有らん」と。「休罷」は、一切の思慮分別を休止すること。「夢驚」は、夢から覚めること。「推枕」は、枕を押しのけること。ぐっすり眠るという意もあるが、ここでは、起き上がる意。「日三竿」は、日が高く昇ったことの形容。劉禹錫の「竹枝詞」詩に「日出でて三竿、春霧消す」と。およそ午前九時ごろ。この二句は、恐らくは、寿因首座の詩の転結句。同じ句を示して、首座に真の無事無心底に参ぜしむるもの。

【一三〇】上平声十一真韻

祝平原氏了圓老人八十八祝旦。
米字閲齢圓老人、富覃孫子日新新。解言積善有餘慶、猶祝家門千萬春。

＊

平原氏了円老人[1]の八十八の祝旦を祝す。

米字[2]、齢《よわい》を閲《けみ》す、円老人、富みは孫子に覃《およ》んで日《ひび》に新新。言うこと[3]を解《よ》くす、積善に余慶有りと、猶お祝す、家門千万の春。

＊

(1)平原氏了円老人＝大光寺の「大般若経」収蔵に多大な貢献をした人。【八―三】【八―四】を参照。「大小路町平原氏伝兵衛法名融機了円居士」（大光寺文書「大般若経第一巻末の奥書」）。／(2)米字閲齢円老人、富覃孫子日新新＝〈了円老人は米寿を迎えられ、その福徳は、毎日毎日、変わることなく子孫に及んでいる〉。「日新新」は、『大学』に出る、殷の湯王の盤の銘に書かれていた、「苟《つつし》みて日に新たに、日日に新たに、又た日に新たなり」に基づく。／(3)解言積善有余慶、猶祝家門千万春＝〈「積善の家には必ず余慶有り」とはまことに名言、まるで、平原家の永遠《とわ》の春を祝う言葉のようだ〉。「積善有余慶」は、『易』坤卦に「積善之家必有余慶。積不善之家必有余殃」と。

【一三二】上平声一東韻

贊尾州總見寺霖翁大和尚肖像。

具衝天氣不墮澆漓隊中。垂爲霖手永施直指眞風。景陽峰頂大敷徳化、正法山頭再振威雄。撃破明珠於驪龍頷下、無邊光耀照破大虚空。

嗣子祥鳳瑞禪師、圖先師霖翁大和尚肖像、遠丐讚辭。不得峻拒塞需云。［此讚不載本書。疑記者之落筆乎］

（良溪云、贅辯可削也）

＊

(1)尾州総見寺の霖翁大和尚の肖像に賛す。

(2)衝天の気を具し、澆漓《ぎようり》隊中に堕《お》ちず。(3)為霖《いりん》の手を垂れて、永く直指の真風を施す。(4)景陽峰頂、大いに徳化を敷き、正法山頭、再び威雄を振るう。(5)明珠を驪龍頷下《りりゆうがんか》に撃破して、無辺の光耀《こうよう》、大虚空を照破す。

(6)嗣子の祥鳳瑞禅師、先師霖翁大和尚の肖像を図《えが》き、遠く讃辞を丐《こ》う。峻拒することを得ず、需《もと》めを塞ぐと云う。［(7)此の讃、本書に載せず。疑うらくは、記者の落筆か］（良渓云く、贅弁《ぜいべん》、削る可《べ》し）

＊

(1)贊尾州総見寺霖翁大和尚肖像＝霖翁大和尚は、霖翁禅沛。景陽山総見寺（名古屋市中区大須）の第十一代。宝永八年（一七一一）二月、同寺第十代の太龍宗驪の法嗣として本山妙心寺に掛籍。妙心寺三五二世。寛保元年（一七四一）四月示寂。世寿不詳。この賛は、古月に参じた良哉元明の語録『自笑録』巻下に「重ねて西海を踰《こ》えて、古月禅師に謁《まみ》えんと欲するの日、総見の祥鳳禅師（祥鳳禅瑞。霖翁の法を嗣いで総見寺に嗣住）、先師霖翁の真影を出だし、託して禅師（古月）の之れに題する賛辞を乞う。予（良哉）、之れに頷《うなづ》く。持ち来たって件《くだん》の旨趣を申す。幸いに金諾を賜い、賛辞、此《ここ》に成る」とある頂相賛。良哉は、延享二年（一七四五）に古月を訪ねている。【一三七】注(2)を参照。／(2)具衝天気不堕澆漓隊中＝〈霖翁和尚は、天を衝《つ》くほどの志気《こころざし》を持たれ、末世の弊風に堕ちなかった〉。「澆漓」は、人情うすく世の乱れた末の世。／(3)垂為霖手永施直指真風＝〈つねに達磨直指の真風を吹かせ、衆生済度の法雨をそそいでおられた〉。「垂為霖手」は、法雨をそそぐこと。「霖」は、ながあめ。霖翁の道号に因む。／(4)景陽峰頂大敷徳化、正法山頭再振威雄＝〈景陽山頭に大いに徳化を敷かれ、正法山頭にもその威雄を振るわれた〉。「景陽峰頂」は、景陽山総見寺のこと。下の句は、霖翁和尚が、正法山妙心寺の住持に着いたこと。注(1)を参照。／(5)撃破明珠於驪龍頷下、無辺光耀照破大虚空＝〈黒龍の頷《あご》にある明珠を打ち砕き、その無辺の光耀は大虚空を照らしている〉。驪龍頷下の明珠は、『荘子』列御寇に出る、驪龍（黒龍）の頷下にあると言う珠。得難く貴い物。仏性の譬喩に用いる。ここでは、師の太龍宗驪の法を嗣いだことを言う。／(6)嗣子祥鳳瑞禅……＝注(1)を参照。「塞需」は、求めの口をふさぐ。転じて応えるの意。／(7)此讃不載本書……＝「凡例にかえて」を参照。

【一三二】下平声七陽韻

随喜松岩禪寺涅槃像開光。　［施主相馬氏］

發起勝因酬考妣、分明寫出涅柈場。補山鎮在幾多歳、長使群生仰妙相。

＊

[1]松岩禅寺の涅槃像開光に随喜す。　[施主[2]相馬氏]

[3]勝因を発起して考妣に酬《むく》ゆ、分明に写し出だす涅槃場。[4]補山に鎮在すること幾多《いくばく》の歳ぞ、長く群生をして妙相を仰がしむ。

＊

(1)松岩禅寺＝補陀山松巌寺。宮崎市佐土原町。古月が得度した寺。／(2)相馬氏＝不詳。／(3)発起勝因酬考妣、分明写出涅槃場＝〈亡き両親の恩義に報いるため、すぐれた因縁を発起して、釈尊涅槃の場景を分明に写し出した〉。「考妣」は、亡き父（考）と母（妣）。施主相馬氏の両親。／(4)補山鎮在幾多歳、長使群生仰妙相＝〈これから幾多年にもわたって補陀山に鎮在し、とこしえに衆生をして妙相を仰がせるであろう〉。「補山」は、補陀山松巌寺

【一一三三】下平声五歌韻

仁渓號。　[士寛禪徒丐之]

忍慈徳澤潔如水《リモ》、流遠派分利自他◎。浪浪波波皈性海、無邊風月盡山河◎。

＊

[1]仁渓号。　[士寛禅徒、之れを丐《こ》う]

[2]忍慈の徳沢、水よりも潔《きよ》し、流遠《ながれ》く、派分かれて、自他を利す。[3]浪浪波波、性海に帰す、無辺の風月、尽山河。

＊

(1)仁渓＝人物不詳。／(2)忍慈徳沢潔如水、流遠派分利自他＝〈忍慈の徳沢は、水よりも清らかで、遠くへ流れて支流を作り、自他をうるおしている〉。「忍慈」の「忍」は、道号の一字「仁」の同音誤写とも思われるが確証はない。「忍慈」は、『維摩経』仏道品に「諸もろの群生を開導して、戒忍慈に住せしむ」とあり、この「戒忍慈」は、持戒（戒）・忍辱（忍）・布施（慈）のことで、六波羅蜜の全行を言うもの。因みに「仁慈」は、仁愛慈善の義。「流遠派分」は、遠方へ伝播すること。道号の一字「渓」に掛かる。／(3)浪浪波波帰性海、無辺風月尽山河＝〈その多くの流れは涅槃という大海に流れ込み、尽山河、極まりない好風景を見せている〉。「無辺風月」は、南宋の賈似道が、西湖の北、葛嶺に建てた館の名前で、すぐれた風景を言う成句に用いる。

【一三四】下平声五歌韻

贊濃州全源山興徳寺三世一玄和尚道影。

武江月渚、赤甲風柯。同參訪祖道、法盟誓山河。行潔氷霜令人敬畏、慈敷雲雨化物温和。肖像儼然兮翼生虎、蕪辭謾係兮足添蛇。千鈞大法荷擔去、維徳興隆老杜多。

本寺五世陽道禪師者、一玄初禪師之手度也。於法爲嫡孫。新圖肖像遠凌鯨波來丐贊辭。一酬玄禪師同盟、一感道禪師懇誠、以應需云。

＊

濃州(1)全源山興徳寺三世(2)一玄和尚の道影に賛す。

(3)武江の月渚《げつしょ》、赤甲の風柯《ふうか》。(4)同参、祖道を訪《おとな》い、法盟、山河を誓う。(5)行は氷霜より潔《いさぎよ》くして人をして敬畏せしめ、慈は雲雨を敷いて物を化して温和なり。(6)肖像儼然として、翼、虎に生じ、蕪辞《ぶじ》謾《みだ》りに係《か》けて、足、蛇に添う。(7)千鈞の大法、荷担し去って、維《こ》れ徳、興隆す、老杜多《ろうずだ》。(8)本寺五世陽道禅師は、一玄初禅師の手度《しゅたく》なり。法に於いて嫡孫為《た》り。新たに肖像を図《えが》き、遠く(9)鯨波《げいは》を凌《しの》ぎ来たって賛辞を丐《こ》う。一には玄禅師の同盟に酬《むく》い、一には道禅師の懇誠を感じ、以て需《もと》めに応ずと云う。

＊

(1)全源山興徳寺＝岐阜県瑞浪市稲津町。／(2)一玄和尚＝一玄玄初。元禄十一年（一六九八）二月の前堂転位。／(3)武江月渚、赤甲風柯＝一玄和尚の諸方行脚を頌すもの。「武江」は、江戸。「赤甲」は、甲府。「月渚」「風柯」は、月夜の渚《なぎさ》と風に揺らぐ木の柯《えだ》。多く四字で熟す。山堂徳淳が、法眼宗を要訣する文中の句に「風柯月渚に真心を顕露し、煙島雲林に妙法を宣明す」と（『人天眼目』巻四）。／(4)同参訪祖道、法盟誓山河＝後序にある通り、古月と一玄和尚とは同参であった。古月も二十七歳の時、江戸に遊んでいる。下の句は、山河の如く長久に続く法盟の誓い。海誓山盟などと熟す。／(5)行潔氷霜令人敬畏、慈敷雲雨化物温和＝〈その行ないは、氷や霜の如く清らかで、衆人をして敬い畏《おそ》れしめ、その慈しみは、雲が雨を降らせるように、衆生を化導して温和であった〉。(6)肖像儼然兮翼生虎、蕪辞謾係兮足添蛇＝〈この肖像は儼然として、虎が翼を持った如きものだが、私の下手な賛辞は、蛇に足を添えたようなものだ〉。「翼生虎」は、虎に翼が生える、鬼に金棒。「蕪辞謾係」は、この道影の上に謾《みだ》りに書き付けた下手な賛辞。「蕪」は、あれくさ。「足添蛇」は、蛇足。／(7)千鈞大法荷担去、維徳興隆老杜多＝〈千鈞の大法を担い、その徳をもって興隆させた老和尚〉。「老杜多」は、一玄和尚を指す。「杜多」は、頭陀に同じ。／(8)本寺五世陽道禅師＝興徳寺五世の陽道智真。寛保元年（一七四一）十月の前堂転位。一玄―物外宜超―陽道と続く。／(9)鯨波＝鯨が立てる大波。転じて大海の意。

【一三五】下平声五歌韻

石庭號。　［松岩寺慧柏丐之］

山水幽奇滿松窩、不移寸歩看如何。何要腰雪安心去、脚下清風勿蹉過。

＊

(1)石庭号。　［松岩寺の慧柏、之れを丐《こ》う］

(2)山水の幽奇、松窩《しょうか》に満つ、寸歩を移さず、看よ如何《いかん》。(3)何ぞ要せん、雪を腰にして安心し去ることを、脚下の清風、蹉過すること勿《な》かれ。

＊

(1)石庭＝石庭慧柏。佐土原松巌寺の第八世。宝暦六年（一七五六）七月二十九日示寂（『松巌禅寺史』）。『妙心寺宗派図』に載らないので、未転位のままであろう。／(2)山水幽奇満松窩、不移寸歩看如何＝〈松巌寺のこの勝れた景色を、一歩も動かずに直下に見よ〉。「山水幽奇」は、幽玄で奇《すぐ》れた景色。「松窩」は、松樹が茂る窩《すみか》。松巌寺の譬喩。「看如何」は、意訳の如き含意。／(3)何要腰雪安心去、脚下清風勿蹉過＝〈ことさらに安心を求めるな、それよりも脚下の清風にちゃんと吹かれておることだ〉。上の句は、少林寺の雪庭で断臂求法した慧可の故事。「蹉過」は、禅録頻出語の「当面に蹉過す」の蹉過。すれちがうこと。

【一三六】下平声一先韻

福昌實禪和尚像贊。［高岡龍福寺龍仙長老請］
具清白質、説實頭禪。威容維肖、意氣温然。江湖之望、若虹霓彰大旱地、孫子之榮、如龍天護竺土仙。錯錯。白雲深覆古岩上、異艸靈花含露鮮。

＊

(1)福昌の実禅和尚の像賛。［(2)高岡龍福寺の龍仙長老請う］
(3)清白の質を具《そな》え、実頭の禅を説く。(4)威容維《こ》れ肖《に》、意気温然たり。(5)江湖の望みは、虹霓《こうげい》の、大旱の地に彰《あら》わるるが若《ごと》く、孫子の栄えは、龍天の、竺土の仙を護するが如し。(6)錯錯《しゃくしゃく》。白雲、深く覆《おお》う、古岩の上《ほとり》、異草霊花、露を含んで鮮《あざ》やかなり。

＊

(1)福昌実禅和尚＝福昌は、玉龍山福昌寺。鹿児島にあった曹洞宗の寺院。現在廃寺。【九―五一】注(2)を参照。実禅和尚は、その四十九世の実禅祖白。「四十九世実禅和尚。諱は祖白。［業を常喜の骨山和尚に受け、法を福昌の定源和尚に嗣ぐ］。日州の人事。世姓は藤原氏春田。寛文丁未（七年／一六六七）七月二十二日、高岡に誕《うま》る。享保十五庚戌（一七三〇）、南林より再び惣持（総持寺）に住す。辛亥（享保十六年／一七三一）冬十二月六日、南林寺より当山（玉龍山福昌寺）に住す。元文丁巳（二年／一七三七）閏十一月廿二日、登城す。命を蒙って嶺鷲院に退居す。寛保三癸亥（一七四三）九月廿七日、嶺鷲院に化す。俗寿七十七」（『曹洞宗近世僧伝集成』「福昌寺列祖住山記」）。／(2)高岡龍福寺龍仙長老＝高岡龍福寺は、島津義久（一五三三～一六一一）によって宮崎市高岡町に建立された寺で、前記の福昌寺の末寺。現在廃寺。龍仙長老は、実禅和尚の弟子であろうが、曹洞宗の「長老」は、未だ正式に嗣法をしていない僧を言う呼称で、臨済宗の後堂（首座）に当たり、宗派図に載らない。／(3)具清白質、説実頭禅＝実禅祖白の名を歌い込む。「実頭禅」は、真実の禅。／(4)威容維肖、意気温然＝〈この肖像はよく描かれていて、まるで生きておられるようだ〉。「維肖」は、【三九―一】にあった「妙相惟肖」の「惟肖」と同意。よく描かれているということ。／(5)江湖之望、若虹霓彰大旱地、孫子之栄、如龍天護竺土仙＝〈江湖は、ひでりに降った雨上がりの虹を望み見るように実禅和尚を望み見、児孫は、龍天が釈尊を守護するようにとこしえに栄えよう〉。「虹霓」は、にじ。古代の人は、にじを龍の一種と考え、雄を虹、雌を霓と呼んだ。「竺土仙」は、天竺土の大仙。釈迦牟尼仏のこと。／(6)錯錯＝〈実禅和尚の真相を、この肖像に見るのは、大間違い〉。その真相を示したのが、次の七言二句の落句。

【一三七】

喜道樹良哉二和尚至。　［二首。乙丑五月］

＊

道樹(1)良哉(2)の二和尚の至るを喜ぶ。　［二首。乙丑《きのとうし》五月］

＊

(1)道樹＝道樹周砥。三重県亀山市加太板屋の太平山浄専寺（旧名、浄泉寺）の第二代中興。開山第一世の幻住全篤の法嗣として、享保七年（一七二二）四月、妙心寺に掛籍。／(2)良哉＝良哉元明。愛知県西尾市吉良町の祥雲山花岳寺（旧名、華嶽寺）の第五世。十歳、尾張総見寺第十代の太龍禅驪を師として受業。享保十四年（一七二九）、駿河の白隠に参じて大歓喜を得る。その年、日向自得寺の古月に参じ、一夕、茶話の折り、古月が、『十牛図』の「見牛第三頌」を挙するを聞いて忽然開悟。同十九年、駿河の松蔭寺に掛搭、市中に住庵。〈疎山寿塔〉の公案に契当。元文元年（一七三六）、白隠が開いた観音寺を看護。翌年秋、華嶽寺の請を得て、冬、住山。寛保二年（一七四二）二月、本山妙心寺に掛籍。各地の結制で師家を勤め、大いに禅風を挙揚した。天明六年（一七八六）、開山となった三河の大円山宗徳寺に『六祖壇経』を講じたが、講終わり、五月十四日示寂。世寿八十一。その伝記『良哉禅師略紀年録』の延享二年乙丑（一七四五）の条に「師（良哉）、四十歳。春、丹波法常寺の仏頂国師〔一糸和尚〕百年忌に出頭す。次に勢の浄泉寺の道樹和尚と、再び日州に赴き、古月和尚に骨清堂に謁す。夏中留錫して皆山亭に在り。秋、薩州及び長崎四国を経て、閏臘月、寺に帰る」と。この時の良哉の偈が、その語録『自笑録』跋に載る。「鉄錫、曾て再来を誤らず、三陽の人事、字《あざな》は良哉。骨清堂上、簾を捲いて坐すれば、雨後の青山、雲霧開く（鉄錫不曾誤再来、三陽人事字良哉。骨清堂上捲簾坐、雨後青山雲霧開）」。古月は、第一詩で和韻している。

【一三七―二】上平声十灰韻

江湖道友遠方來、雲月溪山更樂哉。一把茅堂梅雨靜、霏霏清話老顏開。

＊

(1)江湖の道友、遠方より来たる、雲月渓山、更に楽しい哉《かな》。(2)一把《いっぱ》の茅堂《ぼうどう》、梅雨、静かに、霏《ひ》霏《ひ》たる清話、老顔、開く。

(1)江湖道友遠方来、雲月渓山更楽哉＝〈江湖の道友が遠方から来られた、素晴らしい景色の中、この上なく楽しい〉。『論語』学而第一の「朋《とも》の遠方より来たる有り、亦た楽しからずや」を踏まえたもの。／(2)一把茅堂梅雨静、霏霏清話老顔開＝〈粗末な庵には静かに梅雨が降り、そんな中、老顔をほころばせながら、清らかな話しを続けた〉。「霏霏」は、談話の連続する形容でもあり、雨の降るさまでもある。

＊

【一三七―二】上平声二冬韻

非世間兮非出世、檐前聳翠白雲峰。枕肱一覺策笻立、休罷豈知稱祖宗。

＊

世間に非ず、出世に非ず、檐前《えんぜん》、翠《みどり》を聳《そび》やかす、白雲の峰。(2)肱《ひじ》を枕にし、一覚して、笻《つえ》を策《つ》いて立つ、休罷《きゆうは》、豈《あ》に知らんや、祖宗に称《かな》わんとは。

＊

(1)非世間兮非出世、檐前聳翠白雲峰＝〈軒先から見える、翠をそびやかす白雲たなびく山は、世間のものでもなければ、出世間のものでもない〉。／(2)枕肱一覚策笻立、休罷豈知称祖宗＝〈ひじ枕の眠りから覚め、杖をたよって起き上がる、ただそれだけのことが、仏祖が伝えて来られた宗旨にかなっているとは思いもかけなかった〉。【一一九】の転結句と、そこの注(4)を参照。

【一三八】下平声一先韻

前妙心大慈中興西院玄竺大和尚百五十年遠忌。　［延享二乙丑六月十五日］
戢化年遷一百五、佛山施設大齋筵。支桑西竺跡難覓、六月正當雪滿天。

＊

(1)前妙心大慈中興西院玄竺大和尚百五十年遠忌。　［延享二乙丑六月十五日］
(2)戢化《しゆうけ》、年遷《としうつ》る、一百五、仏山、施設す、大斎筵。(3)支桑西竺、跡《あと》、覓《もと》め難し、六月正当、雪、天に満つ。

＊

(1)前妙心大慈中興西院玄竺大和尚＝【四〇】の「西院和尚語録抜萃序」の本文と各注記を参照。慶長元年（一五九六）六月十五日の示寂。／(2)戢化年遷一百五、仏山施設大斎筵＝〈遷化されてから百五十年、大光寺において斎会を設ける〉。「戢化」は、衆生化導を戢《おさ》める、僧侶の逝去を言う。「仏山」は、仏日山大光寺。／(3)支桑西竺跡難覓、六月正当雪満天＝〈その蹤跡はどこにも捜せないが、この真夏の六月、空一面に雪が降っている〉。「支桑西竺」は、支那（中国）、扶桑（日本）、天竺（印度）。下の句は、没蹤跡の譬喩だが、西院和尚の法身常住を言うもの。

【一三九】上平声四支韻

道樹號。　［勢州加太《カブト》靜專寺主自請］
正覺山前根地別、扶疎子葉與孫枝。自從柔軟艸安坐、郁郁德香滿四維。

*

(1)道樹号。　［勢州加太《かぶと》の(2)静専寺主、自ら請う］

(3)正覚山前、根地別なり、扶疎《ふそ》たり、子葉と孫枝と。(4)柔軟草《にゅうなんそう》に安坐せしより、郁郁《いくいく》たる徳香、四維《しい》に満つ。

*

(1)道樹＝道樹周砥。【一三七】注(1)を参照。／(2)静専寺＝浄専寺の誤記か。／(3)正覚山前根地別、扶疎子葉与孫枝＝〈正覚山の前は特別に肥沃な土地で、子葉と孫枝とが四方に繁茂している〉。道号の「道樹」は、菩提樹の異名。釈尊成道の縁語を用いた頌。「正覚山」は、釈尊が正覚を得た山。【九―四―⑥】注(1)を参照。「扶疎」は、木の枝が四方に広がるさま。／(4)自従柔軟草安坐、郁郁徳香満四維＝〈柔軟草に安坐してより、かぐわしい徳香が四方に満ちている〉。「柔軟草」は、釈尊が坐して正覚を得た草座。【九―四―⑤】注(1)に既述。

【一四〇】下平声九青韻

良哉號。　［參河吉良華嶽寺主自請］

從來家國自安寧、道合君臣無逕庭。麟出鳳翔好時節、太平一曲使誰聽。

*

(1)良哉号。　［参河《みかわ》吉良の華嶽寺主、自ら請う］

(2)従来、家国、自ずから安寧《あんねい》、道、君臣に合して逕庭《けいてい》無し。(3)麟出《りんい》で鳳翔《ほうかけ》る好時節、太平の一曲、誰をしてか聴かしめん。

＊

(1)良哉＝良哉元明。【一三七】注(2)を参照。／(2)従来家国自安寧、道合君臣無逕庭＝〈もとより家と国とは安寧、君と臣との心に隔たりはない〉。「良哉」の号は、『書経』皐陶謨《こうようぼ》の「元首（君）は明らかなる哉《かな》、股肱《ここう》（臣）は良き哉、庶事は康《やす》き哉（元首明哉、股肱良哉、庶事康哉）」から採られたものであろう。君主が立派であり、臣下も善良であれば、万事が安らかに治まるという意。「道合君臣」は、君と臣との心が一つになること。君臣五位の第五位でもある。「逕庭」は、相違、へだたりの意。／(3)麟出鳳翔好時節、太平一曲使誰聴＝〈麒麟が現われ鳳凰が舞う好時節、この太平の一曲を誰に聴かせようか〉。麒麟と鳳凰は、聖人が出て王道が行なわれれば出現するという瑞獣。「天下は大いに洽《やわら》ぎ、……国に災害の変無く、民に飢寒の色無く、……。鳳皇は来たり集まり、麒麟は郊に在り……」（東方朔「非有先生論」）。下の句は、「太平の一曲、大家知る」（『碧巌録』六十一則頌下語）と言うが、真実聴き得る者は誰かな。そなた良哉であろうという句意。

【一四二】下平声一先韻

寳室號。　［勢州加太鑑首座自請］

荊皐崑岡璨目前。方方丈裡界三千。從來長者富榮子、領納稱心徳化圓。

＊

宝室号。(1)　［勢州加太《かぶと》の鑑首座、自ら請う］

(2)荊阜崑岡《けいふこんこう》、目前に璨《さん》たり、方方丈裡、界三千。(3)従来、長者富栄の子、領納《りようのう》、心に称《かな》って、徳化円《まど》かなり。

(1)宝室＝宝室智鑑。金剛山天祥寺（三重県亀山市加太）の歴住。『妙心寺宗派図』に載らないので、未転位のままであろう。／(2)荊阜崑岡璨目前、方方丈裡界三千＝〈荊山や崑崙山の玉が目前に輝き、一丈四方の室内に三千世界が収まっている〉。「荊阜」「崑岡」は、共に玉を産出する山。ここでは、その玉。もちろん、本有の仏性に譬える。下の句は、維摩の方丈に三万二千の師子座が収まったという経説を踏まえる。【二一一】注(2)、【一〇一八九】注(3)を参照。上の句で「宝」、下の句で「室」を頌す。／(3)従来長者富栄子、領納称心徳化円＝〈もとより富み栄えている長者の子供、受領した宝は我が望みにかない、徳行をもって円満に感化している〉。この二句は、『法華経』信解品に出る長者窮子の寓話に基づく。長者の子供と知らない窮子が長年流浪の後、長者の傭人となって家内へ入り、ついに長者の家財を相続して言う、「我れ本《も》と心に希求する所有ること無かりしに、今、此の宝蔵は自然《じねん》にして至れり」と。

＊

【一四二】下平声十一尤韻

紀南新宮道岳自得居士、巡禮扶桑國佛殿神社已過半。欲預修圓成供養慇懃來告。恭裒淨侶諷經之次打野偈云。

蹈遍扶桑六六州◎、妙經負戴立徽猷◎。薰風吹散香雲界、凡聖同居大白牛◎。

＊

(1)紀南新宮の道岳自得居士、扶桑国の仏殿神社を巡礼して已《すで》に半ばを過ぐ。預《あらかじ》め円成供養を修せんと欲して慇懃《いんぎん》に来たって告ぐ。恭しく浄侶を褒《あつ》めて諷経《ふぎん》するの次《つい》で、野偈を打すと云う。

(2)蹈遍《とうへん》す、扶桑《ふそう》の六六州、妙経を負戴《ふたい》して、徽猷《きゆう》を立つ。(3)薫風、吹き散ず、香雲界、凡聖同居す、大白牛《だいびゃくご》。

＊

(1)紀南新宮道岳自得居士＝人物不詳ではあるが、古月は、三十七歳の時、紀州の禅林寺に掛錫し、同州牟婁郡（新宮）の海蔵寺に寓し、紀州とは深い因縁がある。【八―三】を参照。／(2)蹈遍扶桑六六州、妙経負戴立徽猷＝〈『法華経』を背に負い、また頭に戴いて、日本六十六国を遍く歩き、立派な善業を修められた〉。「扶桑」は、東海のかなたにあると言われた樹木。転じて日本を言う。「六六州」は、往古の令制国の総数。日本全土の意。「妙経」は、『法華経』。この居士が行なった巡礼は、いわゆる六十六部。日本全国六十六箇国の寺々に詣で、自分で写経した『法華経』を一部ずつ納め歩くこと。／(3)薫風吹散香雲界、凡聖同居大白牛＝〈薫風が法会道場の香煙を吹き散らして、凡夫も聖者も共に大白牛車に乗っている〉。「香雲界」は、この円成供養の法会が修行されている道場。「香雲」は、雲の形をした香煙。それを薫風が吹き散らすとは、居士の六十六部巡礼の功徳が、この道場を超えて、一切衆生にあまねく施されるということ。「凡聖同居」は、『碧巌録』三十五則「文殊前三三」で有名な言葉。「大白牛」は、大白牛車。『法華経』譬喩品で説く三車火宅譬喩に基づく。三車は、羊車（声聞乗）、鹿車（縁覚乗）、牛車（菩薩乗）。長者（仏）が諸子（仏弟子）を火宅（三界）より脱出させるために設けた三つの車。天台宗の教義によれば、この三車とは別に、一乗の大白牛車が火宅外に設けられていたとする。

【一四三】上平声一東韻

渡江達磨大師。　［大坂大仙寺主丐之］

蕭皇昧却廓然句、直下拂衣出王宮。梁海一蘆蹈折後、孫枝子葉捲宗風。

＊

渡江達磨大師。(1)　［大坂大仙寺主、之れを丐《こ》う］(2)

蕭皇《しょうおう》、(3)昧却す、廓然《かくねん》の句、直下《じきげ》に衣を払って、王宮を出づ。梁海の一蘆、(4)蹈折して後、孫枝子葉、宗風を捲く。

＊

(1)渡江達磨大師＝いわゆる蘆葉達磨画への賛。達磨が、梁の武帝と機縁かなわず、揚子江に蘆葉を浮かべて魏に渡るというもの。【九―一二】注(1)を参照。／(2)大坂大仙寺主＝南金山大仙寺（大阪市中央区谷町）第六代の曇秀智快か、第七代の春檽智肇。本賛の制作年が不明のため確定出来ない。曇秀は、元文二年（一七三七）十二月十五日遷化。古月の参徒であり、「古月禅師四会語録序」を書いた人。／(3)蕭皇昧却廓然句、直下払衣出王宮＝〈梁の武帝に、「廓然無聖」と目くらましを食らわせ、達磨はすぐに衣のすそをからげて王宮から出て行った〉。「梁の武帝、達磨大師に問う、『如何《いか》なるか是れ聖諦第一義』。磨云く、『廓然無聖』。帝曰く、『朕に対する者は誰そ』。

磨云く、『不識』。帝、契《かな》わず。達磨、遂に江を渡って魏に至る」（『碧巌録』一則本則）。「蕭皇」は、梁朝の皇室。その姓が蕭というのによる。ここでは、武帝のこと。「味却」は、目をくらませること。起句の意訳については、【九一—一三—①】の起承句、及び、そこの注記を参照。「払衣」は、衣のすそをからげる。出かける時の動作。／(4)梁海一蘆蹈折後、孫枝子葉捲宗風＝〈梁海の一蘆を踏み折った後、その子葉孫枝は宗風を巻き起こした〉。魏に渡った達磨が、嵩山少林寺で慧可を得て以来、その法は、一華五葉に栄えているということ。「孫枝子葉」は、「一蘆」に掛けたもの。

【一四四】上平声一東韻

古海號。［備后鞆津勝音寺主自請］

一葦飄然浮杳空、梁江波上鼓眞風。烟雲拂盡平如鏡、萬象印開影現中。

＊

古海号[1]。［備后鞆津《ともつ》の勝音寺主、自ら請う］

＊

一葦[2]、飄然《ひょうぜん》として杳空に浮かばせ、梁江波上、真風を鼓す。烟雲[3]、払い尽くして、鏡よりも平らかなり、万象印開して、影、中に現ず。

(1)古海＝古海士坦。備後国沼隈郡鞆津（広島県福山市）にあった龍泉山勝音寺（現廃寺）の歴住。延享二年（一七四五）三月、前堂転位。／(2)一葦飄然浮杳空、梁江波上鼓真風＝〈一葦をひらりと杳《はる》かな空に浮かばせ、梁江の波上に真風を吹かせた〉。いわゆる蘆葉達磨をモチーフにしたもの。／(3)烟雲払尽平如鏡、万象印開影現中＝〈波上の煙雲は払い尽くされて水面は鏡よりも平坦で、そこに森羅万象が写し出される〉。心鏡の清らかさを譬喩したもの。『証道歌』に「心鏡明らかに、鑑《うつ》すに礙《さわ》り無し。……万象森羅、影、中に現ず」と。「印開」は、『臨済録』の「三要印開して朱点側《そばだ》つ」の「印開」。捺《お》した印鑑を紙から離すこと。

【一四五】下平声七陽韻

喜鞆津慈徳院梁堂和尚至。
不弛精修竪脊梁、慈容徳色自堂堂。逢迎一面舒青眼、更喜挑燈秋夜長。

＊

鞆津(1)慈徳院の梁堂和尚の至るを喜ぶ。
(2)精修を弛《ゆる》めず、脊梁《せきりよう》を竪《た》つ、慈容徳色、自ずから堂堂。(3)逢迎《ほうげい》一面、青眼を舒《の》ぶ、更に喜ぶ、灯《ともしび》を挑《かか》げて、秋夜の長きことを。

＊

(1)慈徳院梁堂和尚＝大悲山。広島県福山市鞆町後地。梁堂和尚は、その歴住に見えない。／(2)不弛精修竪脊梁、慈容徳色自堂堂＝〈精勤修行を弛めずに背筋を真っ直ぐに立て、その慈徳のお姿はおのずから堂々としている〉。／(3)逢迎一面舒青眼、更喜挑灯秋夜長＝〈出迎えると初対面なのに親しげな眼差し、更に喜ばしいことに、秋の夜長、灯火《ともしび》をかかげてゆっくりと清話が出来た〉。「青眼」は、白眼に対する語で、親愛の目付き。

【一四六】上平声一東韻

贊鞆津小松寺古山和尚肖像。

眞假不二、元是一空。無生無死、絶異絶同。江山千里風清夜、波上月澄影正中。

＊

鞆津[1]小松寺の古山和尚の肖像に賛す。

[2]真仮不二、元と是れ一空。[3]生無く死無く、異を絶し同を絶す。[4]江山千里、風清き夜、波上、月澄みて、影、正に中す。

＊

(1)小松寺古山和尚＝古山東亘。万年山小松寺（広島県福山市鞆町後地）の第五代。正徳五年（一七一五）十一月、前堂転位。／(2)真仮不二、元是一空＝〈空相として諸法は実相〉。「色（仮相）は即ち是れ空（真相）、空（真相）は即ち是れ色（仮相）」（『般若心経』）。／(3)無生無死、絶異絶同＝〈そこには、生死の相もなく、一切皆空という同一相があるのみ〉。「色は空に異ならず、空は色に異ならず。色は即ち是れ空、空は即ち是れ色。……是の諸法は空相にして、生ぜず、滅せず」（『般若心経』）。／(4)江山千里風清夜、波上月澄影正中＝〈見渡す限りの江山に清らかな風が吹く夜、澄み渡った清波の上には月ばかりが映っている〉。「影正中」は、月が真上に昇り、影を作らないということ。日輪当午（太陽が真上に来て影がなくなる）と同じ表現。

【一四七】上平声十二文韻

贊高鍋萬松山龍雲寺鐵塔和尚肖像。

密密修錬、豹佩爛文。堂堂意氣、龍擁重雲。塔様何尋南印土、萬松覆蔭日氤氳。

＊

(1)高鍋万松山龍雲寺の鉄塔和尚の肖像に賛す。

密密たる修錬、(2)豹の、爛文《らんもん》を佩《お》ぶるがごとし。堂堂たる意気、(3)龍の、重雲を擁《いだ》くがごとし。(4)塔様、何ぞ南印土に尋ねん、万松の覆蔭《ふいん》、日に氤氳《いんうん》たり。

＊

(1)高鍋万松山龍雲寺鉄塔和尚＝寺は、日向国児湯郡高鍋にあったが、現在廃寺。鉄塔和尚も不詳。底本の「壜」は、塔に同じ。／(2)豹佩爛文＝禅語（『虚堂録』巻二）の「霧豹《むひょう》、毛を沢《うるお》して未だ嘗《かつ》て食に下らず（霧豹沢毛未嘗下食）」の典拠となった、劉向の『古列女伝』「陶答子妻」に出る、「南山に玄豹有り。霧雨七日にして食に下らざる者は何ぞや。以て其の毛を沢《うるお》して文章（紋様）を成さんと欲す。故に蔵《かく》れて害を遠《とおざ》く」の文章による。「爛文」は、あざやかな模様。／(3)龍擁重雲＝『易』乾卦の「雲は龍に従い、風は虎に従う」の疏に「龍は是れ水畜、雲は是れ水気、故に龍吟ずれば則ち景雲出づ。虎は是れ威猛の獣、風は是れ震動の気、故に虎嘯《うそぶ》けば則ち谷風生ず」と。『碧巌録』九十九則垂示に「龍吟ずれば霧起こり、虎嘯けば風生ず」と。同類相感応することだが、禅録では、大人の力量に譬えられる。／(4)塔様何尋南印土、万松覆蔭日氤氳＝〈鉄塔の形を見るのに、南インドにまで行くことはない、万松がおおって、日々和《やわら》かなこの景色が鉄塔の姿ではないか〉。上の句は、「南天鉄塔」と呼ばれる伝説に基づく。南天竺に鉄塔があり、その中に秘密部の経典が収蔵されていたが、仏滅後数百年間、誰もその鉄扉を開くことが出来なかった。龍樹菩薩は、七日間、鉄塔をめぐって念誦し、白芥子七粒を以て鉄塔を打ち開き、密教を伝えたと言う。詳しくは、『金剛頂経大瑜伽秘密心地法門義訣』巻上を参照。

【一四八】下平声十二侵韻

遊湘陰軒〔肥后泰勝之別荘〕殊辱展待作詩恭充謝辭。

神村拉我憩湘陰、水緑蘋香思不禁《タヘ》。暮艤小舟乗月去、螢光上下映波心。

＊

湘陰軒〔(1)肥后泰勝の別荘〕に遊び、殊に(2)展待《てんたい》を辱《かたじけ》なうし、詩を作って恭しく謝辞に充《あ》つ。

(3)神村に我れを拉《ひきつ》れて湘陰に憩《いこ》わしむ、水緑《みず》に蘋香《うきくさ》しうして思い禁《たえ》ず。(4)暮に小舟を艤《ふなよそお》いして月に乗じて去る、蛍光、上下、波心に映ず。

＊

(1)肥后泰勝＝熊本にあった龍田山泰勝寺。【一〇一二七】注(1)を参照。当時の住持は、不識智準か。【八九】注(2)を参照。／(2)展待＝食事などを施して供養すること。／(3)神村拉我憩湘陰、水緑蘋香思不禁＝〈神村に私を連れて湘陰軒に憩わせた、川の水は青く澄み、浮草の香りがただよい、作詩の心を禁じ得ない〉。「神村」は、佐土原藩主の別荘閑似亭や樺山氏の別荘明良軒があった天神村か。「水緑蘋香」は、李群玉の「南荘の春晩」詩（『三体詩』巻一）の転結句、「沅湘《げんしょう》、寂寂として、春、帰り尽くす、水緑蘋香、人自ずから愁う」から採られた。／(4)暮艤小舟乗月去、蛍光上下映波心＝〈日が暮れて月夜に乗じて小舟を浮かべると、上下に飛び交う蛍の光が川面に映った〉。

【一四九】下平声八庚韻

乙丑十四夜。

昨愁崩雨鼓秋飊、不想今宵遭快晴。一分減明却宜賞、人間萬事總虧盈。

*

(1)乙丑《きのとうし》の十四夜。

(2)昨《さく》は、崩雨《ほうう》の、秋飊《しゅうこう》を鼓することを愁う、想《おも》わざりき、今宵《こんしょう》、快晴に遭《あ》わんとは。(3)一分、明を減ずるも、却って賞するに宜《よろ》し、人間万事、総《すべ》て盈《み》つるを虧《か》く。

*

(1)乙丑十四夜＝延享二年（一七四五）八月十四夜。待宵。古月、七十九歳。／(2)昨愁崩雨鼓秋飊、不想今宵遭快晴＝〈昨夜は秋の暴風雨で、今宵《こよい》、快晴を見ようとは思いもよらなかった〉。「崩雨」「秋飊」は、未見の語だが、意味は分かる。「飊」は、あらい風。／(3)一分減明却宜賞、人間万事総虧盈＝〈十四夜の月は一分欠けているがそこがよい、満ちれば欠け、欠ければ満ちるのが月の道理、人間世もすべて同じことだ〉。「虧盈」は、『易』謙卦に「天道は盈《み》つるを虧《か》いて謙《けん》に益《ま》す」と。

【一五〇】上平声四支韻

同十五夜。

滿天灝氣引清颸、雨罷松梢月上時。諳得寒山好言語、閑吟徹曉倚禪帷。

*

同十五夜。

(1)滿天の灝気《こうき》、清颸《せいし》を引き、雨罷《や》んで、松梢《しょうしょう》、月の上る時。(2)諳《そら》んじ得たり、寒山の好言語、閑吟、暁《あかつき》に徹して、禅帷《ぜんい》に倚る。

*

(1)満天灝気引清颸、雨罷松梢月上時＝〈天に満ちる清らかな気は、清く涼しい風をまねき、雨も上がって、松の梢に月が昇るその時〉。／(2)諳得寒山好言語、閑吟徹暁倚禅帷＝〈禅室のとばりの中に身を置き、夜通し、寒山の良き詩句を静かに吟じている〉。「寒山好言語」は、恐らく、「吾が心は秋月の、碧潭に清くして皎潔たるに似たり」。

【一五一】下平声七陽韻

智勝開基大光普照禪師單傳大和尚像贊。

生於日陽、削髮大光。卓犖氣宇、粲然文章。參禪徹髓、接衆傾腸。源深派分、流傳瑞祥。

師諱士印、字上單下傳、敕賜大光普照禪師。本姓神谷。産于日州佐土原鶴邑。賦性不屑貧富、追慕淳素眞風。行脚上國、緣契南化國師。英檀君稻葉氏、正法山中創智勝院爲鼻祖也。予同郷里聊記師之行由。茲報答英孫靈源禪師圖尊影、鏡堂禪師装褙、師資同丐賛辭謹題。

＊

(1)智勝開基大光普照禅師単伝大和尚の像賛。

(2)日陽に生まれ、髪を大光に削《けず》る。卓犖《たくらく》たる気宇、粲然《さんぜん》たる文章あり。参禅、髄に徹し、接衆、腸《はらわた》を傾く。源《みなもと》深うして派分かれ、(3)瑞祥に流伝す。

師、諱《いみな》は士印、字《あざな》は単を上にし伝を下にし、大光普照禅師と勅賜す。(4)本姓は神谷。日州佐土原の(5)鶴邑《つるむら》に産す。賦性、貧富を屑《もののかず》ともせず、淳素の真風を追慕す。上国に行脚して、縁、南化国師に契《かな》う。英檀君稲葉氏、正法山中に智勝院を創《はじ》めて鼻祖と為《な》す。予、郷里を同じうし、聊《いささ》か師の行由を記す。茲《ここ》に(6)英孫霊源禅師が尊影を図《えが》き、鏡堂禅師が装褙《そうはい》して、師資、同じく賛辞を丐《こ》うに報答して謹んで題す。

＊

(1)智勝開基大光普照禅師単伝大和尚＝妙心寺塔頭智勝院の開祖、単伝士印。東海派下独秀門派、南化玄興の法嗣。妙心寺七十四世。大光普照禅師。寛永十五年（一六三八）正月十日示寂。世寿九十六。智勝院は、慶長二年（一五九七）、稲葉貞通が、父一鉄の菩提をとむらうために建てた塔頭で、古月は、二十一歳の時に掛錫している。単伝は、紫衣事件で謫流された四僧の一人。詳しくは、『増補妙心寺史』三九二頁以下を参照。／(2)生於日陽、削髪大光＝【一八八】の底本注記には、「大光の定山和尚に随って薙染す」とあるが、定山和尚の名は、大光寺の歴代住持の中に見えない。／(3)流伝瑞祥＝「瑞祥」は、単伝の法孫で、この賛辞を請うた霊源や鏡堂が住した鳳翔山瑞祥寺（熊本県人吉市）を踏まえる。／(4)本姓神谷＝【一八八】の底本注記は、紙屋氏に作る。／(5)鶴邑＝日向国諸県郡にあった水流村《つるむら》（鶴田村とも）か。／(6)英孫霊源禅師＝単伝下六世、霊源禅苗。瑞祥寺九世。【七―四】【四四】を参照。／(8)鏡堂禅師＝霊源の法嗣、鏡堂宗磋。瑞祥寺十世。

【一五二】上平声十三元韻

鎭州號。

臨濟門風瀟洒洒、喝雷奔却絶疑根◎。曾非全得不欺力、爭徹滹沱一派源◎。

＊

鎮州号[1]。

臨済の門風[2]、瀟洒洒《しょうしゃしゃ》、喝雷、奔却して、疑根を絶す。曾て全く欺《あなど》らざるの力を得るに非ずんば[3]、争《いか》でか滹沱《こだ》一派の源に徹せん。

＊

(1)鎮州＝人物不詳。偈頌は、臨済義玄の宗風に基づいて作られている。「鎮州城の東南隅、滹沱河《こだが》の側に臨んで、小院に住持す。其の臨済は、地に因《よ》って名を得たるなり」（『臨済録』行録）。／(2)臨済門風瀟洒洒、喝雷奔却絶疑根＝〈臨済の門風は言葉など用いず、喝雷を走らせて疑念を根絶やしにする〉。「瀟洒洒」は、【七―一二】にある「更に一法の説く可《べ》き無し、蕭洒洒然《しょうしゃしゃぜん》たり」を踏まえて意訳した。／(3)曾非全得不欺力、争徹滹沱一派源＝〈曾て敵をあなどらない力を全て得たのでなければ、どうして滹沱河の源流にたどり着けたであろうか〉。「不欺力」は、何事にも全力を尽くすこと。「雲居の弘覚禅師（道膺）、衆に示して云く、『譬えば獅子の象を捉《とら》うるも亦た其の力を全うし、兎を捉うるも亦た其の力を全うするが如し』。時に僧有って問う、『未審《いぶかし》、什麼《なん》の力をか全うする』。雲居云く、『不欺之力』」（『碧巌録』三十八則本則評唱）。下の句は、注(1)を参照。

＊

【一五三】下平声十一尤韻

玉翁號。

顆顆從來無瑕纇、連城高價豈堪酬。分明懷寶自知足、兀坐蒲團初罷休。

＊

玉翁号。(1)

顆顆、従来、瑕纇《からい》無し、連城の高価、豈《あ》に酬《むく》ゆるに堪《た》えんや。(2)分明に宝を懐《いだ》いて自ら足ることを知り、(3)蒲団に兀坐《ごつざ》して初めて罷休《はきゅう》す。

＊

(1)玉翁＝人物不詳。／(2)顆顆従来無瑕纇、連城高価豈堪酬＝〈この玉は一箇一箇、もともとキズ一つなく、高価な連城の玉も比べ物にならない〉。この二句は、『碧巌録』参学普照序に「須《すべか》らく知るべし、趙璧《ちょうへき》本《も》と瑕纇《からい》無し。相如《しょうじょ》、謾《まん》に秦王を誑《たぶら》かすことを」とあるのを踏まえる。これは、『史記』巻八十一・廉頗藺相如列伝《れんぱりんしょうじょれつでん》第二十一に見える故事。趙王は、秦国の十五の城と交換する約束で、藺相如に托して璧を献じさせたが、秦王には城を渡す意思はない。それを見抜いた藺相如が、「その璧にはキズがあります、お教えしましょう」と嘘を言って、璧を取り返したというもの。「瑕纇」は、二字共に傷の義。／(3)分明懐宝自知足、兀坐蒲団初罷休＝〈今、明らかにその玉を抱えて満ち足り、蒲団に坐って万事もとめるものはない〉。この二句は、『法華経』五百弟子受記品に説かれる「酔人衣裏珠」の故事を踏まえる。「罷休」は、決着すること。また、行脚参禅修行を終えること。

【一五四】押韻しない

仙嶽。［奥之資福徒元恭］

路頭全匪人間世、滿目青山老懶涯。一枕清風夢魂冷、歳華吹雪上雙眉。

＊

仙嶽(1)。［奥の資福の徒、元恭］

路頭(2)、全く人間世に匪《あら》ず、満目青山、老懶涯《ろうらんがい》。一枕の清風(3)、夢魂冷やかなり、歳華、雪を吹いて、双眉に上《のぼ》す。

＊

(1)仙嶽。［奥之資福徒元恭］＝人物不詳。「仙嶽」は、神仙が住むという山。「奥之資福」は、宮城県仙台市青葉区北山にある慈雲山資福寺。／(2)路頭全匪人間世、満目青山老懶涯＝〈この山は、登り口から、人間世のものではなく、見渡す限りの青山のなかで、老いてものぐさに生きている〉。この二句は、天台徳韶（法眼文益法嗣）が、法眼宗の宗風を表わした「通玄峰頂、不是人間。心外無法、満目青山」の偈に基づく。「老懶涯」は、老懶生涯。【一〇一五九】注(2)を参照。／(3)一枕清風夢魂冷、歳華吹雪上双眉＝〈枕元の清風は、夢のなかにまで吹き込んで冷たく、夢から覚めれば、どれほどの歳月が流れたのか、両の眉毛は雪のように真っ白になっていた〉。「歳華」は、年月の意だが、その華を雪華に掛ける。

【一五五】下平声五歌韻

北禪。　［右同］

大法由來無頓漸、一團生鐵看如何。李唐天子尊崇外、神秀徳暉餘澤多。

＊

北禅。[1]　［右に同じ］

大法、[2]由来、頓漸《とんぜん》無し、一団の生鉄《さんてつ》、看よ如何《いかん》。[3]李唐の天子、尊崇の外、神秀の徳暉《とくき》、余沢多し。

＊

(1)北禅＝北禅元貞。前篇に出た資福寺の歴代。元文四年（一七三九）九月、前堂転位。誤解のないように蛇足しておくが、たとえば「北禅」という道号を、古月がその人に与えているわけではない。道号を与えるのは、嗣法の師である。その道号の字義に即して宗乗を説くのが、一連の道号頌である。／(2)大法由来無頓漸、一団生鉄看如何＝〈仏道にはもともと南頓北漸の別はない、一かたまりのあらがねを直下に見よ〉。「一団生鉄」は、鉱山から掘り出したばかりのまだ精錬されていない一かたまりの鉄。ここでは、悟りを得る当体、自己自身に譬える。／(3)李唐天子尊崇外、神秀徳暉余沢多＝〈北宗禅の神秀は、唐朝の天子から尊崇された上、その徳の輝きは、後世にまで続いている〉。「李唐」は、唐朝のこと。その始祖の姓が李であったから言う。

【一五六】上平声一東韻

槐南。　［信俊首座丐之］

三更枕上夢魂穏、月渚風柯西又東。◎ 不覚颯然天地外、朝遊夕處路頭通。◎

*

槐南(1)。　［信の俊首座、之れを丐《こ》う］

三更枕上(2)、夢魂穏《おだ》やか、月渚風柯《げつしょふうか》、西又た東。覚えず(3)、颯然《さつぜん》として、天地の外、朝遊夕処《ちょうゆうせきしょ》、路頭通ず。

*

(1)槐南＝人物不詳。「槐南」は、唐の淳于棼《じゅんうふん》が夢みた槐樹《えんじゅ》の南側に出た枝。これは、槐安の夢と言われる説話。唐の李公佐の小説『南柯記』に基づく。唐の淳于棼が槐樹の南柯の下に臥し、夢に槐安国に至って国王の女《むすめ》を娶り、南柯郡の太守となって顕栄を極めたが、覚めて槐樹の下を見れば、一匹の大蟻（槐安王）がいただけという説話。／(2)三更枕上夢魂穏、月渚風柯西又東＝〈真夜中の夢は穏やかで、あちらの景色、こちらの景色を愛でている〉。「月渚風柯」は、月夜の渚《なぎさ》と風に揺らぐ木の柯《えだ》。成句。【一三四】注(3)を参照。／(3)不覚颯然天地外、朝遊夕処路頭通＝〈知らないうちに風は天地のかなたにまで吹いていた、朝には外出して遊び、夕暮れには家に居るが、その道は、どこにでも通じている〉。「颯然」は、風がさっと吹くさま。「朝遊夕処」は、成句。『五灯会元』巻五・石霜慶諸章に「師（石霜）、後に世を避けて、俗に長沙の瀏陽《りゅうよう》の陶家坊《とうかぼう》に混じ、朝遊夕処し、人、能《よ》く識《し》ること莫《な》し」と。

【一五七】下平声七陽韻

鐵外。

黒漫漫地看其奈、若向邠州岐路長。不堕白黄兼軟硬、遙超物表露堂堂。

*

(1)鉄外。

(2)黒漫漫地、看よ其奈《いかん》、若し邠州《ひんしゅう》に向かえば、岐路長し。(3)白黄と軟硬とに堕ちず、遥かに物《もっ》表《ぴょう》を超えて、露堂堂。

*

(1)鉄外＝人物不詳。／(2)黒漫漫地看其奈、若向邠州岐路長＝〈真っ黒な鉄のかたまりを直下に見よ、もしも邠州に向かおうとすれば道に迷ってしまうぞ〉。「黒漫漫地」は、真っ黒な鉄のかたまり。ここでは、【一五五】の「一団生鉄」と同じく、悟りを得る当体、自己自身に譬える。「邠州」は、禅語に「刀を打つには須《すべか》らく是れ邠州の鉄なるべし」と言われる鉄の産地。／(3)不堕白黄兼軟硬、遥超物表露堂堂＝〈この鉄は、白鉄・黄鉄、軟鉄・硬鉄などの差別を超え、遥かに世間の外にあって露堂堂としている〉。「物表」は、物外とも言う。

【一五八】上平声十灰韻

追薦殺童子自殺之二靈魂。修施食法之次打野偈。

槐夢分明見怨親、覺來空豁絶纖埃。西風一陣竹籬外、遍界吹香雪裡梅。

童子を殺し、自らも殺すの二霊魂を追薦す。施食法を修するの次《つい》で野偈を打す。
(1)槐夢《かいむ》、分明に怨親《おんしん》を見るも、覚《さ》め来たれば、空豁《くうかつ》、繊埃《せんあい》を絶す。(2)西風一陣、竹籬の外、遍界、香を吹く、雪裡の梅。

*

(1)槐夢分明見怨親、覚来空豁絶纎埃＝〈迷っているうちは怨親憎愛の別もあろうが、悟ってみればカラッーとして、そんなものはいささかもない〉。「槐夢」は、【一五六】注(1)を参照。／(2)西風一陣竹籬外、遍界吹香雪裡梅＝〈一陣の西風は竹垣のかなたにまで吹き、どこもかしこも雪裡の梅花が香っている〉。どこでも仏国土。或いは、そなたたちは既に成仏しておるという句意。「雪裡梅」は、仏法の端的。五山文学以来、雪中に開く梅花は、仏の成道の象徴として用いられる。

*

【一五九】下平声一先韻

千嶽號。

鍾秀古今青未了、烟雲不掩勢巍然。◎當頭坐斷小天地、二鐵七金脚下邊。◎

(1)千嶽号。

*

(2)秀《しゅう》を鍾《あつ》めて、古今、青、未だ了《お》わらず、烟雲、掩《おお》わず、勢《いきお》い巍然《ぎぜん》。(3)当頭に坐断す小天地、二鉄七金《にてつしちこん》、脚下の辺《ほとり》。

＊

(1)千嶽＝人物不詳。／(2)鍾秀古今青未了、烟雲不掩勢巍然＝〈この山嶽は霊秀の気を集めて、昔も今も、青々としており、烟雲も立ち上って来れないほど高く聳えている〉。上の句は、杜甫の「望嶽」詩の「岱宗、夫《そ》れ如何《いかん》、斉魯、青未了（泰山はどうだ、斉魯の両国にまたがって青々としている）。造化、神秀を鍾《あつ》め、陰陽、昏暁を割《さ》く」から採られたもの。「巍然」は、山の高く大きなさま。／(3)当頭坐断小天地、二鉄七金脚下辺＝〈正面切って小天地にドン坐り、二鉄囲山も七金山もその脚下にある〉。簡単に言えば、この千嶽を須弥山に比するもの。「小天地」は、ここでは、小世界のこと。須弥山を中心にして、その周囲に四大洲があり、その周りに九山八海がある。これがわれわれが住む世界で一小世界。この一小世界を千の三乗、十億集めたのが三千大千世界。「二鉄七金」は、二鉄囲山と七金山。小世界の中央に聳える須弥山を順次に取り囲んでいる九山。

【一六〇】下平声十二侵韻

規外。　［禪律請之］

細行威儀何處施、太空印破祖師心。請看絶學無爲地、活路一條通古今。

＊

規外[1]。　［禅律、之れを請う］

細行威儀[2]、何《いず》れの処にか施《もう》くる、太空、印破す、祖師の心。請う看よ[3]、絶学無為の地、活路一条、古今通ず。

＊

(1)規外＝人物不詳。／(2)細行威儀何処施、太空印破祖師心＝〈八万の細行、三千の威儀は、どこに設けられているのだ、祖師の心印は、太空にはっきりと捺《お》されているではないか〉。「細行威儀」は、僧としての行住坐臥（起居動作）の規範。龍潭崇信に参禅する以前の徳山宣鑑は、「千劫に仏の威儀を学し、万劫に仏の細行を学して、然る後に成仏す。他の南方の魔子《ます》、便ち即心是仏と説く」と言って発憤していた（『碧巌録』四則本則評唱）。／(3)請看絶学無為地、活路一条通古今＝〈見るがよい、絶学無為のところを、一条の活路は、昔も今も、そこに通じているのだ〉。『証道歌』の劈頭に「絶学無為の閑道人、妄想を除かず真を求めず。無明の実性即仏性、幻化の空身即法身」と。

【一六二】上平声十一真韻

賛蘭瑞和尚肖像。

蘭之於艸、聖之於人。其瑞抽類、維徳可親。開畭殷賑、興廢鼎新。皮髓全得、世出雨醇。子葉孫枝蕃衍地、尋芳捨〔拾〕翠幾秋春。

＊

(1)蘭瑞和尚の肖像に賛す。
(2)蘭の草に於けるや、聖の人に於けるや。其《そ》れ瑞や類を抽き、維《こ》れ徳や親しむ可《べ》し。(3)畭《あらた》を開いて賑わいを殷《さか》んにし、廃を興して新しきを鼎《と》る。(4)皮髄、全て得て、世出、雨、醇《こま》やかなり。(5)子葉孫枝、蕃衍《はんえん》の地、芳《はな》を尋ね翠《みどり》を拾うこと、幾秋春ぞ。

＊

(1)蘭瑞和尚＝人物不詳。／(2)蘭之於草、聖之於人。其瑞抽類、維徳可親＝〈蘭草の瑞香は他の草花を抜き秀で、聖人の徳化には皆が親しみ寄る〉。／(3)開畭殷賑、興廃鼎新＝〈荒地を開拓して寺産を豊かにし、百廃を再興された〉。／(4)皮髄全得、世出雨醇＝〈達磨禅の宗旨をすべて会得して、世間にも出世間にも濃《こま》やかな法雨をそそいでいる〉。「皮髄全得」は、道副が皮を、尼総持が肉を、道育が骨を、慧可が髄を得た「達磨皮肉骨髄」。「醇」の本義は、濃い酒。／(5)子葉孫枝蕃衍地、尋芳拾翠幾秋春＝〈蘭瑞和尚の法孫たちはこの地に栄え、その徳香をたずねて来る者たちがまだまだ幾年も続こう〉。「子葉孫枝」は、蘭瑞和尚の「蘭」を受ける。人の子孫を「桂子蘭孫」などと美称する。「蕃衍」は、繁衍とも。茂り広がること。「尋芳拾翠」は、『虚堂録』巻五「頌古一百則」の「丹霞訪忠国師……」頌に「落華、只だ流れに随い去るが為に、便ち尋芳拾翠の人有り」と。

【一六二】下平声七陽韻

岱州號。

天廣地開鎮一方、山舒水緩可觀光。箇中佳致無人會、纔許姓義上世皇。

＊

(1)岱州号。

(2)天広く、地開けて、一方を鎮す、山舒《しず》かに、水緩《ゆる》やかなり、観光す可《べ》し。(3)箇中の佳致《かち》、人の会《え》する無し、纔《わず》かに許す、羲《ぎ》を姓とする上世《じょうせい》の皇《きみ》。

*

(1)岱州＝人物不詳。「岱州」は、海と岱山（泰山）との間にある州（陸地）。『書経』禹貢・青州に「海・岱は惟《こ》れ青州（海と岱山の間が青州である）」と。岱山は、五岳の一。／(2)天広地開鎮一方、山舒水緩可観光＝〈天地は広く開け、遥かかなたまで鎮《しず》まり、山水はゆるやかで、観光するにあたいする〉。／(3)箇中佳致無人会、纔許姓羲上世皇＝〈しかし、ここの勝れた境致を分かる者は、羲皇をのぞいては、誰もおるまい〉。「姓羲上世皇」は、羲皇を言う。中国古伝説にある三皇の一人、伏羲氏のこと。伏羲氏は、泰山に登って封（土を盛り、壇を作って、天を祀ること）を行なった。ここでは、岱州その人に比し、君しか分かるまいという句意。「羲皇」については、【一四一二〇】注(3)を参照。

【一六三】下平声十二侵韻

天心號。　［法爾禪人請］

是非禪矣是非教、脱體現成亘古今。雙眼豁空曉窓外、一輪明月落西岑。

*

(1)天心号。　［法爾禅人請う］

(2)是れ禅に非ず、是れ教に非ず、脱体現成、古今に亘《わた》る。(3)双眼、豁空《かっくう》、暁窓の外、一輪の明月、西岑《せいしん》に落つ。

＊

(1)天心号。［法爾禅人請］＝天心法爾。輝雲山光勝寺（三重県津市河芸町）の第九代。宝暦七年（一七五七）二月、前堂転位。／(2)是非禅矣是非教、脱体現成亘古今＝〈自然法爾のこの天心は、坐禅をして悟るものでもなく、諸経を学んで理解すものでもなく、昔から今まで変わることなく、まるごとそこにあらわれている〉。／(3)双眼豁空暁窓外、一輪明月落西岑＝〈両眼を暁窓の外に向ければ、天地はカラッーとして、一輪の明月が西の峰に沈んでいく〉。「豁空」は、【一五八】の「空豁」の意で解した。

＊

【一六四】上平声四支韻

拙叟號。

癡兀兀兮兀兀癡、不知密旨溘厖眉。閑行背手西溪夕、數盡閃鴉皈去遲。

＊

(1)拙叟号。

(2)痴兀兀《ちごつごつ》、兀兀痴《ごつごつち》、密旨を知らず、厖眉溘《ぼうびあふ》る。(3)閑行背手《はいしゅ》、西渓の夕《ゆうべ》、閃鴉《せんあ》を数え尽くして、帰り去ること遅し。

＊

(1)拙叟＝人物不詳。／(2)痴兀兀兮兀兀痴、不知密旨溘厖眉＝〈愚かなこの年寄りは、禅の宗旨も知らずに眉毛は真っ白だ〉。上の句は、『嘉泰普灯録』巻二十九「酒仙和尚（青原下八世の明覚遇賢）十首」に「痴兀兀兀痴、落華流水、自ずから依依たり。酒に飽いて箇の肚皮を摩挲《ましや》す、儂家《わたし》は元と是れ林公の児」と。この「痴兀兀兀痴」は、『禅林句集』にも採られる。馬鹿に徹したさま。「兮」は、句中に置く助字。因みに酒仙和尚詩中の「林公」は、山を買ってまで隠遁した、東晋の僧支遁《しとん》のこと。「支遁買山」の故事で知られる。「密旨」は、霊山の密旨、少林の密旨などと言われる、以心伝心される禅の宗旨。「厖眉」は、白毛まじりの眉。老人の眉。転じて老人を言うこともある。／(3)閑行背手西渓夕、数尽閃鴉帰去遅＝〈後ろ手をして、のんびりと夕暮れの西の谷に歩いて行かれたが、夕陽に閃《ひらめ》く鴉《からす》が飛んでいて、その数を数え尽くしているうちに、帰るのが遅くなってしまわれた〉。この二句は、丁直卿の「老去」詩（『錦繍段』）に「茅檐、背を曝《さら》して、帰鴉を数う、冷淡たる思量、日の斜めなるに到る」とあるのによる。その『由的鈔』に「老後ナス事モナケレバ茅屋ノ下ニテ夕日ニ背ヲアブリ曝シテ鴉ノ帰ルヲ数也。イカニモ静ナル体也」と釈している。

【一六五】上平声五微韻

千巖號。　［江州薫公爲本師請］

萬尋嶮崖翠巍巍、牽得空生名翼飛。帝釋無由布花雨、白雲唯有帶風歸。

＊

(1)千巌号。　［江州の薫公、本師の為に請う］

(2)万尋の嶮崖、翠《みどり》巍《ぎ》巍《ぎ》、空生《くうしよう》を牽《ひ》き得て、名翼《めいよく》飛ぶ。(3)帝釈、花雨を布《し》くに由《よし》無し、白雲の、唯だ風を帯びて帰ること有り。

＊

(1)千巌号［江州薫公為本師請］＝恐らく、慈雲山齢仙寺（滋賀県東近江市）の十三世、千巌祖鈞のことであろう。享保十二年（一七二七）九月の前堂転位。薫公は、不詳。「本師」は、受業師（得度の師）のこと。この一頌は、「空生巌畔花狼藉」（『碧巌録』六則頌）の故事によるもの。「須菩提、巌中に宴坐するに、諸天、花を雨《あめふ》らして讃歎す。尊者（須菩提）曰く、『空中より花を雨《あめふ》らして讃歎するもの、復《ま》た是れ何人《なんぴと》ぞ』。天曰く、『我れは是れ天帝釈なり』。尊者曰く、『汝、何ぞ讃歎す』。天曰く、『我れ、尊者の善く般若波羅蜜多を説くことを重んず』。尊者曰く、『我れ、般若に於いて未だ嘗《かつ》て一字をも説かざるに、汝、云何《いかん》が讃歎す』。天曰く、『尊者無説、我れ乃《すなわ》ち無聞、無説無聞、是れ真の般若なり』といって、又復《ま》た地を動じ花を雨《あめふ》らす」（『碧巌録』六則頌評唱）。／(2)万尋嶮崖翠巍巍、牽得空生名翼飛＝〈高く聳える万尋の嶮崖は、須菩提を引き寄せて、その名声が高く伝わった〉。「翠巍巍」は、山が高く聳えていることを言う成語。「空生」は、解空第一の須菩提の別称。「名翼」は、名声・名望が、高く遠く伝わることを翼に譬えた言葉。／(3)帝釈無由布花雨、白雲唯有帯風帰＝〈その名声を聞いた天帝釈は、花をあめふらせようとしたが、千巌は高すぎてたどりつけず、花をあめふらす手だてもなく、そこにはただ、風に吹かれて山に帰っていく白雲が浮かんでいるばかりだ〉。

【一六六】上平声十一真韻

除夜。［乙丑。閏臘十五日立春］

徒子二三不厭貧、石爐向火《キャンコ》氣侵春。千般付夢世間事、任運著衣養老身。

＊

(1)除夜。［乙丑《きのとうし》。閏臘《うるうろう》十五日立春］

(2)徒子二三、貧を厭《いと》わず、石炉、向火《きゃんこ》して、気、春を侵す。(3)千般、夢に付す、世間の事、任《にん》運《ぬん》に衣を著けて、老身を養う。

＊

(1)除夜。［乙丑閏臘十五日立春］＝延享二年乙丑（一七四五）は、閏十二月二十九日が除夜で、その十五日が立春であった。古月、七十九歳。／(2)徒子二三不厭貧、石炉向火気侵春＝〈二三人しかいない徒弟達は貧乏にもたえておるが、まだまだ寒くて、石炉の火に当たっている〉。「向火」は、炉辺に暖を取ること。「きゃんこ」と読み慣わす。「気侵春」は、冬の気が、春の気を侵害しているということ。／(3)千般付夢世間事、任運著衣養老身＝〈世間千般の事は夢に見るに任せ、寒いから衣を重ね着して老いの身をいたわろう〉。「任運著衣」は、『臨済録』示衆に「但だ能《よ》く縁に随って旧業を消し、任運に衣裳を著けて、行かんと要すれば即ち行き、坐せんと要すれば即ち坐す。一念心の仏果を希求《きぐ》する無し」と。「任運」は、自然のままという意であるが、ここでは、我が意のままということ。

【一六七】上平声十三元韻

試毫。　［丙寅］

春入臘天鶯語繁。靄然松洞一乾坤。懶生徒閲八十壽《シン》、慚愧無由補法門。

＊

試毫。[1] [丙寅《ひのえとら》]

春、[2]臘天に入って、鶯語《おうご》繁《しげ》し、靄然《あいぜん》たる松洞、一乾坤。懶生《らんしょう》、[3]徒《いたずら》に八十寿《はちしんじゅ》を閲《けみ》し、慚愧《ざんき》す、法門を補するに由《よし》無きことを。

＊

(1)試毫。[丙寅]＝延享三年（一七四六）の歳旦の偈。「試毫」は、書き初めの意。始筆、試筆とも言う。古月、八十歳。／(2)春入臘天鶯語繁、靄然松洞一乾坤＝〈去年の十二月から春で、うぐいすが盛んに鳴き、和気が満ちる松洞は別天地である〉。「春入臘天」は、前篇の注(1)を参照。「松洞」は、古月が隠棲している骨清堂。「洞」は、道士、或いは仙人の住まいを比喩的に表現する言葉。「一乾坤」は、「別に是れ一乾坤」を略したもの。／(3)懶生徒閲八十寿、慚愧無由補法門＝〈ものぐさな生活を送り、むざむざと八十年も生き長らえ、法門を補佐する手だてもないことが恥ずかしい〉。「懶生」は、懶生涯の略。【一〇一五九】注(2)を参照。なお、「十」を「シン」と読むことについては、『大漢和辞典』巻二【十】（四七九頁）を参照。

【一六八】上平声五微韻

命京師裁縫、製金襴九條衣、欲鎮後筑興建之慈雲山充遞代表信。閏臘廿五烏至。本月十四蓂、祝八袠母難賤辰、齋若干清衆好時節、搭起拜佛祖。因作。

靈山遺付福田衣◎、永鎮慈雲聚徳輝◎。自笑八旬臭皮骨、金襴包裹勢巍巍◎。

＊

(1)京師《けいし》の裁縫に命じて、金襴の九条衣を製せしめ、後筑興建の慈雲山に鎮して、逓代《ていだい》の表信に充《あ》てんと欲す。閏臘廿五烏《うるうろう》に至る。本月十四蓂《めい》、八袠《はっちつ》の母難の賤辰を祝し、若干の清衆に斎する好時節、搭起《たっき》して仏祖を拝す。因《よ》って作る。

(2)霊山遺付の福田衣、永く慈雲に鎮して徳輝を聚《あつ》む。(3)自ら笑う、八旬の臭皮骨、金襴、包裹《ほうか》して、勢い巍巍《ぎぎ》たることを。

＊

(1)命京師裁縫……因作＝〈京都の仕立屋に命じて、金襴の九条衣を作らせ、筑後久留米に創建した慈雲山福聚寺に留め置き、逓代の伝法衣としようとした。その九条衣が、去年の閏十二月二十五日に届いた。本月十四日、八十歳の誕生日を祝い、多くの清衆に施斎する好時節、その袈裟を肩に掛けて仏祖を拝んだ。そういう因縁でこの偈を作った〉。「慈雲山」は、久留米の福聚寺。【一一二】を参照。「閏臘廿五烏」は、延享二年（一七四五）閏十二月二十五日。【一六六】注(1)を参照。「烏」は、太陽の中に棲むと言う三本足の烏。転じて日の意。「本月十四蓂」の「本月」は、不詳。因みに古月の誕生日は、九月十二日。「蓂」は、日の意。【三四】注(8)を参照。「八袠母難賤辰」は、八十歳の誕生日。「八袠」は、八十歳。八帙・八秩とも言う。袠・帙・秩は、十年の称。「母難賤辰」は、自己の誕生日の謙称。／(2)霊山遺付福田衣、永鎮慈雲聚徳輝＝〈霊鷲山で釈尊から摩訶迦葉に伝えられた福田衣は、永遠に慈雲山福聚寺に留め置かれて徳輝を集めよう〉。「福田衣」は、袈裟の別称。「田衣の縁起は、僧祇律に云く、『仏、帝釈の石窟に住したまう。前に稲田の畦畔分明なるを見て、阿難に語って云く、〈過去の諸仏、衣相、是《かく》の如し。今より此れに依って衣相を作るべし〉と』。増輝記に云く、『田畦、水を貯えて嘉苗を生長す。以て形命を養う。法衣の田、潤《うるお》すに四利の水を以てす。其の三善の苗を増す。以て身法の慧命を養うなり』と」（『百丈清規』大衆章第七）。【五―三】注(2)も参照されたい。／(3)自笑八旬臭皮骨、金襴包裹勢巍巍＝〈笑ってしまうよ、八十歳のこの身体《からだ》も、金襴に包まれて、なんと高大なものだ〉。「臭皮骨」は、臭皮と臭骨との合成語。形骸の意。

【一六九】下平声八庚韻

送法徹禪人之北肥。

肥北途遙數十程◎、青楊綰緑送春行◎。須期到得歸來日、盧雨浙潮話道情◎。

*

(1)法徹禅人が北肥に之《ゆ》くを送る。

(2)肥北、途遥《みちはる》か、数十程、青楊《せいよう》、緑を綰《むす》んで、春行を送る。(3)須《すべか》らく期すべし、到り得、帰り来たる日、盧雨浙潮《ろうせっちょう》、道情《セヨ》を話せよ。

*

(1)送法徹禅人之北肥＝人物不詳。「北肥」は、【八七】にも出て、肥前国のこと。／(2)肥北途遥数十程、青楊綰緑送春行＝〈肥前への道は遠く、数十里のみちのり、かわやなぎの緑の枝を結んで春の門出を送ろう〉。「数十程」は、杜常「華清宮」詩（『三体詩』巻一）に「行き尽くす、江南、数十程」とあり、数十日の道程、数十里の道程とする二説があるが、日向から肥前までは数十日も要しないから後者の説を採った。下の句は、昔、長安の都を出る人を送る時、霸橋のたもとで柳の枝を折って送った、折柳の風習に基づく。張喬の「維揚の故人に寄す」詩（『三体詩』巻一）に「離別河辺に柳条を綰《むす》ぶ」と。「綰《わん》」は、「還《かん》」に音が近く、早く還るように念じる意という説（『三体詩賢愚抄』）がある。／(3)須期到得帰来日、廬雨浙潮話道情＝〈肥前に行き着き、また日向へ帰った来た時、なにをどう見たか、その心情を語ってくれ〉。この二句は、蘇東坡の「首尾吟」と伝えられる偈の「到り得、帰り来たって、別事無し、廬山は煙雨、浙江は潮」に基づく。因みにこの偈は、蘇東坡の詩集には見えず、東陽英朝編・已十子註の『増補頭書　禅林句集』に載り、その頭書に「廬山烟雨浙江潮、未到千般恨不消。到得帰来無別事、廬山烟雨浙江潮」と、全句を示している。

【一七〇】上平声四支韻

送南紀頓禪人。

輕浮一葦海西陲、萬里春風傷別離。正至虚空供笑日、時時覿接結雙眉。

＊

(1)南紀の頓禅人を送る。

(2)軽く一葦を浮かばす、海西の陲《ほとり》、万里の春風、別離を傷《いた》む。(3)正に虚空の、笑いを供する日に至らば、時時覿接《てきせつ》、双眉を結ばん。

＊

(1)南紀頓禅人＝人物不詳。／(2)軽浮一葦海西陲、万里春風傷別離＝〈君は小舟を海西の浜に軽く浮かばせ、私はその小舟を進ませる万里に吹く春風のなか、別離を惜しんでいる〉。「一葦」は、小舟の譬喩。／(3)正至虚空供笑日、時時覿接結双眉＝〈虚空が呵々大笑する日に到ったならば、君と私は、いつでも対面していることになるのだ〉。上の句の「虚空供笑」は、『江湖風月集』別本増入之頌「郁山主」の「虚空、笑いを供して、驢腮《ろさい》に満つ」から採られたのであろうが、禅語（『五灯会元』巻二十・道場明弁章）に「虚空笑点頭」と。情識思慮の及ばない禅機の譬喩。ここでは、大悟を得たならばということ。「時時覿接」は、時時覿面の意で解した。「結双眉」は、『無門関』一則評に「歴代の祖師と手を把《と》って共に行き、眉毛、厮結《あい》んで同一眼に見、同一耳に聞くべし」と。

【一七二】下平声八庚韻

送了義禪衲。

扶老多時勞道情。一枝龍杖促歸程。十年路熟海西上、不ㇾ惜重來縮地行。

*

(1)了義禅衲を送る。

(2)老を扶《たす》くること多時、道情を労す、一枝の龍杖、帰程を促《うなが》す。(3)十年、路熟《みちじゆく》す、海西の上《ほとり》、重来、縮地の行を惜しまざれ。

*

(1)送了義禅衲＝人物不詳。古月も八十歳を過ぎ、気力も衰えたか、別離の悲しみを赤裸々に露《あら》わしている。／(2)

扶老多時労道情、一枝龍杖促帰程＝〈長いこと老いの我が身をよく助けてくれた、感謝しておる、今、意気盛んに帰っていくか〉。「道情」は、仏道上の心情。具体的には、弟子として、師匠を思いやる心。「一枝龍杖」は、了義禅衲が手にする錫杖の譬喩であろうが、帰途に就く禅衲の意気盛んなさまを形容している。／(3)十年路熟海西上、不惜重来縮地行＝〈船旅か、十年もここにいたが、ここへの帰り道はよく知っておろう、地を縮める仙術を惜しまずに、早くもう一度、ここへ来てくれ〉。「十年路熟」は、『寒山詩』の「十年、帰ることを得ず、来たりし時の道を忘却す」を逆手に借りたもの。「縮地行」は、土地を縮めて近くする仙術。『蒙求』四五〇「長房縮地」を参照。

【一七二】下平声九青韻

辱別墅之雅請、席上聊短述。歸路添二一聯成一律奉酬。

一徑通艸亭、雅趣滿閑庭。櫻雪春風白、松琴古調青。行廚兼味足、佳茗熟談馨。西嶺金烏痩、皈來戸未扃。

＊

(1)別墅《べっしょ》の雅請を辱《かたじけ》なうし、席上、聊《いささ》か短述す。帰路、一聯を添えて一律と成して酬い奉る。

＊

(2)一径、草亭に通じ、雅趣、閑庭に満つ。(3)桜雪《おうせつ》、春風白く、松琴《しょうきん》、古調青し。(4)行厨《こうちゅう》、兼味《けんみ》足り、佳茗《かめい》、熟談馨《かぐわ》し。(5)西嶺、金烏痩《や》せ、帰り来たれば、戸、未だ扃《と》ざさず。

(1)辱別墅之雅請……＝〈別荘に招かれ、その席上、五言の絶句を作った。帰り道、もう四句が浮かび、それを加えて律詩として、お招きの恩義にむくいるものである〉。「別墅」は、別荘。太守の佐野原別墅か天神別墅か。／(2)一径通草亭、雅趣満閑庭＝〈一本の小径《こみち》が草ぶきのあずまやに通じ、静かな庭には高雅な情趣が満ちている〉。／(3)桜雪春風白、松琴古調青＝〈春風は白い桜花を雪ふらせ、青々とした松に吹きかけて古い調べを奏でている〉。／(4)行厨兼味足、佳茗熟談馨＝〈弁当は実に美味しく、食後の談話の茶もかぐわしい〉。「行厨」は行楽用厨膳。「兼味」は、ふた品以上のおかず。転じて美食。「茗」は、茶の別名。／(5)西嶺金烏痩、帰来戸未扃＝〈日は西の峰に沈もうとしていたが、帰り着くと、寺の門戸はまだ閉まっていなかった〉。上の句は、日没の形容。【八〇—二】にも「西山烏脚痩」の表現があった。「金烏」は、太陽の異名。太陽の中に三足の烏が棲むという伝説から言う。

【一七三】上平声二冬韻

因州廣徳山竜峰寺常應大和尚像賛。

滌篆法嶠、改観竜峰。宸奎光被、椹服纎濃。常住法身無變易、應機接物仰高蹤。

＊

因州(1)広徳山龍峰寺の常応大和尚の像賛。

(2)法嶠《ほうきよう》に滌篆《できてん》し、観《みもの》を龍峰に改む。(3)宸奎《しんけい》、光り被《おお》い、椹服《じんふく》、纎濃《いとこま》やかなり。(4)常住法身、変易《へんやく》無し、応機接物、高蹤《こうしよう》を仰ぐ。

＊

(1)広徳山龍峰寺常応大和尚＝常応慧教。広徳山龍峰寺（鳥取市栗谷町）の六世。正徳三年（一七一三）五月の前堂転位。

／(2)滌篆法嶠、改観龍峰＝「滌篆」は、視篆に同じ。「法嶠」は、正法山妙心寺。初住入寺であろう。初住については、【二八】注(3)を参照。「改観」は、面目を一新すること。／(3)宸奎光被、椹服繊濃＝「宸奎」は、天子の御筆。「椹服」は、紫衣のこと。【三〇】注(4)を参照。／(4)常住法身無変易、応機接物仰高蹤＝〈大和尚の法身は常住にして変化することがなく、長く応機接物を続けられて、皆がその高尚な行迹を仰ぎ見るであろう〉。上の句は、北本『涅槃経』巻二十七に「如来は常住にして、変易有ること無し」と。「高蹤」は、高尚な行迹。つぶさには、不動の肖像であるが故の二句。

【一七四】上平声十五刪韻

雲州富興山康國寺善瑞積座元像賛。

積善餘慶、瑞運富山◎。眉目茲開兮粲爾、威儀同則兮追攀◎。別別。匝地清風蕭颯颯、烟霞如畫舊孱顔◎。

＊

雲州(1)富興山康国寺の善瑞積座元の像賛。

(2)積善の余慶、瑞を富山に運《めぐ》らす。(3)眉目、茲《ここ》に開いて粲爾《さんじ》たり、威儀、同じく則《のっと》って追攀《ついはん》す。(4)別別。(5)匝地の清風、蕭颯颯《しょうさつさつ》、烟霞、画の如し、旧孱顔《きゅうせんがん》。

＊

(1)富興山康国寺善瑞積座元＝善瑞全積。富興山（現大雲山）康国寺（島根県出雲市国富町）の二世。享保十二年（一七二七）四月の前堂転位。／(2)積善余慶、瑞運富山＝善瑞全積の名を歌い込む。上の句は、『易』坤卦に「積善の家には、必ず余慶有り。積不善の家には、必ず余殃有り」と。「富山」は、富輿山。／(3)眉目茲開兮粲爾、威儀同則兮追攀＝〈ここに善瑞和尚の姿が現われた、その正しい威儀は、皆が共にのっとって模範とするであろう〉。「眉目」は、容貌の義。「粲爾」は、笑うさま、潔いさま、鮮やかなさまなどの意がある。「追攀」は、追い攀《よ》じる、追い攀《す》がる。文章によって多義を含むが、ここでは、拙訳の如き意。／(4)別別＝〈なおまたさらに言おう〉。「別別」は、格別、特別の意。法語では、言葉を変える際に、形式的に用いることがある。拙訳の如き口吻。／(5)匝地清風蕭颯颯、烟霞如画旧孱顔＝〈蕭蕭颯颯たる清風は大地を匝《めぐ》り、高い山には常にもややかすみがかかっている〉。肖像の背景を頌しながら、善瑞和尚の常住法身を示した二句。「旧孱顔」の「旧」は、ここでは、久・常の義。「孱顔」は、山の高く険しいさま。「顔」は、山額（山の峰）のこと。

【一七五】上平声十三元韻

豊州稙田龍護院石寫法華塔銘。

六萬九千三百字、焚香石寫點精魂。◎願心猶與堅珉固、普使群生入此門。◎

＊

(1)豊州稙田《わさだ》龍護院の石写法華の塔銘。

＊

(2)六万九千三百字、焚香石写、精魂を点ず。(3)願心は猶お堅珉《けんびん》よりも固《かた》く、普《あまね》く群生をして此の門に入らしむ。

終

(1)豊州植田龍護院＝不詳。／(2)六万九千三百字、焚香石写点精魂＝〈香を焚き、精魂を込めて、法華経を石に刻み写した〉。上の句は、『法華経』の文字数。『元亨釈書』巻二十九・大君氏章に、桓武帝が、六万九千三百八十四本の『法華経』を写させたという記録がある。また、『仏祖歴代通載』巻十六、太和三己酉年（八二九）に「蘇州重玄寺、石壁経を刊して成る。刺史白居易、之れが碑を為《な》して曰く、『……夫《そ》れ諸仏の知見を開示して悟入し、義を以て無辺を度し、円教を以て無窮に垂る。妙法蓮華経より尊きは莫《な》し。凡《およ》そ六万九千五百五言。……』」と見える。／(3)願心猶与堅珉固、普使群生入此門＝〈その願心は堅い美石よりも堅く、一切の衆生を法華の法門に導き入れた〉。「与」は、比較を表わす助辞。「堅珉」は、堅い玉に次ぐ美石。もちろん譬喩で、石に文字を刻むことを「勒堅珉」「刻珉」などと言う。

四會録　全

侍者元始輯。

偈頌。

【一七六】

佛降誕。　［十二首］

【一七六―一】下平声九青韻

山河大地一華亭、新緑雨過満目青。不用五香浴湯水、瓦爐消得沈檀馨。　［新寺無暇構華亭諷經一上消炷拝］

＊

(1)山河大地、一華亭、新緑、雨過ぎて、満目青し。(2)用いず、五香の浴湯水、瓦炉《がろ》、消し得たり、沈檀《じんだん》の馨《かぐわ》しきことを。　［(3)新寺、華亭を構うるに暇《いとま》無し、諷経一上、炷拝を消す］

＊

(1)山河大地一華亭、新緑雨過満目青＝〈山河大地がすべて花御堂、雨が洗い、見渡すかぎり、新緑の青山〉。この一偈は、底本注記で分かる通り、花亭を造らなかったことによるもの。『百丈清規』報本章第三「仏降誕」に「日至れば庫司は花亭を厳設し、中に仏降生像を香湯の盆内に置き、二の小杓を仏前に安《お》く」と。／(2)不用五香浴湯水、瓦炉消得沈檀馨＝〈灌仏もしなかったが、一炷の香だけはかぐわしい〉。「五香浴湯水」は、五香水《ごこうずい》。降誕会に仏に浴する、五香を加えた水。後世は、甘茶で代用する。「瓦炉」は、瓦製の香炉。「沈檀」は、沈香と栴檀香との併称だが、広く香を言う。／(3)新寺＝享保十二年（一七二七）に成った天寿山自得寺。或いは、寛保四年（一七四四）に成った久留米の慈雲山福聚寺。

【一七六―二】下平声一先韻

碩大光明盡大千、降生來也現中天。攀條禿筆點雙眼、輸却薔薇帶露鮮。［此日銅像成］

＊

(1)碩大《せきだい》の光明、尽大千、降生来也《ごうしょうらいや》、中天に現ず。(2)条を攀《よ》じて、禿筆《とくひつ》、双眼を点ず、薔薇《しょうび》の、露を帯びて鮮《あざ》やかなるに輸却《ゆきゃく》す。［此の日、銅像成る］

＊

(1)碩大光明尽大千、降生来也現中天＝〈過去世より、その碩大の光明は、大千世界を照らしていたが、最後に中天竺国に降誕された〉。「〈摩耶夫人の右脇から誕生したばかりの世尊は〉足、七花を蹈《ふ》んで、行くこと七歩し已《お》わって、四方を遍観し、手指上下して、是の如《かく》きの語を作《な》す、『此れ即ち是れ我が最後の生身。天上天下、唯我独尊』と」（『毘奈耶雑事』巻二十）。／(2)攀条禿筆点双眼、輸却薔薇帯露鮮＝〈決まりに従って、ちびた筆で点眼を行なったが、私の点眼など、君たちが灌《そそ》ぐ香水には敵《かな》わない〉。この二句は、底本注記で分かる通り、新造の降生仏像への点眼（開眼）を頌すもの。「攀条」は、【一〇―一三―②】注(1)を参照。「禿筆」は、毛先の擦り切れた筆。ここでは、謙遜して言ったもの。点眼には、新筆を用意するのが決まり。「輸却」は、負けること。「却」は、助辞。「薔薇帯露鮮」は、浴仏の香水の美的表現。「薔薇」は、バラのことで、盆内の香水を「薔薇露」「薔薇水」などと表現する。また「薔薇」

は、『大灯録』の「仏生日上堂」で、僧が、「薔薇、露を滴《した》て、楊柳、煙を籠《こ》む。是れ瞿曇《くどん》の真面目なること莫《な》しや」と問うように、浴仏灌頂の縁語でもある。

【一七六―三】下平声八庚韻

毘藍園裡黄雲簇、歩歩蹈蓮香氣盈。放下杓頭著精彩、十方諸佛一時生。

*

(1)毘藍園裡《びらんおんり》、黄雲、簇《むら》がり、歩歩、蓮を蹈《ふ》んで、香気盈《み》つ。(3)杓頭を放下して精彩を著けよ、十方の諸仏、一時に生ず。

*

(1)毘藍園裡黄雲簇、歩歩蹈蓮香気盈＝〈藍毘尼園《らんびにおん》には瑞雲がむらがり起こり、誕生仏は一歩一歩、蓮華を踏んで歩き、そこは香気に満たされた〉。「毘藍園」は、釈尊降誕の地、藍毘尼園の略。「黄雲」は、瑞雲。「歩歩蹈蓮」は、誕生仏が、「足、七花を蹈《ふ》んで、行くこと七歩」した故事。第二偈の注(1)を参照。／(2)放下杓頭著精彩、十方諸仏一時生＝〈甘茶を灌《そそ》ぐ柄杓など手から離して、己事究明に励んでみろ、十方の諸仏がいっぺんにお生まれになるぞ〉。「杓頭」は、第一偈の注(1)を参照。「著精彩」は、著力と同意。全力を尽くす、しっかり頑張ること。下の句は、百丈懐海の語（『古尊宿語録』巻二）に「此の人、歩歩、是れ仏。脚に蓮華を踏むことを仮《か》らず、身を百億に分かつ……」とあるのが参考になる。

【一七六―四】上平声二冬韻

金躯何更惹塵埃、勿謂當初《ソノカミ》勞二龍。韶石復讎《ムクヒテ》著打殺、光明背後又重重。

＊

(1)金躯《こんく》、何ぞ更に塵埃《じんない》を惹《ひ》かん、謂うこと勿《な》かれ、当初《そのかみ》、二龍を労すと。(2)韶石《しょうせき》、讎《あだ》に復《むく》いて、打殺することを著《え》るも、光明、背後、又た重重。

＊

(1)金躯何更惹塵埃、勿謂当初労二龍＝〈紫磨金色の誕生仏の身体《からだ》に塵埃が着くことはない、誕生されたその日、二龍に灌頂してもらったなどと言うものではない〉。「金躯」は、紫磨金色の身体。紫磨金は、紫色をした最上の黄金で、釈尊の皮膚は、この色をしていたと言う。「何更」は、強い否定を表わす言葉。「二龍」の浴仏は、『鞞婆沙論』巻十四に、釈尊の生涯を略して、「十月已満在林毘園生。即行七歩、二龍浴身。二十九出家。三十五得道……」とあるが、広く知られるのは、『普曜経』巻二の「爾《そ》の時、菩薩（世尊）、右脇より生ず。……九龍は上に在って香水を下し、聖尊を洗浴す。洗浴竟《お》わり、已《すで》に身心清浄なり」。／(2)韶石復讎著打殺、光明背後又重重＝〈雲門は、誕生仏を打ち殺して、かたきを取ったつもりかも知れぬが、仏は、光り輝いておられる〉。【九―二―①】注(2)、【九―二―⑥】注(1)を参照。

【一七六―五】上平声十三元韻

杜鵑叫落松牕月、滿架薔薇薫緑園。堪笑瞿曇黄吻利、蓮臺動歩稱唯尊。

(1)杜鵑《とけん》、叫び落とす、松窓の月、満架の薔薇《しょうび》、緑園に薫る。(2)笑うに堪えたり、瞿曇《くどん》、黄吻《こうふん》の利なることを、蓮台、歩を動かして、唯尊と称す。

＊

(1)杜鵑叫落松窓月、満架薔薇薫緑園＝〈杜鵑《ほととぎす》が鳴く中、松窓から見える月は沈んでいき、棚いっぱいの薔薇《バラ》が緑園に薫っている〉。下の句は、禅語にもなっている高駢《こうべん》の「山亭夏日」詩の「満架の薔薇、一院香し」に基づく。「薔薇」については、第二偈の注(2)を参照。／(2)堪笑瞿曇黄吻利、蓮台動歩称唯尊＝〈笑止千万、誕生仏の口達者なことよ、蓮華台の上を七歩あゆんで、「唯我独尊」などとは〉。「瞿曇」は、釈迦族の姓で世尊を言う。「黄吻」は、黄色い吻《くちばし》。少年を言う。下の句は、【九－二－⑨】注(1)を参照。

＊

【一七六－六】上平声十五刪韻

偏天偏地動祥瑞、目顧四方逞聖顔。曾匪韶陽全正令、児孫殃過重於山。

(1)偏天偏地、祥瑞を動ず、四方を目顧して、聖顔を逞《たくま》しうす。(2)曾て韶陽の、正令を全うするに匪《あら》ずんば、児孫の殃過《おうか》、山よりも重からん。

＊

(1)偏天偏地動祥瑞、目顧四方逞聖顔＝〈天は香水を雨ふらし、地は蓮華を花さかせた、そんな四方を見渡して、「天上天下、唯我独尊」と、聖天子の玉顔を逞しゅうされた〉。／(2)曾匪韶陽全正令、児孫殃過重於山＝〈その時、雲門が、誕生仏を打ち殺しておかなければ、その後の仏弟子たちは、山よりも重い殃過《わざわい》をこうむることになっていたであろう〉。【九―二―①】注(2)を参照。

【一七六―七】下平声七陽韻

俊機何逐老韶陽。湯水不須煎五香。杜宇聲聲山月白、降生直下放毫光。

(1)俊機、何ぞ老韶陽を逐わん、湯水、須《もち》いず、五香を煎《に》ることを。(2)杜宇《とう》声声、山月白し、降生直下《じきげ》、毫光を放つ。

＊

(1)俊機何逐老韶陽、湯水不須煎五香＝〈我がここでは、雲門と俊機を競うようなこともしないし、湯水に五香水《ごこうずい》を用いることもしない〉。上の句は、【九―二―①】注(2)を、下の句は、第一偈の注(2)を参照。／(2)杜宇声声山月白、降生直下放毫光＝〈杜宇《ほととぎす》が白く輝く山月の中で鳴いている、釈尊は生まれてすぐに毫光を放たれていたのだ〉。「毫光」は、白毫光の略で、仏の眉間にある白毫から放たれる光明。その景色が、上の句。

＊

【一七六―八】下平声八庚韻

二月中旬曾不滅。今晨初夏敢何生。分明超脱死生窟、萬岳千峰梅雨晴。

(1)二月中旬、曾て滅せず、今晨初夏、敢えて何ぞ生ぜん。(2)分明に超脱す、死生の窟、万岳千峰、梅雨晴る。

(1)二月中旬曾不滅、今晨初夏敢何生＝〈二月十五日、死んでもいなければ、四月八日、生まれてもいない〉。「二月中旬」は、釈尊が涅槃された二月十五日。「曾不」「敢何」は、共に、決して……しないの意。／(2)分明超脱死生窟、万岳千峰梅雨晴＝〈分明に生死の窟裡から超脱している、見渡す限りの山々は、梅雨も晴れた〉。

*

【一七六―九】下平声七陽韻

華亭随矩見輪奐、絶只金躯放勝光。群類同證無垢染、攀條一杓五香湯。［此日華亭賀落］

(1)華亭、矩《く》に随って、輪奐《りんかん》を見る、絶只《きよくし》たる金躯《こんく》、勝光を放つ。(2)群類、同じく証して、垢染《くぜん》無し、条を攀《よ》ず、一杓の五香湯。［此の日、華亭、落するを賀す］

(1)華亭随矩見輪奐、絶只金躯放勝光＝〈花御堂は規矩に従って立派に出来上がり、赤色を帯びた金躯は勝れた光を放っている〉。「輪奐」は、『礼記』檀弓下の「晋の献文子《けんぶんし》、室を成す。晋の大夫、発す。張老曰く、『美なるかな輪、美なるかな奐（美哉輪焉、美哉奐焉）。斯《ここ》に歌い、斯に哭《こく》し、国族を斯に聚《あつ》めん』と」の文に拠る語で、建

*

築物の壮大美麗なさまを言うが、ここでは、意訳の如き趣旨。「絶只」は、赤を言うのみ。「只」は、語助詞。『詩経』国風にある「天只」「楽只」などにならった造語。「金躯」は、紫磨金色の身体。紫磨金は、紫色をした最上の黄金で、釈尊の皮膚は、この色をしていたと言う。／(2)群類同証無垢染、攀条一杓五香湯＝〈これで、多くの衆生が、無垢染の本来清浄身を悟った、決まりに従って、一杓の五香水《ごこうずい》を灌《そそ》ごう〉。「攀条」は、【一〇—一三—②】注(1)を参照。「五香湯」は、第一偈の注(2)を参照。

＊

【一七六—一〇】上平声十一真韻

當陽誕出紫磨身、一杓香湯却是塵。靈龜牽尾老韶石、大地山河蹤跡新。

(1)当陽に誕出す、紫磨の身、一杓の香湯、却って是れ塵。(2)霊亀、尾を牽《ひ》く、老韶石、大地山河、蹤跡《しょうせき》新たなり。

＊

(1)当陽誕出紫磨身、一杓香湯却是塵＝〈目の前に、紫磨金色の仏がお生まれになった、灌頂の香湯もそそぐまい、かえってその身をけがしてしまうことになる〉。「当陽」は、正位・中央の義。転じて真正面の意。「紫磨身」は、紫磨金色の身体。前偈の注(1)を参照。「一杓香湯」は、第一偈の注(2)を参照。／(2)霊亀牽尾老韶石、大地山河蹤跡新＝〈雲門は誕生仏の足跡を消そうとしたが失敗し、大地山河は、釈尊の足跡で満ちている〉。雲門の所行については、【九—二—①】注(2)を参照。「霊亀牽尾」は、「霊亀曳尾」で、禅録に頻出する。自分の尻尾で蹤跡を消そうとして、却ってその尻尾の蹤跡を残すという意。

【一七六—一一】上平声十三元韻

天然貴裔叫爲尊。何更得關常種論。蹤跡匪唯屬藍苑、一聲杜宇月黃昏。

[1]天然の貴裔《きえい》、為尊《いそん》と叫ぶ、何ぞ更に常種の論に関わることを得ん。[2]蹤跡《しょうせき》、唯だ藍苑《らんえん》に属するのみに匪《あら》ず、一声の杜宇《とう》、月黄昏。

＊

(1)天然貴裔叫為尊、何更得関常種論＝〈もともと貴い血筋のお子が、「天上天下、唯我為尊」と唱えられたのだ、並みの血筋の者が、あれこれと論じられるものではない〉。この二句は、青原下四世の石霜慶諸が、曹洞五位説を、誕生・朝生・末生・化生・内生の五王子に比して答えた第一「誕生王子」の「貴裔、常の種に非ず、天生、至尊に位す」（『人天眼目』巻三）に基づく。「為尊」は、【六—一二】注⑿を参照。「何更」は、強い否定を表わす言葉。／(2)蹤跡匪唯属藍苑、一声杜宇月黄昏＝〈釈尊はルンビニだけに降誕されたのではない、黄昏《たそがれ》の月の中、杜宇《ほととぎす》が鳴いている〉。この二句の詩趣は、第七偈の転結句を参照。「藍苑」は、釈尊降誕の地、藍毘尼園《らんびにおん》の略。

＊

【一七六—一二】下平声八庚韻

脇誕逞奇黃吻子、韶陽一棒禍重生。滿溪躑躅燃霖雨、添得深雲杜宇聲。

＊

(1)脇誕《きょうたん》、奇を逞《たくま》しうす、黄吻《こうふん》の子、韶陽の一棒、禍《わざわ》い重ねて生ず。(2)満渓の躑躅《てきちょく》、霖雨《りんう》に燃え、添え得たり、深雲、杜宇《とう》の声。

(1)脇誕逞奇黄吻子、韶陽一棒禍重生＝〈母親の右脇から誕生した、このくちばしの黄色い子供は、七歩あるいたり、「天上天下、唯我独尊」などと叫んだり、奇怪なことのしほうだい、雲門はその子供を打ち殺そうとしたが、その一棒は届かずに失敗し、この子供のわざわいは、今にも及んでいる〉。／(2)満渓躑躅燃霖雨、添得深雲杜宇声＝〈渓に満ちる躑躅《つつじ》は、梅雨の霖雨《ながあめ》に洗われて真っ赤に燃え、その上、深い雲の中では、杜宇《ほととぎす》が鳴いている〉。

＊

【一七七】

佛涅槃。　［十三首］

【一七七－一】下平声五歌韻

叔世澆漓文近喪、涅槃此日感情多。白毫光撫三千歳、漫頼庇庥禿髪皤。

(1)叔世《しゅくせい》、澆漓《ぎょうり》にして、文、喪するに近し、涅槃、此の日、感情多し。(2)白毫、光撫《こうぶ》す、三千歳、漫《みだ》りに庇庥《ひきゅう》に頼って禿髪皤《とくはつしろ》し。

＊

(1)叔世澆漓文近喪、涅槃此日感情多＝〈末世、仏道も亡びようとし、涅槃会のこの日、さまざまな思いがつのる〉。「叔世澆漓」は、人情うすく世の乱れた末の世。「文」は、『論語』子罕第九などに出て、聖人の道を言う「斯文」の略と解した。「斯文」は、【一七一－一二】に「恭奉遺勅、不墜斯文」と用いられている。「近喪」は、『詩経』大雅・蕩之什・蕩に「小大近喪（民や臣は、もはや亡びようとしている）」とある「近喪」。／(2)白毫光撫三千歳、漫頼庇庥禿髪皤＝〈白毫の光りは末世をおおい、みだりにその庇護に頼って、はげ頭も白くなった〉。末世の比丘としての古月の慚愧。「白毫光」は、仏の眉間にある白毫から放たれる光明。「撫」は、掩・蓋の義。「三千歳」は、正法千年・像法千年が終わった末法の世。

＊

【一七七－二】上平声五微韻

四十九歳未知非、不説一言添禍機。雪泮園林風色静、晩梅樹樹送芳菲。

＊

(1)四十九歳、未だ非を知らず、不説の一言、禍機《かき》を添う。(2)雪泮《と》けて、園林、風色静かなり、晩梅、樹樹、芳菲《ほうひ》を送る。

＊

(1)四十九歳未知非、不説一言添禍機＝〈涅槃になっても、まだ過去のあやまちを知らず、不説の一言は、禍《わざわ》いを引き起こす契機となった〉。上の句は、蘧伯玉《きょはくぎょく》（衛の賢大夫）が言った、「五十にして四十九年の非を知る」を踏まえる。「四十九年」は、釈尊が、成道から涅槃にいたる間に説法された年数。「不説一言」は、禅の仏伝に言う「世尊四十九年一字不説」。「釈迦老子、出世して四十九年、未だ曽て一字を説かず。……。恁麼《いんも》に道《い》う、且《しばら》く道《い》え、是れ説か、是れ不説か」（『碧巌録』二十八則頌評唱）。／(2)雪泮園林風色静、晩梅樹樹送芳菲＝〈雪も解けて園林は静かな天気、遅咲きの梅花の樹々が芳香を送っている〉。

【一七七―三】下平声八庚韻

春半如秋三角城◎［拘尸羅此翻三角］、金河風水帯悲聲◎。人人脚下無生路、滿目烟林艸木明◎。

＊

(1)春半《しゅんぱん》、秋の如し、三角城［拘尸羅《くしら》、此《ここ》には三角と翻す］、金河《こんが》の風水、悲声を帯ぶ。(2)人人脚下、無生の路、満目の烟林、草木明らかなり。

＊

(1)春半如秋三角城［拘尸羅此翻三角］、金河風水帯悲声＝〈春の半ばだというのに三角城は秋のような景色、金河の風水は悲しげな音を帯びている〉。上の句は、柳宗元の「柳州二月」詩（『三体詩』巻一）の承句「春半如秋、意転《うた》た迷う」による。「三角城」は、底本注記の通り、釈尊入滅の地、拘尸那伽羅《くしながら》の翻名。「金河」は、跋提河《ばつだいが》の翻名。拘尸那伽羅を流れていた河。／(2)人人脚下無生路、満目烟林草木明＝〈人人の脚下には涅槃への道が通じている、見渡す限りの靄のこもる林には草木が輝いている〉。「無生路」は、涅槃への道。「無生」は、涅槃。涅槃の真理には生滅がないからかく言う。

【一七七―四】下平声五歌韻

滅度雙非叨抑逼、釋門弟子看如何。春寒強半西風悪、晒背負暄老杜陀。

＊

(1)滅度、双非して、叨《みだ》りに抑逼《よくひつ》す、釈門の弟子、看よ如何《いかん》。(2)春寒強半《きようはん》、西風悪《あ》し、背を晒《さら》して暄《けん》を負《お》う、老杜陀《ろうずだ》。

＊

(1)滅度双非叨抑逼、釈門弟子看如何＝〈釈尊は、涅槃会上で、「私は滅度するのだと言ってもあやまり、私は滅度しないのだと言ってもあやまり」と、みだりに責めつけられたが、その仏の弟子である君達、さあ、どう見るか〉。「世尊、涅槃会上に於いて、……衆に告げて曰く、『……。若し吾れ滅度すと謂わば、吾が弟子に非ず。若し吾れ滅度せずと謂わば、亦た吾が弟子に非ず』と。時に百万億の衆、悉《ことごと》く皆な契悟す」（『五灯会元』巻一・釈迦牟尼仏章）。詳しくは、【九―一―⑦】注(2)を参照。／(2)春寒強半西風悪、晒背負暄老杜陀＝〈春も半ばだというのに寒さは去らず西風が荒い、そんな中、老頭陀は日なたぼこりをしている〉。この二句は、起承句の問いに対する古月の自答。「春寒強半」は、杜牧の「貴池県の亭子」詩（『三体詩』巻一）の結句に「強半の春寒、去って却って来たる」と。「西風」は、倭語の「涅槃西風《にしかぜ》」に掛けている。涅槃会の前後に吹く風のことで、「涅槃嵐《あらし》」とも言う。下の句は、涅槃台に横臥する釈尊の姿を頌したもの。「晒背負暄」は、日なたぼこり。【一〇―五五】注(3)を参照。

【一七七―五】下平声十一尤韻

痛念雙林嚴訓責《セメ》、有名無實奈吾羞◎。而今法運人倶季、誰致微躯答庇庥◎。

＊

(1)痛念す、双林厳訓の責め、有名無実、吾が羞《はじ》を奈《いかん》せん。(2)而今《いま》、法運、人と倶《とも》に季《すえ》なり、誰か微躯《びく》を致して庇庥《ひきゅう》に答えん。

＊

(1)痛念双林厳訓責、有名無実奈吾羞＝〈釈尊が入滅に際して娑羅双樹の間に於いて説かれた厳訓の責めを痛感する、仏弟子とは名ばかりの我が羞《はじ》をどうすればよいのだ〉。「双林」は、釈尊が涅槃に入られた拘尸那伽羅《くしながら》の沙羅双樹林。「厳訓」は、『遺教経』。【六―二】注(20)(21)を参照。『遺教経』は、持戒を説くもので、次の「有名無実」は、具体的には破戒を言う。／(2)而今法運人倶季、誰致微躯答庇庥＝〈今や法運も人と共にほろんだ末法の世、我が身を仏道に尽くして、釈尊の庇護にむくいる者は誰もいない〉。「微躯」は、微《いや》しい躯《からだ》。自己の身の謙称。

【一七七―六】下平声五歌韻

毫光撫育幾多歳、一領畦衣慚愧多◎。識得榮枯本同樹、法身遍滿盡山河◎。

＊

(1)毫光、撫育す、幾多《いくばく》の歳ぞ、一領の畦衣《けいえ》、慚愧《ざんき》多し。(2)栄枯、本《も》と同樹なることを識得すれば、法身遍満す、尽山河。

＊

(1)毫光撫育幾多歳、一領畦衣慚愧多＝〈釈尊は毫光を輝かせて幾多年も衆生を撫育しておられるのに、私めは、いたずらに袈裟を着けているだけで、まことに恥ずかしい〉。「毫光」は、白毫光の略で、仏の眉間にある白毫から放たれる光明。「一領」の「領」は、衣服などを数える量詞。「畦衣」の「畦」は、あぜ・うね。田衣に同意。【一六八】注(2)を参照。／(2)識得栄枯本同樹、法身遍満尽山河＝〈栄えるのも枯れるのも同じ一本の樹だということを見極めれば、法身は尽山河に遍満している〉。

【一七七―七】

春雨灑花妙相尊、黄鸝枝上梵音繁。若人肯諾不回首、丈六金躯肉尚温。

＊

(1)春雨、花に灑《そそ》ぐ、妙相尊、黄鸝《こうり》枝上、梵音繁《ぼんのんしげ》し。(2)若し人、肯諾《こうだく》して、首《こうべ》を回《めぐ》らさずんば、丈六の金躯、肉、尚《な》お温《あたた》かならん。

＊

(1)春雨灑花妙相尊、黄鸝枝上梵音繁＝〈春雨が花に降りそそいでいる、そこが釈尊、うぐいすの鳴き声が、説法音〉。「妙相尊」は、『観音経』に「世尊妙相具（世尊は妙相を具したまう）」と。「黄鸝」は、朝鮮うぐいすのことだが、我が国では、単にうぐいす（黄鶯）の別称として用いる。「梵音」は、如来の音声に譬えられる言葉。「梵」は、清浄の意。【九―一―④】の「仏涅槃」偈には、「千古、如来、変易《へんやく》無し、黄鸝枝上、両三声」とあった。／

(2)若人肯諾不回首、丈六金躯肉尚温＝〈そうだとうけがって、その景色から目をそらさなければ、不生不滅の釈尊を、そこに見るであろう〉。「丈六金躯」は、釈尊のこと。「肉尚温」は、禅録に頻出する「肉猶暖」を押韻の都合で改めたもの。もとは、玄沙の法嗣、慧球寂照の「先師遷化するも肉猶お暖かき在り」からの言葉で、『句双葛藤鈔』【先師遷化肉猶暖】に「悟得底の先師の真容じゃほどに不生不滅でのうてばぞ」と釈すように、不生不滅の譬喩として用いられる。

【一七七―八】上平声一東韻

金河聲静夜將半、鶴樹雲横月正中。生滅都來不是了、百禽帯暖囀春風。

*

(1)金河《こんが》、声静かにして、夜《よる》、将《まさ》に半《なか》ばならんとす、鶴樹《かくじゅ》、雲横たわって、月、正に中す。(2)生滅、都来《とらい》、不是了《ふぜりょう》、百禽、暖を帯びて、春風に囀《さえず》る。

*

(1)金河声静夜将半、鶴樹雲横月正中＝〈金河は静かに流れ、時は真夜中になろうとし、鶴樹には雲が横たわり、月は真上に昇った〉。「金河」は、釈尊入滅の地、拘尸那伽羅《くしながら》を流れていた跋提河《ばつだいが》の翻名。「鶴樹」は、沙羅双樹の異称。釈尊がその地で入滅された時、あたりの樹木が急に開き、白色に変わり、鶴が群がり舞うようであったので、その地を鶴林と異称するようになった。「其の樹、即《そ》の時、惨然として白に変じて猶お白鶴の如し。枝葉花果皮幹、悉《ことごと》く皆な爆裂して堕落す」（『涅槃経後分』巻上）。／(2)生滅都来不是了、百禽帯暖囀春風＝〈そこに生滅の相を見れば全て正しくない、小鳥たちが、暖かそうに春風の中で鳴いている〉。詩趣は、前偈などと同じ。「都来」は、全て、全部の意。「不是了」は、不是了也とも。「不是にし了《お》われり」と訓じるが、「了」「了也」は、助詞。……と解すれば、正しくないという意。訓読の棒読みは、底本に従った。

【一七七―九】上平声十一真韻

常恒三世一多身、大般涅槃何認春。二十四番序紅白《ツイヅ》、徒憂開落賞遊人。

＊

(1)常恒《じょうごう》三世、一多身、大般涅槃、何ぞ春を認《と》めん。(2)二十四番、紅白を序《つい》ず、徒《いたずら》に開落を憂う、賞遊の人。

＊

(1)常恒三世一多身、大般涅槃何認春＝〈千百億化身釈迦牟尼仏（十仏名）であってみれば、大般涅槃は、二月十五日とは限るまい〉。／(2)二十四番序紅白、徒憂開落賞遊人＝〈二十四番、紅い花が咲き、白い花が咲く、賞遊の人（衆生）は、それを知らずに、開いたの散ったのと（滅か不滅かなどと）憂えている〉。上の句は、二十四番の花信風。小寒から穀雨まで、五日ごとに新たな春風が吹き、それに応じて異なった花が開く。最初に小寒の一候に梅花が開き、最後の穀雨の三候に楝花《れんか》（楝《おうち》の花）が開く。

【一七七―一〇】上平声十一真韻

圖來三角城頭會、零落梅花愁殺人◎。一炷兜樓報鴻庇、鎭留古寺施心新◎。［京師伊勢屋宗貞居士寄附涅槃像］

＊

(1)図《えが》き来たる、三角城頭の会《え》、零落せる梅花、人を愁殺す。(2)一炷《いっしゅ》の兜楼《とろ》、鴻庇《こうひ》に報ず、古寺に鎮留して、施心新たなり。［京師の(3)伊勢屋宗貞居士、涅槃像を寄附す］

＊

(1)図来三角城頭会、零落梅花愁殺人＝〈寄進された涅槃像、散り落ちた梅花が、何とも人を愁えさせる〉。「図来」は、底本注記を参照。この涅槃像は、大光寺に現存する涅槃図（『大光禅寺』図版12）か。「三角城頭会」は、拘《く》尸那伽羅《しながら》での涅槃会。第三偈の注(1)を参照。下の句は、二月十五日、散りゆく梅花を、沙羅双樹に比して、衆生の悲しみを頌すもの。第八偈の注(1)を参照。／(2)一炷兜楼報鴻庇、鎮留古寺施心新＝〈布施心によって大光寺に奉安された新しい涅槃像、一炷の香を焚いて世尊の大いなる庇護に報いる〉。「兜楼」は、妙兜楼婆の略。名香の名。／(3)伊勢屋宗貞居士＝【二一七】に、その父か祖父かの誓誉宗順居士を追薦する偈と引があるので参照。

【一七七―一一】上平声十四寒韻

摩胸自爲垂慈訓、著手心頭子細看◎。滅不滅兮非聖種、白雲湧出碧層巒◎。

＊

(1)胸を摩して、自《おの》が為に、慈訓を垂る、手を心頭に著けて子細に看よ。(2)滅不滅、聖種に非ず、白雲湧出す、碧層巒《へきそうらん》。

＊

(1)摩胸自為垂慈訓、著手心頭子細看＝〈釈尊は、きさまのために慈訓を垂れられたのだ、胸に手を当ててよくよく見てみよ〉。「摩胸」は、涅槃会上での世尊の垂示の相。【九―一―⑦】注(2)を参照。「自為」の「自」は、ここでは、二人称。「著手心頭」は、胸に手を当てること。／(2)滅不滅兮非聖種、白雲湧出碧層巒＝〈滅か不滅かなどと迷っているようでは釈尊の弟子ではない、重なり合った青い峰々から白雲が湧き登っている〉。上の句は、第四偈の注(1)を参照。「聖種」は、仏種に同じ。ここでは、仏弟子。

【一七七―一二】上平声一東韻

扶疎祇樹掩禪宮、五五百年引惠風。順奉金河餘付囑、人天展力事興隆。

[此日有招大檀那盛擧]

＊

(1)扶疎《ふそ》たる祇樹《ぎじゅ》、禅宮を掩《おお》い、五五百年、恵風を引く。(2)金河に付嘱を余すに順奉して、人天、力を展《の》べて、興隆を事とす。

[此の日、(3)大檀那を招して盛挙有り]

＊

(1)扶疎祇樹掩禅宮、五五百年引恵風＝〈生い茂る祇樹が禅宮をおおい、末法の世に恵みの風を引き寄せている〉。「扶疎」は、木の枝が四方に広がるさま。「祇樹」は、祇陀《ぎだ》太子の樹林。【八―四】注(14)を参照。「五五百年」は、如来滅後、五期の五百年（五五百年）の第五の五百年。互いに自説に固執して、相争う闘諍堅固《とうじょうけんご》の時。末法の世。／

(2)順奉金河余付嘱、人天展力事興隆＝〈釈尊が、涅槃会上で遺された仏法付嘱の教えに順奉して、人天、力を振るって、その興隆に当たっている〉。「順奉」しているのは、底本注記にある大檀那。「金河」は、釈尊入滅の地、拘尸《くし》那伽羅《ながら》を流れていた跋提河《ばつだいが》の翻名。ここの「付嘱」は、釈尊が入滅に際し、国王・大臣・有力の檀越に仏法外護を付嘱されたことを言う。【一〇一─一九】注(6)を参照。／(3)大檀那＝この「禅宮」が、大光寺乃至自得寺ならば島津忠雅。久留米の福聚寺ならば有馬頼僮《よりゆき》。

【一七七─一三】下平声一先韻

出興爲大事因縁、無二無三點果然。鶴樹林間月皓皓、金河岸畔水濺濺。

＊

出興[1]、大事因縁の為にす、無二無三、点、果然。鶴樹林間[2]、月皓皓《こうこう》、金河岸畔、水濺濺《せんせん》。

＊

(1)出興為大事因縁、無二無三点果然＝〈世尊が世に出現されたのは、衆生に仏知見を悟らせるという一大事因縁のためである、そこには、ただ一乗の法のみがある、そこだ、そのとおりだ〉。『法華経』方便品に「諸仏世尊は、唯だ一大事の因縁を以ての故にのみ世に出現したまう。舎利弗よ、云何《いか》なるをか諸仏世尊は、唯だ一大事の因縁を以ての故にのみ世に出現したまうと名づくるや。諸仏世尊は、衆生をして仏の知見を開かしめ……、衆生に仏の知見を示さんと欲するが故に……、衆生をして仏の知見を悟らしめんと欲するが故に……、衆生をして仏の知見の道に入らしめんと欲するが故に、世に出現したまう」と。「無二無三」は、無二亦無三の略。同じく『法華経』

方便門に「十方の仏土の中には、唯だ一乗の法のみ有りて、二も無く亦た三も無し（無二亦無三）、仏の方便の説をば除く」と。「点果然」は、『碧巌録』四則本則下語の「錯、果然、点」。／(2)鶴樹林間月皓皓、金河岸畔水潺潺＝〈沙羅双樹の林には月がシラジラと輝き、跋提河の畔《ほとり》には水がサラサラと流れている〉。一乗法が顕現している涅槃会の景色。「鶴樹」は、沙羅双樹の、「金河」は、跋提河の異称。第八偈の注(1)を参照。

【一七八】

達磨忌。　［十二首］

【一七八－一】上平声四支韻

心印傳來當面欺、冤家結得恨多時。山中枯淡酬無物、自折寒叢菊一枝。

＊

(1)心印、伝え来たって、当面に欺《あざむ》く、冤家《おんけ》、結び得て、恨むこと多時。(2)山中枯淡にして、酬《むく》ゆるに物無し、自ら折る、寒叢の菊一枝。

＊

(1)心印伝来当面欺、冤家結得恨多時＝〈仏心印を伝えて来たかと思ったが、正面きって欺かれた、仇敵となってから、長年、恨み続けている〉。洞山良价が、「祖教仏教は、生怨家《さんおんけ》（仇敵）に似て、始めて学ぶ分有り」（『伝灯録』巻十七・龍牙居遁章）と言うが如く、仇に立ち向かうような覚悟で弁道するので、このような表現となる。／(2)山中枯淡酬無物、自折寒叢菊一枝＝〈その恨みに酬いるにも寺は貧乏で何もない、初冬十月の萎《しお》れかけた菊でも手折って酬いよう〉。厳修する達磨忌を抑下して言うもの。達磨忌は、十月五日。菊は、九月の花。以下の達磨忌の偈に出る「菊」は、そういう詩趣。

＊

【一七八―二】下平声五歌韻

瘞履歳深千二百、弊風満地更如何◎。不跆《フマ》面壁舊途轍《タモ》、市衲難包《ルヘシ》慚愧多◎。

(1)瘞履《えいり》、歳《とし》深し、千二百、弊風満地、更に如何《いかん》。(2)面壁の旧途轍だも跆《ふ》まず、市衲《ふつのう》、慚愧の多きを包み難《かた》かるべし。

＊

(1)瘞履歳深千二百、弊風満地更如何＝〈隻履を瘞《うず》めてからすでに千二百年もたつ、もう片一方の隻履から悪臭を満地に放ち、この上どうしようというのだ〉。「達磨隻履」の故事に基づく二句。【九―三―④】注(1)を参照。／(2)不跆面壁旧途轍、市衲難包慚愧多＝〈面壁九年の坐禅すら実践しておらぬ、この衲衣では、その多大な恥じを隠すことも出来まい〉。達磨の報恩に報いられていない慚愧の情を頌す。「市衲」は、未見の言葉だが、「市」は、ひざかけ・まえだれの意。字形は、ほとんど「市」と同じだが、全くの別字。

【一七八―三】下平声七陽韻

覿面相呈無影像、一籬殘菊帶霜香。宗風今既看衰弊、元在神光斷臂場。

＊

(1)覿面《てきめん》に相呈《あいてい》して影像《ようぞう》無し、一籬の残菊、霜を帯びて香《かんば》し。(2)宗風、今、既に衰弊《すいへい》を看る、元《も》と神光断臂の場に在り。

＊

(1)覿面相呈無影像、一籬残菊帯霜香＝〈目の当たりに示されているが影も形もなく、垣根に残った菊が霜を帯びて香っている〉。次篇の起句に「肖像、新たに図《えが》いて遠諱を修す」とある通り、この達磨忌には、掛ける画像がなかった。この二句は、それに因んで、無相の達磨を頌すもので、下の句は、その現成公案。仏眼清遠の「妙容非睹」頌（『古尊宿語録』巻三十）に「通身無影像、脱体露堂堂」と。／(2)宗風今既看衰弊、元在神光断臂場＝〈達磨の宗風は、今すでに衰弊しようとしている、その原因は、慧可がしっかりと臂を断っていなかったからだ〉。「神光断臂」は、【九六】注(3)を参照。随分な抑下だが、已墜の宗風を挽回するには、慧可断臂の求法に立ち返れという含意。

【一七八―四】下平声七陽韻

肖像新圖修遠諱、一枝殘菊當心香。近營屋宇日忽鬧、恥對少林久坐相。

＊

(1)肖像、新たに図《えが》いて遠諱を修す、一枝の残菊、心香に当つ。(2)近ごろ屋宇を営んで日《ひび》に忽鬧《そうにょう》、少林久坐の相に対することを恥ず。

＊

(1)肖像新図修遠諱、一枝残菊当心香＝〈新たに描かれた達磨図を掛けて遠諱を修行する、一枝の残菊を手折って心香に代えよう〉。「心香」は、仏に献香するが如き誠心を込めた香。この新造の達磨図は、『大光禅寺』図版13に載せられているものか。／(2)近営屋宇日怱鬧、恥対少林久坐相＝〈近ごろ新寺が造営されて毎日せわしい、少林寺の岩窟に九年面壁された祖師に対して何と恥ずかしいことか〉。伽藍の修造ばかりに終始して、真の求法を怠っていることを恥じた二句か。【一四―八】注(3)を参照。「近営屋宇」は、享保十二年（一七二七）に成った天寿山自得寺のことか。或いは、寛延二年（一七四九）に成った慈雲山福聚寺のことか。「少林久坐相」は、新たに描かれた、この達磨図。

【一七八―五】上平声一東韻

幾度蹈過不厮識、鈍工走作入陰中。西來題目著精彩、蜀錦染成霜後楓。

(1)幾度《いくたび》か蹈過して厮識《あいし》らず、鈍《どん》工《く》走作《そうさ》して陰中《おんちゅう》に入る。(2)西来の題目、精彩を著けよ、蜀錦《しょくきん》、染め成す、霜後の楓。

＊

(1)幾度蹈過不厮識、鈍工走作入陰中＝〈祖師西来の大道は、いくども踏み過ぎているのに、それを知らずに、愚鈍な工夫をしたり、本道からはずれたりして、陰界に入っている〉。上の句の意訳は、青原下六世の石門献蘊の伝に「如何《いか》なるか是れ祖師西来の大道」の問語があり、そこから導いた。「鈍工」は、鈍工夫の略。愚鈍な工夫。

【一八一四】注(1)で既述したように、高次元の意を含むこともあるが、ここでは、文字通りの意味。「陰中」は、五陰十八界。主観と客観が対立した世界。／(2)西来題目著精彩、蜀錦染成霜後楓＝〈如何《いか》なるか是れ祖師西来意、如何《いか》なるか是れ祖師西来意と、究明に励んでみろ、霜後の楓は、蜀錦のように美しい〉。「著精彩」は、著力と同意。全力を尽くす、しっかり頑張ること。下の句は、そこで見える景色。「蜀錦」は、蜀の錦江の水で糸をさらして織った錦。美麗な錦を言う。「霜後楓」は、霜をへて真っ赤に染まった楓。

*

【一七八―六】下平声七陽韻

密記單傳不覆藏。一聲寒鴈過松岡。清風匝地思何極、唯恐時人錯擧揚。

(1)密記単伝、覆蔵《ふぞう》せず、一声の寒雁《かんがん》、松岡を過ぐ。(2)清風匝地《そうち》、思い何ぞ極《きわ》まらん、唯だ恐るらくは、時の人の、錯《あやま》って挙揚《こよう》せんことを。

*

(1)密記単伝不覆蔵、一声寒雁過松岡＝〈以心伝心されて来た禅の宗旨は覆《おお》い蔵《かく》されたことはない、寒雁が一声鳴きながら松岡を飛び過ぎてゆく〉。「寒雁」は、寒空を飛ぶ雁。「松岡」は、固有の地名かも知れない。／(2)清風匝地思何極、唯恐時人錯挙揚＝〈大地を吹き渡る清風に思いは尽きない、(しかし、私がこう言ったからと)世の人達が、これが密記単伝だと短絡して挙揚するのが心配なのだ〉。上の句は、『碧巌録』一則「達磨廓然無聖」の頌、「清風匝地有何極」から採られた。下の句は、たとえば、『碧巌録』八十則「趙州初生孩子」の本則評唱に「哆哆啝啝《たたわわ》の時、学道の人の、分別取捨の心を離るるに喩ゆ。……。若し嬰児是れ道と謂《い》わば、今時の人、錯って会せん」と。

【一七八―七】上平声四支韻

没絃琴上奏流水、千歳難逢一子期。写此愁腸向誰説、霜楓堦畔立多時。

＊

(1)没絃琴上《もつげんきんじよう》、流水を奏す、千歳にも逢い難し、一《ひとり》の子期。(2)此の愁腸を写して誰に向かってか説かん、霜楓堦畔《そうふうかいはん》、立つこと多時。

＊

(1)没絃琴上奏流水、千歳難逢一子期＝〈没絃琴で流水の曲を奏でているが、千年たっても一人の鍾子期にも逢えまい〉。伯牙と鍾子期との「知音」の故事を踏まえるが（【九―一二―⑨】注(2)を参照）、『碧巌録』九十二則垂示に「絃を動かせば曲を別つ、千歳にも逢い難し」と。明眼の衲僧の少ないことを嘆く言葉。「没絃琴」は、【九―一二―⑫】注(1)を参照。／(2)写此愁腸向誰説、霜楓堦畔立多時＝〈この愁いの心を表わして誰に語ったものか、そう思案して、階段に植わる赤い楓の中、長いこと立たずんでいる〉。上の句は、大川普済（『五灯会元』編者）の「善財」賛（『語録』賛仏祖）に「郷は遠く山は長し限り無き意、到頭写し難し此の愁腸」と。この下の句は、『禅林句集』にも採られる。ついにこの愁腸を表現することは出来ないという意。「霜楓」は、霜をへて真っ赤に染まった楓。第五偈にも「霜後楓」とあるが、これらは、慧可雪中断臂の鮮血を念頭に置くものであろう。

【一七八―八】上平声一東韻

魏海梁江雲霧暗、嵩山深處占禪叢。分明指示西來意、一陣回飆掃落紅。

(1)魏海《ぎかい》梁江《りようこう》、雲霧《うんむ》暗し、嵩山、深き処、禅叢を占《し》む。(3)分明に指示す、西来意、一陣の回飆《かいひよう》、落紅を掃《はら》う。

＊

(1)魏海梁江雲霧暗、嵩山深処占禅叢＝〈魏国も梁国も雲霧におおわれて暗く、達磨は、嵩山の深処に入って面壁九年の坐禅をされた〉。「梁江魏海」は、達磨が武帝と問答した梁国と、達磨が江を渡って行った魏国。／(2)分明指示西来意、一陣回飆掃落紅＝〈一陣の回飆《つむじかぜ》が、地に落ちた花を吹き散らしている、そこに分明に西来意（仏法の端的）は示されている〉。「回飆」は、李白の「与諸公送陳郎……」詩に「回飆吹き散らす五峰の雪」と。

＊

【一七八―九】下平声五歌韻

直下提持明皎皎、西來題目更無多。林塢漏春梅一朶、機先薫徹盡山河。

(1)直下《じきげ》に提持すれば明皎皎、西来の題目、更に多きこと無し。(2)林塢《りんお》、春を漏らす、梅一朶《いちだ》、機先、薫徹す、尽山河。

＊

(1)直下提持明皎皎、西来題目更無多＝〈そのままに提《ささ》げ持てば、ありありとしている、祖師西来意に、あれやこれやはない〉。「直下提持」は、転結句に歌われる、即今の景色を、そのままに受け取るということ。「更無多」は、その景色のほかに、祖師西来意はないということ。／(2)林塢漏春梅一朶、機先薫徹尽山河＝〈土手の梅一枝が、春を知らせようと、まだ咲きもしないうちから尽山河に香っている〉。「漏春」は、詩語で、春気が少しきざすこと。原文の「槑」は、梅の古字。「機先」は、機前とも言い、一機未発以前の義だが、ここでは、意訳の如きおもむき。達磨忌の十月五日、小春に因んでの垂示。小春に関しては、【九―三―③】注(2)を参照。

【一七八―一〇】上平声十四寒韻

終始覓心曾不得、満庭依舊雪漫漫。◎錯分皮髓爲窠窟、一度風來一度寒。◎

＊

(1)終始、心を覓《もと》むるに曾て得ず、満庭、旧《ふる》きに依って、雪漫漫。(2)錯《あやま》って皮髄を分かちて窠窟《かくつ》を為《な》す、一度《ひとたび》風来たれば一度《ひとたび》寒し。

＊

(1)終始覓心曾不得、満庭依旧雪漫漫＝〈終始、心を覓《もと》めていたが、決して得られなかった、庭一面、もとのまま、真っ白な雪が積もっている〉。この二句は、白雲守端の「二祖安心」頌に基づく。「終始、心を覓《もと》むるに得可《うべ》き無し、寥寥として少林の人を見ず。満庭の旧雪、重ねて冷たきことを知る、鼻孔、依前として上唇に搭《の》る」(『広録』巻四)。慧可の立雪断臂求法の故事は、【三七―一二】注(3)、及び【九六】注(3)を参照。／(2)錯分皮髄為窠窟、一度風来一度寒＝〈誤って皮肉骨髄と分けて執着を生み出した、風が吹くたびにさぞや寒かろう〉。「分皮髄」は、道副が皮を、尼総持が肉を、道育が骨を、慧可が髄を得た「達磨皮肉骨髄」。【九―一二】注(3)を参照。「窠窟」は、鳥の巣、ねぐらというのが本意。いつもの帰着するところ、執着の落し穴などの譬喩に用いられる。達磨が、伝法において皮肉骨髄と分けたがために、そこに区別があるのかないのかなどという執着心を生じさせたという句意。下の句は、皮肉骨髄を分け与えて、達磨もさぞや寒かろうという揶揄。『枯崖漫録』巻上に載る、泉州法石の隠山璨の仏涅槃の上堂語に「畢竟《ひっきょう》、今朝を喚んで甚麼《なん》の時節と作《な》さん。一度風来一度寒、一回《ひとたび》氷を飲めば一回噎《ひとたびむせ》ぶ」と。

【一七八―一一】下平声七陽韻

西來未了舊公案、殃及兒孫擧一場◎。雪屈還他四千指、諱辰獨炷瓦匜香◎。　［大光寺虚堂會大衆及四千指］

＊

(1)西来未了の旧公案、殃《わざわ》い児孫に及んで、挙すること一場す。(2)屈を雪《きよ》むることは、他の四千指に還《かえ》す、諱辰、独《ひと》り炷《た》く、瓦匜《がた》の香。　［大光寺虚堂会、大衆、四千指に及ぶ］

＊

(1)西来未了旧公案、殃及児孫挙一場＝〈祖師西来意の公案に、私がまだ決着をつけていないがために、そのわざわいは児孫に及んでいる。そこで、翠巌和尚が、それに決着をつけるために、ひとしきり宗旨を挙揚された〉。底本注記にある「大光寺虚堂会大衆及四千指」は、【六八】の「中秋。［陰。此日大光主盟提唱虚堂録、一衆過三千指］」に該当する。よって、この達磨忌で宗旨を挙揚しているのは、古月の法嗣で、大光寺を嗣いだ翠巌従真。この偈頌は、「法灯未了」の話頭を踏まえる。「法灯の泰欽禅師、初め洪州の双林に住す。乃《すなわ》ち曰く、『山僧、本《も》と深く山谷に蔵《かく》れ、日を遣《や》り生を過ごさんと擬す。清涼老人（泰欽の師、法眼文益）に不了底の公案有るに縁《よ》って、所以《ゆえ》に出で来たって他の為に了却す。若し人有って問わば、便ち伊《かれ》に説似せん』。時に一僧、出でて問う、『如何《いか》なるか是れ老人の未了底』。欽、杖を拽《ひ》いて之れを撃つ。僧曰く、『我れに何の過《とが》か有る』。欽曰く、『祖禰《そでい》了ぜざれば、殃《わざわ》い児孫に及ぶ』」（『林間録』巻下）。句意を理解するには、この法灯泰欽を翠巌に、清涼老人を古月に置き換えるとよい。これは、古月が祖師西来の公案を悟っていないということではない。悟っていない学人がいるということが、古月の未了の公案なのである。よって、その未了の公案に決着をつけさせるには（古月の恥じをすすぐには）、学人に自ら大悟させるほかはない。そこのところを頌すのが次の二句。／(2)雪屈還他四千指、諱辰独炷瓦匜香＝〈私の恥じをすすぐことは四百人の大衆がやるべきことだ、私は一人、献香するのみである〉。「還」は、しかるべき人、しかるべき所に戻すという意。「瓦匜」は、香炉の譬喩。『虚堂録』巻七などに用例がある。本義は、素焼きの水器。

【一七八―一二】下平声一先韻

面壁少林經九年◎、唯看可祖契吾禪◎。而今立地要明得、掃却見知好懶眠◎。

＊

(1)少林に面壁して九年を経《へ》、唯だ可祖の、吾が禅に契《かな》うことを看る。(2)而今《いま》、立地《りっち》に明得せんと要せば、見知を掃却して、好し、懶眠《らんみん》するに。

＊

(1)面壁少林経九年、唯看可祖契吾禅＝〈達磨は少林寺で面壁すること九年、ただ慧可が自分の禅旨にかなっていることを見た〉。／(2)而今立地要明得、掃却見知好懶眠＝〈今ただちにそのことを明らかに悟ろうと思えば、見聞覚知を掃い除いて、惰眠をむさぼることだ〉。

【一七九】

佛成道。［十四首］

【一七九―一】上平声十一真韻

老倒疎慵任憨癡、一杯苦茗養窮貧。見星悟道獨供笑、榾柮爐頭暖似春。［齋後偶作］

＊

(1)老倒《ろうとう》疎慵《そよう》、憨痴《かんち》に任す、一杯の苦茗《くめい》、窮貧を養う。(2)見星悟道《けんじょうごどう》、独《ひと》り笑いに供す、榾柮炉《こっとつろ》頭《とう》、春よりも暖《あたた》かなり。［(3)斎後偶作］

＊

(1)老倒疎慵任憨痴、一杯苦茗養窮貧＝〈老いぼれてだらしない全くの阿呆、一杯のにが茶で貧苦の身を養っている〉。「老倒」は、潦倒とも書く。『祖庭事苑』巻六に「老倒、当《まさ》に潦倒に作るべし。潦は老の貌なり」と。老いぼれてだらしないさま。「疎慵」は、怠惰、怠慢。「憨痴」は、二字共に愚の義。風穴延沼が一僧の問いに答えて、「老倒疎慵、無事の日、閑眠高臥、青山に対す」（『碧巌録』二十四則頌評唱）と。「苦茗」は、にがい茶。質の悪い茶。「茗」は、茶の別名。／(2)見星悟道独供笑、榾柮炉頭暖似春＝〈暁の明星を見て悟ったなどと、独り笑い者になっておるが、木っ端を燃した囲炉裏ばたに来てみろ、春よりも暖かいぞ〉。釈尊の雪山六年苦修を揶揄する二句。「榾柮炉頭」は、木っ端を燃した囲炉裏ばた。【一〇—三】注(2)を参照。／(3)斎後＝中食の後。

【一七九—二】上平声十一真韻

成道何憑毫末力、可憐認妙究玄人。掲翻貼肉汗衫子、鬼宿光中現赤身。

＊

(1)成道、何ぞ毫末の力に憑《よ》らん、憐れむ可《べ》し、妙を認《と》め、玄を究むる人。(2)貼肉《ちょうにく》の汗衫子《かんさんし》を掲《けい》翻《ほん》して、鬼宿光中、赤身を現ず。

＊

(1)成道何憑毫末力、可憐認妙究玄人＝〈仏成道の再現は、絵師の力ではどうにもならぬが、それでも憐れなほどに微妙幽玄のところを究めようとしている〉。ここの「毫末」は、筆先の意で、絵師を言う。／(2)掲翻貼肉汗衫子、鬼宿光中現赤身＝〈肌に貼りついた汗とりの下着を高く翻《ひるがえ》して、暁天の明星の中、真っ裸になってしまった〉。「貼肉汗衫子」は、諸録に見え、字義は、意訳の通り。執著・偏見の譬喩にも用いる。「鬼宿」は、鬼宿星。【六—二】にあった「弗沙星《ふしゃせい》」の意訳。この成道会には、新造の出山図が掛けられたか。その例は、第九偈にも見られる。

【一七九―三】上平声十灰韻

暁雲掃盡鬼星現、數杵鐘聲曙色開◎。若謂三祇滿功果、當機何免謗如來◎。

*

(1)暁雲、掃《はら》い尽くして、鬼星現ず、数杵の鐘声、曙色《しょしょく》開く。(2)若し三祇に功果を満たすと謂わば、当機、何ぞ免《まぬが》れん、如来を謗ずることを。

*

(1)暁雲掃尽鬼星現、数杵鐘声曙色開＝〈暁天の雲は払い尽くされて明星が現われ、数打の鐘の音のうちに夜が明けていく〉。「鬼星」は、鬼宿星。暁天の明星。／(2)若謂三祇満功果、当機何免謗如来＝〈もし三祇百劫の修行の後に成仏するのだと言えば、目の当たりに如来をそしることになる〉。【一六〇】注(2)を参照。

【一七九―四】上平声十灰韻

脚下全無法可稱、瞿曇蹉口《ク》嘆奇哉◎。寒更欠夢松牕下、一點梅香撲鼻來◎。

*

(1)脚下、全く法の称す可《べ》き無し、瞿曇《くどん》、蹉口《さく》に奇なる哉《かな》と嘆ず。(2)寒更《かんこう》、夢を欠《か》く、松窓の下、一点の梅香、鼻を撲《う》って来たる。

*

(1)脚下全無法可称、瞿曇蹉口嘆奇哉＝〈足もとのどこにも説けるような法はないのに、釈尊は口をすべらせて、「奇なる哉、一切衆生、如来の智慧徳相を具有す」などと賛嘆された〉。「説法とは、法の説く可き無し、是れを説法と名づく」（『金剛経』非説所説分第二十一）。「瞿曇」は、釈迦族の姓で世尊を言う。「蹉口」の「蹉」は、失の義で、失口（口がすべる）の意。「奇哉」は、【六―二】注⒂を参照。／⑵寒更欠夢松窓下、一点梅香撲鼻来＝〈寒い夜更け、夢見も足らずに松窓の下にいると、一点の梅花が香って来た〉。「梅」は、雪裡の梅。仏法の端的。五山文学以来、雪中に開く梅花は、仏の成道の象徴として用いられる。

【一七九―五】下平声六麻韻

不頼《ヨラ》修禪兼斷惑、風流自許納些些◎。實成久《ク》遠勿瞞却、一撃曉鐘起《タツ》宿鴉◎。

＊

⑴修禅《しゅぜん》と断惑《だんわく》とに頼《よ》らず、風流、自ら許す、些些《しゃしゃ》を納《い》るることを。⑵実成久遠《じつじょうくおん》、瞞却《まんきゃく》すること勿《な》かれ、一撃の暁鐘、宿鴉《しゅくあ》起《た》つ。

＊

⑴不頼修禅兼断惑、風流自許納些些＝〈坐禅もしなければ煩悩を断とうともせず、風流人を自負して、いささかの賦税を納めている〉。この二句は、古月が、自らの姿を頌すもの。「納些些」の本義は、意訳の通りだが、ここでは、作偈の譬喩であろう。／⑵実成久遠勿瞞却、一撃暁鐘起宿鴉＝〈実成久遠などと、人をだましてはいけませんよ、あなたの成道など、一撃の暁鐘に、寝ていた鴉《からす》が起きたようなものでしょう〉。「実成久遠」は、【九―四―⑨】注⑴を参照。

【一七九―六】上平声十三元韻

暁更坐盡縷香痩、忽聴松牕寒雨昏◎。味却瞿曇見星眼、蒙頭衲被裹春暄◎。［佛成道値雨］

(1)暁更、坐し尽くせば、縷香《るこう》痩《や》す、忽《たちま》ち聴く、松窓、寒雨の昏《くら》きことを。(2)瞿曇見星《くどんけんじよう》の眼を味却して、蒙頭衲被《もうとうのうひ》、春暄《しゆんけん》を裹《つつ》む。［仏成道、雨に値《あ》う］

(1)暁更坐尽縷香痩、忽聴松窓寒雨昏＝〈暁天の更鐘を聞きながら坐禅に徹すれば、立ち上る香煙も細くなった、にわかに松窓の外にうすぐらく降る冷たい雨音が聞こえた〉。「縷香」の「縷」は、一筋の細い糸。立ち上る香煙の形容。／(2)味却瞿曇見星眼、蒙頭衲被裹春暄＝〈この雨では、釈尊の見星悟道もあるまい、頭から袈裟をかぶって、ぬくぬくと眠ってしまおう〉。「瞿曇」は、釈迦族の姓で世尊を言う。「蒙頭衲被」は、【一一二九】注(4)を参照。

＊

【一七九―七】上平声一東韻

六歳工夫赤骨韆、忽朝識得舊家風◎。鬼星昨夜沒烟雨、成道何求阿堵中◎。［値雨］

(1)六歳の工夫、赤骨韆《しやっこつれき》、忽朝《こつちよう》、識得す、旧家風。(2)鬼星、昨夜、烟雨に没す、成道、何ぞ阿堵《あと》の中に求めん。［雨に値《あ》う］

＊

(1)六歳工夫赤骨髏、忽朝識得旧家風＝〈六年の苦行で痩せ細ったが、今暁たちまち旧家風を知った〉。「赤骨髏」は、赤骨歴とも。赤裸々なさま。ここでは、肋骨が浮き出た、出山釈迦の姿。「忽朝」は、たちまち、突然にの意。「旧家風」は、古くから伝わる家柄。もともと王家に生まれていた（もともと成仏していた）ということを知ったという含意。／(2)鬼星昨夜没烟雨、成道何求阿堵中＝〈昨夜は雨天で星は見えなかった、ならば成道を見星にのみ求めることもあるまい〉。「鬼星」は、鬼宿星。暁天の明星。「阿堵」は、俗語で、這箇の意。銭の異名にも用いるが、ここでは関係ない。

【一七九―八】下平声一先韻

風攪松林琴韵緩、雪蒸梅蘤暗香傳。勿將平易自欺却、石女蹈翻火裡蓮。　[右同日示衆]

＊

(1)風、松林を攪《か》いて、琴韵緩《きんいんゆる》く、雪、梅蘤《ばいい》を蒸して、暗香伝う。(2)平易を将《もっ》て自ら欺却《ぎきゃく》すること勿《な》かれ、石女、蹈翻《とうほん》す、火裡の蓮。　[右と同日の示衆]

＊

(1)風攪松林琴韵緩、雪蒸梅蘤暗香伝＝〈風は松林を揺すって緩やかに琴の調べを奏で、雪は梅花を蒸してほのかな香りを送っている〉。上の句は、琴曲に「風入松」というものがあるのに基づいて、松風の音を琴の調べに譬えたもの。「梅蘤」は、梅花。「蘤」は、花の義。梅花と暗香については、【九―一―⑦】注(1)を参照。／(2)勿将平易自欺却、石女蹈翻火裡蓮＝〈（しかし、諸法実相などと）安易な気持ちで自ら欺《あざむ》いてはならぬ、石女が火中の蓮を蹴飛ばした〉。上の句は、起承の二句を受ける。【九八】には、「須《すべか》らく知るべし、大法の容易ならざることを」とあった。下の句は、言詮不及の機語。

＊

【一七九―九】下平声十一尤韻

雪嶺高標幻幅紙、禿毫點注一雙眸。艦襂破衲支柴骨、軽襪軟紅不識羞《ハチ》。［圖尊影］

(1)雪嶺《せつれい》の高標、幅紙に幻ず、禿毫《とくごう》、点注す、一双眸。(2)艦襂《らんさん》たる破衲《はのう》、柴骨《さいこつ》を支う、軽襪軟紅《けいべつなんこう》、羞《はじ》を識らず。［尊影を図《えが》く］

(1)雪嶺高標幻幅紙、禿毫点注一双眸＝〈ヒマラヤの高樹を一幅の紙に幻出させ、ちびた筆で両の眼を点じ入れた〉。「雪嶺高標」は、もちろん出山仏の譬喩。「禿毫」は、毛先の擦り切れた筆。ここでは、謙遜して言ったもの。点眼には、新筆を用意するのが決まり。／(2)艦襂破衲支柴骨、軽襪軟紅不識羞＝〈ぼろぼろの衣をまとい、柴木のような骨を真っ直ぐに伸ばしている、絹の足袋をはいたお姫様のような者は、我が恥を知らない〉。「軽襪軟紅」は、【三七―一三】注(5)を参照。

＊

【一七九―一〇】下平声十三覃韻

蒲座更深滴翠嵐、寒燈一點照禪龕。奇哉句子擔枷鎖、成道釋迦落二三。

(1)蒲座《ふざ》、更深《こうふ》けて、翠嵐滴《すいらんした》つ、寒灯一点、禅龕《ぜんがん》を照らす。(2)奇なる哉《かな》の句子《くし》、担枷鎖《たんかさ》、成道の釈迦、二三に落つ。

＊

(1)蒲座更深滴翠嵐、寒灯一点照禅龕＝〈坐蒲《ざふ》の上で夜は更けていき、山間にはみどり色のもやがしたたり、冬夜の灯火が一点、仏堂を照らしている〉。「禅龕」には、単に禅室の意味もあるので、古月が夜坐をしている部屋のことかも知れない。／(2)奇哉句子担枷鎖、成道釈迦落二三＝〈釈迦は成道して、「奇なる哉、一切衆生……」などと賛嘆したがために、重い重い手枷足枷をはめられ、衆生済度の方便を続けることになった〉。「奇哉句子」は、【六―二】注⒂を参照。「担枷鎖」は、自由を束縛される譬喩。「枷」は首にはめ、「鎖」は身体をつなぐ道具。「落二三」は、落二落三。第一義を離れて第二義第三義に落ちることだが、意訳の如き含意。

＊

【一七九―一二】上平声十一真韻

星兒擉瞎孃生眼、敢嘆奇哉看未親。李四張三各罵辱、拳來趯去喫艱辛。

(1)星児、擉瞎《さつかつ》す、嬢生《じょうしょう》の眼、敢えて、奇なる哉《かな》と嘆ずるも、看《み》て未だ親しからず。(2)李四《りし》張《ちょう》三《さん》、各おの罵辱《めじょく》し、拳《けん》し来たり趯《やく》し去って、艱辛《かんしん》を喫す。

＊

(1)星児搊瞎孃生眼、敢嘆奇哉看未親＝〈ちっぽけな暁の明星から生まれつきの眼をつぶされ、敢えて、「奇なる哉、一切衆生……」などと賛嘆したが、未だ真実の衆生を親しく見たとは言い難い〉。上の句は、【九—三二】の起句、及び、そこの注(3)を参照。「搊瞎」の「搊」は、ヤス。また、ヤスで突き刺すこと。『無門慧開語録』巻上「再住黄龍寺語録」預結夏上堂に「釈迦の脳蓋を掲翻《けいほん》し、達磨の眼睛を搊瞎《さつかつ》す」とある。「奇哉」は、【六—一二】注(15)を参照。「看未親」は、『江湖風月集』「舎利転育王」偈中にある「見未親」の意で解した。詳しくは、芳澤勝弘『江湖風月集訳注』（禅文化研究所）を参照。／(2)李四張三各罵辱、拳来趯去喫艱辛＝〈李さんも張さんも、みんな罵《のの》り辱《はずか》しめ、世尊はいつも拳骨や飛び蹴りを食らって、艱難辛苦を嘗めている〉。「李四張三」は、誰も彼もの意。李・張は、中国で最も一般的な姓。「張三李四」とも熟して禅録に頻出する。「拳来趯去」の「…来…去」は、動作の反復を表わす。

【一七九—一二】上平声十灰韻

曉嵐吹雪嶺崔嵬、一點鬼星衝夢開。群品道成無數劫、爲誰得得出山來。

＊

(1)暁嵐《ぎょうらん》、雪を吹いて、嶺《みね》崔嵬《さいかい》、一点の鬼星、夢を衝《つ》いて開く。(2)群品《ぐんぼん》、道成す、無数劫《むすうごう》、誰が為にか、得得として、山を出で来たる。

＊

(1)暁嵐吹雪嶺崔嵬、一点鬼星衝夢開＝〈暁《あかつき》のおお風が雪を吹き飛ばし、雪山《ヒマラヤ》は高くけわしく、そこに一点の明星が輝き、釈尊は夢から覚められた〉。「暁嵐」は、暁天の山間に立ち上るモヤという意味もあるが、ここでは採らない。「崔嵬」は、山の高くけわしいさま。「鬼星」は、鬼宿星。暁天の明星。／(2)群品道成無数劫、為誰得得出山来＝〈衆生が成仏するには、三祇百劫の修行を要すると言うのに、〈あなたは、「一切衆生、如来の智慧徳相を具有す」と悟り〉誰のために、長い山道を下りて来られたのですか〉。「得得」は、特地（わざわざ）の意もあるが、ここでは、長い道のりを歩く足音の象声詞。唐の貫休の「陳情献蜀皇帝」詩に「千水千山得得来」と。「為誰」は、お前のためだということ。

【一七九―一三】下平声十二侵韻

巣頂雛尼記定滿、兒孫根劣不銘心。見星悟道無多子、撒手嶮崖萬萬尋。

＊

(1)頂《こうべ》に巣くう雛尼《しゅに》、定の満ずることを記す、児孫、根劣にして、心に銘《きざ》まず。(2)見星悟道《けんじょうごどう》、多《た》子《し》無し、手を撒す、嶮崖の万万尋。

＊

(1)巣頂雛尼記定満、児孫根劣不銘心＝〈カササギは、修行中の釈尊の髪の毛に巣を作り、その禅定が円満することを予言した。ところが、器根が劣る末世の仏弟子たちは、そのこと（釈尊六年不動の修行）を心に刻もうとしない〉。上の句は、【九―四―②】注(1)を参照。「雛尼」は、未見の語だが、その注記引用文中にある「芻尼」に同じ。野鵲子のこと。ここの「記」は、記莂、予言の意。／(2)見星悟道無多子、撒手嶮崖万万尋＝〈釈尊の見星悟道など容易《たやす》いことだと知りたければ、一度、万々尋の谷底に落ちてみることだ〉。「無多子」は、臨済が大悟した際の言葉に「元来、黄檗の仏法、多子無し」（『臨済録』行録）と。下の句は、一度、死にきってみろということ。「撒手嶮崖（撒手懸崖）」は、高く切り立った崖で身を支えている手を離すこと。大死一番の譬喩。

【一七九―一四】下平声八庚韻

分明久《く》遠劫來事、鴈度曉雲三四聲。道樹蔭垂柔艸上、現成正覺示群生。

*

(1)分明なり、久遠劫来《くおんごうらい》の事、雁《かり》、暁雲を度《わた》る、三四声。(2)道樹、蔭《かげ》を垂る、柔草《にゅうそう》の上、正覚を現成して、群生に示す。

*

(1)分明久遠劫来事、雁度暁雲三四声＝〈遥かな過去世より、世尊が説き示して来られた実相は分明、雁《かり》が暁《あかつき》の雲の中、三声四声、鳴きながら渡っていく〉。／(2)道樹蔭垂柔草上、現成正覚示群生＝〈菩提樹の葉は、柔らかい草座に日陰を作り、世尊はその座で正覚を現成し、妙相を衆生に示された〉。「道樹」は、菩提樹の異名。「柔草」は、柔軟《にゅうなん》草《そう》。釈尊が坐した草座。【九―四―⑤】注(1)を参照。

【一八〇】

(1)試毫。　［三十首］

*

(1)試毫＝歳旦の偈。「試毫」は、書き初めの意。始筆、試筆とも言う。

【一八〇―一】上平声十五刪韻

無仁可稱《レドモ》樂居《ツテ》山、茅舍迎春境更閑。籬外暗香認楳綻、孤笻乘暖欲怡顏。

(1)仁の称す可《べ》き無けれども、楽《ねが》って山に居す、茅舎《ぼうしゃ》に春を迎えて、境、更に閑なり。(2)籬外の暗香、楳《うめ》の綻《ほころ》ぶを認《と》む、孤笻《こきょう》、暖に乗じて、顔を怡《よろこ》ばせんと欲す。

＊

(1)無仁可称楽居山、茅舎迎春境更閑＝〈ほめられるような仁徳もないが、好んで山住まいをしている、我が茅葺きの庵は、春を迎えていっそう静かである〉。／(2)籬外暗香認楳綻、孤笻乗暖欲怡顔＝〈垣根の外からほのかな香りがして、梅が咲いたことを知った、折り良く暖かい、一本の杖をついて出掛け、にこやかに楽しもうと思う〉。梅花と暗香については、【九―一―⑦】注(1)を参照。「孤笻」は、一本の杖。「笻」は、杖を作るのに適した竹の一種。転じて杖を言う。

＊

【一八〇―二】上平声十一真韻

乞《キ》與青山一老身、枯藤同睡黒鄰皴。門前楳柳多和氣、須識東君賞賚新。

＊

[1]青山に乞与《きよ》す、一老身、枯藤、睡《ねむ》りを同じうして、黒鄰皴《こくりんしゅん》。[2]門前の楳柳《ばいりゅう》、和気多し、須《すべか》らく識《し》るべし、東君、賞賚《しょうらい》の新たなることを。

＊

(1)乞与青山一老身、枯藤同睡黒鄰皴＝〈青山に身を任せているこの老身、真っ暗闇の中、拄杖と一緒に眠る〉。上の句は、霊源惟清（黄龍祖心法嗣）が、予章の観音院住持の命を断った際の偈（『羅湖野録』巻上）に「青山に乞与して病身を養う（乞与青山養病身）」と。「乞与」は、二字で与えるの意。「枯藤」は、拄杖の異称。禅林では、正月に、拄杖に払子を掛けて祭る儀式がある。「黒鄰皴」は、真っ黒なこと。拄杖を形容することが多く、ここでは、夜の真っ暗闇と掛けている。／(2)門前楳柳多和気、須識東君賞賚新＝〈門前の梅や柳は和らぎ睦まじい、きっと春の神様が新たに褒賞を賜わったのだ〉。「東君」は、春の神様。東は、四時で春に配す。

【一八〇―三】下平声七陽韻

百年身世付岩房、一領衲衣披艶陽。將謂山中諍無物、梅花闘白滿顱霜。

＊

[1]百年の身世、岩房に付す、一領の衲衣《のうえ》、艶陽《えんよう》に披す。[2]将《まさ》に謂《おも》えり、山中、諍《あらそ》うに物無しと、梅花、白きを闘《たたか》わしむ、満顱《まんろ》の霜。

＊

(1)百年身世付岩房、一領衲衣披艶陽＝〈百年のこの身を石室に寄せ、うららかな春の陽射しの中、一枚の袈裟を着けている〉。「岩房」は、隠棲所の譬喩。／(2)将謂山中諍無物、梅花闘白満顱霜＝〈山中には争いごとなどないと思っていたが、梅花は、頭にかかる霜雪と、その白さを競っている〉。「将謂」は、……と思っておったが、実は……だったという意。下の句は、梅花も、その上に掛かる霜雪も、どちらも潔《いさぎよ》いという句意。末字の「霜」は、他録の「満顱」の用例を見ても、「雪」のほうがふさわしいが、押韻の都合で「霜」にしたもの。意訳には補った。

【一八〇―四】下平声七陽韻

東溟已曙絳霞光《テレリ》、旭日忽如出錦嚢◎。焚柏嵩呼及民物、氤氳和氣満禪牀◎。

*

(1)東溟《とうめい》、已《すで》に曙《あ》けて、絳霞《こうか》光《て》れり、旭日《きょくじつ》、忽《たちま》ち錦嚢《きんのう》を出づるが如し。(2)柏《はく》を焚いて嵩呼《すうこ》す、民物に及ぶ、氤氳《いんうん》たる和気、禅牀に満つ。

*

(1)東溟已曙絳霞光、旭日忽如出錦嚢＝〈東の海は明けて赤色のかすみが輝き、今まさに朝日が錦の袋から出ようとしているかのようだ〉。初日の出を美しく表現したもので、『和漢朗詠集』巻上・春・霞にも収められる白居易の「早春憶蘇州寄夢得」詩の「霞《かすみ》の光りは曙《あ》けて後《のち》、火よりも殷《あか》し（霞光曙後殷於火）」を踏まえる。「旭日」は、特に元旦の朝日を言う。『詩経』国風・邶風《はいふう》・匏有苦葉《ほうゆうこよう》に「雝雝《ようよう》たる鳴雁《めいがん》、旭日の始めて旦《のぼ》る」と。「錦嚢」は、東海の景色を美しく譬喩したもの。／(2)焚柏嵩呼及民物、氤氳和気満禅牀＝〈柏子香を焚いて祝聖《しゅくしん》する、天子の徳恵は万物に及び、春のなごやかな気は我が禅床にも満ちている〉。「焚柏」の「柏」は、柏子香（香名）のことだが、ここでは、祝聖に焚く香を、万歳松柏の柏に比したもの。「嵩呼」は、嵩呼万歳。禅語に「山は呼ぶ万歳の声」とあるが、この語は、漢の武帝が嵩岳で親しく山を祭った時、臣民一同が万歳を三呼したという故事から出た語。

*

【一八〇—五】下平声十一尤韻

憩影林巒曾罷休、春風策錫再閑遊。勿言六十錯行脚、高格追攀老趙州。　［今茲丙午促備後行］

(1)影を林巒《りんらん》に憩《いこ》うて曾て罷休《はきゅう》す、春風、錫《しゃく》を策《つ》いて、再び閑遊す。(2)言うこと勿《な》かれ、六十、錯《あやま》って行脚すと、高格、追攀《ついはん》す、老趙州。　［今茲《ことし》丙午《ひのえうま》、備後行きを促す］

(1)憩影林巒曾罷休、春風策錫再閑遊＝〈山中に隠棲し、万事、終えたと思っていたが、春風に杖をついて、ふたたび行脚に出ることになった〉。この一偈は、底本注記にある通り、享保丙午十一年（一七二六）、古月、六十歳、備後鳳源寺に応請する際のもの。「林巒」は、林と山。／(2)勿言六十錯行脚、高格追攀老趙州＝〈「六十にもなって、なにをまた行脚するんですか」などと言ってくれるな、老趙州の真似事をしてみたいだけだ〉。下の句は、【九—三九】注(3)を参照。

*

【一八〇—六】下平声八庚韻

徒掻白首愧虚名、兀坐嗒然老埜生。却荷龍天垂擁護、烏藤生翼促春行。　［右同］

*

(1)徒《いたずら》に白首を掻《か》いて虚名《こみょう》を愧《は》ず、兀坐《ごつざ》、嗒然《とうねん》たり、老野生《ろうやせい》。(2)却《かえ》って龍天の、擁護を垂るるを荷《にな》って、烏藤《うとう》、翼を生じて春行を促す。　［右に同じ］

*

(1)徒掻白首愧虚名、兀坐嗒然老野生＝〈買いかぶられて恥ずかしく、いたずらに白髪頭を掻くばかり、実は、ボーッと坐るばかりの老人なのだ〉。「虚名」は、実より過ぎた名声。「嗒然」は、我れを忘れるさまでもあり、物我両忘を言う言葉でもある。「老野生」は、老人男性の謙遜自称語。／(2)却荷龍天垂擁護、烏藤生翼促春行＝〈ところが龍天の擁護を担うこととなり、拄杖は翼を得て春の出立を急き立てている〉。「龍天……」は、【三八－六】注⑽を参照。下の句は、『続伝灯録』巻五・本空曇相章に「脚下の草鞋、両翼を生じ、呉雲楚水、遊遨《ゆうごう》するに任す」と。

*

【一八〇－七】下平声十蒸韻

青松圍繞白雲層◎、蒲座負暄老禿僧◎。無力鏗鏘論我道、壁間依舊靠烏藤◎。

*

(1)青松、囲繞《いにょう》す、白雲層、蒲座《ふざ》、暄《けん》を負《お》う、老禿僧《ろうとくそう》。(2)鏗鏘《こうそう》として我が道を論ずるに力無し、壁間、旧《ふる》きに依って、烏藤《うとう》を靠《よせか》く。

*

(1)青松囲繞白雲層、蒲座負暄老禿僧＝〈我が庵は青松が取り囲み、空には白雲がたたみ重なっている、坐蒲《ざふ》に坐って日なたぼこりをしている老禿僧〉。上の句は、蘭坡景茝の「松上宿雲」詩の「青松囲む処、是れ禅扉、上に白雲有って、凝《こ》って飛ばず」に基づいて意訳した。「負暄」は、【一〇―五五】注(3)を参照。／(2)無力鏗鏘論我道、壁間依旧靠烏藤＝〈声を張り上げて我が道を論じる力もなく、壁には、旧例のとおり、拄杖を寄せかけている〉。「鏗鏘」は、楽器の音や人声が大きく響き渡る形容。「靠烏藤」は、正月の禅林で、拄杖に払子を掛けて祭る儀式。「烏藤」は、拄杖の別名。

【一八〇―八】上平声十灰韻

臘盡一天曙色開、村鷄聲濕報春來。祝看今歳豐盈兆、晴日暖風泛老梅。

＊

(1)臘《ろう》尽きて、一天、曙色《しょしょく》開く、村鶏、声湿《うるお》って、春を報じ来たる。(2)祝し看る、今歳、豊盈《ほうえい》の兆《きざし》、晴日暖風、老梅に泛《うか》ぶ。

＊

(1)臘尽一天曙色開、村鶏声湿報春来＝〈十二月も終わり、空は曙の景色が開け、村の鶏はしっとりと鳴いて春を知らせている〉。／(2)祝看今歳豊盈兆、晴日暖風泛老梅＝〈めでたいことに今年も豊作の兆しが見えて、晴れた日の暖かい風が、老梅の香りを含んで吹いている〉。上の句は、『禅林句集』（出典未詳）に「農夫相対《あい》して語る、今歳定んで豊盈ならん」と。下の句の「泛」は、梅を言う「暗香浮動」の「浮」の義。【九―一―⑦】注(1)を参照。

【一八〇―九】下平声五歌韻

熙熙春日照松窠、煦育霜顱老杜多。喝彩烟霞添意氣、嵩呼三祝舊山河。

＊

(1)熙熙《きき》たる春日、松窠《しょうか》を照らし、煦育《くいく》す、霜顱《そうろ》の老杜多《ろうずだ》。(2)烟霞を喝彩《かっさい》して意気を添え、嵩呼《すうこ》、三たび祝す、旧山河。

＊

(1)熙熙春日照松窠、煦育霜顱老杜多＝〈やわらいだ春の日は松の取り囲む庵を照らし、白髪頭の老頭陀をあたため育ててくれる〉。「窠」は、家・部屋の義。「老杜多」は、古月の自称。「杜多」は、頭陀に同じ。／(2)喝彩烟霞添意気、嵩呼三祝旧山河＝〈山中のもややかすみにヤンヤヤンヤと気合いを入れていやが上にも意気を上げさせ、この旧山河で万歳三唱しよう〉。「喝彩」は、喝采とも。サイコロ博奕の時、気合いを入れること。「添意気」は、禅録頻出語の「有意気時添意気」の意で解した。下の句は、元旦祝聖の形容。第四偈の注(2)を参照。「旧山河」は、昔の漢の嵩岳と変わらない山川ということ。

【一八〇―一〇】下平声八庚韻

雨晴煖靄簇春城、仙鶴將雛足喜聲。德化更無隔幽僻、深雲宴坐毓閑情。

＊

(1)雨晴れて、煖靄《だんあい》、春城に簇《むら》がる、仙鶴《せんかく》、雛《ひな》を将《ひき》いて喜声足《た》る。(2)徳化、更に幽僻《ゆうへき》を隔つる無し、深雲に宴坐して、閑情を毓《やしな》う。

＊

(1)雨晴煖靄簇春城、仙鶴将雛足喜声＝〈雨も晴れ、春霞《はるがすみ》は城中にむらがり、鶴は雛を連れて、大いにめでたく鳴いている〉。「春城」は、春の城中《まちなか》。下の句は、姚合の「新春」詩（『三体詩』巻三）の尾聯「最も好し、林間の鶴、今朝、喜声足る」を踏まえる。「仙鶴」は、鶴のこと。「鶴は千年」と言われることからこう呼ぶ。「将雛」は、諸詩に見える言葉。／(2)徳化更無隔幽僻、深雲宴坐毓閑情＝〈春はこんな奥深いひなびた所にも分け隔てなくおとずれ、私は深い雲の中、安座して静かな心をはぐくんでいる〉。ここの「徳化」は、差別なく万物を生育させる春恩。

【一八〇－一二】上平声七虞韻

千松峰頂一屠蘇［屠蘇艸庵也］、閑伴春雲道骨癯◎。叵與梅花耐霜苦、餘寒猶至擁甎爐◎。

＊

(1)千松峰頂の一屠蘇《とそ》［屠蘇は草庵なり］、閑《しず》かに春雲に伴《ともな》って道骨癯《どうこつや》す。(2)梅花と与《とも》に霜苦に耐《た》え叵《がた》し、余寒、猶お甎炉《せんろ》を擁するに至る。

＊

(1)千松峰頂一屠蘇、閑伴春雲道骨癯＝〈千松峰頂の一草庵で、私は静かに春雲にともなって痩せさらばえている〉。「屠蘇」は、屠蘇とも書き、平屋を言う。「道骨」は、道者の肉体。ここでは、古月の自称。因みに梅の別称を癯《く》仙《せん》と言う。／(2)叵与梅花耐霜苦、余寒猶至擁甎炉＝〈梅花はよく霜雪の苦しみに耐えているが、私にはそんなことは出来ない、春の寒さはなおまだ続き、私は囲炉裏を囲んでしまう〉。「叵」と「耐」とは、叵耐《はない》と熟し、耐え難いの意。「瓢炉」は、瓢で作った炉。

【一八〇―一二】下平声十蒸韻

東皇恩賚更恢弘、不隔松雲深處僧。和氣滿腔道情緩、朝來矍鑠倚烏藤。

＊

東皇の恩賚《おんらい》[1]、更に恢弘《かいこう》、松雲深処の僧を隔てず。和気満腔《まんくう》[2]、道情緩《ゆる》し、朝来、矍鑠《かくしやく》として烏藤に倚る。

＊

(1)東皇恩賚更恢弘、不隔松雲深処僧＝〈春の神様のお恵みはいっそう大きく広がり、こんな山奥の坊主にも隔てなく届いている〉。「東皇」は、第二偈の「東君」に同じ。春の神様。東は、四時で春に配す。「恩賚」は、恩賜に同意。「賚」は、たまもの。下の句は、第十偈の「徳化、更に幽僻《ゆうへき》を隔つる無し」に同意。末字の「僧」は、古月の自称。／(2)和気満腔道情緩、朝来矍鑠倚烏藤＝〈和やかな春気は胸に満ちて仏道心もゆるみ、朝から矍鑠として杖をついて出歩いている〉。「矍鑠」は、勇健・壮健のさま。老人の元気な様子。「烏藤」は、拄杖の別名。

【一八〇―一三】上平声十一真韻

暖雲緩度引青春、煦育驗來衰老身。正識今年農事好、沛然時雨發萌新。

＊

(1)暖雲、緩《ゆる》く度《わた》って、青春を引く、煦育《くいく》、験《こころ》み来たる、衰老の身。(2)正に識《し》る、今年、農事の好きことを、沛然《はいぜん》たる時雨《じう》、発萌《はつぼう》新たなり。

＊

(1)暖雲緩度引青春、煦育験来衰老身＝〈暖かい雲がゆるやかに空に浮かんで春を引き寄せた、その春はこの衰えた私の身をも、あたため育てようと試みている〉。「青春」の「青」は、五色の一で、草木が生成する色を言い、単に春のことだが、ここでは、青年の意を含むのかも知れない。／(2)正識今年農事好、沛然時雨発萌新＝〈きっと今年は農作に違いない、程よい雨が降って新芽がめばえている〉。「沛然時雨」は、【一〇一五七―②】注(1)を参照。

【一八〇―一四】下平声七陽韻

新寺新年新艸堂、縄床兀坐領青陽。随分不墜衛宗志、任運騰騰春興長。

＊

(1)新寺新年新草堂、縄床《じょうしょう》に兀坐《ごつざ》して青陽を領す。(2)分に随って衛宗《えいしゅう》の志を墜《お》とさず、任運騰騰《にんぬんとうとう》として春興《しゅんきょう》長し。

＊

(1)新寺新年新草堂、縄床兀坐領青陽＝〈寺も新しく、年も新しく、草堂も新しい、禅床に端坐して、春をわがものにしている〉。「新寺」は、享保十二年（一七二七）に成った天寿山自得寺。「縄床」は、縄を用いて作った椅子。

胡床とも言い、禅床に同じ。「青陽」は、陽春に同意。前偈の注(1)内の「青春」注記を参照。／(2)随分不墜衛宗志、任運騰騰春興長＝〈分相応に衛宗護教の志を守っているが、何事も自然に任せていると、春のおもしろみは尽きない〉。「任運騰騰」は、何事にもこだわらずに自然に任せること。【一二六】注(3)を参照。

*

【一八〇—一五】下平声一先韻

釋門染指幾多年、濫荷四恩愧痩肩。茅宇新成春色靜、嵩呼各自占安禪。［庚戌］

(1)釈門に指を染む、幾多《いくばく》の年ぞ、濫《みだ》りに四恩を荷《にな》って痩肩《そうけん》を愧《は》ず。(2)茅宇《ぼうう》、新たに成って、春色静かなり、嵩呼《すうこ》、各自に安禅を占《し》む。［庚戌《かのえいぬ》］

*

(1)釈門染指幾多年、濫荷四恩愧痩身＝〈仏門に入って、もう何年になろうか、「上《かみ》、四恩に報《むく》いん」などと担いも出来ないものを担って、この痩せた肩が恥ずかしい〉。「染指」の本義は、指を入れて嘗め、味を見ること。転じて、物事に着手すること。「四恩」は、父母恩・衆生恩・国王恩・三宝恩の四恩。逐日看経の回向文に「上、四恩に報い、下《しも》、三有《さんぬ》を資《たす》け、法界の含識と、同しく種智を円《まど》かにせんことを」（『諸回向清規式』巻一）。／(2)茅宇新成春色静、嵩呼各自占安禅＝〈寺宇も復興して静かな春景色、嵩呼万歳して、各自、坐禅につとめよう〉。底本注記にある「庚戌」は、享保十五年（一七三〇）、古月、六十四歳。この前年の八月、自得寺は火災にあって諸堂を焼失したが、大檀越の外護によってほどなく復興した。「茅宇新成」は、そのことを言う。「嵩呼」は、第四偈の注(2)を参照。

【一八〇―一六】上平声五微韻

點發東皇第一機、龜毛拂矣掌中歸。曉鐘聲濕海雲曙《ク》、堂上祝香擁衲衣。

＊

(1)東皇の第一機を点発して、亀毛の払、掌中に帰す。(2)暁鐘、声湿《うるお》って、海雲曙《あ》く、堂上、香を祝して、衲衣を擁す。

＊

(1)点発東皇第一機、亀毛払矣掌中帰＝〈春の神様が第一機を発動され、亀毛の払子はその掌中に収まった〉。簡単に言うと、春になって無為自然に花（梅花）が開いたということ。「東皇第一機」は、花を咲かせること。また、その花。黄山谷の「劉邦直送早梅水仙花四首」詩の第二詩に「東皇の第一機を探請して、水辺の風日に横枝を笑《え》しむ」。また、大休宗休の『見桃録』巻二「春芳」号頌に「花は発《ひら》く東皇の第一機」と。「亀毛払」は、この世には存在せず、造化の功に因らず、陰陽の力を仮らざるもの。【四―三】にも「亀毛払上、春を撃開す、江北江南、点塵を絶す」とあった。／(2)暁鐘声湿海雲曙、堂上祝香擁衲衣＝〈暁鐘の音はしっとりと響き、遠い海上の雲間に旭日が昇る、堂上、衲衣をまとい、香を焚いて祝聖《しゆくしん》する〉。

＊

【一八〇―一七】上平声七虞韻

不記歳華休瘦《イコウ》影、豈料領衆逐嵩呼。門前楊柳春風緩、佛法胡爲論有無。

＊

(1)歳華を記さず、痩影を休《いこ》う、豈《あ》に料《はか》らんや、衆を領して、嵩呼《すうこ》を逐わんとは。(2)門前の楊柳、春風緩《ゆる》し、仏法、胡為《なんすれ》ぞ、有無を論ぜん。

＊

(1)不記歳華休痩影、豈料領衆逐嵩呼＝〈何歳になったかも知らず、この老いさらばえた身を養っていたが、大衆を率いて祝聖し、再び万歳三唱を行なおうとは思いもしなかった〉。下の句の事情は、【一〇一一八】注(1)、【一〇一三八】注(1)を参照。／(2)門前楊柳春風緩、仏法胡為論有無＝〈門前には、緩やかに吹く春風に楊柳《やなぎ》の新芽が揺らいでいる、新年頭の仏法、どうして、有無を論じるのだ〉。下の句は、師寛明教と鏡清道怤との以下の二つの話頭に基づく。「僧問う、『新年頭、還って仏法有りや也《ま》た無《いな》や』。師（明教）曰く、『無し』。曰く、『日日是れ好日、年年是れ好年というに、甚《なん》と為《し》てか却って無き』。師曰く、『張公、酒を喫すれば、李公酔う』。僧曰く、『老老大大として龍頭蛇尾す』。師曰く、『明教、今日失利』」（『五灯会元』巻十五）。「問う、『新年頭、還って仏法有りや也た無や』。師（鏡清）曰く、『有り』。曰く、『如何《いか》なるか是れ新年頭の仏法』。師曰く、『元正啓祚《げんしようけいそ》、万物咸《ばんもつみ》な新たなり』。曰く、『師の答話を謝す』。師曰く、『鏡清、今日失利』」（『五灯会元』巻七）。

【一八〇—一八】下平声十二侵韻

尽大千春回寸艸、遍沙界性寄唯心。朝來嵩祝喫茶了、浩蕩陽和満苑林。

＊

(1)尽大千の春は寸草に回《めぐ》り、遍沙界の性は唯心に寄す。(2)朝来、嵩祝《すうしゆく》して、茶を喫し了《お》わり、浩蕩《こうとう》たる陽和《ようわ》、苑林に満つ。

*

(1)尽大千春回寸草、遍沙界性寄唯心＝〈大千世界の春は短い草にもめぐり来たる、その沙界にあまねく本性は、この一心にあるのだ〉。この二句は、「三界唯一心、心外無別法」を説くもの。『宗鏡録』巻七十九に「夫《そ》れ心外無法、法外無心、是《かく》の如く了知する、則ち真の善知識なり」と。また、『開甘露門（大施餓鬼）』の冒頭「破地獄の偈文」に「若し人、三世一切の仏を了知せんと欲すれば、応《まさ》に法界の性を観ずべし、一切は唯だ心の造なりと」。この偈文は、もと、八十巻『華厳経』巻十九「昇夜摩天宮品」。「遍沙界性」は、法界性に同意。「沙界」は、恒河（ガンジス河）の砂の数ほどの世界。なお、上の句は、黄山谷の「次韻元日」の詩句に「春色、已《すで》に知る、寸草に回ることを」と。／(2)朝来嵩祝喫茶了、浩蕩陽和満苑林＝〈朝から嵩呼三祝して茶礼も終わり、春の和らいだ光りが、ひろびろと禅苑に満ちている〉。「嵩祝」は、第四偈の注(2)、第九偈の注(2)を参照。「浩蕩」は、高大なさま。また、『楚辞』離騒にある「浩蕩」には、「思慮無き貌」という注解もあるようだが、これでも面白いか。

*

【一八〇－一九】上平声十一真韻

一條拄杖點青春、壽嶺寵嵸淑氣新。仁雨普沾穌品物、滿堂獄讃祝佳辰。

(1)一条の拄杖、青春を点ず、寿嶺《じゆれい》、寵嵸《ろうしよう》として、淑気《しゆくき》新たなり。(2)仁雨、普《あまね》く沾《うるお》して品物《ひんぶつ》を穌《よみがえ》らす、満堂、翼讃《よくさん》して、佳辰《かしん》を祝す。

(1)一条拄杖点青春、寿嶺寵従淑気新＝〈一本の杖をついて春野を歩くと、天寿山からは新春のなごやかな気がのぼっている〉。「青春」は、第十三偈の注(1)に既述。「寿嶺」は、自得寺の山号、天寿山。「寵従」は、山気が盛んに起こるさま。／(2)仁雨普沾穌品物、満堂翼讃祝佳辰＝〈恵みの雨は隔てなく降り注いで万物を生き返らせ、満堂、天子と大檀越とのために、この良き日を祝っている〉。原文の「狱」は、翼の古字。

*

【一八〇—二〇】上平声十三元韻

算來馬齒六十八、慚愧瘦肩荷佛恩。嵩祝三呼曙光白《アク》、東君和氣滿松門。

*

(1)算《かぞ》え来たれば、馬歯、六十八、慚愧《ざんき》す、瘦肩《そうけん》に仏恩を荷《にな》うことを。(2)嵩祝三呼《すうしゅくさんこ》、曙光白《しょこうあ》く、東君の和気、松門に満つ。

*

(1)算来馬歯六十八、慚愧瘦肩荷仏恩＝〈もう六十八歳にもなった、恥ずかしながら、こんな瘦せた肩では仏恩に報いることも出来ない〉。第十五偈の起承句、及びその注(1)を参照。「馬歯」は、自分の年齢を言う謙称。馬年・馬齢とも。馬は、罵語。古月六十八歳は、享保十九年（一七三四）。この年の八月十五日、自得寺を法嗣の梁渓禅興に譲り、骨清堂に隠遁した。／(2)嵩祝三呼曙光白、東君和気満松門＝〈それでも嵩祝三呼のうちに夜は明け、春の和やかな気は松扉の門内に満ちている〉。「嵩祝三呼」は、第四偈の注(2)、第九偈の注(2)を参照。

【一八〇―二一】上平声十一真韻

暖風和雨物咸新、新製畦衣領得春。雲水満堂三百指、祝香翊賛賞佳辰。　［愚極和上贈如法色之袈裟臘晦相接］

＊

(1)暖風和雨、物咸《ものみ》な新たなり、新製の畦衣《けいえ》、春を領得す。(2)雲水、堂に満つ、三百指、祝香、翊賛《よくさん》して佳辰《かしん》を賞す。　［(3)愚極和上、如法色の袈裟を贈る、臘晦《ろうかい》に相接《あいせつ》す］

＊

(1)暖風和雨物咸新、新製畦衣領得春＝〈暖かい風、和やかな雨、万物はみな新しい、新製の袈裟を着けて、春をわがものにしている〉。「物咸新」は、「元正啓祚、万物咸新」の略。元旦の祝語。第十七偈の注(2)を参照。この句は、『句双葛藤鈔』に採られ、「一理斉平と云義なり。法身一片にして隔て無き也」と釈す。「新製畦衣」は、愚極和上から贈られた袈裟。「畦衣」の「畦」は、あぜ・うね。田衣に同意。【一六八】注(2)を参照。／(2)雲水満堂三百指、祝香翊賛賞佳辰＝〈堂内三十人の雲水と共に、祝香して天子と大檀越とのために、この良き日を喜んでいる〉。／(3)愚極和上贈如法色之袈裟臘晦相接＝〈愚極和上が如法色の袈裟を贈って下さり、十二月晦日に受け取った〉。愚極和上は、享保十一年（一七二六）に、古月を夏制に請した比熊山鳳源寺（広島県三次市三次町）の住持、愚極義泰のこと。「如法色之袈裟」は、仏制の色に染めた袈裟。青壊色（銅青で染める）、黒壊色（黒泥で染める）、木蘭壊色（木蘭樹の皮で染める）の三種。壊色とは、不正色で染壊するから言う。

【一八〇―二二】上平声十一真韻

音樂《ガク》和禽天上人、梅香新獻應供眞。中間寶葉石崖主、嵩祝壽山億萬春。［戊申臘月畫羅漢并天人像於堂中］

(1)音楽、禽《きん》に和す、天上の人、梅香、新たに献ず、応供《おうぐ》の真。(2)中間、宝葉石崖の主、嵩祝《すうしゅく》す、寿山の億万春。［(3)戊申《つちのえさる》の臘月、羅漢并びに天人の像を堂中に画《えが》く］

＊

(1)音楽和禽天上人、梅香新献応供真＝〈天人は小鳥と一緒に音楽を奏で、新年の梅香が阿羅漢に献じられている〉。「天上人」は、乾闥婆や緊那羅など、天帝釈に仕える伎楽神。「応供」は、阿羅漢の意訳。一切の煩悩を断じ尽くして、人天の供養を受け、それに応ずるに足りる徳ある者という意。「真」は、描かれた肖像。／(2)中間宝葉石崖主、嵩祝寿山億万春＝〈その中間には観自在菩薩がおられる、さあ、嵩祝三呼して、天寿山の億万の春を祝おう〉。「宝葉石崖」は、底本の書入れに「補陀境也」とあり、自得寺の本尊である観自在菩薩を言うものと分かる。補陀落迦山は、南インドにあると信じられている観音菩薩の住処。【二一〇】注(11)を参照。「嵩祝」は、第四偈の注(2)、第九偈の注(2)を参照。「寿山」は、自得寺の天寿山と、「寿山福海」とを掛ける。【九―二九】注(3)を参照。／(3)戊申臘月……＝享保十三年（一七二八）十二月。よってこの歳旦の偈は、翌十四年の作。古月、六十三歳。この「羅漢」は、十六羅漢。「堂中」は、自得寺の僧堂。【一九】に「予、僧堂を創建し、左右に十六位を図《えが》く」とある。

【一八〇―二三】上平声十一真韻

空門依蔭托清貧、羸〔贏〕得古稀一老身。心事百衰何所在、滿頭白雪帯青春。

*

(1)空門の依蔭《えおん》、清貧を托す、贏《か》ち得たり、古稀の一老身。(2)心事、百衰《ももおとろ》えて、何の在る所ぞ、満頭の白雪、青春を帯《お》ぶ。

*

(1)空門依蔭托清貧、贏得古稀一老身＝〈仏門という木陰で清貧に暮らして来て、七十歳の老人になってしまった〉。「空門」は、仏門。仏教は、空の教えを根本とするからかく言う。「依蔭」は、頼りとなる木陰。「贏得」は、こんな結果になったということを、自嘲的に言う言葉であるが、逆説的に、これだけは得たという積極的な意味合いにもなる。古月の古稀（七十歳）は、元文元年（一七三六）。／(2)心事百衰何所在、満頭白雪帯青春＝〈志もすっかり衰えて、居ってもしょうがない我が身、ただ、白髪頭に春を迎えている〉。古月は、享保十九年（一七三四）、六十八歳の年、自得寺を法嗣の梁渓禅興に譲り、骨清堂に隠遁している。「青春」は、第十三偈の注(1)に既述。

【一八〇―二四】上平声十一真韻

蝴蝶夢中七十春、又添懶睡遇年新。梅牕竹戸東風緩、蒲座蘧然祝令辰。

*

(1)蝴蝶夢中、七十春、又た懶睡《らんすい》を添えて、年の新らしきに遇《あ》う。(2)梅窓竹戸、東風緩《ゆる》し、蒲座《ふざ》、蘧然《きよぜん》として、令辰を祝す。

(1)蝴蝶夢中七十春、又添懶睡遇年新＝〈七十年も蝴蝶の夢を見つづけ、さらに惰眠をむさぼって新年を迎えた〉。古月、七十一歳。「蝴蝶夢」は、【一一〇】注(3)を参照。／(2)梅窓竹戸東風緩、蒲座蘧然祝令辰＝〈梅の植わる窓、竹の植わる門には、春風が緩やかに吹き、坐蒲上に我れに返って歳旦を祝った〉。梅と竹、そして松は、歳寒の三友。「東風」は、春風。東は、四時で春に配す。「蘧然」は、『荘子』胡蝶の夢にある「蘧蘧然」。我に返って驚くさま。

＊

【一八〇―二五】上平声十一真韻

舊年風暖氣如春、定識天恩健老身。數樹梅花雪千點、機先一句入毫新。

(1)旧年、風暖《かぜあたた》かにして、気、春の如し、定んで識《し》る、天恩の、老身を健《すこ》やかにすることを。(2)数樹の梅花、雪千点、機先の一句、毫《ごう》に入って新たなり。

＊

(1)旧年風暖気如春、定識天恩健老身＝〈昨年の冬は、春のように暖かかった、きっと天の神様が、この年寄りが健やかに過ごせるようにと、はからって下さったのであろう〉。／(2)数樹梅花雪千点、機先一句入毫新＝〈数本の梅樹には、千々に雪がおおって、まだ花開こうとしないが、私の試筆の中にもう咲いておる〉。「機先」は、機前とも言い、一機未発以前の義。ここでは、梅花の開く以前ということ。

＊

【一八〇—二六】上平声十灰韻

春景暖然従大塊、園林著濕擁雲臺。山花咲矣《ミ》野禽語、門戸圓通八字開。［春來官命剏建山門、故末句及于此］

＊

(1)春景、暖然として、大塊《たいかい》よりす、園林、湿《うるお》いを著けて、雲台を擁す。(2)山花咲《え》み、野禽語る、門戸、円通、八字に開く。［(3)春来、官命あって山門を剏建《そうけん》す、故に末句、此《ここ》に及ぶ］

＊

(1)春景暖然従大塊、園林著湿擁雲台＝〈暖かい春景色が大地より生じ、園林はしっとりと濡れて高く聳える台閣を囲んでいる〉。「雲台」は、ここでは、新しく建立された山門の譬喩。注(3)を参照。／(2)山花咲矣野禽語、門戸円通八字開＝〈山花は咲き、野の小鳥はさえずり、山門の戸は八字に開いてどこへでも通じている〉。／(3)春来官命剏建山門……＝元文四年（一七三九）六月、自得寺の山門が創建されたことを言う。【四一】の「総門上棟文」を参照。よってこの歳旦の偈は、翌五年の作。古月、七十四歳。

【一八〇—二七】上平声十五删韻

千金難買一生閑、漸過希齢恣軟頑。聊可黄鶯殊出入、結茅幽谷萬松關。

＊

(1)千金、買い難し、一生の閑、漸《ようや》く希齢を過ぎて軟頑《なんがん》を恣《ほしいまま》にす。(2)聊《いささ》か黄鶯《こうおう》と出入を殊《こと》にす可《べ》し、茅を結ぶ、幽谷の万松関。

＊

(1)千金難買一生閑、漸過希齢恣軟頑＝〈一生閑《しず》かに暮らすことなど千金でも買えまいが、ようやく七十歳を過ぎて、気ままにさせてもらう〉。上の句は、【一〇—八】注(4)を参照。「希齢」は、古稀。「軟頑」は、挙動が野蛮で、言葉が気ままなこと。／(2)聊可黄鶯殊出入、結茅幽谷万松関＝〈黄鶯《うぐいす》は、春になれば、低い谷間から出て、高い木々に移って鳴くが、そんな真似などしたくもなく、万松が関をつくる奥深い谷に茅庵を結んでいる〉。ここの「黄鶯」は、いわゆる「出谷の黄鶯」。【一〇—五四】注(2)を参照。「万松関」は、中国五山第三天童寺の境致の名でもある。

【一八〇—二八】上平声十三元韻

幽栖從來不設門。霞關林塢鳥聲繁。清閑殊覺春光好、禪誦倦時屢負暄。

＊

(1)幽栖《ゆうせい》、従来、門を設けず、霞、林塢《りんお》を関《とざ》して鳥声繁《しげ》し。(2)清閑、殊に覚ゆ、春光の好きことを、禅誦《ぜんじゅ》、倦《う》む時、屢《しば》しば暄《けん》を負《お》う。

＊

(1)幽栖従来不設門、霞関林塢鳥声繁＝〈隠棲の住まいには、もとより門は作らないものだ、かすみが土手を閉ざして鳥が盛んに鳴いている〉。／(2)清閑殊覚春光好、禅誦倦時屢負暄＝〈清らかに静かに暮らしていると、ことさら春の光りが好ましくなり、坐禅や読経にあきた時は、しばしば日なたぼこりをしている〉。「負暄」は、【一〇—五五】注(3)を参照。

【一八〇―二九】下平声十二侵韻

爆竹聲中春滿林。［晦日節分］、團蒲日暖對山岑。禪徒勿訝懶開口、柳暗花明古佛心。

＊

(1)爆竹声中、春、林に満つ［晦日節分《みそか》］、団蒲《どんふ》、日暖《ひあたた》かにして、山岑《さんしん》に対す。(2)禅徒、訝《いぶか》ること勿《な》かれ、口を開くに懶《ものう》きことを、柳暗花明《りゅうあんかめい》、古仏心。

＊

(1)爆竹声中春満林［晦日節分］、団蒲日暖対山岑＝〈竹が爆《はじ》ける音の中、春は禅林に満ちてゆき、坐蒲には暖かい日がさし、山の峰を見ている〉。「爆竹」は、除夜元旦の風物。成語に「爆竹一声して旧を除く」と。爆竹の音に、旧年が明けて新年になること。『荊楚歳時記』に「正月一日、是れ三元の日なり。『春秋』、之れを端月と謂う。鶏鳴にして起き、先ず庭前に於いて竹を爆して、以て山臊《さんそう》悪鬼を辟《さ》く」と。大晦日が節分（立春の前日）に当たったのは寛保元年（一七四一）。よってこの歳旦の偈は、寛保二年、古月、七十六歳の作。／(2)禅徒勿訝懶開口、柳暗花明古仏心＝〈禅徒よ、私が口を開く気のないことをとがめないでくれ、春の美しい景色が古仏心を示しているではないか〉。「西来の祖意、口を開くに懶し、夜夜の風濤、嶺上の松」（『句双葛藤』）や、「維摩、口を開くに懶し、枝上、一蝉の吟ず」（『禅林句集』）などの趣旨。「勿訝」は、莫怪に同じで、悪く思うな、とがめるなの意。「柳暗花明」は、春の美しい景色を言う成句。

【一八〇―三〇】下平声四豪韻

七十七矣七十七、一句回文試兎毫。因憶従來不遷底、花紅柳緑満林皐。［癸亥。馬齒七十七］

＊

[1]七十七矣《かな》七十七、一句の回文、兎毫《とごう》を試む。[2]因《よ》って憶《おも》う、従来不遷底、花紅柳緑、林皐《りんこう》に満つ。［[3]癸亥《みずのとい》。馬歯七十七］

＊

(1)七十七矣七十七、一句回文試兎毫＝〈七十七矣《かな》七十七、書き初めに一句の回文を書いてみた〉。ここの「矣」は、句中にあって詠嘆の意を表わす。「一句回文」は、上の句を言う。「回文」は、文体の一種であるが、簡単に言えば、上から読んでも山本山、下から読んでも山本山の類。「兎毫」は、筆の異名。／(2)因憶従来不遷底、花紅柳緑満林皐＝〈そこで思ったのだ、もとよりずっと変わらないものとは何なのかと、花は紅に林に咲き、柳は緑に皐《さわ》に揺れている〉。「不遷底」は、例えば、『宏智広録』巻四に「歳旦上堂。僧問う、『寒暑交謝し、新旧推移す。作《そ》麼生《もさん》か箇の不遷底の道理を説く』。師云く、『昨宵、猶お是れ臘。今日、又た春に逢う』」と。「花紅柳緑」は、『禅林句集』【柳緑花紅】の頭注に「東坡が詩に柳緑花紅真面目」とあるが未見。『句双葛藤鈔』【同】に「夫れぞれにそなわった自性也。又ありごと（ありのままのこと）を云ぞ」と。「林皐」は、『荘子』知北遊の「山林か、皐壌《こうじょう》か、我れをして欣欣然として楽しましむるか」に基づく熟語。／(3)癸亥。馬歯七十七＝寛保三年（一七四三）。「馬歯」は、自分の年齢を言う謙称。馬齢・馬年とも。馬は、罵語。

【一八一】

歳暮[1]。［口占《こうせん》］

(1)歳暮。［口占］＝三十首を収める。「口占」は、草稿を作らずに思いのままに作詩すること。

＊

【一八一―一】上平声一東韻

住院事繁如世態、退閑贏得老衰躬。林深幸藏守株拙、天縱《ユルシテ》濫追煨芋風。薙髪滿刀驚雪白、粟膚擁被向曦紅。二三徒子倣安性、分歳《スイ》祝來梵誦中。［庚子］

＊

住院[1]、事繁《しげ》くして世態の如し、退閑、贏《か》ち得たり、老衰躬《ろうすいきゅう》。林[2]、深くして、幸いに守株《しゅしゅ》の拙を蔵《かく》し、天、縦《ゆる》して、濫《みだ》りに煨芋《わいう》の風を追う。薙髪《ていはつ》[3]、刀に満ちて、雪の白きに驚き、粟《ぞく》膚《ふ》、被を擁して、曦《ぎ》の紅《くれない》なるに向かう。二三の徒子[4]、倣《なら》って性を安んず、分歳《ぶんすい》、祝し来たる、梵誦《ぼんじゅ》の中。［庚子《かのえね》］

＊

(1)住院事繁如世態、退閑贏得老衰躬＝〈住持の仕事は、世間と同じように忙しい、ようやく退くことが出来たが、もうこんな年寄りだ〉。底本注記の「庚子」は、享保五年（一七二〇）。古月、五十四歳。二月、大光寺を法嗣の翠巌従真に譲って、知又軒（後の天寿山自得寺）に退居した。「贏得」は、こんな結果になったということを、自嘲的に言う言葉であるが、逆説的に、これだけは得たという積極的な意味合いにもなる。／⑵林深幸蔵守株拙、天縦濫追煨芋風＝〈林は深くて、幸いなことに守株待兎《しゅしゅたいと》の愚かさを隠してくれ、天は許してくれて、みだりに懶瓚《らんさん》煨芋《わいう》の古風を追っている〉。「守株」は、【六一―二】注㊵を参照。「天縦」は、天が縦《ゆる》してほしいままにさせること。「煨芋」は、焼き芋を食って、朝廷のお召しを断った懶瓚（明瓚とも）の故事。「懶瓚和尚、衡山石室の中に隠居す。唐の徳宗、其の名を聞いて、使《つかい》を遣わして之れを召す。使者、其の室に至って宣言す、『天子、詔《みことのり》有り、尊者、当《まさ》に起《た》って恩を謝すべし』と。瓚、方《まさ》に牛糞の火を撥《はら》って、煨芋《わいう》を尋ねて食す。寒涕《かんてい》、頤《おとがい》に垂れて未だ嘗《かつ》て答えず。使者、笑って曰く、『且《しばら》く勧む、尊者、涕《はなしる》を拭《ぬぐ》え』と。瓚曰く、『我れ豈《あ》に工夫の、俗人の為に涕を拭うこと有らんや』といって、竟《つい》に起たず。使、回《かえ》って奏す。徳宗、甚《はなは》だ之れを欽嘆す」（『碧巌録』三十四則頌評唱）。／⑶薙髪満刀驚雪白、粟膚擁被向曦紅＝〈剃髪のカミソリにいっぱい着いた白髪に驚き、カサカサした鳥肌のようなこの身を夜着につつんで太陽に向かっている〉。上の句は、真浄克文の「和人歳旦」偈の「剃髪、因みに驚く、雪の刀に満つることを（剃髪因驚雪満刀）」（『古尊宿語録』巻四十五）に基づく。「曦」は、太陽のこと。／⑷二三徒子倣安性、分歳祝来梵誦中＝〈二三人の徒弟は私にならって安らかに過ごし、読経の中で、除夜を祝っている〉。「安性」は、後漢の鄭玄の言に「閑居以安性」と。「分歳」は、除夜の宴。ここでは、読経が除夜の宴ということ。因みに、【一〇一―三】注⑵の引用文を参照。

【一八一―二】下平声八庚韻

林巒遁迹適幽情、岙襖一重隔利名。迷爲色聲常暗暗、禪離背觸自明明。冬暄松樹抽春緑、溪白檗《バイ》花吐

雪英。肯諾若臻眞踐地、祖關掉臂任縦横。［右同］

＊

(1)林巒《りんらん》、迹《あと》を遁《かく》して、幽情《ゆうじょう》に適《かな》う、紙襖《しおう》一重、利名を隔つ。(2)迷のときは色声《しきしょう》の為に常に暗暗、禅のときは背触《はいそく》を離れて自ずから明明。(3)冬、暄《あたた》かにして、松樹、春緑を抽《ぬきい》で、渓《たに》、白うして、梅花、雪英を吐く。(4)肯諾《こうだく》、若し真践の地に臻《いた》らば、祖関、臂《ひじ》を掉《ふる》って、縦横なるに任せん。

［右に同じ］

＊

(1)林巒遁迹適幽情、紙襖一重隔利名＝〈山中に隠棲したが、なんとも我が奥深い思いにかない、ひとえの紙ごろもで、名利の世俗と遠く隔たっている〉。「林巒」は、林と山。「遁迹」は、世の中から逃れて隠れること。「幽情」は、深く高雅な心情。原文の「帋」は、紙に同じ。／(2)迷為色声常暗暗、禅離背触自明明＝〈迷にあった時は、外境のために心も暗かったが、禅にある今は、分別心を離れて心は明るい〉。「迷」は、具体的には、大光寺の住持であった時。「禅」は、山中に隠棲した今。「背触」は、「祖心背触」と呼ばれる話頭（『五灯会元』巻十七・黄龍悟新章）などを踏まえるが、引用は煩を避ける。／(3)冬暄松樹抽春緑、渓白梅花吐雪英＝〈冬は暖かくて松樹は春緑の芽を出し、谷川は白く輝いて梅花は雪のような花を咲かせている〉。原文の「罙」は、【一七八－九】にもあったが、梅の古字。「雪英」は、雪のように白い花。「英」は、華の義。／(4)肯諾若臻真践地、祖関掉臂任縦横＝〈そうと肯《うけが》って、真のその境地に到ることが出来れば、祖師の関門（古則公案）も大手をふって自由に通れよう〉。

【一八一―三】下平声七陽韻

誰《ナン》人比歳況《タトフ》風檣◎、既爾五旬有四霜◎。一片慈心是吾室、小徒苟勿爲衣糧◎。［右同］

＊

(1)誰人《なんぴと》か歳を比して風檣《ふうしょう》に況《たと》う、既に爾《しか》り、五旬有四霜。(2)一片の慈心、是れ吾が室、小徒、苟《いやしく》も衣糧《えりょう》の為にすること勿《な》かれ。［右に同じ］

＊

(1)誰人比歳況風檣、既爾五旬有四霜＝〈いったい誰が歳月を風檣に譬えたのだ、もうこのとおり五十四歳だ〉。「風檣」は、風をはらんだ帆船。迅速の譬喩。【三七―一】に「嗚呼《ああ》、百年の光陰は、風檣陣馬の如し」とあった。／

(2)一片慈心是吾室、小徒苟勿為衣糧＝〈我が室内は真実の慈悲心があるのみ、小徒よ、かりそめにも衣食のためにしてはならぬ〉。

【一八一―四】上平声四支韻

南柯夢駭如今昨、矍鑠堨來過五茲◎。法弊豈堪負蚊背、安居更好寄鷯枝◎。梅花埋雪無心骨、寒月印流不類詩◎。此夕殊箴巾匜子、勿成破戒出家兒◎。［辛丑］

＊

(1)南柯《なんか》、夢駭《おどろ》いて、今昨《こんさく》の如し、矍鑠《かくしゃく》として、堨《ここ》に来たって、五茲《ごじ》を過ぐ。(2)法弊《ほうへい》、豈《あ》に蚊背《ぶんはい》に負《お》うに堪《た》えんや、安居、更に好し、鷯枝《りょうし》に寄するに。(3)梅花、雪に埋《うず》む、無心の骨、寒月、流れに印す、不類の詩。(4)此の夕、殊に箴《いまし》む、巾匜《きんい》の子、破戒の出家児と成ること勿《な》かれ。

[辛丑《かのとうし》]

*

(1)南柯夢駭如今昨、矍鑠揚来過五玆＝〈南柯の夢から覚めると、まるで昨日今日《きのうきょう》のことのようだ、矍鑠として、今、五年が過ぎた〉。「南柯」は、夢の代名詞。【一五六】注(1)を参照。「夢駭」は、夢から覚めること。「駭」は、驚の義で、夢驚に同意。「矍鑠」は、勇健・壮健のさま。老人の元気な様子。「揚来」には、去来の意もあるが、底本書入れに「コ、ニキタル」とあり、これに従った。「五玆」の「玆」は、年の義。底本注記にある「辛丑」は、享保六年（一七二一）。古月、五十五歳。／(2)法弊豈堪負蚊背、安居更好寄鷦枝＝〈悪弊をきたしている大法を正すようなことが、蚊の背中のような私に負えようか、鷦鷯《みそさざい》の巣くう枝のような小庵に、安らかに暮らすにこしたことはない〉。「法弊」は、『淮南子』泰族訓に「法弊《やぶ》るれば改め制す」と。「蚊背」は、蚊の背中。『荘子』秋水に出る「是れ猶お蚊をして山を負わしめ、商蚷《やすで》に河を馳せしむるがごときなり。必ず任に勝《た》えず」に基づき、我が力を謙遜して言うもの。「鷦枝」は、鷦鷯の巣くう枝。『荘子』逍遥遊の「鷦鷯、深林に巣くうも一枝に過ぎず。偃鼠《どぶねずみ》、河に飲むも満腹に過ぎず」に基づく。／(3)梅花埋雪無心骨、寒月印流不類詩＝〈梅花は雪中に無心の骨を埋め、寒月は川面に不類の詩を映している〉。雪を乗せた梅花は無心に香り、川に映る寒月は類のない一篇の詩のようだという句意。梅の幽香を言うのに「梅骨」という言葉がある。／(4)此夕殊箴巾匜子、勿成破戒出家児＝〈今夕、特に侍者を戒めた、「破戒の出家になってはならぬぞ」と〉。「巾匜」は、巾瓶《きんびん》に同意。浄巾と浄瓶。転じて左右、膝下の意。師の傍に親しく随侍すること。ここでは、侍者を言う。

【一八一―五】下平声九青韻

世間何物制頽齡。事事無心至妙靈。手掬寒泉憐茗熟、飽蒙柴火笑頭青。錯將宗弊當吾責、每遇《ゴトニ》禪餘繙聖經。果決生涯只如此、曉天影瘦一燈冥。［右同］

＊

(1)世間、何物か、頽齢《たいれい》を制せん、事事、無心なれば妙霊に至る。(2)手に寒泉を掬《きく》して、茗《めい》の熟するを憐れみ、飽くまで柴火《さいか》を蒙《こうむ》って、頭《こうべ》の青きを笑う。(3)錯《あやま》って宗弊《しゅうへい》を将《もっ》て吾が責に当て、禅余に遇う毎《ごと》に聖経を繙《ひもと》く。(4)生涯を果決して只だ此《かく》の如し、暁天、影瘦《かげや》せて、一灯冥《くら》し。［右に同じ］

＊

(1)世間何物制頽齢、事事無心至妙霊＝〈世の中で、何物が、年齢とともに来る衰えをとどめてくれるのか、なにごとにも無心でおれば妙霊に至る〉。／(2)手掬寒泉憐茗熟、飽蒙柴火笑頭青＝〈若い僧は冷たい泉を汲んで茶を煎じ、やっと沸いたかと喜び、私はあくまで柴木の火に当たって、その青い頭を笑っている〉。この二句、特に上の句は、元唐卿の「雪夜に僧を訪う」詩（『錦繍段』）の「一天の明月、銀沙を晒《さら》す、童子、氷を敲《たた》いて、夜、茶を煮る」を踏まえたものであろう。／(3)錯将宗弊当吾責、毎遇禅余繙聖経＝〈分不相応にも、宗弊を立て直すという大任を負ってしまい、禅修行の合間には、儒教や老荘の書物まで読んでいる〉。「宗弊」は、前偈の「法弊」に同じ。そこの注(2)を参照。「聖経」は、聖経賢伝の意に解した。仏典とは思えない。第十九偈には、「墳典《ふんてん》、繙《ひもと》き来たれば、眼《まなこ》、已《すで》に青し（外典まで読んで年寄りになった）」とある。そこの注(3)を参照。／(4)果決生涯只如此、晩天影痩一灯冥＝〈一生涯、ただこのようにやり通す、晩天、灯火も消えて、物影ひとつない〉。

【一八一—六】下平声八庚韻

世間毀譽何關情、無徳退來了一生。鏡裡衰容聊慣看、顛毛覆雪不相驚。［壬寅］

*

(1)世間の毀誉《きよ》、何ぞ情に関《かか》わらん、徳無くして退《しりぞ》き来たって一生を了ず。(2)鏡裡の衰容、聊《いささ》か看るに慣らえり、顛毛《てんもう》、雪を覆《おお》うも、相驚《あいおどろ》かず。［壬寅《みずのえとら》］

(1)世間毀誉何関情、無徳退来了一生＝〈世間の毀《そし》りや誉《ほま》れなど全く関心がなく、徳もなく、隠居して一生を終わるのみ〉。(2)鏡裡衰容聊慣看、顛毛覆雪不相驚＝〈鏡に映る老いさらばえた姿も少し見なれてきて、白髪頭にもさほど驚かなくなった〉。底本注記にある「壬寅」は、享保七年（一七二二）。古月、五十六歳。

*

【一八一—七】下平声八庚韻

汲爨互無違道情、各圍瓦釜喫蔬羹。興來掃葉松間徑、追憶拾寒在國清。

*

(1)汲爨《きゅうさん》、互いに道情に違《たが》うこと無し、各おの瓦釜《がふ》を囲んで蔬羹《そこう》を喫す。(2)興《きょう》来たって、葉を掃《はら》う、松間の径《みち》、追憶す、拾寒《じっかん》の、国清に在りしことを。

(1)汲爨互無違道情、各囲瓦釜喫蔬羹＝〈水を汲み、飯を爨《た》き、互いに道情に背《そむ》かず、各自、素焼きの釜を囲んで、菜っ葉汁をすすっている〉。「道情」は、仏道上の心情。／(2)興来掃葉松間径、追憶拾寒在国清＝〈興がわいてきて松間の小径《こみち》の落葉を掃除していると、国清寺におった拾得や寒山のことが思い出された〉。下の句は、【九―一〇】注(1)を参照。

＊

【一八一―八】下平声九青韻

身律禪心座右銘。叨霑檀施不勞形。又祈阿母迎春健、添課金剛般若經。

＊

(1)身律禅心、座右に銘す、叨《みだ》りに檀施に霑《うるお》って形《けい》を労せず。(2)又た阿母《あぼ》の、春を迎えて健《すこ》やかならんことを祈って、課に金剛般若経を添う。

＊

(1)身律禅心座右銘、叨霑檀施不労形＝〈みだりに檀那の布施にうるおい、労働もしない者であるから、「身律禅心」を座右の銘としている〉。「身律禅心」は、戒定慧の三学を修めるということ。【一四―八】の本文を参照。／(2)又祈阿母迎春健、添課金剛般若経＝〈母が来年も健康であることを祈って、課経に金剛般若経を加える〉。「阿母」は、母。古月の母（祖雪尼）は、享保八年（一七二三）、享年八十九で没した。

【一八一―九】下平声一先韻

風雲占寂一盔天、憩影優遊三四年。漸覚高寒老痾革、抱爐日日課閑眠。［癸卯］

＊

(1)風雲、寂を占《し》む、一盔《いちう》の天、影を憩《いこ》うて優遊す三四年。(2)漸《ようや》く覚ゆ、高寒にして、老痾《ろうあ》の革《あらた》まることを、炉を抱いて、日日、閑眠を課す。［癸卯《みずのとう》］

＊

(1)風雲占寂一盔天、憩影優遊三四年＝〈ひとかめの水に映る空は風も雲も静かで、隠棲してから優遊自適、三四年が過ぎた〉。「盔」は、水汲み用の小さいかめ。「三四年」は、知又軒に隠棲してからの年数。底本注記にある「癸卯」は、享保八年（一七二三）。古月、五十七歳。古月は、五十四歳の時、知又軒に退居した。／(2)漸覚高寒老痾革、抱炉日日課閑眠＝〈この寒さに次第に老いの病を感じるようになり、毎日、火鉢を抱えて静かに眠ることにしている〉。「高寒」は、地勢が高くて厳寒なこと。「革」の本義は、病が危篤になること。「閑眠」は、風穴延沼の「老倒疎慵、無事の日、閑眠高臥、青山に対す」（『碧巌録』二十四則頌評唱）で有名。

【一八一―一〇】下平声九青韻

江浙舊盟千指許《バカリ》、算來今若曉天星。牕前松老清閑足、石上梅開殘夢馨。接物應機難得已、棄原逐末幾勞形。仰瞻二十八傳祖、終以語言不斷聽《ユルサ》。

＊

(1)江浙《こうせつ》の旧盟、千指許《ばか》り、算《かぞ》え来たれば、今、暁天の星の若《ごと》し。(2)窓前、松老いて、清閑足り、石上、梅開いて、残夢馨《かぐわ》し。(3)物に接し機に応ず、已《や》むことを得難し、原《もと》を棄《す》て末を逐って、幾《いく》たびか形《けい》を労す。(4)仰瞻《ごうせん》す、二十八伝の祖、終《つい》に語言を以て厮聴《あいゆる》さざることを。

＊

(1)江浙旧盟千指許、算来今若暁天星＝〈かつて各地を行脚して仏道成就を誓いあった道友は百人ほどもいたが、今かぞえてみると、明け方の星のように随分と少なくなった〉。「江浙」は、江蘇省と浙江省。宋代、禅宗が盛んであった地。ここでは、譬喩。「暁天星」は、数の少ないことを言う成句。／(2)窓前松老清閑足、石上梅開残夢馨＝〈窓前には松が老いて、清らかさと静けさは満ち足り、石上には梅が開いて、夢心地の中、かぐわしく香っている〉。「残夢」は、夜明けごろにウトウトしながら見続けている夢。／(3)接物応機難得已、棄原逐末幾労形＝〈応機接物もやむを得ず、いくたびか棄本逐末に身を労してきたことか〉。／(4)仰瞻二十八伝祖、終以語言不厮聴＝〈今、仰ぎ見るのだ、達磨大師が、言葉での理解を決して許されなかったことを〉。達磨大師は、言葉を以て所得を答えた道副・尼総持・道育には、それぞれ皮・肉・骨を与えたが、髄を得たのは、「礼拝して、位に依って立った」慧可であった。【九―一二】注(3)を参照。

＊

【一八一―一二】上平声十一真韻

餘長不儲自素貧、無由爲物布慈仁。寒梅新綻白於雪、分送清香遠襲人。

(1)余長《よじょう》、儲《たくわ》えず、自ずから貧《ひん》に素《そ》す、物の為に慈仁を布《し》くに由《よし》無し。(2)寒梅、新たに綻《ほころ》んで雪よりも白し、清香を分送して、遠く人に襲《つ》く。

*

(1)余長不儲自素貧、無由為物布慈仁＝〈余計な物は蓄えず、もとより清貧にある身、衆生にいつくしみを施すような手だてはない〉。「余長」は、余長物《よじょうもつ》の略。長物とも。規定以外の余計な物。「素貧」は、『中庸』にある「素貧賤（貧賤に素す）」。「素」は、処（おる）の義。／(2)寒梅新綻白於雪、分送清香遠襲人＝〈新しく咲いた寒梅は雪よりも白く、清香を分け送って、遠くの人にまで及ぼしている〉。無為自然の慈仁。「襲人」は、空気や香りなどが人の鼻に付くこと。「襲」は、及の義。

【一八一－一二】上平声五微韻

法喜聊醫道躰饑。備員三寶接光暉。又羞造次被他誘、愛暖憎寒坐竹扉。

*

(1)法喜、聊《いささ》か道体の饑《うえ》を医《いや》し、員《いん》に三宝に備《そな》わって光暉を接す。(2)又た羞《は》ず、造次《ぞうじ》にも他に誘《さそ》われて、暖を愛し、寒を憎んで、竹扉に坐すことを。

*

(1)法喜聊医道体饑、備員三宝接光暉＝〈粗食でどうにかこの身の飢えをいやし、形ばかり三宝の一員に名を連ねて、そのほまれを接《つ》がせてもらっている〉。「法喜」は、法喜食のこと。法身の慧命を養う法喜食と禅悦食との二食の一であるが、具体的には粗末な精進料理のこと。「道体」は、仏道者の身体。普通は、敬称に用いるが、ここでは、古月の自称。「備員」は、員数に入っているだけという意。ここの「光暉」は、光栄・栄耀の義。／(2)又羞造次被他誘、愛暖憎寒坐竹扉＝〈どうかした時は、誘惑に負けて、暖かいのがいい、寒いのはいやだと、竹扉の庵に坐りこんでしまうが、何ともそれが恥ずかしい〉。「造次」の本義は、【一〇―七二】注(3)を参照。

＊

【一八一―一三】上平声十四寒韻

遁來歳月五茲莫《クル》、聊覺光陰如走丸◎。蔬食菜羹何改樂、青松翠竹不饜看《アカ》◎。祖宗用力誰無足、俗習紛心自變難◎。身健境閑便禪誦、雲深城外一層巒◎。

＊

(1)遁《のが》れ来たって、歳月、五たび茲《ここ》に莫《く》る、聊《いささ》か覚ゆ、光陰の、走丸《そうがん》の如きことを。(2)蔬食菜羹《そじきさいこう》、何ぞ楽しみを改めん、青松翠竹、看ることを饜《あ》かず。(3)祖宗、力を用いば、誰か足ること無からん、俗習、心を紛《まが》って、自ら変ずること難し。(4)身健《すこ》やかに境閑《しず》かにして禅誦《ぜんじゅ》に便《たよ》りす、雲は深し、城外の一層巒《いちそうらん》。

＊

(1)遁来歳月五茲莫、聊覚光陰如走丸＝〈隠遁して五年が暮れたが、月日がたつのは何とも早いものだ〉。「莫」は、暮の古字。『詩経』小雅・鹿鳴之什・采薇に「歳亦莫止（歳亦た莫れんとす）」と。「走丸」は、成句に「下阪走丸（下阪に丸を走らす）」と。素早くて止まらない喩え。／(2)蔬食菜羹何改楽、青松翠竹不饜看＝〈粗末な飯や野菜の汁でも楽しみは変わらず、青い松や翠《みどり》の竹はどれほど見ていても飽きることはない〉。／(3)祖宗用力誰無足、俗習紛心自変難＝〈祖宗門下の事に努めるのに、力不足の者は誰もいないが、世俗の風習で本心を見失い、なかなか変るのは難しい〉。／(4)身健境閑便禅誦、雲深城外一層巒＝〈身体は健康で、環境は静かで、坐禅や読経に都合がよい、ここは、ひと重ねの峰に深い雲がかかる町外れ〉。

＊

【一八一－一四】下平声七陽韻

倏忽歳華登耳順《ナンナントス》、衰躬感夥結中腸。敢資三有非無願、欲答四恩永不忘。日日負暄松當几、時時上嶂艸成牀。従今歴盡古稀齒《ヒヲ》、算數逼來一十霜。

＊

(1)倏忽《しゆくこつ》たる歳華、耳順《じじゆん》に登《なんな》んとす、衰躬《すいきゆう》、感夥《おお》くして、中腸《ちゆうちよう》に結ぶ。(2)敢えて三有《さんぬ》を資《たす》くることは願《がん》無きに非ず、四恩に答えんと欲して永く忘れず。(3)日日、暄《けん》を負《お》って、松を几《き》に当て、時時、嶂《みね》に上って、草を牀と成す。(4)今より古稀の齒《よわい》を歴尽するも、数を算《かぞ》うれば、逼《せま》り来たる、一十霜。

＊

(1)倏忽歳華登耳順、衰躬感夥結中腸＝〈たちまちのうちに年月は過ぎ去って、もう六十歳を迎えようとしている、老衰の身で多感になり、いろいろと心に結ぼれて解けにくくなった〉。「倏忽」は、極めて短い時間。「歳華」は、年月の意。「耳順」は、六十歳。「六十にして耳順《したが》う」（『論語』為政第二）。古月の六十歳は、享保丙午十一年（一七二六）。備後の鳳源寺に夏制、甲斐の恵林寺に冬制した年。「結中腸」は、阮嗣宗《げんしそう》の「詠懐詩十七首」第二首（『文選』巻二十三）に「城を傾け下蔡《かさい》を迷わす、容好は中腸に結ばる（結中腸）」と。中腸は、はらわた、心のうち。／(2)敢資三有非無願、欲答四恩永不忘＝〈願を持ってすすんで三有を助けよう、永遠《とわ》に忘れずに四恩に報いよう〉。逐日看経の回向文（『諸回向清規式』巻二）に「上《かみ》、四恩に報い、下《しも》、三有を資け、法界の含識と、同しく種智を円《まど》かにせんことを」と。「三有」は、欲界・色界・無色界の三界にある生きとし生けるもの。「四恩」は、父母恩・衆生恩・国王恩・三宝恩。／(3)日日負暄松当几、時時上嶂草成牀＝〈いつもいつも日なたぼこりをして松を肘掛けにし、いつもいつも峰に登って草を床にしている〉。「負暄」は、【一〇一五五】注(3)を参照。／(4)従今歴尽古稀歯、算数逼来一十霜＝〈今から古稀の年齢を経ることになるが、数えれば、もう十年に迫っているではないか〉。「古稀」は、七十歳。「人生七十、古来稀《まれ》なり」（杜甫「曲江」詩）。

＊

【一八一―一五】下平声七陽韻

憶昨雜華［甲州慧林寺總門額］分歳日、半千竜象遶繩牀。歸來憇影舊窠窟、締構稱心新艸堂。毎誡施爲無逐物、矢逢聲利若探湯。遐齡幸向六旬二、自喜起居筋骨剛。［丁未。從甲州歸來］

(1)憶《おも》う昨《きのう》、雑華［甲州慧林寺の総門額］分歳《ぶんすい》の日、半千の龍象、縄牀を遶《めぐ》りしことを。(2)帰り来たって影を憩《いこ》う旧窠窟《きゅうかくつ》、締構《ていこう》、心に称《かな》う新草堂。(3)毎《つね》に誡《いまし》む、施為《せい》、物を逐うこと無きことを、矢《ちか》わくは、声利に逢うては湯《ゆ》を探《さぐ》るが若《ごと》くすべし。(4)遐齢《かれい》、幸いに六旬二に向《なんな》んとす、自ら喜ぶ、起居、筋骨の剛《つよ》きことを。［丁未《ひのとひつじ》。甲州より帰り来たる］

＊

(1)憶昨雑華［甲州慧林寺総門額］分歳日、半千龍象遶縄牀＝〈思えば、昨年の恵林寺の除夜の宴では、五百人もの龍象衆が禅床を取り囲んでいた〉。古月は、享保丙午十一年（一七二六）、甲斐の恵林寺に冬制を結び、翌丁未のこの年、解制して帰山した。「分歳」は、除夜の宴。「龍象」は、龍と象ではなく、最高の象という意を表わすために龍字を冠したもの。すぐれた禅僧の喩え。「縄床」は、縄を用いて作った椅子。胡床とも言い、禅床に同じ。／(2)帰来憩影旧窠窟、締構称心新草堂＝〈知又軒に帰ってまた隠棲していると、心にかなう新しい僧堂が建てられた〉。この年、知又軒を拡充して天寿山自得寺とし、新たに僧堂が建てられた。「旧窠窟」は、古巣。「締構」は、建造すること。／(3)毎誡施為無逐物、矢逢声利若探湯＝〈常に我が行ないに注意をはらい、外《そと》の物に惑わされないようにし、名声や利益を争っている場に出会ったならば、誓ってすぐに遠ざかろう〉。「逐物」は、『碧巌録』四十六則本則に「衆生は顛倒して己《おのれ》に迷って物を逐う」と。また『同』五十一則本則評唱に「物を却《しりぞ》くるを上と為《な》し、物を逐うを下と為す」と。【一四―一二】の本文と、各注記を参照。「若探湯」は、熱湯に手を入れたらすぐに手をひっこめるように、すぐに遠ざかるという意。『論語』季氏第十六の「不善を見ては、湯を探るが如くす（如探湯）」に基づく。／(4)遐齢幸向六旬二、自喜起居筋骨剛＝〈長生きをして有り難いことに来年はもう六十二歳になるが、筋骨も衰えずに達者に暮らしていることが喜ばしい〉。「遐齢」は、遐《なが》い齢《よわい》。長寿。

【一八一―一六】下平声八庚韻

丘嶽埋餘衰老影、皤然禿髪照霜明◎。銘肝爲法二文字、適口醫飢薄糝羹◎。十六眞人圖肖像、五雙雲衲結寒盟◎。正知意足事咸足、送臘團圝對短檠◎。

＊

(1)丘岳、埋め余す、衰老の影、皤然《はぜん》たる禿髪《とくはつ》、霜を照らして明らかなり。(2)肝《きも》に銘ず、為法の二文字、口に適《かな》う、飢《うえ》を医《いや》す薄糝羹《はくさんこう》。(3)十六の真人、肖像を図《えが》き、五双の雲衲、寒盟を結ぶ。(4)正に知る、意足れば、事咸《み》な足ることを、臘《ろう》を送って、団圝《だんらん》として、短檠《たんけい》に対す。

＊

(1)丘岳埋余衰老影、皤然禿髪照霜明＝〈年寄りの身、山中にまだ生きながらえ、禿げた髪は、月が霜を照らすように白い〉。「皤然」は、老人の髪の白いさま。／(2)銘肝為法二文字、適口医飢薄糝羹＝〈「為法（法の為にする）」という二文字を肝に銘じ、形枯を療ずる良薬としていささかの食をとる〉。「適口」は、張蘊古の「大宝箴」（『古文真宝後集』巻五）に「八珍を前に羅《つら》ぬるも、食らう所は、口に適《かな》うに過ぎず」と。「薄糝羹」は、粗食の譬喩。清拙正澄の「執爨」偈（『貞和集』巻十）に「藜羹薄糝《れいこうはくさん》（あかざの汁と米の薄い粥）、聊《いささ》か餒《うえ》に充《あ》つ、誰か管せん、前村、別に斎有ることを」と。／(3)十六真人図肖像、五双雲衲結寒盟＝〈十六羅漢が描かれ、十人の雲衲は、歳寒にも屈しない堅い誓いを結んでいる〉。上の句は、【一八〇―一二】の底本注記と、その注(3)を参照。「寒盟」は、一般には「盟を寒《ひや》す」と読み、誓約を守る心をゆるめる意に用いるが、ここでは、松柏寒盟の略で、艱難の交わりを言う。／(4)正知意足事咸足、送臘団圝対短檠＝〈心が満ち足りれば、何事も満ち足りるということを知り、除夜、十人の雲衲たちと、短い灯檠《ともしびたて》を囲んでいる〉。「短檠」は、短い灯檠のことだが、杜甫に「短檠歌」詩があり、特に勉学読書用の短い燭台を言う。

【一八一―一七】下平声一先韻

光陰倏忽總如夢、羊近屠家事可憐。雨打燒痕轉新緑、氣回暖律入春年。蕪章未效麟經筆、壽算已登犧卦員。何管背非兼面是、自強負任祖師禪。［己酉］

＊

(1)光陰、倏忽《しゆくこつ》として、総《すべ》て夢の如し、羊、屠家《とか》に近し、事、憐れむ可《べ》し。(2)雨、焼痕《しようこん》を打って、新緑を転じ、気、暖律《だんりつ》を回《めぐ》って、春年に入る。(3)蕪章《ぶしよう》、未だ麟経《りんけい》の筆に効《なら》わず、寿算《じゆさん》、已《すで》に犧《ぎ》卦《か》の員に登る。(4)何ぞ背非《はいひ》と面是《めんぜ》とを管せん、自ら強《し》いて負任す、祖師の禅。［己酉《つちのととり》］

＊

(1)光陰倏忽総如夢、羊近屠家事可憐＝〈月日はたちまち過ぎ去り、何事もまるで夢のようだ、羊が屠殺場に近づいていく、何とも憐れだ〉。「倏忽」は、極めて短い時間。「羊近屠家」は、刻一刻と死に近づく譬喩。【七―一七】注(1)を参照。／(2)雨打焼痕転新緑、気回暖律入春年＝〈雨は野焼きの跡地に降って新緑をひるがえし、気は暖律をめぐって新春に入る〉。「焼痕」は、野焼きの跡地。四明雲外岫和尚の「天寧の火後」詩（『江湖風月集』巻下）の転句に「春風吹き転ず、焼痕の緑」と。「暖律」は、古代、葭管《かかん》（葭《あし》の灰を入れた管楽器）で気候を測定していたことによる言葉で、温暖な季節時候を言う。『宏智広録』巻七に「春雷、衆蟄を開き、暖律、千華を発《ひら》く」と。／(3)蕪章未効麟経筆、寿算已登犠卦員＝〈『春秋』を学んだことすらない下手な文章、年齢ばかり六十四になる〉。「蕪章」は、自己の文章の謙称。「蕪」は、あれくさ。「麟経」は、『春秋』のこと。『春秋』が、「（哀公）十有四年、春、西狩獲麟。」の一文で終わることによる。『春秋』は、孔子の作とも伝わり、儒教の経書の一つとされている。「犠卦」

は、伏犠の卦。つまり、『易経』のこと。伏犠（伏義とも）は、『易経』の著者と伝えられ、『易経』は、六十四卦を有する。ここでは、この「六十四」を言うのみ。底本注記にある「己酉」は、享保十四年（一七二九）。年が明ければ、古月、六十四歳。／(4)何管背非兼面是、自強負任祖師禅＝〈面と向かっては賛成するが陰では批判する、そんな者には関わらず、自ら進んで祖師禅を担っていく〉。「背非兼面是」は、面是背非と熟す。

【一八一―一八】下平声十蒸韻

工夫密密冷氷氷。不渉暗明磨古菱。壊衲水雲雙百指、薄糝米麥二三升。赤貧自笑壓先輩、修錬何堪稱老僧。白雪滿頭年又莫、行藏相伴一枝藤。

＊

(1)工夫密密、冷氷氷、暗明に渉《わた》らず、古菱《こりよう》を磨く。(2)壊衲《えのう》の水雲、双百指、薄糝《はくさん》の米麦、二三升。(3)赤貧《せきひん》、自ら笑う、先輩を圧《お》すことを、修錬、何ぞ老僧と称するに堪えん。(4)白雪満頭、年又た莫《く》る、行蔵《ぎようぞう》、相伴《あいとも》なう、一枝の藤。

＊

(1)工夫密密冷氷氷、不渉暗明磨古菱＝〈綿密な工夫の姿勢は氷の如くに冷たく、明るくなろうがなるまいが、古い鏡をひたすらに磨いている〉。この二句は、「南岳磨磚」と呼ばれる話頭（『五灯会元』巻三・南岳懐譲章）に基づき、次句の二十人の雲水の只管打坐の修行態度を表現したもの。「冷氷氷」は、人をして震え上がらしめるほどの冷徹さ。『五家正宗賛』巻一の六祖伝の賛に「毒蛇の口気、冷氷氷」と。「古菱」は、ひしの花の形をした古の菱花鏡のこと。『祖庭事苑』巻四に「菱花は、魏の武帝の鏡名なり」と。／⑵壊衲水雲双百指、薄糝米麦二三升＝〈破れ衣の雲水が二十人、米麦混ざりの薄い粥が二三升〉。「薄糝」は、第十六偈の注⑵を参照。「二三升」は、薄粥の量でもあるが、二霊知和庵主の偈（『五灯会元』巻十八）に「竹篦二三升の野水、松窓七五片の閑雲。道人の活計は祇だ此《かく》の如《た》し」とあるのを踏まえたもの。／⑶赤貧自笑圧先輩、修錬何堪称老僧＝〈私は、その赤貧においては、笑えるほどに先輩達を圧倒しているが、禅修行においては、老僧と呼ばれるほどではない〉。「赤貧」は、この後の偈にも用いられるが、「余長《よじょう》、儲《たくわ》えず、自ずから貧《ひん》に素《そ》す」（第十一偈）という古月の一貫とした生き方。「先輩」は、第二十偈に出る、枯淡を宗とした楊岐方会などを言う。／⑷白雪満頭年又莫、行蔵相伴一枝藤＝〈白髪頭にまた年が暮れてゆく、何事も一本の杖に頼らねばならぬ〉。「莫」は、暮の古字。第十三偈の注⑴を参照。「行蔵」は、出所進退。『論語』述而第七の「之れを用いれば則ち行ない、之れを舎《す》つれば則ち蔵《かく》る」に基づく語。

【一八一―一九】下平声九青韻

六旬有五風檣疾、此去《コヽ》徂年愈只寧《イヨイヨカクノ如ナルベシ》。各效古叢乞衣計、自憑座右誡心銘。石籌［毱多尊者縁］相雜念加黒、墳典繙來眼已青。老矣潛鞭躬《ミツカラ》告訴、何追塵事若浮萍。［辛亥］

＊

⑴六旬有五、風檣《ふうしょう》疾《と》し、此去《ここ》って、徂年《そねん》、愈《いよ》いよ只寧《かくのごと》くなるべし。⑵各おの、古叢の、衣《え》に乞しき計に効《なら》い、自ら、座右の、心を誡《いまし》むる銘に憑《よ》る。⑶石籌《せきちゅう》［毱多《きくた》尊者の縁］、相雑《あいまじ》わって、念、黒を加え、墳典《ふんてん》、繙《ひもと》き来たれば、眼《まなこ》、已《すで》に青し。⑷老いたり、潜鞭《せんべん》して、躬《みずか》ら告訴せん、何ぞ

塵事の、浮萍《ふひょう》の若《ごと》くなるを追わんや。［辛亥《かのとい》］

＊

⑴六旬有五風檣疾、此去徂年愈只寧＝〈六十五年、風をはらんだ帆船の如くに早く過ぎ去ったが、これより過ぎ行く年も、ますますそのようであろう〉。「風檣」は、迅速の譬喩。第三偈の注⑴を参照。「徂年」の「徂」は、往・去の義。底本注記にある「辛亥」は、享保十六年（一七三一）。古月、六十五歳。／⑵各効古叢乏衣計、自憑座右誡心銘＝〈各自、古叢林が乏しい衣糧で暮らしていたことを見習い、座右に置いた、心をいましめる銘言をよりどころとしている〉。因みに古月の座右銘は「身律禅心」であった。第八偈を参照。／⑶石籌［毱多尊者縁］相雑念加黒、墳典繙来眼已青＝〈白黒の石は混ざり合い、もともと白かった心はますます黒くなり、外典まで読んで、目はもう青くなってしまった〉。「石籌」は、優波毱提が、衆生の善念には白石を置き、悪念には黒石を置いて籌《かずと》りし、初めは黒石ばかりで白石は少なかったが、だんだんと修習していき、ついには白石ばかりになったという故事（『賢愚経』巻第十三・六十七話）。「墳典」は、三墳五典の略で、三皇・五帝の書のこと。転じて聖人賢人の書を言う。第五偈には、「禅余に遇う毎《ごと》に聖経を繙《ひもと》く」とあった。因みに「竺墳」と言えば、天竺の墳典で、仏経のことだが、ここでは、いわゆる外典のこと。「眼已青」は、ここでは、老年になる譬喩。「江山千里、倶《とも》に頭白《こうべ》く、骨肉十年、終《つい》に眼《まなこ》青し」（黄山谷「送王郎」詩）。／⑷老矣潜鞭躬告訴、何追塵事若浮萍＝〈老いたり、とはいえども、ひそかに鞭打って、自ら訴える、浮き草の如き世間の俗事に追随などはせぬと〉。「老矣」は、従来、「老いたり」と読んでいる。老いぼれたの意で、「矣」は、断定決定を表わす助辞。「潜鞭」は、潜鞭密錬などと熟す。「告訴」は、「潜鞭」とあるので、誰かに訴えるのではなく、我が身に訴えるという意。

【一八一―二〇】上平声五微韻

歳月近來流箭疾、頼能閑靖鎖禪扉。松侵白雪丈夫操《ミサヲ》、梅放寒香古佛機。念念要逃澆季隊、言言恐飾一時非。赤貧濫壓楊岐老、曩昔《ソノカミノ》壯心事已違。　［壬子］

＊

(1)歳月、近来《このごろ》、流箭《りゅうせん》疾《と》し、頼《さいわ》いに閑靖《かんせい》を能《よ》くして禅扉《ぜんぴ》を鎖《とざ》す。(2)松、白雪を侵す、丈夫の操《みさお》、梅、寒香を放つ、古仏の機。(3)念念、澆季《ぎょうき》の隊を逃るることを要し、言言、一時の非を飾ることを恐る。(4)赤貧《せきひん》、濫《みだ》りに楊岐老を圧《お》す、曩昔《そのかみ》の壮心、事、已《すで》に違《たが》えり。［(5)壬子《みずのえね》］

＊

(1)歳月近来流箭疾、頼能閑靖鎖禅扉＝〈歳月はこのごろ流れ矢の如くに早く過ぎ去るが、幸いなことに禅扉を閉ざしてもの静かに暮らせている〉。「流箭」は、流矢に同じ。それた矢。また、飛びくる矢。／(2)松侵白雪丈夫操、梅放寒香古仏機＝〈松は白雪を払いのけて丈夫の操《みさお》を見せ、梅は寒香を放って古仏の機《はたらき》を示している〉。上の句は、松操。『論語』子罕第九に「歳寒くして、然る後に松柏の彫《しぼ》むに後《おく》るるを知る」と。「彫むに後る」とは、彫まないということ。「丈夫」は、【九―四―③】注(2)を参照。「梅」は、雪裡の梅。仏法の端的。五山文学以来、雪中に開く梅花は、仏の成道の象徴として用いられる。「寒香」は、清冽な香気。梅の香りを形容する言葉。／(3)念念要逃澆季隊、言言恐飾一時非＝〈一念一念、末世の隊伍から逃れることを思い、一言一言、一時の非行を言いつくろうことを慎んでいる〉。「澆季」は、末世に同意。人情うすく世の乱れた末の世。「飾非」は、自分の悪いことを飾りつくろうこと。ここでは、『荘子』盗跖の「弁は以て非を飾るに足る」を踏まえたもの。／(4)赤貧濫圧楊岐老、曩昔壮心事已違＝〈赤貧の私は、むやみに楊岐老人を圧倒せんとしてきたが、かつて壮《さか》んだった志も、ことここに及んで食い違ってしまった〉。上の句は、第十八偈の注(3)を参照。「楊岐老」は、枯淡を宗とした楊岐方会。【一〇一一〇】注(3)を参照。／(5)壬子＝享保十七年（一七三二）。古月、六十六歳。

*

【一八一―二一】下平声六麻韻

脚下光明無隔礙、六十七稔結空華◎。一爐柴火埋頭睡、數朶寒梅共鬂華シロシ［東坡集鬂已華］。遮莫人呼癡老漢、由來自適懶生涯◎。赤貧強許伴雲水、況乃崦嵫暮景斜◎。　［癸丑］

(1)脚下の光明、隔礙《かくげ》無し、六十七稔、空華《くうげ》を結ぶ。(2)一炉の柴火《さいか》、頭《こうべ》を埋めて睡《ねむ》り、数朶《すうだ》の寒梅、鬂《びん》と共に華《しろ》し［東坡集に「鬂已《びんすで》に華《しろ》し」と］。(3)遮莫《さもあらばあれ》、人の痴老漢と呼ぶことを、由来《もとより》自適す、懶生涯《らんしょうがい》。(4)赤貧《せきひん》、強《し》いて許す、雲水に伴うことを、況《いわ》んや乃《すなわ》ち崦嵫《えんし》、暮景の斜めなるをや。［癸丑《みずのとうし》］

*

(1)脚下光明無隔礙、六十七稔結空華＝〈脚下の光明は、何の隔たりも障りもなく照らしている、六十七年もの間、空華を見ていたのだ〉。「脚下光明」は、人人本具の仏性。「隔礙」は、隔離阻礙の義。「稔」は、年の義。稲が一回成熟する期。「空華」は、眼華とも言い、眼を患った者が空中に見る実在しない花。心の迷いによって作り出される架空の存在に喩える。【七一一〇】注(3)を参照。底本注記にある「癸丑」は、享保十八年（一七三三）。古月、六十七歳。／(2)一炉柴火埋頭睡、数朶寒梅共鬔華［東坡集鬔已華］＝〈一炉の柴木の火に当たって一心に眠り、数本の寒梅とびんずらの白さを共にしている〉。「埋頭」は、没頭の意。原文の「鬔」は、鬢の俗字。「華」は、白の義。特に髪の白いことを言う。「東坡集鬔已華」は、蘇東坡の「三朶花」詩の第一句に「学道無成鬔已華」とある。／(3)遮莫人呼痴老漢、由来自適懶生涯＝〈ボケ老人と呼ばれてもしかたあるまい、もともとこのものぐさな生活が私は好きなのだ〉。「自適」は、悠々自適の自適。「懶生涯」は、【一〇―五九】注(2)を参照。／(4)赤貧強許伴雲水、況乃崦嵫暮景斜＝〈赤貧を宗としてきた私だが、雲水の世話になるのもやむを得まい、ましてや崦嵫《えんし》の山に日が暮れかかっているような老いの身ならばなおさらだ〉。「赤貧」は、第十八偈の注(3)を参照。「況乃」は、二字で「いわんや」の義。「崦嵫」は、日が沈む所と信じられていた山の名。転じて年老いる譬喩に用いる。

＊

【一八一―二二】上平声五微韻

歳晩殊驚逼古稀、光陰荏苒去如飛。麁茶淡飯飽禪熟、名蓋利纏遮道揮。雪裡梅香無敢隠、爐頭柴火任孤圍。寸難行矣尺言易、痛顧衰窮甘息機。　［甲寅］

(1)歳晩、殊に古稀に逼《せま》るに驚く、光陰、荏苒《じんぜん》として去って飛ぶが如し。(2)麁茶淡飯《そちゃたんぱん》、禅の熟するに飽《あ》き、名蓋利纏《みょうがいりてん》、道の揮《ふる》うを遮《さえぎ》る。(3)雪裡の梅香、敢えて隠すこと無く、炉頭の柴火《さいか》、孤《ひと》り囲むに任《まか》す。(4)寸は行ない難く、尺は言うこと易《やす》し、痛く衰窮を顧《かえり》みて、機を息《や》むることを甘《あま》なう。　［甲寅《きのえとら》］

＊

(1)歳晩殊驚逼古稀、光陰荏苒去如飛＝〈この年の暮れ、七十歳に迫っていることにはなはだ驚いた、歳月は、飛ぶ鳥の如くに過ぎ去った〉。「古稀」は、七十歳。「人生七十、古来稀《まれ》なり」（杜甫「曲江」詩）。底本注記にある「甲寅」は、享保十九年（一七三四）。古月、六十八歳。「荏苒」は、歳月が過ぎ去るさま。／(2)麁茶淡飯飽禅熟、名蓋利纏遮道揮＝〈麁淡の茶飯は、禅を円熟させるに十分で、名利の蓋纏《がいてん》は、道の発揮をさまたげる〉。「麁茶淡飯」は、麁淡の茶飯。黄山谷の「四休居士」詩の序文に出て有名な言葉。「太医孫君昉、字《あざな》は景初。士大夫の為に薬を発して、多く謝を受けず。自ら四休居士と号す。山谷、其の説を問う。四休、笑って曰く、『麁茶淡飯も飽けば即ち休す、補破遮寒も暖なれば即ち休す、三平二満も過ぐれば即ち休す、貪《むさぼ》らず妬《ねた》まず、老いては即ち休す』と。山谷曰く、『此れ安楽の法なり。……』」。「名蓋利纏」は、名利の蓋纏。蓋纏は、心性を蓋《おお》い、纏縛して自由を得ないこと。／(3)雪裡梅香無敢隠、炉頭柴火任孤囲＝〈雪中の梅は、あまねく香りを放ち、柴木の燃える炉を一人で囲む私は、ほしいままにその香りを嗅いでいる〉。「雪裡梅香」は、仏法の端的。五山文学以来、雪中に開く梅花は、仏の成道の象徴として用いられる。「無敢隠」は、決して隠さないという意。／(4)寸難行矣尺言易、痛顧衰窮甘息機＝〈少しも実行出来ないのに、言うことだけは大きい、痛切にこの我が老衰の身を反省して、小賢しいことは言わずにおこう〉。上の句は、ことわざの「言うは易く行なうは難し」。ここの「寸」「尺」は、小・大。「衰窮」は、老衰が窮《きわ》みに達すること。「甘息機」は、杜甫の「将赴成都草堂……五首」詩の第五詩などにある言葉で、機心（うまくやろうとする心）をやめてしまうこと。

【一八一―二三】上平声十三元韻

三十年來立化門、聊酬佛祖庇庥恩。天縦可稱古稀叟、世濫羞呼濟北孫。大法千鈞支痩骨、白毫分與拜昌言。末梢一著吾心滿、各自罷休參本源。［乙卯］

＊

(1)三十年来、化門《けもん》を立て、聊《いささ》か仏祖庇庥《ひきゅう》の恩に酬ゆ。(2)天縦《ゆる》して古稀の叟《おきな》と称す可《べ》し、世濫《みだ》りに済北の孫と呼ぶことを羞《は》ず。(3)大法千鈞、痩骨《そうこつ》に支え、白毫《びゃくごう》分与、昌言《しょうげん》を拝す。(4)末梢《まつしょう》の一著、吾が心満てり、各自に罷休《はきゅう》して本源に参ずべし。［乙卯《きのとう》］

＊

(1)三十年来立化門、聊酬仏祖庇庥恩＝〈大光寺に住持し、衆生済度を担ってから、かれこれ三十年、少しは仏祖庇護の恩義にむくいたであろうか〉。「立化門」は、建立化門の略。「化門」は、衆生教化の為の方便門、第二義門。底本注記にある「乙卯」は、享保二十年。古月、六十九歳。古月が、大光寺に住したのは、四十一歳のこと。／(2)天縦可称古稀叟、世濫羞呼済北孫＝〈天は許して私に七十翁の名を与えて下さるが、世間がみだりに臨済禅師の法孫などと呼ぶのが恥ずかしい〉。「天縦」は、天が縦《ゆる》してほしいままにさせること。「済北」は、臨済義玄の異称。／(3)大法千鈞支痩骨、白毫分与拝昌言＝〈千鈞の大法を、この老い痩せた身で支えてこられたのも、仏の言葉を拝みいただいてきたからであろう〉。「白毫」は、仏の眉間にある白毫。そこから放たれる光明。ここでは、仏説に譬える。「昌言」は、為になる善い言葉。『書経』皐陶謨《こうようぼ》に「帝曰く、『来たれ禹。汝も亦た昌言せよ』」と。／(4)末梢一著吾心満、各自罷休参本源＝〈釈尊が最後に示された教えで私の心は満たされている、各自、世事をやめて、自心の本性をきわめよ〉。「末梢一著」は、釈尊が最後に示された教え。【九―一―⑧】（「仏涅槃」偈）に「末梢、為に毫光を分かち去る」とある。古月は、持戒を説く『遺教経』を、特に尊重する。「罷休」は、休息・停止の意。禅録では、万事に決着を着けることにも言うが、ここでは、一切の世事に関わるなということ。「本源」は、本源清浄仏・本源仏性。自心の本性。

【一八一―二四】下平声十一尤韻

歳月怱怱駛《トシ》似流、明朝叡壽又加籌。敲氷屡洗是非耳、養老不關名利憂。柴火點青［灰也］青黒服［青黒木蘭袈裟正色］、梅花爭白白眉頭。江湖舊友多成古、孤影蕭然殘燭幽。［丙辰］

＊

(1)歳月、怱怱《そうそう》として、流れよりも駛《と》し、明朝、叡寿《とうじゅ》に又た籌《ちゅう》を加えん。(2)氷を敲《たた》いて、屡《しば》是非の耳を洗い、老いを養って、名利の憂いに関わらず。(3)柴火《さいか》、青［灰なり］を点ず、青黒の服［青黒木蘭は袈裟の正色なり］、梅花、白を争う、白眉頭。(4)江湖の旧友、多くは古と成る、孤影、蕭然《しょうぜん》として、残燭《ざんしょく》幽なり。［丙辰《ひのえたつ》］

＊

(1)歳月怱怱駛似流、明朝叡寿又加籌＝〈歳月は慌ただしく過ぎ去り、急流よりも速い、明朝は、七十歳にまた一年を加える〉。「駛」は、馬の疾走。「駛流」で、急流の意。「叡」は、七十歳の称。「籌」は、かずとり。底本注記にある「丙辰」は、元文元年（一七三六）。古月、七十歳。／(2)敲氷屡洗是非耳、養老不関名利憂＝〈氷を割って水をすくい、是非を聞いて汚れた耳を幾度も洗い、老いの身をいたわって、名利の憂いには関わらない〉。「是非」は、世間のもめごと。一山国師の「巣父洗耳」賛の転句に「崖泉自洗是非耳」と。洗耳の故事〈巣父洗耳〉は、【九―二―⑨】注⑵を参照。／⑶柴火点青［灰也］青黒服［青黒木蘭袈裟正色］、梅花争白白眉頭＝〈青黒の袈裟には、柴木が燃えた灰が付き、白い眉は、梅花とその白さを競っている〉。「青黒服」は、如法色の袈裟。【一八〇―二二】注⑶を参照。／⑷江湖旧友多成古、孤影蕭然残燭幽＝〈行脚修行を共にした旧友は多く古《いにしえ》の人となった、ひとり物寂しく、消えかかる灯火も暗い〉。

【一八一―二五】下平声八庚韻

枯槁形容餘老病、懶涯知足養殘生。屢添榾柮茶烟暖、時《オリオリ》擁帋衣槐夢成。雨打梅花沾蝶翅、春侵臘雪入禽聲。白牛上味《ゴ》任咬著、既至曉鐘是孟正。［丁巳］

＊

⑴枯槁せる形容、老病を余《あま》す、懶涯《らんがい》、足ることを知って、残生を養う。⑵屢《しば》しば榾柮《こっとつ》を添えて茶烟暖かに、時《おり》おり紙衣《しえ》を擁して槐夢《かいむ》成る。⑶雨、梅花を打って蝶翅《ちょうし》を沾《うるお》し、春、臘雪を侵して禽声に入る。⑷白牛《びゃくご》の上味、咬著するに任す、既に暁鐘に至れば是れ孟正《もうしょう》。［⑸丁巳《ひのとみ》］

＊

⑴枯槁形容余老病、懶涯知足養残生＝〈やつれている上に老いの病、ものぐさな我が生活、足ることを知って、永くもない命を養っている〉。「懶涯」は、懶生涯の略。【一〇―五九】注⑵を参照。／⑵屢添榾柮茶烟暖、時擁紙

衣槐夢成＝〈しきりに木っ端を焚いて茶の湯気は温かく、折にふれては紙衣をまとって夢をみている〉。「榾柮」は、【一〇一三】注(2)を参照。原文の「帋」は、紙に同じ。「槐夢」は、【一五六】注(1)を参照。／(3)雨打梅花沾蝶翅、春侵臘雪入禽声＝〈雨は梅花に降って春蝶の翅《はね》をぬらし、春は臘月の雪をとかしてウグイスは鳴き始める〉。下の句は、いわゆる「出谷の黄鶯」の景色。【一〇一五四】注(2)を参照。／(4)白牛上味任咬著、既至暁鐘是孟正＝〈白牛の御馳走を食らうがよい、暁鐘が鳴れば正月だ〉。「白牛上味」は、「北禅烹牛」と呼ばれる話頭からの言葉。【一〇一三】注(2)を参照。白牛については、【一四二】注(3)を参照。／(5)丁巳＝元文二年（一七三七）。古月、七十一歳。

【一八一―二六】下平声一先韻

松嶺退休十九年、一身衰憊課閑眠。心頭曾蔑煩他事、唇上何勞鼓祖禪。擁石寒氷溪舌唖、封梅林塢雪華鮮。纔聽暖字耐相謝、燈下猶期春色還。　［戊午］

＊

(1)松嶺に退休す十九年、一身、衰憊《すいはい》して、閑眠を課す。(2)心頭、曾て他事に煩《わずら》うこと蔑《な》く、唇上、何ぞ祖禅を鼓するに労せん。(3)石を擁する寒氷、渓舌《けいぜつ》唖し、梅を封ずる林塢《りんお》、雪華鮮《あざ》やかなり。(4)纔《わずか》に暖字を聴いては相謝《あいしゃ》するに耐《た》えたり、灯下、猶お春色の還《かえ》るを期すがごとし。　［戊午《つちのえうま》］

＊

(1)松嶺退休十九年、一身衰憊課閑眠＝〈松嶺に退休してより十九年、この身は衰え疲れてしまい、静かに眠ることにつとめている〉。古月は、享保五年（一七二〇）、大光寺を法嗣の翠巌従真に譲って、知又軒〈後の天寿山自得寺）に退居した。底本注記にある「戊午」は、元文三年（一七三八）。古月、七十二歳。／(2)心頭曾蔑煩他事、唇上何労鼓祖禅＝〈心は他事から煩わされることなく、口は祖師禅を語ることをしない〉。ここの「蔑」は、無の義。／(3)擁石寒氷渓舌唖、封梅林塢雪華鮮＝〈寒氷が石をおおって谷川の音もせず、土手は梅を封じ込めて雪がまだ新しい〉。「渓舌」は、蘇東坡の「渓声便是広長舌」に基づく言葉。／(4)纔聴暖字耐相謝、灯下猶期春色還＝〈少しウグイスの暖かい鳴き声を聞いたが、灯火のもと、春が帰って来るのを待っている私と、挨拶を交わしているようだ〉。上の句は、いわゆる「出谷の黄鶯」の景色。「暖字」は、五山文学の惟肖得巌の詩句（「歳旦寄梅屋五首」第五首）にある「喬林の黄鳥、暖声喧《かまびす》し」の「暖声」の意で解した。

【一八一―二七】上平声十三元韻

玄帝濫敷青帝化、梅花翻却雪乾坤。菜蔬療饑末猶《ヲイテ》健、紙襖幾重事不煩。冗冗俗塵何足労、明明祖意更休論。挑燈應計賣癡術、一念自欺背佛恩。［己未］

＊

(1)玄帝、濫《みだ》りに敷《し》く、青帝の化、梅花、翻却《ほんきゃく》す、雪の乾坤。(2)菜蔬《さいそ》、饑《うえ》を療《いや》して、末《お》いて猶お健《すこ》やかに、紙襖《しおう》、幾《いく》重ねして、事、煩《わずら》わず。(3)冗冗《じょうじょう》たる俗塵、何ぞ労するに足らん、明明たる祖意、更に論ずることを休《や》めよ。(4)灯《ともしび》を挑げて、応《まさ》に痴を売るの術を計《はか》るべし、一念、自《みずか》ら欺《あざむ》かば、仏恩に背《そむ》かん。［(5)己未《つちのとひつじ》］

＊

(1)玄帝濫敷青帝化、梅花翻却雪乾坤＝〈天の神さまが、無秩序に春の神さまの仕事をして、もう梅花が雪の中をひるがえっている〉。例年よりも早く春が訪れたということ。「玄帝」は、天帝。天の主宰者。造化の神。「青帝」は、春をつかさどる神。／(2)菜蔬療饑末猶健、紙襖幾重事不煩＝〈粗末な食事で飢えをしのいでいるが、老いてますます健やかで、紙ごろもを幾重にも着て、世事にわずらうことはない〉。「菜蔬」は、野菜ばかりの食事。原文の「帋」は、紙に同じ。／(3)冗冗俗塵何足労、明明祖意更休論＝〈入り乱れた俗世のことなどに心をわずらわせず、宗旨を語るようなこともするな〉。「明明祖意」は、龐居士の「明明百草頭、明明祖師意」に基づく。／(4)挑灯応計売痴術、一念自欺背仏恩＝〈松明《たいまつ》をかかげて、「君に阿呆を売るよ、君に阿呆を売ろう」とやってみろ、小賢しい一念は、仏恩にそむくことになる〉。「売痴」は、除夜の祭りの終わった後、子供が街上を、「売汝痴、売汝獃〈汝に痴《ち》を売らん、汝に獃《がい》を売らん〉」と叫びながら繞行する呉の風俗。ここでは、阿呆に徹する譬喩であろう。／(5)己未＝元文四年（一七三九）。古月、七十三歳。

【一八一―二八】下平声一先韻

效用松源省數錢、生涯枯淡遂天年。更無一物爲春設、柴火滿爐覺暖然。　［庚申。骨清堂］

＊

(1)松源の省数銭《せいすうせん》を用いるに効《なら》って、生涯枯淡にして天年を遂《と》ぐ。(2)更に一物の、春の為に設くる無し、柴火《さいか》、炉に満ちて、暖然たるを覚ゆ。　［(3)庚申《かのえさる》。(4)骨清堂］

＊

(1)効用松源省数銭、生涯枯淡遂天年＝〈松源和尚の節約を見習って、生涯枯淡で天寿を全うする〉。「松源省数銭」は、『虚堂録』巻九にある言葉で、虎丘下松源派の、説き尽くさざる禅を言う。「省数銭」は、古代、七十七文を以て、額面百文に通用させた用銭法。日本で言う「九六銭」。妙心寺派の法脈は、……楊岐方会……虎丘紹隆……松源崇岳―運庵普巌―虚堂智愚―南浦紹明―宗峰妙超―関山慧玄……と相承するが、特に松源和尚の経典祖録に対する綿密な参究姿勢を「黒豆《こくず》の法」と呼び、看経の軌範としている。「天年」は、天から享《う》けた命数。／(2)更無一物為春設、柴火満炉覚暖然＝〈春を迎える除夜の宴に、もてなすものとてないが、柴木が囲炉裏に燃えて暖かい、それだけが御馳走だ〉。この二句は、「北禅烹牛」の話頭を踏まえる。【一〇―三】注(2)を参照。／(3)庚申＝元文五年（一七四〇）。古月、七十四歳。／(4)骨清堂＝古月の隠棲所。【四〇】注(19)を参照。

【一八一―二九】下平声五歌韻

定然光景更無多、果決生涯家《イヘス》石阿。唯有伯倫負鉏累《ワツラヒ》、話充《アツ》除夕一篇歌。　［辛酉］

*

(1)定然たる光景、更に多きこと無し、生涯を果決して石阿《せきあ》に家《いえ》す。(2)唯だ伯倫《はくりん》が鉏《すき》を負わす累《わずら》い有り、話《かた》って除夕一篇の歌に充《あ》つ。　［(3)辛酉《かのととり》］

*

(1)定然光景更無多、果決生涯家石阿＝〈寂定たるこの光景、よそには決してあるまい、一生涯、石山の奥に住み通す〉。「石阿」の「阿」は、くま（隈・曲）。／(2)唯有伯倫負鉏累、話充除夕一篇歌＝〈私が死ねば、君たちをわずらわせることになるが、そこらに埋めてくれ、こんな話をして、除夜の偈頌に当てた〉。「唯有」というのは、ほかの思いはもうないが……ということ。「伯倫」は、竹林七賢の一人、劉伶《りゅうれい》の字《あざな》。大酒のみで、いつも従者に鍬《すき》を持たせ、自分が死んだら、すぐその場に埋めよと命じていたと言う。／(3)辛酉＝寛保元年（一七四一）。古月、七十五歳。

【一八一―三〇】前五句は去声四寘韻、後五句は去声二十一箇韻

松老風光轉深邃、不知人世忙忙地。柴火爐頭堪懶睡、得閑致、解言直指非文字。［漁家傲體。壬戌歳暮］

維命不寒還《マタ》不餓、禪心一片恣行坐。世路任他多坎坷、此些些、清風明月長相和。［右同］

＊

(1)松老いて、風光、転《うた》た深邃《しんすい》、知らず、人世の忙忙地なることを。(2)柴火炉頭《さいかろとう》、懶睡《らんすい》するに堪えたり、閑致《かんち》を得たり、言うことを解《よ》くす、直指は文字に非ずと。［(3)漁家傲《ぎょかごう》の体。(4)壬戌《みずのえいぬ》の歳暮］

＊

(5)維《こ》れ命あり、寒《こご》えず、還《ま》た餓《う》えず、禅心一片、行坐を恣《ほしいまま》にす。(6)世路、任他《さもあらばあれ》、多くは坎坷《かんか》なることを、此れ些些《しゃしゃ》、清風明月、長《とこし》えに相和《あいわ》す。［(7)右に同じ］

(1)松老風光転深邃、不知人世忙忙地＝〈松は老いて風光はいよいよ奥深く、人の世の忙しさなどは分からない〉。／(2)柴火炉頭堪懶睡、得閑致、解言直指非文字＝〈柴木の燃える炉端は怠けて眠るのに持ってこいで、静かなよいこころもちにいる、「直指単伝不立文字」とは、よく言ったものだ〉。「閑致」は、未見の語だが、閑情逸致の義か。／(3)漁家傲体＝詞の形式の一。宋の晏殊の『珠玉詞』の中の「神仙曲漁家傲」の一句から採られた。双調で六十二字、

前後各五句を置き、仄韵のスタイル。底本が、前後を分けて、二詩のように配列しているのは誤りだが今は従った。／(4)壬戌＝寛保二年（一七四二）。古月、七十六歳。／(5)維命不寒還不餓、禅心一片恣行坐＝〈天命か、凍《こご》えることも飢えることもなく、この禅心の思うがままに暮らしている〉。「維命」は、『詩経』周頌の「維天之命（維れ天の命）」の略。「行坐」は、行住坐臥の略。／(6)世路任他多坎坷、此些些、清風明月長相和＝〈たとえ世渡りでは多くの場合ゆきなやむことがあっても、些細なことだ、清風明月が永く一緒にいてくれる〉。「坎坷」には、時にあわない、志を得ないなどの意もある。／(7)右同＝本来は不要。注(3)を参照。

雑集

【一八二】去声十一隊韻

恭奉追輓法兄英山和尚十七回諱。
佛日四十有一代、諦當演法超群隊。忌辰爲報一爐沈、敢保老兄未徹在。

＊

恭しく法兄《ほうひん》(1)英山和尚の十七回諱に追輓《ついばん》し奉る。
(2)仏日四十有一代、諦当《たいとう》に演法して群隊を超ゆ。(3)忌辰《きしん》、為に報《むく》ゆ、一炉の沈《じん》、敢《あ》えて保《ほ》す、老兄《ろうひん》の未徹在《みてつざい》なることを。

＊

(1)英山和尚＝英山禅哲。【八―三】注⑾を参照。宝永四年（一七〇七）十一月十六日示寂。十七回諱は、享保八年（一七二三）に当たる。／(2)仏日四十有一代、諦当演法超群隊＝〈仏日山大光寺第四十一代、的確に演法して、そこらのむれを遥かに超えていた〉。「諦当」は、結句に掛かるので次注を参照。／(3)忌辰為報一炉沈、敢保老兄未徹在＝〈十七回諱の辰、あなたのために一炉の沈香を焚きますが、あなたがまだ徹底していないことは私が受け合います〉。下の句は、霊雲志勤の見桃悟道の偈を聞いた玄沙師備が言った、「諦当なることは甚《はなは》だ諦当なるも、敢えて保す、老兄の未徹在なることを」に基づく。この話頭は、【七―七】に挙されているので参照。この「未徹在」を「未了公案」に置き換えると、古月の真意が分かる。【一七八―一一】注(1)を参照。

【一八三】上平声十三元十四寒通韻

敕諡佛燈明覺禪師［賢岩和尚］三十三回諱。
鶴林垂誡親陪席、屬目今猶毛骨寒。嚴忌正逢卅三稔、博山爐上劈崑崙。

(1)勅諡仏灯明覚禅師［賢岩和尚］三十三回諱。
(2)鶴林の垂誡、親しく席に陪す、目に属《しょく》して、今猶お毛骨寒し。(3)厳忌《ごんき》、正に逢う、卅三稔《そうさんねん》、
博山炉上、崑崙《こんろん》を劈《つんざ》く。

＊

(1)勅諡仏灯明覚禅師［賢岩和尚］＝古月が参禅した賢巌禅悦。【三九―三〇】注(1)を参照。元禄九年（一六九六）十二月十六日示寂。三十三回諱は、享保十三年（一七二八）に当たる。／(2)鶴林垂誡親陪席、属目今猶毛骨寒＝〈臨終の席に寄り添い、末後の教えを聞きました、今、この頂相を見つめて、震え上がる思いです〉。「鶴林垂誡」は、賢巌の末後の説法を、釈尊の遺教に比したもの。賢巌の末後は、「十六日夜半、庵中、寂然として声《おと》無し。時、将《まさ》に過ぎなんと欲す。侍者、遺偈を乞う。師、訶して曰く、『末梢の句を聴かんと要すや。平生を看よ』と。言い訖《お》わって端正にして坐脱す」（『明覚禅師略行由』）というものであった。「属目」は、注目・注視の意。／(3)厳忌正逢卅三稔、博山炉上劈崑崙＝〈今、三十三回諱の厳忌を迎え、炉中に報恩の香を焚きます〉。「稔」は、年の義。稲が一回成熟する期。「博山炉」は、博山を象《かたど》った香炉。李白の「楊叛児」詩に「博山炉中、沈香の火、双煙一気、紫霞を凌《しの》ぐ」と。「崑崙」は、香木の崑崙耳の略。【九―一五】注(3)を参照。

【一八四】上平声二冬韻

妙心二世敕謚神光寂照禪師［授翁和上］三百五十年諱。
捨却茅堂猶潛蹤、清嵐空答一庭松。諱辰三百五十載、滿地兒孫仰祖宗。

＊

妙心二世勅謚神光寂照禅師[1]［授翁和上］三百五十年諱。

茅堂《ぼうどう》を捨却《しやきやく》して[2]、猶お蹤《あと》を潜《ひそ》む、清嵐《せいらん》、空《むな》しく答う、一庭の松。諱辰《きしん》[3]、三百五十載、満地の児孫、祖宗を仰ぐ。

＊

(1)妙心二世勅謚神光寂照禅師［授翁和上］＝授翁宗弼。康暦二年（一三八〇）三月二十八日示寂、世寿八十五。三百五十年諱は、享保十四年（一七二九）に当たる。／(2)捨却茅堂猶潜蹤、清嵐空答一庭松＝〈庭の松に清らかな風がむなしく吹くなか、茅舎の如き妙心寺を捨てて、なおも痕跡をくらまされようとされた〉。この二句は、授翁禅師が、関山国師が遷化された後、妙心寺を逃れ去ろうとされた故事に因む。「国師（関山）の入滅に及び、師（授翁）、将《まさ》に遁去せんとす。一衆、嗣法の人無きを以て、堅《かた》く請して住持せしむ」（『延宝伝灯録』巻二十八）。また宗門では、授翁禅師は、出家前は、後醍醐天皇に仕えた万里小路（藤原）藤房であったと言われ、藤房は、建武新政の中で、行賞の不公正などを批判し、天皇に直諫したが容れられず、新政に失望して遁世失踪し（『太平記』巻十三「藤房卿遁世事」）、その後の姿が、授翁禅師であると言う。下の句は、風水泉頭での、師資の最後の別れの光景。【九―二八】注(1)を参照。今に伝わる「無相大師遺誡」は、授翁禅師が、関山国師の風水泉頭での談話を、我が法嗣の雲山宗峨に成文せしめたものだと言う。『正法山誌』巻四「開山風水泉頭談出世始末」「関山玄禅師遺誡」を参照。／(3)諱辰三百五十載、満地児孫仰祖宗＝〈三百五十年遠諱、地に満ちる法孫達が、祖先のあなたを仰いでおります〉。

【一八五】下平声十一尤韻

本師一道和尚三十三回諱。［享保十二丁未七月三日於松岩寺懺法、同四日於大光寺設齋］

驅烏昔日侍斯嶠、不免羅籠終結讎。雪屈爲燒香一瓣、諱辰三十有三秋。

＊

(1)本師一道和尚三十三回諱。［享保十二丁未《ひのとひつじ》七月三日、松岩寺に於いて(2)懺法《せんぼう》し、同四日、大光寺に於いて(3)設斎《せっさい》す］

(4)駆烏《くう》の昔日、斯《こ》の嶠《やま》に侍す、羅籠《らろう》を免《まぬが》れず、終《つい》に讎《あだ》を結ぶ。(5)屈を雪《すす》いで為《た》に焼く、香一弁、諱辰三十有三秋。

＊

(1)本師一道和尚＝古月の本師、一道禅棟。元禄八年（一六九五）七月四日示寂。松巌寺第四世、後に大光寺第四十世。三十三回諱は、享保十二年（一七二七）に当たる。／(2)懺法＝後生菩提のために修行する観音懺法。『請観世音菩薩消伏毒害陀羅尼呪経』に基づき、音読で、独特の節回しで唱えられる。／(3)設斎＝斎会（正当法要）を営むこと。／(4)駆烏昔日侍斯嶠、不免羅籠終結讎＝〈小僧であった昔、この寺であなたに仕えておりましたが、ずっと縛られるばかりで、それがいやで、ついには恨みに思うようになりました〉。「駆烏」は、駆烏沙弥の略。七歳から十三歳までの小僧。僧侶の食事を妨げ、奪おうとする烏を駆り、追い払う仕事に携わったので言う。ここでは、単に沙弥の譬喩。古月が、松巌寺で得度したのは、延宝四年（一六七六）、十歳の時。「斯嶠」は、松巌寺。下の句は、自由自在を得るために真剣に修行したということ。「羅籠」は、鳥や魚を捕獲するあみやかご。転じて閉じ込める、からめとるの意。「結鏁」は、洞山良价が、「祖教仏教は、生怨家《さんおんけ》（仇敵）に似て、始めて学ぶ分有り」（『伝灯録』巻十七・龍牙居遁章）と言うが如し。／(5)雪屈為焼香一弁、諱辰三十有三秋＝〈三十三回諱の令辰、そのはずかしめをすすぎ、あなたのために一弁の香を焚きます〉。

【一八六】下平声一先韻

薦士性徒子。［戊申十月十三日、於甲州恵林逝］

慧林聖制扶吾老、呼喚機前參祖禪。想看三生岩下事、重携骨肉卜終焉。

＊

士性徒子[(1)]を薦す。［(2)戊《つちのえさる》申十月十三日、甲州の恵林に於いて逝す］

慧林[(3)]の聖制、吾が老を扶《たす》く、呼喚機前、祖禅に参ず。(4)想い看る、三生岩下の事、重ねて骨肉を携えて終焉を卜す。

＊

(1)士性徒子＝「鳳源寺語録」の編者。／(2)戊申＝享保十三年（一七二八）。／(3)慧林聖制扶吾老、呼喚機前参祖禅

＝〈恵林寺での結制では、老いた私をよく助け、「おい」と呼ばれる先に、祖師禅に参じた〉。古月は、享保十一年、備後の鳳源寺に夏制、甲斐の恵林寺に冬制した。士性徒子は、そのまま恵林寺に残留して修行を続けていたのであろう。下の句は、「慧忠国師三喚」（『無門関』十七則）を踏まえる。「機前」は、機先とも言い、一機未発以前の義。／(4)想看三生岩下事、重携骨肉卜終焉＝〈三生岩下の事を思い出し、ふたたび骨肉を伴って終焉の地をえらんでいる〉。上の句は、慧思が南岳に三生した「南岳三生岩」の故事（『仏祖統紀』巻六）に基づくが、ここでは、下の句の「骨肉」と結んで、「三生骨肉」の語を作るもので、慧思の故事には直接は関わらない。「三生骨肉」は、丁直卿《ていちょくけい》の「雪後に窓を開いて梅を看る」詩（『錦繍段』）に基づく。「梅華の門戸、雪の生涯、皎潔たる窓櫺《そうれい》、自ずから一家。怪しみ得たり、香魂の長く夢に入ることを、三生の骨肉、是れ梅華」。この転結句の意は、いつも梅花の精の夢を見るが、きっと私と梅花とは、三生骨肉の契りに違いないという意。「三生」は、前生・現生・後生。「骨肉」は、父子兄弟の如き至親の間を言う。「重ねて」とあるのは、他にも、士性徒子のように修行半ばで果てた徒弟達がいたことによる。

【一八七】上平声四支韻

追挽前住江西敬堂和尚十三回忌辰。

忌辰僂指《タヲセハ》十三茲。蘭蕙兒孫倩我祠。杜宇血啼烟靄暗、丰標如面立多時。

＊

(1)前住江西敬堂和尚十三回忌の辰に追挽す。

(2)忌辰、指を僂《たお》せば十三茲《じ》、蘭蕙《らんけい》の児孫、我れを倩《やと》って祠《まつ》らしむ。(3)杜宇《とう》、血に啼《な》いて、烟靄《えんあい》暗し、丰標《ふうひょう》、面するが如くにして立つこと多時。

＊

(1)前住江西敬堂和尚＝三重県江西寺の第三世、敬堂慧恭。【一〇―七八】に掩土の引導法語があり、大光寺塔頭の太平庵で示寂している。／(2)忌辰僂指十三茲、蘭蕙児孫倩我祠＝〈指折り数えれば十三回忌の辰、すぐれた弟子が私をやとって祀らせた〉。「茲」は、年の義。「蘭蕙」は、かおりぐさ。「蘭兄蕙弟」などと用いる褒め言葉。敬堂和尚の弟子が、大光寺に掛錫していたのであろう。／(3)杜宇血啼烟靄暗、丰標如面立多時＝〈ほととぎすがしきりに鳴き、かすみやもやで暗い、まるで和尚の風采を目の当たりにしているかのようで、長いこと立っている〉。「血啼（啼血）」は、痛切に鳴くほととぎすなどの鳴き声を形容するのに用いる語。「丰標」の「丰」は、風に通じ、風標・風采に同意。おもむき、ありさま。

【一八八】上平声十一真韻

恭奉次韵一等軒瑞堂老和尚大光普照禪師預修百年遠忌大偈。

産西陬也貶東羽、大法任持總委身。勿謂同坑無異土、吾山傑出沒量人。

〔單傳和尚、産日州佐土原紙屋氏家。隨大光定山和尚薙染。一旦貶出羽、後免再住智勝〕

＊

恭しく(1)一等軒瑞堂老和尚の(2)大光普照禅師預修百年遠忌の大偈に次韻し奉る。

(3)西阪《せいすう》に産まれ、東羽に貶《しりぞ》けらる、大法、任持《にんじ》して総《すべ》て身を委《ゆだ》ぬ。(4)謂うこと勿《な》かれ、同坑《どうきよう》に異土《いど》無しと、吾が山、傑出す、没量《もつりよう》の人。〔単伝和尚は、日州佐土原の(5)紙屋氏の家に産まる。(6)大光の定山和尚に随って薙染す。一旦、出羽に貶《しりぞ》けられ、後に免《まぬが》れて再び智勝に住す〕

*

(1)一等軒瑞堂老和尚＝瑞堂紹本。古月が二十一歳の時に掛錫した、京都妙心寺塔頭智勝院の住持。妙心寺三〇五世。享保十五年（一七三〇）八月六日示寂。世寿八十九。「一等軒」は、智勝院の寮舎。／(2)大光普照禅師＝単伝士印。【一五二】注(1)を参照。／(3)産西阪也貶東羽、大法任持総委身＝〈西方のいなかに生まれ、東方の出羽に退けられたが、大法の維持に、我が全身をゆだねられた〉。単伝は、紫衣事件で謫流された四僧の一人。寛永六年（一六二九）七月二十七日、出羽由利郡（秋田県）曹洞宗泉流寺に流され、同九年六月に赦免、同十一年六月、妙心寺に帰山し、同十五年（一六三八）正月十日、九十六歳を以て智勝院に寂した。詳しくは、『増補妙心寺史』三九二頁以下を参照。／(4)勿謂同坑無異土、吾山傑出没量人＝〈同じ穴からは同じ土しか出ない」などとは言うな、大光寺から、他にすぐれた大力量の人が出られたではないか〉。「同坑無異土」は、禅録頻出語。／(5)紙屋氏＝【一五二】は、神谷に作る。／(6)大光定山和尚＝大光寺の歴代住持の中に見えない。

【一八九】下平声一先韻

補陀山松巖禪寺雙王并十王點眼拙語。

靜息威儀共儼然。金剛眼與鏡光圓。幾多群類辨姸醜、驀忽超昇上品蓮。〔丁未十月。酉冬類燒、爲自詮

院妙句再創。太和屋兄弟等〕

＊

(1)補陀山松巌禅寺双王并びに十王点眼の拙語。

(2)静息《じょうそく》の威儀、共に儼然、金剛眼、鏡光と与《とも》に円《まど》かなり。(3)幾多《いくばく》の群類か妍醜《けんしゅう》を弁じ、驀忽《まっこつ》に超昇す、上品《じょうぼん》の蓮。〔(4)丁未《ひのとひつじ》十月。酉《とり》の冬、類焼す。自詮院妙句の為に再び創す。太和屋兄弟等〕

＊

(1)補陀山松巌禅寺……＝古月が得度した寺で、大光寺の末寺。「双王」は、二王（仁王）。仏法や伽藍を守護する二体の金剛力士。「十王」は、冥界の十王。／(2)静息威儀共儼然、金剛眼与鏡光円＝〈閻魔王以下十王の威儀はともにおごそかで、金剛神の眼光は、浄玻璃鏡の光とともにすべてを照らしている〉。「静息」は、十王の一、閻魔の漢訳。閻魔は方便を以て人の罪を静止平息するから言う。ここでは、十王の代表として挙げたもの。「金剛眼」「鏡光」は、共に無明煩悩の闇を照らす智慧に喩えるが、つぶさには、金剛力士の眼と、閻魔庁に置かれている浄玻璃鏡を言う。／(3)幾多群類弁妍醜、驀忽超昇上品蓮＝〈多くの衆生が、この仁王十王の像を見て、自己の良い行ないと悪い行ないとをわきまえ、たちまちのうちに浄土にのぼるであろう〉。「妍醜」は、美と醜。『碧巌録』九則垂示に「明鏡当台、妍醜自《おの》ずから弁ず」と。「上品蓮」は、【八六】注(2)を参照。／(4)丁未十月。……＝「丁未十月」は、この点眼法要が修行された享保十二年（一七二七）。「酉冬」は、同二年丁酉の冬。「自詮院妙句」は、太和屋日高氏の母、妙句尼のことであろう。日高氏と共に、【六—二】「慶讃請蔵円成普説」、【八—四】「本寺請蔵記」を参照。

【一九〇】下平声八庚韻

山中平土縛茅於方一間便于坐禪。手扁曰骨清堂。采之寂室禪師骨亦清之句。聊次韵抒懷云。

尖頭廬底坐松聲、波洗眵昏東海明。寂室老禪題壁句、稜稜道骨飽何清。［庚子十月］

＊

山中、土を平らにして、茅を方一間に縛《むす》んで坐禅に便《たよ》りす。手ずから扁して、(1)骨清堂と曰う。之れを(2)寂室禅師の「骨も亦た清からん」の句に采《と》れり。聊《いささ》か次韵して懐《おも》いを抒《の》ぶと云う。
(3)尖頭《せんとう》廬底《ろてい》、松声に坐す、波、眵昏《しこん》を洗って、東海明らかなり。(4)寂室老禅、壁に題する句、稜稜《りようりよう》たる道骨、飽くまで何ぞ清き。［(5)庚子《かのえね》十月］

＊

(1)骨清堂＝この骨清堂は、仏日山大光寺に結ばれたもの。【四〇】注(19)を参照。／(2)寂室禅師骨亦清之句＝【七九】注(3)に既述。／(3)尖頭廬底坐松声、波洗眵昏東海明＝〈とんがり頭の茅廬、松風の吹く中、坐禅をしている、その風波《かざなみ》は目やにを洗い、東海のかなたまで明るく見通せる〉。「尖頭」は、虚堂智愚の「大義庵主」偈頌（『語録』巻七）の「山根、旋《や》や縛す、尖頭の屋、渓上、新たに開く、数畝の田」から採られた言葉。／(4)寂室老禅題壁句、稜稜道骨飽何清＝〈寂室老禅は、金蔵山の壁に「死して巌根に在らば、骨も也た清からん」と書き付けられたが、そのひときわ痩せ細った道骨は、なぜそこまで清らかなのであろうか〉。「稜稜」は、ひときわかどだって威勢のあるさま。／(5)庚子＝享保五年（一七二〇）。古月、五十四歳。二月、大光寺を法嗣の翠巌従真に譲って、知又軒（後の天寿山自得寺）に退居した。

【一九二】上平声六魚韻

次韵肝氏存心齋賀骨清堂落成。
締構恰如巣穴居。追蹤太古愛清虚。漆瞳英士來相賀、鵬羽展風萬里餘。

*

韵を(1)肝氏存心斎が骨清堂の落成を賀するに次ぐ。
(2)締構《ていこう》、恰《あたか》も巣穴《そうけつ》の居の如し、太古を追蹤《ついしょう》して、清虚を愛す。(3)漆瞳《しつどう》の英士、来たって相賀《あいが》す、鵬羽《ほうう》、風を展《の》ぶ、万里の余。

*

(1)肝氏存心斎＝【一九〇】に追挽の偈があるが人物不詳。肝氏については、【六一一】注(17)を参照。／(2)締構恰如巣穴居、追蹤太古愛清虚＝〈建てられた骨清堂は、まるで巣穴《すあな》のようだが、太古の行跡を追慕して清虚を愛する〉。「巣穴」の本義は、樹上の住居と、土中の住居。隠棲地の譬喩に用いる。「太古」は、例えば、巣居子と呼ばれた、堯の時の隠人、巣父の如き人達。巣父は、常に山居して世利を営まず、年老いて、樹上に巣を作って寝たと言う。「清虚」は、淡泊で我欲のないこと。／(3)漆瞳英士来相賀、鵬羽展風万里余＝〈黒目の賢人が来られて落成を喜び合った、鵬《おおとり》の羽は万里のかなたにまで風をめぐらせていた〉。「漆瞳英士」は、存心斎の形容。『虚堂録犂耕』【漆瞳】〈禅文化研究所本八九二頁〉に『晋書』列伝六十三〈四丈〉杜乂が伝に曰く、性、純和にして、姿容美《うるわ》し。云云。王羲之、見て、之れを目して曰く、膚《はだえ》、凝脂の若《ごと》く、眼、漆を点ずるが如し。此れ神仙の人なり」と。「相賀」は、『淮南子』説林訓に「大廈成りて燕雀《えんじゃく》相賀す」と。この「燕雀相賀」は、人家の落成を賀することを言う成句に用いられる。燕雀は、人家に巣くうので、人家が出来れば、飛んで来て喜び合うという意味。下の句は、この「燕雀」に対するもので、存心斎は、そんな燕雀のような者ではないということ。燕雀は、小人物の譬喩に用いられる言葉。

【一九二】

骨清堂即事四首。

【一九二―一】下平声十蒸韻

埋影西山無事僧。團蒲交脚是吾能。那松大矣那松小、出海烟雲千萬層。

*

(1)影を西山に埋む、無事の僧、団蒲《どんふ》、脚を交う、是れ吾が能。(2)那《な》松《しょう》は大に、那松は小なり、海を出づる烟雲、千万層。

*

(1)埋影西山無事僧、団蒲交脚是吾能＝〈西山に隠居している無事の僧、坐禅だけは出来る〉。『臨済録』示衆に「你《なんじ》、傍家に波波地に学得せんと擬すれば、三祇劫中に於いて、終《つい》に生死に帰せん。如《し》かず、無事にして叢林の中に向かって、牀角頭に交脚して坐せんには」と。「埋影西山」は、日没に比して、老年、また、余命少ないことを言う。／(2)那松大矣那松小、出海烟雲千万層＝〈あの松は大きく、あの松は小さい、海から千万層の烟雲が立ち上っている〉。無事の僧が見る無為自然の風光。

【一九二―二】上平声十二文韻

孤筇佇立伴皈雲、影逼崦嵫日已曛。自笑野生百年後、松嵐蕭颯掃荒墳。

＊

(1)孤筇《こきょう》、佇立《ちょりつ》して、帰雲に伴う、影、崦嵫《えんし》に逼《せま》って、日、已《すで》に曛《く》る。(2)自ら笑う、野生、百年の後、松嵐《しょうらん》の、蕭颯《しょうさつ》として、荒墳《こうふん》を掃わんことを。

＊

(1)孤筇佇立伴帰雲、影逼崦嵫日已曛＝〈一本の杖をついてたたずみ、山に帰って行く雲を見ている、日の影は崦《えん》嵫《し》の山に迫り、すでに暮れようとしている〉。「孤筇」は、一本の杖。「筇」は、杖を作るのに適した竹の一種。転じて杖を言う。「影逼崦嵫」は、第一偈の「埋影西山」と同趣の表現。「崦嵫」は、日が沈む所と信じられていた山。転じて年老いる譬喩に用いる。／(2)自笑野生百年後、松嵐蕭颯掃荒墳＝〈自らあざわらう、私の死後、サツサツと松風が吹いて、我が荒れた墓を掃除していることを〉。「自笑」は、私が死ねば、墓参する者は松風だけであろうという自嘲。「野生」は、男性自称の謙遜語。「百年後」は、死後の意。人の一生は、おおむね百年を越えないから言う。「松嵐」は、松樹に吹く山風。「蕭颯」は、風雨が草木を打つ象声詞だが、ものさびしいという意も含む。

【一九二―三】上平声六魚韻

把茅締得好安居、甕牖高開含十虚。無所取兮無所捨、一如不二佛魔如。

＊

(1)把茅《はぼう》、締《むす》び得て、好《よ》し、安居するに、甕牖《おうゆう》、高く開いて、十虚《じっこ》を含む。(2)取る所無く、捨つる所無し、一如にして不二なり、仏魔の如し。

(1)把茅締得好安居、甕牖高開含十虚＝〈結ばれた一把の茅舎、安らかに暮らすのにもってこいだ、窓は高く十方虚空に開かれている〉。「甕牖」は、甕《かめ》の口のように丸い窓。一説に壊れた甕の口で造った窓。／(2)無所取兮無所捨、一如不二仏魔如＝〈取るものもなければ、捨てるものもない、仏と魔とのように一如不二である〉。上の句は、『般若経』巻二十二に「所謂《いわゆ》る無相の法は、無所取無所捨。譬えば虚空の無取無捨の如し」と。下の句は、仏と魔とは、無自性という本性において一如不二であるということ。

＊

【一九二―四】上平声一東韻

薄糝飽飡《マテ》嘯晩風。坐登西嶂落暉紅。可憐亂走屈榮辱、報應印來陰騭中。

(1)薄糝《はくさん》、飽くまで飡《さん》して晩風に嘯《うそぶ》き、坐《そぞ》ろに西嶂に登れば、落暉《らくき》紅《くれない》なり。(2)憐れむ可《べ》し、乱走して栄辱《えいじょく》に屈することを、報応、印し来たる、陰騭《いんしつ》の中。

＊

(1)薄糝飽飡嘯晩風、坐登西嶂落暉紅＝〈薄粥を腹いっぱい食べて晩風に詩を口ずさみ、そぞろに西の峰に登ると、夕陽が紅に輝いていた〉。「薄糝」は、米の薄い粥。粗食の譬喩。【一八一―一六】注(2)を参照。／(2)可憐乱走屈栄辱、報応印来陰騭中＝〈何とも憐れではないか、乱りに世俗に走って、名誉や恥辱に屈している、因果応報ということは、天が陰《ひそ》かに騭《さだ》めたもので、人が知り得ることではないのだ〉。「陰騭」は、陰隲とも。天が黙して下民を安定することなどの解釈もあるが、今は字義どおりに解した。底本も「ヒソカニサダム」と書入れている。『証道歌』に「頓悟して無生を了じてより、諸もろの栄辱に於いて何ぞ憂喜せん」と。

【一九三】上平声八斉韻

次韻大光方丈除夜。

分歳爐《スイ》談靜、瀹茶煮石溪◎。宗風追諗老、至孝笑曾西◎。毳侶咸《ミナ》青眼、雛僧變白題◎。一團漏和氣、侵曉聞隣雞◎。

＊

韻を⑴大光方丈の除夜に次ぐ。

⑵分歳《ぶんすい》、炉談、静かなり、茶を瀹《ひた》して石渓を煮る。⑶宗風、諗老《しんろう》を追い、至孝、曾西《そうせい》を笑う。⑷毳侶《ぜいりょ》、咸《み》な青眼、雛僧《すうそう》、白題に変ず。⑸一団、和気を漏らし、暁《あかつき》を侵して、隣鶏《りんけい》を聞く。

＊

⑴大光方丈＝大光寺四十三世、翠巌従真。古月の法嗣。享保五年（一七二〇）二月、嗣住した。／⑵分歳炉談静、瀹茶煮石渓＝〈除夜の宴、炉を囲む談話は静かで、谷川の水で茶を煮ている〉。「分歳」は、除夜の宴。【一〇—三】注⑵の引用文を参照。／⑶宗風追諗老、至孝笑曾西＝〈宗風は趙州を追慕し、孝行は曾西を笑うほどだ〉。この二

句は、法嗣の翠巌和尚を頌す。「諗老」は、趙州従諗。喫茶去の話で知られる。「曾西」は、春秋、魯の曾申のこと。至孝で名高い曾参（孔子の弟子）の子。／(4)毳侶咸青眼、雛僧変白題＝〈僧侶は皆な親しげな目で、小僧は灰をかぶって白い額になった〉。「毳侶」は、毳衣（毛織物で作った袈裟）を着けた僧侶。広く僧を言う。「青眼」は、白眼に対する語で、親愛の目付き。「白題」は、白い土を題（額）に塗った、古代の匈奴の部族名であるが、ここでは、譬喩。囲炉裏の灰をかぶって白い額になったということ。／(5)一団漏和気、侵暁聞隣鶏＝〈この欒団が春の和気を少しもたらし、分歳の炉談は夜明けまで続き、隣家ではもう鶏が鳴いている〉。ここの「漏」は、【一七八―九】にあった「漏春」。春気が少しきざすこと。

【一九四】下平声十蒸韻

仝。

漏聲五夜對青燈。蒲席陪茶雲水僧。雑雨薫來梅塢雪、近春漸泮紫潭氷。家傳清白當分歳、辛辣洪慈矜《アワレム》不能。事事全無引魔撓、疎章爲祝付溪藤。

＊

(1)漏声《ろうせい》、五夜、青灯に対す、蒲席《ほせき》、茶に陪す、雲水の僧。(2)雨に雑《まじ》って薫じ来たる梅塢《ばいお》の雪、春に近うして漸《ようや》く泮《と》く紫潭《したん》の氷。(3)家伝の清白、分歳《ぶんすい》に当て、辛辣の洪慈《こうじ》、不能を矜《あわ》れむ。(4)事事、全く魔撓《まどう》を引くこと無し、疎章、為に祝して、渓藤《けいとう》に付す。

＊

(1)漏声五夜対青灯、蒲席陪茶雲水僧＝〈水時計の音が五夜を知らせるころ、青く光る灯火に向かい、がまで作った席の上で、雲水達と茶を共にしている〉。「五夜」は、午前四時。／(2)雑雨薫来梅塢雪、近春漸泮紫潭氷＝〈土手にはまだ雪が残るが、梅は、雨をまじえながら香り来たり、春が近づいて、ようやく硯《すずり》のくぼみの氷も溶け出した〉。「梅塢」は、梅が植えられた土手。「紫潭氷」は、諸詩で「硯池氷」などと表現されるもの。「紫潭」は、硯の一名、紫石潭の略。硯池（硯海とも）は、墨を溜めておく硯のくぼみ。／(3)家伝清白当分歳、辛辣洪慈矜不能＝〈清白という家伝の粗食を除夜の宴に当て、大いなる慈悲心は手厳しいが、いかなる者も受け入れる〉。「家伝清白」は、代々清廉潔白を守ることを言う成句、「清白伝家（清白、家に伝う）」に基づく。これは、後漢の楊震の故事に由来するが、故事は割愛する。「矜不能」は、『論語』子張第十九の「君子は賢を尊びて衆を容《い》れ、善を嘉《よみ》して不能を矜れむ」を踏まえる。賢人を尊ぶのはもちろんだが、能力のない者でも憐れんで見捨てないという意。／(4)事事全無引魔撓、疎章為祝付渓藤＝〈この一年、すべてに於いて心を乱されることなく仏道修行が出来た、それを祝して、この粗末な七言律詩を書き付ける〉。「魔撓」は、邪魔によってかき乱されること。「魔嬈」に同じ。「渓藤」は、紙の一種。【九―四九】注(5)に既述。

【一九五】下平声十三覃韻

恭賀老母祖雪尼八十八誕辰。

家兄七十老萊子、末弟五旬生五男◎。老母欣然書米字、兒孫納賀報分甘◎。

＊

恭しく[1]老母祖雪尼の八十八の誕辰を賀す。
[2]家兄は七十の老莱子《ろうらいし》、末弟は五旬、五男を生ず。[3]老母、欣然として、米字を書す、児孫、賀を納《たてまつ》って分甘《ぶんかん》に報《むく》ゆ。

＊

(1)老母祖雪尼＝古月の母、祖雪尼は、享保八年（一七二三）、享年八十九で没しているので、この賀偈は、その前年のもの。／(2)家兄七十老莱子、末弟五旬生五男＝〈長男は七十歳で親孝行、末弟は五十歳で五人の息子を育てた〉。「老莱子」は、親孝行で、年七十で、嬰児の戯れをして親を喜ばせた故事で知られる楚の賢人。『蒙求』四四一「老莱斑衣《ろうらいはんい》」に「高士伝にいう、老莱子は楚の人なり。少にして孝行を以て親を養い、甘脆《かんぜい》を極む。年七十にして、父母、猶お存す。莱子、荊蘭《けいらん》の衣（子供服）を服し、嬰児の戯れを親の前に為《な》し、言、老いを称せず。親の為に食を取って堂に上り、足跌《つまず》いて偃《ふ》す。因《よ》って嬰児の啼《てい》（泣きまね）を為す。誠至、中より発す。楚室、方《まさ》に乱る。乃《すなわ》ち隠れて蒙山の陽に耕し、書を著わして老莱子と号す。終わる所を知る莫《な》し。旧注に云う、五色斑斕《はんらん》の衣を著く。列女伝に出づ、と。今文、載する無し」。因みに古月は、男四、女一の三男。この年、五十六歳。／(3)老母欣然書米字、児孫納賀報分甘＝〈老母は喜んで「米」の字を書き、子や孫は、祝賀を贈って、その慈育の恩に報いている〉。「分甘」は、甘みを分かつ。慈愛を広く施すことを言う。

【一九六】下平声八庚韻

仲秋。　［庚子。十四五六夜快晴］

萬樹松梢擎月明、千叢花塢半蟲聲。病來無力吹塵硯、強喚禿毫至曉晴。

＊

仲秋。［(1)庚子《かのえね》。十四五六夜、快晴］

(2)万樹の松梢《しょうしょう》、月明を擎《ささ》げ、千叢の花塢《かお》、半ば虫声。(3)病来、塵硯《じんけん》を吹くに力無し、強いて禿《とく》毫《ごう》を喚《よ》んで暁晴《ぎょうせい》に至る。

＊

(1)庚子＝享保五年（一七二〇）。古月、五十四歳。／(2)万樹松梢擎月明、千叢花塢半虫声＝〈たくさんの松の枝の上に月は高く登り、おおくの花が咲く土手に鳴く虫の音《ね》も既に半ばを過ぎた〉。「擎」は、松の枝などが、月を支え持ち上げているという表現で、月が高く昇ったことを言う。「花塢」は、花が咲く土手。／(3)病来無力吹塵硯、強喚禿毫至暁晴＝〈病になって硯《すずり》の塵を吹き払う力もないが、それでもちびた筆を呼び寄せて、（詩作に苦しんでいるうちに）夜明けの空は晴れていた〉。「禿毫」は、我が筆の謙遜語。ここでは、擬人化している。

【一九七】下平声一先韻

隱舍初逢明月天、一甌苦茗賑蒲筵。東溟皓潔橫窓外、想看跨鯨李謫仙。

＊

(1)隠舎、初めて逢う、明月の天、一甌《いちおう》の苦茗《くめい》、蒲筵《ほえん》を賑わす。(2)東溟《とうめい》、皓潔《こうけつ》として窓外に横たう、想い看る、鯨に跨《の》る李謫仙《りたくせん》。

(1)隠舎初逢明月天、一甌苦茗賑蒲筵＝〈隠居処で初めて中秋の明月に逢う、一碗の粗茶が質素な月見の席を豊かにしてくれる〉。「隠舎」は、知又軒か骨清堂。「苦茗」は、にがい茶。質の悪い茶。「茗」は、茶の別名。「蒲筵」は、がまで作ったむしろ。蒲席。／(2)東溟皓潔横窓外、想看跨鯨李謫仙＝〈東の海が清らかに窓の外に横たわっている、そこで、鯨に騎って天に上った李白のことが思い出された〉。「李白騎鯨」の故事。李白には、采石磯《さいせきき》（安徽省当塗県）で、水に映った月を取ろうとして舟から落ち、鯨に騎って天に上ったという伝説があった。「世俗、多く言う、李太白、当塗の采石に在って、酔えるに因《よ》って、舟を江に泛《う》かべ、月影を見て、俯して之れを取らんとして、遂に溺死す。故に其の地に捉月台有り」（『容斎随筆』巻三「李太白」）。「採石月下に謫仙を訪えば、……便ち当《まさ》に鯨に騎って青天に上るべし」（梅聖兪「采石の月、郭功甫に贈る」詩）。「謫仙」は、天上から下界に流された仙人という意味で褒め言葉。賀知章が、李白の文を見て、「子《なんじ》は謫仙の人なり」（『唐書』李白伝）と感心したことによる。

＊

【一九八】下平声七陽韻

中秋。［癸卯。喪母未滿七七之忌］

松梢明月滿胡床◎、永訣深情戀老孃◎。萬里雲收無點翳、愁眠閑却好風光◎。

＊

中秋。［(1)癸卯《みずのとう》。母を喪《な》くして未だ七七の忌を満たさず］

(2)松梢《しょうしょう》の明月、胡床《こしょう》に満つ、永訣の深情、老嬢を恋う。(3)万里、雲収まって、点翳《てんえい》無し、愁眠、閑却す、好風光。

＊

(1)癸卯＝享保八年（一七二三）。古月、五十七歳。／(2)松梢明月満胡床、永訣深情恋老嬢＝〈松の梢にかかる明月の光りは禅床に満ち、死別して、老いた母が深く恋しい〉。「胡床」は、縄を用いて作った椅子。縄床とも言い、禅床に同じ。／(3)万里雲収無点翳、愁眠閑却好風光＝〈遥かかなたまで雲は収まって一点の翳《かげ》りもない、愁いの中で眠ってしまい、この好き景色を見逃してしまった〉。「好風光」は、雲一つない夜空に懸かる中秋の明月。

【一九九】下平声九青韻

積雨漸晴爽石庭、霧埋桂鏡暗東溟。庾樓多少遨遊客、何識山中熟芋馨。［戊申］

＊

(1)積雨《せきう》、漸《ようや》く晴れて、石庭爽《さわ》やかなり、霧、桂鏡を埋《かく》して東溟暗《とうめい》し。(2)庾楼《ゆろう》、多少か遨遊《ごうゆう》の客、何ぞ識《し》らん、山中、熟芋《じゆくう》の馨《かぐわ》しきことを。［(3)戊申《つちのえさる》］

＊

(1)積雨漸晴爽石庭、霧埋桂鏡暗東溟＝〈なが雨もようやく晴れて石庭はさわやかだが、霧は月を隠して東の海は暗い〉。「桂鏡」は、月の譬喩。【一〇―四四―①】注(1)を参照。／(2)庾楼多少遨遊客、何識山中熟芋馨＝〈多くの者が高殿で月見に興じているが、山中で食べる芋煮のかんばしさを知るまい〉。「庾楼」は、晋の庾亮（庾公）が、江州の鎮であった時に建てた楼。月見の縁語。【一〇―三六―①】注(1)を参照。「遨遊」は、あそぶの意。「熟芋」は、十五夜に供えて食べる芋煮。／(3)戊申＝享保十三年（一七二八）。古月、六十二歳。

【二〇〇】下平声一先韻

祝老母。　［辛丑］

老母八十有七年、無由定省奉堂前。孝心耐愧陳尊宿、唯喜弟兄圍祝筵。

＊

老母を祝す。　［(1)辛丑《かのとうし》］

(2)老母、八十有七年、定省《ていせい》して堂前に奉ずるに由《よし》無し。(3)孝心、愧《は》ずるに耐《た》えたり、陳尊宿《ちんそんしゆく》、唯だ喜ぶ、弟兄の、祝筵を囲むことを。

＊

(1)辛丑＝享保六年（一七二一）。古月、五十五歳。母の祖雪尼は、起句にあるとおり八十七歳。／(2)老母八十有七年、無由定省奉堂前＝〈八十七歳の老母に、何の孝行もしてあげられない〉。「定省」は、昏定晨省《こんていしんせい》の略。親につかえて晩にはその寝具を整え、朝にはその安否を省み問うこと。「堂」は、北堂・萱堂の「堂」。母親の居室。転じて母親を言う。／(3)孝心耐愧陳尊宿、唯喜弟兄囲祝筵＝〈この親不孝、陳尊宿に恥じ入るばかりだが、こうして兄弟が祝いの席を囲んでいることを喜んでいる〉。「陳尊宿」は、黄檗希運の法嗣、睦州道明のこと。蒲鞋《ほあい》（がまで作った履き物）を作って母を養った。「開元〔今、兜率と改む〕に帰り、房に居って蒲鞋を織《お》って以て母を養う。故に陳蒲鞋《ちんほあい》の号有り」（『五灯会元』巻四・睦州陳尊宿章）。古月の「弟兄」については、【一九五】を参照。

【二〇一】下平声九青韻

春雨。［辛丑。正月雨不絶］

春雨霏霏連日冥、如何梅蘤恣飄零。烟霞拏抹十餘里、獨掲禪帷坐洞庭。

*

春雨。［辛丑《かのとうし》。正月、雨、絶えず］

(1)春雨、霏霏《ひひ》として連日冥《くら》し、如何《いかん》せん、梅蘤《ばいい》の、飄零《ひょうれい》を恣《ほしいまま》にすることを。(2)烟霞、拏抹《だまつ》す、十余里、独《ひと》り禅帷《ぜんい》を掲げて、洞庭に坐す。

*

(1)春雨霏霏連日冥、如何梅蘤恣飄零＝〈春雨が降り続いて、連日、天は暗く、梅花も、散るにまかせるしかない〉。「霏霏」は、雨の降り続くさま。「梅蘤」は、梅花。「蘤」は、花の義。／(2)烟霞拏抹十余里、独掲禅帷坐洞庭＝〈けむる霞は十数里を塗りたくっているが、ひとり禅室のとばりを巻き上げて、洞庭湖に向かい坐す〉。「拏抹」は、他に用例がないため意義不明。今は仮に訳した。拏は、もむ・まぜる、抹は、はく・ぬるの義。「洞庭」は、蘇東坡の「湖上に飲む、初めは晴れて後に雨ふる二首」詩の第一詩、「水光瀲灩《れんえん》として晴れて方に好《よ》し、山色空濛《くうもう》として雨も亦た奇なり」の詩句を踏まえる。ここから、雨の景色も晴れの景色も良いことを言う成句「雨奇晴好」が作られた。

【二〇二】下平声七陽韻

東光山飯山寺別移基址構茅宇。拉道侶納賀之次、偈以示住僧。［辛丑春］
忽翻荊棘作靈場、山對東溟帯景光。不識瑠璃界中趣、徒《タヽニ》哦詩句坐瀟湘。

＊

(1)東光山飯山寺、別に基址を移して茅宇を構う。道侶を拉《ひきつ》れて賀を納《たてまつ》るの次《ついで》、偈を以て住僧に示す。［辛丑《かのとうし》の春］

＊

(2)忽《たちま》ち荊棘《けいきょく》を翻《ひるがえ》して霊場と作《な》す、山、東溟《とうめい》に対して、景光を帯ぶ。(3)瑠璃界中の趣《おもむき》を識《し》らずんば、徒《ただ》に詩句を哦《うた》って瀟湘《しょうしょう》に坐せん。

(1)東光山飯山寺＝日向国児湯郡新田村にあった大光寺の末寺（現廃寺）。「開基之僧不詳中興大雲和尚（大光寺二十一世）。凡三百二十六年来之旧跡ト申伝ヘソロ」（大光寺文書「安政五年大光寺末寺抄録差上」）。／(2)忽翻荊棘作霊場、山対東溟帯景光＝〈見る間にイバラの林を切り開いて寺を作った、山は東の海に向かい合い、めでたい光りを帯びている〉。「景光」は、祥光。／(3)不識瑠璃界中趣、徒哦詩句坐瀟湘＝〈浄瑠璃世界がどんな世界かを知らなければ、むだに瀟湘の地に坐って詩句を歌うのみであろう〉。住僧に教示した二句。「瑠璃界」は、浄瑠璃世界の略。薬師如来の浄土。山号でも分かるように、飯山寺の本尊は、薬師如来であろう。「瀟湘」は、八景で知られる、湖南省洞庭湖周囲の風景絶佳の地だが、ここでは、譬喩。

【二〇三】下平声五歌韻

十四夜。［丁未。人工雲集開僧堂之基。且有檀君中秋雅會約］

高卑平地一山阿、正覺庭寛得月多。爲有明宵雅遊約、猶祈新霽訴嫦娥。

＊

十四夜。［[1]丁未《ひのとひつじ》。人工《にんく》雲集して[2]僧堂の基を開く。且つ[3]檀君と中秋雅会の約有り］

[4]高卑《こうひ》、地を平らにす、一山阿《いちさんあ》、正に覚ゆ、庭寛《にわひろ》うして、月を得ることの多きことを。[5]明宵、雅遊の約有るが為に、猶お新霽《しんせい》を祈って嫦娥《じょうが》に訴う。

＊

(1)丁未＝享保十二年（一七二七）。古月、六十一歳。／(2)僧堂＝この年、知又軒を拡充して天寿山自得寺とし、新たに僧堂が建てられた。／(3)檀君＝島津惟久。／(4)高卑平地一山阿、正覚庭寛得月多＝〈山の高低を平らにしたら、なんと庭は広く、月光がたくさんふりそそいでいる〉。「山阿」は、山の入り込んだところ。「庭寛得月多」は、『禅林句集』に「梅痩せて春を占むること少なく、庭寛得月多」とあるが出典未詳。／(5)為有明宵雅遊約、猶祈新霽訴嫦娥＝〈明日の夜は、檀君と中秋雅会の約束がある、どうか明日も晴れてくれよと、今夜の月に訴えかけている〉。「新霽」は、雨が新たに晴れること。「嫦娥」は、月中の仙女。月の譬喩。【九三】注(1)を参照。

【二〇四】下平声十一尤韻

飄然金錫任閑遊、歸去來兮意已休。縱對《タトヒ》武江錦城月、爭如故苑寂寥秋。

*

(1)飄然《ひょうぜん》たる金錫《こんしやく》、閑遊に任す、帰去来兮《かえりなんいざ》、意、已《すで》に休す。(2)縦《たと》い武江錦城《ぶこうきんじょう》の月に対するも、争《いか》でか故苑寂寥《せきりょう》の秋に如《し》かん。

*

(1)飄然金錫任閑遊、帰去来兮意已休＝〈ぶらりと杖をついて、のんびりと遊び歩いたが、もう満足した、さあ帰ろう〉。「金錫」は、錫杖の美称。「帰去来兮」は、【一〇―四五】注(3)を参照。／(2)縦対武江錦城月、争如故苑寂寥秋＝〈たとえ、美しい江戸の町の月を見たところで、故郷のものさびしい秋には及ぶまい〉。「武江錦城」は、美しい江戸の町。この偈には題がないが、恐らく、甲斐恵林寺での冬制を終えて江戸に赴いた享保十二年、江戸を出立する際のものだと思われる。次の一偈も江戸でのもの。

【二〇五】下平声一先韻

江府僑居石河《イシコ》氏過訪。爾後賦見恵。次韵相酬。

僑居蕭寂絶塵縁、話及西來乃祖禪。著手心頭須判斷、一聲杜宇暮雲天。

*

(1)江府の僑居《きょうきょ》、石河氏《いしこ》、過訪《かほう》す。爾して後、賦して恵まる。韵を次いで相酬《あいむく》ゆ。

(2)僑居、蕭寂《しょうせき》として、塵縁を絶す、話《かた》って西来乃祖《だいそ》の禅に及ぶ。(3)手を心頭に著けて、須《すべか》らく判断すべし、一声の杜宇《とう》、暮雲の天。

⑴江府僑居……＝〈江戸の仮りずまいに、石河氏が来訪された。その後、一詩を恵まれた。和韻してこたえるものである〉。石河氏は、不詳。／⑵僑居蕭寂絶塵縁、話及西来乃祖禅＝〈我が仮りずまいはもの静かで世俗の縁を絶ち、ただ達磨大師の禅を語るばかりである〉。「乃祖」は、乃《なんじ》の祖の義で、祖先、先祖の意。／⑶著手心頭須判断、一声杜宇暮雲天＝〈達磨の禅は、胸に手を当てれば分かることだ、日暮れの曇り空に、ほととぎすが鳴いている〉。祖師の禅は、お前が自分で悟るしかない、私はもう日向に帰るのだという句意。ほととぎすは、「不如帰去〈帰り去るに如《し》かず〉」と鳴くと言われる。

＊

【二〇六】 下平声九青韻

船中偶作。 ［丁未六月］

皇都漸遠浪華《ナニワノ》浦、一碧蒲蘆十里汀◎。風順潮頭不加黒、霧晴山影轉浸青◎。棹郎手熟衝濤睡、漁父貪多與世冥◎。親觀吾生如海粟、篷牕吟嘯自惺惺◎。

＊

⑴船中偶作。 ［丁未《ひのとひつじ》の六月］

⑵皇都、漸《よう》やく遠ざかる、浪華《なにわ》の浦、一碧《いっぺき》の蒲蘆《ほろ》、十里の汀《みぎわ》。⑶風《かぜ》順じて、潮頭、黒を加えず、霧晴れて、山影、転《うた》た青を浸す。⑷棹郎《とうろう》、手《て》熟して、濤《なみ》を衝《つ》いて睡《ねむ》り、漁父、貪り多くして、世と与《とも》に冥《くら》し。⑸親しく、吾が生の、海粟《かいぞく》の如くなることを観じて、篷窓《ほうそう》、吟嘯《ぎんしょう》して、自ずか

ら惺惺《せいせい》。

＊

(1)船中偶作＝江戸から帰郷する船中での即興詩。／(2)皇都漸遠浪華浦、一碧蒲蘆十里汀＝〈京の都からも次第に遠退き、浪華の浦に着いたが、十里の水《み》ぎわは、青々とした水にガマやアシが生い茂っている〉。／(3)風順潮頭不加黒、霧晴山影転浸青＝〈風も穏やかで波も静か、霧は晴れて山の色はますます青い〉。「不加黒」の「黒」は、黒風。暴風のこと。／(4)棹郎手熟衝濤睡、漁父貪多与世冥＝〈船頭は手なれたもので、船を進めながら眠り、漁師は欲深くて、世間とともに暗い〉。「与世冥」の語意は、よく分からない。／(5)親観吾生如海粟、篷窓吟嘯自惺惺＝〈大海に浮かんだ一粒の粟《あわ》のような我がこの命をかえりみて、船窓で詩を歌い、目をさましている〉。「海粟」は、蘇東坡の「前赤壁賦」に「蜉蝣《ふゆう》（かげろうの如き命）を天地に寄す。渺《びょう》たる滄海の一粟のみ」と。「惺惺」は、心が明らかなさまでもある。

【二〇七】上平声十三元韻

亀城旅泊。

鐘度翠嵐日已昏。客船繋纜對漁村。分明難記篷牕夢、半入龜城半故園。

＊

(1)亀城の旅泊。

(2)鐘、翠嵐《すいらん》を度《わた》って日已《すで》に昏《く》れ、客船、纜《ともづな》を繋《つな》いで、漁村に対す。(3)分明に記し難き、篷窓《ほうそう》の夢、半ばは亀城に入り、半ばは故園。

＊

(1)亀城旅泊＝「亀城」は、四国香川、丸亀の町。「旅泊」は、詩では、単なる宿泊ではなく、船を止めて、その中に宿ることを言う。／(2)鐘度翠嵐日已昏、客船繋纜対漁村＝〈鐘の音はみどり色のもやの中を響き渡って日は既に暮れ、客船はともづなをつないで漁村に向かい合った〉。「翠嵐」は、山間に生じるみどり色のもや。／(3)分明難記篷窓夢、半入亀城半故園＝〈船中での夢はよく覚えていない、丸亀の町に入ったり、故郷に入ったりしていた〉。

【二〇八】下平声十二侵十三覃通韻

肥後泰勝唯禪衲扣參呈偈。次韵相酬。

造詣轉深不罷參(覃)、參詳質直顯容音(侵)。一盆煨芋點茶外、何用更詢那箇心(侵)。

(1)肥後泰勝の唯禅衲、扣参《こうさん》して偈を呈す。韵を次いで相酬《あいむく》ゆ。

(2)造詣《ぞうけい》、転《うた》た深うして、罷参《はさん》せず、参詳《さんしょう》、質直《しつじき》にして、容音に顕《あら》わる。(3)一盆の煨芋《わいう》、点茶の外《ほか》、何ぞ用いん、更に那箇の心を詢《と》うことを。

＊

(1)肥後泰勝＝熊本にあった龍田山泰勝寺。【一〇一七】注(1)を参照。／(2)造詣転深不罷参、参詳質直顕容音＝〈禅への造詣はとても深いが参禅をやめようとはせず、その修行態度は質直で、音容に表われている〉。「罷参」は、参禅を休罷すること。悟りを得ることにも用いるが、ここでは、その意はない。／(3)一盆煨芋点茶外、何用更詢那箇心＝〈一盆の焼芋を食べ、茶を点じて飲むほかに、さらに「那箇の心をか点ぜん」などと問うようなことはしない〉。「煨芋」の故事は、【一八一―一】注(2)を参照。下の句は、徳山宣鑑の三世心不可得の話頭を踏まえる。『碧巌録』四則本則評唱を参照。

【二〇九】上平声一東韻

答江府長徳院東英禪師見恵兼充留別。

萍水相逢感慨同、皤然鬢髪拄春風。不須今綰青楊去、日逼崦嵫倏忽中。

*

江府(1)長徳院の東英禅師の恵まるるに答え、兼ねて(2)留別に充《あ》つ。

(3)萍水《へいすい》、相逢《あいあ》うて、感慨同じ、皤然《はぜん》たる鬢髪《しゅはつ》、春風を拄《ささ》う。(4)須《もち》いず、今、青楊《せいよう》を綰《むす》び去ることを、日、崦嵫《えんし》に逼《せま》る、倏忽《しゅくこつ》の中。

*

(1)長徳院東英禅師＝東栄了松。鳳祥山長徳院（東京都台東区松が谷）の歴住。宝永六年（一七〇九）四月、前堂転位。底本の「東英」は、誤記か誤写。／(2)留別＝旅立つ人が、あとに留まる人に別れを告げること。／(3)萍水相逢感慨同、皤然鬢髪拄春風＝〈水に漂う浮き草のように偶然に出会って感慨をともにしている、お互い年をとったもので、白髪頭もどうにか春風に持ちこたえている〉。上の句は、王勃の「滕王閣序」の「萍水、相逢うも、尽《ことごと》く是れ他郷の客」を踏まえるが、本偈には、王勃のような悲哀はない。「皤然」は、老人の髪の白いさま。／(4)不須今縮青楊去、日逼崦嵫倏忽中＝〈今、かわやなぎの枝を結んで私を送ることはない、日はたちまちのうちに崦嵫の山に迫り、すぐに永遠《とわ》の別れが来るのだ〉。上の句については、【一六九】注(2)を参照。「崦嵫」は、日が沈む所と信じられていた山の名。転じて年老いる譬喩に用いる。「倏忽」は、極めて短い時間。

【二一〇】上平声十灰韻

僧堂落成、觀音大士安座供養拈香拙語。　［享保十二丁未霜月吉辰］

慈雲布地山長濕、忽視賢于插艸來。應是法基齊柱石、金容宴坐玉蓮臺。

扶桑國日州路那珂郡前佐城主淡州牧惟久源公、謀事於嗣君忠就源公、憑于本山恭喜捨淨財、艸創僧堂。剩承奉大母堂尊命、安置古像之十一面觀音大士、深慕佛乘、互修白業。不堪稱嘆之至。夫觀音大士者、從聞思修入三摩地、入流忘所、尋聲救苦、同一悲仰、如月在水也。住持小比丘禪材、謹炷一瓣寶香、熏半邊鼻孔。伏願、法運紹隆、容接十方聚會僧、國祚鞏固、長布萬民豐樂瑞。敢問左右大衆、却看大士放祥光證明來麼。寶葉石上松葉緑、白華崖邊雪華堆。

＊

僧堂落成、観音大士安座供養拈香の拙語。　［(1)享保十二丁《ひのとひつじ》未霜月の吉辰］

(2)慈雲、地に布《し》き、山長く湿《うるお》う、忽《たちま》ち視る、賢于《けんう》の、挿草《そうそう》し来たることを。(3)応《まさ》に是れ法基、柱石に斉《ひと》しかるべし、金容《こんよう》、宴坐《えんざ》す、玉蓮台。扶桑国日州路那珂郡、前《さき》の佐城主淡州牧惟久《ただひさ》源公、事を嗣君(4)忠就《ただなり》源公に謀《はか》り、(5)本山に憑《つ》いて、恭しく浄財を喜捨し、僧堂を草創す。剰《あまつさ》え(6)大母堂の尊命に承奉して、(7)古像の十一面観音大士を安置し、深く仏乗を慕い、互いに白業《びゃくごう》を修す。称嘆の至りに堪えず。(8)夫《そ》れ観音大士は、聞思修《もんししゅ》より三摩地《さんまじ》に入り、流《ながれ》を入《かえ》して所《しょ》を忘じ、声を尋ねて苦を救い、同一の悲仰は、月の、水に在るが如し。住持小比丘禅材、謹んで一弁の宝香を炷《た》いて、(9)半辺の鼻孔を熏ず。伏して願わくは、法運紹隆、十方聚会《じゅえ》の僧を容接し、国祚鞏固《きょうこ》、長く万民豊楽《ふらく》の瑞を布《し》かんことを。敢えて左右の大衆に問う、(10)却って大士が祥光を放って証明し来たるを看るや。(11)宝葉石上、松葉緑《みどり》なり、白華崖辺、雪華堆《うずたか》し。

＊

(1)享保十二丁未霜月＝享保十二年（一七二七）十一月。古月、六十一歳。この年、知又軒を拡充して天寿山自得寺とし、新たに僧堂が建てられた。注(6)を参照。／(2)慈雲布地山長湿、忽視賢于揷草来＝〈慈《いつく》しみの雲は大地をおおい、山は長くうるおい、たちまちのうちに僧堂が建てられた〉。「慈雲」は、『観音経』の「慈意妙大雲」による言葉。下の句は、仏寺を草創する譬喩に用いる故事。【一一一】注(3)を参照。／(3)応是法基斉柱石、金容宴坐玉蓮台＝〈これは大法の基《もとい》、国家の柱石にも等しい、玉蓮台に宴坐される観音の金容を安置する〉。「法基」は、大法の基業。／(4)忠就＝佐土原藩島津家第六代当主、島津忠雅の別名。享保八年（一七二三）襲封。宝暦三年（一七五三）致仕し、天明四年（一七八四）五月十五日、佐土原にて卒。年八十三。／(5)本山＝天寿山自得寺。／(6)大母堂＝現藩主忠就の祖母（大母堂）で、惟久の生母。竹井八郎左衛門満直の娘。享保十五年（一七三〇）九月に他界。松寿院殿量誉貞岩大姉。【二七九】を参照。『行状』享保十二年の条に「十月、惟久源君の厳命を蒙り、知又軒を拡め、僧堂を樹建す。松寿院大母堂、故《もと》の自得寺の観自在の尊像を安置し、山を天寿と称し、寺を自得と号す」とある。『行状』にある「故自得寺」は未詳。／(7)古像之十一面観音大士＝現在、大光寺の本堂本尊として祀られている「木造十一面観音坐像」がこれか。室町時代の作と伝えられている。『大光禅寺』図版6。／(8)夫観音大士者……如月在水也＝『楞厳経』巻六に説かれる所の要約。「聞思修」は、聞慧（教法を聴聞して得た智慧）、思慧（自らが思惟して得た智慧）、修慧（実践して体得した智慧）の三慧。「三摩地」は、三昧に同じ。「入流忘所」は、六塵を因縁として流転する意識（流）を自身に回向返照（入）すれば、所縁の境（所）もまた空寂であると悟るということ。「尋声救苦」は、経典の言葉ではないが、『観音経』の「念彼観音力、尋声自回去」「観音妙智力、能救世間苦」に基づいた成句。「同一悲仰」は、『楞厳経』巻六に「（観音は）下《しも》、十方一切の六道の衆生に合《かな》って諸もろの衆生と同一の悲仰あり」と。／(9)半辺鼻孔＝片一方の鼻穴。本来面目の譬喩に用いることもある。／(10)却看大士放祥光証明来麼＝〈観音大士が、めでたい光りを放って、この法要が円成したことを証明しておられるが、それが見えるか〉。「却……麼」は、疑問形の「還……麼」の和臭。／(11)宝葉石上松葉緑、白華崖辺雪華堆＝〈宝葉石のほとりは松葉が緑、白華崖のほとりは雪が積もっている〉。「宝葉石」「白華崖」は、共に観音大士の住処。「宝葉石」は、四十巻『華厳経』巻十六に「観自在菩薩、清浄金剛宝葉石上に於いて結跏趺坐す」と。「白華崖」は、経典には見えないが、『夢窓録』巻下「送以首座赴阿州補陀」偈頌に「龍淵通徹す白花崖」とある。

【二一二】下平声一先韻

倉岡郷郡山密寺鐘銘。　［享保十四己酉仲春］

此方眞教體、清淨在音聞。故以耳根圓通爲最矣。夫鐘之於法器、功勳莫先於此。所謂、罽賓王息業縁、南唐主脱幽厄也。今茲寺者、鎭護郡縣、專奉祈大檀君薩隅日三州太守福壽延長、及祷諸檀門信力彌堅道場也。茲同郷前龍《キノ》泉萬久和尚、捐衣盂之餘、郷之長官等勠力一志、欲造鐘簴當山便鎭護。現住持良説、擊節幹事。於戲、時運熟《ウメル》哉。功潰《トクルノ》之日、請予需銘辭。感至誠仍作銘。

密寺永鎭、國家安全。郡縣積善、士庶從賢。蒲牢茲設、願輪以圓。曉吼山月、晩答石泉。禪誦時報、幽顯攪眠。德音歷劫、法運綿延。

＊

(1)倉岡郷の郡山密寺の鐘銘。　［(2)享保十四己酉《つちのととり》の仲春］

(3)此の方の真の教体は、清浄にして音聞に在り。(4)故に耳根円通を以て最と為《な》す。夫《そ》れ(5)鐘の法器に於ける、功勲、此れより先《さき》なるは莫《な》し。所謂《いわゆ》る、(6)罽賓《けいひん》の王、業縁《ごうえん》を息《や》め、(7)南唐の主、幽厄《ゆうやく》を脱するなり。今、茲《こ》の寺は、郡県を鎮護し、専《もっぱ》ら大檀君(8)薩隅日三州の太守の福寿延長を祈り奉り、及び諸檀門の信力弥《いよ》いよ堅《かた》からんことを祷《いの》るの道場なり。茲《ここ》に同郷の前《さき》の(9)龍泉万久和尚、衣盂《えう》の余を捐《す》て、郷の長官等と力を勠《あ》わせ志を一にし、鐘を造り、当山に簴《か》けて、鎮護に便《たよ》りせんと欲す。現住持の良説、(10)撃節して事を幹《つかさど》る。於戯《ああ》、時運、熟《う》める哉《かな》。功潰《と》ぐるの日、予を請して銘辞を需《もと》む。至誠に感じ、仍《よ》って銘を作る。

密寺永鎮、国家安全。(11)郡県、善を積み、士庶、賢に従う。(12)蒲牢茲《ほろうここ》に設け、願輪以て円《まど》かなり。暁《あかつき》には山月に吼《ほ》え、晩《くれ》には石泉に答う。禅誦時《ぜんじゅ》を報《しら》せ、(13)幽顕眠《ゆうけん》りを攪す。徳音歴劫《りやっこう》、法運綿延《めんえん》。

＊

(1)倉岡郷郡山密寺＝郡山寺。日向国諸県郡倉岡にあった新義真言宗の寺。現在廃寺。／(2)享保十四己酉仲春＝享保十四年（一七二九）二月。古月、六十三歳。／(3)此方真教体、清浄在音聞＝〈釈尊の教えの本体は、音声を用いて衆生済度を行なう〉。『楞厳経』巻六の偈文。／(4)故以耳根円通為最矣＝〈だから、耳根円通、あまねく明らかに聞くということが最も大切なのである〉。／(5)鐘之於法器、功勲莫先於此＝〈多くの法器の中で、鐘ほどのはたらきをするものはない〉。次篇の注(3)を参照。／(6)罽賓王息業縁＝「罽賓の王、殺を好むを以て死して千頭魚と作《な》る。剣輪、身を遶《めぐ》り、随って斫《き》れば随って生ず。羅漢有って維那に充《あ》たり、時に依って鐘を打つ。声《おと》を聞くの時、剣輪、空に住《とど》まる。信を遣《つかい》わし《つか》、白《もう》して長く打たしむ。七日を過ぎて已《すで》に受苦即ち止む」（『仏祖統紀』巻三十三）。／(7)南唐主脱幽厄＝「南唐の先主、人を殺降するに因《よ》って陰獄に囚《とら》わる。唯だ鐘声を聞いて則ち暫《にわか》に苦を息《や》む。冥に入る者、之れを見、以て後主に報ず。乃《すなわ》ち為に一鐘を清涼寺に造る。其の上に鐫《きざ》んで云く、『孝高皇帝の幽を脱し厄を出づるに薦す』と」（『仏祖統紀』巻三十三）。／(8)薩隅日三州＝薩摩・大隅・日向。／(9)龍泉＝龍泉寺（妙心寺派。現廃寺）。日向国諸県郡庄内都之城にあった。万久和尚、及び、現住持良説は、共に不詳。／(10)撃節＝本義は、音楽の拍子を取ること。ここでは、造鐘の志を引き継ぐということ。詩の本韻を次ぐこと（和韻）を「撃節」と言う。／(11)郡県積善、士庶従賢＝〈郡県の士庶は、善業を行ない、仏の教えに従っている〉。／(12)蒲牢＝海獣の名で、鐘の異称。班固の「東都賦」（『文選』巻一）に「是《ここ》に於いて鯨魚を発《あ》げ、華鐘を鏗《つ》く」と。その善注に「薛綜《せっそう》が西京賦の注に曰く、『海中に大魚有り、鯨《げい》と曰う。海辺に又た獣有り、蒲牢と名づく。蒲牢、素《も》とより鯨を畏《おそ》る。鯨魚、蒲牢を撃《う》てば、輒《すなわ》ち大いに鳴く。凡《およ》そ鐘は声をして大ならしめんと欲する者なり。故に蒲牢を上に作り、以て之れを撞《つ》く所の者を鯨魚と為《な》す。鐘に篆刻の文有り、故に華鐘と曰う』と」。／⒀幽顕攪眠＝「幽顕」は、人の見ている所と見ていない所。或いは、あの世とこの世。「攪眠」は、眠りをかきみだして起こすこと。

【二一二】下平声一先韻

自得寺僧堂報鐘銘。　〔享保十五庚戌正月吉旦〕

夫法器之制、莫先《キナルハ》於鐘。禪誦起止、齋粥早晩、鳴之告衆。況又屈伏魔外。以故、三寶證明、諸天擁護。恭蒙大檀君嶋津氏惟久源公喜捨淨財、命鳧氏鎔鑄小鐘、永鎮僧堂。銘曰、

曉催禪誦、攪群昏眠。夕帶斜照、訴旅客船。苦趣頓脱、菩提果圓。維天壽國、法運綿延。

＊

自得寺僧堂(1)報鐘の銘。　〔(2)享保十五 庚戌《かのえいぬ》の正月吉旦〕

夫《そ》れ(3)法器の制、鐘より先《さき》なるは莫《な》し。禅誦《ぜんじゆ》の起止、斎粥《さいしゆく》の早晩、之れを鳴らして衆に告ぐ。況んや又た魔外《まげ》を屈伏するをや。以ての故に、三宝証明し、諸天擁護す。恭しく大檀君嶋津氏惟久源公の、浄財を喜捨することを蒙《こうむ》って、(4)鳧氏《ふし》に命じて小鐘を鎔鋳《ようちゅう》せしめ、永く僧堂に

鎮す。銘に曰く、
暁《あかつき》には禅誦を催《うなが》し、群昏の眠りを攪す。夕《ゆうべ》には斜照を帯びて、旅客の船に訴う。苦趣《くしゅ》頓に脱し、菩提の果円《まど》かなり。維《こ》れ天、(5)国を寿《ひさ》しくし、法運綿延《めんえん》。

*

(1)報鐘＝時刻を報《しら》せるために撃ち鳴らす懸け鐘。／(2)享保十五庚戌＝一七三〇年。古月、六十四歳。／(3)法器之制、莫先於鐘＝〈多くの法器が定められているが、その中で鐘ほどすぐれたものはない〉。『空華集』巻十九「報恩化鐘偈并序」に見える言葉。／(4)梟氏＝『周礼』に出る官名だが、その「冬官考工記第六」の「梟氏は鍾を為《つく》る（梟氏為鍾）」から、鐘を鋳造する工匠のことを言う。／(5)寿国＝国家を善く治めて長久ならしめること。

*

【二一三】

浴室規箴。　〔享保十七壬子六月立之〕

一、凡遇毎月四箇開浴、或爲尊宿設浴、則各各宜肅整如法。愼勿放逸。清規及人天寶鑑古徳浴室示衆偈等可委悉之。方其揩背離垢之際、或出戲語、或互相喧聒《タカヒニ》而莫同卑俗入浴矣。各自應觀、勺湯滴水、皆是成佛子住之因縁、信心檀越之脂膏。若看設浴施主名字、隨意課誦經咒。

一、行者人力浴了、知浴之知事就點視了、令息竈中火及炭煤、可洒水乾淨。及夜亦《テモ》可巡看。

一、暫到之僧投宿、或病僧爲保養假居之日、勿打雜話放逸。

*

[1]浴室規箴《きしん》。〔享保十七壬子《みずのえね》の六月、之れを立つ〕

一、凡《およ》そ毎月四箇の開浴に遇い、或いは尊宿の為に設浴するときは、則ち各各宜《よろ》しく粛整にして如法なるべし。慎んで放逸なること勿《な》かれ。[2]『清規』、及び[3]『人天宝鑑』「古徳浴室示衆偈」等、之れを委悉《いしつ》す可《べ》し。其の揩背離垢《かいはいりく》の際に方《あた》って、或いは戯語を出だし、或いは互相《たがい》に喧聒《けんかつ》して、卑俗の入浴に同じなること莫《な》かれ。各自に応《まさ》に観ずべし、勺湯滴水は、皆な是れ[4]成仏子住《じょうぶつしじゅう》の因縁、信心檀越の脂膏《しこう》なることを。[5]若し設浴の施主の名字を看れば、意に随って経呪を課誦せよ。

一、[6]行者人力《あんじゃにんりき》、浴し了《お》わって、知浴の知事、就《つ》いて点視《てんし》し了《お》わり、竈中《そうちゅう》の火、及び炭煤《たんばい》を息《け》せしめ、水を洒《そそ》いで乾浄《かんじょう》す可《べ》し。夜に及んでも亦た巡看す可し。

一、暫到《ざんとう》の僧の投宿、或いは病僧の、保養の為に仮りに居するの日、雑話を打して放逸なること勿《な》かれ。

＊

(1)浴室規箴＝【三五六】を参照。／(2)清規＝『百丈清規』両序章第六「知浴」。注(5)(6)を参照。／(3)人天宝鑑古徳浴室示衆偈＝『人天宝鑑』に「湖心石刻」というものから引いているが、七字十二句の長詩。全篇の引用は割愛するが、その中に「憐れむに堪えたり、世を挙げて源《みなもと》を忘るる者、只だ皮膚を洗って心を洗わず」とある。／(4)成仏子住＝悟りを得て、仏の子としての場所に坐ること。つまり、成仏すること。入浴を因縁として開悟した菩薩が言う、「妙触宣明《みょうそくせんみょう》、成仏子住」と（『碧巌録』七十八則「開士悟水因」）。／(5)若看設浴施主名字……＝「如《も》し施主、浴を設けば、則ち経を課して回向す。能《よ》く妙触宣明成仏子住せば、則ち功、浪《みだ》りに施さざるなり」(『百丈清規』)。／(6)行者人力浴了……＝「第三通に行者入浴。……第四通に人力入浴。……併《あわ》せて点視して竈中の火、及び炭煤を息《け》せしめ、水を洒いで乾浄す。余の柴有れば遠処に搬《はこ》ぶ」(『百丈清規』)。「行者」は、出家得度を志して寺の雑務をする者。「人力」は、俗に在ってそれをする者。「点視」は、検分・点検。「乾浄」は、きれいにすること。

【二一四】上平声十五刪韻

尾陽成瀬氏妹松仙院、薦亡娘梅玉院南林自芳大姉、裁金襴衣充吾表信衣。茲丁忌辰、設伊蒲之次、一香一偈爲追薦云。

脱體福田無上衣、爲通線脚寄吾山。莊嚴離垢南方界、一炷烟中開笑顔。

＊

(1)尾陽の成瀬氏の妹、松仙院、(2)亡娘梅玉院南林自芳大姉を薦し、金襴衣を裁して吾が(3)表信の衣に充《あ》つ。茲《ここ》に忌辰に丁《あ》たり、(4)伊蒲《いぶ》を設くるの次《つい》で、一香一偈、為に追薦すと云う。

(5)脱体、福田無上の衣、為に線脚を通じて吾が山に寄す。(6)離垢の南方界を荘厳《しょうごん》して、一炷《いっしゅ》烟中、笑顔を開かしむ。

＊

(1)尾陽成瀬氏＝尾張藩家老の家柄。具名は不詳。／(2)亡娘＝亡き娘《むすめ》。ここの「娘」は、母の義ではない。注(6)を参照。／(3)表信衣＝伝法衣のことだが、ここでは、単に袈裟の意。／(4)伊蒲＝伊蒲塞の略。供物。【八一三】注(18)を参照。

ここでは、斎会。／⑸脱体福田無上衣、為通線脚寄吾山＝〈亡き娘の為に無上福田衣を縫い上げて我が山に寄進した〉。「脱体」は、脱体現成。「福田無上衣」は、無上福田衣の倒置。袈裟の総称。【一六八】注⑵を参照。「線脚」は、縫った針の迹。縫目。／⑹荘厳離垢南方界、一炷烟中開笑顔＝〈離垢の南方界を荘厳して、一炷の香煙の中、亡き娘を笑わせる〉。「離垢南方界」は、亡娘が成仏している南方無垢世界。年わずか八歳で成仏した龍女の故事に因む。【一〇二】注⑺を参照。

【二一五】上平声七虞韻

松仙院浄室壽清尼大姉預修一回忌拈香拙語。　［尾張成瀬大膳母。享保十八癸丑二月十日逝。孝娘清心院贈斎儀］

夙出塵纏女丈夫、洗清蘭室敬浮屠。往年一面説心性、今日焚香對瓦爐。尾陽城裡某氏孝娘清心院、追薦先妣松仙院淨室壽清尼大姉、遠就于當山營辨香供。仍集闔山清衆、施設開甘露門之次、焚此寶香、供養十方婆伽梵法界賢聖衆。此香非天上牛頭、何比人間竜鬪。直下拈出、乘此香雲。不管總持得達磨印證、不用大愛道受世尊記莂。那裡翻身一擲去。時維七月炎雲盡、一葉初翻秋滿湖。

*

⑴松仙院浄室寿清尼大姉⑵預修一回忌拈香の拙語。　［尾張の成瀬大膳の母。享保十八癸丑《みずのとうし》の二月十日逝す。孝娘清心院、斎儀を贈る］

[3]夙《つと》に塵纏《じんてん》を出づ、女丈夫《にょじょうぶ》、清蘭の室を洗って、浮屠《ふと》を敬《うやま》う。[4]往年、一面して、心性を説き、今日、香を焚いて、瓦炉《がろ》に対す。

尾陽城裡、某氏の孝娘清心院、先妣《せんぴ》松仙院浄室寿清尼大姉を追薦し、遠く当山に就《つ》いて香供を営弁す。仍《よ》って闔山《かつさん》の清衆を集め、[5]開甘露門を施設するの次《つい》で、此の宝香を焚いて、[6]十方の婆伽梵《ばぎゃぼん》、法界の賢聖衆《けんじょうしゅ》を供養す。[7]此の香は、天上の牛頭《ごず》に非ず、何ぞ人間の龍闘《りょうとう》に比せんや。直下《じきげ》に拈出す、此の香雲に乗ぜよ。[8]総持が達磨の印証を得ることを管せず、[9]大愛道が世尊の記莂《きべつ》を受くることを用いず、[10]那裡《なり》にか翻身一擲《ほんしんいってき》し去る。

[11]時維《こ》れ七月、炎雲尽《つ》き、一葉、初めて翻《ひるがえ》って、秋、湖に満つ。

＊

(1)松仙院＝前篇に既出。／(2)預修＝存命中、自身を施主として行なう仏事（逆修とも）のことも言うが、ここは、忌日に先立って行なう仏事。落句に「七月」とあるので、他界した享保十八年（一七三三）の七月に行なわれた。／(3)夙出塵纏女丈夫、洗清蘭室敬浮屠＝〈早くから世塵の纏縛を抜け出ていた女丈夫、清蘭の部屋を掃除して仏陀を敬っていた〉。「女丈夫」は、男にも勝るすぐれた女。「丈夫」については、【九―四―③】注(2)を参照。「清蘭室」は、松仙院の部屋の名前か。「浮屠」は、浮図に同じ。『祖庭事苑』巻四【浮図】に「梵語は仏陀。或いは浮図と云い、或いは部多と云い、或いは母駄、或いは没陀。皆な五天の語なり。今、並べ訳して覚と為す」と。／(4)往年一面説心性、今日焚香対瓦炉＝〈昔、一度面会して、心の本性について説き、今日、瓦炉に香を焚いている〉。「瓦炉」は、瓦製の香炉。／(5)開甘露門＝施餓鬼会。／(6)十方婆伽梵法界賢聖衆＝十方の諸仏、法界の諸菩薩。

／(7)此香非天上牛頭、何比人間龍闘＝「牛頭」は、天上に生えるという牛頭梅檀の木から作った香。「一切の木香の中、牛頭梅檀を第一と為す」（『大智度論』巻二十七）。「龍闘」は、二龍が闘って出来るという象蔵香《しようぞうこう》。「人間に香有り。名づけて象蔵と曰う。龍の闘う（龍闘）に因《よ》って生ず。若し一丸を焼《た》けば、即ち大香雲を起こす」（八十巻『華厳経』巻六十七）。香名はどうでもよく、要は、この法筵に焚く香が、無等香であるということ。／(8)総持得達磨印証＝尼総持が、達磨の肉を得た故事。「（達磨）越《ここ》において九年、天竺に返らんと欲す。門人に命じて曰く、『時、将《まさ》に至らんとす。汝等、盍《なん》ぞ各おの所得を言わざる』。……尼総持曰く、『我れ今、解する所は、慶喜《きようき》の、阿《あ》閦仏国《しゆくぶつこく》を見るが如し、一見して更に再見せず』。祖曰く、『汝は吾が肉を得たり』」（『五灯会元』巻一・菩提達磨章）。尼総持の言葉を意訳すると、「私の境地は、阿難（慶喜）が、仏が神通力を以て出現され、また消滅された阿閦仏国を見て、諸法が仮現であることを悟ったようなものです」ということ。／(9)大愛道受世尊記莂＝大愛道比丘尼が、来世に仏となる予言を世尊に受けた故事。大愛道は、釈迦の姨母《おば》で、名を摩訶波闍婆提《まかはじやはだい》と言う。拘利《くり》族の王女で、釈尊の母の摩耶夫人の妹。釈尊が生まれて七日にして摩耶夫人が没すると、浄飯王に嫁して釈尊を養育し、また難陀を生んだ。浄飯王が崩ずると出家して、仏教教団で最初の比丘尼となり、釈尊は、ために初めて比丘尼戒を説いた。釈尊の涅槃を見るに忍びず、釈尊に先だって涅槃し、釈尊は、阿難に命じて厚くこれを葬り、塔を建てさせたと言う。その来世成仏は、『法華経』勧持品第十三に説かれている。／⑽那裡翻身一擲去＝〈松仙院は、この香雲に乗って、どこに成仏しておられるか〉。「翻身一擲」は、『大慧書』「答汪状元」第二書などに見える。親獅子から嶮崖へ一擲《なげう》たれた子獅子が、空中に身を翻して崖上に飛び返ること。／⑾時維七月炎雲尽、一葉初翻秋満湖＝〈時は七月、夏雲も去り、蓮華の葉が初めてひるがえって、秋は湖に満ちている〉。松仙院が成仏している景色。「七月」は、初秋。「一葉初翻」の「一葉」は、蓮の葉を言い、松仙院が、浄土の蓮華台に坐られたという譬喩。

【二一六】下平声一先韻

前柏樹寶山長鑑西堂禪師、願求刻彫觀自在薩埵三十三影、躬之坂陽命佛工、梵容妙麗、莊嚴圓成。海路千里、風船如飛經三日歸楫。舊痾甚切。安寢一晝夜逝矣。於戲、歸楫不速則埋身於他郷、請聖像於此地願心慊慊乎。悲願加物、感應不虚。悲喜潛然。野偈托思、以充挽詞云。

三十餘身駕一肩◎、歸帆三日里程千◎。當陽脱却幻泡質、請看清涼水月圓◎。

＊

前《さき》の(1)柏樹の宝山長鑑西堂禅師、観自在薩埵の三十三影を刻彫せんことを願求《がんぐ》して、躬《みずか》ら(2)坂陽に之《ゆ》きて仏工に命じ、梵容妙麗に、荘厳円成す。海路千里、(3)風船、飛ぶが如くにして、三日を経て(4)帰楫《きしゅう》す。旧痾、甚《はなは》だ切なり。安寝《あんしん》すること一昼夜にして逝す。於戯《ああ》、帰楫、速《すみ》やかならざるときは、則ち身を他郷に埋めて、聖像を此の地に請するの願心、(5)慊慊《けんけん》たらん。悲願、(6)物に加して、感応、虚《むな》しからず。(7)悲喜潜然《せんぜん》たり。野偈、思いを托して、以て挽詞に充《あ》つと云う。

(8)三十余身、一肩に駕して、帰帆、三日、里程千。(9)当陽に脱却す、幻泡《げんぽう》の質、請う看よ、清涼として、水月円《まど》かなり。

(1)柏樹宝山長鑑西堂禅師＝柏樹は、大光寺の末寺、潮音山柏樹庵。児湯郡徳ケ淵村にあった。「雪曹和尚開基、年月日不詳」「世代不詳、大光寺借判」（大光寺文書「安政五年大光寺末寺抄録差上」）。宝山の名は、古月が得度した松巌寺の第三世に見えるが、詳細不詳。その第四世が、古月の本師、一道禅棟。／(2)坂陽＝大坂。／(3)風船＝疾風に乗ずる船。／(4)帰楫＝帰舟に同じ。郷里へ帰る船。ここでは、帰郷の意。／(5)慊慊乎＝心に満足し得ないさま。／(6)加物＝訓読は底本の通り。衆人（物）に加《まさ》るという意か。／(7)悲喜潜然＝悲喜こもごもの心境。「潜然」は、表面に表われないさま。また、涙を流すさまでもある。／(8)三十余身駕一肩、帰帆三日里程千＝〈三十三観世音の像を、その一肩に乗せ、千里の海路を三日かけて帰って来られた〉。／(9)当陽脱却幻泡質、請看清涼水月円＝〈そして目の当たりに幻や泡の如き生身を脱却された、どうか見て下さい、菩薩清涼の月が、衆生の清い心水にまどかに映っております〉。上の句は、宝山和尚が、無為世界（涅槃）に遷化されたことを頌し、下の句は、和尚がもたらした観世音の功徳によって、衆生が、本来清浄心を悟ったことを頌す。「当陽」は、正位・中央の義。転じて真正面の意。「幻泡」は、『金剛経』応化非真分第三十二に「一切有為の法は、夢幻泡影《むげんほうよう》の如く、露《つゆ》の如く亦た電《いなずま》の如し、応《まさ》に是の如きの観《かく》を作《な》すべし」と。「清涼水月円」は、『華厳経』の勝句を集めて作られた檀越先亡累代諷経の回向文に「菩薩清涼の月は、畢竟空に遊ぶ。衆生心水浄《きよ》ければ、菩提の影、中に現ず」と。

*

【二一七】下平声八庚韻

追薦誓譽宗順居士。偈并引。　［洛京誓願寺通高倉西江入町伊勢屋利右衛門］

今茲甲寅八月廿六日、誓譽宗順居士西往矣。孝男［利右衛門、法名宗貞］某、贈訃書齋儀。嗟乎、五十年來、於吾不變交。況敬佛賑僧勸衆施法全信心者信士也。慟哭何已。茲丁盡七日忌、恭裒大衆看讀金剛經、供養一上之次、伸小伽陀托志誠云。

五十年來類弟兄、今晨聽訃哭吞聲。心香一片證西往、霜菊數枝供素誠。

［洛京誓願寺通り高倉西へ入る町、伊勢屋利右衛門］

*

誓誉宗順居士を追薦す。偈并《なら》びに引《いん》。

今茲《ことし》[1]甲寅《きのえとら》八月廿六日、誓誉宗順居士、西往す。孝男［利右衛門、法名[2]宗貞］某、訃書斎儀を贈る。嗟乎《ああ》、[3]五十年来、吾れに於いて交わりを変えず。況んや敬仏賑僧、勧衆施法、信心を全うする者は信士なり。慟哭、何ぞ已《や》まん。茲《ここ》に[4]尽七日忌に丁《あ》たって、恭しく大衆を裒《あつ》めて金剛経を看読し、供養一上するの次《つい》で、[5]小伽陀《しょうかだ》を伸べ、志誠を托すと云う。

[6]五十年来、弟兄に類す、今晨、訃を聴いて、哭して声を呑む。[7]心香一片、西往を証し、霜菊《そうきく》数枝、素誠を供す。

*

(1)甲寅＝享保十九年（一七三四）。古月、六十八歳。／(2)宗貞＝大光寺に涅槃像を寄進した居士。【一七七一一〇】の底本注記を参照。／(3)五十年来＝古月は、貞享四年（一六八七）、二十一歳の時、妙心山内智勝院に掛錫しているが、それ以来の交友か。／(4)尽七日忌＝中陰供養が終わる四十九日忌のこと。十月十五日が正当となる。／(5)小伽陀＝小偈。「伽陀」は、ガータの音訳。韻文で説かれた仏の教え。ここでは、この七言絶句。／(6)五十年来類弟兄、今晨聴訃哭呑声＝〈五十年このかた、弟兄のように接してきた、今朝、訃報を聞いて、むせび泣いた〉。「哭呑声」は、声を外に出さずに泣くこと。／(7)心香一片証西往、霜菊数枝供素誠＝〈心を込めた一片の香を焚いて居士の西方往生を証明し、霜に屈せずに咲く数本の菊花を、私の真心として供えます〉。「霜菊」は、傲霜菊（霜に傲《おご》る菊）。蘇東坡の詩に多く見られ、その一詩句に「霜菊有余馨」と。「素誠」は、素心・素懐に同じ。平生から心にたくわえられた思い。

【二一八】

今茲寛保三癸亥、宗順辭世實經十歳。宗順居士孫利右衛門、以書告曰、一日、佛廚有異香出小箱中。開蓋宗順存生之際缺齒二顆也。半現舍利分珠十箇餘粘綴、半有齒形。予嘆曰、宗順生質淳直、專修念佛、施物不欲他知。餘不可勝計也。宜哉現舍利。并記。

＊

(1)今茲《ことし》寛保三癸《みずのと》亥《い》、宗順、世を辞して実に十歳を経《ふ》。宗順居士の孫利右衛門、書を以て告げて曰く、「一日、仏厨《ぶつず》に異香有って小箱の中より出づ。蓋《ふた》を開くれば、宗順存生の際《あいだ》の欠歯二顆なり。半ばは舎利を現じ、分珠十箇余り粘綴《ねんてい》し、半ばは歯の形有り」と。予、嘆じて曰く、「宗順、生質淳直にして、専《もっぱ》ら念仏を修し、物を施すや他の知ることを欲せず。余は勝《あ》げて計《かぞ》う可《べ》からず。宜《むべ》なる哉《かな》、舎利を現ずることや」と。并《あわ》せて記す。

＊

(1)今茲寛保三癸亥……＝人名等は、前篇を参照。意訳すれば、〈今年、寛保三年（一七四三）は、誓誉宗順居士が西往されてから十年が経つ。その孫の利右衛門が手紙で知らせて来た、「ある日、仏壇の小箱から普段とは異なる香りがしました。蓋を開けてみると、宗順居士の存命中に抜け落ちた二箇の歯でした。一箇は舎利の分珠十箇ほどが連なっている形で、もう一箇は、歯の形を残していました」と。私はその手紙を読み、感嘆して言った、「宗順居士は、生まれつき淳朴正直で、一向念仏し、陰徳を行じて来られた。その他の善行は、数え切れないほどだ。舎利を現わされたとしても、何の不思議もない」と。このことも合わせて記しておく〉。

【二一九】下平声十三覃韻

追薦古月宗用菴主三十三回忌。〔豊後秋岡矢田氏、田園建一菴、號古月菴〕

元祿十五壬午秋、寓古月菴過冬制。施主宗用菴主芳志至懇也。引接以見性成佛之旨。丁十一月十八日俄爾逝矣。僉曰、因緣會遇末後幸聞見性之説終焉。今茲正遇三十三回之遠諱、孝子宗入居士、遠贈淨財供一會徒衆。看讀金剛般若經、熏爐盃茗之次、裁一偈以寄呈宗用菴主牌前。

古時伴月住茅菴、僂指歳華三十三。宗旨用心隨化去、香燈永鎭照禪龕。

＊

(1)古月宗用庵主の三十三回忌を追薦す。〔豊後秋岡の矢田氏、田園に一庵を建て、(2)古月庵と号す〕

元禄十五壬午《みずのえうま》の秋、古月庵に寓して冬制を過ごす。施主宗用庵主、芳志至懇《しこん》なり。引接するに見性成仏の旨を以てす。十一月十八日に丁《あ》たって俄爾《がじ》として逝す。僉《み》な曰う、「因縁会遇《えぐう》して、末後、幸いに見性の説を聞いて終焉す」と。[3]今茲《ことし》、正に三十三回の遠諱に遇い、孝子宗入居士、遠く浄財を贈り、一会《いちえ》の徒衆に供す。金剛般若経を看読し、炉を熏じ、茗《めい》を盃にするの次《つい》で、一偈を裁して、以て宗用庵主の牌前に寄呈す。

[4]古時、月に伴って、茅庵に住す、指を僂《たお》せば、歳華、三十三。[5]宗旨、心を用いて、化《け》に随い去る、香灯、永く鎮して、禅龕《ぜんがん》を照らす。

＊

⑴古月宗用＝古月が参禅した賢巌禅悦の語録『明覚禅師語録』「示古月宗用居士」法語中に「矢田氏、名は範政」と。／⑵古月庵＝『伝記』元禄十五年（一七〇二）、古月、三十六歳の条に「豊後府内の秋岡村に一茅庵を結び、一鉢以て形骸を養うのみ」。『行状』同年の条に「八月、豊の府内秋岡村に往きて、茅宇に退影す」。／⑶今茲……＝享保十九年（一七三四）に当たる。／⑷古時伴月住茅庵、僂指歳華三十三＝〈かつて月にともなってある茅庵にとどまった、指折り数えれば、もう三十三年も昔のことだ〉。／⑸宗旨用心随化去、香灯永鎮照禅龕＝〈見性成仏の宗旨に心を用い、私の接化にしたがいながら逝去された、その時に供えた香華灯燭が、古月庵の禅室を今なお照らしている〉。「古時伴月」で古月の号を、「宗旨用心」で宗用の諱を歌い込んでいる。

【二二一】

前福壽一溪和尚者、四十年故舊也。曾跋渉山川、三過弊廬。道情可見矣《ツ》。秋初患貴恙、托言於雲水、告再不可起、一香修友誼《セヨト》。夢寐眷戀之際、補席祖印首座、遠勞一禪者《リノ》、贈訃書齋儀。嗚呼、客秋來

招吾者告永訣也。茲丁六七日、設伊蒲於一堂、野偈二章充追挽云。　〔十月四日示寂〕

＊

前《さき》の(1)福寿の一渓和尚は、四十年の故旧なり。曾て(2)山川を跋渉《ばっしょう》して、三たび弊廬《へいろ》に過《よぎ》る。道情、見つ可《べ》し。秋初、貴恙《きよう》を患い、言を雲水に托して、再び起つ可《べ》からず、一香、友誼を修せよと告ぐ。夢寐眷恋《むびけんれん》の際《あいだ》、補席の(3)祖印首座、遠く一《ひとり》の禅者を労して、訃書斎儀を贈る。嗚呼《ああ》、客秋、来たって吾れを招すは、永訣を告ぐるなり。(4)茲《ここ》に六七日に丁《あ》たり、伊蒲《いぶ》を一堂に設く。野偈二章、追挽に充《あ》つと云う。　〔十月四日、示寂す〕

＊

(1)福寿一渓和尚＝一渓□覚。諱、一字不詳。大分市松原町にある海岸山福寿寺（南禅寺派）の第四代。享保十七年（一七三二）十月四日示寂。世寿不詳。『続禅林僧宝伝』第一輯・巻之上【一六〇】に立伝。既に【三―五】【一〇―七六】等に出ている。／(2)跋渉山川＝行脚修行の形容。「江海に遊び、山川を渉《わた》り、師を尋ね道を訪うて参禅を為《な》す」（『証道歌』）。／(3)祖印首座＝未詳。／(4)茲丁六七日、設伊蒲於一堂＝〈六七日忌に当たって斎会を行なった〉。「伊蒲」は、伊蒲塞の略。供物。【八―三】注⒅を参照。

【二二〇―一】下平声一先韻

隻履不携先老胡、萁開四葉小春天◎。不論相伴有無事、鋪設齋筵炷紫栴◎。

＊

(1)隻履《せきり》、携えず、老胡に先だつ、蓂《めい》、四葉を開く、小春の天。(2)論ぜず、相伴《しょうばん》有無の事、斎筵を鋪設して紫栴を炷《た》く。

＊

(1)隻履不携先老胡、蓂開四葉小春天＝〈片方の草鞋も持たずに達磨に先立った、小春十月の空に蓂莢《めいきょう》の葉が四枚開いている〉。上の句は、達磨が隻履を携えて西天に帰ったという「達磨隻履」の故事に基づく。「先老胡」は、達磨の忌日は十月五日、一渓和尚のそれは十月四日。下の句は、十月四日を詩的に表現したもの。【三四】注(8)を参照。／(2)不論相伴有無事、鋪設斎筵炷紫栴＝〈相伴がおろうがおるまいが、斎会の法筵を設けて紫栴檀の香を焚く〉。上の句は、洞山良价と南泉普願との、馬祖の忌斎に於ける以下の問答に基づき、一渓和尚が、この忌斎に来られようが来られまいがという意。「(洞山)遊方して、首《はじ》め南泉に詣《いた》る。馬祖の諱辰に値《あ》うて斎を修す。泉(南泉)、衆に問うて曰く、『来日、馬祖の斎を設く。未審《いぶかし》、馬祖、還って来たるや否や』。衆、皆な対《こた》うること無し。師(洞山)、出でて対えて曰く、『伴《ばん》有るを待って即ち来たらん(伴《とも》がおれば来られましょう)』。泉曰く、『此の子、後生なりと雖《いえど》も、甚《はなは》だ雕琢《ちょうたく》するに堪えたり』。師曰く、『和尚、良を圧《お》して賤と為《な》すこと莫《な》かれ』」(『五灯会元』巻十三・洞山良价章)。

＊

【二二〇—二】下平声七陽韻

為《タリシ》慈息日識荊后、三顧艸廬傾鐵腸。末梢快活翻身去、悲喜相交吾涙滂。

(1)慈息為《た》りし日、識荊《しきけい》して后《のち》、三たび草廬を顧みて鉄腸を傾く。(2)末梢《まつしょう》、快活に身を翻《ひるがえ》し去る、悲喜相交《あいまじ》わって、吾が涙、滂《ぼう》たり。

*

(1)為慈息日識荊后、三顧草廬傾鉄腸＝〈まだ息災でおられた日、初めてお出会いしてから、三たび我が草深い庵を訪われ、鉄の如く強い志を語られた〉。「慈息」は、一般には慈母の温容を言うが、ここでは息災の意。「識荊」は、初対面の尊敬語。李白の「韓荊州に与うるの書」にある「但だ願わくは、一たび韓荊州に識《し》られんのみ」からの言葉。韓荊州（名は朝宗）は、荊州の刺史で、極めて声誉があった唐の人。「三顧草廬」は、劉備玄徳の三顧の恩に感じた諸葛孔明の言葉、「三たび臣を草廬の中に顧みる（三顧臣於草廬之中）」（「前出師表」）に基づく。原文の「鐵」は、鉄の古字。／(2)末梢快活翻身去、悲喜相交吾涙滂＝〈最後の最後、軽やかに身をひるがえして行かれたが、悲喜こもごも、私は涙がとめどもなく流れる〉。

【二二二】下平声一先韻

前法泉同居裔和尚、今茲壬子五月廿二日示寂。此日訃至。法弟饒禪衲供養一上。因説小伽陀奉追挽云。

海雲萬里扣吾禪、再面東都同食眠。却至訃音駭衰老、心香爲作博山烟。

*

前《さき》の(1)法泉の同居裔和尚、今茲《ことし》(2)壬《みずのえ》子五月廿二日に示寂す。此の日、訃至る。法弟の(3)饒禅衲、供養一上す。因《よ》って(4)小伽陀《しょうかだ》を説いて追挽し奉ると云う。

(5)海雲万里、吾が禅を扣《たた》く、東都に再面して食眠を同じうす。(6)却って訃音の、衰老を駭《おどろ》かすに至る、心香、為に博山の烟《けむ》りと作《な》す。

＊

(1)法泉同居裔和尚＝同居玄裔。法泉は、底本に「出羽米沢」の書入れがあり、出羽国置賜郡長井庄米沢県にあった法泉寺（現廃寺）と分かる。法泉寺は、塔頭二ケ寺、末寺十七ケ寺を擁した。同居和尚は、享保八年（一七二三）五月、前堂転位。／(2)壬子＝享保十七年（一七三二）。／(3)饒禅衲＝古月会下に留錫している同居和尚の法弟。／(4)小伽陀＝小偈。「伽陀」は、ガータの音訳。韻文で説かれた仏の教え。ここでは、この七言絶句。／(5)海雲万里扣吾禅、再面東都同食眠＝〈かつて遥かに遠い出羽から来られて私の禅扉を叩かれ、再び江戸で出会って寝食を共にした〉。「東都」は、江戸。古月は、享保十二年、甲斐恵林寺での冬制を終えて江戸に赴いた。／(6)却至訃音駭衰老、心香為作博山烟＝〈ところが訃報がもたらされ、この老人を驚かせた、心を込めて一片の香を博山の炉に焚く〉。「博山」は、博山を象《かたど》った香炉。【一八三】注(3)を参照。

＊

【二二二】上平声十三元韻

前瑞光松欓宗密首座者吾舅氏也。且吾得出家師之勧諭力也。茲丁五十年遠忌、聊荐蘋藻、托誠於野偈云。

昔年携我送空門◎、勧誡殊看骨肉恩◎。僂指《タヲセハ》忌辰逢半百、塔前梅蘤復氷魂◎。

前《さき》[1]の瑞光の松櫺宗密首座は、吾が舅氏《きゅうし》なり。且つ吾が出家を得ることは、師の勧諭の力なり。茲《ここ》に五十年遠忌に丁《あ》たって、聊《いささ》か蘋藻《ひんそう》[2]を荐《すす》めて、誠を野偈に托すと云う。

昔年[3]、我れを携えて空門に送る、勧誡、殊に看る、骨肉の恩。指[4]を僂《たお》せば、忌辰、半百に逢う、塔前の梅蘤《ばいい》、氷魂《ひょうこん》を復《かえ》す。

*

(1)前瑞光松櫺宗密首座者吾舅氏也＝松櫺宗密は、佐賀利村にあった杖林山瑞光院（大光寺末。現廃寺）の僧で、七歳の古月を教育した人。天和三年（一六八三）十二月示寂。五十年遠忌は、享保十七年（一七三二）に当たる。「舅氏」は、母の兄弟。「師、七歳。佐賀利邑の瑞光院に往き、宗密に依って書の素読を習い、又た好んで梵唄を習う」（『伝記』）。「邑《むら》の瑞光精舎に往き、宗密公に依随す。舅氏の由《よし》有るを以てなり」（『行状』）。／(2)蘋藻＝供え物の謙称。【九─三─⑤】注(2)を参照。／(3)昔年携我送空門、勧誡殊看骨肉恩＝〈かつて私を伴って仏門に送って下さった、そのお教えには、肉親の慈しみがあふれていた〉。「空門」は、仏門。仏教は、空の教えを根本とするからかく言う。「勧誡」は、善を教えること（勧）と、悪を制すること（誡）。／(4)僂指忌辰逢半百、塔前梅蘤復氷魂＝〈指折り数えれば、もう五十回忌である、墓前の梅が花を取り戻している〉。「梅蘤」は、梅花。「蘤」は、花の義。「復氷魂」は、死者の霊魂を呼び戻す復魂（反魂・返魂とも）に掛ける。「氷魂」は、梅の花の形容語でもある。

【二二三】上平声五微韻

前報恩竜室和尚者、吾法系之正統西院大和尚之法孫也。茲丁一百年遠忌、聊祭蘋蘩之次、野偈以奉献眞前云。

捲電鼓雷春二月、百年傳付半肩衣。勃興撞著舊蹤跡、雨打晩梅片片飛。

＊

前《さき》の[1]報恩の龍室和尚は、吾が法系の正統[2]西院大和尚の法孫なり。茲《ここ》に一百年遠忌に丁《あ》たって、聊《いささ》か[3]蘋蘩《ひんぱん》を祭るの次《つい》で、野偈を以て真前に献じ奉ると云う。

[4]電を捲《ま》き雷を鼓す春二月、百年伝付す、半肩の衣。[5]勃興、撞著《どうじゃく》す、旧蹤跡《きゅうしょうせき》、雨、晩梅を打って、片片飛ぶ。

＊

(1)報恩龍室和尚＝龍室祖隆。法泉は、底本に「飫肥城畔」の書入れがあり、日向国那賀郡飫肥にあった報恩寺（現廃寺）と分かる。快川紹喜―西院玄竺―定山祖慧―龍室祖隆―雄山玄雄（大光寺中興三十七世）―括山崇樹―活眼祖晴―一道禅棟―古月禅材の法系。／(2)西院大和尚＝西院玄竺。【四〇】の「西院和尚語録抜萃序」の本文と各注記を参照。／(3)蘋蘩＝浮き草と白よもぎ。共に草の微賤なもの。転じて、粗末な供物。【九―三―⑤】注(2)を参照。／(4)捲電鼓雷春二月、百年伝付半肩衣＝〈稲妻が走り雷が鳴る春二月、百年伝えられて来た袈裟を掛けております〉。「捲電鼓雷」は、龍室和尚の激しい禅機を譬喩すると共に、結句に「雨打」とあるので、百年遠忌当日の実際の空模様でもある。「半肩衣」は、左肩に掛ける袈裟。／(5)勃興撞著旧蹤跡、雨打晩梅片片飛＝〈今、盛んに興っている龍室和尚の禅機を目の当たりにしている、雨が遅咲きの梅花に降って花びらを飛ばしている〉。「撞著」は、ここでは、遭遇の意。「旧蹤跡」は、龍室和尚の足跡。

【二二四】

前住妙心大通智勝國師快川大和尚〔甲州慧林中興〕百五十年遠忌香語。

＊

前住妙心大通智勝国師(1)快川大和尚〔甲州慧林の中興〕百五十年遠忌の香語。

＊

(1)快川大和尚＝快川紹喜。甲斐恵林寺の中興。天正十年（一五八二）、織田信長のために武田家が壊滅した時、近江の佐々木義弼《よしすけ》は敗れて恵林寺に寄寓していたが、快川が北国に逃がした。信長は怒って兵を派遣し、四面より火を放ち、快川は、学徒百余人とともに、猛火の三門楼上で、「安禅は必ずしも山水を須《もち》いず、心頭を滅却すれば火も自ずから涼し（安禅不必須山水、滅却心頭火自涼）」と唱えつつ、四月三日に示寂した。百五十年遠諱は、享保十六年（一七三一）に当たる。古月は、快川下八世の法孫。前篇の注(1)を参照。

＊

【二二四―一】平声七陽韻

亘天煙火翻身去、逆順縱横道骨剛。遠忌正當一百五、重添毒焰瓦爐香。

＊

(1)天に亘《わた》る煙火、翻身し去る、逆順縦横、道骨剛《かた》し。(2)遠忌正当一百五、重ねて毒焔を添う、瓦炉《がろ》の香。

＊

／(1)亘天煙火翻身去、逆順縦横道骨剛＝〈天にあまねく猛火の中、身をひるがえして行かれた、逆境にあろうが順境にあろうが、縦横自在、その道骨がくずれることはありますまい〉。「逆順縦横」は、『碧巌録』一則垂示に「東湧西没、逆順縦横、与奪自在」と。／(2)遠忌正当一百五、重添毒焰瓦炉香＝〈百五十年遠忌の正当、再び火あぶりの炎を香炉に焚いて上げましょう〉。「毒焰」は、人を殺す炎。「瓦炉」は、瓦製の香炉。

【二二四―二】下平声十一尤韻

昔年趨拝認蹤跡、活火焰中立大猷。坐斷乾峰幾千劫、不成佛道也風流。

*

(1)昔年、趨拝《すうはい》して、蹤跡《しょうせき》を認《と》む、活火焰中、大猷《たいゆう》を立つ。(2)乾峰を坐断す、幾千劫ぞ、仏道を成ぜざるも也《ま》た風流。

*

(1)昔年趨拝認蹤跡、活火焰中立大猷＝〈かつて、恵林寺に拝塔して、燃え盛る炎の中で大道を示された国師の足跡を知りました〉。享保十一年（一七二六）、古月は、恵林寺で冬制した。／(2)坐断乾峰幾千劫、不成仏道也風流＝〈国師は、いつまでも乾徳山の仏法を押さえておられるが、仏道を成就出来ない私も、それなりに風流なものですよ〉。上の句は、快川の仏法の不滅を頌す。「乾峰」は、乾徳山恵林寺。下の句は、古月が、快川の法孫として、その法を嗣ぐ自負心を自嘲的に頌したもの。「不成仏道」は、『涅槃経』巻五に「重禁を犯す者は、不成仏道と、是の処《ことわり》有ること無し。何を以ての故ぞ。是の人、若し仏の正法中に於いて、心に浄信を得れば、爾《そ》の時、即便《すなわ》ち一闡提滅す」と。古月は、毒焔を焚いて国師を焼き殺すという重禁を犯したが、それは、真に国師の法を嗣ぐということ。「也風流」は、有名な「不風流処也風流」からの言葉だが、「風流」は、俗事を離れた高尚な遊び。ここでは、仏道。

【二二五】上平声十五刪韻

再住妙心三百五世瑞堂本大和尚訃至。偶丁四七日、恭設伊蒲炷拜之次、野偈以奉呈眞前。［庚戌八月六日示寂］

去歳米齡書壽字、遠煩慈念得相頒。掲開今日當眞影、轉感深恩涙自潸。

曾賜壽字軸。故始終及于此。

*

再住妙心三百五世(1)瑞堂本大和尚の訃至る。偶《たま》たま四七日に丁《あ》たり、恭しく(2)伊蒲《いぶ》を設けて炷拜《しゅはい》するの次《つい》で、野偈を以て真前に奉呈す。［庚戌《かのえいぬ》の八月六日、示寂す］

(3)去歳、米齢、寿字を書す、遠く慈念を煩《わずら》わせて相頒《あいわ》かつことを得《う》。(4)掲開《けいかい》して、今日、真影に当つ、転《うた》た深恩を感じて、涙、自ずから潸《さん》たり。

曾て寿字の軸を賜う。故に始終、此《ここ》に及ぶ。

*

(1)瑞堂本大和尚＝瑞堂紹本。古月が二十一歳の時に掛錫した、京都妙心寺塔頭智勝院の住持。享保十五年（一七三〇）

八月六日示寂。世寿八十九。／(2)伊蒲＝伊蒲塞の略。供物。【八―三】注(18)を参照。ここでは、斎会。／(3)庚戌＝享保十五年。／(4)去歳米齢書寿字、遠煩慈念得相頒＝〈去年、八十八の米寿を迎えられ、「寿」の字を書かれましたが、その慈悲心をわずらわせて、もう一枚書いていただきました〉。底本の後記を参照。／(5)掲開今日当真影、転感深恩涙自潸＝〈四七日忌の今日、その書を掲げて大和尚の頂相に当てておりますが、ひとしおその深恩を感じ、我れ知らず涙が流れます〉。

【二二六】上平声四支韻

奉追挽法兄英山和尚二十五年嚴忌。
陪従臨末受遺囑、恩義於吾如本師。追忌爲燒黒沈水、一穿無孔鼻尖兒。

＊

法兄(1)英山和尚の二十五年の厳忌に追挽し奉る。
(2)臨末に陪従して、遺嘱を受く、恩義、吾れに於いて本師の如し。(3)追忌、為に黒沈水《こくちんずい》を焼《た》いて、無孔《むく》の鼻尖児《びせんじ》を一穿《いっせん》す。

＊

(1)英山和尚＝英山禅哲。【八―三】注(11)を参照。宝永四年（一七〇七）十一月十六日示寂。二十五回諱は、享保十六年（一七三一）に当たる。／(2)陪従臨末受遺囑、恩義於吾如本師＝〈臨終の場に従って遺嘱を受け、その恩義は私にとって本師のようでありました〉。「本師」は、受業師（得度の師）のこと。古月の本師は、一道禅棟。【九一一五】注(1)を参照。／(3)追忌為焼黒沈水、一穿無孔鼻尖児＝〈二十五年忌、和尚のために香を焚き、和尚の本来の面目に届けます〉。「黒沈水」は、『華厳経』に見える香の名。「無孔鼻尖児」は、穴のない鼻先。本来面目の譬喩。「無孔」は、「無孔笛」などの「無孔」と同じ。

【二二七】上平声二冬韻

英山和尚三十三回忌香語。

扶翼法門看庫院、終逢臨末託遺蹤。忌辰屈指卅三稔、山菓野肴営上供。

＊

(1)英山和尚三十三回忌の香語。

(2)法門を扶翼《ふよく》して庫院《くいん》を看す、終《つい》に臨末に遺蹤《いしょう》を託するに逢う。(3)忌辰、指を屈すれば卅三稔《そうさんねん》、山菓野肴《さんかやこう》、上供《じょうぐ》を営む。

＊

(1)英山和尚三十三回忌＝元文四年（一七三九）。／(2)扶翼法門看庫院、終逢臨末託遺蹤＝〈大光寺の法門を助けるために庫院をあずかっていたが、ついに臨終の場でその法席を托された〉。「庫院」は、禅院の台所のことだが、ここでは、大光寺の運営を言う。古月は、宝永元年（一七〇四）、英山の命を受けて大光寺に帰山。それより山門などを再建し、「土木形骸、四年に及んで百廃倶《とも》に興る」（『伝記』）。／(3)忌辰屈指卅三稔、山菓野肴営上供＝〈指折り数えれば三十三回忌、山野の粗末な供え物を献じます〉。「稔」は、年の義。稲が一回成熟する期。

【二二八】上平声一東韻

茲丁前妙心一方大和尚十三回忌辰、神足愚極和尚遠贈齋儀。炷拜之次、一偈以呈眞前。

昔時熊皐托遺風、今領伊蒲貧庫充。虔備香華消炷拜、親看眞子展奇功。

*

茲《ここ》に前妙心(1)一方大和尚の十三回忌の辰に丁《あ》たり、神足(2)愚極和尚、遠く斎儀を贈る。炷拝《しゆはい》するの次《つい》で、一偈を以て真前に呈す。

*

(3)昔時、熊皐《ゆうふ》に、遺風に托す、今、伊蒲《いぶ》を領して、貧庫《ひんく》充《み》つ。(4)香華を虔備《けんび》して炷拝を消す、親しく看よ、真子の、奇功《きこう》を展《の》ぶることを。

(1)一方大和尚＝一方智信。比熊山鳳源寺（広島県三次市三次町）の第三世。／(2)愚極和尚＝愚極義泰。同寺の第四世。享保十一年（一七二六）に、古月を夏制に請した。／(3)昔時熊皐托遺風、今領伊蒲貧庫充＝〈かつて比熊山では、その遺風に頼って夏制を結び、今、供物を受けて、貧しい庫院は満ちている〉。「伊蒲」は、伊蒲塞の略。供物。【八―三】注⒅を参照。ここでは、愚極和尚が贈った斎儀。／(4)虔備香華消炷拝、親看真子展奇功＝〈虔《つつし》んで香華を備《そな》えて炷拝しますが、大和尚みずからご覧下さい、真実の弟子が、すぐれた功徳を行なっております〉。「真子」は、如来の真子、諸菩薩を言うこともあるが、ここでは、弟子の愚極和尚。「奇功」は、ここでは、奇特功徳の意。具体的には、斎儀を贈って先住忌法要を依頼した功徳。

【二二九】上平声四支韻

追挽日陽山蘭舟法印。

相知早自驅烏歳、五十年來見子期。我旨單傳入禪那、師融六大得瑜祇。秋風動樹法幢折、報土飄香瑞氣垂。祭此一篇疎筍偈、爲開龍定信《ノベヨ》雙眉。

＊

(1)日陽山の蘭舟法印を追挽す。

(2)相知《あいし》ること早く、駆烏《くう》の歳よりす、五十年来、子期を見る。(3)我れは単伝を旨として禅那に入り、師は六大を融して瑜祇《ゆぎ》を得たり。(4)秋風、樹を動かして、法幢折れ、報土、香りを飄《ひるがえ》して、瑞気垂る。(5)此の一篇、疎筍《そじゅん》の偈を祭る、為に龍定を開いて、双眉を信《の》べよ。

＊

(1)日陽山蘭舟法印＝人物未詳。日陽山は、底本書入れに「黒貫寺」とあり、既に【三九―五】【三九―三四】に出ている日陽山黒貫寺のこと。宮崎県西都市都於郡町（日向国児湯郡於郡村）にある新義真言宗の寺院。／(2)相知早自駆烏歳、五十年来見子期＝〈小僧の時からの知り合いで、五十年このかたの朋友〉。「駆烏」は、駆烏沙弥の略。ここでは、単に沙弥の譬喩。【一八五】注(4)を参照。「子期」は、知音の代名詞の鍾子期のこと。【九―二―⑨】注(2)を参照。／(3)我旨単伝入禅那、師融六大得瑜祇＝〈私は直指単伝を宗旨として禅宗に入り、あなたは六大を融通させて瑜伽師となられた〉。「六大」は、密教で説く、万物を成立させる万有の本体である六つの根本要素。地大・水大・火大・風大・空大・識大。「瑜祇」は、ヨーガを行じる人。／(4)秋風動樹法幢折、報土飄香瑞気垂＝〈秋風が樹木を動かしてあなたの法幢を折りましたが、あなたが行かれた土地には芳香がひるがえり瑞気がたなびいておりましょう〉。「法幢折」は、遷化の譬喩。『仏光録』巻三「東福開山和尚訃音至上堂」に「東福山頭法幢折」と。／(5)祭此一篇疎筍偈、為開龍定信双眉＝〈坊主くさい一篇の偈をもってお祭りします、どうぞ、その禅定を解いて笑って下さい〉。「疎筍」は、正しくは、蔬筍。野菜と竹の子。疎は、蔬の通字。肉食しない僧侶の食事。転じて坊主臭いことを「蔬筍の気」と言う。類語に「酸餡の気」。酸餡は、肉のない野菜だけの包子《パオズ》。「龍定」は、那伽定、仏の禅定。【一八一一二】注(1)を参照。

【二三〇】下平声五歌韻

追挽日陽山義海法印。

今哭《ケウハ》兄兮昨哭《キノフハ》弟、此晨何日涙滂沱。吹嘘阿字不生地、観唱聲聲稱佛陀。

＊

(1)日陽山の義海法印を追挽す。

(2)今《きょう》は兄を哭し、昨《きのう》は弟を哭す、此の晨、何《いず》れの日ぞ、涙、滂沱《ぼうだ》たり。(3)阿字不生《あじふしょう》の地に吹嘘《すいきょ》して、観唱声声、仏陀を称す。

＊

(1)日陽山義海法印＝人物未詳。日陽山は、前篇の注(1)を参照。／(2)今哭兄兮昨哭弟、此晨何日涙滂沱＝〈今日は兄の死を泣き、昨日は弟の死を泣いた、この日はいったいどういう日なのだ、涙がとめどもなく流れる〉。この義海法印は、前篇の蘭舟法印の兄弟子か。／(3)吹嘘阿字不生地、観唱声声称仏陀＝〈お二人は阿字本不生の地におられて、声々に仏陀を称えておられる〉。「吹嘘」は、呼吸の義。「阿字不生」は、阿字本不生の略。「阿」は、梵字の十二母音の第一。事物の始まり、根本。宇宙の万物は元来不生にして不滅であることを、密教で阿字本不生と言う。「観唱」は、念仏で言うところの観称、観想と称名のことか。

【二三二】下平声八庚韻

追挽西京妙心子院大法院林道大和尚。〔令徒岑首座設齋〕

撃砕少林那道骨、末梢一著更分明。◎儼然眉目相看了、梅雨滴青山色清。◎

＊

西京妙心の子院(1)大法院の林道大和尚を追挽す。〔(2)令徒の岑首座、斎を設く〕

(3)少林の那道骨《などうこつ》を撃砕して、末梢《まつしょう》の一著、更に分明。(4)儼然たる眉目、相看し了《お》わる、梅雨、青を滴《した》てて、山色清し。

＊

(1)大法院林道大和尚＝人物未詳。大法院は、妙心寺の塔頭（現存）。／(2)令徒岑首座＝古月会下に留錫している林道和尚の弟子。／(3)撃砕少林那道骨、末梢一著更分明＝〈林道和尚が、達磨の法を嗣がれていることは、その末後の一句を見れば、ありありとしている〉。「少林那道骨」は、達磨の真の仏法。「那」は、あれ、あのの意であるが、那一句、那一著などと同じで、強調詞に近い。／(4)儼然眉目相看了、梅雨滴青山色清＝〈その儼然たるお姿に、しかとお出会い致しました、梅雨が降りそそぎ、山の景色は青々として清らかです〉。下の句は、林道和尚の法身相。

【二三二】上平声十五刪韻

追挽再住妙心楞山和尚。

春風抜出楞伽山、多少人天不耐攀。聊献一瓣記蹤迹、雨澆新緑舊孱顔。

＊

再住妙心楞山和尚[1]を追挽す。

春風[2]、抜出《ばつしゆつ》す、楞伽山《りようがせん》、多少の人天、攀《よ》ずるに耐《た》えず。聊《いささ》か[3]一瓣《いつきよう》を献じて蹤迹《しようせき》を記《しる》す、雨、新緑を澆《そそ》ぐ、旧孱顔《きゆうせんがん》。

＊

(1)楞山和尚＝楞山慧脱。底本書入れに「住尾州伯林寺」。名古屋市中区栄にある東海山白林寺（底本書入れの「伯林寺」は誤記）の第八代。宝永元年（一七〇四）九月、先住碩州慧隆の法嗣として前堂転位。妙心寺三一八世。「師、諱は慧脱、字《あざな》は楞山。青雲賓と号す。初め古月に侍し、道蘊を究決し、更に鵠林（白隠）に参じて年有り。林の印記を受けて、法を白林に闡《ひら》く。享保某年、妙心に視篆す。十八年（一七三三）三月念三日示寂す」（『続禅林僧宝伝』第一輯・巻之上【一六一】）。【三七―一三】に法語がある脱禅人は、この人のことか。／(2)春風抜出楞伽山、多少人天不耐攀＝〈春風が吹き抜ける楞伽山、誰も攀じ登れる者はいない〉。「楞伽山」は、師子国（セイロン）にあったという山だが、道号の「楞山」を譬喩したもの。黄山谷が作った、晦堂祖心への弔偈（『五灯会元』巻十七）に

「海風、吹き落とす、楞伽山、四海の禅徒、眼を著けて看よ」と。／(3)聊献一薌記蹤迹、雨澆新緑旧孱顔＝〈いささか一香を献じてその足跡を記そう、何も変わらぬ楞山は、雨が降りそそいで緑が新しい〉。「一薌」の「薌」は、かおり・こうばしいの義。一香に同じ。「孱顔」は、山の高く険しいさま。

【二三三】下平声一先韻

追挽前江西敬堂和尚十七回忌。

蘚苔疊緑石蹊滑、孤塔掃來涙潸然。梅雨蕭蕭人不見、青山點首白雲天。

＊

前《さき》の江西の(1)敬堂和尚の十七回忌に追挽す。

(2)蘚苔《せんたい》、緑を畳んで、石蹊、滑《なめ》らかなり、孤塔、掃《はら》い来たって、涙、潸然《さんぜん》。(3)梅雨、蕭蕭《しょうしょう》として、人、見えず、青山、点首す、白雲の天。

＊

(1)敬堂和尚＝敬堂慧恭。金剛山江西寺（三重県鈴鹿市深溝町）の第三世。大光寺塔頭の太平庵で示寂した。【一〇一七八】に掩土の引導法語がある。この追挽は、その墓前でのもの。／(2)蘚苔畳緑石蹊滑、孤塔掃来涙潸然＝〈緑の厚い蘚苔《こけ》で滑りやすい石の小径《こみち》を行き、ぽつりと建つ墓塔を掃除していると涙が流れる〉。／(3)梅雨蕭蕭人不見、青山点首白雲天＝〈梅雨が降ってものさびしく、諷経の僧は帰って誰もいない、白雲の空のもと、青山だけがうなずいている〉。下の句は、有名な禅語、「青山依旧白雲中」を踏まえ、何も変わらない敬堂和尚の法身相を頌す。

【二三四】下平声一先韻

追挽東福第一座象海禪師。
龍淵激起浪滔天、汩沒一千七百員。末後擧揚正法眼、誰知滅却瞎驢邊。

＊

東福第一座(1)象海禅師を追挽す。
(2)龍淵、激起して、浪滔天《なみとうてん》、一千七百員を汩没《こつぼつ》す。(3)末後、挙揚す、正法眼、誰か知らん、瞎《かつ》驢辺《ろへん》に滅却することを。

＊

(1)象海禅師＝象海恵湛。讃岐の人。井山宝福寺（東福寺派）の立巌慧久について出家。後、妙心寺徳雲院の絶同不二に参じて印可を得た。二十八歳、宝福寺に帰り、立巌の師資、鉄堂慧石の法を嗣ぎ、住持に推される。享保元年（一七一六）、江戸に行脚し、その途上、石につまずき忽然として省覚。同十四年、東福寺開山四百五十年遠諱に当たり後版となる。同十七年、世に言う〈東福寺の千人結制〉を厳修。関白一条兼香の帰依を受け、塔頭芬陀利華院に住し、翌十八年（一七三三）七月十二日示寂。世寿五十二、坐夏三十九。寛保三年（一七四三）、仏眼大観禅師を賜う。『続日本高僧伝』巻八、『続禅林僧宝伝』第一輯・巻之上【一六二】。／(2)龍淵激起浪滔天、汩没一千七百員＝〈龍淵の波を天にまで激しくみなぎらせ、一千七百人を水中に沈めた〉。〈東福寺の千人結制〉を頌す。「龍淵」は、東福寺円爾の師、無準師範が住した径山万寿寺の方丈の名。象海禅師の法も、無準にさかのぼる。「浪滔天」は、天までみなぎる波。大活動を言う禅録頻出語。「一千七百員」は、同結制に参集した僧の数。「（享保）

十七年壬子の冬、東福結制。師（象海）、宗要を挙揚す。満堂一千七百余衆。世に之れを慧日の千人結制と謂う」（『続禅林僧宝伝』象海伝）。／(3)末後挙揚正法眼、誰知滅却瞎驢辺＝〈末後に挙揚した正法眼、それが瞎驢辺に滅却したことを誰も知らない〉。象海禅師の児孫が、よくその法を伝えているということを抑下托上したもの。臨済遷化の故事に基づく。【九―一一―②】注(1)を参照。

【二三五】

大徳開山興禪大燈高照正燈大慈雲匡眞弘鑑常明國師大和尚四百年忌。［元文元丙辰十二月廿二日］

＊

(1)大徳開山興禅大灯高照正灯大慈雲匡真弘鑑常明国師大和尚四百年忌。［(2)元文元丙辰《ひのえたつ》十二月廿二日］

＊

(1)大徳開山……＝宗峰妙超。延元二年（一三三七）十二月二十二日示寂。世寿五十六。「興禅大灯」（花園帝）、「高照正灯」（後醍醐帝）、「大慈雲匡真」（霊元帝）、「弘鑑常明」（桜町帝）。／(2)元文元丙辰＝元文元年（一七三六）。古月、七十歳。

【二三五―一】下平声七陽韻

滅却一燈光遠大、祖禪興起盡扶桑。凜乎意氣看餘烈、風雪吹添四百霜。

*

(1)一灯を滅却して光り遠大、祖禅、興起す、尽扶桑《じんふそう》。(2)凜乎《りんこ》たる意気、余烈を看る、風雪、吹き添う、四百霜。

*

(1)滅却一灯光遠大、祖禅興起尽扶桑＝〈一灯を滅却したが、その光りは四百年も輝き続け、国師の禅が、日本国中に興隆している〉。一句で、興禅大灯の国師号を歌い込み、国師の児孫が、よくその法を伝えているということを抑下托上したもの。臨済遷化の故事に基づく。【九―一一―②】注(1)を参照。「扶桑」は、東海のかなたにあると言われた樹木。転じて日本を言う。／(2)凜乎意気看余烈、風雪吹添四百霜＝〈風が吹き雪が降る四百年忌、その激しい寒さの中に、国師が遺された功業が見える〉。「凜乎意気」は、厳寒の気象という意だが、国師の禅風を象徴した言葉でもあろう。歴年を言う「霜」字も効いている。

*

【二三五―二】下平声五歌韻

第五橋邊韜晦去、光明普滿盡山河。獨哦煮菜折鐺句、四百年來愁恨多。

*

(1)第五橋辺、韜晦《とうかい》し去り、光明、普《あまね》く満つ、尽山河。(2)独《ひと》り煮菜折鐺《しゃさいせっしょう》の句を哦《うた》う、四百年来、愁恨《しゅうこん》多し。

*

(1)第五橋辺韜晦去、光明普満尽山河＝〈五条橋下に姿をくらましたが、その光明は、天下をあまねく照らした〉。上の句は、大灯国師、聖胎長養の逸事。白隠禅師も、「五条橋下二十年、折脚鐺内《せっきゃくしょうない》に猫頭《みょうとう》を煎じ、鴆羽《ちんう》を煮る」「乞者隊裏、席《むしろ》を被して生擒《せいきん》せらるることは、甜瓜《てんか》を貪《むさぼ》るに依る」（『槐安国語』序）などと讃えるように、国師の五条橋下での聖胎長養は著名だが、『大灯国師行状』には記されておらず、一休禅師は、それに抗議して、「大灯を挑《かか》げ起こして一天に輝く、鸞輿、誉《ほまれ》を競う法堂の前。風飡水宿、人の記す無し、第五橋辺、二十年」（『狂雲集』題大灯国師行状末）と頌した。／(2)独哦煮菜折鐺句、四百年来愁恨多＝〈そして最後に「折脚鐺内に野菜根を煮て……」などと称えられたが、そのために児孫はうまい物も食えずに、四百年来、うらみをつのらせている〉。「煮菜折鐺句」は、『興禅大灯国師遺誡』を言う。「……一把茅底、折脚鐺内に野菜根を煮て、喫して日を過ごすとも、専一に己事を究明する者は、老僧と日日相見、報恩底の人なり……」。

【二三六】下平声一先韻

追輓雲臺寺天寧和尚。

荊識情親五十年、心腸鑄鐵益貞堅。訃音驚耳秋風暮、牛首一穿鼻半邊。

＊

(1)雲台寺の天寧和尚を追輓す。

(2)荊識《けいしき》、情親し、五十年、心腸、鉄を鋳《い》て、益ます貞堅。(3)訃音、耳を驚かす、秋風の暮れ、牛首《ごず》、一穿《いっせん》す、鼻半辺《はなはんぺん》。

*

(1)雲台寺天寧和尚＝人物未詳。雲台寺は、底本書入れに「臼杵」。大分県臼杵市にある明鏡山雲台寺のことだが、天寧和尚の名は世代に見えず、その開山の高山宗堅の法系にも見えない。／(2)荊識情親五十年、心腸鋳鉄益貞堅＝〈初めてお出会いしてから五十年このかた、親しく交際し、鉄で出来たような身心は、ますます堅剛とばかり思っておりました〉。「荊識」は、【二二〇—二】にある「識荊」と同意。そこの注(1)を参照。「鋳鉄」は、堅牢な譬喩に用いる禅語「生鉄鋳成」「生鉄鋳就」を縮めたもの。原文の「鐵」は、鉄の古字。／(3)訃音驚耳秋風暮、牛首一穿鼻半辺＝〈暮秋、届いた訃報に驚き、一片の香を焚き、和尚の本来の面目に届けます〉。「牛首」は、【二一五】にある「牛頭」に同じ。天上に生えるという牛頭栴檀の木から作った香だが、あくまでも譬喩である。「鼻半辺」は、【九—一五】にある「孃生鼻半辺」。本来面目の譬喩。

【二三七】下平声八庚韻

輓定山和尚。　［下總光福寺。同伴菴于熊野］

憶昔熊峰深邃地、茅菴打住結寒盟。一薌拈向瓦爐上、親滴同參夜雨情。

*

(1)定山和尚を輓す。　［下総の光福寺。(2)同伴して熊野に庵す］

(3)憶う昔、熊峰深邃《しんすい》の地、茅庵に打住して寒盟を結びしことを。(4)一薌《いっきょう》、拈向す、瓦炉《がろ》の上、親しく同参夜雨の情を滴《した》つ。

(1)定山和尚＝定山寂而。元文元年（一七三六）七月四日示寂。【八―三】注(10)を参照。／(2)同伴庵于熊野＝宝永元年（一七〇四）、英山禅哲の命を受けて大光寺に帰山するまで、古月は、紀州（和歌山市）禅林寺の大洞慧柏の会下にあった。定山との関係は、【八―三】の本文を参照。／(3)憶昔熊峰深邃地、茅庵打住結寒盟＝〈思い出される、昔、熊野山の奥深い地で、茅庵にとどまって艱難の交わりを結んだことを〉。「打住」の「打」は、動詞につく接頭語。「寒盟」は、一般には「盟を寒《ひや》す」と読み、誓約を守る心をゆるめる意に用いるが、ここでは、松柏寒盟の略で、艱難の交わりを言う。／(4)一薌拈向瓦炉上、親滴同参夜雨情＝〈粗末な香炉に一香を手向け、親しく同参夜雨の情をそそぐ〉。「一薌」の「薌」は、かおり・こうばしいの義。一香に同じ。「瓦炉」は、瓦製の香炉。「同参夜雨情」は、定山和尚が遷化して、同参は夜雨ばかりとなった寂しさ。上の「滴」は、夜雨に掛ける表現。『錦繍段』に収める陸務観の「雨を聴いて戯《たわむ》れに作る」詩に「老い去って、同参、唯だ夜雨、香を焚いて、臥して聴く、画簾の声」と。その『由的鈔』に「老ヨリテ左様ノ人ト交ルコトモナク、寂寞トシテ居ホドニ、我友トテハ夜雨バカリナリ。サレバ、香ヲ焼テ、スダレヘカヽル雨ノ音ヲ聞テ慰ゾ」と。

＊

【二三八】上平声十一真韻

昨夜夢三住妙心梁岩大和尚忌辰。拮据怱忙早起。屈指三十三秋也。恭託薄奠於蘋藻、追遠於野偈云。

昨夜夢魂記忌辰、早晨布奠感懐頻。昔年染筆衛宗語、三十三秋手澤新。

＊

昨夜、三住妙心(1)梁岩大和尚の忌辰なることを夢む。(2)拮挶《きつきよ》怱忙《そうぼう》として早起す。指を屈すれば三十三秋なり。恭しく(3)薄奠《はくてん》を蘋藻《ひんそう》に、(4)追遠《ついえん》を野偈に託すと云う。(5)昨夜、夢魂、忌辰を記す、早晨、奠を布《し》いて、感懐頻《しき》りなり。(6)昔年、染筆す、衛宗の語、三十三秋、手沢《しゆたく》、新たなり。

＊

(1)梁岩大和尚＝底本書入れに「住阿州慈光寺」。徳島市福島町にある黄龍山慈光寺の第七世、梁巌志湛。前住南山祖団の法嗣として、延宝五年（一六七七）九月、前堂転位。妙心寺第二六九世。古月が、二十三歳の時に参じた師で、【九―六】に追挽偈を載せている。／(2)拮挶怱忙早起＝〈慌ただしく早起きをした〉。／(3)薄奠於蘋藻＝〈粗末な供物を献じて祭る〉。「薄奠」は、粗末な祭り。また、その供物。「蘋藻」は、【二二二】注(2)を参照。／(4)追遠於野偈＝〈下手な偈で誠を尽くす〉。「追遠」は、親や先祖の祭典に誠を尽くすこと。『論語』学而第一に「終わりを慎《つつし》み遠きを追う〈慎終追遠〉」と。／(5)昨夜夢魂記忌辰、早晨布奠感懐頻＝〈昨夜、夢中の魂が、和尚の忌辰を憶えていた、朝早くに起き出して供物を敷きならべていると、感慨一入《ひとしお》である〉。／(6)昔年染筆衛宗語、三十三秋手沢新＝〈かつて書いていただいた「衛宗」の語、三十三年諱の今もあざやかです〉。【九―六】注(3)を参照。

【二三九】下平声一先韻

大光二世東禪中興日岩長慧大和尚三百五十年忌。［江府春桃院慶雲和尚、贈日岩録艸稿。於東禪寺設齋］

日東昇矣月西沒、大活一機茲現前。高録傳從千里外、記來三百五十年。

＊

大光二世東禅中興(1)日岩長慧大和尚の三百五十年忌。［(2)江府春桃院の慶雲和尚、日岩録の草稿を贈る。(3)東禅寺に於いて斎を設く］

(4)日は東に昇り、月は西に没《しず》む、大活の一機、茲《ここ》に現前す。(5)高録、伝えて、千里の外よりす、記《しる》し来たる、三百五十年。

＊

(1)日岩長慧大和尚三百五十年忌＝日岩長慧。嘉慶二年（一三八八）二月十七日遷化。三百五十年忌は、元文二年（一七三七）となるが、『日岩録』の草稿が大光寺にもたらされたのは、寛保元年（一七四一）のこと。【四三】を参照。／(2)江府春桃院慶雲和尚……＝【四三】の本文と各注記を参照。／(3)東禅寺＝【九―二二】注(1)を参照。／(4)日東昇矣月西没、大活一機茲現前＝〈「日は東に昇り、月は西に没《しず》む」、この辞世の一句に、大和尚のすぐれた禅機が現前している〉。上の句は、底本書入れに「辞世之一句」とある。／(5)高録伝従千里外、記来三百五十年＝〈大和尚のすぐれた語録が千里の遠地より伝えられた、三百五十年忌の今、書き写す〉。

【二四〇】下平声一先韻

追挽甲府能成中谷和尚。［未十月廿日示寂］

告訃已遺隻履去、時追祖忌小春天。隠宇梅花今尚發、遙拈《クラン》一朶當香烟。

老禪愛梅花四林徧植。予扣茅門之日、親《ミ》迓説愛梅之事。與初祖同月化去。因句中及兩件之事。

＊

甲府能成の[1]中谷和尚を追挽す。　［[2]未《ひつじ》の十月廿日に示寂す］

[3]訃を告ぐ、已《すで》に隻履《せきり》を遺《のこ》し去ると、時、祖忌を追う、小春の天。[4]隠宇の梅花、今、尚《な》お発《ひら》くらん、遥かに一朶《いちだ》を拈じて、香烟に当《あ》つ。

＊

老禅、梅花を愛して、四林、徧《あまね》く植《う》う。[5]予、茅門を扣《たた》くの日、親《みずか》ら迓《むか》えて、愛梅の事を説く。初祖と同月に化し去る。因《よ》って句中、両件の事に及ぶ。

(1)中谷和尚＝中谷東葛。定林山能成寺（山梨県甲府市）の七世。宝永三年（一七〇六）三月の前堂転位。／(2)未＝元文四年己未（一七三九）。／(3)告訃已遺隻履去、時追祖忌小春天＝〈訃報が届いた、達磨忌に遅れる十月二十日、隻履を遺して遷化されたと〉。「隻履」は、達磨遷化の故事に基づく。【九―三―④】注(1)を参照。達磨の忌日は十月五日。／(4)隠宇梅花今尚発、遥拈一朶当香烟＝〈隠居所の庵には、今なお梅花が咲いておりましょうが、私も一枝を手折って、遥か遠くにおられる和尚に焚く香烟の変わりとします〉。ここの「隠宇」は、中谷和尚の隠処。十月の梅花は、小春梅と呼ばれ、香の代名詞のように用いられる。下の句は、そのことを借りて、我が焼香を詩的に表現したもの。【九―三―③】注(2)を参照。／(5)予扣茅門之日＝享保十一年（一七二六）、甲斐の恵林寺に冬制した際のことであろう。

【二四二】上平声一東韻

明年己未春正月六日、正丁大光三十九世崇原開山活眼和尚禪師五十年遠忌。預於此日裒合山苾蒭、修觀音懺摩一座、且荐溪毛沼芷之薄奠炷香之次、攄野偈一章、伏報鴻庇云。［戊午九月六日］

祖父田園不荒穢、星霜半百掬清風。◎沈檀深炷愼貽厥、戞玉聲寒脩竹叢。◎

＊

明年(1)己未《つちのとひつじ》春正月六日は、正に大光三十九世(2)崇原開山(3)活眼和尚禅師の五十年遠忌に丁《あ》たる。預《あらか》じめ此の日に於いて合山の(4)苾蒭《びっしゅ》を裒《あつ》めて(5)観音懺摩《かんのんせんま》一座を修し、且つ(6)渓毛沼芷《けいもうしょうし》の薄奠《はくてん》を荐《すす》め、炷香《しゅこう》するの次《つい》で、野偈一章を攄《の》べ、伏して鴻庇《こうひ》に報《むく》ゆと云う。［戊午《つちのえうま》九月六日］

(7)祖父の田園、荒穢《こうえ》せず、星霜半百、清風を掬す。(8)沈檀《じんだん》、深く炷《た》いて、貽厥《いけつ》を慎《つつし》む、戞玉《かつぎょく》、声寒し、脩竹叢。

＊

(1)己未＝元文四年（一七三九）。／(2)崇原＝高松山崇原寺。大光寺の末寺（現廃寺）。【一〇一七三】注(2)を参照。／(3)活眼和尚禅師＝活眼祖晴。元禄三年（一六九〇）一月六日の示寂。【九一一九】注(1)を参照。／(4)苾蒭＝比丘に同じ。／(5)観音懺摩＝『法華経』を読誦し、観音菩薩の広大な霊感を請い、祈祷、報恩、追悼などのために行なう法要。／(6)渓毛沼芷之薄奠＝渓間の野菜と、沼のよろいぐさ（香草）のような粗末な供物。【二三二】注(2)を参照。／(7)祖父田園不荒穢、星霜半百掬清風＝〈活眼和尚から伝えられた田地は荒れずに、五十年このかた、児孫は、その清風に吹かれています〉。「祖父田園」は、祖父（仏祖）から伝えられて来た田地。活眼和尚の本分の田地であり、児孫のそれでもある。「荒穢」は、一般にも用いられるが、経典にも、「善財、衆生を見るに、心田甚《はなは》だ荒穢す。為に三毒の刺《のぎ》を除き、専《もっぱ》ら利智の犁《すき》を求む」（八十巻『華厳経』巻七十七）などと見える。「掬清風」は、五山の詩偈に見える「一掬清風」。熱悩を除いてくれる清らかな一風を言う。／(8)沈檀深炷慎貽厥、戛玉声寒脩竹叢＝〈ねんごろに一炷の香を焚き、その遺訓を慎みまもります、和尚の声は、玉を戛《かきな》らすが如く、長竹の林の中にすさまじく聞こえております〉。「沈檀」は、沈香と栴檀香との併称だが、広く香を言う。「貽厥」は、子孫に遺す家憲。「典有り則有り、厥《そ》の子孫に貽《のこ》す（貽厥子孫）」（『書経』五子之歌）。「戛玉」は、声音の清くやわらかな形容でもあり、詩文の名作の評語でもある。ここでは、活眼和尚の生前の声。「脩竹」は、脩《なが》い竹。

【二四二】上平声十一真韻

追挽閑田和尚。　［乙卯六月廿六日示寂］

祖父田園茲正續、買來賣去結良因。◎鑁頭放却秋成日、脚下清風特地新。◎

＊

(1)閑田和尚を追挽す。　［(2)乙卯《きのとう》六月廿六日に示寂す］

(3)祖父の田園、茲《ここ》に正続す、買い来たり売り去って良因を結ぶ。(4)鑁頭《かくとう》、放却す、秋成《しゅうせい》の日、脚下の清風、特地に新たなり。

＊

(1)閑田和尚＝底本書入れに「求麻瑞祥寺」。熊本県人吉市にある鳳翔山瑞祥寺の第八世、閑田祚安。既に【三九―二九】に出ている。この追挽偈は、道号の閑田に因み、西巌了慧の「閑田」偈（『江湖風月集』巻上）の「秦耕《しんたがや》さず、漢耘《かんくさぎ》らず、钁頭辺《かくとうへん》の事、杳《よう》として聞くこと無し。年来、又た秋成《しゅうせい》の望み有り、三合の清風、半合の雲」を踏まえて作られ、閑田和尚が、真の悟り（涅槃）を得られたことを頌す。／(2)乙卯＝享保二十年（一七三五）。／(3)祖父田園茲正続、買来売去結良因＝〈仏祖から伝えられて来た田地を、今まで買ったり売ったりして来たが、ここに良い因縁が結ばれ、正しく相続した〉。「祖父田園」は、前篇にも出たが、本分の田地、釈尊から伝わる正法眼蔵の譬喩語。「買来売去」は、天台古田和尚の「玉田」偈（『江湖風月集』巻上）に見える言葉だが、もとは、五祖法演の投機の偈、「山前一片の閑田地、叉手して叮嚀に祖翁に問う。幾度《いくたび》か売り来たり還《ま》た自ら買う、為に憐れむ、松竹の清風を引くことを」（『五灯会元』巻十九）に基づく。本具仏性ということに迷うことだが、ここでは、修行を続けたということ。／(4)钁頭放却秋成日、脚下清風特地新＝〈秋の実りの日、スキやクワを手放した、その足下に吹く清風は、ことさらにすがすがしい〉。

【二四三】下平声七陽韻

心海士恭禪徒、挂錫於江府正燈寺、患猺不起。訃音至。設齋之次、一偈以薦。〔甲寅三月三〕

正燈照破即心海、到處江山是故郷。茗碗熏爐爲追薦、牕前松竹引清涼。

＊

(1)心海の士恭禅徒、錫を江府の(2)正灯寺に挂けて、(3)猺《やまい》を患って起たず。訃音、至る。斎を設

くるの次《つい》で、一偈を以て薦す。［(4)甲寅《きのえとら》三月二］
(5)正灯、照破す、即心海《そくしんかい》、到る処の江山、是れ故郷。(6)茗碗熏炉《めいわんくんろ》、為に追薦す、窓前の松竹、清涼を引く。

＊

(1)心海士恭禅徒＝不詳。【一〇―四五】にも「悼心海士門知蔵」の偈があり、「心海」は、道号ではなく、寺院名と思われるが不詳。／(2)正灯寺＝東陽山。東京都台東区龍泉。／(3)猊＝獅子に似た猛獣で、人がこれを食えば病むと言う。病気の譬喩語。／(4)甲寅＝享保十九年（一七三四）。／(5)正灯照破即心海、到処江山是故郷＝〈正灯は即心海を照らし、天下どこでも本分の家郷〉。「正灯」は、仏の正しい灯明。禅徒が他界した正灯寺に掛ける。「即心海」の棒読みは底本のもの。「即心海」は、『宗鏡録』巻三十五に「即心海包容、深広無際矣」、『同』巻八十一に「会於本寂、即心海常安」と見え、「即ち心海は……」と訓む「即心海」か。「心海」は、心の高大なさまを海に譬えたもので、心海士恭の心海に掛ける。下の句は、禅徒の他郷での死を慰めながら、法身遍在を説く。／(6)茗碗熏炉為追薦、窓前松竹引清涼＝〈茶を献じ、香を焚いて、冥福を祈る、窓前の松竹も、清涼な風を招き入れている〉。

【二四四】上平声一東韻

哭乾外士屋藏司。［乙卯五月五日逝于江府春桃院。六月十日丁五七日］
落魄行装歴浙東、一朝夢破大槐宮。爲燒牛首轉頭腦、六月炎天雪滿空。

＊

[1]乾外士屋蔵司《ぞうす》を哭す。「[2]乙卯《きのとう》五月五日、江府の[3]春桃院に逝す。六月十日、五七日に丁《あ》たる」

[4]落魄《らくはく》たる行装、浙東《せっとう》を歴《ふ》、一朝、夢破る、大槐宮《たいかいきゅう》。[5]為に牛首《ごず》を焼《た》いて、頭脳を転ぜしむ、

六月の炎天、雪、空に満つ。

＊

(1)乾外士屋蔵司＝未詳。「蔵司」は、蔵主に同じ。妙心寺の僧階で、侍者職のこと。その後、首座→座元と昇って行き、座元で末寺の住職資格を得て、道号で呼ばれる。／(2)乙卯＝享保二十年（一七三五）。／(3)春桃院＝【四三】の本文と、そこの注(2)を参照。／(4)落魄行装歴浙東、一朝夢破大槐宮＝〈おちぶれた旅すがたで各地を行脚していたが、ある朝、夢から覚めた〉。「落魄行装」は、一笠一杖で行脚する僧形の譬喩。「浙東」は、浙東浙西などと熟し、日本全国の意。「大槐宮」は、夢の代名詞。【一五六】注(1)を参照。夢から覚めるという表現は、夢幻泡影の如き有為法を悟るという意にも用いるが、ここでは、逝去の譬喩。だが、第一義的には同意で、最終的な涅槃を得るということ。／(5)為焼牛首転頭脳、六月炎天雪満空＝〈そなたのために一片の香を焚いて振り向かせ、六月の炎天に降る大雪を見させよう〉。「牛首」は、【二一五】にある「牛頭」に同じ。香の譬喩語。「転頭脳」は、うしろに振り向くこと。転じて、志向を変える意にも用いる。「頭脳」は、単に頭のこと。下の句は、仏法の端的を示す機語。

【二四五】上平声十一真韻

悼璞宗禪衲。　［癸丑八月朔逝］

天賦玲瓏抱璞人、東都萬里動風塵。一鎚撃碎絶瑕纇、石女傍觀笑轉新。

*

(1)璞宗禅衲を悼《いた》む。　［(2)癸丑《みずのとうし》八月朔に逝す］

(3)天賦《てんぷ》、玲瓏《れいろう》たり、璞《はく》を抱く人、東都万里、風塵《ふうじん》を動ず。(4)一鎚に撃砕して瑕類《からい》を絶す、石女、傍観して、笑い転《うた》た新たなり。

*

(1)璞宗禅衲＝底本書入れに「摂州大坂勝楽徒」とあるが未詳。書入れの「勝楽」は、長慶山勝楽寺。大阪市北区大淀。黄檗宗。／(2)癸丑八月朔＝享保十八年（一七三三）八月一日。／(3)天賦玲瓏抱璞人、東都万里動風塵＝〈天から玲瓏の玉を与えられていたがニセモノと見なされ、遠い江戸で風や砂塵が舞い起こった〉。「天賦」は、生まれつきの意。「玲瓏」は、玉が光り輝くさま。「抱璞」は、才能を持ちながら不遇なる者に喩える。「璞」は、あらたま。まだ磨かない掘り出したままの玉。周、楚の卞和《べんか》の「和氏之璧《かし》」の故事に基づく。『韓非子』和氏第十三に載り、『蒙求』九四に「卞和泣玉《べんかきゅうぎょく》」の標題で採られる。卞和は、玉璞を楚山に得、それを厲王・武王に献じたが、ニセモノと判断され、左右の足を斬られる刑に処せられた。文王が即位すると、卞和は、その玉璞を抱き、楚山の下で、三日三晩、泣いた。そのことを聞いた文王が、人をやって尋ねたところ、卞和は、「わたしは、足斬りの刑が悲しいのではない。宝玉を石とされたこと、貞士なのに人を誑《たぶら》かす者とされたことが悲しいのだ」と答えた。そこで、文王がよく調べさせたところ、それはホンモノの宝玉であり、その玉は、「和氏之璧」と命名された。下の句の「動風塵」は、天下が乱れる、戦乱が起こる譬喩。転句から推察するに、璞宗禅衲は、掛錫中の江戸の某寺で、その才智がもとで撲殺されたか。／(4)一鎚撃砕絶瑕類、石女傍観笑転新＝〈鉄槌で一撃しても、その璞にはキズ一つつかず、傍で見ている石女が笑いに笑っている〉。「瑕類」は、二字共に傷の義。下の句は、『碧巌録』十四則頌下語などにある「傍観有分」の意であろう。傍観有分は、岡目八目の意。『句双葛藤鈔』【傍観有分】に「そばよりは物のわけをよく見る也」と。「石女」は、敢えて言えば、私情を持たない者。「新」は、石女であればこそ初めて知るという含み。

【二四六】上平声一東韻

自讃。

假即眞兮眞即假、一揮五彩畫虛空。兒孫眼裡勿生翳、拂月松牕午夜風。

小徒士坦等、請繪陋質并丐讚辭鎭在本寺。不得峻拒、泚筆於奚疑之南軒書。

*

(1)仮即ち真、真即ち仮、五彩を一揮して虚空に画《えが》く。(2)児孫、眼裡に翳《えい》を生ずること勿《な》かれ、月を払う松窓、午夜の風。

小徒(3)士坦等、(4)陋質《ろうしつ》を絵《えが》き、并《あわ》せて讃辞を丐《こ》い、本寺に鎮在せんことを請《こ》う。峻拒することを得ず。(5)筆を(6)奚疑《けいぎ》の南軒に泚《ひた》して書す。

*

(1)仮即真兮真即仮、一揮五彩画虚空＝〈この頂相はよく私の姿を描いてはいるが、しょせんは頂相、虚空に描いた絵に過ぎない〉。「五彩画虚空」は、諸師の語に見えるが、文明十七年（一四八五）の序を持つ『点鉄集』（収録語数最大の句集）に「径山の真面目を識《し》らず、徒《いたずら》に五彩を将《もっ》て虚空に画《えが》く」と（出典未詳）。これは、『臨済録』示衆の「一期の間、虚空に図画すること、彩画像等の喩えの如くなればなり」に基づき、更には、『楞伽経』巻二の「譬如巧画師……」の経説に由来するが引用は割愛する。「五彩」は、青黄赤白黒の五色。／(2)児孫眼裡勿生翳、払月松窓午夜風＝〈我が児孫たちよ、眼をくもらせてはならぬ、松が植わる窓から、真夜中の風が、月影をいっそう美しくしているのが見えるであろう〉。／(3)士坦＝「大光寺語録」を編集した侍者。／(4)陋質＝陋《いや》しい質《からだ》。醜い容貌。頂相賛の序文によく用いられる。／(5)泚筆＝蘸筆とも。筆に墨を含ませること。／(6)奚疑＝古月の室号。「奚疑」は、奚《なん》ぞ疑わんや、何も疑うことはないの意。陶淵明の「帰去来辞」に見える言葉。

【二四七】上平声一東韻

仝。

氷蘗喫來何所做、憨癡自恣白頭翁。炊巾圍得壽山境、麁布伽梨縛太空。

＊

(1)氷蘗《ひようばく》、喫し来たって、何の做《な》す所ぞ、憨痴《かんち》、自ら恣《ほしいまま》にす、白頭翁。(2)炊巾《すいきん》、囲み得たり、寿山の境、麁布《そふ》の伽梨《ぎやり》、太空を縛す。

＊

(1)氷蘗喫来何所做、憨痴自恣白頭翁＝〈辛苦を味わって、成し遂げたものは何だ、愚かでわがまま勝手な白髪頭の年寄りになっただけだ〉。「氷蘗」は、【三九―一】注(7)を参照。「憨痴」は、二字共に愚の義。／(2)炊巾囲得寿山境、麁布伽梨縛太空＝〈坐具が天寿山を囲み、粗布の袈裟がおおぞらをくくっている〉。この頂相は、袈裟を掛け、その下に坐具を置く画像であろうが、古月は、私の真実相は、そんなちっぽけなものではないと言う。「炊巾」は、沙弥などが炊飯する時、膝を覆う、坐具の形に似た布。転じて坐具の貶称。「寿山」は、天寿山自得寺。「麁布伽梨」は、粗布で作った袈裟。因みに、『六祖大師縁起外紀』に「師、曹渓の宝林に至る。堂宇湫隘《しゅうあい》、衆を容《い》るるに足らざるを観《み》て、之れを広めんと欲す。遂に里人の陳亜僊《ちんあせん》に謁して曰く、『老僧、檀越に就いて坐具の地を求めんと欲す、得んや不《いな》や』。僊曰く、『和尚の坐具、幾許《いくばく》か闊《ひろ》き』。祖、坐具を出だして之れに示す。亜僊、唯だ然《しか》りとす。祖、坐具を以て一展し、尽《ことごと》く曹渓の四境を罩《つつ》む」と。

【二四八】上平声一東韻

仝。現大光法孫敬拙堂長老請。

稟性柔順、臨機顓蒙。不揣己分、欲復祖風。錯帯得東瓜印、濫坐斷古禪叢。剙龍華藏故帋、瞞海象費鈍工。咄。沒蹤跡處顯蹤跡、倒卓須彌挂半空。

＊

仝。現大光の法孫(1)敬拙堂長老請う。

(2)稟性《ひんせい》柔順、臨機顓蒙《せんもう》。(3)己分を揣《はか》らず、祖風を復せんと欲す。(4)錯《あやま》って東瓜《とうが》の印を帯び得て、濫《みだ》りに古禅叢を坐断す。(5)龍華を剙《はじ》めて故紙を蔵《おさ》め、海象を瞞じて鈍工《どんく》を費《つい》やさしむ。(6)咄《とつ》。

(7)没蹤跡《もつしょうせき》の処、蹤跡を顕《あら》わす、倒《さか》しまに須弥を卓して半空に挂《か》く。

*

(1)敬拙堂長老＝拙堂元敬。大光寺四十四世。【七四】注(1)を参照。「長老」は、住持や和尚へ対する敬称。／(2)稟性柔順、臨機顢蒙＝〈生まれつき軟弱で、大事なところでは何の役にも立たない〉。ここの「柔順」は、不堅硬の意。「顢蒙」は、二字共に愚の義。／(3)不揣己分、欲復祖風＝〈己《おのれ》の分もわきまえずに、祖風を回復させようとした〉。／(4)錯帯得東瓜印、濫坐断古禅叢＝〈あやまってデタラメな印可状をもらって、みだりに大光寺をとりしきった〉。「東瓜印」は、未見の語。「冬瓜印」の誤写か当て字。冬瓜印（冬瓜印子）は、冬瓜で造った判子で、相似不実の印可を言う。「只管《しかん》に諸方の冬瓜の印子に印定し了《お》わられて、便《すなわ》ち道《い》う、『我れ仏法を会して奇特なり。人をして知らしむること莫《な》かれ』と」（『碧巌録』九十八則本則評唱）。／(5)籾龍華蔵故紙、瞞海象費鈍工＝〈龍華院を始めてホゴを収め、すぐれた禅僧をあざむいて愚かな工夫をさせた〉。上の句は、大光寺に龍華院という経蔵を創設したこと。【八—五】の「龍華院創建記」を参照。「故紙」は、仏典を抑下して言う譬喩語。「三乗十二分教は皆な是れ不浄を拭う故紙なり」（『臨済録』示衆）。「海象」は、四海の龍象衆。「鈍工」は、鈍工夫の略。愚鈍な工夫。【一八—四】注(1)で既述したように、高次元の意を含むこともある。／(6)咄＝〈やいこらお前！〉。「咄」は、叱咤の声。古月が、頂相の古月を叱りつけるもの。／(7)没蹤跡処顕蹤跡、倒卓須弥挂半空＝〈蹤跡《あとかた》をなくしたところに蹤跡《あとかた》が見えておる、須弥山をさかだちさせて空中にぶら下げておるではないか〉。上の句は、味気なく言うと、白紙（没蹤跡）に頂相（蹤跡）が描かれたということ。『禅林句集』に「没蹤跡処顕蹤跡方」と載るが典拠未詳。「倒卓須弥」は、黄龍慧南の上堂（『五灯会元』巻十七）に「横ざまに巨海を呑み、倒卓須弥。衲僧面前、也《ま》た是れ尋常の茶飯」と。頂相の背景に、空中に掛かる山が描かれているのであろう。

【二四九】

賛初祖。

絳衣風雪冷、一壁挂青瞳。覓得大乗器、栖栖隻履怱。勿道少林餘付囑、雲山千古翠巃嵸。

【二四九―一】上平声一東韻

＊

(1)絳衣《こうえ》、風雪冷《さむ》し、一壁、青瞳を挂く。(2)大乗の器を覓《もと》め得て、栖栖《せいせい》として隻履《せきり》怱《いそ》がわし。(3)道《い》うこと勿《な》かれ、少林、付嘱を余《あま》すと、雲山、千古、翠《みどり》、巃嵸《ろうしょう》たり。

＊

(1)絳衣風雪冷、一壁挂青瞳＝〈赤い衣いちまいで、寒い風雪の中、じっと面壁して目を凝らしておられる〉。この像は、彩色面壁達磨画。「絳衣」は、達磨が頭からすっぽりと全身をおおっている赤い衣。「絳」は、赤色。「挂青瞳」の「青瞳」は、碧眼。「挂眼（掛眼とも）」は、留意すること。「大乗器」の出現に心を留めているということ。達磨が慧可に言う、「吾れ本《も》と南印を離れて此の東土に来たらんとして、赤県神州に大乗の気象有るを見るに縁《よ》って、遂に海を踰え漠《こ》を越えて、法の為に人を求む。際会、未だ諧《かな》わず、愚の如く訥の若し。今、汝を得て伝授す。吾が意、已《すで》に終わんぬ」（『五灯会元』巻一・菩提達磨章）。／(2)覓得大乗器、栖栖隻履怱＝〈大乗の器根を求めることが出来て、隻履を携えて慌ただしく西天に帰られた〉。「大乗器」は、慧可。前注を参照。「隻履」は、【九―三―④】注(1)を参照。／(3)勿道少林余付嘱、雲山千古翠巃嵸＝〈「達磨から慧可への正法付嘱（伝法）は、少林寺での古い出来事だ」などとは言うな、雲中に千古変わらぬ山が高く聳えておるであろう〉。この二句も画像によるもので、「余」は、画像に描き留められているということだが、この達磨像を見て、我が得法を志せという策励。

【二四九―二】上平声四支韻

隆準龍顔一白眉、隻《セツ》鞋單己《ゴ》躡雲之。莫言曩昔過《ミ》葱嶺、相對分明又是誰。　［隻履圖］

＊

(1)隆準龍顔《りゅうせつりようがん》、一白眉、隻鞋単己《せきあいたんご》、雲を躡《ふ》んで之《ゆ》く。(2)言うこと莫《な》かれ、曩昔《そのかみ》、葱嶺《そうれい》を過ぐと、相対《あいたい》して分明なり、又た是れ誰《た》ぞ。　［隻履《せきり》の図］

＊

(1)隆準龍顔一白眉、隻鞋単己躡雲之＝〈鼻が高く龍のような顔をしたこのすぐれ者、ひとり隻履を携えて雲に駆けて去った〉。「隆準龍顔」は、『五家正宗賛』巻一・達磨伝にある「隆準龍顔、碧瞳天相」からのものだが、もとは、漢の高祖（劉邦）のなみなみならぬ面相を表現する言葉（『十八史略』巻二・西漢）。「白眉」は、老人の形容にも用いるが、「馬良白眉」（『蒙求』五六九）の故事より、衆人の中で最も傑出している者を言う。「隻鞋単己」は、【九一―三―⑥】の「隻履単己」に同意。そこの注(1)を参照。／(2)莫言曩昔過葱嶺、相対分明又是誰＝〈「その昔、一人のすぐれ者が葱嶺（パミール）を超えて行った」などとは言うな、目の当たりにしているコイツはいったい誰なのだ〉。前篇の転結句と同じ句法を用いた策励の句。

【二四九―三】上平声二冬韻

西天爲殿後、東土稱先鋒。九白張軍大、神光滅正宗。

＊

(1)西天、殿後と為《な》り、東土、先鋒と称す。(2)九白、軍を張ること大なり、神光、正宗を滅す。

＊

(1)西天為殿後、東土称先鋒＝〈印度のシンガリ、中国のサキガケ〉。西天の二十八祖、東土の初祖、達磨を言う。／(2)九白張軍大、神光滅正宗＝〈達磨は九年の間、大軍を張り広げ、慧可がしっかりとその法を受けついだ〉。上の句は、達磨が慧可を得たことを譬喩する「九年弓」と同主旨。「白」は、年の意。「印度、一年を以て一白と為す」(『伝灯録』巻二割注)。「張軍大」は、「張大軍」を「軍」が平字のために倒置したもの。「神光」は、二祖慧可の旧名。「滅正宗」は、臨済遷化の故事に基づく言葉。【九―一一―②】注(1)を参照。

【二四九―四】上平声四支韻

不貴香至國王跨竈、何憑般若多羅親枝。唯憐無人情遁梁土、忽逢荷祖宗皈月支。喝。對面當機亦是伊。

＊

(1)香至国王の跨竈《こそう》を貴《たか》いとせず、何ぞ般若多羅の親枝《しんし》に憑《よ》らんや。(2)唯だ憐れむ、人情無うして梁土を遁《のが》れて、忽《たちま》ち祖宗を荷《にな》うに逢って月支に帰ることを。(3)喝。対面当機、亦た是れ伊《かれ》。

(1)不貴香至国王跨竈、何憑般若多羅親枝＝〈香至国王の皇子の地位さえ貴ばない、どうして般若多羅の親枝にすがろうか〉。「跨竈」は、『書言故事』巻二・子孫類に「子の父に過ぎたるを跨竈と為す」と。竈は、馬の前蹄の足跡を言い、後蹄が前蹄を跨《こ》えて走る子馬は良馬であると言う。「般若多羅親枝」は、【一三一四】に既出。そこの注(1)を参照。「憑」は、「親枝」の「枝」に掛かる。／(2)唯憐無人情遁梁土、忽逢荷祖宗帰月支＝〈憐れなことに、常識を欠いていたがために梁土を去ることになり、にわかに二祖に出会って印度に帰られた〉。上の句は、達磨が、梁の武帝と機縁がかなわず魏に渡ったこと。「梁の武帝、達磨大師に問う、『如何《いか》なるか是れ聖諦第一義』。磨云く、『廓然無聖』。帝曰く、『朕に対する者は誰そ』。磨云く、『不識』。帝、契《かな》わず。達磨、遂に江を渡って魏に至る」（『碧巌録』一則本則）。「人情」は、人の情けではなく、常識の意。ここでは、「廓然無聖」や「不識」などの常識離れした答語を言う。「荷祖宗」は、二祖慧可のこと。「月支」は、印度の西にある国名。月氏とも。／(3)喝。対面当機亦是伊＝〈カーーツ。いま目の当たりにしているのがお前か〉。「喝」は、描かれた達磨に対する一喝。「伊」は、他・你の義。

＊

【二四九―五】上平声二冬韻

萬里航海、支那垂蹤。指心斥相、屈伏六宗。大哉矣徳化繁衍、可仰少林第一峰。

(1)万里、海を航《わた》り、支那に蹤《あと》を垂る。(2)心を指して相を斥《しりぞ》け、六宗を屈伏す。(3)大哉矣《おおいなるかな》、徳化、

＊

繁衍《はんえん》たり、仰ぐ可《べ》し、少林の第一峰。

＊

(1)万里航海、支那垂蹤＝〈万里の海を渡り、支那に出現された〉。「垂蹤」は、垂迹を押韻の都合で改めたものかも知れない。達磨は、観音の化身と言われている。／(2)指心斥相、屈伏六宗＝〈直に心性を指して有相を排斥し、六宗の邪見を論破して帰依せしめた〉。【九―三―②】注(1)を参照。／(3)大哉矣徳化繁衍、可仰少林第一峰＝〈少林の第一峰を仰ぎ見るがよい、なんとも偉大ではないか、その徳化によって一華五葉が繁茂している〉。「繁衍」は、植物が茂り広がること。よって、意訳には、「一華五葉」の語を加えた。一華五葉は、達磨が二祖慧可に与えた伝法偈の言葉。「一華五葉を開き、結果自然に成る」。「少林第一峰」は、描かれた達磨像の譬喩。

【二四九―六】上平声一東韻

四七宗統、正脉流通。徳重支竺、化及日東。嬾〔嫩〕桂昌昌覆蔭大、兒孫千古仰高風。

＊

(1)四七の宗統、正脈、流通《るづう》す。(2)徳、支竺に重く、化、日東に及ぶ。(3)嫩桂《どんけい》、昌昌として、覆蔭《ふいん》大なり、児孫、千古、高風を仰ぐ。

＊

(1)四七宗統、正脈流通＝〈釈尊の法を嗣がれた第二十八祖、その正しい法脈を流伝弘通された〉。「宗統」は、本家の系統という意。／(2)徳重支竺、化及日東＝〈その徳化は支那天竺に重く、更に日本にも及んだ〉。下の句は、達磨日本渡来伝説を言うものか。【一三―四】注(2)を参照。／(3)嫩桂昌昌覆蔭大、児孫千古仰高風＝〈嫩《わか》い桂樹は盛んに茂って大きな木陰を作り、児孫たちは、これからもずっと、そこに吹く高風を仰ぎみる〉。上の句は、般若多羅が達磨に与えた予言、「二株の嫩桂、久しく昌昌」の語に基づく。『祖庭事苑』巻八に「九年、少林に面壁す。故に二株の嫩桂と曰うなり。久と九と、声之れ近しなり」と。「二株嫩桂」は、少林の字謎で、「二株」は林、「嫩桂」は少《わかい》。ここの「千古」は、遠い後世という意。

【二五〇】

贊盧能。　［成碓夫之圖］

＊

盧能に賛す。　［碓夫を成すの図(1)］

＊

(1)成碓夫之図＝いわゆる「六祖踏碓図」。五祖下の碓坊で、石を腰にして米を舂《つ》く六祖慧能の図。その姿を見た五祖は、「求道の人、法の為に躯を忘るる、当《まさ》に是《かく》の如くなるべきか」（『六祖壇経』行由第一）と称した。

【二五〇―一】上平声七虞韻

佛性無南北、雪華落火爐。碓房合韜晦《ヘキニ》、錯至荷衣盂。

＊

(1)仏性、南北無し、雪華、火炉に落つ。(2)碓房《たいぼう》、合《まさ》に韜晦《とうかい》すべきに、錯《あやま》って衣盂《えう》を荷《にな》うに至る。

＊

(1)仏性無南北、雪華落火炉＝〈「仏性本《も》と南北無し」と言って、痕跡を碓房の中にくらました〉。「（黄梅の五祖に）慧能、対《こた》えて曰く、『弟子は是れ嶺南《れいなん》新州の百姓《ひゃくせい》なり。遠く来たって師を礼す。惟《た》だ作仏《さぶつ》を求めて余物《よもつ》を求めず』。祖（五祖）言《いわ》く、『汝は是れ嶺南の人、又た是れ獦獠《かつりょう》、若為《いずく》んぞ作仏するに堪《た》えん』。慧能曰く、『人に南北有りと雖《いえど》も仏性本《も》と南北無し。獦獠の身、和尚と同じからざれども、仏性に何の差別《しゃべつ》か有らん』。（この語を聞いた五祖は、更に言葉をつごうと欲したが、衆人の目をはばかって、六祖を碓坊に入れて米を舂《つ》かせた）」（『六祖壇経』行由第一）。下の句は、没蹤跡を言う「紅炉上一点雪」の意に解した。／(2)碓房合韜晦、錯至荷衣盂＝〈米つき小屋に隠れておればいいものを、あやまって五祖の衣鉢（法）を嗣ぐことになってしまった〉。「（五祖）便《すなわ》ち頓教及び衣鉢を伝えて云く、『汝を第六代の祖と為《な》す。善く自ら護念して広く有情を度し、将来に流布して、断絶せしむること無かるべし』」（『同』行由第一）。

【二五〇—二】下平声六麻韻

分明脚下無一物、風流千歳屬渾家◎。丈夫自具沒量器、碓觜頭邊點發華◎。［三幅對之中尊］

＊

(1)分明に脚下無一物、風流、千歳、渾家《こんけ》に属す。(2)丈夫、自《おの》ずから没量《もつりょう》の器を具す、碓觜頭辺《たいしとうへん》、華を点発す。［三幅対の中尊］

*

(1)分明脚下無一物、風流千歳属渾家＝〈明らかに足もとには一物もない、こんな風流を、千年、みんなが楽しめる〉。「無一物」は、慧能の偈頌。「菩提本と樹無《も》し、明鏡も亦た台に非ず。本来無一物、何《いず》れの処にか塵埃を惹かん」。「風流」は、俗事を離れた高尚な遊び。本来無一物という仏道。「渾家」は、大家に同意。／(2)丈夫自具没量器、碓觜頭辺点発華＝〈この男児は、もともと並外れた大器を持っており、石碓《いしうす》の口に花を咲かせた〉。「碓觜に花を咲かせる」という表現は、慧能に対する偈頌や賛に頻出するもので、その開悟の消息を言う。

【二五二】上平声七虞韻

百丈。

師表一天下、禪門播範模◎。不離又不即、一喝脱根株◎。

*

一天下に師表として、禅門に範模を播《ほどこ》す。[1]離れず、又た即《つ》かず、[2]一喝、根株を脱す。

*

(1)師表一天下、禅門播範模＝〈天下の模範人、禅門に清規を広めた〉。百丈懐海が、禅林の清規を確立したことを頌す。『百丈清規』の付録に載せる「百丈山天下師表閣記」に「司馬頭陀なる者有り。善く宮宅地形の術を為《な》し、其（百丈山）の山勢斗抜と、夫《そ》の岡巒首尾の起伏するを観《み》て、吉壌為《た》るを知る。留むる所の鈐記《けんき》に曰《い》えること有り、『法王、之れに居らば、天下の師表たらん』と。禅師（百丈）の来たること、式《もっ》て其の言に符《かな》う。東陽徳輝、禅師より十八代の孫なるを以て、嗣《つ》いで是の山に住す。既にして新たに演法の堂を作《な》す。且つ増すに重屋を其の上に創《はじ》めて、以て禅師の遺像を妥《お》く。其の楹間《えいかん》に榜して曰く、『天下の師表閣』と」。／(2)不離又不即、一喝脱根株＝〈馬祖から一喝されて耳がつぶれ、仏法は払子を見たり立てたりする行ないを離れてあるものでもなく、また、そんな行ないそのものが仏法でもないことを悟った〉。百丈の馬祖道一からの得法「百丈再参馬祖」の話頭を頌す。「師（百丈）、再び（馬祖に）参じ、侍立する次《つい》で、祖、縄牀の角《すみ》の払子を目視す。師曰く、『此の用《ゆう》に即するか、此の用を離るるか』。祖曰く、『汝、向後、両片皮《りょうへんぴ》を開いて、何を将《もっ》てか人の為にせん』。師、払子を取って竪起《じゅき》す。祖曰く、『此の用に即するか、此の用を離るるか』。師、払子を旧処に挂く。祖、威を振るって一喝す。師、直《じき》に得たり、三日耳聾《ろう》することを」（『五灯会元』巻三・百丈章）。「根株」は、百丈の場合は耳根だが、広く六根を言う。六根が清浄になれば、衆生を利益する成所作智に転じられる。

【二五二】上平声四支韻

黄檗。

不涉即離拂一枝。當陽拈起付阿誰。八千竜象輻湊去、輸却風顛小厮兒。

＊

(1)即離に渉《わた》らず、一枝を払う、当陽に拈起して阿誰《あた》にか付す。(2)八千の龍象、輻湊《ふくそう》し去るも、風顛《ふうてん》の小厮児《しょうしじ》に輸却《ゆきゃく》す。

＊

⑴不渉即離払一枝、当陽拈起付阿誰＝〈即離などに関わらず、よもぎの一枝を払った、目の当たりに示して、誰にあたえるのだ〉。百丈―黄檗―臨済への嗣法を頌す。「不渉即離」は、前篇の注⑵に引いた「百丈再参馬祖」の続き。「一日、師（百丈）、衆に謂いて曰く、『仏法は是れ小事にあらず。老僧、昔、馬大師に一喝せられて、直《じき》に得たり、三日耳聾することを』。黄檗、挙するを聞き、覚えず舌を吐く。師曰く、『子《なんじ》、已後、馬祖に承嗣し去ること莫《な》きや』。檗曰く、『然《しか》らず。今日、和尚の挙するに因《よ》って、馬祖の大機大用を見ることを得たり。然も且つ馬祖を識らず。若し馬祖に嗣《つ》がば、已後、我が児孫を喪せん』。師曰く、『如是、如是。見《けん》、師と斉《ひと》しきときは、師の半徳を減じ、見、師に過ぎて、方《まさ》に伝授するに堪《た》えたり。子、甚《はなは》だ超師の見有り』」（『五灯会元』巻三・百丈章）。「払一枝」は、『臨済録』上堂に「我れ二十年、黄檗先師の処に在って、三度、仏法的的の大意を問うて、三度、他の杖を賜うことを蒙る。蒿枝《こうし》の払著《ほつじやく》するが如くに相似たり」とあるのによる。蒿枝は、よもぎの枝。道教の儀礼に蒿枝で子児の頭をなでて成長を祝う習わしがあったと言われる。／⑵八千龍象輻湊去、輪却風顛小廝児＝〈黄檗の会下には八百人ものすぐれた禅僧が集まっていたが、この常軌を逸したこせがれにはかなわなかった〉。「八千」は、八千指。八百人。八百は、日本語の「嘘八百」の例のように、物事の多いことを言う譬喩。この二句は、「（黄梅）会中の高僧七百、惟だ負春《ふしよう》の居士（慧能）、一偈、衣を伝えて六代の祖と為《な》る」（『六祖壇経』序）を踏まえたもの。「輪却」は、負けること。「却」は、助辞。「風顛小廝児」は、臨済のこと。「風顛」は、黄檗が臨済を称した「風顛漢」（『臨済録』行録）。「小廝児」は、普化が言った「臨済は小廝児、却って一隻眼を具す」（『同』勘弁）。

【二五三】

臨濟。［瞋拳圖。崇圓寺逸堂和上請］

＊

臨済。［(1)瞋拳《しんけん》の図。(2)崇円寺の逸堂和上請う］

＊

(1)瞋拳図＝目をみはり、拳を堅く握っている図像。その因縁話は、【九―一一―①】注(2)を参照。／(2)崇円寺逸堂和上＝逸堂祖秀。正覚山崇円寺（大分県佐伯市）の開山禿翁妙宏下三世。享保十一年（一七二六）五月の前堂転位。以下、五賛並ぶが、この注記は、第一賛のみのものであろう。

【二五三―一】下平声八庚韻

入門則喝、怒雷震聲。一條活路、千古分明。逸氣堂堂王寶劍、乾坤無處不昇平。

＊

(1)門に入れば則ち喝し、怒雷《どらい》、声を震《ふる》う。(2)一条の活路、千古分明。(3)逸気、堂堂たり王宝剣、乾坤、処として昇平ならずということ無し。

＊

(1)入門則喝、怒雷震声＝〈学人が入って来ようものなら、すぐさま雷のような声で一喝した〉。上の句は、「入門便喝」で、禅録に頻出する。特に棒の徳山と併せて、『碧巌録』八十五則本則評唱に「徳山入門便棒、臨済入門便喝」

と。また『大慧語録』巻九に「臨済、門に入れば便ち喝す。旱雷、宇宙に轟く」と。／(2)一条活路、千古分明＝〈そこに一本の活路が通じているのは、千古かわらず明らかなことだ〉。／(3)逸気堂堂王宝剣、乾坤無処不昇平＝〈持ち前のすぐれた気質で、堂々と金剛王宝剣を振るい、天下のどこにも太平でない土地はない〉。「王宝剣」は、『臨済録』勘弁に「有る時の一喝は、金剛王宝剣の如し」と。『人天眼目』巻二「臨済門庭」に「金剛王の宝剣というは、一刀に一切の情解を揮い断つ」と。

＊

【二五三―二】下平声七陽韻

滹沱波浪大、餘澤張支桑。熱喝雷何猛、五家凭紀綱。

(1)滹沱《こだ》、波浪大なり、余沢、支桑に漲《みなぎ》る。(2)熱喝、雷、何ぞ猛《たけ》からん、五家、紀綱《きこう》に凭《よ》る。

＊

(1)滹沱波浪大、余沢張支桑＝〈滹沱河の波浪は大きく、余沢が支那・扶桑にみなぎっている〉。「鎮州城の東南隅、滹沱河《こだが》の側に臨んで、小院に住持す。其の臨済は、地に因《よ》って名を得たるなり」(『臨済録』行録)。／(2)熱喝雷何猛、五家凭紀綱＝〈その熱喝に比べれば、雷も猛々しいことはない、五家が紀綱とたのむところである〉。下の句意は、よく分からない。「五家」は、潙仰・臨済・雲門・法眼・曹洞の五宗。「紀綱」は、国家の制度・規律・法度。禅林では、寺務の全体を統括する役で、監寺・執事の別名。また、維那の別名。

【二五三―三】上平声四支韻

熱喝迅雷轟、俊機激電遅◎。苟無倚物輩、纔容可管窺◎。

＊

(1)熱喝、迅雷轟《じんらいとどろ》き、俊機、激電も遅し。(2)苟《いやしく》も物に倚ること無き輩にして、纔《わずか》に容《ゆる》す、管窺《かんき》す可《べ》きことを。

＊

(1)熱喝迅雷轟、俊機激電遅＝〈熱喝の迅雷が轟けば、その俊機は激電も追いつけない〉。／(2)苟無倚物輩、纔容可管窺＝〈かりにも何物にもたよらないような輩にして、管《くだ》の穴からのぞき見ることぐらいは出来る〉。「無倚物輩」は、黄檗が言う、「十二時中、一物に依倚せず」という人。『宏智広録』巻五に「卓卓として物に倚らず、霊霊として那《なん》ぞ縁に渉《わた》らん」と。「管窺」は、管見に同意。狭い見識の譬え。「是れ直《ただ》に管《くだ》を用いて天を窺い、錐《きり》を用いて地を指すなり。亦た小ならずや」（『荘子』秋水）。

【二五三―四】入声十薬十一陌十二錫通韻

驅耕奪飢、超宗越格陌。若聖若凡、難以湊泊薬。喝。陸地起波濤、青天轟霹靂錫。

＊

(1)耕《こう》を駆り飢《き》を奪い、宗を超え格を越ゆ。(2)若しは聖、若しは凡、以て湊泊し難し。(3)喝。陸地に波濤《はとう》を起こし、青天に霹靂《へきれき》を轟かす。

（1）駆耕奪飢、超宗越格＝〈耕夫の牛を追い払い、飢人のなけなしの食べ物を奪い取るような悪辣な手段、宗門の規格を超越した、並外れた力量機用〉。「駆耕奪飢」は、「駆耕夫牛、奪飢人食」を四字に縮めたもの。『古尊宿語録』巻五「臨済禅師語録之余」に「示衆に云く、『……照用同時のときは、耕夫の牛を駆り、飢人の食を奪い、骨を敲き髄を取り、痛く鍼錐を下す。……』」。一番大切な最後のものをも奪い取る激しい手段。／（2）若聖若凡、難以湊泊＝〈聖者であろうが凡夫であろうが、そこには寄り付けたものではない〉。／（3）喝。陸地起波濤、青天轟霹靂＝〈カーーッ。よくも陸地におお波を起こし、青空に雷鳴を響かせてくれたな〉。「喝」は、描かれた臨済に対する一喝。下の句は、『人天眼目』巻二「臨済門庭」に「臨済を識らんと要すや。青天轟霹靂、陸地起波濤」と。

＊

【二五三－五】下平声一先韻

黄檗山頭遭痛棒、大愚脇下㧞三拳。解言佛法無多子、風冷山川落葉天。

（1）黄檗山頭、痛棒に遭い、大愚脇下、三拳を㧞《つ》く。（2）言うことを解《よ》くす、仏法、多子無しと、風冷たし、山川、落葉の天。

＊

（1）黄檗山頭遭痛棒、大愚脇下㧞三拳＝〈黄檗からひどく打たれ、大愚のわき腹を拳で三度つきあげた〉。『臨済録』行録「臨済大悟」を参照。／（2）解言仏法無多子、風冷山川落葉天＝〈そなたが、「仏法などたいしたことはない」

などとうまく言ったものだから、山や川には冷たい風が吹き、空には落葉が舞っている〉。上の句も、『臨済録』行録「臨済大悟」を参照。下の句は、「仏法無多子」と真に受けて、修行もしない已墜の宗風をなげくものか。「言うこと莫《な》かれ、仏法、多子無しと。未だ玄関を透らずんば、也《ま》た大いに難からん」（『五灯会元』巻十八・普賢元素章）。

【二五四】上平声十二文韻・下平声十蒸韻・下平声一先韻

地蔵大士開光。［庚戌十一月廿七日］

本誓不違堪鑽仰、園林直下合慈雲。點開蓮葉一雙眼［瞬青蓮者佛眼之謂也］、永共斯山利見聞。

脇士嚴威正勸懲、慈尊神化視輝騰。逢原左右錫珠影、冥顯鴻功可戰兢。［贊辭］

奉敕地居最上天、分身接引壽峰前。禿毫點注《シュ》青蓮目、赫赫慈光滿大千。［開光］

＊

(1)地蔵大士開光。［(2)庚戌《かのえいぬ》十一月廿七日］

(3)本誓、違《たが》わず、鑽仰《せんぎょう》するに堪《た》え、園林、直下《じきげ》に慈雲を合す。(4)点開す、蓮葉一双の眼［青蓮《しょうれん》を瞬《まばた》くは仏眼の謂《いい》なり］、永く斯《こ》の山と共に見聞を利せよ。

(5)脇士の厳威、勧懲《かんちょう》を正し、慈尊の神化、輝騰《きとう》を視る。(6)原《みなもと》に逢う左右、錫珠《しゃくしゅ》の影、冥顕《みょうけん》の鴻《こう》功《く》、戦兢《せんきょう》す可《べ》し。［賛辞］

(7)勅を地居《じご》最上の天に奉り、分身接引《しょういん》す、寿峰の前。(8)禿毫《とくごう》、点注《てんしゅ》す、青蓮目《しょうれんもく》、赫赫《かくかく》たる慈光、大千に満つ。［開光］

＊

⑴地蔵大士＝【九—二五】注⑵⑶を参照。／⑵庚戌＝享保十五年（一七三〇）。古月、六十四歳。／⑶本誓不違堪鑽仰、園林直下合慈雲＝〈その根本の誓約は、釈尊の遺嘱にそむかず、まさに仰ぎ見るに足りる菩薩、自得寺の園林にはすぐさま慈雲がむらがった〉。／⑷点開蓮葉一双眼［瞬青蓮者仏眼之謂也］、永共斯山利見聞＝〈青蓮華の葉の如き両眼を開き、永遠にこの天寿山に鎮座されて、衆生を正しい見聞に導いて下され〉。底本注記は、いわゆる青蓮華眼を言うもの。仏菩薩の眼目の譬喩。たとえば、『法華経』妙音菩薩品に「是の菩薩（妙音菩薩）の目は、広大の青蓮華の葉の如し。正使《たと》い百千万の月を和合せりとも、其の面貌端正なること復《ま》た此れに過ぎんや」と。／⑸脇士厳威正勧懲、慈尊神化視輝騰＝〈脇士の掌善と掌悪の二童子は威厳に満ちて勧善懲悪を正しく行ない、弥勒菩薩の神化たる地蔵菩薩は、宝珠の光りを輝かせている〉。「脇士」の底本書入れに「掌善悪二童」と。掌善掌悪の二童子。この二童子は、地蔵菩薩の脇士として祀られるが、経典には見えず、恐らくは、日本で成立したものか。義堂周信の『語録』巻四「地蔵」真讃に「左者名掌善、右者名掌悪、中者延命。……左者掌善号法性、右者掌悪称無明、其中間者掌承耳手持錫。延命地蔵為名」と。「慈尊神化」は、地蔵菩薩を言う。「慈尊」は、慈氏菩薩（弥勒菩薩）のこと。地蔵菩薩は、釈尊の死後、弥勒菩薩が成仏するまでに現われて、衆生を済度する。【九—二五】注⑶を参照。／⑹逢原左右錫珠影、冥顕鴻功可戦兢＝〈どこもかしこも、地蔵菩薩の宝珠が輝き、錫杖の音が聞こえる、陰に陽に衆生を救済される大業、まことに恐れ慎まねばならない〉。「逢原左右」は、「左右逢原」の倒置。『孟子』離婁章句下の「之れを左右に取って其の原に逢う」からの成語で、真に道を体得した人は、その言動は、左から取っても右から取っても、即ち、どんなふうに行なっても、すべて根本の道に合致するという意。

ここでは、【一一八】の「賛地蔵大士」にある「宝珠声杖、左之右之」と同意。そこの注(2)を参照。「錫珠」は、地蔵菩薩が持つ錫杖と宝珠。「冥顕」は、或いは、冥界（死）も顕界（生）もの意か。／(7)奉勅地居最上天、分身接引寿峰前＝〈忉利天で仏勅を受け奉り、身を千百億に分かち、天寿山で衆生済度を行なわれる〉。「地居最上天」は、忉利天の別称「地居天」に「最上」を付したもの。忉利天は、地蔵の住処。【九―一二五】注(3)を参照。「寿峰」は、天寿山自得寺。／(8)禿毫点注青蓮目、赫赫慈光満大千＝〈ちびた筆で青蓮目の眼を点じ入れた、赫々たる慈光は大千世界をおおい尽くそう〉。「禿毫」は、毛先の擦り切れた筆。ここでは、謙遜して言ったもの。点眼には、新筆を用意するのが決まり。

【二五五】下平声十二侵韻

賛蚊口浦竜興寺祖郁禪衲印施地藏大士。　［印板初成］

慈雲普掩、頗海宏深。錫錫聲杖、暉暉寶琛。一稱洪名長止苦、妙相無處不光臨。

＊

(1)蚊口浦《かぐちうら》龍興寺の祖郁禅衲が(2)印施《いんせ》する地蔵大士に賛す。［印板、初めて成る］

(3)慈雲、普《あまね》く掩《おお》い、頗海、宏うして深し。(4)錫錫《しやくしやく》たる声杖《しようじよう》、暉暉《きき》たる宝琛《ほうしん》。(5)一たび洪名《こうみよう》を称すれば、長《とこし》えに苦を止め、妙相、処として光臨せずということ無し。

＊

(1)蚊口浦龍興寺祖郁禅衲＝未詳。蚊口浦は、宮崎県児湯郡高鍋町にある地名。／(2)印施＝仏典や仏像を印刷して布施すること。／(3)慈雲普掩、願海宏深＝〈慈心は雲の如くに大地をおおい尽くし、誓願は海の如くに広くて深い〉。「慈雲」は、『観音経』に「慈しみの意《こころ》は妙えなる大雲のごとし（慈意妙大雲）」と。「願海」は、誓願の広くて深いことを海に譬えるもの。／(4)錫錫声杖、暉暉宝琛＝〈響き渡る錫杖、輝く宝珠〉。「錫錫」は、錫杖の音を表わす象声詞。「声杖」は、錫杖の別称。声《おと》を出して毒蛇害虫を驚かして追い払うから言う。「琛」は、宝・玉の義。／(5)一称洪名長止苦、妙相無処不光臨＝〈ひとたび「南無地蔵菩薩」と称えれば永遠に苦しみから救われ、その妙相が光臨しないところはない〉。

【二五六】 下平声七陽韻

賛観音。［豫州大洲領主加藤氏筆］

大手筆頭現妙相、普陀岸上放祥光。圓通門戸豁開著、耳視眼聴盡十方。

*

観音に賛す。［(1)予州大洲領主加藤氏の筆］

(2)大手筆頭、妙相を現ず、普陀《ふだ》岸上、祥光を放つ。(3)円通の門戸、豁開著《かつかいじゃく》、耳視眼聴《にしげんちょう》、尽十方。

*

(1)予州大洲領主加藤氏＝具名は不詳。／(2)大手筆頭現妙相、普陀岸上放祥光＝〈大手筆によって描き出された妙相、補陀落迦山で祥光を放っておられる〉。「大手筆」は、勅書など、立派な文章というのが原義。ここでは、加藤氏の筆。「普陀岸」は、補陀落迦山。南インドにあると信じられている観音菩薩の住処。／(3)円通門戸豁開著、耳視眼聴尽十方＝〈耳根円通の門戸は大きく開かれ、尽十方世界を耳で見て眼で聞いておられる〉。「円通」は、耳根円通の聖者、観世音菩薩の別称でもある。「豁開著」の「著」は、助字。

【二五七】下平声六麻韻

贊馬郎婦觀音。［池中蓮花秀持經卷］

經義與情義、如何容正邪。卑濕淤泥裡、涌出白蓮花。

＊

馬郎婦《めろうふ》[1]観音に賛す。［池中、蓮花秀《ひい》で、経巻を持つ］

経義[2]と情義と、如何《いかん》ぞ、正邪を容《い》れん。卑湿淤泥《ひしつおでい》[3]の裡《うち》、白蓮花を涌出す。

＊

(1)馬郎婦観音＝「馬郎婦」は、観世音菩薩の化身と言われる美女。唐代、陝西《せんせい》の地は三宝を敬わず、馬に騎り狩猟をする人々が住んでいた。ある時、一人の美女が現われ、人々は競って妻にしようとした。女は承諾の条件として『観音経』『金剛経』を暗誦すること、さらに、『法華経』を三日で暗誦することを要求した。三日後、馬氏の子のみが条件を満たした。結婚の当日、女は体調がすぐれないと言い、突然、死んでしまった。数日後、一人の老僧が現われて墓を開けてみたところ、金色の鎖骨だけが残っていた。老僧は、これは聖者が方便を設けてこの地の人々を教化したのだと言い残し、錫杖で骨をかかげて空へ飛び去った。後にこの地は奉仏の者が多くなったという（『釈氏稽古略』巻三、『仏祖統紀』巻四十二）。／(2)経義与情義、如何容正邪＝〈経義と情義、そこに正邪の別はない〉。「経義」は、経典の本義。「情義」は、女身を現わした慈悲方便。末宗徳本の「馬郎婦」偈（『江湖風月集』巻上）の承句に「経義は何ぞ情義の長《すぐ》るるに如《し》かん」と。／(3)卑湿淤泥裡、涌出白蓮花＝〈低地の湿った泥の中から、白蓮の花が咲く〉。この二句は、『維摩経』仏道品の「高原の陸地に蓮華を生ぜず、卑湿の淤泥《おでい》に乃《すなわ》ち此の華を生ずるが如し。……煩悩の泥中に乃ち衆生の、仏法を起こす有るのみ」に基づく。

【二五八】上平声一東韻

賛藕絲裁縫千手観音尊影。　［鹿兒嶋元照尼製］

針鋒頭上立奇功、密密工夫不漏風。直下儼然千手眼、仰瞻水月道場中。

＊

(1)藕糸裁縫《ぐうしさいほう》の千手観音の尊影に賛す。　［鹿児島の(2)元照尼製す］

(3)針鋒頭上、奇功を立つ、密密たる工夫、風を漏らさず。(4)直下《じきげ》儼然たり、千手眼、仰瞻《ごうせん》す、水月道場の中《うち》。

＊

(1)藕糸裁縫＝「藕糸」は、蓮の葉や茎を折った時に出る糸。実際に藕糸を用いて裁縫するわけではあるまいが、奈良当麻寺の中将姫が、一晩のうちに藕糸曼荼羅を織り上げ、女人の身ながら、極楽往生したという伝説は名高い。／(2)元照尼＝【二六二】に出る観心元照尼であろうが人物不詳。／(3)針鋒頭上立奇功、密密工夫不漏風＝〈針しごとで奇特な功徳を立てられた、その綿密な工夫は少しも怠りがない〉。下の句は、断崖了義の「輎子」偈（『貞和集』巻八）の承句。／(4)直下儼然千手眼、仰瞻水月道場中＝〈ここに出現された威厳ある千手千眼の観世音、水月道場の中に仰ぎ見る〉。「水月道場」は、観世音が出現される道場。一月が万水に映るように、一切処に出現されるということ。清涼澄観の『華厳経随疏演義鈔』巻十八に「四に幻化身、水月道場に安坐すとは、『涅槃』に云く、『吾れ今、此の身、是れ幻身なり』と。則ち得る所の道の処は、水中の月の如し。故に昔人の云く、『空華の万行を修習して、水月の道場に安坐す。鏡像の天魔を降伏し、夢中の仏果を証成す』と」。

【二五九】上平声二冬韻

賛蛤蜊観音。

蚌蛤胎中、示現妙容。無刹不現、金言堪恭。惟政老禪鼓波辯、文宗皇帝得眞宗。

＊

(1)蛤蜊《こうり》観音に賛す。

(2)蚌蛤《ぼうこう》胎中、妙容を示現す。(3)刹《せつ》として現ぜずということ無しと、金言、恭《つつし》むに堪《た》う。(4)惟政老禅、波弁を鼓し、文宗皇帝、真宗を得たり。

＊

(1)蛤蜊観音＝俗に言うハマグリ観音。「唐の文宗、好んで蛤蜊を嗜《たしな》む。沿海の官吏、時に先んじて逓《たが》いに進め、人も亦た労止す。一日、御饌《みけ》の中に擘《つんざ》けども張《ひら》かざる者有り。帝、其の異《い》なるを以て、即ち香を焚いて之れを祷《まつ》れば、乃《すなわ》ち開いて、菩薩の形儀、梵相具足するを見る。帝、遂に貯《たくわ》うるに金粟《こんぞく》の檀香合《だんこうごう》を以てし、覆《おお》うに美錦を以てし、興善寺に賜い、衆僧をして瞻礼《せんらい》せしむ。因みに群臣に問う、『斯《こ》れ何の祥《しるし》ぞ』。或るもの奏す、『太一山《たいいつざん》の惟政禅師、深く仏法を明らめて、博聞強記なり。乞う、詔《みことのり》して之れに問いたまえ』と。帝、即ち詔を頒《わ》かつ。師、至る。帝、其の事を問う。師曰く、『臣聞く、物の虚《むな》しく応ずること無しと。此れ乃ち陛下の信心を啓《ひら》くのみ。故に契経《かいきょう》に云く、〈応《まさ》に此の身を以て得度すべき者には、即ち此の身を現じて、為に法を説く〉と』。帝曰く、『菩薩身は已《すで》に現ずるも、且つ未だ説法を聞かず』。師曰く、『陛下、此れを観《み》て、為《は》た常とするか、常に非ずとするか、信ずるか、信ぜざるか』。帝曰く、『希奇の事、朕、深く焉《こ》れを信ず』。師曰く、『陛下、已に説法を聞き竟《お》われり』。皇情、悦予《えつよ》して、未曾有なることを得たり。天下の寺院に詔して、各おの観音の像を立て、以て殊休《しゅきゅう》に答う」(『五灯会元』巻二・終南山惟政章)。／(2)蚌蛤胎中、示現妙容＝〈蚌蛤《はまぐり》の胎中に、妙容を示現された〉。／(3)無刹不現、金言堪恭＝〈「刹《せつ》として身を現ぜずということ無し」と、その金言は、つつしむべきものである〉。上の句は、『観音経』に「具足神通力、広修智方便、十方諸国土、無刹不現身」と。／(4)惟政老禅鼓波弁、文宗皇帝得真宗＝〈惟政老禅は波濤の如き弁舌をふるい、文宗皇帝は真実の宗旨を悟られた〉。注(1)を参照。

【二六〇】上平声十一真韻

賛准提観音大士。　〔海中蓮花上安坐〕

蓮華涌巨溟、其大如車輪◎。准胝現尊影、海神委老身◎。龍樹賛書偈、檮材叨效顰◎。寶珠分光耀、十界悉霑貧◎。

＊

(1)准提《じゅんてい》観音大士に賛す。　［海中の蓮花の上に安坐す］

(2)蓮華、巨溟に涌き、其の大いさ車輪の如し。(3)准胝《じゅんてい》、尊影を現じ、海神、老身を委す。(4)龍樹、賛して偈を書し、樗材《ちょざい》、叨《みだ》りに顰《ひそみ》に効《なら》う。(5)宝珠、光耀《こうよう》を分かち、十界、悉《ことごと》く貧を医す。

＊

(1)准提観音大士＝「准提」は、准胝・準提とも。三目数臂で描かれ、除災・延命などのために信仰される。／(2)蓮華涌巨溟、其大如車輪＝〈大海から蓮華がわきあがり、その大きさは車輪のようだ〉。『阿弥陀経』の「池中蓮華、大如車輪」に基づき、画像を頌す。／(3)准胝現尊影、海神委老身＝〈准胝が尊影を現わすと、海神はその老身をゆだねた〉。故事不詳。「胝」は、胝に同じ。／(4)龍樹賛書偈、樗材叨効顰＝〈龍樹菩薩は賛《たた》えて偈を書かれた、愚僧もみだりにその真似事をする〉。龍樹の偈は、『七倶胝仏母所説準提陀羅尼経会釈』巻中に「龍樹菩薩、偈を以て讃して曰く、『準提功徳聚、寂静心常誦。一切諸大難、無能侵是人。天上及人間、受福如仏等。遇此如意珠、定獲無等等』」と。「樗材」は、用途のない材木。転じて自己の謙称。「効顰」は、美女西施《せいし》が胸の傷みで顔を顰《しか》め、醜婦がそれを真似ると、皆が驚いて逃げ去ったという故事に基づき、無闇に人の真似をする喩えに用いる。／(5)宝珠分光耀、十界悉医貧＝〈如意珠の光りは十方世界に輝き、誰もが貧窮から救われる〉。前注に引いた龍樹菩薩の偈に基づくもの。

【二六二】上平声十一真韻

賛裁縫六観音并地蔵尊同軸尊像。　［観心元照尼請之］

十方諸國土、顯現一多身。瞎却針鋒眼、妙相信手新。化風洪布澍甘露、群生得益幾秋春。

*

(1)裁縫の六観音并《なら》びに地蔵尊同軸の尊像に賛す。　［(2)観心元照尼、之れを請う］

(3)十方諸国土、一多身を顕現す。(4)針鋒の眼を瞎却《かつきやく》して、妙相、手に信《まか》せて新たなり。(5)化風、洪《おお》いに布《し》いて甘露を澍《そそ》ぐ、群生の得益、幾秋春ぞ。

*

(1)裁縫六観音并地蔵尊同軸尊像＝六道の教主に配される、聖（地獄）・千手（餓鬼）・馬頭（畜生）・十一面（修羅）・准胝（人）・如意輪（天）の六観音と、地蔵菩薩、或いは六地蔵とが一軸に縫い上げられた尊像。／(2)観心元照尼＝【二五八】にも出た、裁縫を得意とする鹿児島の尼僧。／(3)十方諸国土、顕現一多身＝〈十方の諸国土に、一即多の法身を現わされる〉。『観音経』に「具足神通力、広修智方便、十方諸国土、無刹不現身」と。／(4)瞎却針鋒眼、妙相信手新＝〈針など見なくても、手にまかせて妙相を縫い上げる〉。この二句は、元照尼の針しごとを褒めるもの。「瞎却針鋒眼」の「針鋒眼」は、針眼。糸を通す針の穴のことだが、或いは、この尼は、視力を失っているか。／(5)化風洪布澍甘露、群生得益幾秋春＝〈万物を育《はぐく》む風をあまねく吹き渡らせて甘露の法雨を降りそそぐ、衆生は、その御利益を、いく年月もこうむることであろう〉。『観音経』に「悲体戒雷震、慈意妙大雲、澍甘露法雨、滅除煩悩焔」と。

【二六二】下平声一先韻

賛裁縫辯才尊天。

泛身荷葉上、日月兩輪圓◎。福智端嚴相、禮瞻求願全◎。

＊

(1)裁縫の弁才尊天に賛す。

(2)身を荷葉の上に泛《うか》ばせ、日月の両輪、円《まど》かなり。(3)福智端厳《たんごん》の相、礼瞻《らいせん》すれば、求願《ぐがん》、全《まつた》し。

＊

(1)裁縫弁才尊天＝これも恐らく、観心元照尼が裁縫したものであろう。弁才尊天は、もとインド古代神話の三大女神の一で、梵天、または帝釈天の妃。サラスヴァティー（聖なる河）の神格化した女神。河の水が大地に自然の恵みをもたらし、あらゆる生物の命を養うように、世間に富と食物、子孫を授けてくれる女神。もと河の女神であるから、弁才尊天の祠堂は、湖辺や海辺にある。また、弁才天は観世音の応変とも言われている。／(2)泛身荷葉上、日月両輪円＝〈身を蓮の葉上に浮かばせ、その眼は、日月の両輪の如く、まどかに世間を照らし見ておられる〉。上の句は、前注を参照。下の句は、弁才尊天の眼光の譬喩。中峰明本の『広録』巻二十四に「観世音菩薩は、太虚空を以て体と為し、……日月両曜を眼光と為す」とある。／(3)福智端厳相、礼瞻求願全＝〈福智円満の厳《おごそ》かな御姿、仰ぎ拝めば、願いは全てかなう〉。「歎仏偈」として伝授されるものに「四八端厳微妙相、僧祇三大劫修来、面如満月目如蓮、天上人間咸恭敬」と。なおこの偈は、『仏母孔雀尊経科式』に見える。

【二六三】上平声十灰韻

敕謚佛燈明覺禪師賢岩大和尚、圖臨濟惠照禪師肖像。嚴乎如在。炷拜勤渠、寒心竪毛。謹就贊辭。

熱喝瞋拳、五逆聽雷。千古丰樣、隻手圖來。

＊

(1)勅謚仏灯明覚禅師賢岩大和尚、臨済恵照禅師の肖像を図《えが》く。厳乎《げんこ》として在《いま》すが如し。(2)炷《しゅ》拝勤渠《はいごんきょ》すれば、寒心竪毛《かんしんじゅもう》す。謹んで賛辞を就《な》す。

(3)熱喝瞋拳《ねつかつしんけん》、五逆、雷《らい》を聴く。(4)千古の丰様《ふうよう》、隻手に図《えが》き来たる。

＊

(1)勅謚仏灯明覚禅師……＝古月が参禅した賢巌禅悦。【三九―三〇】注(1)を参照。／(2)炷拝勤渠、寒心竪毛＝〈ねんごろに香を炷《た》いて拝めば、ぞっとして怖気《おぞけ》が立った〉。「勤渠」は、殷勤に同意。「寒心」「竪毛」は、共に恐れおののく譬喩。／(3)熱喝瞋拳、五逆聴雷＝〈目をみはり、拳を堅く握る、五逆罪の者にして初めてその雷鳴を聴く〉。上の句は、【九―一一―①】注(2)を参照。下の句は、五祖法演の語。『人天眼目』巻六「五宗問答」に「『如何《いか》なるか是れ臨済下の事』。五祖の演曰く、『五逆聞雷』」と。『重修人天眼目集綱領鈔』に「方語ニ頭脳裂破。五逆ノ者ハ必ズ雷ニ裂カル、ゾ。言《いうこころ》ハ臨済ノ喝下ニ至テ尽《ことごと》ク頭脳裂破セラル、ゾ」と。また、無著道忠『虚堂録犂耕』（禅文化研究所本六五六頁）に「学者の心、進退猶予する者の忽《たちま》ち明師の接得に遇うて、心胆喪尽して大悟するなり」と。「五逆」は、これを犯すと無間地獄に堕ちるとされる殺父・殺母・殺阿羅漢・破和合僧・出仏身血を言うが、臨済のそれについては、『臨済録』示衆「仏に逢うては仏を殺せ」「五無間の業」などの段を参照。／(4)千古丰様、隻手図来＝〈千古の風様を、片手で描き出した〉。「丰様」の「丰」は、風に通じ、風様・風采に同意。おもむき、ありさま。「隻手図来」の「隻手」は、日本語の片手仕事・片手業。賢巌和尚が、禅業の余暇に、臨済禅師の像を描かれたということ。【二六五―二】「賛維摩」の底本注記にも「賢岩和上筆」とあり、賢巌和尚は、禅余の描画を好まれたか。因みに、季刊誌「禅文化」二五二号の表紙に、和尚の筆になる「魚籃観音図」（誠拙周樗賛・瑞泉寺蔵）が掲載されている。

【二六四】去声十二震韻

賛楞伽達磨尊影。

手裡根多無隻字、不知何以證心印。◎梁江魏海好風煙、朶朶湖山屬一瞬。◎

＊

楞伽達磨の尊影に賛す。(1)

手裡の根多《ばいた》、隻字《せきじ》無し、知らず、何を以てか心印を証せん。(2) 梁江魏海《りょうこうぎかい》、好風煙、朶朶《だだ》たる湖山、一瞬に属す。(3)

＊

(1)楞伽達磨＝『楞伽経』を手にする菩提達磨。達磨は、四巻『楞伽経』を慧可に伝授し、『楞伽経』は、初期禅宗の所依の経典とされた。「祖（達磨）、又た曰く、『吾れに〈楞伽経〉四巻有り。亦た用《もっ》て汝に付す。即ち是れ如来心地の要門なり。諸もろの衆生をして開示悟入せしめよ』」（『五灯会元』巻一・菩提達磨章）。「達磨大師、南天竺国より来たって中華に至り、上乗一心の法を伝え、汝等をして開悟せしめ、又た、『楞伽経』の文を引いて、以て衆生の心地を印せるは、汝が顛倒して、自ら此の一心の法は、各各之れ有ることを信ぜざることを恐るればなり」（『五灯会元』巻三・馬祖道一章）。／(2)手裡楞多無隻字、不知何以証心印＝〈手中の経典には一字も書かれていない、これでどうして仏心印を悟らせるつもりだ〉。達磨は、経典（『楞伽経』）を持ってはいるが、画像のゆえに、そこには一字も書かれていない。下の句は、それを受けて、禅の根本宗旨である「不立文字、教外別伝」を踏まえて達磨を揶揄するもの。「楞多（貝多）」は、貝多羅葉の略。経典のこと。【八―四】注(4)を参照。／(3)梁江魏海好風煙、朶朶湖山属一瞬＝〈梁国も魏国も素晴らしい景色、湖を隔てて見る山は枝を青々と垂らし、その景色がひと目で見える〉。「梁江魏海」は、達磨が武帝と問答した梁国と、達磨が江を渡って行った魏国。「朶朶湖山」は、大川普済の「慈峰千仏閣」偈（『江湖風月集』巻上）の起句、「朶朶たる湖山、千古仏」を踏まえようから、『楞伽経』などを開かなくても、梁江魏海（山河大地）が、仏心印を説いているという含意。「属一瞬」は、絵ならばの表現。

【二六五】

賛維摩。

維摩[1]に賛す。

＊　＊

(1)維摩＝釈尊在世中の中インドの長者。『維摩経』の主人公で、不二法門の端的を一黙を以て示し、古来、「維摩の一默、雷の如し」の禅語で知られる。

【二六五―一】上平声十灰韻

呼淫怒稱佛法、脚跟下絶點埃。一默而熾然説、白麈尾鼓風雷。

＊

(1)淫怒《いんぬ》を呼んで仏法と称す、脚跟下《きやつこんか》、点埃《てんあい》を絶す。(2)一默して熾然《しねん》として説く、白麈尾《はくしゆび》、風雷を鼓す。

＊

(1)呼淫怒称仏法、脚跟下絶点埃＝〈三毒煩悩を呼んで仏法と説くが、その足もとには一点のちりほこりもない〉。「淫怒」は、婬怒痴《いんぬち》の略。貪婬・憤怒・愚痴。即ち貪瞋痴の三毒に同意。『維摩経』観衆生品に「舎利弗言《いわ》く、『復《ま》た婬怒痴を離るるを以て、解脱と為《な》さざらんや』。天の曰く、『仏は増上慢の人の為に、婬怒痴を離るるを解脱と為すと説きたまうのみ。若し増上慢無き者には、仏は婬怒痴の性、即ち是れ解脱なりと説きたまう』」と。／(2)一默而熾然説、白麈尾鼓風雷＝〈一默して盛んに不二法門の端的を説き、白い払子を振るって風雷を起こしている〉。「是《ここ》に於いて文殊師利、維摩詰に問う、『我れ等各自説き已《お》わんぬ。仁者、当《まさ》に説くべし。何等をか是れ菩薩不二法門に入るとなすか』。時に維摩詰、黙然として言無し。文殊師利、歎じて曰く、『善い哉、善い哉。乃至《ないし》文字語言有ること無し。是れ真に不二法門に入るなり』と」（『維摩経』入不二法門品）。「麈尾」は、払子の異称。【一七―九】注(3)を参照。よく見られる、払子を持つ維摩居士の図。

【二六五―二】上平声十三元韻

三萬二千大士、張軍説此法門。統衆曼殊室利、殿後以言遣言。朴口漆瞳老長者、無量妙義盡根源。［賢岩和上筆］

＊

(1)三万二千の大士、軍を張って此の法門を説く。(2)衆を統《す》ぶる曼殊室利《まんじゅしり》、殿後に言《ごん》を以て言《ごん》を遣《や》る。(3)朴口漆瞳《ぼくこうしつどう》の老長者、無量の妙義、根源を尽くす。［(4)賢岩和上の筆］

＊

(1)三万二千大士、張軍説此法門＝〈三万二千の菩薩衆が、隊兵の如くに不二法門を説き出した〉。「爾《そ》の時、維摩詰、衆《もろ》もろの菩薩に謂って言《いわ》く、『諸《もろ》もろの仁者よ、如何《いかん》が菩薩は不二法門に入るや。各《おの》おの、所楽《しょぎょう》に随って之れを説け』。すると、三十二人の菩薩が、それぞれに発言を開始した。『維摩経』入不二法門品に説く所。「三万二千」は、維摩居士の室内に来入した菩薩の総数。「大士」は、梵語の摩訶薩の意訳。菩薩の別称。／(2)統衆曼殊室利、殿後以言遣言＝〈菩薩衆を統率する文殊菩薩が、最後に言葉をもって言葉を消し去った〉。「曼殊室利」は、文殊師利、文殊菩薩のこと。「殿後」は、軍隊のシンガリ。「張軍」の語を受けての表現。「以言遣言」の意は、意訳の通りだが、これは、『碧巌録』八十四則「維摩不二法門」の本則評唱、「蓋《けだ》し三十一人は、言を以て言を遣り、文殊は無言を以て言を遣るが為に、一時に掃蕩して総に要せず、是れを入不二の法門と為す」を踏まえる。「文殊以無言遣言」は、文殊が不二法門に答えた、「我が意の如きは、一切の法に於いて言も無く、説も無く、示も無く、識も無く、諸《もろ》もろの問答を離る。是れを不二法門に入ると為す」を言うが、古月は、これも所詮は、「以言遣言」のことだと評す。／(3)醭口漆瞳老長者、無量妙義尽根源＝〈口にはカビが生え、瞳はウルシのような老長者だが、無量の妙義、仏法の根源を説き尽くしている〉。上の句は、何も語らない維摩居士の形容。大慧宗杲の示衆（『語録』巻七）に「多時、禅を説かず、口辺に白醭を生ず」と。「醭」は、黴《かび》の総称。「漆瞳」は、【一九一】注(3)を参照。「無量妙義」は、無言、一默。／(4)賢岩和上筆＝賢巌禅悦和尚が描かれた維摩居士の図。【二六三】注(4)を参照。

【二六六】下平声五歌韻

贊普化。

縮頭棺内債人釘、咄此風顛怪異多◎。隠隠鈴聲白雲上、飜身一擲看如何◎。

＊

(1)普化に賛す。

(2)棺内に縮頭して、人を債《やと》って釘《ぎょう》たしむ、咄《とつ》、此の風顛、怪異多し。(3)隠隠たる鈴声、白雲の上、翻身一擲《ほんしんいってき》、看よ如何《いかん》。

＊

(1)普化＝盤山宝積の法嗣で、臨済の教化を助けた和尚。『臨済録』に、その奇行を伝える。この賛は、「普化全身脱去《だっこ》」と呼ばれる故事を頌したもの。『臨済録』勘弁を参照。／(2)縮頭棺内倩人釘、咄此風顛怪異多＝〈棺桶から出てこず、人に頼んで釘を打ってもらった、トーーツ、この風顛漢、怪異な真似が過ぎるぞ〉。「独《ひと》り城外に出でて、自ら棺内に入り、路行の人を倩《やと》って之れに釘《ぎょう》たしむ。即時に伝布す。市人、競い往きて棺を開くに、乃《すなわ》ち全身脱去せるを見る。祇《た》だ空中に鈴の響きの隠隠として去るを聞くのみ」（『臨済録』勘弁）。「縮頭」は、出頭の反対語。「債」は、倩の誤写とも思われるが、倩の古訓に「ヤトフ」とある。／(3)隠隠鈴声白雲上、翻身一擲看如何＝〈白雲の空に鈴音だけが、リーン、リーンと響いている、普化は嶮崖に身をひるがえしてどこへ去ったか、直下に見よ〉。上の句は、前注を参照。「隠隠」は、象声詞。「翻身一擲」は、『大慧書』「答汪状元」第二書などに見える。親獅子から嶮崖へ一擲《なげう》たれた子獅子が、空中に身を翻して崖上に飛び返ること。

【二六七】上平声十四寒韻

蜆子。

撈摝蜆蝦去、著衣習壁觀。咨詢祖師意、驀叫酒臺盤。

*

(1)蜆子《けんす》。

(2)蜆蝦《けんか》を撈摝《ろうろく》し去って、衣を著けて壁観を習う。(3)祖師意を咨詢《しじゅん》すれば、驀《まく》に酒台盤《しゅだいばん》と叫ぶ。

*

(1)蜆子＝「京兆府の蜆子和尚は、何許《いずこ》の人なるかを知らず。事迹、頗《すこぶ》る異なり、居は定まる所無し。心を洞山（良价）に印してより、俗に閩川《びんせん》に混《ま》じる。道具を畜《たくわ》えず、律儀に循《したが》わず、冬夏、唯だ一衲を披《き》るのみ。逐日、江岸に沿って鰕蜆《かけん》を採掇《さいてつ》し、以て其の腹に充つ。暮れには即ち東山の白馬廟の紙銭の中に宿る。居民、目《な》づけて蜆子和尚と為す」（『五灯会元』巻十三）。禅画では、片手に漁具、片手に蝦《えび》を持って川辺に立つ姿で描かれる。／(2)撈摝蜆蝦去、著衣習壁観＝〈蜆《しじみ》や蝦《えび》をすくいとり、一枚の衲衣を着て坐禅をする〉。前注を参照。「習壁観」は、習禅に同じ。壁観は坐禅の換語。／(3)咨詢祖師意、驀叫酒台盤＝〈「如何《いか》なるか是れ祖師西来意」と問われれば、たちまちに「その御神酒《おみき》だ」と叫んだ〉。注(1)に引用した『五灯会元』の続き。「華厳の静禅師、之れを聞き、真仮を決せんと欲し、先ず潜かに紙銭の中に入る。深夜に師（蜆子）帰る。厳、把住して曰く、『如何《いか》なるか是れ祖師西来意』。師、遽《にわか》に答えて曰く、『神前の酒台盤』。厳、手を放って曰く、『虚《むな》しく我れと同根に生ぜず（わしと同じ、洞山の法嗣だ）』と」。この「神前酒台盤」は、『句双葛藤鈔』に採られ、「柏樹の話に同じ、理を云わぬぞ」と釈す。

【二六八】上平声十一真韻

寒山。

携一柄乇《スイ》苕帚、爲何掃勞心身◎。都盧山河大地、從來不惹纖塵◎。

＊

寒山[1]。

一柄《いちへい》[2]の乇苕帚《すいちょうそう》を携え、何を掃《はら》わんと為《し》てか心身を労す。都盧《とろ》[3]山河大地、従来、繊塵《せんじん》を惹《ひ》かず。

＊

(1)寒山＝【九―二〇】注(1)を参照。／(2)携一柄乇苕帚、為何掃労心身＝〈一本の使い古した箒《ほうき》を持ち、何をはらおうとして身も心も疲れているのだ〉。「乇苕帚」は、擦り切れた箒。「乇」は、字書にない文字だが、古来、「スイ」と読み、禿と同じ義で解されている。／(3)都盧山河大地、従来不惹繊塵＝〈山河大地、どこでも、もとより一点の塵埃もないではないか〉。「都盧」は、すべて、一切残らず全部の意。

【二六九】下平声五歌韻

拾得。［腰經卷標指之圖］

腰間一弓《シウ》黄卷、咨詢題名如何。默爾不鼓唇吻、指點目前山河。

＊

拾得(1)。［経巻を腰にして標指するの図］

腰間(2)、一弓《いっしゅう》の黄巻《こうかん》、咨詢《しじゅん》す、題名如何《いかん》。黙爾《もくじ》(3)として唇吻《しんぷん》を鼓せず、目前の山河を指点す。

＊

(1)拾得＝【九—一二〇】注(1)を参照。／(2)腰間一弓黄巻、咨詢題名如何＝〈腰にある一巻の仏典、何という題名だと問えば〉。「弓」は、巻の古字。「黄巻」は、黄巻赤軸と熟語して、仏典の総称に用いる。【一〇—四二】注(3)を参照。／(3)黙爾不鼓唇吻、指点目前山河＝〈黙って一言もしゃべらずに、目前の山河を指さした〉。

【二七〇】下平声八庚韻

寒拾同軸之圖。

國清寺裡、如弟如兄。聚頭無語、交肩結盟。禿帚破衲、疎飯殘羹。鏟亞聖彩、韜覺母名。於戲風流可愛也、却優蓮座布芳聲。

(1)寒拾同軸の図。

＊

(2)国清寺裡、弟《てい》の如く兄《けい》の如し。(3)頭《こうべ》を聚《あつ》めて語無く、肩を交えて盟を結ぶ。(4)禿帚《とくそう》破衲《はのう》、疎飯《そはん》残羹《ざんこう》。(5)亜聖《あせい》の彩を鏟《けず》り、覚母《かくも》の名を韜《つつ》む。(6)於戯《ああ》、風流、愛《め》ず可《べ》し、却って蓮座に芳声を布《し》くに優《まさ》れり。

＊

(1)寒拾同軸之図＝寒山と拾得とが一軸に描かれた図。／(2)国清寺裡、如弟如兄＝〈国清寺で、兄弟のように仲がよい〉。「国清寺」は、寒山と拾得がいた天台山にある寺。／(3)聚頭無語、交肩結盟＝〈顔を合わせて何も語らず、肩を交えて誓いを結んでいる〉。／(4)禿帚破衲、疎飯残羹＝〈擦り切れた箒《ほうき》と破れた衲衣、残り物の粗末な食事〉。「寺（国清寺）に拾得有って食堂《じきどう》を知《つかさど》る。尋常《よのつね》、余残の菜滓を竹筒の内に収貯し、寒山若し来たれば、即ち負わせて去らしむ」（『寒山子詩集序』）。／(5)鏟亜聖彩、韜覚母名＝〈仏に次ぐ菩薩の光彩を削り、覚母の名を包み隠す〉。「亜聖」は、聖人に次ぐ大人。「亜」は、次位の意。孔子の弟子顔淵や、孟子を言うが、禅録で言う聖人は仏陀のこと。『寒山子詩集序』に「寒山は文殊にして、国清に遯迹《とんせき》し、拾得は普賢なり。状《かたち》は貧子の如く、又た風狂に似たり」と。「覚母」は、仏母に同意で、文殊菩薩のこと。／(6)於戯風流可愛也、却優蓮座布芳声＝〈ああ、この風流は愛すべきものである、蓮華座に坐り、名声を広げている（如来や菩薩がたより）余程すぐれている〉。下の句の意訳には、まったく自信がない。

【二七一】下平声一先韻

拾得持經卷圖。

喫衆僧菜滓、庫下好安眠。手裡根多葉、從頭奈句詮。

＊

拾得、経巻を持つ図。

(1)衆僧の菜滓《さいし》を喫し、庫下《くか》、好し、安眠するに。(2)手裡の根多葉《ばいたよう》、従頭、句詮《くせん》を奈《いかん》せん。

＊

(1)喫衆僧菜滓、庫下好安眠＝〈衆僧の余りものを食らい、台所でぐっすりと眠っている〉。上の句は、前篇の注(4)を参照。／(2)手裡根多葉、従頭奈句詮＝〈手には経巻を持っているが、巻頭から巻尾まで、その文字をどうして読むのだ〉。「根多葉（貝多葉）」は、貝多羅葉の略。経典のこと。【八―四】注(4)を参照。「従頭」は、従頭至尾の略。「句詮」は、仏教語の句詮差別（句は差別を詮《あら》わす）からの語であろうが、ここでは、経巻に書かれた文字のこと。絵に描かれて経巻を開くことが出来ない拾得への揶揄。

【二七二】下平声一先韻

南泉斬猫之圖。

向一刀未擧先、承當得此話全。趙州戴艸鞋去、南泉占拔本緣。

＊

[1]南泉斬猫の図。
[2]一刀未だ挙《あ》げざる先に向かって、承当せば、此の話の全きことを得ん。[3]趙州、草鞋《そうあい》を戴《いただ》き去る、南泉、抜本の縁を占《し》む。

＊

⑴南泉斬猫之図＝有名な「南泉斬猫」の話頭を描いた図。「南泉和尚、因みに東西の両堂、猫児《みように》を争う。泉、乃《すなわ》ち提起して云く、『大衆、道《い》い得ば即ち救わん。道い得ずんば即ち斬却《ざんきやく》せん』。衆、対《こた》うる無し。泉、遂に之れを斬る。晩に趙州、外より帰る。泉、州に挙似《こじ》す。州、乃ち履《くつ》を脱いで頭上に安じて出づ。泉云く、『子《なんじ》、若し在りしなば、即ち猫児を救い得たらん』」（『無門関』十四則）。／⑵向一刀未挙先、承当得此話全＝〈南泉が一刀を振り上げる前に、この話頭を領得すれば、この話頭に欠けたところがないことが分かるであろう〉。訓読は、底本に従ったが、いかにも無理があり、「一刀未だ挙《あ》げざる先に向かって、此の話の全《すべ》てを承当得《じようとうとく》せよ（この話頭のすべてを悟れ）」と訓むべきか。「承当」は、会得・領得すること。多くの「南泉斬猫図」は、左手に猫を持ち上げているが、右手に握られた刀はまだ下ろされていない。／⑶趙州戴草鞋去、南泉占抜本縁＝〈趙州は草鞋《わらじ》を頭に乗せて出て行った、南泉は、失われた仏法の元手を取り返す縁のある趙州を我が物とした〉。「抜本」は、商売で元手を取り返すこと。

【二七三】押韻しない

懶瓚煨芋。
忘却天使榮貴、獨自知煨芋香。無工夫拭寒涕、千古只看一人。

(1)懶瓚煨芋《らんさんわいう》。

*

(2)天使の栄貴を忘却して、独り自ら煨芋の香《かんば》しきを知る。(3)工夫の、寒涕《かんてい》を拭《ぬぐ》う無し、千古、只だ一人を看る。

*

(1)懶瓚煨芋＝懶瓚が芋を焼いている図。【一八一―一】注(2)を参照。／(2)忘却天使栄貴、独自知煨芋香＝〈朝廷のお召しという名誉などは忘れているが、焼芋の良い臭いだけは知っている〉。／(3)無工夫拭寒涕、千古只看一人＝〈芋を焼いて鼻水を拭ういとまもない、こんな人は、千古、ここにおる、この人だけだ〉。上の句は、【一八一―一】注(2)に引いた「我れ豈《あ》に工夫の、俗人の為に涕を拭うこと有らんや」に基づく。ここの「工夫」は、時間の意で、参禅工夫の工夫ではない。

【二七四】上平声十一真韻

(1)關山祖忌。

陸沈丘嶽堪身乏、不肖兒孫道亦貧。一鉢爲羞菜蔬飯、生涯聊要效于顰。

*

(1)関山祖忌。

(2)丘岳に陸沈して、身の乏《とぼ》しきに堪《た》えたり、不肖の児孫、道《どう》も亦た貧なり。(3)一鉢、為に羞ず、菜蔬《さいそ》の飯、生涯、聊《いささ》か顰《ひそみ》に効《なら》わんことを要す。

＊

(1)関山祖忌＝臨済宗妙心寺派祖、関山慧玄の忌日。十二月十一日宿忌、十二日献粥半斎。／(2)陸沈丘岳堪身乏、不肖児孫道亦貧＝〈身を丘岳に沈めて貧しさによく堪えられた、不肖の児孫は、身どころか仏道も乏しい〉。上の句は、関山国師の美濃国伊深での隠遁を頌すか。「(元徳二年／一三三〇)……師、(大灯国師のもとを)辞し去って濃陽の深山に入り、草庵を盤結して居れり」(『正法山六祖伝』妙心関山玄禅師)。この八年後、関山国師は勅使に見出されて、妙心寺の開山になる。「陸沈」の本義は、『碧巌録』九十三則の頌に「曹渓の波浪如《も》し相似《あいに》たらば、限り無きの平人、陸沈せられん」とあるように、陸地で溺れ死ぬこと。「不肖児孫」は、古月の自称。／(3)一鉢為羞菜蔬飯、生涯聊要効于顰＝〈一鉢の粗飯しか供えられずに恥じ入るばかりですが、枯淡を宗《むね》とされた関山国師を、いささかでも真似ようと思います〉。「菜蔬飯」は、野菜ばかりの食事。ここでは、粗飯。「生涯」は、生活・生計の義。「効于顰(効顰)」は、美女西施《せいし》が胸の傷みで顔を顰《しか》め、醜婦がそれを真似ると、皆が驚いて逃げ去ったという故事に基づき、無闇に人の真似をする喩えに用いる。

【二七五】下平声七陽韻

臘八。

六白鈍工寒徹骨、鬼星點發玉毫光。雪花依舊雪山路、一逴洞天興更長。

＊

臘八[1]。

六白の鈍工《どんく》[2]、寒《かん》、骨に徹す、鬼星《きせい》、点発す、玉毫光。雪花[3]、旧《ふる》きに依って、雪山の路、洞天に一逴《いっちょう》すれば、興《きょう》、更に長し。

＊

(1)臘八＝十二月八日。仏成道会。／(2)六白鈍工寒徹骨、鬼星点発玉毫光＝〈六年も愚鈍な工夫をして、寒さも骨身に徹し、暁天の明星が、玉毫の光を発輝させた〉。「白」は、年の意。「印度、一年を以て一白と為す」(『伝灯録』巻二割注)。「鈍工」は、鈍工夫の略。愚鈍な工夫。【一八―四】注(1)で既述したように、高次元の意を含むこともある。「寒徹骨」は、道場明弁の「達磨賛」(『五灯会元』巻二十)の「是れ一番、寒、骨に徹せずんば(不是一番寒徹骨)、争《いか》でか梅華の鼻を撲《う》って香しきを得ん」で知られる言葉。「鬼星」は、鬼宿星。暁天の明星。「玉毫光」は、仏の眉間にある白毫から放たれる光明。／(3)雪花依旧雪山路、一逴洞天興更長＝〈ヒマラヤを下りる路は、六年前と変わらずに雪が降っている、神仙の棲む洞天にひとっ飛びすれば、おもしろみは尽きないであろうに〉。山から下りて来ずに、洞天で仙人と遊んでおればよかったのだという揶揄。成道会には、出山図が懸けられる。

【二七六】上平声十五刪韻

東方朔。

三食仙桃紅駐顏◎、天宮辭去在人間◎。當時被識西王母、滑稽名聲滿漢關◎。

＊

(1)東方朔《とうほうさく》。

(2)三たび仙桃を食して、紅《くれない》、顔に駐《とど》まる、天宮、辞し去って、人間に在り。(3)当時《そのかみ》、西王母に識《し》られて、滑稽《こっけい》の名声、漢関に満つ。

*

(1)東方朔＝前漢武帝時代の政治家だが、次第に神格化が進み、「謫仙《たくせん》（天上から下界に流された仙人）」と呼ばれるようになった。李白の「玉壺吟」詩に「世人は識《し》らず東方朔、金門に大隠す是れ謫仙」と。また、滑稽の人としても知られる。／(2)三食仙桃紅駐顔、天宮辞去在人間＝〈天宮から下りて、今は人間世におるこの男は、三たび仙桃を盗み食ったおかげで、いつまでも紅顔を保っている〉。「三食仙桃」は、『漢武故事』（原典未見。『大漢和辞典』等による）に「東郡、短人を献ず。帝、東方朔を呼ぶ。朔至る。短人、朔を指して帝に謂いて曰く、『西王母、桃を種え、三千年に一たび花を開き、三千年に一たび子《み》を結ぶ。此の児（東方朔）不良。已《すで》に三過《みたび》、之れを偸《ぬす》む」と。「駐顔」は、壮年の色つやを保つことを言う熟語。下の句は、注(1)を参照。／(3)当時被識西王母、滑稽名声満漢関＝〈天宮におった時、西王母から知られ、滑稽の名声は、漢の国に満ちている〉。『漢武故事』に「西王母降りて、桃七枚を出だす。自ら二枚を啖《くら》い、五枚を帝に与う。……東方朔を指して曰く、『此の桃は三たび熟す、此の児は三たび偸む』」。班固の「公孫弘伝賛」（『文選』巻四十九）に「漢の、人を得たる、……滑稽は則ち東方朔」と。

【二七七】

賛渡宋天神尊像。

(1)渡宋天神の尊像に賛す。

(1)渡宋天神＝【九―五二】注(1)を参照。

＊

＊

＊

【二七七―一】下平声一先韻

盡扶桑國敬應化、威徳昭昭自在天。袖裡梅花親表信、全身放倒入龍淵。

(1)尽《じん》扶《ふ》桑国《そうこく》、応化を敬《つつし》む、威徳、昭昭たり、自在天。(2)袖裡《しゆうり》の梅花、親しく信を表す、全身を放倒《ほうとう》して龍淵に入る。

＊

(1)尽扶桑国敬応化、威徳昭昭自在天＝〈日本国中がその応化をつつしんでいる、明らかに威徳を示される自在天〉。「扶桑」は、東海のかなたにあると言われた樹木。転じて日本を言う。「威徳」「自在天」は、菅原道真の神号、日本太政威徳天と天満大自在天神からの語。／(2)袖裡梅花親表信、全身放倒入龍淵＝〈袖もとに握られた梅花が、嗣法の証《あかし》として開いている、全身を投げ出して無準禅師の室内に入られたのだ〉。「龍淵」は、無準師範が住した径山万寿寺の方丈の名。

【二七七―二】下平声七陽韻

十世古今屬當念、無邊刹不隔毫芒。龍淵室内春風惡、揷袖梅花撲鼻香。

＊

(1)十世古今、当念に属し、無辺刹《むへんせつ》、毫芒《ごうぼう》を隔てず。(2)龍淵室内、春風悪《あ》しく、袖に挿《さしはさ》む梅花、鼻を撲《う》って香《かんば》し。

＊

(1)十世古今属当念、無辺刹不隔毫芒＝〈一切の過去・現在・未来も、この当念に収まり、無限に広い国土も、自他との間に毛筋ほどの隔たりもない〉。李通玄の『華厳合論』序に「無辺刹境、自他不隔於毫端。十世古今、始終不移於当念」と。「十世」は、過去・現在・未来の三世のおのおのに三世があるから九世となり、九世をまとめると一世になるから、合わせて十世となる。ここでは、日本の道真（八四五～九〇三）と、中国の無準（一一七七～一二四九）との間に、時間的・空間的に隔たりがないということを言ったもの。／(2)龍淵室内春風悪、挿袖梅花撲鼻香＝〈龍淵の室内には春風が荒く吹き、袖に挿した梅花が鼻を打って香った〉。「龍淵」は、無準が住した径山万寿寺の方丈の名。「梅花撲鼻香」は、道場明弁の「達磨賛」（『五灯会元』巻二十）の「是れ一番、寒、骨に徹せずんば、争《いか》でか梅華の鼻を撲って香しきを得ん（争得梅華撲鼻香）」から採られたもので、無準の悪辣な接化をこうむって、天神が得法したということ。

【二七七―三】下平声一先韻

夢乎非夢乎、恍惚入龍淵。満袖梅花馥、投機公案圓。萬里雲收風淨夜、一輪桂影落誰邊。

＊

[1]夢か夢に非ざるか、恍惚として龍淵に入る。[2]満袖、梅花馥《かんば》しく、投機、公案円《まど》かなり。[3]万里、雲収まって風浄《きよ》き夜、一輪の桂影、誰《た》が辺にか落つ。

＊

(1)夢乎非夢乎、恍惚入龍淵＝〈夢か現《うつ》つか、恍惚として龍淵の室内に入った〉。／(2)満袖梅花馥、投機公案円＝〈袖いっぱい、梅花は香しく、機々投合、公案もまどかに悟った〉。天神の投機の偈ともいうべき和歌は、「唐衣。不織而北野之。神也。袖爾為持。梅一枝」（『菅神入宋授衣記』）。和文に直すと、「唐ごろも　おらで北野の　神ぞとは　袖に持ちたる　梅の一枝《ひとえだ》」。／(3)万里雲収風浄夜、一輪桂影落誰辺＝〈見渡す限り雲も消えて清らかな風が吹く夜、一輪の月影は、誰の足もとを照らしているのであろうか〉。「桂影」は、月影（月光）のこと。「桂」は、月の中に生えているという桂樹。日本へ帰る天神の足もとを一輪の明月が照らしているという句意。

【二七七―四】上平声十一真韻

千仞龍淵到底了、扶桑震旦絶畦畛。袖中横插梅花蘂、一段香風今古新。

＊

[1]千仞の龍淵、到底了《とうていりょう》、扶桑震旦《ふそうしんたん》、畦畛《けいしん》を絶す。[2]袖中、横に挿《さしはさ》む、梅花の蘂、一段の香風、

今古新たなり。

＊

(1)千仞龍淵到底了、扶桑震旦絶畦畛＝〈龍淵の千仞の底に到り終えて、日本と中国とに境界はない〉。「到底了」の棒読みは底本に従った。下の句は、第二賛の「無辺刹不隔毫芒」ということ。「扶桑」は、東海のかなたにあると言われた樹木。転じて日本を言う。「震旦」は、印度人が中国を呼ぶ称。真丹とも書く。「畦畛」は、田地のさかい。／(2)袖中横挿梅花蘂、一段香風今古新＝〈袖に横たえている梅花、そこから吹く一段の香風はいつも新しい〉。「今古新」は、絵ならばの表現。

＊

【二七七―五】上平声四支韻

雅系和歌梅一枝、機機投合徑山師。僧伽梨矣堪證據、千古光明滿四維。

(1)雅《みやび》に和歌を系《か》く、梅一枝、機機投合す、径山の師。(2)僧伽梨《そうぎゃり》、証拠するに堪《た》えたり、千古の光明、四維《しい》に満つ。

＊

(1)雅系和歌梅一枝、機機投合径山師＝〈天神は雅やかに一枝の梅に和歌を掛けられ、径山の無準禅師と機々投合された〉。「和歌」は、第三賛の注(2)を参照。／(2)僧伽梨矣堪証拠、千古光明満四維＝〈無準禅師は、それを証明するものとして僧伽梨衣を付与され、千古不変の智慧の光明が四方を満ち照らしている〉。「僧伽梨」は、無準禅師が天神に授けた「梅花紋僧伽梨」（『菅神入宋授衣記』）。

【二七八】下平声七陽韻

布袋。

布袋千鈞重、烏藤七尺長。忘却兜率路、應物笑談香。

＊

(1)布袋《ほてい》。

(2)布袋、千鈞重く、烏藤《うとう》、七尺長し。(3)兜率《とそつ》の路を忘却して、物に応じて笑談香《かんば》し。

＊

(1)布袋＝自ら契此《かいし》と称し、明州（浙江省寧波）の市中を物乞いして歩き回っていた奇僧。小人にして腹は出っ張り、大布嚢を携えて遊行していた形相から、布袋師、長汀氏と称され、後世、彼の自由奔放な言行と遺偈によって、弥勒菩薩の化身と崇められるようになった。遺偈は、「弥勒は真の弥勒にして、身を千百億に分かつ。時時に時人に示すも、時人自ら識らず」というもの。『定応大師布袋和尚伝』一巻がある。余談だが、「契此」とは、此の心に契《かな》う、満足という意味か。／(2)布袋千鈞重、烏藤七尺長＝〈千鈞の袋を担ぎ、七尺の杖を突いている〉。もちろん、布袋の図像を頌すものだが、千鈞の大法を担って、衆生済度を続けているという句意。／(3)忘却兜率路、応物笑談香＝〈兜率天への帰り路も忘れてしまい、出逢った人それぞれに応じて、にこやかによい話をしている〉。「兜率」は、布袋の本地である弥勒菩薩の浄土。「物」は、衆生。

【二七九】上平声十一真韻

奉薦松壽院殿量譽貞岩大姉。　［初七日。庚戌九月十八日］

八十雪霜貞幹潔、正知名是實之賓。一香爲薦樂邦土、赫赫光明照刹塵。

＊

(1)松寿院殿量誉貞岩大姉に薦し奉る。　［初七日。(2)庚戌《かのえいぬ》九月十八日］

(3)八十の雪霜、貞幹《ていかん》、潔《いさぎよ》し、正に知る、名は是れ実の賓《ひん》なることを。(4)一香、為に薦《すす》む、楽邦土、赫赫《かくかく》たる光明、刹塵《せつじん》を照らす。

＊

(1)松寿院殿量誉貞岩大姉＝島津惟久の生母。【二一〇】注(6)を参照。／(2)庚戌＝享保十五年（一七三〇）。／(3)八十雪霜貞幹潔、正知名是実之賓＝〈八十年の一生涯、貞潔をもって貫かれた、松寿院などのお名前は、その真実のお姿にとうてい及ぶものではありません〉。「貞幹」は、『荘子』列禦寇に「仲尼（孔子）を以て貞幹と為《な》す」とあるように、国の中心人物を言うが、転じて松竹の如き貞節を言う。「名是実之賓」は、『荘子』逍遥遊に「名者実之賓也」と見えるもので、名称は真実の客分ということ。／(4)一香為薦楽邦土、赫赫光明照刹塵＝〈安楽邦土におられる大姉のために一香を手向けます、その赫々たる光明は全土を照らしております〉。「楽邦土」は、安楽邦土。阿弥陀仏の浄土（極楽国）の別名。「刹塵」は、刹刹塵塵の略。世界中という意。

【二八〇】下平声七陽韻

追悼節心院竹堂紹貞大姉。［乙卯七月廿五日］

貞操不羞護北堂、南柯夢駭五十霜。當頭撃節無生曲、脩竹叢叢秋始涼。

＊

(1)節心院竹堂紹貞大姉を追悼す。［(2)乙卯《きのとう》七月廿五日］

(3)貞操、羞《は》じず、北堂を護る、南柯《なんか》、夢駭《ゆめおどろ》く、五十霜。(4)当頭に撃節す、無生の曲、脩竹叢叢、秋始めて涼し。

＊

(1)節心院竹堂紹貞大姉＝未詳。／(2)乙卯＝享保二十年（一七三五）。／(3)貞操不羞護北堂、南柯夢駭五十霜＝〈いさぎよい貞操で奥向きを守ってこられたが、今、五十年の生涯を閉じられた〉。「北堂」は、主婦の居室。その庭に萱草（わすれぐさ）を植えるから萱堂とも言う。「南柯」は、槐安の夢。【一五六】注(1)を参照。「夢駭（夢驚）」は、夢から覚めること。この表現は、夢幻泡影の如き有為法を悟るという意にも用いるが、ここでは、逝去の譬喩。だが、第一義的には同意で、最終的な涅槃を得るということ。／(4)当頭撃節無生曲、脩竹叢叢秋始涼＝〈するとすぐさま、竹林に初秋の涼風が吹く中、無生の曲の手拍子を打たれた〉。「無生曲」は、生滅の相を離れた曲調。「無生の曲、一曲両曲、人の会する無し」（『人天眼目』巻六「十無問答」）。「秋始涼」は、陰暦七月初秋の涼風に掛けて、大姉が、「煩悩の熱を離れ、清涼の定を得た」（六十巻『華厳経』巻六）ことを証す。

【二八二】下平声一先韻

奉追薦青蓮院殿一百年遠忌。

正當三萬六千日、玉葉金枝繁衍連。沈水一爐報嚴諱、薫風拂拂火中蓮。

＊

(1)青蓮院殿の一百年遠忌に追薦し奉る。

(2)正当三万六千日、玉葉金枝、繁衍《はんえん》として連《つら》なる。(3)沈水《じんすい》、一炉、厳諱に報ゆ、薫風、払払《ふつふつ》たり、火中の蓮。

＊

(1)青蓮院殿＝佐土原藩二代藩主島津忠興。青蓮院殿崇誉原隆大居士。寛永十四年（一六三七）六月十一日逝去、三十八歳。百年忌は、元文元年（一七三六）に当たる。／(2)正当三万六千日、玉葉金枝繁衍連＝〈居士が逝去されてから一百年、その子孫は栄えております〉。「玉葉金枝」は、「金枝玉葉は、帝王の子孫なり」（『白孔六帖』）、「金枝玉葉は、王孫公子を謂うなり」（『称謂録』）とあるように、本来は、皇家の子孫を言う言葉。「繁衍」は、植物が茂り広がること。「玉葉金枝」に掛ける。／(3)沈水一炉報厳諱、薫風払払火中蓮＝〈この沈水香を一炉に焚き、一百年の御遠諱に報い奉ります、火中に蓮華が開き、薫風を送っております〉。「沈水」は、沈水香のこと。水に沈むところからかく言う。「払払」は、風の動くさま。「火中蓮」は、真に解脱を遂げた青蓮院に喩える。【九―三六―①】注(2)内の「火裡蓮花」注記を参照。

【二八二】下平声一先韻

奉追挽自得寺殿前淡州刺史竜淵道水大居士。［戊午九月十九日］

高秋爽氣動閑夢、黄落林園總帯悁。月渚風柯陪雅席、朝雲暮雨問安禪。渥恩濫浴幾多日、仁壽誓期一百年。二豎頻勞醫國手、諸師更咒克家傳。晨昏仰去止深孝、手足啓來如熟眠。此夕豈堪傷窀穸、金經諷誦泪漣漣。

*

(1)自得寺殿前《さき》の淡州刺史龍淵道水大居士を追挽し奉る。［戊午《つちのえうま》九月十九日］

(2)高秋、爽気、閑夢を動ず、黄落せる林園、総《すべ》て悁《うれ》いを帯ぶ。(3)月渚風柯《げつしよふうか》、雅席に陪し、朝雲暮雨、安禅を問う。(4)渥恩《あくおん》、濫《みだ》りに浴す、幾多《いくばく》の日ぞ、仁寿《じんじゆ》、誓って期す、一百年。(5)二豎《にじゆ》、頻《しき》りに医国の手を労し、諸師、更に克家《こくか》の伝を呪す。(6)晨昏《しんこん》、仰ぎ去って深孝に止《とど》まり、手足、啓《ひら》き来たって熟眠するが如し。(7)此の夕、豈《あ》に窀穸《ちゆんせき》を傷《いた》むに堪《た》えんや、金経《こんぎよう》、諷誦《ふじゆ》して、泪漣漣《なみだれんれん》。

*

(1)自得寺殿……＝元文戊午三年（一七三八）九月十九日、享年六十四で死去した島津惟久のこと。／(2)高秋爽気動閑夢、黄落林園総帯悁＝〈天高き秋の爽やかな気は、惟久公を夢から呼び覚まし、黄葉が散り落ちた林園は、愁いにつつまれている〉。「高秋爽気」は、杜甫の「崔氏東山草堂」詩などに見える言葉。「動閑夢」は、【二八〇】の「夢駭」と同意。そこの注(3)を参照。「林園」は、恐らく自得寺。／(3)月渚風柯陪雅席、朝雲暮雨問安禅＝〈月渚風柯の好風景の時には雅席に招いてもらい、朝雲暮雨で坐禅をしている時にはよく来駕をたまわった〉。「月渚風柯」は、月夜の渚《なぎさ》と風に揺らぐ木の柯《えだ》。成句。【一三四】注(3)を参照。「朝雲暮雨」は、王勃の「滕王閣」詩の頷聯句、「画棟、朝に飛ぶ、南浦の雲。朱簾、暮に捲く、西山の雨」に基づく。「安禅」は、安泰に坐禅すること。坐禅の換語として用いられる。／(4)渥恩濫浴幾多日、仁寿誓期一百年＝〈どれほど多く、みだりに手厚い恩恵に浴したことでしょうか、一百年の長寿を祈っておりましたのに〉。「渥恩」の「渥」は、厚の義。「仁寿」は、仁者の長寿。『論語』雍也第六に「仁者は寿《いのちなが》し」と。ここでは、惟久公の長寿。／(5)二豎頻労医国手、諸師更呪克家伝＝〈病魔が名医の手をしきりにわずらわせ、僧侶や神職たちは、各家に伝わる秘伝で祈った〉。「二豎」は、病魔。春秋時代、晋の景公の夢に二豎子（二人の童子）があらわれ、膏肓の間に隠れ、治療することが出来なかった故事による。「医国手」は、名医。「克家」は、能く家業を継承すること。／(6)晨昏仰去止深孝、手足啓来如熟眠＝〈深い孝心をもって朝晩その御身を見舞ったが、今、手や足を開いて、ぐっすりと眠っておられるようだ〉。上の句は、親に対する子の孝行を言う。「晨昏」は、朝夕のことだが、ここでは、成語の昏定晨省《こんていしんせい》の略。親につかえて晩にはその寝具を整え、朝にはその安否を省み問うこと。「止深孝」は、『大学』に「人の子為《た》りては孝に止《とど》まる（為人子止於孝）」と。「手足啓」は、孔子の弟子、曾子の故事によって死ぬことを言う。「曾子疾《やまい》有り。門弟子を召して曰く、『予が足を啓《ひら》け、予が手を啓け（啓予足、啓予手）』」（『論語』泰伯第八）。啓手足、啓手啓足などと熟す。／(7)此夕豈堪傷窀穸、金経諷誦泪漣漣＝〈今夕、その死を痛まずにはおられない、金剛経を諷誦しながら涙が止まらない〉。「窀穸」の本意は、埋葬すること。また、墓穴のこと。窀は厚、穸は夜の義。厚夜は長夜に同じで、果てしなく続く夜という意。「金経」は、広く仏典を言うこともあるが、ここでは、「一切有為法、如夢幻泡影、如露亦如電、応作如是観」と説く『金剛経』。「漣漣」は、涙が流れて止まらないさま。

【二八三】下平声一先韻

自得寺殿預修盡七日諱拈香拙語。
此香、雪嶽深處驀頭提起、滹沱河邊直下流傳◎。
龍天戴仰、薫成八萬四千毛孔上、無離無合。
佛祖嗅著、換却三百六十骨節頭、非木非烟◎。
偉哉大居士。克忠順孝、看教參禪◎。
僉言君效裴相國護法、不厭吾亂運黃檗機緣◎。
今晨命窮釋子拈香一瓣、爲尊靈魂穿鼻半邊◎。諸人有證據之分耶。
寒梅枝上好風月、維德維馨界大千◎。

＊

自得寺殿(1)預修尽七日諱の拈香拙語。
(2)此の香は、雪岳《せつがく》の深処より驀頭《まくとう》に提起し、滹沱《こだ》の河辺より直下《じきげ》に流伝《るでん》す。
(3)龍天戴仰《たいぎょう》して、八万四千の毛孔上《もうくじょう》を薫成《くんじょう》す、離無く合無し。
(4)仏祖嗅著《きゅうじゃく》して、三百六十の骨節頭を換却《かんきゃく》す、木に非ず烟《けむり》に非ず。
偉なる哉《かな》、大居士。忠を克《よ》くし、孝に順《したが》い、教を看し、禅に参ず。
(5)僉《み》な言う、君は裴相国《はいしょうこく》の護法に効《なら》い、吾が運黄檗《うんおうばく》の機縁を乱《みだ》りにすることを厭《いと》わずと。
今晨、(6)窮釈子《ぐうしゃくし》に命じて香一弁を拈じ、尊霊魂の為に(7)鼻半辺《はなはんぺん》を穿《うが》たしむ。(8)諸人、証拠するの分有りや。
寒梅枝上[9]、好風月、維れ徳《こ》、維れ馨《かんば》し、界大千。

＊

(1)預修尽七日諱＝ここの「預修」は、忌日に先立って行なう仏事。「尽七日諱」は、中陰供養が終わる四十九日忌のこと。なお、底本は改行しないが、対句を明瞭にするために改行した。／(2)此香、雪岳深処驀頭提起、滹沱河辺直下流伝＝〈この香は、雪山の深処から、まっすぐに持ち出され、滹沱の川べりから、まっすぐに流れ伝えられたものである〉。「雪岳」は、釈尊が成道した雪山。「滹沱」は、臨済が住した滹沱河。／(3)龍天戴仰、薫成八万四千毛孔上、無離無合＝〈龍天はあがめ仰ぎ、八万四千の毛穴を薫徹する、離れもしないが着くこともない〉。「龍天戴仰」は、『法華経』提婆達多品の偈に「天人の戴仰する所にして、龍神も咸《み》な恭敬《くぎょう》す」と。「龍天」は、【三八―六】注(10)を参照。「八万四千毛孔」は、『無門関』一則の評に「三百六十骨節、八万四千毫竅」と。人間の身体全体を言う。「無離無合」は、対句の「非木非烟」と共に【六一―一】注(6)を参照。／(4)仏祖嗅著、換却三百六十骨節頭、非木非烟＝〈仏祖は嗅ぎつけて、三百六十の骨節を取り換える、木でもなければ煙りでもない〉。「換却」は、凡骨を仏骨に取り換えるということ。「三百六十骨節」は、前注を参照。／(5)僉言君効裴相国護法、不厭吾乱運黄檗機縁＝〈皆が言っている、「主君惟久公は、裴相国の護法を見習い、黄檗のような、古月の無礼で乱暴な接化を厭われなかった」と〉。「裴相国」は、唐の裴休のこと。宣宗の下で大中の六年間、宰相の地位にあった。禅門では、『伝灯録』巻十二、『五灯会元』巻四などに伝があり、黄檗希運の法嗣とされている。「運黄檗機縁」は、黄檗希運が、曾て塩官の会中にあった大中天子（宣宗）に二度平手打ちを食らわせた故事。「……檗又た掌す。大中、後に国位を継ぐ。黄檗に賜うて麁行沙門と為す。裴相国、朝に在り。後に奏して断際禅師と賜う」（『碧巌録』十一則頌評唱）。／(6)窮釈子＝仏弟子。ここでは、古月の自称。／(7)鼻半辺＝【九―一五】にある「孃生鼻半辺」。本来面目の譬喩。／(8)諸人有証拠之分耶＝〈諸人、この香気をしっかりと嗅ぎ取る力量があるか〉。／(9)寒梅枝上好風月、維徳維馨界大千＝〈寒梅枝上、好風月、大千世界に惟久公の明徳の香が満ちている〉。上の句は、一種の機語。九月十九日に逝去した惟久公の四十九日忌に寒梅は香らない。強いて理屈を言えば、惟久公の徳香は、常に香っているということ。「維徳維馨」は、『周書』君陳に「至治の馨香《けいこう》は、神明を感ぜしむ。黍稷《しょしょく》は馨しきに非ず、明徳惟れ馨し」とあるのによる成句。『周書』の意は、神はお供えのキビをかんばしいとして喜ぶのではない、供える人の、神に対する明徳をかんばしいとして喜び受けるのだという意。

【二八四】 下平声十一尤韻

自得寺殿預修一回諱辰炷香拙語。

風樹動悲茲一周、汀蘋沼芷當珍羞。香雲湧出妙雲界、携手寶臺臺上遊。

＊

(1)自得寺殿預修一回諱辰の炷香拙語。

(2)風樹、悲を動ず、茲《ここ》に一周、汀蘋《ていひん》沼芷《しょうし》、珍羞《ちんしゅう》に当つ。(3)香雲、湧出す、妙雲界、手を携う宝台、台上の遊び。

＊

(1)自得寺殿預修一回諱辰＝底本の書入れに「従八月廿八日至廿九日」とある。因みに前篇も預修。なぜ忌日に先立って仏事を行なうのか。その理由の多くは、仏事の施主である現藩主が、参勤交代のために、領地を留守にするため。／(2)風樹動悲茲一周、汀蘋沼芷当珍羞＝〈風に吹かれる樹葉が悲しげに揺らぎ続けたこの一年、今、粗末な供物を献じます〉。上の句は、『碧巌録』六十八則頌の「笑い罷《や》んで知らず、何《いず》れの処にか去る、只だ応《まさ》に千古、悲風を動ずべし（動悲風）」を踏まえる。「汀蘋沼芷」は、みぎわの浮き草と、沼のよろいぐさ（香草）。粗末な供物の譬喩。【二二二】注(2)を参照。「珍羞」は、美味しい料理というのが本義だが、宗門では、忌日に供える御膳を言う。／(3)香雲湧出妙雲界、携手宝台上遊＝〈この道場には香煙が立ち上っております、私もこの煙に乗って宝台にのぼり、惟久公と手を取り合って一緒に遊びましょう〉。「香雲」は、雲の形をした香煙。「妙雲界」は、ここでは、香雲が湧出しているこの道場。「宝台」は、惟久公の位牌が祀られている宝台。公が、そこに在《い》ますところ。

【二八五】下平声十一尤韻

自得寺殿三回忌炷香拙語。

長逝三周秋又莫《クル》、不知何處遂仙遊。松林風度奏天樂、讀罷蓮經倚布幬。

＊

自得寺殿三回忌の炷香拙語。

(1)長く逝きて三周、秋又た莫《く》る、知らず、何《いず》れの処にか仙遊を遂ぐ。(2)松林、風度《わた》って、天楽を奏す、蓮経を読み罷《お》わって布幬《ふちゅう》に倚《よ》る。

(1)長逝三周秋又莫、不知何処遂仙遊＝〈逝去されてから三年の秋が暮れますが、今どこで遊んでおられますか〉。「莫」は、暮の古字。「仙遊」の本義は、仙人のような遊び。仙人となって天に昇る意から、人の死を頌する言葉。また、天子の行幸を言うこともある。／(2)松林風度奏天楽、読罷蓮経倚布幬＝〈松林に吹き渡る風は、妙なる天上の音楽を奏で、私は、法華経を読み終えて、とばりの中に身を寄せています〉。

*

【二八六】下平声十三覃韻

奉追挽松壽院殿十三回忌。

屈指忌辰十有三、讀經諷咒坐山嵐。看看法法全其位、無垢界中徒化男。

*

松寿院殿[1]の十三回忌に追挽し奉る。

指を屈すれば[2]、忌辰、十有三、読経《どきよう》諷呪《ふじゆ》、山嵐《さんらん》に坐す。看よ看よ[3]、法法、其の位を全うすることを、無垢界中、徒《いたずら》に男と化す。

*

(1)松寿院殿＝島津惟久の生母。【二一〇】注(6)を参照。享保十五年（一七三〇）九月に他界しているので（【二七九】を参照）、その十三回忌は、寛保二年（一七四二）に当たる。／(2)屈指忌辰十有三、読経諷呪坐山嵐＝〈指折り数えれば既に十三回忌、山気の中に坐して経を読み陀羅尼を唱えております〉。「山嵐」は、山中の霧気。／(3)看看法法全其位、無垢界中徒化男＝〈見なされ、万物それぞれは、あるべきところにあるのです、それなのに、南方無垢世界に行かれて、いたずらに男子に変じておられる〉。「全其位」は、諸法実相ということ。下の句は、龍女成仏の故事に基づく。【一〇二】注(7)を参照。無男女相の第一義底から大姉を抑下しつつ、その成仏を証するもの。

【二八七】上平声十一真韻

挽了山浄暁居士。［高鍋町大野氏。末後披解脱幢衣］

誓飯往來雲水人、尊崇三寶委心神。脱離苦趣貧窮境、末後爲披衣裡珍。

＊

(1)了山浄暁居士を挽す。［高鍋町の大野氏。末後に(2)解脱幢衣《げだつどうえ》を披す］

(3)誓って往来雲水の人に飯す、三宝を尊崇して心神を委す。(4)苦趣貧窮《くしゆひんぐ》の境を脱離す、末後、為に披す、衣裡の珍。

＊

(1)了山浄暁居士＝未詳。／(2)解脱幢衣＝解脱幢相衣の略。袈裟の異名。解脱を求める僧が、その幢相（はたじるし）として着す衣という意。／(3)誓飯往来雲水人、尊崇三宝委心神＝〈誓って往来する雲水を接待し、仏法僧の三宝に心から帰依していた〉。／(4)脱離苦趣貧窮境、末後為披衣裡珍＝〈既に苦しみの世界からは解脱しておろうが、末後、そなたに本来具有仏性という袈裟を着せよう〉。「衣裡珍」は、『法華経』五百弟子受記品に説かれる「酔人衣裏珠」の故事を踏まえる。

【二八八】下平声六麻韻

薦玉心義回信士。　［勢州深溝江西寺檀家］

玉回珠轉無遮障、萬種風流屬一家。撃碎了兮絶瀟洒、山河大地發光華。

＊

玉心義回信士[1]に薦す。　［勢州深溝江西寺の檀家］

玉回《たまめぐ》り[2]珠《たま》転じて遮障《しゃしょう》無し、万種の風流、一家に属す。撃砕了《げきさいりょう》[3]や絶瀟洒《ぜつしょうしゃ》、山河大地、光華を発す。

＊

(1)玉心義回信士……＝人物不詳。江西寺は、三重県鈴鹿市深溝町の金剛山江西寺。【一〇一七八】などに出ている。／(2)玉回珠転無遮障、万種風流属一家＝〈円転自在、妨げもなく、いろいろな風流がこの一人に集まっている〉。「玉回珠転」は、「珠回玉転」で、禅録頻出語。「一家」は、一人。この信士。／(3)撃砕了兮絶瀟洒、山河大地発光華＝〈玉を撃ち砕き終わって何ともさわやか、山河大地が光り輝いている〉。「撃砕了」は、『碧巌録』九十九則頌評唱。「絶瀟洒」は、『同』四十二則頌。「絶」は、極の義。「瀟洒」は、さっぱりとして俗ばなれしていること。

【二八九】下平声七陽韻

薦花岩慧香大姉。　［臼杵後藤氏娘］

從來曾無生佛相、當機湧出紫金光。請看林苑雪晴夕、一樹梅花放暗香。

＊

(1)花岩慧香大姉に薦す。　〔臼杵の後藤氏の娘〕

(2)従来、曾て生仏《しょうぶつ》の相無し、当機、湧出す、紫金光《しこんこう》。(3)請う看よ、林苑、雪の晴るる夕《ゆうべ》、一樹の梅花、暗香を放つ。

＊

(1)花岩慧香大姉……＝人物不詳。「臼杵後藤氏」は、【三四九】に六十歳の賀頌が載るが人物不詳。「娘」は、漢語では母、和語では女子。／(2)従来曾無生仏相、当機湧出紫金光＝〈もとより衆生相・仏相の別はない、目の当たりに紫磨金の光りが輝いている〉。生仏一如を言うもの。【一〇─九三】を参照。「紫金（紫磨金）」は、紫色をした最上の黄金で、釈尊の皮膚は、この色をしていたと言う。／(3)請看林苑雪晴夕、一樹梅花放暗香＝〈見るがよい、雪も晴れた林苑の夕、一樹の梅花が、ほのかに香っている〉。五山文学以来、雪中に開く梅花は、仏の成道の象徴として用いられる。梅花と暗香については、【九─一─⑦】注(1)を参照。

＊

【二九〇】　上平声四支韻

追挽肝付存心齋。

生前曾長玉金詩、末後揮毫世既辭。一炷香煙雲雨暖、春風添得百花枝。

(1)肝付存心斎を追挽す。

[2]生前、曾て玉金の詩に長じ、末後、毫《ふで》を揮《ふる》って、世、既に辞す。[3]一炷《いっしゅ》の香煙、雲雨暖かなり、春風、添え得たり、百花の枝。

＊

(1)肝付存心斎＝既に【一九二】に出ているが人物不詳。肝付氏については、【六一一】注(17)を参照。／(2)生前曾長玉金詩、末後揮毫世既辞＝〈生前から作詩に長じておられ、末後、辞世の詩を書かれて逝かれた〉。「玉金」は、普通は、金玉と書く。他人の詩文を尊んで言う語。／(3)一炷香煙雲雨暖、春風添得百花枝＝〈ひとくべの香煙で雲も雨も暖かく、春風が吹いて百花を咲かせている〉。

【二九二】上平声四支韻

追挽涼樹宗蔭居士。　〔金丸氏住鹿野田。四月朔逝〕

二月訪來告別離、今晨聽訃哭多時。杜鵑啼斷西山月、一路涅槃何更疑。

＊

[1]涼樹宗蔭居士を追挽す。　〔金丸氏、鹿野田に住す。四月朔に逝く〕

[2]二月、訪《おとな》い来たって、別離を告ぐ、今晨、訃を聴いて、哭すること多時。[3]杜鵑《とけん》、啼《な》き断《た》ゆ、西山の月、一路涅槃、何ぞ更に疑わん。

＊

(1)涼樹宗蔭居士……＝人物不詳。金丸氏は、古月の俗姓と同じ。偈の内容に照らして親類か。鹿野田は、宮崎県西都市の地名。／(2)二月訪来告別離、今晨聴訃哭多時＝〈二月に訪ねて来て別れを告げたばかり、今朝方、訃報を聞いて、長いこと泣いた〉。「哭」は、声を上げて泣くこと。／(3)杜鵑啼断西山月、一路涅槃何更疑＝〈西山の月のもとで杜鵑《ほととぎす》がひときわ啼いている、居士が涅槃に入る一本道を進んでおられることは疑いようがない〉。上の句は、『禅林句集』にも採られる南華知昺の上堂語に「春光、爛熳として、華争《はなあらそ》い発《ひら》き、子規、啼き落とす、西山の月」と。この子規は、杜鵑に同じ。「啼断」は、ひときわ鳴くさま。「断」は、強意を表わす助字で、絶えるの意ではないが、古来、訓読の如く読み慣わす。「西山」は、「日、西山に薄《せま》り、気息奄奄《えんえん》たり」（李密「陳情表」）などと、逝去の象徴として用いられる。「一路涅槃」は、『楞厳経』巻五に「十方薄伽梵《じっぽうばぎゃぼん》、一路涅槃門」と。この語は、十方世界の諸仏が、等しく涅槃に入る同じ一つの道という意。「何更」は、強い否定を表わす言葉。ほととぎすは、「不如帰去（帰り去るに如《し》かず）」と鳴くと言われる。帰り着く先は、本分の故郷である涅槃。

【二九二】下平声一先韻

悼俊庵才色居士。

幾折露葵問老禪、路遙不面已三年。心香一炷爲君蘸、好去西方沒日天。

＊

(1)俊庵才色居士を悼《いた》む。

(2)幾たびか露葵《ろき》を折って老禅を問う、路遥かにして面せざること已《すで》に三年。(3)心香一炷《いっしゅ》、君が為に蘸《はなむけ》す、好《よ》し去れ、西方、没日の天。

(1)俊庵才色居士＝不詳。偈の内容に照らして、佐土原から遠い地に住む居士。／(2)幾折露葵問老禅、路遥不面已三年＝〈幾たびか露おく葵《あおい》を手折って私を訪ねられたが、なにぶん遠地におられて、お出逢い出来ずに既に三年になる〉。「折露葵」は、王維の「輞川積雨」詩（『三体詩』巻二）に「松下の清斎、折露葵」と。葵は、食用とする菜の一種で、露にあってうま味を増すと言われ、それを「露葵」と言う。それを手折るとは、ここでは、「野菜（に限らず手土産）を持って」ということ。「老禅」は、古月の自称。／(3)心香一炷為君爇、好去西方没日天＝〈心をこめて一弁の香を焚いて君を送る、今だ行け、西のかた、日が沈もうとしている空に向かえ〉。

＊

【二九三】上平声一東韻

薦亡者看讀法華經。

先世業因強叵免、現今善果又何空。朗讀法華七瑤軸、由來罪福一如同。

＊

亡者の法華経を看読するに薦す。

(1)先世の業因、強いて免《まぬが》れ叵《がた》し、現今の善果、又た何ぞ空《むな》しからん。(2)朗読す、法華、七瑤の軸、由来、罪福、一如同。

＊

(1)先世業因叵免、現今善果又何空＝〈前世の業が今世の因となることは決して免れないことだ、ならば現今の善果がどうして無駄になろうか〉。／(2)朗読法華七瑤軸、由来罪福一如同＝〈そなたはずっと法華経を読んできた、もともと罪や福の別はないのだ〉。「法華七瑤軸」は、『法華経』を美しく言ったもの。【八―七】注⑽を参照。「瑤」は、美しい玉。「由来」は、もともとの意。「罪福一如同」は、実相においては罪福皆空であるということ。『法華経』提婆達多品の偈に「深達罪福相、遍照於十方」と。

【二九四】下平声一先韻

武州禁首座、薦抜先考善譽道休法師一周忌、使予炷香。偈云。［壬戌九月］

尖頭茅底罷休去、命葉歸根九月天。止止目連論救苦、一機薫發一爐梅。

＊

(1)武州の禁首座、先考善誉道休法師の一周忌に薦抜《せんばつ》し、予をして炷香《しゅこう》せしむ。偈に云く。［壬戌《みずのえいぬ》九月］

(2)尖頭茅底《せんとうぼうてい》、罷休《はきゅう》し去り、命葉、根に帰す、九月の天。(3)止《や》みね止《や》みね、目連、救苦を論ずることを、一機、薫発す、一炉の梅《せん》。

＊

(1)武州禁首座……＝人物不詳。「薦抜」は、悪道の苦を抜除して、善道に資薦すること。「先考」は、亡くなった父。「壬戌」は、寛保二年（一七四二）。／(2)尖頭茅底罷休去、命葉帰根九月天＝〈とんがり頭の茅庵で万事に決着を着け、九月の秋空のもと、その葉は根に帰った〉。「尖頭」は、【一九〇】注(3)を参照。「罷休」は、休息・停止の意。禅録では、万事に決着を着けることに言う。「命葉帰根」は、逝去の譬喩。「命葉」は、葉のように薄い命。白居易の「陵園妾」詩に「顔色は花の如く命は葉の如し（命如葉）、命は葉の如く薄し、将《まさ》に奈何《いかん》せん」と。また六祖慧能は、遷化を前に「葉落ちて根に帰す」（『六祖壇経』付嘱第十）と言って故郷の新州に帰った。／(3)止止目連論救苦、一機薫発一炉梅＝〈目連よ、もうやめるがよい、どうすれば亡き親を苦界から救えるかなどと思いなやむな、一炉に焚いた梅檀香が薫っている（そこに亡き父はおられるのだ）〉。「目連」は、餓鬼道に堕ちた母を救うために、自恣の日（七月十五日）に衆僧を供養した尊者だが、ここでは、禁首座に向かって言うもの。

【二九五】下平声一先韻

先考直心祖教居士三十三回忌塔銘。　［寛保二戌十一月］

烏飛兎走、三十三年。各捨浄資、恭設齋筵。造立木塔、諷演眞詮。弘範《グボン》群庶、彌縫大千。曾無向背、何論方圓。看看、寒梅枝上月新鮮。

＊

(1)先考直心祖教居士三十三回忌の塔銘。　［寛保二戌《いぬ》の十一月］

(2)烏飛《うと》び兎走《とはし》る、三十三年。(3)各おの浄資を捨てて、恭しく斎筵《さいえん》を設く。(4)木塔を造立し、真詮を諷演す。(5)群庶に弘範《ぐぼん》し、大千を弥縫《びほう》す。(6)曾て向背《こうはい》無し、何ぞ方円を論ぜんや。(7)看よ看よ、寒梅枝上、月、新鮮。

＊

(1)先考直心祖教居士……＝古月の父。【一〇—四八】注(1)を参照。宝永七年（一七一〇）十一月十八日の没。「寛保二戌」は、寛保二年壬戌（一七四二）。／(2)烏飛兎走、三十三年＝〈月日は過ぎ去り、既に三十三年〉。上の句は、太陽には三本足の烏が棲み、月には兎が棲むという伝説から言う成句。／(3)各捨浄資、恭設斎筵＝〈各自、浄財を出し合って、うやうやしく三十三回忌の法要を行なう〉。「各」は、居士の子供達、古月の兄弟達。因みに古月は、男四、女一の三男。老母の誕生日なども兄弟で祝っている。【二〇〇】などを参照。／(4)造立木塔、諷演真詮＝〈木塔婆を造立し、経典を諷誦す〉。「真詮」は、真理を綴った文章。すなわち経典のこと。／(5)弘範群庶、弥縫大千＝〈大いに衆生の軌範となり、大千世界のほころびをつくろう〉。／(6)曾無向背、何論方円＝〈まったく向背がないのに、どうして方円を論じるのだ〉。この木塔婆、即ち直心祖教居士の本来相。「向背」は、前と後ろ。相対性、対立性を言うのに用いられる。「方円」は、四角と丸。／(7)看看、寒梅枝上月新鮮＝〈見るがよい、寒梅枝上に三十三年前と何も変わらない月が美しい〉。「寒梅枝上月」は、亡き父の法身相。「新鮮」は、意訳の如き意。

【二九六】下平声十三覃韻

預修好庭祖雪大姉二十五回塔銘。

般若全軸、法華一函。焼香朗読、仰面交參。曾無轉女、不變成男。麗金渾玉、潭北湘南。

本塔恭銘老古月、七十五世嗣瞿曇。

*

預修(1)好庭祖雪大姉二十五回の塔銘。

(2)般若全軸、法華一函。(3)香を焼《た》いて朗読し、面を仰いで交参す。(4)曾て女を転ずる無し、変じて男と成らず。(5)麗金渾玉、潭北湘南。
(6)本塔、恭しく銘す、老古月、七十五世、瞿曇《くどん》に嗣ぐ。

*

(1)好庭祖雪大姉＝古月の母、祖雪尼のことか。瀬川氏。享保八年（一七二三）没、世寿八十九。／(2)般若全軸、法華一函＝〈大般若経六百巻を転読し、法華経一巻を写経した〉。正当前に行なわれる、大姉追薦のための諸法要。／(3)焼香朗読、仰面交参＝〈今、香を焚き、経を読み、あなたを目の当たりにしております〉。／(4)曾無転女、不変成男＝〈もともと女身でも男身でもない御身〉。無男女相は、諸経に説かれるところ。／(5)麗金渾玉、潭北湘南＝〈山河大地、どこもかしこも、あなたの法身相が、うるわしく輝いております〉。下の句は、『碧巌録』十八則「忠国師無縫塔」の話頭を踏まえる。【三四】注(2)を参照。／(6)本塔恭銘老古月、七十五世嗣瞿曇＝〈この塔婆は、釈迦牟尼世尊より七十五世の法孫、老古月が恭しく銘したものである〉。韻を踏んだ七言二句。「瞿曇」は、釈迦族の姓で世尊を言う。

【二九七】下平声一先韻

看讀法華五百部供養塔銘。［願主油屋了圓］

*

潔齋朗讀三十年、舌上翻香七軸蓮。圓成今日供賢聖、一會靈山未散筵。

看読法華五百部供養の塔銘。　［願主、(1)油屋了円］
(2)潔斎朗読す三十年、舌上、香を翻《ひるがえ》す、七軸の蓮。(3)円成今日、賢聖に供す、一会《いちえ》霊山《りょうぜん》、未だ散筵せず。

*

(1)油屋了円＝大光寺の『大般若経』収蔵に多大な貢献をした平原氏了円居士のことか。【八―三】【八―四】を参照。「大小路町平原氏伝兵衛法名融機了円居士」（大光寺文書「大般若経第一巻末の奥書」）。／(2)潔斎朗読三十年、舌上翻香七軸蓮＝〈潔斎して法華経を朗読すること三十年、その舌上には七軸の蓮華が香っている〉。「七軸蓮」は、『法華経』のこと。【八―七】注⑽を参照。／(3)円成今日供賢聖、一会霊山未散筵＝〈今日、五百部を看読し終わり、諸仏諸菩薩に供養をする、霊鷲山での法華一会の法筵が今も続いている〉。「霊山（霊鷲山）」は、『法華経』が説かれた山。『法華経』では、耆闍崛山《ぎしゃくつせん》と表記される。

【二九八】下平声七陽韻

追挽深信院専達祐意日相居士。　［甲州府中人］
深達従來罪福相、施財施命是尋常。末梢得意歸家境、艸木樹林放瑞光。

*

(1)深信院専達祐意日相居士を追挽す。　［甲州府中の人］
(2)深く従来罪福の相に達して、施財施命、是れ尋常。(3)末梢《まつしょう》、意を得たり、帰家の境、草木樹林、瑞光を放つ。

＊

(1)深信院……＝不詳。法名から推察するに日蓮宗の人か。／(2)深達従来罪福相、施財施命是尋常＝〈深く罪福皆空の実相を達観し、普段から財物や食物を施しておられた〉。上の句は、『法華経』提婆達多品偈の「深達罪福相」に「従来（もとより）」を挿入したもの。「施命」は、施食のこと。「施食に五福有り。施命施色施力施安施弁。何ぞ施命と謂う。人は食を得ざること七日、寿《いのち》終わる。智者の施食は則ち施命為《た》り。其れ施命する者は、世世長寿財富無量なり」（『仏祖統紀』巻三十三）。／(3)末梢得意帰家境、草木樹林放瑞光＝〈末後、帰家穏坐の境地に満足された、草木樹林が、めでたい光りを放っている〉。

【二九九】上平声十一真韻

挽遍照院妙達壽榮日鮮大姉。　［日相居士婦］

遍照十方淨法身、無來無去絶通津。請看層嶽芙蓉緑、八面清風白雪新。

＊

遍照院妙達寿栄日鮮大姉を挽す。　［日相居士の婦《つま》］

(1)遍照十方浄法身、無来無去、通津《つうしん》を絶す。(2)請う看よ、層岳、芙蓉の緑、八面清風、白雪新たなり。

＊

(1)遍照十方浄法身、無来無去絶通津＝〈あまねく十方を照らし見る浄法身、来ることも去ることもなければ、渡し場もいらない〉。上の句は、前篇の注(2)に述べた『法華経』提婆達多品偈の「深達罪福相、遍照於十方、微妙浄法身、具相三十二」から作られたもの。「無来無去」は、諸経に見えるが、例えば、六十巻『華厳経』巻十一に「法性は真実無来無去」と。「通津」は、此岸から彼岸への船渡し。／(2)請看層岳芙蓉緑、八面清風白雪新＝〈見るがよい、重なる山々が、まるで芙蓉の緑のようだ、八方に清風が吹き、白雪が新しい〉。美しい甲州の景色を頌して、大姉の浄法身相に比す。「芙蓉」は、日本のそれとは違って、蓮華の異称であるが、ここでは、結句に「白雪」とあるから、富士山の異称、玉芙蓉にも掛けている。

【三〇〇】上平声十灰韻

快龍號。　［出羽國秋田大悲寺現住］

自從一躍桃花浪、萬里北溟捲電雷。頭角何埋深潭底、乘時變化施霖來。

＊

快龍号。(1)　［出羽国秋田の大悲寺の現住］

一たび(2)桃花の浪に躍《おど》ってより、万里の北溟、電雷を捲《ま》く。(3)頭角《ずかく》、何ぞ埋めん、深潭《しんたん》の底、時に乗じて変化《へんげ》して霖《あめ》を施し来たれ。

＊

(1)快龍＝快龍宗省。「師、諱は宗省、字は快龍。法を古月に嗣ぎ、秋田の大悲寺に出世す。古月、師の号を頌して曰く、『(同文)』。享保八年《十八》（一七三三）十一月十五日、（江戸浅草の水月庵にて）示寂す。大悲に塔す」（『続禅林僧宝伝』第一輯・巻之上【一五三】)。普門山大悲寺（秋田市）の第九代。享保十年（一七二五）四月、前堂転位。伝は、笹尾哲雄『秋田県名僧列伝』に詳しい。本篇より以下、道号頌が続く。誤解のないように蛇足しておくが、たとえば「快龍」という道号を、古月がその人に与えているわけではない。道号を与えるのは、嗣法の師である。その道号の字義に即して宗乗を説くのが、一連の道号頌である。／(2)自従一躍桃花浪、万里北溟捲電雷＝〈ひとたび桃花三級の浪に躍《おど》ってより、万里の北海に電雷を巻き起こした〉。登龍門の故事に因む。【五―二】注(2)を参照。「北溟」は、北国秋田の海。／(3)頭角何埋深潭底、乗時変化施霖来＝〈深いふちの底に頭角を埋めておらずに、時勢に乗じて天に昇って雨を降らせるがよい〉。「霖」は、ながあめ。法雨の譬喩。

【三〇一】上平声十灰韻

默堂號。［住丹後宮津觀音寺］

三萬二千波辯士、不如默口鼓雲雷。何須人到窺深奧、門戸從來八字開。

*

(1)默堂号。［丹後宮津の観音寺に住す］

(2)三万二千、波弁の士、默口《ぼくこう》の、雲雷を鼓するに如《し》かず。(3)何ぞ須《もち》いん、人の到って、深奥を窺《うかが》うことを、門戸、従来、八字に開く。

*

(1)默堂＝默堂崇陸。「師、諱は□□、字は默堂。法を古月に嗣ぎ、享保十六年（一七三一）、宮津の観音寺に住して、無文（無文崇印）に嗣承す。元文四年（一七三九）三月念四（二十四）日示寂す。古月、嘗て師の号を頌して曰く、『（同文）』」（『続禅林僧宝伝』第一輯・巻之上【一七二】）。円通山観音寺（京都府宮津市）の住持。享保十七年（一七三二）六月、前堂転位。／(2)三万二千波弁士、不如醸口鼓雲雷＝〈波濤の如き弁舌を振るう三万二千の菩薩方も、口にカビを生やして雲雷を轟かせているこの男には及ばない〉。「維摩の一黙、雷の如し」の故事に基づき、「黙堂」の「黙」を頌す。「三万二千」は、維摩居士の室内に来入した菩薩の総数。【二六五―二】注(3)を参照。／(3)何須人到窺深奥、門戸従来八字開＝〈その深奥をのぞき見るようなことをせずとも、門戸はもとより八字に開かれている〉。「黙堂」の「堂」を頌すと共に、山寺号に掛けて、観世音の普門円通を説く。「醸口」は、何もしゃべらない形容。【二六五―二】注(1)を参照。

【三〇二】下平声七陽韻

湖道號。

萬頃碧波一眺望、隔松旭日湧風光。自從鼻祖航蘆葦《リシテ》、的的控人支竺桑。

＊

(1)湖道号。

(2)万頃《ばんけい》の碧波、一眺望、松を隔つる旭日、風光に湧く。(3)鼻祖の、蘆葦に航《ふなわた》りしてより、的的、人を控《ひ》く、支竺桑《しじくそう》。

＊

(1)湖道＝不詳。／(2)万頃碧波一眺望、隔松旭日湧風光＝〈広々とした湖に立つ青々とした波を一望に眺め、松の梢ごしに湖面を輝かせながら昇ってくる朝日が見える〉。／(3)自従鼻祖航蘆葦、的的控人支竺桑＝〈達磨が蘆葉を船にして渡って以来、その船は三国の人々を的確に導いている〉。上の句は、蘆葉達磨の故事。【九―一二】注(1)を参照。「蘆葦」は、湖辺に茂るアシ。「支竺桑」は、支那・天竺・扶桑（日本）の三国。

【三〇三】上平声五微韻

乾峰號。［住豊後秋岡常樂寺］

萬象之中全獨露、誰知峭峭又巍巍。拈花指上通岐路、仙客至今拱手歸。

＊

乾峰号。(1)［豊後秋岡の常楽寺に住す］

(2)万象之中《ばんしょうしちゅう》、全く独露す、誰か知らん、峭峭、又た巍巍たることを。(3)拈花指上、岐路を通ず、仙客《せんかく》、今に至るまで、手を拱《こまぬ》いて帰る。

＊

(1)乾峰＝乾峰祖珍。秋岡山常楽寺（大分市）の住持。享保六年（一七二一）三月、前堂転位。／(2)万象之中全独露、誰知峭峭又巍巍＝〈森羅万象の中、何物にも依存せずに全身を現わしている乾峰という一峰、その峰が、いかに高くて険しいかは、人の知るよしもない〉。長慶慧稜の投機の語、「万象之中独露身（万象の中、独り身《ひと》を露《あら》わす）」、唯だ人自ら肯《うべな》って乃《すなわ》ち方《まさ》に親し」に基づく。「万象之中独露身」は、古来、棒読みする。／(3)拈花指上通岐路、仙客至今拱手帰＝〈大悟を得て、乾峰への分かれ道を、間違わずに登って行った、その峰は、今にいたるまで、仙人でさえ登れずに帰ってしまうのだ〉。「拈花指上」は、霊山会上での釈尊から摩訶迦葉への拈華微笑の伝法。ここでは、乾峰の開悟得法を言う。

【三〇四】上平声一東韻

松嶺號。［住肥後求麻來迎院、諱祖琴］

元來一種沒絃曲、樹樹蒼髯午夜風。風白月明雲霧外、數聲仙鶴唳《ル》長空。

＊

(1)松嶺号。［肥後求麻の来迎院に住す、諱は祖琴］

(2)元来、一種、没絃の曲、樹樹の蒼髯《そうぜん》、午夜の風。(3)風白く月明らかなり、雲霧の外、数声の仙鶴《せんかく》、長空に唳《な》る。

＊

(1)松嶺＝不詳。来迎院は、肥後国求麻郡人吉庄にあったが現在廃寺。人吉市にある鳳翔山瑞祥寺の末寺であった。／(2)元来一種没絃曲、樹樹蒼髯午夜風＝〈もとより格別な没絃の曲、松の枝々が真夜中の風に吹かれている〉。「一種」は、一様・同様という意のほかに、意訳の如き意味を持つ。「没絃曲」は、絃のない琴で奏でられる曲。本分の音色。【九一二―⑫】注(1)を参照。「蒼髯」は、松を擬人化して言う「蒼髯叟」の略。／(3)風白月明雲霧外、数声仙鶴唳長空＝〈雲霧の外に出れば、大空には、清らかな風が吹き、明るい月が輝き、鶴の鳴き声が幾声か響いている〉。「雲霧」

は、迷世・煩悩に比される言葉。「仙鶴」は、鶴のこと。「鶴は千年」と言われることからこう呼ぶ。「唳」の「なる」は、古訓。

【三〇五】上平声一東韻

徹叟號。［住但馬惠林寺］

従一雪庭寒徹骨、深林憩影白眉翁。半邊鼻孔通消息、梅蘂漏香度竹槞。

＊

徹叟号。(1)［但馬の恵林寺に住す］

(2)一たび雪庭、寒《かん》、骨に徹してより、深林に影を憩《いこ》う白眉翁。(3)半辺の鼻孔、消息を通ず、梅蘂、香を漏らして竹槞《ちくろう》に度《わた》る。

＊

(1)徹叟＝徹叟祖髄。法雲山慧林寺（兵庫県朝来市）の第五世。「師、諱は祖随《髄》、字は徹叟。但馬州朝来郡枚田郷の人。俗姓は枚田氏。……州の慧林寺の一源（一源祖超）に依って薙染し、古月に参侍して、大事を成弁す。月、号を頌して印可して曰く、『（同文）』。盤瑛（盤瑛祖銘）に嗣いで慧林に住す。享保十二年（一七二七）、妙心第一座に転位す（『妙心寺宗派図』では、享保三年八月）。十九年（一七三四）九月五日示寂す。世寿七十有奇《あまり》」（『続禅林僧宝伝』第一輯・巻之上【一六四】）。／(2)従一雪庭寒徹骨、深林憩影白眉翁＝〈一たび雪庭で、寒さが骨身に徹してより、深林に隠棲された御老僧〉。上の句は、徹叟の開悟得法を言う。「雪庭」は、慧可断臂、嵩山少室峰での達磨から慧可への伝法。【三七―一二】注(3)を参照。「寒徹骨」は、道場明弁の「達磨賛」（『五灯会元』巻二十）の「是れ一番、寒、骨に徹せずんば（不是一番寒徹骨）、争《いか》でか梅華の鼻を撲《う》って香しきを得ん」で知られる言葉。／(3)半辺鼻孔通消息、梅蘂漏香度竹櫳＝〈片一方の鼻穴はつまることなく、竹窓にほのかにただよう梅香を嗅いでおられる〉。「半辺鼻孔」は、片一方の鼻穴。【九―一五】にある「孃生鼻半辺」に同意で、本来面目の譬喩であるが、古月は、【九―一五】でもそうであるように、回忌法語に、この種の言葉を用いている。恐らくこの徹叟という僧は既に遷化しており、弟子が本師の道号頌を求めたのであろう。その例は、【一六五】「千巌号」に見られる。

【三〇六】上平声十二文韻

俊嶺。［住内山寺、諱禪哲］

何跆凡聖路、把志挂青雲◎。夢幻人間世、一超思不群◎。

＊

(1)俊嶺。［内山寺に住す、諱は禅哲］

(2)何ぞ凡聖の路を跆《ふ》まん、志を把《と》って青雲に挂く。(3)夢幻の人間世、一超して思い群ならず。

＊

(1)俊嶺＝不詳。内山寺は、山号、多宝山。宮崎市清武町。／(2)何跆凡聖路、把志挂青雲＝〈どうして凡聖の二路を歩もうか、この男は、青雲の志を抱いているのだ〉。上の句は、凡聖不二の路を行くということ。下の句は、青雲の志。ここでは、一般に言う立身出世を志すという意ではなく、高潔で世外に超然たる志操、引いては隠者となる志を言う。／(3)夢幻人間世、一超思不群＝〈夢幻の如き人間世だが、この男の思いは群を抜いている〉。上の句は、『金剛経』応化非真分第三十二の「一切有為法、如夢幻泡影、如露亦如電、応作如是観」に基づき、下の句は、杜甫の「春日、李白を憶う」詩の「白や詩に敵無し、飄然として思い群ならず（飄然思不群）」に基づく。

【三〇七】下平声八庚韻

松洲號。［後改北禪］

枝枝卓拔接雲靄、秀色全憑雪後貞。丹鳥振翎臻頂月、沙汀千里眼初明。

＊

(1)松洲号。［後、北禅に改む］

(2)枝枝卓抜《たくばつ》、雲靄《うんあい》に接す、秀色、全く雪後の貞なるに憑《よ》る。(3)丹鳥、翎《はね》を振るって、頂きに臻《いた》る月、沙汀《さてい》千里、眼、初めて明らかなり。

＊

(1)松洲＝北禅元貞のこと。【一五五】に「北禅」の道号頌を載せる。慈雲山資福寺（宮城県仙台市）の歴住。元文四年（一七三九）九月、前堂転位。／(2)枝枝卓抜接雲靄、秀色全憑雪後貞＝〈その枝々は高く群を抜いて雲靄に接している、その秀でた色は、雪を経ても変わらない貞節によるものだ〉。下の句は、『禅林句集』にも採られる白居易の「江州赴忠州……五十韻」詩に「玉は泥中に向かって潔《いさぎよ》く、松は雪後を経て貞なり」と。また、『論語』子罕第九に「歳寒くして、然る後に松柏の彫《しぼ》むに後《おく》るるを知る」と。「彫むに後る」とは、彫まないということ。

貞松で、常緑の松を言う。／(3)丹鳥振翎臻頂月、沙汀千里眼初明＝〈丹鳥は羽ばたき、月は天の頂きに昇った、汀《みぎわ》の砂浜が千里のかなたまで初めて見通せる〉。訓読は、底本の通り。上の句は、単に月が昇ることを言った譬喩か。「丹鳥」は、鳳凰の異名とも、蛍の異名とも言われる。また日本には、頭の赤い鶴の一種を丹鳥と表記した文書（『大和本草』巻十五）もあるので、「丹鳥振翎」は、〈中洲に群をなすタンチョウヅルも飛び去って〉の意でも読めるか。

【三〇八】上平声一東韻

圓應。［住加州金澤獻珠寺］

大無大矣小無小、横竪都來掌握中。得坐披衣遅日暖、紅桃白李一春風。

＊

(1)円応。［加州金沢の献珠寺に住す］

(2)大に大無く、小に小無し、横竪《おうじゆ》、都来《とらい》、掌握の中。(3)得坐《とくざ》披衣《ひえ》、遅日《ちじつ》暖かなり、紅桃白李《こうとうはくり》、一春風。

＊

(1)円応＝円応慧満。金龍山献珠寺（石川県金沢市）の第三代。享保五年（一七二〇）九月、前堂転位。／(2)大無大矣小無小、横竪都来掌握中＝〈大きいという相もなければ、小さいという相もない、横に十方、竪《たて》に三世、無相という実相が、この男の掌中に円《まど》かに収まっている〉。上の句は、「大無大小無小」で『禅林句集』に採られるが、『宏智広録』巻四に「有底道」として「大無大相、小無小相。一相無相、之れを実相と為《な》す」と。「都来」は、全て、全部の意。／(3)得坐披衣遅日暖、紅桃白李一春風＝〈衣を着て坐蒲に坐っている、春の日長は暖かい、同じ春風が吹いても、桃は紅に、李《すもも》は白く咲く〉。「得坐披衣」は、成句。「遅日」は、春日。春は日が長く、日没が遅いから言う。「紅桃白李」は、成句の桃紅李白に同じ。禅録に多く見られる句に「桃紅李白薔薇紫、春風に問著するも総に知らず」と。なぜ、桃は紅に、李は白に、薔薇は紫に咲くのか、春風に尋ねても知るよしもないが、それが、諸法実相ということ。

【三〇九】上平声十一真韻

石翁。［玲首座請之］

含玉奇姿遠襲人、禪心瀟洒白鬚新。驢年説著敢何肯、兀兀癡癡絶點塵。

＊

石翁。(1)［玲首座、之れを請う］

(2)玉を含む奇姿、遠く人に襲《つ》く、禅心、瀟洒《しようしや》として、白鬚《はくしゅ》新たなり。(3)驢年説著するも、敢えて何ぞ肯《うけが》わん、兀兀《ごつごつ》痴痴《ちち》、点塵を絶す。

＊

(1)石翁＝人物不詳。／(2)含玉奇姿遠襲人、禅心瀟洒白鬚新＝〈玉を含んだようなうるわしいその姿は、遠くの人にまで伝わり、その心はさわやかで、白いヒゲも美しい〉。上の句で「石」を、下の句で「翁」を頌す。「襲人」は、空気や香りなどが人の鼻に付くこと。「襲」は、及の義。「瀟洒」は、さっぱりとして俗ばなれしていること。／(3)驢年説著敢何肯、兀兀痴痴絶点塵＝〈幾年月説いたとしても、決してうけがうまい、もともとこの男は大馬鹿で、一点のチリホコリもないのだ〉。上の句は、西巌了慧の「頑極」号頌（『江湖風月集』巻上）に「説いて驢年に到るとも点頭せじ」とあるのに同じ旨趣。「驢年」は、十二支の中にない年で、決してめぐって来ない年。「敢何」は、決して……しないの意。「兀兀痴痴」は、馬鹿に徹したさま。盤山宝積の上堂語（『五灯会元』巻三）に「禅徳、可《も》中し道を学ばば、地の、山を擎《ささ》げて、山の孤峻なることを知らざるが似《ごと》く、石の、玉を含んで、玉の瑕《きず》無きことを知らざるが如くあれ。若し此《かく》の如くならば、是れを出家と名づく」と。また禅語に「不知最親切（不知こそ最も仏道にかなっている）」と。

【三一〇】下平声九青韻

玉泉號。［住濃州崇福寺］

皓潔更含温潤氣、森然萬物奈逃形。不牽涓滴多恩澤、朶朶覺華著濕馨。

＊

(1)玉泉号。［濃州の崇福寺に住す］

(2)皓潔《こうけつ》として更に温潤の気を含む、森然たる万物、奈《なん》ぞ形を逃れんや。(3)涓滴《けんてき》を牽《ひ》かず、恩沢多し、朶朶《だだ》たる覚華《かくげ》、湿《うるお》いを著けて馨《かぐわ》し。

＊

(1)玉泉＝玉泉慧崑。神護山崇福寺（岐阜市）の第十三世。享保三年（一七一八）十月、前堂転位。／(2)皓潔更含温潤気、森然万物奈逃形＝〈明るく清らかな上に温かく潤っている、さまざまな万物は、どうしてその玉光から身を隠すことが出来ようか〈万物は、玉泉和尚の恩沢にうるおっている〉〉。「夫《そ》れ玉の貴き所の者は、九徳、焉《こ》れに出づればなり。夫れ玉は温潤にして以て沢《たく》なるは、仁なり」（『管子』水地）。「逃形」は、蔵身の義。蘇東坡の「韻を僧潜見の贈るに次ぐ」詩に「道人の胸中、水鏡清し、万象の起滅、形を逃るる無し」と。／(3)不牵涓滴多恩沢、朶朶覚華著湿馨＝〈玉泉の水を一滴も残さずに恵み、その恩沢にうるおい、一枝一枝、覚華の香りがかぐわしい〉。「不牵涓滴」の「牵」は、留の義。『従容録』八十四則頌下語などにある「不留涓滴」に同意。「涓滴」は、しずく。「玉泉」の「泉」を頌す。「覚華」は、真実の覚りを華に譬える言葉。

【三一二】下平声十二侵韻

大林號。　〔住奥之仙臺保春院移轉瑞鳳寺〕

自従臨濟手躬植、千古清風發雅音。◎春色靄然長保護、森嚴一所大叢林。◎

大林号。(1)　〔奥の仙台の保春院に住し、移って瑞鳳寺に転ず〕

*

(2)臨済の手躬《てずか》ら植えしより、千古の清風、雅音を発す。(3)春色靄然《あいぜん》として長《とこ》しえに保護す、森《しん》厳《げん》なり、一所の大叢林。

*

(1)大林＝大林自成。「師、諱《いみな》は自成、字《あざな》は大林。古月の正印を佩《お》びて、仙台の保春院に出世し、後、瑞鳳に徙《うつ》る。古月、師の号を頌して曰く、『(同文)』。示寂の年月、未だ詳《つまび》らかならず。荼毘して遺骨を風葬に付すと云う」（『続禅林僧宝伝』第一輯・巻之下【三五二】）。少林山保春院（宮城県仙台市）の第八代。正宗山瑞鳳寺（同上）の第十世。享保十一年（一七二六）三月、前堂転位。／(2)自従臨済手躬植、千古清風発雅音＝〈臨済が自ら松を植えてよりこのかた、千古変わらぬ清風が雅音を発している〉。上の句は、臨済栽松の故事に基づく。「師、松を栽うる次《ついで》で、黄檗問う、『深山裏に許多《そこばく》を栽えて什麼《なに》か作《せ》ん』。師云く、『一つには山門の与《ため》に境致《きょうち》と作《な》し、二つには後人の与に標榜と作さん』」（『臨済録』行録）。「雅音」は、正しい音楽という意を含む。／(3)春色靄然長保護、森厳一所大叢林＝〈春景色は穏やかで、威厳に満ちた、この仙台の大叢林を永遠《とわ》に保護している〉。「靄然」は、気が和らいで穏やかなさま。

【三一二】上平声五微韻

高峰號。［肥前圓通之慶旺首座請］

威音那畔峭巍巍◎、遮莫烟雲擁翠微◎。屹立須彌落其二、幾番佛祖仰清輝◎。

＊

高峰号(1)。［肥前の円通の慶旺首座請う］

威音那畔《いおんなはん》(2)、峭巍巍《しょうぎぎ》たり、遮莫《さもあらばあれ》、烟雲の、翠微《すいび》を擁することを。屹立《きつりつ》(3)たる須弥、其の二に落つ、幾番の仏祖か、清輝を仰ぐ。

＊

(1)高峰＝不詳。肥前円通も特定出来ない。／(2)威音那畔峭巍巍、遮莫烟雲擁翠微＝〈威音那畔に峭々巍々としてそびえ立つこの高峰、こう高くては、烟雲が峰の中腹しか囲めないのもしかたあるまい〉。「威音那畔」は、威音王仏が出現する以前の消息。天地開闢以前ということ。「威音」は、『法華経』常不軽菩薩品に見える過去久遠劫最初出現の仏。「那畔」は、あちら側。「翠微」は、山の中腹、頂上から少し下ったところ。また、山気でうすはなだ色に見えることから山を言う。／(3)屹立須弥落其二、幾番仏祖仰清輝＝〈そびえ立つ須弥山も、この高峰の二番手、威音仏以来、番々出世された仏祖の、誰がこの清らかな輝きを仰ぎ見たであろうか〉。

【三一三】下平声六麻韻

定岩號。［住駿河府中攝取寺］

心身寂滅道尤足、霧露烟霞是我家。堪笑被知天帝釋、空生岩畔惹空華。

*

定岩号(1)。［駿河府中の摂取寺に住す］

心身寂滅(2)、道尤《もっと》も足る、霧露烟霞《むろえんか》、是れ我が家。笑うに堪《た》えたり(3)、天帝釈に知られて、空《くう》生《しょう》岩畔《がんぱん》、空華《くうげ》を惹《ひ》くことを。

*

(1)定岩＝定巌祖寂。「師、諱は祖寂、字は定巌。駿州有度郡上島村の人。俗姓は大長氏。元禄九年丙子（一六九六）を以て生まる。幼にして州の小坂瑞応寺に投じて、大栄（大栄慧乗）に師事す。長じて行脚し、古月に侍して大事を成弁す。月、号を頌して印可して曰く、『(同文)』。法を摂取に闢《ひら》き、伽藍を再営す。元文五年（一七四〇）

五月十日示寂す。春秋四十五。摂取に塔す」（『続禅林僧宝伝』第一輯・巻之上【一七三】）。青龍山摂取寺（静岡市）の再中興第十二代。享保十二年（一七二七）三月、前堂転位。／(2)心身寂滅道尤足、霧露烟霞是我家＝〈身心寂滅して仏道も十分に具足し、霧露烟霞が立ち籠める峰を我が家としている〉。上の句で「定」を、下の句で「岩」を頌す。「心身寂滅（身心寂滅）」は、涅槃を得ること、開悟すること。「霧露烟霞」は、『証道歌』に「仏性の戒珠は心地に印し、霧露雲霞は体上の衣」と。／(3)堪笑被知天帝釈、空生岩畔惹空華＝〈天帝釈に知られて、空生岩畔で、空中より花を雨《あめふ》らされた須菩提など、まったくお笑いぐさだ〉。この二句は、「空生巌畔花狼藉」（『碧巌録』六則頌）の故事によるもの。【一六五】注(1)を参照。

【三一四】下平声六麻韻

玉洲號。　［住下總光福寺］

非類昆岡聲價貴、風江月渚滿光華。王人争著琢磨手、圓顆從來屬大家。

＊

(1)玉洲号。　［下総の光福寺に住す］

(2)昆岡《こんこう》声価の貴《たか》きに類するに非ず、風江月渚《ふうこうげつしょ》、光華満つ。(3)王人《きゆうじん》、争《いか》でか琢磨の手を著けん、円顆、従来、大家に属す。

＊

(1)玉洲＝玉洲祖億。大洞山光福寺（千葉県香取市）の十三世。【七七】注(1)を参照。／(2)非類昆岡声価貴、風江月

渚満光華＝〈この玉は、世に評判の高い昆岡の玉などの類ではない、清風の江《かわ》、明月の渚《なぎさ》に光り輝いている〉。「崑岡」は、玉を産出する山、即ち崑崙山。「風江月渚」は、成句の「風柯月渚」（【一三四】注(3)を参照）の「柯」を、「洲（なかす）」を頌すために「江」に改めたもの。／(3)王人争著琢磨手、円顆従来属大家＝〈どんな玉工でも磨きの手がつけられない、その円かな一顆《ひとつぶ》は、もともと、君が持っていたのだ〉。この二句は、本有仏性を頌す。『句双葛藤』に「至宝不琢磨」と。「王人」は、琢玉の工人。「王」は、底本の字形は「玉」だが、「キウ」の振り仮名によって、「王」に改めた。しかし、王人も玉人も意味は同じ。「大家」は、みんなという意もあるが、ここでは、他人の敬称、玉洲を指す。

【三一五】上平声十一真韻

光谷號。　［諱道謙、建長門人］

不處勲功以下人、徳輝赫赫刹微塵。頂門眼活蘿牕下、猿叫聲聲徹曉頻。

＊

光谷号。(1)　［諱《いみな》は道謙、建長門の人］

(2)勲功《くんこう》に処《お》らず、以て人に下る、徳輝、赫赫《かくかく》たり、刹微塵《せつみじん》。(3)頂門、眼活《まなこかつ》す、蘿窓《らそう》の下《もと》、猿叫《な》いて、声声、暁《あかつき》に徹して頻《しき》りなり。

＊

(1)光谷＝不詳。／(2)不処勲功以下人、徳輝赫赫刹微塵＝〈大功を立てても、その名誉の席にとどまらず、謙虚な態度で人にへり下っておられるが、その徳輝は、赫々として尽大地に輝いている〉。この光谷道謙という和尚は、一寺の中興であろう。「不処勲功」は、『老子』に「功成りて居《お》らず、夫《そ》れ唯だ居らず」「功成り名遂げて身退くは天の道なり」と。「以下人」は、『論語』顔淵第十二に「慮《おもんぱか》りて以て人に下る（慮以下人）」と。「刹微塵」は、微塵刹中。／(3)頂門眼活蘿窓下、猿叫声声徹暁頻＝〈ツタのからまる窓辺に頂門の一隻眼を開き、猿が明け方を迎えてもしきりに啼いている〉。「頂門眼」は、摩醯首羅天《まけいしゅらてん》（大自在天）の頂門の一隻眼のことで、悟りの眼を言う。「光谷」の「光」を頌す。下の句は、「巴峡猿鳴」の故事が想起されるが、「谷」を頌したものか。

【三一六】上平声十二文韻

盤谷號。［諱碩玉］

雲霧影中通活路、幾秋豹隱轉添文。誰知祕訣不傳的、滿面清風艸木薰。

＊

盤谷号。(1)［諱《いみな》は碩玉］

(2)雲霧影中、活路を通じ、幾秋か豹隠《ひょういん》して転《うた》た文《もん》を添う。(3)誰か知らん、秘訣不伝的、満面の清風、草木薫ず。

＊

(1)盤谷＝人物不詳。「盤谷」は、河南省済源県にあり、韓退之の友人、李愿が隠居したところとして知られ、五山文学にも見られる。韓退之の「李愿の盤谷に帰るを送るの序」（『古文真宝後集』巻三）に「太行の陽に盤谷有り。

盤谷の間、泉《いずみ》甘くして土肥《つち》え、草木叢茂して、居民鮮少なり。……隠者の盤旋する所なり。友人の李愿、之れに居る。（後略）」と。本篇も、隠遁を頌し、結句に「草木薫」とあるので、この盤谷の故事を踏まえて作られたもの。／⑵雲霧影中通活路、幾秋豹隠転添文＝〈雲霧の陰の中に活路を通じ、幾年も豹のように隠れ、その紋様はいよいよ美しい〉。「豹隠」は、南山の玄豹の故事に基づき、隠遁する譬喩。「文」は、豹の毛の文章（紋様）。二句全体、【一四七】注⑵を参照。／⑶誰知秘訣不伝的、満面清風草木薫＝〈誰もその不伝の秘訣を知らないが、満面に清風が吹き、草木が香っている〉。「的」は、「底」に同じ。

【三一七】下平声十一尤韻

賢叟號。［諱祖賢、長門人］

退歩不居亞聖跡、無心兀坐雪盈頭。清風匝地烟雲斷、桂月一輪印澗流。

賢叟号。⑴［諱《いみな》は祖賢、長門の人⑵］

歩を退《しりぞ》けて、⑶亜聖《あせい》の跡に居《お》らず、無心に兀坐《ごつざ》して、雪、頭《こうべ》に盈《み》つ。清風匝地《そうち》、⑷烟雲断《た》え、桂月一輪、澗流に印す。

＊

⑴賢叟＝不詳。／⑵長門人＝長門（山口県）の人か。【三一五】にある「建長門人」の脱写か。／⑶退歩不居亜聖跡、無心兀坐雪盈頭＝〈一歩退いて、開山に亜《つ》ぐ席にとどまらず、無心に端坐して、雪が頭にかぶさっている〉。この

和尚も、【三一五】の光谷和尚と同じく、一寺の中興であろう。そこの注(2)を参照。「退歩」は、「歩を退けて己《おのれ》に就《つ》く（己事究明の意）」と熟すこともある。「亜聖」は、聖人に次ぐ大人。「亜」は、次位の意。孔子の弟子顔淵や、孟子を言うが、ここでは、開山に次ぐという意であろう。「雪盈頭」は、老人の形容。／(4)清風匝地烟雲断、桂月一輪印澗流＝〈清風が大地を吹きめぐり、空をおおっていた烟雲も断ち切れ、一輪の明月が、谷川の水面に映っている〉。「桂月」は、月の異称。

【三一八】下平声一先韻

默庵號。

一任熾然蘿月説、尖頭茅底好安眠。強言不二隔霄壌、纔許浄名醭口邊。

*

默庵号。(1)

熾然《しねん》たる(2)蘿月《らげつ》の説に一任す、尖頭茅底《せんとうぼうてい》、好し安眠するに。強《し》いて(3)不二を言う、霄壌《しょうじょう》を隔つ、纔《わずか》に許す、浄名《じょうみょう》の、口辺に醭《ぼく》することを。

*

(1)默庵＝不詳。／(2)一任熾然蘿月説、尖頭茅底好安眠＝〈つたかづらにかかって見える月影が、盛んに般若の空を語っている、説法は、その月に任せて、とんがり頭の茅庵で、ぐっすりと眠ることにしよう〉。古人（不詳）の句に「松風、般若を談じ、蘿月、真如を照らす」と。「尖頭」は、【一九〇】注(3)を参照。／(3)強言不二隔霄壌、纔許浄名醭口辺＝〈菩薩衆は、維摩居士から問われて、ああだこうだと不二法門を説いたが、天と地ほど隔たっている、まあ少しましなのは、口もとにカビが生えた維摩居士くらいか〉。この二句は、「維摩の一黙、雷の如し」の故事に基づく。「霄壌」は、天と地。転じて、天と地と隔たるように大差のある譬喩。「浄名」は、維摩居士のこと。「醭口」は、何もしゃべらない形容。【二六五―二】注(3)を参照。

【三一九】下平声五歌韻

鐵丸號。［諱無縫、勢州人］

天不覆兮地不載、從來佛祖若渠何。無縫罅處現縫罅、烟樹璨然風月柯。

＊

(1)鉄丸号。［諱《いみな》は無縫、勢州の人］

(2)天も覆《おお》わず、地も載《の》せず、従来、仏祖、渠《かれ》を若何《いかん》せん。(3)縫罅《ほうか》無き処に縫罅を現ず、烟樹、璨然《さんぜん》たり、風月の柯《えだ》。

＊

(1)鉄丸＝鉄丸無縫。享保十四年（一七二九）五月、前堂転位。住寺不明。／(2)天不覆兮地不載、従来仏祖若渠何＝〈この男は天地の間にいないから、はなっから仏祖もどうすることも出来ぬ〉。上の句は、後漢の馬融が、『尚書（書経）』の舜典第二に注した「万物は、非天不覆（天に非ざれば覆わず）、非地不載、非春不生、非夏不長、非秋不収、非冬不蔵、此れ其れを六と謂うなり」（唐の『尚書正義』巻三・舜典第二からの引用）に基づくもので、万物は、天・地・春・

夏・秋・冬の六宗《りくそう》（天の六神）の外にはおられないが、その外におるということ。天台徳韶と龍牙居遁との問答に「師（徳韶）、又た問う、『〈天も蓋《おお》わず、地も載《の》せず〉と。此の理は如何《いかん》』。牙（龍牙）曰く、『道者は合《まさ》に是《かく》の如くなるべし』」と（『五灯会元』巻十）。／(3)無縫罅処現縫罅、烟樹璨然風月柯＝〈ほころびはもとよりないのに少しほころびを見せている、もやのかかる樹の枝に清い風が吹いて月が明るく照らしている〉。下の句は、鉄丸和尚が垣間見せる法身相。「縫罅」は、縫い目のほころび。この二句は、鉄丸の諱、無縫を頌すものだが、無縫と言えば、『碧巌録』十八則「忠国師無縫塔」の話頭（【三四】注(2)を参照）を踏まえるので、この和尚は既に遷化しておられるか。

【三二〇】下平声十二侵韻

的宗號。［住濃州岩崎靈松院］

多年學射中紅心。的的宗風同古今。誰識當機透過旨、三平老子好知音。

＊

(1)的宗号。［濃州岩崎の霊松院に住す］

(2)多年、射《しゃ》を学んで、紅心に中《あ》つ、的的の宗風、古今同じ。(3)誰か識《し》らん、当機透過の旨《むね》、三平老子、好知音《こうちいん》。

＊

(1)的宗＝的宗禅那。「師、諱は禅那、字は的宗。業を霊松院の夢極（夢極主誰）に受け、法を古月に嗣ぐ。月、師の号を頌して曰く、『（同文）』。霊松に住して法を闡《ひら》く。学者、雲のごとく萃《あつ》まる。明和四年（一七六七）四月十一日示寂す。本院に塔す」（『続禅林僧宝伝』第一輯・巻之中【一九七】）。瑞巌山霊松院（岐阜市）の第九代。元文五年（一七四〇）九月、前堂転位。／(2)多年学射中紅心、的的宗風同古今＝〈多年、弓を学んで、ついに的《まと》に当てた、的々相承される宗風は古今変わらない〉。「中紅心」は、本来心を射抜いたという譬喩。禅語に「一箭中紅心」と。「紅心」は、的《まと》の星。唐土の的は星を赤く塗るからかく言う。／(3)誰識当機透過旨、三平老子好知音＝〈この男が何を射抜いたか誰も知るまいが、三平老人だけは知っている〉。「三平の義忠禅師……、初め石鞏《せっきょう》に参ず。鞏、常に弓を張り、箭を架けて機を接す。（後略）」（『五灯会元』巻五）。「知音」の故事は、【九―一一―⑨】注(2)を参照。

【三二二】上平声二冬三江通韻

千拙。［住丹后國清寺］

從來大巧更如拙、百種千般暗一胸。(冬) 軟弱可比虎丘老、吾門修錬貴愚惷。(江)

＊

(1)千拙。［丹后の国清寺に住す］

(2)従来、大巧、更に拙なるが如し、百種千般、一胸に暗し。(3)軟弱、比す可《べ》し、虎丘老《くきゅうろう》、吾が門の修錬、愚惷《ぐとう》を貴ぶ。

＊

(1)千拙＝千拙祖璉。「師、諱は祖璉、字は千拙。古月に親炙すること年久し。月、号を頌して印可して曰く、『(同文)』。宮津の国清寺に住して法を闡《ひら》く。宝暦三年（一七五三）十月晦日示寂す」（『続禅林僧宝伝』第一輯・巻之中【一八七】）。泰叟山国清寺（京都府宮津市）の第七代。寺伝は、諱を師璉とする。宝永五年（一七〇八）一月、前堂転位。／(2)従来大巧更如拙、百種千般暗一胸＝〈従来、真に巧みな者が、かえってへたくそのように見えるのは、百種千般の手法を、その胸中に隠して、外に表わさないからだ〉。上の句は、『老子』に「大直は屈するが若《ごと》く、大巧は拙なるが若く、大弁は訥《とつ》なるが若し」と。この「暗」は、諳に通じるものか。／(3)軟弱可比虎丘老、吾門修錬貴愚惷＝〈その軟弱さは、あの虎丘老人に匹敵する、吾が門の修錬は、愚かさを貴ぶのだ〉。この二句は、虎丘紹隆の以下の故事を踏まえたもの。「(円悟克勤に得法した虎丘は蔵教を掌っていたが）有るひと、悟に問うて曰く、『隆蔵主、柔易（柔和平易）なること此《かく》の若《ごと》し。何ぞ能《よ》く為《せ》んや』。悟曰く、『瞌睡虎《かっすいこ》なるのみ』」（『五灯会元』巻十九）。「瞌睡虎」は、居眠りをしている虎。「愚惷」は、両字共に愚の義。

＊

【三二二】下平声六麻韻

曇宗。 〔諱祖秀、建長門人〕

瞿曇拈出一枝華◎、金色杜陀擔鐵枷◎。歴歴現前教外旨、福山朝暮帯雲霞◎。

(1)曇宗。 〔諱は祖秀、建長門の人〕

(2)瞿曇《くどん》、拈出す、一枝の華、金色の杜陀《ずだ》、鉄枷を担《にな》う。(3)歴歴たり、現前教外の旨、福山、朝暮、雲霞を帯ぶ。

(1)曇宗＝不詳。／(2)瞿曇拈出一枝華、金色杜陀担鉄枷＝〈釈尊が一枝の花を示したがために、摩訶迦葉は（仏法はその花にあるのだと）縛られてしまった〉。この二句は、霊山会上での釈尊から摩訶迦葉への拈華微笑の伝法に基づく。【一一―二】注(4)を参照。「瞿曇」は、釈迦族の姓で世尊を言う。「金色杜陀（頭陀）」は、摩訶迦葉のこと。迦葉は、鍛金師《たんごんし》であった昔、欠壊した毘婆尸仏塔中の尊像を修理した功徳により、九十一劫、金色の身を得たと言う。そのため、金色尊者、金色頭陀などと呼ばれる。／(3)歴歴現前教外旨、福山朝暮帯雲霞＝〈雲霞を帯びる巨福山の朝や暮れに、教外別伝の宗旨は、ありありと現前しておるのだ〉。「福山」は、建長寺の山号、巨福山。

＊

【三二三】上平声一東韻

頑海號。［諱慈湛、住江府麟祥院］

徹底至愚正脉通、曹源波浪漫青空。浮幢王刹未爲廣、雨澤沛然引徳風。

＊

頑海号。(1)［諱は慈湛、江府の麟祥院に住す］

(2)徹底至愚、正脈通ず、曹源の波浪、青空に漫たり。(3)浮幢王刹《ふどうおうせつ》、未だ広しと為《せ》ず、雨沢《うたく》、沛《はい》然《ぜん》として、徳風を引く。

＊

(1)頑海＝頑海慈湛。諱は祖因とも言う。東京都文京区湯島にある天沢山麟祥院の第九代。生縁未詳。甲斐恵林寺の大伽道痴（享保十一年、古月に結制を要請した人）に依って出家。南詢して日向の古月に参じた。寛保三年（一七四三）三月、江戸麟祥院の義山全応の法嗣として前堂転位し、その法席を嗣いで、第九代として晋山。宝暦七年（一七五七）、江湖の勧請に応じて冬制を結び、二百余衆を集めた。明和五年（一七六八）、寺内の退耕庵に退き、同八年六月十六日示寂。世寿六十八。『続禅林僧宝伝』第一輯・巻之中【二〇三】に立伝。／(2)徹底至愚正脈通、曹源波浪漫青空＝〈徹底した愚か者だが、慧能の正脈は通じており、曹源一滴水の波浪を、青天にはびこらせている〉。「頑海」の「頑」は、愚の義。「曹源波浪」は、曹源一滴水の波浪、曹渓山六祖慧能から的々相承されて来た一法のこと。／(3)浮幢王刹未為広、雨沢沛然引徳風＝〈この頑海という海に較べれば、浮幢王刹の香水海もまだ狭い、徳風を吹かせながら恩沢の雨を降らせている〉。この二句は、「頑海」の道号を頌すと共に、「慈湛」という法諱も頌している。「浮幢王刹」は、浮幢王刹香水海のこと。『楞厳経』巻五に「水を見るに身中と世界の外の浮幢王刹の諸もろの香水海と等しくして差別無し」と説かれるところ。「沛然」は、雨が盛んに降るさまだが、「沛然の恩」と言えば、恩沢の厚いさまを言う。

【三二四】上平声十一真韻

虎堂號。　［住筑後徳雲寺］

緑竹一叢襲主人、清風捲霧自無塵。聲光落落難闚看、不耐傍他門戸臻。

＊

(1)虎堂号。　［筑後の徳雲寺に住す］

(2)緑竹一叢、主人に襲《つ》く、清風、霧を捲き、自ずから塵無し。(3)声光落落、闚看《きかん》し難し、他の門戸に傍《そ》って臻《いた》るに耐《た》えず。

＊

(1)虎堂＝虎堂宗主。円明山徳雲寺（福岡県久留米市）の七世再興。既に【四五】【四六】に出ている。／(2)緑竹一叢襲主人、清風捲霧自無塵＝〈緑の竹林から吹く風は主人にも及び、清風が霧を巻き起こして自ずと塵は消えている〉。「襲」は、及の義。「主人」は、虎堂。下の句は、『碧巌録』九十九則垂示に「龍吟ずれば霧起こり、虎嘯けば風生ず」と。詳しくは、【一四七】注(3)を参照。／(3)声光落落難闚看、不耐傍他門戸臻＝〈その虎声は高大で、うかがい見ることさえ難しい、ましてや、他人の門戸にそって到れるものではない〉。「声光落落」は、『碧巌録』八十五則「桐峰庵主、虎声を作《な》す」の頌、「君見ずや、大雄山下に忽《たちま》ち相逢《あいあ》う、落落たる声光、皆な地に振るう」に基づく。本則は、「僧、桐峰庵主の処に到って便ち問う、『這裏、忽ち大虫（虎）に逢わん時、又た作麼生』。庵主、便ち虎声を作《な》す。僧、便ち怕《おそ》るる勢いを作す。庵主、呵呵大笑す。僧云く、『這《こ》の老賊』。庵主云く、『老僧を争奈何《いかん》せん』。僧、休し去る」。頌の「大雄山下忽相逢……」は、百丈と黄檗との以下の話頭を言う。「丈（百丈）、一日、師（黄檗）に問う、『甚麼《いずれ》の処にか去来す』。曰く、『大雄山下に菌子を採り来たる』。丈曰く、『還って大虫（虎）を見るや』。師、便ち虎声を作《な》す。丈、斧を拈じて、斫《き》る勢いを作す。師、即ち丈を打つこと一掴す。丈、吟吟として笑って便ち帰る。（百丈）上堂して曰く、『大雄山下に一の大虫有り。汝等諸人、也《ま》た須《すべか》らく好く看るべし。百丈老漢、今日、親しく一口に遭う』」。「傍他門戸（倚他門戸）」は、他人に依存する喩え。用例は、【一〇一三】注(2)を参照。

【三二五】下平声五歌韻

定翁。［諱宜孟、住濃州圓成寺］

水邊林下一那伽、三尺眉毛疊雪皤。報化佛頭坐斷了、雨華徒勞釋提婆。

＊

(1)定翁。［諱は宜孟、濃州の円成寺に住す］

(2)水辺林下、一那伽《いちなが》、三尺の眉毛、雪を畳んで皤《しろ》し。(3)報化仏頭《ほうけぶつとう》、坐断し了《お》わる、華を雨《あめふ》らせんとして、徒《いたずら》に労す、釈提婆《しやくだいば》。

＊

(1)定翁＝定翁宜孟。「師、諱は宜孟、字は定翁。濃の円成に投じて、貫道の弟子と為り、古月に参じて道蘊を究む。月、号を頌して印可して曰く、『(同文)』。受業に還り、師席を続《つ》ぐ。……天明七年（一七八七）四月十七日示寂す」（『続禅林僧宝伝』第一輯・巻之中【二二二】）。乾龍山円成寺（岐阜県大垣市）の第五世。寛保四年（一七四四）二月、前堂転位。／(2)水辺林下一那伽、三尺眉毛畳雪皤＝〈水辺林下で仏の禅定にあるこの翁、三尺の眉毛は、積もった雪のように白い〉。「那伽」は、那伽定、那伽大定。仏の禅定のこと。那伽は、梵語ナーガの音訳で龍の意。龍を仏に比して言う。『倶舎論』巻十三・分別業品第四之一に「有余部に説く、諸仏世尊は常に定に在るが故に、心は唯だ是れ善のみにして無記の心無し。故に契経に説く、那伽は行くも定に在り、那伽は住するも定に在り、那伽は坐するも定に在り、那伽は臥するも定に在り」と。「畳雪」は、白頭畳雪。老人の形容。／(3)報化仏頭坐断了、雨華徒労釈提婆＝〈報身仏の相も、化身仏の相も断ち切った、無相の法身仏であれば、帝釈天もうかがい知れず、花をふらせようとしても徒労に終わろう〉。上の句は、『臨済録』示衆に「道流、山僧が見処を取らば、報化仏頭を坐断し、十地の満心は猶お客作児の如し」と。下の句は、「空生巌畔花狼藉」（『碧巌録』六則頌）の故事による。【一六五】注(1)を参照。「釈提婆」は、釈提婆那民《しやくだいばなみん》、帝釈天のこと。須菩提は、般若波羅蜜多を説いて帝釈天に見つかってしまったが……という句意。

【三二六】下平声一先韻

亮室號。［肥前人］

方方丈裡獨安禪、貞亮自甘無後先。因憶須彌高廣座、正容三萬有餘千。

(1)亮室号。［肥前の人］

*

(2)方方丈裡《ほうほうじようり》、独《ひと》り安禅す、貞亮《ていりよう》、自ら甘なう、後先の無きことを。(3)因《よ》って憶《おも》う、須弥高広の座、正に三万有余千を容《い》るることを。

*

(1)亮室＝不詳。／(2)方方丈裡独安禅、貞亮自甘無後先＝〈一丈四方の室内に独坐し、節義を尊び、後先の別なく誰をも導き入れる〉。「方方丈」は、維摩の方丈に基づく。【一〇—八九】注(3)を参照。「後先」は、仏道修行における後輩先輩ということか。また、先後優劣の意を含むか。／(3)因憶須弥高広座、正容三万有余千＝〈そこで思い出される、維摩の方丈に、須弥灯王仏の高広厳浄なる三万二千の師子座が入ったことを〉。【二—一】注(2)を参照。

【三二七】下平声十一尤韻

贊龍雲鐵塔和尚壽像。

曾聞月支南印土〔南印土鐵塔、眞言門之濫觴〕、今看日域海西州。◎高門弟子親瞻禮、赫赫徳暉垂庇庥。◎

＊

(1)龍雲の鉄塔和尚の寿像に賛す。

(2)曾て聞く、月支の南印土と〔南印土の鉄塔は、真言門の濫觴《らんしょう》なり〕、今看る、日域の海西州。(3)高門の弟子、親しく瞻礼《せんらい》す、赫赫《かくかく》たる徳暉、庇庥《ひきゅう》を垂る。

＊

(1)龍雲鉄塔和尚＝日向国児湯郡高鍋にあった万松山龍雲寺（現在廃寺）の和尚。既に【一四七】に出ているが不詳。／(2)曾聞月支南印土〔南印土鉄塔、真言門之濫觴〕、今看日域海西州＝〈昔、その鉄塔は、南天竺にあると聞いたが、今、日本の九州に見えている〉。「月支南印土」は、南印度を言うのみ。「月支」は、印度の西にある国名。月氏とも。底本注記については、【一四七】注(4)を参照。「濫觴」は、ことの初めの意。大河もその源は、さかずきにあふれるほどの小流であるという意。／(3)高門弟子親瞻礼、赫赫徳暉垂庇庥＝〈その赫々たる徳暉は子孫を庇護し、すぐれた弟子たちが親しく仰ぎ見て礼拝している〉。

【三二八】上声四紙韻

豐後福壽四代一溪和尚像贊。

自幼出家、其機快利。撥艸瞻風兮幾經雪苦霜辛、于花于月兮正得眞踐實履。三顧吾盧兮傾江湖同參之情、一剏禪窟兮置雲水聚會之軌。末梢沐浴自更衣、蹈破虚空現面觜。

＊

豊後福寿四代(1)一渓和尚の像賛。

幼より出家して、其の機、快利なり。(2)撥草瞻風《はつそうせんぷう》、幾たびか雪苦霜辛を経て、花に月に、正に真践実履を得たり。三たび吾が盧を顧みて、江湖同参の情を傾け、(3)一たび禅窟を剏《はじ》めて、雲水聚会《じゆえ》の軌を置く。(4)末梢《まつしよう》、沐浴して自ら衣を更《あらた》め、虚空を蹈破して面觜《めんし》を現ず。

＊

(1)一渓和尚＝一渓□覚。諱、一字不詳。大分市松原町にある海岸山福寿寺（南禅寺派）の第四代。享保十七年（一七三二）十月四日示寂。世寿不詳。『続禅林僧宝伝』第一輯・巻之上【一六〇】に立伝。既に【三—五】【一〇—七六】等に出ている。／(2)撥草瞻風＝弁道修行一般を言うが、特に諸方行脚の意に用いる。兜率従悦の示衆に「撥草瞻風は、只だ見性を図る」と。／(3)一剏禅窟兮置雲水聚会之軌＝〈僧堂を開いて安居の軌則を定められた〉。『僧宝伝』一渓和尚の伝中に「豊の福寿に住し、廃を挙げ頽を興し、僧堂を剏建して、祖風を紹隆す」とある。／(4)末梢沐浴自更衣、蹈破虚空現面觜＝〈末後、沐浴更衣して遷化されたが、虚空を踏み越えて、その本来の面目を表わしておられる〉。「沐浴更衣」は、諸録に見える、僧の正しい遷化の姿。「面觜」は、面目の義。

【三二九】下平声十二侵韻

贊前總持現福昌實禪和尚壽像。

靈鷲長年、惠燈南林。四處名實相應、平生禪機以任。總持奉敕服椹衣、玉嶺爲國振古音。別別。湖山桂月映波心。

＊

(1)前総持現福昌実禅和尚の寿像に賛す。

(2)霊鷲《りようじゆ》長年、恵灯南林。(3)四処、名実相応《あいおう》じ、平生、禅機以て任ず。(4)総持、勅を奉じて椹衣《じんえ》を服し、玉嶺、国の為に古音を振るう。(5)別別。(6)湖山の桂月、波心に映ず。

＊

(1)前総持現福昌実禅和尚＝玉龍山福昌寺〈鹿児島市。曹洞宗。現在廃寺〉の実禅祖白。【一三六】注(1)を参照。／(2)霊鷲長年、恵灯南林＝底本の書入れに「霊鷲院・長年寺・恵灯院・南林寺」とあり、実禅和尚が住した四処であろう。／(3)四処名実相応、平生禅機以任＝〈四処に住してその名は実に背かず、平生の禅機を以てよくその務めに当たられた〉。／(4)総持奉勅服椹衣、玉嶺為国振古音＝〈勅を奉じて総持寺に住しては紫衣を身に着け、玉龍山に住しては国のために古音を振るわれた〉。「椹服」は、紫衣のこと。【三〇】注(4)を参照。「玉嶺」は、底本の書入れに「龍山」とあり、玉龍山福昌寺のこと。福昌寺は、代々、薩摩島津家の菩提寺。「古音」は、太古の昔から正しく伝わる音楽。「我れに無弦の琴有って、中に太古の音を含む、豈に少林の曲無からんや」（『了庵録』巻七）などと用いられる。／(5)別別＝〈なおまたさらに言おう〉。「別別」は、格別、特別の意。法語では、言葉を変える際に、形式的に用いることがある。拙訳の如き口吻。／(6)湖山桂月映波心＝〈湖のほとりの山に懸かる明月が水面に映っている〉。実禅和尚の真実相。「桂月」は、月の異称。

【三三〇】上平声四支韻

東福前板寶福象海禪師肖像。

興隆寶福洪基之廢、功勳相支。激起竜淵一派之水、點滴不施。評舊公案竜蛇齊辨、裒千餘衆棒喝交馳。江南風渚、同參幾日、親接芝眉。半幅霜楮、丰標如面、恭觀嚴儀。錯錯。海晴印月珊瑚枝。

*

東福前板宝福(1)象海禅師の肖像。

(2)宝福洪基《こうき》の廃を興隆して、功勲相支《あいささ》う。(3)龍淵一派の水を激起して、点滴も施さず。(4)旧公案を評して龍蛇斉《ひと》しく弁じ、千余衆を裒《あつ》めて棒喝交馳《こうち》す。(5)江南の風渚《ふうしよ》、同参、幾日ぞ、親しく芝眉《しび》に接す。(6)半幅の霜楮《そうちよ》、丰標《ふうひよう》、面するが如し、恭しく厳儀を観《み》る。(7)錯錯《しやくしやく》。(8)海晴れて月を印す珊瑚の枝。

*

(1)象海禅師＝象海恵湛。【一三四】注(1)に既述。／(2)興隆宝福洪基之廃、功勲相支＝〈宝福寺の洪基の荒廃を復興されたが、その功勲《てがら》を自分だけのものとはされなかった〉。「洪基」は、大きな事業の土台。「相支」は、みんなで支え合うということ。／(3)激起龍淵一派之水、点滴不施＝〈龍淵一派の水を激しく起こしたが、一滴もその水を施されなかった〉。「龍淵一派之水」は、無準師範下一流の法脈。「龍淵」は、東福寺円爾の師、無準師範が住した径山万寿寺の方丈の名。象海禅師の法も、無準にさかのぼる。「点滴不施」は、一滴も雨を降らさないこと。ここでは、無準下の仏法をたやすくは教えなかったということ。／(4)評旧公案龍蛇斉弁、哀千余衆棒喝交馳＝〈旧公案を評唱して龍蛇を正しく見極め、千余衆を集めて棒喝を自在に用いられた〉。この二句は、享保十七年（一七三二）に勤修された、いわゆる〈東福寺の千人結制〉の功績を頌すもの。参集した雲衲は、一千七百三十一員。象海禅師は、『臨済録』を提唱した。「龍蛇斉弁」は、龍（の如く勝れた者）か、蛇（の如く凡なる者）かを見極めるということ。／(5)江南風渚、同参幾日、親接芝眉＝〈江南の風柯月渚のもと、同参となった幾日か、親しく尊顔に接しました〉。「江南風渚」は、諸方行脚の譬喩。「江南」は、具体的な地名を言うものではない。「風渚」は、風柯月渚を略したもの。風に揺らぐ木の柯《えだ》と月夜の渚《なぎさ》。【一三四】注(3)を参照。「芝眉」は、人の顔容を言う敬称。【三八一―三】注(3)に既述。／(6)半幅霜楮、丰標如面、恭観厳儀＝〈半幅が白紙のこの肖像画に向かっていると、その風采を目の当たりにする思いがして、恭しく威厳あるお姿を見ております〉。「半幅霜楮」は、下半幅に肖像が描かれ、上半幅が白紙ということ。今、その白紙の部分にこの賛が書かれようとしている。「霜楮」は、霜紙（白紙）に同じ。楮は、紙の材料となる木。転じて紙を言う。「丰標」の「丰」は、風に通じ、風標・風采に同意。おもむき、ありさま。／(7)錯錯＝〈しかし、象海禅師の真相を、この肖像に見るのは大間違いだ〉。その真相を示したのが次の一句。／(8)海晴印月珊瑚枝＝〈海は晴れ、珊瑚の枝々に月影が映って、なんとも美しい〉。有名な禅語に「珊瑚枝枝、月を樘著《とうじゃく》す」と。

【三三二】下平声一先韻

獨秀大和尚、應英檀靈夢、創建神護山崇福寺。徳望以卲。滅后二百餘祀、支流滿東西也。茲敕謚法智普光禪師。現住玉泉和尚幹事。欽裁野偈一章、奉表拜賀。萬乙。

正脉滔滔二百年、高崇福智涌如泉。靈神擁護曾無誣、奎畫放光下九天。

＊

(1)独秀大和尚、英檀の霊夢に応じて、(2)神護山崇福寺を創建す。(3)徳望、以て卲《たか》し。滅后二百余祀、支流、東西に満つ。茲《ここ》に勅して法智普光禅師と諡《おくりな》す。(4)現住玉泉和尚、事を幹《つかさど》る。欽《つつし》んで野偈一章を裁し、(5)表《ひょう》を奉って拝賀す。(6)万乙《まんいつ》。
(7)正脈滔滔二百年、高崇たる福智、涌いて泉の如し。(8)霊神の擁護、曾て誣《し》いること無し、奎《けい》画《かく》、光を放って、九天より下る。

＊

(1)独秀大和尚＝独秀乾才。東海派下独秀門派の祖。古月もこの門派に属す。永正十一年(一五一四)八月三日示寂。世寿不詳。元文元年(一七三六)九月二十五日、勅謚法智普光禅師。／(2)神護山崇福寺＝岐阜市。崇福寺の「開創由緒」(大正二年、妙心寺寺籍調査表)に「当寺建立ハ後土御門院御宇、文明元年（一四六九）二月、美濃守土岐成頼卿ト其ノ臣左衛門尉斎藤長弘ト、各ノ夢中ニ神人来リテ告クルナリ。長弘急キ登城シ霊夢ヲ談スルニ、君臣符節ヲ合スル如ク、同夢機気相契ス。是レニ依リテ長弘自ラ館居ヲ捨テ、国家鎮護ノ為此処ニ梵刹ヲ造立シ、……茲ニ於テ独秀和尚ヲ請シテ開山始祖トシ、……」。／(3)徳望以卲＝【三九―四三】注(4)を参照。／(4)現住玉泉和尚＝玉泉慧崑。崇福寺の第十三世。【三一〇】に「玉泉号」が載る。／(5)奉表拝賀＝〈この一偈をたてまつり、お慶びを申し上げます〉。「奉表」の「表」は、臣下から天子に奉る文書のことだが、ここでは、形式的に用いたもの。／(6)万乙＝万分の一。曼乙・万一・曼一とも書かれ、謝意を表わす際、謙遜して言う語。／(7)正脈滔滔二百年、高崇福智涌如泉＝〈その正脈は滔々と二百年流れ続け、高大な福徳と智慧は、泉のように涌いている〉。崇福寺を頌すと共に、幹事の玉泉和尚の一字を歌い込む。／(8)霊神擁護曾無誣、奎画放光下九天＝〈霊神の擁護は、決してあざむかない、天子の御筆が光を放って宮中より下された〉。「霊神擁護」は、注(2)を参照。「奎画」は、天子の御筆。ここでは、桜町天皇の「法智普光禅師」の諡号宸翰。玉泉和尚の奏聞帖、古月の本篇などと共に、『法智普光禅師語録』（大正二年刊）に収録（活字）されている。「放光」は、禅師号に因む。「九天」は、ここでは、九重天、宮中のこと。

【三三二】上平声十一真韻

濃州大仙山興徳寺中興東嶽和尚肖像。

華晒紅錦、月挂氷輪。猿叫青嶂、鳥報陽春。不翻斤斗、模様正新。無作境會、覿面相親。大仙遺法茲興起、徳色巍巍看有隣。　興徳曇靈和上請之。

＊

濃州大仙山興徳寺中興(1)東嶽和尚の肖像。
(2)華、紅錦を晒《さら》し、月、氷輪を挂く。猿、青嶂《せいしょう》に叫《な》き、鳥、陽春を報ず。(3)斤斗《きんと》を翻《ひるがえ》さず、模様、正に新たなり。(4)境の会《え》を作《な》すこと無し、覿面《てきめん》に相親《あいした》し。(5)大仙の遺法、茲《ここ》に興起す、徳色巍巍として隣り有るを看る。　興徳の曇霊和上、之れを請う。

＊

⑴東嶽和尚＝東嶽恵輪。大仙山興徳寺（岐阜県関市洞戸市場）の三世。元禄十三年（一七〇〇）十月、前堂転位。【六〇】に出ている曇霊宗珪の師。曇霊が、この賛を求めた。／⑵華晒紅錦、月挂氷輪。猿叫青嶂、鳥報陽春＝〈花は紅の錦をさらしたように美しく、月は氷の輪をかけたように明るい。猿は青い嶂《みね》に鳴き叫び、鳥は春のおとずれを告げている〉。「氷輪」は、そもそも月の異称。この四字四句は、肖像の図柄を頌したものであろうが、よほど美しく描かれているのであろう。／⑶不翻斤斗、模様正新＝〈とんぼ返りなどせずに、この肖像が今まさに描かれた〉。普化は、遷化を前にした師の盤山宝積に「吾が真を描け」と言われ、何も描かずにとんぼ返りをして出て行った。そのとんぼ返りをしないということは、ちゃんと肖像を描いたという譬喩。「普化描真」と呼ばれる話頭を踏まえる。【二九】注⑵を参照。「模様」は、すがたかたち。即ちこの肖像。／⑷無作境会、覿面相親＝〈とても外の景色とは思えません、和尚と目の当たりに親しく相見しております〉。この二句は、初めの四句、特に「猿叫青嶂」の句があるので、「夾山境話」と呼ばれる話頭を踏まえたもの。「僧、夾山に問う、『如何《いか》なるか是れ夾山の境』。山云く、『猿、子を抱いて青嶂の後《しりえ》に帰り、鳥、花を啣《ふく》んで碧巌の前に落つ』。法眼、後に大悟して云く、『我れ二十年、錯《あやま》って境の話会《わえ》を作《な》す』」（『宗門葛藤集』巻上）。「境会」は、【九九】注⑶も参照。／⑸大仙遺法兹興起、徳色巍巍看有隣＝〈大仙山の遺法が、ここに中興された、その徳色は高大で、そこに隣りする者が見えている〉。「有隣」は、『論語』里仁第四の「徳は孤ならず、必ず隣り有り」に基づく。孔子の言う意は、有徳者は決して孤立す

るものではなく、人に隣人があるように、これに共鳴する人が出るということ。本篇は、和尚が再興した興徳寺は、弟子の曇霊和尚が護持していきますという句意。

【三三三】 下平声七陽韻

肥後求麻瑞祥寺靈源和尚壽像。

産于華洛、長于《ヒト、ナル》肥陽。因深縁熟、瑞現祥彰。講經臺兮四衆圍繞、請藏窟兮諸天贊揚。三生岩裡梅華骨、郁郁猶噴千歳香。

現瑞祥靈源和尚手度祖玲祖應之二禪衲、圖本師和尚壽像遠求贊辭。不得峻拒塞需云。

*

肥後求麻瑞祥寺の(1)霊源和尚の寿像。

(2)華洛に産《う》まれ、肥陽に長《ひとと》る。因深く縁熟し、瑞現じ祥彰《あら》わる。(3)講経台、四衆《しじゅ》囲繞《いにょう》し、請蔵窟、諸天賛揚す。(4)三生岩裡、梅華の骨、郁郁として猶お千歳の香を噴く。

現瑞祥霊源和尚の(5)手度《しゅたく》、祖玲・祖応の二禅衲、本師和尚の寿像を図《えが》き、遠く賛辞を求む。峻拒することを得ず、(6)需《もと》めを塞ぐと云う。

*

(1)霊源和尚＝霊源禅苗。鳳翔山瑞祥寺（熊本県人吉市）の第九世。【七―四】【四四】に既出。／(2)産于華洛、長于肥陽。因深縁熟、瑞現祥彰＝〈京都で生まれ、肥後熊本で成人した禅苗。因縁が深く熟して、瑞祥寺に姿を現わした〉。古月下で修行していた禅苗が、閑田祚安の法嗣として瑞祥寺に嗣住したということ。「ヒト、ナル」は、長の古訓。成人すること。／(3)講経台兮四衆囲繞、請蔵窟兮諸天賛揚＝〈講経台には僧俗が取り囲み、請蔵窟には諸天が賛揚している〉。霊源和尚は、瑞祥寺に大蔵経を整えられたか。「四衆」は、比丘（出家の男）・比丘尼（出家の女）・優婆塞（在家信者の男）・優婆夷（在家信者の女）。／(4)三生岩裡梅華骨、郁郁猶噴千歳香＝〈この和尚は、梅花と三生骨肉の契りを結んでおられる、きっと、千年万年、郁々たる香りを放たれよう〉。この二句は、【一八六】注(4)を参照。／(5)手度祖玲祖応＝不詳。「手度」は、手ずから得度させた弟子。／(6)塞需＝求めの口をふさぐ。転じてこたえるの意。

【三三四】上平声二冬韻

濃州常國寺龜峰和上像。

開刹常國、餘徳示蹤。寃嗣嶽老、絶罅泯縫。一峰千古爲龜鑑、蕩蕩眞風立祖宗。

＊

濃州常国寺(1)亀峰和上の像。

(2)常国を開刹《かいそう》して、徳を余し蹤《あと》を示す。(3)岳老に寃嗣《おんし》して、罅《か》を絶し縫《ほう》を泯す。(4)一峰、千古、亀鑑と為《な》る、蕩蕩たる真風、祖宗を立す。

＊

(1)亀峰和上＝亀峰東聞。鳳祥山常国寺（岐阜市）の法系一世。延宝五年（一六七七）六月、前堂転位。常国寺の

詳しい開創由緒は伝わらない。／(2)開刱常国、余徳示蹤＝〈常国寺を開創され、そこに和尚の遺徳と遺蹤が表われている〉。／(3)冤嗣岳老、絶觮涙縫＝〈万岳老人に冤《うら》みを嗣《つ》ぎ、欠けたるものを全てなくすような修行をされた〉。「岳老」は、亀峰和上の師、万岳東宜。明暦三年（一六五七）九月の前堂転位。岐阜県乾徳寺の開山。「冤嗣」は、【一一五】の「嗣怨」に同意。そこの注(3)を参照。嗣怨は、嗣法者の上士を言う。下の句は、涙絶縫觮の義。縫觮は、縫目のほころび。／(4)一峰千古為亀鑑、蕩蕩真風立祖宗＝〈この一峰に蕩々と吹いている祖宗の真風は、千古に続く亀鑑となる〉。亀峰の道号を歌い込んだもの。「亀鑑」は、誰ものっとるべき手本。「亀は以て疑を決する所、鑑は以て物を弁ずる所」（『祖庭事苑』巻二【亀鑑】）。

【三三五】上平声二冬韻

春屋妙葩國師肖像。

創建相國、復興天龍。美譽芳聲兮如春葩郁郁、道機禪観兮齊奔流溶溶。七朝之師生寗馨、猶使兒孫弘祖宗。

＊

(1)春屋妙葩国師の肖像。

相国を創建し、天龍を復興す。(2)美誉芳声、春葩《しゆんぱ》の郁郁たるが如く、道機禅観、奔流《ほんりゆう》の溶溶たるに斉《ひと》し。(3)七朝の師、寗馨《ねいけい》を生じ、猶お児孫をして祖宗を弘《ひろ》めしむ。

＊

⑴春屋妙葩＝普明国師。夢窓疎石の俗甥であり法嗣。／⑵美誉芳声兮如春葩郁郁、道機禅観兮斉奔流溶溶＝〈美誉芳声は、春花のかぐわしさに似て、道機禅観は、急流が盛んに流れるようである〉。「春葩」は、春の花。葩は、はなびら。「奔流」は、急流。奔は、疾の義。／⑶七朝之師生寧馨、猶使児孫弘祖宗＝〈七朝国師は、こんな素晴らしい子を生み、さらにその児孫をして祖宗を広めさせている〉。「七朝之師」は、夢窓疎石のこと。【三六】注⑼を参照。「寧馨」は、寧馨児の略。寧馨は、晋宋代の俗語で「此《かく》の如し」の意。寧馨児は、こんなにもよい子という意。幼より俊秀なる者を言う。

【三三六】 上平声四支韻

備後鞆津大雄山正法寺大獣和尚肖像。

萬機休罷、正法嚴持。如龍如虎、非熊非羆。其卜雄山大得獲《エモノヲ》、瞻仰有威又有儀。

＊

備後鞆津大雄山正法寺⑴大獣和尚の肖像。

⑵万機休《きゆう》罷《は》、正法厳持《ごんじ》。⑶龍の如く虎の如く、熊《ゆう》に非ず羆《ひ》に非ず。⑷其の雄山をトするや大いに獲《えもの》を得たり、瞻仰《せんごう》す、威有り又た儀有ることを。

＊

⑴大獣和尚＝大獣祖休。大雄山正法寺（広島県福山市鞆町後地）の第三代。正徳元年（一七一一）十月、前堂転位。／⑵万機休罷、正法厳持＝〈一切の思慮を休止し、正法を厳しく持《たも》っておられる〉。「万機休罷」は、【一一九】

注(4)を参照。下の句は、正法寺に厳《おごそ》かに住持されているという意も含む。／(3)如龍如虎、非熊非羆＝この二句は、大獣の道号によるもの。上の句は、『碧巌録』八則垂示などに「龍の水を得るが如く、虎の山に靠《よ》るに似たり」と。本領を発揮することの譬喩。下の句は、周の文王が猟に出ようとして占った際の卜辞。以下の故事より、王者の補佐となり得る人を言う。「西伯、将《まさ》に猟せんとし、之れを卜す。曰く、『……非熊非羆、……獲る所は覇王の輔ならん』と。果たして呂尚（太公望）に渭水の陽に遇う」（『十八史略』周）。／(4)其卜雄山大得獲、瞻仰有威又有儀＝〈大雄山に住するや大いに弟子を得られ、威も儀も整っておられる姿を仰ぎ見る〉。上の句は、前注に引いた『十八史略』の故事を踏まえてのもの。ここの「卜」は、居所を定めることで、もはや、卜（うらなう）の意はない。

【三三七】下平声一先韻

豫州如法寺逸山大和尚像賛。

眼無光耳欠聽、不識佛不會禪。◎ 椹服榮宸奎瑞、底事降九重天。◎ 誰識國師正法眼、當機滅却瞎驢邊。◎ 夫是之謂大法正眼國師的骨孫眞性淨明禪師逸山大和尚者也。

＊

予州如法寺(1)逸山大和尚の像賛。

(2)眼に光り無く、耳に聴くを欠き、仏を識《し》らず、禅を会《え》せず。(3)椹服《じんぷく》の栄、宸奎《しんけい》の瑞、底事《なにごと》ぞ、九重《ここのえ》の天より降る。(4)誰か識《し》らん、国師の正法眼、当機、瞎驢辺《かつろへん》に滅却することを。(5)夫《そ》れ是れ之れを(6)大法正眼国師の的骨孫、真性浄明禅師逸山大和尚と謂う者なり。

＊

⑴逸山大和尚＝逸山祖仁。盤珪永琢開山の富士山如法寺（愛媛県大洲市柚木）の第五世。備中（岡山県）の人。天和三年（一六八三）、江戸光林寺の盤珪に参じて大悟し、のち師兄の節外祖貞に嗣法した。はじめ、江戸の天祥寺に住し、宝永二年（一七〇五）、伊予の如法寺に住した。同五年一月、前堂転位。享保十二年（一七二七）六月、本山妙心寺に視篆。同十一月十九日、真性浄明禅師。同十九年六月十一日示寂。世寿八十、法臘七十。伝は、『続禅林僧宝伝』第一輯・巻之上【一六三】、『富士山志』巻十八。古月・盤珪・逸山との法縁は、『僧宝伝』逸山伝を参照。／⑵眼無光耳欠聴、不識仏不会禅＝〈目は見えず、耳は聞こえず、仏も知らねば、禅も分かっていない〉。直訳すればこうなるが真意は分からない。上の句は、単に逸山和尚の遷化を言うのみか。或いは、頂相の図柄に関わるか。下の句は、『禅林句集』（『大慧録』巻十）にある「達磨は禅を会せず、夫子は字を知らず」と同じような含意か。達磨は禅全体だから、孔子は文字全体だから、いわゆる禅や文字は知らないということ。／⑶椹服栄宸奎瑞、底事降九重天＝〈逸山和尚が、天子から紫衣や禅師号のほまれを賜わったのは、なにゆえであろうか〉。下の七言二句がその答え。「椹服」は、紫衣のこと。【三〇】注⑷を参照。「宸奎」は、天子の御筆。ここでは、中御門天皇の「真性浄明禅師」の諡号宸翰。『盤珪禅師全集』資料集（昭和五十一年）、『僧宝伝』逸山伝に収録（活字）されている。「底事」の「底」は、疑問詞で、何事の意。唐詩に多く見られる俗語。「九重天」は、宮中のこと。／⑷誰識国師正法眼、当機滅却瞎驢辺＝〈知らぬ者はおるまい、逸山和尚が、盤珪国師の正法眼を、じかに相続しておられることを〉。下の句は、臨済遷化の故事に基づく。【九―一一―②】注⑴を参照。／⑸夫是之謂……者也＝定形句。／⑹大法正眼国師＝盤珪の国師号。桜町帝の元文五年（一七四〇）十二月二十六日に賜わった。

【三三八】上平声七虞韻

天榮和尚肖像。〔出雲禪悦首座請之〕

不緩宗乘、密施工夫。究明自己、訓錬令徒。禪心怡悦、奄然長徂。風月千古、高標以穌。

*

(1)天栄和尚の肖像。〔出雲の禅悦首座、之れを請う〕

(2)宗乗を緩《ゆる》めず、密に工夫を施す。自己を究明し、令徒を訓錬す。(3)禅心怡悦《いえつ》、奄然《えんぜん》として長く徂《ゆ》く。(4)風月千古、高標、以て穌《そ》す。

*

(1)天栄和尚＝賛を求めた禅悦首座（不詳）が出雲の人であるので、広徳山満願寺（島根県出雲市矢野町）の第四世、天栄智外（地外とも）のことと思われる。享保七年（一七二二）十月の前堂転位。／(2)不緩宗乗、密施工夫。究明自己、訓錬令徒＝「不緩宗乗、究明自己。密施工夫、訓錬令徒」の倒置。／(3)禅心怡悦、奄然長徂＝〈禅定心を楽しんでおられたが、にわかに長逝された〉。上の句は、禅悦首座の法諱を読み込んでいる。／(4)風月千古、高標以穌＝〈千古の風月に、天栄和尚の高尚な人格が蘇っている〉。「穌」は、蘇の通字。

【三三九】下平声七陽韻

題書寫法華經之後。〔奥州岩城宜元拜寫〕

老瞿曇擲土撒沙漏逗不少。何添家醜重題蕪辭耶。欲探其幽賾、未操觚拂《フデ》帋以前著一隻去。然事無一向。

聊賛書寫之功、系以小伽陀云。
發意肅焼香、寫來七軸章。鳳鸞六萬字、生佛一乘方。多歳窮貧子、須臾見法王。賛揚勝功徳、二利永無疆。

*

書写法華経の後に題す。［奥州岩城の(1)宜元拝写す］
(2)老瞿曇《ろうくどん》、土《ど》を擲《なげう》ち沙《いさご》を撒《さっ》す、漏逗《ろうとう》少なからず。(3)何ぞ家醜《かしゅう》を添えて、重ねて蕪辞《ぶじ》を題せんや。(4)其の幽賾《ゆうさく》を探《さぐ》らんと欲せば、未だ觚《ふで》を操《と》り紙を払わざる以前に一隻《いっせき》を著け去れ。(5)然《しか》れども、事に一向無し。聊《いささ》か書写の功を賛して、系《か》くるに小伽陀《しょうかだ》を以てすと云う。
(6)意を発して粛《うやうや》しく香を焼《た》き、写し来たる七軸の章。(7)鳳鸞《ほうらん》六万字、生仏《しょうぶつ》一乗方。(8)多歳の窮貧《ぐうひん》子《し》、須臾《しゅゆ》に法王に見《まみ》ゆ。(9)賛揚す、勝功徳、二利、永く疆《きわ》まり無し。

*

(1)宜元＝不詳。／(2)老瞿曇擲土撒沙漏逗不少＝〈老釈尊は、土や砂を撒き散らして、見られたザマではない〉。火宅三車喩や長者窮子喩などの七喩を説く『法華経』を抑下したもの。「老瞿曇」は、釈尊のこと。「瞿曇」は、釈迦族の姓。「擲土撒沙」は、「抛土撒沙」「撒土撒沙」などと書かれて禅録に頻出する。土や砂を撒き散らすこと。分別や妄想を起こす譬喩など、あまり良い意味には用いられない。「漏逗不少」は、禅録頻出語。「漏逗」は、潦倒、老倒の音通で、おいぼれ、だらしがないなどの意。ただし、『句双葛藤鈔』【漏逗不少】は、「為の手のすぎたる義なり」と釈す。本篇でもその意。／(3)何添家醜重題蕪辞耶＝〈どうしてその上、私までが下手な文章を書いて、家の恥を上塗りしようか〉。「蕪辞」は、自己の文章の謙称。「蕪」は、あれくさ。／⑷欲探其幽賾、未操觚払紙以前著一隻去＝〈『法華経』の深意を探ろうと思えば、まだ文字に書かない以前に、一隻眼を着けて見ることだ〉。「探其幽賾」は、奥深いものを探り求めること。『易経』繋辞上伝に「賾を探り隠を索《もと》む」と。「操觚払紙」は、『大慧書』「答夏運使」に「欲作妙喜書、未操觚払紙」と見える。「一隻」は、一隻眼の略。摩醯首羅天《まけいしゅらてん》（大自在天）の頂門の一隻眼のことで、悟りの眼を言う。／⑸然事無一向。聊賛書写之功、系以小伽陀云＝〈そうは言っても物事は一すじ道だけでは片づくまい。いささか書写の功徳をたたえて、この文章のあとに小偈をつなげよう〉。「事無一向」は、禅録頻出語。既に【七—一二二】【九—九】に出ている「小伽陀」は、小偈。「伽陀」は、ガータの音訳。韻文で説かれた仏の教え。ここでは、下の五言律の偈。／⑹発意粛焼香、写来七軸章＝「発意」は、仏教語では、発菩提心。一般語としては、事を思い立つ意。「七軸章」は、『法華経』のこと。【八—七】注⑽を参照。／⑺鳳鸞六万字、生仏一乗方＝「鳳鸞」は、表紙か何かの模様か。「六万字」は、『法華経』の文字数。【一七五】注⑵を参照。「生仏」は、衆生と仏。【一〇—九三】を参照。「一乗方」は、一つの乗り物（一乗）に乗せて涅槃におもむかせる方便。／⑻多歳窮貧子、須臾見法王＝法華七喩の一、長者窮子喩（信解品）に基づく。【一四一】注⑶を参照。「須臾」は、すみやかにの意。／⑼賛揚勝功徳、二利永無疆＝「勝功徳」は、この書写法華経の功徳。「二利」は、自利利他。

【三四〇】下平声八庚韻

藝州廣嶋興徳開山陽門和尚肖像。

法門茲啓、齊大陽明◎。興隆爲物、徳容如生◎。筠蛇三尺、雪髪千莖◎。育孫育子、難弟難兄◎。四十餘年、施甘露普沾群品、八旬有六、戢化儀猶傳家聲。

＊

芸州広島興徳開山陽門和尚(1)の肖像。

法門(2)茲《ここ》に啓《ひら》き、大陽の明らかなるに斉《ひと》し。興隆(3)、物の為にし、徳容、生けるが如し。筠蛇《いんじゃ》(4)三尺、雪髪千茎。孫を育て子を育て(5)、弟《てい》たり難く兄《けい》たり難し。四十余年(6)、甘露を施して普《あまね》く群品《ぐんぼん》を沾《うるお》し、八旬有六、化儀《けぎ》を戢《おさ》めて猶お家声を伝う。

＊

(1)陽門和尚＝陽門玄昭。頭陀山興徳寺（広島市中区）の開山。興徳寺は、元和五年（一六一九）の開創。延享三年（一七四六）一月二十八日、勅諡大源霊済禅師。／(2)法門茲啓、斉大陽明＝道号の二字を歌い込む。／(3)興隆為物、徳容如生＝〈衆生済度のために仏法を興隆し、その徳容は生きておられるようである〉。「物」は、衆生のこと。「如生」は、和尚の衆生済度が今も続いているということ。／(4)筠蛇三尺、雪髪千茎＝図柄を頌す。上の句は、手に握っている三尺の竹篦。「筠」は、竹のこと。下の句は、しらがの多い形容。杜甫の「鄭附馬池台……」詩に「白髪千茎の雪、丹心一寸の灰」。白居易の「江州赴忠州……五十韻」詩に「孤舟萍一葉、双鬢雪千茎」。／(5)育孫育子、難弟難兄＝〈育てられた子孫は、みなすぐれている〉。『書言故事』巻一・兄弟類に「人の兄弟の賢なるを称して難弟難兄と曰う」と。／(6)四十余年、施甘露普沾群品、八旬有六、戢化儀猶伝家声＝「四十余年」は、興徳寺に住しておられた年数か。「八旬有六」は、八十六年。世寿であろう。「戢化儀（戢化）」は、衆生化導を戢《おさ》める、僧侶の逝去を言う。「化儀」は、衆生教化の儀則。「家声」は、一家の名声。

【三四二】下平声十一尤韻

奉賀甲州慧林大伽大和尚住正法山。

禪鼓掲天雷霆吼、光暉遙射海西州。同門法系辱瓜葛、一片心香祝祖猷。

(1)甲州慧林の大伽大和尚が正法山に住するを賀し奉る。

(2)禅鼓《ぜんく》、天に掲《あ》がって、雷霆《らいてい》吼《ほ》ゆ、光暉、遥かに射る、海西州。(3)同門の法系、瓜葛《かかつ》を辱《かたじけ》なうす、一片の心香、祖猷《そゆう》を祝す。

＊

(1)奉賀甲州慧林大伽大和尚住正法山＝恵林寺の大伽道痴が、妙心寺に初住することを祝う一偈。大伽和尚は、享保十一年（一七二六）、古月に恵林寺結制を要請した和尚。その翌歳旦、大伽の偈に和韻した古月の偈（【二八】）に「祝い看らん、紫《し》を賜わって天に朝する日、徳色、猶お春色を兼ねて新たならんことを」とある。大伽和尚は、恵林寺に住すること二十五年。寛保二年（一七四二）十一月二十六日示寂。世寿六十四。／(2)禅鼓掲天雷霆吼、光暉遥射海西州＝〈禅鼓は、雷霆《いかづち》の如くに天に響き、その光暉は、遥か九州まで射しています〉。「禅鼓」は、【一〇一一〇】に出ているが、他の典籍には見えない。【一〇一一〇】の場合は、粥や斎、茶礼などを知らせる太鼓の意で解したが、ここは、入寺上殿の際に鳴らされる大擂の太鼓か。「掲天」は、声音が高くて天に徹する意。／(3)同門法系辱瓜葛、一片心香祝祖猷＝〈同門の法系で、辱なくも法類の一員です、一片の心香を焚き、祖道興隆をお祝い申し上げます〉。「同門法系」は、大伽和尚は、快川紹喜下七世。古月は、同八世。「瓜葛」は、うりとくず。

共に蔓草に属し、転じて親戚縁者に喩える。「一片心香」は、仏に献香するが如き誠心を込めた一片の香。「祖猷」は、祖師の道。ここでは、快川和尚の法道。

【三四二】上平声一東韻

禮遠州奥山無文和尚塔。［後醍醐帝皇子也］

瞻仰奥山開闢祖、追攀悉達産王宮。果然英氣秀天外、一種梅花傳祖風。

＊

遠州奥山(1)無文和尚の塔を礼す。［後醍醐帝の皇子なり］

(2)瞻仰《せんごう》す、奥山開闢《かいびゃく》の祖、悉達《しった》を追攀《ついはん》して王宮に産す。(3)果然として、英気、天外に秀で、一種の梅花、祖風を伝う。

＊

(1)無文和尚＝無文元選。深奥山方広寺（静岡県浜松市北区引佐町奥山）の開山。古月は、その『語録』の序文を書いており（【八―一】）、その文中に「（恵林寺冬制が終わり）享保丁未《ひのとひつじ》（十二年／一七二七）の初夏、余、関東より歩して旧居に回《かえ》る。路、方広禅寺を経て、無文選和尚の高蹤《こうしょう》を拝す」とある。／(2)瞻仰奥山開闢祖、追攀悉達産王宮＝〈奥山に方広寺を開かれた無文和尚を仰ぎ見る、悉達太子と同じように王宮に誕生された〉。「悉達」は、悉達多、悉達太子。迦毘羅国の浄飯王の子に生まれた釈尊が、出家前、太子だった時の名前。無文和尚は、父は後醍醐天皇、母は昭慶門院と言われ、生まれてすぐに五条の橋の下に捨てられ、一人の役人に拾われて養育されたと伝わる。／(3)果然英気秀天外、一種梅花伝祖風＝〈果たしてそのすぐれた気は遥か高遠な地にまで秀で、同じ種から開いた梅花が、仏祖の香風を伝えている〉。「一種梅花」は、釈尊と同じ悟りということ。一種は、一様・同様の意。梅花、特に雪裏の梅花は、仏法の端的。五山文学以来、雪中に開く梅花は、仏の成道の象徴として用いられる。古月が方広寺を訪れたのは初夏四月。この梅花は、劫外の梅花。

【三四三】

和答富春叟老儒生。

(1)富春叟老儒生に和答す。

＊

(1)和答富春叟老儒生＝人物不詳。「和答」は、人から贈られた詩に和韻して酬答すること。

＊

【三四三―一】下平声八庚韻

疎懶杜多虚有聲、青山憩影愛貧清◎。豈知箇裡好消息、魚躍鳶飛上下明◎。

＊

(1)疎懶《そらん》の杜多《ずだ》、虚《むな》しく声有《な》り、青山に影を憩《いこ》うて貧の清きを愛す。(2)豈《あ》に知らんや、箇の裡《うち》の好消息、魚躍《うおおど》り、鳶《とび》飛んで、上下明らかなり。

(1)疎懶杜多虚有声、青山憩影愛貧清＝〈私の虚名があなたのもとに届いたようですが、実はただのものぐさ坊主で、青山に隠棲して清貧を愛しているだけの者です〉。「杜多」は、頭陀に同じ。／(2)豈知箇裡好消息、魚躍鳶飛上下明＝〈ここの良きありさまを知るよしもないでしょうが、魚が跳ね、鳶が飛んで、天も地も明るく清らかです〉。「魚躍鳶飛」は、『詩経』大雅・文王之什・旱麓に「鳶飛んで天に戻《いた》り、魚、淵に躍る」と。

＊

【三四三―二】下平声一先韻

明明説與祖師禪、五欲何強須脱縁。一霽一陰勿憎愛、依然月在屋頭天。

(1)明明に説与す、祖師の禅、五欲、何ぞ強いて縁を脱することを須《もち》いんや。(2)一霽一陰、憎愛すること勿《な》かれ、依然として、月は屋頭の天に在《し》り。

＊

(1)明明説与祖師禅、五欲何強須脱縁＝〈明らかに祖師の禅を説きましょう、五欲が起こったとしても、無理してその塵縁から逃れようとはしないことです〉。「五欲」は、色・声・香・味・触の五塵に対する欲。或いは、財欲・色欲・飲食欲・名誉欲・睡眠欲。総じて世俗的な人間の欲望を言う。／(2)一霽一陰勿憎愛、依然月在屋頭天＝〈晴れたり曇ったりしますが、いちいち憎愛の心を生じてはいけません、月はもとより屋根の上空にあるのです〉。下の句は、真浄克文の「禅定軒十偈」の第六偈に「豈に知らんや、潭底の月の、元と屋頭の天に在ることを」と。

＊

【三四四】上平声十灰韻

歩鎌田氏詠寒梅韻礎。

南枝破玉放春回、和靖宅邊不惹埃。應是氷姿潔詩思、霜詞雪韵馥於梅。

＊

(1)鎌田氏の寒梅を詠ずる韵礎《いんそ》に歩す。

＊

(2)南枝、玉を破り、春を放ち回《かえ》す、和靖が宅の辺《ほと》り、埃を惹《ひ》かず。(3)応《まさ》に是れ氷姿の、詩思を潔《いさぎよ》くするなるべし、霜詞雪韵、梅よりも馥《かんば》し。

(1)歩鎌田氏詠寒梅韵礎＝鎌田氏は、不詳。「歩」は、歩韻。和韻のこと。和韻には、以下の三法がある。原作と同じ韻字、同じ順序で作る次韻。原作の韻字と同じグループに属する文字を用いて作る依韻（同韻）。原作と同じ韻字を用いるが、前後の順序にはかかわらずに作る用韻。「韵礎（韻礎）」は、脚韻に同じ。／(2)南枝破玉放春回、和靖宅辺不惹埃＝〈南向きの梅には花が開いて春がめぐり来て、和靖先生の庭には埃ひとつない〉。「破玉」は、多く梅の開花の形容に用いる。「玉」は、玉蕾（つぼみ）の意。「和靖」は、宋の林逋《りんぽ》の謚、和靖先生。梅をこよなく愛し、「山園小梅」詩に「疎影横斜、水清浅《みずせいせん》、暗香浮動、月黄昏《つきこうこん》」と歌った。／(3)応是氷姿潔詩思、霜詞雪韵馥於梅＝〈まさにこの詩は、梅花がその詩情を清らかにしたものであろうが、その霜雪の如く清冷なる詩韻《しらべ》は、梅花そのものよりもかぐわしい〉。「氷姿」は、氷姿玉骨、氷姿雪魄などと熟して、梅花の異名に用いる。「霜詞雪韵」は、松坡宗憩の「友人の行巻に題す」偈（『江湖風月集』巻下）に「山行水宿、幾辛苦ぞ、雪韻霜詞、迥《けい》として同じからず」と。

【三四五】下平声一先韻

賀淵月老人九十之祝誕。

風波不動水澄圓、桂鏡一輪自皎然。子孝父慈經九十、孫枝勾引保龜年。

＊

(1)淵月老人の九十の祝誕を賀す。

(2)風波動ぜず、水澄円《ちょうえん》、桂鏡一輪、自ずから皎然《こうねん》。(3)子は孝に、父は慈にして、九十を経たり、孫枝、勾引《こういん》して、亀年を保たん。

＊

(1)淵月老人＝不詳。／(2)風波不動水澄円、桂鏡一輪自皎然＝〈その淵は、波風もなく、水はまどかに澄みわたり、一輪の明月は、そこにおのずから明るく映る〉。二句で、「淵月」を頌す。「桂鏡」は、月の譬喩。／(3)子孝父慈経九十、孫枝勾引保亀年＝〈子は父に孝行を尽くし、父は子を慈《いつく》しんで九十歳を迎えられた、これからは、子や孫にいざなわれて、いっそう長生きをされましょう〉。「子孝父慈」は、父慈子孝とも。成語。下の句は、姚合の「友人に送別す」詩（『三体詩』巻二）の「山人、勾引して、住《とど》まること多時なり」を踏まえるか。「孫枝」は、子葉孫枝の略。「亀年」は、人の長寿を祝う言葉。亀年鶴寿などと熟す。

【三四六】上平声五微韻

恭奉和席上高詠之嚴韻。

屡垂青顧訪柴扉◎、清話霏霏陪少微◎。花雨鐘聲暮嵐外、白雲底事送君歸◎。

*

恭しく席上高詠の厳韻に和し奉る。

(1)屡《しば》しば青顧《せいこ》を垂れて柴扉《さいひ》を訪《おとな》う、清話霏霏《ひひ》として少微《しょうび》に陪す。(2)花雨鐘声、暮嵐《ぼらん》の外、白雲、底事《なにごと》ぞ、君が帰るを送る。

*

(1)屡垂青顧訪柴扉、清話霏霏陪少微＝〈しばしば親しげに私の柴戸を訪ねて下され、陪席して世俗を離れた話を続けている〉。「青顧」は、青眼顧。「青眼」は、白眼に対する語で、親愛の目付き。「柴扉」は、貧しい住居の譬喩。ここでは、古月の住居。「霏霏」は、談話の連続する形容でもあり、雨の降るさまでもある。「少微」は、星座の名前で、士大夫の位置とされ、ここでは、厳韻を作った人を指す。／(2)花雨鐘声暮嵐外、白雲底事送君帰＝〈花には雨が降り、鐘の音が聞こえる、外は夕暮れのもや、白雲よ、どうして、あの人の帰りを送るのだ〉。「暮嵐」は、唐の王維や孟浩然の詩にある「夕嵐」と同意で、暮靄《ぼあい》のこと。「底事」の「底」は、疑問詞で、何事の意。唐詩に多く見られる俗語。ここでは、とがめる気分を含む。

【三四七】上平声十三元十四寒通韻

庚戌八月十四夜。

午夜月明滿洞門元、竹窓淨几冷吟魂元。明宵多有陰雲妬、準擬人間仔細看寒。

*

[1]庚戌《かのえいぬ》八月十四夜。

[2]午夜、月明らかにして、洞門に満つ、竹窓浄几《じょうき》、吟魂冷《ぎんこんひや》やかなり。[3]明宵、多くは陰雲の妬《ねた》み有り、人間に準擬して、仔細に看る。

*

(1)庚戌＝享保十五年（一七三〇）。古月、六十四歳。／(2)午夜月明満洞門、竹窓浄几冷吟魂＝〈真夜中、月明かりは洞門に満ち、竹窓の下には浄《きよ》らかな机が置かれているが良い詩は浮かばない〉。「洞門」は、狭義には洞穴の住まいの門だが、「洞」は、道士、或いは仙人の住まいを比喩的に表現する言葉で、ここでは、古月の住居の門。「竹窓浄几」は、成句の明窓浄几を言い換えたもの。「冷吟魂」は、【八〇―八】の「吟魂冷」に同意。「吟魂」は、詩情、詩を作る心。／(3)明宵多有陰雲妬、準擬人間仔細看＝〈明日の十五夜は、よく雲が月を隠す、人々にならって、今宵《こよい》、よくよく見ておこう〉。「陰雲妬」は、雲が月の美しさに嫉妬して月を隠すということ。蘇東坡の「佳月を妬む」詩に「狂雲、佳月を妬み、怒飛して千里黒《くら》し。佳月、了《つい》に嗔《いか》らず、曾て何ぞ潔白を汚《けが》さん」と。

*

【三四八】上平声五微韻

同十五夜。

雲歛〔斂〕林梢桂鏡暉、羞明深樹宿鴉飛。強裁詩律可相賞、如是快晴巴亦稀。

*

(1)雲斂《おさ》まって、林梢、桂鏡暉《て》れり、明《めい》に羞《は》じて、深樹、宿鴉《しゅくあ》飛ぶ。(2)強《し》いて詩律を裁して相賞《あい》す可《べ》し、是《かく》の如き快晴、巴《は》も亦た稀《まれ》なり。

*

(1)雲斂林梢桂鏡暉、羞明深樹宿鴉飛＝〈雲は消え、林の梢の上空には月が輝き出し、その月光がまぶしくて、深い森で寝ていたカラスは飛び去ってしまった〉。／(2)強裁詩律可相賞、如是快晴巴亦稀＝〈無理してでも詩を作って互いに愛でよう、こんなに素晴らしい快晴は、巴の地でも少ない〉。「詩律」は、詩の調べ。「巴」は、月で知られる四川省の地名。李白の「郢門秋懐」詩に「郢門に一たび客と為《な》ってより、巴月、三たび弦を成す」と。ここより、巴江月・巴峡月・巴山月などと歌われる。

【三四九】下平声十蒸韻

賀豊後臼杵後藤氏六十。

遐齢自類萬年藤、枝葉扶疎覆蔭弘。既得人間全富貴、更參脚下坐眞乘。

*

豊後(1)臼杵の後藤氏の六十を賀す。

(2)遐齢《かれい》、自ずから万年藤に類す、枝葉、扶疎《ふそ》として、覆蔭弘《ふいんおお》いなり。(3)既に人間に富貴を全うすることを得たり、更に脚下に參じて、真乗に坐せよ。

*

(1)臼杵後藤氏＝既に【二八九】に出ているが人物不詳。／(2)遐齢自類万年藤、枝葉扶疎覆蔭弘＝〈その長寿は、万年藤にも等しく、子葉孫枝は大いに茂って、広い木陰を作っている〉。「遐齢」は、遐《なが》い齢《よわい》。長寿。「万年藤」は、万歳藤・常春藤と同意で、常葉《とこは》を言う。「枝葉」は、子葉孫枝。「扶疎」は、枝葉の茂るさま。／(3)既得人間全富貴、更参脚下坐真乗＝〈既に世間では富貴を全うされた、この上は、己事究明につとめ、真実なる宗乗に身を置かれよ〉。

【三五〇】下平声九青韻

光伴太守忠就公赴請於大光寺、席上賦呈。

時雨霈然宿麥青。黎民抃舞唱康寧。玉輿行樂山中寺、桃李成蹊風亦馨。

*

太守(1)忠就《ただなり》公が、請に大光寺に赴くに(2)光伴して、席上、賦して呈す。

(3)時雨、霈然《はいぜん》として、宿麦《しゆくばく》青し、黎民《れいみん》、抃舞《べんぶ》して、康寧《こうねい》を唱う。(4)玉輿《ぎよくよ》、行楽す、山中の寺、桃李、蹊《みち》を成して、風も亦た馨《かぐわ》し。

*

(1)忠就公＝佐土原藩島津家第六代当主、島津忠雅の別名。享保八年（一七二三）襲封。宝暦三年（一七五三）致仕し、天明四年（一七八四）五月十五日、佐土原にて卒。年八十三。／(2)光伴＝貴人に相伴すること。／(3)時雨霈然宿麦青、黎民抃舞唱康寧＝〈程よい雨が降って麦は青い苗を出し、もろもろの民は手を打って喜びおどって平安を謳歌している〉。「時雨」は、程よい時に降る雨のことだが、「時雨の化」と言えば、恩沢があまねく行きわたることを言う。「霈然」は、沛然に同じ。雨が盛んに降るさまだが、これも「霈然の恩」と言えば、恩沢の厚いさまを言う。忠就公の徳をたたえるもの。「宿麦」は、麦のこと。麦は秋に蒔いて、次の年に実るので「宿」と言う。「宿」は、隔年の意。／(4)玉輿行楽山中寺、桃李成蹊風亦馨＝〈立派な輿《こし》が山中の寺に行楽され、桃李の咲く小径《こみち》は風までもかぐわしい〉。下の句は、有名な「桃李不言下自成蹊」を踏まえる。

【三五一】下平声一先韻

得禪禪者、蒙愚極禪師之嚴命、荷負十六羅漢畫像來丐贊辭。事訖告皈。偈以贐之。

十六眞人荷一肩、枯笻跋涉幾山川。生生正可作同侶、爲喜此行結善緣。

＊

(1)得禅禅者、愚極禅師の厳命を蒙り、十六羅漢の画像を荷負し来たって賛辞を丐《こ》う。事、訖《おわ》って帰ることを告ぐ。偈を以て之れに贐《はなむけ》す。

(2)十六の真人、一肩に荷《にな》い、枯笻《こきょう》、跋渉《ばっしょう》す、幾山川ぞ。(3)生生、正に同侶と作《な》る可《べ》し、為に喜ぶ、此の行の、善縁を結ぶことを。

＊

(1)得禅禅者、蒙愚極禅師之厳命……＝享保十六年（一七三一）七月のこと。愚極禅師が求めた十六羅漢の賛辞は【一七】に収録。得禅禅者は、不詳。愚極禅師は、享保十一年に、古月を夏制に請した比熊山鳳源寺（広島県三次市三次町）の住持、愚極義泰のこと。／(2)十六真人荷一肩、枯笻跋渉幾山川＝〈十六羅漢を一肩に担い、枯れ竹の杖をつき、どれほどの山川をわたって行くのだ〉。「真人」は、真の理を悟った人、阿羅漢の異称。「枯笻」の「笻」は、杖を作るのに適した竹の一種。転じて杖を言う。／(3)生生正可作同侶、為喜此行結善縁＝〈未来永劫、この十六羅漢が同侶となろう、そなたのために喜んでおる、この道行きが、善縁を結ぶことを〉。「生生」は、生生世世。未来永劫にわたってという意。

【三五二】上平声十一真韻

贐主公板首。［豫州人］

縦横正是要爲主、苟且更休引客塵。主客忘來懶眠日、青山白水興猶新。

(1)主公板首に贐《はなむけ》す。［予州の人］

＊

(2)縦横、正に是れ主と為《な》ることを要し、苟且《こうしょ》にも更に客塵《かくじん》を引くことを休《や》めよ。(3)主客忘じ来たって懶眠《らんみん》する日、青山白水、興《きょう》、猶お新たならん。

＊

(1)主公板首＝不詳。「板首」は、首座のこと。／(2)縦横正是要為主、苟且更休引客塵＝〈随処に主人公となり、かりそめにも客塵を引き寄せてはならぬ〉。「苟且」は、なおざり、かりそめ、いい加減などの意。「客塵」は、煩悩の異名。／(3)主客忘来懶眠日、青山白水興猶新＝〈主観と客観との別がなくなり、惰眠をむさぼる時を得れば、青山白水の面白味は尽きることがなかろう〉。

【三五三】下平声七陽韻

奥州覺範徒師元禪人拜辭之序乞偈。席上賦示。

頭頭顯露上人性、多觸爺名手脚忙。枯筇撑破江山月、萬里清風度冷光。

＊

奥州(1)覚範の徒、師元禅人、拝辞するの序《つい》で偈を乞う。席上、賦して示す。

(2)頭頭顕露《ずずけんろ》す、上人の性、多くは爺《や》の名に触れて手脚忙《いそが》し。(3)枯筇《こきょう》、撑破《とうは》す、江山の月、万里の清風、冷光を度《わた》る。

＊

(1)覚範徒師元禅人＝人物不詳。覚範は、遠山覚範寺（宮城県仙台市青葉区北山）。／(2)頭頭顕露上人性、多触爺名手脚忙＝〈一物一切、かくす処なく上人の自性を現わしているが、多くの者はそれを悟らずに、自性は何だ、自性は何だと探し求めて、うろたえている〉。上の句は、兜率三関の第一、「撥草参玄《はっそうさんげん》は、只だ見性を図《はか》る。即今、上人の性、甚《いず》れの処にか在る」（『無門関』四十七則）を踏まえる。「頭頭顕露」は、『禅林句集』に「頭頭顕露、物物全真」と。「触爺名」は、避けねばならない父の諱《いみな》（本名）を犯すことだが、以下の禅録の記述に基づいて意訳した。『大慧武庫』張無尽の兜率三関の第一頌に「曾参《そうしん》に対して曾晳《そうせき》と問うこと莫《な》かれ、従来、孝子は爺の名を諱む」と。雲巌智門の『武庫輯釈』に「言うこころは、祇《た》だ外に向かって自性を尋覓《じんみゃく》すること莫かれ」と。／(3)枯筇撑破江山月、万里清風度冷光＝〈枯れ竹の杖で川山に輝く月を支え、万里の道程、清風に吹かれながら、月光のもとを渡り行け〉。「枯筇」の「筇」は、杖を作るのに適した竹の一種。転じて杖を言う。「撑破」は、ささえること。「破」は、「殺」と同じように動詞について意味を強める助辞。「冷光」は、多く月光の譬喩に用いる。

【三五四】上平声十灰韻

湯宮看古梅。　［此日花盛開。口碑稱梅之坊塚。壬子二月、陪府君之行］

盤根圍數畝、萬歲放春開。龍幹珠千點、虬枝雪一堆。杖頭聊剥蘚、碑上記稱梅。如有反魂便、香風撲鼻來。

＊

(1)湯の宮に古梅を看る。［此の日、花、盛んに開く。(2)口碑《こうひ》に「梅の坊塚」と称す。(3)壬子《みずのえね》二月、(4)府君の行に陪す］

(5)盤根《ばんこん》、囲むこと数畝《すうほ》、万歳、春を放って開く。(6)龍幹《りゆうかん》、珠《たま》千点、虬枝《きゆうし》、雪《ゆき》一堆。(7)杖頭、聊《いささ》か蘚《こけ》を剥《は》げば、碑上、記《しる》して梅と称す。(8)反魂《はんこん》の便り有るが如し、香風、鼻を撲《う》って来たる。

＊

(1)湯宮看古梅＝湯の宮（宮崎県児湯郡新富町大字新田）の古梅は、現在、樹齢六百年と言われ、「湯の宮座論梅」の名称で、国指定天然記念物となっている。「座論梅は、白い一重の小ぶりな花を咲かせます。幹が横たわり、地をはうように広がった梅園は、その樹形も珍しく、古木の風格があります」（HP「みやざき観光情報旬ナビ」）。／(2)口碑＝世間の言い伝え。「碑」は、永久に滅びないという意。／(3)壬子＝享保十七年（一七三二）。古月、六十六歳。／(4)府君＝島津忠就（忠雅）。／(5)盤根囲数畝、万歳放春開＝〈わだかまった根は数畝を囲む大きさで、万年毎歳、春になれば花開く〉。／(6)龍幹珠千点、虬枝雪一堆＝〈龍の如き幹には千点の霰《あられ》が輝き、虬《みずち》の如き枝には雪が積もっている〉。「龍幹」「虬枝」は、四字で熟すこともあり、盤屈した樹幹樹枝のこと。「虬」は、龍の子。「珠千点」の「珠」は、雪珠、霰《あられ》の俗称。／(7)杖頭聊剥蘚、碑上記称梅＝〈杖で少し苔をはいでみると、なんと石碑に「梅」と刻まれていた〉。古月には、この珍しい老木が、梅だとは分からなかったのだろう。注(1)の観光情報を参照。／(8)如有反魂便、香風撲鼻来＝〈この梅には反魂の力があるのか、風がよく香る〉。「反魂」は、返魂に同じ。梅の花を形容する氷魂に掛ける。返魂香は、死者の霊魂を呼び戻すという香で、その香気は、百里も香ると言う(『博物志』)。

【三五五】上平声一東韻

賛髑髏。　［雲間月一叢萩花并圖］

百年人世掩槐宮◎、一覺園林搖落風◎。著隻髑髏那畔眼、雲開月色滿幽叢◎。

＊

(1)髑髏に賛す。　［雲間の月、一叢の萩花《しゅうか》、并《あわ》せ図《えが》く］

(2)百年の人世、槐宮を掩《おお》う、一覚す、園林、揺落《ようらく》の風。(3)隻《せき》を著けよ、髑髏那畔の眼、雲開いて、月色、幽叢に満つ。

＊

(1)賛髑髏……＝人が老いて死に、肉体は腐り、野辺にさらされている髑髏。無常観を教える図だが、古月はそこに情識を絶した真実相を頌す。月と萩花《はぎ》は、秋の野辺の風景。／(2)百年人世掩槐宮、一覚園林揺落風＝〈百年の人世、槐安国の王宮の扉を掩っていたが〈夢中におったが〉、園林に吹く、葉を落とす風音に目覚めた〉。「槐宮」は、【一五六】注⑴を参照。／⑶著隻髑髏那畔眼、雲開月色満幽叢＝〈髑髏裏の一隻眼を著けてみよ、雲が開いて、月光が、生い茂ったくさむらを照らしているのが見えよう〉。「髑髏那畔」は、情識を絶した境界。香厳智閑の「髑髏裏眼睛」に基づく。「僧、香厳に問う、『如何《いか》なるか是れ道』。厳曰く、『枯木裏の龍吟』。曰く、『如何なるか是れ道中の人』。厳曰く、『髑髏裏の眼睛』。僧、領ぜず、乃《すなわ》ち石霜に問う、『如何なるか是れ枯木裏の龍吟』。霜曰く、『猶お喜を帯ぶる在り』。曰く、『如何なるか是れ髑髏裏の眼睛』。霜曰く、『猶お識を帯ぶる在り』。又た領ぜず、乃ち師（曹山本寂）に問う、『如何なるか是れ枯木裏の龍吟』。師曰く、『血脈不断』。曰く、『如何なるか是れ髑髏裏の眼睛』。師曰く、『乾不尽』。曰く、『未審《いぶかし》、還って聞くことを得る者有りや』。師曰く、『尽大地、未だ一人も聞かざるもの有らず』。曰く、『未審《いぶかし》、枯木裏の龍吟、是れ何の章句ぞ』。師曰く、『是れ何の章句なるかを知らざるも、聞く者は皆な喪す』。遂に偈を示して曰く、『枯木の龍吟、真の見道、髑髏、識《しき》無うして眼《まなこ》初めて明らかなり。喜識尽くる時、消息尽く、当人那《なん》ぞ濁中の清を弁ぜん』」（『五灯会元』巻十三・曹山本寂章）。下の句は、野辺の図柄に基づくが、煩悩が除かれた形容でもある。

【三五六】上平声十一真韻

今茲壬子雨安居、各自辨道無魔嬈。且患浴室陋隘、戮力締構。開浴之初、山偈以祝賛云。

扶起野僧徹骨貧、各甘枯淡委全身。杉槽漆斛湛然水、洗浴本來無垢人。

＊

(1)今兹《ことし》壬子《みずのえね》の雨安居、各自、弁道に魔嬈《まにょう》無し。且つ浴室の陋隘《ろうあい》なるを患《うれ》い、力を戮《あわ》せて締構す。開浴の初め、山偈を以て祝賛すと云う。

(2)野僧が徹骨の貧を扶起し、各おの枯淡を甘なって全身を委す。(3)杉槽漆斛《さんそうしっこく》、湛然《たんねん》たる水、本来無垢《むく》の人を洗浴す。

*

(1)今兹壬子雨安居……＝【三一三】「浴室規箴」を参照。／(2)扶起野僧徹骨貧、各甘枯淡委全身＝〈私の素寒貧を助け、各自、よく枯淡に身を置いてくれた〉。／(3)杉槽漆斛湛然水、洗浴本来無垢人＝〈風呂にはられたお湯で、もともと垢《あか》ひとつないからだを洗うがよい〉。この二句は、蘇東坡の「海会寺に宿す」詩の「杉槽漆斛、江河傾く、本来無垢、洗って更に軽し」に基づく。「杉槽漆斛」は、杉造りの浴槽と漆塗りの手桶。蘇東坡の詩より、浴室を言う成語。因みに風呂に入る順番は、まず僧衆、次に頭首、次に行者。住持は、その後に入る（『百丈清規』両序章第六「知浴」）。

【三五七】下平声五歌韻

矚智了長老。〔熊野人。尋常慣古人提撕是什麼〕

底事慇懃問什麼◎、月明風浄盡山河◎。行行高歩毘盧頂、勿稟靈山老釋迦◎。

*

(1)智了長老に矚《はなむけ》す。〔熊野の人。尋常《よのつね》、古人に慣《なら》って、「(2)是れ什麼《なん》ぞ」と提撕《ていぜい》す〕

(3)底事《なにごと》ぞ、慇懃《いんぎん》に什麼《なん》ぞと問う、月明らかに風浄《きよ》し尽山河。(4)行け行け、高く毘盧頂《びるちょう》を歩み、霊山《りようぜん》の老釈迦に稟《う》くること勿《な》かれ。

＊

(1)智了長老＝不詳。／(2)提撕是什麼＝〈「これは何だ」と専心に工夫した〉。／(3)底事慇懃問什麼、月明風浄尽山河＝〈どうしてそんなに念入りに、「是れ什麼《なん》ぞ」と問うのだ、山河大地、月は明るく、風は清らかではないか〉。「底事」の「底」は、疑問詞で、何事の意。唐詩に多く見られる俗語。／(4)行行高歩毘盧頂、勿稟霊山老釈迦＝〈行け行け、高く毘盧頂上を歩み行き、霊山の老釈迦に付嘱などを受けるな〉。「毘盧頂」は、毘盧遮那仏の頭上。「粛宗皇帝、忠国師に問う、『如何《いか》なるか是れ十身調御』。国師云く、『檀越よ、毘盧頂上を踏み行け』。帝云く、『寡人《わたくし》、会《え》せず』。国師云く、『自己の清浄法身を認《と》むること莫《な》かれ』」（『碧巌録』九十九則本則）。霊山付嘱は、【一二一―二】注(4)を参照。

【三五八】　下平声一先韻

肝存心老人恵拄杖係以雅詩。聊賡高韻謝答云。

鼓浪葛陂易地然。贈投龍杖老詩仙。并哦四七新珠玉、矮屋炎天起懶禪。

＊

(1)肝存心老人、拄杖を恵んで、(2)係《か》くるに雅詩を以てす。聊《いささ》か高韻を賡《つ》いで謝答すと云う。

(3)浪を鼓する葛陂《かつぴ》、地を易《か》うれば然《しか》らん、龍杖を贈投す、老詩仙。(4)并《あわ》せて四七の新珠玉を哦して、矮屋《わいおく》炎天、懶禅《らんぜん》を起《た》たす。

＊

(1)肝存心老人＝【一九二】などに出ている肝氏存心斎のことであろうが人物不詳。肝氏については、【六一一】注(17)を参照。／(2)係以雅詩＝〈拄杖に雅詩を掛けて贈った〉。／(3)鼓浪葛陂易地然、贈投龍杖老詩仙＝〈波うつ葛陂湖が所を変えればこうもなろう、老詩仙が、龍杖を贈ってくだされた〉。上の句は、後漢の方士、費長房の伝説に基づく。「葛陂」は、河南省新蔡県の西北にある湖沼で、費長房が、竹の杖を投げ入れたところ青龍に化したという。宗門では、「葛陂化龍之杖」（『従容録』五十則頌）の語で知られる。「易地然」は、『孟子』離婁章句下に言う「地を易《か》うれば則ち皆な然《しか》り」の略。本意は、人は地（立場）が違えばその行動を異にするが、帰する所は同じ一つの道という意。「龍杖」は、贈られた拄杖を、葛陂の伝説に掛けて言ったもの。「老詩仙」は、肝氏存心斎を指す。／(4)并峨四七新珠玉、矮屋炎天起懶禅＝〈拄杖と共に素晴らしい七言絶句を贈られ、暑苦しい住居にいるものぐさ坊主を立たせて、外に出してくれた〉。「矮屋炎天」は、楊万里の「午熱（昼の暑熱）」詩（『錦繍段』）に、「矮屋炎天、居る可《べ》からず、高天の爽気も亦た全く無し」と。「懶禅」は、古月の自称。普明国師の「遺懐四首」第四首（『語録』巻七）に「周年、戸を出でず、自ら懶禅翁と作《な》る」と。

【三五九】上平声五微韻

加州桃雲令徒逸群禪衲需開示。偈以相酬。
參禪全頼出群機、佛法見知二鐵圍。萬里江湖一藤杖、横擔風月驀頭歸。

*

(1)加州桃雲の令徒、逸群禅衲、開示を需《もと》む。偈を以て相酬《あいむく》ゆ。

(2)参禅、全く出群の機に頼る、仏法の見知、二鉄囲《にてっち》。(3)万里の江湖、一藤杖、横《おう》に風月を担《にな》って驀頭《まくとう》に帰れ。

＊

(1)加州桃雲令徒逸群禅衲＝人物・寺院、共に不詳。／(2)参禅全頼出群機、仏法見知二鉄囲＝〈参禅は全く群を抜いた人物に頼る、仏見法見を起こせば、二鉄囲山の黒山鬼窟に落ちて、身動き出来なくなるぞ〉。上の句は、逸群禅衲に将来を嘱望するもの。「出群機」は、逸群の法諱に因む。下の句は、『無門関』禅箴に「仏見法見は、二鉄囲山」と。「鉄囲山」は、須弥山を中心とする九山の第九。四洲の外海を輪状に囲んでいるとされる鉄の山。一説に、大小の二重になっているとされることから、二鉄囲山とも言い、この二山の間に陰陽不到の地があり、これを黒山鬼窟と言う。／(3)万里江湖一藤杖、横担風月驀頭帰＝〈万里の江湖を渡る一本の拄杖、横ざまに風月を担ってまっすぐに帰れ〉。この二句は、『碧巌録』二十五則本則の「楖㮚《しつりつ》、横に担って人を顧みず、直《じき》に千峰万峰に入り去る」に基づく。この「楖㮚」は、柳栗とも書き、天台山の山中に茂る、拄杖に適した樹木。転じて拄杖の代名詞として用いられる。

【三六〇】下平声七陽韻

中秋月。　［御城兼題］

雨湔殘暑山城爽、浮月晴池蘸桂香。瀲瀲星河疑沒影、娟娟華露轉添光。沾衣灝氣生輕霧、穿箔鮮飆動素商。勝會終宵吟意足、清班各自唱瑤章。

*

中秋の月。［御城(1)兼題］

(2)雨、残暑を湔《あら》って、山城、爽《さわ》やかなり、月を浮かべて、晴池、桂香を蘸《ひた》す。(3)瀲瀲《れんれん》たる星河、影を没するかと疑い、娟娟《けんけん》たる華露、転《うた》た光りを添う。(4)衣を沾《うるお》して、灝気《こうき》、軽霧を生じ、箔《はく》を穿《うが》って、鮮飆《せんぴょう》、素商を動ず。(5)勝会、終宵《よもすがら》、吟意足る、清班、各自に瑤章《ようしょう》を唱う。

*

(1)兼題＝兼日題とも。あらかじめ出しておく題。／(2)雨湔残暑山城爽、浮月晴池蘸桂香＝〈雨が残暑を洗い流し、佐土原城は爽やかである、晴れ渡った池に、月影は、その香りと共に浮かんでいる〉。「蘸」は、ひたす、物を水中に入れる義。ここでは、晴池に月影が映っていること。「桂香」は、月にあるという桂樹に掛ける。／(3)瀲瀲星河疑没影、娟娟華露転添光＝〈あふれんばかりの天の川の光りは、明月の光りに圧《お》されて、消えてしまったのであろうか、美しい花上の露は、月光を受けてますます光り輝いている〉。「瀲瀲」は、水のあふれるさま。また、さざ波の起こるさま。「星河」の河に掛かる。／(4)沾衣灝気生軽霧、穿箔鮮飆動素商＝〈天上の清らかな気はうすぎりを生じて衣を濡らし、清新な風は秋を動かしてすだれを通りぬけて入って来る〉。「素商」は、秋の異称。「素」は白の義で、秋は五色の白に配され、「商」は五音の一で、四時では秋に属すから言う。／(5)勝会終宵吟意足、清班各自唱瑤章＝〈よきつどいは夜通し詩ごころを満たし、清貴な家臣たちは、それぞれに立派な詩文を歌われている〉。「吟意」は、詩情、詩を作る心。「清班」は、清貴の官班。多くは、文学に長けた臣を言う。「瑤章」は、他人の詩文に対する美称。「瑤」は、美しい玉。

【三六一】下平声七陽韻

賀架樓。

瑞雲縹渺蓬瀛境、千歳春秋日月長。新架重樓枕池水、高憑横檻坐清涼。玉蟾飾影翠簾爽、白鶴鼓翎雅曲昌。總順天眞佳致夥、何牽風雪醉壺觴。

楼を架くるを賀す。

*

(1)瑞雲縹渺《ひようびよう》たり、蓬瀛《ほうえい》の境、千歳の春秋、日月長し。(2)新たに重楼を架けて池水に枕《のぞ》み、高く横檻《おうかん》に憑《よ》って清涼に坐す。(3)玉蟾《ぎよくせん》、影を飾《ふる》って、翠簾《すいれん》爽やかに、白鶴、翎《つばさ》を鼓して、雅曲昌《さか》んなり。(4)総《すべ》て天真に順じて佳致夥《かちおお》し、何ぞ風雪を牽《ひ》いて壺觴《こしよう》に酔わん。

*

(1)瑞雲縹渺蓬瀛境、千歳春秋日月長＝〈めでたい雲が遠くたなびく蓬莱と瀛洲、千年かわらぬ日月がめぐっている〉。「蓬瀛」は、蓬莱と瀛洲との二仙山。「海中に三神山有り、名づけて蓬莱、方丈、瀛洲と曰う、僊人、之れに居す」(『史記』秦始皇本紀)。「千歳春秋」は、四字で、千年の意。「日月長」は、永遠の日月ということ。有名な禅語、「壺中日月長」に基づく。典拠は、『漢書』方術伝。「費長房は、汝南の人なり。曾て市掾《しえん》(司市の属官)と為《な》る。市中に老翁有って薬を売る。一壺を肆頭に懸け、市の罷《や》むに及んで、輒《すなわ》ち壺中に跳り入る。市人、之れを見るもの莫《な》し。唯だ長房、楼上に於いて之れを覩《み》て異とす。因《よ》って往きて再拝して、酒脯《しゆほ》(酒と乾肉)を奉る。翁、長房の、其の神を意《うたが》うことを知って、之れに謂いて曰く、『子《なんじ》、明日、更に来たる可《べ》し』と。長房、旦日、復《ま》た翁に詣す。翁、乃《すなわ》ち与倶《とも》に壺中に入る。唯だ玉堂厳麗、旨酒甘肴、其の中に盈衍《えいえん》することを見る。共に飲み畢《お》わって出づ。……」。／(2)新架重楼枕池水、高憑横檻坐清涼＝〈新たに架けられた二重の高殿は池水に臨んでいる、縦横に組まれた欄檻に高く寄り掛かって、その清涼のもとに坐す〉。ここの「枕」は、臨の義。「横檻」は、杜牧之の「阿房宮賦」などにある「直欄横檻」の略。／(3)玉蟾篩影翠簾爽、白鶴鼓翎雅曲昌＝〈みどり色のすだれを通りぬけて来る月影はさわやかで、羽ばたく白い鶴は盛んに雅曲を奏している〉。「玉蟾」は、月中に棲むと言う蟾蜍《ひきがえる》のこと。転じて月の異名。【一〇—四四—①】注(1)を参照。／(4)総順天真佳致夥、何牽風雪酔壺觴＝〈すべて天然自然のままでこんなにも素晴らしいおもむき、わざわざ風や雪を引き寄せて壺の酒に酔うこともあるまい〉。下の句は、注(1)に引いた費長房の故事を踏まえる。ここの「風雪」は、春の百花、夏の涼風、秋の明月、冬の白雪、四季の風趣。「酔壺觴」は、李白の「早春寄王漢陽」詩に「与君連日酔壺觴」と。

【三六二】下平声五歌韻

奉恭喜賢太守税《ヲロスヲ》高駕於佛日山。

海雨催涼掃薜蘿、有年應兆富嘉禾。高遊聊遇賞詩句、欲擬民間撃壌歌。

*

恭しく(1)賢太守が高駕を仏日山に(2)税《おろ》すを喜び奉る。

(3)海雨、涼《りょう》を催して、薜蘿《へいら》を掃《はら》う、年有り、兆《きざ》しに応じて、嘉禾《かか》富む。(4)高遊、聊《いささ》か詩句を賞するに遇う、民間の撃壌歌《げきじょうか》に擬せんと欲す。

(1)賢太守＝島津忠就（忠雅）。／(2)税＝税駕。車の馬を解くこと。駐駕に同意。／(3)海雨催涼掃薜蘿、有年応兆富嘉禾＝〈海に降る雨は涼風を起こしてかずらの覆う庵に吹き、今年も豊年に違いない、めでたい稲が豊かに穂を着けている〉。「海雨」は、許渾の「朝台送客有懐」詩に「海雨、風を随えて夏も亦た寒し」などとある。「薜蘿」は、まさきのかずらとつたかづら。隠者の棲居を言う。「有年」は、五穀が皆な熟すこと。豊年に同意。「嘉禾」は、穂の多く着いためでたい稲。／(4)高遊聊遇賞詩句、欲擬民間撃壌歌＝〈世俗を離れた高尚な遊びの中、いささか詩句を観賞しました、民間の撃壌歌に擬《なぞら》えたいと思います〉。「撃壌歌」は、【一〇—五七—②】注(1)を参照。

*

【三六三】 下平声七陽韻

仝。

爽風驅暑滿茅堂。雅席濫陪篆縷香。池水動簾青藻點、雲峰鼓瑟老松蒼。蒲梢天馬斷秋艸、西蜀錦機織玉章。檀護從來猶有賴、歡看佛日長奇光。

*

(1)爽風《そうふう》、暑を駆《か》って、茅堂《ぼうどう》に満つ、雅席、濫《みだ》りに篆縷《てんる》の香しきに陪す。(2)池水、簾を動かして、青藻《せいそう》点じ、雲峰、瑟《しつ》を鼓して、老松蒼《あお》し。(3)蒲梢《ほしょう》の天馬、秋草に断《いなな》き、西蜀の錦機《きんき》、王章を織る。(4)檀護、従来、猶お頼り有り、歓《よろこ》び看る、仏日の、奇光を長ずることを。

*

(1)爽風駆暑満茅堂、雅席濫陪篆縷香＝〈爽やかな風が暑気を追い払って茅葺きの堂に満ちる中、香煙のかぐわしい雅席に恐れ多くも加わっている〉。「篆縷」は、篆盤（常香盤）の煙縷（糸すじのような煙り）。「客来たって用いず、賓主を論ずることを、篆縷横斜、満屋の春」（『中峰広録』巻二十九「鄽居十首」第二首）。／(2)池水動簾青藻点、雲峰鼓瑟老松蒼＝〈池の水には青い藻草が点々と浮かんで風は簾《すだれ》を揺り動かし、雲のかかる峰には老松が青くて風は瑟《おおごと》を奏している〉。上の句は池風を、下の句は松風を頌す。／(3)蒲梢天馬嘶秋草、西蜀錦機織玉章＝〈蒲梢の名馬は秋草のもとでいななき、西蜀の錦機は玉章を織り成している〉。上の句は、忠就公一行が休ませている馬を頌し、下の句は、風になびく旗模様を頌す。「蒲梢」は、漢の武帝が大宛国より得た名馬（天馬）の名前。李商隠の「茂陵」詩（『三体詩』巻二）に「漢家の天馬、蒲梢より出づ」と。李商隠の詩は、蒲梢を名馬の産地と解しているが、本編も同じ。「西蜀錦機」は、【一七八―五】にある「蜀錦」。蜀の錦江の水で糸をさらして織った錦。美麗な錦を言うが、ここの「錦機」は、錦を織る機械。また、その機械で織った錦。「玉章」は、詩文や書簡の美称。／(4)檀護従来猶有頼、歓看仏日長奇光＝〈護法の檀越はもとより頼みとするところ、仏日がすぐれた光りを遠くにまで及ぼしているのを喜び見る〉。

【三六四】

湛堂禪師者、二十年來故舊也。重來慰問衰憊。聊短述充感謝之萬一云。　二首。

＊

(1)湛堂禅師は、二十年来の故旧なり。重ねて来たって衰憊《すいはい》を慰問す。聊《いささ》か(2)短述して感謝の万[3]一に充《あ》つと云う。　二首。

*

(1)湛堂禅師＝【三八—五】に「孚公禅友に復《かえ》す。［後に龍祥寺に住して湛堂と号す］」とある人物だが不詳。その注(1)を参照。／(2)短述＝以下の二詩。／(3)万一＝万分の一。曼乙・曼一とも書かれ、謝意を表わす際の謙遜語。

*

【三六四—一】上平声四支韻

面面相看話昔時◎、可咍禿髪白於絲◎。寒更手煮米山茗、柴火一星接《ツイデ》觜吹◎。

*

[1]面面相看《あいみ》て昔時を話《かた》る、咍《わら》う可《べ》し、禿髪《とくはつ》の、糸よりも白きことを。[2]寒更《かんこう》、手ずから煮る、米山の茗《めい》、柴火《さいか》一星、觜《くちばし》を接《つ》いで吹く。

*

(1)面面相看話昔時、可咍禿髪白於糸＝〈顔を突き合わせて昔語りをしていると、禿頭の髪の毛が糸よりも白くなっているのを見て笑ってしまった〉。／(2)寒更手煮米山茗、柴火一星接觜吹＝〈寒い夜更け、手ずから米山の茶を煮るが、柴の火も小さくなり、かわるがわるに口をとがらせて火を吹き起こしている〉。「米山茗」は、東陽英朝の『少林無孔笛』巻一・再住米山龍興禅寺語「除夜小参」にある「古人の分歳《ぶんすい》（除夜の宴）、或いは龍肝鳳髄を烹《に》、或いは露地の白牛を殺す。米山は但だ炉辺に頭《こうべ》を聚《あつ》めて、雪水もて茶を煮るのみ」を踏まえるか。因みに米山龍興寺は、京都府南丹市八木町に現存。「一星」は、些少の意。分歳については、【一〇—三】注(2)を参照。

【三六四―二】下平声一先韻

千里江山黄落天、痩筇縮地訪終焉。霜餘猶傲東籬菊、共對南山話祖禪。

＊

千里の江山、黄落の天、痩筇《そうきょう》、地を縮めて、終焉を訪《おとな》う。(2)霜余《そうよ》、猶お傲《おご》る、東籬の菊、共に南山に対して、祖禅を話《かた》る。

＊

(1)千里江山黄落天、痩筇縮地訪終焉＝〈千里の江山、黄葉が散り落ちる中、細い杖でその距離を縮めて終焉の地を訪れてくだされた〉。「痩筇」は、細い杖。「筇」は、杖を作るのに適した竹の一種。転じて杖を言う。「縮地」は、土地を縮めて近くする仙術。『蒙求』四五〇「長房縮地」を参照。ここでは、「遠いところを」という譬喩。／(2)霜余猶傲東籬菊、共対南山話祖禅＝〈霜が降りた後でもなお誇らしげな東籬の菊花、その花のもと、共に南山を見て、祖師禅を語りあいましょう〉。この二句は、陶淵明「飲酒」詩の「菊を東籬の下《もと》に採り、悠然として南山を見る」に基づく。五山文学の世界では、陶淵明のことを、第一達磨、陶達磨などと称える。「淵明曰く、『採菊東籬下、悠然見南山』と。詩家、此の一聯を以て、之れを称して第一達磨と為す」（景徐周麟『翰林葫蘆集』第八）。

【三六五】下平声十二侵韻

奉迎太守杜高駕、聊伸卑懷。

二月春風華滿林、幽房賑寂辱光臨。松陰下榻清談靜、一會靈山無古今。

＊

(1)太守の高駕を枉《ま》ぐるを迎え奉り、聊《いささ》か卑懐《ひかい》を伸ぶ。(2)二月、春風、華、林に満つ、幽房、寂を賑わして、光臨を辱《かたじけ》のうす。(3)松陰、榻《とう》を下《くだ》して、清談静かなり、一会《いちえ》の霊山《りようぜん》、古今無し。

＊

(1)太守＝島津忠就（忠雅）。／(2)二月春風華満林、幽房賑寂辱光臨＝〈二月、春風が吹き、花が林に満ちている、奥深い禅寺の静寂もにぎわい、かたじけなくも殿の御成をたまわった〉。／(3)松陰下榻清談静、一会霊山無古今＝〈松の木陰、殿のために腰掛けを用意し、静かに清らかに語りあった、釈尊の霊山付嘱は今もずっと続いている〉。「下榻」は、後漢の陳蕃《ちんばん》が、高士周璆《しゆうきゆう》のために一榻を用意し、周が去ればその一榻を立て掛けて、他の者には使用しなかった故事から、賓客を迎え留める喩えに用いる。『蒙求』四九二「陳蕃下榻」を参照。「一会霊山」は、【一〇一二九】注(6)を参照。

＊

【三六六】下平声八庚韻

到東禪寺詠假山。

傍山溪水潔、艸木異花明。牽杖拄仙骨、歌詩遠俗情。茅門紅靄啓、松塢怪禽鳴。日永興殊緩、弟兄話法盟。

(1)東禅寺に到って(2)仮山を詠ず。
(3)山に傍《そ》う渓水潔《いさぎよ》く、草木異花《いか》明らかなり。(4)杖を牽《ひ》いて仙骨を拄《ささ》え、詩を歌って俗情を遠ざく。(5)茅門、紅靄《こうあい》啓《ひら》き、松塢《しょうお》、怪禽《かいきん》鳴く。(6)日永《ひなが》うして、興《きょう》、殊に緩《ゆる》し、弟兄、法盟を話《かた》る。

＊

(1)東禅寺＝那珂郡田島村にあった有智山東禅寺（現廃寺）。【九―一三二】注(1)を参照。／(2)仮山＝築山（つきやま）。／(3)傍山渓水潔、草木異花明＝〈築山に沿って流れる渓川《たにがわ》の水は清らかで、草木が茂り珍しい花が美しく咲いている〉。／(4)牽杖拄仙骨、歌詩遠俗情＝〈杖をついて仙骨を支え、詩を歌って俗情を遠ざける〉。「仙骨」は、仙人の骨相。転じて非凡な相を言うが、ここでは、古月が、痩せ細った我が風采を言ったもの。／(5)茅門紅靄啓、松塢怪禽鳴＝〈茅葺きの門は春がすみもひらけ、松が植わる土手には名も知れぬ鳥が鳴いている〉。「怪禽」は、仲芳円伊の「怪禽図」詩（『翰林五鳳集』巻三十九）に「鳴禽怪異不知名」と。／(6)日永興殊緩、弟兄話法盟＝〈日が長くて私はゆっくりとその面白味を楽しんでいるが、兄弟たちは仏道成就の誓いを語り合っている〉。

【三六七】上平声十一真韻

十四夜。　［癸丑。晴］
桂香玉露満秋旻、蒲席悠然寄老身。清影九分吟更好、請看浮世富榮人。

＊

(1)十四夜。　［癸丑《みずのとうし》。晴］

(2)桂香玉露、秋旻《しゅうびん》に満つ、蒲席《ほせき》、悠然として老身を寄す。(3)清影九分、吟ずるに更に好し、請う看よ、浮世富栄《ふせいふえい》の人。

＊

(1)十四夜。［癸丑］＝享保十八年（一七三三）八月十四夜。待宵。古月、六十七歳。／(2)桂香玉露満秋旻、蒲席悠然寄老身＝〈桂樹の香り、玉のように美しい露が、秋の空に満ちる中、がまで作った席の上に、ゆったりと老いの身を寄せている〉。「桂香」「玉露」は、秋の景物。「秋旻」は、秋の旻《そら》。「旻」一字でも、秋の空の意。／(3)清影九分吟更好、請看浮世富栄人＝〈清らかな九分の月影、詩を吟じるのに何とも素晴らしい、浮き世の富み栄えている人も見てみるがよい〉。「九分」は、九分の明月。十四夜の月。「浮世」は、定めのないこの世。浮き世。「富栄人」は、十分しか知らない人。

【三六八】上平声四支韻

十五夜。［雷雨無月。曾洗礙月松枝］

中秋有約洗松枝、却聴雨聲倚竹椅。嘆息人間多失計、林叢蟲響似催詩。

＊

十五夜。［雷雨、月無し。(1)曾て月を礙《さまた》ぐる松枝を洗す］

(2)中秋、約有って、松枝を洗す、却って雨声を聴いて竹椅に倚《よ》る。(3)嘆息す、人間、失計の多きことを、林叢、虫響《な》いて、詩を催すに似たり。

(1)曾洗礙月松枝＝〈月光をさまたげる松の枝を、前もって払っておいたのだが〉。ここの「洗」は、詩題や詩句に用いる「洗竹」の「洗」のことで、茂り過ぎた枝葉を刈り除くこと。「洗竹待月」「洗竹得月」の詩題は見るが、「洗松」の語は見ない。／(2)中秋有約洗松枝、却聴雨声倚竹椅＝〈中秋、観月の約束があり、松の枝を払っておいたのだが、雨音を聞きながら、竹の椅子にもたれることとなった〉。／(3)嘆息人間多失計、林叢虫響似催詩＝〈この世は何とも失策が多くてため息をつくが、林のくさむらでは虫が鳴いて、まるで詩を歌っているようだ〉。

＊

【三六九】下平声十一尤韻

次韻丹波法常寺大道和尚見恵。

大梅山頂大禪師、骨肉三生記得不。勿拱衛宗護教手、祖門危急在斯秋《トキ》。

＊

韻を丹波(1)法常寺の大道和尚が恵まるるに次ぐ。

(2)大梅山頂の大禅師、骨肉三生、記得すや不《いな》や。(3)衛宗護教の手を拱《こまぬ》くこと勿《な》かれ、祖門の危急、斯《こ》の秋《とき》に在り。

＊

(1)法常寺大道和尚＝大道文可。【一〇―五五】注(2)を参照。法常寺は、【三八―六】注(8)を参照。／(2)大梅山頂大禅師、骨肉三生記得不＝〈大梅山頂の大禅師、あなたと私とには三生骨肉の契りがあることを憶えておられますか〉。「大梅山」は、法常寺の山号。「骨肉三生」は、【一八六】注(4)を参照。「不」は、句末について疑問を表わす。／(3)勿拱衛宗護教手、祖門危急在斯秋＝〈衛宗護教の手をこまぬいておられてはいけません、宗門は今まさに危急存亡の秋《とき》なのです〉。

【三七〇】下平声八庚韻

重移地營骨清堂結締成。再和寂室禪師之高韵、謝一衆土木之勞。［癸丑十月八日］

轉添幽寂鳥聲聲、四面雲山青眼明。老屋一新趣殊好、悉憑海衆法盟清。

＊

重ねて地を移して(1)骨清堂を営んで結締成る。再び(2)寂室禅師の高韵に和して、一衆の土木の労を謝す。［(3)癸《みずのとうし》丑十月八日］

(4)転《うた》た幽寂を添えて鳥声声、四面の雲山、青眼明らかなり。(5)老屋一新して趣き殊に好し、悉《ことごと》く海衆の法盟の清きに憑《よ》る。

＊

(1)骨清堂＝古月の隠棲所。【四〇】注(19)を参照。／(2)寂室禅師之高韵＝【七九】注(3)に既述。／(3)癸丑＝享保十八年（一七三三）。古月、六十七歳。／(4)転添幽寂鳥声声、四面雲山青眼明＝〈鳥は鳴いて山の静けさをいっそうきわだたせ、周囲の雲かかる山は、鳥たちを親しげに見ている〉。上の句は、禅語の「鳥鳴いて山更に幽なり」に同趣旨。「青眼」は、白眼に対する語で、親愛の目付き。また、気心の合う友を言う。／(5)老屋一新趣殊好、悉憑海衆法盟清＝〈古い堂は一新され、おもむきも殊に素晴らしい、それもこれも大衆の清き法盟の御陰だ〉。

【三七二】下平声八庚韻

従高駕詣住吉社。

江路熙熙春日晴。喜君仙仗歴蓬瀛。古祠徳邵松千尺、萬里滄溟波浪平。

＊

(1)高駕に従って(2)住吉社に詣す。

(3)江路、熙熙《きき》として、春日晴る、喜ぶ、君が仙仗《せんじよう》の、蓬瀛《ほうえい》を歴《ふ》ることを。(4)古祠《こし》、徳邵《たか》し、松千尺、万里の滄溟《そうめい》、波浪平らかなり。

＊

(1)高駕＝島津忠就公の高駕。／(2)住吉社＝宮崎市大字塩路に鎮座する。伊弉諾尊《いざなぎのみこと》が、お隠れになった伊弉美尊《いざなみのみこと》を慕ってお入りになった黄泉国《よみのくに》より逃げ帰り、禊祓《みそぎはらい》をされたという「筑紫《つくし》の日向《ひむか》の橘《たちばな》の小戸《おど》の阿波岐原《あはきはら》」という神世の聖地。／(3)江路熙熙春日晴、喜君仙仗歴蓬瀛＝〈舟路《ふなじ》はやわらいだ春の晴天、君主の儀仗が、蓬莱や瀛洲を過ぎて行かれるのを喜び見ている〉。「仙仗」は、神仙の儀仗。転じて天子の儀仗。儀仗は、儀式用の武器。「蓬瀛」は、蓬莱と瀛洲との二仙山。「海中に三神山有り、名づけて蓬莱、方丈、瀛洲と曰う、僊人、之れに居す」（『史記』秦始皇本紀）。／(4)古祠徳邵松千尺、万里滄溟波浪平＝〈千尺の松が茂る古びた祠《やしろ》に鎮座する神々は徳高く、その霊験か、万里の大海原は波ひとつなく穏やかである〉。「古祠」は、住吉社。「徳邵」は、【三九一四三】注(4)を参照。

【三七二】

春日骨清堂即事二首。

【三七二―一】下平声七陽韻

把茅手縛遠公房、和氣泥人懶睡長。忽被春風吹夢去、盧峰積翠雨餘蒼。

(1)把茅《はぼう》、手ずから縛す、遠公《おんこう》が房、和気、人に泥《なず》んで、懶睡《らんすい》長し。(2)忽《たちま》ち春風に夢を吹き去られて、盧峰の積翠、雨余に蒼《あお》し。

＊

(1)把茅手縛遠公房、和気泥人懶睡長＝〈手ずから遠公の僧房を結んだ、和やかな空気が人にからみつき、惰眠をむさぼっている〉。「遠公房」は、銭起の詩などに見える僧房の譬喩語。ここでは、骨清堂を言う。遠公は、盧山に東林寺を建て、念仏を修する白蓮社を開いた慧遠（三三四～四一六）のことで、僧侶を慧遠になぞらえる例は、唐詩を初めはなはだ多い。下の句は、「春眠不覚暁」に同趣旨。陸務観の「春日雑詠」詩（『錦繍段』）の「睡りを攪す禽声、暁《あかつき》、簷《のき》に傍《そ》い、人に泥む華気（泥人華気）、午《ひる》、簾《すだれ》を穿つ」に基づく。／(2)忽被春風吹夢去、盧峰積翠雨余蒼＝〈惰眠をむさぼっていると、たちまち春風に夢を覚まされたが、盧山の積み重なった翠《みどり》は、雨上がり、ますます青い〉。「盧峰」は、慧遠の盧山。これも譬喩。

【三七二─二】下平声九青韻

摩挲老眼煙雲白、洗滌心腸松塢青。一枕清風閑夢足、偶然和物忘枯形。

(1)老眼を摩挲《まさ》して煙雲白く、心腸を洗滌して松塢《しょうお》青し。(2)一枕の清風、閑夢《かんむ》足り、偶然として物に和して枯形を忘る。

＊

(1)摩挲老眼煙雲白、洗滌心腸松塢青＝〈老眼をこすり見れば雲は白く煙り、身心を洗い清めれば松が植わる土手は青い〉。上の句は、石門善来の「蒲首座に寄す」偈（『江湖風月集』巻上）の起句、「老眼を摩挲して帰雲を数う」に基づく。／(2)一枕清風閑夢足、偶然和物忘枯形＝〈枕べに吹く清風の中、ぐっすりと眠り、思いもよらず、雲や松と調和して、我が老病の身を忘れていた〉。「閑夢」は、静かな眠り。「和物」は、他物と調和すること。禅で言えば、自他一如となること。

＊

四會録終　餘録在于拾遺

＊

(1)四会録終　余録は拾遺に在り

＊

(1)四会録終　余録在于拾遺＝「四会録」は、ここで終わり、末尾に「古月禅師行状并塔銘」「天寿興建開基古月禅師塔銘」を収めるが、別録の「日向佐土原仏日山金地大光自国禅寺四十二世同所天寿山自得禅寺及筑後久留米慈雲山福聚禅寺開山古月和尚伝記」と合わせて、拙著『清骨の人　古月禅材』(平成十九年・禅文化研究所)に集録しているので、本書では割愛する。なお「余録在于拾遺」が、何を指すのかは不詳。

【付録】下平声一先韻

辞世

好不唧噌、八十五年。翻身一擲、棒殺青天。

＊

辞世(1)

好不唧噌《こうふしつりゅう》(2)、八十五年。翻身一擲《ほんしんいってき》(3)、青天を棒殺《ぼうさつ》す。

＊

(1)辞世＝古月の真筆による。寛延四年(一七五一)五月二十四日、遷化の前日に書かれた。「二十四日、辞世の偈を書して曰く、『(同文)』。書し畢《お》わって士範(百朋士範・福聚寺二世)に与え、嘱して曰く、『永く福聚に鎮《とど》めよ』と。又た一紙を書し、梁渓(梁渓禅興・自得寺二世)に与えて曰く、『永く自得に鎮めよ』と」(『伝記』)。よって古月の遺偈は二枚存在し、福聚寺と大光寺に所蔵されている。／(2)好不唧噌、八十五年。翻身一擲、棒殺青天＝〈なんとも愚かな、八十五年であった。だが、嶮崖に身をひるがえして、青空に棒を食らわせてやった〉。「好不唧噌」は、

『碧巌録』一則本則評唱で、梁の武帝を評した言葉。「不喞嗢」は、不慧・不秀のさま。「翻身一擲」は、『大慧書』「答汪状元」第二書などに見え、親獅子から嶮崖へ一擲《なげう》たれた子獅子が、空中に身を翻して崖上に飛び返ること。「棒殺青天」は、宝寿沼禅師（臨済義玄法嗣）の答語に基づく。「僧問う、『万里、雲無き時は如何《いかん》』。師曰く、『青天も也《ま》た須らく棒を喫すべし（青天也須喫棒）』。曰く、『未審《いぶかし》、青天に甚麼《なん》の過《とが》か有る』。師、便ち打つ」（『五灯会元』巻十二）。空を悟ったが、その空にもとどまらないという句意。

関連書籍

清骨の人 古月禅材

もう一つの近世禅宗史

能仁　晃道 著

古月及び他の禅僧の関連史料を博捜して新たに編成した「古月年譜」から、古月の禅風と古月が近世禅宗史上に果たした役割を探ろうと試みたもの。
付録として、「近世禅宗史寸考」を収める。

定価 本体3,300円＋税
Ａ５判／上製カバー装／348頁
ISBN978-4-88182-222-7

能仁晃道（のうにん・こうどう）

1957年佐賀県に生まる。花園大学卒業後、禅文化研究所所員。曹洞宗松谷寺住職。『白隠門下逸話選』『隠元禅師年譜』『訓読近世禅林僧宝伝』『訓読五灯会元』など、禅文化研究所から語録訓注本を中心に著書多数。

訓注 古月禅師四会語録

令和元年12月23日　初版一刷発行

訓注：能　仁　晃　道

発行：公益財団法人　禅文化研究所

〒604-8456　京都市中京区西ノ京壺ノ内町8-1

花園大学内

TEL 075-811-5189 ／ https://www.zenbunka.or.jp

印刷：㈱　耕　文　社

 ISBN978-4-88182-316-3 C0015

語彙索引

・語句は、『四会録』本文のみから選び、数字は、本文中【　】で括られた則番号。
・則番号の前に置いた「序」は「曇秀智快序」、「自序」は「古月禅材自序」、「付録」は「辞世」である。
・見出し語の配列は、一字一音。和訓は、五十音順の初めに配列した。
・便宜上、華・花／煙・烟／慧・恵などは、華・煙・慧などに統一した。

【あ】
於戲　8-3, 9-52, 19, 20-11, 39-1, 211, 216, 270
嗟乎　217
嗚呼　8-5, 8-7, 10-53, 37-1, 38-12, 220
梓山・梓嶺　77, 85
油屋了圓　297
有馬頼僮　111

【ア】
阿逸多　8-5
阿伽　39-5
阿氏多尊者　17-8, 18-15
阿師　9-2-⑫
阿字不生　230
阿堵　179-7
阿難　8-5
阿鼻　9-23, 10-78
阿母　10-1, 124, 181-8
阿羅漢　18-12
阿蘭若　37-10
阿鷄堆　9-43
亞聖　270, 317
唖羊　36
鴉鳴　9-3-①, 14-16
挨排　38-1
埃塵　103
愛惡　2-3
愛憎情　39-11
愛宕大權現　8-7
靄然　10-13-②, 39-34, 167, 311
靉靆　20-8, 119
渥恩　282
渥丹・渥如丹　9-22, 10-84
惡境　37-10
惡業之擔子　2-3
惡蘗　9-1-⑤
惡魔恐怖　17-8
遏雲　119
斡旋天地　17-12
安穩　14-20, 37-10
安居　2-3, 36, 38-2, 38-4, 38-6, 38-12, 39-4, 181-4, 192-3
安國寺　10-84, 38-3, 40
安座　9-25, 9-30, 9-46, 9-48, 210
安心　37-12, 135
安禪　9-35-②, 10-57-②, 10-78, 180-15, 282, 326
安寧　140
安眠　271, 318
安唐　8-3, 8-4, 8-7
案山　35, 37-9
庵羅會　39-10
暗香　9-1-⑦, 9-4-⑤, 179-8, 180-1, 289
暗昏昏　39-39
暗明　181-18
闇短　8-1, 16, 39-30

【い】
池田宗眞居士　55

【イ】
已矣　10-9
已起念　14-17
已墜　10-14, 35
以言遣言　265-2
以悟爲則　11
伊久美英士　10-33
伊氏　70
伊氏谷神軒　39-44
伊勢屋　177-10, 217
伊蒲　8-3, 9-3-①, 214, 220, 225, 228
伊滿福寺　8-3
依俙　10-23
委悉　38-8, 38-12, 213
威音　9-10-⑥, 39-2, 103
威音大光居士　102
威音那畔　312

威氣 9-44-①, 17-8
威儀 9-51, 10-46, 17-7, 17-9, 160, 174, 189
威神力 6-2
威德昭昭 277-1
威風 9-28
威容維肖 136
偉哉 8-7, 39-26, 283
異華 17-5, 39-16, 366
異鄉忡 80-1
異草 10-60, 136
圍碁 35
渭樹江雲 10-76, 39-27
爲慰 38-9
爲人 5-4, 12-6
爲法 109
爲法二字 21, 36, 181-16
貽厥 自序, 241
意氣 9-2-⑪, 17-12, 136, 147, 180-9, 235-1
噫 序
惟荷 38-1, 38-2
惟政老禪 259
維德 10-13-①, 134, 161
維德維馨 283
維摩 6-2, 265
慰問 364
遺教 10-23, 39-30
遺稿 自序
遺蹤 39-1, 227
遺囑 10-29, 41, 226
遺敕 9-1-⑨, 17-12
遺付 28, 168
遺風 228
遺法 332
頤神 17-15
醫國手 282
懿勳 8-4
懿勣 9-7
懿德 9-5
育王 34
育孫育子 340
郁郁 6-1, 139, 333, 335
一葦 9-12, 9-14, 144, 170
一一無差 12-3
一一明了 12-3
一盃天 181-9
一塢 9-1-③⑦
一甌苦茗 10-87, 197
一甌茗 65
一顆寶珠 96
一會海衆 3-5, 12-6
一會靈山 297, 365
一喝 9-11-②, 251
一乾坤 18-7, 167
一貫古今 14-10
一器 7-24, 9-16
一機 17-3, 117, 239, 294
一機頓發 20-1
一簣 84
一筇 18-7
一藨 232, 237
一句合頭語 37-14
一莖草 14-21
一溪□覺 3-5, 9-31, 10-76, 220, 328
一橛 6-3
一肩 74, 87-1, 216, 351
一拳 3-3, 31, 38-6
一拳拳倒黃鶴樓 3-2
一玄玄初 134
一源 10-47
一源和尚 10-84
一毫端現寶王刹 4-1
一國降生一釋迦 114
一撈 2-4
一絲 38-6
一時非 181-20
一炷 177-10, 214, 290, 292
一種 304, 342
一生閑 180-27
一乘方 339
一心不亂 14-16
一神三神 8-7
一清無盡居士 14-14
一聲一禮 14-6
一霽一陰 343-2
一隻 339
一隻眼 9-9, 10-42, 37-17
一切衆生具有 6-2, 14-21
一穿 9-34, 226, 236
一線日長 10-79
一瞻一禮 18-5
一息斷 64
一尊螳 81
一多身 177-9, 261
一大事因緣 7-7
一段之光明 14-18
一段之事 14-12
一段大事因緣 14-14, 36
一團生鐵 155
一著 181-23, 231
一枕 9-43, 154, 372-2
一諦三諦 8-7
一等軒 188
一踢踢翻鸚鵡洲 3-2
一刀兩斷 7-11
一道禪棟 9-15, 10-23, 115, 185
一二三 98
一日好事 7-3, 7-5

一如不二 192-3
一念 7-2, 9-9, 14-10, 14-16
一念萬年 12-3
一把柳絲收不得 37-21
一派 36, 39-9, 330
一派源 152
一派正宗 39-40
一物 7-5, 181-28, 250-2
一壁 249-1
一片心 80-6
一片心香 122, 341
一方智信 228
一法 7-22, 10-39
一麻一麥 9-4-④
一脈禪流 37-2
一脈曹溪 9-42
一夢場 9-36-①
一默 265-1
一領衲衣 180-3
一輪 345
一輪桂月 9-13-①
一輪明月 163
一欄 8-1
一路涅槃 9-1-⑩,20-5,291
一爐柴火 181-21
一爐梅 294
一爐茶 39-4
一爐沈 182
壹璋庵 10-72
逸群禪衲 359
逸山祖仁 337
逸堂祖秀 253
印開 144
印施 39-37, 255
印破 160
因緣會遇 8-4, 219
因揭多尊者 17-7, 18-13
因循 10-7, 10-8, 11, 38-2
因深緣熱 333
殷賑 10-32-②, 20-7, 39-44, 161
氤氳 10-18, 147, 180-4
陰雲 347
陰極陽復 3-2
陰晴 10-59, 64
陰騭 192-4
淫怒 265-1
婬穢 36
婬怒癡 2-3
飲光 5-3, 9-1-⑤
飲光杜陀 6-1
飲酒 35
筠蛇三尺 340
蔭涼 34
慇懃 18-3,24,122,142,357
隱隱鈴聲 266
隱舍 197
隱栖 39-23
隱遁 78
韻礎 344

【う】
梅之坊塚 354

【ウ】
右脇降誕 6-2
右脇而入滅 6-2
有爲 6-1, 14-15
有情 13-2-②
有相修行 37-21
有智山→東禪寺
有無 180-17
有名無實 177-5
有隣 332
宇禪人 7-1
迂曲 7-3
雨安居 8-3, 14-16, 16, 20-3, 20-10, 20-11, 356
雨安居録拾遺 20
雨華 325
雨散雲收 14-6
雨濕蠹魚之害 8-4
雨聲 368
雨澤 39-9, 323
雨竹煙樹 9-41
雨朦朧 80-1
雨餘 10-25, 10-82, 372-1
盂餘 8-4
禹力 9-10-②
烏焉成馬 9-43
烏脚 58, 80-2
烏鵲 10-58
烏藤 9-2-⑥, 18-14, 39-8, 110, 112, 180-6, 180-7, 180-12, 278
烏曇鉢 60
烏鉢 9-38, 9-40
烏飛兎走 295
鬱襟 10-76
雲靄 10-85, 116, 307
雲雨 134, 290
雲煙 10-37-②, 39-9
雲霞 17-10, 322
雲開 355
雲開看月 7-27
雲閑 9-48, 39-6
雲客 9-33
雲月溪山 18-6, 137-1
雲收 14-6, 198, 277-3
雲水 15, 16, 38-8, 38-12, 180-21, 194, 220, 287, 328

雲箋 33, 38-10
雲臺 180-26
雲臺寺 236
雲堂 124
雲衲 181-16
雲片片 9-2-③
雲峰 363
雲峰寺 36
雲霧 9-10-⑥, 9-28, 178-8, 304, 316
雲門→韶陽 14-1
雲門胡餅 37-11
雲門水上行 12-4
雲雷 301

【エ】
衣盂 250-1
衣盂之餘 8-3, 211
衣線下墮獄 37-24
衣裡珍 287
衣糧 181-3
依蔭 2-3, 6-2, 8-7, 17-2, 180-23
依舊 2-3, 103, 178-10, 180-7, 275
依怙 21, 38-12
依草附木 14-5
慧空 8-3
慧崇圖 10-36-②
慧忠 8-5
慧燈院 329
慧日 9-10-⑤
慧能 37-4
慧明 8-3
慧明禪尼 9-45
慧隆 8-3
慧林寺 25, 29, 40, 181-15, 186, 224, 305, 341
慧林禪人 14-9
壞衲 181-18
永慶寺殿 34
永訣 198, 220
永鎭 8-5, 10-90, 168, 211, 212, 219
英氣 17-11, 342
英山禪哲 8-3, 9-17, 182, 226, 227
英丈 10-86, 10-87
拽石 75
榮賜 30, 95
榮辱 192-4
榮衰 105
瘞履 178-2
瘞履忌 22
影響 6-2, 6-4
衞護 10-12
衞宗 9-6, 10-71, 20-2, 180-14, 238, 369
營繕 8-5
營辨 6-1, 215
贏得 10-30, 10-89, 39-16, 126, 180-23, 181-1
易地然 358
疫之流行 16
悅禪人 61
閱藏 8-3, 10-42
延洪 9-30
延壽之園 42
延命寺 9-41, 38-12
炎天 244, 358
宴坐 39-16, 180-10, 210
捐館 41
袁渚 71
掩土 10-78, 121
崦嵫 14-19, 192-2, 209
淵源 40
淵月老人 345
園公道友 39-4
園禪友→翠巖從眞
煙靄 10-38, 10-81, 187
煙雨 80-1, 179-7
煙雲 9-40, 10-37-①, 90, 144, 159, 192-1, 312, 317, 372-2
煙霞 9-13-①, 10-26, 39-4, 174, 180-9, 201, 313
煙樹 9-2-⑩,9-41,113,319
煙塵 39-5
猿叫 315, 332
蜎飛 9-1-①
遠公房 372-1
遠方來 137-1
圓應慧滿 308
圓顆 314
圓覺講會 35
圓悟禪師 12-4, 35
圓珠 9-28
圓修禪人 14-1
圓成 8-3, 9-9, 10-5, 14-13, 37-7, 38-3, 38-4, 38-5, 38-7, 38-8, 38-10, 107
圓成供養 41, 142
圓成寺 325
圓頂 7-20
圓通 41, 180-26, 211
圓通門戸 39-24, 256
圓頓 10-64
圓福寺 12-6
圓滿 36, 38-5, 38-9
圓明常寂照 7-13
圓融 10-5, 34

筵賑 10-88
演若達多 37-20, 100
演法 20-7, 36, 182
燕吟鶯語 37-17
燕渚歡 72
鴛鴦繍了任君見 2-3
閻家老子 37-22
閻部洲 18-5
閻老 7-2, 37-13
鹽山 42

【お】
大洲領主加藤氏 256
大深五兵衛 8-3

【オ】
汚染 7-5
於菟 9-20, 17-4
淤泥 257
王位珍寶及妻子 14-15
王宮 9-4-④, 342
王庫 7-6
王子歸帆 80-3
王祥臥氷 14-6
王常侍 2-4
王世貞 19
王寶劍 253-1
王老（南泉） 10-24
往東求西 37-7
往來 自序
枉駕 10-85
枉順人情 12-2
殃過 176-6
奥義 36
奥田盤庵醫生 14-21
横亘十方 121
横參堅參 7-10
横斜 10-52, 10-74
横竪 308
横笛 63
横拈倒用 6-3
鶯吟燕語 7-25
鶯語 167
鶯啼柳上 7-16
鶯囀梅塢 4-2
應化 8-4, 277-1
應化身 9-29
應機接物 173
應供 17-6
應供眞 180-22
應眞 9-51
應接談論 117
甕牖 192-3
謳歌 14-20
鏖子 9-4-⑦
鏖戰 10-77
櫻華 58
櫻雪 112, 172
鸚鵡 10-37-①
鸚鵡洲 3-2
鼴鼻 10-23
億萬春 9-25, 180-22
音容 9-18, 9-38, 9-41
音樂 180-22
恩義 226
恩澤 9-16, 310
恩庇 3-2, 8-7, 9-1-⑨
恩力 14-17
怨親 158
寃家 178-1
寃讎 9-19
寃嗣 334
穩坐 9-21, 37-20, 39-36

【か】
蚊口浦 10-49, 255
片岡 13-4
金丸氏 291
狩野元信→法眼元信
椛山・樺山 9-45, 48, 104
紙屋氏 188
神谷 112, 113

【カ】
下資三有 8-4
下生經 8-5
下衰 9-33
下榻 365
下風 20-9
火中蓮 281
火裡生紅蓮 6-1
火裡蓮 9-36-①, 179-8
可恐可愼 14-20
可公→大道文可
可憐 9-4-⑦, 9-11-③, 9-13-①, 38-9, 39-23, 179-2, 181-17, 192-4
可憐可悲 37-20
可憐愍者 7-11, 35
囙公禪友 39-8
囙之字 37-8
囙地一下 38-7
瓜葛 341
禾穀豐登 14-20
何管 10-38, 181-17
何事不足 14-4
伽陀→小伽陀 10-78, 114
伽耶 9-4-⑤
伽梨 247
佳致 73, 83-1, 162, 361
果決生涯 181-29

果公禪人→曹溪□果
河漢 113
河頭賣水 35
挂錫 20-5, 38-2, 38-3, 38-11, 243
迦維 6-2
迦陀 4-3
迦諾迦伐闍尊者 17-9,18-2
迦諾迦跋釐惰闍尊者 17-2, 18-3
迦葉 8-5
迦葉微笑 37-11
迦葉佛 6-2
迦理迦尊者 17-4, 18-7
枷鎖 179-10
家鄉 77
家國 39-5, 140
家醜 38-6, 339
家常 99
家賊 9-14
家門 10-29, 130
荷擔 10-13- ②, 35, 39-38, 134
荷葉 262
華雨 165, 346
華塢 196
華嶽寺 140
華簡 8-5
華岩慧香大姉 289
華偈 98
華嚴院 9-46, 10-64, 39-28
華嚴會 6-2
華甲 54, 94
華紅柳緑 180-30
華時 10-32- ①
華藻 自序, 29, 32
華臺 9-2- ②
華誕 54
華亭 176-1, 176-9
華瓶 17-10
華林園龍華樹下三會度生 8-5
華露 360
過去諸佛化導之事 6-2
過去龍種尊王 13-1
葭管飛灰 3-2
暇閑情 21, 37-1
禍孽 9-4- ⑧
禍事 35
窠臼 7-23, 9-11- ③, 14-14
窠窟 7-15, 7-25, 11, 14-1, 21, 37-23, 178-10
瑕纇 153, 245
遐壽六旬 26
遐齡 10-48, 181-15, 349
歌舞 35
嘉禾 362
嘉生 10-37- ②
嘉尚 14-6, 14-16
課經 10-54
課誦 14-19, 37-10, 213
瓦甌三沸 39-18
瓦鼎 39-29
瓦釜 181-7
瓦爐 176-1,215,224-1,237
瓦匜 178-11
我王庫裡無如是刀 7-6, 14-3
臥月 9-34, 63
峨眉 15
賀正 10-13- ②
賀生子 52
畫蛇添足 6-4
畫不就 9-11- ③
畫不成 37-8, 80-3, 91
雅筵 10-37- ②, 92
雅會 10-36, 10-36- ①, 10-79, 10-89, 203
雅曲 10-69, 361
雅吟 10-81
雅詩 10-29, 358
雅趣 15
雅什 10-34
雅丈 8-6, 10-33, 39-17
雅情 10-41, 10-90
雅席 10-33, 10-44- ①, 10-59, 62, 282, 363
雅題 10-36, 10-44
雅風 10-43
雅遊 66, 82, 203
介石先生 8-6
回首 10-49, 177-7
回飆 178-8
回文 180-30
快晴 106, 149, 196, 348
快霽 64, 76
快川紹喜 35, 40, 224
快禪人 7-9
快龍宗省 300
芥針 10-4
戒以爲地 14-8
戒器 7-9, 37-12, 37-24
戒經 20-6, 20-10
戒波羅蜜 20-10
改觀 173
改禪人 37-22
怪異多 266
怪岩奇石 95
怪禽 80-1, 366
契當 11
海雨 362

海雲 180-16, 221
海屋添籌 54
海國 10-11
海西 170, 171, 327, 341
海西濱 9-44-①
海菜飯 2-3
海衆 3-5, 8-3, 9-24, 10-38, 10-71, 12-6, 20-11, 36, 38-2, 38-8, 38-10, 370
海神 260
海禪人 7-11
海象 248
海藏休山和尚 12-6
海藏經文 12-6
海藏寺 8-3
海粟 206
海中蓮華 260
海底火光湧峰頭 7-1
海桃智東 9-46, 9-51, 10-47, 39-1
海門東 106
海量和尚 20-4
界三千 9-40, 141
界畛 18-8
皆山亭 83, 90
開甘露門 215
開光 9-4-①, 9-8, 9-27, 9-46, 132, 254
開示 7-8, 10-26, 13-1, 37-20, 359
開田 10-6-①
開浴 213
揩背離垢 213
解會 11
解顔 10-38
解制 10-39, 38-2, 38-5
解制上堂 5
解脱大海 37-13
解脱幢衣 287
解路上 7-20, 37-4, 37-23, 37-24
會了頌了 14-3
槐宮 355
槐南 156
槐夢 158, 181-25
邂逅 10-51-①,20-4,38-12
蓋天蓋地 14-3
蓋纏 6-1
格調 17
郭熙 39-13
較量 6-1
隔礙 181-21
隔八千 9-1-⑥
廓然 9-3-①, 9-13-②
廓然庵主 10-30
廓然句 143
廓然無聖 9-9
赫赫 17-1, 114, 254, 279, 315, 327
確實 8-4, 8-7, 12-3, 14-3
矍鑠 180-12, 181-4
覺華 10-20, 37-16, 39-34, 310
覺樹著華 16
覺性 14-12
覺範慧洪 19
覺範寺 10-58, 353
覺母 270
鶴樹 9-1-⑥, 77-8, 177-13
鶴林垂誡 183
鶴唳 4-2, 7-16, 14-4
钁頭 242
岳翁長甫 9-10-①, 9-44
學語 10-37-②
學射 320
學術 10-44-③
學禪 2-4
學佛之徒 14-9
嶽禪人 37-9
刮膜 9-4-⑦
括山崇樹 9-28
活眼祖晴 9-19, 10-73, 241
活句 37-14
活計 7-14
活語 7-25
活三昧 6-1
活受用 9-21, 10-78
活禪人 37-14
活道 39-37
活文殊 15
活方 39-26
活路 5-1, 9-10-①, 12-1, 160, 253-1, 316
活鱍鱍 4-3, 11, 37-10
戛玉 241
喝 5-3, 6-3, 253-4
喝一喝 2-4, 3-3, 4-3, 4-4, 6-1, 6-2, 10-78, 12-3
喝彩 180-9
喝雷 152
葛藤 6-4, 7-10, 37-18
葛藤椿子 9-1-⑤
葛南陽 39-32
葛陂 358
闔山清衆 12-6, 215
瞎却 10-42, 261
瞎驢 9-11-②, 234, 337
黠禪人 37-4
黠智 9-2-①
合掌 7-14, 17-1, 38-6
合爪瞻禮 17-1

合浦 43
甘露 261, 340
甘露寺中納言規長 123
甘露滅 17
汗衫子 179-2
串珠 18-10
坎坷 181-30
旱天 9-11-④
官廳 38-8
看看 4-1, 5-1, 6-1, 7-13, 8-7, 9-49, 34, 286, 295
看其奈 9-2-②, 157
看脚下 14-4
看經 2-4
看色即看心 10-25
看取 7-9
看讀法華五百部供養 297
看如何 9-44-②, 14-3, 14-7, 135, 155, 177-4, 266
姦賊子 9-2-⑦
竿木 10-51-②
乾外士屋藏司 244
乾坤 9-2-⑪, 9-4-①, 10-8, 10-74, 18-7, 45, 167, 181-27, 253-1
乾屎橛 7-4, 7-13, 7-19, 7-20, 37-8
乾徳山→慧林寺
乾毒 6-2
乾峰祖珍 303
勘過 12-6, 125
貫華 10-51
菡萏 13-2-①
寒岩 9-32, 27, 31
寒雁 80-5, 178-6
寒月 10-80, 10-91, 181-4
寒更 88, 179-4, 364-1
寒香 181-20
寒山 10-61, 150, 181-7, 268, 270
寒時寒殺闍黎 3-3
寒拾 9-20, 270
寒心竪毛 263
寒霜 7-1, 38-9, 39-6
寒叢菊一枝 178-1
寒庭 10-32-②
寒涕 273
寒徹骨 275, 305
寒燈 179-10
寒熱獄 7-28
寒梅 9-4-⑥, 10-85, 181-11, 181-21, 283, 295, 344
寒風 33, 124
寒盟 181-16, 237
寒林 10-32-①
堪笑 176-5, 313
換骨 17-15
敢保 9-43
敢保老兄未徹在 7-7, 182
間不容髮 9-9
閑暇 10-85, 14-17
閑閑地 9-2-⑤
閑伎倆 9-2-⑥
閑境 2-3
閑吟 10-25, 150
閑似亭 80, 120
閑情 10-54, 180-10
閑靖 181-20
閑禪人 7-28
閑田祚安 39-29, 242
閑蔓詞 6-1
閑眠 181-9, 181-26
閑夢 58, 282, 372-2
閑遊 65, 180-5, 204
寛心酒 10-85
寛仁 54
漢關 276
管窺 17-5, 253-3
管領 8-3
盥薫 38-2
盥手 38-3
盥誦 38-6, 38-10, 38-11
韓柳之筆 8-6
艱辛 9-4-④, 10-6-①, 179-11
鼾睡 17-5
憨癡 179-1, 247
勸誡 222
勸衆施法 217
勸懲 10-7, 254
關山立亡杖笠尊容 9-38
關山祖忌 9-37, 274
關東 8-1
關棙子 7-19
歡喜 8-3, 14-15
歡晤 10-43
歡抃 8-4, 38-6, 38-8
歡樂 63, 73
鑑首座 141
觀音 13-2, 39-24
觀音經三昧儀 9-49
觀音懺摩 241
觀音寺 6-4, 301
觀音大士 9-26, 9-49, 210
觀光 8-4, 39-30, 162
觀自在薩埵 13-3, 216
觀自在大殿 9-48
觀心元照尼 261
含玉奇姿 309
岸柳搖金 6-3

岩頭和尚 37-2
岩房 180-3
眼華 7-10, 9-3-④
眼見耳聞 14-14
眼根聲 18-8
眼生筋 9-3-⑥
眼睛 6-2
眼先青 39-12
眼前事 105
眼底松風 10-55
眼轉青 18-6
眼無光 337
眼目定動 37-6
眼裡塵沙 20-9
眼裡水聲 17-14
雁書 38-6
雁啼 14-4
雁陣 39-43
頑海慈湛 323
頑禪人 8-4, 9-8, 38-9
顏巷 39-16
願海 9-26, 17-7, 255
願志鑄金剛 10-62
願主 297
願心 39-37, 175, 216
願成寺 38-2
願力 20-10
願輪 8-5, 10-49, 16, 211

【き】
狐嶌夜雨 80-1
肝存心 191, 290, 358
肝付氏 6-1

【キ】
企及 14-6, 37-24
岐單丁 12-5
岐路 7-7, 157, 303
希求 14-7
希齡 14-19, 180-27
奇觀 39-21, 78
奇言妙句 7-23
奇哉 6-2, 14-21, 179-4, 179-10, 179-11
奇術 37-22
奇芬 6-3
紀綱 253-2
紀信 10-53
記取 12-3
起單 38-6, 39-4, 39-8
飢飡渴飲 75
鬼宿星 9-4-⑦, 9-33, 23, 179-2, 179-3, 179-7, 179-12, 275
鬼府天宮 18-13
鬼面 2-3
氣宇 5-3, 9-28, 18-16, 151
氣衝青天 6-1
氣如王 14-3
規外 160
規箴 11, 21, 213
規度 38-3
葵仰 16, 107
喜時怒時 7-23, 7-25, 14-13
喜捨淨財 6-4, 210, 212
喜聲 10-16, 10-58, 180-10
揮案 20-10
稀齡 10-84
毀譽 181-6
愧赧 12-5, 46
暉暉寶琛 255
匱乏 10-92
輝騰 9-37, 14-18, 254
麾回 1
熙熙 10-12, 10-65, 180-9, 371
熙春龍喜 9-51
機緣 38-1, 277-5, 283
機先 125, 178-9, 180-25
機智 38-3
徽絃 39-16
徽猷 7-18, 9-10-①, 18-5, 104, 142
龜鑑 334
龜城旅泊 207
龜年 345
龜峰東閒 334
龜毛拂 4-3, 10-19, 18-5, 180-16
虧盈 149
歸隱 39-16
歸家穩坐 37-20
歸家境 298
歸休 10-7
歸去 164
歸去來 10-45, 204
歸錦 77
歸根 10-31, 294
歸山 8-3, 9-2-⑤
歸崇 8-4, 17-15
歸帆 80-3
歸命 9-29, 17-1
麒麟 52
羈鎖 6-1
祇園 101-1, 101-2
祇樹 177-12
祇林 111
欺瞞 9-37, 13-3, 37-13
義海法印 39-5, 230
義山西堂 10-83
義淨 8-4

義先禪人 125
義味 7-22, 11
疑根 152
疑猜 90
疑團 37-23
疑破 7-25, 37-3, 37-13
疑佛疑祖 14-18
儀軌濟濟 8-3
羲皇 14-20, 39-26
戲言 37-12
戲語 213
戲動 37-12
曦禪衲 38-2
犧卦 181-17
魏海 9-3-⑧, 178-8, 264
魏使 9-3-④
曦紅 181-1
巍巍 8-4, 9-47, 17-1, 165, 168, 303, 312, 332
巍然 9-28, 159
菊一枝 178-1
菊華 10-50
菊泉祖涓 108
毱多尊者 181-19
吉祥 9-21
吉祥院 39-30
吉祥瑞象 9-2-⑧
吉祥草 6-2
拮據 238
喫青蟲擧體青色 37-10
喫茶 4-3, 180-18
喫飯 2-4
客塵 352
客船 80-5, 207
脚下 7-17, 9-4-⑦, 14-4, 14-13, 14-18, 37-20, 100, 159, 177-3, 179-4, 349
脚下光明 181-21
脚下事 98
脚下清風 135, 242
脚下漫漫 7-13
脚下無一物 250-2
脚跟 7-2, 9-4-⑥
脚跟下 6-2, 14-10, 265-1
脚蹈實地 6-1
逆順縱横 224-1
九垓 52
九乾 6-1
九月秋 95
九州天 9-10-⑤, 119
九重天 337
九旬 36, 37-4, 38-5, 38-9
九條衣 168
九天 9-5, 39-9, 115, 331
九分 64, 367
九有 18-12
久遠 9-4-⑨,179-5,179-14
久坐相 178-4
久立珍重 5-4
玊人 314
休去決去 11
休罷 9-4-⑨,129,137-2,336
吸乾大海水 9-52
吸冷氣 7-11
汲鑿 181-7
究明 15, 338
宮羽 39-22
救苦 210, 294
救仁院 40
舅氏 222
窮釋 39-4, 283
窮貧 179-1, 339
骪嚏 17-15
舊家風 179-7
舊公案 6-1, 330
舊山河 9-2-⑪, 180-9
舊蹤跡 223
舊孱顔 174, 232
舊莓苔 9-3-③
舊盟 20-4, 38-9, 181-10
舊面皮 7-21
舊譯 16
舊友 181-24
舊窠 9-3-⑧, 181-15
鬮拈 8-3
牛首 236, 244
牛禪衲 124
牛頭 215
牛皮 18-4
去來 10-39, 14-17
巨海 6-1
巨鼇 39-14
虛僞 14-9, 14-20
虛空 170, 246, 328
虛空背 18-14
虛幻 14-15
虛而靈 14-10
虛誕 7-28
虛頭 37-3, 37-14, 38-11
虛堂會 178-11
虛堂録 68
虛名 180-6
渠魁 9-11-④, 17-13, 18-1
渠渠夏屋 104
渠儂 9-3-⑦
遽然 110, 180-24
蘧伯玉 10-18
魚目爲明珠 7-11
魚躍鳶飛 343-1
魚躍龍門 5-2
漁家傲 181-30

漁村 207
漁父 206
狂走 37-20, 37-24
京京 8-4
京師 168, 177-10
拱手 303
胸襟 10-44-③
胸襟流出 7-14, 14-3, 21
胸次 24
脇士 9-45, 254
脇誕 176-12
教外 7-7, 322
教迹 8-2
教體 211
跫然 39-43
境界所奪 14-12
境會 99, 332
僑居 205
兢戰 9-1-②
蛺蝶 7-8
經王 102
經函 8-3, 8-4, 8-5
經卷 39-36, 257, 269, 271
經義 257
經行 5-4, 21, 37-16
經紙 8-3
經咒 213
經藏 8-5, 9-2-⑧
經帙 8-3
經又不看 2-4
鏡學院 8-4
鏡宗和尚 38-3
鏡水慧團 39-7
鏡堂宗磋 151
驚走 9-11-④
驚嘆 8-4, 9-51, 20-11
仰瞻 9-1-⑦, 9-26, 181-10, 258
仰面交參 296
行脚 9-2-⑤, 9-39, 10-58, 10-78, 40, 121, 151, 180-5
行行 74, 357
行嚴祐德居士 8-4
行坐 10-43, 181-30
行色 10-76, 39-4, 57
行藏 181-18
行廚 172
行棒行喝 37-14
行履 10-78
形聲未兆積岳堆山 6-2
堯穹 9-7, 10-14
澆季 7-4, 7-24, 10-8, 37-7, 37-15, 181-20
澆風 20-3
澆末 2-3
澆漓 11, 35, 131, 177-1
曉雲 25, 179-3, 179-14
曉山慧豐 47
曉鐘 179-5, 180-16, 181-25
曉天 9-4-③, 181-5
曉天星 181-10
曉漏 62
曲肱 39-16
曲彔 17-11
旭日 10-21, 180-4, 302
旭鍊曛煆 14-8
玉埃 39-33
玉鞍 10-67
玉翁號 153
玉回珠轉 288
玉金詩 290
玉毫 8-4, 9-1-①②, 275
玉洲祖僖 77, 314
玉筝 10-41
玉章 363
玉心義回信士 288
玉振 8-2
玉蘂 70
玉泉慧崑 331
玉泉號 310
玉蟾 361
玉團團 123
玉池 62, 72
玉堂 10-44-①, 51
玉如意 9-21
玉葉 8-4, 281
玉欄干 80-6
玉蓮臺 210
玉露 367
玉磵禪師 59
巾匝子 181-4
斤斗 29, 332
芹晒 36, 38-8
芹志 38-5, 38-9
芹曝 10-67
金烏 172
金河 17-15, 18-1, 177-3, 177-8, 177-12, 177-13
金棺 9-1-①
金軀 176-4, 176-9, 177-7
金經 282
金猊 59
金猊山大智寺 59
金圈栗蓬 7-5, 7-26, 37-14
金言 259
金口 8-4, 8-5
金剛眼 189
金剛經 101, 101-1, 181-8, 217, 219
金剛座 6-4, 9-35-②
金剛寺 6-4

金剛壽命 12-3
金枝 281
金獅 9-21,13-1,39-35,39-36
金色杜陀 322
金錫 7-27, 10-51-①, 10-58, 10-78, 10-84, 39-4, 39-29, 39-37, 45, 77, 204
金身 20-6
金針 2-3
金聲 8-2
金屑 2-4, 10-35
金湯 17-1
金風 10-72, 62, 64
金文 10-82
金容 9-49, 210
金襴・錦襴 5-3, 168, 214
金輪 28
金爐 17-8
徑山 9-23, 277-5
琴韻 179-8
筋骨剛 181-15
欽明 6-2, 8-4
禁戒 21
禁首座 294
禽聲 181-25
錦機 6-2, 16, 363
錦江和尚 3-5,38-11,38-12
錦繡 39-3
錦心 3-5
錦旋 39-10, 77
錦嚢 180-4
錦葉 9-10-①
錦樣 9-1-③
錦籠 10-37-②
襟懷 10-92
吟意 10-59, 360
吟魂 80-8, 347
銀鉤 81

【く】

熊野 1, 237

【ク】

句詮 271
句讀 10-23
拘尸羅 177-3
苦趣 212, 287
苦茗 10-87,39-41,179-1,197
苦流 9-26
供款 7-22, 9-34
供給 2-3, 10-9, 38-12, 39-32, 81
供養 7-28, 9-47, 20-10, 41, 55, 107, 142, 210, 215, 217, 221, 297
庫院 227
庫下 20-11, 38-12, 271
垢染 7-9, 176-9
煦育 180-9, 180-13
瞿曇 7-26, 176-5, 179-4, 179-6, 296, 322, 339
驅烏 9-19, 185, 229
驅耕奪飢 253-4
具眼禪流 序, 8-1
具壽 17-2, 94
具瞻閣 84
具足 14-10, 14-13, 37-7
愚極義泰 15, 16, 17, 19, 20-11, 38-5, 38-8, 101, 180-21, 228, 351
愚癡 10-45
愚門宗深 9-41
愚惷 321
空華 181-21, 313
空假 8-7
空寂 18-8
空生 101-2, 165, 313
空門 7-27, 8-4, 10-8, 19, 180-23, 222
偶諧 10-38
藕絲 258
屈一場 9-2-⑩
屈指 33, 227, 238, 286
屈伏 249-5
屈平醒 70
窟内窟外 8-4
君子常 10-44-②
訓錬 338
熏爐 219, 243
薫氣 6-1
薫誦 38-8
薫禪人 38-5
薫風 12-4, 142, 281
勳功 315
郡山密寺 211
群昏 9-10-⑤, 212
群衆 9-40
群生 132, 175, 179-14, 261
群情 79
群隊 182
群品 8-3, 8-4, 179-12, 340
群魔 6-2, 18-11
群類 9-26, 55, 176-9, 189
群黎 54
群靈 9-7

【ケ】

化育 39-2, 116
化緣 10-56
化儀 340
化主 10-56

化城 79
化身 8-5
化風 13-2-①, 261
化門 181-23
化霖道龍 87-1
計較 7-4, 37-15, 37-16
假山 82, 366
假即眞 246
袈裟 7-27,35,180-21,181-24
袈裟下失人身 14-9, 37-5
兄弟 2-3, 10-13-②, 10-48, 119
圭峰一字知 39-42
荊棘 202
荊識 236
荊扉 83-1
荊阜 30, 141
奎畫 331
桂影 277-3
桂岳寺 38-1
桂鏡 199, 345, 348
桂月 9-13-①, 10-44-①, 10-68, 317, 329
桂香 360, 367
桂魂 65
桂昌芳林大姉 10-29
桂輪 80-6, 106
奚疑軒 自序, 11, 246
莖莖斜曲 9-44-②
畦衣 10-57-②, 177-6, 180-21
畦畛 20-1, 277-4
敬堂慧恭 10-78, 187, 233
敬佛賑僧 217
景光 53, 202
景致 67, 123
景物 66
景陽峰 131
傾頽 14-8
携手 10-25, 14-6, 20-5, 284
溪山 9-2-③, 18-6, 137-1
溪山風月 10-44-③, 10-78
溪聲 10-43, 14-19, 41
溪舌 181-26
溪藤 9-49, 38-8, 194
溪毛沼芷 241
輕襪 37-13, 179-9
慶雲慧任 43, 239
慶旺首座 312
慶快 6-4, 7-6, 37-16, 38-3
慶快平生 7-9, 7-22
慶喜 5-3, 9-1-④, 38-5
慶讚 6-1
慶讚請藏圓成普説 6-2
慶誕 20-7, 94
慶友尊者 19
憩影 41, 126, 180-5, 181-9, 181-15, 305, 343-1
螢火 91
螢光 148
罽賓王息業縁 211
髻裡鵲巣 9-4-②
瓊筵 10-36-①
警策 36
馨香 6-1, 51
鶏冠華 39-21
鯨海 61
鯨禪人 7-10
鯨呑盡海水 7-10
鯨波 37-21, 134
擊碎 231, 245, 288
擊壤 10-57-②, 52, 362
擊石火 91
擊節 9-2-⑫, 211, 280
激起 39-9, 234, 330
血汗 11
血啼 10-75, 39-11, 187
結夏 20-2
結習 7-9
結集 6-2
結髞 185
結制 2-3, 10-10, 36
結冬 8-7, 9-16, 9-24, 21, 34, 37-4, 38-3
結冬安居 38-2, 38-4, 38-6, 38-7
結冬安居上堂 2
結冬會 6-3, 9-33, 35, 38-2, 38-3, 38-5, 38-8 38-9, 38-11, 38-12
結盟 39-1, 270
傑閣 82
潔齋朗讀 297
闕典 6-2
月宮 10-72
月桂寺 7-22
月皓皓 177-13
月西沒 125, 239
月在屋頭天 343-2
月在水 210
月支 249-4, 327
月色 76, 355
月渚 134, 156, 282, 314
月穿水 39-24
月窓宗古 99
月蒼蒼 9-2-③
月明風淨 357
見義勇爲 8-4
見性 37-10
見性成佛 7-19, 219
見性聞性 14-19

見星　9-4-①, 9-35-①, 179-1, 179-13
見桃悟道　7-7
見聞　6-2, 6-4, 7-17, 8-4, 13-2-①, 14-19, 37-6, 254
見聞覺知　14-1, 14-21
見聞隨喜　8-3
妍醜　189
建長門人　315, 322
兼題 10-79, 51, 62, 72, 360
娟娟華露　360
涓埃　9-1-⑨
涓滴　7-24, 9-10-⑥, 9-16, 39-40, 310
虔備香華　228
牽得　2-3, 7-10, 20-4, 165
眷屬　17-13
眷戀　38-6, 38-9, 220
堅實　39-15
堅珉　175
喧啾　10-28
捲電鼓雷　223
筧水　10-10
蜆蝦　267
蜆子　267
劍去久　9-11-③,14-6,37-4
賢于　210
賢巖禪悅　39-30, 183, 263, 265-2
賢聖　6-1, 215, 297
賢叟號　317
嶮崖　7-20, 9-41, 117, 165, 179-13
懸識　9-3-⑦
獻珠寺　308
權化大士　16
權衡　17-14, 87-2
權輿　8-3
顯冥　20-5, 101-1
顯露　37-17, 353
元敬首座→拙堂元敬
元五斗　12-5
元朔　10-16
元照大智律師　10-23
元照尼　258, 261
幻影　9-23
幻化　6-1, 7-2, 18-15
幻出　10-28, 86
幻泡質　216
玄玄玄　6-1
玄沙　7-7
玄察禪人　7-26
玄奘　8-4, 16
玄談　10-13-②, 98
玄帝　181-27
玄峰和尚　40
玄流禪人　37-6
現今善果　293
現成 6-3, 17-5, 163, 179-14
現成公案　9-44-②
現當福樂　16
源深派分　151
源流　12-6
嚴命　6-1, 10-44
釅茶　93

【こ】
兒湯郡　9-50

【コ】
己躬下→自己躬下　14-14
己心彌陀　14-16
戸口光明　7-17
古音　329
古海士坦　144
古稀　180-23, 181-14, 181-22, 181-23
古月庵　219
古月宗用庵主　219
古今　10-44-③, 14-10, 39-28, 125, 159, 160, 163, 277-2, 320, 365
古策　9-42
古山東亘　146
古寺　39-5, 177-10
古尚今　39-25
古松　10-64, 97
古繩床　10-7
古禪床　38-9
古禪叢　248
古草堂　39-6
古叢　181-19
古像之十一面觀音　210
古則因縁　14-3
古調　172
古道場　9-48
古德浴室示衆偈　213
古梅　354
古風　38-2, 38-10
古佛　9-27, 180-29, 181-20
古佛列祖應化之靈場　8-4
古梵宮　44
古菱　181-18
古嶺玄策　9-42
呼喚機前　186
虎丘老　321
虎靠山　6-2, 14-2
虎岫　20-9
虎石　82
虎蹄　10-60
虎堂宗主　45, 46, 324

虎狼 20-11
虎跑 20-10
呱聲 9-2-⑧
孤雲 23, 42
孤影 10-73, 78, 181-24
孤月 18-2
孤筇 105, 180-1, 192-2
孤枕 39-17
孤塔 233
孤榻 80-7
孤燈 99
孤負自己 7-15
孤峰頂 39-6
故苑・故園 10-75, 39-20, 77, 80-5, 204, 207
故舊 220, 364
故郷 243
故山雲 9-36-②
故紙 248
枯筇 10-41, 351, 353
枯槁形容 181-25
枯坐 36
枯淡 10-2, 10-62, 36, 38-1, 38-3, 38-12, 39-4, 178-1, 181-28, 356
枯腸 20-2, 38-12, 92
枯桐 39-17
枯藤 17-8, 180-2
枯木衆 23
枯木堂 10-56
枯黎 39-12
狐疑 8-5, 14-13
胡山兀西堂 39-30
胡種族 8-2
胡床 198
胡蝶 37-5
胡餅 37-11
胡盧一場 39-6
壺觴 361
湖海 9-16
湖山 9-13-①, 264, 329
湖禪師 6-1
湖道號 302
辜負 13-3
鼓瑟 363
鼓蕩 9-44-①
鼓腹 14-20
跨竈 249-4
箇箇圓成 9-9, 14-13, 37-7
箇箇是活文殊 15
滹沱 152, 253-2, 283
蝴蝶 180-24
擧措施爲 35
擧足下足 37-5
擧著 7-1
擧揚 9-41, 102, 178-6, 234
五縁 2-3
五家 253-2
五戒 14-15
五觀 11
五逆聽雷 263
五橋邊 235-2
五禽 39-28
五月菊 70
五弦琴 10-43
五湖 10-34, 67
五五百年 177-12
五香 176-1, 176-7, 176-9
五彩 246
五字牛 9-34
五常 14-15
五千四十八 6-2, 9-2-⑧
五臺 15
五智山國分寺 9-50
五度 20-10
五納龜布 17-7
五百塵點劫 12-3
五夜 10-88, 194
五欲 343-2
午夜 14-5, 246, 304, 347
吾會無生死 9-37
吾禪 10-9, 10-83, 26, 178-12, 221
吾門 10-47, 14-10, 33, 37-3, 38-9, 321
後果 14-19
後漢 6-2
後五劣孫 9-1-②
後光 9-24
後昆 6-1
後醍醐帝皇子 342
後凋清操 39-12
後念 14-15, 14-16, 14-19
悟之則輪廻息 6-4
悟徹 7-15
悟不悟 7-22, 37-12
梧右 10-29
梧桐 15
御城兼題 360
語默 9-9
護法 9-51, 283
護法金湯 17-1
口滑 9-2-⑦
口號 24, 39-16, 79
口耳三寸之間 7-14
口授 7-14, 7-24, 37-14
口唇邊 74
口占 126, 181
口談 10-22
口頭議去 37-3
口碑 354

口未開時已説了　7-15
工匠　8-5
工夫　7-12, 10-10, 37-2, 79-7,181-18,258,273,338
公案　6-1, 37-23, 178-11, 277-3, 330
公事　14-13, 14-17
公輸　34
功業　9-10-②
功勳　34, 211, 330
功成　10-2, 10-92, 84
功名　67
巧舌　10-37-①②
弘鑑常明　235
弘願　6-2, 8-4, 8-7, 9-50, 10-42, 16, 38-6, 101-1
弘宗寺　10-40
交勘　8-3
交誼　38-4, 38-7, 77
交參　10-5, 10-22, 296
交鬪是非　21
光陰　7-9, 24, 37-1, 181-13, 181-17, 181-22
光華　288, 314
光暉・光輝　3-5,8-5,38-11, 41, 117, 181-12, 341
光谷號　315
光伴　350
光撫　8-4, 177-1
光風　10-82, 87-2
光福寺　8-3,38-7,77,237,314
光明　7-15, 8-5, 9-2-⑧, 9-8, 9-30, 9-47, 9-4-①, 14-1, 14-18, 20-11, 59, 176-2, 176-4, 181-21, 235-2, 277-5, 279
光明寺　8-3
光耀　8-4, 39-39, 131, 260
光臨　10-81, 47, 83, 97, 255, 365
向火（キャンコ）　166
向上巴鼻　8-2
向道　15, 37-1
向背　295
好箇時節　4-3
好事　7-3, 7-5, 14-1
好時節　140, 168
好醜　39-11
好消息　343-1
好商量　37-21, 39-39
好庭祖雪大姉　296
好不啣嗰　付録
江雲　10-76, 20-4, 39-27
江湖　8-3, 38-6, 117, 136, 181-24, 359
江湖同參之情　328
江湖道友　137-1
江西寺　10-78,187,233,288
江山　48, 243, 353, 364-2
江山千里　146
江亭　10-33, 10-34
江南山→梅林寺
江南風渚　330
江府　205, 239, 243, 244
江北江南　4-3
考妣　37-1, 37-19, 132
扣己　37-13, 37-15
扣參　208
孝兒　6-1
孝心　200
肯心　14-9, 14-12
肯信　9-3-①
肯諾　177-7, 181-2
狎翫　39-44
洪音協律　107
洪基　9-7, 111, 330
洪波　9-6
皇都　206
皇風　6-2, 10-21
紅靄　10-17, 366
紅顔　39-44
紅心　320
紅塵　10-81
紅桃白李　308
紅梅　53
紅蓼白蘋　120
紅輪　9-4-⑨
紅蓮　6-1
紅蓮臺　13-2-②
荒穢　241
荒墟　39-15
荒蹊　10-69
荒榛　10-73
荒唐　39-6
荒墳　192-2
荒涼　2-3, 38-9
香雲　6-3, 14-6, 215, 284
香雲界　142
香煙　39-17, 240, 290
香氣　72, 176-3
香至國　13-4, 249-4
香飯　38-10
香風　5-3, 10-69, 70, 277-4, 354
香爐　17-8, 17-13, 17-14
虹霓彰大旱地　136
恍惚　82, 277-3
校閲　8-3
校讎　8-3, 10-23
耕耘　20-8
降生　9-2-②, 176-2

降誕 9-2-⑩
降靈 6-2, 9-44-①
高駕 10-57, 10-67, 10-89, 39-32, 66, 83, 362, 365, 371
高格 180-5
高顯 55
高山 9-2-⑫, 39-28
高志 15
高車 10-64
高照正燈 235
高蹤 8-1, 10-51, 27, 173
高矚 10-57, 10-63
高僧 9-24
高臺 9-27
高躅 9-4-②, 36
高標 9-22, 12-6, 179-9, 338
高風 39-26, 249-6
高峰號 312
哮吼 37-15
效顰 38-9, 260, 274
黃雲 20-8, 176-3
黃鶯 37-5, 37-11, 180-27
黃鶴樓 3-2
黃卷 269
黃冠丹首 10-37-②
黃金 8-4, 10-8, 18-7
黃金鎖骨 10-50
黃昏 176-11
黃蘗 39-23
黃泉 6-1
黃鳥 10-13-②, 10-54, 37-6 37-8
黃梅會裡七百高僧 37-18
黃檗 9-11-①, 252, 283
黃檗山頭遭痛棒 253-5
黃吻 176-5, 176-12
黃面 6-4, 10-25
黃落 282, 364-2
黃龍窟 9-6, 117
黃鸝 9-1-④, 177-7
康國寺 174
康寧 41, 350
蛤蜊觀音 259
皓潔 197, 310
皓月 8-7
皓首白眉 18-2
絳衣 249-1
絳霞 180-4
膏肓 7-18
槁梧 17-11
犒勞 10-26
廣智國師 8-5, 9-5
廣德山龍峰寺 173
興雲志 10-19
興禪大燈 235
興德寺 60, 134, 332, 340
興隆46,134,177-12,330,340
膠漆 35
膠粘 7-21, 7-26
講經臺 39-10, 333
鴻慈 6-4, 38-1
鴻庇 14-8, 177-10, 241
灝氣 106, 150, 360
鏗鏘 180-7
鏗然詩韻 10-63
軥軥 63
劫石 55
剛健 7-28
毫光 9-1-⑧, 176-7, 177-1, 177-6
毫芒 277-2
毫末 6-2, 179-2
業因 293
業緣 6-1, 7-2, 211
業繫受身 9-34
業障 6-4, 14-21
業風 20-2
遨遊 199
克家 282
谷神軒 39-44
刻金 10-52
黒貫寺 39-5, 39-34, 230
黒沈水 226
黒藤 9-31
黒漫漫地 157
黒皺皴 10-89, 180-2
國恩 2-3, 6-2
國家 6-2, 6-4, 8-3, 8-5, 9-30, 9-45, 10-20, 12-3, 41, 111, 211
國清寺 181-7, 270, 321
國祚 4-3, 10-15, 210
國風 41
國分寺 9-50
國民 39-34
穀旦 15, 16
矻矻 7-27, 38-5, 39-4
骨亦清之句 190
骨清堂 40, 78, 181-28, 190, 191, 192, 370, 372
骨孫 8-2
骨肉 10-54, 186, 222, 369
骨鯁剛正 9-40
滑稽名聲 276
榾火 10-3
榾柮 179-1, 181-25
兀兀 17-11, 38-3, 164, 309
兀坐 9-32, 38-10, 153, 180-6, 180-14, 317
今古9-2-⑧,9-10-①,37-24

今古新　9-44-①, 277-4
今時之宗弊　38-11
今時弊風　37-5, 37-24
今日之樂　14-20
昆岡・崑岡　96, 141, 314
昏闇　8-4
昏昏　14-14, 39-39
昏散　15
昏夢　37-20
根境法中　37-13
根源　2-3, 14-5, 37-9, 265-2
根株　251
根塵　7-12
根僿機劣　2-3
紺園　10-72
紺芽　10-5
崑崙・渾崙　9-15, 9-19, 10-76, 183
袞龍　10-53
渾家　250-2
　9-19
鯤鱗　序
言句　8-2
言語端　129
言跡纔彰難尋影響　6-2
言説　11
勤學　10-44-③
勤舊　12-6, 21
勤渠　17-16, 263
勤修　7-20, 7-28

【サ】

左之右之　6-3, 14-4, 118
佐野原　82, 84
作佛　6-2
作務　10-7
作模作樣　2-3
作麼作麼　7-10
作略　35
些些　9-35-①, 9-50, 179-5, 181-30
沙界　180-18
沙汀　307
茶煙　181-25
茶貴白　39-18
茶鼎　56
茶裡飯裡　7-23, 7-25, 14-10
茶話　71
差殊　6-4
差排　14-11
蹉過　14-2, 135
蹉口　179-4
蹉跎　128
鎖骨　10-50
坐禪　10-7, 36, 190
坐禪石　39-7
坐斷　序, 2-1, 4-1, 4-4, 9-3-③, 9-47, 159, 224-2, 248, 325
坐破蒲團　21
座右銘　181-8, 181-19
再世　10-47
再創僧堂記　15
西院玄竺　40, 138, 223
西院和尚語録抜萃序　40
西王母　276
西往　217
西江　10-39, 39-8
西江祖動　38-11
西山　80-2, 192-1, 291
西蜀錦機　363
西岑　163
西祖直指禪　3-5
西窓　58
西天　9-36-①, 14-4, 249-3
西天四七　14-5
西風　9-3-⑧, 10-36-①, 10-44-②, 10-80,158,177-4
西方　292
西來　2-3, 9-9, 178-11
西來意　178-8
西來乃祖禪　205
西來題目　178-5, 178-9
西嶺　172
災弭福重　6-4
災變　9-25
宰官身　10-29
栽竹　39-15
栽培　10-56
柴火　181-5, 181-21, 181-22, 181-24, 181-28, 181-30, 364-1
柴骨　179-9
柴扉　61, 346
彩旆　9-10-⑤
彩筆　81
細行威儀　160
菜羹蔬飯　47
菜滓　271
菜蔬　10-5, 181-27, 274
崔嵬　14-6, 179-12
釵釧鉼盤　107
最要緊　7-15
裁斷　10-7
裁縫　168, 258, 262
犀顱　17-9
催老　10-8, 92
歳亦莫　10-3
歳華　10-9, 154, 180-17, 181-14, 219
歳月　10-7, 10-50, 73,

181-13, 181-20, 181-24
歳歳年年 92
歳時豐饒 8-4
塞需 125, 131, 333
際斷 9-9, 14-10
齊夷 33
齊家 14-15
濟濟 8-3, 34
濟洞殊 39-8
濟北孫 181-23
齋筵 6-1,69,138,220-1,295
齋儀 215, 217, 220, 228
齋粥早晩 212
璀璨 39-34, 96
在在所所 16
財施・財法二施 6-2
罪科 37-16
罪人 10-10,14-8,37-3,38-8
罪福 102, 293, 298
索話 2-2, 12-2
朔風 10-45
策錫 8-3, 10-47, 180-5
錯錯 9-22, 136, 330
刷翎 10-37-②
察公首座 10-40
颯然 7-3, 156
薩州活道 39-37
薩埵 9-51
擉瞎 179-11
雜華 25, 34, 181-15
雜用心 7-27, 14-10
雜話 213
三界 8-4, 17-15, 18-6
三界染 17-6
三會 8-5
三角城 177-3, 177-10
三學 14-8
三間窄 10-38
三祇 6-2, 179-3
三徑菊殘 39-41
三拳 253-5
三元新賀 10-46
三更枕上 156
三尺霜 96
三尺眉毛 17-9, 325
三十二身 39-25
三十餘身 216
三生 12-6, 186, 333, 369
三神一神 8-7
三世諸佛 6-2
三千界 6-4, 9-39
三千歳 177-1
三千佛 14-6
三藏法師 6-2, 8-4
三諦一諦 8-7
三途業縁 6-1
三投九洞 21
三毒 18-13, 20-10
三百會 8-5, 9-30
三百函 10-13-②
三百鈞 9-19
三百六十骨節 283
三平老子 320
三寶 6-2, 8-4, 181-12, 287
三寶證明 212
三摩地 210
三昧 9-45
三萬二千 4-1, 265-2, 301
三萬有餘千 326
三有 8-4, 8-7, 181-14
山庵成寶居士 6-3
山櫻 10-67
山河 134, 269
山河大地 6-4, 9-2-②,
37-17, 116, 176-1,
268, 288
山河萬朶 9-24
山華 180-26
山菓野肴 227
山居偶作 39-11
山鷄一拍 113
山月 39-11, 88, 176-7, 211
山色 10-43, 14-19, 14-20,
17-14, 20-1, 80-6, 231
山蔌野肴 32, 104
山廚 39-32, 39-44
山扉 10-32-①
山門 39-22, 41, 180-26
山門永鎭 10-90
山門鎭靜 8-4, 41
山嵐 286
杉槽漆斛 356
珊瑚枝 7-10, 330
參學之士 37-13
參玄 10-8, 21
參詳 37-7,37-13,37-20,208
參禪 151, 359
參禪爲第一 11
參禪學道
7-25, 37-10, 37-22
參禪苦修 42
參禪士 7-14, 37-23
參禪多病 11
參禪了畢 7-20
參徒 8-3, 8-4
參未透時已悟了 7-15
參來參去 14-14
散筵 38-4, 39-10, 297
粲乎 8-5, 34
粲爾 174
粲然 123, 151

攢華簇錦 5-3
贊許 8-3
贊揚 333, 339
讃嘆 8-3, 16, 114
糝羹 181-16
鑽仰 10-65, 254
爨煙 80-2
斬新日月 10-14
斬頭覓活 37-17
殘菊 39-23, 178-3, 178-4
殘暑 39-3, 360
殘生 10-30, 181-25
殘燭 181-24
殘夢 181-10
慚愧 87-1, 167, 177-6, 178-2, 180-20
暫暇 10-77
暫到 213
慙惶 9-36-②

【し】
澁谷久上 8-6, 10-29, 10-33
澁谷氏 10-34, 14-12
島津以久 6-1
島津惟久 6-1, 41, 54, 210, 212
島津忠就 41, 210, 350
清水又兵衞 8-3

【シ】
士寛禪徒 133
士性徒子 186
士坦 246
士範→百朋士範
士峰雪 24
子規 9-2-③, 10-75
子期 178-7, 229
子孝父慈 345
子葉 139, 143, 161
支梧 3-5
支竺 8-4, 9-12, 249-6
支竺桑 302
支桑 253-2
支桑西竺 138
支那 6-2, 8-4, 9-13-②, 9-49, 16, 20-10, 37-2, 37-6, 249-5
支流 331
止止 294
止止不須說 7-16, 14-17
止禪人 7-16
四威儀 21
四維 5-4, 13-4, 139, 277-5
四恩 8-4, 8-7, 11, 180-15, 181-14
四海香風從此起 5-3
四儀剛健 38-4
四句半行 8-3
四衢路頭 3-2
四支 7-28
四事供養 20-10
四七 序
四七宗統 249-6
四七二三 14-2, 39-39
四衆 20-3, 333
四十九歲 177-2
四十九年三百餘會 6-2
四諦 6-2
四百州 9-39
四辨 8-4
四門遊觀 6-2
市朝事 39-43
死亦如是 7-21
死活天淵 序
死句 37-14
死語 7-25
死在岩根骨亦清 79
死生 10-5
死生窟 176-8
死獦狚地 11
至扣 38-2, 38-6, 38-7, 38-8
至孝 86, 193
至祝至祷 38-6
至誠 8-7
至屬 14-3, 14-9
至祷 38-7, 38-11
此事 7-14,7-26,37-2,37-12
此生如是然 10-9
此土西天 9-36-①
此道 9-18, 14-15, 90
此門 37-23, 39-42, 175
芝眉 38-3, 330
志氣 7-9, 14-7
志弛 10-6-①
私語 21
私情 21
孜孜 7-27, 10-77, 14-16, 38-3, 38-5, 38-6, 38-10
使乎 3-5
始終 10-22,38-4,38-6,38-8
始終圓成 38-10
泚毫・泚筆 自序, 246
枝葉 349
思茲 7-24, 36, 37-10, 37-14, 38-6, 38-8
思想 17-15
思不禁 10-43, 148
思不群 306
思惟 10-1
指開 9-2-④
指揮 17-4

指掌 37-3
指心 37-21
指心斥相 249-5
指陳 5-4
指點 269
指頭 9-2-④
指頭眼 10-24
指南 7-27, 17-6
指話 68
咨詢 267, 269
師兄 8-3, 9-18
師元禪人 353
師子背上 39-36
師喪 10-62
師德 8-7
師表 251
紙衣 181-25
紙襖 10-6-②,181-2,181-27
紙筆 8-3
紙料 8-3
脂膏 11, 213
紫燕 37-8
紫金光 9-1-⑦, 9-47, 289
紫石淨介 87
紫梅 220-1
紫潭 194
紫鳳 44
紫磨身 176-10
視聽言動 37-3
視篆 38-6, 40
視如掌 9-3-⑦
斯文 10-86, 17-12, 40
絲髮 24
嗣怨 115
詩興 10-52
詩句 10-87, 362
詩經 17-15
詩思 344
詩者不外于政 8-6
詩人 10-36-②
詩瓢 39-17
詩賦 39-16
詩盟 10-68
詩律 348
試觚 10-19
試毫 10-16, 10-20, 10-46, 10-55, 10-65, 10-66, 39-5, 110, 127, 167, 180
試筆 10-13, 10-17
資福寺 10-42, 39-40, 154
獅吼 9-38
獅子 9-21, 39-35
獅子皮・獅皮 12-2, 38-11
獅林一隊群 1
誌公 8-5
賜紫 28, 38-6
駟不及 9-3-⑤
齒寒 9-17
示衆 10-93, 179-8
地祇 8-4
地居最上天 254
地獄 118
地獄之滓 35
地震 10-13-①
地藏 9-25, 39-37, 261
地藏大士 118, 254, 255
地不載 319
寺門民戸 6-4
耳欠聽 337
耳語口授 7-14, 37-14
耳口三寸 14-5
耳根圓通 211
耳根色 18-8
耳視眼聽 256
耳順 12-6, 181-14
耳中山色 17-14
耳底山 10-55
耳裡土 20-9
自家 75
自家底 91, 120
自己 11, 14-1, 14-3, 14-16, 338
自己脚下 14-18
自己躬下 7-22, 7-28, 10-1, 11, 14-5, 14-12, 14-14, 15, 20-2, 36, 37-18
自己胸襟流出 14-3, 21
自愧自慚 15
自欺 7-28, 181-27
自悟自證 37-2
自國金文 9-10-③
自國寶殿 9-10-③
自在受用 7-7
自在天 277-1
自殺 158
自贊 9-52, 39-6, 246
自敍 3-4, 12-5
自笑 168, 181-18, 192-2
自嗇 38-4, 38-5
自足 57
自適 181-21
自得寺 自序, 41, 212
自得寺殿 39-38, 122, 282, 283, 284, 285
自德宗然居士 9-9
自由 37-7, 38-7
自詮院妙句 189
而禪衲 90
事事無心 181-5
事無一向 7-22, 9-9, 339
治國 14-15

兒曹 9-2-①
兒童 109
茲資始 116
時雨 10-57-②,180-13,350
時運 8-5, 211
時人 10-38, 14-2, 39-11, 42, 178-6
時不待人 11
慈雲 13-2-①, 39-25, 111, 210, 254, 255
慈雲山→福聚寺
慈雲寺 36
慈恩 9-24
慈眼 9-49
慈訓 177-11
慈光 9-48, 114, 254
慈光寺 238
慈舟 9-26
慈心 39-24, 181-3
慈仁 181-11
慈息 220-2
慈尊神化 254
慈德院 145
慈悲同一 9-29
慈容 9-25, 9-46, 145
慈麻 9-1-⑧
辭世 付録
識荊 220-2
識前一步 37-4
識禪人 7-7
直下是 102
直下宣明 103
直下勦絕 7-10
直下提持 178-9
直下分明 98
直參祖意 7-3
直指 3-5,7-19,9-3-⑤,131
直指人心 9-9
直指單傳 9-3-⑧, 37-23
直指非文字 181-30
直心祖教居士 10-74, 295
直截徑要 15
直截根源 2-3, 14-5, 37-9
直翁禪師 3-5
直翁長老 9-43
竺墳魯典 39-1
竺法 6-2
七軸 8-7, 297, 339
七七年 9-1-⑥
七朝國師 36
七朝之師 335
七梅華 122
七百高僧 37-18
七步 9-2-⑨
七碗 10-43
失計 38-5, 38-8, 368
失口 7-12, 37-8
叱納幸幸 38-5
叱留 38-2, 38-8, 38-9
疾病 38-10, 38-12
悉除衆病力 9-24
悉達 342
漆桶 12-4
漆瞳 191, 265-2
漆突眼 17-2, 18-9
質素 36
質直 14-9, 14-20, 208
膝下 17-4
膝下黃金 18-7
拾得 181-7, 269, 270, 271
實事 2-3
實成久遠 9-4-⑨, 179-5
實禪祖白 136, 329
實相 8-7
實地 6-1
實田號 20-8
實頭 2-3
實頭禪 136
實法 15
實門宗孚首座 121
實履 37-14, 37-19, 328
且喜 10-64, 10-81, 24
社鼓 80-3
車匿 6-2
舍利 218
洒洒 20-1
捨我憐物 12-6
煮菜折鐺 235-2
遮障 288
遮藏 6-3
遮欄 37-10
謝詞 3-5, 12-6
勺湯滴水 213
尺言易 181-22
杓頭 9-2-②, 176-3
杓柄 9-2-⑥
錫錫聲杖 255
錫珠 254
爍破 9-10-⑤
釋迦 2-3, 8-5, 17-10, 357
釋孔老 9-43
釋世尊 127
釋提婆 325
釋門 177-4, 180-15
寂而照而 118
寂室好言語 79
寂室禪師 190
寂室禪師之高韻 370
寂照 7-13, 9-8
寂照妙光大姉 102
寂禪人→定山寂而

寂莫・寂寞 9-1-①, 10-2, 10-61, 39-18, 39-44
寂滅 18-7, 37-10, 313
寂滅身心 18-12
寂寥 38-12, 204
著衣 166, 267
著衣喫飯妙難思 7-16
著一鞭 10-78
著手脚處 7-14
著手心頭 177-11, 205
著精彩 3-2, 7-5, 7-21, 7-28, 14-1, 14-7, 37-16, 176-3, 178-5
著祖求 14-5
著佛求 14-5
雀噪鴉鳴 14-16
蒻笠 63
鵲巣 9-4-②
鵲噪 9-3-①
手脚忙 353
手熟 9-46
手足啓 282
手澤 8-5, 9-6, 238
手中扇子 108
手度 39-30, 134, 333
主客忘來 352
主公板首 352
主宰 7-22, 10-15
主山 35, 37-9
主人翁 57
主張 10-7
主賓 39-8
守株 181-1
守株待兎 6-2
拄杖 2-3, 3-2, 9-10-①, 10-89, 180-19, 358
炷拜 176-1, 225, 228, 263
殊勝 7-3, 8-3, 8-4
珠玉 39-14, 81, 358
珠走盤 14-12
珠輪 18-13
酒色 21, 37-12
酒辛 36
酒醒山青 10-93
酒臺盤 267
須跋陀羅 6-2
須菩提 7-22
須彌 6-2, 9-52, 248, 312
須彌高廣座 326
須彌聚筆 12-3
須彌燈王 2-1
須臾 39-13, 339
種智 6-2
麈尾 17-9, 265-1
鬚髪 10-71, 39-17, 209
戍博迦尊者 17-5, 18-9
受持 8-3, 10-23, 14-15
咒願 101-2
咒宣力 39-5
竪窮三際 121
授翁宗弼 184
授記 103
授受 7-7
壽因首座 129
壽筵 10-71
壽山 9-29, 15, 180-22, 247
壽算 10-4, 181-17
壽字 225
壽樂庵 6-4
壽嶺 180-19
儒生 343
儒門遊民 7-20
樹蒼蒼 9-8
舟子 80-4
舟中即事 120
收來意 4-4
周易 39-16
周情孔思 54
周禪人 7-8
周遍法界 7-8
宗系 9-19
宗旨 10-51,10-83,14-8,219
宗社 3-5, 37-16
宗順居士 218
宗乘 37-15, 338
宗統 249-6
宗風 9-44-①, 10-4, 35, 143, 178-3, 193, 320
宗弊 38-11, 117, 181-5
宗峰妙超 235
宗密首座 222
宗門 10-58, 38-7, 57
宗猷 9-39
秋雨 9-10-④, 121
秋月 10-39, 80-6
秋毫 2-3, 10-40
秋色 10-88, 123
秋春 9-10-③, 161
秋成 20-8, 52, 242
秋旻 367
秋風 50, 229, 236
秋夜 145
秋蘭 10-44-②, 10-69, 60
秋隣 20-1
秋霖 10-57-①
臭皮骨 168
臭風 6-3
修學漸漸 6-3
修禪 179-5
修竹・脩竹 39-15,241,280
修練・修錬

14-9, 15, 147, 181-18, 321
袖裡梅華 277-1
執著 37-7
終焉 186, 219, 364-2
終宵 10-80, 32
脩眉 10-48
就本追末 14-10
衆慈 3-4
衆生根熟 6-2
衆生是佛 10-93
衆寮 10-92, 38-9
萩英 105
萩華 355
愁恨 80-5, 235-2
愁殺 10-91, 177-10
愁腸 10-75, 178-7
愁眠 198
戢化 39-30, 40, 138
酬酢 14-13, 14-17
酬德報恩 122
綉戸 10-37-①②
聚會 25, 210, 328
聚首 9-20, 39-4, 39-8
聚頭 9-43, 10-12, 270
緝熙 94
醜名 10-22
鷲嶺托根 6-3
驟雨 10-59
十王 189
十虛 192-3
十箇五雙 7-4
十五夜 65, 150, 348, 368
十三徽 10-91
十四夜 10-59, 50, 64, 105, 149, 203, 347, 367
十指不濕水 37-13
十七夜 106
十世古今 277-2
十成之罪科 37-16
十刹録 69
十中八九 7-12
十二因縁 6-2
十二分教 6-2
十日雙照 14-18
十八羅漢 19
十分秋 10-36-①
十方 9-47
十方界 9-8
十方刹 13-2-①, 16
十六眞人 181-16, 351
十六羅漢 17, 19, 351
住院事繁 181-1
柔草 179-14
柔軟草 17-11, 139
柔毛馴遊 17-6
重輕制戒 10-9
重任 3-4, 9-17
重病 21
重陽 39-23
從容 10-75
從諗師 10-47
縱横 7-6, 91, 181-2, 224-1, 352
夙願 38-6
夙業 8-4
夙志 8-3, 8-7
叔世 7-19,9-1-⑧,11,177-1
叔禪人 7-13
祝延 10-15, 10-21, 20-7
祝筵 10-14, 20-7, 200
祝香 127, 180-16, 180-21
祝贊・祝讃 4-3, 12-3, 55, 356
祝祝 38-4, 38-9
倏忽 181-14, 181-17, 209
宿鴉 179-5, 348
宿雨 10-21
宿契 12-6
宿債 27
宿志 8-4, 14-9, 16, 38-7
宿世 14-19
宿麥 10-4, 350
淑氣 10-18,25,39-5,180-19
粥飯 7-27, 11, 21
肅將 17-2
肅整如法 213
縮地 171, 364-2
熟芋 65, 71, 199
出家 7-9, 37-24, 222
出期 7-27
出群機 359
出山 179-12
出山像 9-31
出生入死 9-2-⑤
出身路 37-14
出世間即世間 14-14
俊庵才色居士 292
俊機 10-58, 176-7, 253-3
俊嶺 306
春雨 4-4, 5-2, 10-33, 10-34, 47, 84, 177-7, 201
春雲 180-11
春屋妙葩 335
春芽 39-18
春回 9-11-②, 180-18, 344
春寒 38-4, 39-33, 177-4
春興 180-14
春行 169, 180-6
春景暖然 180-26
春月 10-52
春暄 179-6

春光　10-65, 180-28
春色　4-3, 28, 180-15, 181-26, 311
春秋　10-51-②, 361
春城　180-10
春心　10-19
春信　9-35-①
春雪戲作　39-33
春叢　10-44-②
春茶　5-4, 10-26, 10-43, 95
春桃院　43, 239, 244
春日　10-12, 180-9, 371
春入楊　39-24
春葩　335
春半　177-3
春風化育功　39-2
春風如刀　4-4
春茗　10-43, 20-10
春蘭秋菊　102
春緑　181-2
峻岩玄卓　31
峻拒　自序, 86, 131, 246, 333
駿馬　18-4
蠢動含靈　6-4, 124
蠢動蜎飛　9-1-①
巡禮　142
准提觀音大士　260
純陀　6-2
循守　11
順世　10-50
初公→懶翁冉初
初祖　240, 249
初祖忌・初祖諱　9-3, 9-36
初祖肖像　9-9
初度　10-71
初發心時成正覺　121
初來題目　7-19, 8-2, 9-36-①
杵音　10-85
書雲　3-2
書簡　38
書寫受持之功　8-3
書寫大般若　8-3, 16
書寫法華經　339
庶民　10-46
渚雲　10-36-②
諸惡　7-2
諸位禪師　3-5, 10-39, 12-6
諸葛　6-1, 9-38
諸數　9-1-③
諸天恭欽　17-8
諸天薩埵　6-2
諸天贊揚　333
諸天推轂　8-3, 16
諸天擁護　8-4, 212
諸部般若之大全　16
諸佛出身處　12-4
諸佛諸祖　3-2, 6-2
諸佛同軌　14-13
諸佛與衆生本來同體　6-4
諸法　8-7
曙光　180-20
曙色　179-3, 180-8
助筆　8-3
序記　8
除夕　10-1, 10-4, 10-6, 10-8, 10-9, 27, 109, 126, 181-29
除囊　自序
除日　10-11
除夜　10-2, 10-7, 10-10, 166, 193
小伽陀　4-3, 217, 221, 339
小參　3
小厮兒　252
小舟　148
小春　22, 122, 220-1, 240
小春十月　9-3-⑤
小春梅　9-3-③
小松寺　146
小鐘　212
小僧役　10-86
小叢林　10-9, 41
小天地　159
小徒　自序, 20-7, 181-3, 246
小童　35
小佛事　6
小無小　308
小喩八百　6-2
少室　6-1
少室達磨　90
少室分髓　12-2
少微　346
少分相應　37-5, 37-7
少林　9-3-③, 22, 37-2, 96, 178-4, 178-12, 231, 249-1
少林眞風　37-23
少林第一峰　249-5
少林長苗　6-3
正印　8-1
正覺　121, 179-14
正覺山　6-2, 9-4-⑥, 9-40, 39-30, 139
正眼　9-31, 9-46, 10-35
正邪　257
正宗　39-40, 41, 87-1, 249-3
正像末　37-24
正續　242
正旦上堂　4
正知見　35
正當恁麼時　12-3, 37-12
正燈　243
正燈寺　243

勝樂寺 245
勝劣器 7-6
掌握 3-2, 10-90, 37-24, 308
掌善惡二童 254
湘陰軒 148
湘水楚雲 20-5
湘南 296
照天照地 7-14
照本 8-3
照譽宗恕居士→島津以久
莊嚴 214, 216
莊嚴尊特身 9-4-④
莊嚴復古 6-4
睫毛端 6-4
障礙 14-9
奬掖 36
韶石 9-2-⑥, 76-4,176-10
韶陽 9-2-①⑦⑨, 176-6, 176-7
韶陽一棒 9-2-③, 176-12
韶陽棒 9-2-⑩⑪
韶老 9-31
衝天氣 131
賞遊 51, 177-9
霄壤 38-1, 318
樵逕 10-60
聖解 35
聖顔 176-6
聖經 181-5
聖種 177-11
聖制 38-12, 186
燒香朗讀 296
摐然 18-8
蕭皇 143
蕭颯 174, 192-2
蕭洒洒 7-22
蕭蕭 10-36-②, 233
蕭森 80-4
蕭然 9-3-④, 181-24
蕭梁 6-2, 8-5
薔薇 176-2, 176-5
鍾愛 10-24
蹤迹・蹤跡 2-1, 125, 176-10, 176-11, 223, 224-2, 232, 248
蹤由 9-11-③, 9-34
瀟洒 9-39, 10-51-②, 17-10, 152, 288, 309
瀟湘 80-1, 202
證據 4-3, 6-1, 7-7, 7-11, 14-5, 14-6, 14-19, 20-6, 37-8, 277-5, 283
證明 210, 212
鐘聲 14-16, 179-3, 346
鷦鷯之一枝 38-12
上求菩提下化衆生 6-2
上人性 353
上世皇 162
上堂演法 20-7
上品蓮 86, 189
上報四恩 8-4
丈夫 9-32, 181-20, 250-2
丈六金躯 177-7
杖笠自携 9-38
成就 7-17
成大寺 85
成褫 101-1
成道 6-2, 9-32, 39-30, 179-2, 179-7, 179-10
成佛 6-3, 14-10, 14-11, 14-16, 219
成佛作祖 2-4, 37-3
成佛子住之因縁 213
定以種植 14-8
定翁宜孟 325
定巖祖寂 313
定山寂而 8-3, 38-7, 237
定山祖慧 40
定山和尚 188
定州宗陶 43
定知 10-27, 70
承天寺 129
承當 7-23, 14-16, 15, 35, 39-6, 272
城上雅會 10-79
城上高會 10-59
城上詩會 10-88
城中雅會 10-36
城中兼題 72
城中御會 51, 62
常應慧教 173
常國寺 334
常寂不生地 10-49
常住 11, 18-2, 21
常住法身 173
常轉法輪 8-5
常樂寺 303
情解 7-19,7-25,37-21,37-23
情義 257
情見于詩 39-3
情識 9-8
情上解得 37-3
條柳標 1
淨几 102, 347
淨財 6-2, 6-4, 8-3, 210, 212, 219
淨資 295
淨觸 9-2-②, 103
淨法身 299
淨名 318
淨名經 39-10

淨侶 6-1, 34, 142
淨躶躶 2-3, 6-2, 7-5, 7-17, 14-14, 14-17
趙巖智弘 8-3
趙州 6-2, 9-22, 9-39, 10-51, 12-6, 180-5, 272
趙州小參要答話 3-1
趙州無字 37-11
趙州露刃劍 7-1, 38-9
嫦娥 93, 203
繩床 10-7, 180-14, 181-15
孃生眼 179-11
孃生正眼 9-31
孃生鼻 6-1, 9-15, 10-31
孃胎 9-2-①
饒舌 128
饒禪衲 221
疊雪 17-8, 97, 325
食辛 35
寔禪人 7-12
蜀錦 178-5
蜀山 10-75
蜀山犬 10-11
職由 73
心印 264
心印篆 9-3-⑧, 22
心印傳來 178-1
心翁寺 6-1
心華發明 7-12, 7-22
心海 243
心海士恭禪徒 243
心海士門知藏 10-45
心肝 7-18, 7-24
心境 17-13, 18-10
心香 101-2, 115, 122, 178-4, 217, 221, 292, 341
心思口議 38-7
心宗 9-3-⑤
心心念念 14-6
心心無生 17-14
心身 9-24, 268
心身寂滅 37-10, 313
心神 287
心隨萬境轉 14-12
心性 8-1, 215
心禪身律 39-30
心地 20-6
心逐物爲邪 14-11
心腸 20-5, 236, 372-2
心傳心 11
心頭 90,177-11,181-26,205
身心 18-12
身心堅固 14-8
身心寂滅 18-7
身衰 10-6-①
身毒 8-4, 37-6
身乏道貧 8-4
身律禪心 181-8
辛勤 10-77
辛辣 38-11, 194
岑首座 231
信脚下 14-13
信心 7-9, 217
信心檀越之脂膏 213
信不及 2-3, 7-10, 14-12
信力彌堅 6-2, 211
侵曉 193
神醫 7-18
神祇 6-1
神護山崇福寺 331
神光 9-12, 10-38, 249-3
神光安心 37-11
神光寂照禪師 184
神光斷臂 178-3
神光不昧萬古徽猷 7-18
神秀 155
神像 9-51
神村 148
神通 4-1, 14-16, 39-35
神頭鬼面 2-3
神德 39-26, 80-6
神農 39-26
神庇 9-51
神廟 6-1
神妙 118
神力 18-11
神靈 8-7
唇齒 18-6
唇皮 9-3-③
唇吻 269
針芥相投 40
針鋒 17-3, 258, 261
針藥 7-21
宸奎 173, 337
眞金 9-2-⑤
眞空 8-3, 18-7, 55
眞假不二 146
眞言門 327
眞實 14-12
眞珠 10-10
眞宗 259
眞乘 349
眞性淨明禪師 337
眞説 18-9
眞詮 8-7, 295
眞踐 37-14, 37-19, 39-27, 181-2, 328
眞即假 246
眞風 6-3, 37-23, 38-6, 131, 144, 334
眞妄想 38-7

深奥山 8-1, 342
深恩 127, 225
深孝 10-62, 282
深閤 10-80
深思 17-3
深情 67, 198
深心 2-3, 10-17, 20-7, 114
深信院 298
深邃 181-30, 237
深發本眞 8-4
深祕 7-3
晨香夕燈 9-51
晨昏 282
森嚴 311
森森 9-34, 37-8
森禪人 37-8
森羅萬象 34
新刊金剛經 101
新吟 10-61
新裁錦襴衣 5-3
新春 10-22
新正 10-16
新霽 203
新草堂 181-15
新年佛法 10-13-②
新譯 16
新陽氣 10-21
新緑 176-1, 181-17, 232
諗老 193
斟酌 10-51-①
斟海見底 6-3
震艮 38-8, 38-11
震旦 277-4
震動 45
瞋拳 9-11-④, 263
瞋拳圖 253
瞋拳熱喝 9-11-①
讖言 9-19
仁雨 180-19
仁溪號 133
仁壽 282
仁禪人 7-3
仁叟宗恕 38-2
仁徳 52
仁風 10-90, 44
迅雷 9-10-③, 253-3
迅雷掣電 9-11-③
儘教 18-4
尋常 10-7, 14-3, 298
尋聲救苦 210
尋東往西 37-21
尋梅問柳 10-79
尋覓 14-6, 37-17, 37-20
椹服・甚服 30, 173, 337
塵埃 10-35, 39-7, 176-4
塵縁 205
塵衢 9-4-③
塵硯 196
塵事 10-32-①, 181-19
塵塵 9-29, 13-2-②
塵刹 2-3
塵纏 215
塵慮 39-17
盡河沙 114
盡乾坤 9-4-①
盡山河 39-36, 133, 177-6, 178-9, 235-2, 357

【す】
住吉社 371

【ス】
頭角 5-2, 9-34, 12-6, 37-8, 300
頭出頭沒 3-2
頭上安頭 37-17
頭上漫漫 7-13
頭然 14-9, 37-12
頭頭 7-6, 37-17
頭頭顯露 353
頭腦 7-8, 14-5, 37-8, 244
水庵宗掬 12-6
水雲 27, 38-9, 181-18
水雲客 24, 68
水玉神 8-7
水月圓 216
水月道場 258
水宿山行 121
水底輝騰赤焔 9-37
水邊林下 42, 325
水陸會 6-1
水緑蘋香 148
乍茗帚 268
吹嘘 230
吹晴・吹霽 50, 80-4, 121
吹雪 20-9, 154, 179-12
垂蹤 249-5
垂跡 8-4, 9-49
炊巾 247
衰躬 181-14
衰窮 181-22
衰憊 181-26, 364
衰弊 178-3
衰容 10-73, 181-6
衰老 76,180-13,181-16,221
推敲 83-2
推轂 8-3, 16
翠巖從眞 10-28, 38-2, 38-10, 68, 94, 193
翠岑 10-61, 10-73
翠微 10-27, 312

翠嵐　10-64, 179-10, 207
翠巒　9-10-⑥, 23, 78
翠嶺　9-42
翠簾　361
穂煙細細　17-13
瑞雲　18-2, 361
瑞氣　9-25, 229
瑞曦　10-46
瑞現祥彰　333
瑞光　298
瑞光院　9-25, 222
瑞祥　10-70, 151
瑞祥寺 39-29, 44, 242, 333
瑞兆　8-7
瑞堂紹本　188, 225
瑞鳳寺　311
瑞夢　6-2
隨喜　3-5, 8-3, 8-4, 20-3, 20-11, 38-5, 132
隨邪逐惡　3-1
隨處　87-2
隨他　7-10
髓皮　9-36-②
崇圓寺　253
崇原寺　10-73, 241
崇福寺　10-23, 310, 331
嵩呼　10-16, 10-20, 180-4, 180-9, 180-15, 180-17
嵩公→中巖玄嵩
嵩山　178-8
嵩祝 180-18,180-20,180-22
嵩杜陀　8-5
數行雁　22
數墨尋行　7-9
雛僧 10-11,39-13,39-33,193
雛徒　38-8
雛尼　179-13
寸難行　181-22

【セ】

施爲　35, 181-15
施財施命　298
施食法　158
是句　37-2
是什麼　14-20, 35, 357
是非　15, 21, 24, 181-24
是法平等無有高下　37-9
世間事　166
世間即出世間　14-14
世出世　38-5
世情　14-20
世塵　18-3
世態　39-44, 181-1
世法　14-5
世路　181-30
制戒　37-10
青雲　306
青雲志　35, 37-16
青灰　85
青眼　10-76, 39-29, 145, 193, 370
青空　20-9, 39-2, 323
青顧　346
青黒服　181-24
青山　9-36-①, 10-30, 14-4, 154, 180-2, 233, 343-1, 352
青春 180-13,180-19,180-23
青松　180-7
青松寺　10-72
青松翠竹　181-13
青嶂　10-82, 332
青岑　10-81
青藻　363
青帝　38-1, 181-27
青天　6-1, 9-10-⑥, 付録
青天轟霹靂　253-4
青燈　10-7, 10-87, 194
青瞳　249-1
青陽　180-14
青楊　169, 209
青巒　39-13
青蓮院殿　281
青蓮目　254
省數錢　181-28
省禪人　98
省發　7-7, 36
星河　360
星彩　9-4-②
星兒　9-31, 179-11
星宿　6-2
星霜　241
星中月影　18-11
星中皓月　8-7
栖栖9-3-⑥,9-36-②,249-1
清影　10-74
清影九分　367
清閑　180-28, 181-10
清規　3-5, 38-2, 38-9, 213
清虚 9-13-①,39-15,73,191
清見寺　39-14
清光　10-44-①
清香　9-3-③, 181-11
清淨在音聞　211
清淨凡夫　37-10
清心院　215
清泉　20-10
清操　10-44-②, 39-12
清濁　12-6
清談　365
清白　136, 194

清班 360
清貧 10-34, 180-23
清風一枕 9-43
清風匝地 12-1, 178-6, 317
清風明月 181-30
清夜 13-2-②
清涼 10-90, 62, 102, 108, 216, 243, 361
清涼散 37-11
清話 39-3, 56, 137-1, 346
盛擧 6-2, 38-6, 177-12
盛事 8-3, 38-7, 38-9
盛膳 32
盛典 8-4, 10-14
淒淒 9-10-②
掣電 9-11-③
萋萋 10-69, 18-16
晴日暖風 180-8
晴嵐 80-4
惺惺 14-14, 206
靖閑 15
靖退 67
精彩 3-2, 7-5, 7-21, 7-28, 14-1, 14-7, 37-16, 176-3, 178-5
精進力 8-5
誓譽宗順居士 217
請看 9-35-①, 160, 216, 289, 299, 367
請藏 8-4, 8-5, 10-49
請藏窟 333
請賓頭盧經 19
靜專寺 139
靜息 189
靜坐 14-17
聲色 3-2, 7-26, 7-27, 37-1
聲濕 180-8, 180-16
聲杖 118, 255
聲利 181-15
毳侶 193
夕陽 39-22, 80-4
斥相 37-21, 249-5
石阿 181-29
石翁 309
石蹊 233
石寫法華 8-7, 175
石牀 9-35-①, 17-10, 18-8
石上樹下 17-9
石苔 10-60
石臺 17-13, 17-14, 18-2
石籌 181-19
石庭 39-12, 199
石庭慧柏 135
石庭號 135
石女 4-3, 179-8, 245
石浮圖 8-7
赤脚 13-3
赤窮性命 3-2, 37-24
赤縣 10-90
赤骨髏 179-7
赤軸 10-42
赤洒洒 7-5, 7-17, 39-42
赤條條 2-3,6-2,14-14,14-17
赤身 179-2
赤水 10-40
赤播 9-2-⑦
赤貧 181-18, 181-20
赤文朱字 10-70
隻鞋 249-2
隻眼 9-9,10-39,10-42,37-17
隻字 7-8, 264
隻手 17-2, 27, 38-8, 54, 263
隻履 9-3-④⑥, 39-1, 220-1, 240, 249-1, 249-2
脊梁 10-62, 37-24, 145
惜哉 8-1, 9-14
惜分陰 10-44-③, 39-16
積雨 10-33, 199
積雪 33, 74
積善餘慶 130, 174
切齒 38-7
拙叟號 164
拙堂元敬 74, 248
刹塵 28, 279
刹塵塵 9-29, 20-7
刹刹塵塵 13-2-②
刹微塵 315
浙東 244
接淅 39-20
接待往來 自序
接物 173, 181-10
雪衣 10-37-①
雪英 181-2
雪華 181-26, 210, 275
雪華落火爐 250-1
雪皚皚 39-33
雪嶽 283
雪乾坤 181-27
雪苦霜辛 328
雪屈 9-2-⑨, 178-11, 185
雪後貞 307
雪山 6-2, 14-21, 37-6, 275
雪髭 10-1
雪舟 19
雪霜 279
雪中梅・雪裡梅 10-45, 39-38, 158, 181-22
雪庭 305
雪巓 9-35-②
雪髮千莖 340

雪眉 18-10
雪漫漫 178-10
雪嶺高標 179-9
節義 10-83
節心院竹堂紹貞大姉 280
節分 180-29
説破 序, 2-3
説法 6-2
攝取寺 313
舌頭 26
絶異絶同 146
絶學無爲 160
絶瀟洒 288
絶禪人 37-1
千嶽號 159
千巖號 165
千奇萬瑞 118
千金 9-20, 180-27
千鈞 10-3, 74, 181-23, 278
千鈞大法 10-15, 14-7, 20-3, 134
千溪 14-18, 66
千古清風 9-2-⑦
千古分明 253-1
千古萬古 17-4
千差萬別 14-11
千歳 9-7, 9-3-⑥, 10-69, 17-16, 250-2, 333, 361
千山 10-89
千駟 39-28
千手觀音 258
千手眼 258
千辛萬苦 14-8
千仞龍淵 277-4
千聖不傳 14-2
千聖路頭 2-1
千拙祖璉 321
千佛大戒 11
千佛萬祖 21, 37-24
千峰勢向岳邊止 6-2
千萬春 130
千葉蓮臺 9-29
千里 46, 364-2
川八 8-5, 10-43, 33, 39-32
仙鶴 10-16, 39-31, 180-10, 304
仙嶽元恭 154
仙客 303
仙窟 82
仙舍 10-10
仙仗 371
仙人 84
仙臺 10-58
仙丹 53
仙桃 39-19, 39-32, 276
仙遊 285
先甲三日 34
先考 6-1, 86, 294, 295
先師→一道禪棟
先世業因 293
先妣 14-6, 215
尖頭 190, 294, 318
舛差 17-10
宣説 8-5
洗松枝 368
洗滌 372-2
染衣 7-28
染指 10-5, 180-15
扇子 108
梅檀 10-23
穿過 6-1
穿却 9-15
穿鑿 37-1
穿破 10-31
閃鴉 164
閃電 38-9, 91
船中偶作 206
船燈 80-1
專修念佛 218
淺根癡人 37-1
淺水庵 94
淺水邊 94
孱顔 174, 232
賤辰 168
賤賣子 9-1-③
潺潺 9-1-⑥, 177-13
潛影 9-36-②, 20-11
潛然 69, 216
薦拔 124, 294
戰栗 12-6
甎爐 39-8, 180-11
鮮飆 360
瞻仰 6-4, 39-26, 40, 54, 336, 342
瞻禮 17-1, 327
蟾桂 72
顓蒙 248
蘚徑 10-67
蘚苔 233
懺法 185
懺摩會 9-49
纖埃 9-2-④, 9-49, 158
纖塵 10-39, 18-12, 268
全源山興德寺 134
全初首座→懶翁冉初
全身忽脱 9-38
全身喪盡 9-37
前後際斷 14-10
前後三三 25
前箭猶輕後箭深 14-1

前念　14-15, 14-16, 14-19
前路茫茫　36
善惡　14-15
善縁　351
善果　293
善覺長者　6-2
善慧大士　6-2, 8-5, 9-51
善根　14-19
善財童子　5-4
善種　14-19
善信男女　8-3
善瑞全積　174
善知識　37-2
善德寺　18
善譽道休法師　294
然禪人　37-12
禪帷　150, 201
禪悦首座　338
禪河　10-5
禪暇　自序 , 8-3
禪關　9-10-④, 10-38
禪觀　10-82, 61, 335
禪龕　179-10, 219
禪機　329
禪鼓　10-10, 341
禪寂　10-81, 15
禪宗　7-24, 37-14
禪熟　181-22
禪床　38-9, 180-4,
禪誦　21, 39-4, 180-28, 181-13, 211, 212
禪誦起止　212
禪心　181-30, 309, 338
禪叢　178-8, 248
禪定　36, 37-16
禪徒　180-29
禪篤禪衲　37-3
禪那　229
禪扉　10-18, 181-20
禪苗→靈源禪苗
禪脈禪衲　37-2
禪門　251
禪又不學　2-4
禪餘　8-3, 21, 117, 181-5
禪律　160
禪流　序 , 8-1, 37-2
禪隆禪人　14-7
禪林　10-29, 39-28
繕寫　8-3

【ソ】

徂年　181-19
祖意　7-3,20-5,39-8,181-27
祖郁禪衲　255
祖印首座　220
祖關　37-10, 181-2
祖牛禪人　7-24
祖元首座　6-4
祖悟禪人　7-15
祖毫禪人　14-3
祖師　6-2, 7-6, 37-15
祖師意　267
祖師印　10-16
祖師誡　10-8
祖師懸讖　9-3-⑦
祖師西來　9-9
祖師初來題目　7-19, 8-2
祖師心　88, 160
祖師心印篆　9-3-⑧, 22
祖師禪　20-2, 20-4, 181-17, 343-2
祖實禪人　14-8
祖宗門下　7-7, 7-17, 37-18
祖春禪人　37-7
祖韶禪人　37-11
祖心　39-43, 47
祖眞首座　6-4
祖雪尼　10-48, 195
祖先　14-8
祖禪　37-15, 74, 181-26, 186, 235-1, 364-2
祖道　134
祖父田園　57, 241, 242
祖父傳來　20-8
祖風　6-2, 9-7, 10-20, 30, 248, 342
祖佛　37-9
祖門 14-7, 14-14, 39-1, 369
祖猷　68, 341
素志　38-11
素商　360
素貧　181-11
素朴高風　39-26
疎筍　229
疎飯殘羹　270
疎慵　14-8, 179-1
疎懶　11, 343-1
麁衣　10-7
麁行翁　9-28
麁茶淡飯　181-22
麁布　17-7
麁布伽梨　247
蔬羹　181-7
蔬食菜羹　181-13
礎石　8-5
蘇軾　19
蘇東坡　17
蘇頻陀尊者　17-10, 18-4
匝地　12-1, 18-5, 174, 178-6, 317
早起　39-13, 238

早起洗面 14-5, 14-17
早晨 238
相應 37-5, 37-7, 38-7
相應湯 14-21
相看 231, 364-1
相看面面 39-29
相喚相呼 80-4
相國寺 335
相識 10-25, 39-42
相酬
10-33, 100, 205, 208, 359
相續之念 7-11
相對分明 249-2
相伴有無 220-1
眨上眉毛 9-1-⑥
桒字 10-4
草鞋 10-92, 103, 272
草一莖 20-6
草座 9-40, 17-11
草木異華 366
草木樹林 298
草木腐 20-2, 33, 38-6
送行 10-76, 39-4, 44, 85
怱忙 10-4, 238
怱鬧 178-4
掃空 9-3-②
掃除 24
曹溪□果
10-42, 10-54, 10-62
曹溪 9-42
曹溪號 39-40
曹源一滴水 37-20
曹源涓滴水 10-51-①
曹源波浪 323
巣穴居 191
窓前 10-91,73,181-10,243
爽風 363
搔著痒處 38-6
崢嶸 10-37-②
喪考妣 37-1, 37-19
曾西 193
瘦影 180-17
瘦肩 10-3, 180-15, 180-20
瘦骨 181-23
瘦杖 10-61, 39-14
瘦藤 10-7
瘦笻 10-86, 364-2
葱峰 9-3-⑥, 13-3
葱嶺 249-2
湊泊 253-4
插草 111, 210
僧院 58
僧伽耶 6-1
僧伽梨 277-5
僧祇 98
僧形 35
僧三等 32
僧堂
2-4, 15, 19, 203, 210, 212
僧堂規箴 21
僧倫 6-2
蒼髯 10-91, 304
蒼蒼 9-2-③⑩, 9-8
蒼天 9-15
蒼溟 48
蒼鹿 17-16
勦絶 3-3, 7-10, 37-24, 38-6
滄溟 371
層雲楚石首座 20-5
操觚拂紙 339
操守 24
礫盤 9-7
霜菊 217
霜後楓 178-5
霜詞雪韻 344
霜雪 10-19
霜髯 17-9
霜楮、 330
霜楓 178-7
霜葉 9-3-④, 10-85
霜顱 180-9
竈婦 7-24, 39-30
總見寺 131
總持 215
總持寺 329
總門上棟文 41
聰慧 10-37-②
聰禪人 7-14
聰明 7-14,10-40,18-9,37-5
叢社 10-18
叢竹 9-44-②
雙眼 163, 176-2, 254
雙松 107
雙睡鴎 81
雙眉
10-51-①, 154, 170, 229
雙趺 9-1-⑤
雙林嚴訓 177-5
雙林樹下 6-2, 9-27, 10-49
造化 10-13-①
造化斡旋 9-40
造詣 208
造作 34
造次 10-72, 181-12
造次顛沛 37-10
造鐘 107
象海慧湛 234, 330
象外 6-1
像季 6-2
增長道情 自序
憎愛 343-2

藏經 10-3, 10-13-②
藏拙 3-4
藏天下於天下 序
藏板・藏版 6-2, 8-4
藏本 8-3
贓證 9-11-④
贓物 10-35
即興 10-81, 48, 84, 95
即座 10-37
即事 120, 192, 372
即心院 40
即心海 243
即心是佛 2-3
即離 252
足添蛇 134
息耕老師 4-4
觸 4-3
觸忤 9-41
觸目 10-42
觸翁名 353
俗漢 2-4
俗工 9-46
俗舍 21
俗習 181-13
俗情 366
俗塵 181-27
粟膚 181-1
續鳧截鶴 37-9
率陀宮 9-27
率陀天 6-2
存心齋 191, 290, 358
存養 10-72
村鷄 180-8
村邑 9-25
孫子 130, 136
孫枝 139, 143, 161, 345
尊影 260
尊崇 155, 287

【た】

田上夕照 80-2
高鍋 10-52, 105

【タ】

他事 7-5, 37-1, 181-26
他時 2-3, 10-28, 12-6
他途 7-17, 7-19, 14-14
多劫年 17-6
多子 179-13, 253-5
多福寺 9-40, 9-41, 38-11
多福塔 9-7, 9-44-②
打成一片 14-13
打破漆桶 12-4
打眠 10-78
蛇足 29
朶朶 9-36-①, 264, 310
拏雲攫霧 5-2, 9-10-④
拏抹 201
墮獄 7-28, 37-24
太虛空 9-1-⑩, 131
太空 5-3, 34, 160, 247
太平 9-2-⑪, 10-46
太平庵 10-78
太平一曲 140
太平歌 4-3
太平姦賊子 9-2-⑦
太憐生 9-2-⑥
岱州號 162
待悟 37-16
退隱 39-16, 39-17, 79
退閑 10-30, 10-55, 181-1
退休 181-26
退鼓 41, 78
退身 7-20, 14-3
泰翁寺 10-91, 116
泰勝寺 89, 148, 208
泰禪人 7-23
泰老衲 85
隊伍 9-35-②, 37-15
碓觜 250-2
碓觜生華 37-4
碓觜著華 3-5, 37-18
碓夫 250
碓坊・碓房 37-4, 250-1
帝釋 165
對閱校讎 8-3
對面當機 249-4
滯句 2-2
頽乎 9-42
頽齡 70, 109, 181-5
諦信 7-3, 8-3
諦當 182
諦當甚諦當 7-7
戴仰 8-5, 283
乃祖 57, 205
大愛道 215
大安寺 6-1
大安太嶺和尚 10-31
大安樂 14-16
大矣哉 10-13-①
大威德神 9-51
大醫王 37-11
大因縁 14-17
大雨洪水 71
大雲院 6-1
大圓明 7-13
大恩教主 47
大恩寺 47
大伽道癡 341
大家 114, 314
大戒 11

大海水 9-52
大海量墨 12-3
大塊 180-26
大會齋 8-3, 9-50
大槐宮 244
大覺牟尼世尊 37-6
大活一機 239
大機 9-13-②, 38-9
大機祖全 9-40
大龜禪碩 38-9
大義 10-6-①
大愚脇下塈三拳 253-5
大慧書 9-23
大慧禪師 9-23, 12-4
大功 8-3
大光寺 151,178-11,185,350
大光什具 9-11-②
大光普照禪師 151, 188
大哉矣 249-5
大事 7-28, 37-12
大事因縁 7-7, 7-11, 14-14, 36, 177-13
大事了畢 37-7
大慈 3-5
大慈雲匡眞 235
大慈寺 38-9, 40, 138
大寂光 9-10-③
大手筆 256
大珠和尚 14-11
大獸祖休 336
大術胎中 6-2
大小之機 6-2
大照院 121
大丈夫 9-4-③, 14-7
大乘器 6-2, 10-82, 249-1
大信 7-17
大人境界 10-55
大施 6-2, 38-8
大省力 7-23
大聖 39-35
大聖寺 37-15
大千 39-25, 176-2, 180-18, 254, 283, 295
大仙山興徳寺 332
大仙寺 8-2,39-2,39-10,143
大全般若 16
大禪佛 9-5
大叢林 311
大藏 8-4
大藏經 6-2, 10-5
大藏法輪 8-5
大檀那 8-4, 177-12
大地山河 176-10
大地大震 45
大池山高月院 6-1
大智寺 59
大潮元皓 42
大通智勝國師 224
大天和尚 39-41, 39-42
大道 35, 39-42
大道文可 10-55, 10-66, 10-77, 38-5, 38-6, 38-8, 369
大得力 7-23
大徳開山→宗峰妙超
大日如來 9-8
大日輪 9-50
大梅山 369
大梅之眞風 38-6
大白牛 142
大般若 8-3, 10-14
大般若經 12-6, 16, 20-7
大般涅槃 177-9
大悲閣 80-7
大悲寺 300
大賓 10-84
大平章 51
大母堂 210
大法院 231
大法興隆 46
大法之流通 8-5
大法正眼國師 337
大法千鈞 74, 181-23
大法繁興 28
大法輪 4-1, 10-12
大寶 14-7
大無大 308
大喩三千 6-2
大雄山正法寺 336
大猷 224-2
大洋 9-42
大龍寺 39-39
大林號 311
第一機 10-27, 180-16
第二念 7-16, 37-19, 37-22
醍醐 8-7, 37-1
題目 7-19, 8-2, 9-36-①, 39-36, 178-5, 178-9
托鉢 10-56
卓爾 7-14, 31
卓錫 20-10
卓拄杖 2-3, 3-2
琢磨手 39-39, 314
斲輪 38-3
擇居擇隣 37-10
澤水禪師略傳序 42
戳瞎 10-10
諾矩羅尊者 17-3, 18-5
脱洒 21
脱禪人 37-13
脱體 214

脱體現成 6-3, 17-5, 163
脱皮脱膚 6-3
奪命符 10-10
達磨 9-12,9-14,13-3,90,264
達磨忌 96, 178
達磨見武帝像 9-13
達磨之眼睛 7-26
達磨不來東土 14-4
達磨未西來 2-3
達磨耶 6-1
丹崖翠竇 10-60
丹崖青壁 18-16
丹悃 54
丹鳥 307
旦過寮 20-11
短歌玉振 8-2
短檠 181-16
短述 10-27, 10-32, 10-57, 10-67, 20-7, 172, 364
湛寂 11
湛堂 38-5
湛堂禪師 364
單己 9-3-⑥, 249-2
單單 14-7, 37-1
單丁 12-5
單傳 9-3-⑧, 37-23, 178-6, 229
單傳士印 151, 188
嘆息 368
端嚴 262
端坐 6-2, 37-6
搏虎拏龍 7-9
誕辰 10-48, 10-71
潭北湘南 296
擔版 3-4
膽如斗 9-2-⑪
暖雲 180-13
暖氣 9-3-②
暖風 180-8, 180-21
暖律 181-17
煖靄 180-10
團扇 17-2
團禪人→鏡水慧團
團蒲 48, 66, 180-29, 192-1
團圝 10-48, 181-16
談論 21
檀越之脂膏 213
檀護 363
檀信 5-3, 8-4, 38-8
檀信脂膏 11
檀施 181-8
檀門 5-3, 16, 38-8, 211
斷虹 80-4
斷髪毀形 9-4-④
斷臂 9-3-⑦, 9-14, 178-3
斷臂老子 6-1
斷惑 179-5

【チ】

池中蓮華 257
池亭 73
知音 9-2-⑫,39-28,125,320
知解 7-18, 37-1, 37-14
知解宗徒 7-20, 37-18
知見 37-17, 37-23
知見無時無亦無 7-5
知事 11, 20-10, 36
知禪人 7-5
知足 9-47, 153, 181-25
知耻退後 2-4
知又軒 10-28, 10-38, 10-55, 38-6, 38-7, 38-8, 39-7, 41
知浴之知事 213
耻羞 9-1-⑧
智恩寺 61
智華著沾 6-4
智慧愚癡 10-45
智慧德相 6-2, 14-21
智勝院 151, 188
智勝國師 36
智則禪人 14-2
智了長老 357
智嵛禪人 37-5
稚竹 9-2-⑤
馳求 14-10
遲日 308
遲了 5-3
癡暗 7-13
癡頑 10-8
癡頑表石叟 20-9
癡狂外邊客 37-5
癡兀兀 164
癡人 14-1, 37-20
癡呆 18-9
癡迷 102
癡老漢 181-21
竹椅 368
竹軒 127
竹戸松門 80-2
竹實 15
竹杖 10-30
竹窓 39-11,39-16,66,88,347
竹帛 10-44-③
竹扉 10-57-②, 181-12
竹輿 10-81, 10-86, 112
竹籬 158
竹林 10-41, 20-10, 39-5
竹櫳 305
竹篦 10-22
中一外融而光介而大 序
中巖玄嵩 10-27

中谷東葛 240
中秋 10-72, 10-88, 51, 56, 68, 71, 72, 76, 78, 92, 106, 196, 198, 368
中秋雅會 203
中秋月10-36-①,10-44-①, 10-68, 62, 72, 360
中春 10-67
中諦 8-7
中腸 181-14
中天 6-2, 176-2
仲達 9-38
肘後 10-10
忠誠 10-53
注脚 12-4
注荼半諾迦尊者 17-16, 18-16
廚庫山門 14-1
廚僧 10-7
蟲聲 78, 93, 196
窀穸 282
佇思停機 6-2
樗材 20-7, 260
兆殿司 19
長者富榮子 141
長壽曲 4-3
長松寺 10-51
長昌寺 8-7
長逝 285
長徳院 209
長年寺 329
挑燈 145, 181-27
張燕 10-37-②
張軍 1, 249-3, 265-2
張良 10-53
彫刻 8-5, 9-8, 9-46
頂髮皤然 18-14
頂門 10-10, 20-2
頂門眼 9-4-②, 315
頂門正眼 9-46
鳥聲 9-1-⑨, 180-28, 370
鳥報陽春 332
釣語 3-1, 4-2, 5-2
朝雲暮雨 282
朝參暮錬 35
朝天 28
朝暾 10-38
朝暮禪誦 21
朝遊夕處 156
超師機 3-5
超宗越格 253-4
超出 7-9
調律 10-41
蝶翅 181-25
髫年 9-36-②
敕寺 9-50
沈痾 7-21
沈水 281
沈檀 9-3-①, 176-1, 241
珍羞 284
珍重 4-3, 12-4
珍啚 33
陳尊宿 200
陳弊 9-3-②
陳爛葛藤 6-4
椿禪人 37-16
鴆鳥 20-10
鴆毒 37-1
鎭護 8-7, 9-45, 211
鎭州號 152

【ツ】
追遠 238
追薦 8-4, 10-83, 14-6, 122, 124, 158, 214, 215, 217, 219, 243, 281
追悼 280
追攀 174, 180-5, 342
追挽・追輓 10-49, 10-91, 39-2, 116, 182, 187, 220, 221, 226, 229 ～ 234, 236, 240, 242, 282, 286, 290, 291, 298
通身生汗 2-3
通身瘦 9-4-⑧
通津 18-15, 299
痛腸 99
痛棒 253-5

【テ】
丁蘭刻木 14-6
汀蘋沼芷 284
弟兄 200, 217, 366
底事 337, 346, 357
貞幹 279
貞堅 236
貞大徳 6-1
貞亮 326
剃染・薙染 7-22, 188
剃髮染衣 7-28
庭寛得月多 203
庭梅 6-3, 10-13-②
梯雲術 72
提河終談 8-4
提携 39-37
提綱2-3, 3-2, 4-3, 5-3, 12-3
提撕 7-22, 37-1, 357
提持 12-3
提禪人 38-7
提掇 7-13
遞代表信 168

締構 8-5, 181-15, 191, 356
泥塗 10-70
泥濘 10-34
的骨孫 337
的宗禪那 320
的禪人 37-10
的的宗風 320
笛無孔 9-18
荻華 78
摘葉尋枝 2-3, 7-23, 37-9
滌篆 40, 173
擲土撒沙 339
覿面 178-3, 332
躑躅 45, 89, 176-12
掇轉 9-7
徹曉 9-35-①,99,150,315
徹骨寒 9-4-⑧
徹骨貧 356
徹叟祖髓 305
徹底至愚 323
鐵枷 9-19, 322
鐵外 157
鐵丸無縫 319
鐵眼禪師 6-2, 8-4
鐵山當面 39-41
鐵錫 39-27, 61
鐵船 9-1-⑩
鐵腸 220-2
鐵塔 327
鐵塔和尚 147, 327
鐵棒 7-2
鐵面皮 9-11-①
鐵橛子 37-23
天榮和尚 338
天淵 序
天恩 180-25
天下昇平 8-4
天下平 10-37-②
天華 18-16
天外 342
天關地軸 9-4-②
天宮 10-23, 18-13, 276
天宮院 10-23
天宮寶藏 10-49
天玉埃 39-33
天慧禪雄 18, 19
天倪 序
天壽山→自得寺
天縱 3-4, 39-16, 181-1, 181-23
天上 17-12
天上麒麟 52
天上人 180-22
天心法爾 163
天神村 48, 80
天神地祇垂跡之濫觴 8-4
天神別墅 120
天眞 10-17, 14-9, 361
天眞境 10-81
天眞獨朗 7-4
天人像 180-22
天人擁護 17-7
天瑞祖鑑 8-3
天然 10-55, 176-11
天台大師 21
天澤 69
天地 9-2-④, 17-12
天地外 156
天地唯吾獨 9-2-⑥
天聽 39-30
天帝釋 313
天堂地獄 118
天寧（圓悟禪師） 12-4
天寧寺 8-3
天寧和尚 236
天年 86, 181-28
天馬 363
天不覆 319
天賦 39-1, 245
天文 10-47
天滿天神 8-5
天樂 285
天龍寺 335
展待 10-41, 10-67, 10-72, 38-11, 148
展力 8-3, 8-5, 10-92, 20-10, 20-11, 177-12
添一物汚染了 7-5
貼秤 9-1-③
貼肉汗衫子 179-2
椽筆 39-13
篆煙 9-3-④
篆縷 122, 363
點埃 9-2-②, 265-1
點翳 198
點過 9-23, 79
點畫 9-3-⑧
點開 9-4-①,9-9, 9-49, 254
點眼 189
點檢 10-35
點檢自己 14-1, 14-3
點首 9-2-④, 18-9, 233
點塵 4-3, 309
點塵成山 6-3
點茶 208
點頭 20-9
點破眼睛 6-2
點發 11, 37-16, 37-17, 180-16, 250-2, 275
轉位 38-1, 38-6
轉回頭腦 7-8

轉處實能幽　14-12
轉身之一路　7-25
轉籍　38-2, 74
轉禪人　7-25
轉著頭　6-4
轉讀大般若　10-14, 10-82
轉法華之話　7-9
轉法輪　8-3
轉轆轆　4-3
顛毛覆雪　181-6
田翁慧聰　57
殿閣生微涼　12-4
殿後　249-3, 265-2
電拂　14-14
電雷　300
傳授　10-39, 15, 37-1, 37-2
傳宗寺　9-26, 10-50, 10-83, 39-6
傳來　10-83, 20-8, 178-1

【と】

鞆津　9-29

【ト】

斗肝膽　9-11-①
斗柄東　10-14
吐握之暇　8-6
吐露心肝　7-18, 7-24
兎逕　10-57-①
兎影　10-61
兎毫　8-7, 180-30
杜宇　39-11, 176-7, 176-11, 176-12, 187, 205
杜鵑　20-5, 176-5, 291
杜工部　39-32
杜多　343-1
杜陀　10-25
妬月　71
徒過一日　7-3, 7-5
徒子　38-1,94,166,181-1,186
徒爾　10-54
途轍　14-7, 178-2
都率　9-46, 10-4
都來　177-8, 308
都盧　18-15, 268
兜率路　278
兜樓　177-10
屠家　181-17
屠舍羊　7-27
渡江達磨　9-12, 143
渡宋天神　277
屠蘇　180−11
蠹魚之害　8-4
土地神　8-7
土木勞　10-92
度生　6-3
度籌　6-1
怒罵之佛事　39-30
怒雷　9-11-②, 253-1
冬至　10-79, 10-85
冬制　219
冬夜小參　3
忉利　6-2, 39-37
忉忉　4-4
投機　277-3
投老　10-28
彤霞　39-31, 83-1
東榮了松　209
東瓜印　248
東海　71, 190
東嶽慧輪　332
東漢　8-4
東關　10-51-②
東橘禪人　14-5
東君　180-2, 180-20
東光山飯山寺　202
東光通同和尚　38-4
東皇　180-12, 180-16
東西南北　5-4
東西分職　10-83
東西兩序　3-5
東禪寺（江府）　43
東禪寺（日向）9-22, 9-28, 9-48, 43, 239, 366
東禪寺（美濃）　108
東禪人　37-23
東禪傳室西堂　9-22
東帝　10-13-①
東都　8-4, 18, 19, 221, 245
東塗西抹　3-2
東土　14-4, 14-5, 249-3
東坡集　181-21
東風　10-17, 180-24
東方朔　276
東法純季　29, 30
東溟　9-4-⑨, 180-4, 197, 199, 202
東籬菊　364-2
東林寺　103
到得歸來　169
倒懸　8-7
凍雲　80-8
凍餒　9-4-③⑧, 10-6-②
凍筆　125
唐芋　85
唐句倭歌　10-44-①
唐句和章　54
唐詩　10-52
唐製扇　10-90
唐風　10-33, 10-41
桃華　9-1-③⑩

桃華紅　7-6, 37-8, 37-17
桃華浪　12-6, 300
桃源　9-1-①
桃源長茂　8-3
桃水梵利　12-6
桃李　9-1-①, 10-40, 10-52, 10-81
桃李成蹊　350
討論　18-15
透過　7-12, 7-19, 37-5, 320
透脱　7-4
透脱生死　7-9, 37-7
透頂透底　36
桐樹　20-10
陶謝　10-87, 92
淘汰物機　6-2
偸婆　55
叡壽　181-24
登座　2-1, 4-1, 5-1, 12-1
登臨　10-81
塔銘　175, 295, 296, 297
塔様　9-28, 147
等閑看　129
棹郎　206
嗒然　18-10, 180-6
當機　91, 102, 124, 179-3, 249-4, 289, 320, 337
當機一句　69
當機一著　39-38
當機直截　14-11
當機無住　7-2
當頭　9-2-⑨, 280
當頭坐斷　4-1, 159
當念　277-2
當念無住　14-15, 14-16, 14-19
當陽　176-10, 216, 252
當來　8-5
蕩蕩　8-4, 334
稻粱　10-57-②
謄寫　8-3, 16
蹈斷　9-3-⑥, 37-5
韜晦　235-2, 250-1
韜光鏟彩　9-20
騰騰　126, 180-14
黨情　9-1-④
同一悲仰　210
同學侶　7-22
同居玄裔　221
同坑無異土　188
同參　134, 328, 330
同參夜雨情　237
同志　8-3
同床　20-4
同日語　9-46
同伴　8-3, 237
同盟　134
洞雲　39-43
洞霞　9-35-①, 97
洞山　3-3
洞山賤賣子　9-1-③
洞中　9-1-⑩
洞中天　110
洞庭　201
洞門　39-8, 83-2, 347
動靜語默　9-9
動靜無心　23
堂堂　17-9, 145, 147, 253-1
童子　8-5, 10-79, 17-5, 158
童身　13-1
童稚　10-50
童僕　39-33
道愛　38-8
道影　39-30, 86, 134
道岳自得居士　142
道機　61, 335
道禧　38-7, 38-10
道義　38-1
道業　10-8
道光　7-2, 38-1, 38-3
道香　13-4
道合君臣　140
道骨　27, 180-11, 190, 224-1, 231
道樹　179-14
道樹周砥　137, 139
道聚　38-9
道情　自序, 10-66, 20-5, 20-7, 169, 171, 180-12, 181-7, 220
道人　7-12, 37-3
道成　179-12
道禪人　37-21
道體　181-12
道徹居士　10-49
道貧　8-4, 87-1
道無今古　37-24
道容　18-2, 86
道理　7-8
道侶　202
道話　32
慟哭　217
撞著　14-16, 223
撞倒須彌峰　9-52
撞破　37-23
撞發　11, 14-5, 37-22
禿毫　179-9, 196, 254
禿帚破衲　270
禿髮　10-5, 10-19, 10-68, 177-1, 181-16, 364-1
禿筆　176-2

匿笑 109
得失是非一時放却 6-2
得髓 9-12
得禪禪者 351
得度 7-22, 10-29
得道非遠 37-10
得得 10-62, 179-12
得力 7-16
徳雲寺 45, 324
徳雲比丘 5-4
徳淵晴嵐 80-4
徳音 82, 211
徳化 10-46, 131, 141, 180-10, 249-5
徳暉・徳輝 17-4, 44, 155, 168, 315, 327
徳光 38-9
徳香 139
徳山 37-15, 37-24
徳山小參不答話 3-1
徳色 10-65, 28, 145, 332
徳邵 9-51, 39-43, 371
徳星 10-47
徳澤 17-16, 20-10, 20-11, 39-40, 133
徳庇 8-4, 8-5, 9-10-③, 12-6, 20-5, 20-7
徳不孤 8-4
徳風 6-1, 9-25, 323
徳容 340
篤實 15, 37-3
毒焔 224-1
毒煙 9-23
毒害 7-14, 7-23
毒氣 9-6
毒攻毒 11
毒手 序, 9-37
毒藥 7-24
毒龍祖活 117
獨鈷 20-10
獨坐 9-3-④
獨秀乾才 331
讀經諷咒 286
讀書 10-79
讀誦法華 7-9
髑髏 37-5, 355
咄 9-11-④,13-3,14-10,248
鉏斧 10-10
遁迹 181-2
頓結戒相 10-22
頓制性遮 9-1-⑨
頓漸 155
頓禪人 170
呑氣呑聲 6-2
呑吐不下 37-5
鈍工 178-5, 248, 275
鈍工夫 18-4
鈍滯 37-19
嫩芽 39-18
嫩桂昌昌 10-29, 249-6
曇華 39-2, 39-10
曇秀智快 8-2, 39-2, 39-10
曇宗 322
曇靈宗珪 60, 332

【な】
浪華 206
成瀬大膳 215

【ナ】
那一句 9-41
那伽 325
那伽犀那尊者 17-14, 8-12
那箇心 208
那語 7-18
那裡 9-1-⑤
内外玲瓏 37-3
内山寺 306
内和外順 14-15
南印度 147
南印土鐵塔 327
南化國師 151
南柯 181-4, 280
南嶽西峰 18-9
南山 54, 364-2
南枝破玉 344
南泉 56, 272
南泉斬猫之圖 272
南唐主脱幽厄 211
南方・南方界 102, 214
南方勝樂國妙高山 5-4
南林寺 329
軟頑 180-27
軟紅 37-13, 179-9
軟草 9-4-⑤
難弟難兄 340

【に】
新納暮雪 80-8

【ニ】
二嚴 3-5
二嚴寺 38-10
二三 序
二時粥飯 7-27, 11, 21
二豎 20-5, 282
二十四番 177-9
二十八傳祖 181-10
二千歳 9-4-⑧
二千年遠 9-2-⑫, 37-5
二祖不往西天 14-4

二諦 2-3
二鐵圍 359
二鐵七金 159
二南之詩 8-6
二利 36, 339
二龍 176-4
二六時 14-10, 14-12, 14-14, 14-17, 14-21, 37-13
聻 7-10, 37-12
肉尚温 177-7
日岩長慧 43, 239
日岩和尚四會録 43, 239
日月 10-14, 262, 361
日食萬金 18-5
日相居士 299
日東 249-6
日東西堂禪師 125
日東昇 125, 239
日日降生 9-2-②
日用應緑 14-13
日用無障礙 14-9
日陽山→黒貫寺
入院上堂 1
入處 7-22, 37-19, 37-22
入宋 9-51
入涅槃 6-2
入牌祖堂 9-34
入門則喝 253-1
入流忘所 210
女兒姦 10-8
女丈夫 215
如意
9-21, 17-10, 17-11, 18-11
如何是佛 7-13, 7-20
如虎似龍 39-30
如弟如兄 39-1, 270
如法寺 337
如法色之袈裟 180-21
如來 9-1-③④, 179-3
如來智慧德相 6-2, 14-21
如龍如虎 336
人亦老 10-3
人我 2-3
人間 6-2, 10-30, 18-14, 65, 276, 347, 349, 368
人間世 154, 306
人間萬事 149
人寰 10-55
人境 10-27
人蔘附子 7-18
人事忽忙 10-4
人生七十 14-19
人情 12-2, 37-23, 249-4
人心 7-19, 9-3-②, 9-9
人人 2-1, 14-7, 14-10
人人各自 9-2-④
人人脚下 177-3
人人具足 14-13, 37-7
人人悉有光明在 14-1
人世 181-30, 355
人世榮衰 105
人天 8-7, 9-1-⑦, 17-10
人天具瞻 17-9
人天性命 4-2
人天展力 177-12
人天德 10-12
人天寶鑑 213
人不見 233
任運 10-65,26,166,180-14
任重致遠 12-6
任他 10-3, 181-30
忍可→大道文可
忍氏 14-10
忍慈德澤 133
認著 14-21, 37-2

【ね】
猫屋信士 9-29

【ネ】
涅槃 6-2, 7-13, 9-1-⑩, 20-5, 177-1, 291
涅槃會 9-1-②⑦
涅槃山 18-15
涅槃場 132
涅槃像 9-1-②,132,177-10
涅槃即生死 6-1
禰衡 10-37-②
寧馨 335
捏怪 9-3-⑥, 37-13
捏聚 3-2
熱喝 9-11-①④, 253-2, 253-3
熱喝瞋拳 263
熱時熱殺闍黎 3-3
熱惱 102
年若日 10-4
年年歳歳 92
年耄材讓 42
念念觀無常 37-12
念念勿疑 118
念念無常 7-27
念佛 14-16, 218
拈華 7-24, 12-2, 17-5, 303
拈提 2-4,3-3,4-4,5-4,12-4

【ノ】
衲衣 10-18, 10-65, 180-3, 180-16
衲僧 5-3, 10-39, 10-42
衲僧一隻眼 37-17

衲被 179-6
衲被蒙頭 9-4-⑨, 129
能所 9-8
能成寺 240
農事 180-13
農僕血汗 11
嚢萸 39-23
嚢劫 9-21

【ハ】
巴亦稀 348
巴水蜀山 10-75
巴鼻 8-2
把針 17-3
把柄 7-1
把茅 10-28, 15, 83-2, 192-3, 372-1
波旬 9-1-④⑧, 9-35-②
波心 148, 329
波辨・波辯 9-31, 259, 301
波羅提木叉 6-2
波瀾 9-10-⑥, 10-51-①
波浪 371
派分 9-16, 133, 151
破戒 7-12, 14-9, 181-4
破玉 3-2, 344
破衲 9-35-①②, 179-9, 270
破蒲團 9-4-⑧
跛脚阿師 9-2-⑫
皤然 10-68, 18-14, 39-17, 181-16, 209
皤皤 10-71
罷休 153,180-5,181-23,294
罷參 208
馬齒 180-20, 180-30
馬腹 9-2-⑨
馬郎婦觀音 257
婆伽梵 215
婆子 6-2
婆心切 9-1-⑥
罵辱 179-11
罵天 9-23
沛然 10-57-②, 20-6, 180-13, 323
邶風 17-15
背却 9-4-⑥
背後光明 9-47
背後合掌 7-14
背觸 181-2
背非 181-17
盃茶 10-20
盃茗 9-17, 10-48, 219
拜賀 10-37-②
拜登鳴謝 33, 38-3
排遣 14-17
敗缺 38-11
裴相國 283
霈然 350
貝多葉・梖多葉 8-4, 13-1, 16, 17-7, 18-3, 264, 271
梅一枝 277-5
梅一朶 178-9
梅雨 10-78, 137-1, 176-8, 231, 233
梅塢 4-2, 194
梅華 6-4,9-1-①,9-35-①, 10-10, 10-18, 10-74, 39-38, 66, 177-10, 180-3, 180-25, 181-2, 181-4, 181-24, 181-25, 181-27, 240, 277-1 ～ 277-4, 289, 342
梅華骨 333
梅華破玉 3-2
梅玉院南林自芳大姉 214
梅香 124, 179-4, 180-22, 181-22
梅子禪人 100
梅蘂 9-1-⑩, 9-4-⑤, 305
梅窓竹戸 180-24
梅林寺 114
梅暦 10-9
梅蘤 10-5, 179-8, 201, 222
買臣 10-60
買帽相頭 3-1
賣癡 181-27
白雲章 39-32
白雲青嶂 10-82
白瑛全明 39-39
白櫻華 97
白華崖 210
白鶴 361
白牛上味 181-25
白業 6-1, 210
白金 8-4, 38-6, 38-10
白銀 6-3, 80-8
白毫 6-4, 177-1, 181-23
白傘蓋無上神咒 6-1
白首 85, 180-6
白麈尾 265-1
白鬚 10-10, 20-9, 309
白水 9-36-①, 352
白水雁啼 14-4
白雪 20-4, 31, 180-23, 181-18, 181-20, 299
白象 6-2
白題 193
白的的 2-3, 7-26
白桃華 111
白頭翁 126, 247
白拈之渠魁 9-11-④

白拈賊　9-2-①, 10-35
白髪
　7-3, 7-22, 10-8, 17-8, 109
白眉　10-47, 18-2, 33,
　181-24, 249-2, 305
白林寺　232
白蓮　39-25, 257
白鷺下田千點雪　37-6
白浪　7-24, 9-10-②
白浪滔天　37-2
伯倫　181-29
拍版氈　9-18
拍盲　37-13, 37-18
柏翁祖棟　9-40
柏樹庵　216
博山煙　221
博山爐　183
搏于天倪　序
薄茶　10-24
薄奠　39-1, 238, 241
薄糁 181-16, 181-18, 192-4
曝曝　2-3
璞宗禪衲　245
縛住太空　5-3
爆竹　180-29
八月秋　9-10-①
八月十四夜　347
八垠　18-13
八字開　41, 180-26, 301
八字分眉　17-5
八十趙州　9-39
八正山金剛寺　6-4
八千億魔衆　6-2
八千龍象　252
八幡太神宮　8-7
八百功　6-1
八萬四千之病根　14-21
八萬四千毛孔　283
八面清風　299
八葉　10-63
鉢盂　17-12
發明　7-22, 37-13
發軔　8-5
撥草瞻風　328
撥轉　10-4
髮冷如霜　9-42
伐闍羅弗多羅尊者
　17-12, 18-8
伐那婆斯尊者 17-15,18-14
拔本縁　272
跋渉　220, 351
跋燭　39-43
跋多羅尊者　17-11, 18-6
反魂　354
半檐 8-3, 38-1, 38-8, 38-11
半夏上堂　12
半肩　17-13
半肩衣　223
半座　12-1
半升鐺内茗　89
半餉　38-5
半藏和全藏　10-42
半託迦尊者　17-13, 18-10
半邊鼻孔　210, 305
半夜　39-11
犯罪　14-9, 38-1
判斷公事　14-13, 14-17
泛泛碌碌　14-7
般若　6-2, 10-21, 10-82
般若寫成　10-13-②
般若種　10-56
般若甚深之旨　8-3
般若全軸　296
般若叢林　10-20
般若多羅親枝　13-4, 249-4
般若臺　8-3
飯山寺　202
搬土　75
槃譚　35
璠璵之質　12-6
範模　251
繁衍
　8-4, 13-4, 111, 249-5, 281
繁興　28, 36
攀月　73
攀條10-13-②,176-2,176-9
攀躋　36
攀慕　33
挽回已墜宗風　35
挽回古風　38-10
晩餐　10-41
晩生齊通純　81
晩鐘　80-7
晩節　10-69
晩梅　9-1-⑦, 177-2, 223
晩風　80-8, 192-4
盤谷號　316
蕃衍　29, 161

【ひ】
久峰晩鐘　80-7
日高氏兵次郎　8-4, 8-5
平原氏了圓　8-3, 8-4, 130

【ヒ】
比丘　9-1-⑧
比熊山→鳳源寺
皮髓　9-3-⑦, 161, 178-10
否泰　8-5
庇護　38-5, 38-8
庇庥

177-1, 177-5, 181-23, 327
彼蒼 97
非戒非禪 11, 21
非句 37-2
非内非外非中間 37-4
非木非煙 6-1, 6-3, 283
非熊非羆 336
非和是 10-38
卑懷 10-47, 38-8, 39-32, 123, 365
卑情 10-90
卑濕淤泥 257
卑俗入浴 213
被被機機 99
飛鳴 10-37-②
秕首座 37-15
祕訣不傳 316
祕在 30
悲願 39-24, 216
悲喜 9-1-④, 216, 220-2
悲哉 7-13, 7-26, 37-7, 38-7
悲聲 177-3
悲痛 15, 35
霏霏 38-12,39-3,56,201,346
霏霏清話 137-1
臂肉 8-5
美譽芳聲 335
毘尼 21, 36
毘藍園 6-2, 176-3
毘盧頂 357
眉毛 7-22, 9-1-⑥, 17-9, 18-1, 38-1, 325
眉目 9-41,18-16,90,174,231
備員 181-12
鼻觀 17-13
鼻孔 6-1, 9-34, 121, 124, 210, 305
鼻尖 10-31, 39-2, 226
鼻祖 302
鼻半邊 9-15, 236, 283
鼻駒駒 63
畢鉢羅窟 6-2
筆岸慧空→慧空
筆未點寫了 7-15
劈口 5-3
華門 9-2-⑤, 10-86
苾蒭 10-82, 35, 55, 241
百華 4-3, 39-31, 39-36, 110, 290
百怪蹤跡 2-1
百禽 177-8
百劫千生 37-19
百濟國 8-4
百尺竿頭上行一步 7-7
百丈 251
百城煙水 20-4
百千種之光明 7-15
百千生 7-21
百草 39-26
百年 180-3, 192-2, 355
百八 18-10, 80-7
百朋士範 39-6
氷鏡 50, 72
氷骨 53
氷魂 222
氷姿 344
氷消瓦解 2-4
氷雪 3-2, 9-4-①
氷蘗 39-1, 39-28, 247
氷輪 332
表信 168, 214, 277-1
豹隱 316
豹佩爛文 147
評唱 9-36-①
評論 10-86
標指 269
憑據 自序
飄然 10-57-①, 39-29, 144, 204
飄零 201
苗裔 13-4, 40
病根 14-21, 37-11
病痛 2-3
病惱 9-24
病來無力 196
猫捕鼠 37-22
描不成 9-11-③
渺渺 10-39
邠州 157
品字 10-87
貧窮 287
貧庫 228
貧兒鬪富 6-2
貧清 343-1
貧道 10-26
貧乏 10-4
稟性 39-1, 248
賓客酬酢 14-13
賓度羅跋羅墮闍尊者 17-1, 18-1
蘋藻 222, 238
蘋蘩 9-3-⑤, 223

【フ】

不會禪 337
不朽 8-2
不思善不思惡 37-12
不識 9-9, 9-13-②, 37-21
不識佛 337
不識和尚 89
不取金針度與人 2-3

不生不滅 37-14, 37-18, 37-23
不生滅 7-17, 14-16
不肖兒孫 274
不是心不是佛 14-2, 35
不是不是 9-1-⑥
不成佛道 224-2
不説一言 177-2
不遷底 180-30
不即 251
不墮兩頭 39-6
不添一絲 7-13, 36
不腆祭 9-17
不動尊 9-45
不二 318
不如意 38-11
不誣 8-3, 20-10, 20-11
不昧 14-13
不離 251
不立文字 7-16, 8-2
父母所生鼻孔 121
父母未生前 37-3
付囑 10-57-①, 10-76, 39-38, 177-12, 249-1
付法 38-1
扶起 12-3, 12-6, 356
扶宗 3-5, 12-6, 20-10
扶疎 39-15,139,177-12,349
扶桑 6-2, 8-4, 9-50, 20-10, 37-2, 37-11, 142, 235-1, 277-1, 277-4
扶翼 2-3, 37-16
扶翼法門 11, 36, 227
芙蓉 299
孚公禪友 38-5
孚上座 121
孚禪人 38-4
附子 7-18
負暄 10-55, 127, 177-4, 180-7, 180-28, 181-14
負戴 142
訃音 221, 236, 243
訃書 217, 220
浮圖 39-14
浮世富榮人 367
浮屠 215
浮幢王刹 323
浮萍 181-19
富榮人 367
富貴 10-5, 10-32-②, 349
富興山康國寺 174
富士山 10-63
富士山雲龍圖 39-9
富峰慧屋 8-3
普化 266
普賢境界 15
普請 10-26
普請示衆 75
普説 6, 9-27
普陀岸 256
普大寺 8-3
普門 9-48
傅大士 9-27, 9-30
補處之大士 8-5
補禪人 38-1
補陀 9-49
鳧氏 212
覆蔭 6-1, 6-3, 10-29, 38-8, 147, 249-6, 349
覆藏 7-15, 178-6
武江錦城月 204
武帝 9-13, 9-13-①
武林老 10-63
撫育 177-6
蕪言 36
蕪詩 83, 97
蕪辭 134, 339
蕪章 181-17
豐盈 180-8
豐干 9-20, 128
豐登 14-20, 16
丰姿 10-66
丰標 10-51-②, 187, 330
丰樣 263
風雨 6-4, 9-44-②, 105
風雨順調 8-3
風雲 2-3, 9-4-③⑧, 18-13, 181-9
風偃草 16
風煙 80-3, 264
風化 8-5, 10-27, 40
風柯 134, 282
風華 18-10
風規 10-47
風江月湖 9-41
風江月渚 314
風采 9-10-①
風颯颯地 2-3
風色 10-52, 177-2
風順雨調 14-15
風渚 330
風檣 37-1, 181-3, 181-19
風塵 245
風吹柳絮毛毬走 7-8
風雪 122, 235-1,249-1, 361
風霜 9-17, 9-38, 10-6-②, 38-5
風暖 10-18, 180-25
風顛 266
風顛小廝兒 252
風濤 83-2

風波　9-3-⑧, 345
風白月明　304
風標　9-39
風物　10-37-②, 67
風雷　71, 265-1
風流　75, 91, 179-5, 224-2, 250-2, 270, 288
副司　8-5
諷經 9-34, 9-51, 142, 176-1
服椹　329
復陽　10-85
福海壽山　9-29
福基　9-26
福慧　10-6-②
福壽　8-4, 211
福壽寺　9-42, 220, 328
福聚寺　111, 168
福聚無量　111
福昌寺　9-51, 136, 329
福智　262, 331
福田　10-27, 10-32-①
福田衣　168
福田膏腴　17-11
福田疇　18-1
福田無上衣　214
福庇　38-12, 101-2
福無量　6-4, 39-24
福祐増長　8-5
福祿　54
輻湊　15, 27, 252
市衲　178-2
弗沙　6-2, 9-35-②
佛宇紹隆　30
佛運　10-21, 16
佛恩　2-3, 5-3, 6-2, 10-12, 18-7, 38-8, 180-20, 181-27
佛眼　254
佛經祖録　36
佛降誕　8-5, 176
佛種 3-5, 14-8, 37-17, 38-8
佛初度　9-2, 114
佛所印　2-3, 37-9
佛乘　210
佛是衆生　10-93
佛成道　9-4, 9-32 ～ 9-35, 23, 179, 179-6
佛性義理　3-2
佛性無南北　250-1
佛祖　7-26, 9-11-④, 20-9, 168, 283, 312, 319
佛祖言教　36
佛祖鴻恩　100
佛祖三經　9-1-⑤
佛祖之依蔭　2-3
佛祖心　10-43
佛祖莫大之恩庇　3-2
佛祖莫大之鴻庇　14-8
佛祖庇庥　181-23
佛祖妙道　14-9
佛祖無上妙道　7-23, 37-7
佛陀耶　6-1
佛智丕昭　9-40
佛廚　9-47, 218
佛天依蔭　6-2
佛天庇護　38-5, 38-10
佛天福庇　38-12
佛殿神社　142
佛塔廟　8-3
佛燈明覺禪師　9-40, 39-30, 183, 263
佛日　1,6-2,9-10-⑤,94,182
佛日光暉　41
佛日山　107, 362
佛日増輝
4-3, 5-3, 6-2, 8-5, 107, 115
佛涅槃　9-1, 177
佛法見知二鐵圍　359
佛法中人　37-10
佛法東漸　37-23
佛法無深祕　7-3
佛法無多子　253-5
佛魔　192-3
脗合　16, 19
氛氳　56
焚香禮誦　14-17
墳典　181-19
分陰　10-44-③, 39-16
分甘　195
分座職　38-1
分歳 181-1,181-15,193,194
分髓　12-2
分別　7-23, 7-25
分別影裡　37-2
分明指示　178-8
分明寫出　9-1-②, 132
文王之化　8-6
文廓　42
文彩　129
文士　10-71
文字　8-2, 10-44-③, 18-9
文殊　5-4, 9-21, 13-1, 38-6
文殊大士　39-35
文宗皇帝　259
文章　38-3, 151
文旆　10-57-①, 83-1, 97
文文　10-42
文侶詩徒　39-16
蚊背　181-4

【へ】
丙丁　自序, 38-6, 180-5

平易 179-8
平嶽盈溪 37-9
平生 7-9, 7-22, 329
平田寺 10-56, 39-27
平等寺 39-22
兵災 30
兵燹 8-1
萍水 209
弊院 38-1
弊風 37-5, 37-7, 37-23, 37-24, 38-7, 178-2
弊廬 8-2, 46, 77, 220
薜蘿 362
米山茗 364-1
米字 130, 195
米麥 181-18
米齡 225
碧雲萬里 80-3
碧玉流 49
碧空 10-80
壁間 10-89,39-14,123,180-7
壁觀 267
壁中 8-5
壁立萬仞 37-15
別業 48
別恨 9-1-①
別禪人 7-19
別莊 148
別傳之教外 序
別別 174, 329
別墅 82, 120, 172
別離 170, 291
別路 14-5
片言 9-3-③
偏局六宗 9-3-②
偏袒右肩 17-6
匾擔口 17-2, 18-9
遍照 39-22, 299
遍照院 299
變易 9-1-④, 173
變作通快 序
變色 18-7
抃舞 9-1-⑧, 38-8, 350
辨道 21, 356
辨別 9-1-⑩
鞭繩 63
鞭禪 38-11
鞭逼 3-1, 6-2, 10-58
辯才尊天 262
辯瀾 10-23

【ホ】

布袋 278
叵耐 9-13-①, 9-39
甫申 9-44-①
歩月 10-61
歩歩普賢境界 15
保壽 14-19
保春院 311
保嗇 38-1
保養 11
蒲筵 10-85, 197
蒲座 10-55, 179-10, 180-7, 180-24
蒲梢天馬 363
蒲席 27, 194, 367
蒲扇 17-2, 17-14
蒲團 9-4-⑧, 10-40, 18-16, 21, 39-6, 153
蒲帆 49, 80-4
蒲牢 211
母胎華嚴 6-2
母難 12-6, 20-7, 168
牡丹 10-24,10-32,10-32-①
菩薩戒 20-10, 20-11, 39-38
菩薩泉 20-10, 20-11
菩薩道 6-2
菩提 6-2,7-26,9-9,37-9,212
慕藺 10-49, 15
暮雲 10-36-①, 71, 205
暮雪 80-8
暮嵐 39-29, 39-41, 346
方圓 295
方外 10-34, 10-43, 10-68
方外樂 39-3
方金 38-4, 38-11
方廣寺 8-1
方等會 6-2
方方 10-89, 141, 326
方袍圓頂 7-20
包裹 6-3, 9-39, 168
包裹太空 34
芳志 10-43
芳訊 57, 59
芳塵 29
芳聲 10-57-①, 270, 335
彷佛 39-31
奉敕 9-25, 18-1, 39-37, 254, 329
放逸 213
放下一切 21
放開 3-2
放去手 4-4
放光 4-16, 10-42, 17-1, 331
放身命 7-7
法愛 38-10
法雨 9-7, 20-6, 39-34, 116
法運 9-45, 177-5, 210, 211, 212
法筵 10-83, 12-2, 20-2, 34
法王 38-9, 339

法恩　38-9
法科　15
法華　7-9,8-7,175,296,297
法華經　6-2, 293, 339
法華七瑤軸　293
法駕　38-11, 38-12
法海　18-14
法眼元信　19
法喜　181-12
法器　211, 212
法禧　38-11
法空爲座　5-1
法語　7, 14, 37
法光禪寺　39-30
法室妙珊信尼　14-6
法住記　19
法生法滅　18-15
法城　9-2-⑧
法常寺　38-5,38-6,38-8,369
法場　10-77
法施　6-2
法千鈞　10-3
法泉寺　221
法戰一場　9-10-⑤
法智普光禪師　331
法中王　6-4
法中罪人　10-10
法姪　43, 116
法徹禪人　169
法幢　14-8
法幢折　229
法弊　181-4
法法無礙　17-14
法寶　7-28, 8-4, 8-5, 10-4
法本法無法　14-5
法脈　116
法盟　35, 38-2, 38-6,
43, 134, 366, 370
法門罪人　14-8, 38-8
法門之盛事　8-3
法輪　8-3, 8-4, 8-5, 10-17
法霖　10-19
法話叨叨　38-6
苞苴　7-18
逢原左右　254
逢著　7-22
報應　192-4
報恩　16, 122
報恩寺　223
報化佛　325
報鐘　212
報土　229
彭仙八百　108
飽霜　9-10-①, 39-44
蓬瀛　73, 361, 371
蓬頭垢面　9-4-①
鳳源寺
16, 20-3, 38-5, 38-8, 101
鳳源寺菩薩泉　20-10
鳳源和尚→愚極義泰
鳳兒　15
鳳鳥　12-3, 39-15
鳳毛　9-51
鳳鸞六萬字　339
鋒鋩　6-2, 9-4-⑤
縫罅　17-3, 319
篷窓　80-1, 206, 207
鵬擧乎一時　序
寶王刹　4-1
寶香　210, 215
寶山長鑑西堂禪師　216
寶室號　141
寶珠　96, 118, 260
寶所　79
寶勝別峰和尚　12-6
寶臺　284
寶池上品蓮　86
寶塔　17-1, 107
寶福寺　330
寶葉石　180-22, 210
忙忙　24, 181-30
忘年之友　42
茅庵　39-19,39-29,219,237
茅宇　20-5, 180-15, 202
茅檐　9-8, 10-61
茅屋　10-38, 10-92,
39-17, 39-27, 88
茅戶　9-2-⑤
茅塞　14-8
茅亭　67, 81, 83-1
茅堂　9-25, 10-55, 10-64,
68, 137-1, 184, 363
茅門　10-57-①, 39-20,
240, 366
茅廬　10-79
厖眉　10-50, 164
茫茫　18-12, 36, 37-20
剖剉　10-70
蚌蛤　259
傍觀　37-2, 245
棒喝　38-11, 330
棒殺青天　付録
棒打石人頭　2-3
棒頭眼　9-2-⑪
滂沱・霶沱
9-6, 9-10-④, 39-9, 230
榜樣　7-18, 37-15, 37-20
北禪元貞　155, 307
北禪人　37-19
北窓　70
北堂　280

北鵬禪人 14-4
北溟 序 , 300
朴實 7-12
朴直淳素 37-16
牧牛祖乳 38-1
牧童 63, 80-2
撲鼻
9-3- ③ , 179-4, 277-2, 354
醭口 265-2, 301, 318
本懷 6-2
本源 181-23
本光 9-2- ③
本參 7-10, 7-11, 37-1
本參話頭 37-7, 37-16
本師 8-7, 10-62
本心 14-15, 14-16, 14-20
本誓 254
本禪人 37-20
本地相應 38-7
本地風光 6-1, 6-4
本分 35
本有 102
本來具足底 14-10
本來心 39-25
本來清淨心體 14-19
本來無垢人 356
本蓮寺 58
奔波 9-3- ③
翻手 7-12
翻身
7-20, 37-15, 220-2, 224-1
翻身一擲 215, 266, 付録
翻譯場 6-2
凡情 35
凡聖 2-3, 6-4, 9-4- ⑥ , 14-14, 14-15, 142, 306
凡夫 7-26, 37-10
梵音 10-21, 177-7
梵經 18-4
梵誦 181-1
梵鐘 39-22
梵刹 8-5
梵僧 6-2
梵文 8-5, 18-3
梵網 9-1- ⑨ , 20-3, 20-11
梵容妙麗 216
煩襟 10-43
煩惱 9-9, 37-9

【マ】
麻三斤 7-4, 7-19, 9-1- ③
摩訶大吉祥 9-21
摩詰 10-33
摩胸 177-11
摩醯眼 10-10
摩騰 6-2
摩挲 372-2
魔外 20-3, 212
魔群 17-12
魔撓 194
魔類 9-4- ⑤ , 12-3
魔嬈 9-51, 12-3, 21, 38-3, 38-7, 38-12, 356
枚擧 8-3
埋影 10-9, 192-1
埋沒 10-50
驀忽 6-3, 37-5, 189
驀頭 283, 359
驀鼻穿過 6-1
末裔 9-11- ③
末期圓活 9-44- ①
末後 9-3- ⑦ , 10-35, 219, 234, 287
末梢 9-1- ⑧ , 38-11, 181-23, 220-2, 231, 298, 328
末禪人 37-24
曼殊室利 265-2
萬安祖參 38-9
萬一・萬乙 20-3, 331, 364
萬塢 10-81
萬崖祖柏 9-41, 38-12
萬岳東宜 334
萬機休罷 336
萬龜師仙 10-51
萬久和尚 211
萬境閑 10-38
萬頃碧波 302
萬言萬當 7-25
萬江西堂 10-50
萬劫羈鎖 6-1
萬歳 10-13- ① , 354
萬山 1, 9-10- ④ , 10-89
萬春 9-29, 54, 130, 180-22
萬松 147
萬松關 180-27
萬松山龍雲寺 147
萬丈龍門 10-27
萬疊雲 9-3- ⑥
萬仭崖 117
萬仭嶮崖 7-20, 9-41
萬尋 7-24
萬尋嶮崖 165
萬象印開 144
萬象之中全獨露 303
萬年一念 12-3
萬年兆 111
萬年藤 349
萬年不朽材 8-5
萬波聲歸海上消 6-2
萬寶寺 38-9

萬民豐樂 210
萬兩黃金 10-8
萬靈同讃 8-4
慢幢 18-11
滿眼滿耳 7-21
滿地梅華 9-1-①
滿頭白雪 180-23
滿面慚惶 9-36-②
滿面清風 316
滿目 120, 177-3
滿目青 176-1
滿目青山 154

【み】
湊柱秋月 80-6

【ミ】
未證爲證 38-7, 38-11
未徹在 7-7, 182
未夢見 12-4
未了舊公案 178-11
味中醍醐 8-7
微功德 114
微笑 17-5
微笑塔 74
微塵 4-1, 39-36, 315
微物 38-2, 38-3, 38-5, 38-8, 38-9
彌羅國 18-2
彌勒 9-46, 9-47
密雲士參 116
密記單傳 178-6
密旨 164
密密工夫 258
名蓋利纏 181-22
名實相應 329
名是實之賓 279
名聲 39-1, 276
名聞 36
名利 181-24
妙雲界 284
妙音 10-73, 10-91
妙果 8-3
妙義 265-2
妙句 7-23
妙句尼 6-2, 8-4, 189
妙經 142
妙語 98
妙香雲 6-1
妙高山 5-4
妙手 17-11
妙心 9-1-⑤
妙心第一座 39-1
妙禪人 7-27
妙相 132, 255, 256, 261
妙相尊 177-7
妙體 14-11
妙典 55
妙道 7-23, 14-9, 37-7
妙難思 7-16, 14-17
妙峰孤頂 12-6
妙容 259
妙靈 181-5
命根 37-6
命終 7-28, 14-15
命葉歸根 294
民物 39-31, 41, 180-4
眠雲臥月 9-34

【む】
向井久馬之助 6-1

【ム】
牟尼大覺 6-2, 14-21
無爲 8-4, 9-10-③, 14-11, 16, 101-2
無一物 250-2
無礙 17-14
無礙清淨慧 8-3
無寒暑處 3-3
無義味話 7-22, 11
無垠 9-25, 101-2
無垢 286, 356
無月 56, 368
無古無今 7-26
無枯無變 6-1
無悟無證 37-13
無口 10-31
無孔笛 119
無孔鼻尖兒 226
無功德 37-21
無師 39-42
無字 7-17, 37-8, 37-11
無事 3-2, 7-12, 14-10, 37-13, 38-7
無事會 37-17
無事甲 7-6
無事僧 192-1
無疾病 38-10, 38-12
無修無證 7-26, 38-7
無所得 15
無生 17-14, 18-1, 37-1
無生曲 10-91, 280
無生無死 146
無生路 177-3
無上涅槃 7-13
無上妙道 7-23
無常 37-12
無常迅速 7-3, 11, 14-19
無常世間 7-11
無心 9-33, 14-10, 23, 181-5

無心骨 181-4
無心兀坐 317
無心禪衲 98
無人會 9-44-②, 162
無數劫 179-12
無聖 9-3-①, 9-9
無刹不現 259
無前無後 7-2
無相見 39-41
無相寺 39-41
無相來 39-41
無端 2-4, 9-15
無傳無授 39-42
無二 9-8
無二無三 177-13
無二無二分 14-6
無二無別 9-9
無諍 331
無佛無衆生 7-28, 14-16
無文元選 8-1, 342
無文字正印 8-1
無文和尚語録 8-1
無別無斷 14-6
無邊刹 277-2
無法法亦法 14-5
無縫塔 34
無明蓋纏 6-1
無明窟中 37-13
無明糠 17-15
無明實性即佛性 7-2
無明是即明 9-45
無毛鷂子 39-2
無憂樹 6-2, 9-2-⑫
無餘 17-10
無來無去 299
無離無合 283
無量劫 7-9, 14-1, 14-5
無量妙義 265-2
夢駭 181-4, 280
夢驚 39-17, 129
夢幻 39-6, 102, 306
夢乎非夢乎 277-3
夢魂 9-35-①, 10-66, 44, 50, 154, 156, 238
夢寐 38-9, 220
夢裡 26
霧露煙霞 313

【メ】
明鏡 10-1
明慧宣禪師 103
明月 78, 163, 181-30, 197, 198
明月堂 9-23
明皇帝 6-2
明皎皎 178-9
明皓皓 7-26
明皓皓白的的 2-3
明珠 131
明明説與 343-2
明明祖意 181-27
明良軒 48, 67, 81
迷衢 14-6
迷悟 6-4, 14-15
迷之則生死始 6-4
迷津 9-3-⑧
迷倒 7-28
迷迷昏昏 14-14
迷妄衆生 37-7
迷路 100
茗飲 10-86
茗會 10-87
茗碗 243
蓂 39-1, 168, 220-1
蓂莢 69
鳴謝 8-4, 33, 38-3, 38-10, 39-18
滅却 9-11-②, 234, 235-1, 337
滅正宗 249-3
滅相 12-3
滅度 177-4
滅不滅 177-11
面觜 328
面壁 178-2, 178-12
面面相看 364-1
面目 39-38, 125

【モ】
模範 12-6
模様 332
毛毯 7-8
毛骨寒 183
毛端容巨海 6-1
妄情 37-12
妄心 14-12
妄想 37-7, 38-7
妄念 14-17
孟正 181-25
孟陬 9-11-②
猛虎 17-4
蒙頭 9-4-⑨, 129
蒙頭衲被 179-6
輞川積雨 10-33
木叉 9-1-⑨
木人唱起太平歌 4-3
木制多 34
木塔 295
木蘭袈裟正色 181-24
目顧四方 176-6
目前山河 269

目連 14-6, 294
沐猴 10-53
默庵號 318
默爾 269
默堂崇陸 301
物外 9-1-⑧, 56
物咸新 180-21
物光 10-34
物色 10-31
物隨心爲正 14-11
物先 6-1
物表 157
物物 7-6, 37-17
沒可把 7-5
沒絃曲 9-2-⑫, 304
沒絃琴 178-7
沒滋味之海菜飯 2-3
沒商量 9-16, 37-21
沒蹤跡 248
沒蹤沒由 7-21
沒蹤由 9-34
沒版齒老胡 37-21
沒量
9-4-③, 10-58, 188, 250-2
門頭戸口 7-7, 37-7
問答不録 2-2, 3-1, 12-2
悶愁 10-43
聞見分明 12-3
聞思修 210
聞塵 80-7
聞性 14-19
聞礁 10-80

【や】
八上社 8-3

【ヤ】
夜雨情 237
夜宴 93
夜坐 14-16
夜明珠 37-11
野干鳴 12-2, 38-11
野禽 180-26
野生 39-23,82,180-6,192-2
野梅 10-4, 53
藥山杓柄 9-2-⑥
藥師如來 9-24
藥方 37-11
藥嶠杓 9-2-⑩
躍冶眞金 9-2-⑤

【ゆ】
湯宮 354

【ユ】
庾公樓 10-36-①
庾亮樓 65, 106
庾樓 50, 71, 199
瑜祇 229
輸却 18-9, 176-2, 252
諛公禪人 10-73
唯心 180-18
唯心淨土 14-16
唯是禪人 14-6
唯禪衲 208
唯尊 176-5
友誼 38-2, 38-8, 220
邑里 9-26
勇爲 8-4, 9-2-①
幽溪・幽蹊
10-30, 10-60, 108
幽顯 211
幽香 10-44-②
幽谷 10-54, 180-27
幽寂 370
幽趣 93
幽嶂 10-9, 39-16
幽情 39-23, 181-2
幽邃興 10-36-①
幽栖 180-28
幽洞寺 10-67
遊戯10-51-②,17-16,18-13
遊戯自在 14-6
遊戯塵塵 6-3
遊絲 39-32
遊民 7-20
雄山玄雄 119
雄略 9-2-⑦
誘掖 38-8, 38-9
熊峰深邃地 237
憂悲喜樂 14-11
優遊 39-17, 181-9

【よ】
横濱落雁 80-5
頼朝 39-22

【ヨ】
預修 296
與禪人 7-6
與奪之機 7-6
餘殃 9-1-⑤, 14-5
餘慶 130
餘澤 37-2, 155, 253-2
餘長 181-11
餘烈 9-10-④, 31, 235-1
夭折 10-1
羊近屠家 181-17
羊傍侍 17-6
妖怪 13-3, 39-35

要津　9-4-⑥
容易　2-3, 7-7, 7-17, 9-4-②, 21, 37-10, 37-12, 98
容貌　9-28
葉舟　94
陽氣　10-79
陽春　14-2, 332
陽舜座元　8-1
陽道智眞　134
陽門玄昭　340
腰雪　9-3-②, 135
腰包　10-51, 10-78
腰箯　8-2, 15
楊岐老　181-20
瑤韻　10-63, 87
瑤章　360
瑤篇　10-43, 38-3
養老　39-17, 181-24
擁護　9-27, 17-7, 180-6, 212, 331
擁膝　10-6-②, 18-15
膺福　38-2
浴室　356
浴室規箴　213
浴湯　10-77
欲行即行　7-3
欲住即住　7-3
欲風欲雨　56
翼生虎　134

【ラ】
羅漢　180-22
羅怙羅尊者　17-6, 18-11
羅籠　185
羅紈輕扇　18-8
羅縠　64
蘿月　318
蘿窓　315
來迎院　304
雷雨無月　368
雷霆　9-11-④, 341
禮讓　3-5
禮崇　10-41
禮瞻　9-8, 9-29, 9-47, 17-11, 262
落華　9-1-⑥, 58
落丱　8-2
落雁　80-5
落暉紅　192-4
落梧風　106
落紅　178-8
落魄行裝　244
落葉　39-41, 121, 253-5
樂音寺　36
樂哉　137-1
樂邦　128, 279
嵐氣　88
濫巾　10-18
濫觴　8-4, 327
藍苑　9-2-⑧, 176-11
蘭兒　86
蘭若　58
蘭舟法印　229
蘭瑞和尚　161
蘭馥梅清　6-1
蘭蕙兒孫　187
懶翁冉初　39-27
懶涯　39-3, 39-4, 39-27, 154, 181-25
懶罪　38-2
懶生　27, 167
懶生涯　10-59, 181-21
懶睡　180-24, 181-30, 372-1
懶禪　358
懶墮　21
懶慢　14-8
懶眠　15, 20-10, 110, 178-12, 352
懶瓚煨芋　273
欄干　10-52
襤褸　9-4-①, 9-32,
襤褸破衲　179-9
爛葛藤　37-18
爛紫片　6-1

【リ】
利益　38-6
利禪人　7-20
利名　181-2
利養　36
李華白　7-6, 37-8, 37-17
李四張三　179-11
李謫仙　197
李唐　6-2, 10-24, 10-32-②
李唐天子　155
哩哩囉囉哩哩　37-17
理事圓融　34
理路　9-4-⑦
梨華　7-8
離垢南方界　214
離塵服　17-3
籬笆　10-24
驪龍頷下　131
陸地起波濤　253-4
戮力　8-3, 9-18, 356
立地　178-12
立亡杖笠　9-38
律儀　36
律身禪心　12-6, 39-1
律制　7-3

律禪人 7-18
栗色 39-6
栗蓬 7-5, 7-26, 37-14
掠虚 37-18
柳暗華明 180-29
柳金 10-9
柳絮 7-8
流亦長 9-16
流遠派分 133
流出 7-14, 14-3, 21, 37-2
流水 9-1-⑥, 9-2-⑨⑫, 39-28, 178-7
流箭 181-20
流通 3-5, 8-1, 8-5, 9-3-②, 9-10-⑥, 249-6
流傳 8-4, 116, 151, 283
流風 9-32
留別 209
隆觀法印 39-34
隆興和尚 3-5
隆準 249-2
隆暑 20-10
隆禪人 37-17
笠檐 9-39
龍雲寺 147, 327
龍淵 9-10-②⑥, 234, 277-1 ～ 277-4, 330
龍華 8-5, 9-30, 248
龍華院 8-5, 9-2-⑧, 9-30, 9-51
龍華樹下 8-5, 10-17
龍華藏 40
龍角 17-12
龍顔 249-2
龍巖和尚語録 8-2
龍鬼同和 17-7
龍宮海藏 6-2
龍興山 9-40
龍興山大慈寺 40
龍興寺 255
龍興和尚 38-11, 38-12
龍護院 175
龍室祖隆 223
龍蛇 20-11, 330
龍種 9-21
龍種尊王 13-1
龍樹 6-2, 260
龍袖拂開全體現 7-7
龍輯 8-3, 39-1
龍松 82
龍松軒 8-6, 39-3
龍祥寺 38-5
龍定 18-12, 229
龍杖 171, 358
龍津 87-2
龍津寺 87
龍仙長老 136
龍泉寺 211
龍象 181-15, 252
龍藏 9-51, 10-12, 10-15
龍潭寺 8-1, 57
龍天 8-4, 8-5, 9-27, 38-6, 38-7, 136, 180-6, 283
龍田山 10-27
龍鬪 215
龍得水 6-2, 14-2
龍女 102
龍福寺 12-6, 136
龍峰寺 173
龍寶山 9-37
龍門 5-2, 10-27
龍門義澤 39-4
龍門三級浪 9-10-④
龍擁重雲 147
龍鱗 18-14
旅客船 212
旅況 10-75, 113
旅情 10-27
旅窓 18
了因禪人 7-21
了翁道覺 8-4
了期 7-18, 7-23, 14-18
了義禪衲 171
了契 14-7
了悟因 9-4-⑦
了山淨曉居士 287
了日 37-19, 37-23
了畢 7-12,7-20,37-7,37-19
了了了 6-1
良因 242
良哉元明 137, 140
良泰首座 8-7
良夜 64
兩三聲 9-1-④
兩頭 4-4, 39-6
亮公 10-66
亮室號 326
涼雨 39-3
涼樹宗蔭居士 291
梁王 9-13-②
梁海一蘆 143
梁巖志湛 9-6, 238
梁魏 9-12, 9-14
梁江 144, 178-8
梁江魏海 9-3-⑧, 264
梁土 249-4
梁堂和尚 145
量外禪壽 10-58
稜稜道骨 190
楞伽 6-2
楞伽山 232

楞伽達磨 264
楞嚴 9-40
楞山慧脱 232
粱貯一甑 10-2
領納 141
鶺枝 181-4
緑玉 10-13-②
緑蒼蒼 9-2-⑩
緑葉紫莖 10-69
林雨 9-2-③
林塢 178-9, 180-28, 181-26
林苑・林園 10-11, 103
林家 9-3-④
林間 9-1-⑨, 9-2-⑩
林皐 180-30
林際→臨濟
林梢 348
林道大和尚 231
林巒
8-5, 72, 123, 180-5, 181-2
淋汗澡浴 20-10
輪廻 6-4
輪奐 176-9
輪藏 6-2
凜然風采 9-10-①
粼皴 10-89, 180-2
隣鷄 193
隣徳 39-3
隣寮往來 11
璘溪片玉 15
霖雨 71, 176-12
霖翁禪沛 131
臨濟 2-4, 9-11, 21, 37-15,
37-24, 152, 253, 263, 311
臨濟寺 39-7
臨濟大機 38-9
臨濟録 10-35
臨末 39-1, 226, 227
臨命終 14-15
麟經 181-17
麟出鳳翔 140
麟祥院 323
琉球 40

【ル】
瑠璃 9-24, 202
縷香 179-6
泪漣漣 282
涙濟然 69, 233
涙自濟 225
涙滂 220-2
涙滂沱 9-6, 230

【レ】
冷灰 3-5, 37-18
冷氣 7-11
冷光 353
冷唾 7-17
冷氷氷 181-18
玲首座 309
玲瓏 37-3, 39-39, 80-8, 245
鈴聲 266
鈴鈴金錫
10-51-①, 39-4, 39-37, 45
黎民 350
嶺南舊栖群 10-37-①
澧州智淨 12-6
麗金渾玉 296
糲飯麁衣 10-7
靈異 20-10
靈雲禪師 7-7
靈嶽拈華 12-2
靈龜牽尾 176-10
靈驗 37-6, 37-11
靈源禪苗 7-4, 44, 151, 333
靈光 17-1
靈骨 9-10-②
靈魂 158
靈山 6-1, 10-57-①, 37-5,
39-38, 297, 357, 365
靈山遺囑 10-29, 168
靈山大醫王 37-11
靈鷲院 329
靈松院 320
靈場 8-4, 202
靈神擁護 331
靈瑞 60
靈泉 20-10
靈椿 20-7
靈夢 8-7, 331
靈名 10-70
靈明 14-9
靈藥 14-21, 37-6
靈靈 14-10, 37-13
歷劫 17-15, 211
歷代祖師 6-2
歷歷現前 322
瀝瀝 10-91
列焔 9-45
列祖 7-4, 8-4
劣機 37-22
劣孫 9-1-②④, 9-10-⑤,
9-11-②
劣弟 9-18
連城高價 153
連天 9-44-①, 10-53
連天白浪 9-10-②
蓮華 9-36-①, 257, 260
蓮華臺 12-1
蓮開八葉 10-63
蓮經 285

蓮座 9-24, 9-47, 270
蓮社 6-1
蓮臺 9-2-⑨, 9-29, 13-2-②, 176-5, 210
蓮葉 254
憐愍 7-11
斂衣 10-20
簾櫳 10-80
瀲瀲星河 360

【ロ】

路滑 10-51-②
路程 9-36-①
魯典 8-5, 39-1
魯陽術 9-10-⑤
盧能 37-4, 37-18, 250
蘆葦 10-36-②, 80-1
蘆雁 10-36-②
廬雨浙潮 169
廬峰積翠 372-1
露葵 292
露刃劍 7-1, 38-9
露柱燈籠 9-2-④
露堂堂 157
露躶躶 4-2
驢鞍橋 9-11-①
驢唇 10-76
驢前馬後 7-21
驢胎 9-2-⑨
驢年 309
老阿師 10-51-①
老痾 181-9
老鶴唳青松 37-11
老眼 372-2
老顏 93, 137-1
老躬 10-5, 126
老瞿曇 339
老胡 9-13-①, 13-3, 37-21, 220-1
老詩仙 358
老釋迦 357
老樹 9-2-⑥, 39-32
老松 9-2-⑤,9-46,39-3,363
老孃 10-75, 124, 198
老身 166, 180-2, 180-23, 180-25, 260, 367
老衰 46, 181-1
老成 9-46
老禪 292
老禪室 58
老長者 265-2
老趙州 180-5
老杜多・老杜陀 134, 177-4, 180-9
老倒疎慵 179-1
老凍膿 2-3
老禿僧 180-7
老農脂 10-1
老婆心 9-11-①
老梅 180-8
老白眉 10-47, 33
老筆端 123
老病 181-25
老母 8-4, 195, 200
老母祖雪尼 10-48
老野生 180-6
老萊子 195
老懶涯 154
老龍蟠池中 10-84
老龍鱗 18-14
弄璋 42
陋質 246
朗讀 17-7, 293, 296, 297
浪華浮一大藏中 7-1
浪滔天 39-40, 234
浪奔 9-4-⑦
浪浪波波 133
琅函 10-2
僂指 109, 187, 219, 222
漏卮 9-31
漏春 9-4-⑤, 178-9
漏聲 194
漏箭 10-88
漏逗不少 339
樓船 120
巃嵸 180-19, 249-1
籠箄 9-15
臘雪 181-25
臘天 9-4-⑤, 10-9, 167
臘八 36, 275
隴西 10-37-②
六環・六鐶 47, 59, 61
六觀音 261
六月炎天雪滿空 244
六根 14-14
六趣 14-14, 39-37
六宗 9-3-②, 249-5
六十錯行脚 180-5
六十餘州 8-4
六塵 14-11, 14-14, 18-14
六千七百七十一卷 6-2
六賊 17-3
六大 229
六代祖 37-18
六傳 39-40
六度行 6-2
六百函 10-15
六百金文 10-82
六百軸 8-3, 16
六物圖 10-23
六萬九千三百字 175

六萬字 339
六六州 6-2, 142
鹿苑初唱 8-4
鹿野苑 6-2
論是論非 14-18
論量 10-52, 14-5
亂墜胡揮 9-1-⑥

【ワ】

和歌・倭歌 10-32, 10-44-①, 10-52, 277-5
和氣 4-3, 10-13-②, 10-81, 180-2, 180-4, 180-12, 180-20, 193, 372-1
和靖 344
和答 39-42,39-43,129,343
和盤托出夜明珠 37-11
和麩賣麪 3-1
和風搭在玉欄干 37-21
話頭 7-12, 7-25, 10-4, 37-1, 37-7, 37-14, 37-16
話頭上疑破 37-3, 37-13
猥弊 11
煨芋 181-1, 208, 273
矮屋 358
綰青楊 209
綰緑 169